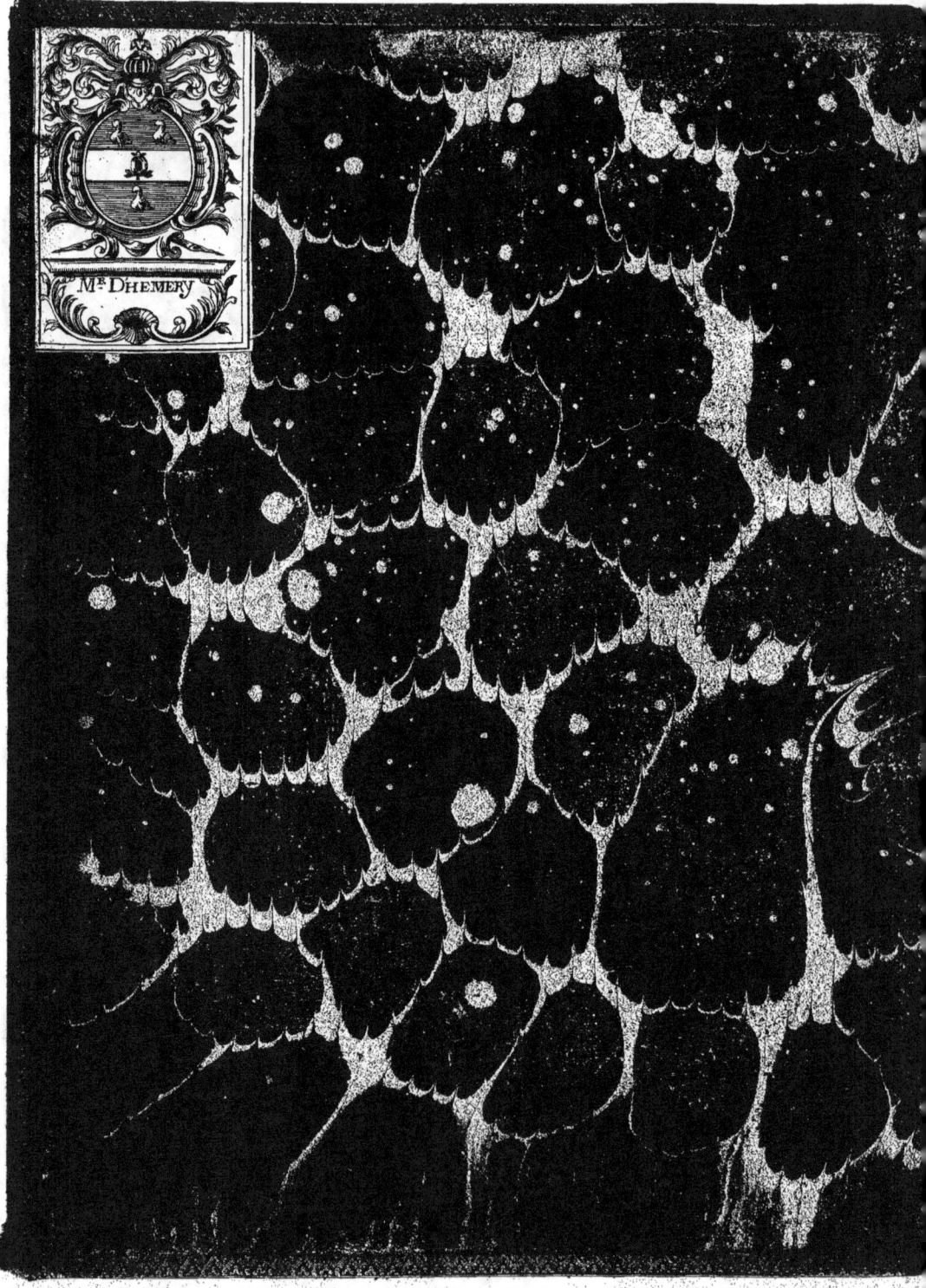

6163
H

MEMOIRES
DE
SULLY.

NOUVELLE EDITION, REVUE ET CORRIGÉE.

TOME TROISIEME.

MEMORIES
OF
SCULY

JOHN TRESEDER

MEMOIRES
DE MAXIMILIEN DE BETHUNE, DUC DE SULLY,
PRINCIPAL MINISTRE DE HENRY LE GRAND.

Mis en ordre, avec des Remarques,

Par M. L. D. L. D. L.

TOME TROISIEME.

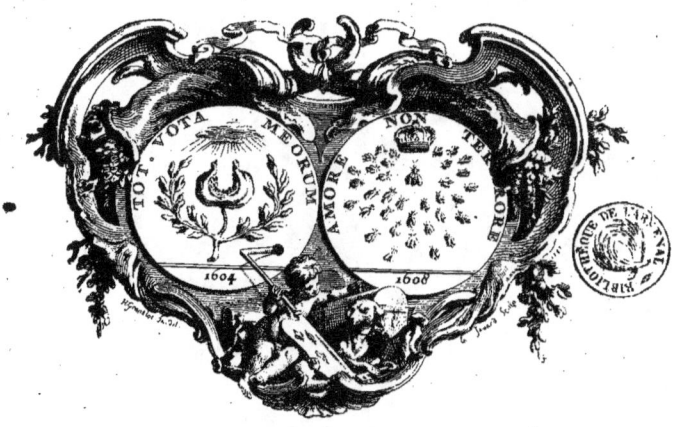

A LONDRES.

M. DCC. XLVII.

SOMMAIRES DES LIVRES
CONTENUS DANS LE TROISIEME VOLUME.

SOMMAIRE
DU VINGT-QUATRIEME LIVRE.

MEMOIRES de l'année 1607. Occupations & Lettres de Henry. Mort du Chancelier de Bellièvre. Naissance du second Fils de France. Marques de confiance & d'amitié de Henry pour Sully : Brouillerie entr'eux, dans laquelle Henry recherche Sully. Services que Sully rend au Roi dans l'Assemblée des Calvinistes à La-Rochelle ; dans l'Affaire du P. Séguiran avec les Rochellois : Nouvelles graces accordées par Henry aux Jésuites. Brigues de l'Espagne à la Cour & dans le Conseil, contre Henry & contre Sully : conversation entr'eux à ce sujet, & conseil donné par Sully : Autres services qu'il rend au Roi dans les brouilleries de Cour. Suite des Affaires entre l'Espagne & les Provinces-Unies : Sentiment de Sully sur les offres faites au Roi par les Flamands : Conseil tenu à ce sujet. Victoire Navale remportée par les Flamands sur les Espagnols : Conférences pour une suspension d'Armes, & pour la Trêve. Suite des Affaires de la Valteline entre l'Espagne & les Grisons. Affaires d'Allemagne, d'Angleterre, & autres Etrangéres. Différend du Pape & des Venitiens terminé par la médiation de Henry. Bref de Paul V. à Sully. Travaux de Sully dans la Finance, la Police & les autres parties du Gouvernement. Artifices des Courtisans pour le perdre. Il forme le projet d'un nouveau Conseil, qui demeure sans exécution. Autres Affaires de Finances, de Gouvernement, de Police &c. Dépenses de Henry IV. au Jeu, pour ses Manufactures &c. Vie privée & brouilleries dans la maison de ce Prince. Il rend Sedan au Duc de Bouillon.

SOMMAIRE
DU VINGT-CINQUIEME LIVRE.

MEMOIRES de l'année 1608. Spectacles & fêtes à l'Arcenal : Avanture comique entre le Duc de Sully & Pimentel. Grandes offres faites par Henry IV. à Sully, & refusées. Amours & Maîtresses de ce Prince. Conversation intéressante entre lui & Sully sur ses sujets de mécontentement contre la Reine, la Marquise de Verneuil & leurs conseillers : Il y emploie Sully. Naissance d'un troisième Fils de France. Sully est pris pour juge entre Henry & la Marquise de Verneuil. Affaires du Prince de Joinville, du Comte de Sommerive, du Duc d'Eguillon, & autres querelles & intrigues de Cour. Difficulté à conclurre le mariage du Duc de Vendôme avec Mademoiselle de Mercœur. Mutinerie des Chefs Calvinistes, & affaires de ce Corps. Services rendus au Roi par Sully, dans l'Assemblée des Protestans à Gergeau. Vie privée de Henry : Il donne l'Evêché de Metz au Duc de Verneuil : Graces qu'il accorde & qu'il refuse au Clergé : Ouvrages publics qu'il fait faire : ses dépenses au Jeu. Grand débordement de la Loire. Affaires de Finance : de Police, & autres de Gouvernement. Mémoire de Sully sur la Taille : Considérations sur les changemens de Gouvernement dans ce Royaume. Séjour du Duc de Mantouë à Paris. Suite des Affaires des Provinces-Unies : Trêve concluë : part qu'y eut Henry : foiblesse de l'Espagne. Révolte des Maures, & leur expulsion de l'Espagne. Affaires d'Allemagne.

SOMMAIRE
DU VINGT-SIXIEME LIVRE.

MEMOIRES de l'année 1609. Etats de Finance : contestation à ce sujet entre le Duc de Sully & le Chancelier de Sillery. Sully traite & loge le Roi à l'Arcenal. Indiscrétion du Pere Cotton, dont Henry accuse Sully. Entretien important entr'eux, sur les complots à la Cour & en Espagne, contre la Personne de Henry sur son amour pour la

Princeſſe de Condé, &c. Conſeils que lui donne Sully. Projet d'un Cabinet d'Etat, très-utile pour toutes les parties du Gouvernement: Moyens différens de recouvrer de l'argent, dans un beſoin; Réglement contre le luxe, les diſſipateurs, les abus dans le Barreau; & autres Piéces de ce Cabinet. Portrait des trois Miniſtres de Henry, fait par lui-même. Autres détails de Finance & de Gouvernement. Edit contre les Banqueroutes frauduleuſes: Autre Edit contre le Duel. Intrigues de Cour contre Sully. Evaſion du Prince de Condé: chagrin qu'en reſſent Henry: conſeil que lui donne Sully; Lettre de Sully au Prince de Condé; & autres détails ſur cet Incident. Faux avis donnés à Henry contre les Calviniſtes. Avis d'une Conſpiration à La-Fléche, contre la Perſonne de Henry.

SOMMAIRE
DU VINGT-SEPTIEME LIVRE.

SUITE des Mémoires de 1609.—1610. Affaires Etrangéres: Traité de Tréve entre l'Eſpagne & les Provinces-Unies; & d'Intervention des Rois de France & d'Angleterre: Article en faveur du Prince d'Epinoy. Henry IV. ſe fait rendre juſtice du traitement fait à ſon Ambaſſadeur par le Grand-Duc de Toſcane. Autres affaires d'Allemagne, Italie & Suiſſe. Mort du Duc de Cléves: Mémoire hiſtorique & Politique ſur l'Affaire de cette Succeſſion: Les Princes d'Allemagne ſe mettent ſous la protection du Roi: Entretiens de Henry & du Duc de Sully ſur ce ſujet, & ſur l'exécution du Grand-Deſſein: Défiance inſpirée à Henry contre Sully: Succès des Négociations dans les différentes Cours de l'Europe: Indiſcrétion de Henry: Converſations entre le Roi & ſon Miniſtre ſur cette expédition: Conſeil de Régence établi; & autres préparatifs dans & hors le Royaume. Preſſentimens & Pronoſtics de la Mort prochaine de Henry IV. converſations entre lui & Sully à ce ſujet. Avis donnés d'une Conſpiration; & affaire de la Demoiſelle de Coman. Cérémonie du Couronnement de la Reine. Parricide commis dans la Perſonne de Henry le Grand: ſentimens de Sully en en recevant la Nouvelle: Particularités ſur cet aſſaſſinat, & ſur les derniers jours de la vie de Henry:

SOMMAIRES.

Autre détail des Affaires d'Etat & de Cour qui suivirent cette mort : Jugement sur les différentes opinions touchant les causes & les Auteurs de l'assassinat de Henry IV.

SOMMAIRE
DU VINGT-HUITIEME LIVRE.

SUITE des Mémoires de l'année 1610. Remarques sur l'assassinat de Henry IV. Particularités & traits sur sa Personne, sa Vie, son caractère, ses bonnes & mauvaises qualités. Situation du Duc de Sully, après cette mort : Raisons qu'il a de se défier du nouveau Conseil : Il se renferme à la Bastille : Il va au Louvre : réception gracieuse que lui fait la Régente. Il assiste à la Cérémonie du Lit-de-Justice. Nouveaux Conseils public & particulier de Marie de Medicis, où l'on change de Politique & de Maximes de Gouvernement : Plaintes de Sully à cet égard : il n'est point écouté. Retour de M. le Comte de Soissons : Démêlés entre lui & Sully. Conseils sur l'Armement de Henry IV. sur le Duc de Savoie &c. où Sully fait d'inutiles représentations. Il songe à se défaire de ses Charges & à se retirer : Sa famille l'en empêche. Il députe Arnaud à Conchine, qui reçoit mal cette politesse. Il s'unit au Prince de Condé : Sages conseils qu'il lui donne ; malgré lesquels ce Prince se joint à ses ennemis. Autres intrigues de Cour & différends de Sully avec les Ministres & Courtisans. Suite & fin de l'Affaire de Clèves.

SOMMAIRE
DU VINGT-NEUVIEME LIVRE.

SUITE des Mémoires de 1610.—1611. Motifs de la haine que les Princes, les Grands & les Ministres portent au Duc de Sully : Il s'oppose aux injustices du Conseil : Refus qu'il fait à la Régente de signer un Comptant : Querelle qu'il a en plein Conseil avec le Duc de Bouillon. Brouilleries à la Cour & dans le Conseil. Sacre de Louis XIII. Sully va à Montrond, & y tombe Malade : Raisons qui obli-

gent la Régente & les Ministres à le rappeller : *Accueil que lui fait cette Princesse, qui prend ensuite le parti de Conchine & des Ministres contre lui. Sa fermeté à résister aux demandes injustes des Grands, & à la dissipation des Thrésors du Roi : Chagrins qu'on lui suscite à cet égard. Grand démêlé entre lui, Villeroi & d'Alincourt, en plein Conseil. Les Princes, Seigneurs & Ministres se liguent contre lui. Il prend le parti de se retirer tout-à-fait : Jugemens différens sur cette Retraite. Sully remet la Surintendance des Finances, la Capitainerie de la Bastille &c. Utiles conseils qu'il donne à ses Secretaires : Bienfaits qu'ils avoient reçus de lui. Il sort de Paris, & se retire à Sully. Il prévient les artifices de ses ennemis pour le perdre : Lettres qu'il écrit à la Régente à cet effet, où il justifie sa conduite & son administration : Réponses de la Régente. Le Roi lui accorde une augmentation considérable de Pension. Compte général qu'il rend de sa conduite publique & particulière, de l'état de ses biens, & de ses affaires domestiques : Sa fidélité à remplir ses engagemens avec Henry IV.*

SOMMAIRE
DU TRENTIEME LIVRE.

Exposition du Projet Politique, appellé communément le Grand Dessein de Henry IV. Considérations préliminaires sur l'Empire Romain, sur l'établissement de la Monarchie Françoise, sur ses différens Gouvernemens sous les trois Races de nos Rois &c. On prouve la possibilité du Grand Dessein. Difficulté qu'eut Henry IV. à le faire goûter à Sully. Comment ce Prince & Elisabeth le formèrent. Obstacles & événement favorables ou contraires, qui survinrent. Utilité générale du Projet, pour toute l'Europe. Partie du Projet qui regarde la Religion, consistant à maintenir & à pacifier les Religions reçuës en Europe ; & à en chasser les Infidéles. Partie politique, consistant à établir quinze Dominations égales ; à réduire la trop grande puissance de la Maison d'Autriche, & à partager ce qu'on lui ôtoit entre les Princes & les Républiques de l'Europe : Moyens de l'en dédommager ; &

SOMMAIRES DES LIVRES.

Justice de ce procédé à son égard : Modération & désintéressement de la France dans ce partage. Etablissement d'un Conseil-Général de la République Chrétienne. Négociations & autres moyens employés auprès des Princes & Etats de l'Europe, pour la réussite du Grand-Dessein. Détail des forces & des dépenses nécessaires pour l'exécuter. Marche & disposition des Armées des Princes confédérés. Ce qui devoit en résulter.

SOMMAIRE
DU SUPPLÉMENT A LA VIE DU DUC DE SULLY,
DEPUIS SA RETRAITE.

CONDUITE du Duc de Sully à l'Assemblée des Protestans à Châtelleraut, & de cette Assemblée sur les affaires personnelles de Sully. Part qu'il a à l'affaire du Duc de Rohan au sujet de Saint-Jean-d'Angely. Confiance qu'a en lui la Régente, & Lettres qu'elle lui écrit pendant la Révolte des Princes & des Calvinistes : Conseils qu'il donne & services qu'il rend en cette occasion. Il est fait Maréchal-de-France. Chagrins que lui cause la conduite de son Fils & de son Petit-fils. Etat de sa famille ; & dispositions qu'il fait de ses biens entre ses Enfans. Sa mort : Honneurs que lui rend la Duchesse de Sully : Son Mausolée & son Epitaphe. Détails sur sa conduite dans l'intérieur de sa maison, & sur sa vie privée. Occupations de la Duchesse son Epouse. Sentimens du Duc de Sully par rapport à la Religion. Ouvrages publics & particuliers, qu'il a fait construire.

Fin des Sommaires du troisième Tome.

Henry IV. montre à M.' de Sully des lettres venant du Poitou et contenant les details d'une conspir...

MEMOIRES
DE
SULLY.

LIVRE VINGT-QUATRIEME.

ES Affaires du dedans du Royaume furent pendant cette année dans une situation si tranquille, qu'elles ne nous laissent presqu'aucun événement remarquable à particulariser: Mais elles offrent en récompense un spectacle bien plus touchant, malgré son uniformité, que ces Catastrophes singulières, lesquelles n'amusent à décrire & à lire, que par ces mêmes traits d'inhumanité, ou de dépravation, qui ne devroient nous inspirer que du dégoût & de l'horreur. Ce spectacle est l'abondance & le repos répandus par toute la France. On n'avoit jamais tant vû de plaisirs & de divertissemens, qu'il y en eut cet Hiver à la Cour & dans Paris; & les Campagnes ressentoient aussi tous les effets d'un heureux Régne.
Cette disposition, qui prenoit sa premiere source dans le

1607.

Tome III. A

cœur bienfaisant de Henry, réjaillissoit à son tour sur lui, & lui faisoit partager la jouissance de ses propres bienfaits. Débarrassé de toute affaire tumultueuse, jusqu'à ce que le temps qu'il s'étoit prescrit pour mettre le comble à la gloire de son Régne, fût arrivé; ce Prince n'avoit presque rien à faire, qu'à se livrer aux douceurs d'une vie privée, au milieu de ses Serviteurs, & dans ses Maisons Royales, qu'il visitoit les unes après les autres. Il étoit le premier Janvier à Saint-Germain, où je ne pus aller rendre à Leurs Majestés les devoirs ordinaires ; ma plaie de la bouche, qui s'étoit rouverte par une apostume, m'arrêtant chez moi. Sa Majesté eut la bonté de m'écrire, pour me marquer la part qu'elle y prenoit; & elle m'envoya, pour conférer sur les Affaires du Gouvernement, dont on vouloit former le plan dès le commencement de l'année, les deux de ses Ministres, auxquels elle donnoit la principale part; je veux dire, Villeroi & le Garde-des-Sceaux. Celui auquel j'ai déja donné ce nom, est Sillery, que Sa Majesté avoit associé aux fonctions de Chancelier; jusqu'à ce qu'il les éxerçât seul, par la mort de Bellièvre, qu'on voyoit bien n'être pas éloignée. L'esprit de ce Magistrat, jusques là si sain, avoit commencé depuis quelque temps à s'altérer, de maniere qu'il fallut lui donner un successeur, de son vivant. Il vit cette association d'une maniere, qui étoit une nouvelle preuve combien elle étoit nécessaire (1); quoique Sillery s'y comportât avec toute la complaisance possible : Sa foiblesse en augmenta:

(1) « Vous voyez, dit-il, à M. de Bassompierre, un homme qui s'en va chercher une sépulture à Paris. J'ai servi, tant que j'ai pu le faire ; & quand ils ont vû que je n'en étois plus capable, ils m'ont envoyé reposer, & donner ordre au salut de mon ame, à quoi leurs affaires m'avoient empêché de penser : Un Chancelier sans Sceaux, est un Apothicaire sans sucre. » *Journal de Bassompierre.*

Lorsque Henry IV. demanda les Sceaux à M. de Bellièvre pour Sillery se servant de l'occasion de son voyage en Limosin, où le grand âge & la foiblesse de Bellièvre ne lui permettoit pas de le suivre ; ce Chancelier lui répondit : « Que s'il ne vouloit faire courir la poste aux Sceaux, il les rendroit toujours à temps, au même lieu où Sa Majesté arriveroit.... Il semble, Sire, ajoûta-il, que vous craignez qu'il n'y ait point de terre en Guïenne pour m'enterrer : Je me porte bien; & n'ai souci de ma vie, que pour votre service; laquelle me seroit fort ennuyeuse, si j'en étois éloigné. » P. *Matt. tom.* 2. *l.* 3. *p.* 688. Ce grand Chancelier, dont la probité & la fermeté ont été généralement reconnuës, avoit servi sous cinq Rois. Il est auteur de plusieurs utiles Reglemens pour la Chancelerie. Il mourut le 5 Septembre de l'année suivante, âgé de 78 ans. Il étoit de la Ville de Lyon.

LIVRE VINGT-QUATRIEME.

il revint tout-à-fait en enfance ; & paya enfin le dernier tribut de l'humanité, après avoir payé presque tous les autres.

1607.

Le Roi vint à Paris le 2 Janvier, en intention d'aller & de mener la Reine à Vigny : voyage, dont je le détournai. Il se contenta d'aller faire un tour à Fontainebleau ; doù il revint à Paris, à la fin de Février, pour aller à Chantilly, qui étoit sa promenade ordinaire du mois de Mars : il s'y plaisoit beaucoup dans cette saison : » Il fait ici fort-beau, » m'écrivoit-il de cet endroit, le 8 Mars : j'y passe bien mon » temps : tous les jours je suis à cheval ; & j'y ai bien du » plaisir. « Il ne se fixa nulle part, que lorsque de retour à Paris, il eut pris le 20 Mars, le chemin de Fontainebleau : il y passa le Printemps. Sa Majesté eut fort-beau temps depuis Paris jusqu'à Fleury, par où elle passa pour voir ses Enfans, qui étoient encore dans cette maison ; mais la pluie l'accompagna depuis Fleury jusqu'à Fontainebleau. Dans la Lettre où Henry me fait tout ce détail, il me mande encore, Que le Dauphin étoit venu une lieuë à sa rencontre, & qu'il l'avoit trouvé fort-joli, aussi bien que ses autres Enfans : Que la Reine, qui étoit grosse alors, se portoit bien, & devoit se rendre incessamment à Fontainebleau. » Mandez-moi des » Nouvelles de la Ville, m'écrivoit ce Prince, le premier » Avril : Je me porte bien ici ; comme aussi font ma Femme, » mon Fils & mes autres Enfans, qui sont les plus jolis du » monde, & me donnent bien du plaisir (2). «

La Reine y accoucha le 16 Avril, à onze heures du soir, de son second Fils, auquel on donna dans la suite le nom de Duc d'Orléans (3). Sa Majesté me le fit aussi-tôt sçavoir par un Billet, que Montmartin m'apporta de sa part ; & je reçus presque dans le même moment, une seconde Lettre de sa main, pour faire tirer le Canon. Cette naissance redoubla la joie dans la Famille Royale. Le Roi qui avoit compté revenir à Paris au commencement de Mai, ne songea plus à

---

(2) » Il aimoit, dit Péréfixe, tous » ses Enfans, légitimes & naturels, » avec une affection pareille, mais » avec différente considération : Si » ne vouloit pas qu'ils l'appellassent, » *Monsieur* : nom, qui semble rendre les Enfans étrangers à leur Pere, & qui marque la servitude & » la sujétion ; mais, qu'ils l'appel- » lassent, *Papa* : nom de tendresse & » d'amour. «

(3) Il n'eut point de nom de Baptême ; parce qu'il mourut dans sa cinquième année, avant que les Cérémonies de son Baptême eussent été faites.

A ij

s'éloigner de Fontainebleau; d'où il fit seulement un voyage pour voir Madame de Moret.

La Chasse y tenoit toujours, comme à l'ordinaire, un des premiers rangs parmi ses divertissemens. Après l'éxemple qu'on a, que cet éxercice a un attrait insurmontable pour une infinité de personnes; je n'ai garde de décider qu'il ne sçauroit être que très-médiocrement divertissant, parce qu'il ne l'est point du tout pour moi. Le récit que Praslin me faisoit de Fontainebleau, des parties de Sa Majesté, n'étoit assûrément pas bien propre à me l'inspirer : Il me mandoit, Que le même jour Sa Majesté, après avoir chassé le matin à l'Oiseau, avoit fait une Chasse du Loup, & fini sa journée par une troisiéme du Cerf, qui avoit duré jusqu'à la nuit, & malgré une pluie de trois ou quatre heures. On étoit alors à six grandes lieuës du gîte : C'est de-là qu'il fallut faire retraite, entiérement pénétrés d'eau, excepté le Roi seul, qui changea de tout, avant que de regagner Fontainebleau; où il arriva un peu fatigué à la vérité, mais avec cela gai & content, parce qu'il avoit pris ce jour-là tout ce qu'il avoit attaqué. Voilà ce que les Princes appellent s'amuser : mais il ne faut disputer, ni des goûts, ni des plaisirs. Henry ne laissa pas de s'occuper le lendemain tout le matin, à visiter tous ses Ouvriers, & à courir d'attelier en attelier. « Il est » vrai, ajoûtoit Praslin, qu'au retour du Parc, il se sentit » un peu de fiévre ; mais ce ne fut rien. « Pour ce Prince, quand il m'écrivoit sur ce sujet, c'étoit en vrai Chasseur, qui passe légérement sur toutes ses fatigues, & appuie sur ce qu'il appelle ses bonnes fortunes. Il me mandoit par éxemple, le 20. Mai, Qu'il avoit chassé la veille avec le plus grand plaisir du monde, & sans avoir beaucoup de chaud : Qu'il avoit pris son Cerf de bonne heure; étoit venu dîner à Ponthierry, à dix heures; & revenu à deux & demie, à Fontainebleau; où il avoit rencontré la Reine, qui venoit au-devant de lui. Une autre fois : » Je viens de prendre un Cerf, » avec grand chaud & grand plaisir. « Rien ne coûte de ce qui plaît.

Ce Prince ne perdoit pas de vûë ses Affaires pour tout cela : mais comme elles ne lui donnoient pas alors beaucoup de peine; il en étoit quitte pour m'écrire de temps en temps,

LIVRE VINGT-QUATRIEME.

ou pour m'appeller à Fontainebleau, lorsqu'il avoit quelque 1607. chose d'important à me communiquer. Il m'y fit venir le Mercredi de Pâques, avec le Président Jeannin ; & y manda son Conseil, pour le Lundi de la Quasimodo. Il n'oublioit jamais à payer le moindre surcroît de peine, par de nouvelles libéralités : » Je n'attends point, m'écrivoit-il, que ceux » qui me servent bien, me demandent. Vous m'aidez si bien » à faire mes affaires, que je veux aussi vous aider à faire » les vôtres : Je vous donne vingt mille écus, sur mes deniers » extraordinaires ; faites-en faire les dépêches nécessaires. » J'ai sçu, me mandoit-il une autre fois, que vous faites » bâtir à La-Chapelle, & que vous y faites un Parc : comme » ami des bâtisseurs, & votre bon Maître, je vous donne six » mille écus, pour vous aider à faire quelque chose de » beau. «

Il y avoit une autre sorte de Lettres de Henry, que je mets autant au-dessus de celles-cy, que la confiance d'un aussi grand Prince doit l'emporter sur les présens, dans l'esprit d'un Ministre fidèle & affectionné : ce sont celles où ce Prince m'ouvroit son cœur, sur ce que nous avions lui & moi de plus chers intérêts : » Il s'est passé, c'est ainsi qu'il » s'exprimoit dans une de ses Lettres, ce matin quelque » chose dans mon sein, pourquoi j'ai affaire de vous, comme » de mon plus confident Serviteur. « Il en étoit de même de tout ce qui lui arrivoit de capable de troubler sa tranquillité. Mon Fils se blessa en maniant un cheval. Sa Majesté envoya aussi-tôt un Courier exprès, sçavoir l'état de sa santé ; en me mandant, Que comme Pere & comme Maître, il y prenoit toute la part possible. Mon Fils fut encore plus dangereusement malade au mois de Novembre ; & le Roi ne se contenta pas d'y envoyer Du-Laurens, son premier Medecin, & de lui recommander lui-même le malade : il m'écrivit, Qu'il ne m'aimoit pas si peu, que s'il pensoit que sa présence y fût nécessaire, il ne vint lui-même me donner cette preuve de son affection ; & il consentit le plus obligeamment du monde, que je différasse le voyage que je devois faire à Fontainebleau, non-seulement de deux jours, mais encore tout le temps que je me croirois utile auprès de mon Fils.

1607.

Dans l'affaire malheureuse, arrivée à Amiens, où Rambures tua mon Neveu d'Epinoi; le Roi instruit de la vive douleur & des larmes que ce cruel accident causoit au Frère du Mort (4), l'envoya visiter, & lui fit porter trois fois de sa part des paroles de consolation. On avoit cherché à animer toute la Famille contre Saint Paul (5), qu'on accusoit d'avoir eu part à cet assassinat. Saint Paul justement indigné de ces bruits, vint aussi-tôt trouver Sa Majesté, avec l'assurance qu'inspire l'innocence : Il justifia qu'il n'étoit pas même sorti de Calais, pendant tout ce temps-là. Il parla de la malheureuse victime de cette avanture, avec des éloges & des regrets si sincères, qu'il me fit regreter à moi-même qu'il ne se fût pas trouvé à Amiens, où il se tenoit assûré qu'il auroit prévenu cet accident : Il protesta qu'il auroit volontiers racheté le sang du Mort, d'une partie du sien. Il se plaignit ensuite qu'à tous ces bruits injurieux l'on avoit ajoûté celui de dire, Que Sa Majesté avoit résolu de le citer; & qu'elle m'avoit promis de le traiter durement : Que je ne le saluërois point ; & même, qu'il lui seroit fait défense de venir à Paris, tant que j'y serois. Saint-Paul demeura trois jours entiers à Paris, pour dissiper tous les soupçons de la lâcheté qu'on lui imputoit. Je trouvai son procedé d'un tout-à-fait galant homme ; & je crois que de son côté, il fut content de la maniere dont je le traitai. Pour Henry, il ne se donna pas moins de mouvemens, que si l'affaire l'eût regardé personnellement. Il me justifia toute la conduite de Saint-Paul; & me manda, que je me donnasse bien de garde d'ajoûter foi aux bruits du Quartier de la Bastille ; où mes ennemis n'avoient pour but que de faire joindre un second malheur au premier : Il m'exhorta même à me servir de la confiance que Saint-Paul paroissoit avoir en moi, pour empêcher

(4) De plusieurs Enfans mâles, sortis du mariage de Pierre de Melun, Prince d'Epinoi, Marquis de Richebourg, & d'Hyppolite de Montmorency, dont on a vû cy-devant que M. de Sully avoit pris la Tutelle ; il n'en restoit plus alors que d'eux ; Guillaume de Melun, Prince d'Epinoi ; Vicomte de Gand, Connétable de Flandre, Grand-Bailli de Hainaut, Chevalier de la Toison d'or &c. C'est celui qui eut avec la Princesse de Ligne, le grand Procès, dont il sera parlé dans la suite : Et Henry de Melun, Marquis de Richebourg, son Frere puîné : c'est ce Henry, qui fut tué par Rambures.
(5) François d'Orleans, Comte de Saint-Paul.

LIVRE VINGT-QUATRIEME.

1607.

avec lui que la chose n'eût aucune suite.

J'étois encore arrêté chez moi, lorsque le Roi y vint un jour m'entretenir de je ne sçais quelle intrigue de galanterie, dont j'ai perdu la mémoire. Je me souviens seulement qui je m'emportai fort contre Madame d'Angoulême (6), & une autre personne, qui y jouoient les premiers rôles; & que j'osai représenter à Henry avec beaucoup de fermeté, que des desseins si peu séans à son âge & à son rang, étoient autant de flétrissures à sa gloire, & pouvoient bien produire quelque chose de pis encore. Ma liberté, quelquefois heureuse, ne m'attira cette fois-cy qu'une vive colère & de piquans reproches de ce Prince. Il étoit encore si échauffé, lorsqu'il sortit de ma chambre, qu'on lui entendit dire tout-haut : « Voilà un homme que je ne sçaurois plus » souffrir : Il ne fait jamais que me contredire, & trouver » mauvais tout ce que je veux ; mais Pardieu ! je m'en ferai » obéïr ; je ne le verrai de quinze jours. « Ma disgrace parut à tous les Assistans une chose décidée : mes Domestiques s'en affligerent; & plusieurs des autres s'en réjouïrent, je crois, intérieurement.

Dès les sept heures du lendemain matin, on vit arriver Sa Majesté à l'Arcenal, avec cinq ou six personnes, qu'elle avoit dans son carrosse. Ce Prince monta à mon appartement, sans vouloir qu'on m'avertît, & frappa lui-même à la porte de mon cabinet. Je ne fus pas peu surpris, lorsqu'ayant demandé *Qui est-là*, j'entendis répondre *C'est le Roi*; & que je connus au son de la voix, que c'étoit lui-même qui avoit répondu : « Hé-bien ! que faisiez-vous là, « me dit-il, en entrant avec Roquelaure, De-Vic, Zamet, La-Varenne & l'Ingenieur Erard : car il avoit à me parler des fortifications de Calais ? Je lui répondis, Que j'écrivois des Lettres, & apprêtois du travail à mes Sécrétaires : ma table étoit effectivement toute couverte de Lettres, & d'Etats des matieres que je devois traiter ce jour-là au Conseil : « Et depuis » quand êtes-vous là, me dit encore Sa Majesté ? Dès les » trois heures du matin, repris-je. Hé bien ! Roquelaure, » dit ce Prince, en se tournant vers lui, pour combien vou-

(6) Charlote de Montmorency, Femme de Charles de Valois, Duc d'Angoulême.

» driez-vous mener cette vie-là ? Pardieu ! Sire, pour tous vos » tréfors, répondit Roquelaure. « Henry ne repliqua rien. Il fit fortir tout le monde ; & il commença à m'entretenir de chofes fur lefquelles il me fut impoffible de me ranger à fon avis : ce qu'il connut aifément, lorfqu'il vit que je lui répondis froidement, que je n'avois aucun confeil à lui donner : Que Sa Majefté ayant pris fa réfolution, après une mûre déliberation fans doute ; il ne me reftoit rien à faire, que de lui obéïr ; puifqu'auffi-bien elle ne trouvoit pas bon qu'on fût d'un fentiment contraire au fien. » Oh, oh ! vous faites le refervé, me dit Henry en foûriant, & en me donnant un petit coup fur la jouë ; » & vous êtes encore en colère d'hier : » Je n'y fuis plus moi : là, là, embraffez-moi, & vivez avec » la même liberté, que vous aviez accoutumé : car je ne » vous en aime pas moins : Au contraire, dès l'heure que » vous ne me contredirez plus, dans les chofes que je fçais » bien qui ne font pas de votre goût, je croirai que vous ne » m'aimerez plus. «

Voilà un de ces traits, qui font tout-à-fait propres à faire connoître à fond Henry : & en vérité, c'eft le montrer par un bel endroit. Il n'eft pas rare de voir des Miniftres & des Confidens de Princes, difgraciés : il n'eft pas rare non plus, qu'ils méritent ce traitement par des procedés reprochables. Lorfque cela arrive, eft-ce véritablement les fautes que les Princes puniffent ? prefque jamais : ils font par caprice, par légéreté, par orgueil, par mauvaife humeur, ce qu'il ne tiendroit qu'à eux de faire, par le feul motif de la juftice. Il femble que le fort de la Raifon eft de n'être écoutée, ni lorfqu'elle combat les paffions, ni lorfqu'elle confeille la même chofe qu'elles.

Le Roi m'entretint après cela de chofes, qu'il ne m'eft pas permis de rapporter, m'embraffa, & me dit adieu. En fortant, il dit à De-Vic : » J'ai pourvu à l'Affaire de Calais : « & tout haut : » Il y en a d'affez fots, pour croire que quand » je me mets en colère contre Monfieur du Sully, c'eft à bon » efcient & pour long-temps : mais tout au contraire : Car » quand je viens à confidérer qu'il ne me remontré, ou ne » me contredit, que pour mon honneur, ma grandeur & le » bien de mes Affaires, & jamais pour les fiennes ; je l'en aime

» mieux,

» mieux, & fuis impatient de le lui dire. » Tout Prince qui entend fes intérêts, ne négligera point de donner de temps en temps des marques éclatantes de fon eftime aux Miniftres dont il a fait choix; fuppofé que ce choix foit bon, elle lui affûrera celle du Public : ce qui eft un point effentiel.

Je reviens aux Affaires, dont Villeroi & Sillery étoient revenus par ordre du Prince, conférer avec moi. L'une des principales regardoit les Proteftans. Le Roi leur ayant permis l'année précédente, de tenir en celle-cy un Synode; ils l'indiquerent à La-Rochelle, & firent nommer dans des Affemblées Provinciales, les Députés dont il devoit être compofé. Ce furent quelques-uns de ces Députés mêmes qui firent fçavoir à Sa Majefté, Que leurs Cahiers étoient chargés de l'Article du Synode de Gap, touchant le Pape, dont il a déja été tant parlé. De quelque mauvais efprit que fuffent pouffés une partie de ceux qui dirigeoient cette Affemblée, ils fe crurent obligés de prévenir Sa Majefté; en lui envoyant trois Députés, tant fur cette affaire, que fur quelques autres, qu'ils avoient raifon de croire ne pas être de fon goût: C'eft qu'ils avoient réfolu d'y remettre fur le tapis la queftion, déja fi fort difcutée à l'Affemblée de Châtelleraut, fur la nomination, le nombre & le temps d'éxercice, des Députés Généraux du Parti Réformé; à l'occafion des deux actuellement en charge, dont le fervice alloit expirer.

Le Roi, en m'envoyant de Fontainebleau ces Députés particuliers, prit le parti qu'il prenoit ordinairement dans ces fortes d'occafions; je veux dire, de me faire notifier fes intentions à l'Affemblée, comme de moi-même, & par un motif d'affection pour mes Confréres : fe refervant à prendre le ton d'autorité, fi l'on ne réüffiffoit pas par cette voie. Mon Frere vint en conférer avec moi, le 27 Avril, de la part de Sa Majefté: & comme je m'attendois toujours que le Roi, viendroit lui-même inceffamment à Paris; je retins les Députés deux ou trois jours, fans leur donner une réponfe, que je n'aurois pas été fâché de concerter avec ce Prince. Il m'écrivit de Fontainebleau, le 5 Mai, lorfqu'il eut changé d'avis fur fon voyage, & il me parut inquiet

1607.

de sçavoir ce que j'avois fait avec les Députés : « Je ne sçais, » me disoit-il, ce qu'ils peuvent vous avoir dit, sur ce que je » vous ai mandé par votre Frére. M. de La-Nouë, auquel » je parlai hier matin, en présence de M. de Villeroi, m'en » a avoué la plus grande partie, & m'a dit n'avoir vû de sa » vie tant de fous dans une Compagnie : entr'autres, il m'a » nommé Rivet. Il ne faut point douter que les Députés » n'ayent, avant de vous voir, conféré avec M. Du-Plessis, » qui les aura instruits de ce qu'ils devoient dire. «

J'écrivis à l'Assemblée la Lettre, que Sa Majesté avoit éxigée de moi. Je les exhortai à ne rien s'arroger sur l'Article des Députés Généraux de ce qui appartenoit à la Police, ou au Gouvernement ; & à ne rien changer de ce qui avoit été statué à cet égard, dans une de leurs plus solemnelles Assemblées. Je leur faisois comprendre, Que la durée de la Députation Générale ne pouvoit être moindre que de trois ans ; les Députés ne pouvant en moins de temps s'instruire des affaires, & se faire connoître : & qu'on ne devoit point nommer pour deux Députés seulement ; parce que ce choix devant être fait dans des Assemblées générales, toujours précédées d'Assemblées particuliéres : formalité, qui emportoit un temps considérable, s'il arrivoit accident à l'un de ces deux Députés, le Parti s'exposoit à manquer d'un Agent auprès du Roi : au-lieu qu'en en proposant toujours six à Sa Majesté, ce vuide se trouveroit aussi-tôt rempli, par la nomination qu'elle pourroit faire dans le moment, de quelqu'un de ces six, marqués sur la liste. Quant au Pape ; je leur fis sentir, Qu'en remuant imprudemment une Question déja jugée si inutile, & sans aucune considération pour un Pape, qui par son caractère doux & pacifique, ne méritoit pas ce traitement ; ils risquoient à perdre par leur faute, & pour un rien, cet état heureux & tranquille, qui avoit été si long-temps l'objet de tous leurs vœux. Je les rappellois là-dessus à leurs propres sentimens, & même à leurs aveux : & je finissois en leur représentant fortement, que toute désobéïssance à leur Maître les compromettoit : mais qu'une désobéïssance injuste & déraisonnable, étoit capable de les perdre.

Je leur fis encore écrire dans les mêmes termes, par quelques autres personnes, que je sçavois avoir plus de créan-

LIVRE VINGT-QUATRIEME. 11

ce dans le Parti ; & je les priai d'écouter attentivement les raisons que pourroit y ajoûter Montmartin, que je fis le porteur de cette Lettre, & que Sa Majesté jugea capable d'être dans cette occasion, l'interpréte de ses volontés. J'employai encore un autre motif, que Sa Majesté crut devoir faire effet : c'est que comme les Rochellois venoient tout fraîchement de faire instance, pour obtenir deux mille livres pour leur Collège; je leur donnai à entendre que Sa Majesté accorderoit cette grace à la déférence, qu'ils persuaderoient à leurs Confrères d'avoir pour ses ordres. Une Lettre du Roi m'instruisit au bout de quelques jours, Que Montmartin & les Députés, renvoyés avec les ordres de Sa Majesté, avoient été à la vérité assez bien reçus à l'Assemblée : mais qu'il s'en falloit beaucoup qu'on eut eu les égards qu'on devoit avoir, pour les discours du premier, non-plus que pour mes Lettres, & pour celles qui y étoient jointes; dont les Auteurs avoient été appellés par dérision, *les quatre Voyans de l'Eglise*. Ce que Montmartin mandoit de temps en temps au Roi, des dispositions des esprits, ne le satisfaisoit pas davantage : » Si cela continuë, m'écrivit-il, ils seront les Rois, & nous, les Assemblées. « Cependant le Parti favorable au Roi, l'emporta à la fin. Montmartin s'y employa avec un zèle, que le Roi récompensa d'une Pension. Quoiqu'on ne pût pas dire qu'il eût complettement réüssi ; eu égard aux obstacles qu'il avoit surmontés, il crut avoir fait tout ce qu'il étoit possible de faire, lorsqu'il put attester à Sa Majesté, que sa volonté y avoit été suivie : » Montmartin a fort-bien travaillé, me mandoit encore Henry, quoiqu'en vain : ce qu'il ne croit pas : Il a apporté de l'ombre, & le corps est demeuré ; l'Article de Gap n'ayant emporté que deux seules voix. «

L'Eglise de Pons se fit connoître par un trait d'une grande hardiesse; lorsque se faisant une ridicule application de la maniére de gouverner les Affaires de la Religion par Députés Généraux, elle osa nommer au Roi trois Sujets, Verac, Longchamp & Bertauville, pour leur remettre, en qualité de Députés particuliers, le Gouvernement de cette Ville. Henry ne répondit qu'en faisant parler les Edits : mais il ne fut pas moins irrité de cette témérité, que des Conférences qu'on lui manda que Lesdiguieres & Murat avoient secrettement enſemble, & du manque de reſpect du Miniſtre Chamier pour M. le Connétable, à ſon paſſage à Montelimar. Je fis enſorte que ce Miniſtre alla ſe juſtifier à ce Prince des imputations dont il ſe plaignoit.

Les Rochellois donnerent à la fin de cette année, un autre ſujet de mécontentement au Roi; en écrivant en Corps au Roi d'Angleterre, à l'inſçu de Sa Majeſté & de moi, pour lui demander la liberté d'un Miniſtre Ecoſſois, nommé Maluin, qui avoit été mis à la Tour de Londres, pour avoir tenu des diſcours, & publié des Ecrits offenſans, contre Sa Majeſté Britannique & ſon Conſeil. Les Rochellois n'avoient rien à alléguer contre un fait, que le Miniſtre Primeroſe, celui-là même qui avoit été porteur de leur Dépêche, atteſta à Sa Majeſté, qui lui permit, en conſidération de cet aveu, de retourner éxercer le Miniſtère à Bordeaux : Et ce qui les rendoit encore plus coupables, c'eſt qu'ils prétendoient donner retraite au Priſonnier dans leur Ville, & même s'en ſervir en qualité de Miniſtre. Il y avoit dans tout ce procédé, une affectation d'indépendance, que rien ne pouvoit excuſer. Le Roi d'Angleterre ne s'étoit pas fait prier pour accorder à une Ville qu'il affectionnoit, une auſſi petite grace, que l'étoit l'élargiſſement d'un Etranger, dont il délivroit ſon Royaume : je ne voudrois pas même aſſûrer que le Conſeil de Londres n'eût un ſecret contentement de faire un pareil préſent au Roi de France : Mais ce Prince, outre l'intérêt de ſon autorité bleſſée, avoit les mêmes raiſons de ne point recevoir Maluin dans ſes Etats, que le Roi Jacques avoit de le chaſſer des ſiens. Henry m'envoya Bullion, & m'écrivit ſur cette affaire pluſieurs Dépêches, ſoit lui-même, ſoit par Villeroi. Je fus encore chargé par ce Prince, d'en demander l'explication à la Ville de La-Rochelle; de la lui reprocher; & de lui en faire demander pardon à Sa Majeſté, qui témoigna être tout-à-fait contente des démarches que je fis en cette occaſion.

Parmi pluſieurs torts effectifs, il ſe trouvoit quelquefois qu'on en impùtoit à cette Ville de bien gratuits. Il prit envie aux Jéſuites d'envoyer un des leurs, pour faire les fonctions de Prédicateur dans La-Rochelle. La-Varenne, le Pere Cotton & quelques autres, jetterent les yeux pour

LIVRE VINGT-QUATRIEME.

1607.

ce sujet, sur le Pére Séguiran (7) : & afin de ne pas courir le risque d'un refus de Sa Majesté, ils s'adressèrent aux deux Sécrétaires d'Etat, Beaulieu & Fresne, qui délivrèrent à ce Pere, de leur chef & sans en parler à Sa Majesté, des Lettres qui le mettoient en droit de s'y faire recevoir. Le Jésuite s'étant présenté aux portes de la Ville, on lui demanda qu'il il étoit : » Je suis, répondit-il hardiment, Séguiran, » de la Compagnie de Jesus, qui viens pour prêcher en cet- » te Ville, en vertu de Lettres du Roi. Retirez-vous, lui dit » la Sentinelle assez peu respectueusement : nous sçavons » bien que JESUS n'a point eu de Compagnons ; & que vous » n'avez point de Lettres du Roi. « Sans vouloir l'entendre davantage, on l'obligea de se retirer : ce que le Pere fit, en menaçant d'un ton très-emporté, de s'en plaindre au Roi ; & il n'y manqua pas. Tous ses Partisans à la Cour le seconderent si bien, en exagerant à Sa Majesté ce manque de respect pour ses ordres ; & lui cachant tout, ou partie de la vérité ; que ce Prince me manda incontinent à Fontainebleau, par un Billet très-pressant, & qui marquoit beaucoup de colère.

Je trouvai toute la Cour en rumeur, & le Roi environné de personnes, qui animoient son ressentiment : » Hé-bien ! » me dit-il, vos Gens de La-Rochelle ont bien fait des leurs : » Voilà le respect qu'ils me rendent, & la reconnoissance de » l'amitié que je leur porte, & des gratifications qu'ils reçoi- » vent de moi. « Il me conta le fait, d'un air qui me parut ne respirer que le châtiment. Mais m'ayant ensuite tiré à quartier, il me dit : » J'ai fait ainsi le fâché, pour fermer la bou- » che à ceux qui ne cherchent qu'à blâmer mes actions : mais » je vous dis à vous, que les Rochellois n'ont pas tout le tort » du monde : car je n'ai commandé, ni été informé de telles » Lettres ; je les eusse bien empêchées, si j'en avois été averti. » Cependant il y faut pourvoir, par une autre voie qu'en dé- » savouant les Sécrétaires d'Etat ; parce que cela tireroit à » conséquence pour toutes leurs autres Dépêches : Avisez » quel moyen il y aura. «

J'écrivis aux Rochellois, après en être convenu avec Sa Majesté, Que leur devoir étoit avant toutes choses, d'envoyer faire soumission au Roi, & lui marquer le regret qu'ils

(7) Gaspard Séguiran : Il fut dans la suite Confesseur de Louis XIII.

avoient de lui avoir déplu. Je leur donnai à entendre qu'un peu d'obéïſſance les feroit ſortir de cette affaire à leur avantage. Je les aſſûrai, Que la choſe s'étoit faite ſans la participation de Sa Majeſté : Qu'elle n'arriveroit plus ; & qu'elle ſe termineroit, ſans qu'on touchât à leurs privileges : enfin que j'aurois tout le ſoin imaginable de ménager leurs intérêts, avec deux ou trois de leurs plus notables & plus honnêtes Citoyens, que je leur mandai de m'envoyer. Le biais que je pris, fut que le Pere Séguiran reçût de nouvelles Lettres, de la main même de Sa Majeſté ; en vertu deſquelles il prêcha : mais il fut révoqué au bout de quelques jours. Les Jéſuites eux-mêmes ne parurent pas mécontens de ce tempérament.

Il eût été fort-difficile d'en trouver un, propre à ſatisfaire la Ville de Poitiers. Depuis que cette Ville avoit enfin été obligé de ſouffrir les Jéſuites, je ne recevois plus que des plaintes, de vive voix, ou par Lettres, contre ces Peres, de la part de l'Evêque & du Lieutenant-Général & des principaux habitans, ſoit ſéparément, ſoit en Corps. Ces plaintes, qui ne venoient pas ſeulement des Proteſtans, mais des Catholiques eux-mêmes, rouloient ſur ce que les Partiſans que les Jéſuites avoient à Poitiers, les ayant mis à leur arrivée en poſſeſſion d'un Collége, & ayant fait en leur faveur, de fort-grandes dépenſes en maiſons & en meubles ; ayant même fait paſſer entre leurs mains les plus riches Bénefices du Canton ; on ne voyoit pas que ces Peres, depuis deux ans qu'ils étoient établis parmi eux, & avoient été chargés de l'Inſtruction de la meilleure partie des jeunes gens de la Ville, euſſent encore produit aucun fruit : Ce qui leur étoit d'autant plus ſenſible, qu'avant cela, diſoient-ils, ils avoient de très-bons Colléges & d'excellens Régens. Ils y joignirent quelques autres plaintes encore plus graves ſur la zizanie, qu'on accuſoit ces Peres d'avoir ſemé dans la Ville & dans la la Province : & ils revenoient à de nouvelles inſtances, pour obtenir qu'on rappellât les Jéſuites, & qu'on fondât un Collége Royal. Qu'aurois-je pû faire pour eux auprès de Henry, qui venoit d'accorder tout récemment à ces Religieux, que ſon Cœur fût mis dans leur Maiſon de La-Fleche ; au-lieu de l'Egliſe de Notre-Dame, où l'on a coûtume de dépoſer celui de nos Rois ? C'eſt à ce ſujet qu'un Chanoine de cette

LIVRE VINGT-QUATRIEME. 15

1607.

Eglise, rencontrant en ce temps-là un Jésuite, lui demanda lequel ils aimoient mieux, de mettre le cœur du Roi dans La-Flèche, ou de mettre la flèche dans le cœur du Roi (8).

Malgré tant de faveurs & de bienfaits, dont Sa Majesté combloit ainsi chaque jour les Jésuites, ils se croyoient sans doute tout autrement obligés encore au Roi d'Espagne; puisqu'ils continuoient à appuyer tous ses desseins : desseins, qui se tramoient dans le Royaume, & au milieu de la Cour même. L'Ambassadeur Espagnol s'ouvrit confidemment aux Amis que cette Couronne avoit en grand nombre chez nous, de la résolution où il disoit qu'étoit Sa Majesté Catholique, d'empêcher par quelque moyen que ce fût, qu'un Roi si ambitieux, disoit-il, si prudent, si habile Général d'Armée, d'une si grande réputation, & si particuliérement uni de Politique avec les Protestans, n'éxécutât les projets, que ses amas d'argent, d'armes & de munitions, déclaroient assez : Qu'il ne falloit pas laisser prendre à ce Prince l'essor hors de chez lui ; parce que rien ne pourroit lui résister : mais lui susciter assez d'affaires dans l'intérieur de son Royaume, pour l'empêcher d'en sortir ; en se servant, avec le même fruit qu'on avoit fait du temps de la Ligue, de la haine que se portoient les deux Religions : Que c'étoit l'affaire de tous les Catholiques de l'Europe, dont la crainte étoit d'autant mieux fondée, que Henry, par la protection qu'il avoit accordée aux Provinces-Unies, avoit sçu affoiblir la seule Puissance qui auroit pu faire quelqu'effort considérable en leur faveur : Qu'il falloit lui rendre la pareille ; en cherchant à consumer ses forces, avant que d'entreprendre d'en tirer raison ouvertement.

J'étois moins épargné que personne, dans ces discours. On disoit, Que je mettois dans la tête de Sa Majesté, d'entreprendre de plus grandes choses, qu'aucun Roi de France n'avoit fait depuis plus de cinq cens ans : Que mon principal objet étoit de détruire la Religion Catholique. Je ne me défends que contre cette derniere imputation, absolument fausse : mais on la croyoit permise, comme le motif le plus capable de faire impression. Au reste, je ne

(8) J'aurois bien voulu faire honneur à M. de Sully, de mépriser un || Bon-mot, si plat & si plein de malignité.

mets rien ici gratuitement sur le compte de l'Ambassadeur Espagnol. Quelques-uns des Ecclésiastiques qu'il prit pour Confidens, se trouverent encore assez bons François, pour être scandalisés de pareils discours. Ils crurent satisfaire leur conscience & leur honneur, en faisant jurer par la Foi & les Saints Evangiles, au Cardinal Du-Perron & à son Frere, auquel ils les redirent, que du moins ils ne les nommeroient point : On ne soupçonnera pas les deux Du-Perron d'avoir forgé une imposture ; tout y étoit trop bien circonstancié : on ne rapportoit rien, que d'après l'Ambassadeur, qui avoit dit encore, Que la chose n'en étoit plus aux termes d'un simple projet : mais que plusieurs bons Ecclésiastiques & amis de Sa Majesté Catholique, y avoient déja travaillé, & y travailloient si bien tous les jours, qu'on devoit s'attendre à voir dans peu arriver quelqu'heureuse Révolution. D'ailleurs, ce n'étoit pas seulement dans sa Cour, que ces avis étoient donnés au Roi : ils lui venoient de toutes les Cours étrangeres, où les Ambassadeurs d'Espagne disoient publiquement, Que la balance commençoit trop à pencher du côté de la France, pour que la Paix pût durer encore long-temps entre les deux Couronnes : Et l'on ajoûtoit, Que ces Espagnols soûtenoient ces discours par de puissans efforts, & par toutes sortes de manèges propres à s'attacher les Amis & Alliés de la France.

Henry ému, comme il devoit l'être, de ces avis qui se multiplioient de tous côtés, avoient commencé dès la fin de l'année derniere à m'en parler. Il m'envoya un jour chercher par La-Varenne, de si grand matin, que je le trouvai encore couché. Si-tôt qu'il fut habillé, il me prit par la main, en me disant : ʺ Mon Ami, j'ai des choses d'importance à vous dire : allons-nous en au Cabinet des Livres, ʺ afin de pouvoir nous entretenir long-temps : Car quoique ʺ j'aye eu quelque ressentiment de Goutte, je ne laisserai pas ʺ de me promener quelquefois. ʺ Après qu'il m'eut rapporté tous les avis qu'il recevoit : ʺ Hé-bien ! dites la vérité, me dit-il : Vous n'êtes pas fâché de voir, par tout ce ʺ que je vous ai dit, confirmer l'opinion que vous avez toujours euë, qu'il falloit que les grands Rois se résolussent ʺ à être Marteaux ou Enclumes, quand ils ont des Rivaux ʺ puissans ; & qu'ils ne doivent jamais compter sur un bien ʺ profond repos : ce que je ne nie point que je ne vous ʺ aye

LIVRE VINGT-QUATRIEME.

» aye quelquefois contesté : Mais puisque nous voyons la
» chose se vérifier aujourd'hui, au-moins donnons ordre à
» les réduire en tel état, qu'ils ne puissent mettre en exé-
» cution leurs mauvais desseins après moi : car peut-être
» n'y trouveront-ils pas tant de difficultés, qu'ils feront
» moi vivant, qui connois leurs finesses. Je ne suis pas si
» fou, continua ce Prince, que de vouloir me venger à
» mes dépens de ces petites frasques que me font quel-
» quefois vos Huguenots. Ils s'abusent, s'ils pensent que je
» ne connois pas mes forces en comparaison des leurs, &
» que je ne sçache bien qu'il est en ma puissance de les
» ruiner quand il me plaira : Mais je ne veux pas, par un
» dépit frivole, ni pour plaire à autrui, affoiblir si fort
» mon Etat en les voulant détruire, que je devienne la
» proie de mes Ennemis : j'aime mieux leur donner deux
» coups, que d'en recevoir un de leur main. Ainsi, pour-
» suivit Henry, en s'animant de lui-même, puisque la ma-
» lice de ces Marauds est telle, il faut essayer de la préve-
» nir : & Pardieu ! j'en jure, car ils m'ont mis en colere,
» s'ils me pressent davantage par leurs complots contre ma
» Personne & mon Etat ; car j'ai été averti encore hier,
» qu'en leurs menées il y a de l'un & de l'autre ; s'ils me
» font une fois mettre les armes à la main, ce sera de
» manière que je leur ferai maudire l'heure où ils auront
» troublé mon repos. Préparez donc tout le mieux que
» vous pourrez ; & faites sur-tout abondante provision
» d'armes, d'artillerie, de munitions & d'argent, qui est
» ce qui donne vigueur aux autres : pour le surplus, je
» m'en charge : Et voyez si pour cette année prochaine
» 1607, vous ne pourriez point trouver une Devise, qui
» exprime, suivant ce que nous venons de dire, que s'ils
» nous font la Guerre en Renards, nous la leur ferons en
» Lions. «

Je fus charmé d'entendre le Roi parler de la sorte ; &
j'exécutai ses ordres avec la plus grande joie du monde.
Sur les Jettons d'or que je lui présentai au commencement
de l'année, étoit représenté le Temple de Janus : Un Lis
paroissoit en tenir la porte fermée : ce qui étoit encore
mieux expliqué par ces trois mots, qui en étoient la Devise : *Clausi, cavete recludam.* Le Roi trouva que j'avois

Tome III. C

1607. fort-bien réüssi à marquer la disposition où il étoit, de ne pas se laisser prévenir par ses Ennemis.

Henry avoit de la peine à ne pas regarder comme tels, six ou sept personnes de la Cour, entre plusieurs autres, sur lesquelles on lui donnoit presque continuellement des avis très-sérieux. La Maison de Lorraine y étoit comprise toute entière : ce qui lui faisoit un jour m'écrire » Toutes les » Croix de Lorraine sont dissimulées; & j'ai peur que les » Fleurs-de-lis n'en ressentent de la contagion. « Ces plaintes étoient assez souvent mêlées de reproches de Sa Majesté, de ce que je souffrois que tous ces Princes eussent publiquement avec moi, des liaisons plus étroites qu'elles lui sembloient ne devoir l'être, avec une façon de penser si differente : C'est que je regardois comme autant de calomnies, tous ces rapports faits à Sa Majesté contre Messieurs de Lorraine. Je crus pourtant devoir, par complaisance pour ce Prince, en parler à celui de tous qui pouvoit lui faire le plus d'ombrage : je n'en reçûs que des assûrances d'obéïssance & d'attachement qui me parurent si sincères, que je crûs être obligé de détromper Sa Majesté sur son sujet. Je priai ce Prince de me rendre la justice de croire que je romprois sans balancer, toute liaison qui me paroîtroit tant-soit-peu préjudiciable à son autorité : Et comme il souffroit que je lui donnasse des conseils là-dessus ; je lui fis observer, Que pour son intérêt propre, je ne devois point abandonner la personne dont il se plaignoit : parce qu'en supposant qu'elle m'eût caché quelque chose de ses sentimens, j'étois sûr, que tant que je conserverois quelque pouvoir sur son esprit, elle ne se porteroit jamais jusqu'à manquer à son devoir ; & qu'il me paroissoit sur-tout nécessaire d'user de patience & de silence, pour ne pas effaroucher des esprits, auxquels une semblable imposture seroit d'autant plus sensible, qu'ils la méritoient moins.

Quant à toutes les autres personnes comprises dans l'accusation ; le Roi ne me disoit rien, dont je n'eusse été informé avant lui : mais toutes les fois que j'avois voulu approfondir tous ces rapports, j'y avois toujours trouvé peu de fondement & de réalité. Le motif qui faisoit agir les Délateurs, m'étoit d'ailleurs si bien connu, qu'à la fin j'avois pris le parti de leur fermer tout-à-fait l'oreille, dès que je leur entendois seulement nommer les deux ou trois personnes, sur lesquelles leur langue s'éxerçoit avec une plus maligne joie. Ce n'est pas que le Parti Espagnol ne fût considérable à la Cour : j'ai été le premier à en convenir ; & je crois que personne n'a mieux connu que moi, ceux qui en faisoient profession : mais quelle apparence de faire entrer dans cette association, qu'on vouloit qui fût secrette, des personnes connuës par une longue & invincible antipathie ?

A cela Henry répondoit, Qu'il étoit toujours fort dangéreux qu'on fût persuadé qu'il ne se tramoit aucun projet criminel contre l'Etat, dans lequel on ne pût espérer de faire entrer la premiere & la plus grande partie de la Cour : & il revenoit toujours à me solliciter de vérifier, & de prévenir tous ces prétendus complots. En convenant du principe, j'y en opposois un autre, qui est encore plus incontestable : c'est, Qu'il ne faut pas prétendre punir tous les crimes qui ne sont qu'en idée & en desirs, mais seulement prêter un œil attentif à ne pas leur laisser prendre un corps ; en écartant les uns des autres, comme sans dessein, les germes dont il pourroit se former : ce qui doit toujours être plûtôt le soin du Ministre que du Maître. Que pouvoient faire après-tout ces personnes, qu'on peignoit si redoutables, en mettant la chose au pis aller ? c'est une réfléxion que je faisois encore faire au Roi : Sa seule Personne n'en valoit-elle pas mille des leurs ? & celles de ses Serviteurs, décidés fidéles, ne lui faisoient-elles pas un rempart assûré ? Henry n'avoit point d'ennemis, que déslors il ne pût d'un seul mot faire trembler : Lui vivant, la tranquilité du Gouvernement ne pouvoit être troublée par la crainte d'aucune Révolution.

Voilà à-peu près tout ce qui fut dit & écrit à cette occasion, entre Sa Majesté & moi ; soit d'elle à moi, soit par la bouche du Duc de Rohan, qui vint plusieurs fois m'entretenir, ou me porter sur tout cela des Lettres de sa part. Ce Prince suivit à la fin l'avis que je lui donnois, de manier toute cette affaire par des voies détournées, & avec plus de subtilité que de force. Je ne regardai pas cette occupation, comme quelques autres dont le Roi me chargeoit à la Cour: j'y fis plusieurs voyages à cet effet. Je ne négligeai rien de ce que je crus capable de dissiper ces vapeurs malignes: j'offris même à Sa Majesté d'y consacrer tout le temps, qu'elle me permettoit d'aller passer dans mes Maisons, & d'y travailler sans cesse auprès d'elle. Je convins avec ce Prince, en lui écrivant sur toute cette matiere, d'un Chiffre, qu'il n'étoit pas possible d'entendre, ni de soupçonner. J'envoyai Descartes à Barrault, pour l'instruire de ce qu'il falloit qu'il fît & qu'il dît à Madrid, tant sur ce sujet, que sur quelques autres.

Il étoit question d'un Mémoire, que le Secretaire d'Espagne venoit de présenter au Roi à Fontainebleau, le 5. Avril, pour faire rendre par Sa Majesté aux Espagnols, certaine prise que Grammont avoit faite, & qu'il avoit refusé de restituer sans ordre. Il ne s'agissoit ici que de bien entendre la Loi des Débris & Naufrages: car la prise étoit de cette nature. Le Ministre Espagnol soûtenoit, Que cette Loi n'a point lieu par rapport aux Vaisseaux & Piéces d'Artillerie, qui appartiennent en propre aux Rois & Princes souverains, & leur servent actuellement. Ni la Loi qu'on citoit, ni le cas présent, ne paroissoient pas si clairs au Conseil, que l'Espagne le disoit. Villeroi dit, Que lorsque la fameuse Flotte que le feu Roi d'Espagne envoyoit contre l'Angleterre, fut dissipée dans la Manche, l'on avoit fait rendre à la vérité les débris qui en vinrent à Calais; mais que cette restitution fut regardée plus comme de grace, que comme de droit. Le Roi me renvoya cette Question à décider, par l'autorité & les exemples des Archives de la Monarchie.

Ce qui se passa cette année en Flandre entre l'Espagne & les Provinces Unies, paroîtra d'une toute autre conséquence pour nous. Le commencement de la Campagne donna quelque espérance que la Paix pourroit se reculer encore pour long-temps. Du-Terrail essaya de surprendre la Ville de L'Ecluse pour les Espagnols: il s'y ouvrit un passage par le pétard, & y entra si avant, à la tête des Soldats que l'Archiduc lui avoit donnés pour cette entreprise, qu'il est sans contredit qu'il s'en seroit rendu le maître, s'il avoit été mieux soûtenu: mais la peur saisit tout son monde; il en fut abandonné, & obligé de sortir comme il étoit en-

LIVRE VINGT-QUATRIEME.

tré. Le Prince d'Orange attaqua Anvers, & ne réüssit pas mieux. Tant de mollesse ne fit que montrer encore mieux, qu'on avoit désapris de part & d'autre à faire la Guerre ; & donner plus de force aux Propositions de Paix, qu'on faisoit publiquement. Une antipathie aussi profondément enracinée, que l'étoit celle des Flamands pour l'Espagne, leur inspira de tenter une derniere fois, le même moyen, qu'ils avoient employé auprès de nous l'année précédente, pour nous engager à faire notre Cause de la leur ; je veux dire, qu'ils réitérerent avec plus d'instance, l'offre d'un certain nombre de leurs meilleures Places en ôtage.

Je n'ai pas rapporté, je crois, ce qui s'étoit passé dans le Conseil à cette occasion. On y avoit dit, Qu'il n'étoit pas raisonnable que le Roi dépensât tous les ans deux millions pour les Etats, sans en retirer aucune utilité : Que l'exemple de la Reine Elisabeth étoit une leçon pour nous ; & que les Flamands se trouveroient encore trop heureux de recevoir notre secours à ces conditions. Il n'y avoit rien d'étonnant dans cette opinion du Conseil ; si-non, qu'elle ne fut appuyée, à ce qu'on remarqua, que par les Catholiques zèlés ; ceux-là mêmes qui auroient tout sacrifié, pour faire réüssir le projet d'unir ensemble la France & l'Espagne : On ne devineroit peut-être pas, vers quel but tendoient ces Conseillers, par des démarches en apparence si contradictoires. Le voici : Ils étoient fort-éloignés de croire l'offre des Flamands aussi sincère qu'elle l'étoit : & à leur compte, il suffisoit de la recevoir, pour voir bientôt la désunion & la discorde entre le Roi & les Etats. Cet avis l'emporta ; sans que je fisse rien autre chose, que de témoigner par un branlement de tête, que je refusois ma voix.

Cependant il en arriva tout autrement : Le Conseil des Provinces-Unies (9) reçut cette ouverture à bras ouverts ; & consentit de donner en ôtage, au Roi, six Villes à son

---

(9) On ne sçauroit douter que les Provinces-Unies n'ayent eû alors bien véritablement le dessein, non-seulement de se mettre sous la protection de la France ; mais encore de se soûmettre à sa Domination. Voyez-en la délibération dans Vittorio Siri, (*Mem. Recond. tom.* 1. *pag.* 418.) Mais comme c'étoit la nécessité seule qui les y forçoit, cette disposition étoit-elle bien sincère, & auroit-elle duré long-temps ? Je crois que le meilleur parti fut celui que le Duc de Sully fit prendre dans le Conseil.

choix; moyennant qu'il leur fournît deux millions effectifs, & certaine quantité de poudre ; & qu'il favorisât, comme auparavant, leurs levées de Gens de guerre en France. Buzenval étant revenu l'Hiver précédent, comme je l'ai dit, signifier cette résolution; nos Conseillers, dans l'embarras où elle les jettoit, ne sçavoient plus que dire, ni quel parti prendre : & je crois qu'alors, bien-loin de les fâcher, je leur rendis un grand service, en montrant, comme je fis, en plein Conseil, combien précipitamment ils avoient formé leur premiere Délibération. Je fis voir, Qu'il s'en falloit beaucoup que les différens secours, que Sa Majesté accordoit volontairement chaque année aux Etats, montassent à une somme aussi considérable, que celle qu'ils demandoient : Que les Villes qu'on offroit, n'étoient point, à bien l'éxaminer, une caution sûre de notre Argent. Enfin je taxai avec encore plus de satisfaction de leur part que de la mienne, toutes leurs raisons d'absurdité & d'ignorance. Ce Conseil avoit été assemblé extraordinairement ; & il étoit composé du Roi, de M. le Comte de Soissons, du Chancelier de Bellièvre, de Sillery, Château-neuf, Villeroi, Château-vieux, comme Capitaine des Gardes, & moi. Personne n'ayant rien repliqué ; il ne fut plus question de Villes d'ôtage ; & on s'en tint en gros, aux premiers termes d'Amis & d'Alliés des Provinces-Unies, soit pour l'offensive, soit pour la défensive; dont le prétexte exprimé dans le Traité (car les Etats en vouloient un), fut de les mettre en paix avec le Roi d'Espagne.

Les Etats, à qui ce manège donnoit beau jeu, pour mettre le tort de notre côté, ne prirent point le change ; & dirent résolument, Que puisqu'on leur refusoit l'Argent dont ils avoient besoin, après le leur avoir comme promis, on les mettoit dans la nécessité de faire la Paix avec leur Ennemi ; & qu'on la verroit incessamment concluë. Ce n'étoit pas là le compte de Sa Majesté, qui s'étoit attenduë à tenir encore long-temps les choses sur le premier pied, moyennant ses secours & son assistance ordinaires ; & qui avoit commencé pour cela, par faire tenir aux Etats, au commencement de cette année, une somme de six cens mille livres. Mais ils prirent son Argent, & n'en firent pas moins la cessation d'Armes, à laquelle ils étoient résolus ;

LIVRE VINGT-QUATRIEME. 23

1607.

Et c'est apparemment pour prévenir nos reproches qu'ils envoyerent de nouveau nous fatiguer par les mêmes propositions de Villes d'ôtage, & d'acceptation de la Domination Françoise, dont ils sçavoient combien nous étions dégoûtés. J'ajoûte, qu'ils cherchoient à nous tirer encore quelque somme d'Argent considérable : Aërsens à son rétour à Paris, au commencement d'Avril, n'ayant point eu honte de demander un supplément de deux cens mille livres. Henry eût sa revanche : mais en refusant Aërsens, il ne laissa pas de faire d'ailleurs tout ce qu'il crut propre à suspendre la résolution des Etats pour l'accommodement ; quoiqu'il dît dès ce moment, qu'il n'étoit que trop clair que c'étoit un point arrêté entr'eux.

Preaux & Russy avoient déja fait plusieurs allées & venuës à ce sujet, par Commission du Roi. Sa Majesté, qui regardoit comme un coup de partie, d'avoir en ce Pays-là quelqu'un, qui assistât de sa part à l'Assemblée Générale des Etats, qui avoit été indiquée pour le 6 Mai ; & dans laquelle on devoit nommer des Députés, pour envoyer faire part à ce Prince, des motifs de la cessation d'Armes ; Sa Majesté, dis-je, jugea-à-propos que je fisse repartir précipitamment Buzenval, auquel elle donna Jeannin pour Adjoint. Leurs instructions furent à-peu-près les mêmes qu'on avoit données à La-Boderie, au sujet de la suspension d'Armes. Je délivrai à Buzenval ses mêmes appointemens, pour six mois : j'y compris seulement les Frais, que Franchemen, son Sécretaire, pouvoit avoir faits en Flandre, pendant que son Maître étoit absent.

Antoine le Fèvre de La-Boderie.

Les choses étoient en cet état, lorsqu'on apprit la Nouvelle d'une grande Victoire Navale, remportée le 25 Avril (10), par la Flotte des Provinces-Unies, sur celle des Espagnols : & presqu'aussi-tôt Buzenval en envoya le détail, tel qu'on va le voir. Alvarès Avila, Amiral Espagnol, croisoit aux environs du Détroit de Gibraltar, pour défendre aux Hollandois l'entrée de la Méditerrannée, & leur ôter le Commerce de la Mer Adriatique. Les Hollandois, qu'on

D. Joan Alvarès d'Avila.

---

(10) D'autres Historiens disent le Lundi 30 Avril : il y a aussi quelques autres differences dans la Relation du Combat, mais peu considérables.. *Voyez* De-Thou, *liv.* 138. *le Merc. Franc. ann.* 1687. *& autres Historiens*

1607.

Jacob Heemskerk.

ne pouvoit mortifier plus fenfiblement, donnerent dix ou douze Vaiffeaux à commander à un de leurs meilleurs Hommes de Mer, nommé Heemskerk, avec la qualité de Vice-Amiral, pour aller reconnoître cette Flotte, & l'attaquer. Avila étoit déja plus fort que fon Adverfaire, de près du double, foit en Vaiffeaux, foit en Hommes: Il ne laiffa pas de fe renforcer encore de vingt-fix grands Navires ou Gallions, dont quelques-uns étoient du port de mille tonneaux ; & d'augmenter fes Gens de Guerre jufqu'à trois mille cinq cens hommes : mais auffi avec ce renfort il fe tint fi affûré de la Victoire, qu'il fe fit accompagner de cent-cinquante Gentilhommes, pour en être feulement les Témoins. Au lieu cependant de prendre la pleine Mer, comme il devoit le faire ; avec cette confiance, il fe pofta fous la Ville & Château de Gibraltar, afin de ne combattre que quand il le trouveroit bon.

Heemskerk bien éloigné de tant de précautions, n'eut pas pluftôt apperçû que fon Ennemi paroiffoit le craindre, qu'il alla l'attaquer, & lui livra le plus furieux Combat, dont on ait entendu parler de mémoire d'homme : il dura huit heures entieres. Le Vice-Amiral Hollandois s'attacha tout d'abord à l'Amiral Efpagnol, l'accrocha, & vint à l'abordage: Un coup de Canon, qui lui emporta la cuiffe dès le commencement de la mêlée, ne le laiffa vivre qu'une heure ; pendant laquelle, & jufqu'à une minute près de fa mort, il continua de donner les ordres, comme s'il n'eût fenti aucun mal : & lorfqu'il fe vit prêt à rendre le dernier foupir, il mit fon Epée entre les mains de fon Lieutenant, en lui faifant faire, & à tous fes Gens, ferment de vaincre ou de mourir. Le Lieutenant fit paffer ce ferment dans tous les Vaiffeaux, où l'on n'entendit que ce cri général, *Mort ou Victoire*. Les Hollandois demeurés enfin Victorieux, trouverent qu'il ne leur en avoit coûté que deux Vaiffeaux, & environ deux cens cinquante hommes. Pour les Efpagnols, ils y perdirent feize Bâtimens, trois confumés par le feu ; le refte, du nombre defquels étoit l'Amiral, fracaffés à coups de Canon & coulés à fond. L'Amiral Avila, trente-cinq Capitaines de Vaiffeau, cinquante de fes Gentilhommes volontaires, & deux mille huit cens Soldats y perdirent la vie : Action mémorable, qui non-feulement coûta des larmes

mes aux Veuves & aux Particuliers ; mais encore pénétra d'horreur toute l'Espagne.

On peut dire que c'étoit finir la Guerre par un beau coup : Car les Négociations n'en furent pas discontinuées : elles n'en furent peut-être même poussées que plus vivement. On n'en parloit au commencement, que comme de moyens proposés par le Marquis Spinola, ou tout-au-plus par l'Archiduc ; sans faire mention du Roi d'Espagne : & quelques-uns furent assez simples pour croire, sur les incertitudes qu'ils y remarquoient, que tout cela se traitoit en effet sans la participation de Sa Majesté Catholique. Pour peu qu'on y eût fait attention ; on n'auroit trouvé aucune apparence, que Spinola ni l'Archiduc, eussent osé négocier avec les Ennemis mortels de l'Espagne, pour une Paix, ou une Trève à longues années (car on disoit l'un & l'autre) sans le consentement, du-moins secret, du Roi d'Espagne, ou de ceux qui le gouvernoient. Ce Prince étoit lui-même bien décidé dès ce moment-là, comme il le parût assez dans la suite : Et si l'on remarquoit quelque embarras politique, il venoit, ou de la chose même, ou de la lenteur du Conseil de Madrid ; ou enfin du côté de ceux auxquels il se croyoit obligé, pour la forme, de communiquer sa résolution, qui pour en bien parler, n'étoit pas sans de grands risques pour l'Espagne, & qui par conséquent ne pouvoit lui être inspirée que par une pressante nécessité.

On soûtint en France le pour & le contre, jusqu'au moment de la conclusion. Le Roi me mandoit son Avis sur toutes les Dépêches qui lui venoient de ce Pays-là ; & nous les envoyoit éxactement à Villeroi, Sillery & moi, pour être éxaminées dans une espèce de Conseil. L'Avis le plus important, fut celui qui fût apporté sur la fin de Mai : Qu'on n'attendoit plus en Flandre, pour arrêter les Articles, sinon, que le Roi d'Espagne promît de ratifier ce qui seroit statué par l'Archiduc, ou par Spinola & les Agens des Etats : Que le Secrétaire de ce Marquis, qui avoit passé, quelques jours auparavant, par Paris, étoit allé chercher cet engagement de ratification, avec la révocation de Dom Diego-D'Ibarra, qu'on disoit qu'il avoit en effet rapportées. Sur cet exposé, que me fit Henry, dans une Lettre qu'il m'écrivit de Monceaux, le 24 Mai ; je lui répondis,

Qu'il falloit tenir la ratification de l'Espagne pour assûrée ; & par conséquent la Paix, ou une longue Tréve : Que ce seroit apparemment sous ce dernier nom, comme plus propre à cacher la honte des Espagnols, que l'accord paroîtroit : A quoi j'ajoûtai, conformément à ce que je viens de dire : Que l'Espagne cédoit au besoin ; supposé qu'elle ne cachât pas sous cette démarche, un piége, par lequel elle espéroit regagner un jour, ce qu'elle sacrifioit à la nécessité.

Le Sécretaire de Spinola n'étoit point chargé du projet de ratification, comme on l'avoit dit ; puisque si cela eût été, elle seroit arrivée en Flandre, & même à Paris, avant la fin de Juillet, ainsi qu'Henry s'y attendoit : Ou bien il se rencontra de nouveaux obstacles, ou enfin l'Espagne jugea à propos, pour d'autres raisons, d'en retarder l'expédition ; puisqu'elle ne parut datée que du 18 Septembre. Je le sçus des premiers, par l'Ambassadeur de l'Archiduc, qui en répandit ensuite le bruit par tout Paris, avec des circonstances tout-à-fait favorables à l'Espagne, qu'Henry ne crût point ; » les Espagnols, disoit-il, ayant trop marchan- » dé à le dire. « Je mandai à Fontainebleau, ce que m'avoit dit sur cela l'Ambassadeur, & ce que je lui avois répondu ; avec une sincérité qui fit plaisir à Sa Majesté. La premiere Dépêche qui devoit venir de Hollande, & qui arriva enfin, le 15 Octobre, apprit au juste, ce qu'on devoit croire de cette Piéce, qui étoit attenduë avec tant d'impatience.

Par cet Ecrit, Sa Majesté Catholique, non-seulement approuvoit le Traité de suspension d'Armes, qui avoit été fait par l'Archiduc ; mais engageoit encore sa parole Royale, de ratifier de-même tout ce qui seroit conclu par ce Prince ou ses Agens, avec le Conseil des Provinces Unies, pour une Paix, ou une longue Tréve, leur en laissant le choix ; comme si elle avoit été concluë & arrêtée par lui-même. Il promettoit d'employer toute son autorité, pour la faire éxactement observer, & sous de grandes peines, dans tous ses Etats : Entendant seulement, que si rien ne se concluoit entre les Négociateurs, le présent Ecrit seroit censé nul ; sans pouvoir procurer à aucune des Parties, d'autre Droit, que celui qu'elles avoient dans la chose ; & que tout demeu-

LIVRE VINGT-QUATRIEME.

reroit au même état, où il étoit lors de la présente Ratification. Elle étoit écrite & signée en Espagnol, *Yo el Rey*; & en placart: ce qui déplut aux Etats: Car pour la forme, ils en furent assez contens ; excepté, qu'ils trouverent encore à redire à ces mots, *sans préjudicier aux Droits des Parties*, qui étoient exprimés, dans la supposition qu'il ne se conclût rien. Ils firent une beaucoup plus grande difficulté, sur ce qu'il y étoit stipulé, Que la présente disposition ne regardoit pas moins la Religion que la Politique & le Gouvernement ; croyant que cette Clause y avoit été mise, pour leur disputer les Droits de vrais Souverains sur la Police Ecclesiastique. Mais la Piéce fut jugée recevable en cette forme, par les Députés de France & d'Angleterre, auxquels on en demanda avis. Jeannin qui cherchoit à faire valoir, le plus qu'il pouvoit, le Nom de son Maître, leur dit : Qu'il n'approuveroit pas, qu'après avoir tout accordé, ils rompissent sur une chose, qui, à bien examiner, ne les engageoit à rien de plus que ce qu'ils avoient intention de faire : Qu'il leur conseilloit seulement, Que toutes les douceurs, qu'ils pourroient accorder aux Catholiques dans leur République, parussent plustôt venir d'eux-mêmes, ou par le canal de Sa Maj. T. C. qu'en vertu d'un Contrat passé avec les Archiducs & l'Espagne.

Voilà quelle étoit cette Ratification, dont on avoit fait tant de bruit (11). » Le temps nous apprendra » m'écrivoit Henry ; en m'en envoyant une Copie par le jeune Loménie, » quels avantages chacun en tirera : Le Prince Maurice tient » déja des discours, comme s'il ne vouloit pas la recevoir, » ni la Zelande non-plus. « La Tréve, par-où toute cette Négociation aboutit à la fin, ne fut consommée ni publiée, qu'au commencement de 1609 : différentes difficultés l'ayant tenuë accrochée pendant tout le cours de 1608. Pour ne rien anticiper, contentons-nous de dire, qu'elle produisit en celle-cy, une cessation totale d'hostilités, pendant laquelle on négocia sincèrement pour la Paix. Le Roi tint continuellement sur les Lieux (12) Jeannin & Preaux

---

(11) Voyez De-Thou, le Mercure François, & autres Historiens, *ann*. 1607. On peut aussi consulter le Volume 9981. des Mss. Royaux, rempli de Piéces curieuses sur les Affaires des Provinces-Unies.

(12) M. de Buzenval venoit d'y mourir, à Leyden, le 23 Septembre:

de sa part. Le Roi d'Angleterre y fit aussi résider son Député. Ce Prince y donna assez à connoître son caractère, tel que je l'ai dépeint. Il ne tenoit qu'à lui d'humilier une Puissance, qui lui étoit odieuse. La France, quoiqu'elle puisse mieux se passer, qu'aucune autre Couronne, de ses Voisins, lui en indiqua les voies, & offrit de lui en montrer l'exemple. Mais que peut-on attendre de ceux qui ne sçavent, ni connoître le temps, ni saisir les occasions, ni rien exécuter, ni même rien vouloir bien positivement?

Sur l'avertissement donné par De-Vic, Qu'au mépris des Traités, & malgré les Déclarations réitérées des Archiducs, nos Voisins continuoient à travailler au Fort de Rebuy, & qu'il seroit bien-tôt en état de défense; le Roi envoya à ce Vice-Amiral, ordre de faire marcher de ce côté là des Gens de guerre, qui surprirent les Ouvriers, & renverserent tout leur travail, sans tuer ni blesser personne : » Nos Voisins, me » mandoit Villeroi, pourront bien s'en plaindre ; mais il vaut » mieux qu'ils soient Demandeurs & Complaignans, que » nous. «

Les Grisons se déterminerent enfin, à en user à-peu près aussi peu respectueusement avec les Espagnols ; après les avoir trop long-temps menagés. Les efforts que les Mutins faisoient parmi eux, pour mettre tout le Pays sous la Domination Espagnole, & pour en chasser tous les Réformés, venoient d'aboutir à une véritable sédition ; dans laquelle le Sénat découvrit que le Comte de Fuentes avoit fait jouer le principal rôle à l'Evêque de Coire & à ses Adhérans, par le moyen de deux Pensionnaires d'Espagne, qui en porterent toute la peine : Ils furent saisis & abandonnés au Bras Séculier, qui en fit une promte & exemplaire justice. les Ligues firent en même-temps lacérer publiquement les Articles de Milan, le seul lien qui eût pû les tenir attachés à l'Espagne ; & confirmerent solemnellement leur Alliance avec la France & les Vénitiens. Après ce coup d'éclat, les Grisons sentirent qu'ils avoient, plus que jamais, besoin du conseil & de l'assistance de Sa Majesté : Le Courier qui

---

homme de grande réputation chez les François & les Etrangers. » Pour » honorer sa valeur & sa mémoire, » disent les Mémoires de l'Histoire » de France. Messieurs les Etats fi- » rent faire son enterrement à leurs » dépens, avec pareille Cérémonie » & pompe, qu'ils avoient fait au » Prince d'Orange. «

vint demander l'un & l'autre, en apportant cette bonne Nouvelle, ne mit que six jours à venir du fond de La-Valteline.

1607.

Quoique le Comte de Fuentes ne parlât publiquement, que de venger l'affront fait à son Maître, & qu'il affectât de grands préparatifs en Allemagne & en Suisse ; on ne s'en émut guére en France ; où l'on étoit persuadé que, s'il pouvoit par toutes ces vaines menaces, reculer une Décision sur l'Affaire de La-Valteline, il n'insisteroit que bien foiblement sur les deux Pensionnaires, & sur les Articles mis en pièces. L'Empereur avoit assez de ses affaires particulieres. Ayant entrepris d'ôter la liberté de conscience aux Protestans de Transilvanie ; un Transilvain, nommé Bostkay, s'étoit mis à leur tête, & avoit si fort mal-mené les Troupes Impériales, que l'Empereur, dans la crainte que les Turcs ne se joignissent aux mécontens, avoit été obligé de laisser ces Peuples en paix, & d'accorder à Bostkay la Seigneurie du Pays, en proprieté, avec quelque sorte d'hommage, ou plutôt une simple redevance. A l'égard des Cantons Suisses, l'Espagne devoit bien se douter que les Ligues ne s'étoient pas portées à un pareil coup, sans la participation de ceux de ces Cantons qui sont Alliés du Duché de Milan.

Rodolphe.

Le Roi fit entendre aux Grisons, qu'il ne les abandonneroit pas. Il promit la même chose à la petite République de Genève, qu'il ne croyoit pas indifférente pour ses grands desseins : il y fit tenir de l'Argent, afin qu'elle pût maintenir ses Forces en état, & faire une abondante provision de munitions. Sa Majesté fit plus : En envoyant porter à Genève ses Lettres, toutes remplies de témoignages de sa bienveillance, par Boësse, Mestre de Camp du Régiment de Navarre, & Gouverneur des Ville & Citadelle de Bourg ; elle fit offre à cette Ville de la Personne de cet Officier, pour lui aider à conduire ses Entreprises : & elle ne fit pas difficulté de lui communiquer le dessein qu'elle avoit de faire dans Genève un Magasin de Canons, & de Munitions de guerre & de bouche, pour servir, tant à ses besoins, qu'à ceux de Sa Majesté dans ces Cantons. La République répondit au Roi, le 21 Avril, en acceptant avec reconnoissance ces marques de sa bonté, & lui promettant

D iij

1607. une grande éxactitude à l'avertir de tout ce que leurs Ennemis communs pourroient entreprendre. Ce Prince ne rompit point pour cela avec le Duc de Savoie : Au-contraire, le Comte de Garmare, Envoyé de ce Prince, devant prendre congé du Roi à Fontainebleau, à la fin d'Octobre, pour repasser les Monts, avec le Marquis De-Beuillaque, autre Envoyé du Grand Duc de Toscane, sans prendre leur route par Paris, du-moins Sa Majesté le crût ainsi ; Elle m'écrivit de lui envoyer deux Enseignes de Pierreries, de mille écus chacune, pour leur en faire présent.

L'Angleterre avoit aussi ses troubles. Après que Sa Majesté Britannique eût fait expirer dans les tourmens, les deux principaux Acteurs du Complot contre sa Personne, dont j'ai parlé l'année précédente, les Jesuites Garnet & Oldecorne ; elle crût devoir faire prêter de nouveau le serment de fidélité à tous ses Sujets : Ce qui se fit avec plusieurs circonstances contre la puissance & la Personne du Pape, auquel ce Prince s'en prenoit, qui aigrirent si fort l'esprit de Sa Sainteté, qu'elle envoya un Bref dans la Grande-Bretagne, par lequel elle défendoit à tous Catholiques Anglois de prêter ce serment.

Le Saint Pere se voyoit alors heureusement hors de l'embarras, que lui avoit causé Sa Querelle avec les Vénitiens. Le Roi termina cette grande affaire, à la satisfaction des deux Parties, par le Cardinal de Joyeuse, qui envoya son Ecuyer, dans le mois d'Avril, en porter à Sa Majesté la Nouvelle & les conditions. La République (13) faisant les premieres démarches, comme il convenoit, remit par l'Ambassadeur de France, les deux Ecclésiastiques Prisonniers,

---

(13) Selon d'autres Historiens, le Doge & le Senat ne voulurent faire aucune satisfaction au Pape, ni recevoir l'absolution, encore moins la demander ; & Paul V. fut très-choqué de l'indifférence, avec laquelle on reçut à Venise, ce qu'il prétendoit qu'on regardât comme une grace. Fresne-Canaye disoit, au retour de son Ambassade, Qu'on ne parloit pas plus respectueusement du Pape dans Venise, que dans Genève. Il est certain du-moins, que tous ses efforts furent inutiles pour y faire rétablir les Jesuites. » Cette affaire, » dit M. de Péréfixe, retarda l'ac- » commodement de quelques mois, » & pensa le rompre tout-à-fait ; » parce que le Pape considérant qu'ils » avoient été chassés pour sa Cause, » vouloit absolument que la Seigneu- » rie les rétablît en leurs Maisons & » en leurs Biens ; & qu'elle s'opiniâ- » troit de tout risquer, plustôt que » d'y consentir. Enfin le Pape, per- » suadé par l'éloquence du Cardinal » Du-Perron, comprit qu'il valoit » mieux se relâcher sur ce point,

LIVRE VINGT-QUATRIEME. 31

1607.

entre les mains d'une perfonne, nommée à cet effet par le Pape, fans aucune proteftation, qui pût déplaire à Sa Sainteté. Elle révoqua celle qu'elle avoit faite contre l'Interdit; fur l'affûrance qui lui fut donnée par Sa Majefté, que le Saint Pere leveroit enfuite cet Interdit dans la forme la plus gracieufe. Tout cela fe fit, fans que les Miniftres Efpagnols y priffent de part, qu'autant que le Cardinal de Joyeufe voulut leur en donner : ce qui en augmenta encore davantage la gloire que cette réconciliation acquit à Sa Majefté (14). Voulant gratifier le Cardinal Aldobrandin, Henry laiffa en ma difpofition de le faire : Je me doutai bien que cette Eminence trouveroit l'Argent plus de fon goût que les Bagues & les Pierreries ; & je décidai pour une penfion pluftôt que pour un préfent.

Le Cardinal Barberin retourné à Rome de fa Nonciature, s'y tint fi fort obligé de tous les fervices qu'il publia que je lui avois rendus, que cela me valut, au mois de Novembre, un Bref de Paul V. tout-à-fait obligeant : du-moins Sa Sainteté fe fervit de cette raifon pour m'écrire, & me recommander celui qui alloit relever Barberin ; qui étoit l'Elu de l'Eglife du Mont-Politien. Je ne rapporterai, ni tous les remercimens du Saint Pere, ni toutes les loüanges ; les offres de fervice, & les autres politeffes dont cette Lettre eft remplie : Je ne ferois que répéter à-peu-près ce que j'ai déja dit, en parlant du Bref qui m'avoit été adreffé précédemment par Clement VIII. De fortes prières & de pathétiques exhortations d'embraffer la Religion Catholique, avoient une égale part dans l'un & dans l'autre : & je répondis à Paul V, comme j'avois fait à fon Prédéceffeur, par les expreffions les plus refpectueufes, les plus polies & les plus fatisfaifantes ; excepté que je gardai encore le même filence fur l'article de mon changement de Religion.

» que de mettre toute la Chrétienté » au hazard de fe brouiller : de » forte qu'ils demeurerent bannis des » Terres de la Seigneurie. Le Pape » Alexandre VII. les y a rétablis par » fon interceffion. « *Péréfixe , Journal de L'Etoile , Mém. pour l'Hiftoire de France , Mercure François , Matthieu &c. ann.* 1607.

(14) » C'eft moi, difoit alors Henry IV. » qui ai fait la paix en Italie.« Le Mercure François marque , Que François de Caftro & Dom Inigo de Cardenas, Miniftres d'Efpagne à Rome, après avoir effayé inutilement de faire donner par Sa Sainteté, le Cardinal Zapula pour Adjoint au Cardinal de Joyeufe. *Ann.* 1607.

1607.

De ce détail d'Affaires Etrangeres, revenons à celles du Gouvernement; & commençons par la Finance: après avoir averti premierement, Que les Finances de la Navarre (15) furent réünies cette année à celles de France; en-sorte qu'on cessa de les traiter séparément; en second lieu, Que le long séjour que Sa Majesté faisoit dans ses maisons hors de Paris, & loin de son Conseil, fit qu'en cette année, encore plus que dans les précédentes, presque rien ne s'expédioit que par Lettres: le Roi aimant mieux prendre cette peine avec ses Secretaires d'Etat & ses autres principaux Employés, que de les faire venir travailler auprès de sa Personne. Il en étoit de-même de ceux que des fonctions d'un autre genre y appelloient: jamais le service de Sa Majesté n'a moins coûté de peine & de dépense aux Subalternes.

En me parlant des opérations de Finance pour la présente année, Sa Majesté me demanda lorsqu'elle me vint voir, au commencement de l'année, un Etat sommaire de ce qui étoit sorti d'Argent de mes mains, depuis que je gouvernois les Finances, pour les parties que le calcul suivant va indiquer: je le lui donnai huit jours après, en cette forme:

Aux Cantons Suisses & Ligues des Grisons, dix-sept millions trois cens cinquante mille livres. Dettes à l'Angleterre, en Argent donné aux Etats des Provinces-Unies six millions neuf cens cinquante mille livres. A differens Princes d'Allemagne, quatre millions huit cens quatre-ving-dix-sept mille livres. Au Grand Duc de Toscane & Princes d'Italie, dix-huit mille livres. A Gondy, Zamet, Cenamy & autres Traitans, de dettes sur le Sel & les Grosses-Fermes, quatre millions huit cens mille livres. Dettes contractées à cause de la Ligue, treize millions sept cens soixante dix mille livres. Dettes aux Provinces de Dauphiné, Lyonnois, Languedoc

(15) L'Auteur veut sans doute parler de l'Edit, qui pourtant ne fut passé qu'en 1609, par lequel le Domaine, & tous les Biens qui appartenoient à Henry IV. comme Roi de Navarre, & qui jusques-là avoient toujours été séparés de la Couronne de France, parce que ce Prince en avoit cédé l'usufruit à Madame Catherine, sa Sœur, furent réünis à perpétuité à cette Couronne, sans pouvoir jamais en être aliénés &c. Ces Biens comprennent les Duchés de Vendôme & d'Albret, les Comtés de Foix, Armagnac, Bigorre, Gaure, Merle, Beaumont, La-Ferre, la Vicomté de Limoges, & autres Fonds & Droits. *Voyez les Historiens ci-dessus.*

(16) Le

LIVRE VINGT-QUATRIEME.

1607.

doc &c, acquittés des deniers de la Gabelle, quatre millions sept cens vingt-huit mille livres. Dettes à différens Particuliers, acquittées de toutes sortes de deniers Royaux, quatre millions huit cens trente-six mille six cens livres. Même partie, comprise dans un Etat différent, quatre millions trente-huit mille trois cens livres. Dons immenses de Sa Majesté, six millions quarante-deux mille trois cens livres. Achat d'Armes, Munitions & Ustenciles d'Artillerie, déposés dans les Magasins, douze millions. Constructions d'Eglises & autres Bâtimens, six millions cent cinquante mille livres. Réparations & Fortifications de Villes, cinq millions sept cens quatre-vingt cinq mille livres. Pavé, Ponts & Chauffées, Levées &c, quatre millions huit cens cinquante-cinq mille livres. Bagues & Meubles achetés par Sa Majesté, un million huit cens mille livres. Total : Quatre-vingt-sept millions neuf cens deux mille deux cens livres. *Il y a erreur de quelques millions dans ce calcul.*

La Reine Marguerite avoit hérité de la Reine sa Mere de Biens assez considérables (16), dont elle fit cession à Monsieur le Dauphin. Pendant que je calcule, je vais en rendre compte : Ces Biens valoient de Revenu annuel, lors de cette Démission, vingt-quatre mille trois cens soixante-dix livres. Par une augmentation, que j'y fis en les affermant, je les portai à trente mille trois cens soixante livres. Je retirai encore un Capital de cent soixante-dix mille trois cens livres, produisant treize mille trois cens livres de rente ; qui en avoient été aliénés, soit par la feuë Reine, soit par Marguerite. J'aurois bien souhaité pouvoir rentrer de même dans une autre partie de quatre vingt quatorze mille livres en principal, rapportant huit mille trois cens quatre vingt-quinze livres : mais il avoit été absolument vendu ou donné par ces deux Princesses.

J'entrepris de réünir au Domaine du Roi, tous les Greffes de Languedoc, qui en avoient été aliénés. Ce dessein ne fut pas plûtôt connu, que La-Fosse & plusieurs autres Traitans se présenterent pour faire leurs offres : Le parti que je pris, fut de permettre à ces Partisans de les racheter, à condition qu'au bout d'un certain nombre d'années, dont on convint, pendant lesquelles ils en joüiroient, ils les remet-

---

(16) Le dénombrement en a été donné cy-devant, à l'occasion du Procès de la Reine Marguerite contre le Duc d'Angoulême.

Tome III. E

troient quittes à Sa Majesté. Œconomie louable, & en quelque sorte nécessaire, & autorisée de plus par toutes les Regles de la justice générale & particulière : les Contrats des Acquereurs portant expressément faculté de rachat perpetuel : Ce que je fais remarquer ; parce que le Parlement de Toulouse, en vérifiant les Lettres-Patentes, expédiées pour ce Traité, jugea à propos d'en excepter les Greffes de la Ville & de la Compagnie. J'écrivis au Premier Président Verdun, Que le Roi étoit justement irrité de ce mépris des Réglemens, plus extraordinaire encore dans des Personnes proposées pour maintenir la justice & l'ordre ; & qu'il auroit cité tout le Corps, si quelques Amis de ce Parlement n'avoient suspendu son courroux, en lui promettant une entiere obéïssance. De quel Droit le Parlement de Languedoc vouloit-il excepter ses Greffes d'une Régle générale pour toute la Province ? Et si c'étoit l'espèce de Traité qui lui déplaisoit ; pourquoi, étant libre à tous les Propriétaires de ces Greffes, comme il l'étoit, de les vendre, aliéner, fieffer & transporter, de même qu'ils auroient pu faire une portion de leur héritage ; vouloit-on ôter ce Droit à Sa Majesté, devenuë Propriétaire de ces Biens ? Il n'y avoit rien à repliquer à cela : le Parlement de Toulouse demeuroit convaincu de partialité, par le seul fait.

Celui de Dijon avoit consenti d'acheter, moyennant une somme de soixante mille écus, l'attribution qu'on venoit de lui faire de la Bresse ; & il s'y étoit même engagé envers le Roi : Cependant il ne se donnoit aucun mouvement pour lever cette somme : ce qui détermina Sa Majesté à faire une augmentation sur la Gabelle de cette Province, qui lui en auroit du moins donné une partie. Le Parlement osa supprimer cette augmentation par un Arrêt, qui fut à la vérité cassé par le Conseil ; mais avec un risque de voir arriver un soûlevement parmi le Peuple, qui sans cela souffroit patiemment cette Imposition. Le Roi chargea le Baron De-Lux, de marquer sa colère au Parlement de Bourgogne. Pour moi, je conseillai à Sa Majesté, de lui prescrire un terme pour le payement de la somme qu'il avoit promise ; & s'il ne satisfaisoit pas, de déclarer sans autre forme, la Bresse transportée au Parlement de Dauphiné. Quand on prononce ce mot de Parlement, on est porté à y attacher l'idée de l'é-

LIVRE VINGT-QUATRIEME. 35

1607.

quité & de la sagesse même : on est fâché de trouver dans tous ces Corps, des exemples de conduites si irrégulieres, qu'on est obligé de conclurre que l'infaillibilité, si on pouvoit esperer de la rencontrer parmi les hommes, se trouveroit encore plustôt dans un seul homme, que dans une multitude d'hommes.

J'ai toujours été scandalisé sur-tout des Chambres des Comptes. Établies uniquement pour mettre de l'ordre, de la droiture & de la vérité, parmi les Ordonnateurs, les différens Comptables & autres Parties prenantes, elles ne leur avoient appris qu'à tromper & à voler ; en souffrant qu'on employât, & en passant dans les comptes, mille articles, dont la fausseté étoit aussi connuë dés uns que des autres. Je voulus faire déclarer sujets à revision, tous les comptes rendus depuis l'année 1598 exclusivement. J'en écrivis la Lettre circulaire aux Chambres des Comptes, le premier Avril : J'y marquois, Que pour me conformer à la volonté de Sa Majesté, qui vouloit être éclaircie sur la conduite de tous les Comptables de ses deniers, j'avois fait une recherche éxacte des Etats vérifiés au Conseil depuis l'annnée 1598 : & que n'y ayant point trouvé ceux de telles & telles Recettes, en telles & telles années ; ce que je spécifiois à chacune de ces Chambres, suivant l'éxamen que j'en avois fait pour chacune d'elles ; il falloit, ou bien que tels & tels Comptables eussent négligé d'y porter les leurs, ou bien, que le Conseil eût omis d'en retenir copie ou extrait. Pour sçavoir lequel étoit vrai, j'enjoignois à ces Chambres de se faire représenter les doubles de ces comptes, de les confronter avec les Etats du Conseil du Roi, & de dresser un Extrait de tout ce qu'elles y auroient trouvé de contraire à la forme que Sa Majesté leur prescrivoit ; parce qu'elles n'avoient pu s'éxempter de suivre le formulaire, qui leur en étoit adressé exprès chaque année, sans renvoyer du moins à décider à Sa Majesté, les points qui pouvoient y souffrir de la difficulté. Je n'oubliois pas de leur bien marquer comment devoit être fait cet Extrait ; où rien de toutes les parties excédentes, Epices, Frais, Redditions de comptes, Gages, Droits, Taxations, Recettes & autres choses de cette nature, ne devoit être omis. Je leur enjoignois de faire ce dépouillement, non-seulement des comp-

E ij

tes des Receveurs-Généraux, mais encore de ceux des Receveurs Particuliers, parce qu'on avoit fait entendre à Sa Majesté, que ceux-cy n'étant point dans l'usage de faire vérifier les leurs au Conseil, c'étoit dans ceux-là qu'il se trouvoit de la part des Chambres, plus d'induë véxation. J'ajoûtois à la fin de cette Lettre, Que je ne leur envoyois pour cette recherche, ni Arrêts, ni Commissions particulieres; parce qu'elles pouvoient le faire d'office : mais que si elles croyoient en avoir besoin, elles n'avoient qu'à me le mander; & qu'elles devoient être obligées à Sa Majesté, de ce qu'au-lieu des rigueurs inséparables des Chambres de justice & des envois de Commissaires, elle ne se servoit, pour corriger les abus, que de ses propres Officiers ordinaires : Que c'étoit à eux à y répondre, par toute l'éxactitude & la bonne foi possibles.

C'étoit une affaire à démêler ensuite entre les Chambres des Comptes & les Trésoriers, Receveurs & autres Comptables. Ceux-cy parerent le coup par deux moyens : le premier, en rejettant tout sur les Chambres; le second, en disant que le Roi leur avoit fait acheter une assûrance de n'être jamais inquietés, ni eux ni leurs Comptables subordonnés par une Taxe de six cens mille livres, qu'ils avoient en effet payée. Restoit le recours sur les Chambres des Comptes : ce qui présenta des difficultés d'une espèce bien différente. Ces Corps prétendirent à leur ordinaire, que l'autorité souveraine, dont ils sont dépositaires à tous ces égards, les mettoit en droit de recevoir tous les comptes en dernier ressort, sans être obligés d'en répondre à personne, pas même au Roi. Je ne trouvois cette difficulté bonne tout au plus que de ces Chambres à moi, & je parus à Sa Majesté disposé à entreprendre ces Cours Souveraines, si elle vouloit de son côté donner tous les ordres nécessaires au Conseil, à elles & à moi. Ce n'est pas ma faute, si la chose n'alla pas plus loin.

Malgré le Réglement que j'avois fait l'année précédente, pour les Commissaires départis dans les Généralités, je recevois encore de fréquentes plaintes contr'eux. Hanapier me porta les siennes, contre celui du Grenier à sel de Buzançois. J'en fis citer quelques-uns au Conseil, où Tardieu reçut une rude reprimande. Je ne pouvois leur faire comprendre que

LIVRE VINGT-QUATRIEME.

1607.

toutes les véxations qu'ils faisoient au Peuple, sur le sel par exemple, sous une fausse apparence de profit pour le Roi, lui faisoient perdre beaucoup plus sur la Taille, par l'insolvabilité où elles réduisoient les Particuliers, qu'elles ne lui rapportoient : & pour bien dire, qu'ils ne travailloient que pour les Fermiers de Sa Majesté & les Partisans. Il fallut renouveller avec de plus fortes injonctions encore, le Réglement pour la Gabelle, sur la répartition du sel dans les Généralités, sur celui d'Impôt, & sur le Faux-saunage. Car pourquoi aggraver la condition de Collecteur du sel, déja si misérable, aussi bien que celle de Collecteur de la Taille, que personne ne se charge de cet emploi que par force, & que presque personne n'en sort que ruiné ? Je défendis aussi aux Commissaires, de poursuivre extraordinairement les Greffiers, Notaires, Sergens, Jaugeurs, & autres personnes publiques ; & de contraindre aucun Officier au payement de sa Taxe, sans avoir envoyé aux Commissaires Généraux de Paris, le Rôle entier de toutes ces Taxes, pour être examiné & autorisé, s'il étoit juste ; comme aussi, de rien décider dans les cas litigieux, que par le Conseil. Avec de pareilles vûes, mon intérêt n'étoit pas que ces dispositions demeurassent secrettes, comme ordinairement elles sont entre les Ministres & les intéressés : En obligeant Du-Monceau, Commissaire dans le Berry, à les observer ; je les communiquai au Maréchal de La-Châtre & aux Trésoriers de France ; avec lesquels je lui mandai d'agir de concert.

La même Province me parut avoir besoin d'un Réglement concernant les Maréchaussées. Une partie des deniers qui y étoient destinés, se trouvant divertie, ou retournant à la Recette Générale ; le reste ne suffisoit qu'à entretenir un nombre d'Archers, trop petit de beaucoup. Les lieux de leur résidence étoient avec cela si mal distribués, qu'il en manquoit dans les endroits, où ils auroient été le plus nécessaires ; comme du côté de Vatan, Issoudun, Argenton, Châteauroux, La-Châtre & Saint-Amand, où l'Autorité Royale n'étoit pas trop bien respectée ; pendant que le milieu de la Province, qui n'en avoit presque pas besoin, en étoit tout rempli. J'en envoyai la distribution avec la réforme aux Trésoriers de la Province, après les avoir consultés là dessus. L'Election de Saint-Amand étant en partie du Bourbonnois; on accorda au Vice-Sénéchal de cette Province, le Droit d'y placer un Lieutenant & une Brigade; comme important fort-peu pour le bien de l'Etat; par quelle main ils le fuffent.

J'obligeai ceux qui avoient cautionné les Receveurs des Confignations des Parlemens de Paris & Bordeaux, à rapporter dans quatre mois, les Déclarations de ces Receveurs, au Bureau de MM. de Maiffes, Pont-carré, Caumartin & Maupeou, nommés à cet effet; & je déclarai, de leur confentement, ces Offices réünis au Domaine, après feize ans, de ce jour.

Cuffé & Marigné, propofés pour le remboursement des fix cens mille livres prêtées au Roi en 1598, par la Province de Bretagne, m'envoyerent leur Etat final de Recette & de Dépenfe; ou pluftôt un Extrait & un Abregé informe, dans lequel je vis feulement, que pour rembourfer fix cens mille francs, il étoit fait Recette & Dépenfe de près d'un million trois cens quarante mille livres. Les plaintes de la Province m'avoient déja prévenu fur le contenu de cet Etat, dont je repris févèrement les Auteurs. Je pourfuivis de même bien des larcins, que Vitry me fit découvrir en Guyenne (17).

Lorfqu'on fçut que le Roi fongeoit à racheter différentes parties de fon Domaine; il fe préfenta une infinité de Traitans. L'un d'eux fit demander au Confeil, fi l'on vouloit le recevoir à traiter d'une portion de cent cinquante mille livres: il ne vouloit qu'on fçût ni fon nom, ni quelle portion du Domaine, ni même à quelles conditions, ex-

---

(17) Une des principales actions de juftice faites contre les Financiers, pendant le miniftère du Duc de Sully, fut l'emprifonnement & le procès du fâmeux Partifan L'Argentier. Les Mémoires Hift. de Fr. après avoir rapporté *Tom. 2. p. 271.* fes malverfations & fes diffipations, y joignent ce trait : » Au dernier » voyage du Roi à Fontainebleau, » L'Argentier étant venu prendre » congé de Sa Majefté, lui dit, que « bien-tôt il s'y achemineroit, pour » lui baifer les mains, & recevoir » fes commandemens; & ajoûta : ce » voyage me coûtera dix mille écus. » Ventre-faint gris, répondit le Roi, » c'eft trop pour un voyage de Paris à Fontainebleau. Oui, Sire, » repliqua L'Argentier, mais j'ai autre chofe à faire, fous le bon plaifir de Votre Majefté, qui eft de » prendre le modèle des frontifpices de votre Maifon, pour en accommoder des miennes, que » j'ai en Champagne; à quoi le Roi » fe prenant à rire, n'y répondit » rien pour lors : mais quand on lui » porta la Nouvelle de fa prifon au » Châtelet; comment, dit-il, veut » il prendre le modèle des Frontifpices du Châtelet? «

LIVRE VINGT-QUATRIEME. 39

1607.

cepté qu'il difoit ces conditions fort avantageufes pour Sa Majefté ; n'étant queftion ni de Bail à longues années, ni de nouveaux Réglemens, mais de prendre les chofes en l'état où elles étoient. Il exigeoit encore, que quand une fois il auroit parlé, Perfonne ne fût reçu à enchérir fur lui, qu'en lui payant deux cens mille livres. La fingularité de cette propofition n'empêchoit pas que le Confeil ne penchât à l'accepter : mais le Roi voulut qu'on obligeât celui qui la faifoit, à fe nommer, & s'ouvrir du moins à lui, au Chancelier & à moi, fur le temps & la qualité de ce rachat : Sa Majefté craignoit que peut-être cette partie ne fût entre les mains de perfonnes, auxquelles il ne fût pas à propos de l'ôter. Un nommé Longuet lui préfenta auffi fur ce fujet, de longs Mémoires, qu'il me renvoya, auffi-bien que les propofitions, qu'étoient venu lui faire à Fontainebleau les Fermiers des Aides, en difant, qu'il avoit dans l'efprit que ceux qui venoient ainfi lui parler arriere de moi, cherchoient à le furprendre.

Le Duc de Nevers préfenta Requête au Confeil, pour faire fupprimer un Grenier à Sel, établi dans le Réthelois, à la follicitation de la Duchefle fa Mere, à laquelle le Roi avoit abandonné le profit de ce Bureau, pour une fomme qu'il étoit convenu de lui donner. Je cherchai chez les Tréforiers de Champagne, l'éclairciflement de cette Affaire, qui n'étoit pas de mon temps ; & je n'eus pas de peine à retrouver le Brevet de conceffion à la Duchefle de Nevers. Le Roi jugea, en le voyant, qu'il devoit être quitte envers cette Maifon : il m'ordonna pourtant, en me le renvoyant, d'acquiter ce qui, après un calcul jufte, pourroit encore fe trouver dû au Duc de Nevers ; mais qu'après cela j'améliorafle cette partie, comme les autres, loin de l'éteindre. Sa Majefté avoit deux Procès contre cette Maifon, pour les fucceffions de celles de Foix & d'Albret, par lefquels on fe demandoit réciproquement des millions. Cette Affaire paffoit pour être fort embrouillée. Je m'attachai, lorfque j'eus les Piéces entre les mains, à en faire un Mémoire fi fuccinct & fi clair, que je fis aifément comprendre au Roi, que je ne m'étois pas trompé, lorfque j'avois jugé que des deux côtés, il y avoit prefque tout à rabattre.

Ceux de Lyon avoient aussi un Procès au Conseil, contre Feydeau. Ils représenterent à Sa Majesté, Que le refus, que le Conseil faisoit de leur délivrer un Arrêt qu'ils y avoient déja obtenu, portoit un préjudice notable à leur Commerce. Le Roi me les recommanda; & je fis finir leur Affaire : Le bien & le mal d'une Ville telle que Lyon, est celui de tout le Royaume : Elle m'en fit remercier par ses Prévôt des Marchands, & Echevins.

Sur un Procès-verbal, que m'envoyerent les Trésoriers de France de Beziers, de la maniere dont se faisoit la levée du Marc d'or; je fis rendre un Arrêt au Conseil pour surseoir cette levée. Je ne sçais ce qu'on fit entendre là-dessus au Roi, Sa Majesté m'écrivit de ne pas faire signer cet Arrêt; ou s'il l'étoit, de ne pas le faire signifier, sans un ordre de sa part : Non qu'elle prétendît autoriser les abus, qui se commettoient dans cet Impôt; mais par ce qu'elle vouloit du moins les connoître : ils intéressoient si fortement la sûreté des deniers qui en provenoient, que je fus persuadé que le Roi ne nous blâmeroit, que d'avoir tant tardé à y mettre ordre.

On me fit auprès de Sa Majesté, une autre imputation bien plus grave, au sujet du Conseil ; dans lequel on voulut persuader à ce Prince que je faisois entrer des personnes, qui ne le méritoient, disoit-on, ni eu égard au bien du service, ni par leur propre personne ; & que cette méthode avoit jetté beaucoup de confusion dans le Conseil. Si la chose avoit été vraie ; j'avoue que je méritois encore toute autre chose, que les reproches que m'en fit Sa Majesté ; parce que c'eût été abuser très-criminellement de la confiance, avec laquelle elle m'avoit remis tout le soin de ses Finances. En examinant ce qui y avoit donné lieu ; je jugeai que ce ne pouvoit être que le projet que j'avois formé, de mêler à ce nombre de Maîtres des Requêtes, & autres Gens de Robe, qui composent pour l'ordinaire le Conseil, quelques personnes d'Epée, choisies parmi celles qui ont un Brevet pour pouvoir y assister extraordinairement : Et il est vrai que je ne trouvois jamais l'occasion de mettre sur ce chapitre les Princes, Ducs & Pairs, & autres Officiers de la Couronne, ceux principalement dans lesquels je remarquois du talent ; que je ne cherchasse

LIVRE VINGT-QUATRIEME. 41

1607.

cherchasse à leur inspirer du goût pour cette sorte d'occupation, qu'un préjugé des plus aveugles, leur fait regarder comme indigne de leur Naissance. Le vrai grand homme ne sçait que chercher à être utile à sa Patrie dans tous les temps, de quelque manière qu'il le soit : Et où est la bassesse, sinon à laisser flétrir par une vie délicieuse & efféminée, telle que les personnes de Qualité la menent en France pendant la Paix, toute la gloire dont on a pû se couvrir pendant la Guerre ?

Bien-loin de pouvoir m'imaginer que j'eusse mal fait, de m'efforcer à détromper tous ces inutiles voluptueux de la Cour ; en avouant au Roi l'intention que j'avois eûe, je crus devoir approfondir avec lui cette matière, quoique par Lettres, & par conséquent peu commodément. Je lui fis un plan d'un nouveau Conseil, dans lequel on feroit tenir à quatre personnes d'Epée, la place d'autant de Conseillers, sur les huit dont il est composé. Il auroit fallu, pour faire ce changement d'une manière encore plus sensible, avoir un Etat des plus qualifiés du Royaume, au-dessus de trente ans ; sur lesquels on en choisiroit vingt, qui partagés en quatre, cinq par chaque Quartier, tinssent toujours le Conseil complet ; & qui s'y trouvassent assidument dès le matin les trois jours de la semaine où il se tient ; sous peine d'être retranchés de l'Etat, & leurs places données à d'autres. Quelle différence entre un Corps ainsi composé, & une Assemblée qui se conduit par les ressorts de la Chicane, dont ceux qui la composent ont fait toute leur étude ?

Je n'entrai point pour cette fois dans un plus grand détail : Je marquois seulement au Roi, Que si cette idée lui plaisoit autant qu'à moi, il seroit encore plus content du Réglement général, par lequel je croyois l'avoir perfectionnée, jusqu'à pourvoir à ce que les secrets de l'Etat fussent en sûreté parmi tant de personnes, d'esprits si différens. Le Roi alloit à la chasse, lorsqu'il reçut cette Lettre : Il la lut pourtant deux fois ; & me manda qu'il y penseroit plus mûrement : Mais j'eus beau faire, il me fut impossible de le ranger à mon avis. Le plus grand mal de l'habitude n'est pas d'autoriser des abus grossiers : on peut porter à ceux-cy, presqu'en tout temps, des coups infaillibles ;

Tome III. F

1607. c'est d'accréditer certains abus moins sensibles, jusqu'à les revêtir d'un masque de sagesse, & d'une fausse apparence d'utilité publique, qui les rend respectables aux Princes même du meilleur esprit. Le moment marqué pour la destruction de ceux-cy, ne se trouve qu'au bout d'une longue chaîne de réflexions & de conséquences (18), qu'on manie lentement les unes après les autres : En toutes manières, la vie d'un homme ne suffit pas pour les arracher tous.

Ce ne fut pas dans cette seule occasion, que je me trouvai d'avis contraire à Sa Majesté. On lui persuada d'établir une nouvelle Chambre de Justice contre les Financiers : Opération décidée inutile & abusive, par mille expériences ; mais toujours du goût de ce Prince, qui n'aimant pas à prendre sur les deniers ordinaires, pour ses dépenses de jeu, bâtimens, Maîtresses, & autres de cette espèce ; lesquelles, comme je l'ai dit, étoient très considérables ; y employoit avec plaisir une somme d'argent, qu'il trouvoit par-là sans peine sous sa main ; & que les Courtisans intéressés lui faisoient toujours beaucoup plus grande qu'elle ne se trouvoit l'être. Je fus si fâché que Henry fût encore la dupe de tous ces gens-là, que j'en dis mon sentiment en pleine Cour. La colere où ma sincérité mit le Roi, donna à mes ennemis de grandes espérances de ma disgrace. L'avanture de l'Arcenal, que j'ai rapportée, s'y joignit & les redoubla : mais il ne fut pas en mon pouvoir de m'empêcher, malgré tout cela, de rompre publiquement en visiere aux Commissaires de cette Chambre ; lorsque je les voyois fermer les yeux sur les principaux coupables, & punir avec autant d'ostentation que de dureté, de légeres malversations.

Mongot l'un de ces Commissaires, ayant pris des Conclusions, directement contraires à des ordres particuliers que le Roi lui avoit donnés (je ne sçais plus sur quelle

(18). Rien assûrement n'est plus juste que ce que dit ici l'Auteur ; ni rien de plus heureusement imaginé que ce Projet, pour détruire le préjugé, qui subsiste encore aujourd'hui parmi la Noblesse Françoise, malgré les lumieres d'un Siécle aussi éclairé que le nôtre. Pourquoi en effet se dégraderoit-elle davantage par la Finance, le Commerce, & les autres fonctions de bons Citoyens, que par les belles Lettres, qu'elle n'a plus honte de cultiver aujourd'hui ? Esperons que l'un viendra après l'autre.

LIVRE VINGT-QUATRIEME. 43

affaire) ; je lui fis sentir qu'il avoit dans ma personne, un surveillant déterminé à ne lui rien passer. Il se plaignit de moi à Sa Majesté, & engagea ses Confrères à se joindre à lui : du-moins on me le rapporta avec des particularités si positives, que je n'en doutai point. Le Roi ne m'en disoit rien ; mais ce n'étoit pas pour moi une preuve du contraire. Je crus que c'étoit à moi à instruire Sa Majesté, de ce que j'avois dit au sujet de Mangot ; afin de ne pas laisser faire à son ressentiment, tout le chemin que quelquefois je lui avois vû faire. J'avois dit à Mangot, Que je ne me soûmettrois point à ces prétendus ordres du Roi, qu'on ne me les montrât : il n'étoit pas bien difficile d'empoisonner cette parole. En écrivant à Sa Majesté, je la remerciai de ce qu'elle n'avoit point ajoûté foi au rapport que mes ennemis lui avoient fait de moi. Je l'assûrai que la chaleur, que j'avois montrée dans cette occasion, ne partoit que du dépit de voir ses ordres transgressés par des gens, qui s'imaginoient qu'elle s'étoit dépouillée en leur faveur de toute son autorité ; & ses intérêts sacrifiés à toutes sortes de considérations. Je finissois en la priant de m'excuser, si contre mon intention, j'avois pû lui déplaire.

J'avois été trompé, comme on va le voir par la Réponse que me fit le Roi : Qu'il étoit bien surpris d'apprendre la premiere Nouvelle de ce Different, par ma bouche : Que si tous ces gens-là lui avoient parlé, il leur auroit répondu en Maître, qui aime son Serviteur : Que tout cela n'étoit qu'un artifice, pour m'échauffer, me faire parler, & me mettre mal auprès de lui. » Je vous jure, ajoû-
» toit ce Prince, qu'on n'en a point entendu parler ici :
» Vous êtes prompt ; & je vois par votre Lettre, que vous
» croyez ce que l'on vous avoit dit : cependant le rapport est
» entiérement menteur : Moderez votre colère, & croyez
» moins tout ce qu'on vous dit ; & vous ferez enrager ceux
» qui vous portent envie du bien que je vous veux. Je mets
» la main à la plume pour la premiere fois depuis ma
» Goutte ; la colere que j'ai contre ces rapporteurs, a sur-
» monté ma douleur.

Caumartin avoit conduit avec une si grande œconomie, les deniers qu'on l'avoit chargé de distribuer aux Cantons

1607. Suisses, qu'il avoit trouvé le moyen de mettre en réserve trente mille écus par an, dont il avoit acquité d'autres dettes, en compofant de fix à un. Cet éxemple eft trop beau, pour le paffer fous filence : il l'eft d'autant plus, qu'à quelqu'un qui veut chercher un prétexte plaufible de détourner une partie de la fomme au profit du Diftributeur, rien n'eft fi facile que de faire crier les Suiffes, pour empêcher ce bon ménage. Je ne manquai pas de le bien faire obferver à Du Refuge, qui alloit prendre la place de Caumartin.

Le Roi venoit de créer une Compagnie de Gendarmes de M. le Duc d'Orléans, qu'il trouva fi belle & fi bien montée, lorfqu'il en fit la revûë, qu'il la fit payer avec celle de la Reine, des quatre quartiers de l'année courante. Il laiffa à mon choix, de prendre les deux cens mille livres, que cette montre lui coûtoit, fur les fix cens mille qu'on mettoit tous les ans dans le Tréfor Royal, des deniers du Taillon; ou que l'Epargne prenant cette fomme fur l'ordinaire de la Guerre, la rendît dans les temps où l'on avoit coûtume de payer ces Compagnies.

Quant à ce qui eft du reffort de mes autres Emplois; ce qui fut fait de plus confidérable dans l'Artillerie, c'eft l'Equipage entier pour un Armement de Galeres dans un befoin : ouvrage que le Roi loua fort. Je voulus lui en épargner une partie de la dépenfe. J'avois trouvé dans de vieux Papiers de la Grande-Maîtrife, Qu'il avoit été donné fous les Régnes précédens, plufieurs Piéces d'Artillerie aux Capitaines de Galeres, pour armer celles qu'ils commandoient; avec engagement de les reftituer : ce qu'ils n'avoient point fait. Le Confeil, à qui je communiquai cette Découverte; jugea comme moi, qu'on pouvoit pourfuivre cette reftitution dans la perfonne des Héritiers de ces Officiers de Vaiffeaux. Mais, comme cette pourfuite intéreffoit beaucoup de perfonnes de Qualité, j'envoyai le Duc de Rohan en demander la permiffion à Sa Majefté, en lui préfentant le Mémoire que j'avois dreffé fur cette affaire. Le Roi confentit qu'on l'entamât ; mais non pas, qu'on la pouffât à toute rigueur : ce qui rendit mes foins inutiles. Il me parut qu'il auroit été bien plus convenable à ce Prince, de paroître avoir ignoré ce fait, que d'en commencer les recherches, pour s'en défifter enfuite.

LIVRE VINGT-QUATRIEME. 45

1607.

Je fis dreſſer des Plans de toutes les Places & Côtes de Bretagne, que j'envoyai porter à Sa Majeſté, afin qu'elle vît ce qu'il y avoit à y faire. Je perdis cette année en Provence, deux excellens Sujets en ce genre, Bonnefont & le jeune Erard (19), qui n'étoit pas déja moins bon Ingénieur que ſon Pere : leur mort me fit beaucoup de peine. Je priai le Roi, à qui l'on demanda incontinent leurs places, de ne pas en diſpoſer, que nous n'euſſions bien examiné enſemble la capacité de ceux qui y prétendoient.

L'enlèvement de la Fille du Sieur de Fontange, par lequel je commence l'article de la Police, appartient auſſi au précédent; puiſque je reçûs ordre de Sa Majeſté, de faire conduire du Canon devant le Château de Pierrefort, que Fontange, aſſiſté de ſes Amis, aſſiégea, en pourſuivant le Raviſſeur. Les frais d'un Siége le réduiſirent bientôt à une grande néceſſité & l'obligerent à avoir recours au Roi. Ce Prince touché de la juſtice de ſa cauſe, dans laquelle il ne pouvoit guére ſe diſpenſer d'ailleurs d'entrer, en qualité de Pere commun de ſes Sujets, renvoya la requête & le porteur, à Sillery & à moi ; en me mandant, Qu'il venoit de donner ordre à Du-Bourg & à Nereſtan (20), de tenir leurs Compagnies prêtes à marcher, & à Noailles, de s'avancer pour exécuter ce que je jugerois à-propos qu'on fît en faveur de Fontange : mais que ſi je croyois que ce fût à lui à porter tous les frais du Siége de Pierrefort, je le fiſſe au meilleur marché, & de la manière la moins onéreuſe pour le Peuple. Henry nous renvoya auſſi Baumevielle, qui étoit venu propoſer un expédient, dans lequel il trouvoit, diſoit-il, plus de vanité que de fondement Ce Prince envoya Vanterol ſe ſaiſir d'un homme qui avoit de mauvais deſſeins, & me dit de lui payer ſon voyage.

Henry de Noailles. Comte d'Ayen.

Le bon ordre de la Police me parut encore bleſſé dans la défenſe que le Juge de Saumur porta de ſon autorité privée, de transporter des bleds hors du Royaume & d'en vendre dans l'étenduë de ſa Juriſdiction de Saumur. Je fis

---

(19) N. Erard, de Barleduc, fit par ordre de Henry le Grand, un Traité des Fortifications, qui eſt le premier que nous ayons ſur cette matière : Son Neveu, A. Erard, le fit réimprimer en 1620.

(20) Philibert de Nereſtan, Capitaine-des-Gardes de Sa Majeſté, & nommé par elle, l'anné ſuivante, premier Grand-Maître de l'Ordre de Notre-Dame du Mont Carmel & de Saint-Lazare.

caſſer cette Sentence au Conſeil, avant même que d'en avoir donné avis à Sa Majeſté; & je fis de plus ajourner perſonnellement les Officiers de Juſtice, qui l'avoient renduë.

Le Parlement de Rouen rendit deux Arrêts, ſoûtenus par les uns, fort-bons, & par les autres, très-injuſtes: l'un, ſur la Châſſe de Saint Romain, qu'il maintint dans le Privilege de conférer grace d'aſſaſſinat, quelque éxécrable qu'il puiſſe être (21) : l'autre, ſur le mariage d'un nommé Drouet, Auditeur de la Chambre-des-Comptes, dont l'hiſtoire ne mérite pas place ici.

Le Premier Préſident de ce Parlement étant tombé dans

(21) En faveur de Guillaume de La-Mothe-de-Péhu, complice de l'aſſaſſinat de François de Montmorency, Sieur de Hallot, Lieutenant-Général pour le Roi en Normandie, commis ſeize ans auparavant, d'une manière très-indigne, par Chriſtophe, Marquis d'Allegre. Henry IV. évoquant cette affaire à ſon Conſeil, modifia la grace accordée à La-Mothe, en le condamnant à neuf ans de banniſſement, à pluſieurs amendes pécuniaires, &c. La peine auroit été plus griève, ſelon les apparences, ſi la grande jeuneſſe du coupable n'eût diminué ſon crime. Ce Prince avoit déja beaucoup retranché dès l'année 1597. du Privilege, dont le Chapitre de Rouen eſt en poſſeſſion. Ce Procès, qui fit alors un fort-grand bruit, donna occaſion d'éxaminer de plus près toute cette Queſtion. M. De-Thou, *tom.* 4. *pag.* 160. Nicolas Rigault ſon Continuateur & tous les Sçavans, autant qu'on le peut juger par la manière dont ce fait eſt traité dans le Mercure François, *ann.* 1607. *pag.* 179. ne balancerent pas à taxer de fabuleux le miracle prétendu, par lequel Saint Romain, Archevêque de Rouen, délivra cette Ville des fureurs d'un monſtre, ou ſerpent, vulgairement appellé la Gargouille; aidé dans cette entrepriſe, par un criminel retenu pour meurtre dans les priſons : d'où eſt venu le privilege. Les titres eux-mêmes, par leſquels on veut prouver qu'il a été véritablement accordé par pluſieurs Rois de France, ne ſoûtinrent pas l'éxamen ſévere de la Critique, qui trouva par-tout bien des erreurs, des ſuppoſitions & des fauſſetés, pour les temps & les dates. On conjecture que le fondement de toute cette pieuſe fable, eſt un vrai miracle du ſaint Archevêque; mais qui a pour objet une inondation, dont la licence poëtique, ſelon ſes uſages, a fait un monſtre; ſans oublier d'orner l'hiſtoire de ſes autres figures ordinaires. Le mot, *Hydre*, auquel on ſubſtitua aiſément celui de *Serpent*, a tant de reſſemblance avec le mot, qui en Grec ſignifie *une inondation*, que ſon nom ſeul peut bien avoir cauſé toute l'erreur. Il ſeroit trop long de rapporter ici les raiſons contenuës, ſoit dans les plaidoyers & Ecrits de ce temps-là, ſoit dans les differentes diſſertations faites depuis ſur ce ſujet, pour & contre le Privilege des Chanoines de l'Egliſe Cathédrale de Rouen. Je ne trouve pas étrange qu'on ſe ſoit ſi fort récrié contre une dévotion auſſi ſinguliere, que celle qui fait d'une action toute injuſte & propre à autoriſer le crime, la partie la plus eſſentielle du culte d'un ſaint Evêque. Les cérémonies qui s'y obſervent (car il ſubſiſte encore aujourd'hui, & ſe pratique tous les ans à Rouen, le jour de l'Aſcenſion : ce qu'on appelle, *lever la Fierte* ;) ſont auſſi rapportées dans le même Mercure François, & dans pluſieurs autres endroits.

LIVRE VINGT-QUATRIEME. 47

1607.

une dangéreuse maladie, dont pourtant il ne mourut pas, je dis par ordre du Roi à Jambeville, qui demandoit cette dignité, que Sa Majesté étoit toujours bien intentionnée pour lui; mais qu'il ne lui faisoit pas plaisir de la convoiter si publiquement. L'Office d'Avocat-du Roi au Parlement de Bordeaux, vacant par la mort du Sieur De-Sault, fut aussi demandé pour le Fils de Du-Bernet, Conseiller en cette Cour, par la Reine Marguerite & par D'Ornano : Le Roi la leur refusa, ne voulant accorder cette place dont les troubles passés lui avoient fait voir l'importance, qu'à un homme qu'il connût parfaitement : mais le portrait que je lui fis de Du-Bernet, le fit revenir en sa faveur. Henry regretta fort Dinteville & Bretauville ; ainsi que deux Officiers de sa Maison, Sainte-Marie & Canisy. Il n'avoit créé leurs Charges, que pour leurs seules personnes ; aussi les supprima-t'il après leur mort.

L'exactitude que je me suis prescrite, m'oblige de marquer ici plusieurs sommes, que je trouve dans mes papiers payées en cette année, par des ordres & pour des dépenses particulieres de Sa Majesté : Trente-six mille livres, à D. Joan de Médicis : le Roi me les fit prendre sur les cent mille livres employées dans l'Etat des Finances de la présente année, sous le nom de son Oncle, le Grand-Duc de Toscane : Trois mille, au Cardinal de Givry; & autant, au Cardinal Séraphin ; qui étoient un restant des fruits de l'Abbaye de Clérac; échus avant le Contrat passé avec ceux de Saint-Jean-de-Latran : Trois mille deux cens vingt-cinq, à Santeny, que celui-cy lui avoit prêtées : Dix-huit mille soixante livres, à l'Evêque de Carcassonne, qui les sollicitoit depuis long-temps avec beaucoup d'importunité, comme lui étant dûes par Sa Majesté, & proposoit expédiens sur expédiens, pour les toucher : le Roi me fit retirer de cet Evêque, une épée enrichie de pierreries & les papiers qu'il avoit pour garants de cette somme : Plusieurs sommes considérables, perdûes au Jeu par Henry : mais je ne les marquerai pas toutes. Il envoya Beringhen me demander neuf mille livres, qu'il avoit perdûes à la Foire Saint-Germain, en bijoux & bagatelles; en me mandant que les Marchands *le tenoient au cul & aux chausses*, pour cette somme. Le même me vint encore demander quelques jours après, cinq mille deux cens soixante-cinq livres. Trois jours après, j'en donnai trois mille autres; & une autre fois, trois mille six cens.

Je ne confonds pas avec ces sommes, celles que le Roi accorda au Prince de Condé, pour lui donner le moyen de voyager en Italie : il ne pouvoit trop en coûter à Henry, pour inspirer à ce Prince de bons sentimens: Je n'y mêle pas non-plus celles que lui coûterent à réparer les Bastions de la Porte Saint-Antoine & la Place-Royale ; celles qui servirent à retirer les bagues de la Reine, des mains de Rucelay, auquel elles avoient été engagées ; enfin, celles qu'il dépensoit aux Bâtimens de ses Manufactures, quoique très-inutiles selon moi, & de plus très-considérables. Les Entrepreneurs vouloient abattre pour cela, tout un côté des maisons de la Place-Royale : mais Henry, sur le devis du Contrôleur Donon, leur ordonna de se contenter de faire au-devant de ces maisons, une forme de galerie qui conservât à ce côté de la Place, son uniformité avec les autres.

On eût de la peine à convenir de prix avec ces célebres Tapissiers Flamands, qu'on avoit fait venir à si grands frais. Enfin il fut conclu, en présence de Sillery & de moi, qu'il leur seroit donné pour leur établissement, cent mille francs, que Henry fut très-soigneux de m'avertir de leur payer ; » ayant, disoit-il, grande envie de les conserver, & grand-» peur de perdre les avances faites jusque-là. « Il auroit seulement bien voulu que ces Manufacturiers se fussent contentés d'autres deniers, que ceux qu'il s'étoit reservés pour lui-même : mais enfin à quelque prix que ce fût, il falloit les satisfaire ; & Sa Majesté usa d'autorité avec De-Vienne, pour lui faire contrôler un Acquit de ces entrepreneurs de Toiles, de façon d'Hollande. Ce Prince faisoit travailler à un ameublement complet, qu'il me manda d'éxaminer piéce par piéce, pour sçavoir si on ne le trompoit point. Je suis sur tout cela de mauvais goût, & plus mauvais connoisseur encore : le prix m'en parut excessif, aussi bien que la quantité. Henry en jugea tout-autrement, en voyant le meuble & mon Mémoire : il m'écrivit, Qu'il n'y avoit rien de trop, & rien qu'il n'eût commandé : Qu'il n'avoit vû de sa vie si belle marchandise, ni à si bon marché : & qu'il ne falloit pas balancer à en donner ce que l'Ouvrier demandoit.

Voilà

LIVRE VINGT-QUATRIEME.

1607.

Voilà quels étoient les amusemens de Henry. Il ne quitta Fontainebleau (22) qu'à la fin de Juillet, pour venir passer trois semaines à Monceaux. Il alla, sur la fin d'Août, à Saint-Maur, où une indisposition le retint quelques jours ; & la Reine prit pendant ce temps-là les eaux de Vanvres. Le Roi demeura le mois de Septembre à Paris, & n'y revint qu'au mois de Décembre, étant retourné à la mi-Octobre passer l'Automne à Fontainebleau. M. le Connétable fut de ce voyage, & reçut bien des caresses de Sa Majesté, lorsqu'ils se rencontrerent à Bouron.

Ce Prince n'avoit pas de plaisir plus sensible, que quand il se voyoit avec ses Enfans, qu'il aimoit tous avec la plus forte tendresse (13). Sur la Nouvelle qu'il reçut au mois d'Août, que l'air contagieux s'étoit fait sentir à Saint-Germain, il manda aussi-tôt à Madame de Montglat de les conduire à Noisy ; & il envoya Frontenac en poste, me dire qu'il se reposoit sur moi du soin d'envoyer les carrosses, litieres & charrettes, nécessaires pour ce démeublement. M. le Dauphin fut malade à Noisy ; & Sa Majesté me le manda encore, aussi bien que sa guérison : car il n'arriva jamais de changement en bien ni en mal, soit dans sa santé, soit dans celle de quelqu'un de la Maison Royale, qu'il ne m'en donnât avis aussi-tôt. On ne trouvoit aucun risque à faire retourner les Enfans de France à Saint-Germain, lorsque le mois de Novembre fut arrivé : mais Henry, qui ne vouloit rien hazar-

(22) Il y fut attaqué de la Goutte, la veille de la Pentecôte. » La fluxion » fut grande. dit l'Historien Mat- » thieu, la douleur fort-poignante ; » mais son courage & sa bonne com- » pléxion l'eussent vaincu, s'il ne se » fût donné plus de liberté à man- » ger des fruits, que ses Médecins » ne lui en accordoient : Il ne flata » point son mal, se forçant à ses éxer- » cices ordinaires : Et environ le 21. » jour du mois de Mai, étant cou- » ché près de la Reine, se sentant » chatouillé d'une nouvelle fluxion » à l'un des pieds, il se fit mettre » en un autre lit ; & voyant que ce » changement lui profitoit, il se le- » ve & se fait porter au grand Ca- » nal, où il se promena & agita en » telle sorte, qu'étant de retour, il » dormit, & à son réveil ne sentit » plus de mal. *Tome 2. liv. 3. pag.* » 768. «

(23) On a reproché à Henry IV. que cette tendresse si forte pour ses Enfans légitimes & naturels, l'aveugloit jusqu'à l'empêcher de connoître leurs défauts, & d'agir avec sa prudence ordinaire, dans ce qui les regardoit : C'est dans le Livre qui a pour titre, *Histoire de la Mere & du Fils,* que je trouve ce reproche, *tom.* 1. *pag.* 43. Mais je ne sçais si toutes les Ancedotes dont il est plein, sont aussi sûres, qu'elles sont ordinairement curieuses ; J'y trouve un air de prévention en faveur de certaines personnes, & de passion contre d'autres, qui fait qu'on a de la peine à s'autoriser de son témoignage.

1607. der dans une chose de cette conséquence, m'écrivit & à Madame de Montglat, qu'il falloit encore laisser passer la Lune de ce mois (24); je ne les fis ramener que les premiers jours de Décembre.

Le temps n'apporta point dans le domestique de ce Prince, la tranquillité, qu'on y a vû si souvent troublée par les femmes; au contraire, tout se brouilla de plus en plus. L'entretien de Sa Majesté avec moi, dans le Cabinet des Livres, dont j'ai cy devant parlé, roula en grande partie sur ce sujet: Henry me pria, comme on prie son Ami (pour me servir de ses termes) de me mettre encore une fois entre les deux personnes, qui lui causoient ses chagrins. Il sera plus question de tout ceci, l'année suivante: ainsi je n'en dirai rien en celle cy, que pour rendre raison de quelques Lettres, que ce Prince m'écrivit sur ce chapitre. L'une de ces Lettres est datée de Verneuil près Senlis, du 15 Avril: Il s'y plaint de ce qu'après lui avoir promis au Louvre, de travailler à un accommodement, quinze jours s'étoient passés, sans qu'il vît rien de ma part. » Je vois bien, me disoit-il, » que les prieres d'Ami n'étant pas suffisantes pour vous per-» suader, il faut que j'use du commandement de Roi & de » Maître: Vous n'y manquerez donc pas, si vous m'aimez, » & si vous desirez que je vous aime: car je suis résolu de » me débarrasser l'esprit de toutes ces intrigues, qui récidi-» vent trop souvent, comme vous sçavez bien me le dire; & » je veux y mettre fin, à quelque prix que ce soit. Je vous » aime bien; mais aimez-moi aussi: ce que je croirai, si vous » me rendez le service que je desire de vous. «

J'en trouve une autre, de Fontainebleau, au mois d'Octobre, conçuë en ces termes: » Il m'est arrivé un déplaisir » domestique, qui me donne une fâcherie la plus grande » que j'aye jamais euë. J'acheterois votre présence beaucoup: » car vous êtes le seul à qui j'ouvre mon cœur; & par les » conseils duquel je reçois le plus de soulagement. Il n'y va

---

(24) Ce qui obligea à prendre toutes ces précautions pour la santé des Enfans de France, fut la Comète qui parut en cette année, au mois de Septembre; parce que les Astrologues publioient qu'elle menaçoit leur vie. Henry IV. dit à Matthieu son Historien, qui le rapporte, Que la » Comète avoit fait son effet sur la » Fille du Roi d'Angleterre; & que » les Astrologues s'étoient mécom-» ptés, par la grace de Dieu. « *tom. 2, liv. 3, pag. 769.*

» ni de l'amour ni de la jaloufie : c'eſt affaire d'Etat. Hâtez 1607.
» vos affaires, pour revenir le pluſtôt que vous pourrez. M.
» de Sillery m'y ſert : mais il n'a pas l'eſprit aſſez fort. Vous
» pouvez bien juger de qui il s'agit : cette dureté d'eſprit me
» fera à la fin inſupportable. Pour mon déplaiſir particulier,
me mandoit-il, quelques jours après, à la ſuite d'autres choſes, » il dure toujours : Si vous étiez ici, vous ſeriez bien en
» colère, & en diriez votre opinion. « Le Lecteur, je crois,
plaint fort ce bon Prince; & c'eſt auſſi preſque tout ce que
je pouvois faire.

Le Duc de Bouillon reçut une grande preuve de la bonté & de la douceur de ce Prince, lorſqu'il ſe réſolut à lui
rendre Sédan, & à lui en confier la garde à lui-même, en
retirant Nétancourt & la Compagnie qu'il y entretenoit.
Le Sieur Gamaliel de Monſire, Commiſſaire Ordinaire des
Guerres, y fut envoyé pour cet effet. L'Inſtruction qu'on lui
donna, eſt dattée du dernier jour de Decembre de cette année, & porte, Que quoique le terme de quatre ans, marqué
à la Garniſon Royale, ne ſoit pas encore expiré; Sa Majeſté,
ſur de bonnes raiſons, a jugé à propos de la retirer, pour
remettre le Duc de Bouillon en poſſeſſion de ſa Ville : Que
Monſire fera la montre de cette Compagnie, pour les quatre mois reſtant à payer de l'année courante : Qu'après cela
elle ſera licenciée ; & que Monſire aura l'œil à ce que les
ſoldats payent exactement ce qu'ils pouvoient devoir aux
Bourgeois. Comme le Roi n'entendoit point déroger à l'Article de l'Acte de Protection, du 2 Avril 1696. par lequel Sa
Majeſté doit y entretenir des Capitaines & un nombre de
Gens de guerre, pour la ſûreté de la Ville ; il eſt enjoint à
Monſire de faire prêter à ces Capitaines & ſoldats, qui y
entreront en même temps que la Compagnie de Nétancourt en ſortira, un ſerment particulier à Sa Majeſté, outre celui qu'ils étoient obligés par le même Traité, de faire quatre fois l'année, aux jours de leur payement. Ces Officiers & ſoldats s'engageoient par ſerment à ſervir le Roi
envers & contre tous, & même contre le Duc de Bouillon, par lequel ils étoient cependant cenſés établis, comme Gouverneur; s'il venoit à manquer aux clauſes de l'Accord de 1606. Enfin Monſire étoit encore chargé de faire
pareillement prêter ſerment aux Bourgeois de Sedan, le

1607.

ferment marqué dans l'Acte de Protection, & qui n'avoit rien de différent de l'autre, sinon qu'il les relève du ferment prêté au Duc de Bouillon, & de son propre consentement, si quelque jour il étoit capable d'entrer dans des intérêts contraires à ceux de Sa Majesté. Tout cela fut exécuté: Les Actes de cette expédition, passés devant les Notaires de Sedan, en font foi, aussi bien que les deux Actes de cette double prestation de serment des Bourgeois & des soldats; l'un, du 22, l'autre, du 23 Janvier suivant.

Fin du vingt-quatriéme Livre.

MEMOIRES
DE
SULLY.

❋❋❋❋❋❋❋❋❋❋❋❋❋❋❋❋❋❋❋❋❋❋❋❋❋❋❋❋❋❋❋

LIVRE VINGT-CINQUIEME.

E n'ai à rapporter dans les Mémoires de cette année, non plus que dans ceux de la précédente, aucun de ces événemens extraordinaires, qu'on lit avec horreur, ou avec surprise. J'y continuerai mes détails ordinaires de Gouvernement, Nouvelles de la Cour, & de la vie privée de Henry, aussi-bien que de la mienne. L'Hiver se passa tout entier dans de plus grands divertissemens encore que les années précédentes, & dans des fêtes préparées avec beaucoup de magnificence. Le Roi avoit fait venir d'Italie des Comédiens, dont il s'amusoit volontiers : Souvent il les mandoit à Fontainebleau, pour y jouer en sa présence ; & en mon absence il commandoit à mon Fils, qu'on eût grand soin de leur payer leurs appointemens. L'Arcénal étoit toujours l'endroit où s'exécutoient ces Jeux, ou ces Spectacles, qui demandoient quelque préparation. Le Roi y venoit

1608.

G iij

1608. aussi quelquefois courir la bague, moi absent; quoiqu'il lui semblât qu'il n'y avoit pas alors le même ordre & la même exactitude, que lorsque j'y étois. La Reine & tous les Courtisans ne trouvoient nulle part autant d'agrémens dans les spectacles de Théâtre. J'avois fait construire & accommoder pour ce sujet, une Sale très-spacieuse; avec un parterre en Amphiteatre, & une grande quantité de Loges dans plusieurs galeries, séparées les unes des autres, & ayant chacune leurs dégrès, & leurs portes particulières. Deux de ces galeries étoient destinées pour les femmes; aucun homme n'y entroit avec elles: c'étoit un point de ma police, que je ne souffrois pas qu'on renversât; & dont je ne regardois pas au-dessous de moi, de prendre moi-même le soin.

Un jour qu'on représentoit un fort beau Ballet dans cette Sale, j'apperçus un homme, qui tenoit une Dame par la main, avec laquelle il se préparoit à entrer dans une des galeries des femmes. C'étoit un Etranger; & je reconnus même aisément de quel Pays il étoit, à son visage basané. « Monsieur, lui dis-je, vous chercherez, s'il vous plaît, » une autre porte: car je ne crois pas qu'avec votre teint » vous puissiez espérer de passer pour une belle Dame. Sei- » gneur, me répondit-il en très-mauvais François, quand » vous sçaurez qui je suis, vous ne me refuserez point, je » m'assûre, la courtoisie de me laisser entrer avec ces belles » & blanches Dames, quelque noir que je sois: Je m'appel- » le Pimentel: j'ai l'honneur d'être vû de bon œil de Sa » Majesté, & de jouer fort-souvent avec elle. « Cela étoit vrai, & trop vrai; cet Etranger, dont j'avois déja entendu parler, avoit gagné des sommes immenses au Roi. « Com- » ment, ventre-de-ma-vie! lui dis-je, en faisant l'homme » véritablement en colère, vous êtes donc, à ce que je vois, » ce gros piffre de Portugais (1), qui gagnez tous les jours » l'argent du Roi: Pardieu! vous êtes mal tombé; car je » n'aime ni ne veux ici de telles gens. « Il voulut repliquer: » Allez, allez, lui dis-je en le repoussant, chercher une au- » tre entrée: car vous ne me persuaderez point avec votre » baragouin. « Le Roi lui ayant demandé s'il n'avoit pas trouvé beau & parfaitement bien dansé le Ballet qu'il avoit

(1) Pimentel n'étoit point Portugais, mais Italien.

vû, Pimentel lui répondit, Qu'il en avoit eu envie, mais qu'il y avoit trouvé à une porte, son grand Financier, avec son front négatif, qui l'avoit bien renvoyé : Et il conta son aventure, qui parut si plaisante au Roi, de la maniere dont il la rapportoit, qu'il en rit de tout son cœur; il n'oublia pas d'en regaler toute la Cour.

Je ne chercherai point ici les détours d'une fausse modestie, pour faire entendre que la confiance que le Roi me témoignoit, étoit dès-lors montée à un tel point, que si j'avois aspiré au titre fastueux de Favori, j'aurois pû le prendre. On en jugera par les offres qui me furent faites cette année par Sa Majesté. Mais il faut reprendre la chose un peu plus haut.

Parmi les calomnies qui me mirent en 1605 à deux doigts de ma disgrace, on voulut persuader à Henry par des avis secrets, qu'il me montra alors, Que je songeois à faire faire à mon Fils (2), en le mariant, une fortune si considérable, qu'il pût se rendre redoutable à Sa Majesté elle-même, Que tant de personnes y travailloient par mon ordre, ou seulement dans l'envie de me faire leur Cour, qu'on me mettoit à même de choisir entre Mesdemoiselles de Bourbon, de Maïenne, de Montmorency, de Bouillon, & de Créquy; & à plus forte raison, entre les Filles des Particuliers les plus riches du Royaume, si je préférois de grands biens à un grand nom. Ce fut-là un des principaux points de cette longue & sérieuse conversation, que j'eus avec Sa Majesté l'année précédente, dans le Cabinet des Livres; dont j'ai laissé à faire connoître ce qu'il m'est permis d'en révéler, lorsque l'occasion s'en présenteroit. Henry me demanda quelles étoient mes vûes pour mon Fils, & ce qu'il y avoit de vrai dans tout ce qu'il entendoit dire. J'avouai à ce Prince, Qu'il étoit vrai qu'on m'avoit fait sur chacun de ces partis, des offres bien capables d'éblouir un ambitieux ; mais que je n'y avois répondu qu'en disant, que c'étoit de la main seule de Sa Majesté que je devois recevoir une Femme pour mon Fils.

(2) Maximilien de Béthune, Marquis de Rosny, Fils aîné de M. le Duc de Sully, & d'Anne de Courtenay, sa premiere Femme. Il fut Surintendant des Fortifications, Gouverneur de Mante & de Gergeau, & Grand-Maître en survivance de son Pere, avant lequel il mourut en 1634.

1608.	Le Roi me témoigna qu'il me sçavoit fort-bon gré de cette réponse & de ces sentimens; & achevant de s'ouvrir à moi, il me dit, Que deux choses lui feroient une égale peine de ma part : l'une, si connoissant avec quelle répugnance il voyoit sa principale Noblesse mêler son Sang avec celui d'un Bourgeois & d'un Roturier, je songeois à me mésallier; & l'autre, si je me mettois dans l'esprit au contraire de choisir une Femme dans la Maison de Bourbon, dans celle de Lorraine, & plus encore dans celle de Bouillon : Qu'ainsi des cinq Filles dont on avoit parlé pour Rosny, il ne voyoit que Mademoiselle de Créquy, sur laquelle il pût faire tomber son choix; tout le monde connoissant les Maisons de Bonne, de Blanchefort, & D'Agoust, pour être des plus communes dans la Noblesse, quoique distinguées d'ailleurs autant par de grands exemples de valeur personnelle, que par des Dignités éclatantes. Henry se confirmant dans sa pensée, ajoûta, qu'il ne vouloit pas que la proposition s'en fît par d'autres que par lui-même : & qu'il prendroit le temps convenable pour cela : Ce qu'il fit presqu'incontinent.

Lesdiguieres & Créquy ne furent pas difficiles à persuader : je puis dire même qu'ils ne se ralentirent point de l'empressement qu'ils me témoignerent pour la conclusion de cette Affaire, qu'ils ne vissent tous les Articles du Mariage non-seulement arrêtés, mais même signés. Je dirai encore avec vérité, qu'ils ne trouverent sur les conditions nulle chicane de ma part : je voulois me donner de tendres Amis, encore plus que de proches Parens. Il n'arriva rien dans les années suivantes, qui ne me confirmât dans l'idée que j'avois réüssi à me donner cette satisfaction. Je ne songeois pas que ces années étoient pour moi un temps de gloire & de prospérité. Il a passé : ces Amis ont disparu avec ma faveur, ces Alliés si respectueux avec ma fortune : que dis-je ? on n'a pas voulu qu'il manquât à ma disgrace, & à celle de mon Fils d'avoir à détester par mille endroits la plus malheureuse de toutes les Alliances. Que n'avois-je le don de lire dans les esprits ? Mais peut-être ai-je à remercier le Ciel de mon erreur & de ma crédulité. La tentation à laquelle je me vis exposé peu de temps après, en seroit peut-être devenuë insurmontable pour ma conscience.

Quoique

LIVRE VINGT-CINQUIEME. 57

1608.

Quoique le Mariage (3) conclu ne fût pas encore célébré si-tôt, parce que nous en laissâmes le temps à la disposition de Sa Majesté ; je regardai dès ce moment comme indissoluble, le nœud qui unissoit les Créquy à ma Famille ; & je fus si bien la dupe de mon cœur, que je pris dans cette union, l'un des motifs qui m'empêcha de me laisser éblouir par l'agréable & riante perspective, qui vint tout d'un coup s'offrir à ma vûë, sur la fin de l'année derniere ; c'est-à-dire, quelques mois après nos conventions, & encore plus dans le commencement de celle-cy. C'est ce qui me reste à expliquer, en faisant remarquer avant toutes choses, que ce fut encore par un effet de la malice la plus raffinée de mes ennemis, que je me trouvai dans une conjoncture, où il ne tint qu'à moi uniquement de me voir placé dans ce point d'éclat & de grandeur, au-delà duquel on n'en imagine point pour un simple particulier.

Mes Ennemis donc commencerent à insinuer au Roi, sous une apparence de zèle pour lui & pour moi, que ce Prince crut fort sincère, Qu'il n'avoit point encore assez fait en ma faveur : Qu'il ne devoit point balancer à m'offrir & à me faire accepter tout ce qu'il étoit en son pouvoir de me donner ; sans éxiger de moi qu'une seule chose, qui à la vérité paroissoit essentielle & indispensablement nécessaire : c'étoit de quitter la Religion Protestante, & d'embrasser la Catholique. Leur intention n'étoit point assûrément de me procurer un si grand bien ; au contraire je fournirois aisément la preuve, que l'objet qu'ils avoient dans l'esprit, étoit diamétralement opposé à celui que paroissoit avoir leur proposition : C'est que comme ils avoient intérieurement assez bonne opinion de moi, pour être persuadés que je refuserois de devoir mon élévation à un moyen qui me coûteroit ma Religion ; ils m'attendoient à ce refus, pour en faire inférer au Roi, Qu'il avoit tout à craindre d'un homme, capable de faire triompher ainsi sa Religion

---

(3) Il ne le fut qu'au mois d'Octobre dans l'année suivante, à Charenton, par le Ministre Du-Moulin : la Fille n'étoit encore âgée que de neuf à dix ans : Elle s'appelloit Françoise, Fille de Charles de Blanchefort de Créquy, Prince de Poix, & ensuite Duc de Lesdiguières par son mariage avec Madelaine de Bonne de Lesdiguières, Fille du Connétable de ce nom. Le Marquis de Rosny eut de son mariage avec elle, Maximilien-François de Béthune, Duc de Sully &c. & Louise de Béthune, morte sans être mariée.

1608.

d'un intérêt à qui rien ne résiste ordinairement, ni sacré ni profane. Le Roi embrassa cette idée, dont peut-être il n'étoit pas lui-même fort-éloigné, avec un visage si différent de ceux qui la lui proposoient, que je ne sçaurois au contraire en conserver pour ce Prince une trop parfaite reconnoissance.

M'ayant fait venir un matin au Louvre, il s'enferma seul avec moi dans le Cabinet aux Livres, & me dit : » Hé-bien !
» mon Ami, vous avez eu bien hâte de conclurre le Mariage
» de votre Fils ; & je ne sçais pas pourquoi : car ni pour l'Al-
» liance, ni pour les Biens, ni pour la Personne, je n'y vois
» pas grand avantage pour vous. « Henry ne se souvenoit pas apparemment, que je n'avois rien fait que par son ordre exprès. » J'ai résolu continua-t'il, de me servir de votre
» personne plus que jamais, & de vous élever vous & les
» vôtres à toutes sortes de Biens, d'Honneurs & de Gran-
» deurs : Mais il faut que vous m'y aidiez aussi ; car si vous
» n'y contribuez pas de votre côté, il me sera difficile d'y
» parvenir, sans préjudicier au bien de mes affaires, & m'ex-
» poser à recevoir beaucoup de blâme : chose, je m'assure,
» que vous ne voudriez pas. Ce que je desire donc faire, est
» de vous allier avec moi, en donnant ma Fille Vendôme (4)
» à votre Fils, avec deux cens mille écus comptant, & dix
» mille écus de pension, le Gouvernement de Berry, au-
» quel je joindrai celui du Bourbonnois après la mort de
» Madame d'Angoulême, & le Domaine qu'elle y possède,
» en remboursant ce qu'il lui a coûté. Je veux aussi donner
» à votre Fils la Charge de Grand-Maître en survivance,
» & le Gouvernement de Poitou à votre Gendre, en vous
» donnant celui de Normandie : car je vois bien que le pau-
» vre M. de Montpensier (5) ne la fera pas longue, non-plus
» que M. le Connétable, dont je vous destine aussi la Char-

(4) Catherine-Henriette de Vendôme, Fille légitimée de Henry IV. & de Gabrielle d'Estrées : Elle épousa Charles de Lorraine, Duc d'Elbœuf, & mourut en 1663.

(5) Henry de Bourbon, Duc de Montpensier, mourut en effet dans le mois de Février de cette année, après avoir langui deux ans, pendant lesquels il ne vécut que de lait de Femme ; & s'être préparé très-Chrétiennement à la mort. » Henry
» IV. l'apprenant, dit tout-haut,
» Qu'il falloit prier Dieu, pour avoir
» du temps à le reconnoître, com-
» me ce Prince en avoit eu. « *Matthieu*, *ibid*. 772. M. le Duc de Montpensier étoit âgé seulement de trente-cinq ans. La Branche de Bourbon-Montpensier fut éteinte avec lui ; puisqu'il ne laissa qu'une Fille unique, fiancée à Monseigneur le Duc d'Orléans, second Fils de Henry IV.

» ge ; & dès-à-présent je vous en donnerai la réserve. Mais
» pour favoriser tout cela, il faut que vous & votre fils soyez
» Catholiques. Je vous prie de ne pas me refuser cela ; puis-
» que c'est le bien de mon service, & l'entier & assuré établis-
» sement de votre Maison. «

1608.

Le récit que je fais ici, est si propre à faire naître & à flater la vanité, que pour éviter ce piége dangereux, je m'abstiendrai de toutes réflexions, même de celles sur la bonté d'un Prince, qui me prie encore en me comblant de bienfaits. Je lui répondis, autant qu'il m'en souvient, Qu'il me faisoit plus d'honneur que je n'avois mérité, & même que je n'avois espéré, ni désiré : Que je n'avois rien à décider sur les deux choses qu'il me proposoit pour mon Fils ; Sa Majesté étant seul maître de son établissement ; & lui, étant devenu capable de se choisir une Religion, depuis qu'un âge mûr l'avoit mis en état de faire toutes les réflexions nécessaires pour cela : mais que pour moi la chose étoit différente : Que je serois sincèrement au desespoir d'augmenter en Honneurs, en Biens & en Dignités, aux dépens de ma conscience : Que si j'avois jamais à changer de Religion, je sentois bien que la seule conviction intérieure m'y porteroit, & non point l'ambition, l'avarice, ni la vanité ; & que si j'en usois autrement, je donnerois lieu à Sa Majesté elle-même, de tenir pour suspect un cœur que je n'aurois pu garder fidèle à Dieu. » Pourquoi, reprit Henry,
» avec une cordialité qui me toucha sensiblement, pourquoi
» ne me fierois-je pas à vous ; puisque vous ne feriez rien
» que je n'aye fait, & que vous ne m'ayez donné conseil de
» faire, lorsque je vous le proposai ? Je vous prie encore de
» me donner ce contentement : pensez-y bien ; je vous donne
» un mois pour y réflechir : ne craignez point que je ne
» tienne pas tout ce que je vous promets. Je ne doute nul-
» lement, Sire, lui répliquai-je, que votre parole ne soit in-
» violable : je ne désire rien tant que de vous plaire ; je n'y
» manquerai jamais, tant qu'il sera en ma puissance de le fai-
» re : Je vous promets de penser très-sérieusement à tout ce
» qu'il vous a plu de me proposer : J'espere toujours satisfaire
» votre Majesté ; quoique je ne le fasse peut-être pas de la
« maniere qu'elle pense. «

Lorsque les Protestans entendirent parler de rompre mon

H ij

1608. Alliance avec Lefdiguiéres, & de faire époufer Mademoifelle de Vendôme à mon Fils; car le bruit en fut bien-tôt
répandu par-tout ; ils crurent tous pour cette fois qu'ils
alloient me perdre. Il y avoit long-temps qu'ils m'accu-
foient, avec les reproches les plus amers, de travailler à
la ruine du Parti Proteftant en France ; en amaffant au Roi
ces fommes confidérables, & toutes ces provifions de guerre, dont ils fe figuroient dans leur frayeur, que le poids les
accableroit les premiers. Envain je tâchois à leur perfuader
qu'ils n'avoient rien à appréhender de femblable, d'un Roi
tel que Henry. Leur prétention les faifoit toujours revenir
à leurs premiers foupçons contre moi. Ceci les y confirma.
Les careffes que le Roi faifoit à Rofny, que fort-fouvent
il appelloit *Mon Fils* : l'accès que je donnois à tous les Eccléfiaftiques : les réédifications d'Eglifes, d'Hôpitaux, & de
Couvents, auxquelles j'employois tous les ans une fomme
confidérable de deniers Royaux, le Bref de Paul V, dont il
couroit plufieurs Copies ; que fçai-je, mille chofes qu'on
releva en ce moment, leur parurent la derniere preuve de
mon infidélité.

    Les principaux de ce Corps, & fur-tout les Miniftres en
parurent d'autant plus intrigués, qu'il ne s'agiffoit pas feulement d'un triomphe, que leurs ennemis alloient remporter fur eux ; mais qu'ils étoient perfuadés, & qu'ils difoient
même affez hautement, Que fi une fois je leur manquois,
je ne m'en tiendrois pas à leur égard à la feule indifférence,
mais que je ferois leur plus ardent perfécuteur. Je n'entendis pendant je ne fçais combien de temps, que des Exhortations, des Remontrances & des Harangues de leur part,
qui n'auroient eu guère d'efficace auprès des Difcours du
Roi, fi je n'avois heureufement trouvé ma force au-dedans
de moi même. La Comteffe de Sault, Lefdiguières, & tous
les Crequys travailloient cependant de leur côté, avec vivacité, à empêcher que le Mariage arrêté ne fût rompu, ni
celui avec Mademoifelle de Vendôme, achevé. Ils voulurent
perfuader à la Reîne, qu'elle devoit s'intéreffer pour eux,
& fe plaindre de ce qui fe projettoit. Comme ils virent qu'elle n'en vouloit rien faire ; ils revinrent à employer pour me
retenir, tout ce qu'ils purent imaginer de plus fort : affi-
duités, prévenances, affûrances, promeffes, fermens ; tout

fut mis en œuvre, pour me détourner d'un deſſein que je n'avois point. 1608.

Je partis de Paris ſur ces entrefaites, pour faire un voyage de dix ou douze jours, à Sully & dans mes autres Terres; d'où je ne fus pas pluſtôt de retour, que Sa Majeſté envoya Villeroi recevoir ma réponſe ſur tout ce qu'elle m'avoit propoſé. Je ne fus pas fâché de n'avoir qu'un Témoin, devant lequel je puſſe dire plus librement tous mes ſentimens : le temps ne m'y avoit que plus affermi. Je dis à Villeroi, Que je remerciois très-humblement Sa Majeſté, de tout l'honneur qu'elle me faiſoit : Que je ne conſentirois point à me voir revêtu des Charges de perſonnes encore vivantes ; & que quand elles viendroient à vaquer, je ne m'en eſtimois pas digne, ayant déja aſſez des miennes : Que pour ce qui regardoit mon Fils, je n'aurois jamais d'autre conſeil à lui donner, que d'obéïr au Roi, & de ne rien faire contre ſa conſcience. J'eus mes raiſons pour trancher encore plus court ſur l'article de mon changement de Religion : je dis à Villeroi, Que c'étoit le Cardinal Du-Perron que j'avois choiſi, pour en porter ma Réponſe à Sa Majeſté. Cette Eminence crut, auſſi-bien qu'Henry, que cette parole vouloit dire quelque choſe. Henry la lui annonça lui-même, avec une grande eſpérance ; & je ne tardai pas à voir arriver chez moi Du-Perron, qui me preſſa de lui ouvrir mon cœur. Je mis aſſez de force, & même de Théologie (6) dans la Réponſe que je lui fis, pour lui faire comprendre qu'il s'étoit bien trompé. Son érudition, ni ſon éloquence ne me toucherent point : il rapporta au Roi que j'étois inébranlable.

Ce Prince, qui vouloit auſſi de ſon côté faire un dernier effort, m'envoya chercher : & quoiqu'il n'employât que la douceur, la tendreſſe, & les ſollicitations d'une ancienne Amitié, s'il m'eſt permis de parler de la ſorte ; je compris que le danger n'avoit point été juſque-là, auſſi preſſant qu'il l'étoit en ce moment ; ſur-tout, lorſque je l'entendis me reprocher ma conſtance comme une dureté à ſon égard, & une marque, diſoit-il, que je ne l'aimois plus. Il me dit enfin, Qu'il m'en parloit pour la derniere fois, & que je lui

---

(6) Théologie qui pouvoit bien être de ſaiſon, dans ce moment-là, mais qui ſeroit fort-mal placée ici, & que je ſupprime encore, pour ne pas offenſer les oreilles Catholiques.

donnasse du moins mon Fils. A quoi je répondis encore, Que je ne le lui refusois pas; mais qu'il m'étoit impossible d'user envers lui de l'autorité de Pere, pour l'obliger à se faire Catholique. Sa fermeté égala presque la mienne : Et le Roi qui ne vouloit donner sa Fille à aucun des Princes, pour ne pas les rendre trop puissans, résolut de marier Mademoiselle de Vendôme au Fils de M. le Connétable. La Comtesse de Sault prit ce moment, pour revenir plus fortement à la charge, sur l'accomplissement de celui de sa Petite-Fille.

Restoit à parer le contre-coup de la part de mes Ennemis : & c'est ce que je ne négligeai pas. Lorsque je sçus qu'ils étoient occupés à me le porter; je pris ce temps-là, pour écrire au Roi : Que je n'ignorois pas tout ce qu'on lui rapportoit, pour lui donner une mauvaise impression de mes paroles, de mes actions & de mes pensées; & qu'on m'imputoit même ce que je ne disois, ni ne faisois, ni ne pensois : Que je le priois instamment de se souvenir toujours de la promesse qu'il m'avoit faite, de me déclarer lui-même & ses volontés & ses sujets de plainte contre moi. Il me répondit d'une maniere bien propre à me tranquiliser contre la Cabale de mes Ennemis : Que j'avois de commun avec toutes les personnes en place, de faire plus d'envie que de pitié : " Vous sçavez, me disoit-il, si j'en suis exempt, & " d'une Religion & de l'autre. Ce que vous avez à faire, " c'est que comme je prens conseil de vous dans toutes mes " affaires, vous preniez aussi conseil de moi dans les vôtres, " qui importeront tant soit peu, comme du plus fidèle Ami " que vous ayez au monde, & du meilleur Maître qui fut " jamais. "

Ce n'étoit pas sans fondement que Henry se citoit pour exemple : Il avoit ses inquiétudes, & aussi ses ennemis plus sécrets. Car quoiqu'on ne vît plus, comme dans les années précédentes, des séditions prêtes à éclater dans le Royaume; parce que les coups d'autorité qu'on avoit faits, avoient obligé l'insolence & la mutinerie à se tenir cachées : cependant il n'est que trop vrai, qu'on appercevoit encore à la Cour, & parmi tous les plus Qualifiés du Royaume, ce même esprit turbulent, inquiet, & ardent pour les nouveautés, qui avoit tout brouillé pendant si long-temps. Il ne produisoit plus que des divisions dans les Familles, & des querelles

LIVRE VINGT-CINQUIEME. 63

1608.

entre les Particuliers, que Henry s'appliquoit à appaiser par tous les moyens possibles; les regardant comme un germe, dont il ne falloit attendre que des fruits pernicieux : & il lui fâchoit fort de ne pouvoir pas toujours y réüssir, comme il l'auroit bien souhaité. Le Régne de ce Prince, semblable en beaucoup de choses à celui d'Auguste, eut encore cette conformité avec lui : & c'étoit aussi cet éxemple que Henry se proposoit à suivre le plus ordinairement. *Æquitate, non aculeo* : Voilà la Devise que je mis, suivant son intention, aux Jettons d'Or de cette année, qui représentoient un Essaim d'Abeilles en l'air, ayant au milieu d'elles, leur Roi sans aiguillon. Je les lui présentai, comme il passoit de sa petite Galerie dans la grande qui conduit aux Tuileries : Nous nous y promenâmes long-temps ensemble, en nous entretenant sur le sujet que je viens de dire, & sur ces mêmes chagrins domestiques, qui m'ont déja fait déplorer tant de fois le malheur de ce Prince, trop bon & trop doux.

On a pu s'appercevoir dans les années précédentes, de ma fidélité à observer la promesse que j'ai faite précédemment, de ne plus entretenir le Lecteur des foiblesses de Henry. J'ai caché avec soin à mes Sécrétaires, & à toute autre personne, ce qui s'étoit dit sur ce sujet entre ce Prince & moi, dans ces conversations si longues & si secretes. Depuis la Marquise de Verneuil, le nom d'aucune femme n'a été employé dans ces Mémoires, à titre de Maîtresse du Roi. J'ai mieux aimé qu'on ignorât tout ce que j'ai eu de peines à essuyer par cet endroit, que de les faire connoître aux dépens de la gloire de mon Maître : Peut-être ai-je poussé ce scrupule trop loin ; car le Public a été si rebattu des noms de Madame de Moret (7), de Mademoiselle des Essarts, de la vieille Madame d'Angoulême, de la Comtesse de Sault, de Mesdames de Ragny & de Chanlivault, deux de mes Parentes,

---

(7) Jacqueline Du-Beuil, Comtesse de Moret : Charlotte des Essarts, Comtesse de Romorantin, deux des Maîtresses de Henry IV. Il eut de la premiere, Antoine, Comte de Moret, tué à la journée de Castelnaudary, en 1632; & de la seconde, deux Filles; l'une Abbesse de Fontevraud; & l'autre, de Chelles. De ces deux Femmes, de la Duchesse de Beaufort, & de la Marquise de Verneuil, qui porterent successivement & tout-ouvertement le titre de Maîtresse du Roi, ce Prince eut huit Enfans, qui furent les seuls qu'il légitima. Il aima encore Marie Babou, Vicomtesse d'Estauges, deux Cousines de la belle Gabrielle, & plusieurs autres. Voyez *l'Histoire des Amours du Grand Alcandre.*

1608. du Commandeur de Sillery (8), de Rambouillet, de Marillac, de Duret le Médecin, d'un autre Médecin Juif, & de bien d'autres des plus considérables de la Cour, tous différemment intéressés dans ces avantures, comme principaux Acteurs, ou comme participans; que je pourrois bien en dire beaucoup, sans rien apprendre de nouveau : Mais ce ne seroit après-tout qu'une répétition bien froide, de tracasseries toutes pareilles à celles dont on a vû cy-devant quelques échantillons.

La raison que j'ai d'excepter de cette régle le trait suivant; c'est qu'il suffit qu'il paroisse éxiger quelque justification de ma conduite personnelle envers le Public, auquel il n'a pas été caché. Dans un de ces momens, où Henry sentoit le plus vivement les indiscrétions de la Reine, le bruit courut qu'il l'avoit quitté brusquement ; & qu'il s'en étoit allé à Chantilly, sans la voir. Cela étoit vrai : ce Prince passa par l'Arcenal, & s'ouvrit à moi de tout ce qu'il avoit sur le cœur. Le Roi parti; j'allai l'après-midi au Louvre, pour tâcher de parler à la Reine, accompagné d'un seul de mes Sécrétaires, qui n'entra point avec moi dans le petit Cabinet de cette Princesse, où elle étoit enfermée en ce moment. La Conchine étoit à la porte de ce Cabinet, la tête appuyée sur son coude, comme une personne qui dort, ou du moins qui rêve profondément. Je la réveillai : Elle me dit que la Reine n'avoit pas voulu la laisser entrer dans son Cabinet, dont la porte me fut pourtant ouverte (9), si-tôt que je me fus nommé,

Je

Après la mort de Henry IV. Mademoiselle des Essarts épousa secrettement le Cardinal de Guise, Louis de Lorraine, à qui le Pape donna Dispense pour ce Mariage, & en même temps pour garder ses Bénéfices. La chose a été prouvée par le Contrat de Mariage même, qu'on trouva parmi les papiers de ce Cardinal, après sa mort, passé dans la forme la plus autentique. Il en est fait mention dans le *Mercure Hist. & Polit. Avril 1688.* De ce Mariage sortirent trois Fils; l'un Evêque de Condom; & le second, Comte de Romorantin; & deux Filles, dont l'une épousa le Marquis de Rhodes. Charlotte des Essarts se remaria ensuite à François Du-Hallier-de-L'Hôpital, Maréchal de France, Comte de Rosnay &c. Le Commentaire des Amours du Grand Alcandre marque simplement qu'elle fut Maîtresse du Cardinal de Guise, & ensuite de N. De-Vic, Archevêque d'Auch. Elle étoit Fille Naturelle du Baron de Sautour, en Champagne. *Journal du Régne de Henry III. imprimé en 1720. tom. 1. pag. 277.*

(8) Noel de Sillery, Frere du Chancelier, Ambassadeur à Rome,

(9) La Reine eut pendant un assez long

LIVRE VINGT-CINQUIEME.

1608.

Je trouvai la Reine occupée à compofer une Lettre au Roi, qu'elle confentit que je luffe : elle y avoit répandu tant d'aigreur & de fiel, qu'elle n'eût pu affûrément produire qu'un très-mauvais effet. Je lui en fis fi bien fentir les conféquences, qu'elle confentit à la fupprimer, avec affez de peine, & à condition que je lui aiderois à en refaire une autre, où rien ne feroit oublié, de ce qu'elle difoit avoir à repréfenter fi juftement au Roi fon Epoux. Il fallut la fervir felon cette idée, pour éviter pis : ce ne fut pas fans bien des chicanes entre nous deux, fur le choix des expreffions, & fur la force de chaque terme. J'eus befoin de toute la préfence d'efprit dont je fuis capable pour trouver les moyens de fatisfaire la Princeffe, fans mécontenter le Roi, ni m'écarter du refpect en parlant, à Sa Majefté. Cette Lettre eft fort-longue : je ne la rapporte point. La Reine s'y plaignoit des galanteries éternelles du Roi fon Mari ; mais ce n'étoit que par l'envie qu'elle avoit de poffeder feule fon cœur : Si elle paroiffoit y éxiger un peu trop abfolument le facrifice de fa Rivale ; fon repos, fa confcience & fon honneur ; l'intérêt du Roi, fa fanté & fa vie ; le bien de l'Etat ; l'affûrance de la Succeffion Royale pour fes Enfans, qu'il plaifoit toujours à la Marquife de Verneuil de mettre en doute, étoient autant de motifs, qui lui en impofoient, difoit-elle, la néceffité : Elle toucheroit de compaffion ce Prince, ajoûtoit-elle ; en menant les Enfans qu'elle avoit eûs de lui, fe jetter à fes pieds : Elle lui rapelloit toutes fes promeffes ; & elle prenoit Dieu à témoin, que s'il

long temps, beaucoup de confiance en M. de Sully. L'Auteur de l'Hiftoire de la Mere & du Fils rapporte, Que cette Princeffe ayant réfolu un jour, par le Confeil de Conchine, d'avertir le Roi que tels & tels de la Cour avoient ofé lui parler d'amour ; elle voulut auparavant confulter ce Miniftre, qui la détourna de cette réfolution, en lui reprefentant, ,, Quelle alloit donner au ,, Roi, le plus grand & le plus jufte ,, foupçon, qu'un Mari de fa Qua- ,, lité pût avoir de fa Femme ; at- ,, tendu qu'il n'y avoit point d'hom- ,, me de jugement, qui ne fçût fort- ,, bien, qu'on ne parloit point d'a- ,, mour à une perfonne de fa condi- ,, tion, fans avoir premierement re- ,, connu qu'elle l'auroit pour agréa- ,, ble, & fans qu'elle fît la moitié du ,, chemin ; & que le Roi pourroit ,, penfer que les motifs qui l'auroient ,, portée à faire cette découverte, ,, feroient, ou la crainte qu'elle au- ,, roit qu'elle ne fût connuë par au- ,, tre voie, ou le dégoût qu'elle au- ,, roit pris de ceux qu'elle vouloit ,, accufer, par la rencontre de quel- ,, ques autres plus agréables à fes ,, yeux ; ou enfin la perfuafion d'au- ,, tres, affez puiffans fur fon efprit, ,, pour la porter à cette réfolution. ,,
Tom. 1. pag. 10.

Tome III.   I

1608.

les effectuoit, elle renonceroit de son côté, à toute autre vengeance contre la Marquise de Verneüil.

J'eûs beau faire avec tous mes ménagemens; je n'eûs apparemment pas encore assez d'adresse ou de fécondité; car le Roi se tint griévement offensé de cette Lettre, lorsqu'il l'eût reçuë; & d'autant plus, qu'il reconnut aussi-tôt, qu'elle n'étoit pas de la façon de la Reine. J'en reçûs aussi tôt un Billet, écrit en ces termes: » Mon Ami, j'ai » reçû une Lettre de ma Femme, la plus impertinente qu'il » soit possible d'écrire: Je ne m'en offense pas encore tant » contre elle, que contre celui qui l'a dictée; car je vois » bien que ce n'est pas de son stile; informez-vous & essayez » de découvrir qui en est l'Auteur; je ne l'aimerai, ni ne » le verrai de ma vie. « Tout assûré que je croyois être; ce Billet ne laissa pas de me donner à penser.

Trois ou quatre jours après, le Roi étant venu à l'Arcenal, à son arrivée de Chantilly; je me trouvai assez embarrassé des questions, que je vis qu'il alloit me faire: car il ne venoit que pour ce sujet seul: » Hé bien! me dit-il, » n'avez-vous point découvert qui a fait cette Lettre de ma » Femme? Non pas encore certainement, Sire, lui répon- » dis je, en usant d'adresse; mais dans deux jours j'espere vous » en rendre bon compte: je le ferois, poursuivis-je, peut- » être encore plustôt, si je sçavois ce qu'il y a dedans qui » vous offense. Comment! dit-il, c'est une Lettre très-bien » faite, pleine de raisons, d'obéïssance, & de soûmission: » mais qui me mord en riant, & me pique en me flatant: » En particulier je n'y vois rien à reprendre: mais en gros » elle me fâche, & me fâcheroit encore davantage, si elle » venoit à être renduë publique. Mais, Sire, repris-je, si » elle est telle que vous le dites, elle peut avoir été faite à » bonne intention, & pour empêcher un plus grand mal. » Non, non, interrompit Henry, elle a été faite malicieu- » sement & pour me piquoter: Si ma Femme avoit pris avis » de vous, ou de quelqu'autre de mes bons Serviteurs, je » ne m'en offenserois pas tant. Quoi! Sire repartis-je aussi- » tôt, si c'étoit un de vos bons Serviteurs qui l'eût faite; » vous ne lui en sçauriez pas mauvais gré? Nullement, me » dit encore le Roi; car il l'auroit faite sans doute à bonne » intention. Cela est vrai, Sire, dis-je à mon tour: mais ne

» vous fâchez donc plus : car c'est moi qui l'ai faite, crainte
» de pis ; & quand vous en sçaurez les raisons, vous direz
» que j'ai fait ce qu'il falloit faire : & afin que vous n'en
» doutiez point, je vais vous en montrer l'Original, écrit de
» ma main, à côté de celle de la Reine. Je le tirai de ma
» poche, & le lui presentai, en disant ces paroles. «

1608.

Le Roi en le lisant, m'y fit remarquer quelques mots, en la place desquels la Reine en copiant cette Lettre, en avoit substitué d'autres beaucoup moins doux. » Oh-bien! me » dit-il puisque c'est vous, n'en parlons plus ; j'ai le cœur » content : « mais ce n'est pas tout, ajoûta-t'il, en se servant de l'ascendant que j'avois parû avoir en cette occasion sur l'esprit de la Reine : » Il faut que vous me rendiez deux ser-» vices. » J'écoutai ce Prince avec attention, & sans l'interrompre, quoiqu'il me parlât assez long-temps : & je rapporterai ici ses propres paroles, que je mis dans le moment même par écrit : C'est par ces sortes de discours familiers, que je crois qu'on peut mieux connoître l'intérieur des esprits, & le vrai caractere d'un cœur. J'ai sçû dit-il, Que » ma Femme est venuë ici par deux fois, pendant que j'é-» tois à la Chasse : Qu'elle s'y est enfermée seule avec vous, » dans le Cabinet de votre Femme : Qu'elle y a demeuré » chaque fois plus d'une heure : Qu'au sortir de-là, quoi-» qu'elle eût le visage enflammé de colere, & les yeux pleins » de larmes, elle n'avoit pas laissé de vous faire bonne mi-» ne, de vous remercier, enfin qu'elle avoit paru être tout-» à-fait satisfaite de vous. Et afin que vous sçachiez que je » ne suis pas mal averti, je ne vous celerai point que j'ai » sçu tout ceci de ma Cousine de Rohan, votre Fille : non » pour faire la rapporteuse ; mais parce qu'elle croyoit que » je serois bien-aise de vous voir en aussi bonne intelligence » avec ma Femme. Il faut qu'il s'agît entre la Reine » & Vous de choses de conséquence : car elle ne m'a jamais » dit un seul mot, qui m'en ait pû faire découvrir la moin-» dre particularité ; quelques Questions que je lui aye faites » là-dessus. Je vous défends bien au-moins & sur peine de » m'offenser bien-fort, de parler de cela à ma Cousine de » Rohan ; je n'aurois plus le plaisir, que je prends avec elle » quand je viens ici ; & elle ne me conteroit plus rien, si » elle sçavoit que je vous l'allasse redire : Quoique je rie

I ij

» & jouë avec elle, comme avec un enfant; je ne lui trouve
» pourtant pas l'esprit d'un enfant: elle me donne quelque-
» fois de très-bons avis; & sur-tout elle est fort-secrette;
» lui ayant confié plusieurs choses, dont j'ai bien vû qu'elle
» n'a jamais parlé, ni à vous, ni à d'autres.

» Mais pour revenir à ces deux signalés services, qu'il me
» semble que je ne puis recevoir que de vous seul; je veux
» encore avant toutes choses, comme je vous l'ai déja dit
» autrefois, qu'en tout ce que vous allez dire & faire de ma
» part, il ne paroisse nullement que ce soit de concert en-
» tre vous & moi, ni de mon sçû; mais qu'au contraire vous
» agissez de votre propre mouvement, & que vous craignez
» même que cela ne vienne à ma connoissance. L'un de ces
» services regarde Madame de Verneuil; & vous commen-
» cerez par celui-là, qui doit servir de préparatif à l'autre:
» Vous lui direz, Que comme son Ami particulier, vous
» l'avertissez qu'elle est à la veille de perdre mes bonnes gra-
» ces, si elle n'agit avec une grande prudence: Que vous
» avez découvert qu'il y a des personnes, qui me sollicitent
» de faire les doux yeux à d'autres: Que si cela arrivoit,
» vous sçavez à n'en point douter, que je lui ôterois ses En-
» fans, & la confinerois dans un Cloître: Que ce refroidisse-
» ment, selon toutes les apparences, vient en premier lieu,
» de l'opinion où je suis qu'elle ne m'aime plus, qu'elle se
» permet de parler fort-souvent de moi avec mépris, & mê-
» me qu'elle m'en préfere d'autres: secondement, de ce
» qu'elle cherche à s'appuyer de la Maison de Lorraine, com-
» me si elle avoit voulu prendre d'autre protection que la
» mienne: Que ses intelligences sur-tout & ses familiarités
» avec Messieurs de Guise & de Joinville, me déplaisent
» au dernier point; étant persuadé qu'elle n'en recevoit que
» des conseils pernicieux à ma Personne & à mon Etat,
» non-plus que de son Pere & de son Frere; avec lesquels
» elle ne laissoit pas, malgrémes défenses, de continuer
» d'avoir commerce, lorsqu'elle auroit dû se trouver fort-
» heureuse qu'à sa priere je leur eusse fait grace de la vie:
» Qu'elle faisoit parler à son Frere par sa Femme, à laquelle
» j'avois permis de le voir: Mais que la principale raison de
» mon éloignement pour elle, est causée par ses indignes
» procédés envers la Reine. «

LIVRE VINGT-CINQUIEME. 69

1608.

» Si vous pouvez, « continua Sa Majesté, après m'avoir dit sur le chapitre de Madame de Verneuil, tout ce qu'on a vû que j'ai dit moi-même cy-devant ; » Si vous pouvez par
» industrie, ou par bonheur, obtenir qu'elle se change sur
» tout cela ; outre que vous me tirerez de peine, & me met-
» trez en repos de ce côté là, vous vous en servirez de
» moyen & de cause, pour disposer ma Femme à s'accom-
» moder à ma volonté : C'est le second service que j'attends
» de vous. Vous remontrerez à celle-cy, toujours comme de
» vous-même, Qu'elle ne sçauroit mieux faire, si elle veut
» que je lui donne contentement : Qu'entre autres choses,
» rien ne m'est plus insupportable que l'autorité absoluë,
» qu'elle a laissé prendre sur elle à Conchine & à sa Femme :
» Que ces gens-là lui font faire tout ce qu'ils veulent, s'op-
» poser à tout ce qui ne leur plaît pas, & même aimer &
» haïr qui bon leur semble : Qu'ils ont enfin poussé ma pa-
» tience à bout : Que je me suis bien reproché de n'avoir
» pas suivi le conseil de la Duchesse de Florence, de D. Joan,
» de Jouanini, de Gondy, & le mien, de les renvoyer l'un
» & l'autre en Italie dès Marseille... J'ai voulu, poursuivit
» Henry, remédier depuis à cette faute, par le moyen de
» D. Joan ; mais je me suis bien-tôt apperçu qu'il étoit
» trop tard : Car à-peine D. Joan voulut-il en entamer le
» propos, par forme de conseil, que ma Femme entra,
» comme vous l'avez sçû, dans une si grande colere contre
» lui qu'il n'y eut sorte de reproches, d'injures & de mena-
» ces, dont elle n'usât en son endroit ; jusqu'à ce que, lui
» ne pouvant plus les souffrir, elle l'a obligé quelque cho-
» se que j'aie pû dire & faire, de se retirer hors de France ;
» dont elle a été merveilleusement aise pour Conchine, qui
» mouroit de peur que D. Joan ne le poignardât comme ce-
» lui-ci s'en vantoit assez publiquement. Auparavant tout
» cela, la Princesse d'Orange imagina & me fit proposer
» d'autres expédiens par Madame de Verneuil, qui crût que
» cette complaisance lui obtiendroit de la Reine la permission
» de la voir, & de venir librement au Louvre : Ces expé-
» diens, auxquels je consentis, parce que je vis que vous n'y
» contredisiez pas, furent de marier ensemble Conchine &
» la Léonor, pour les renvoyer après en Italie ; sous le pré-
» texte honorable pour eux, de vivre splendidement en

I iij

» leur Pays, des grands Biens qu'ils avoient acquis en Fran-
» ce : Mais tout cela, bien-loin d'adoucir l'esprit de ma
» Femme, n'a fait que lui apprendre à combattre encore
» davantage toutes mes volontés : & eux-mêmes (parlant
» des Conchines, Mari & Femme) en sont devenus si rogues
» & si audacieux, qu'ils ont été jusqu'à user de menaces con-
» tre ma Personne, si je faisois quelque violence à leurs Par-
» tisans. «

Le Roi ne sortit pas si-tôt de cet article, dans la colere où il étoit contre toute cette séquelle. Il me rapporta entr'autres, le trait suivant, que je croyois qu'il avoit ignoré jusque-là. Mon Epouse ayant sçû que Conchine songeoit à faire l'acquêt de La-Ferté-au-Vidame, qui est une Pièce de deux ou trois cens mille écus; elle jugea que cet établissement alloit faire un éclat, qui ne pouvoit retomber que sur la Reine elle-même, à-cause de la protection qu'on sçavoit qu'elle lui accordoit. Elle ne balança pas à aller trouver cette Princesse, à laquelle elle sçut persuader qu'il étoit de son intérêt d'empêcher Conchine de pousser cette affaire plus avant. La Reine reçut fort-bien ce conseil de mon Epouse, & l'en remercia : mais si-tôt qu'elle eut revû les Conchines, ils lui tournerent si-bien l'esprit, qu'elle s'emporta de la plus étrange manière contre Madame de Rosny, & fut quelque temps sans vouloir la voir : Ce qui peut-être eût duré beaucoup plus long-temps, sans la réflexion, qu'elle & ses Favoris avoient à toute heure besoin de moi. » On m'a dit,
» ajoûta Henry, que Conchine fut assez effronté, pour
» venir en faire des reproches à votre Femme, & d'une
» manière si remplie d'insolence contre elle & moi, que je
» me suis étonné qu'elle ne lui répondit pas plus vertement.
» Je me doute que c'est dans la crainte de se mettre mal tout-
» à-fait avec ma Femme. Combien encore pensez-vous que
» j'eus de dépit (car Henry ne se lassoit point d'invectiver
» contre cet Italien) lorsque je vis cet homme, entrepren-
» dre d'être le tenant dans une célebre Course de Bague,
» contre tout ce qu'il y a de galands hommes en France,
» en public, dans la grande ruë Saint-Antoine, où ma Fem-
» me & toutes les Dames se trouverent ; & qu'il eut assez
» de bonheur pour l'emporter. Rien ne m'a jamais fait tant
» de plaisir, que j'en eus à cette Course, en voyant M. de

LIVRE VINGT-CINQUIEME. 71

» Nemours & le Marquis de Rofny, votre Fils, arriver   1608.
» montés fur deux chevaux, qu'ils manioient de même air,
» & avec une finguliere juftefle. «

Henry ayant repris en deux mots, après tout cela, ce qu'il
avoit pris tant de plaifir à étendre : » regardez, me dit-il, à
» manier bien tout cela, à differentes reprifes, fans rien
» précipiter, enfin avec votre circonfpection, votre refpect
» & votre dextérité accoûtumés. Je vous protefte que j'efti-
» merai plus ces deux fervices, que fi vous m'aviez gagné
» une Bataille, ou pris avec vos Canons la Ville & Château
» de Milan : car le cœur me dit que cet homme & cette
» femme cauferont un jour bien du mal ; je leur trouve des
» defleins au deflus de leur Condition, & contraires à leur
» devoir. Mais ne vous embarraflez pas, comme fit Dom
» Joan. « Je voulus encore demander à ce Prince, pourquoi
il perfiftoit toujours à me remettre une éxécution auffi dou-
teufe entre mes mains ; pendant qu'il ne lui en couteroit,
s'il vouloit bien s'en charger, que de prononcer du bon ton
à deux femmes, un, *Je le veux*. Ce qu'il me répondit & ce
que je lui repliquai, on l'a déja vû une infinité de fois dans
ces Mémoires. Au bout de tout cela il s'en alla, & me dit en
m'embraflant : » Adieu mon Ami ; je vous recommande
» ces deux Affaires : car elles me tiennent bien-fort au cœur ;
» & fur tout foyez fecret. «

Je ne pus, en réüniffant toutes mes forces, rien faire pour
la tranquilité de ce Prince, que de faire luire pour lui quelques inftans de calme, au milieu de beaucoup d'autres d'o-
rage. C'eft ainfi qu'il pafla le peu de jours, que le Ciel lui
gardoit encore. L'un de fes plus longs intervalles de repos,
fut le temps de l'accouchement de la Reine. Elle fuivit Sa
Majefté, qui prit au commencement de Mars, la route de
Fontainebleau. Il étoit impoffible de poufler plus loin les
égards, que le faifoit Henry pour elle, dans l'état où elle
étoit. Le caractere de ce Prince étoit de chercher à fatisfaire tous ceux généralement avec lefquels il avoit à vivre.
Il m'écrivit fouvent de Fontainebleau ; & prefque jamais,
fans me donner des Nouvelles de la fanté de la Reine. » Je
» penfois, dit-il, vous mander l'accouchement de ma Fem-
» me ; mais je crois que la partie eft remife à cette nuit. «
Une autre fois : » Ma Femme croit aller ju'fqu'au bout du

1608. » mois, puisqu'elle paſſa la journée d'hier. « Le vingt-ſix Avril fut le jour de cet accouchement du troiſiéme Enfant mâle (10) du Roi.

Ce Prince m'en écrivit les Lettres ordinaires. Il me mandoit dans l'une d'elles, Que je lui appriſſe comment cette Naiſſance avoit été reçûë ; » je ne dis pas de vous, diſoit-il ; » car je n'en doute point ; mais du Public. « Je dois garder bien précieuſement la Lettre ſuivante, que m'apporta le Duc de Rohan, de ſa part, ſur ce que ma Femme venoit auſſi d'accoucher d'un Fils, & preſque dans le même-temps que la Reine: » Je crois qu'aucun de mes Serviteurs n'a pris » plus de part que vous, à la Naiſſance de mon Fils D'An- » jou. Je veux auſſi que vous croyez que je ſurpaſſe en joie » tous vos Amis, de la Naiſſance de votre Fils : Vous aurez » bien la tête rompuë de leurs cajoleries ; mais l'aſſûrance » de mon amitié vous ſera plus ſolide que toutes leurs paro- » les. Je fais mes recommandations à l'Accouchée. « (11)

La Reine ſe trouva plus indiſpoſée de cette Couche que des autres : Elle fut ſaignée du pied : les purgations ſupprimées revinrent ; & elle guérit bien-tôt totalement. Le Roi en eût tout le ſoin poſſible. Il vint à Paris au commencement de Mai : mais il s'en retourna bien-vîte ; & la joie que la Reine lui marqua de ce retour, lui en donna une véritable. Il accorda à cette Princeſſe, qu'on fit cette année, pour dix ou douze mille écus de Bâtimens à Monceaux. Il m'en envoya l'ordre : car c'eſt dans des Lettres de Sa Majeſté, que je prends tout ce détail ; & il le réïtera, ſur ce que le Maître-Maçon, qui étoit venu les entreprendre, avoit été contraint, dit-il, de rompre ſon attelier, faute d'Argent : C'eſt que j'avois aſſigné ce payement ſur une reſtitution de deniers, que devoit faire le Neveu de d'Argouges, & qu'il ne fit pas ; alléguant, pour gagner du temps, qu'il ne devoit rien. Sur quoi le Roi me manda encore, que je le preſſaſſe, & que j'avançaſſe d'ailleurs ces deniers, ſans m'en remettre ſur

Freſne,

---

(10) Gaſton-Jean-Baptiſte de France, nommé d'abord Duc d'Anjou, & depuis Duc d'Orleans, mort en 1660. Siri fait dire à Henry IV. avant la naiſſance de ce Prince, Qu'il vouloit le donner à l'Egliſe, & le faire appeller le Cardinal de France. Ibid. 568.

(11) » Je déſirerois, dit Henry IV. » que Dieu lui en eût donné une » douzaine ; car ce ſeroit grand » dommage que d'une ſi bonne tige, » il n'y eût point de rejettons. « Mém. Hiſt. de France, ibid.

(12) Elle

Frefne, qui ne pouvoit l'y forcer. Il craignit que je n'ajoû- 1608.
taffe foi aux rapports qu'on m'avoit faits, que la Reine
n'étoit pas contente de moi, & me cherchoit querelle. Il
m'apportoit dans une autre Lettre, pour preuve du contraire, la manière dont cette Princeffe avoit pris mon parti
contre M. & Madame de Ventadour, qui avoient fait à leurs
Majeftés des plaintes contre moi.

On ne pouvoit guére lui faire de plaifir plus fenfible, que
de fe conformer à la complaifance, qu'il avoit pour toutes
les perfonnes qui l'environnoient. J'en reçus un remerciment, pour un fervice rendu à Madame de Verneuil & à
Madame de Moret ; & pour la manière dont je m'employai
à le débarraffer de Mademoifelle des Effarts. Cette fille commençoit à lui être extrêmement à charge ; parcequ'elle vouloit prendre fur lui le même afcendant, qu'avoient eû toutes
fes autres Maîtreffes. Enfin elle parla de fe retirer à l'Abbaye de Beaumont, à des conditions, fur lefquelles Henry
envoya fouvent Zamet & La-Varenne conférer avec moi :
il fe donna la peine d'écrire au Préfident de Motteville, fur
un Office de Maître-des Comptes à Rouen, que la Demoifelle lui demandoit ; & à Montauban, pour avancer les deniers néceffaires pour l'acquerir. Il fallut encore donner
mille écus à cette Demoifelle, & cinq cens à l'Abbaye de
Beaumont (12) : Le Roi me demanda l'un & l'autre, par une
Lettre du 12 Mai : trop heureux d'en être quitte à fi bon
marché.

Il me confultoit encore, pour fçavoir comment il pourroit faire pour ne pas fe brouiller avec la Reine, dans une
occafion où Conchine fe trouvoit compétiteur de Madame
de Verneuil, pour une grace que cette Dame s'étoit fait
promettre deux ans auparavant. " J'aime mieux, m'écrivit
" ce Prince, Madame de Verneuil que Conchine : " Cela
n'eft pas douteux ; mais il avoit dans ce temps-là, de fort
grands ménagemens à avoir pour la Reine. Tout ceci tient
à une Intrigue de Cour, qui fera plaifir à quelques perfonnes ; & que je ne fçaurois mieux entamer, que par la Lettre
fuivante, que le Roi m'écrivit de Fontainebleau.

" Quoique je fois parti mal d'avec Madame de Verneuil ;
" je ne laiffe pas d'être curieux de fçavoir la vérité d'un

(12) Elle ne s'y retira point, ou du-moins elle n'y demeura pas long-temps.

» bruit qui court ici, que le Prince de Joinville la voit : apre-
» nez-en la vérité, & me le mandez dans un Billet, que je
» brûlerai, comme vous ferez celui-cy : On dit que c'eſt ce
» qui le retient ſi long-temps : vous ſçaurez bien ſi c'eſt fau-
» te d'argent. « L'avis étoit véritable. Joinville s'étoit laiſſé
ſurprendre aux charmes de la Marquiſe, qui ne le déſeſpera
point, dit-on. Il ne fut bruit, pendant un aſſez long temps,
que de leur bonne intelligence, & de Lettres fort-paſſion-
nées, qu'on prétendoit qu'ils s'étoient écrites. Enfin l'on aſ-
ſûra que la propoſition d'épouſer avoit été faite très-ſérieu-
ſement. On remarque bien que dans tout ce que je dis ici,
je ne parle que par la bouche de toute la Cour & de tout
Paris : c'eſt que je ne laiſſe pas d'avoir dans cette affaire,
toute frivole qu'on peut la juger, des ſecrets fort-impor-
tans du Roi à ſauver. Si la choſe alla auſſi loin entre les deux
Amans, qu'on a voulu le faire croire ; il paroît que Madame
de Verneuil en fut la dupe ; & que malgré toute ſon expérience, elle ne connut pas aſſez bien le ſtyle & la marche
d'un Jeune-Homme, encore plus étourdi qu'amoureux : Engagement, Sermens, Privautés, Lettres ; tout cela aboutit,
en aſſez peu de temps, à une rupture, qu'on attribua à l'un
& à l'autre : mais à dire vrai, la faute en eſt à Madame de
Villars (13), qui parut trop belle aux yeux de Joinville,
pour ne pas le rendre infidèle.

Madame de Villars ne ſe montra pas d'un abord ſi facile
que ſa Rivale : elle ſe ſentoit du Sang Royal, avec lequel
le ſien étoit mêlé. Joinville rebuté, déſeſpéré, arracha d'elle
la cauſe de ſes rigueurs : C'eſt, dit-elle, qu'après le commerce, qu'il avoit eû & qu'il continuoit d'avoir avec une auſſi
belle & auſſi ſpirituelle Dame que la Marquiſe de Verneuil,
il étoit trop dangéreux de ſe fier à lui. Joinville ſe défendit ; il n'eſt pas néceſſaire de dire en quels termes. On le
foudroya, en lui citant Epoques & Lettres ; une ſur-tout de
ces dernieres, qui tenoit plus au cœur que toutes les autres.
Il eſt du bel uſage, en pareille occaſion, de faire à la Dame
qu'on aime, le ſacrifice des Lettres de celle qu'on n'aime plus.
Joinville ne pouvoit s'en défendre : il reſiſta, autant qu'il put ;
& enfin il remit entre les mains de Madame de Villars, la

(13) Juliette-Hyppolite d'Eſtrées, Femme de George de Brancas, Marquis de Villars.

LIVRE VINGT-CINQUIEME. 75

1608.

Lettre prétenduë : je dis prétenduë ; car ce qu'il y a ici de plus plaisant, c'est qu'il n'est rien moins qu'avéré que cette fameuse Lettre, qu'il se faisoit si fort prier de montrer, il l'eût reçûë effectivement de Madame de Verneuil. Passons cela ; puisqu'aussi-bien il étoit assez indifferent à Madame de Villars, pour l'usage qu'elle en vouloit faire que Joinville dît vrai ou faux.

Cette Femme haïssoit mortellement la Marquise de Verneuil. Le premier usage qu'elle fit de la Lettre, fut d'aller incontinent la porter au Roi. Elle pouvoit se faire croire de tout, avec une pareille Pièce. Elle s'en servit si bien, que ce Prince, qui jusques-là avoit ignoré, ou voulu ignorer la plus grande partie de l'intrigue, vint dans le moment même, le cœur gros de dépit & animé de colère, me rapporter je ne sçais combien de ces anecdotes, qu'il trouvoit accablantes, & qui ne me parurent, à moi, rien moins qu'indubitables. Je lui dis, car il fallut traiter cette affaire méthodiquement, Qu'il devoit entendre Madame de Verneuil, avant de la condamner. » O Dieu ! l'entendre, s'écria Hen-
» ry ? c'est un si bon bec, que si je la laisse dire, j'aurai en-
» core tort, & elle raison : Je m'en vais pourtant parler à
» elle & lui montrer les preuves de sa perfidie. » Il sortit, ne respirant que vengeance. Les menées de Joinville avec le Gouverneur de Franche-Comté ne lui avoient jamais paru si criminelles.

La Marquise de Verneuil, accoûtumée de longue-main à de pareilles bourrasques, ne s'émut point beaucoup, & soûtint au Prince, Que Joinville étoit assez méchant pour lui supposer cette Lettre, qu'elle n'avoit jamais écrite. Le Roi adouci par ce dénoüement, qu'il n'avoit pas imaginé, se sentit presque tout-à fait calmé, lorsqu'elle lui proposa de me prendre pour juge sur la vérité ou la fausseté de cet Ecrit ; connoissant que nous ne péchions pas ; elle, par un excès de confiance en moi ; moi, par trop d'estime pour elle. Les Pièces m'ayant été remises, & le jour pris pour le jugement, qui devoit se faire chez la Marquise ; je m'y en allai le matin. Je fus introduit dans son Cabinet, où elle attendoit son Juge & sa Partie, décoëffée & presque deshabillée.

J'avois déja commencé les informations, lorsque Henry arriva, au bout de quelques momens, avec Montbazon. Le

K ij

1608. secret me ferme la bouche sur tout le reste : car le Roi voulut que personne n'assistât à l'éclaircissement. On ne laissa pas de nous entendre parler fort-haut, contester, & la Marquise pleurer. Le Roi sortit de son Appartement dans un autre, d'où il chassa encore tout le monde ; & il me mena à la fenêtre la plus éloignée, pour faire, sans que sa Maîtresse y fût presente, une revision encore plus éxacte des Papiers de ce Procès : Ce qui ne se fit pas encore assez tranquilement, pour qu'on n'entendît pas du dehors, discourir avec beaucoup de chaleur ; moi, retourner dans le Cabinet & revenir vers le Roi. La fin de cette scène fut, que le Roi s'en retourna très-bien remis avec sa Maîtresse. Quelque rôle qu'ait joué Joinville, il fut bien-heureux d'avoir à faire à Henry ; & d'autant plus, qu'il entra incontinent après, dans une autre Intrigue, toute semblable à celle-cy, au sujet de Madame de Moret (15), dont je ne pris aucune connoissance.

(14) Voici ce que je trouve dans les Mémoires de Bassompierre, *tom. 1. pag. 92.* sur cette Intrigue. » Peu » de jours après fut la brouillerie de » Madame de Verneuil avec le Roi, » causée sur ce que Madame de Vil- » lars donna au Roi des Lettres, » qu'elle avoit écrites au Prince de » Joinville, & ils lui avoit don- » nées. L'affaire se raccommoda, sur » ce que M. le Duc d'Eguillon ame- » na au Roi un Clerc de Bigot, qui » confessa avoir contrefait ces Let- » tres ; & le Prince de Joinville fut » banni. « Au-reste, l'Epoque de cette Intrigue, que nos Mémoires placent dans cette année, est de l'année 1603. au retour de Henry IV. de son voyage de Metz.

(15) Les Mémoires pour servir à l'Histoire de France, vont nous en rendre compte. » Le Prince de Join- » ville s'étant adressé à une Comtes- » se, Favorite du Roi, laquelle » étoit de celles, que Tertullien ap- » pelloit de son temps, *Publicarum* » *Libidinum victimæ*, & qui, pour cou- » vrir son fait, alléguoit une pro- » messe de Mariage, qu'elle avoit du » Prince ; encourt la disgrace du » Roi, qui lui commande de se re- » lever, ou de l'épouser. Il fait d'a- » bord mine de vouloir l'épouser, » pour continuer ce qu'il avoit com- » mencé ; mais enfin il déclare que » son intention n'a jamais été telle ; » & dit tout-haut que, la personne » du Roi exceptée, il n'y a Gentil- » homme, ou autre de quelque Qua- » lité qu'il soit, auquel, lui tenant ce » langage, il ne saute à deux pieds » sur les épaules. Ce que le Comte » de Lude ayant entendu, dit que » ce trait-là étoit celui d'un bour- » reau. Madame de Guise toute » éplorée vint se jetter aux pieds du » Roi ; & comme si elle étoit défes- » perée, supplia Sa Majesté de la » tuer : A laquelle le Roi répondit : » je n'ai jamais tué de femmes, & je » ne sçais comme il faut faire pour » les tuer. Ceux, ajoûte-t-il, qu'on » tenoit à la Cour pour les plus ac- » cords, disoient que c'étoit le Roi » qui avoit fait faire à la Comtesse, » ce qu'elle avoit fait. «

J'avertis, dit Bassompierre dans ses Mémoires, *tom. 1. pag. 205.* » M. » le Prince de Joinville & Madame » de Moret, du dessein que le Roi » avoit de les surprendre ensemble.. » On ne les surprit pas ensemble ;

LIVRE VINGT-CINQUIEME. 77

1608.

Le Comte de Sommerive (16) ofa auffi fe jouer à fon Maître ; & prit de-même pour l'objet de fes galanteries, la Comteffe de Moret ; avec laquelle il débuta par une propofition de Mariage, dont on a crû même qu'il y avoit une Promeffe par écrit : l'un ne coûte pas plus que l'autre à un Jeune-Homme emporté. Le Roi, lorfqu'on lui en parla, trouva cette Alliance de fon gré ; & fe contenta d'employer La-Borde, Gentilhomme qu'il connoiffoit le plus affectionné à fon fervice de tous ceux qui hantoient chez la Comteffe, à découvrir fi de part & d'autre il y avoit de la fincérité ; & furtout à empêcher que cette Jeuneffe ne fortît des bornes du devoir. Le rapport de La Borde ne fut pas favorable à Sommerive, qui porta d'abord fa penfée à faire affommer cet incommode Surveillant. Un jour que Sommerive, fortant de l'Eglife, où il venoit de faire fes Pâques, rencontra La-Borde, il le chargea, de manière que celui-ci n'eût obligation de fa vie qu'à la fuite. Le Roi me commanda d'informer de ce fait, qu'il qualifia dans fa colere, d'affaffinat : le temps choifi par Sommerive, & le manque de refpect pour le Roi, le rendoient en effet encore plus coupable.

Comme il ne laiffoit pas cependant d'y avoir quelque tempérament à garder ; ne fut-ce qu'à caufe de La-Borde lui-même : car Sa Majefté convenoit que Sommerive étoit bien autrement à craindre que Joinville ; La-Varenne vint de fa part conférer avec moi, fur le moyen de fortir de cette affaire ; dont le meilleur nous parut, que le Duc de Maïenne fît lui-même juftice à Sa Majefté, de fon Fils. Je fus chargé de ce Meffage, & laiffé le maître de la manière dont je le traiterois. Je trouvai le Duc de Maïenne dans un accès fi violent de Goutte & de fievre, qu'il n'y avoit aucune apparence de lui parler, & fur un pareil fujet. Le Duc D'Eguillon (17), aîné de Sommerive, me dit, Que le procédé de fon Frere n'avoit caufé plus de mécontentement & d'indi-

" mais le Roi en découvrit affez
" pour chaffer M. de Chevreufe
" (c'eft le nom que portoit le Prince
" de Joinville) de la Cour ; & en eût
" fait autant d'elle, fi elle n'eût été
" fur le point d'accoucher ; & le
" temps racommoda l'affaire. " Henry donna ordre qu'on arrêtât le Prince de Joinville ; mais il fe fauva

hors du Royaume, où il ne revint qu'après la mort de Henry IV. fa Famille n'ayant jamais pû obtenir de ce Prince, qu'il fût rappellé. *Galanter. des Rois de France.*

(16) Charles-Emanuel de Lorraine, fecond Fils du Duc de Maïenne.

(17) Henry de Lorraine, Duc d'Eguillon & enfuite de Maïenne.

1608.

gnation à perſonne, qu'à toute ſa Famille : Que la maladie de ſon Pere n'avoit point d'autre cauſe : Qu'il voudroit lui-même être mort, auſſi-bien que cet indigne Frere né pour être le fléau de ſes Parens : Que le Roi ne ſçavoit que trop bien lui-même comment il les traitoit tous; quoiqu'ils cherchaſſent, pour l'honneur de la Famille, à en ôter la connoiſſance au Public : Enfin que ce dernier trait les mettoit tous au deſeſpoir. A quoi D'Eguillon, en me priant de l'aſſiſter de mes conſeils, ajoûta, Qu'il iroit, ſi Sa Majeſté l'éxigeoit, recevoir d'elle ſes ordres & les exécuter lui-même, quels qu'ils fuſſent, contre ſon propre Frere; & que pour lui, il manqueroit pluſtôt à ſa propre vie, qu'au ſerment qu'il avoit fait d'obéïr à ſon Maître avec toute la fidélité & le zèle d'un Serviteur & d'un Sujet.

Pour ne pas faire connoître à D'Eguillon, que je venois par Commiſſion du Roi; je lui dis, Que je ne lui conſeillois pas de l'aller trouver; parce que je ne ſçavois pas s'il étoit encore informé de l'action : Que je pourrois lui donner un bon conſeil dans vingt quatre heures, qui étoit le temps néceſſaire pour envoyer à Fontainebleau, ſçavoir les ſentimens de Sa Majeſté. Je me contentai, pour le moment preſent, de lui bien faire ſentir la noirceur, & craindre les ſuites de l'entrepriſe de Sommerive. Il encherit ſur tout ce que je pus lui dire, avec une ſincérité, dont je crus qu'il étoit de mon devoir de rendre compte à Sa Majeſté; à laquelle je diſois en même-temps, qu'elle n'avoit qu'à prononcer ſur la ſatisfaction : la Famille ne craignant rien tant que de perdre ſes bonnes graces.

Ce Prince me manda par Villeroi, Qu'il étoit content de ce que D'Eguillon m'avoit dit : quoiqu'il fut perſuadé que tout cet emportement contre le Coupable, ne les empêcheroit pas tous de prendre le ton avantageux en public; comme ils avoient déja fait en quelques autres occaſions ſemblables : Que je fiſſe bien valoir à toute la Maiſon de Lorraine, la bonté qu'avoit euë Sa Majeſté, de ne pas commencer par ſe faire raiſon de cet attentat : Que la Famille fît retirer avant toutes choſes le Coupable, ne fût-ce qu'à Soiſſons; comme indigne de ſe montrer dans un lieu où il pût être vû de Sa Majeſté : cela fait, Que d'Eguillon pourroit venir dire à ce Prince, ce qu'ils avoient jugé devoir faire,

LIVRE VINGT-CINQUIEME.

en attendant que lui même ordonnât de la peine : offrant de le repréſenter, & de le faire conduire même à la Baſtille, ſi c'étoit la volonté du Roi, où de le faire ſortir du Royaume pour deux ou trois ans. Henry faiſoit entendre, que ce ſeroit ce dernier parti qu'il prendroit ; & il méritoit quelque conſidération, à cauſe des menées de Sommerive avec l'Eſpagne. On avoit rapporté au Roi, en dernier lieu, Qu'il avoit voulu engager le Comte de Saint-Paul, à faire un voyage avec lui en Hollande ; comme ayant deſſein de paſſer au Service des Archiducs : Qu'il prenoit les avis de Du-Terrail ; & que ſi-tôt qu'il avoit eû fait le coup, il avoit envoyé quelques-uns de ſes Domeſtiques en Flandre. Ce n'étoit ni dans cet endroit, ni dans aucun autre, appartenant aux Eſpagnols, que Sa Majeſté vouloit qu'il portât ſes pas ; mais du côté de Nancy, d'où il pourroit paſſer à la Cour de l'Empereur, & encore mieux en Hongrie.

A cette Lettre de Villeroi étoit joint un Billet en deux mots, que le Roi m'adreſſoit. ” Je vous dirai que le plus ” homme de bien de la race n'en vaut guére : Dieu veuille ” que j'y ſois trompé. ” Il fut pourtant fort-content du procédé de D'Eguillon, lorſqu'il vint ſaluer Sa Majeſté à Fontainebleau : il trouva ſeulement quelque affectation de ſa part, à diminuer le tort de ſon Frere : il lui ordonna que Sommerive paſſât en Lorraine, & qu'il n'en ſortît point ſans ſa permiſſion. Je fus chargé de notifier cet ordre au Duc de Maïenne : Sa Majeſté ayant bien voulu accorder aux prieres de D'Eguillon, de lui épargner ce chagrin.

D'Eguillon ne ſe ſouvint pas trop bien pour lui même, des leçons que le Roi venoit de lui faire pour ſon Frere. Perſonne n'ignoroit l'amitié que le Roi portoit à Balagny (18) : Il venoit de lui en donner une preuve, en le maintenant dans la jouiſſance des Greffes de Bordeaux, dont les Traitans avoient cherché à le dépoſſéder. D'Eguillon eût l'imprudence de ſe faire des affaires avec lui, pour des ſujets qui à la vérité ne paſſoient pas la galanterie ; & la lâcheté de l'attaquer preſque ſeul quelque temps après ; étant lui-même accompagné d'un gros de gens armés. La prévention où

---

(18) Damien de Montluc, Seigneur de Balagny, Fils de Jean, Prince de Cambray, & de Renée de Clermont de Buſſy-d'Amboiſe : Il n'avoit alors que 25 ou 26 ans, & n'étoit point marié.

étoit déja Henry contre toute cette Maison, lui fit envisager avec indignation cette entreprise. Dans le premier mouvement de sa colère il m'écrit ; Qu'étant résolu de punir D'Eguillon, il me prie d'oublier avant toutes choses, que j'avois fait jusques-là profession d'être de ses Amis ; parceque je devois beaucoup davantage à l'amitié de mon Roi. Cette Lettre me fournit une grande preuve de l'habileté de ce Prince à se connoître en hommes. Il m'y prédit que tous les services que je rendois à D'Eguillon, seront oubliés de lui, si-tôt que ma mauvaise fortune m'aura mis hors d'état de lui en rendre davantage : & rien n'a jamais été mieux vérifié.

J'étois bien éloigné alors de le croire : & ne considérant que ce qu'éxigeoit de moi l'amitié que j'avois pour toute la Maison de Lorraine ; la Lettre du Roi, que son Courrier me remit à Montargis, où il me rencontra revenant de Sully, ne m'empêcha pas de répondre aussi-tôt à Sa Majesté, & uniquement pour faire ce qu'elle me défendoit ; c'est-à-dire pour la fléchir en faveur de D'Eguillon ; sans attendre le voyage, que je me proposois de faire incessamment à la Cour. Je puis dire que ma Lettre ne fut pas inutile à D'Eguillon, lorsqu'il se présenta à Sa Majesté, pour se justifier. Voici ce que m'écrivoit le Roi lui-même, le 22 May : » Votre » Lettre est venuë fort-à-propos ; car il est arrivé ce soir, & » m'a parlé de façon qu'il s'en est peu fallu que je n'aye écla- » té : Certes cette jeunesse devient bien insolente. « Je fis encore plus, lorsque j'allai à Fontainebleau ; il me fallut toute la persévérance dont l'amitié seule la plus vive est capable, pour vaincre le ressentiment de Sa Majesté, & au point qu'elle me remit à moi-même tout cet accommodement à faire. Je surmontai avec le même courage, d'autres difficultés, qui ne cédoient guère à celle-là ; je me crus enfin au point d'avoir fait oublier le passé à tout le monde ; & je me félicitai même, lorsque je vis de quelle manière D'Eguillon en parla dans le public, & m'en marqua sa reconnoissance.

Cependant cet homme lâche & sans foi me méprisa, & se méprisa assez lui-même, pour mettre, fort-peu de temps après, le crime dont je venois de le faire absoudre, à son comble, en faisant assassiner Balagny par un guèt-appens. J'aime mieux qu'on soit instruit de ce coup infame, par la Lettre

LIVRE VINGT-CINQUIEME. 81

tre que m'en écrivit auſſi-tôt le Roi, que par mes paroles: 1608.
» Mon Ami, vous aurez déja ſçu la méchante action, com-
» miſe contre Balagny: Je n'ai voulu vous en rien mander,
» que je n'euſſe vû les informations: car dans ces choſes-là,
» les parties ne doivent pas être cruës. Elle eſt pire qu'on
» ne le ſçauroit dire. La foi qu'on vous avoit donnée, y eſt
» fauſſée, & l'honneur tout-à-fait bleſſé, par la lâcheté de
» Quatorze à tuer un homme ſurpris: Enfin j'aimerois mieux,
» ſi c'étoit un de mes Enfans, qu'il fût mort, que d'avoir
» commis un tel acte. Le Porteur vous en dira les particu-
» larités... L'on a voulu donner ici des Batailles; mais j'y
» ai pourvû. Je vous aime bien; & ſur cette vérité, je finis. «

Mais Henry (car je me ſens tant d'horreur pour cette indignité, que je ne puis même en parler davantage) ne devoit-il point s'en prendre un peu à lui-même; puiſque c'étoit par ſa facilité, que le mauvais exemple des Duels avoit perdu la Cour, la Ville & tout le Royaume (19)? Cette fureur y étoit pouſſée à l'excès, & me donnoit mille peines, & à Sa Majeſté elle-même, pour faire des raccomodemens, & empêcher chaque jour, des voies de fait. Avant que tout céla fût paſſé, le Baron de Courtaumer vint me dire de ſa part, qu'il étoit occupé à remettre ſes Neveux, M. le Prince de Conty & le Prince de Joinville. Montigny ſe brouilla ſans fondement avec d'Epernon, que je fus chargé d'appaiſer: » Car comme vous ſçavez, me mandoit Henry, il veut tou-
» jours être le maître. « L'enlèvement d'une fille mit les La-Force & les Saint-Germain aux couteaux: Saint-Germain le Fils, qui étoit le Raviſſeur, mandé par le Chancelier, de la part du Roi, ſortit de Paris, au-lieu d'obéïr, & alla trouver ſon Pere; laiſſant le Roi dans la crainte qu'il ne découvrît chez les Etrangers, des ordres importans, qu'il ne pouvoit ignorer avoir été donnés à La-Force.

C'étoit encore-là le vrai principe de cette licence & de cette mutinerie, que le Roi ſe plaignoit ſi amérement qui gâtoit tous les eſprits; & que la Nobleſſe prenoit des Grands; & les Grands, des Princes du Sang. M. le Comte de Soiſ-

---

(19) Loménie ſupputa en 1607. » à la Couronne. Il s'en trouva qua-
» combien il avoit péri de Gentils- » tre mille, de compte fait. « *Mém.*
» hommes François par les Duels, *Hiſt. de Fr. Ibid.*
» depuis l'avénement de Henry IV.

Tome III. L

1608.

fons affichoit le mécontentement. Le Prince de Condé laſſoit la patience du Roi, par des échappées, quelques-unes ſeulement dignes de riſée, & d'autres, aſſez ſérieuſes pour bien fâcher Sa Majeſté. On crut que le Mariage ſeroit le vrai reméde à cette légèreté : Le Roi ſongea à lui faire épouſer Mademoiſelle de Montmorency (20); & ce Mariage mit le comble aux chagrins de Sa Majeſté, comme nous le verrons l'année ſuivante.

Celui de Mademoiſelle de Mercœur acheva auſſi de l'aigrir contre toute la Maiſon de Lorraine. C'étoit un Article décidé dès le temps du paſſage de Sa Majeſté en Bretagne, en 1598 : Les Parties étoient en âge de le conſommer; mais la Mere & la Grand'Mere de la Demoiſelle avoient ſçu lui inſpirer une telle averſion pour M. de Vendôme, qu'elle ne pouvoit ſouffrir qu'on lui en parlât. Le Prince de Condé qui n'étoit pas encore marié alors, auroit été bien plus du goût de l'une & de l'autre : & à ſon défaut, la Ducheſſe auroit voulu conſerver dans ſa Famille, les grands Biens de ſa Fille. Le Roi ne pouvoit s'ôter de l'eſprit, que les Ducs de Guiſe & de Maïenne ne contribuaſſent à entretenir l'opiniâtreté de cette femme : & je ſoûtenois quelquefois à ce Prince, qu'il ne leur rendoit pas juſtice en cette occaſion : Ce que Sa Majeſté auroit bien dû connoître à la fin, par le peu de réſiſtance qu'ils apporterent à ſes intentions, lorſqu'elles leur furent déclarées par le Marquis D'Oraiſon, qu'ils avoient envoyé au Roi.

Le parti de l'autorité & d'un commandement abſolu, étoit le plus prompt & le plus aſſûré ; mais Henry (21) étoit encore moins d'humeur de s'en ſervir en cette occaſion, qu'en toute autre. Il y en avoit deux autres ; celui de la douceur & de la perſuaſion auprès des Dames, & celui d'une Déciſion en Juſtice. Celui-cy étoit indubitable, à ne traiter même Sa Majeſté que comme on fait le plus ſimple Particulier : mais auſſi à quelles longueurs n'expoſoit-il pas, par

(20) Marguerite-Charlotte de Montmorency.

(21) Henry, lorſqu'il étoit en colere menaçoit la Ducheſſe de Mercœur, de lui faire payer deux cens mille écus de Dédit, outre cens mille écus que portoit le Dédit. La Ducheſſe de ſon côté faiſoit dire au Roi, qu'il prît non-ſeulement les cent mille écus, mais encore tout ſon Bien, s'il en avoit affaire. La Fille ſe retira aux Capucines, où elle voulut ſe faire Religieuſe. *Mém. Hiſt. de Fr. Ibid.*

FRANÇOIS DE BASSOMPIERRE
Maréchal de France.
Né en Lorraine le 22 Avril 1579. Mort en
Brie le 12 Octobre 1646.

les délais & les autres tours de la Chicane? Les seules Procurations de Lorraine, sans lesquelles on ne pouvoit entamer la Procédure, entraînoient un temps considérable. De deux mois il n'en falloit attendre la fin : encore pour cela falloit-il que Sa Majesté se mêlât de faire abréger en sa faveur, les formalités ordinaires. En toutes manières, le parti de la douceur étoit le plus souhaitable : parce qu'outre qu'il faut toujours tendre à l'union, non seulement des Personnes, mais encore des Familles ; il reste encore bien des ressources à une Fille, qu'on a enlevée à ses Parens & mariée malgré elle, pour réclamer sa liberté ; lors même que l'observation de toutes les autres formalités semble la lui avoir fait perdre : sur-tout, si on ne peut l'empêcher de recevoir sous-main des conseils. Ce fut aussi le seul que je conseillai à Sa Majesté, dans une longue Lettre que je lui écrivis en Réponse ; & qui ne contenoit rien de plus que ce qu'on vient de voir.

Il se fit dans cette intention plusieurs allées & venuës chez les deux Duchesses, chez le Duc de Guise, sa Sœur, & la Princesse de Conty ; dont le Roi m'informoit très-éxactement par Bullion & quelques autres. On tint pendant ce temps-là M. de Vendôme éloigné ; Sa Majesté le donna à conduire à La-Vallée en Bretagne. Pour moi, mon sentiment fut, Que personne n'étoit plus propre à manier cette Négociation, que le Pere Cotton. Je conseillai au Roi de s'en servir : & l'on s'en trouva si bien, que dans le temps que le Roi commençoit à croire plus que jamais, qu'on ne sortiroit de cette affaire que par la voie ordinaire de la Justice, & qu'il avoit même déja écrit au Premier Président à ce sujet ; ce Pere ramena tout-d'un-coup l'espérance de la voir finir autrement. L'Art de diriger les Consciences, dans lequel il excelloit, lui fit d'abord gagner un premier point, qui n'est pas le moins essentiel ; je veux dire, qu'on commençât par retrancher les invectives, qui ne faisoient qu'entretenir l'aigreur & l'antipathie. Le Pere Cotton ne manquoit pas d'aller, le plus souvent qu'il pouvoit, rendre compte de ses progrès au Roi, qui l'envoyoit de temps en temps prendre l'avis du Chancellier & le mien. Ce Prince lui sçut fort-bon gré du service qu'il lui rendit dans cette occasion.

La Mere & la Fille s'adoucirent les premières, non pas

1608. sans que la Duchesse fît encore essuyer tant d'inégalité & de mauvaise humeur contre le Roi, contre ses Parens, contre tout le monde, que Henry croyoit ne pouvoir jamais trouver le moment d'obtenir son consentement; & il m'exhortoit bien à ne pas le laisser échaper. La Grand'Mere & quelques-autres Affidés des Duchesses, comme le Confesseur La-Porte, demeurerent plus long-temps obstinés. Enfin tout s'appaisa; & le Mariage s'accomplit (22). Le Roi ne guérit point parfaitement de l'idée qu'il avoit, que les Guises & tous les Princes Lorrains n'eussent véritablement cherché à le tromper, sous les apparences d'une extrême déférence. C'est ce qui fit que Beauville, Premier-Président de la Chambre des Comptes de Provence étant mort, & le Duc de Guise ayant demandé, pour un de ses Amis, cette place, que la Comtesse de Sault sollicitoit; il la refusa à l'un & à l'autre: " Ils ont tous deux été de la Ligue: « c'est toute la raison qu'il m'en apporta, en m'écrivant de chercher avec le Chancelier, quelqu'un qui y fût plus propre.

 C'étoit absolument contre mon sentiment & malgré toutes mes raisons, que Henry donnoit, pour ainsi dire, droit à tout le monde de troubler son repos, en ne l'entretenant que d'avis continuels contre presque toutes les Personnes distinguées du Royaume, Catholiques ou Protestans. On lui rapportoit, tantôt, que le Duc de Bouillon, Du Plessis & autres Principaux de la Religion, levoient des Soldats & des Officiers; tantôt, qu'ils étoient d'accord, pour se saisir de différentes Villes, avec M. le Prince, M. le Comte, & tous ceux-là même qui avoient le plus fortement soûtenu la Ligue contr'eux. Une autre fois, Que le Duc de Roannais faisoit des Assemblées en Anjou : ce que Pont-Courlai me manda aussi. Mais rien n'allarma tant Sa Majesté, que l'avis qui lui fut donné par un Gentilhomme de Poitou : car on vouloit toujours que cette Province fût le Siége de la Révolte. Cet Homme disoit s'être trouvé en personne, à des Assemblées d'un grand nombre de Gentilshommes, agissans au nom de presque tous les Grands du Royaume, joints aux Protestans; dans lesquelles il étoit témoin qu'on avoit

---

(22) Le 7 Juillet de l'année suivante. " Les Noces, disent les Mémoires de l'Histoire de France, furent triomphantes & magnifiques. " Le Roi étoit tout brillant de pierreries d'un prix inestimable, courut la Bague, & l'emporta presque toujours. "

LIVRE VINGT-CINQUIEME.

pris jour, pour s'emparer de cinq ou six Villes, qu'il nommma, & délivré de l'Argent pour faire provision des échelles, petards, armes & munitions nécessaires à ces entreprises.

Le Roi étoit à Fontainebleau, sans Suite, & seulement pour quelques parties de Chasse, lorsque ce donneur d'avis lui fut présenté : ce qui fit qu'il le renvoya à Paris, à Sillery & à Villeroi; auxquelles il donna sur tout cela de si amples Mémoires, que le Roi crut n'en pouvoir douter, & en fut saisi d'effroi. Il revint dans le moment à Paris, du côté de Melun, & par la Porte Saint-Antoine, & il envoya Saint-Michel me chercher pour affaires, me dit-on, de la dernière conséquence. Ma Femme & mes Enfans étoient en ce moment en Ville, avec tous les Carrosses de la maison : ce qui me fit tarder jusqu'à ce que j'en eusse envoyé chercher un chez Phelipeaux.

Je trouvai le Roi enfermé dans le petit Cabinet de la Reine, avec cette Princesse, le Chancelier & Villeroi; où ils s'occupoient à un examen de tous ces Mémoires, qui avoit encore échauffé l'imagination vive & prompte de ce Prince. » Hé-bien ! Monsieur l'opiniâtre, me dit-il, en me voyant » entrer, nous voilà à la veille de la Guerre : Tant-mieux, » Sire, lui répondis-je ; car ce ne peut être que contre les » Espagnols. Non, non, interrompit-il ; c'est contre de plus » proches, appuyés de tous vos Huguenots : Tous les Hu-» guenots ! repris-je. Hé, Sire ! qui vous a mis cela dans la » fantaisie ? Je réponds déja de plusieurs, qu'ils n'en ont pas » eu l'idée ; & je répondrois bien de presque tous les autres, » qu'ils ne l'oseroient. Ne vous le disois-je pas bien, M'a-» mie, dit Sa Majesté en se tournant vers la Reine, qu'il » n'en croiroit rien : il lui est avis que personne n'oseroit me » regarder pour me déplaire ; & qu'il ne tient qu'à moi, que » je ne donne la loi à tout le monde. Cela est vrai, Sire, ré-» partis-je ; vous le pouvez, quand il vous plaira. «

Villeroi & Sillery voulurent appuyer le sentiment de Sa Majesté. Je leur fis voir, Qu'il n'y avoit que de la foiblesse, à se laisser intimider ainsi par de pures bagatelles. Je pris le Mémoire de leurs mains ; & je ne pus m'empêcher de sourire, en voyant qu'il n'y étoit fait mention que de dix ou douze misérables Gentilshommes & Soldats, que je connois-

1608.

Raimond Phelipeaux, Seigneur d'Herbaut ; ou Paul Phelipeaux, Seigneur de Ponchartain.

fois, parce qu'en effet ils étoient de mon Gouvernement, & de cinq ou six Villages, comme La-Haye en Touraine, Saint-Jean-d'Angle, La-Rochepozai, Saint-Savin, & Chauvigny-le-blanc en Berry. » Pardieu ! Sire, repris-je en cole-
» re, je crois que ces Messieurs se moquent de vous & de
» moi, de vouloir vous faire marcher pour de telles niai-
» series : c'est un homme qui cherche quelque centaine d'é-
» cus ; & puis c'est tout. Vous direz ce qu'il vous plaira,
» répliqua le Roi ; mais il faut que j'y aille, où que vous
» partiez dans deux jours, pour y donner ordre. S'il vous
» plaisoit, Sire, lui dis-je, après qu'il m'eut fait tout de suite
» un détail de ce qu'il falloit mener d'Artillerie pour cette
» Expédition, me laisser faire à ma fantaisie, j'en viendrois
» bien à bout, sans tant de bruit & de dépense. Pardieu !
» dit-il, vous êtes l'homme le plus têtu que je vis jamais :
» Hé-bien ! que voulez-vous dire ? Que je ne demande, Sire,
» que le Prévôt Moret & vingt Archers, pour vous en ren-
» dre bon compte. Vous le voulez, dit enfin ce Prince, vain-
» cu par ma persévérance, & moi aussi : S'il en arrive in-
» convénient, je m'en prendrai à vous. « Il n'en arriva rien ;
sinon, Qu'avec vingt Chevaux, pour toute Armée, je fis prendre tous les Accusés, dont il n'y en eut que fort-peu de punis : Sa Majesté ayant trouvé que la pluspart étoient innocens, & que les autres ne valoient pas la peine qu'on s'y arrêtât.

L'Assemblée des Protestans, qu'il étoit nécessaire de faire cette année, pour nommer deux Députés Généraux, parut au Roi mériter encore plus d'attention, à cause de la conjoncture. Il me nomma pour y assister : c'étoit pour la troisiéme fois : Et afin que je pusse le faire commodément, il l'indiqua à Gergeau, dont j'étois Gouverneur, & où je pouvois tout conduire de Sully, qui vient jusqu'aux portes de cette Ville. Je ne dirai rien de mes Instructions. L'Assemblée n'avoit encore pris aucune forme, le 3 Octobre, que j'écrivis pour la premiere fois à Villeroi ; quoiqu'elle eût commencé quelques jours auparavant ; parce qu'on attendoit encore quelques Députés Provinciaux. Lofque je vis que d'un seul mot, que j'avois dit en public & en particulier, j'avois fermé la bouche aux mal-intentionnés, dès-lors je répondis à Sa Majesté, qu'il ne s'y feroit rien contre sa volonté : C'eſt ce qu'elle ne vouloit pas croire. Toutes ſes Lettres, & celles de Villeroi, n'étoient pleines que de ſes ſujets de mécontentement contre les Proteſtans. » Renvoyez-moi » promptement mon Courier, m'écrivoit-il ; il y a des eſ- » prits à Gergeau, qu'il n'eſt pas beſoin qu'il flaire : Ils vous » ont traité en Catholique : je ſçavois bien qu'ils le feroient, » & j'ai vû une Lettre de Saumur, depuis quatre jours, qui » en preſcrivoit la Forme. «

1608.

Il eſt vrai qu'il y eut quelque tumulte au commencement ; principalement, ſur ce que Sa Majeſté avoit établi deux Gouverneurs Catholiques dans les Villes de Montendre & Tartas, qu'ils diſoient leur avoir été cédées par le Roi : ils appuyoient leurs demandes par la teneur des Edits ; & ſe plaignoient d'avoir ainſi perdu Caumont. Ils me députérent ſur ce ſujet, à Sully, Chambaut, Du-Bourg & Du-Ferrier, avec toutes ſortes de paroles de ſoumiſſion à Sa Majeſté ; à laquelle ils concluoient de députer ſur cette Affaire, deux ou trois perſonnes du Corps. Je cherchai à les en détourner ; parce que je ſçavois bien, que Henry ne verroit pas favorablement cette Députation : Je leur dis, que je n'avois aucune Commiſſion pour traiter de ce point ; & que j'en écrirois à Sa Majeſté. Je m'excuſai de me mêler de Moncenis, autre Place du genre des deux premieres ; parce qu'elle appartenoit à M. le Comte.

J'écrivis à Villeroi la propoſition de l'Aſſemblée ; & je le chargeai de repréſenter au Roi, Que s'il vouloit qu'elle ne tirât pas en longueur, il falloit la ſatisfaire ſur ce qu'elle demandoit de juſte, ou promettre du moins de le faire, en répondant à ſes Cahiers : A quoi Sa Majeſté conſentit. Cet Article expédié, qui étoit l'un des huit, dans leſquels ſe renferma l'Aſſemblée ; je fis voir qu'il y en avoit cinq autres, qui ne méritoient que d'être portés au Conſeil, comme étant de la compétence de ce Tribunal : & l'on ſe réduiſit à l'affaire principale, qui étoit de nommer deux Députés. Sa Majeſté notifia ſes intentions ſur cette matiére, conformément à ce qu'on a vû cy-devant aſſez au long, lorſque j'ai traité de l'Aſſemblée générale, tenuë à Châtelleraut : & cette Queſtion fut encore concluë avec une égale ſatisfaction des Parties, par la propoſition que je fis au Roi, de Villarnou pour la Nobleſſe, & de Mirande pour le ſecond Ordre. Le premier auroit été nommé dès l'année précédente, si ce n'est qu'il fut proposé contre la forme prescrite par Sa Majesté. Il alla incontinent recevoir ses ordres, avec une Lettre de ma part : Le Roi l'instruisit en deux mots, des devoirs de sa Charge, & parut fort-content de ce choix.

L'Assemblée ne dura plus après cela, qu'autant de temps qu'il en fallut pour recevoir le Brevet d'accceptation des Députés ; & tout fut fini avant le premier Novembre. Le Roi insistoit sur-tout, dans toutes les Lettres qu'il m'écrivoit, sur une prompte expédition : les invitations à revenir au pluftôt près de sa Personne, & les marques ordinaires de sa bienveillance, remplissoient presque tout le reste. Le dernier Courier que je lui dépêchai, trouva Sa Majesté à l'Arcenal ; d'où Villeroi me mandoit, Qu'elle étoit revenuë aussi-tôt à sept heures du soir : Qu'elle l'avoit fait m'écrire à huit, ne voulant pas le faire elle-même, afin de ne pas retarder l'heure du Courier.

Je rendis à ce Prince un compte encore plus éxact que je n'avois fait dans mes Lettres, de tout ce qui s'étoit passé à Gergeau, & des dispositions pacifiques d'un fort-grand nombre de Gens-de-bien, que j'avois trouvés dans le Corps Protestant. Je le retrouvai à Fontainebleau, où il ne fit pas un moindre séjour cette année, que les précédentes, Il s'y en retourna, à la mi-May, après le court voyage à Paris, dont j'ai parlé ; & il y passa les mois de Juin & de Juillet entiers. De retour à Paris au mois d'Août, il fit un tour à Saint-Germain ; ensuite un autre de quinze jours, à Monceaux ; d'où il revint à Paris, après avoir passé par Fontainebleau, au commencement d'Octobre : Je n'étois pas encore revenu de Gergeau. A la mi-Octobre, il repartit pour Fontainebleau ; d'où il revint à la mi-Novembre, à Paris, pour expédier les Affaires. J'ai déja remarqué que cette maniere de vivre n'étoit gênante que pour sa Personne, & pour celles d'un petit nombre de ses principaux Ministres.

Sa santé ne fut troublée, cette année, par aucune maladie dangereuse. Il m'écrivoit le 2 Juin, de Fontainebleau : » J'ai eu un accès de fièvre, qui m'a duré trente heures ; » mais ce n'est que du Rhume : j'espere avec l'aide de Dieu, » que ce ne sera rien. Je vais avoir plus de soin que je n'ai
» eu

LIVRE VINGT-CINQUIEME. 87

1608.

» eu jufqu'ici, de me conferver : de quoi vous pouvez vous » affûrer ; & que je vous aime bien : « Mais pourtant le travail de la Chaffe continua comme auparavant. Il me mandoit de Saint-Germain, Qu'il venoit de prendre un Cerf, qui n'avoit duré qu'une heure : Qu'enfuite il s'étoit mis dans fon lit, une heure ; & de-là étoit allé fe promener aux Grottes, & voir fes Ouvriers. A ce Rhume, pendant lequel Henry trempoit huit ou dix mouchoirs par jour, fe joignit une fluxion dans les oreilles & la gorge, qui l'incommoda beaucoup. Et comme il vouloit après cela commencer à fe purger à Monceaux, pour prendre enfuite les eaux de Spa ; il lui prit un dévoiement, qui lui fit fouffrir de violentes douleurs, pendant deux jours ; & il lui en refta une foibleffe, pendant plufieurs autres : c'étoit la maladie non-feulement de tout ce Canton, où Sa Majefté me mandoit, Qu'elle avoit avec elle le bonhomme Villeroi & plus de cent Gentilshommes de fa Cour, qui en étoient incommodés ; mais encore de Paris & de tous les environs.

Prefque tous les Enfans de Sa Majefté furent auffi malades, pendant le mois de May. Sa tendreffe paternelle le faifoit entrer fur tout cela, en m'écrivant, dans des détails, que ma propre difpofition ne me permet pas de regarder comme indifférens. » Je ne fuis pas fans beaucoup d'inquiétude, » m'écrivoit-il, le 16 May, de Fontainebleau ; ayant ici tous » mes Enfans malades. Ma Fille de Verneuil a la Rougeole : » mais elle s'en va éteinte, avec peu de fièvre. Mon Fils le » Dauphin eut hier deux vomiffemens : il a un peu de fiè- » vre avec un affoupiffement & un mal de gorge, qui fait » croire aux Médecins, qu'il couve la Rougeole. Hier au » foir, ma Fille commença à avoir un peu de fièvre. Mon » Fils d'Orleans a toujours la fièvre continuë, mais plus » fort un jour que l'autre ; il femble qu'elle foit double-tier- » ce ; (ce fut le plus & le plus long temps malade de tous) : » Jugez fi avec tout cela je fuis en peine. Je vous donnerai » tous les jours, avis de la fanté de mes Enfans : « Heureufement il n'en arriva aucun mal : » Il en fera, me difoit » encore ce Prince, tout ce qu'il plaira à Dieu, duquel je trou- » verai tout bon. « Il me demandoit avec fa bonté ordinaire, des Nouvelles de mon Fils, qu'on lui avoit dit avoir la Petite-Verole. Il choifit Noify, pour y faire demeurer fes

Tome III. M

1608.

Enfans tout l'Eté; ne voulant les renvoyer à Saint Germain, que bien avant dans le mois de Novembre: alors il me donna fes ordres, comme à l'ordinaire, de les faire ramener avec Madame de Monglat, dans les Carroffes & Litieres de la Reine & de la Reine Marguerite; & de dire à la Marquife de Verneuil, d'y renvoyer auffi les fiens: la Petite-Vérole étant à Paris dans ce mois-là.

Le Fils de cette Dame, qu'on appelloit le Marquis de Verneuil (23), étoit deftiné par le Roi fon Pere, à l'Eglife, & l'Evêché de Metz étant venu à vaquer, il fongea à le lui faire tomber. Il y avoit fur cela trois grandes difficultés; du côté de la Nomination de ce Prince; de fa Naiffance illégitime; & de fon âge: car ce n'étoit encore qu'un Enfant. Il étoit au pouvoir du Chapitre de Metz de lever le premier de ces obftacles, en poftulant le jeune Prince; & fi la chofe étoit trop difficile, en poftulant du moins le Cardinal de Givry, comme Evêque, ou comme Adminiftrateur; parce que de fes mains il auroit été facile de le faire paffer enfuite entre celles du jeune de Verneuil. Ce Chapitre a le double Droit de fe choifir un Evêque, dans le cas de la Réfignation & de la Vacance par mort; & de donner l'Adminiftration des Revenus de l'Evêché, à qui bon lui femble. Il ne fut point befoin de détour auprès du Chapitre: il ne fe fut pas pluftôt apperçu que c'étoit faire plaifir au Roi que de nommer fon Fils, qu'il fut poftulé & nommé tout d'une voix.

Anne d'Efcars, Card. de Givry.

Le Pape pouvoit feul accorder la Difpenfe néceffaire pour les deux autres points, de la Naiffance & de l'âge. Pour l'y engager, Sa Majefté envoya le Duc de Nevers (24) à Rome, lui rendre l'Obéïffance. Valerio, Courier de Rome, reçut à Paris toutes fortes de bons traitemens, qui l'y retinrent jufqu'à la fin de Mars. La Marquife de Verneuil n'y oublia rien de fon côté. Malgré tout cela, on

(23) Henry de Bourbon, Marquis, ou felon quelques autres, Duc de Verneuil, enfuite Evêque de Metz. Si Paul V. fe montra fi difficile fur l'Evêché de Metz, Innocent X. le fut encore davantage; car il refufa nettement de donner la Pourpre à ce Prince. Il jouiffoit de plus de quatre cens mille livres de Revenu en Bénéfices, lorfqu'il les quitta tous, en 1668, pour fe marier à Charlotte Séguier, veuve de Maximilien-François, troifiéme Duc de Sully. Il mourut en 1682.

(24) Les Mémoires du temps parlent de l'Entrée magnifique, & de la Réception de ce Duc dans Rome.

ne put obtenir du Pape, que la moitié de qu'on lui demandoit. Il accorda sans peine la Dispense de la Naissance; & il se retrancha pour la seconde, sur les Canons & la Discipline Ecclésiastique, qui y étoient formellement contraires. On arracha pourtant à force de sollicitations, cette sorte d'Agrément, qu'on appelle *Expectative* en style Romain; & que le jeune Prince pourroit porter dès-à-présent le Titre d'Evêque de Metz. Valerio rapporta cette Nouvelle à Fontainebleau, à la fin d'Avril; & le Roi me manda aussi-tôt de le dire à Madame de Verneuil.

Ce manque de complaisance de Paul V. lui fut bien rendu par Sa Majesté, lorsqu'à sa sollicitation, les Cardinaux & Prélats du Royaume vinrent lui renouveller leurs instances pour la Publication du Concile de Trente en France, sans être rebutés d'une infinité de tentatives inutiles, qu'ils avoient faites en différens temps sur ce sujet. Henry leur répondit, Que si l'on n'avoit pu faire approuver ce Concile à François I, Henry II & Charles IX, quoiqu'ils n'eussent aucunes des obligations qu'il avoit aux Protestans, ni ne leur eussent accordé des Edits aussi favorables qu'il avoit fait; ils ne devoient pas s'attendre qu'il y donnât jamais les mains. Il leur fit envisager tout le mal, qu'étoit capable de faire dans le Royaume, l'acceptation de ceux qui lui parloient; & il leur déclara enfin, Qu'il n'étoit pas d'humeur d'établir l'Inquisition en France; & qu'il trouvoit très-surprenant (car il sentoit bien qu'on pouvoit toujours lui faire cette objection) que ses Agens à Rome eussent pu faire de cette étrange Clause, l'une des Conditions de son Absolution. Sa Majesté leur accorda seulement l'Etablissement de la Messe en Bearn (25).

Le Collége Romain perdit, cette année, les Cardinaux de Lorraine & Baronius. Le Duc de Florence & le fameux Scaliger moururent aussi; & en France, le Chancelier de Bellièvre, le Pere Ange de Joyeuse & Miron (26).

(25) L'éxercice de la Religion Catholique avoit été rétabli en Bearn, dès le temps de l'Edit de Nantes: Il y a donc faute ici dans les Mémoires de Sully; & au lieu de la Messe, il faut lire, les Jésuites: ces Peres s'y étant établis cette année, par Edit du Roi du 16 Février. Ils en eurent principalement obligation aux sollicitations de l'Evêque d'Oleron. *Nic. Rigault. liv.* 1. *Merc. Fr.* 1608. &c.

(26) François Miron, Maître des Requêtes, Intendant au Gouvernement de l'Isle de France, Président

1608.

On fit cette année, à Fontainebleau, aussi-bien qu'à Monceaux, de nouveaux embellissemens. A Paris le Pont Marchand (27) fut construit, en la place de celui qu'on appelloit le Pont-aux-Meûniers. Je donnai au Roi un dessein pour la

au Grand-Conseil, Prévôt des Marchands, Lieutenant-Civil en la Prévôté de Paris &c. mourut au mois de Juin de cette année, extrêmement regretté, pour sa probité & ses autres bonnes qualités. Ses Partisans lui sçurent si bon gré de la fermeté avec laquelle il résista au Surintendant, à l'occasion de l'Arrêt du Conseil, qui l'année précédente, fut porté pour la suppression des Rentes de l'Hôtel de Ville ; & des hardies remontrances qu'il fit au Roi sur ce sujet ; qu'ils s'attrouperent, & vinrent d'une manière séditieuse, pour le défendre dans sa maison, contre les menaces du Conseil. Péréfixe, dont je tire ce fait, convient que la recherche contre les Rentiers étoit en soi fort-juste ; & cependant il en blâme les Auteurs ; » parce que, dit-il, » la pluspart de ces Rentes ayant » changé de main, ou ayant été partagées, c'étoit troubler une infinité de Familles. Miron, ajoûte-t'il, » pria instamment les Bourgeois de » se retirer, & de ne le point rendre » criminel, leur remontrant, Qu'il » n'y avoit rien à craindre : Qu'ils » avoient affaire à un Roi, qui étoit » aussi grand & aussi sage, que doux » & équitable, & qui ne se laisseroit » point emporter aux mouvemens » des mauvais Conseillers. «

Pour moi, je n'admire pas tant ce Prévôt des Marchands, qui avec toute sa probité, se laissa emporter, jusqu'à faire quelques comparaisons odieuses, » non pas à la vérité, dit » le même Ecrivain, de la Personne » du Roi, mais de certaines gens de » son Conseil ; « que j'admire le Roi lui-même, qui résistant aux persuasions de ceux qui vouloient l'engager à l'enlever par force, & à punir sévèrement sa hardiesse, » reçut fort-humainement, continuë M. de Péré» fixe, les excuses & les très-humbles » soûmissions de Miron ; & au-reste

» défendit qu'on poursuivît cette re» cherche des Rentes, qui avoit » causé tant de bruit. « Je suis surpris qu'il ne soit rien dit de toute cette affaire, dans nos Mémoires.

Mais un autre trait, qui fait véritablement honneur à M. de Sully, (il est tiré des *Mém. pour l'Hist. de Fr.*) c'est qu'il sollicita Henry IV. en faveur du Président Miron, Frere du mort, qui lui avoit résigné l'Office de Lieutenant Civil, & ensuite, de son Fils : Le Roi lui ayant dit : » je » m'étonne que vous me priez pour » des gens, que vous avez autrefois » tant haïs : Et moi, Sire, répliqua » Sully, je suis encore plus étonné » de vous voir haïr des gens, que » vous avez autrefois tant aimés, » qui vous aiment, & qui vous ont » rendu de si bons services. « La Reine fit donner cette Charge, à la recommandation de Conchini, à Nicolas Le-Geai, Procureur du Roi au Châtelet.

(27) » Ainsi appellé du nom du » Sieur Charles Le-Marchand, Ca» pitaine des Arquebusiers & Ar» chers de Paris, qui entreprit, avec » la permission du Roi, de bâtir le» dit Pont à ses frais & dépens ; à » certaines conditions, qui lui furent » accordées entr'autres, que ledit » Pont porteroit son nom. « *Journal de L'Etoile, ibid.*

Ce Pont, qui s'appella d'abord le pont-aux-Colombes, parce qu'on y vendoit des pigeons, se nomma ensuite le Pont-aux-Meûniers, parce qu'il y avoit un Moulin à chacune des Arches. Il avoit croulé, dès l'année 1596. pendant une inondation, le 22. Décembre, entre six & sept heures du soir, écrasant sous ses ruines plus de cinq cens personnes, qui étoient, dit-on, pour la plus grande partie, de ceux qui s'étoient enrichis au Massacre de la Saint-Barthelemy ; & il étoit demeuré sans être

LIVRE VINGT-CINQUIEME. 91

1608.

Place Dauphine, au moyen duquel, en laissant à l'Entrepreneur le fond pour son profit, elle seroit achevée dans trois ans. L'offre en fut faite au Premier Président & au Parlement. Je fis aussi un Plan pour le Pont de Rouen, que j'envoyai présenter à Sa Majesté par mon Fils; car je m'étois transporté exprès sur les lieux: Henry trouva qu'on ne pouvoit rien faire de mieux, ni de plus commode pour le terrein. Celui de Mante fut achevé cette année. Je fis mettre en dépôt dans le Bourbonnois, plusieurs Piéces d'Artillerie: ce qui me valut des remercîmens de cette Province, par la bouche de Saint-Géran.

On auroit pu pousser beaucoup plus loin ces Ouvrages, de nécessité ou de commodité publique, si le Roi avoit bien voulu, suivant mon conseil, y sacrifier une partie de ses dépenses particuliéres, ne fût-ce que celles de son Jeu. Il me fit donner tout d'un coup trente-quatre mille pistoles, qu'il devoit au Portugais Edouard Fernandès (28): cet ordre est daté du 27 Août. J'en reçus souvent de semblables, (29) pour deux ou trois mille pistoles, & pour beaucoup d'autres sommes moins considérables. Ce qui ne m'empêche pas de

rétabli: il fut commencé cette année, & achevé l'année suivante. Le feu y prit douze ans après, car il étoit de bois, & le brûla avec le Pont au Change, qu'on rebâtit en pierre, en 1639: Et des deux Ponts l'on n'en fit qu'un, qui est aujourd'hui le Pont au Change. Voyez les Auteurs des Antiquités & des Descriptions de Paris.

(28) Il est parlé de cet Edouard Fernandès dans les Mémoires de Bassompierre, comme d'un riche Banquier Portugais, qui prétoit de l'argent aux Seigneurs de la Cour pour jouer, sur gages, ou à gros intérêt.

(29) » Je ne sçais, dit M. de Pé- » réfixe, ce qu'il faut répondre, à » ceux qui lui reprochent qu'il a trop » aimé le jeu des Cartes & des Dés, » peu séant à un grand Roi; & » qu'avec cela il n'étoit pas beau » joueur, mais âpre au gain, timi- » de dans les grands coups, & de » mauvaise humeur dans les pertes. « Il n'y a rien à leur répondre, dirois-e à cet Ecrivain; & il faut convenir de bonne foi que c'est une des taches de la vie de ce grand Prince. Comment justifier la passion du Jeu, poussée au point où l'on sçait que la porta Henry IV? Quoi de plus pernicieux dans le Maître de tout un Peuple? Quoi de plus mauvais exemple, de plus propre à renverser l'ordre & à corrompre les mœurs?

On lit à ce sujet dans les Mémoires pour servir à l'Histoire de France, un trait aussi plaisant que plaisamment conté. » M. de Créquy, qui fut de- » puis Duc de Lesdiguieres & Maré- » chal de France, y fit de telles per- » tes, qu'il sortit un jour de chez le » Roi, comme hors de soi: si qu'ayant » rencontré M. de Guise, qui alloit » au Château, il lui dit: Mon Ami, » mon Ami, où sont assises les Gar- » des aujourd'hui? Alors M. de Gui- » se se retirant deux pas en arriere: » Vous m'excuserez, Monsieur, je ne » suis pas de ce Pays-cy; & du même » pas alla trouver le Roi, qu'il en » fit bien rire. »

Le Maréchal de Bassompierre dit

M iij

1608.

convenir que ce Prince ne se refusa jamais à tout ce qu'on pouvoit lui proposer, où l'utilité publique fût intéressée.

La Loire fit un ravage (30) terrible au mois d'Octobre. Je pensai m'y trouver moi-même enveloppé, en passant d'Olivet à Orleans. Tout ce trajet n'étoit qu'une mer, où les bateaux passoient par-dessus la cime des arbres & des maisons, que l'eau avoit encore laissés debout. Il ne m'arriva aucun accident : Mais le bateau qui m'avoit apporté, toucha en s'en retournant, & se brisa en deux morceaux : tous les Passagers se sauverent à la nage, sans qu'heureusement il en pérît aucun. La désolation fut extrême, & le dommage inestimable. Les Requêtes des Villes & Bourgs ruinés, ne portoient plus simplement une décharge totale de la

que Pimentel, cet Etranger dont il est parlé au commencement de ce Livre, ,, gagna plus de deux cens mil-,, le écus, avec lesquels il gagna pays; ,, & qu'il revint en France l'année sui-,, vante, & y fit encore bonne récol-,, te. ,, On prétend que le stratagême dont se servit cet Etranger pour faire ces profits immenses, fut de faire enlever tous les dés qui étoient dans les boutiques des Marchands de Paris, & d'y en substituer de pipés, qu'il avoit fait faire. Mais ce qu'il faut regarder comme un pur trait de satyre, c'est, comme quelques-uns ont voulu dire, que Henry IV. fut informé de cette tromperie & qu'il la favorisa ; dans l'intention d'appauvrir ses Courtisans, & par-là se le rendre plus soumis. Le Duc d'Epernon perdit des sommes considérables, & tous ses bijoux. Le Duc de Biron avoit aussi perdu en une seule année plus de cinq cens mille écus.

(30) ,, Ce ravage dura vingt-qua-,, tre heures, & survint en un instant. ,, Sans les levées qui se rompirent, ,, la Ville de Tours alloit être sub-,, mergée, & Blois couroit grand ,, risque. M. de Sully, qui étoit lors ,, à Sully, eut beaucoup de peine à ,, s'en sauver, & courut fortune avec ,, tout son Duché. *Mém. hist. de France, ibid.*

Selon le Mercure François, ce malheur arriva deux fois cette année sur la Loire : l'une, à la fin de l'Hiver, dans un dégel ; & l'autre, au commencement de l'Eté, par la fonte subite des neiges des montagnes du Velai & de l'Auvergne : Il ne met aucun de ces débordemens dans le mois d'Octobre ; en quoi il se trompe. ,, La perte, dit-il, des hom-,, mes, femmes, enfans, bétail, ,, châteaux, moulins, maisons, & de ,, toutes sortes de biens, en a été in-,, estimable. Il n'y eut Pont sur cet-,, te Riviere, qui a plus de cent cin-,, quante lieues de cours, où quel-,, ques arches ne fussent rompuës. ,, La force de l'eau fit des bréches ,, par toutes les levées. Les varennes ,, furent remplies d'eau jusqu'aux ,, côteaux ; les terres, qui y sont d'un ,, grand rapport, en furent long-,, temps couvertes, pource qu'elles ,, ne se pouvoient écouler ; & de-,, meurerent stériles, à cause du sa-,, blon & pierres, que le courant de ,, l'eau y avoit amené de l'Auver-,, gne. ,,

Cette année fut appellée l'Année du grand Hiver ; parce que cette Saison y fut extraordinairement rude. ,, Henry IV. dit que sa mousta-,, che s'étoit gelée au lit, & auprès ,, de la Reine. On lui présenta du ,, pain gelé le 23 Janvier, & ne vou-,, lut qu'on le dégelât. *Matth. tom. 2. liv. 3. pag. 771.*

LIVRE VINGT-CINQUIEME.

1608,

Taille, mais un secours prompt & considérable, du moins pour les nécessités les plus urgentes : sans quoi la plupart des terres alloient demeurer incultes, & les maisons desertes. ″ Dieu m'a donné mes Sujets, ce sont les termes dans lesquels Henry répondit à la Lettre que je lui écrivois sur ce grand accident, ″ pour les conserver comme mes ″ Enfans : Que mon Conseil les traite avec charité. Les au- ″ mônes sont très-agréables à Dieu, particuliérement en ″ cet accident : j'en sentirois ma conscience chargée : Qu'on ″ les soulage de tout ce que l'on jugera que je le pourrai ″ faire. ″ Je secondai de tout mon pouvoir les pieuses intentions du Roi.

J'en obtins dans une même Lettre trois petites gratifications pour différentes personnes ; la jouissance d'un Moulin aux Portes de Paris ; un reste de coupe de Bois brûlés ; & le Bois qui avoit servi à refaire le Pont de pierre de Mante.

Le mérite & la science de Messieurs Fenouillet & D'Abeins, connus de tout le Royaume, me firent demander pour le premier, la reserve de l'Evêché de Poitiers ; & pour le second, l'Evêché qui vaqueroit le premier, & qui me fut promis. Je partois dans ce moment pour Sully. J'avois à peine quitté Sa Majesté, qu'on lui vint apprendre la Nouvelle de la mort de l'Evêque de Montpellier, qu'elle m'envoya me porter à l'heure même. Je crus que je devois mettre quelque changement à la grace que j'avois obtenuë du Roi. Je lui écrivis, Qu'il me sembloit que l'Evêché de Montpellier, tout rempli de Protestans, demandoit un homme éloquent, tel que l'Abbé Fenouillet ; & celui de Poitiers, un homme d'un phlègme aussi parfait que l'Abbé d'Abeins, pour tempérer la fougue des esprits vifs & chauds de cette Province. Henry lut ma Lettre en riant aux Courtisans, & leur demanda si les Catholiques, quand ils s'en feroient tous mêlés, auroient pu mieux faire (31). Fervaque fut assez ma-

---

(31) Peréfixe rapporte un peu différemment ce fait. ″ L'Evêché de ″ Poitiers, dit-il, étant venu à va- ″ quer, Rosny le supplia instamment ″ de considérer en cette occasion un ″ nommé Fenouillet, réputé sçavant ″ homme & grand Prédicateur. Le ″ Roi, nonobstant cette recommandation, le donna à l'Abbé de La- ″ Rochepofai, qui en son particu- ″ lier avoit beaucoup de bonnes ″ qualités ; & outre cela étoit Fils ″ d'un Pere qui avoit également bien ″ servi de son épée pendant la Guer-

lade, pour me faire avertir Sa Majesté de songer à disposer des Charges considérables qu'il avoit en Normandie : mais il détruisit l'opinion de sa maladie, en faisant mander quelques jours après, que si on vouloit lui envoyer une Commission pour tenir les Etats de la Province, il étoit en état de le faire.

Le Traité de 1564 entre la France & la Lorraine, souffroit tous les jours quelques difficultés nouvelles, touchant les limites du Pays Messin, qui déterminerent le Roi à envoyer sur les lieux des Commissaires, que je choisis avec le Chancelier dans le Conseil & ailleurs. Une autre opération aussi utile & bien plus considérable, étoit de faire dresser des Procès-verbaux sur d'éxactes visites, de tout ce qui avoit été empiété par nos Voisins en différens endroits des Frontieres, & principalement sur les confins de la Champagne avec la Franche-Comté & la Lorraine. On ne peut rien voir de plus juste que tout le travail de Châtillon l'Ingenieur, auquel je donnai ce soin : il rend clair, que le Roi d'Espagne & le Duc de Lorraine s'étoient appropriés un grand nombre de Fiefs, & même de Villages entiers, comme le Village de Pierre-court, le Bourg de Passeran, la Seigneurie de Commercy & beaucoup d'autres, dont l'énumération est inutile (32).

Ce travail ne fait qu'une fort-petite partie de celui que j'avois entrepris par ordre de Sa Majesté, pour avoir des Plans de la derniere justesse, de toutes les Côtes & de toutes les Frontieres de France. Le Duc de Maïenne & ceux d'Antibes ayant mis en vente les Terres qu'ils ont aux environs de cette Ville, le Roi songea à en faire l'acquisition. Ce fut assez pour les leur faire mettre à un prix, qui en dégoûta Sa Majesté : Elle leur fit dire qu'ils pouvoient vendre leur Territoire à qui ils voudroient ; mais qu'il sçauroit bien mettre un Gouverneur dans Antibes, qui peut-être les feroit repentir de leur injustice à son égard.

Venons aux Finances. Il fut fait un Réglement général, adressé

» re, & de son esprit dans les Ambassades. A quelque temps de-là
» l'Evêché de Montpellier vint à vaquer. Le Roi, de son propre mouvement, envoie chercher Fenouillet, & lui dit qu'il le lui don-
» noit ; mais à condition qu'il n'en auroit obligation qu'à lui seul. «
Ibid. pag. 312.

(32) Elle se trouve dans les anciens. Mémoires de Sully. *Tom.* 5. *pag.* 222.

(33) Voyez

LIVRE VINGT-CINQUIEME.

1608.

adreffé aux Tréforiers de l'Epargne, des Menus, des Poftes, des Ligues Suiffes, de l'Artillerie, de l'Extraordinaire des Guerres, de l'Extraordinaire deça les Monts, & autres; qui leur prefcrivoit une forme encore plus éxacte pour leurs Comptes, & les mettoit dans une extrême dépendance du Surintendant, fans l'Ordonnance duquel il ne leur étoit prefque plus permis de rien faire. Ce Réglement (33) s'étendoit aux Greffiers mêmes & au Secretaire du Confeil ; & j'y affujettis auffi les Employés fous moi pour mes autres Charges. J'obligeai Lichani, qui avoit la Direction du Pavé de Paris, de venir tous les Mercredis & Samedis à midi, me rendre compte du payement & de la diftribution des atteliers.

Je défendis par une Lettre circulaire à tous les Comptables des Finances, de rapporter de nouveau dans leurs Comptes les Parties qui avoient été une fois rejettées ou réduites par le Confeil ; n'ayant pour y revenir que la voie de la Requête : & afin qu'ils ne puffent s'excufer fur le manque de Régles, je leur envoyai des Formulaires également éxacts & clairs. Ils étoient obligés d'y citer jufqu'à la date & aux fignatures des Lettres-Patentes & Arrêts du Confeil, qui y étoient mentionnés. Le Réglement des Epices de la Chambre-des-Comptes, & concernant les deniers divertis par les Tréforiers-de-France & Receveurs-Généraux, fut joint au précédent : il en revint pour le préfent au Roi un profit de cent mille écus, qui devoit doubler lorfque ce Réglement feroit obfervé dans fa perfection. La Chambre-des Comptes ne fe départit de fes Epices qu'avec bien de la peine ; même après qu'on lui eut fait connoître qu'il n'y avoit rien de fi faux que le pied fur lequel elle les avoit établies : il ne fallut pas moins qu'un ordre formel de Sa Majefté, pour l'obliger à me délivrer les Regiftres dont je pouvois avoir befoin. Je me donnai bien des mouvements auprès du Procureur-Général & des Préfidens de cette Chambre, pour y faire vérifier un Edit au fujet des Payeurs des Rentes, & pour l'extinction de quarante-huit mille liv. de Rentes conftituées.

Je déclarai aux Cours Souveraines & au Bureau-des-Finances de Languedoc, l'intention du Roi fur plufieurs Queftions qu'ils m'avoient faites au fujet des Droits de préfence,

---

(33) Voyez ce Réglement dans les anciens Mémoires *Tom.* 3. *p.* 194.

1608. Droits Seigneuriaux, Supplément de Domaine, Francs-fiefs & nouveaux Acquêts, Domaine de Navarre, Droits de Traite Foraine & Domaniale, Police des draps, & notamment de la Taille Réelle; sur laquelle le Conseil décida tout d'une voix que les Princes, les Officiers de la Couronne, & le Roi lui-même, n'étant pas exempts de la payer, pour les Biens ruraux qu'ils possedent dans cette Province; rien ne pouvoit l'être, ni Villes, ni Communautés. Je fis porter par Maussac des Lettres sur tout cela au Parlement de Toulouse, aux Tréforiers-de-France & aux Fermiers des Gabelles. J'adressai l'Edit du Rachat des Greffes à M. de Verdun, Premier Président de ce Parlement, pour le faire enregistrer: ce qui fut fait purement & simplement. Il m'écrivoit en même-temps, Qu'on avoit procédé au remboursement des Greffiers Civil, Criminel & des Requêtes; & il m'assûroit de l'éxacte soûmission de cette Cour aux volontés du Roi: avec quelques remercimens personnels, il joignoit celui de lui avoir envoyé pour Commissaire, Colange, homme doux & plein d'égards.

Je supprime autant que je puis des détails, qui ne peuvent qu'être ennuyeux: C'est ce qui fait que je ne parlerai point des Lettres que j'écrivis au Procureur Général de Dauphiné, au sieur Marion & aux Tréforiers de Bourgogne; soit sur les rachats de Domaine, soit en interprétation des Réglemens dont il vient d'être parlé; enfin, sur toutes sortes de sujets (34).

Lorsque je vis la fin de l'année approcher, j'écrivis au Roi à Fontainebleau, Que sa présence étoit nécessaire pour l'Etat général de ses Finances: Que j'avois besoin de ses ordres pour mille choses, telles que l'Etat de ses Garnisons, Gens de guerre, Galeres, Officiers de la Maison du Dauphin & des Enfans de France: Que son absence tenoit indécises plusieurs autres affaires, que ceux qui y avoient été commis s'imaginoient lui être indifférentes, & purement de mon invention. Je dirai avec vérité que j'ai toujours cherché à porter Sa Majesté à s'associer elle-même à ses Ministres pour le travail; parce qu'en effet les plus beaux Réglemens sont toujours inutiles, tant qu'on n'est pas persuadé

(34) On peut consulter là-dessus dans les anciens Mémoires de Sully, || les Lettres de toute cette année 1608. Tom. 3.

que c'est véritablement s'exposer à la disgrace du Prince, que de n'y pas tenir la main.

Le Brevet de la Taille ne s'étoit jamais fait d'une manière aussi solemnelle, qu'il le fut en cette année, pour 1609. Sa Majesté vint le 16 Août prendre séance au Conseil d'Etat & des Finances, ayant à sa suite plusieurs Princes, Ducs & Pairs, & Officiers de la Couronne ; & fit expédier, elle presente, un Arrêt du Conseil, par lequel il est dit, Que le Roi après s'être fait representer ses Etats de Recette & Dépense de la presente année, & entendu le Surintendant de ses Finances & son Conseil, auroit bien souhaité pouvoir avoir égard aux Remontrances qu'ils lui ont faites de décharger le Peuple d'une partie de la Taille : mais que les dettes contractées par ses Prédécesseurs, & le mauvais état où elle a trouvé ses Finances, ne le lui permettant pas, & éxigeant au contraire qu'on l'augmentât, bien-loin de la diminuer ; Sa Majesté s'est contentée d'imposer pour l'année prochaine, la même somme qu'en celle-cy, avec une augmentation seulement de vingt mille sept cens cinquante livres dix sols sept deniers ; en laquelle étoit convertie pareille somme, dont les Commissaires avoient coûtume de recharger ensuite les Paroisses, pour quelques menuës dépenses dans les Provinces, qui par-là demeuroit supprimée.

Je rends compte avec quelque satisfaction d'un Mémoire que je presentai au Roi, au sujet de la Taille ; parce que, par les détails & les réflexions qu'il contient, il peut passer pour un Abrégé de l'Histoire de la Taille en France.

Il est indubitable qu'un Etat, tel qu'il puisse être, soûmis à une comme à plusieurs têtes, ou conduit par le mêlange de toutes les différentes autorités unies ensemble, ne sçauroit se passer de subsides. Supposé que content du dégré de puissance où il se trouve, il ne songe point à l'accroître ; il est impossible que de-temps-en-temps il n'ait pas des offenses à venger, & des témeraires à réprimer : mille nécessités intérieures & indispensables, ne sçauroient être satisfaites que par des dépenses réglées, & pourtant tantôt plus fortes tantôt plus foibles. Ces dépenses tant ordinaires qu'extraordinaires, ne se sont prises pendant un très long temps dans ce Royaume, que sur des Impositions, à titre d'assistance volontaire, ordonnées & réparties par une résolution générale de tous les Ordres du Royaume, dans ces Assemblées solemnelles, qu'on a appellées les Etats ; & encore, sur le Domaine particulier du Roi ou de la Couronne (35). Il s'en falloit presque tout qu'elles ne formassent ces sommes immenses, auxquelles on les a vuës monter depuis : C'est qu'alors on se renfermoit dans le simple nécessaire, soit au-dedans, soit au dehors : Et une remarque que peut-être personne n'a faite, c'est que nous ne voyons aucun de nos Rois de la troisième Race jusqu'à Charles VIII. s'engager dans des Conquêtes éloignées, ni même déclarer la Guerre en forme à aucun des Princes ses Voisins (36). Avec cet esprit de mo-

(35) M. le Duc de Sully s'est si souvent & si fortement déclaré contre l'abus des Etats & des Assemblées populaires, qu'il n'est pas vrai-semblable qu'il cherche ici à les autoriser : Mais il se laisse quelquefois tromper & mener trop-loin, par ses idées d'œconomie & d'austérité. Ce qu'il semble y avoir dans tout cet endroit de peu favorable à l'Autorité Souveraine, part de cette source.

Des hommes considérés séparément, les uns sont bons, & les autres sont mauvais. Donc un Etat conduit par un homme seul, sera tantôt bien, tantôt mal conduit. Les hommes considérés dans cette totalité, qui s'appelle Peuple, n'ont été, ne sont & ne seront jamais, qu'une multitude d'esprits bornés, prévenus, foibles, passionnés, craignant & se rassûrant sans sujet ; sans expérience, comme sans prévoyance ; & poussés par instinct, vers le seul bien-être actuel. Par conséquent un Etat gouverné par la multitude, sera mal & toujours mal gouverné. Cette preuve est assez claire dans sa simplicité, pour qu'on puisse l'appeller une démonstration, & contre les Etats, & contre toute forme de Gouvernement, qui accorde plus ou moins de pouvoir à la multitude.

Le Principe qui fait consister la principale richesse du Roi dans son Domaine, n'est pas plus heureux. Voyez l'*Essai Politique sur le Commerce*.

(36) Cette remarque est fausse. Avant Charles VIII. la France a eû la Guerre en Espagne, en Flandre, en Angleterre ; avec ses Voisins, comme avec les Etats plus éloignés ; en attaquant, comme en défendant. Quel temps compare & préfere-t'on ici au nôtre ? les derniers Régnes de la seconde Race de nos Rois, & les premiers de la troisième ? En pourroit-on choisir un plus malheureux pour ce Royaume ? Si les Guerres étrangères y paroissent plus rares ; c'est parce qu'il l'avoit presque continuellement avec lui-même : ce qui est le comble de la calamité. Nos Rois n'avoient presque d'autre occupation, que de faire d'inutiles efforts, pour le délivrer de mille Tyrans domestiques. La France se trouva sans défense contre les Barbares & contre ses Voisins, dont elle fut le jouet tour-à-tour.

Ce temps, dira-t'on, étoit du-moins heureux pour la Noblesse : C'est ce que je ne sçaurois encore accorder. Ce n'est qu'un faux éclat, que celui dont on s'imagine qu'elle brilloit alors ; puisqu'il ne se pouvoit pas faire que le désastre public & général, ne fût aussi sa ruine particuliere. En est-on d'ailleurs moins malheureux, parce qu'on est soi-même l'auteur de son malheur ? Si le repos, quoiqu'en dise l'ambition, est le seul état heureux ; le Cardinal de Richelieu a rendu à la Noblesse Françoise un beaucoup plus grand service, qu'elle ne le croit.

dération & d'œconomie, ils trouvoient que rien ne leur manquoit : ils satisfaisoient à tout, sans engager ni aliéner leur Domaine ; & par-conséquent ils étoient en effet, malgré leur pauvreté apparente, beaucoup plus riches (37) que leurs Successeurs, au milieu de tous les trésors que leur ont

Enfin que fait-on en France depuis près de trois cens ans, que travailler à guérir les plaies qu'a faites à la Domination Françoise, ce temps dont on éxalte le bonheur & la sagesse ? Le Duc de Sully paroît donc ici un peu frappé du préjugé populaire, qui fait admirer tout ce qui porte les marques de l'antiquité. Une chose peut pourtant servir à l'excuser. Il avoit été témoin d'une partie des malheurs, que la Guerre des Religions avoit causés dans le dernier Siécle ; & auxquels, pour dire vrai, on ne trouve que très-peu d'éxemples dans notre Histoire, peut-être même point-du-tout, qu'on puisse comparer. Il a crû ne point se tromper, en mettant ces malheurs sur le compte du Gouvernement. Mais n'est-il pas plus vraisemblable qu'ils ne furent si grands, que parce qu'au-contraire, le Gouvernement Monarchique n'étoit pas encore véritablement tel parmi nous ? Un Roi qui auroit joui d'une puissance égale à celle dont heureusement nos Rois sont aujourd'hui en possession, auroit trouvé le moyen de les prévenir ; parce qu'il auroit sçu tenir dans le respect les Grands, auxquels seuls il faut les imputer.

S'il ne falloit pour mettre cette vérité dans tout son jour, qu'y joindre quelque éxemple qui donnât lieu à la comparaison ; nous n'avons manqué, depuis moins de cinquante ans, d'occasions ni de troubles Civils, ni de dissensions Religieuses : nous pouvons même citer une Minorité, & dans un temps assez difficile. Qu'en est-il arrivé ?

Mais ce qui doit le plus nous étonner, c'est qu'il se trouve encore aujourd'hui des personnes, qui malgré l'expérience & contre l'évidence même, entreprennent de ressusciter dans leurs raisonnemens, des opinions aussi justement proscrites.

(37) Autre erreur. Si l'on veut parler éxactement, on ne dira point, le Roi est riche ou pauvre. Le Roi est la plus publique de toutes les Personnes, à qui l'on donne ce nom. En cette qualité, il ne possede rien qui n'appartienne en même-temps à tout l'Etat : & à le bien prendre, il n'y a aucune des dépenses censées Royales, qu'on ne puisse & qu'on ne doive appeller aussi dépenses Civiles ; puisqu'elles se font toutes au nom, pour l'utilité, & en vûë de l'Etat entier. Cela est déja incontestable pour l'entretien des Gens-de-guerre, de la Marine, des Fortifications &c. Cela ne l'est pas moins, quant à tous les Ouvrages d'utilité & de commodité publique, ou simplement, de grandeur & de magnificence : & si l'on veut y faire une attention sérieuse, on dira la même chose des dépenses mêmes qui ont rapport à la seule Personne du Roi ; comme sa table, ses habillemens, sa Maison, ses divertissemens &c. Dans tout cela il ne cesse pas plus d'être l'Homme de tout le Peuple, qu'il l'est, lorsqu'il fait marcher ses Armées.

Le mauvais usage que font quelques Souverains des trésors publics, ne détruit pas la vérité de ce Principe : Et encore un coup, c'est l'avantage de toute la Nation, qu'un seul homme dispose & de la quantité & de l'emploi de ces deniers. Sera-ce de toute une multitude, qu'il faudra attendre l'attention de contribuer volontairement pour ce qui est de plus grande utilité, de plus grande commodité, ou de plus grande gloire ; pour les dépenses secrettes qu'éxige la Politique ; pour celles qui assurent la récompense de la valeur, du mérite, des Sciences & des Arts ? Ce seroit ne pas connoître

acquis un pouvoir sans bornes & une autorité absoluë. Il n'y a en ceci aucun Paradoxe. Un Prince qui peut beaucoup, croit tout pouvoir, & entreprend tout, (38) sans s'appercevoir d'une erreur capitale dans le calcul qu'il fait de ses forces; c'est l'affoiblissement & la ruine de ses Sujets, qui mal-

ce que c'est que le Peuple. La forme Républicaine ne peut être le bonheur que d'un très-petit Etat.

(38) Voilà la plus forte Objection qu'on puisse faire, & celle qu'on fait effectivement sans cesse, contre l'Autorité Monarchique. Un seul homme Maître de tout! Que cet homme soit un ambitieux, un prodigue, un barbare; voilà tout un peuple de Sujets qui sont ses victimes. Je ne nie pas la possibilité du fait : il y en a des éxemples : Et en l'admettant, je conviens que c'est-là le grand inconvénient, & en un sens, le seul, de cette sorte de Gouvernement.

Mais puisqu'un bonheur parfait à tous égards, n'est pas fait pour être le partage des hommes; & que la sagesse humaine, avec ses plus grands efforts, ne se promet que de diminuer la mesure du mal sur la terre : il n'est question ici que de sçavoir si l'institution du Pouvoir Monarchique remplit mieux ce plan, que toute autre forme de Gouvernement : Ce qui devient clair, ce me semble, avec un peu de réflexion.

A quelques excès que se porte un Roi, il ménage toujours jusqu'à un certain point, pour son propre intérêt, les biens & la vie de ses Sujets. D'ailleurs, de médiocres vertus suffisent ici pour le bien, si elles ne suffisent pas pour le mieux : Et d'un autre côté, tous les vices auxquels les Princes peuvent être sujets, ne sont pas à-beaucoup-près contraires au bonheur d'un Peuple : quelques-uns même y servent; & d'autres ne font que le suspendre. Enfin l'incapacité se supplée par le choix des Ministres. Ce sont toutes ces raisons, qui font que sous un Gouvernement Royal, nul mal n'est ni de très-longue durée, ni absolument irrémédiable. Il faudroit pour cela, que l'ignorance & la présomption prêtassent la main

à presque tous les vices rassemblés.

Ces Principes nous menent à conclurre, Qu'il n'y a qu'un seul moyen, mais infaillible, de prévenir tous les maux qu'ont produit, en France, les Grands; en Angleterre, le Peuple; dans le Nord, le Clergé; les Moines, en Orient; les Soldats, dans plusieurs anciennes Monarchies; & dans une infinité d'Etats, la diversité des Religions : C'est d'augmenter l'autorité Royale jusqu'à un dégré suffisant, non-seulement pour contre-balancer toutes ces différentes Autorités, mais encore pour l'emporter sur elles. Le nom de Roi, pourvû qu'on ne le réduise pas à un vain nom, sera un écueil, contre lequel viendront se briser, sans même avoir pû former le moindre orage, ce qu'on voit de-temps-en-temps s'élever de flots, du côté des Parlemens, des Universités, de tout autre Corps.

La raison en est sensible. Toute autre puissance n'est qu'une puissance composée, pour ainsi dire, de pièces rapportées; qui par quelqu'endroit laisse entrer tous les Membres du Corps Politique en partage de la maîtrise, c'est-à-dire, d'un bien qui ne sçauroit être partagé. La seule puissance Royale tient tout en ordre, fait face & répond à tout; parce qu'elle est supérieure à tout, & que tout se confond devant elle. Elle ne manquera jamais son coup, que quand elle pourra paroître douteuse. Il faut dans l'Etat, comme dans l'Eglise, une Autorité visible, dont l'éclat frappe les yeux de tout ce qui voudroit sortir de sa place. Car c'est une vérité, qu'il me semble qu'on n'a pas assez reconnuë, Que tous les malheurs, toutes les Révolutions, qui affligent ou détruisent les Etats, viennent, sans exception, du manque de subordi-

LIVRE VINGT-CINQUIEME.

heureusement va comme ses desirs, toujours en augmentant, & le réduit enfin à ne pouvoir plus rien-du-tout.

Je n'ai rien dit de toutes les peines que lui coûte d'ailleurs à rassasier, une avidité véritablement insatiable. La Taille, qui de tous les Impôts arbitraires, est sans contredit le plus pernicieux, comme le plus inique; en comprenant sous ce nom toute Capitation ou Cottisation personnelle arbitraire, en fournit une infinité d'éxemples frappans. Combien de fois n'a t'elle pas compromis l'Autorité Royale? Son coup-d'essai fut de renverser du Trône Childeric, Pere de Clovis: & quelque-temps après, elle coûta la vie à Chilperic, assassiné par un Gentilhomme François, nommé Bodillon, qui se vengea de cette manière d'un traitement ignominieux qu'il avoit reçû de ce Prince, pour lui avoir représenté un peu librement le danger d'une Imposition excessive, qu'il songeoit à établir. Un pareil Impôt sous Philippe Auguste causa un soûlevement parmi la Noblesse, qui le rendit sans effet.

Quelques autres plus heureux dans cette entreprise, se la reprocherent pourtant au point d'en sentir de violens remords, contre lesquels ils se munirent de Bulles d'absolution du Pape. Saint Louis n'enjoignit rien si fortement à son Fils, que de ne jamais rien lever sur ses Sujets, contre leur gré & sans leur consentement. Philippe de Valois affranchi de ce scrupule, ne se garantit pas du danger de la conduite

---

nation: Et c'est conséquemment un Principe à mettre au nombre des Principes fondamentaux du Gouvernement, Qu'il faut donner la préference sur tous les autres moyens, à celui qui est le plus propre à entretenir cette subordination: avantage, qu'on ne sçauroit refuser à la Puissance Royale.

Pour prouver contre les Principes établis dans cet endroit de nos Mémoires sur le gouvernement de ce Royaume, que tous les malheurs arrivés dans la seconde & la troisiéme Race, sont provenus des changemens faits à sa premiere Constitution, par rapport aux droits & à l'autorité Monarchique; on ne sçauroit mieux faire que de renvoyer à l'Histoire Critique de l'Établissement de la Monarchie Françoise dans les Gaules que j'ai déja citée. L'Auteur y démontre invinciblement, Que nos Rois de la premiere Race jouissoient d'une autorité peut-être encore plus absoluë qu'ils ne l'ont aujourd'hui, pour lever des Impôts, condamner les Grands à mort &c: Que les Ducs & Comtes, en se faisant Seigneurs propriétaires des Pays dont ils n'étoient qu'Administrateurs, usurperent insensiblement & les droits du Roi, & les droits du Peuple: Que ce Peuple seconda en plusieurs endroits les efforts que les Successeurs de Hugues Capet commencerent à faire, pour le délivrer de la servitude de tant de Tyrans &c. Tom. 3. liv. 6. chap. 11. 16.

contraire : il vit ſes principales Villes ſoûlevées contre lui. Il avoit aſſiſté, n'étant pas encore Roi, à une Aſſemblée des Notables, ſous le Regne de Louis, ſurnommé Hutin; dans laquelle il avoit été ſtatué, Que les Rois de France feroient ſerment à leur Sacre de n'impoſer rien de nouveau ſur le Peuple, que par l'octroi des trois Ordres du Royaume aſſemblés. Jean I & Charles V. ſe ſoûmirent à cette Loi, & demanderent modeſtement des ſecours, qui leur furent accordés. Une Taille (39) répartie par têtes ſans Aſſemblée d'Etats ni conſentement des Peuples, ne fut pas regardée comme le moindre malheur du Regne de Charles VI : ce Regne ſi fécond en événemens ſiniſtres, qu'on peut preſque l'appeller

(39) La pluſpart des éxemples que cite ici l'Auteur, c'eſt-à-dire, tous ceux qui précédent le Régne de Saint Louis, ſont moins appliquables à la Taille, qu'à tout Impôt, également inſupportable à un Peuple paſſionné pour la Liberté, & prévenu de l'opinion que la marque de cette liberté eſt de ne rien contribuer par obéïſſance au Souverain, ſans éxaminer ſi l'ordre eſt juſte ou injuſte, & ſi le Souverain demande pour lui ou pour le Peuple même. M. de Sully eſt bien éloigné de prendre le parti du Peuple, dans un ſentiment ſi peu raiſonnable; après être convenu lui-même des néceſſités d'un grand Etat, Il y a donc ici un peu de vaine déclamation.

Ce qui m'empêche pas que tous les bons eſprits ne ſoient de ſon avis, ſur le fond de la Queſtion qui regarde la Taille. On diroit que ceux qui l'ont établie, ont cherché à peſer ſur le Peuple, par la forme, bien plus encore que par la choſe même. Je tire de-là-même de nouvelles inductions en faveur des Principes, que les Remarques précédentes ont établis. Car ſi l'on me demandoit pourquoi la Taille eſt telle; j'oſerois répondre, parce qu'elle eſt un établiſſement populaire; non pas à la vérité, quant au Subſide; le Peuple ne ſe feroit pas forgé à lui-même cette chaîne : c'eſt au-contraire pour s'en débarraſſer, qu'il a tant bataillé; mais je dis, populaire, quant à la façon de la lever & de l'impoſer.

Si l'un de ceux de nos Rois qui s'en ſont ſervis les premiers, Charles VII. par éxemple, avoit été aſſez maître de ſes Sujets, pour pouvoir leur dire : l'Etat a beſoin d'un nouveau Subſide conſidérable : laiſſez-moi lever le Dixiéme de tous vos biens; c'eſt cette ſomme qu'il me faut : mais ne vous en mêlez point, & donnez-vous bien de garde de troubler mon Opération; on croit bien qu'il ſe ſeroit ſervi de quelqu'autre moyen, plus ſimple que n'eſt la Taille. Mais on crut que le moindre ménagement qu'on pouvoit avoir pour le Peuple, étoit de lui conſerver du-moins une eſpéce de liberté, dans la répartition, la levée &c. De-là vient, ſelon que le dit l'Auteur, qu'elle fut Capitale, ici, là, Réelle; & en un autre endroit, Mixte. Tous les changemens qu'on put faire dans la ſuite à un édifice appuyé ſur d'auſſi mauvais fondemens, ne ſervirent qu'à le charger encore mal-à-propos, & à le rendre plus embarraſſant.

Voilà un éxemple de la ſageſſe & des vûës populaires : Le Peuple paye bien aujourd'hui la peine de ſa mépriſe. Dans tous les anciens Impôts, il eſt aiſé d'appercevoir cette mauvaiſe complaiſance des Souverains, qui fait chercher des tempéramens dans la multiplicité des Réglemens; là où il ne faudroit, s'il étoit poſſible, qu'une ſeule Régle.

(40) Dom

l'appeller le Tombeau des bonnes Loix & des bonnes Mœurs chez les François. La nécessité augmenta le mal, en diminuant les murmures, sous celui de Charles VII ; qui ayant à chasser les Anglois du Royaume, convertit avec adresse en levée ordinaire & reglée ce Tribut, à qui sa cottisation personnelle fit donner le nom de Taille ; quoiqu'elle ne fût établie dans différentes Provinces qu'avec différentes modifications ; Capitale, dans les unes ; Réelle & sur les héritages, dans d'autres ; Mixte, ailleurs. Elle fut fixée par Charles VII à un million huit cens mille livres. Voyons ce qu'elle fit de progrès dans tous les Régnes suivans jusqu'à notre temps.

1609.

Louis XI augmenta la Taille jusqu'à quatre millions sept cens mille livres. L'an 1498, qui est celui de la mort de Charles VIII, on trouve qu'il est fait recette à l'Epargne, toutes sortes de frais déduits, de quatre millions quatre cens soixante un mille six cens dix-neuf livres. En 1515, année de la mort de Louis XII, quatre millions huit cens soixante-cinq mille six cens dix-sept livres. Elle fit un saut prodigieux sous François I, qui la laissa en mourant à quatorze millions quarante-quatre mille cent quinze livres. Henry II ne la laissa qu'à douze millions quatre-vingt-dix-huit mille cinq cens soixante trois livres : Elle diminua encore sous les deux Régnes suivans ; n'étant qu'à onze millions cent quatre mille neuf cens soixante-onze livres, du temps de François II ; & qu'à huit millions six cens trente-huit mille neuf cens quatre-vingt-dix-huit livres, sous Charles IX. Le Régne de Henry III lui fut favorable, à le considérer, non pas dans le temps où il se trouvoit dépouillé d'une grande partie de son Royaume, comme dans celui où il mourut ; mais en 1581 par exemple, elle rapportoit trente-un millions six cens cinquante-quatre mille quatre cens livres. Au-lieu de se laisser entraîner au mauvais exemple, Henry le Grand, quoiqu'il eût & des dettes infinies à acquitter, & des dépenses considérables à faire, n'a voulu en retirer de bon que seize millions, moitié des Tailles & moitié des Fermes.

Si ce Prince a trouvé malgré cela le moyen de mettre vingt millions dans ses Coffres, comme on le verra dans la suite ; il n'en a eu l'obligation qu'à une œconomie, qu'on

1609. ne connoissoit point, & dont peut-être on auroit eu honte sous tous ces Régnes. Les Etrangers ne mettoient plus comme autrefois impunément la main dans les Finances. L'Electeur Palatin m'écrivit cette année d'Heidelberg, pour me demander avec toutes sortes d'instances, de faire faire la poursuite d'un remboursement de deniers, qu'il avoit, disoit-il, prêtés si sincérement au Roi, & dont en huit ans il n'avoit pu tirer qu'une seule Assignation. Carl-Paul, Conseiller & Gentilhomme-Ordinaire de cet Electeur, me fut adressé de sa part avec de grandes offres de services, pour poursuivre cette affaire. La Place que j'occupois m'a souvent attiré des complimens des Princes Etrangers. Le Duc de Savoie, en félicitant par le sieur Jacop Sa Majesté sur la naissance de son troisiéme Fils, m'écrivit en même temps une Lettre des plus polies.

La maladie de la Duchesse de Lorraine attira le Duc de Mantouë en Lorraine, & de-là en France. Cette Princesse se trouva si mal de sa Couche, qu'elle fut long-temps desespérée des Médecins : elle n'avoit eu qu'une Fille, qui se portoit bien ; & la Mere guérit aussi à la fin. Leurs Majestés prirent beaucoup de part à son état ; & n'oublièrent rien non-plus pour faire trouver au Duc de Mantouë le séjour de France agréable : On lui donna force Ballets, & encore plus de bons repas ; dont le Roi fit, après qu'il fut parti, une rude pénitence, par toutes les médecines qu'il fut obligé de prendre. Il ne repassa les Monts qu'à la mi-Octobre ; emportant beaucoup d'argent du Jeu, qu'il avoit gagné au Roi : il laissa encore quatre mille pistoles qui lui étoient dûës, & qu'il pria Henry en partant de donner à son Commissionnaire ; j'en reçus l'ordre de Sa Majesté, par un Billet qu'Edouard vint m'apporter.

Les Négociations pour la Paix ou pour une longue Tréve, continuoient cependant dans les Pays-Bas à La-Haye, lieu choisi pour les Conférences ; mais de façon qu'on crut long temps que le but dont on s'étoit cru si proche, alloit s'éloigner pour toujours : tant elles furent traversées par la diversité d'intérêts, la défiance & l'aigreur. Certain Cordelier Espagnol, auquel Sa Majesté Catholique donnoit beaucoup de part dans toute cette Affaire, passant par Paris dès le commencement de cette année, eut l'honneur d'être presenté au Roi, auquel il voulut persuader que la Paix n'étoit pas éloignée. Dom Pedre (40) répandoit par tout Paris, Que les Courriers qui devoient en porter la Nouvelle en Espagne, alloient passer incessamment. Le Roi & tous ceux qui étoient instruits de l'état des choses, par ce qu'en mandoient le Président Jeannin & les autres Agens de Sa Majesté dans les Provinces-Unies, n'avoient aucun penchant à croire tous ces bruits, & avec raison : puisque depuis ce temps-là jusqu'à la fin de Septembre & d'Octobre, & tout le reste de l'année, on en attendit inutilement l'effet. Il ne seroit pas sûr de décider que l'obstacle ne vînt point de la part des Espagnols ; tout ce qu'on peut faire, c'est de laisser ce point douteux. Pour les Archiducs, ils travailloient sincèrement pour la Paix. Sa Majesté Très-Chrétienne donnoit aussi contre ses propres intérêts, les conseils les plus pacifiques. C'est le seul parti que Henry crut avoir à prendre, au point où les choses étoient amenées.

A l'égard du Prince d'Orange, s'il n'étoit pas le seul ennemi de la Paix, du-moins étoit-il le plus déclaré. Voici les raisons & les prétextes, que lui & ses Partisans apportoient pour la faire échouer : Que quelqu'envie que l'Espagne montrât avoir de la Paix ou d'une longue Trève, jamais elle n'y donneroit les mains, avec la condition de renoncer formellement & expressément à toute souveraineté sur les Provinces-Unies : Que sans cette Clause cependant, il n'y avoit aucune assûrance à prendre pour ces Provinces sur les Traités : puisqu'autrement les Espagnols demeureroient toujours en droit de s'assûrer des Havres & Places fortes, des Gens-

---

(40) Dom Pedre étoit l'Ambassadeur d'Espagne à la Cour de France, où Henry IV. ne le voyoit pas de trop bon œil ; parce qu'il n'ignoroit pas que cet Ambassadeur travailloit par toutes sortes de moyens, à mettre le Conseil de Sa Majesté dans le parti de l'Espagne. Consultez *Vittorio Siri. Mém. Recond. tom. 1. Le Grain, Décade de Henry le Grand, liv. 10. L'Etoile,* & autres Historiens. Le-Grain rapporte ce bon mot de Henry IV. à Dom Pedre, qui lui avoit dit, Qu'il ne voyoit personne d'aussi mal logé à Fontainebleau, que Dieu : » Nous autres François, lui répon- » dit ce Prince, nous logeons Dieu » en nos cœurs, & non pas entre » quatre murailles, comme vous autres Espagnols : Et encore doutai- » je fort si étant logé en vos cœurs, » il ne seroit point logé dans des » pierres. Voyez-vous pas, reprit-il » ensuite en soûriant, que l'Œuvre » n'est pas encore achevé ; Mon intention n'est pas de laisser cette » Chapelle en l'état qu'elle est. Il » y a peu de Gentilshommes en mon » Royaume qui n'en ayent en leurs » maisons : je n'ai pas envie que la » mienne en soit dégarnie.

de guerre & des Matelots ; d'attirer à eux tout le Commerce ; & de s'ouvrir une seconde fois le chemin à la Tyrannie : Qu'on trouveroit moyen pendant ce temps-là, d'endormir les gens de bien, & de faire agir les brouillons & les ames vénales : Que le Parti Catholique dans ces Provinces, déja assez porté d'inclination pour la Domination Espagnole, leveroit la tête, se déclareroit, & entraîneroit le reste ou la plus grande partie du Pays : en sorte que le temps de la Tréve venant à finir, l'Espagne feroit cette fois la Guerre à coup sûr (41) : Que la Paix, si le Traité portoit ce nom, n'avoit rien de plus sûr que la Tréve ; puisque le Roi d'Espagne sçauroit bien la rompre, quand il trouveroit l'occasion propre à faire son coup. La Princesse d'Orange jugea à propos de m'écrire à peu près dans ce même sens : excepté que quoiqu'elle me marquât que les Gens de guerre, des Villes & même des Provinces entieres, étoient dans les sentimens de son Beau-fils, & entièrement attachés à toute la Maison de Nassau ; elle ne pouvoit me dissimuler que le Parti contraire étoit pour le moins aussi fort.

Le Prince Maurice, avec de pareils sentimens, n'eut garde de ne pas chercher à s'appuyer du Roi. Il lui envoya Lambert le Fils, au mois d'Octobre, avec une Lettre pour Sa Majesté, & toute sorte de créance sur ce qu'il lui diroit de bouche en son nom. Lambert éxalta fort les desseins de son Maître. Il voulut même faire croire que les choses étoient au point, que le Marquis Spinosa, le Président Richardot, & les Commissaires Espagnols, avoient été remerciés & congédiés le premier de ce mois. Tout ceci frappa d'autant plus les Conseillers de Sa Majesté, qui étoient présens au rapport de Lambert, que Berny avoit mandé auparavant, Que les équipages de ces Députés Espagnols & eux-mêmes étoient attendus à Bruxelles, le 4 Octobre. Ils voulurent tous en ce moment persuader à Sa Majesté, Que ses Amis, comme ses Ennemis, alloient être trop heureux de recevoir les conditions, qu'il lui plairoit de leur imposer : C'est ce que me manda Villeroi, en me faisant le détail de toute cette Affaire, & en m'envoyant à Gergeau, où j'étois alors, un double de la Lettre du Prince d'Orange. Le Roi

---

(41) En effet l'Espagne recommença la Guerre contre les Flamands plus vivement que jamais, en l'année 1621. qui est le terme de la Trève.

LIVRE VINGT-CINQUIEME.

1609.

n'alla pas si vîte. Le discours de Lambert lui parut suspect par plusieurs endroits : Il ne voyoit aucune Lettre de la part du Conseil des Etats : celle du Prince lui sembloit pleine de réserve & de dissimulation ; & Maurice lui-même avoit agi jusques-là si peu conformément à ses paroles, qu'il étoit difficile de ne pas s'en défier. Lorsque Lambert ajoûtoit, Que la Zélande se donneroit pluftôt à l'Angleterre, que de s'accorder avec l'Espagne : Qu'on prioit Sa Majesté de se tenir au moins neutre, si elle ne vouloit plus assister ses Alliés comme auparavant ; parce que ne leur restât-il que trois Villes, ils donneroient encore de l'éxercice aux Espagnols pendant cinquante ans ; Henry ne voyoit dans toutes ces paroles, qu'une rodomontade & une fausseté, ou du moins une finesse très-grossière. Ce manège sautoit encore plus aux yeux, lorsque Lambert s'avançoit de mille choses, que Jeannin n'auroit pu ignorer, & dont cependant il n'avoit donné aucun avis à Sa Majesté. Selon Lambert, Barneveld & Aërsens étoient disgraciés, & même en danger de se voir faire leur procès : On avoit tenu Conseil dans plusieurs Villes des Etats, si l'on ne prendroit point le parti de demander la Domination Françoise. Comment tout cela eût-il pu être si secret, qu'on n'en eût rien laissé transpirer dans toute la Flandre ? Mais les discours mêmes de Lambert n'étoient pas toujours bien d'accord avec la propre Lettre du Prince d'Orange.

Je crois bien que si Sa Majesté avoit vu plus de fond à faire sur quelques-unes de ces propositions, comme celle par éxemple de recevoir les Flamands sous sa puissance, il ne lui auroit pas été besoin d'aiguillon pour l'animer à porter toutes ses vûes de ce côté-là : quelquefois même elle ne pouvoit s'empêcher de sçavoir mauvais gré à Jeannin, de n'avoir pas plus fortement touché cette corde. Mais ce Prince prit enfin le parti le plus sage ; ce fut d'écouter & de voir tout tranquillement, sans montrer ni éloignement ni empressement pour la Paix ; en attendant un éclaircissement, qui ne pouvoit se faire de quelque manière que ce fût, sans qu'il se vît appellé au dénouëment. Il ordonna à Jeannin de se conduire sur ce plan : & voulant avoir mon avis, il me fit un détail au plus juste de tout par Villeroi ; & il m'envoya de plus Lambert. Celui-cy me tint tous les mê-

O iij

mes discours, qu'il avoit tenus à Sa Majesté. J'avois un bon préservatif contre ses finesses, dans la seule Lettre que j'avois reçuë de la Princesse d'Orange. Il n'eut rien à me répondre ; quoique peut-être il ne s'accommodât pas de ma sincérité, ni des noms d'ingrats & d'indignes des bontés de Sa Majesté, que je donnai aux Etats.

Je répondis aussi par Lettres à Villeroi ; & je ne lui dis pas tout ce que je pensois : je le remis à mon retour pour en sçavoir davantage. Ce ne fut qu'avec le Roi seul que je me découvris de tout ce que je pensois sur ce qui se passoit en Flandre. Quoique Maurice n'eût pas toujours été fidèle à suivre son plan, & même qu'il s'en fût quelquefois écarté assez visiblement, il n'étoit ni incroyable ni bien surprenant, qu'il songeât à soûtenir jusqu'à l'extrêmité un Parti, dans lequel son honneur pouvoit être véritablement intéressé : Mais pour Henry, il ne convenoit point à un grand Capitaine, ni à un grand Roi, d'aller se jetter tête baissée dans des affaires où on ne l'appelloit point, sur la foi d'un simple Particulier : il étoit de sa dignité d'éxaminer & d'attendre. Quant aux Etats, si c'étoit de leur participation que Maurice parloit, ils s'y prenoient trop tard & à-contre-temps. Ils avoient fait des fautes, qu'ils cherchoient à faire réparer a Sa Majesté, ou plustôt ils joignoient à une ingratitude marqué pour le Roi, le dessein aussi peu honnête de le prendre encore pour dupe. L'offre de la Zélande à l'Angleterre étoit une pure fable ; & tout le reste, illusion, tromperie & artifice : à quoi Sa Majesté ne devoit répondre, qu'en continuant à se mêler des affaires de ces Provinces, autant qu'il convenoit pour sa gloire & son utilité propre.

C'est en partie pour ce sujet que Henry me souhaitoit si fortement de retour de Gergeau. Tout continua en Flandre sur le même pied d'incertitude ; & les Nouvelles que l'on en recevoit, se ressentoient de cet état. Il arriva que l'Instruction que les Archiducs avoient donnée à leurs Députés, en les envoyant à La-Haye, tomba en Original entre les mains du Prince d'Orange ; soit que le Président Richardot (42) l'eût oubliée ; soit qu'elle lui fût dérobée,

---

(42) Jean Richardot, Président au Conseil-Privé des Pays-Bas, bon Négociateur. Il avoit eu part au Traité de Vervins. Il mourut l'année suivante.

LIVRE VINGT-CINQUIEME.

1609.

ou qu'il la laiſſât voir exprès, pour s'attacher les Catholiques, auxquels elle étoit favorable. Maurice en fit grand bruit, & s'en ſervit pour animer ſes Partiſans. Les Conférences languirent ſouvent ; mais elles ne furent point interrompuës. La Guerre étoit devenuë de toute impoſſibilité ; & par-conſéquent un accord étoit de toute néceſſité. Ce qu'on voyoit ſeulement de clair, c'eſt que de quelque ſincérité que les Parties paruſſent faire profeſſion, elles ſongeoient à ſe garder des interprétations à leur ſens ; pour en faire un motif de recommencer la Guerre, d'abord qu'elles pourroient le faire avec quelqu'apparence de ſuccès. Si donc la France perdoit une occaſion favorable d'humilier ſa Rivale, elle pouvoit s'attendre à la voir ſe préſenter encore beaucoup plus belle ; pourvû que juſques-là elle ſçût ménager ſes forces. » Je ſuis toujours dans la même opinion, ainſi » m'écrivoit Sa Majeſté, que Dieu veut en cette affaire faire » un coup de ſa main, à quoi les hommes n'ont point pen- » ſé, & au contraire de tous leurs deſſeins : Je l'ai vû ainſi » arriver depuis trente ans, & toujours à mon avantage : » puiſſe-t'il encore en être de même, & que mes fautes & mes » ingratitudes ne l'en empêchent point ! je l'en ſupplie de » tout mon cœur. «

Les habiles Politiques faiſoient une ſeconde remarque, encore plus importante que la précédente ; c'eſt que la Puiſſance Eſpagnole étoit parvenuë à ſon premier dégré de décadence. Si l'on en jugeoit ainſi, ce n'étoit point à cauſe des égards qu'on voyoit que le Roi d'Eſpagne & les Archiducs avoient pour tous les Agens de Sa Majeſté, & particulièrement pour Jeannin : les reſtrictions qu'elle ſe ménageoit contre les Flamands, montroient qu'elle avoit toujours la même arrogance & la même ambition ; & elle ignoroit peut-être elle même, on ne vouloit pas avouer ſa maladie : Mais lorſqu'on voit qu'un Etat ne montre ni force ni conduite ; qu'il manque à la fortune & à l'occaſion : dès-lors la choſe n'en eſt plus aux termes de la ſimple conjecture.

Il n'en falloit point encore d'autre preuve, que ce qui ſe paſſa ſur les Frontieres de la Navarre & du Bearn. Les Eſpagnols y ayant renouvellé d'anciennes querelles ſur les limites des deux Royaumes, Henry bien réſolu à ne rien relâcher, m'écrivit d'en conférer avec le Chancelier ; & d'en

1609.

Jacques Nompar de Caumont, depuis Duc de La-Force.

faire parler à l'Ambaſſadeur Eſpagnol par quelqu'un du Conſeil ; pluſtôt pour ſe juſtifier des ſuites que ce démêlé pouvoit avoir, que comptant le terminer par cette voie. Sa Majeſté écrivit encore dans le même eſprit à La-Force, dépoſitaire de ſon autorité ſur toute cette Frontiere, de ſoûtenir ſes droits par tous les moyens les plus prompts & les plus efficaces : Et comme il ne pouvoit attendre de grands ſecours des habitans du Païs, je reçus ordre de le rembourſer de toutes les avances qu'il avoit déja faites, & de lui faire un fond ſuffiſant pour ne pas avoir le deſſous.

Ces précautions furent aſſez inutiles. Aux premieres plaintes que La-Force fit faire au Viceroi d'Aragon, celuicy promit une ratification de tout ce qu'on lui demandoit ; & contre l'ordinaire du Conſeil de Madrid, elle ne ſe fit pas attendre : C'eſt qu'on n'y ignoroit pas que pour une ſimple apparence de rupture, grand nombre de mécontens, dont les Royaumes de Navarre & d'Aragon étoient remplis, avoient déja offert leurs ſervices à la France. La-Force, auquel ils s'étoient adreſſés, en donnant cet avis à Sa Majeſté, mandoit en même-temps, Que quoiqu'il ſçût bien qu'il ne falloit pas faire grand fond ſur l'eſprit inquiet & changeant de ces Peuples, c'étoit ici une occaſion immanquable ; pourvû ſeulement qu'on ſe preſſât d'en profiter : Que toute l'habileté des Eſpagnols leur étoit inutile pour cacher leur état de foibleſſe & d'épuiſement, qui n'étoit plus ignoré de perſonne : Que toutes les affaires du Gouvernement y étoient dans une confuſion inexprimable. Il n'écrivoit jamais, ſoit à Sa Majeſté, ſoit à moi, que ſur ce ton ; & il étoit plus à portée que perſonne de connoître l'état des choſes, tant ſur ce ſujet, que pour ce qui regarde une autre Faction, qui donnoit de furieuſes inquiétudes au Conſeil de Madrid ; quoiqu'il ne s'agît que des miſérables reſtes d'un Peuple preſqu'entièrement exterminé ; je parle des Maures.

Pour bien entendre ce fait, il faut reprendre ici ce qui n'auroit pu trouver place ailleurs, ſans interrompre la narration. Henry n'étant encore que Roi de Navarre, avoit toujours eu dans l'eſprit qu'un jour il pourroit s'aider contre l'eſpagne de ces ennemis domeſtiques, moins conſidérables encore par leur nombre, que par le vif reſſentiment

des

LIVRE VINGT-CINQUIEME. 113

1608.

qu'on leur voyoit conſerver de leur oppreſſion. Les Maures de leur côté apprenant par le bruit public que le Parti Proteſtant, qu'ils ſçavoient être très-puiſſant en France, & oppoſé à l'Eſpagne, avoit à ſa tête un Roi de Navarre, c'eſt-à-dire, un Prince doublement ennemi de cette Couronne ; commencerent à rechercher tous ceux qui pouvoient leur ménager cette protection, & entr'autres MM. de Saint-Geniés & D'Odou, auxquels ils promirent d'exciter en Eſpagne un ſoûlevement preſque général, pourvû qu'ils ſe ſentiſſent appuyés. Ils ne demandoient qu'un Général & de bons Officiers, auxquels ils s'engageoient d'obéïr ponctuellement. Ils offroient de fournir tout l'argent néceſſaire, bien-loin d'en éxiger ; & du côté du courage & des ſoldats, ils aſſûroient qu'on ſeroit content d'eux. Un aſyle en France, avec la liberté de leurs biens & de leurs perſonnes, étoit la ſeule condition qu'ils apportoient au Traité. Ils paroiſſoient de ſi bonne compoſition ſur la Religion, qu'ils offroient d'embraſſer celle du Royaume ; non pas à la vérité la Religion Romaine ; la tyrannie de l'Inquiſition leur avoit rendu cette ſeconde ſervitude encore plus inſupportable que la premiere ; mais la Religion Réformée : Ils trouvoient qu'ils s'accommoderoient ſans peine d'un Culte dégagé des Images & des Cérémonies, qu'ils diſoient ſentir l'Idolatrie ; & dont un ſeul Dieu, également adoré & invoqué de tous, étoit preſque l'unique objet.

Saint-Geniés & D'Odou ne manquerent pas de faire un rapport fidèle de tout ceci au Roi de Navarre ; ſur-tout lorſqu'il fit en Bearn & en Foix ce voyage dont nous avons parlé. Henry les chargea de ſçavoir des Maures, quelles étoient au juſte leurs facultés ; de quelles armes ils avoient beſoin ; de quelle ſomme de deniers ils promettoient contribuer ; & par quels moyens ils comptoient entamer une entrepriſe ſi conſidérable. Ces deux Gentilshommes n'employerent d'abord à cette Négociation qu'un homme ſeul, nommé le Capitaine Danguin. A-meſure que les intelligences ſe multiplierent, ils y en firent entrer juſqu'à douze autres : & le ſecret confié à tant de perſonnes, fut pourtant ſi bien gardé, que l'Eſpagne n'en eût pas le moindre ſoupçon, juſqu'à l'avis qu'elle en reçût par Nicolas L'Hôte, ce Secretaire de Villeroi, dont on a vû l'hiſtoire. On décou-

Tome III. P

vrit aisément le reste ; & la chose parut d'autant plus de conséquence, qu'on vérifia que ce Parti, qui dans le commencement étoit fort peu de chose, embrassoit alors plus de cinq cens mille personnes. Deux choses avoient servi à le grossir si considérablement : premierement, le secours qu'ils avoient eû l'adresse & le temps de se menager chez les Turcs, grands Ennemis des Espagnols ; en second lieu, l'intérêt que prirent dans cette affaire quantité d'Espagnols naturels.

Le Conseil de Madrid ayant délibéré aux premieres Nouvelles qui lui furent portées de ce soûlevement, s'il n'étoit pas à propos d'achever de défaire le Pays de ce reste de Maures, en leur faisant repasser la Mer, & ayant communiqué cette résolution à la Noblesse du Royaume de Valence; elle y fut reçuë si peu favorablement, qu'on en vit naître une sédition dans plusieurs Provinces, où la Noblesse se faisant servir gratuitement par ces Maures, ne pouvoit les voir chasser, sans perdre aussi en même temps le quart de son revenu. On tira l'épée contre ceux qui vinrent signifier la nouvelle Déclaration du Conseil d'Espagne. Le Viceroi crut appaiser cette premiere émotion, en députant le Chef de la Justice, que la Chancellerie appelle le Régent. Ce Régent étoit un Vieillard timide, qui se voyant tout-d'un-coup environné d'armes & de furieux, tomba mort au milieu d'eux, des effets sans doute d'une frayeur subite.

Le Conseil Espagnol ne pouvoit plus dissimuler dans une pareille conjoncture : sa foiblesse se décela par l'inaction où on le vit pendant un assez long-temps. Les Maures, qui ne s'étoient pas attendus à être si fort ménagés, n'en leverent la tête que plus hardiment. Ils renouvellerent leurs instances auprès de Henry, qui ne pouvoit plus le payer de la même défaite, que lorsqu'il n'étoit que Roi de Navarre, Que son Parti étoit trop foible & trop traversé, pour faire de grands efforts en leur faveur. Déterminés à tout pour secouer le joug Espagnol, ils le prierent de les prendre au nombre de ses Sujets, à telles conditions qu'il voudroit. Mais les mêmes considérations qui empêchoient Sa Majesté de prendre ouvertement le parti des Provinces-Unies, dans un intérêt qui le touchoit de beaucoup plus près, lui défendoient aussi de se déclarer le Libérateur d'un Peuple, encore plus

LIVRE VINGT-CINQUIEME.

1608.

particulierement Sujet de l'Espagne ; & qu'il falloit de-plus chercher dans des lieux fort-éloignés, & qui demandoient un Armement de Mer : car le centre de la révolte étoit du côté de Valence, de Murcie & de Grenade : sans compter plusieurs autres raisons, tirées du caractère de ces Peuples ; & sans parler des incidens si ordinaires dans les affaires, que l'éloignement cache toujours, ou déguise en partie. Tout cela fait qu'on ne sçauroit assûrement blâmer Sa Majesté, de n'avoir pas mieux répondu aux désirs de la Nation Maure. Je laisse à penser si pendant tout ce temps-là le Conseil de Madrid, à qui rien de tout ce qui se projettoit n'étoit caché, étoit bien tranquile. Il y avoit cinq ans qu'il souffroit qu'un mal, dont il avoit pleine connoissance, jettât de profondes racines ; & c'en eût été beaucoup trop en toute autre circonstance. Il jugea enfin à-propos de faire un effort ; & le dessein de faire embarquer tout ce qu'il y avoit de Maures en Espagne, fut repris plus fortement qu'auparavant. On le croyoit aussi plus difficile ; parce que le bruit couroit que les Turcs croisoient du côté de Maïorque, pour prévenir ce coup : Il falloit armer une Flotte, pour l'opposer à la leur. Le mois d'Octobre vint, sans que rien parût de côté ni d'autre ; & l'année se passa encore toute entiere, sans aucun mouvement de la part des Espagnols, qui sçavoient que les Barbares les attendoient avec dix mille hommes d'Infanterie, & cinq mille de Cavalerie, résolus à se bien défendre. L'attente fut favorable à l'Espagne ; & le temps lui donna enfin les moyens de se défaire tout-à-fait d'un Ennemi (43), à qui toutes ses ressources manquoient : Ce qui ne put pourtant se faire, sans que l'Espagne se privât elle-même de cinq cens mille Sujets (44) : c'est le nombre des personnes qu'elle chassa de ses Etats, après les avoir dépouillés de tout.

(43) Les Maures, ayant à leur tête un certain Barberousse, donnerent un Combat, dans lequel leur Parti fut défait ; & on les obligea l'année suivante à s'embarquer. *Voyez le Merc. Franc. & autres Historiens.*

(44) D'autres font monter ce nombre jusqu'à sept & huit cens mille : plaie, dont l'Espagne n'a jamais pu guérir ; mais dont nous ne profitâmes point, quoiqu'il nous fût si facile de le faire, si ce n'est pas en prenant le parti de ces malheureux, comme le Cardinal de Richelieu le prit des Portugais, dans une occasion à-peu-près semblable ; du-moins, en leur donnant un asyle en France, ne fût-ce que dans les Landes de Bor-

P ij

1608.

L'empereur traita en Allemagne aussi durement & avec moins de droit, la Ville de Donavert : il s'en saisit, quoique cette Ville soit du nombre des Villes Impériales; & il lui ôta la liberté de conscience, & la plus grande partie de ses priviléges. Cette violence y excîta beaucoup de murmures & de troubles.

deaux, qu'ils demanderent inutilement, dit-on, la permission d'habiter. Cette faute du Gouvernement a été judicieusement relevée par l'Auteur de l'*Essai Politique sur le Commerce*. » Défricher de nouvelles terres, dit-« il à ce sujet, c'est conquérir de » nouveaux pays, sans faire de mal- » heureux. « On dira que la même raison qui faisoit chasser les Maures de l'Espagne, empêchoit aussi qu'on ne les reçût en France. Mais il semble qu'il auroit été facile de profiter de la triste situation où ils se trouvoient, pour les amener à faire tout ce qu'on eût pû désirer d'eux.

Fin du vingt-cinquiéme Livre.

MEMOIRES
DE
SULLY.

✦✦✦✦✦✦✦✦✦✦✦✦✦✦✦✦✦✦✦✦✦✦✦✦✦✦✦✦✦✦✦✦✦✦

LIVRE VINGT-SIXIEME.

 LE premier jour de l'année : j'allai suivant la coûtume préfenter au Roi les jettons d'or. La gloire que Sa Majefté s'étoit acquife dans l'accommodement du Pape avec les Vénitiens, des Efpagnols avec les Flamands, & de quelques autres Princes de l'Europe, faifoit le fujet de ceux-cy. Après quelques momens d'une converfation indifférente, ce Prince me tira dans l'embrafure d'une fenêtre, pour me dire de lui compofer quatre Etats, dans le goût de plufieurs autres que je lui avois déja remis : Le premier, des Equivalens perçus dans les douze Généralités du Royaume : Le fecond, de tous les Droits & Redevances qui faifoient partie des revenus Royaux : Le troifiéme, des levées du principal de la Taille, nommé l'Ordinaire, depuis 1599 jufqu'à 1609, ces deux années comprifes : Le quatriéme, des levées de la Taille, fous le nom de grande Cruë, ou Cruë

1609.

P ii

extraordinaire, pendant ces mêmes onze années : C'etoit pour les faire voir, me dit Henry, à des personnes qui se croyoient fort-habiles dans les Finances, quoiqu'elles n'y eussent rien fait qui vaille, & à ceux qui admiroient leur méthode, toute défectueuse qu'elle étoit.

Ce Prince n'avoit pas besoin de justifier à mes yeux une pareille demande. Le plaisir que je trouvois à le voir entrer avec moi dans tous les détails du Gouvernement, ne me laissoit pas seulement examiner par quel motif il agissoit. Je voyois bien que depuis quelque temps il faisoit une étude particuliere de ma façon de conduire les Affaires générales & particulieres; & qu'à force de me demander, tantôt un Etat, tantôt un Mémoire, aujourd'hui une Instruction, le lendemain une explication; toutes ces Piéces lui composeroient bientôt un systême complet sur la Finance & les autres Parties de l'Etat. Mais j'étois la-dessus sans aucune inquiétude : & soit que Henry ne cherchât en effet qu'à s'instruire lui-même; soit qu'il eût dessein de former de nouveaux hommes d'Etat selon mes Principes, dans la crainte que je ne vinsse à lui manquer ou dans le dessein de m'employer hors ou dans le Royaume à d'autres fonctions, qui ne me laissassent plus de temps pour celles-cy; la manière dont il se comportoit avec moi (1), ne me permettoit de rien voir dans cette conduite, que de bon, de sage, & même d'avantageux pour moi.

Je lui donnai, lorsqu'il revint à la fin du mois à l'Arcenal, ces quatre Etats, que je ne transcrirai point ici. Je me contenterai de marquer que le Total du premier faisoit

___

(1) Le motif de cette conduite de Henry IV. avec le D. de Sully seroit tout autre, si nous en croyions l'Auteur de l'Hist. de la Mere & du Fils. » Il étoit peu satisfait, dit-il, » de la personne du Sieur de Sully; » il pensoit à lui ôter le maniement » de ses Finances, & vouloit en commettre le soin à Arnaud. Il avoit » dit plusieurs fois à la Reine, qu'il » ne pouvoit plus souffrir ses mauvaises humeurs...Son mécontentement étoit formé, & sa résolution prise de le dépoüiller de sa » Charge; mais le temps en étoit incertain &c. « Mais la suite même de ce Livre va fournir des preuves si sensibles de l'extrême confiance que Henry IV. avoit en M. de Sully, qu'on jugera que cet Auteur a donné dans le panneau, qu'un autre Ecrivain de ce temps-là nous avertit que ce Prince & son Ministre ont souvent tendu aux personnes trop crédules; lorsque pour le bien des Affaires, ils affectoient entr'eux deux tous les dehors d'une vraie mésintelligence : ce que les Courtisans faisoient entendre par ce mot: *Bon Maître & bon Valet.*

voir que les Equivalens montoient à cent cinquante-une mille soixante-treize livres : somme beaucoup moindre que ne se l'imaginoient bien des personnes, qui avoient fait entendre au Roi qu'elle devoit faire le sol pour livre de tous les revenus Royaux. Ce Prince vit dans le second bien des mots barbares pour lui ; quoique malgré mon application, il m'en eût encore échappé : je le lui promis complet dans l'année. Le Total du troisième étoit de cent sept millions quatre cens quarante-cinq mille trois cens cinquante-trois livres seize sols onze deniers : celui du quatrième, de cinquante-deux millions cent quarante-quatre mille sept cens soixante-dix-neuf livres douze sols six deniers. Henry se contenta pour le moment d'en voir le titre, & les donna à La-Varenne ; en lui disant qu'il les lui rendît si-tôt qu'il seroit au Louvre, enfermé avec Béringhen dans le Cabinet des Livres. Je lui donnai encore un Inventaire de tous les Etats, faisant partie de l'Etat général de Finances, ou indiqués par cet Etat (2).

Comme Henry partit deux jours après pour Chantilly, je crois qu'il ne fit pas grande attention à cette longue liste d'Etats, qui fut un petit sujet de dispute, un jour que Sa Majesté s'entretenant avec le Chancelier, Villeroi & moi, la conversation fut mise sur cette matière. Je dis, Qu'outre les Etats dont je pouvois laisser le soin à mes Sécretaires, en leur en donnant seulement un sommaire, il y en avoit plus de cent, que j'étois obligé d'écrire tous de ma main, au commencement de chaque année. Le Roi en parut étonné, & Villeroi aussi : Je sçais bien, Monsieur, reprit Sillery
» avec son air benin, qu'il y en a beaucoup : mais, cent ! je
» ne le pense pas ; car j'en vois quelque chose. Vous avez
» bien fait, Monsieur, lui répondis-je, de dire quelque cho-
» se ; mais vous auriez encore mieux fait de ne point par-
» ler du-tout, de ce que vous ne pouvez sçavoir que par
» moi-même. « Il ne s'agissoit, pour voir qui avoit raison de nous deux, que de jetter les yeux sur l'Inventaire que j'avois donné au Roi ; ils y étoient tous compris, & il n'y avoit que ceux-là seuls. Comme j'en avois une Copie dans le sac de mes papiers, que portoit l'un de mes Secretaires, je le

_____
(2) On trouve ces Etats tout-aulong dans les Mémoires de Sully. *Tome* 3. *& suivantes.*

fis approcher ; & Sa Majesté connut par cet Ecrit, que je n'avois rien avancé de trop. Ce fut Sillery lui-même qui en fit la lecture & le compte.

Le Roi étant à Chantilly, m'écrivit le Billet suivant, le Mercrédi 25 Mars : » Mon Ami, je monte à cheval après » dîner, pour aller coucher à Lusarche. Je me rendrai de- » main de-bonne-heure à Paris, faisant état d'aller dîner » chez vous : je vous prie de me le faire apprêter pour douze » personnes, & du poisson. Bon jour, mon Ami. « Il n'y manqua pas ; & je fis ensorte que le repas fût de son goût. Après que les nappes eurent été levées, je fis apporter des Cartes & des Dés sur la table ; sur laquelle je mis aussi une bourse de quatre mille pistoles pour Sa Majesté, & une seconde d'autant, pour en prêter à ceux de la compagnie de ce Prince, qui ne s'étant point attendus à jouer, n'avoient point d'argent sur eux. Cette cérémonie ne déplut pas à Henry. Il me dit : » Grand-Maître, venez m'embrasser : car je vous » aime, comme je dois. Je me trouve si bien ici, ajouta- » t-il ensuite, que j'y veux encore souper & coucher : j'ai » des raisons pour n'aller point d'aujourd'hui au Louvre, que » je vous dirai au sortir du Jeu. Cependant faites-moi pré- » parer trois carrosses pour aller me promener après que je » vous aurai un peu entretenu : & qu'il ne vienne personne » ici tant que j'y serai, sinon ceux que j'y manderai ; & à » mon retour, que je n'y trouve personne. « La journée s'étant ainsi passée à la satisfaction du Roi, il voulut que je lui donnasse encore à dîner le lendemain. Il passa une grande partie de la matinée enfermé avec moi dans mon Cabinet : nous nous entretinmes de plusieurs choses, qui doivent être tenuës secrettes. Sa Majesté lut aussi avec plaisir les Etats que je lui avois donnés, & me dit tout-haut en sortant : » Vous m'avez donné des Mémoires, auxquels » j'ai pris grand plaisir : mais il y a encore plusieurs par- » ticularités, qu'il faut que vous m'expliquiez par écrit ; » car il ne me souviendroit pas de ce que vous m'en avez » dit. «

Tout le monde s'étant rassemblé autour du Roi, il parla publiquement du dessein qu'il avoit de venir passer dorénavant deux ou trois jours tous les mois à l'Arcenal, de la même manière. Il me commanda d'y faire accommoder pour
lui

lui une Salle, une Chambre, une Garde-robe & un Cabinet; sans cependant rien prendre sur mon logement. Il me dit, Que toutes les fois que cela arriveroit, il ne se feroit ni servir par ses Officiers, ni rien apporter de sa Cuisine; mais qu'il vouloit que je le traitasse comme je venois de faire: ajoûtant obligeamment, Qu'en toutes manieres, il croyoit ne pouvoir être mieux nulle part qu'entre mes mains; & que comme il n'étoit pas juste que cette confiance fût le sujet d'un surcroît de dépense pour moi, celle-cy seroit prise sur une gratification de six mille écus par chaque année, qu'il m'accordoit pour cela seul : ce qu'il répéta encore pendant le dîner.

De propos en propos la conversation vint à tomber, entre les quinze ou vingt personnes qui pouvoient être à la suite du Roi, sur les Grands Hommes dont l'Histoire a parlé; & Henry me demanda auquel de tous j'aurois le plus souhaité qu'il ressemblât. Cette question n'étoit pas de celles, auxquelles il soit facile de satisfaire d'un mot : d'autant-plus que Henry ajoûtant, Que j'eusse égard non-seulement à la conduite & au mérite personnel, mais encore à tout ce qui peut être le juste sujet des désirs d'un homme, comme les qualités du corps, la santé, & le concours de ces circonstances qui font qu'on appelle un homme heureux, l'on ne pouvoit décider la question, qu'après avoir examiné & comparé. Pour tout dire, je ne fus pas fâché que l'occasion se présentât de faire honte à la plûpart des Assistans, de leur ignorance dans des choses, dont il me semble que tout galant homme doit avoir du-moins quelque teinture. Le Roi comprit mon intention, seulement à la maniere dont je tournai le compliment, par lequel je répondis d'abord à sa question. « A ce que je puis juger, dit-il, vous » n'allez pas être homme à un mot : Mais je veux vous écou- » ter jusqu'au bout : cela me fera bien autant de plaisir & » beaucoup plus de profit, que je n'en aurois eu à voir jouer » au Mail, où j'avois dessein d'aller me promener, en atten- » dant que votre dîner fût prêt. «

Je m'engageai donc à faire le portrait de tout ce que l'Antiquité a compté d'hommes Illustres; parmi lesquels je n'oubliai pas ceux de nos Rois, auxquels on peut donner ce nom : tels que sont Clovis, Charlemagne, Hugues

1609.

Capet, Philippe Auguste, Saint Louis, Charles V. Charles VII. & Louis XII. La qualité d'Ennemis de la France, ne me parut pas suffisante, pour exclurre les noms d'Edouard III. & de Charles-Quint : je n'en nommai aucun, sans les faire connoître, du-moins en gros, par quelques traits touchés le plus succintement que je pus, sur leurs bonnes & mauvaises qualités, & sur les événemens heureux ou malheureux de leur Regne. « C'est à vous-même, Sire, » ajoûtai-je, après que j'eus fini cette énumération, qui m'obligea à parler de suite pendant un assez long-temps, » de choisir auquel de tous ces grands Rois vous aimeriez » le mieux ressembler, toutes compensations faites ; & de » voir si vous n'y perdriez point, Vous, qui certainement » les avez surpassez en plusieurs choses. Pour bien pronon-» cer là-dessus, répondit Sa Majesté, il faudroit mieux & » plus attentivement considérer tout ce que vous avez dit » sur chacun de bien & de mal : mais le dîner qui est servi, » ne nous en laisse pas le loisir (on venoit d'avertir qu'il étoit » temps de se mettre à table) ; il faut remettre cela à une » autrefois : je vous prie de le faire rédiger par écrit ; & » puis je vous dirai ce que j'en pense, aussi-bien que de vos » dernieres paroles, que vous n'avez ajoûtées, dit agréable-» ment ce Prince, que pour me faire trouver vos mets encore » meilleurs. «

Quelques-uns de la compagnie chercherent pendant le dîner à se faire honneur de leur lecture, par des traits sur le sujet qui venoit d'être traité ; mais ils confondoient à chaque mot les noms & les choses, d'une maniere si plaisante, qu'elle ne servit qu'à faire rire le Roi, & à m'attirer de Sa Majesté un compliment sur ma mémoire. Je laissai ce Prince dans sa bonne opinion jusqu'au sortir de table, que je lui avouai en particulier un effet assez heureux du hazard : c'est que j'étois tombé, il n'y avoit pas trois jours, sur un Extrait des Vies des Hommes Illustres, que j'avois fait long-temps auparavant, pendant que je m'occupois de l'Histoire ; & que ce même jour j'en avois fait le sujet d'une conversation avec quelques Amis, qui m'en avoit rappellé tou-

___

(3) Je coupe court sur tout ce narré, qui tient une assez grande place dans les Mémoires de Sully, tom. 3. pag. 283 ; parce qu'il m'a paru froid, déplacé, & d'une Critique peu sûre.

LIVRE VINGT-SIXIEME. 123

tes les idées. Les cartes, les dés & les piftoles, fuccéderent
à cette fcéne fçavante. Je defcendis pendant ce temps-là
dans la Salle d'en-bas, où j'épargnai l'ennui des audiences
à Sa Majefté, qui paffoit des momens plus de fon goût;
ayant gagné cette après-midi deux mille cinq cens piftoles :
auffi fortit-elle de fort-bonne humeur, pour s'aller promener comme la veille, dans les carroffes que je lui avois fait
tenir prêts, & pour retourner au Louvre.

Cinq ou fix jours après que j'eus eu l'honneur de traiter
& de loger le Roi à l'Arcenal, on lui donna avis de bruits
répandus dans quelques Provinces, fur des chofes qu'il
croyoit renfermées entre lui & moi; parce qu'en-effet il m'en
avoit parlé avec un grand fecret. Il me foupçonna d'indifcrétion pendant quelques jours, fans que je m'en doutaffe,
quoiqu'il m'eût demandé plufieurs fois quels Amis fi intimes j'avois donc en Berry & en Bourbonnois. Enfin il m'appella un jour, & me dit : » Venez-çà, Grand-Maître : me
» direz-vous éxactement la vérité fur ce que je vais vous
» demander ? « Je le lui promis; avec la feule réferve, que
s'il s'agiffoit de quelque chofe qui pût déplaire à Sa Majefté,
je me ferois commander abfolument de répondre, & promettre qu'elle ne s'en fâcheroit pas. » Ce que j'ai à vous de-
» mander, reprit-il, n'eft pas de cette nature : « & il me
dit tout ce qu'il avoit fur le cœur. Après que je me fus juftifié par les fermens, qu'il fçavoit que je n'employois jamais
en vain, fon étonnement fuccéda au dépit; & je n'en eus pas
un moins grand.

Mais il ne fe paffa pas trois jours, fans que je viffe clair
dans cette Enigme. Une Lettre écrite de la propre main
du Pere Cotton au Pere Ignace, Jéfuite à Moulins, qui me
fut rendu le fur-lendemain dans un Paquet venant de
Bourges, me mit au fait. Muni de cette Lettre, qui me
donna une vraie joie, je m'en allai trouver le Roi, qui arrivoit au Louvre avec la Reine, au-devant de laquelle il
s'étoit avancé jufqu'à Anet. Après quelques difcours fur
Anet & fur Chantilly, je lui dis : » Sire, vous me deman-
» dâtes l'autre jour mon ferment que je vous dirois la vé-
» rité : ne trouverez-vous pas mauvais, fi j'ofe vous prier à
» mon tour de me dire fi vous n'avez jamais parlé à d'au-
» tres perfonnes qu'à moi, de ce que vous m'accufiez d'a-

»voir révèlé? Si cela n'eſt pas, il faut que parmi ceux qui
» vous approchent, il y en ait qui ont un eſprit familier, &
» ſçavent deviner les penſées. « Le Roi ſoûrit, en me donnant un petit coup ſur la jouë, & m'embraſſa enſuite. »Je
» ſouhaite trop, me dit-il, que vous ſoyez toujours ſincère
» avec moi, pour vous donner l'éxemple d'un menſonge. Je
» vous avouërai donc que j'en ai encore parlé au Pere Cot-
» ton & à Béringhen. Pour celui-cy, je répondrai bien qu'il
» n'en a dit mot : Auſſi n'eſt-ce pas lui, repris-je, mais le
» Jéſuite. Cette Lettre ajoûtai-je, en la lui mettant entre les
» mains, vous le prouvera. « Sa Majeſté la lut, & la voici
tranſcrite toute entière:

» Mon R. P. *Pax Chriſti.* Je ne vis jamais écrire ſi peu
» ſouvent, & deſirer ſi ſouvent de le faire. V. R. en jet-
» tera la coulpe s'il lui plaît, ſur mes occupations, notam-
» ment en ce temps. M. de Cîteaux ſe contentera d'une
» Abbaye proche la ſienne, qui eſt à un Chanoine de la
» Sainte-Chapelle, ſeptuagenaire; & moyennant ladite Ab-
» baye, il nous fera accorder par le Chapitre Général, qui
» ſe tiendra environ la Pentecôte, ce que nous deſirons de
» Bellebranche. Il y a du trouble à Orleans, ſur le fait du
» Collége, par les menées de la Prétenduë; mais Dieu ſera
» le Maître. Le Roi a écrit aux Maire & Echevins, à M.
» d'Orleans, M. le Lieutenant-Général, M. le Prévôt, ſon
» Procureur d'Office, & à M. de La Châtre. Je joignis les
» miennes à M. D'Eſcures, qui part demain, & promet de
» parfaire le tout. Le Roi a encore accordé trente mille livres
» à La Flèche, ſur l'avis que je communiquai à V. R. Sa
» Majeſté part Mardi pour Chantilly, & la Reine, quatre
» jours après pour Chartres, qui l'ira trouver à Anet; puis
» de rechef ici & à Fontainebleau. L'affection que ſçavez,
» continuë, nonobſtant laquelle ſe feront après Pâques les
» Mariages de M. le Prince & de M. de Vendôme. Tout eſt
» rapatrié avec l'homme de l'Arcenal, quelques pratiques
» que l'on ait pu faire. L'aîné de M. de Créquy aura la petite
» de Verneuil; & le premier deſſein ſe continuëra, de M. le
» Marquis de Roſny avec l'aînée du même Sieur de Créquy :
» le Pere ne voulant point ouïr parler de changer. M. Dès
» Yveteaux eſt en éxercice. Le Sieur Collin demande de
» demeurer au Collége du Mont juſqu'à la mi-Août. M.

» de Savari ne lui veut accorder que jufqu'à Pâques. On
» preſſe fort pour l'Edit des Duels : les Prédicateurs y font
» bien leur devoir ; mais le P. Gontery dégoûte le Roi de
» temps en temps, encore que j'aille parant aux coups : Il
» dit que ſes Sermons font féditieux, & qu'un jour il fera
» Schiſme en notre Religion, ou en l'Egliſe. M. Brémont
» s'eſt réſolu à la Compagnie : V. R. verra ſon louable dé-
» ſir par l'adjointe, avec une du R. P. de La-Tour, que
» j'ai trouvée ſur ma table, ſans ſçavoir comment. M. de
» Bourges m'a dit cejourd'hui que le Pere Sallian conten-
» te, & que l'on n'a rien perdu au change. On a voulu per-
» ſuader que le Pere Changer s'étoit changé ; feroit ce
» que ſouvent on a redouté. Je ſuis rapatrié avec M. le
» Cômte de Soiſſons autant & mieux que jamais ; mais
» je n'ai encore touché ni viande ni argent depuis le mois
» de Janvier. La Reine me mene à Chartres, & ſe confie
» en moi de ce que ſçavez, plus que de coûtume. M. de
» La-Varenne dit qu'il s'emploiera volontiers pour M. vo-
» tre Frere, mais que cette voie n'eſt pas bonne ; ne pou-
» vant introduire des chevaux de louage, au préjudice des
» Relais & des Poſtes : toute autre qu'il pourra, il offre de
» le faire. Le R. P. Raimond a été ici, & a apporté quel-
» ques quatre cens livres d'aumône, ſans les matériaux de
» Talan en partie, que M. le Grand lui a promis. Notre
» Frere Paran eſt maintenant déchargé de l'Office : car j'ai
» réponſe de Rome comme l'union a été agréée par notre
» Saint-Pere, & le *gratis* donné par Sa Sainteté à ma conſi-
» dération ; *quaſi fuit ejus benevolentiæ*. J'ai remis la revi-
» ſion & l'Impreſſion de mon Livre à cet Eté, ou après l'Au-
» tomne. La Trêve pour neuf ans eſt preſque aſſûrée en
» Flandre. Dix de nos Peres venant des Iſles
» Baléares en Eſpagne, par Simon Danſa, Corſaire Hollan-
» dois, marié à Marſeille ; le Roi s'emploie pour leur déli-
» vrance : & nonobſtant quelques amertumes, il ne laiſſe
» de priſer & chérir la Compagnie. *Quod ſupereſt*, je ſuis
» grandement néceſſiteux de ſecours ſpirituels ; *oraque pro*
» *paupere*, qui eſt de V. R. le Serviteur plus humble &
» plus affectionné. *Pierre Cotton*. A Paris, ce quinziéme
» Mars 1609. Madame la Marquiſe de Meſnelay va ſe ren-
» dre Capucine, nonobſtant tout le monde. M. Avias, Re-

»œur de la principale, est malade à mort de pourpre, pris
» prêchant & servant à l'Hôpital : c'est un bon Prêtre & un
» bon ami, qui va à Dieu. «

Henry lut deux fois de suite la Lettre entière ; & quoiqu'il me cachât la moitié de ce qui se passoit au-dedans de lui-même, je lus aisément sur son visage son mécontentement. » J'avouë, me dit-il, qu'il y a plus de conduite, de
» prudence & de fidélité en vous, & de vérité dans vos pa-
» roles, quelque méchant Huguenot que vous soyez, que
» dans beaucoup de Catholiques, & même d'Ecclésiastiques,
» qui font bien les dévots & les scrupuleux. « Il me quitta, pour aller entretenir M. le Comte de Soissons, qu'il voyoit s'approcher ; & je crois qu'il lui conta tout, & même qu'il lui montra la Lettre, dans laquelle ce Prince avoit son mot comme les autres. Je me sçus bon gré d'en avoir retenu une copie : car Sa Majesté ne voulut jamais me rendre l'Original.

Le Pere Cotton sçut le contre-temps arrivé à sa Lettre, & en fut mortifié au dernier point (4). Il se consola un peu, quand on lui dit qu'excepté le Roi, je ne l'avois fait voir, ni parlé à personne de ce qu'elle contenoit : il crut m'en devoir un remerciment ; & il sentit aussi qu'un petit mot de justification n'étoit point ici de trop. La Lettre que j'en reçus, au retour d'un voyage qu'il avoit fait en Province, est à ces deux fins : il me l'écrit de Fontainebleau, où la Cour étoit alors ; & moi, j'étois à Paris. Le Pere Cotton y prend occasion de louer la bonté de mon esprit & la douceur de mon naturel, de ce que tous les efforts qu'on a faits pour me donner une mauvaise impression de lui, n'ont pas été capables, dit-il, d'altérer ma premiere bienveillance à son égard. Il reconnoît qu'un homme d'un peu mauvaise humeur, auroit pu faire servir la Lettre dont il vient d'être fait mention, de prétexte à son ressentiment : il ne dit pas de cause ; parce que selon lui, les termes dans lesquels il s'y exprime sur mon sujet, n'ont pas cette gravité, qui

---

(4) On voit dans l'Anti-Cotton, pag. 46. que le Pere Cotton fut disgracié du Roi pendant six semaines, pour avoir revelé ses secrets à un Provincial d'Espagne : Mais c'est un de ces Libelles qui ne méritent aucune créance. Dans une occasion semblable, Henry IV. dit à ses Ministres, en prenant le Président Jeannin par la main : » Je réponds pour » le Bon-homme : c'est à vous au-
» tres à vous éxaminer. «

LIVRE VINGT-SIXIEME.

1609.

peut seule autoriser un galant homme à se fâcher ; Aussi ne l'ai-je pas fait : j'ai cru que le Pere Cotton devoit mieux entendre le sens de ses Lettres, que personne ; & que s'il se fût senti véritablement coupable envers *l'homme de l'Arcenal*, il n'auroit pas eu la hardiesse qu'on lui voit dans cette Lettre, de le prier de se souvenir du Bâtiment de l'Eglise des Peres Jésuites, & des appartemens destinés pour tenir leurs Classes à Poitiers, en dressant les Etats où sont comprises ces sortes de dépenses : Autre louange à cette occasion sur ma charité, suivie d'une fervente priere à Dieu d'achever son ouvrage, en m'inspirant le reste des sentimens de la bonne Religion (5).

Je connus clairement quelque temps après, qu'il étoit survenu au Roi quelqu'autre sujet de chagrin, & beaucoup plus violent. Tout ce qu'il faisoit pour le dissiper, ne servoit qu'à le mieux faire paroître, & peut-être à l'augmenter encore. Il passa huit jours entiers hors de Paris, à promener sa mélancolie dans des lieux où on ne le voyoit jamais, Livry, & une autre maison appartenante à Montbazon. De retour de cet endroit, tous les jours étoient pour lui des jours de Chasse ; afin sans doute de pouvoir se trouver plus long-temps & plus souvent seul. Tout cela n'étant pas le vrai remède à son mal, il passa enfin par l'Arcenal, pour

---

(5) On vera par le trait suivant, tiré des Mémoires pour l'Histoire de France, que M. de Sully ne pardonna pas si facilement au Pere Cotton. »Sur la fin de cet an, les Jésuites » ayant obtenu un don du Roi de » cent mille francs, pour parache- » ver le bâtiment de leur Chapelle » à La-Flêche, se retirerent vers M. » de Sully pour en être payez. Le » Pere Cotton lui dit, avec sa dou- » ceur ordinaire, que Sa Majesté » leur avoit fait un petit don de cent » mille livres, pour la Chapelle de » La-Flêche: A quoi le Duc répon- » dit : appellez-vous cent mille li- » vres, pour vous un petit don ? le » Roi vous en donne trop ; & je ne » vous donnerai rien. Quelle est la » raison de ce refus, demanda le Pere » Cotton ? Ce n'est pas à vous, re- » pliqua le Duc, à qui je la veux & » dois rendre ; je la rendrai au Roi. « Le Pere Cotton s'en plaignit au « Roi, qui pour le contenter, tança » publiquement le Duc, & dit qu'il » vouloit que son Mandement eût » lieu. M. de Sully ne fit rien de ce » que le Roi avoit ordonné pour la » Chapelle des Jésuites à La-Flê- » che.« Le même Auteur marque en quelqu'endroit, & le bruit en étoit assez commun alors, que lorsque le Roi & son Ministre paroissoient ainsi d'avis opposé en public, c'étoit souvent après en être convenus ensemble en particulier. Ce qui porte à croire que ce concert peut bien avoir lieu ici, c'est que » Sa Maje- » sté, ajoûte cet Ecrivain, donna à » M. de Sully précisément dans ce » même-temps, trente mille écus » pour ses Etrennes ; au-lieu de vingt » mille qu'elle avoit accoûtumé de » lui donner : dequoi les Jésuites ne » furent guére contens. « *Ann*. 1609.

se soulager en m'ouvrant son cœur. Il monta droit à mon Cabinet, sans vouloir qu'on m'avertît, & y frappa lui-même. J'allai ouvrir, ne m'attendant à rien moins qu'à une pareille surprise, & n'ayant que ma robe-de-chambre & tout le reste de l'habillement de nuit. Il me dit *Bon jour*; me demanda ce que je faisois; fit éloigner tout le monde; rentra avec moi, & referma la porte : sans que je fisse rien de mon côté, qu'être très-attentif à la vivacité de tous ces mouvemens, qui le firent s'asseoir, se lever, se promener & parler avec beaucoup de feu, pendant plus de deux heures que nous passâmes ensemble. On va sçavoir le sujet de cette agitation : je n'ai aucune raison de cacher notre entretien, qui fut d'ailleurs fort-aisément entendu de dehors : Sa Majesté croyoit que tout le monde étoit sorti de la petite Salle, pour aller se promener dans la grande Salle, dans les cours & les jardins : mais il en étoit demeuré une partie à la porte du Cabinet, pressés par la curiosité; car la mélancolie de ce Prince frappoit les yeux de tout le monde : ceux-là purent entendre à un mot près, tout ce que nous dîmes.

Ce ne fut d'abord que des Nouvelles indifférentes sur l'Empereur, quelques Princes d'Allemagne, les Archiducs & le Président Richardot : après quoi ce Prince m'avoua qu'il y avoit quelqu'autre chose qui lui tenoit bien plus fortement au cœur; & il commença là-dessus un discours qui fut fort-long, & pendant lequel je ne fis presque qu'écouter Sa Majesté. Comme je pouvois croire avec tout le monde, que les nouveaux démêlés de Henry avec la Reine son Epouse, n'étoient fondés que sur la passion qu'on disoit hautement qu'il avoit pour Mademoiselle de Montmorency, depuis quelques jours Princesse de Condé; il traita d'abord cet article, qui m'avoit toujours fait une peine infinie.

Lorsque je vis naître cette inclination de Henry, j'en prévis de beaucoup plus grands inconvéniens que de toutes les autres, à cause de l'extraction & de la Famille de cette Demoiselle; & je fis tous mes efforts, pour l'empêcher de faire des progrès : efforts, qui furent inutiles, & que je redoublai pourtant lorsque le Roi me proposa le dessein qu'il avoit de la faire épouser à M. le Prince. Je n'attendois

point

point de Henry dans cette occasion la généreuse résolution dont quelques Amans se sont montrés capables, de s'imposer par ce moyen la nécessité de renoncer à la personne aimée : C'étoit tout le contraire que j'appréhendois ; & ce point de vûë ne m'offrant que ressentimens & fureurs de la part du Prince outragé, des parens de la Princesse & de la Reine, rien ne peut exprimer l'ardeur de mes instances & de mes soins, pour détourner cette résolution. Je suppliai, je remontrai, je me jettai aux pieds de Henry ; je ne l'importunai pas seulement, je le fatiguai, je le persécutai : le fatal Mariage ne s'en fit pas moins (6).

Toutes ces circonstances me furent rappellées à moi-même par le Roi ; afin que je convinsse, disoit-il, que si je ne m'étois pas trompé, en prédisant les effets de l'amour & de la jalousie, je n'avois pas prévu tout ce que la malignité de ses ennemis avoit sçu y lier d'étranger. Ce Prince, dont le caractère étoit de respecter la vérité, lors même qu'elle le rendoit plus coupable, n'osa s'inscrire en faux contre le sentiment & les discours publics ; il se seroit trahi d'ailleurs, par la manière toute passionnée dont il me parloit de l'esprit, de la naissance & de toutes les perfections de Mademoiselle de Montmorency : Mais étoit-ce à de misérables Italiens, tels que Conchini, Vinti, Guidi, Joannini, qu'il étoit responsable de sa conduite ? & n'étoit-ce pas au-contraire dans tous ces Etrangers, une hardiesse bien punissable, que de donner à toutes ses démarches un éclat qu'elles n'avoient point ; pour en prendre droit de jetter la Reine dans des résolutions violentes, qui devoient donner quelque couleur à leurs pernicieux desseins. C'étoit ces desseins, dont on instruisoit Henry de toutes parts, qui l'inquiétoient jusqu'à ne lui pas laisser goûter un seul moment de repos. Il m'en avoit déja écrit quelque chose, lorsque ses pensées là-dessus se réduisoient à de simples soupçons : Mais la chose s'étoit tournée en certitude, par des Lettres que La-Varenne & Zamet lui avoient communiquées ; par les discours que lui avoit tenus le jeune Zamet, à son retour d'Italie & d'Espagne ; & en dernier lieu, par tout ce que lui avoit

---

(6) Il fut fait à Chantilly, sans aucune pompe... La Marquise de Verneuil disoit » que le Roi avoit fait » ce mariage, pour abaisser le cœur » au Prince de Condé, & lui hausser » la tête. « *Mém. Hist. de Fr. ann.* 1609.

mandé Vaucelas, son Ambassadeur à Madrid. On va convenir que mon Beau-frere n'étoit pas en cette occasion un témoin suspect.

Lorsqu'il étoit parti pour l'Espagne, c'étoit avec des Instructions (7) qui marquoient beaucoup plus d'éloignement que de dessein de s'approcher de la Maison d'Autriche. Il fut témoin de toutes les menées que les Agens de la Reine faisoient à Madrid, d'une manière si libre & si publique, qu'il ne pût se figurer que le Roi n'en eût aucune connoissance, & même qu'ils n'agissent pas par son ordre : Ce qui le surprit d'abord, & ensuite le mortifia au dernier point ; parce qu'il crut que le Conseil de France ayant absolument changé de système, Sa Majesté avoit retiré toute la confiance qu'elle avoit paru prendre en lui, & ne lui laissoit plus que le vain titre d'Ambassadeur, pendant qu'elle se remettoit à un autre de l'essentiel de ses Affaires & de son secret. Il supposoit dans la même idée, que si le Roi paroissoit à l'extérieur n'avoir rien changé dans sa manière ordinaire de se conduire à son égard ; c'étoit par ménagement pour moi, & pour ne pas me donner le chagrin de voir qu'on méprisoit mon Beau frere, qui n'auroit pas manqué de m'en porter ses regrets, si le Roi ne l'avoit soûtenu dans l'opinion du contraire.

Plein de toutes ces pensées qu'il crut tout-à-fait justes, Vaucelas prit le parti d'insinuer en deux mots à La-Varenne, & par son moyen au Roi, qu'il craignoit avec raison d'avoir perdu les bonnes graces de Sa Majesté. Il déchargea son cœur à son Beau-pere, par une Lettre beaucoup plus longue ; dans laquelle il le prioit de sçavoir ce qui lui avoit attiré cette disgrace, & de se plaindre à Sa Majesté avec tout le respect possible, de ce qu'elle faisoit à son Ambassadeur l'injustice, & en quelque sorte l'injure, de lui préférer celui d'un Prince Etranger, pour porter ses paroles : il vouloit parler de l'Ambassadeur du Duc de Florence, qui agissoit sur tout cela à Madrid, à l'insçu ou du gré du Conseil Espagnol, avec tant d'autorité, qu'il n'est pas surprenant que Vaucelas y fût trompé. Celui-cy supplioit encore Sa Ma-

---

(7) Le Comte de Vaucelas est qualifié dans cette Instruction, de Conseiller-d'Etat &c. Mestre-de-Camp du Régiment des Compagnies de Gens-de-pied, du titre de Piémont. *Vol.* 8955. *MSS. Royaux.*

jesté par la bouche de son Beau-pere, de vouloir bien lui rendre sa premiere confiance; & d'être persuadée que ni l'amitié ni l'alliance, ne lui feroient trahir en rien avec moi les intentions & le secret du Roi son Maître, que je lui avois appris moi-même à regarder comme la chose la plus sacrée.

1609.

Le Roi comprit mieux par cette Lettre, qu'il ne l'eût fait autrement, la vérité de toutes choses; & il en fut dans une surprise extrême. En effet, qui pourra se figurer qu'une moitié toute entiere du Conseil & de la Cour, osât faire jouer à découvert de pareils ressorts contre les desseins du Roi, sur lesquels il s'étoit expliqué lui-même; & que ses ennemis lui supposassent tous leurs sentimens dans le Public, sans craindre ni son ressentiment, ni la honte qui en toute autre occasion suit de bien près de pareils procédés? Voilà assûrément une circonstance politique bien singuliere, & bien différente de toutes les autres. On y forme un Parti par tous les moyens, qui communément le détruisent : On feint d'avoir, pour obtenir; & le secret est tout ce qu'on cherche le moins : ce qui pourtant ne doit s'entendre que de l'extérieur & de l'apparence de la chose, & non des vûës ni des moyens : Car après que le Roi eût répondu à Vaucelas, de la maniere la plus propre à le rassûrer; Vaucelas ne put avec toute son application, découvrir ni le fond de ce mystère, ni bien des particularités qu'il cherchoit : il sçût seulement, Qu'il s'agissoit de faire échouer tous les desseins de Sa Majesté contre la Maison d'Autriche, en l'unissant de gré ou de force avec l'Espagne : Que l'Ambassadeur Florentin étoit sur tout cela en relation de Lettres avec certaines personnes de la Maison de la Reine, qu'il nommoit, & avec quelques autres plus distinguées, que par respect il n'osoit nommer : Pour tout le reste, il ne put en sçavoir davantage.

J'avois ignoré une partie de ces curieuses circonstances, que Henry m'apprenoit en ce moment. Ce Prince ajoûta, Qu'il ne pouvoit guére douter que ces noms, qui faisoient tant de peine à prononcer à son Ambassadeur, ne fussent celui de la Reine & celui de Villeroi : tous les discours qu'ils lui tenoient, ne tendant qu'à ce but; & les derniers avis qu'il avoit reçus du projet d'un double Mariage, ne pouvant tomber sur d'autres que sur eux; puisque ceux qui y travailloient, s'avançoient, disoit-on, au Conseil de Madrid, jusqu'à dire qu'ils avoient les moyens d'y faire contentir le Roi; même avec la clause, Que l'Espagne en donnant l'Infante au Dauphin, se réservoit tous les droits que ce Mariage pouvoit lui donner dans la suite (8). Voilà ce qui étonnoit & même effrayoit Henry. Il auroit pû trouver un sens à des affirmations si fortes & si positives, si ses desseins contre la Maison d'Autriche eussent encore été aux mêmes termes, que trois ou quatre ans auparavant : Mais qu'on parlât ainsi dans une Cour, où l'on ne pouvoit ignorer qu'il avoit pris sur tout cela une résolution, dont rien ne le feroit changer tant qu'il vivroit; voilà ce qui lui faisoit naître malgré lui les plus terribles pensées.

En effet, tout le monde étoit parfaitement instruit qu'il travailloit à s'allier avec le Duc de Savoie; ainsi qu'à faire épouser l'Héritiere de Lorraine au Dauphin, afin d'unir un jour cet Etat à la France : & que c'étoit en partie pour faire valoir ce droit, qu'il s'attachoit par ses bienfaits les Princes d'Allemagne, qui pouvoient l'aider dans cette entreprise, contre ceux qui la traverseroient. On sçavoit de-plus qu'il songeoit à marier son second Fils avec Mademoiselle de Montpensier (9) ils étoient déja fiancés); à donner sa seconde Fille au Prince de Galles, celui de tous les Princes de l'Europe dont, sur mon rapport, il se promettoit le plus; enfin à faire réüssir le Mariage de son troisiéme Fils avec la Princesse de Mantouë, Petite-fille de Savoie, pour se donner une raison ou un prétexte de mettre le pied en Italie. Je crois qu'on conviendra que Sa Majesté possédant le Mantouan & le Montferrat, avec les entrées libres dans ces deux petits Etats; & qu'étant assûrée du Duc de Savoie, devenu de son côté possesseur du Milanois, aussi-bien que des Vénitiens, nos inséparables Alliés; rien ne pouvoit l'empêcher de donner la loi à toute l'Italie, & sans qu'il

(8) On est bien surpris après cela de voir avancer à Siri, *Mém. Second.* *t.* 1. *p.* 187. que Henry IV. ne souhaitoit rien tant que le Mariage du Dauphin avec l'Infante d'Espagne. Il ne faut point de meilleure preuve, que cet Etranger n'a connu que par oui-dire les Affaires du Conseil de France de ce temps-là. Je trouve encore plus blâmable en lui la partialité qu'il montre presque par-tout, contre la Personne & la Politique de ce Prince.

(9) Marie de Bourbon, Fille & unique Héritiere de Henry, Duc de Montpensier, mort l'année précédente.

lui en coûtât, difoit ce Prince, l'injuftice de retenir le bien d'autrui.

1609.

Henry trouvoit tant de plaifir à parler de la fuite de tous fes Projets Politiques, qu'il ne fongeoit pas qu'il parloit à un homme, qui en étoit tout auffi bien informé que lui-même : Mais il revint bien-tôt à la Cabale Efpagnole, & à fes propres frayeurs de ce qu'il la voyoit fe conduire, comme fi elle avoit été affûrée qu'il n'avoit plus que très-peu de temps à vivre. Quel que pût être le fondement de cette fuppofition, elle lui devenoit plus frappante, lorfqu'il faifoit réflexion qu'on répandoit de toutes parts dans le Public mille pronoftics, qui fixoient fa mort dans la cinquante-huitiéme année de fon âge : prédiction, qu'on donnoit pour une infpiration divine ; parce qu'elle étoit fortement appuyée de certaine Religieufe, alors en grande vénération. Pafithée (c'eft le nom de cette Dévote) avoit été quelque temps en France ; & depuis qu'elle en étoit fortie, elle étoit demeurée en commerce de Lettres avec la Reine. C'eft elle dont on fe fervoit pour perfuader à cette Princeffe de fe faire couronner à Paris, avec toute la magnificence & les cérémonies propres à lui conferver l'autorité dont elle avoit befoin, difoit-on, après la mort prochaine du Roi ; & l'on parloit même hautement de faire revenir cette Entoufiafte.

Ce deffein, tous ces difcours & ces préfages, ne fortoient prefque plus de l'efprit de Henry, & le rempliffoient d'amertume. » Je n'ai aucune inclination à cela, me dit-il, en parlant du Couronnement ; & je crois devoir rapporter fes propres paroles, qui affûrément font remarquables ; » non » plus qu'à fouffrir, continua-t'il, que cette Pafithée revien- » ne en France : le cœur me préfage qu'il me doit arriver » quelque défaftre ou fignalé déplaifir à ce Gouvernement. » Si ma Femme s'y opiniâtre, comme on m'a dit que Con- » chine & fa Femme lui confeillent obftinément, & à faire » venir cette Religieufe ; il n'y a point de doute que nous ne » nous piquotions bien-fort ma Femme & moi, fur ces deux » affaires : mais fur-tout, que ce que je vous ai dit touchant » fes deffeins en Efpagne, ne m'altere & me faffe cabrer » tout-à-fait, fi j'en puis découvrir davantage. « Je ne fçais fi ce Prince à bien connu la Reine fon Epoufe : mais j'avouë

R iij

que je fus frappé de la réflexion qu'il me fit faire ensuite, qui est, Que cette Princesse ne faisoit tant de vacarme avec lui, au sujet de Mademoiselle de Montmorency & de toutes ses autres amourettes, que parce que ses indignes Conseillers lui persuadoient qu'elle avoit besoin d'un prétexte pour être brouillée avec le Roi, ou du moins pour paroître l'être : Qu'on payoit le Public de celui-là, faute d'un meilleur : Qu'enfin tout le monde, & moi-même tout le premier, attribuoient à la jalousie, ce qui étoit l'effet d'une malice très-raffinée. Je découvre ici des choses bien odieuses, s'il est vrai que le Conseil de la Reine se soit servi de ce damnable artifice, pour cacher & faire réussir des desseins si noirs, qu'on n'oseroit même les nommer.

Pour me faire voir que je ne devois point en douter, Henry me faisoit remarquer comment, sur une apparence aussi légère que celle de parler plus souvent à la Duchesse de Nevers, & de prendre plaisir à sa compagnie, on avoit fait entrer cette Dame sur les rangs l'année précédente, & Mademoiselle de Montmorency en celle-ci, afin de ne pas laisser refroidir la Cour ni le Public, sur ces sujets de divorce entre lui & la Reine, qu'il étoit nécessaire d'entretenir à quelque prix que ce fût : & il en concluoit qu'il ne se donneroit jamais que des peines inutiles pour les faire cesser ; & que quand même il renonceroit à voir de sa vie la Princesse de Condé, ce seroit à recommencer éternellement avec des gens, qui avoient de si grandes raisons de ne point vouloir de paix. Il me dit sur ce dernier article, Qu'il avoit renoncé à rien obtenir de cette Dame : Que s'il ne pouvoit vaincre son amour, il sçauroit du-moins prévenir un éclat dangereux, & respecter le lien sacré, qu'il n'avoit formé que pour imposer silence à ses desirs. C'étoit avec beaucoup de sincérité qu'il me parloit ainsi (10) : je me serois reposé sur cette assûrance, si je n'avois sçu avec com-

(10) Le Maréchal de Bassompierre, auquel il fut proposé de donner Mademoiselle de Montmorency en mariage, rapporte entr'autres discours sur cette matière, celui-ci que lui tint Henry IV. « Lors il me répondit après un grand soupir : » Bassompierre, je te veux parler en » Ami. Je suis devenu non-seule- » ment amoureux, mais furieux & » outré de Mademoiselle de Montmorency. Si tu l'épouses, & qu'elle t'aime, je te haïrai : si elle m'aimoit, tu me haïrois. Il vaut mieux « que cela ne soit point cause de « rompre notre bonne intelligence ; « car je t'aime d'affection & d'inclination. Je suis résolu de la marier

LIVRE VINGT-SIXIEME. 135

1609.

bien de facilité un cœur trop tendre souffre d'être trompé par lui-même.

Le Roi continuant à me parler des Conseillers de la Reine, entr'autres de Conchine & de sa Femme, m'apprit des choses, après lesquelles je ne puis regarder ces Etrangers que comme des monstres : Qu'ils empêchoient la Reine de toucher aux viandes qu'il lui envoyoit ; & qu'ils lui persuadoient de faire faire fort souvent sa cuisine dans leur Chambre. Mais de quoi servoit-il à Sa Majesté d'invectiver ainsi alternativement & contre les Italiens & contre la Reine ? Je convenois assez qu'il n'y avoit point de châtiment que les premiers ne méritassent ; & qu'il étoit tout-à-fait singulier, comme le remarquoit Henry, que cette Princesse n'eût jamais eû de liaison qu'avec des personnes qui avoient donné les conseils les plus violens contre sa vie, au temps du Tiersparti ; ou qu'avec d'autres, qui ne lui vouloient pas plus de bien présentement (11) : Mais que pouvois-je faire pour tirer ce Prince de l'état où je le voyois, lorsque lui-même

» à mon Neveu le Prince de Condé, » & de la tenir auprès de ma Famil- » le : ce sera la consolation & l'en- » tretien de la vieillesse, où je vais » désormais entrer. Je donnerai à » mon Neveu, qui aime mieux mille » fois la Chasse que les Dames, cent » mille livres par an, pour passer son » temps : & je ne veux autre grace » d'elle que son affection, sans rien » prétendre davantage. « *Tom.* 1. *pag.* 229. Mais dans la suite cette passion, comme M. de Sully l'avoit prévu, porta Henry bien au-delà des bornes qu'il s'étoit prescrites.

(11) La Reine Marie de Medicis a donné en toute occasion tant de marques convaincantes d'une véritable tendresse pour son Mari, que ceux qui ont justifié & loué toutes ses actions, comme l'Auteur de l'Histoire de la Mere & du Fils, n'ont pas même songé qu'il fût besoin de relever aucune des accusations des Mémoires de Sully : Et ce Ministre lui-même, si l'on y fait bien attention, ne lui impute, ou ne lui fait imputer par Henry IV. que d'autoriser par trop de confiance & de crédulité, les méchans desseins de quelques personnes de sa Cour: desseins, auxquels ces personnes avoient soin de ne jamais faire servir cette Princesse, qu'en intéressant la jalousie, qu'il lui étoit naturel de montrer contre les Maîtresses de son Mari. Ce n'est même qu'en pensant de cette manière sur l'un & l'autre, qu'on peut trouver la clef de quantité de paroles & de démarches de ces deux Epoux, qui sans cela paroîtroient tout-à-fait contradictoires ; parce qu'elles marquent en-même-temps dans les mêmes personnes, confiance & défiance, estime & indifférence, tendresse & froideur. L'Historien que je viens de citer, rapporte une infinité de ces traits en bien & en mal : Il represente Henry IV. se plaignant & se louant tout-à-tour de la Reine ; tantôt disposé à la renvoyer tout-à-fait, ou à l'éloigner ; tantôt ne voyant qu'elle dans tout son Conseil, capable de l'administration des Affaires en son absence, & du poids d'une Régence. *Hist. de la Mere & du Fils*, *tom.* 1. *Pass.*

ne s'aidoit en rien? Croiroit-on que tout ce long discours, auquel je suis persuadé qu'il n'y a personne qui ne se sente intéressé, n'aboutit de sa part qu'à des prieres de redoubler d'attention contre les artifices des Espagnols; & d'entreprendre de nouveau de persuader à la Reine, qu'elle devoit le sacrifice des Conchines & autres brouillons, à l'assûrance qu'il lui donnoit par ma bouche, de ne plus voir, si elle l'éxigeoit, ni femmes ni filles: » N'étant pas juste, me disoit » ce Prince trop bon, que je me prive de tous mes plaisirs » pour la contenter, sans qu'elle fasse le semblable; ni que » je m'accommode à toutes ses volontés, pendant qu'elle » contredira toutes les miennes. «

Il me permit de communiquer à Sillery tout ce que je jugerois à-propos de ce que je venois d'entendre, mais non pas à Villeroi. » Je vous y laisse, dit-il, penser tout à loi- » sir, pour m'en aller dîner (il étoit en effet fort tard). Je » suis levé dès la pointe du jour; n'ayant point dormi toute » cette nuit, parce que mon esprit n'a fait que rêvasser sur » toutes ces brouilleries; & que je n'aurois pas eû plus de » repos la nuit suivante, si je ne m'en fusse déchargé à vous. « Sa Majesté monta dans mon carrosse, que je lui avois fait préparer; en me disant en présence d'un fort-grand nombre de personnes qui étoient dans la cour: » Adieu, Mon Ami: » aimez-moi bien; servez-moi de-même; & vous souvenez » de tous les discours que nous avons tenus ensemble: car » je vous aime autant que vous pouvez le désirer. «

Je crois avoir justifié cy-devant par les plus solides raisons, ma persévérance dans l'opinion que tous ces prétendus complots, moitié étrangers moitié domestiques n'ont jamais été ni bien réels, ni bien à craindre. J'avouë pourtant qu'il y avoit des momens, où la force de mon attachement pour mon Prince ne me permettoit pas d'écouter indifféremment tout ce que j'entendois dire à ce sujet; & que quelle que fût ma fermeté, je me laissois épouvanter malgré moi de ce que je sçavois n'être qu'un phantôme. Voilà l'état où je me trouvai tout le temps que Henry me parla, & après qu'il fut parti. Notre conversation fut singuliere, en ce que je ne proférai presque pas un mot, pendant un si long-temps: Et lorsque je voulus me mettre à table pour dîner; l'agitation de mon cœur, & les nuages dont mon esprit étoit investi,

LIVRE VINGT-SIXIEME. 137

vesti, me jetterent dans un abattement secret, & un dégoût pour tout ce qu'on me servit. Il n'étoit certainement pas besoin que le Roi m'excitât à faire de nouvelles réflexions : je m'y plongeois tout entier ; & j'en faisois jusqu'à prévoir & arranger l'une après l'autre dans mon esprit, toutes les choses dans lesquelles j'appercevois la moindre possibilité.

1609.

Cependant lorsque cette premiere confusion d'idées eut fait place à un sentiment plus froid & plus arrêté, je fus forcé de conclurre, comme j'avois toujours fait, que mes alarmes ne portoient que sur celles de Henry, qui n'avoient elles mêmes aucun fondement bien certain. Le Conseil de Madrid voyant que le Roi de France commence à avancer en âge, & qu'il a eu quelques attaques de maladies assez violentes, prend les devants pour faire goûter à la Reine & au Conseil de France, une Politique qui doit être son salut : il n'y a en ceci rien de bien extraordinaire. Il trouve parmi les François des personnes d'assez bonne volonté pour entrer dans ses vûës ; & il met cette personne en jeu, afin de s'épargner la honte de démarches suivies d'un refus : Si elles le sont véritablement, le Conseil Espagnol peut long-temps feindre le contraire, & rompre ou rallentir l'ardeur des Alliés de la France, trompés par cette apparence : Il n'y a encore rien dans cette conjecture, qui ne quadre avec le caractére Espagnol, décidé par une infinité de démarches semblables. Lorsque Philippe II. jetta feu Monsieur, Duc d'Alençon, dans l'entreprise d'Anvers, qui ruina ses affaires & sa réputation ; c'étoit tout ce qu'il s'en promettoit intérieurement, lorsqu'à l'extérieur il paroissoit la regarder comme un coup nécessaire pour assûrer à ce Prince la souveraineté des Pays-Bas, dont il le leurra jusqu'au bout. Mais est-ce à dire pour cela que l'Espagne songeât à se rendre maîtresse de la vie du Roi ? Combien de raisons rendoient la Personne & les intérêts de ce Prince chers à tous les François, & à ceux mêmes des Courtisans qu'il sembloit que cette Couronne eût mis dans son parti ? A quoi que le cœur humain puisse se porter, lorsqu'il est agité par une forte passion ; j'avois horreur des idées de crime, qu'il falloit nécessairement supposer dans des personnes, que la naissance, l'éducation, les sentimens, soûtiennent contre la noirceur & les attentats ; quoiqu'elles les laissent capables de quelques foiblesses pas-

Tome III. S

1609. sageres. Est-ce respect, ou délicatesse de sentiment, qui me fait penser & parler ainsi ? est-ce simplement l'horreur & l'éloignement de toute action lâche & infâme ? Quoiqu'il en soit, je me trouvai, à la fin de toutes ces réflexions, aussi tranquille que je l'étois avant que le Roi m'eût parlé : & si la douceur qu'on lui connoissoit, me faisoit encore de temps en temps appréhender que la licence ne s'en autorisât, par l'espérance de l'impunité ; je n'en appréhendois du moins aucun de ces coups accablans (12), qui portent une consternation subite.

Quant à l'autre point du discours de Sa Majesté : Il eût été bien plus à propos pour ce Prince, de fermer la bouche une bonne fois à la Reine, en commençant à rompre tout-

(12) Je crains bien que M. de Sully ne se soit rassûré avec trop de facilité, sur des bruits & des soupçons d'une aussi grande conséquence que ceux dont il est question ici. »Il y » avoit lors, dit l'Auteur des Mé- » moires pour l'Histoire de France, » tant de bruits de Conspirations » contre le Roi, que l'on croyoit à » Paris que c'étoit le point principal » du long séjour qu'y faisoit Dom » Pedre de Tolede : c'est pourquoi » on souhaitoit fort son éloigne- » ment. « Les craintes de Henry n'étoient donc pas mal-fondées : Et c'est le Duc de Sully qui, dans cette occasion comme dans plusieurs autres, a été malheureusement pour ce Prince, trop attaché à son sens. Il ne serviroit de rien de dissimuler, qu'un peu de vanité & d'entêtement ont été les défauts de son caractère, digne d'ailleurs d'être envié par mille belles parties.

On croit toujours s'appercevoir, en lisant les Mémoires de ce temps-là, que ce petit nombre de Serviteurs auxquels Henry IV. étoit veritablement cher, n'employerent point tout ce qu'on auroit pû prendre de précautions, pour parer le malheur qui arriva. On n'auroit peut-être rien de bien solide à répondre à quelqu'un, qui appelleroit ce sentiment, un jugement après coup : Et il faut convenir encore, que si tous les complots sourds & secrets, dont il est parlé dans une infinité d'endroits de ces Mémoires, sans pourtant qu'on y voie rien articuler de bien positif, ont été réels, comme l'événement veut qu'on le croie; ils ne pouvoient guère manquer d'avoir leur effet, par l'éloignement qu'on connoissoit à ce Prince pour la sévérité & la vengeance. On doit bien haïr ceux qui par de pareils exemples, tournent l'esprit des Souverains vers le Despotisme & la cruauté.

Au-reste, la manière dont le Duc de Sully expose ici le fond de ses sentimens sur tous ces complots, détruit absolument un soupçon, qui est venu à quelques-uns de ceux qui ont fait une sérieuse attention sur tout ce qui se passa en ce temps-là. Ce soupçon est, que le Duc de Sully n'ignora rien de ce qui se tramoit contre la Personne de Henry IV : Mais qu'après avoir fait tous ses efforts pour engager ce Prince à faire usage de son autorité, & voyant que la foiblesse de Henry lui avoit toujours fait rejetter les conseils qu'il lui avoit donnés là-dessus; il demeura intérieurement convaincu que ce Roi malheureux n'éviteroit point sa cruelle destinée : & qu'il prit le parti de ne point augmenter inutilement ses alarmes ; mais seulement de le faire sortir tout le plustôt qu'il seroit possible, d'une Ville où il demeuroit exposé à de si grands dangers.

à-fait des liens, que l'âge de Henry rendoit encore plus mef- 1609.
féans : mais il devoit du moins fe conferver dans de pareils
égaremens, affez d'empire fur fa raifon, pour éviter toute intrigue, qui pût faire une affaire de Politique, d'une fimple
galanterie. Toutes celles dans lefquelles on avoit vû Henry
engagé, avoient nui ou à fa fortune, ou à fa gloire, & certainement à fon repos : Mais il eft fans contredit, que le plus
dangereux de tous les piéges, eft celui que lui tendoit l'a-
mour dans la perfonne de la Princeffe de Condé : toutes les
fuites en étoient à craindre, & elles pouvoient être en fort
grand nombre.

On a vû d'avance dans ces réflexions, la réponfe que je
fis au Roi, lorfque fuivant fon ordre j'allai le trouver cinq
ou fix jours après. Il fortoit de fa Chambre, pour aller aux
Tuileries par la Grande Galerie. Nous nous promenâmes
dans la premiere galerie près d'une heure. Je remis la tranquillité & la joie dans fon efprit : Il réfolut de redoubler fes
efforts pour extirper, s'il étoit poffible, dans fon Confeil &
dans la Cour, toute cette Politique Efpagnole ; & il fe promit bien d'élever fes Enfans, fur-tout le jeune Prince qui devoit être fon Succeffeur, dans toutes fes maximes : Attacher
étroitement les Proteftans à leur Roi & à leur Patrie ; & éloigner avec un égal foin tous les Etrangers de la participation aux affaires de l'Etat : c'étoient-là, felon lui, les deux
principales, & les plus capables d'affûrer la tranquillité publique contre tous les Troubles Civils.

Une conclufion naturelle de tout ceci, c'eft que Henry
ne devoit perdre que le moins de temps qu'il fe pourroit, à
travailler à l'exécution de fes grands deffeins ; donc c'eût été
rifquer le fuccès, que de la remettre au temps d'une vieil-
leffe impuiffante : Auffi fon application à tout ce qui pouvoit y contribuer, ne fit que croître encore depuis ce moment. Les voyages de Sa Majefté à l'Arcenal devinrent plus
fréquens ; & j'allois à prefque toutes les heures du matin &
de la nuit au Louvre, où il m'étoit permis d'entrer en carroffe jufques dans la cour : le Roi accorda cette diftinction,
dont il n'y avoit de toute la Cour que deux autres Ducs (13)
qui jouiffoient, à mes incomodités, qui me rendoient le fe-

(13) Le Duc d'Epernon : je ne fçais || du Duc d'Epernon avance, qu'il fut
quel peut être l'autre. L'Hiftorien || le feul qui jouît de cette prérogative

1609. rein incommode ; au besoin qu'il avoit presque continuellement de ma présence ; & comme je le crois encore, à son amitié pour moi.

Il continua à me faire dresser tous les Etats & Mémoires, propres à former un Cabinet complet de Politique & de Finance : Et afin que rien ne manquât à l'éxécution de cette idée, dont il ne me cachoit plus l'objet ; il voulut que je lui fisse construire une espèce de Cabinet, ou grand Bureau, proprement travaillé, & entièrement garni de tiroirs, de layettes & de cassetins, tous fermans à clef, doublés de satin cramoisi, & en assez grand nombre pour y renfermer chacune dans leur ordre, toutes les Pièces qui le devoient composer. Le travail en est presque immense, quoique du premier coup d'œil il ne le paroisse point.

Pour en donner une idée, sans user de redites ; qu'on se figure tout ce qui peut avoir un rapport prochain ou éloigné à la Finance, à la Guerre, à l'Artillerie, à la Marine, au Commerce, à la Police, aux Monnoyes, aux Mines, enfin à toutes les Parties du Gouvernement intérieur & extérieur, Ecclésiastique & Civil, Politique & Domestique. Chacune de toutes ces Parties, dis-je, avoit son quartier séparé dans ce Cabinet d'Etat, qui devoit être placé dans le grand Cabinet des Livres du Louvre ; avec toutes les commodités possibles, pour que toutes les Pièces qui les concernoient, pussent se trouver sous la main, d'un simple coup d'œil, en quelque quantité qu'elles fussent. Dans le côté destiné à la Finance, se verroient le Recueil des différens Réglemens, les Mémoires des opérations, des changemens faits ou à faire, des sommes à recevoir ou à payer ; une quantité presqu'innombrable d'Etats, de Mémoires, de Totaux & de Sommaires, plus ou moins abrégés : cela est plus facile à imaginer qu'à représenter : Toutes les Lettres de quelque conséquence, que Sa Majesté m'avoit écrites, y seroient en liasse, &

---

du vivant de Henry IV. La Reine-Mere l'accorda pendant la Régence à tous les Ducs & Pairs, & Officiers de la Couronne, qui sont demeurés en possession d'entrer en carrosse dans les Cours des Maisons Royales. Le Duc d'Epernon l'obtint en 1607. sous prétexte que sa Goutte ne lui permettoit pas de faire un trajet un peu long à pied : & ce prétexte lui servoit encore à se faire porter entre les bras de ses Estafiers, jusque dans la Chambre de la Reine, chez laquelle il alloit jouer tous les jours & à toutes sortes d'heures.

cottées, avec un Extrait indicatif de chacune d'elles.

1609.

Sur le Militaire ; outre les Comptes, détails & Mémoires, servant à en marquer l'état actuel, on trouveroit les Ordonnances & Papiers d'Etat, les Ouvrages de Tactique, des Plans, des Cartes Géographiques & Hydrographiques, soit de la France, soit des différentes Parties du Monde : ces mêmes Cartes en grand, & mêlées de différens morceaux de peinture, devoient être placées dans la grande Galerie. Sur quoi l'idée nous vint encore à Sa Majesté & à moi, de destiner une grande Salle-basse avec son premier étage à faire un Magazin de Modelles & d'Originaux de tout ce qu'il y a de plus curieux en Machine, concernant la Guerre, les Arts, les Métiers & toutes sortes d'Exercices nobles, libéraux & méchaniques ; afin que tous ceux qui aspirent à la perfection, pussent venir sans peine s'instruire à cette Ecole muette : l'appartement bas auroit servi à mettre les Pièces les plus lourdes ; & le haut, les plus légères : Un Inventaire éxact des unes & des autres, eût été une des Pièces du Cabinet dont je parle (14).

Des Listes de tous les Bénéfices du Royaume, avec leur dénomination & qualification justes ; des Etats de tout l'Ordre Ecclésiastique, Séculier & Régulier, depuis le plus grand Prélat jusqu'au moindre du Clergé ; avec distinction des Naturels & des Etrangers, & dans l'une comme dans l'autre Religion ; n'auroient pas été les Pièces les moins curieuses, parmi celles qui appartenoient au Gouvernement Ecclésiastique. Ce travail étoit le modelle d'un autre dans la Police, par lequel le Roi eût pu voir, à un près, le nombre des Gentilshommes de tout le Royaume, divisés par Classe, & spécifiés, par la différence des Titres, Terres &c : Idée d'autant plus agréable au Roi, qu'il formoit depuis long-temps le plan d'un nouvel Ordre de Chevalerie, avec celui d'une Académie, d'un Collége & d'un Hôpital Royal, destinés à la seule Noblesse ; sans que cette Institution, si utile & si

(14) La mort de Henry IV. empêcha l'éxécution totale de ces desseins, auxquels on ne peut refuser ses louanges : On voit même fort-aisément, que tout imparfait qu'est demeuré ce Cabinet d'Etat, il est pourtant le berceau où ont pris naissance plu-

sieurs beaux & utiles Etablissemens, qui ont fait honneur aux Ministres suivans. On aura dans tout ce Livre, bien des sujets de faire cette réflexion. Voyez ce que nous en avons dit dans la Préface.

S iij

glorieuse, eût été à charge au Peuple, ni aux Finances (15). Il avoit été proposé en même temps, & avec les mêmes avantages, de créer un Camp, ou Corps permanent, de six mille hommes d'Infanterie, de mille Chevaux, & de six Piéces

(15) Cette idée du Duc de Sully pourroit encore être étenduë. On se plaint depuis long-temps avec raison, que l'éducation publique qu'on donne à la Jeunesse dans les Colléges de France & de toute l'Europe, se sent encore de la rudesse des temps les plus barbares; & qu'il semble, à la manière dont on élève tous les enfans indifféremment, que nous ne connoissions d'autre méthode, que celle qui conduit à faire des Prêtres & des Théologiens. Le Latin & le Grec; une Réthorique, qui n'est propre qu'à dépraver le goût, & à rendre l'esprit faux; un Cours de Philosophie, où dans le long espace de deux années, l'on n'apprend presque que des choses si séches & si rebutantes, si frivoles & si inutiles, qu'il faudroit mettre autant de temps à les oublier, si la forme & la Langue dans lesquelles on les montre, ne produisoient pas d'elles-mêmes cet effet; ensuite un Cours de Droit encore plus long, où avec les mêmes inconvéniens la Jurisprudence Françoise, est ce qu'on enseigne le moins: Voilà à quoi se réduit cette Méthode, dont le malheureux fruit est que dans un temps, où la quantité de bons Livres sur toutes sortes de matières, devroit inspirer le goût de toutes les Sciences & de tous les Arts, en même temps qu'elle en applanit les difficultés; les Jeunes-gens non-seulement n'en profitent point, mais encore entrent dans le monde, prévenus contre toute espéce de Littérature; & pleins d'aversion pour tous les Livres en général, par le petit nombre de ceux qu'on leur a fait feuilleter si laborieusement: aversion dont souvent ils ne reviennent jamais; ou dont ils ne reviennent que pour se faire de la lecture un simple amusement, dans un âge où leur esprit a perdu cette vigueur, sans laquelle le talent le plus décidé n'est plus qu'un avantage inutile.

Seroit-il donc impossible que réduisant de moitié au moins ce nombre prodigieux de Colléges Latins, on convertît le reste en des Colléges plus utiles à la Jeunesse, pour les différentes professions auxquelles elle est appellée? Qu'en considérant par exemple les premières années de l'enfance, à apprendre les premiers devoirs de la Religion & de la Vertu, à bien lire; bien écrire & bien chiffrer; on fit passer ensuite les Jeunes-gens dans d'autres Colléges, où avec une simple teinture des Langues sçavantes, pour ceux qui n'en doivent pas faire un fort-grand usage, on les exerçât à bien parler & à bien écrire dans notre Langue; à se familiariser avec ses différens styles, le style épistolaire sur tout; & à entendre du moins celles de quelques-unes des Peuples voisins, avec lesquels nous avons le plus de relation: Qu'à ces Ecoles succédassent celles, où l'on enseigneroit les Elemens des plus nécessaires parties des Mathématiques, de la Géographie & de l'Histoire; où la Tactique, la Politique, la Jurisprudence, le Commerce, présentés sous des Principes courts & clairs, servissent aux Maîtres à développer le talent de leurs Eleves, & aux Eleves, à se fixer à celui pour lequel la Nature leur donne plus de disposition & d'attrait.

Le peu que je viens de marquer, peut à peine passer pour une ébauche très-grossière d'un meilleur Projet: Il doit pourtant suffire, ce me semble, pour faire comprendre que ce ne peut être qu'en suivant une semblable idée, qu'on parviendra à inspirer aux Jeunes-gens l'émulation de la vraie gloire, du travail & de l'application; à les retirer de l'oisiveté & de la débauche, auxquelles

d'Artillerie complettement équipées: Douze Vaisseaux ronds, & autant de Galères entretenus en bon ordre, répondoient, pour la Marine, à ce nouvel Etablissement militaire.

1609.

Comme les projets d'amélioration & de rectification à toutes sortes d'égards, y tenoient une des principales places ; à commencer par celui qui devoit suivant le dessein de Henry, faire changer la face de toute l'Europe, & qui y étoit éclairci & développé de la manière la plus nette, & dans la forme la plus étenduë ; il y en avoit de particuliers, sur toutes sortes de sujets. Dans ceux par exemple qui regardoient la Guerre, on indiquoit les moyens de maintenir si exactement la discipline, considérée non-seulement dans l'exercice actuel de la Guerre, mais encore dans le temps de la Paix ; qu'ils eussent rendu sacrée pour le Soldat, la personne du Marchand, de l'Artisan, du Pasteur & du Laboureur. Ces quatre sortes de Professions, sur lesquelles il est vrai de dire que roule tout l'Etat, auroient trouvé toute sorte de sûreté contre les violences de la Noblesse, dans d'autres Mémoires sur la Police & le Gouvernement intérieur. Ceux-cy marquoient si juste la distinction des Conditions, & l'étenduë de leurs droits, qu'aucune d'elles n'eût pu dans la suite, ni abuser de la supériorité, ni se soustraire à la subordination. L'objet de ceux qui avoient rapport au Clergé, étoit d'engager tous les Ecclésiastiques à faire d'un bien, qui à proprement parler n'est point à eux, l'usage qu'exigent les Canons ; à ne point unir ensemble deux Bénéfices, de la valeur de six cens livres de revenu, à n'en posséder aucun, qui apportât plus de dix mille livres ; du reste, à s'acquitter dignement de leurs fonctions, & à regarder le bon exemple comme la première des loix qui leur sont imposées.

Je n'entrerai pas dans un plus grand détail ; parce que j'ai eu occasion de traiter ces sujets, dans différens endroits on les voit se livrer ; enfin, à donner à l'Etat les plus excellens Sujets en tout genre. On voit tous les jours, que la connoissance de cette vérité est ce qui détermine tant de Parens à préférer pour leurs Enfans l'éducation privée & domestique, à celle des Colléges : On ne sçauroit les en blâmer ; quelque persuadé qu'on soit des avantages que celle-cy a d'ailleurs sur l'autre : Et c'est ce qui fait encore plus regretter que cette éducation publique n'ait point encore été portée parmi nous au point de perfection, où tout le monde sent qu'elle pourroit & qu'elle devroit être.

1609. de ces Mémoires (16). Je renvoie de même à tout ce que le Lecteur a déja vû, où qu'il verra, sur le chapitre de la Morale, & des Maximes pour un bon & sage Gouvernement, qui y tenoient aussi leur rang. J'abrege un détail que je pourrois rendre infiniment plus long ; & par la raison même que quelqu'étenduë que je lui donnasse, je ne pourrois tout marquer ici ; du moins sans jetter dans la fatigue & l'ennui inévitables, lorsqu'on n'a rien d'absolument nouveau à exposer.

Entr'autres Etats sur la Finance, en voici un sur les moyens de recouvrer de l'argent, que j'ai cru ne devoir pas confondre avec les autres Pièces du Cabinet d'Etat dont je ne fais aucune mention : On pouvoit s'en promettre plus de cent millions, en trois ou quatre ans. La seule attention que j'y recommandois, étoit de ne s'en servir que dans la nécessité, & de commencer par ce qu'il renferme de moyens plus faciles & moins onéreux : ils y étoient exprimés dans l'ordre qu'on va voir ; mais ce n'est qu'un simple abrégé que j'en donne ici (17) :

« Un nouveau Réglement sur les Maîtrises des Ports & Havres, Bureaux des Traites-Foraines & Domaniales, Péages des Rivieres & droits d'embouchures ; avec une nouvelle réappréciation de ces droits, & une création de Charges

(16) Cette espèce d'Ecole muette pour la Finance, la Guerre, le Commerce &c. me paroît une idée si heureuse, que je ne vois rien en effet, à quoi elle ne doive s'étendre. Pourquoi les personnes qu'on appelle à la participation des différentes Affaires du Gouvernement, font-elles tant de fautes ? Parce que n'y ayant ni régles positives, ni principes écrits, qu'ils puissent consulter, & qui serviroient, ou à leur donner les vûës qu'ils doivent avoir, ou à redresser les leurs ; ils travaillent presque toujours au hazard, & qu'ils agissent souvent hors du véritable plan. De-là vient qu'à tous égards, nous arrivons si tard au but qu'on devroit se proposer, & que très-souvent on le manque tout-à-fait. Il n'y a guère de Corps ou de Communautés, qui pussent subsister seulement deux ou trois siécles, sans le secours d'une Régle d'institut, toujours présente à ceux qui les conduisent : Comment l'Etat, qui les renferme tous, pourra-t'il s'en passer ? Comment sans cela, ceux qui succédent dans les Places & les Emplois, seront-ils au fait de ce que les conjonctures changent ou ne changent point aux Principes qu'ils voient qu'ont suivi leurs Prédécesseurs? Faute de cette Régle, de cette Loi permanente, une bonne idée qui n'a pu s'éxécuter, périt avec l'Inventeur ; & une infinité de mauvaises, adoptées par vivacité, par ignorance, se perpétuent.

(17) On voit un autre Etat sur le même sujet, dans les Mémoires de Sully. *Tom.* 4. *pag.* 99 : des deux, je n'en fais qu'un seul.

(18) Les

LIVRE VINGT-SIXIEME.

ges & d'Offices pour les percevoir. Autre Réglement sur les Marchands vendeurs & acheteurs de bestiaux, vins & autres boissons, poisson frais & salé, bois, foin & autres denrées. Autre sur les Postes; dans lequel étoient compris les Maîtres & Contrôleurs des Postes, les Chevaucheurs d'Ecurie du Roi, les Courriers & Banquiers & leurs Commis, les Coches (18), les Messagers à pied & à cheval, & tous Chariots & Voitures par eau & par terre. Lorsque je lisois cet article au Roi, il me dit : « Je vous recommande à La-Varenne & » à tous les Chevaucheurs; je vous les renverrai tous. » Autre, sur les Marqueurs de cuirs, Jaugeurs, Cabaretiers, Regrattiers, Commissaires, Assesseurs & Collecteurs, Propriétaires des maisons à louer &c : « Bon, bon, dit Henry sur cet » article; il faut faire tout cela pour nous : car aussi-bien » suis-je tous les jours importuné de l'accorder au profit des » uns & des autres. « Sur les Aides, Quatriéme & Huitiéme, Entrée & sortie des Marchandises, soit de Ville à Ville, soit de Province à Province : Création de nouveaux Officiers aux Greniers à sel, avec augmentation de droits pour eux & pour les vendeurs à petite mesure : Augmentation d'un écu par Minot de sel; & autres Réglemens, tant pour les salines, que pour le transport du sel qui y est pris : « Je le voudrois » bien, dit Henry; mais il y aura bien des crieries, si vous » ne commencez par votre Gouvernement. « Sur les Parties Casuelles & le Droit Annuel (19). Sur les Secretaires du Roi, à augmenter de seize : Cruës sur le Sel, par forme de Taille,

---

(18) Les Chevaux de Poste, & les Coches publics, sont un des Etablissemens du Régne de Henry IV.

(19) Voilà la premiere & la seule fois qu'il est fait mention dans nos Mémoires, du Droit Annuel. J'en suis d'autant plus surpris, que l'établissement de ce Droit, par lequel les Charges de Judicature, devenuës vénales sous le Régne de François I. sont renduës héréditaires, a été fait, comme chacun sçait, sous Henry IV ; que M. le Duc de Sully en est vrai-semblablement le principal auteur ; & que lorsque l'Edit en fut porté, on n'entendit aussi-tôt par-tout que murmures & que plaintes, de ce que ces Charges portées au moyen de ce nouveau droit, à un prix éxorbitant, alloient être fermées à la Noblesse & aux personnes de mérite, & devenir le partage des gens de fortune ; de ce qu'on autorisoit par-là les véxations de la Justice, au-lieu de les reprimer &c.

Le Cardinal de Richelieu, frappé des bonnes raisons qu'avoit euës M. de Sully d'en user ainsi, & qu'il avoit apprises de la bouche même de ce Ministre, employe la *Section premiere du Chap. de son Testam. Politiq.* I. *Partie*, à prouver que ni la vénalité ni l'hérédité des Charges de Judicature, ne doivent être abolies dans ce Royaume. » Le feu Roi, dit-il, as-

Tome III. T

pour en faire le fond deſtiné aux Gages & émolumens de pluſieurs Compagnies ſouveraines & ſubalternes, principalement de Juſtice. Sur les deniers communs, patrimoniaux & d'octroi des Provinces, Villes & Communautés. Sur les Offices des Lieutenans, Contrôleurs & Tréſoriers, tant

» ſiſté d'un fort-bon Conſeil, dans » une profonde paix, & un régne » éxempt de néceſſité, ajoûta l'éta- » bliſſement du Droit Annuel à la » vénalité... Il n'eſt pas à préſumer » qu'il l'ait fait ſans quelque conſi- » dération, & ſans en avoir prévû, « autant que la prudence humaine » le peut permettre, les conſéquen- » ces & les ſuites... Rien ne donna » tant de moyen au Duc de Guiſe, » de ſe rendre puiſſant dans la Ligue » contre le Roi & ſon Etat, que le » grand nombre d'Officiers qu'a- » voit introduit ſon crédit, dans les » principales Charges du Royaume: » Et j'ai appris du Duc de Sully, » que cette conſidération fut le plus » puiſſant motif, qui porta le feu » Roi à l'établiſſement du Droit » Annuel &c. «

Le Cardinal de Richelieu ſoûtient donc, qu'il vaut encore beaucoup mieux que ces Charges s'obtiennent à prix d'argent, qu'elles ſoient données à des perſonnes pauvres & de néant, ou emportées par l'ambition & la faveur. » Au-lieu, dit-il, d'ou- » vrir la porte à la vertu, on l'ou- » vriroit aux Brigues & aux factions; » & on rempliroit les Charges d'Of- » ficiers de baſſe extraction, ſouvent » plus chargés de Latin que de » biens... Une baſſe naiſſance pro- » duit rarement les parties néceſſai- » res à un grand Magiſtrat... Le » bien eſt un grand ornement aux » Dignités qui ſont tellement rele- » vées par le luſtre extérieur, qu'on » peut dire hardiment que de deux » perſonnes dont le mérite eſt égal, » celle qui eſt la plus aiſée en ſes » affaires, eſt préférable à l'autre. » D'ailleurs, un Officier qui met la » plus grande partie de ſon bien à » une Charge, ne ſera pas peu rete- » nu de mal faire, par la crainte de » perdre tout ce qu'il a valant... Si

» l'on pouvoit, dit-il encore, entrer » aux Charges ſans argent le Com- » merce ſe trouveroit abandonné de » beaucoup de gens, qui éblouis de » la ſplendeur des Dignités, cour- » roient pluſtôt aux Offices & à » leur ruine tout enſemble; qu'ils » ne ſe porteroient au trafic, qui » rend les familles abondantes. «

Il prouve en particulier l'utilité du Droit Annuel, parce que ſans ce- la tous les vieux Officiers ſe défe- roient de leurs Charges, » lorſque » l'expérience & la maturité de leur » âge les rend plus capables de ſer- » vir le Public. « Il devoit, ce me ſemble ajoûter à cette raiſon, qu'un jeune homme qu'on deſtine à poſſe- der une de ces Charges, reçoit de ſes Parens une éducation propre au genre de vie qu'on ſçait qu'il em- braſſera. Le conſeil par lequel l'Au- teur finit cet article, c'eſt de taxer les Offices à un prix raiſonnable, » qui n'excedera pas, dit-il, la moi- » tié de celui auquel le déreglement » des eſprits les porte maintenant:« Et il rend là-deſſus juſtice à Henry IV. » Le feu Roi, dit-il, prévoyant » ce mal, avoit inſéré dans l'Edit » qu'il fit ſur ce ſujet, des précau- » tions capables de le prévenir; ex- » ceptant non-ſeulement du Droit » Annuel les Charges des Premiers- » Préſidens, des Procureurs & Avo- » cats-Généraux; mais ſe réſervant » de-plus le pouvoir de diſpoſer des » Offices qui y ſont compris, lorſ- » qu'ils viendront à vaquer, en » payant préalablement aux héri- » tiers de ceux qui en étoient pour- » vus, le prix auquel ils ſeroient » évalués... Les maux que cauſe pré- » ſentement le Droit Annuel, ne » procedent pas tant du vice de ſa » nature, que de l'imprudence avec » laquelle on a levé les correctifs » que ce grand Prince y avoit ap-

LIVRE VINGT-SIXIEME. 147

1609.

Généraux que Provinciaux, de l'Artillerie, Ponts & Chauſſées, &c. à ériger en Titres. Sur les Charges des Bailliages, Elections & Greniers à ſel, à augmenter en attributions de Gages, Priviléges, &c : le fond pris ſur les Tailles, juſqu'à la concurrence de cinq ſols par livre. Sur des Elections à créer en Guyenne, Languedoc, Bretagne & Bourgogne : Le Roi prévit bien des murmures dans ces quatre Provinces. Sur les créations de nouveaux Tréſoriers dans les Bureaux des Finances, deux à Sens & à Cahors, ſix en Bretagne, & trois par-tout ailleurs : Henry diſoit qu'il eût mieux valu diminuer le nombre de ces Harpies, que de l'augmenter.

Je propoſois un beaucoup plus grand nombre encore d'Offices à créer, dans le beſoin, parmi les Tréſoriers, Payeurs de Rentes & de Gages, Receveurs & autres Officiers des Tailles, Sécretaires & Officiers de grande & petite Chancellerie ; comme auſſi de nouvelles attributions aux Offices éxiſtans : Eriger en Charge les deux premiers Commis de tous les Officiers Comptables de France, &c : le détail de toutes ces parties tiendroit trop de place. Le bon cœur du Roi lui repréſentant comme déja arrivé, ce qui n'étoit ſimplement qu'en projet, le faiſoit ſe récrier contre tant de Réglemens, dont j'étois d'accord avec lui qu'il ne falloit ſurcharger le Peuple, que dans le cas d'une extrême néceſſité.

Achevons : De nouvelles Cours Souveraines à ériger en différentes Villes ; ſçavoir, Parlement, Chambre-des-Comptes & Cour-des-Aides à Lyon, & à Poitiers ; en ſupprimant la Cour-des-Aides de Montferrand : Cour-des-Aides en Bretagne ; parce qu'il étoit propoſé d'y porter auſſi les Ai-

---

» portés. Si l'Edit fût demeuré en la
» pureté de ſon premier établiſſe-
» ment, les Offices ne fuſſent jamais
» venus à l'excès du prix auquel ils
» ſont maintenant... Il ne faut donc
» que remettre l'Edit du Droit An-
» nuel aux premiers termes de ſon
» établiſſement. «

Ces paroles juſtifient pleinement le Duc de Sully, du blâme qu'on veut qu'il ait encouru, par le conſeil qu'il donna à Henry IV. ſur le fameux Edit du Droit Annuel. En vertu de cet Edit, on fit payer aux Offi-

ciers de Judicature, le ſoixantième de la Finance de leurs Charges : ce qui s'eſt pratiqué de neuf en neuf ans, juſqu'en 1709, qu'on a obligé ces Officiers de racheter le fond de ce Droit. Voyez *le Journal de L'Etoile, ſur l'année 1605.* qui eſt celle de cet Edit, *De Thou, Mezerai &c.* Le nombre exceſſif des Officiers de Judicature, &c. eſt & le principal abus, & la vraie cauſe de tous ceux dont les bons eſprits ſe plaignent à cet égard.

T ij

des : une seconde à Bordeaux, avec une Chambre-des Comptes ; une troisiéme en Bourgogne ; & une quatriéme en Provence. Le Roi branla ici la tête, & ne dit mot. Je ne répete point ce qui a déja été dit dans d'autres endroits de ces Mémoires. L'aversion que j'y ai marquée contre tout ce qu'on appelle luxe, a pû faire penser que les dépenses folles & superfluës étoient rigoureusement taxées ; & on ne se trompe point : On peut même être assuré que si j'avois été crû, outre le retranchement d'une grande partie de ces dépenses imcompatibles avec les besoins pressans d'un Etat, je n'aurois toléré, ni les carrosses, ni les autres inventions du luxe, qu'à des conditions, qui auroient coûté cher à la vanité.

S'il est nécessaire de donner ce frein au luxe, dont la contagion a gagné insensiblement toutes les parties de l'Etat ; il l'est encore bien davantage, d'en arrêter les funestes suites, dans ceux pour lesquels il n'est plus simplement une occasion de dissipation & de mollesse, mais un instrument de corruption & de ruine domestique : C'est à quoi il étoit pourvu par un autre projet, qui faisoit aussi partie des Piéces du Cabinet d'Etat. Ce n'est pas un des moindres malheurs qui ont suivi la mort prématurée du Roi, qu'elle ait précipité avec lui dans le même tombeau, tant d'utiles Réglemens, au moment même de leur naissance.

Il étoit ordonné par un autre Réglement, aux Avocats & Procureurs-Généraux des Parlemens, de poursuivre & de punir exemplairement, tous ceux qui par le scandale d'une vie prodigue ou dissoluë, portoient un notable préjudice au Public, aux Particuliers, ou à eux-mêmes sous peine de répondre en leur propre & privé nom, de tous les désordres arrivés par leur négligence, ou leur connivence. Le moyen qu'on leur donnoit pour pouvoir le faire, sans rendre leurs fonctions excessivement pénibles, étoit de leur joindre en chaque Jurisdiction particuliere, trois personnes publiques, appellées Censeurs, ou Réformateurs, choisies de trois en trois ans dans une Assemblée publique, & autorisées par leur Charge, à laquelle étoient attachées toutes sortes d'éxemptions, non-seulement à dénoncer aux Juges tous Peres, Enfans de Famille, & telles autres personnes, accusées de porter la dissolution au-delà des bornes de l'honneur, & les

LIVRE VINGT-SIXIEME. 149

1609.

dépenses superfluës, au-delà de leurs facultés ; mais encore à obliger les Juges eux-mêmes, en les prenant à partie en cas de refus, à apporter le remède qui leur étoit prescrit, contre ces excès dans l'un & l'autre genre. Deux Monitions devoient précéder toute poursuite criminelle ; mais à la troisiéme on intentoit une espèce d'action de curatelle, par laquelle les mauvais ménagers voyoient le maniement de leurs biens & effets, passer en des mains qui ne leur en laissoient précisément que les deux tiers, & reservoient l'autre pour l'acquit de leurs dettes, & pour les réparations qu'éxigent les fonds : ce qui duroit jusqu'à ce qu'ils eussent donné des preuves d'un retour sincère à une manière de penser & d'agir plus raisonnable. Nulle Condition n'en étoit exceptée, & aucun Citoyen n'auroit vrai semblablement évité cette Censure ; parce qu'elle avoit elle-même à répondre de ses actions à un Tribunal supérieur, dont les Ministres étoient aussi bien qu'elle, fixés dans leur devoir, par la menace d'une peine égale au deshonneur.

Il auroit été établi en même temps, pour détruire ce mal jusque dans sa source, qu'aucune personne, de quelque Qualité & Condition qu'elle pût être, n'eût pû emprunter une somme, censée considérable par rapport à ses facultés, ni aucun autre la lui prêter, sous peine de la perdre, sans qu'il fût déclaré en même temps dans les Contracts ou Obligations, à quoi on prétend employer cet emprunt ; quelles dettes peut déja avoir l'emprunteur, à quelles personnes, sur quels biens ; & ce qui lui reste de revenus, tant pour assûrer cette dette, que pour entretenir sa Famille. Il étoit encore défendu dans la même vûë, à tous Peres de famille, ou personnes qui les représentent, de donner à un de leurs Enfans, en les établissant, une somme plus grande que de justice, eû égard à leurs moyens présens, au nombre de ces Enfans, nés ou à naître, en s'en tenant à la vraisemblance ; excepté le cas seul qui permettoit à l'autorité paternelle méprisée ou blessée, de se venger d'un Enfant vicieux & dénaturé : mais ce cas devoit être clairement prouvé ; & alors les acquêts, conquêts & meubles, étoient encore les seuls effets dont on pouvoit disposer pour les faveurs particulieres (20).

(20) M. le Duc de Sully n'a pas besoin de se nommer ici, pour être

1609.

Ce Réglement d'œconomie domestique n'étoit qu'une portion d'un Réglement général sur le Barreau, & principalement sur la Procédure, dont je crois qu'on ne sera pas non-plus fâché que je rende compte : l'intérêt qu'on a à voir corriger les abus innombrables du Barreau, est trop fort, trop général & trop connu. Le dessein de Henry étoit de le communiquer d'abord aux Présidens des différentes Chambres, & aux Gens du Roi de ses Parlemens ; non pour y être contredit ; mais pour recevoir leurs remontrances & leurs avis, supposé qu'entrant dans ses vûës, ils imaginassent quelque chose de plus propre à abréger les procès, & à détruire l'art méprisable de la Chicane. Lors-

reconnu l'auteur de ces projets de réforme : on y découvre clairement son génie & son caractère. Sans vouloir rien diminuer du mérite de sa Morale grave & austère ; & en convenant avec lui qu'il est d'une extrême importance de ne laisser, ni les bonnes mœurs se corrompre, ni même le bon goût s'altérer en rien : je dirai pourtant qu'il me semble que ses vûës de réforme dans la Police, ont tous les mêmes défauts que celles de son Parti dans la Religion ; c'est-à-dire, qu'elles sont fausses & outrées.

Qu'un petit nombre de Citoyens se ruine par déréglement & par folie, c'est un mal qui peut-être très-considérable dans la Morale ; mais du reste, très-leger, & même à parler correctement, nul dans la Police : parce qu'au-fond l'Etat n'y perd rien ; les uns s'enrichissant de ce qui appauvrit les autres ; j'excepte seulement le cas des Banqueroutes. Je laisse les observations dont je me suis déja servi, pour prouver que ce mal est d'ailleurs inévitable dans un Etat immense, riche & soûtenu par le grand Commerce.

Tout ce qu'il y a donc de mieux à faire à cet égard, c'est de laisser à la voix des Ministres de la Religion éxercer cette Censure publique, que l'Auteur a cherché à rétablir sur l'ancienne Censure Romaine. Si je voyois quelque usage à faire de cette idée de nouvelles Personnes publiques, je tâcherois de l'appliquer à l'article que l'Auteur traite à la suite de celui-ci, la Justice & le Barreau.

Je donnerois à éxaminer à-fond à des personnes d'un esprit juste & étendu, s'il seroit possible d'accoûtumer les Particuliers de ce Royaume, à remettre la décision de tous leurs differends litigieux, entre les mains d'un petit nombre de Vieillards graves & respectables, choisis par leur capacité & leur réputation d'intégrité, pour éxercer cet Emploi dans toutes les Villes, Bourgs & lieux considérables ; & pour l'éxercer de manière que l'honneur, les distinctions, la vénération & le respect public, & tout-au-plus quelques-uns de ces avantages, que le Souverain peut accorder sans qu'il en coûte rien à personne, leur tinssent lieu de tout profit & de toute récompense. Il n'est pas sans exemple, on peut dire même qu'il est assez commun, de voir cet office charitable rempli bien gratuitement encore par des personnes, que le seul intérêt des pauvres Particuliers succombant sous le faix des poursuites ruineuses de la Justice, oblige à s'en charger. Heureux le Canton, qui possede un pareil Conciliateur ! il n'y manque pas de travail ; mais on voit qu'il l'embrasse avec joie, par le respect & l'amour qui y sont attachés.

que la derniere main auroit été mise aux Articles du Réglement, selon les opinions jugées les meilleures ; Sa Majesté étoit résolue de les porter au Parlement, écrits de sa propre main, pour les y faire enregistrer. Voici ceux que nous avions dressés par provision, & dont apparemment on ne se feroit que très-peu écarté.

Dans les Procès entre Parens ; & cela en observant à-peu-près le nombre des degrés Canoniques de consanguinité & d'affinité, soit corporelle soit spirituelle ; le Demandeur étoit tenu avant toutes choses, de faire offre & même sommation, de remettre tous ses differends à l'arbitrage de quatre personnes, choisies parmi les Parens ou Amis des Parties, deux par chacune ; de nommer ces deux Arbitres dès ce moment ; & d'articuler dans un Ecrit signé de sa main, toutes ses prétentions & demandes, sans pouvoir ensuite y rien ajoûter : ce que faisoit aussi le Défendeur. Il n'avoit qu'un mois pour nommer ses Arbitres. Dans un autre mois, les quatre Arbitres devoient être saisis de toutes les Piéces & moyens des deux Parties. Autre mois, accordé aux Arbitres pour prononcer leur Jugement : Autre mois enfin, donné à un Sur-arbitre nommé par les Arbitres, pour juger définitivement les points, sur lesquels les voix auroient été partagées : car tous les autres étoient censés décidés ; & le Sur-arbitre n'en pouvoit connoître. La même Règle avoit lieu pour les Juges, devant lesquels étoit interjetté Appel de la Sentence des Arbitres : ils ne pouvoient ni évoquer à eux le principal, ni prendre connoissance du fond ; mais seulement, prononcer sur le bien ou mal jugé, par les seules Piéces produites devant les Arbitres. Les Cours Souveraines n'avoient pas plus de privilége à cet égard, que les simples Jurisdictions : elles ne pouvoient ni ordonner une nouvelle enquête, ni recevoir de nouvelles preuves ; & elles n'avoient qu'un mois ou six semaines pour porter leur Arrêt, qui autrement étoit nul, & les Juges condamnés eux-mêmes aux dépens, dommages & intérêts des deux Parties.

Les Notaires étoient déclarés Juges premiers & compétens de tous Contracts, Transactions, Obligations, Cessions, Transports, Echanges, Ventes, Baux-à-ferme, &c : ensorte que la Sentence qu'ils portoient en interprétation du sens des conditions de leurs Contracts avoit lieu par provision, malgré toute opposition ou appellation ; & les Juges supérieurs ne pouvoient, sous les mêmes peines qu'à l'article précédent, procéder sur cette Sentence, que comme on procède sur celle d'un Tribunal véritable. La précaution qu'on prenoit contre la fourberie & la mauvaise foi qu'on auroit pû craindre de la part des Notaires, étoit premierement, que tout Acte devoit être passé devant deux Notaires, ou un Notaire & deux Témoins : en second lieu, que les Parties contractantes étoient obligées de se faire assister chez les Notaires d'un Avocat chacune, dont les Notaires prenoient les avis, & exprimoient les noms dans l'Acte. Il étoit défendu de plus de s'inscrire en faux contre tout Acte ainsi passé, dont la valeur étoit au-dessus de cent livres.

L'Exploit d'assignation ne pouvoit être porté devant aucun autre Juge, que celui du Défendeur ; & comme je l'ai dit, il devoit contenir si généralement tous les moyens du Demandeur, qu'il n'étoit plus reçu après cela qu'à répondre simplement aux allégations du Défendeur, sous les peines ci-dessus contre les Juges, Avocats & Procureurs. C'étoit donc à ceux-ci, j'entends les Avocats & Procureurs, à mettre tout-d'un-coup la Cause en état d'être jugée : Aussi étoit-il défendu de faire appeller & de plaider les Causes, qu'elles ne fussent en état d'être jugées. Les plus considérables, celles dans lesquelles il faut produire & écrire, ne pouvoient avoir de plus long délai que trois mois : point de lieu à la Requête-Civile ; & ici, comme dans tous les autres cas les plus graves, le seul recours étoit aux Lettres Patentes, expédiées dans le Conseil d'Etat, & scellées du grand sceau.

Le Réglement entroit dans le détail de quelques autres points particuliers de Droit, ou de Coûtume, qui avoient besoin d'être rectifiés : tels que sont les dispositions que j'ai marquées précédemment, sur le mauvais ménage des Citoyens ; sur la communauté entre Mari & Femme ; & autres, que j'omets ici. A l'égard des épices, salaires, vacations & autres frais, ainsi que de tous les differens subterfuges de la Chicane, & de tous les autres abus du Barreau dans les plaidoyers, les écritures, &c. dont les plaintes se font entendre

---

(21) Consultez les Mémoires de Sully, pag. 120. & seq. tom. 4.   (22) Ce

LIVRE VINGT-SIXIEME.

1609.

entendre par-tout ; le Roi croyoit ne pouvoir mieux faire, que de remettre tout ce détail à difcuter & à régler, à douze hommes choifis parmi les plus intelligens dans les affaires du Barreau, les plus fages & les plus équitables, qui obferveroient l'ordre fuivant dans leur travail : Mettre par écrit en forme de Mémoire, toutes les formalités qui s'obfervent ordinairement dans les procédures, fans en oublier aucune : enfuite, tout ce qu'ils jugeroient à propos qu'on en retranchât, pour le bien public ; & enfin, ce qu'ils croiroient qu'on devoit mettre à la place. Ce travail ainfi difpofé, feroit donné à éxaminer foigneufement à trois des principaux Miniftres & Confeillers de Sa Majefté, qui en donneroient leur avis ; après lequel, le Roi déclarant auffi le fien, y joindroit toute l'autorité néceffaire, pour que cette pratique de Jurifprudence fût déformais uniforme & invariable.

Lorfqu'une fois nous eûmes mis la main à la compofition de cet Inventaire général d'Etat, il devint un des fujets les plus ordinaires de nos entretiens ; & le Roi montroit une grande impatience de le voir achevé. Il m'envoya chercher par un des Garçons de la Chambre, un matin qu'il faifoit extrêmement chaud : c'étoit, je crois, dans le mois de Juin. Lorfque je montai dans fon Cabinet, il venoit d'en fortir par la Galerie ; & il étoit déja aux Tuileries, où je ne pus le joindre que fur la Terraffe des Capucins, près de la petite porte, par où il fortoit pour aller entendre la Meffe chez ces Religieux. Du plus loin qu'il me vit approcher, fuivi de cette foule de Cliens, qui femblent deviner tous les endroits où doivent fe trouver les Miniftres : » Allez » dire aux Capucins, dit-il, qu'on retarde ma Meffe : car il » faut que j'entretienne cet homme-là, qui n'eft pas hom- » me à Meffe : S'il me vouloit croire en cela, je l'en aime- » rois bien davantage encore ; & il n'y a rien que je ne fiffe » pour lui : quoique tel qu'il eft, je l'aime bien, & m'en fer- » ve utilement. « Sa Majefté me prit par la main ; & pendant environ deux heures que nous paffâmes à nous promener, ce Prince ne me parla que de nouveaux Mémoires, qu'il me demandoit pour les joindre au Cabinet. En me quittant, il me recommanda tout haut de mettre toute la diligence & l'éxactitude poffibles à ce travail : » Peu de paro- » les, dit-il, & beaucoup de chofes ; & que tout foit pour-

»tant bien éclairci : car je veux en communiquer quelque
» chofe à quelques-uns de mes Serviteurs que je vous dirai. «
Je lui répondis, Qu'il falloit me donner un peu de temps,
puifqu'il s'agiffoit de joindre enfemble l'ordre, la brièveté
& la clarté : » Faites donc comme vous l'entendrez, reprit
» Henry : vous connoiffez mon ftyle, & moi le vôtre ; ils
» s'accordent bien enfemble. «

J'envoyai dire au Chancelier, que je n'irois point ce jour-
là au Confeil ; & je me tins enfermé tout le refte du jour
& une grande partie de la nuit, à remuer Livres & papiers:
je ne me mis pas même à table pour fouper. Dès les fept
heures du matin, je vis arriver le Roi, avec les perfonnes
dont il m'avoit parlé la veille, qui étoient MM. d'Ornano,
de Boëffe, Du-Bourg, De-Lifle, de Saint-André de Montpellier, de Pilles, de Fortia, de Saint-Canard, de La-Buiffe,
de La-Vieuville : il y avoit encore MM. de Vitry, De-Vic,
de Néreftan, de Saint-Géran, La-Varenne, D'Efcures, Erard
& Châtillon, Ingénieurs (il étoit queftion en partie d'affaires
de leur métier), Béthune mon Coufin, enfin quelques Etrangers envoyés, l'un de la part de Lefdiguières, l'autre, du Duc
de Bouillon, & un troifiéme nommé Pucharnault, de la
part de La-Force : mon Cabinet en étoit prefque plein. Je
n'avois pu dreffer le Mémoire en queftion : la raifon que j'en
apportai à Sa Majefté, qui d'abord me le demanda, fut
qu'une Dépêche que je venois de recevoir de La Force, fur
une nouvelle tracafferie des Efpagnols en Bearn & dans la
Baffe-Navarre, à laquelle il avoit fallu répondre fur le
champ, avoit interrompu mon travail : » J'écrivois auffi,
» lui dis-je, touchant mon Neveu & ma Niéce Biron,
» qu'on veut démarier : ce qui feroit une belle befogne ; car
» elle croit être groffe, & l'eft en effet. Voilà, reprit Sa Ma-
» jefté, une des fâcheufes & fottes affaires que j'aye guère
» vûës ; & je ferai bien trompé fi jamais vous mettez tous
» ces efprits à la raifon. « Achevez vos Dépêches, ajoûta
ce Prince, après m'avoir dit tout bas quelque chofe qu'il
avoit à me communiquer : » achevez auffi nos Mémoires le
» plus promptement que vous pourrez ; & n'allez point pluf-
» tôt au Confeil d'aujourd'hui. Cela ne fe peut, Sire, re-
» partis-je ; car il y a des affaires qui preffent, & qui furent
» remifes hier, à caufe que je n'y étois pas. Faites donc du

» mieux que vous pourrez, dit-il ; & Adieu : je m'en vais aux 1609.
» Tuileries. «

Je ne laissai pas de travailler au Mémoire, avec tant d'application, qu'il étoit prêt le lendemain matin, que je fus encore mandé aux Tuileries par Sa Majesté. Je donnai ces papiers à porter à mon Sécrétaire, enfermés dans une feuille de papier cachetée. Sillery & Villeroi étoient avec ce Prince; & nous continuâmes à nous promener tous quatre, près de deux heures, discourant sur le projet de ces Mémoires, avec tant de chaleur & d'action, que tout le monde s'apperçut aisément que nous ne nous accordions pas. Je me retirois, sans avoir parlé au Roi de mon Paquet, lorsqu'il me rappella de cent pas, pour me le demander. Je le lui fis voir entre les mains de mon Sécrétaire ; auquel j'ordonnai ensuite de le présenter à Sa Majesté, lorsqu'elle voudroit le lire ; mais d'avoir soin de le retirer d'elle, & cacheté comme il l'étoit : ce qui venoit de se passer, m'obligeoit à user de cette précaution, dont mon Sécrétaire s'excusa auprès de Henry, par le commandement positif que je lui en avois fait. Il suivit le Roi qui s'en alloit à la Messe aux Capucins; & il profita de ce temps pour aller déjeûner : il lui auroit été difficile d'en trouver de long-temps la commodité. Le Roi sortant de la Messe, lui dit : » Suivez-moi au Louvre ; & » n'en partez point que je ne vous le dise. « Il lui demanda le Paquet, lorsqu'il fut arrivé dans son Cabinet d'en-bas; & mon Sécrétaire lui ayant dit en ce moment l'ordre qu'il avoit reçu de moi, Sa Majesté se contenta de lui répondre : » Hé-bien ! je le ferai : mais encore une fois, ne partez donc » point d'auprès de moi. « Elle monta dans le Cabinet des Livres, pour y mettre le Paquet, pendant qu'elle alloit dîner. La Cour n'étoit pas grosse, parce qu'il étoit plus tard que de coûtume. Le Roi ne parla presque à personne ; & sa rêverie parut, en ce que de temps en temps il frappoit de son couteau sur son assiette.

Mon Sécrétaire crut qu'il alloit être expédié, lorsqu'il vit ce Prince remonter au sortir de la table, dans le même Cabinet, & qu'il s'entendit appeler au bout d'une demi-heure : Mais quelques Princes & Seigneurs étant arrivés dans ce moment, comme il vit que Sa Majesté s'étoit mise à s'entretenir avec eux, il se retira dans un coin avec La-

V ij

Varenne & Béringhen. L'endroit où ils étoient, étoit assez obscur, pour qu'il ne fût pas facile de les appercevoir ; surtout avec un peu de soin de se cacher : ce qu'ils firent sans rien affecter, lorsque quelques instans après, ils virent Henry s'avancer avec quelques-uns de la compagnie qu'il avoit séparés des autres, assez près d'eux, pour qu'ils pussent entendre ce qu'il disoit, quoiqu'il parlât entre haut & bas, & ils redoublerent d'attention, lorsqu'ils l'entendirent parler ainsi : Je suis las de m'être tant promené ce matin, » car j'ai été plus de deux heures avec trois hommes, sur » de grandes matières, où je les ai trouvés aussi contraires » dans leurs opinions, qu'ils le sont dans leur temperament » & leur inclination. Un autre que moi auroit peine à s'en » bien servir : mais je connois leurs fantaisies, tellement que » je tire même profit de leurs contestations & contrarié-» tés ; elles servent à rendre les affaires si claires & si bien » approfondies, qu'il m'est facile de choisir la meilleure ré-» solution : Vous allez les connoître assez, sans que je les » nomme. «

Sa Majesté continua à faire le portrait de ses trois Ministres, comme on va le voir : j'aurai assez de sincèrité pour ne rien changer à ses paroles, même dans ce qui me regarde ; & c'est par moi qu'elle commença. » Quelques-uns » se plaignent, dit Henry, & quelquefois moi même, qu'il » est d'une humeur rude, impatiente & contredisante. On » l'accuse d'avoir l'esprit entreprenant ; de présumer tout » de ses opinions & de ses actions, & de rabaisser celles » d'autrui ; de vouloir élever sa fortune, & avoir des biens » & des honneurs. Or quoique je lui connoisse bien une par-» tie de ces défauts, & que je sois contraint de lui tenir » quelquefois la main haute, quand je suis de mauvaise hu-» meur, qu'il se fâche, ou se laisse emporter par ses idées ; » je ne laisse pas pour cela de l'aimer, de lui en passer beau-» coup, de l'estimer, & de m'en bien & utilement servir : » parce que je reconnois que véritablement il aime ma per-» sonne ; qu'il a intérêt que je vive ; & qu'il desire avec pas-» sion la gloire, l'honneur & la grandeur de moi & de mon » Royaume. Je sçais aussi qu'il n'a rien de malin dans le » cœur ; qu'il a l'esprit industrieux, & fort-fertile en expé-» diens ; qu'il est grand ménager de mon bien, homme fort-

LIVRE VINGT-SIXIEME.

1609.

„ laborieux & diligent, qui essaie de ne rien ignorer, & de
„ se rendre capable de toutes sortes d'Affaires de paix & de
„ guerre ; qui écrit & parle assez bien, d'un style qui me
„ plaît, parce qu'il sent le soldat & son homme d'Etat. En-
„ fin il faut que je vous avoue que malgré ses bizarreries
„ & ses promptitudes, je ne trouve personne qui me con-
„ sole si puissamment que lui, dans tous mes différens cha-
„ grins. « Je ne me recrierai ici ni sur le blâme, ni sur la
louange, renfermé dans ces paroles. En convenant, comme il me semble que la bonne foi demande qu'on le fasse,
qu'apparemment il y a chez moi véritablement lieu à l'un
& à l'autre ; tout ce qu'un honnête homme a à faire en
cette occasion, est de les faire servir également à rectifier
de plus en plus son cœur & ses mœurs.

„ Le second, poursuivit Henry, en parlant du Chance-
„ lier de Sillery, est d'un naturel patient & complaisant,
„ merveilleusement souple, adroit & industrieux dans toute
„ la conduite de sa vie : Il a l'esprit très-bon : il est assez versé
„ dans toutes sortes de Sciences & d'affaires de sa profession ;
„ il n'est pas même ignorant dans les autres ; parle assez bien,
„ déduit & représente fort-clairement une Affaire ; n'est point
„ homme pour faire de malices noires : Mais il ne laisse pour-
„ tant pas d'aimer grandement les biens & les honneurs, &
„ de s'accommoder toujours à tout pour en avoir : il n'est
„ jamais sans Nouvelles, ni sans personnes en main pour lui
„ en découvrir ; d'humeur à ne hazarder jamais légèrement
„ sa personne, ni sa fortune, pour celle d'autrui. Ses vertus
„ & ses défauts étant ainsi compensés, il m'est facile d'em-
„ ployer utilement les premiers, & de me garantir du dom-
„ mage des autres. « (22)

„ Quant au troisième, continua le Roi, parlant de Ville-
„ roi ; il a une grande routine dans les Affaires, & une con-
„ noissance entière de celles qui se sont faites de son temps :

---

(22) Ce Chancelier a rendu trois signalés services à l'Etat ; en employant une partie de son bien à maintenir les Suisses dans notre Alliance ; à la Paix de Vervins ; & en moyennant le Mariage du Roi. „ Le „ Chancelier de Sillery n'avoit pres- „ que point étudié. Henry IV. disoit „ de lui & du Connétable Henry de „ Montmorency, Qu'avec son Chan- „ celier, qui ne sçavoit point de La- „ tin , & son Connétable, qui ne sça- „ voit ni lire ni écrire ; il pouvoit „ venir à bout des Affaires les plus „ difficiles. « *Amelot de La-Houssaye, Note 1. sur la Lettre 195, du Cardinal D'Ossat.*

1609. » il a été employé dès sa première jeunesse, plus qu'aucun » des deux autres : Il tient un grand ordre dans l'admini- » stration de sa Charge, & dans la distribution des expé- » ditions qui ont à passer par ses mains : Il a le cœur géné- » reux ; n'est nullement adonné à l'avarice ; & fait paroître » son habileté, dans son silence & sa grande retenuë à par- » ler en Public (23). Cependant il ne peut souffrir qu'on » contredise ses opinions ; croyant qu'elles doivent tenir lieu » de raison : il les réduit à temporiser, à patienter, & à s'atten- » dre aux fautes d'autrui : de quoi je me suis pourtant quel- » quefois assez bien trouvé. « Ce discours de Sa Majesté étoit adressé à des personnes de la première Qualité ; & qui dans leur cœur ne manquoient pas, je crois, d'envie d'y répliquer : aucun cependant ne dit mot : Et quelques momens après, le Roi ayant apperçu mon Sécrétaire, lui fit rendre mes papiers cachetés, qu'il me rapporta.

Avant de sortir de ces Affaires générales de Finance, il faut voir ce qu'il y a sur cet article, de particulier pour cette année. Denis Feydeau & ses Associés s'étoient fait adjuger la Ferme-Générale des Aides, en enchérissant de deux cens mille livres par an, sur les Fermiers précédens. Je prévis, ce qui ne manqua pas d'arriver, que Feydeau ne pour- roit retirer ses deniers : en effet, il présenta Requête à Sa Majesté, pour être déchargé de ces deux cens mille livres. Je trouvois que ces Fermiers ne souffroient rien, qu'ils n'eus- sent bien mérité ; n'étant survenu ni accident imprévu, ni obstacle à leur jouissance. Il me fâchoit encore, que l'im- prudence de ces nouveaux venus, nous eût ôté des Fermiers très-solvables, pour mettre en leur place de mauvais payeurs. Je portai pourtant Sa Majesté à leur accorder cette diminu- tion, à titre de grace ; sans laquelle on alloit être exposé à une Banqueroute, & à l'embarras de mettre de nouveau les Aides à l'enchére : je jugeai seulement qu'elle ne devoit commencer à avoir lieu, qu'au premier Janvier 1610, ou du moins, au premier Octobre de la présente année ; afin

---

(23) De tous les endroits de nos Mémoires, où il est parlé de M. de Villeroi, voilà celui auquel il faut principalement s'attacher, pour ju- ger du caractère de ce Ministre, & sur-tout de l'opinion qu'en a euë Henry le Grand. Un seul trait rap- porté d'Original, tel qu'est celui cy, mérite plus d'être cru, que des rap- ports incertains, ou dictés par la prévention, l'aversion, l'esprit de Parti.

que Sa Majesté n'y perdît pas tout-d'un-coup quatre cens mille francs.

Je fis faire le procès à Ferrand, Premier Huissier de la Chambre des Comptes de Paris : on le dépouilla de toutes les Charges & Commissions qu'il éxerçoit dans cette Cour; dont Sa Majesté gratifia, même avant le Jugement, La-Font, dont il a été parlé dans ces Mémoires : Il étoit déja Intendant; & le Roi crut encore récompenser sa fidélité, en lui faisant don de ses meubles de la Conciérgerie. M. le Comte de Soissons & les autres Officiers de la Maison du Roi, présentèrent aussi contre le Trésorier Pajot, une Requête, qui me fut renvoyée. Puget, autre Trésorier de l'Epargne, ayant fait l'année précédente, sur l'ordre & la garantie de Sa Majesté, une Déclaration favorable à Placin, autrefois son Commis, dont j'avois été fait dépositaire; le Roi m'écrivit de rendre cette Promesse à Puget, comme il s'y étoit engagé, supposé que le procès que ces deux Financiers avoient ensemble, ne pouvant s'accommoder, elle lui devînt nécessaire.

Sa Majesté, après m'en avoir demandé mon avis, fit expédier à Mortier Choisy un Brevet, par lequel il étoit déclaré quitte du reste de sa Ferme, moyennant cinquante mille livres; une moitié, comptant; & l'autre, dans six mois. Elle fit délivrer à Zamet les Quittances des deux Offices des Restes en Normandie, de valeur de cinq mille écus; avec les Expéditions nécessaires pour être pareillement payé de quarante-neuf mille neuf cens & tant de livres, qu'il lui avoit assignées dès l'année derniere, sur les deux sols six deniers par Minot de sel; pour pareille somme, que Zamet lui avoit avancée. Henry fit encore donner douze mille livres à Montigny, six mille livres à D'Escures, & deux mille quatre cens livres à différens Pensionnaires dans la Bourgogne, par les mains de M. le Grand; & payer le Président Tambonneau de sa Pension, pour l'année dernière. Je tire ces petits détails, des Lettres que j'ai, écrites de la main de Sa Majesté.

J'en reçus aussi quelques-unes de la Reine. Il s'agit dans l'une, de certains droits qui lui avoient été abandonnés, & dont elle se départ, sur les Terres de la dépendance de la Reine Marguerite, qui en avoit un Brevet. Il est question dans une autre, de faire toucher à la Femme de Conchine,

1609. vingt mille écus, que le Roi, par complaifance pour la Reine, lui avoit donnés à prendre fur les Préfidens rétablis dans les Bureaux des Finances. La Léonor avoit fi bien agi, par l'intérêt qu'elle prenoit dans cette Partie, que les deniers, me difoit la Reine, étoient en état d'être touchés.

Les fommes, du moins les principales, que j'employai aux dépenfes perfonnelles de Henry, font, vingt-deux mille piftoles, qu'il me manda le 18 Janvier qu'il avoit perduës au Jeu : Cent mille livres, d'une part ; & cinquante-un mille, de l'autre; qu'il devoit, auffi du jeu, à Edouard Fernandès, Portugais. Il me manda de prendre ces dernières cinquante-un mille livres, fur foixante mille, qui lui revenoient de l'Office d'Avocat-Général à Rouen, après la mort de Marguerit ; aux héritiers duquel il donna les neuf mille reftans, en confidération des bons fervices que leur Pere lui avoit rendus dans ce Parlement ; & il en accorda la Charge à Des-Yveteaux, Parent du mort : Mille piftoles, pour jouer : Henry n'en prit d'abord que cinq cens ; mais il renvoya enfuite Béringhen chercher les cinq cens autres, pour un autre emploi. Je lui en portai mille autres encore pour le Jeu, en allant le trouver avec le Chancelier, à Fontainebleau, où il s'étoit purgé à la fortie des Fêtes de Pâques ; il s'agiffoit d'une Dépêche, que Préaux apportoit de la part de Jeannin. Ce Prince faifant de plus férieufes réflexions fur les excès où le portoit fa paffion pour le Jeu, fongea à s'en corriger ; & il me promit plufieurs fois du moins de fe modérer. Il continua à faire la même dépenfe pour fes Bâtimens : c'étoit Zamet (24) qu'il envoyoit de Fontaibleau pour les vifiter, quand il ne pouvoit pas y aller lui-même. Je trouve encore une Quittance de Marcadé, de quatre mille fept cens quarante-trois livres, pour onze cens feize perles, dont Henry fit préfent à Mademoifelle de Vendôme, fa Fille : de trois mille livres, à Mademoifelle Des-Effarts ; & de trois cens livres, à Saubion, fon Domeftique.

Je fus chargé avec le Chancelier, de nommer des Commiffaires

Nicolas Vauquelin Des-Yveteaux,

---

(24) Ce riche Partifan fe qualifioit alors, Baron de Murat & de Billy, Confeiller-du Roi en tous fes Confeils, Gouverneur de Fontainebleau, & Surintendant de la Maifon de la Reine. Il mourut à Paris, en 1614, âgé d'environ 65 ans ; laiffant un Fils Maréchal-de-Camp, qui fut tué au Siége de Montpellier ; & un fecond, Evêque de Langres : il les avoit eus de Madeleine Le Clerc Du-Tremblai, & les fit légitimer.

(25) Cet

LIVRE VINGT-SIXIEME.

missaires, pour travailler avec ceux du Duc de Lorraine, à regler les confins du Pays Messin, sur lesquels il s'élevoit tous les jours quelque nouvelle contestation. J'envoyai à Calais le Contrôleur des Fortifications, avec une somme d'argent, pour réparer le dommage que la Mer venoit de faire aux Dunes du Risban. J'en fus informé par le Vice Amiral De-Vic, qui auroit bien souhaité qu'on eût fait une dépense plus considérable pour cette Ville ; & qui fournissoit, dans cet esprit, plusieurs projets, tant pour sa commodité & sa sûreté, que pour empêcher les inondations, auxquelles cette Ville & ses environs sont exposés.

Il ne se fit point de plus utile Réglement, que celui qu'on vit paroître contre les Banqueroutiers frauduleux. Il porte, Que ces Banqueroutiers seront punis de mort, comme voleurs & affronteurs publics : Que toutes Donations, Cessions, Ventes & Transports, faites par eux à leurs Enfans, Héritiers, Amis & Faux-créanciers, seront nulles ; & tels Donataires, Cessionnaires & Acheteurs, punis comme complices des Banqueroutiers, pour peu qu'il paroisse aux Juges, que tout cela s'est fait en fraude des véritables Créanciers. Il y est fait défense, aussi sous peine de complicité, de donner retraite aux Banqueroutiers, à leurs Cautions, Commis, Facteurs : comme aussi de receler aucuns de leurs meubles, papiers & effets ; enfin de leur prêter la main, ou même de leur donner assistance en rien. Permis à tous d'arrêter sans Décret ni permission & de mener en Justice, les Banqueroutiers, malgré tous Arrêts & Coûtumes à ce contraires. Enfin il est défendu aux véritables Créanciers des Banqueroutiers, de faire aucuns Accords, Contrats & Accommodemens avec eux, ou leurs Entremetteurs ; sous peine de perdre leur dette, & même d'être poursuivis criminellement, suivant le cas : la voie de l'action en Justice, est la seule qu'on leur laisse. C'est à-peu-près tout ce qu'on peut faire, ce me semble, pour assûrer le Commerce & la tranquilité publique, également intéressés dans un abus, devenu si commun.

A cet Edit, il en fut joint un autre contre les Duels, que je sollicitois depuis long-temps & avec bien des instances. Le Conseil ayant été assemblé extraordinairement à cet effet, dans la premiere Galerie de Fontainebleau ; Sa Majesté,

Tome III. X

1609.

Merc. Franç. & autres Historiens. ann. 1609.

1609. pour traiter cette matiere plus à-fond, demanda qu'on y fît rapport de l'origine des coûtumes & des différentes formes uſitées du Duel. Ses Conſeillers ne lui donnerent pas ſujet de les féliciter ſur leur érudition : tous demeurerent dans le ſilence. J'e fis comme les autres ; mais de manière que le Roi s'apperçut aiſément, que je n'avois beſoin que de ſon commandement pour parler. Il ſe tourna vers moi, & me dit : « Grand-Maître, votre mine me fait conjecturer » que vous en ſçavez plus que vous ne faites ſemblant : je vous » prie, & je vous commande en même-temps expreſſément » de nous dire ce que vous en ſçavez & penſez. « Je refuſai encore par bienſéance : & preſſé de-nouveau, Je fis un diſcours, que je ne rapporterai point ; parce qu'on n'y verroit rien de plus que ce que j'ai dit précédemment, en traitant cette matiere. J'eus ſoin d'envoyer auſſi-tôt l'Edit contre les Duels (25) dans mon Gouvernement, & de l'y faire obſerver avec beaucoup d'éxactitude.

Mêlons à ce détail d'Affaires de Gouvernement, le récit de quelques intrigues de Cour. Lorſque ſur les avis dont j'ai parlé, de factions dans quelques Provinces, le Roi ſongea à y envoyer quelqu'un de ſa part, il me propoſa la perſonne de N... Cet homme n'aura ni la joie ni le chagrin, de ſe voir nommer ici. Je ne goûtai ce choix en aucune manière ; ſçachant que ſa haine perſonnelle lui feroit ſuppoſer des crimes à des gens qui n'en avoient pas eû la penſée, & je dis à Sa Majeſté, Que s'il y alloit de ſa part, je n'y enverrois perſonne de la mienne ; parce que je ne voulois avoir rien à partager avec un pareil Aſſocié. N... déchu de cette eſpérance, réſolut de ſe ſervir de toutes ſortes de moyens, pour ſatisfaire ſon reſſentiment contre moi ; & il s'offrit à ceux de la Cour qu'il ſçavoit être mes ennemis, pour être l'inſtrument de leurs deſſeins.

Il aborda un jour le Marquis de Coeuvres, auquel il affima, en éxigeant le ſecret ſur une confidence, que le zèle ſeul l'obligeoit, diſoit-il, à lui faire, Que j'étois allé au Parlement, ſous prétexte de quelques affaires afin de retirer du

---

(25) Cet Edit, qui oblige ceux qui ont été offenſés dans leur honneur, à s'adreſſer aux Maréchaux-de-France, ou à leurs Lieutenans, pour en obtenir la réparation, porte des peines très-ſéveres; infamie, dégradation de Nobleſſe, & même, peine de mort. *P. Matthieu. Tom.* 2. *liv.* 4. *pag*

Greffe les Lettres de légitimation de M. de Vendôme, qu'on y avoit portées pour être vérifiées au Parlement. De-Cœuvres alla incontinent faire ce rapórt à la personne qu'il intéreſſoit le plus ; & M. de Vendôme alla auſſi dans le même inſtant s'en plaindre au Roi. Ce Prince lui demanda de qui il tenoit cet avis : mais ſans lui nommer le delateur, on lui en garantit la vérité, de manière que Sa Majeſté n'en douta plus. Elle me demanda le lendemain, ſi-tôt que j'approchai d'elle, ce que j'étois allé faire au Parlement Je répondis, Que c'étoit, comme il étoit vrai, pour y prendre dans les Regiſtres, copie de quelques Pieces, dont j'avois beſoin. » Y a t'il quelque choſe, reprit Henry, qui concerne mon » Fils de Vendôme ? Non, Sire, repris-je ; & pourquoi M. » de Vendôme, ajoûtai-je, ſurpris de l'air dont il me par- » loit ? Je le ſçais bien pourquoi, répliqua ce Prince, froi- » dement. « Quelques autres mots, auſſi peu clairs, qui échaperent à Sa Majeſté, me firent comprendre qu'elle avoit quelque choſe ſur le cœur. Je la priai de me le dire : ce qu'elle fit ; & elle demeura bientôt perſuadée que la calomnie jouoit ici ſon jeu ordinaire.

L'après-midi de ce même jour, le Roi étant chez la Comteſſe de Moret, il y entra un petit garçon, qui remit un Paquet au premier Laquais qu'il rencontra. Madame de Moret, à qui on l'apporta, y trouva un Billet, dans lequel on lui donnoit ſur ſes Enfans le même avis qu'on avoit donné à De-Cœuvres, ſur M. de Vendôme. Elle ſe mit à pleurer ; & le Roi lui ayant demandé le ſujet de ſes pleurs, elle lui donna le Billet à lire. Henry voulut entendre le petit garçon ; mais il ne ſe trouva plus. » Madame, dit-il à Madame » de Moret, d'un air rêveur & un peu ſombre, il y a bien » de la malice ici, d'un côté ou de l'autre. « On ſe mit à faire des informations ſur toute cette menée. Le petit garçon fut découvert aſſez facilement ; & par lui, le Roi devina bien tôt N .... : Car ayant inutilement voulu engager De-Cœuvres à le lui nommer, il le nomma lui-même ; & De-Cœuvres dans ſa ſurpriſe, ne put le nier : mais il donna auſſi-tôt avis à cet homme, de ce qui venoit de ſe paſſer. Celui-cy, qui vit que l'affaire prenoit un tour ſérieux, vint ſe jetter aux pieds de Villeroi ; le priant de le ſoûtenir contre moi. Villeroi y trouva tant de riſques, du-moins à le

1609. faire hautement, qu'il n'eut garde de le lui promettre : il se contenta, l'occasion s'en étant présentée, de hazarder dans le discours quelques mots favorables à N... que Sa Majesté reçut d'un air à faire bien repentir Villeroi de sa complaisance.

Henry venoit de découvrir deux autres traits de N... qui le déclaroient coupable de manque de respect envers Sa Majesté elle-même : L'un, que N... avoit eû l'imprudence de supposer publiquement une intrigue de galanterie de Henry avec certaine Fille, & la malice d'en instruire la Reine : L'autre, qu'il avoit encouragé le Pere Gonthier, Jésuite, à continuer cette manière de prêcher emportée, qui lui avoit déja fait quelques affaires; en lui assûrant que tel de ses Sermons, qu'il lui cita, & qui étoit un des plus vifs, avoit été généralement admiré & applaudi par les Seigneurs de la Cour, & nommément par les Maréchaux de Brissac & D'Ornano (26) : en quoi N... fût assez malheureux, pour que ces deux Messieurs se trouvant présens à la

"(26) Le Pere Gonthier, Jésuite, en " la présence du Roi, qui assista dans " l'Eglise de Saint-Gervais à ses Sermons, le Vendredi, jour de Noel, " le Samedi & le Dimanche, fit de " continuelles déclamations contre " les Huguenots, qu'il appela plusieurs fois *Vermine*, *Canailles* : Et " étant tombé sur le nouvel Article de leur Confession, par lequel " ils appellent le Pape, Antechrist : " S'il est vray, Sire, dit-il. que le " Pape soit Antechrist ; que sera-" ce de votre Mariage ? Où en est la " Dispense ? Que deviendra Monsieur le Dauphin ? ... Le Maréchal " D'Ornano dit un jour au Roi : Si " un Jésuite à Bordeaux eût prêché " devant moi, ce que le Pere Gonthier a prêché en présence de Votre Majesté, je l'eusse fait jetter " dans l'eau, au sortir de la Chaire." *Mém. hist. de France*, ann. 1609.

Tous les Sermons de ce temps-là, sont pleins de ces traits, dont la hardiesse & la singularité pour ne rien dire de plus, nous révolteroient aujourd'hui étrangement. Les Hérétiques poussoient leurs satyres à l'excès ; & trop souvent les Prédica-

teurs, leurs Sermons, jusqu'aux déclamations les plus outrées. Un Historien contemporain, (Pierre Matthieu, *liv.* 3.) rend néanmoins ce témoignage aux Jésuites; " qu'on " trouvoit plus d'ordre, de mo-" destie, de gravité, de tempéra-" ment, dans leurs Sermons, que " dans quelques autres. "Sauval parle aussi des Prédications du P. Gonthier ; mais en louant beaucoup son éloquence & son zèle Apostolique. Il rapporte, Que Henry IV. assistant un jour, dans la même Eglise de Saint-Gervais, à un Sermon du Pere Gonthier ; ce Prédicateur justement indigné de l'irréverence avec laquelle il vit que la Marquise de Verneuil & d'autres Dames de sa compagnie, parloient, rioient & cherchoient à faire rire Sa Majesté ; se tourna vers ce Prince, & lui dit : " Sire, ne vous lasserez-vous jamais " de venir avec un Serrail entendre la " Parole de Dieu, & de donner un si " grand scandale dans le lieu Saint ? " Que le Roi, au-lieu d'envoyer le Prédicateur à la Bastille, comme toutes ces femmes l'en prierent, retourna dès le lendemain à Son Ser-

reprimande que le Roi fit au Pere Gonthier; ils donnerent, en s'adreſſant au Pere, un démenti à celui qui avoit oſé leur imputer d'admirer un diſcours ſi impertinent. Tout cela avoit ſi fort échauffé Henry contre l'impoſteur, que lorſque j'allai le lendemain le prier de m'en faire juſtice : » Je » n'en ſuis que trop bien éclairci, me dit ce Prince; c'eſt ce » malin eſprit de N... qui a inventé tout cela : mais pour » l'amour de vous, je veux le bannir de la Cour; & l'ordre » lui en fut en effet ſignifié. « Cette affaire fit tout le bruit qu'on peut s'imaginer; & j'avouë qu'elle me mit dans l'embarras dix jours entiers

Ce n'eſt rien en comparaiſon de l'éclat que fit celle de M. le Prince de Condé. Le Mariage de ce Prince avec Mademoiſelle de Montmorency, qui avoit été célebré dans le commencement de cette année, loin de faire ceſſer à la Cour tous les bruits de galanterie entre le Roi & la Princeſſe, les réveilla au-contraire plus fortement; comme je m'en étois toujours bien douté. Deux mille écus donnés par Sa Majeſté, pour les habits de noces de la Demoiſelle; des pierreries de valeur de dix-huit mille livres achetées pour elle par Madame d'Angoulême, de Meſſier, Orfevre, demeurant ſur le Pont-au-Change, dont le Certificat, du 29 May, étoit connu; une infinité d'autres bienfaits & gratifications en argent, faits au Prince de Condé, en faveur de ce Mariage, parurent des preuves qui établiſſoient ſuffiſamment l'intelligence : quoiqu'à parler juſte, rien de tout cela ne fût ſans replique : Mais comme je ne veux pas non-plus donner dans l'autre excès des flateurs de ce Prince, qui affectoient publiquement de ſoutenir qu'il ne regardoit pas ſeulement la jeune Princeſſe; je m'en tiens à ce que j'ai déja dit de mes ſentimens à cet égard : c'eſt le milieu entre les uns & les autres; peu de perſonnes le garderent. La Reine & le Prince de Condé, que cette affaire touchoit de plus près, échauffés par tous les diſcours qu'on ne ceſſoit de leur ſouffler, eurent bientôt mis toute la Cour en rumeur. Tous mes ſoins furent inutiles auprès de la Reine, véritablement furieuſe : & pour le Prince, il ne s'en tint pas à donner des

mon : & que l'ayant rencontré comme il montoit en Chaire, il lui dit, Qu'il lui ſçavoit bon gré de ſa correction; & qu'il n'avoit rien à craindre : mais qu'il le prioit ſeulement de ne plus l'apoſtropher en Public.

marques publiques de mécontentement; il méditoit dès-lors l'imprudente démarche, qu'on lui vit faire quelque temps après.

Le premier avis en fut donné dans un Billet à Henry à Fontainebleau, où il étoit allé passer les Fêtes de Pâques; & il me l'envoya aussi-tôt à Paris, où j'étois demeuré. Voici ce que le Billet contient: Que le Prince de Condé, parti de Fontainebleau après les Fêtes, étoit venu accompagné de son Médecin, coucher à Paris chez un pensionnaire d'Espagne: Que toute la nuit s'étoit passée à délibérer, avec une violente agitation de la part du Prince, s'il ne se retireroit pas en Espagne dès ce moment même: ce que son Hôte l'avoit empêché de faire, en lui en faisant sentir les conséquences: Que le lendemain on avoit apporté à M. le Prince, dans cette même maison, une bourse de mille doublons, avec promesse de lui donner dans peu le reste de ce qu'apparemment il s'étoit déja fait promettre, par la médiation du Médecin, qu'on accusoit de conduire toute cette trame; parce qu'il avoit déja travaillé à rompre le Mariage de M. le Prince, & à lui faire épouser Mademoiselle de Maïenne: Que cet homme étoit lié avec un autre Médecin Génois, qui avoit été à D. Joan; & qui étoit allé depuis six semaines trouver le Comte Spinola à La-Haye, d'où il devoit passer jusqu'en Angleterre: Ce qui étoit relatif avec un autre Billet d'avis, remis à Bérinhen, dont il étoit aussi fait mention, portant que M. le Prince avoit obtenu des Lettres du Roi d'Angleterre pour les Etats des Pays-Bas.

Tous ces avis, qu'on prioit Sa Majesté de tenir fort-secrets, ne purent lui faire croire M. le Prince capable d'une si grande faute. Henry fit un voyage au commencement de May à Paris, d'où il retourna au bout de quelques jours à Fontainebleau; & M. le Prince l'y suivit: il est vrai que par les discours qu'il y tint publiquement, on auroit pû croire qu'il n'y alloit que pour braver Sa Majesté. » Mon » Ami, m'écrivoit Henry le 12 Juin, M. le Prince est ici, » qui fait le diable: vous seriez en colere, & auriez honte » des choses qu'il dit de moi: enfin la patience m'échap- » pera; & je me résous de bien parler à lui. « Pour le punir, le Roi m'ordonnoit de suspendre le payement du Quar-

LIVRE VINGT-SIXIEME.

tier d'Avril de sa Pension, & d'éconduire son pourvoyeur & tous ses Créanciers, qui sçachant les libéralités que Sa Majesté avoit faites à ce Prince, à l'occasion de son Mariage, s'adresseroient à moi, comme à celui qui en étoit le dispensateur. » Si l'on ne le retient pas par ce moyen-là, re-» prenoit Sa Majesté, il en faudra prendre quelqu'autre ; » car il est honteux d'oüir ce qu'il dit : Nous en aviserons » ensemble, lorsque vous serez auprès de moi (27). «

Monsieur le Prince me choisit pour me faire part de son mécontentement ; en quelle qualité ? C'est ce qu'il ne me seroit pas facile de dire ; parce que si j'ai pû me flater que mes conseils ne lui étoient pas indifférens ; j'ai dû soupçonner d'un autre côté, qu'il cherchoit dans les assûrances d'attachement qu'on fait à une personne de son rang, lors-même qu'en lui parlant on a la hardiesse de ne pas l'approuver, un prétexte pour avancer dans la suite avec quelque vrai-semblance, que je ne m'étois point opposé au dessein qu'il avoit de sortir du Royaume. Cela m'oblige à rendre compte de la conversation que nous eumes ensemble chez moi, où il vint un Mercredi l'après-midi, qu'il sçavoit que je n'allois point au Conseil.

Il entra dans mon Cabinet, portant sur son visage toutes les marques de l'agitation de son esprit ; & je ne fus point surpris de ce que sans autre préambule, il me parla des sujets qu'il avoit de se plaindre de la conduite du Roi à son égard. Je lui répondis, en lui rappellant les obligations en quelque manière infinies, que toute sa Maison en général, & lui en particulier, avoient à sa Majesté : obligations, dignes

---

(27) Voici comment en parlent les Memoires pour l'Histoire de France. » Le Roi éperdument amou-» reux de la Princesse de Condé, » met tout le monde en besogne, » jusqu'à la Mere du Mari. M. le » Prince s'en plaint, & demande » congé à Sa Majesté de se retirer » avec sa Femme, en l'une de ses » Maisons. Le Roi le lui refuse ru-» dement, & en vient aux injures & » menaces : On dit que le Prince y » a repliqué hautement, & a mêlé » en ces propos le mot de tyrannie ; » & que le Roi, en relevant ce mot, » lui a répondu : Je n'ai fait en ma » vie acte de Tyran, que quand je » vous ai fait reconnoître pour ce » que vous n'étiez point. Le premier » a dit pouilles à Sa Mere, qui ser-» voit d'instrument pour corrompre » la pudicité de sa Femme… On di-» soit que la Marquise de Verneuil, » qui parle ordinairement au Roi, » non comme à son Maître, mais » comme elle feroit à son Valet, lui » avoit dit, bouffonnant sur ce pro-» pos : N'êtes vous pas bien méchant, » de vouloir coucher avec la Fem-» me de votre Fils ; car vous sçavez » bien que vous m'avez dit qu'il » l'étoit.

non-seulement qu'il lui sacrifiât un dépit conçu sur un simple soupçon, & sur un ombrage peut-être imaginaire, mais un mécontentement même juste. Monsieur le Prince ne goûtant point ces raisons, m'entretint de je ne sçais combien de desseins, qu'il supposoit qu'avoit Henry contre lui, que je n'attribuai qu'à l'effet de l'inquiétude & de la défiance, poussées trop loin ; & que je m'imaginai dissiper, en lui représentant d'une manière qu'il ne lui étoit pas possible de ne pas croire sincère, Que Sa Majesté, loin d'avoir eû la pensée de se porter à quelque violence contre lui, ne se souviendroit qu'il étoit de son Sang, que pour joindre aux sentimens de douceur naturelle qu'elle témoignoit pour tout le monde, ceux de l'amitié & d'une distinction marquée : Et je me souviens fort-bien, qu'au lieu d'avoir accordé par complaisance à Monsieur le Prince, que Henry pût *opprimer un innocent* : paroles, qui me furent à la vérité souvent répetées ; je lui dis simplement, Que les plus coupables étoient ceux qui abusoient ordinairement le plus de ce terme d'innocence ; malgré lequel, on ne laissoit pas de les châtier.

Monsieur le Prince, qui après cela devoit être en garde contre moi, ne balança point à me déclarer qu'il étoit résolu à sortir de France. L'idée ne me vint point de regarder une parole si imprudente, autrement que comme l'effet d'un cœur ulceré : & si je la relevai avec fermeté, c'est que je crus qu'en ces occasions, la fermeté doit accompagner le conseil qu'on donne : Je lui dis, Que je ne pouvois croire qu'il fût capable de trahir jusqu'à ce point son Roi, sa Patrie, son honneur & son devoir ; Que le Royaume, & même la Cour, étoit l'unique séjour des Princes du Sang ; Que par-tout ailleurs, leur éclat ne faisoit que se ternir ; Qu'ils étoient même réputés coupables, de la seule affectation à s'arrêter trop long-temps dans tout autre endroit ; s'ils n'en avoient pas obtenu la permission de Sa Majesté. A quoi Monsieur le Prince ayant reparti, Qu'une pareille contrainte ne convenoit ni à sa Condition, ni à sa Naissance ; je lui repliquai aussi absolument, Que les Loix de l'Etat obligeoient les Enfans & les Freres du Roi, autant & peut-être plus étroitement encore, que le moindre de ses Sujets ; & je le lui prouvai par des exemples, tirés de l'Histoire de Louis XI,

Louis XI. de feu M. le Duc d'Anjou, & de Henry lui-même. Ce n'étoit pas sur ce ton que M. le Prince avoit souhaité de me voir parler. Je m'apperçus qu'il ne songea plus qu'à paroître, à l'aide de quelques correctifs, se rapprocher de mon opinion : & rien encore ne servit mieux qu'un changement si subit, à me faire comprendre qu'intérieurement il étoit décidé pour le parti, dont ses dernières paroles vouloient me prouver son éloignement.

1609.

J'en doutai si peu, qu'apprenant que Monsieur le Prince, au sortir de chez moi, avoit paru tout-à-fait radouci : Qu'il s'étoit même plaint à la Reine, qu'on fît courir le bruit qu'il songeoit à quitter la Cour avec éclat ; & qu'il avoit assûré cette Princesse qu'il n'en avoit jamais eu la pensée ; ajoûtant ces propres paroles, Qu'il étoit *assez content de Sa Majesté* : Qu'enfin il parloit presque publiquement dans les mêmes termes ; je ne voulus pas différer d'un moment à venir trouver le Roi, auquel j'assûrai, après lui avoir rapporté fidellement tout ce qui s'étoit passé entre Monsieur le Prince & moi, que dans huit jours il ne seroit plus en France. Il s'en fallut peu que Henry ne me traitât d'extravagant : Il y avoit aussi peu d'apparence, disoit-il, qu'il pût vivre en Prince dans les Pays étrangers, sans le secours qu'il recevoit de sa main ; qu'il y en avoit, qu'il pût emmener tout ce qui lui appartenoit, sans qu'on le vît & qu'on l'empêchât avec la dernière facilité : A quoi Sa Majesté ajoûta ce que M. le Prince venoit de dire à la Reine. » Tout ce que vous
» me dites, Sire, répondis-je, ne me fait point changer d'o-
» pinion : je m'y confirme de plus en plus : Vous vous en fâ-
» chez contre moi ; mais le temps & l'événement vous fe-
» ront connoître que j'ai raison. Je vois bien des personnes,
» poursuivis-je, qui sont de cette menée, & qui vous trom-
» pent, quoiqu'elles vous soient des plus obligées : mais cela
» ne doit pas être trouvé étonnant ; puisque vous aidez vous-
» même à vous tromper. Vous ne me nommez personne,
me dit Sa Majesté, comprenant que je voulois lui parler des
Domestiques de la Reine ; » mais je vois bien qui vous vou-
» lez dire. « Cela n'étoit pas bien difficile ; & ni le Roi ni moi, n'étions pas les seuls qui voyions que la Cabale jouoit ici un étrange manège : Car non-seulement elle débitoit comme certaines, mille choses supposées, sur le compte du Roi

1609.

& de la Princesse de Condé; il n'y auroit eu en ceci qu'une malignité ordinaire : mais ce qu'on ne sçauroit bien caractériser, c'est l'art détestable avec lequel ces gens sçavoient faire servir leurs impostures à rendre le Roi souverainement odieux à la Reine, & à forcer cette Princesse à s'abandonner à eux du soin de sa conduite : De-là, tous ces complots, où, sans qu'elle le sçût, on osoit se servir de son nom : de-là, les motifs de mille nouvelles instances, pour ne pas différer plus long temps la Cérémonie du Couronnement, dont il a été parlé.

Il ne se passa que quatre jours depuis celui où je m'entretenois ainsi avec le Roi, jusqu'à celui de l'évasion de M. le Prince. Le 19 Août, à onze heures du soir, comme je venois de me coucher, je vis entrer Praslin dans ma chambre, qui me dit que le Roi me demandoit, & que je vinsse tout-à-l'heure. » Hé! mon Cousin, que pense faire le Roi, lui répondis-je, dans le premier mouvement, & sans lui donner le temps de s'expliquer ? » Pardieu! il me fait mourir, à » force de me tourmenter ; je ne sçaurois vivre & ne dor- » mir point. Il faut, poursuivis-je avec impatience, & croyant que ce voyage étoit un de ceux dont je pouvois me dispenser par de bonnes raisons, » il faut que je me léve de-

---

(28) » Le dernier de Novembre (& non pas le 29 Août: ce qui est une faute de date dans nos Mémoires) » Monsieur le Prince, dit le Maréchal de Bassompierre, partit de la » Cour, pour s'en aller à Muret: d'où » il partit avec Rochefort & Touray, & un Valet de-chambre qui » portoit en croupe Madame la Princesse sa Femme, Mademoiselle » Du-Certeau, & une Femme-de-chambre, nommée Philippette, » & s'en alla à Landrecy. Le Roi » jouoit en son petit cabinet, quand » D'Elbeue premièrement, puis le » Chevalier Du-Guet, lui en porterent la Nouvelle. J'étois le plus » proche de lui. Il me dit tout-bas » à l'oreille: Bassompierre mon Ami, » je suis perdu : cet homme mene sa » femme dans un bois, je ne sçais si » c'est pour la tuer, ou la mener » hors de France: Prends garde à mon » argent, & entretiens le Jeu ; pen- » dant que je vais sçavoir de plus particulières Nouvelles... Chacun se » retira du jeu ; & je pris l'occasion » de rapporter au Roi son argent, » qu'il avoit laissé sur la table. J'entrai où il étoit, & ne vis jamais un » homme si éperdu, ni si transporté. « Bassompierre raconte ensuite tout ce qui se passa dans la Chambre de la Reine, & le conseil que donna M. de Sully au Roi, de la même manière que le rapportent nos Mémoires. Henry IV. donna sur cet enlèvement de la Princesse de Condé, de si fortes marques de douleur & de désespoir, que quelques Ecrivains mal-instruits, tels que l'Auteur de l'Histoire de la Mere & du Fils, ont avancé, Que la Guerre qu'il alloit porter en Flandre, lorsqu'il fut assassiné, avoit en partie pour objet de contraindre l'Archiduc à lui remettre cette Princesse entre les mains. Voyez aussi *Mézerai & autres Historiens*.

» main à trois heures du matin, pour voir des Lettres & des
» Etats que j'ai reçus, & y faire réponse : Il me faut faire
» des Agenda de tout ce que je dois faire dans la journée ;
» de ce qui se doit faire au Conseil ; de ce que je dois dire
» au Roi ; & de ce que mes Commis, mes Sécrétaires &
» tous ceux qui sont sous mes Charges, doivent faire aussi.
» Jugez si j'ai du temps à perdre ; & si m'en allant à cette
» heure au Louvre, d'où je ne sçaurois revenir, quelque
» diligence que je fasse, qu'il ne soit deux ou trois heures
» après minuit, je me puis acquitter de tout cela, avant qu'il
» soit huit heures du matin, qu'il faut que je me rende au
» Conseil. Quant à tout le reste de la journée, il ne faut
» point parler de travailler dans mon cabinet ; je l'emploie-
» rai toute entière à donner audience à un chacun, & à par-
» ler aux Comptables & autres Officiers, qui ont affaire à
» moi. Je vois bien tout cela, me dit Praslin ; & le Roi
» lui-même ne l'ignore pas : car il a dit tout-haut devant la
» compagnie, Que j'allois vous mettre en colère, venant
» vous chercher à une heure aussi induë, & qui est le seul
» temps que vous ayez pour vous délasser le corps & l'es-
» prit : Mais il n'y a remède, Monsieur ; il faut venir : car
» c'est pour une affaire qui lui agite fort l'esprit ; & à la-
» quelle il est persuadé que s'il y a quelque remède à ap-
» porter, vous seul en êtes capable. L'homme que vous sça-
» vez, comme le Roi a dit que vous l'aviez bien prédit,
» s'en est allé ; & a même emmené avec lui les Dames en
» croupe : ce qui est le pis. Ho, ho ! repris-je, c'est donc
» pour cette affaire là qu'on me demande ? Vraiment il y au-
» ra de la colère : car je me doute bien que nous ne nous
» trouverons pas tous de même opinion : Je sçais bien que
» Mars & Venus sont en bonne intelligence : mais cependant
» si nous voulons avoir de bons succès par le premier, il faut
» que l'autre céde ; & cela peut nous fournir quelque bon-
» ne raison pour accélerer les affaires. Or, allons donc, mon
» Cousin. «

J'arrive au Louvre, où je trouve le Roi dans la Chambre de la Reine, se promenant la tête baissée & les mains jointes sur le dos. Avec la Reine étoient présens MM. de Sillery, de Villeroi, de Gêvres, de La-Force, La Varenne & quelques autres, collés contre les murs, & assez écartés les uns

des autres, pour ne pouvoir même se parler bas. " Hé-bien!
me dit Henry, en me prenant par la main, si-tôt qu'il me
vit entrer, " notre homme s'en est allé, & a tout emmené:
" Qu'en dites-vous ? Je dis, Sire, répondis-je que cela ne
" me surprend pas ; & que depuis qu'il parla à moi à l'Ar-
" cénal, je me suis toujours attendu à cette escapade, que
" vous auriez bien empêchée, si vous eussiez voulu me croi-
" re. Je me doutois bien que vous m'alliez dire cela, reprit
" ce Prince : mais il ne faut point parler des choses passées,
" auxquelles aussi bien on ne sçauroit remédier ; pensons seu-
" lement à l'avenir, & voyons ce qu'il y aura à faire présen-
" tement : Dites-m'en le premier votre avis : car je ne l'ai
" encore demandé à personne. Sire, je ne suis pas, repartis-
" je, encore assez bien informé de toutes les circonstances
" de cette affaire ; & je n'y ai pas encore pensé autant qu'elle
" le mérite : Je vous supplie de me laisser dormir dessus ; &
" demain je viendrai vous trouver, & je tâcherai de vous
" donner un bon avis : au-lieu que si vous me pressez main-
" tenant, je ne vous dirai rien qui vaille : car mon jugement
" ne va pas si vîte. Non interrompit Sa Majesté, c'est tout
" le contraire ; je vous connois bien : Dites-moi donc ce
" qu'il vous en semble. Sire, je ne sçaurois, dis-je encore;
" & infailliblement si vous me pressez si fort, je ne dirai
" rien qui vaille : de grace excusez-moi jusqu'à demain.
" Point du tout, répliqua Henry, je veux que vous parliez
" tout présentement : Que dois-je faire ? rien du tout, lui
" répondis-je, ne pouvant plus reculer. Comment ! rien ?
" s'écria-t'il : ce n'est pas-là un avis. Pardonnez-moi, Sire,
" repris-je, c'en est un, & un des meilleurs que vous puissiez
" prendre : il y a des maladies qui veulent plustôt du repos
" que des remédes ; & je crois celle-cy de cette nature.
" Tout ce raisonnement n'est pas de saison, insista Henry,
" avec la même impatience : il faut des raisons ; quelles sont
" les vôtres ? Je n'en ai point de bonnes, dis-je, si elles sont
" contraires à vos désirs : il me semble pourtant que la cho-
" se parle d'elle-même, & qu'elle veut qu'on attende quel-
" qu'éclaircissement, avant que de rien entreprendre ; afin
" qu'il vous serve à prendre une bonne résolution : En at-
" tendant, je trouve qu'il seroit à propos de ne parler de
" cette affaire, que le moins qu'il est possible, & de faire

» semblant qu'elle n'est d'aucune conséquence, & qu'elle ne
» vous inquiéte en aucune maniere. «

J'appuyai ce sentiment, d'une réfléxion qui me paroissoit
juste ; c'est que le bon ou le mauvais accueil que les Espagnols feroient à M. le Prince, dépendroit peut-être de l'impression forte ou foible que son évasion auroit causée au
Roi : ensorte qu'il n'étoit pas impossible qu'ils ne reçussent
ce Prince avec mépris, pour s'épargner la dépense qu'il alloit leur coûter ; sur-tout si l'on pouvoit avec cela leur faire
concevoir quelque soupçon, que cette démarche du Prince
de Condé ne se faisoit que d'intelligence entre Sa Majesté
& lui. » Quoi ! disoit le Roi, en branlant la tête, vous vou-
» driez que je souffrisse qu'un petit Prince mon voisin re-
» tirât contre mon gré le premier Prince de mon Sang,
» sans en témoigner du ressentiment ? Voilà un beau con-
» seil ; aussi n'en ferai-je rien : je veux que Praslin (29) parte
» dans quelques jours, pour faire sçavoir mon intention. Je
» vous avois bien dit, Sire, repris-je, que ne m'ayant pas
» donné assez de temps pour y penser, je ne dirois rien qui
» vaille. Il me vient une autre idée dans l'esprit, qui ne nui-
» ra point à ce que vous voulez faire ; mais je ne puis vous
» la dire, que dans deux jours ; & je suis assûré que vous en
» serez plus content que de ma premiere proposition. « Sa
Majesté y consentit, & me dit en m'embrassant : » Allez vous
» coucher, & dormez jusqu'à huit heures : car j'aime mieux

(29) » Praslin partit effectivement » Mais l'Archiduc lui répondit, Qu'il » n'avoit jamais violé le droit des » Gens à l'occasion de qui que ce fût ; » & qu'il se garderoit bien de com- » mencer à commettre cette faute, » par la personne du premier Prince » du Sang de France : & peu après » lui envoya de l'argent & escorte » d'hommes, pour venir à Bruxel- » les. « *Mém. pour l'Hist. de Fr. ann.* 1609. Les Mémoires de Bassompier-re portent, Que l'Archiduc se sentit d'abord si fort ébranlé de la déclara-tion de M. de Praslin, qu'il envoya prier M. le Prince de ne faire que passer dans ses Etats, sans s'y arrêter ; quoiqu'il lui eût auparavant promis de le recevoir : mais qu'ensuite il changea encore de résolution, par les conseils du Marquis Spinola ; & qu'il traita ce Prince avec toutes sortes d'honneurs. *Mém. de Bassomp. tom.* 1. *pag.* 28.

Le Pere Daniel dans son Histoire de France, *in*-4°. *tom.* 10. *pag.* 437. a tiré sur cet incident, des éclaircisse-mens des Lettres de la Bibliothéque de M. l'Abbé d'Estrées ; par lesquel-les il est prouvé, Que Henry IV. en-voya secrettement le Marquis de Cœuvres à Bruxelles, pour tâcher d'enlever la Princesse de Condé : & que ce dessein n'échoua, que parce que Henry l'ayant découvert à la Reine, cette Princesse dépêcha aus-sitôt un Courrier au Marquis Spino-la, qui fit prendre à la Princesse de Condé un appartement dans le Pa-lais.

» que le Conseil ne se tienne point demain, & que mes af-
» faires ordinaires demeurent pour ce jour-là, que d'incom-
» moder votre santé. «

Je ne me trompois point lorsque je croyois que l'autre ouverture que j'avois à faire à Sa Majesté, au sujet de la retraite de M. le Prince en Flandre, seroit plus de son goût. Elle vint trois jours après à l'Arcénal, me la demander. Nous fûmes enfermés une heure dans mon cabinet; mais je ne dois rien révéler de ce qui s'y passa entre nous. Le Roi dit tout-haut, en sortant : » Adieu, mon Ami : ne venez point ; ache-
» vez mes affaires, & sur-tout travaillez à l'éxécution de
» l'ouverture que vous m'avez faite : car je la trouve bien
» meilleure que le conseil que vous me donnâtes dans la
» Chambre de ma Femme au Louvre. «

Monsieur le Prince crut devoir chercher à justifier son action, en écrivant quelques jours après une Lettre (30) au Roi. Il en adressa en même temps une seconde à M. De-Thou, beaucoup plus ample & plus réfléchie; dans laquelle, entr'autres choses, il insinuoit que j'étois la cause de sa for-

---

(30) » Le dit Prince écrivit au Roi, » Qu'à grand regret il étoit sorti de » la Cour, pour sauver sa vie & son » honneur, & non à intention de lui » être jamais autre que son très-» humble Parent, fidèle Sujet & ser-» viteur. Je ne ferai jamais rien, » ajoûtoit-il, contre le service de » Votre Majesté, si je n'y suis forcé: » & je la prie de ne trouver mau-» vais, si je refuse de voir ou rece-» voir de qui que ce soit, les Let-» tres qu'on m'écriroit de la Cour, » hormis celles dont il vous plaira » de m'honorer. « *Mém. pour l'Hist. de Fr. ann.* 1610. Siri qui traite fort au long l'Affaire de l'évasion de M. le Prince, *Mém. Recond. t. 2. p. 82. & suivantes*, joint plusieurs autres particularités, à celles qu'on voit rapportées ici ; mais dont la plus grande partie ne me paroissent pas mériter qu'on y ajoûte beaucoup de foi : Comme,lorsqu'il avance hardiment, sur des bruits populaires, Que le seul motif qui porta Henry IV. à entreprendre la Guerre contre les Espagnols, fut de les obliger à lui renvoyer la Princesse de Condé : & que voyant que malgré ses menaces, ils persistoient à la lui refuser, il se repentit d'avoir poussé les choses si avant. Il ajoûte, contre l'honneur de cette Princesse, Qu'elle étoit de moitié dans cette Intrigue contre son Mari, qu'elle n'aimoit point, à cause d'une infirmité naturelle, ou procurée, qui suffit pour rendre un mariage nul : Qu'elle brûloit d'envie de retourner en France : Qu'elle continua à recevoir à Bruxelles, des Lettes galantes de Henry IV : & que le Prince de Condé connut si bien les dispositions de sa Femme à son égard, qu'il en fit éclater son ressentiment;& qu'il en parla publiquement à son retour, de faire casser son Mariage. Ce que Siri dit de plus vrai, c'est que le Roi résista opiniâtrément à tous les sages conseils que lui donnerent en cette occasion, le Nonce, quelques-uns de ses Conseillers, & sur-tout le Duc de Sully ; qu'il loue aussi de la manière ferme & libre dont il parla & écrivit au Prince de Condé.

tie de France. » Qu'il accuse sa malice, disoit le Roi, & 1609.
» celle de beaucoup d'autres qui l'ont conseillé, & non pas
» vous : Je veux que vous lui répondiez par une bonne Let-
» tre, où vous lui représentiez tout ce qui s'est passé ; &
» qu'avec le respect dû à sa qualité, non à sa personne, vous
» lui disiez toutes ses vérités, & à quelle misére il s'expose
» infailliblement, s'il ne rentre dans son devoir. Je m'en vais
» donc chez moi, Sire, lui répondis-je, (car nous étions
» alors chez M. le Connétable), pour en faire un projet, &
» vous l'apporter. Non, non, reprit Sa Majesté : je veux
» que vous écriviez ici présentement ; je vous ferai donner
» de l'encre & du papier. Mais, Sire, répliquai-je, cette Let-
» tre est de conséquence ; elle mérite bien qu'on y pense &
» qu'on l'éxamine attentivement, avant que de l'envoyer :
» car d'un côté, il faut qu'elle vous satisfasse ; d'un autre,
» qu'elle soit convenable à la Qualité de M. le Prince & à
» la mienne ; & que personne, soit en France, soit dans les
» Pays étrangers, ni lui-même, que vous voyez bien ne cher-
» cher que les occasions de m'accuser & de me blâmer, ne puis-
» sent y trouver sujet de le faire : Je n'ai pas assez de ressour-
» ces dans l'esprit, pour faire si bien avec tant de précipita-
» tion. « J'eus beau dire ; je fus obligé d'écrire cette Réponse
à l'heure même, en présence de Sa Majesté, & sur un bout
de la table, près de laquelle nous étions assis. Le Roi ne laiss-
sa pas d'être fort-content de la manière dont je m'expliquois
avec le Prince : le voici en gros.

Je me plaignois d'abord à ce Prince, de ce qu'après avoir
cru qu'il me considéroit assez, pour n'avoir eu d'autre intention en venant chez moi, que de me demander mon conseil, il me forçoit aujourd'hui à le soupçonner de n'y être
venu que pour me surprendre : Qu'au-reste il sçavoit mieux
que personne, qu'il m'avoit inutilement tendu ce piége. A
cette occasion je déduisois, moins pour lui que pour le Public, tout ce qui s'étoit passé dans notre entretien de l'Arcénal ; comme on l'a vu il n'y a qu'un moment. Après quoi,
je lui apprenois sans beaucoup de ménagement, qu'ayant,
malgré toute son affectation, pénétré son dessein, j'en avois
averti le Roi, qui l'auroit bien empêché de l'exécuter, s'il
m'avoit cru, ou s'il n'avoit pas été si bon & si indulgent.
Je ne m'excusois à M. le Prince, du conseil que j'avois don-

1609. né à Sa Majesté contre lui, que parce que c'étoit le bien de l'Etat, de Sa Majesté, & le sien à lui-même, pour peu qu'il y fît attention : Ce qui me faisoit passer à lui mettre devant les yeux les suites d'une démarche si peu mesurée ; Qu'avoit-il à attendre des Archiducs & des Espagnols, qui le regardant comme un fardeau inutile pour eux, insulteroient par la fiérté de leurs traitemens à son malheur, & s'en applaudiroient intérieurement ? Je faisois parler la voix de l'honneur, de la vertu, de la Naissance & du devoir, contre une faute, dont j'exhortois le Prince à chercher au pluftôt le pardon. Je joignois à la prière des offres de service, qui lui prouveroient mon zèle & mon attachement pour sa personne.

On conviendra sans peine que ce discours auroit été un peu fort dans la bouche de quelqu'un, qui, dans la supposition de connivence, eût pu être foudroyé par un seul mot de replique, d'une personne telle que le Premier Prince du Sang. Je fis plus : afin qu'on ne se retranchât pas à dire que j'avois évité de toucher au contenu de la Lettre écrite à De-Thou ; j'ajoutai à M. le Prince, Que les politesses, les louanges & les remercimens, dont il m'avoit comblé à l'Arcénal, alloient être mal payés, à mon grand regret, par la nécessité où sa Lettre me mettoit de faire connoître la vérité, d'une manière qu'il ne trouveroit peut-être pas facile à accorder avec le respect que je lui devois : Qu'il devoit me rendre intérieurement toute la justice que je méritois ; mais qu'il éprouvoit aujourd'hui, que le premier pas que fait tout homme hors de son devoir, lui fait aussi manquer, par une suite nécessaire, à toutes les loix de la sincérité : Qu'enfin quelle que fût son intention, en me prenant ainsi à partie, j'avois toujours tenu à gloire & à honneur, d'être ainsi traité par les Ennemis du Roi & de l'Etat : & que je priois le Ciel d'inspirer à M. le Prince un conseil, qui pût faire oublier que sa faute lui avoit fait donner avec justice ces deux noms. Cette Lettre (31) devint publique, & demeura sans replique : ce qui détruisit dans l'esprit de mes ennemis mêmes, les imputations de M. le Prince.

Il y eut une contestation entre Villeroi & De-Fresne,
au

---

(31) " Les Lettres que M. le Duc " de Sully écrivit à M. le Prince " de..., furent rejettées par son Ex- " cellence, laquelle fit réponse à ceux " qui les lui présentèrent, qu'il ne " vouloit rien recevoir venant de sa " part. " *L'Etoile, ibid.*

(32) Voyez

LIVRE VINGT-SIXIEME. 177

1609.

au sujet des Lettres (32) que le Roi fit écrire, deux jours après la sortie de M. le Prince, dans toutes les Provinces, pour y faire sçavoir ses intentions sur cet événement. Villeroi en composa un modèle, auquel il voulut que tous les autres Secrétaires d'Etat se conformassent. De-Fresne trouva que les termes en étoient peu dignes de la majesté de celui dont elles étoient supposées partir : ce qui étoit vrai : Et comme il passoit avec vérité, pour avoir une aussi bonne plume que son Confrere, il craignit de se faire siffler, en envoyant cette Lettre, comme écrite de sa main, à tous ceux avec lesquels sa Charge le mettoit en relation : il vint me confier son embarras, & me prier de l'en tirer.

Je n'ai rien à dire des Affaires du Corps Protestant, sinon, qu'il se soûtint heureusement contre les calomnies qu'on continuoit d'inventer contre lui, & de faire passer jusqu'à Sa Majesté, par des avis & des discours de toute espèce. Il fut adressé au Roi une Lettre, datée du dernier Juillet, supposée écrite de La-Rochelle, d'une main contrefaite, & faussement signée *Emmanuel de La-Faye*. On y donnoit avis, Que dans une Assemblée tenuë à Saint-Maixant, le Ministre de Blois, nommé Viguier, avoit fait présenter un Livre, ayant pour titre *Le Théâtre de l'Antechrist*, scandaleux, disoit-on, & emporté au dernier point : Qu'il avoit été résolu dans cette Assemblée, qu'on le feroit imprimer, après qu'il auroit été communiqué à l'Académie de Saumur : & que ce Livre (33) étoit actuellement sous la presse, malgré les défenses formelles de Sa Majesté.

Cette Lettre (34) est remplie de tant de minuties, & la pas-

---

(32) Voyez encore dans le *Vol.* 9772. *Mss. Royaux*, la Sommation faite au Prince de Condé, au mois de Février 1610, à Bruxelles par le Marquis de Cœuvres, M M. de Berny & Manicamp, de la part du Roi, de revenir en France, sous peine de se rendre coupable du crime de Lèze-Majesté ; & le refus que fit ce Prince, d'y déférer. Le Parlement rendit contre lui un Arrêt, par lequel il le condamnoit à subir tel châtiment qu'il plairoit à Sa Majesté d'ordonner. Henry IV. alla lui-même au Parlement solliciter cet Arrêt ; & pour marquer sa douleur, il y alla sans pompe & sans suite : Il s'assit à la place du premier Président, sans dais ni marchepied : le Parquet gardé comme à l'ordinaire, par les Huissiers du Parlement, au-lieu des Officiers de Sa Majesté.

(33) Le Supplément au Journal de Henry IV. imprimé en 1736, parle de ce Livre, & dit que le Pere Gonthier, dans un Sermon qu'il fit en Présence de Sa Majesté, s'étant grandement emporté sur ce Sujet, contre ceux de la Religion ; le Roi fit une réprimande à ce Pere, & donna ordre qu'on supprimât le Livre, qui en effet ne parut plus. *Ann.* 1609.

(34) On peut la voir dans les Mémoires de Sully. *Tom.* 4. *pag.* 335.

Tome III. Z

sion s'y fait voir si à découvert, qu'on me sçaura gré de la supprimer. A qui l'Auteur se flatoit-il de faire croire, par exemple, que les Rochellois fortifioient leur Ville, s'attendant à avoir bien-tôt un Siége à soûtenir ; & qu'il s'étoit tenu une Assemblée de Protestans à Marseille, pour obliger le Roi à accorder la convocation des Etats du Royaume ? Du-Plessis étoit celui sur lequel on faisoit rouler ces complots; tous absolument faux, si l'on excepte les murmures contre la Gabelle dans le Mirebalais & le Loudunois, dans lesquels encore il n'y avoit qu'un très-petit nombre de Protestans qui trempassent. Quant à Du-Plessis : ce fut lui-même qui en donna le premier avis à Sa Majesté ; & je me crus obligé, tout mon ennemi qu'il s'étoit montré jusqu'alors, de rendre témoignage à son innocence ; lorsque je persuadai au Roi, qui me pressoit de faire un voyage en Poitou, pour réprimer ces prétendus desseins des Réformés, que les véritables ennemis de Sa Majesté cherchoient à se cacher, en donnant ce nom à des personnes qui ne le méritoient point. Du-Plessis me remercia par une longue Lettre, qui contient une justification en forme contre tous ces chefs d'accusation.

L'Avis suivant, qui me fut donné par un Gentilhomme d'honneur, paroît mieux circonstancié, & plus digne qu'on y fasse attention. Dans une des ruës de La-Flèche, nommée *des Quatre Vents*, & proche l'Hôtellerie où pend une Enseigne de même nom, demeuroit depuis quelques mois un nommé Médor, natif d'Avranche, chez une Veuve, appellée Jeanne Huberson, qui logeoit des Ecoliers de bonne Maison, dont ce Médor avoit la conduite. Une Niéce de cette Veuve, âgée d'environ vingt-six ans, nommée Rachel Renaud, qui demeuroit avec sa Tante & son Cousin, aussi nommé Huberson, entrant un jour dans l'Etude de Médor, y trouva un Livre qui attira sa curiosité : il étoit doré par-tout, relié très-proprement avec des rubans bleu & incarnat, & épais d'un pied. L'ayant ouvert, elle vit que ce Livre, écrit seulement jusqu'à la moitié, l'étoit moitié encre moitié sang ; & qu'il étoit plein de signatures, presque toutes de sang, parmi lesquelles sa surprise ne l'empêcha pas de distinguer & de reconnoître celle de Médor ; d'un nommé Du-Noyer, d'un Village aux environs de Paris près de Villeroi ; & d'un nommé Du-Gros, d'auprès de Billon en Auvergne, qui avoit jadis appartenu au Duc de Mercœur. Elle connoissoit ces deux hommes ; parce qu'ils venoient souvent voir son Hôte.

En sortant du cabinet pour porter ce Livre à sa Tante, elle rencontra Médor, qui le lui arracha des mains ; en lui demandant avec colère, ce qu'elle en vouloit faire : à quoi elle répondit ingénument qu'elle l'avoit trouvé si joli, qu'elle avoit voulu le faire voir à sa Tante. Elle lui demanda ce que signifioient ces signatures de sang, qu'elle y avoit vuës. Médor craignit qu'elle n'eût porté la curiosité jusqu'à y chercher l'Ecrit, à la suite duquel étoient toutes ces souscriptions ; qui renfermoit une association de Conjurés contre la Personne du Roi : & il lui dit que c'étoit un serment, que l'intérêt de la Religion faisoit faire à quantité de zélés Catholiques, de demeurer fidellement attachés au Pape : ce qui n'empêcha pas que la Fille n'en parlât à sa Tante & à son Cousin, le seul de toute cette maison qui fût de la Religion Réformée ; & qui trouva cette découverte si grave, qu'après avoir tiré de la Fille tout ce qu'elle avoit vû, il alla en faire part à la personne qui m'en donna l'avis, avec tous les éclaircissemens nécessaires (35).

Le Livre avoit été incontinent enlevé de la chambre de Médor, & porté, comme le croyoient Huberson & la Fille, chez Du-Cros ; dont ils donnoient l'adresse, chez un nommé

(35) Ni l'Etoile, ni le Continuateur de M. De Thou, ni le P. Châlons, ni même D'Aubigné, enfin aucun que je sçache, des Historiens de ce temps-là, les plus ouvertement déclarés contre les Jésuites, excepté le seul Mézerai, n'a parlé, ni par-conséquent rien cru de cette Conspiration contre le Roi, ou complot d'une nouvelle Ligue : car on ne sçait lequel de ces deux sens donner à un récit, qui étant destitué de preuves, peut signifier tout ce qu'on veut, ou pour mieux dire, ne signifie rien du tout. Mézerai lui-même, qui tient pour l'opinion d'une nouvelle Ligue, pendant que le Duc de Sully conclut des mêmes paroles, pour un attentat contre la vie de Henry IV. Mézerai, dis-je, en parle, *Abregé Chr. & Hist. in-fol. imp. à Paris en 1667. t. 3. p. 1443.* de maniere qu'on voit clairement, qu'il ne fait que copier les Mémoires de Sully. Or comme dans ces Mémoires, unique source de cette accusation, elle n'est appuyée que sur le témoignage seul d'une jeune fille, & qu'elle y demeure dans les termes d'une simple conjecture ; tout homme sensé se gardera bien d'en tirer aucune induction maligne, ni pour la renaissance de la Ligue : ce qui est une idée folle & chimérique ; ni quant à l'assassinat de Henry IV. dont on ne voit nulle-part que l'Auteur eût aucune relation à La-Flêche. Mais en supposant de-plus le prétendu complot bien avéré ; je ne vois pas qu'il intéresse en aucune maniere les Jésuites, que la fille déposante ne charge en rien. L'amour de la verité m'a porté à faire cette remarque ; parce qu'on ne voit que trop de ces personnes, dont l'imagination vive, & encore échauffée par la prévention & la passion, n'a besoin que de la plus simple petite conjecture, ou du moindre mot hazardé, pour porter des jugemens, que l'importance de la chose rend encore plus condamnables.

1609.

Dreuillet, demeurant dans une maison hors l'enceinte de la Ville, attenant la Porte de Saint-Germain, du côté droit ; afin qu'on pût aller l'y chercher, si l'on trouvoit que cela fût nécessaire. Ce Dreuillet avoit aussi en pension chez lui plusieurs enfans de Qualité, sur-tout de la Province de Bretagne ; parce qu'il avoit pareillement été au service du Duc de Mercœur. Du-Cros étoit l'ame de toute cette Cabale. Une Congrégation chez les Jésuites, dans laquelle il tenoit une des principales places, & où il étoit souvent chargé de faire des discours publics, lui donnoit toutes les commodités possibles, pour associer à ses noirs desseins un grand nombre de personnes : C'est par ce moyen que Médor & Du-Noyer l'avoient connu.

A ces lumières se joignirent toutes celles que je pus tirer moi-même ; ayant jugé à propos de faire partir dès le lendemain du jour que me fut rendu le Billet d'avis, c'est-à-dire, le 19 Octobre, une personne sûre, avec ordre de l'approfondir. Mais quoiqu'il ne se découvrît rien qui ne le confirmât, & que la fille offrît de soutenir sa déposition devant telle personne qu'on voudroit, & en présence de Sa Majesté elle-même ; le crédit & l'adresse de ceux que cette accusation intéressoit, furent assez forts pour livrer au silence une affaire, qui assûrément devoit être poursuivie. Les dissensions domestiques & les pratiques intestines, furent les deux fléaux qui poursuivirent Henry jusqu'au dernier moment de sa vie, après qu'il se fut défait de celui de la Guerre. Le Comte d'Auvergne étoit toujours dans sa prison de la Bastille. Il fit demander à Sa Majesté, qu'il lui fût permis de changer d'air, pour cause d'indisposition ; & il fut transporté dans le pavillon sur l'eau, qui est au bout du jardin de l'Arcénal : mais on lui donna des Gardes, tout le temps qu'il y séjourna : Il obtint encore une autre fois la permission de parler au Sieur de Châteaumorand.

La bonne santé de Henry ne fut interrompuë cette année, que par quelques légeres atteintes de Goutte. Il ne prit point les eaux ; parce qu'elles ne valurent rien. M. le Dauphin & tous les Enfans de France, jouirent aussi d'une bonne santé. Henry ne fit pas moins de séjour que de coûtume, à Fontainebleau : il y passa l'Automne entier, après un voyage de quelques jours pendant le mois d'Août, à Monceaux ; & il revint à Paris, comme à l'ordinaire, au commencement de l'Hiver.

Fin du vingt-sixiéme Livre.

MEMOIRES
DE
SULLY.

LIVRE VINGT-SEPTIEME.

 E qui me reste à dire de cette année, regarde les Affaires Etrangeres, que je commencerai par celles des Provinces-Unies. Le Roi leur fit encore délivrer au mois d'Avril, une somme de trois cens mille livres : Préaux alla porter aux Etats l'agréable Nouvelle de cette gratification, & m'apporta l'Ordre de Sa Majesté de faire transporter cette somme à Dieppe, où elle devoit être chargée sur un Vaisseau de la République. Henry crut devoir cette derniere récompense, aux égards qu'eut le Conseil des Provinces-Unies, de lui donner la principale part dans son Accommodement avec l'Espagne : car c'est en cette année que fut enfin concluë cette Tréve (1) attenduë pendant fort-long-temps, & si égale-

1609.

---

(1) Il est bon de consulter, tant sur les Négociations de cette fameuse Tréve, que sur toutes les Affaires de Flandre, dont il a été fait mention dans ces Mémoires, les *Vol. des Mss. Royaux*, cottés 9759. 9981. 9005. le *Merc. Franç. Mathieu, Vittorio Siri*, & les Historiens particuliers de cette République.

ment souhaité de tout le monde, que ceux qui du commencement s'y étoient montrés les plus contraires, & le Prince d'Orange lui-même, y donnerent à la fin les mains.

Je ne rapporterai point le Traité qui en fut dressé à La-Haye, lieu ordinaire des Conférences; mais seulement celui de l'Intervention des Rois de France & d'Angleterre, comme garants de l'éxécution. La date de cette Piéce, passée, comme la précédente, à La-Haye, est du 17 Juin 1609, en présence de Messire Pierre Jeannin, Chevalier, Baron de Changy & Montreu, Conseiller de Sa Majesté Très-Chrétienne en son Conseil d'Etat, & son Ambassadeur Extraordinaire auprès des Etats; & Messire Elie de La-Place, Chevalier, Seigneur de Russy, Vicomte de Machaut, aussi Membre du Conseil d'Etat du Roi, Gentilhomme Ordinaire de sa Chambre, & son Ambassadeur Ordinaire; tous les deux, au nom & comme ayant charge de Très-Haut, Trés-Puissant & Très-Excellent Prince Henry Quatriéme, &c. Les noms des deux Ministres de Sa Majesté Britannique y sont ensuite, avec les mêmes qualifications d'Ambassadeurs Extraordinaire & Ordinaire ; & après ceux-cy, ceux des Conseillers & Ministres des différentes Provinces des Pays-Bas : avec obligation réciproque de faire ratifier le contenu au présent Traité, dans deux mois, par les Parties respectives.

L'Intervention & la Garantie y sont exprimées de la manière suivante : Que les deux Rois n'ayant pu, quelques soins qu'ils se fussent donnés, parvenir à établir une Paix véritable & solide, entre les deux Puissances en Guerre, s'étoient réduits à leur proposer une Tréve à longues années; sur laquelle il s'étoit encore rencontré des difficultés, qui vrai-semblablement en auroient rompu le projet, si leurs Majestés, pour le bien des Parties, & pour l'entière assûrance des Etats, n'avoient consenti à en être les Cautions & les Garants : Qu'ils promettoient donc & engageoient le secours de toutes leurs forces aux Provinces Unies, non-seulement dans le cas de l'infraction de la Tréve de la part de l'Espagne, mais encore dans celui de leur Commerce aux Indes arrêté, ou seulement incommodé, de la part de Sa Majesté Catholique, des Archiducs, de leurs Officiers ou Sujets, quels qu'ils puissent être : ce qui s'étendoit, tant sur ceux que les Etats jugeoient à propos d'associer à ce Commerce, que sur les Pays où ils le faisoient : pourvû cependant que la République ne prétendît pas prononcer elle-même sur la réalité des torts qui pourroient lui être faits à cet égard ; mais qu'elle s'en rapportât à la décision des deux Majestés, dans un Conseil commun, où elle auroit voix : permis à elle, dans le cas de trop de longueur au jugement, de pourvoir par provision à la sûreté de ses Sujets : Qu'en conséquence, les Parties contractantes renouvelloient & confirmoient les Traités particuliers, faits l'année précédente, le 23 Janvier, entre la France & les Provinces-Unies, & le 26 Juin, entre l'Angleterre & les mêmes Provinces, en appliquant à la Tréve les mêmes Conventions, promesses & obligations, que portoient ces Traités, pour le temps de la Paix, qu'on croyoit alors sur le point d'être concluë : Qu'en reconnoissance de cette Garantie des deux Rois Médiateurs, & des secours que les États-Généraux avoient reçus d'eux, ils s'engageoient à ne faire aucun Traité ni convention avec les Archiducs, pendant les douze années de la Tréve, que de l'avis & du consentement de Leurs Majestés ; lesquelles promettoient de leur côté, de n'entrer dans aucune Alliance préjudiciable à la liberté & à la conservation de leurs Amis & de leurs Alliés : c'est le nom que ces Princes y donnent aux Etats.

Les Archiducs, pour ne pas déplaire au Roi d'Espagne, n'avoient pas voulu consentir qu'il fût fait mention dans le Traité de Tréve, d'assûrer aux Hollandois le Commerce des Indes ; quelques instances que ceux-cy en eussent faites : ils s'étoient seulement obligés de gré à gré, de la part de Sa Majesté Catholique, de le leur laisser exercer. Voilà pourquoi la République qui cherchoit à s'assûrer contre un retour de mauvaise foi du côté des Espagnols, en avoit du moins fait un des Articles positifs de celui d'Intervention des Rois de France & d'Angleterre. Henry ne fut pas mécontent que la Guerre ayant à finir entre l'Espagne & la Flandre, elle finît au moins de cette sorte.

Je ne dois pas omettre une obligation, que j'eus en cette occasion, plus à ce Prince encore, qu'au Conseil des Provinces-Unies : elle regarde mes Neveux D'Epinoy. Sa Majesté qui avoit souffert que je l'entretinsse souvent de l'injustice que faisoient à ces Enfans le Comte & la Comtesse de Ligne, & qui dès le temps qu'ils me furent amenés en France, leur avoit fait sentir des effets de sa bonté, dont je crois avoir déja parlé dans quelqu'endroit de ces Mémoires, voulut bien faire quelque chose de plus pour eux. Jeannin (2) eut ordre d'entretenir l'Archiduc Albert sur cette Affaire; de le disposer à écouter favorablement les demandes de mes Neveux; & de le porter à leur rendre toute la justice qui leur étoit dûë: lui, ou bien Caumartin, remit même aux mains de ce Prince un Mémoire instructif que j'avois fait, des droits de la Maison d'Epinoy à la succession de la Maison de Melun. La Réponse que l'Archiduc fit au Roi en 1601, qui est l'année où ceci se passoit, me donna lieu de tout espérer. En effet, ce Prince voyant l'intérêt que Sa Majesté prenoit à ce démêlé, y entra si avant, que par un Accommodement provisionnel, dont il fut l'auteur, mon Neveu D'Epinoy (3), resté seul héritier par la mort de son Frere, obtint dès ce temps-là la restitution d'une grande partie des biens, qui avoient été confisqués sur son Pere. Cette Transaction, que l'intervention du Roi & de l'Archiduc rendoit une Piéce assez importante, fut dans la suite la meilleure dont la Princesse de Ligne (4) se servit, pour prouver que tout le reste des biens de cette succession, dont elle ne s'étoit point dépouillée, lui avoit été accordé.

Je m'avisai d'un expédient, pour mettre fin à toute cette chicane : ce fut d'obtenir du Conseil des Etats, qu'ils inférassent dans leur Traité de Tréve un Article, par lequel cette Question fut décidée de la manière la plus favorable pour le jeune D'Epinoy : ce que j'obtins sans peine, dès les premières instances que j'en fis faire sous-main. Cet Article porte, Que sur le refus que la Dame Princesse de Ligne a fait au Conseil des Provinces-Unies, de restituer les biens

de

---

(2) On peut voir dans le Cabinet de M. le Duc de Sully d'aujourd'hui, une Lettre du Duc de Sully au Président Jeannin, dans laquelle, après l'avoir entretenu de l'état présent des Affaires des Provinces-Unies & de celles de Clèves, il lui recommande les intérêts du Prince d'Epinoy son Neveu: Cette Lettre, qui est trop longue pour pouvoir la transcrire ici, est datée de Fontainebleau, du 15 Juin 1609.

(3) Guillaume de Melun, Prince d'Epinoy, &c: Il avoit eu plusieurs autres Freres, morts en bas-âge, ou sans postérité : il en à été parlé cydevant.

(4) Marie de Melun, Dame de Roubais, d'Antoing, &c. Femme de Lamoral, premier Prince de Ligne, Gouverneur d'Artois, Chevalier de la Toison d'Or.

(5) Matthieu

de la Maison d'Epinoy, dont elle jouissoit injustement, il sera nommé deux Arbitres de la part de Sa Majesté Très-Chrétienne, & autant de celle des Archiducs, qui s'assembleront à Vervins, dans la Saint-Jean prochaine, pour juger définitivement cette Question : Que si les voix sont partagées, ils conviendront d'un Sur-arbitre : & que s'ils ne peuvent s'accorder sur ce choix, le Roi Très-Chrétien sera ce Sur-arbitre ; à la Sentence duquel, la Princesse de Ligne & tous les autres Héritiers respectifs, seront obligés de se soûmettre, & les Archiducs, dont ces biens relevent, d'en permettre l'éxécution : cependant, que les biens de la Maison de Vassenard, & tous autres appartenans au Prince d'Epinoy, dans l'étenduë des Provinces-Unies, lui seront rendus par provision.

La Princesse de Ligne mit tout en œuvre, pour éluder la décision. Cette derniere clause lui ôtant toute espérance ; elle allegua encore la Transaction, dont il vient d'être parlé. Elle se défendit, sur ce que la partie des biens qu'on lui demandoit, qui étoit dans la Province de Hollande, avoit été chargée de taxes considérables : sur quoi, elle demandoit des compensations. Lorsqu'elle se sentit pressée, elle parut s'adoucir, & se retrancha à demander qu'on terminât la chose par toute autre voie, que par un jugement de rigueur : elle en fit proposer plusieurs ; sur-tout lorsqu'elle s'apperçut que son Neveu étoit d'humeur à acheter la paix, par le sacrifice de quelques-uns de ses droits. L'Archiduc parut entrer avec elle dans tous les moyens qu'on imagina pour me faire désister : car c'étoit moi qu'on regardoit dans cette occasion, comme la véritable Partie adverse. Il fut proposé de faire épouser à mon Neveu la seconde des Filles de Madame de Ligne, qui étoit encore à établir. Cet expédient étoit assez bien imaginé, si la Mere avoit été une femme raisonnable : mais elle ne vouloit pas même donner à sa Fille une dot égale à celle qu'elle avoit donnée en mariage à son aînée. Je lui fis faire par Préaux l'option de céder vingt-cinq mille livres de rente à d'Epinoy, pour la dot de sa Fille, ou de se voir obligée de lui restituer tout son bien. Il y avoit à perdre, & même assez considérablement, pour mon Neveu, dans cette offre, qu'elle ne laissa pas de refuser avec hauteur. Le reste de l'année se passa à faire &

à rejetter des propositions, qui ne conduisoient à rien. Il fut encore besoin que Sa Majesté s'en mêlât; comme elle eût la bonté de faire, en écrivant le 19 Octobre à l'Archiduc, pour se plaindre des procédés de la Princesse de Ligne, & du peu de soin qu'on montroit de mettre à éxécution l'Article du Traité, qui regardoit le Prince d'Epinoy. Le Roi fait remarquer à l'Archiduc, sur l'Article de la Transaction dont Madame de Ligne faisoit son fort, Qu'outre qu'il n'y a rien à opposer à une décision portée dans un Traité fait entre Souverains; l'avis de son Conseil conforme aux Loix de son Royaume, est que l'autorité du Roi qui intervient dans un Contrat, n'empêche pas celui de ses Sujets qui s'en trouve lèzé, de réclamer son droit. Il le prie d'écouter là-dessus, ce que lui diront Berny (5) & Préaux, qu'il a chargés de lui faire un plus grand détail de toute cette affaire : & après lui avoir fait une dernière instance en faveur de d'Epinoy, il veut bien se déclarer caution de l'obéïssance & de la fidelité de ce nouveau Vassal. Il lui avouë dans le corps de la Lettre, que d'Epinoy acheteroit volontiers la paix & l'union avec sa Tante, aux dépens d'une legère portion de son bien; mais qu'il a été le premier à lui conseiller de ne pas l'écouter, tant qu'elle ne montrera pas plus de modération dans ses demandes. Toute cette Lettre n'est pas d'un Roi, mais d'un Ami; & dans presque toutes celles, que Villeroi & Jeannin écrivoient par son ordre au Conseil des Etats, il y avoit un article d'instances sur l'affaire de d'Epinoy. Je continuois de mon côté de les presser fortement, dans celles que j'écrivois à Préaux, qui me rendit auprès d'eux des services, que je lui promis de ne pas laisser sans récompense.

Le Duc de Bouillon obtint des Lettres de naturalité pour ses Enfans, nés à Sedan. Le Roi ne fit point attention que dans ces Lettres, & dans la Requête presentée à ce sujet à la Chambre-des-Comptes, Bouillon avoit pris la qualité de Seigneur souverain de Sedan, & n'y fit point faire opposition par son Procureur-Général : mais Sa Majesté répara cette omission, en faisant demander par ce Pro-

---

(5.) Matthieu Brulart, Sieur de Berny, Résident de Sa Majesté près de l'Archiduc.

Hector de Préaux, Gentilhomme Calviniste, Gouverneur de Châtelleraut.

cureur-Général, qui étoit Jerôme L'Huillier, acte que le consentement qu'elle avoit donné à la Requête du Duc de Bouillon, & son silence sur le titre qu'il avoit pris, ne préjudicioient point à ses droits ; au cas que quelque jour il se trouvât justifié par les Papiers, Titres ou enseignemens, soit du Trésor, soit des Archives, que Sedan est un Fief anciennement relevant de celui de Mouson, uni au Domaine de la Couronne. Cet Acte du 11 Avril, est inséré dans les Registres de la Chambre-des-Comptes.

Le Député du Duc de Lunebourg-Brunswich me fut envoyé par Sa Majesté, pour le payement de sept mille écus, qu'il disoit être encore dûs à son Maître, & que le Roi m'ordonna de lui payer sans discussion, vû la modicité de la somme ; j'y joignis les traitemens polis, avec lesquels Henry cherchoit à s'attacher de-plus-en-plus les Princes d'Allemagne. Je rendis pareillement à M. le Duc de Savoie quelques services, qui m'attirèrent une Lettre de ce Prince, & un remerciment de M. de Jacop, son Ambassadeur. Cette déférence, jointe aux visites qu'on me voyoit rendre à l'Ambassadeur de Savoie, parut aux ennemis que j'avois à la Cour, un fondement suffisant pour faire craindre au Roi, que le Duc de Savoie ne fît de moi ce qu'il avoit fait du Maréchal de Biron. Henry se donna bien de garde de leur dire qu'il sçavoit toutes mes démarches, & qu'il les approuvoit : il les remercia au-contraire, & m'écrivit tous leurs discours, en me mandant de lui porter les dernières Lettres que j'avois reçues de Turin, la première fois que j'irois le trouver.

Il y eût encore cette année une entreprise sur la Ville de Genève ; & elle fut conduite par ce même Du-Terrail (6), dont il a été assez souvent fait mention. Elle lui réussit si mal, qu'il y fut fait prisonnier, & sans autre forme de procès, il eût le cou coupé : C'étoit un homme de beaucoup

---

(6) Louis de Combourtier, Sieur Du-Terrail, Gentilhomme de Dauphiné, & parent de Lesdiguieres. Les Mémoires pour l'Hist. de France en parlent comme ceux de Sully. " Le Roi, disent-ils, dont il " étoit Sujet naturel, lui avoit donné quatre graces : mais il n'en avoit " pas plustôt une, disoit Sa Majesté, " dans une de ses pochettes, que " dans l'autre il tenoit une conjuration toute prête... La grace que " le Roi lui auroit donnée, ne lui " auroit pas sauvé la vie. Ceux de " Genève lui firent couper la tête, le " 29 Avril, & à La-Bastide, Gentilhomme Bourdelois, pris avec " lui. "

de tête & de cœur, mais plein d'ambition & de vices : aussi le Roi ne fut-il pas fâché que la promptitude de la Justice l'eût prévenu. Il fut accablé de Sollicitations en faveur de Du-Terrail, aux premieres Nouvelles qui vinrent de sa prison ; mais les Nouvelles de la mort suivirent de si près celles de la détention, qu'il ne se vit pas long-temps dans l'embarras. » C'est une belle dépêche, me dit ce Prince ; » c'étoit un dangereux homme ; depuis que je vis qu'il cessoit » de vous voir & de vous hanter, comme il avoit accoûtu- » mé ; & que nous lui vîmes, vous & moi, étant sur le bal- » con de la Galerie, tuer cet homme (7) ; je n'en eûs » plus d'espérance. «

Le Duc de Florence ayant envoyé après la mort du Duc son Pere (8), un Ambassadeur Extraordinaire à Rome, pour prêter l'obédience au Pape ; cet Ambassadeur, soit par ordre de son Maître, soit de son propre mouvement, ou peut-être par mégarde ; visita l'Ambassadeur d'Espagne avant le nôtre. Henry ne l'eût pas plustôt appris, qu'il songea à en tirer raison ; & il commença par révoquer un ordre qu'il venoit de donner, sur les représentations du Chevalier Guidi, pour le payement d'une somme de cent mille livres, qui se trouvoit encore duë au Grand-Duc. Jouanini, Agent de ce Prince, qui prévit toutes les conséquences de cette affaire, assembla ses Amis & ses Partisans pour concerter

(7) » Le Mardi 8. Août, le Terrail tua, en présence du Roi, & devant les fenêtres de la Galerie du Louvre, Mazancy, brave soldat Gascon, auquel Sa Majesté venoit de parler : il fut tellement indigné & saisi de ce coup, qu'il vit donner, qu'il en changea, dit-on, deux fois de chemise. « *Mém. pour l'Hist. de Fr. ann.* 1606. Du-Terrail avoit été obligé de sortir du Royaume, après cet assassinat.

(8) Ferdinand de Médicis, Grand-Duc de Toscane, qui avoit succedé en 1587, à François-Marie de Médicis son Frere, étoit mort l'année précédente. » Le Roi, dit L'Etoile, ou l'Auteur du Supplément de son Journal, » pour apprendre à la Reine » cette Nouvelle, d'une manière » qui ne l'effrayât point, supposa un » songe, dans lequel il avoit vu le » Grand-Duc mort, & qu'il lui ra- » conta à son lever. La Reine en a été » d'abord surprise ; mais ensuite elle » a dit au Roi, que ce n'étoit qu'un » songe : Mais, Madame, a reparti le » Roi, je crains que mon songe ne soit » vrai ; nous sommes tous mortels ; » Il est donc mort ? Oui, ajoûta le » Roi ; voila la Nouvelle que j'en ai » reçûë... Cette mort fut cause que » les divertissemens ordinaires du » Carnaval furent suspendus &c. « C'est Ferdinand de Médicis, qui fit cette réponse à notre Ambassadeur, lequel lui faisoit des plaintes de ses liaisons avec l'Espagne : » Si le Roi » eût eu quarante Galeres à Marseil- » le, je n'eusse pas fait ce que j'ai » fait. « Côme II. de Médicis, son Fils, est celui dont il est question ici

LIVRE VINGT-SEPTIEME. 189

1.609.

avec eux les moyens de faire ensorte que la réparation que nous étions en droit d'éxiger, se bornât du-moins au Duc de Florence, & ne fût pas une espèce d'insulte pour l'Espagne même : & comme je passois pour être celui du Conseil, qui étoit le plus capable d'inspirer au Roi une résolution ferme & hardie ; ils convinrent que Jouanini viendroit me trouver, & feroit tous ses efforts pour m'amener à des sentimens plus doux.

Il ne me coûtoit rien d'accorder à ses instances, que je n'agirois ni ne parlerois en cette occasion, que pour éxécuter simplement les ordres du Roi : je sçavois que sur pareille matière, Henry n'avoit pas besoin qu'on l'excitât à soûtenir ses droits ; & Jouanini n'en étoit pas moins persuadé que moi. Je lui dis pourtant, Qu'il me paroissoit fort-étrange, qu'un aussi petit Prince que l'étoit son Maître, & tout récemment mis au rang des Ducs, se mêlat de régler le rang entre les Rois de France & d'Espagne. Jouanini reçut ces paroles, comme fait tout Ambassadeur en pareille rencontre : & pour me persuader que je devois traiter son Maître avec plus de respect, entra dans un long discours sur ses Qualités, & sur sa Généalogie, qu'il rapporta à la Maison d'Autriche, dont il commença aussi à faire l'éloge. Je l'interrompis, en lui disant, Que tout le monde pouvoit décider aussi bien que lui, sur le véritable dégré de la grandeur du Duc de Florence ; puisqu'on l'avoit vûë commencer de nos jours : Que pour ce qui regarde la Maison d'Autriche, je n'avois pas besoin d'être instruit ; moi, qui comptois parmi mes Aïeules, une Fille de cette Maison (9), morte il y avoit cent cinquante ans : mais qu'on ne pouvoit faire

(9) Jean de Béthune, Seigneur de Vandeuil, Loeres &c. auteur de la branche de laquelle descendoit le Duc de Sully, épousa Jeanne de Coucy, alliée à la Maison d'Autriche ; parce qu'Enguerrand VI. de Coucy, ou, pour parler plus juste, de Guines, portant le nom & les Armes de la Maison de Coucy, éteinte, avoit pris en mariage Catherine d'Autriche, Fille de Léopold ; qui est cette Fille que désigne ici M. de Sully. Il eût parlé plus correctement, s'il avoit dit qu'elle entra dans la Maison de Coucy, dans laquelle la sienne s'allia. Il tombe encore dans une autre faute de Chronologie ; en ce qu'au-lieu de cent cinquante ans, il devoit mettre, deux cens cinquante ans : cet Enguerrand de Coucy, Mari de Catherine d'Autriche, ayant été tué à la Bataille de Crecy, en 1346. Consultez MM. de Sainte-Marthe, Du-Chesne, Anselme, & autres Généalogistes. Voyez aussi ce que nous avons remarqué précédemment sur la Maison d'Autriche.

A a iij

sérieusement comparaison de cette Maison, à l'Auguste Maison de France.

Il se fit à ce sujet plusieurs manèges à la Cour, dans lesquels la Reine parut pousser un peu loin sa tendresse pour son Sang. Le Roi lui en fit des reproches assez vifs; & elle me fit bien sentir qu'elle n'en accusoit point d'autres que moi. Cependant cette affaire ne produisit rien de plus fâcheux; parce qu'à la premiere plainte que le Roi en fit porter au Duc de Florence, celui-cy protesta qu'il n'avoit aucune part à l'imprudent procédé de son Ambassadeur, & qu'il se soûmettroit à tout ce que Sa Majesté voudroit éxiger de lui, pour la réparation de cette offense. Il rappella cet Ambassadeur, sans attendre que le Roi le pressât davantage; & il lui ordonna de faire, avant que de partir, une déclaration authentique de sa faute, qui fut renduë publique à Rome & en France. Henry se tint content de cette satisfaction: & pour montrer au Grand-Duc qu'il avoit tout oublié, il le fit assûrer qu'il auroit pour lui tous les mêmes sentimens d'amitié & de bienveillance, qu'il avoit eus pour le Duc de ●● mort; & il lui en donna le premier témoignage, en lui faisant rendre sur la mort de son Pere, & sur son avenement à la Couronne, les complimens qu'il recevoit de tous les autres Princes de L'Europe.

L'Espagne s'en étoit acquitée par le Cardinal Zapata. Henry jugea à-propos de se servir aussi d'un Cardinal; pour ne pas donner lieu à un second contre-temps, pareil au premier, & dont l'explication auroit pu ne nous être pas aussi favorable: car on sçait de quelles prérogatives jouissent personnellement les cardinaux en Italie, auprès des Princes. Je lui nommai l'Abbé de La-Rochefoucault; qui alloit à Rome prendre possession de cette dignité: Sa Majesté ne l'agréa point par cette raison-là même; elle s'imagina que cet Abbé, qu'on sçavoit bien n'être pas encore nommé Cardinal, & qu'on verroit n'être pas parti de France exprès pour ce ministère, ne seroit pas aussi bien reçu qu'un ancien Cardinal, qu'elle feroit partir de Rome. Elle jetta donc les yeux sur le Cardinal Delfin, auquel elle fit donner deux mille écus pour les frais de son voyage: car cette Eminence n'étoit pas riche. Conchini avoit brigué cet honneur, & l'avoit obtenu par le moyen de la Reine; avant qu'on eût fait toutes ces réflexions. Il n'auroit certainement pas fait ce voyage à si peu de frais : aussi Henry se réjouissoit-il doublement qu'il eût été rompu, par le motif de sa haine pour cet homme, & par celui de son œconomie.

1609.

Au-reste, les raisons d'alliance n'avoient peut-être pas plus de part dans toutes ces complaisances du Roi pour le Duc de Florence, que sa Politique, & l'intérêt de ses grands desseins, qui ne lui permettoient pas de maltraiter, ou même de négliger, le plus petit Prince. L'assignation des cent mille livres au Chevalier Guidi fut rétabli : Henry se contenta d'éxiger de cet Italien, que dans les quittances qu'il tireroit du Grand-Duc, il seroit fait déduction de sommes assez considérables, que Sa Majesté avoit avancées pour Dom Joan de Medicis. Avec cet argent, Guidi remporta à Florence une chaîne d'or de cinq ou six cens écus, dont je lui fis present de la part de Sa Majesté. Henry faisoit d'ailleurs cas de cet Italien ; & soit qu'après cela il restât par-delà les Monts, ou que son Maître le renvoyât en France, le Roi ne regardoit point comme quelque chose d'indifférent de se l'attacher.

De-Refuge continuoit sa fonction d'Agent de France auprès des Suisses & des Grisons, avec si peu de ponctualité, que je crus devoir lui en faire faire des reproches par Villeroi. Il n'osa peut-être me répondre à moi-même : il s'excusa à Villeroi de sa négligence à envoyer des Etats de distribution des deniers, qui étoit le premier grief que j'avois contre lui ; en disant que j'avois dû recevoir ces Etats, de la main des Commis qui avoient fait les deux précédentes distributions, outre ceux qui devoient m'être fournis plus en détail par les Trésoriers des Ligues ; & que je recevrois sans doute de-même, ceux de la prochaine distribution. Sur l'article du rachat des dettes, qui étoit mon second grief ; sans rien articuler, il répondit à Villeroi, qu'il en avoit acquité à différentes fois : & sur tout le reste des reproches qui lui étoient faits, il n'apportoit rien de plus précis, ni de plus satisfaisant.

Je lui récrivis moi-même, après que Villeroi m'eût montré sa Lettre ; comme je crus que ma Place me mettoit en état, & même dans l'obligation de le faire: Que je n'avois point reçû les quatre Etats des Commis, dont il avoit fait mention à Villeroi: Que quand cela feroit, de pareils Etats en gros ne fuffifoient point ; mais que comme les Ordonnances de payement partoient uniquement de lui, c'étoit auffi à lui à dreffer des Etats, où tous les deniers de différente nature fe trouvaffent fpécifiés, féparés & certifiés de lui: Que c'étoit même à lui à me répondre de l'éxactitude des Tréforiers, & à m'informer s'ils n'employoient point des non-valeurs dans leurs Etats: Que c'étoit ainfi qu'en avoit ufé Caumartin, fon prédéceffeur: qu'outre qu'il ne manquoit jamais d'envoyer de Quartier en Quartier, les Etats de Recette dreffés par les Tréforiers des Ligues, avec celui de la diftribution qu'il avoit faite, diftinguée par chapitres; il propofoit fans ceffe de nouveaux moyens d'acquiter les dettes, & de ménager les deniers de Sa Majefté: Que fon Emploi fe réduifant prefqu'uniquement à la Finance, & demandant par-conféquent une éxacte correfpondance avec le Surintendant; il étoit impoffible de l'excufer fur le filence qu'il affectoit avec moi: Que fes excufes n'étoient pas meilleures, de ce qu'on ne voyoit aucune dette acquitée pendant fa geftion; la chofe ne lui devant pas être plus difficile, qu'elle l'avoit été à celui qu'il avoit remplacé: Que je le priois donc de me fatisfaire au-pluftôt, non par de longs difcours, ni de mauvaifes juftifications, qui en matière d'argent ne doivent point être reçuës, mais par de bons effets & de véritables Pièces juftificatives: qu'autrement je ne pourrois me difpenfer de le repréfenter à Sa Majefté, comme indigne de la Charge qu'elle lui avoit confiée.

On donna l'idée au Grand-Seigneur d'avoir un Réfident à Marfeille, pour l'adreffe & la commodité des Grenadins qui paffoient par cette Ville. Le Grand-Vifir en parla par fon ordre à notre Ambaffadeur, & confulta fur cet établiffement l'Aga du Caire, nommé Agi-Ibrahim-Muftafa, homme qui avoit acquis en affez peu de temps, beaucoup d'autorité & de dignités à la Porte ; & qui lui parla de moi, comme du feul homme de la Cour auquel il devoit s'adreffer. L'Aga Muftafa fut chargé de demander au Roi cette grace, au nom du Sultan Achmet, par une Lettre, à laquelle en étoit jointe une de Salignac pour moi; & une

&

LIVRE VINGT-SEPTIEME. 193

& l'autre fut apportée par un Grenadin, que le Grand-Visir 1609. destinoit à cet Emploi. Salignac en me donnant avis de tout ce qui s'étoit passé à la Porte à ce sujet, me mandoit, Que le Grand-Seigneur se tiendroit fort-obligé au Roi d'une grace, qui n'étoit d'ailleurs sujette à aucun inconvénient: & qu'on ne pouvoit mieux faire que d'accorder la place au porteur, dont la probité & le bon esprit lui étoient connus, & qui avoit déja demeuré cy-devant à Marseille.

De tout ce qui se passa cette année en Europe, il n'y eût rien de plus remarquable, ni de plus intéressant, que la Mort du Duc de Cleves, qui arriva presque dès le commen- Jean-Guil-cement. Henry n'en eût pas si-tôt appris la Nouvelle, qu'il laume, Duc de vint à l'Arcenal; où, sans entrer chez moi, il marcha droit Clèves,&c. au jardin, après avoir seulement demandé en passant dans la premiere cour, où j'étois. Comme on lui eût répondu que j'écrivois dans mon cabinet, il se tourna vers Roque-laure & Zamet, & leur dit en riant: » Ne pensez-vous point » qu'on allât me dire qu'il est à la Chasse, ou chez la Coif-» fier ou avec des Dames? Allez, Zamet, poursuivit ce Prin-ce, après avoir donné à mon application au travail plu-sieurs louanges, qu'il ne m'est pas séant de rapporter, » allez lui dire que je vais me promener dans sa grande allée, » & qu'il m'y vienne trouver tout à cette heure, au grand » balcon, où nous avons accoûtumé de n'être pas muets; » & que j'ai bien des choses à lui conter: car j'ai eu avis, dit » publiquement Sa Majesté, que le Duc de Cleves est mort: » il a laissé tout le monde son héritier; l'Empereur & tous » les Princes d'Allemagne prétendant à sa succession. « Za-met me rencontra sortant de mon cabinet; on m'avoit dé-ja averti que le Roi avoit passé. La Nouvelle du jour, & tous les incidens auxquels elle alloit donner lieu, furent la matière d'un entretien de plus d'une heure sur le balcon. La chose parut à Sa Majesté valoir bien la peine que je com-posasse sur tout ce qu'il y avoit à dire à ce sujet, un Mé-moire, que je vais amplifier ici de ceux que je reçus peu de jours après de Bongars, qui étoit alors particulièrement chargé de veiller avec la dernière éxactitude à nos affai-res, auprès des Princes Protestans d'Allemagne. Je les mon-trai tous à Henry; & je crois que le Lecteur verra aussi avec plaisir un événement, que toute l'Europe attentive aux des-

Tome III. Bb

1609.

seins de Sa Majesté, regardoit comme le signal d'une Guerre générale, traité avec toute l'étendüe qu'il mérite, soit sur le droit, soit sur la Politique.

Il est nécessaire d'abord de sçavoir comment s'étoit formé ce petit Etat, composé, lorsque son dernier Duc mourut, de quatre ou cinq grands Fiefs, tous ayant titre de Principauté. Un Comte de Julliers, vivant environ l'an 1130. joignit à ce Comté celui de Bergh, en épousant la Fille unique du Comte de ce nom. Le Comté de Gueldre leur fut ensuite uni en 1350, par le mariage de Renaud, ou Rainold, premier Duc de Gueldre, avec l'Héritiere de Guillaume, premier Duc de Julliers. Presque dans le même temps, un Adolphe de La-Mark quitta l'Archevêché de Cologne & l'Evêché de Munster, pour se porter héritier de Marie, Comtesse de Cleves, sa Mere, contre ses Cousins D'Erkel & Perweis, aussi Fils de Cleves, mais par femmes, & l'emporta sur eux; soit parce qu'il acheta le droit du second, plus proche d'un dégré que lui; soit par la faveur que lui prêterent l'Empereur Charles IV. & les Etats du Pays.

Le Duché de Cleves ayant ainsi passé dans la Maison de La-Marck, ceux de Julliers & de Bergh s'y trouverent ensuite rejoints, dans la personne d'un Jean, Duc de Cleves, Comte de La Mark, qui épousa en 1496. Marie, Fille de Guillaume, Duc de Julliers & de Bergh. Le Duché de Gueldre en étoit alors démembré; parce que Arnold D'Egmont, qui le possédoit du chef de sa Mere, Marie D'Erkel, Fille de N... D'Erkel & de Jeanne de Julliers & de Gueldre, l'avoit vendu en 1472, à Charles de Bourgogne, dont la Fille le porta dans la Maison d'Autriche: cette disposition fut en vain contestée par un Guillaume de Julliers, auquel Charles D'Egmont, Petit-fils d'Arnold, le laissa par testament; la Maison d'Autriche se maintint par les armes en possession du Duché de Gueldre. Cette coûtume de Fiefs féminins, reçuë dans tous ces Cantons, sert bien, pour le dire ici en passant, l'opinion de ceux qui croient que les dix-sept Provinces des Pays Bas, portées dans la Maison d'Autriche par le Mariage de Marie de Bourgogne avec Maximilien, ne sont pareillement qu'autant de Fiefs féminins.

L'Empereur ne convenoit point que Cleves, Julliers,

Bergh, La-Mark, Ravensperg & Raveftein, dont le Duc 1609.
Jean-Guillaume venoit de mourir revêtu, fuffent des Fiefs
féminins: au contraire, fon droit prétendu fur ces Fiefs, ne
portoit que fur des preuves qu'il difoit avoir, qu'ils font
tous Fiefs mafculins. Cette conteftation n'étoit pas un point
abfolument nouveau. L'oppofition qui fe trouvoit entre les
difpofitions de différens Seigneurs de ce petit Etat, accep-
tées en différens temps par leurs Sujets, & les Déclarations
de quelques Empereurs fur cette matière, en faifoit une
Queftion agitée depuis long temps; & dont l'entière déci-
fion avoit été réfervée de part & d'autre, au temps de la
mort du dernier mâle de cette Maifon, qui venoit enfin
d'arriver. Pour voir plus clair dans ce point de droit, il eft
befoin de fouiller dans les Archives de cette Principauté.
Nous verrons par même moyen, l'état de la Famille du
dernier Duc, ce qui achevera de faire connoître comment
étoit vrai ce que difoit Henry, que la Succeffion du Duc de
Cleves, étoit celle de prefque toute l'Allemagne.

Les argumens dont les Princes intéreffés dans cette affaire fe fervoient contre l'Empereur, fe tirent d'un grand nombre de Pieces teftimoniales & matrimoniales, & autres
Ecrits, foit particuliers, foit publics, revêtus d'une acceptation authentique des Etats du Pays : Voici les principales.
Une Ordonnance d'Adolphe, premier Duc de Cleves,
Comte de La-Mark, &c, en 1418, reçue dans toutes fes
Villes ; qui donne la Principauté au Fils aîné du Duc, feul
& fans partage avec fes Freres ; & au défaut de Fils, à la Fille
aînée, les autres Sœurs auffi exclufes. Pareille Ordonnance
de Guillaume, Duc de Julliers & de Bergh, Comte de Ravensperg, & de Jean, Duc de Cleves, Comte de La-Mark,
en 1496 ; à l'occafion de l'union de leurs Etats par le Mariage de Marie, Fille unique du premier de ces Princes,
avec Jean, Fils du fecond. Autre Ordonnance des mêmes
Jean de Cleves & Marie de Julliers, lorfqu'enfuite ils ma-
rierent en 1526, Sibylle, leur Fille aînée, à Jean Frédéric, Comte, puis Electeur de Saxe: difpofition, à laquelle
foufcrivit en 1542, Guillaume lui-même, Fils de Jean & de
Marie. L'an 1572, Guillaume, Duc de Julliers, de Cleves, Il mourut
&c, Pere de celui qui venoit de mourir, fait époufer Marie- en 1592.
Eléonor, l'aînée de fes Filles, à Albert-Frédéric de Brande-

bourg, Duc de Prusse; & il lui reserve en la même forme, sa succession entière, la branche masculine venant à s'éteindre dans sa Famille. Deux ans après, Anne, Sœur de Marie-Eleonor, épouse à Neubourg le Duc Philippe-Louis, Comte Palatin; avec semblable substitution aux droits de sa Sœur aînée : le Contrat passé à Deux-Ponts, & signé par le Comte Louis, depuis Electeur Palatin, par le Landgrave de Hesse, Guillaume, & par le Duc Jean, Comte Palatin : le même Contrat ratifié une seconde fois en 1575, par le meme Prince Guillaume ; lorsque le Duc de Cleves, sur la plainte de son Gendre le Duc Philippe-Louis, que la somme de deux cens mille florins, qui étoit la dot des cadettes, étoit une récompense trop petite de sa rénonciation à une pareille succession, se porta a l'augmenter de cent mille, pour chacune d'elles. A cette condition, Anne de Julliers fait dans la même année, un Acte solemnel de renonciation. Le Duc Jean, Comte Palatin de Deux-Ponts, épouse quatre ans après, la troisiéme des Filles de Guillaume de Julliers, nommée Magdeleine ; & il fait les mêmes renonciations que le Duc Philippe-Louis, son Frere aîné, en faveur de l'aînée des trois Sœurs : Louis Electeur Palatin, Guillaume, Landgrave de Hesse, Philippe-Louis, Comte Palatin de Neubourg, y interviennent encore : c'étoit la quatriéme renonciation du Duc de Neubourg. Enfin la quatriéme de ces Princesses, Sibylle, épouse Charles d'Autriche, Marquis de Burgaw ; & l'on peut bien croire que le Prince leur Frere n'oublia pas de requérir du Prince Autrichien la même renonciation, qu'avoient faite ses trois autres Beaux-freres : Cependant, comme on voyoit

Il mourut âgé de 47. ans.

que ce Prince, qui n'avoit point d'Enfans, devenoit valétudinaire ; que l'argent de la dot n'étoit point prêt ; que le Gouvernement se conduisoit par des impressions étrangeres; la mort du dernier Duc de Cleves arriva, sans que le quatriéme de ses Beaux-Freres eût renoncé comme les autres. Tels étoient les droits des quatre Princes, Parties de l'Empereur ; le Duc de Brandebourg & Prusse ; le Comte Palatin de Neubourg ; le Comte Palatin de Deux-Ponts ; & le Marquis de Burgaw.

L'Empereur alléguoit en sa faveur les exemples suivans. L'an 1483, l'Empereur Fréderic III. donna de sa propre volonté, à Albert, Duc de Saxe, pour récompense des services qu'il en avoit reçus, les Duchés de Julliers & de Bergh ; lorsque par la mort du Duc Guillaume, il crut qu'ils étoient dévolus à l'Empire. Maximilien. I. Fils de Fréderic, ratifia cette Donation, en 1486, & l'étendit à la personne d'Ernest, Electeur de Saxe, Frere d'Albert : Il la confirma derechef, en 1495 ; parce que les Princes de Saxe lui étoient alors nécessaires : mais en l'an 1508, que cette considération ne subsistoit plus, cet Empereur laissa Guillaume de Julliers, le maître de disposer de son bien en faveur de Marie, ou de telle autre de ses Filles qu'il lui plairoit. Guillaume étant mort en l'an 1511, l'Electeur de Saxe voulut se prévaloir de la Donation de l'Empereur, pour ôter Julliers au Duc de Cleves, qui en avoit épousé l'Héritière : Mais lorsqu'il chercha à mettre Maximilien dans son parti, cet Empereur qui craignoit sur toutes choses de jetter le Duc de Cleves entre les bras de la France, refusa de s'en mêler, exhorta l'Electeur à la patience, & ne lui donna que des assurances générales qu'il n'y perdroit rien. Bien plus, lorsque Jean-Fréderic, Electeur de Saxe, épousa en 1526. Sibylle, Fille de Jean, Duc de Cleves & de Julliers ; l'Empereur Charles-Quint confirma formellement le droit de cette Princesse : Il se fit même une application de cette Regle, lorsqu'il eût vaincu en 1546, le Duc Guillaume de Julliers, & qu'il se fut raccommodé avec lui, moyennant que ce Duc épousât Marie d'Autriche, Fille de Ferdinand, Roi des Romains & de Hongrie : car Charles consentit qu'il fût employé dans le Contrat de Mariage de cette Princesse, qui étoit sa Niece, qu'au défaut d'Enfans mâles, les Filles qu'elle auroit, succederoient aux Duchés de Julliers, &c : ce que Maximilien II. accepta après lui, en 1566. Il est vrai que l'Empereur regnant, fortement sollicité en 1602 par le Duc de Neubourg, de confirmer cette Constitution de ses Prédécesseurs, le refusa constamment : Il lui accorda seulement Acte de son refus, avec déclaration qu'il ne prétendoit préjudicier au droit de personne.

Je crois qu'après cela le Lecteur perce aisément la vérité, sur la supposition contradictoire des deux parts de Fiefs féminins & masculins. Ce qu'on ne peut méconnoître ici, c'est une différence entre les preuves des uns & des autres, qui forme un préjugé aussi heureux en faveur des vrais Héritiers, qu'elle est peu favorable aux Autrichiens. Ceux-là s'appuient sur une suite de Réglemens, qu'on voit unanimement & uniformement reçus : Ceux-cy ne rapportent que des Titres de pure autorité, qui ne font pas honneur au Conseil Aulique ; & d'ailleurs, si suspects par leur variation, & même par leur contradiction, qu'à-peine peuvent-ils seulement servir à fonder un droit.

Quoiqu'il en soit, le Duc de Cleves n'eût pas plûtôt les yeux fermés, que chacune des Parties songea sérieusement à se mettre en état de n'être pas obligée de céder. L'Empereur Rodolphe donna l'investiture de Cleves & de Julliers, à l'Archiduc Léopold d'Autriche ; & n'osa pourtant franchir ce pas, sans du-moins en prévenir Sa Majesté Très-Chrétienne. Cette démarche fut faite au nom de Léopold, & par un Député, qui déclara de bouche au Roi, Que l'Archiduc venoit d'entrer dans les Etats de Cleves, où son intention n'étoit pas de rien faire, qui pût tant-soit-peu préjudicier aux intérêts de Sa Majesté ; ni même de traiter à la rigueur les Princes ses contendans : Qu'il sera content, pourvû qu'ils se portent à rendre dans cette occasion à Sa Majesté Impériale, ce qu'ils lui doivent : & qu'il le prie de ne point entrer dans une discussion, qui lui est purement personnelle avec eux.

Henry ne répondit à ce Député, qu'en paroles très-générales. Il étoit bien surpris de n'entendre point parler pendant tout ce temps-là, des autres Princes, qui devoient être les premiers à s'adresser à lui : il ne l'étoit pas moins, de ce que lui mandoit Hottoman, Qu'aucun d'eux ne songeoit à lever des Troupes ; comme s'ils avoient pu esperer de rien obtenir, autrement que par la voie des Armes : Mais ils ne tarderent pas à voir que c'étoit le seul parti qu'ils eussent à prendre : & s'il est vrai que Sa Majesté, en leur faisant faire quelque espèce de reproche de leur silence, fit les premiers pas ; ils y répondirent si bien, qu'après avoir appellé à leur Conseil Boissise, Bongars & les autres Agens du Roi, ils nommerent un Ambassadeur, qui vint supplier Sa Majesté de leur part, de les soûtenir contre l'Archiduc, ou plûtôt, contre l'Empereur. Cet Ambassadeur eût tout lieu d'être content. Mais avant que de donner la suite des faits, faisons quelques réflexions sur le véritable intérêt Politique de la France, dans cet incident.

Cleves, Julliers, Bergh, La-Mark, Ravensperg & Ravestein; ces six Cantons, ou petites Provinces, non-seulement ne sçauroient être appellées un objet indifférent pour la France; mais encore elles l'intéressent d'une façon particuliere, par plusieurs endroits, dont celui de leur force & de leur richesse, n'est que le moindre. Cet Etat est l'une de nos Frontieres; ceux qui se le disputent, nos Voisins proches, & Voisins redoutables, du-moins l'Empereur: c'en est assez, pour ne le pas laisser tomber en toutes sortes de mains. La Guerre qui s'allumera pour sa possession, peut être une Guerre de toute l'Europe, & devenir par-conséquent la nôtre, malgré nous: Elle le sera indubitablement, n'y eût-il que le seul intérêt des Provinces-Unies, sur la liberté ou servitude desquelles elle influë de toute nécessité: relation si visible, que donner les Pays contestés à nos Amis, c'est presque ôter la Flandre à nos Ennemis; & les laisser envahir à la Maison d'Autriche, c'est conséquemment leur laisser en proie les Provinces-Unies: car j'appelle de ce nom la nécessité où celles cy se trouveroient réduites, n'ayant presque plus que des Ennemis pour Voisins, de fléchir sous eux par d'éternels sacrifices, qui entraîneroient à la fin leur ruine. La preuve de cette vérité se tire de ce que les Etats ne se sont jamais sentis plus incommodés, que lorsque les Ducs de Cleves favorisoient seulement en secret le Parti Espagnol. Est-il sensé de laisser détruire, sur le point de sa consommation, un ouvrage si utile, & qui a tant coûté; ajoûtons de bonne foi, & qui malgré tous nos efforts, a été ébranlé par le dernier Traité entre l'Espagne & la Flandre?

Si de cet objet, nous passons à celui des grands desseins de Sa Majesté Très-Chrétienne sur toute l'Europe; quel meilleur moyen d'y faire entrer des Potentats, auxquels on n'auroit peut-être jamais pu les faire goûter autrement? Ceci peut donc nous conduire à nous assûrer toute l'Allemagne; à rétablir la dignité & la liberté du Corps Germanique; à porter le coup mortel à l'autorité Impériale, & la consternation dans toute la Maison Autrichienne: & ce bien, que la France acheteroit, pour son seul intérêt, de tous ses trésors; nous en jouirions sans soupçon & sans envie, comme de l'effet d'une générosité toute gratuite envers des Princes persécutés.

Ces Princes, dira-t'on, se sont montrés jusqu'à-présent bien éloignés de prendre ces sentimens; à en juger par la répugnance qu'on leur voit à nous rien devoir, lors même qu'ils conviennent ne pouvoir rien que par nous. Mais qu'arrive-t'il ici après tout, qui ne soit comme indubitable dans l'abord d'une affaire difficile, compliquée, & roulant sur plusieurs têtes differentes? On n'est occupé dans ces commencemens, qu'à balancer son intérêt avec ses facultés. Lorsqu'on a connu ce qu'il faut faire, on ne convient pas encore pour cela de la manière dont il faut le faire. Dans les affaires de communauté sur-tout, les modifications se multiplient à-proportion du nombre des intéressés. Je soûtiens au-reste, que ces tâtonnemens des Princes d'Allemagne, de quelque cause qu'on suppose qu'ils proviennent, ne doivent point empêcher Sa Majesté de prendre parti pour eux. Dans les grandes choses, dans les choses qui ont pour objet un bien géneral, j'ai pour maxime que c'est à ce bien seul qu'il faut s'attacher, & jamais aux personnes. Celui-là n'a qu'une seule face, qui est toujours la même: Celles-cy sont si sujettes à en changer, elles nous en montrent tant & de si odieuses, qu'elles nous refroidiroient infailliblement pour les entreprises les plus utiles & les plus nécessaires. Politiquement parlant, on doit presque toujours se contenter d'avoir écarté les obstacles, & ne pas craindre d'aller en avant, quoiqu'on laisse peut-être derriere soi quelques difficultés à lever: Le temps les levera de lui-même: je parle toujours ici de desseins, dont l'auteur n'a point à rougir; tel qu'étoit pour nous celui de soûtenir les Princes héritiers du Duc de Cleves, & celui d'arranger le Gouvernement & la Police de l'Europe entière, auquel j'ai voulu qu'on fît l'application de ces Principes. Il ne faut donc que commencer: Chaque moment ouvrira une ressource: l'éxercice mettra en haleine ces Princes trop lents; le succès les échauffera; & l'ardeur guerriere leur fera prendre de notre générosité la bonne opinion, qu'on ne sçauroit trop les condamner de n'avoir pas conçuë dans le commencement.

Voici un motif en faveur de ceux qui approuvant cette générosité souhaiteroient pourtant que de notre part elle ne

LIVRE VINGT-SEPTIEME.

1609.

ne fût pas purement gratuite. Quelques succès qu'ayent nos Armes, unies à celles des Princes prétendans à la succession de Cléves ; il restera toujours à ces Princes la crainte d'en être dépouillés quelque jour par l'Empereur ; les conjonctures venant à changer. Est-il téméraire de juger que cette crainte, jointe aux réfléxions qu'ils feroient sur la difficulté de conserver des Provinces, partagées entr'eux en tant de morceaux, si peu à la commodité d'une partie d'eux, & si exposées à la convoitise de leurs Ennemis, & même d'un Roi de France entreprenant, les porteroit à s'en accommoder un jour avec Sa Majesté Très-Chrétienne ; soit qu'ils en reçussent la valeur en argent ; ou l'équivalent, en fonds de terre dans le cœur de la France, comme dans le Berry, le Bourbonnois, la Marche & l'Auvergne. Si cela arrivoit, quel avantage pour la France, dans ce double lien d'intérêt & de dépendance, qui lui uniroit pour jamais une partie de l'Allemagne ! Ce qu'on ne sçauroit nier, c'est que le secours que le Roi accorderoit aujourd'hui à ces princes, seroit pour eux un engagement à lui en demander dans la suite, pour se conserver leur nouvelle acquisition, que Sa Majesté pourroit alors se faire payer. Mais qu'on ne croie pas pourtant que ce que je viens de dire, soit une idée chimérique. Je vais surprendre bien des personnes, en leur apprenant que la chose, loin d'être d'une impossibilité absoluë, comme on se l'imagine, avoit déja été entamée par de tierces personnes ; & que sur le jour qui se présentoit à y réüssir, elle étoit à la veille d'être proposée, & vrai semblablement acceptée par les Princes intéressés.

Laissons toutes ces considérations publiques & particulieres, & prenons la chose plus simplement. Le Roi de France s'étoit déja engagé de lui-même à prendre la défense de ces Princes : il n'avoit rien négligé pour se les attacher ; il leur avoit de tout temps fait offre de son assistance ; il avoit déclaré assez hautement, qu'il ne souffriroit point qu'on les maltraitât ; il avoit déja même fait avancer des Troupes sur la Frontiere : c'étoit un point décidé de long-temps, par la justice & l'honneur ; il ne lui convenoit plus de reculer. Nos Rois ont rarement été insensibles à ce mouvement de générosité, qui porte à soutenir les Princes mal-

Tome III. C c

heureux. Ce n'étoit pas ici purement le cas : Ceux dont il est question, avoient rendu eux-mêmes des services réels à Sa Majesté, & montré en toute occasion, qu'ils ne manquoient que du pouvoir de lui en rendre encore de plus grands : comme Ami, ou comme obligé, Henry avoit à se souvenir de ce qu'ils avoient fait pour lui, dans des temps malheureux. Lorsque François I. aida Philippe, Landgrave de Hesse, Aïeul du Landgrave d'aujourd'hui, à remettre le Duc Ulric en possession du Duché de Wirtemberg ; lorsque Henry II. tendit la main à l'Electeur Maurice de Saxe, pour délivrer les Princes d'Allemagne, opprimés par Charles-Quint; leur honneur seul, celui de leur Couronne, les porta à ces démarches, qui leur coûterent considérablement : ils avoient de moins que Henry le Grand, le motif de la reconnoissance, plus puissant lui seul que tous les autres.

Je contredis ici avec assûrance, ceux qui se plaignent que pour un intérêt étranger, qui peut se démêler sans seulement tirer l'épée, on rengage de gaieté de cœur Sa Majesté, dans une Guerre avec l'Espagne, capable d'embraser toute la Chrétienté. Ces personnes ignorent également la nature de la chose, & les conséquences de l'entreprise : ils conviendroient, Que dans la conjoncture présente, l'expédition qui a pour objet d'assûrer la succession de Cléves aux vrais Héritiers, est d'une éxécution si rapide, qu'elle ne seroit presque connuë dans le Public, que par l'effet même : Que l'Espagne, en faisant la paix avec ses propres Sujets, & une paix, par laquelle, quoiqu'aux abois, ils ne se sont relâchés sur rien, a donné une preuve de foiblesse & d'épuisement, qui la soûmet aux loix d'une Neutralité forcée : Que l'Empereur n'est pas plus en état de rien disputer avec nous ; lui, destitué des secours d'une partie de l'Allemagne ; nous, plus en moyens d'agir, que nous n'ayons été de long-temps : Qu'enfin il ne doit presque en coûter à la France, que de dire qu'elle le veut. La suite a justifié tout cela clairement.

C'est donc proprement une affaire de rien, que l'entreprise présente, bornée au seul objet de Cléves ; & ceux qui parlent autrement, ne le font sans doute, que parce qu'ils conviennent secrettement qu'en bonne Politique, elle seroit l'introduction à une autre, beaucoup plus éclatante, plus étendue ; en un mot, aux grands desseins que l'Europe entiere remarque dans Sa Majesté, pour l'abaissement de la Maison d'Autriche. Je suis de si bonne foi, que je conviens d'abord, qu'en-effet il n'en faut pas faire à deux fois ; que j'ai toujours donné ce conseil au Roi mon Maître ; & que ce Prince ne pensoit pas différemment. Je n'en convaincrai que ceux qui éxamineront la chose avec moi, sans passion ni préjugé : mais pour ceux-là, je m'en tiens sûr, parce qu'on en revient-là nécessairement, de toutes les réfléxions qu'on fait sur les différentes manieres de procéder dans cette affaire. Je vais les mettre ici sous les yeux, telles à-peu-près que je les ai faites, dans le temps qu'elles m'occupoient le plus fortement.

Un premier avis, & c'est le plus insoûtenable, est de regarder les bras croisés, les Parties intéressées débattre leur droit par la voie des armes, & d'assister nos Amis tout au plus de nos conseils. Comme il est contraire à toutes les régles de la prudence, de se tenir désarmé devant des personnes qui se battent ; il eût fallu de toute nécessité, tenir un Corps de Troupes sur la Frontiere ; ne fût-ce que pour être prêt à tout changement, qui de moment à autre pouvoit arriver. Nous ne gagnons donc rien dans ce parti, du côté de la dépense, que d'être exposés à la faire beaucoup plus long-temps, que si en nous mêlant de l'action, nous l'eussions terminée tout d'un coup.

Je dis la même chose d'un second parti, qui d'abord paroit assez spécieux ; qui est, d'appuyer les Princes contre la Maison d'Autriche, non pas ouvertement, mais sous-main, comme nous avions fait dans les Guerres de Flandre ; la Paix subsistant d'ailleurs entre toutes les autres Puissances de l'Europe. Il eût été à craindre que ces secours cachés & trop foibles, n'eussent pas pu mettre nos Alliés en état de résister aux deux branches de la Maison d'Autriche, réünies contr'eux : ce qui est le but, qu'on convient qu'il ne faut pas perdre de vûë. Nous n'eussions pas été dispensés de tenir dans les trois points par où les Etats débattus touchent à la France & à la Flandre, chacun un Corps au-moins de quatre mille hommes d'Infanterie, & de huit cens Chevaux, avantageusement postés sur les Terres neutres, ou sur les nôtres ; où elles n'auroient fait aucun acte d'hostilité,

C c ij

mais seulement gardé quelques passages, tenu l'Ennemi en respect, empêché quelque Allié de se déclarer, & prévenu dans le cas de la nécessité, la ruine totale de ceux qu'on soûtient : Encore une fois voilà bien de la dépense, uniquement employée à faire durer une Guerre, qu'on auroit finie tout d'un coup, en s'y prenant mieux. Il y a un Proverbe dans la Politique, qui dit que *Qui donne tôt, donne deux fois*: j'y ajoûterois plus volontiers celui-cy, que *Qui donne à demi, donne deux fois, & ne donne rien*. Nous en avons un éxemple récent, dans la révolte des Provinces-Unies, que cette maniere de soutenir des Alliés, aussi onéreuse à la longue, que l'est un prompt & puissant secours, n'a fait que les jetter un peu plus tard dans la nécessité de s'accommoder; lorsqu'on auroit pu les souftraire tout-à-fait à la domination Espagnole. Si c'est-là tout l'avantage que notre amitié doit procurer aux Princes d'Allemagne, nous ne les obligeons guere, ou point du tout : y ayant cette différence entr'eux & la Hollande, que sous quelqu'appas qu'on leur propose un Traité, il ne peut être qu'un leurre, dont l'Empereur se servira à coup sûr, pour les attirer & les perdre. Eh ! qui peut dire que nous n'en sentirions pas nous-mêmes le contre-coup ? *Léopold dans Julliers*, c'est un mot de Bongars, tout-à-fait juste, *c'est un furet dans une garenne*. Ce parti n'est donc propre qu'à épargner de la peine à la seule personne de Henry, qui n'auroit été tenu au plus, que de s'avancer jusqu'à Châlons ou à Rheims.

Outre ce moyen & celui d'une conspiration génerale contre la Maison d'Autriche, on en imagine un qui tient le milieu ; la derniere expédition de Savoie peut en être donnée pour éxemple. On y suppose que les Alliés de part & d'autre, agissent comme s'ils étoient convenus entr'eux de ne soûtenir leurs Parties, que pour le seul fait dont il est question ; & sans prétendre donner atteinte par-là, à ce qu'ils ont promis pour eux-mêmes dans le Traité de Vervins. Si ce n'est pas-là un cas de pure supposition ; je le trouve au-moins d'une procédure longue, embarrassante & coûteuse. Il faudra la commencer par une discussion de ce que chacun des Alliés doit fournir de Troupes pour son contingent, ensuite chercher des fonds pour les entretenir au moins deux années, dont celle-cy & les trois premiers mois de la suivante, feront uniquement employées en allées & venuës, & en arrangemens. L'Hiver eſt rude dans le Pays où l'on veut porter la Guerre ; il faut attendre qu'il ſoit fini, pour ne pas voir ruiner ſon Armée, avant que d'avoir rien commencé. Dans une entrepriſe où le Roi ne tiendra point la tête comme Chef principal, il lui ſuffira bien de faire commander par un Prince, ou un Maréchal de France, l'Armée qu'il deſtinera pour Cléves : mais il n'en ſera pas moins obligé de faire des préparatifs & des avances d'argent, d'autant plus conſidérables, que quelque choſe qu'on faſſe, il aura bien l'air de ſoutenir ſeul, ou preſque ſeul, tout ce fardeau. Il n'eſt pas plus diſpenſé encore de tenir trois mille hommes en Dauphiné, autant en Provence, & autant en Languedoc & en Guyenne. Je ne verrois alors rien de mieux à faire, que de choiſir certain nombre de Places, de ſituation à pouvoir ſe garder mutuellement, & ſervir comme d'échelles pour joindre les Etats de Cléves à la France & aux Provinces-Unies ; & de fortifier ces Villes : ce qui eſt encore un ſurcroît conſidérable de dépenſe.

Ainſi toutes les réflexions nous ramenent au premier expédient, comme au plus ſûr ; & toutes celles qu'on fait enſuite, y confirment : Ne plus rien ménager avec l'Eſpagne : traiter la Maiſon d'Autriche en ennemie de toute l'Europe : raſſembler de toutes parts ſes rivaux & ſes adverſaires : fondre ſur elle avec de fortes Armées, en lui redemandant les Etats de Cléves : ſe faire juſtice à ſoi-même, en ſe ſaiſiſſant, & de ces Etats, & de toutes les Places qu'on jugeroit importantes pour la Cauſe commune, du côté du Luxembourg, Limbourg, Aix, &c : ſe répandre dans le même moment, & couvrir les Frontières du côté des Alpes & des Pyrenées : En un mot, arborer l'étendard, & apprendre à tout l'Univers, Que le moment pour lequel le Roi Très-Chrétien ſe prépare depuis tant d'années & avec tant de ſoin, eſt enfin arrivé : Que ce Prince va ſe montrer dans la Carriere, guidé par la gloire, & armé pour venger une Partie du Monde, des attentats d'une injuſte & orgueilleuſe Puiſſance. Qui refuſera de l'y ſuivre ? Nos intelligences nous aſſûrent preſque toute l'Italie & l'Allemagne : Nous entraînons après nous les Provinces-Unies, en leur montrant leur Ennemi, que nous avons éloigné de leurs Frontières : Nous délions par-tout la langue & les bras des Puissances, que la crainte arrêtoit : & si nos efforts ne sont pas également secondés par tout, le ressentiment commun que nous servons, nous est garant que du moins ils ne seront traversés que par un très-petit nombre.

La Maison d'Autriche, il faut s'y attendre, remuëra ciel & terre pour parer, ou pour soutenir, un coup accablant pour elle. Mais quand on lui verroit clairement, soit chez elle, soit dans ses Alliés, toutes les ressources, que je doute qu'elle ait, si de l'aveu de tout le monde, l'Europe est dans un état violent, dont elle ne peut sortir que par de longues, & cruelles Guerres, qui peut-être lui rendront la liberté, peut-être la lui raviront pour jamais ; peut-elle mieux prendre son temps pour en jetter le sort, que de saisir le moment où le succès est le plus apparent, & les risques moins grands ? Voilà tout ce que je puis dire, sans anticiper sur le détail que j'ai promis de donner séparément, des grands desseins de Henry, & de la maniere de les éxecuter.

Ceux qui n'avoient rien négligé pour en détourner, ou pour en dégoûter Sa Majesté : & sous ce nom je comprends les Partisans de l'Espagne, les Nourriçons de la vieille Ligue, les ennemis de la Religion Réformée, & les mauvais François, jaloux de la gloire du Roi & du Royaume ; voyant que malgré leurs efforts, on touchoit à l'éxecution, employerent tout ce qui leur restoit encore à mettre en œuvre. Ils chercherent à profiter du foible de Henry pour les plaisirs, & à combattre dans son esprit les sentimens de la gloire, par tous ceux qui portent à la mollesse & au repos. Ils essayerent de nouveau de le remplir de soupçons contre tout le Corps Protestant en général, & contre moi en particulier. Ils lui firent voir son Royaume déchiré par des factions, qui aspiroient avidement après le moment de la Guerre, comme étant celui de l'impunité ; & les Princes ses Associés, comme des trompeurs, qui se jouoient de sa ridiculité. Quoiqu'en garde contre les artifices, il y eut des momens, où Henry se sentit ébranlé. J'aidois peut-être moi-même, sans y penser, à son découragement ; en lui représentant, Qu'un Prince, qui avoit ouvert son cœur à des projets si nobles, devoit commencer à le fermer au goût des amusemens frivoles, & des dépenses qui n'ont pour objet que la commodité : Qu'en semblable occasion, Ferdinand & Isabelle de Castille, & plusieurs de nos Rois, avoient réformé leur propre Maison & celle de la Reine : enfin qu'il ne devoit plus y avoir de plaisir pour lui, que dans la Victoire, ou du moins après la Victoire.

1609.

Il arriva fort-heureusement pour fixer les irrésolutions de Henry, que les Princes d'Allemagne indiquerent une Assemblée à Hall, en Suabe, de leur propre mouvement & malgré l'Empereur, pour y déliberer sur les moyens de rétablir les Cercles dans leur ancienne liberté. Ils s'y rendirent au jour marqué, au nombre de dix-huit ou vingt (10) : les Venitiens, le Prince d'Orange, les Etats de Hollande, le Duc de Savoie, qui étoit enfin résolu d'entrer dans la Cause commune, y assisterent par Députés. Les Manifestes qu'on eut soin d'y répandre, joints aux discours publics & particuliers de Boissise & des autres Agens de Sa Majesté, y produisirent un si bon effet, qu'on y délibera publiquement d'arrêter les progrès de la Maison d'Autriche ; & qu'il fut résolu qu'on enverroit des Ambassadeurs à Sa Majesté Très-Chrétienne, au nom des Puissances assemblées, pour lui offrir toutes leurs forces, & lui demander les siennes. Ces Ambassadeurs furent nommés, & partirent incontinent.

Jean-de-Thumery de Boissise.

Henry venoit de leur donner une premiere Audience, lorsqu'il vint à l'Arcenal m'entretenir de tout ce qu'ils lui avoient dit & offert, & prendre mon conseil sur la manière dont il répondroit à leurs propositions. Il me dit d'y penser attentivement, pendant qu'il alloit dîner chez Zamet ; & qu'au sortir, il reviendroit passer une partie de l'après-dînée avec moi, dans mon jardin, où il marquoit le rendez-vous.

Nous n'y manquâmes ni l'un ni l'autre. En arrivant, il me prit par la main ; & ayant fait écarter tout le monde, nous prîmes le chemin du bout de l'allée en terrasse, l'endroit le plus ordinaire de nos entretiens sérieux. » Hé-bien ! me » dit-il, que vous semble de nos affaires ? car les uns m'en

---

(10) Voyez les noms de ces Princes, le Discours du Sieur de Boissise, l'ordre & le résulat de cette Assemblée, dans le *Vol. 9765. Mss. R.*

Mém. d'Etat de Villeroi, tom. 3. pag. 230. & suiv. *Merc. Franç. ann.* 1610. *Siri, Ibid.* tom. 4. pag. 68.

» parlent d'une façon, & les autres, d'une autre. « Le moment me parut favorable, pour l'affermir dans sa résolution. Je lui fis voir, Que ceux qui la combattoient, y étoient sans doute poussés par des motifs secrets, que je voulois ignorer; puisqu'à prendre les choses par ces trois principaux points de vûë, sa Personne, les dispositions du dedans de son Royaume, & celles du dehors; elle ne paroissoit plus souffrir de difficulté : Sa Personne, parce que sans vouloir le flater, elle tenoit lieu aux François, des plus grands hommes de Guerre & d'Etat de son siècle; & qu'une semblable Ecole ne pouvoit manquer de produire des hommes excellens dans l'un & l'autre genre, comme elle en avoit déja produit, qui lui aideroient à porter le nouveau fardeau, dont il alloit se trouver chargé: Les affaires du dedans; parce qu'il n'y avoit ni Princes, ni Grands, ni Villes dans son Royaume, qui fussent en état, en moyens & en disposition, de s'opposer à son entreprise; encore moins qui osassent s'attaquer à lui, lorsqu'on le verroit commander aux forces de toute l'Europe : outre qu'on alloit ouvrir un Théâtre, où les Braves chercheroient & trouveroient mieux à se signaler, que dans d'obscurs complots, d'où il n'y a que de la honte à remporter : Enfin les affaires du dehors; parce que la difficulté de réünir tant de têtes dans le même dessein, qui avoit toujours passé pour être la seule véritablement considérable, se trouvoit enfin heureusement levée, à fort peu de chose près.

» Il reste à considérer, dis-je à ce Prince, si vous avez des
» moyens suffisans pour continuer la Guerre, sur le même
» pied que vous allez la commencer, tant qu'il sera néces-
» saire qu'elle dure : « car je convenois bien qu'elle alloit rouler toute entiere sur la France, comme sur son pivot:
» Sur-quoi je vous dirai, poursuivis-je, que pour le princi-
» pal, qui est l'argent; pourvû que votre Guerre ne dure que
» trois ans, & que vous n'ayez pas besoin de plus de qua-
» rante mille hommes; je vous en fournirai suffisamment,
» sans rien imposer de nouveau sur vos peuples. Quant aux
» autres choses, qui sont les munitions de bouche, d'Artil-
» lerie, &c; je vous en montrerai tant, que vous direz. *C'est*
» *assez*: Et puis je ne crois pas que de la manière dont nous
» ferons

LIVRE VINGT-SEPTIEME.

1609.

« ferons la Guerre, de trois Drapeaux, blanc, noir & rou-
» ge (11), nous ayons à déployer que le premier, & une pre-
» miere fois pour toutes : le fort du premier qui nous réfi-
» ftera, inftruira tous les autres. Mais encore, fans vous
» interrompre, me dit Sa Majefté, combien ai-je bien d'ar-
» gent? car je ne l'ai jamais bien fçu. Que penfez-vous bien
» avoir, Sire, lui dis-je? Ai-je bien douze millions comp-
» tant, reprit-il? Un peu davantage, répartis-je : Combien?
» quatorze? « Il alla ainfi en augmentant toujours de deux
millions, parce que je ne faifois à chacune de fes queftions,
que la même réponfe, *Un peu davantage* ; jufqu'à ce qu'é-
tant venu à trente millions : » Oh! je ne vous en demande
» plus s'écria-t'il, en m'embraffant avec un véritable tranf-
» port de joie. J'ai dreffé, lui dis-je, un Etat, par lequel
» Votre Majefté verra qu'elle peut s'affûrer d'un nouveau
» fond de quarante millions d'extraordinaire, en trois ans,
» fans rien prendre fur les dépenfes ordinaires de votre
» Maifon & de l'Etat ; fuppofé que mon bon ménage ne foit
» point traverfé : Et où eft cet Etat, reprit Henry avec pré-
» cipitation ? Je vous le donnerai, lui répondis-je, quand il
» vous plaira, écrit de ma main.

Je fis voir enfuite à Sa Majefté, combien elle pouvoit ef-
perer de joindre à fes fecours en hommes, en argent, &c. de
la part de fes Alliés ; pourvû qu'elle demeurât conftante
dans cette partie de fes deffeins, fuivant laquelle nous étions
convenus qu'elle feroit tout le monde riche de fes Conquêtes fur la Maifon d'Autriche, fans rien en réferver pour elle.
» Hé-quoi ! me dit ce Prince, vous voudriez que je dépen-
» faffe foixante millions, à conquérir des Terres pour au-
» trui, fans en rien retenir pour moi ? ce n'eft pas-là mon in-
» tention : Et l'Efpagne ? vous ne nous dites point ce qu'elle
» deviendra. L'Efpagne, répondis-je, demeurera, Sire, là où
» elle eft ; fans en rien ôter à fon Roi : Elle doit vous fervir
» de frein, pour retenir fous votre aîle, ceux que vos libé-
» ralités auront enrichis : un Roi d'Efpagne étant encore
» affez puiffant, pour les opprimer chacun féparément, s'ils

---

(11) L'Auteur veut faire entendre par cette expreffion, qu'aucun Prince ni Etat, ne refufera de joindre fes Armes à celles des Confédérés ; lorf- qu'on aura une fois connu leur intention, & qu'on aura puni le premier qui aura cherché à s'y oppofer.

Tome III. Dd

»se séparoient de vous; ils ne s'écarteront point de la re-
» connoissance qu'ils vous devront. « Sans recourir à la maxime générale, Que le trop d'étenduë d'un Etat, nuit plus qu'il ne sert à sa force; je fis sans peine convenir Henry de tous les inconveniens qu'il y auroit pour lui, à s'approprier des Pays, qui seroient un éternel sujet de jalousie & de haine; & que tout bien pesé, le plus grand, le plus solide avantage qu'il pût se procurer par ses Conquêtes, seroit celui d'acquérir, en les distribuant équitablement, le droit d'être regardé comme le Bienfaiteur & l'Arbitre de toute l'Europe.

Ce que j'approuvai davantage, fut de se tenir si bien en garde contre tous les revers, qu'arrivant, par éxemplet qu'il fût abandonné ou trahi par ses Alliés; il se ménageâ, toujours la facilité de ramener sans risque, & même avec honneur, son Armée dans son Royaume: à quoi rien ne me paroissoit plus propre, que la précaution de faire construire sur le chemin de Clèves, des Forts de distance en distance. Je joignis à ce conseil, celui de commencer par faire d'amples provisions de bouche, aux environs de ces Provinces: parce qu'outre qu'ils ne sont pas de facile transport, dans un Pays aussi serré & aussi coupé de Rivieres, que l'est celui-là; tout ce Canton est partagé entre tant de petits Princes, qui avoient déja ramassé les fruits de la présente récolte, après en avoir vû piller une grande partie; qu'une Armée y subsisteroit difficilement pendant quinze jours entiers, sans être obligée d'avoir recours aux Magasins mêmes de ces Princes; où ils lui seroient vendus si cher, que tout son argent n'y suffiroit qu'à peine. Je dis à Sa Majesté, Que si elle le souhaitoit, j'enverrois chercher les Marchands, avec lesquels j'avois coûtume de traiter pour les grandes entreprises; & que je composerois avec eux à un prix raisonnable, pour toutes les choses dont on pourroit avoir besoin, sans en omettre la plus petite.

Le Roi rassemblant tout ce qu'il venoit d'entendre, me dit en se séparant de moi, Qu'il alloit faire de nouvelles réflexions très-sérieuses sur le parti qu'il avoit à prendre: Que je ne négligeasse pas de mon côté, d'approfondir de-plus-en-plus la matiere: Qu'il viendroit en conférer fort-souvent avec moi: & que je pouvois toujours commencer

LIVRE VINGT-SEPTIEME. 211

1609.

par faire les préparatifs & toutes les provisions, dont je venois de lui parler : Ce qui me fit juger que j'avois obtenu du moins une partie de ce que j'avois demandé.

Je fis venir mes Marchands de Liége, Aix, Trèves & Cologne, avec lesquels je fis, sous la restriction du bon plaisir de Sa Majesté, le marché suivant : Qu'ils me fourniroient dans trois mois, aux endroits de la Frontière que je leur marquai du côté de Clèves, toutes sortes de munitions de bouche & de guerre, marchandises, ustenciles, &c. (j'avois fait un détail complet de tout ce qui est nécessaire à une Armée de vingt-cinq mille hommes d'Infanterie, & de cinq mille de Cavalerie) : & cela, au même prix que toutes ces choses y valoient lors du marché, qui étoit le mois d'Octobre : Que de mon côté, je leur avancerois une somme de six cens mille écus ; laquelle demeureroit entre leurs mains, au moins un an, en donnant caution à Paris d'un million, pour la sûreté de cette somme : ce qui leur tiendroit lieu de dédommagement, pour les frais d'achat & de revente, de déchet, & autres.

Le Roi approuva si fort ce marché, qu'il me commanda de le finir ; mais n'ayant pu, dans le contentement qu'il en avoit, s'empêcher d'en faire part à Sillery, Villeroi & Jeannin, & ensuite à M. le Comte de Soissons, au Cardinal de Joyeuse, au Duc d'Epernon & à plusieurs autres ; quelques-uns s'y prirent si malignement & si adroitement, pour lui donner à entendre qu'enfin je l'avois mis dans mes filets, en lui faisant faire hors du Royaume, ces Magazins que je souhaitois, disoit-on, depuis si long-temps d'y former pour moi-même ; que ce Prince, quoiqu'en garde contre tout ce qui venoit de leur part, avala enfin le poison. Lorsque je le revis quelques jours après, il me demanda si le Contrat des Vivres étoit passé. Je lui répondis que non ; parce que la chose m'avoit paru d'assez grande conséquence, pour mériter une attache du Conseil, qui ne s'étoit point encore assemblé depuis, Henry trouva dans cette idée, qui ne devoit le faire appercevoir que de mon exactitude, je ne sçai quel air de fausse & frauduleuse précaution, qui lui parut la confirmation de ses soupçons. Il me dit de ne pas conclurre, qu'il ne m'en donnât l'ordre. « Les Marchands ne voudront » pas attendre, Sire, repris-je, sans penser à rien, S'ils ne

François de Joyeuse.

D d ij

» veulent pas attendre, répliqua t'il, du même ton sec, qu'ils
» s'en aillent.« J'ouvris les yeux ; & le dépit se mettant de
la partie, de mon côté comme du sien : « Ho, ho, Sire, je
» vois bien, lui dis-je, que vous avez quelque chose dans
» l'esprit, que je ne sçais pas : je les renverrai, puisque vous
» le voulez ; mais vous vous souviendrez, s'il vous plaît, de
» cette affaire, en temps & lieu : « & nous nous séparâmes
après ces paroles, très-froidement.

Il ne fut plus question de l'affaire des Vivres, jusqu'à ce qu'un assez long espace de temps après, le Roi m'ayant entretenu sur d'autres sujets à l'Arcenal, devant quelques personnes, comme à l'accoûtumée, il me tira à part, & me dit : » J'ai eu des Nouvelles que Messieurs les Etats m'envoient » des Ambassadeurs dans peu de jours, afin de convenir en- » semble de tout ce qu'il nous faudra faire : Nous les enten- » drons : & cependant il faut que nous préparions nos af- » faires, afin qu'il n'y manque rien. « Il n'en dit pas davantage pour cette fois. Les Députés arriverent presque aussi-tôt après, chargés de Lettres du Prince d'Orange & du Conseil des Pays-Bas pour Sa Majesté & pour moi. Henry ouvrit les unes & les autres, & y vit qu'on lui garantissoit la réüssite de son entreprise ; pourvû qu'il eût eu la précaution de faire sur les lieux, les provisions dont il auroit besoin : sur quoi on lui donnoit à peu-près les mêmes avis, que je lui avois moi-même donnés. Ce rapport lui défilla les yeux. Il referma mes Lettres, & les donna à L'Oserai pour me les apporter. Je m'apperçus aisément de cette supercherie, que je crus pouvoir payer par une autre, dont la fin étoit bonne. Je refermai à mon tour les Lettres, après les avoir luës ; & je convins avec L'Oserai, qu'il viendroit me les apporter, comme pour la premiere fois, lorsqu'il sçauroit que le Roi, qui devoit venir l'après-midi à l'Arcenal, seroit avec moi.

Ce Prince y vint en effet ; & il commença par me dire : » Avez-vous reçu des Lettres de Messieurs les Etats : car l'on » m'a dit qu'il y en a pour vous. Je ne les ai point, Sire, » lui répondis-je. Vous les verrez, reprit-il : car j'ai com- » mandé qu'on vous les apporte, & les miennes aussi. Mais » cependant parlons de ce que nous avons à faire : Quel or- » dre donnez-vous aux Vivres ? car nous irons là en un temps,

» où il ne s'en trouvera guére. Sire, il y a long-temps, lui 1609.
» dis-je, que j'avois prévu cela ; & j'y avois voulu donner
» ordre : vous-même vous l'aviez alors non-seulement trouvé
» bon, mais encore vous me l'aviez ordonné : On vous en
» détourna, par malice contre moi ; j'ai bien peur que le
» contre-coup n'en retombe sur vous : car ce qui se fût fait
» facilement & à bon marché, dans ce temps là, qui étoit
» peu à près la récolte, se fera maintenant très-difficilement
» & chèrement : & qui plus est, je ne sçais qui est celui qui
» sera assez hardi pour entreprendre de fournir de vivres
» une Armée, où il y aura plus de cent cinquante mille bou-
» ches à nourrir, & plus de trente mille chevaux. Qui l'en-
» treprendra, interrompit Henry ? ce sera vous si vous ne
» voulez me fâcher. J'aimerois mieux, Sire, mourir que
» vous fâcher, lui répondis-je : mais vous ne devez pas non-
» plus me commander des choses devenuës impossibles, après
» que je les ai voulu faire en leur temps. Ne parlons plus des
» choses passées, dit le Roi ; pensons à l'avenir. Il faut que
» vous me serviez à cela ; & qu'avec vos autres Charges,
» vous preniez encore celle de Surintendant des Vivres ;
» & je vous en prie, comme mon Ami : car je sçais que si
» vous voulez faire comme vous avez accoûtumé, vous vous
» en acquitterez bien. «

Je représentai à Sa Majesté, tout-à-fait sérieusement, Que c'en étoit déja assez, & même trop pour moi, que d'ê-tre chargé du soin de l'Artillerie, qui pourroit seul occuper quatre personnes entieres, sur-tout en cette conjoncture ; & de celui de pourvoir à toutes les dépenses ordinaires de l'Etat, pour la Maison de Sa Majesté, de la Reine sa Femme & de ses Enfans ; pour ses Fortifications, Bâtimens & autres Ouvra-ges publics ; enfin pour tous ses Gens de guerre, soit au-dedans, soit au dehors du Royaume. » Comment ! me dit Henry,
» vous me voulez refuser une chose, dont je vous prie avec
» tant d'affection, & comme un Ami feroit un Ami ? Vrai-
» ment si vous le faites, je croirai que vous ne m'aimez plus ;
» & que vous avez des desseins, dont il y a long-temps qu'on
» m'a voulu embarrasser l'esprit. « Hé quoi ! Sire, répartis-je aussi-tôt, profitant de la parole qui venoit de lui échapper ;
» je suis donc si malheureux, que lorsque je me tuë pour
» votre service, pour votre honneur & pour votre gloire,

» vous retournez toujours, & fur les moindres fuggeftions,
» à la défiance & aux foupçons de ma fidelité? Je vous avouë
» que cela me fait perdre courage, & me fera mourir à la
» fin. Hé-bien ! reprit ce Prince, qui avoit entrepris de me
livrer toutes fortes d'affauts ; » puifque vous le prenez fur ce
» pied-là, je remédierai bien fans grande peine, à tant de
» fortes de difficultés : C'eft qu'il faut rompre notre voyage,
» paffer le temps comme nous pourrons ; & vivre en paix
» avec tout le monde, m'accommodant avec un chacun, &
» les contentant à force d'argent: nous en avons affez d'amaf-
» fé : il le faudra employer à cela. C'eft bien penfer, Sire,
» répondis-je : & pour mon particulier, cela m'exemptera de
» beaucoup de chagrins, de veilles, de travaux, de repro-
» ches & de dangers. «

Henry m'interrompit, avec un mouvement de colère,
dont il ne fut pas le maître, & me reprocha que je deve-
nois diffimulé. » Je fçais, dit-il, que ce que vous me dites,
» eft au plus loin de votre defir & de votre penfée ; & que
» vous feriez le plus fâché, fi nous ne faifions pas la Guerre,
» dont il y a fi long-temps que vous me preffez. Oui, Sire,
» il eft vrai, répliquai-je ; je vois les occafions tout-à-fait
» propres à acquérir de la gloire, fi votre inclination vous
» y porte : ce qu'il faut pourtant faire femblant de ne pas
» voir, fi vous n'êtes pas difpofé à les feconder par vous-
» même : « Et j'ajoûtai, Que non-feulement fes deffeins rouloient fur fa propre Perfonne, mais encore, qu'ils dépen-
doient fi bien de lui, que comme il pouvoit tout pour le
fuccès, il pouvoit auffi d'un feul gefte, ou d'une fimple
parole échappée imprudemment, les ruiner pour toujours.
» Enfin, lui dis-je, après avoir cherché un tempérament
» qui put nous rapprocher ; » que votre Majefté commette
» M M. Jeannin & Caumartin à la Surintendance des Vi-
» vres ; & je vous promets de les affifter de confeil, de tra-
» vail, de crédit, de gens & d'argent, comme s'il y alloit
» de ma vie : mais fi je l'entreprenois feul, jamais vous ne
» croiriez que les difficultés vinffent d'ailleurs que de né-
» gligence, ou de défaut d'attachement de ma part. Or-
bien, reprit auffi Henry, je verrai ce qui fe pourra faire :
» Mais fi les autres ne veulent pas l'entreprendre fans vous,
» préparez-vous à y travailler conjointement avec eux ; finon

„ je romprai mon voyage. « L'Oſerai entra dans ce moment, avec les Lettres : il reçut une verte réprimande, de ne me les avoir pas apportées pluſtôt.

Le Roi ne ceſſa plus depuis ce moment-là, de s'occuper preſqu'uniquement de l'exécution de ſon entrepriſe. Les Conſeils qui ſe tinrent à ce ſujet, de-là en avant, ſe paſſerent néanmoins dans un fort-grand ſecret, & le plus ſouvent à l'Arcenal. Il y appelloit toujours M. de Vendôme, qu'il prenoit ſoin d'inſtruire dans toutes les Affaires de l'Etat & de la Guerre : Et comme il s'apperçut qu'il y avoit quelque froideur entre ce Prince & moi, il ſe propoſa de nous rendre Amis : & voici la manière dont il s'y prit. » On m'a rap-
» porté, dit-il un jour, que mon Fils de Vendôme, & le
» vôtre, ne ſont pas trop bien enſemble : je veux les rac-
» commoder : Faites trouver votre Fils demain à huit heu-
» res, dans votre cabinet : j'y viendrai avec le mien ; & je par-
» lerai à tous deux, comme il faut. « Lorſque nous y fûmes
» tous quatre ſeuls, Henry prit les deux jeunes-gens par la
  main, & leur dit : » Vous voyez comme j'aime M. de Sully,
» & avec quelle franchiſe j'agis avec lui : je veux que vous
» ſoyez de même enſemble, & que vous nous croyez ; afin
» qu'étant vieux, vous nous ſerviez de bâton de vieilleſſe :
» Et vous, mon Fils, je veux que vous honoriez M. de
» Sully, comme moi-même, & que vous le veniez voir ſou-
» vent, ſans l'importuner néanmoins ; afin d'apprendre de
» lui le métier de la Guerre, & l'ordre qu'il faut tenir dans
» les Affaires : l'affection qu'il a pour moi, me rendant ſûr
» qu'il ne vous cachera rien de tout ce qu'il ſçait, non plus
» qu'à ſon Fils, que je veux que vous aimiez, comme ſi c'é-
» toit votre Frere. Je vous commande à tous deux, d'oublier
» tout ce qui pourroit avoir cauſé quelque refroidiſſement
» d'amitié entre vous.

Nous voiyons avec joie, que chaque jour levoit quelqu'obſtacle. La propoſition d'Alliance, dont il a été parlé, nous réüſſit parfaitement auprès du Duc de Savoie (12). Le Roi

---

(12) Voyez le Traité fait cette année entre la France & la Savoie, dans les Mémoires de Nevers. *Tom.* 2. *p.* 832. & le Traité définitif, paſſé à Bruſol, le 25 Avril de l'année ſuivante ; par lequel le Roi de France s'engage entr'autres choſes, à mettre le Duc de Savoie en poſſeſſion du Milanois. *Ibid. pag.* 880. Ce Traité eſt rapporté ſuivant l'Original Italien, dans Vittorio Siri, *Ibid. Tom.* 2. *pag.* 236. Mais cet Ecrivain

1609. de Suède s'offrit de lui-même : & pour lier plus fortement ses intérêts avec les nôtres, il fit entendre au Roi, qu'il se tourneroit du côté de la France, pour chercher une Femme au Prince son Fils, qui tout jeune qu'il étoit, secondoit courageusement ses résolutions. Les Rois d'Angleterre & de Dannemarc, étoient plus qu'à-demi gagnés. Les Protestans de Hongrie, Bohême, Moravie, Silésie & Haute-Autriche, poussés par nos Agens, & déterminés encore plus fortement par la persécution & les cruautés que les Jésuites faisoient exercer contr'eux aux Ministres de l'Empereur, venoient de nous donner parole que si-tôt que la Guerre seroit déclarée, ils feroient une puissante diversion dans ces extrémités de l'Allemagne. On comprit par les Lettres de Bongars, & par celles du Langdrave de Hesse, que l'Electeur de Saxe ne se porteroit point à prendre parti contre l'Empereur : mais en récompense, l'Electeur de Baviere s'engagea à tout, moyennant des assûrances qu'il seroit choisi pour succéder à l'Empereur, & dès actuellement nommé Roi des Romains. Les Suisses paroissoient disposés très-favorablement. Rien ne résistoit à l'appas des Conquêtes, dont on prenoit soin de flater tout le monde. Le Pape lui-même, qui devoit passer pour le plus difficile à gagner, n'y paroissoit pas insensible. Lorsque j'eus dit un jour au Nonce, que je songeois à faire son Maître Roi ; il me remercia de cette parole, comme de la meilleure Nouvelle qu'il pût jamais, disoit-il, apprendre à Sa Sainteté.

Mais une ressource bien plus sûre, dont nous avions déja commencé à nous servir, en cas de refus du Souverain Pontife, comme de tous les autres petits Etats d'Italie, Florence, Mantouë, Montferrat, Modéne, Urbin, Génes & Lucques, c'étoit de faire marcher une Armée du côté du Milanois, pour les obliger tous, ou à s'unir à nous, ou à contribuer du-moins de quelques sommes d'argent, à l'Armement commun. Lesdiguières avoit reçu les Commissions, pour mettre sur pied un Corps de douze mille Fantassins, & de deux mille Chevaux, avec douze Piéces d'Artillerie ; &
» attendant,

---

se contredit, en ce qu'il convient, tom. 1. pag. 512. que ce fut le Duc de Sully, qui moyenna cet Accord entre la France & la Savoie; & qu'il assûre après, pag. 566. Que dans les vûës du Duc de Sully, ce Traité ne devoit valoir au Duc de Savoie, que la seule protection de la France,

j'avois mis à part, pour l'entretenir, un fond de cent mille écus par mois, dont les assignations étoient expédiées & déja envoyées. Je faisois état que le Duc de Savoie, les Vénitiens, les plus ardens, comme en effet les plus intéressés dans cette partie du Projet, & le Pape, supposé qu'on réussît à le faire déclarer, en fourniroient autant à eux trois.

L'orage devant commencer à se former du côté de l'Allemagne, on levoit actuellement pour la grande Armée qu'on destinoit pour le pays de Cléves, vingt mille hommes d'Infanterie, quatre mille de Cavalerie, & six mille Suisses. L'équipage d'Artillerie n'étoit pas moindre que de cinquante Canons; les charrettes, chevaux, mulets, & tout le reste du Bagage à proportion, aussi bien en état de servir, que bien entretenus. Les levées étant achevées, tout cela commença à défiler vers Cléves; quoique la Guerre ne fût pas encore déclarée. La Compagnie de deux cens Hommes-d'armes sous le titre de la Reine, dont j'étois Capitaine-Lieutenant, eût ordre de se trouver pour le dernier Juillet, à Mézieres, complette & équippée comme elle devoit l'être.

Le Roi qui attendoit à arborer l'étendard, que le Printemps de l'année suivante eût ramené le temps de se mettre en Campagne, vouloit éviter tout ce qui pouvoit avoir l'air d'aggression, jusqu'à dix jours près de celui où il comptoit partir. Il jugea même à-propos d'écrire une Lettre à l'Archiduc, par laquelle il lui mandoit, Qu'ayant été prié par les véritables héritiers du Duc de Cléves, de les secourir contre quelques Particuliers, assistés de plusieurs puissans Princes, qui vouloient se saisir de leurs Etats; il n'avoit pu leur refuser son assistance : Et que comme le chemin de ses Armées s'adonnoit par les Pays de sa dépendance, il le prioit de trouver bon qu'il y passât comme Ami, Qu'il n'useroit d'aucune hostilité, à-moins qu'il n'y fût forcé; & qu'il maintiendroit ses Troupes dans une éxacte discipline. La Réponse de l'Archiduc ne vint qu'après la mort de Sa Majesté : la voici. Monseigneur, Je suis votre très-humble
» Serviteur : En cette qualité, je vous supplie de passer dans
» mes Pays : car ni portes, ni vivres, ne vous y seront refu-
» sés; me confiant sur l'assûrance qu'il plaît à Vôtre Majesté
» de me donner, qu'il ne s'y commettra, ni désordre, ni
» aucun acte d'hostilité.

1610.

Voilà dans quel état étoient les Affaires de France, lorsque l'année mil six cens neuf finit. Henry en avoit passé les derniers mois, uniquement occupé de son Projet. Le commencement de la suivante n'apporta, ni changement à sa résolution, ni intermission à ses soins. Il en étoit si rempli, qu'assez souvent il lui arrivoit d'en faire des confidences tout-à-fait indiscrètes. Lorsque j'allai lui rendre le salut & le présent d'usage, le premier jour de l'année, il goûta si fort l'idée dans laquelle j'avois fait faire les Jettons d'or que je lui présentai, qu'il en prit deux dans sa poche, pour les faire voir à quelques-uns des Courtisans. On y voyoit représenté le Globe de la Terre, soûtenu par sa propre pesanteur, au milieu d'un Athmosphère, que les vents & les orages paroissoient vouloir bouleverser : & ces mots latins *Suo se pondere fulcit*, qu'on lisoit dans l'Exergue, achevoient d'exprimer le rapport de cet Emblème avec la situation des Affaires de l'Etat, rendu capable par le bon gouvernement de Henry le Grand, de triompher des efforts de tous ses Ennemis. Ce Prince sortant de son dîner, trouva M. le Comte de Soissons, & les Cardinaux de Joyeuse & Du-Perron, qui s'entretenoient dans son Cabinet des Livres; & il leur montra les jettons. Ces Messieurs, pour lui faire plaisir, renchérirent encore sur les louanges qu'il me donnoit; en disant que j'en étois d'autant plus digne, qu'on voit rarement les Gens-de-Qualité unir au goût pour les Affaires du Cabinet & de la Guerre, celui des Belles-lettres.

J'étois présent à ce discours, avec beaucoup d'autres personnes qui avoient suivi le Roi. Henry les écarta tous, excepté M. de Vendôme, pour entretenir ceux que je viens de nommer. La-Varenne & Béringhen demeurerent aussi; mais ils se tinrent auprès de la porte. Ce ne fut pas sans beaucoup de chagrin, que ce Prince s'étant mis à parler de ses grands desseins, devant des personnes que je ne croyois pas toutes également bien intentionnées, je lui entendis dire, Que pour le coup, il alloit mettre si bas l'Espagne & toute la Maison d'Autriche, qu'elle cesseroit désormais d'être un objet redoutable à la France ; à quelque changement que celle-cy se vît exposée, soit par rapport à la Famille Royale, soit dans la forme de son Gouvernement : Mais je souffris plus qu'on ne peut dire, lorsqu'au lieu de s'arrêter après ces paroles déja si imprudentes, je le vis prêt à trahir le reste de son secret, en découvrant des particularités tout-à-fait essentielles. Il ne se souvenoit pas qu'il m'avoit lui-même dit plusieurs fois, l'année précédente, qu'il étoit obsédé de gens, qui lui tendoient sans cesse des pieges, pour pénétrer le fond de son ame ; & dont la curiosité sur ce sujet, ne procédoit que d'un très-mauvais motif.

Je pris la liberté de le tirer par son manteau, sans que personne s'en apperçût : ce qu'il entendit si bien, qu'il s'arrêta tout-court, comme si le défaut de mémoire l'obligeoit à s'interrompre lui-même : » Ma mémoire, dit-il, devient » la plus mauvaise du monde ; j'oublie sur-tout presque tous » les noms des Personnes, Villes & Pays : Je vous prie, » poursuivit-il, en s'adressant à moi, pour une chose qu'il avoit déja commencé à me demander, » de me dresser » par écrit des Mémoires de tous mes propres desseins, de » leur cause, des expédiens propres à les amener à leur » perfection, & des differens discours que nous avons tenus » ensemble, à prendre du plus loin qu'il peut vous souve- » nir ; afin que m'en étant rafraîchi la mémoire, j'en puisse » mieux communiquer avec ceux de mes Serviteurs, aux- » quels j'ai le plus de confiance. « Il se tira ainsi adroitement de la nécessité où il s'étoit mis, de leur en dire davantage. Je lui répondis, au sujet des Etats qu'il me proposoit, Que je n'y manquerois pas : mais que ce n'étoit pas un ouvrage, ni si court, ni si facile, que j'eusse pu le satisfaire, si je n'en avois heureusement dressé les Mémoires de longue-main ; & que je craignois encore avec tout cela, que mon ouvrage ne fût défectueux du côté de mille circonstances, qu'on ne pouvoit sçavoir au-juste, que de sa propre bouche, & sur lesquelles il ne m'avoit jamais parlé qu'à bâtons rompus. La conversation finit là.

Le Roi emmena à la Chasse une partie des Courtisans ; & moi, je m'en allai travailler chez moi à rassembler & à arranger mes Recueils. Il y en avoit de très-importans sur les Finances, mais qui ne regardoient qu'indirectement les Desseins de Sa Majesté. Je mis à-part ceux que je jugeai à propos ; & je retournai six ou huit jours après, les porter au Roi ; auquel je dis, en les lui présentant, Que ceux qui voyoient son Projet d'un œil si chagrin, seroient bien plus affligés encore, s'ils fçavoient ce que j'avois à lui montrer. « Comment donc, me dit-il, m'auriez-vous caché jufqu'à préfent quelque chofe d'important fur ce fujet ? je ne le fçaurois croire. » Je lui répondis, Qu'auffi cela n'étoit pas: mais que mille chofes, dont à-peine on fe fouvient, lorfqu'on les a traitées féparément, & à mefure qu'elles fe font préfentées, avoient une toute autre force, lorfqu'elles fe trouvoient raffemblées. Je lui laiffai mes Mémoires.

De ceux qui concernoient fes Deffeins, je ne lui avois encore donné que les plus généraux. Lorfqu'il les eût examinés, il vint un matin à l'Arcenal, où s'étant enfermé avec moi dans mon cabinet : « J'ai lu & relu vos Mémoires, me dit-il : il y a plufieurs bonnes chofes, faciles à entendre & à éxécuter, mais il y en a d'autres où il me femble qu'il y a beaucoup à redire, & où j'ai peur que vous-même ne trouvaffiez pas votre compte. Je m'étois bien douté, Sire, lui répondis-je, que vous me tiendriez ce langage: je vous prie d'attendre, avant de m'en dire davantage, que vous avez vu deux autres Etats que j'ai encore dreffés ; je m'affûre qu'ils éclairciront une bonne partie de vos doutes, & qu'ils vous fatisferont. Ho-bien ! laiffez-les-moi, reprit-il, afin que je les voie tout-à-loifir ; & puis je vous en dirai mon avis. » Ces feconds Mémoires ne contenoient en-effet que des éclairciffemens, principalement fur les difficultés qu'on pouvoit former, où le Roi prendroit le grand nombre de foldats néceffaires à l'éxecution de fes vaftes deffeins, & tout l'argent propre à les entretenir.

Le Roi attendit impatiemment ce fecond Ecrit, & vint de-même le recevoir chez moi. Il prit fes lunettes, qui étoient fur la table de mon cabinet ; & l'ayant lu d'un bout à l'autre avec attention, il m'avoua que le Mémoire que je lui avois donné huit jours auparavant, lui devenoit clair à l'aide de celui-cy ; & qu'il commençoit à bien efpérer de la réüffite, en voyant des fommes fi confidérables, ou actuellement amaffées, ou d'un recouvrement très-facile : « Car pourvû que nous ne manquions point d'argent, pourfuivit-il, je fçais que je ne manquerai, ni d'hommes, ni de courage, ni de diligence : Ne le croyez-vous pas ainfi ? Oui, Sire, lui répondis-je, je le crois ; & il n'y a rien de

LIVRE VINGT-SEPTIEME. 221

1610.

» grand, que je ne croie & que je n'attende de vous : mais
» voilà de quoi vous le faire encore mieux croire, » ajoûtai-je,
en lui montrant un dernier petit Etat, écrit & signé de ma
main, qui n'étoit qu'un simple Bordereau des sommes d'argent
actuellement dans ses coffres. Henry m'embrassa étroitement
par trois fois, lorsqu'il vit que le montant de ce petit
Ecrit n'étoit pas moins que de trente-six millions ; & il le serra
soigneusement. » Voilà deux Etats, qui m'ont grandement
» soulagé l'esprit, dit-il, en se levant : Je vois donc le fond
» de ma dépense assûré. Ne croyez pas, Sire, lui répondis-
» je, comme il sortoit de mon Cabinet, que ce soit-là tout
» le fond de ma science : en cas d'extrême nécessité, je trou-
» verai bien les moyens de vous en avoir encore autant ;
» votre Royaume étant si fertile & si opulent, qu'il ne sçau-
» roit être épuisé ; pourvû qu'il soit bien menagé, & que les
» deniers qu'on destine à la Guerre, y soient uniquement
» employés. « Au-reste, je crois devoir épargner à mes Lecteurs,
l'ennui de voir ici tous ces Etats transcrits : j'en inférerai
le précis dans l'exposition que je dois bientôt donner séparément,
des grands desseins du Roi.

Ce Prince fit encore un voyage à Fontainebleau, au commencement
de Mars : mais il n'y fut que quinze jours. Il
revint incontinent à Paris : & il paroît bien par les Lettres
que je reçus de lui pendant ce temps-là, qu'il ne perdoit
guère de vuë son Projet ; puisqu'elles ne contiennent que
des détails de Guerre. Il me parloit dans l'une, des Recruës
des cinq Compagnies du Régiment de Piémont, mises
chacune à deux cens hommes : dans une autre, d'une Compagnie
de Chevaux-legers, qu'il avoit commandé à Soubise
de faire ; & pour laquelle il lui donna douze mille
livres, qu'il m'ordonnoit d'employer dans le premier Comptant.
Il me mandoit une autre fois, d'assembler le Chancelier,
Villeroi & Jeannin, pour conférer avec eux, de ce qui
étoit nécessaire pour fournir de vivres toutes ses Troupes,
& de préférer les Magasins le long de la Meuse, à tous
les autres. Une autre de ces Lettres marquoit l'ordre que
ce Prince croyoit qu'on devoit tenir, dans les levées de
soldats, leur enrôlement, leur marche vers le rendez-vous ;
& autres détails de cette nature : Cette Lettre me fut adressée,
parce qu'elle avoit été faite plus particulierement

E e iij

à l'occasion des levées qui se faisoient dans mon Gouvernement.

Je supprime à mon ordinaire quelques autres Lettres, pareilles à toutes celles des années précédentes; en ce qu'elles ne roulent que sur quelques petits payemens, & autres menus détails de Finance : je n'en transcrirai tout entiere, qu'une seule ; c'est celle où le Roi croit devoir répondre à quelques mots que j'avois laissé échapper, sur le plaisir qu'il trouvoit à chasser & à demeurer à Fontainebleau :
» Mon Ami, je sçais bien ce que vous avez dit touchant ma
» Chasse & mon séjour en ce lieu : Mais ne croyez pas que
» le plaisir que je prends à l'un & à l'autre, me détourne du
» soin de pourvoir à tout ce qui est nécessaire pour notre
» voyage, & la composition de mon Armée, en ce qui
» dépend de moi. Donnez seulement ordre à l'Artillerie &
» à l'argent, afin que rien n'y manque ; mais sur-tout,
» aux vivres : Car puisque suivant l'Etat que vous m'avez
» donné des Ambassadeurs qu'il faut que nous envoyons,
» les Présidens Jeannin & Caumartin doivent être du nom-
» bre ; c'est à vous à en choisir d'autres, tels que bon vous
» semblera : car je m'adresserai de tout à vous. Au surplus,
» j'ai pensé & repensé aux propos que vous me tintes der-
» nierement touchant ma Femme, & une autre que vous
» sçavez, & les promesses que vous desirez tirer de moi : sur
» quoi je vous en dirai davantage, lorsque je vous verrai ;
» ce qui sera dans deux jours. Adieu, mon Ami. De Fon-
» tainebleau, ce quinzieme Mars. «

De retour de Fontainebleau, Henry employa le reste du mois de Mars & le mois d'Avril entier, à mettre la derniere main à tout ce qui restoit encore à faire pour ouvrir la Campagne : ce qu'il se disposoit à faire tout le plustôt qu'il pourroit. Il ne se passoit presque plus de jours, que ce Prince ne vînt à l'Arcenal, & qu'il n'y demeurât enfermé pendant plusieurs heures. Le temps passoit bien vîte à discourir sur l'accomplissement de ses Grands desseins, & sur mille considérations qui se présentoient à faire, à la veille d'une entreprise si importante, soit touchant les Affaires Etrangeres, soit par rapport à l'ordre qu'il étoit besoin de mettre à toutes les Parties de l'intérieur, afin que l'absence de Sa Majesté n'y apportât aucun dérangement. Le Roi m'a-

LIVRE VINGT-SEPTIEME.

1610.

voit fait faire à cette intention, un Livre, ou long Memoire, sur la Guerre & sur les Affaires de l'Etat, qu'il prenoit plaisir à corriger de sa main, après que nous en avions éxaminé chaque point.

Pour résider dans les differentes Cours de l'Europe, en qualité d'Ambassadeurs ou de Députés, pendant qu'il travailleroit à l'éxecution de son Dessein, il nomma les Personnages suivans : Mon Frere, pour Rome & les autres Princes & Républiques d'Italie, qui ne s'étoient point encore déclarés pour la Confédération : Bullion, vers les Vénitiens & le Duc de Savoie : Caumartin, chez les Suisses, Grisons & leurs Alliés : Schomberg, auprès des Ducs de Saxe, de Baviere & de Brunswich, le Marquis de Brandebourg & les autres Princes & Villes d'Allemagne, qui n'avoient point encore embrassé l'Alliance. Bongars, en Hongrie, Bohême & Transilvanie : Boissise, en Dannemarc & Suède, & dans les Villes situées sur la Mer Baltique : Jeannin, dans la Grande-Bretagne & les Provinces-Unies, & auprès des Princes héritiers de Cléves : Ancel, à Vienne & en Pologne : Préaux, vers les Archiducs ; & Montglat, à Constantinople.

Quant au Gouvernement intérieur ; la direction en fut destinée à la Reine, avec le titre de Régente, assistée d'un Conseil, sans l'avis duquel elle ne pourroit rien conclurre. Sa Majesté le composa des Cardinaux de Joyeuse & Du-Perron ; des Ducs de Maïenne, de Montmorency & de Montbazon ; des Maréchaux de Brissac & de Fervaques ; & de MM. de Châteauneuf, Garde du Sceau de la Régence, de Harlay, de Nicolaï, de Châteauvieux, de Liancourt, de Pont-carré, de Gêvres, de Villemontée & de Maupeou. Ce Conseil, outre qu'il étoit obligé de se conformer aux Instructions qu'il auroit reçues, ne pouvoit rien statuer sur les Affaires de grande conséquence, qu'après en avoir informé & consulté Sa Majesté. Il avoit sous lui quatorze autres petits Conseils, composés de cinq personnes, prises dans le Clergé, la Noblesse, la Justice, la Finance & les Corps de Villes. Le nombre de ces petits Conseils avoit rapport à celui des Provinces, ou Gouvernemens, en quoi fut partagé le Royaume, dans l'ordre suivant : L'Isle-de-France ; la Bretagne ; la Normandie ; la Picardie ; la Champagne ; la Bourgogne & Bresse ; le Lyonnois, Forez, Beaujolois & Auvergne ; le Dauphiné ; la Guyenne ; le Poitou, Aunis, Xaintonge, Angoumois & Limofin ; l'Orléanois, l'Anjou & la Touraine ; le Maine & le Perche ; le Berry, Bourbonnois, Nivernois & la Marche.

Il se faisoit pendant ce temps-là dans Paris, d'autres préparatifs, d'une espèce bien differente, que Henry voyoit avec beaucoup de chagrin : je parle de ceux du Couronnement de la Reine. Il y répugnoit si fort, qu'il ne fallut pas un motif moins puissant, que l'étoit sa complaisance pour cette Princesse, pour l'y faire consentir. Elle n'en eut pas pluftôt obtenu l'ordre, qu'elle y fit travailler avec ardeur. J'ai marqué plus haut les raisons dont se servoient ses Créatures, pour lui faire hâter cette Cérémonie : on ne peut que les juger, ou bien extravagantes, ou bien criminelles. Henry comptoit sortir de Paris immédiatement après : & comme ce retardement ne pouvoit être que d'une quinzaine, l'ordre fut expédié pour toutes les Troupes de pied & de cheval, qui prirent sans tarder le chemin de la Champagne. Les six mille Suisses que le Roi avoit fait lever, furent conduits à Moufon, par le Duc de Rohan, qui étoit allé les recevoir sur la Frontiere. Je fis partir toute l'Artillerie : on n'avoit jamais vû en France, & peut-être n'y verra t'on jamais, un Equipage plus complet & mieux fourni. Mon Fils se mit à la tête, en vertu de la Charge de Grand-Maître de l'Artillerie, dont Sa Majesté avoit eû la bonté de lui donner la survivance. Je me disposois à le suivre de près, faisant porter avec moi une somme de huit millions.

Enfin le Roi avoit déja donné aux Etrangers le signal de son départ, par la Lettre qu'il écrivit à l'Archiduc : La voici, telle que je la fis moi-même, & telle qu'elle lui fut envoyée ; si Villeroi, entre les mains duquel comme Sécretaire d'Etat elle passa, n'y changea rien : car il en avoit beaucoup d'envie : ,, Mon Frere, Ne pouvant refuser à mes meil-
,, leurs Alliés & Confédérés, le secours dont ils m'ont re-
,, quis, contre ceux qui les veulent troubler en la succession
,, des Duchés & Comtés de Cléves, Julliers, La-Mark, Bergh,
,, Ravensperg & Raveftein ; je m'avance vers eux, avec mon
,, Armée : Et parce que mon chemin s'adresse à passer dans
,, vos Pays, j'ai desiré de vous en avertir, & sçavoir de vous
,, si j'y dois entrer comme Ami, ou comme Ennemi. Sur quoi
,, attendant

PIERRE JEANNIN,
1.er Président au Parlement de Bourgogne,
Sur-Intendant des Finances Ministre d'Estat
&c. Mort le 31 Octobre 1622. Agé de 82 Ans.

A Paris chez Odieuvre M.d d'Estampes rüe d'Anjou entrant par la rüe d'Anphine la derniere P.Cochere.

LIVRE VINGT-SEPTIEME.

» attendant votre Réponſe, je prie Dieu, &c. «

Je ne ſçais ce qu'on doit juger d'un bruit fort-commun alors, & qui fut confirmé au Roi à Fontainebleau par Girard, qui arriva à Bruxelles le 7 Mars ; c'eſt qu'on étoit perſuadé à la Cour & dans les Etats de l'Archiduc, que le Roi de France affectoit d'avoir de grands deſſeins, dans la ſeule vûë de faire peur à ſes Ennemis ; & qu'on y étoit ſi aſſûré que c'étoit tout le but de ſon Armement, qu'on n'y faiſoit pas le plus petit préparatif pour s'y oppoſer. Le dernier pouvoit être vrai, comme en effet il l'étoit, ſans que pour cela l'Archiduc fût auſſi tranquille, qu'il affectoit de le paroître. Il eût été dans des ſentimens bien différens de tout le reſte de ceux qui prenoient quelqu'intérêt à l'Eſpagne & à la Maiſon d'Autriche. Leur conſternation ne ſe peut exprimer. Pendant que le Parti de leurs Adverſaires, qu'on appelloit chez les Etrangers, la Faction Françoiſe, ſe montroit avec un air de triomphe, qui ſembloit lui promettre tous les ſuccès, qu'elle s'entendoit ſouhaiter de toutes parts ; le Parti Autrichien ſe tenoit dans le ſilence, l'inaction & le tremblement : objet de la haine publique, & s'attendant à en être bientôt la victime : Nul moyen de réſiſter à la foudre, dont il étoit à la veille de ſe voir écraſé. Mais hélas ! c'eſt bien mal-à-propos que je lui inſulte, il ne lui reſtoit encore malheureuſement, que trop de reſſources. (13) Ce n'étoit, ni les larmes, ni un noble

---

(13) » Il falloit bien, dit Peréfixe, » qu'il y eût pluſieurs conſpirations » ſur la vie de ce bon Roi : puiſque » de vingt endroits on lui en donnoit avis : puiſque l'on fit courir le » bruit de ſa mort, en Eſpagne & à » Milan, par un Ecrit imprimé : » puiſqu'il paſſa un Courrier par la » Ville de Liége, huit jours auparavant qu'il fût aſſaſſiné, qui dit » qu'il portoit Nouvelles aux Princes d'Allemagne, qu'il avoit été » tué : puiſqu'à Montargis on trouva » ſur l'Autel un Billet, contenant la » prédiction de ſa mort prochaine, » par un coup déterminé, &c. « pag. 409.

L'Archevêque d'Embrun (Honoré Du-Laurens, Frere du Premier Médecin) étant avec d'autres Prélats, dit à l'heure même que le Roi » fut tué : » Il eſt impoſſible qu'en l'état » où ſont aujourd'hui les affaires, il n'en » prenne mal au Roi : Et à cette heure que » nous en parlons, il lui arrive peut-être » quelque déſaſtre.« Premiere Lettre de Nicolas Paſquier. » Un Prêtre de Douai dit, au moment même de l'exécution que l'on tuoit le plus grand » Monarque de la Terre. La Sœur de » Vilars-Houdan, Gouverneur de » Dieppe, Religieuſe à Saint-Paul, » en Picardie, dit à ſon Abbeſſe : » Madame, faites prier Dieu pour le Roi » car on le tué : & un peu après : Hélas » il eſt tué. « Par Matthieu. Ibid. pag. 835.

Paſquier dit encore dans cette même Lettre, Que La-Font, Prévôt de Baïonne, vint en 1608 trouver le Roi, pour lui donner avis qu'il y

Tome III.   F f

1610. désespoir, qu'il avoit envie d'oppposer au Prince, que l'Europe avoit nommé pour son vengeur, & choisi pour son bras droit. Il ne falloit, pour abattre la tête qui donnoit le mouvement à tout ce corps, qu'un crime ; & jamais la trahison, l'empoisonnement, l'assassinat, n'avoient pu procurer un triomphe plus digne d'eux : triomphe honteux, & si détesté, que les termes manquent pour en exprimer toute l'horreur. J'acheve en frémissant ce que j'ai de circonstances plus particulieres à apprendre au Public, sur le funeste accident, dont le souvenir coûte encore à mon cœur des larmes de sang.

Quel jugement porterons-nous sur les noirs pressentimens, qu'il n'est que trop constant que ce malheureux Prince eut de sa cruelle destinée ? ils sont d'une singularité, qui a quelque chose d'effrayant. (14) J'ai déja rapporté avec

avoit un attentat formé contre sa Personne: & que deux ou trois jours avant celui où ce Prince fut poignardé, ce même La-Font avertit encore M. le Chancelier, que celui qui devoit tuer le Roi, étoit actuellement dans Paris : Que l'on lui avoit révelé, &c. Ce fait est le même dont parle Du-Pleix, *pag.* 411. sous le nom d'un Gentilhomme Béarnois. Pasquier ajoûte, Qu'un Marchand de Douai, écrivant quinze jours avant cet assassinat, à un Marchand de Rouen, lui demande s'il est vrai que le Roi ait été tué : Qu'un des principaux Bourgeois de Cambrai dit, huit jours auparavant : " *Ce Vieillard* " *a de grands desseins ; mais il n'ira pas* " *loin :* " & quelques autres circonstances semblables. On en trouve aussi de particulieres, dans le premier Tome de la vie de Marie de Medicis, *pag.* 68. & dans quantité d'autres Ecrits.

(14) Voici comme en parle le Maréchal de Bassompierre, dans ses Mémoires, *tom.* 1. *pag.* 292. *& suiv.* " Il " me dit, peu devant ce temps-là : Je " ne sçais ce que c'est, Bassompierre; " mais je ne puis me persuader que " j'aille en Allemagne: le cœur ne me " dit point que tu ailles aussi en Ita-" lie. Plusieurs fois il me dit, & à " d'autres aussi : Je crois mourir bien-

" tôt... La Reine eut une passion " particuliere de se faire couron-" ner, avant le département du Roi " pour aller en Allemagne. Le Roi " ne le desiroit pas, tant pour évi-" ter la dépense, que parce qu'il n'ai-" moit guère ces grandes fêtes : " Il y a toute apparence que ce Prince cachoit soigneusement à tout autre qu'à M. de Sully, le véritable motif qui le portoit à s'opposer à cette Cérémonie : " Toutefois, continuë " cet Ecrivain, comme il étoit le " meilleur Mari du monde, il y con-" sentit, & retarda son département " pour aller en Allemagne, jusques " après qu'elle auroit fait son Entrée " dans Paris... Le Sacre de la Rei-" ne se fit avec la plus grande ma-" gnificence qu'il fût possible : le Roi " y fut extraordinairement gai... " Le Roi lui dit (à Monsieur de Gui-" se) & à moi aussi : Vous ne me " connoissez pas maintenant vous au-" tres ; mais je mourrai dans ces " jours ; & quand vous m'aurez per-" du, vous connoîtrez lors ce que " je valois, & la différence qu'il y " a de moi aux autres hommes. Je " lui dis alors : Mon dieu ! ne cesse-" rez-vous jamais, Sire, de nous " troubler, en disant que vous mour-" rez bien-tôt ? Ces paroles ne sont " point bonnes à dire. Vous vivrez,

LIVRE VINGT-SEPTIEME.

qu'elle répugnance il s'étoit laissé aller à permettre que la Cérémonie du Couronnement de la Reine se fît avant son départ. Plus il en voyoit approcher le moment, plus il sen-

» s'il plaît à Dieu, bonnes & lon-
» gues années. Il n'y a point de féli-
» cité au monde pareille à la vôtre.
» Vous n'êtes qu'en la fleur de votre
» âge, & en une parfaite santé &
» force de corps; plein d'honneur,
» plus qu'aucun des mortels; jouis-
» sant en toute tranquillité du plus
» florissant Royaume du Monde; ai-
» mé & adoré de vos Sujets; plein
» de bien, d'argent, de belles mai-
» sons; belle Femme, belles Maî-
» tresses, beaux Enfans, qui devien-
» nent grands: Que vous faut-il de
» plus? où qu'avez vous à désirer
» davantage? Il se mit lors à Soûpi-
» rer, & me dit: Mon Ami, il faut
» quitter tout cela, &c. «
  » On observa, disent les Mémoi-
» res de l'Etoile, qu'en la largesse
» des pieces d'or & d'argent, qu'on
» jetta au Peuple, selon la coûtume,
» on ne cria jamais, ni *Vive le Roi*,
» ni *Vive la Reine*... Je laisse ici,
» continuë cet Ecrivain, les songes
» qu'on dit que Sa Majesté & la
» Reine aussi, eurent cette nuit, d'u-
» ne maison qui tomboit sur lui, dans
» la ruë de la Ferronnerie, &c. Il est
» bien certain qu'il y a environ six
» mois, que le Roi étant chez Za-
» met, & y ayant dîné, se retira dans
» une chambre seul, disant vouloir
» reposer, & y demanda Thomassin,
» qu'on tient un des plus célèbres
» Astrologues de ce temps, & qu'on
» dit même avoir un Diable: Et là,
» Sa Majesté l'ayant interrogé de
» plusieurs choses, concernant sa
» Personne & son Etat; Thomassin
» lui dit, qu'il avoit à se garder du
» mois de Mai 1610; jusqu'à lui dé-
» signer le jour & l'heure, qu'
» il devoit être tué. Mais le Roi se
» moquant de lui & de son Astro-
» logie, le prenant tantôt aux che-
» veux, & tantôt à la barbe, lui
» fit faire deux ou trois tours de
» chambre, & le renvoya de cette
» façon: En quoi il étoit louable: il

» l'auroit été encore plus, de ne le pas
» écouter du-tout, & de bannir de
» sa Cour & de son Royaume de tel-
» les pestes. « *Ann.* 1610. Voyez aussi dans *l'Histoire de Mézerai*, Edit. *in-4°. Paris, ann.* 1667. *t.* 3. *p.* 1447. les differens pronostics de la mort de ce Prince, qui coururent, soit alors, soit depuis, dans le Public.
  P. Matthieu remarque, Que la Reine s'étant réveillée la nuit, plei-ne d'agitation & de frayeur, elle dit au Roi, qui voulut en sçavoir la cause: » Je songeois qu'on vous don-
» noit un coup de couteau, sur le pe-
» tit degré: Loué soit Dieu, répon-
» dit Henry, que ce n'est qu'un son-
» ge. « Le même Ecrivain joint à toutes ces prédictions, plusieurs pa-roles de Henry IV, comme autant de traits de pressentiment secret qu'a le cœur, d'une fatalité inévitable: c'est ainsi du moins qu'on en juge après l'événement: Telles sont celles-ci, qu'il dit à la Reine: » M'amie, si
» cela ne se fait Jeudi, je vous assû-
» re que Vendredi passé, vous ne me
» verrez plus: non, Vendredi je dirai
» adieu. « Une autre fois: » Passez,
» passez, Madame la Régente. « A la même, qui se disposoit à faire ses dévotions: » M'amie, confessez-vous
» pour vous & pour moi. « Aux Courtisans, en leur montrant le Dau-phin: » Voici votre Roi. « En par-lant de l'entrée de la Reine: » Cela
» ne me touche, je ne le verrai pas...
» Ne rions pas tant le Vendredi; car
» nous pleurerons le Dimanche, &c. « *tom.* 2. *liv.* 4. *pag.* 810 *& suiv.* Mori-zot remarque, qu'au Couronnement de la Reine, le Peintre, au-lieu d'é-mailler l'écusson d'argent, comme le porte la Maison de Médicis, le peignit par ignorance; de couleur de châtaigne, qui est la couleur des Veuves; & qu'au-lieu de Palmes, il le ceignit de cordes entortillées: au-tre marque de viduité. *Henr. Mag. pag.* 51.

Ff ij

toit la frayeur & l'horreur redoubler dans son cœur. Il venoit l'ouvrir tout entier à moi, dans cet état d'amertume & d'accablement, dont je le reprenois comme d'une foiblesse impardonnable. Ses propres paroles feront une toute autre impression, que tout ce que je pourrois dire. : » Ah ! » mon Ami, me disoit-il, que ce Sacre me déplaît ! je ne » sçais ce que c'est ; mais le cœur me dit qu'il m'arrivera » quelque malheur. « Il s'asseyoit en disant ces paroles, sur une chaise basse, que j'avois fait faire exprès pour lui, & qui ne partoit point de dedans mon cabinet ; & livré à toute la noirceur de ses idées, il frappoit des doigts sur l'étui de ses lunettes, en rêvant profondément : s'il sortoit de cette rêverie, c'étoit pour se lever brusquement, en frappant des mains sur ses cuisses, & pour s'écrier : » Pardieu ! je mourrai » dans cette Ville, je n'en sortirai jamais : ils me tuëront ; » je vois bien qu'ils mettent toute leur derniere ressource » dans ma mort : Ah ! maudit Sacre ! tu seras cause de ma » mort. Mon-dieu ! Sire, lui dis-je un jour, à quelle idée » vous livrez-vous-là ? si elle continuë, je suis d'avis que vous » rompiez ce Sacre & Couronnement, & voyage & Guerre : » Le voulez-vous ? cela sera bientôt fait. Oui, me dit-il, enfin, après que je lui eus tenu ce même discours deux ou trois fois, » oui, rompez le Sacre, & que je n'en entende plus » parler : j'aurai par ce moyen l'esprit guéri des impressions » que quelques avis y ont faites ; je sortirai de cette Ville, » & ne craindrai plus rien. « A quel trait reconnoîtra-t'on ce cri secret & importun du cœur, si on le méconnoît à ceux-cy ? » Je ne veux point vous celer, me disoit-il en-» core, qu'on m'a dit que je devois être tué à la pre-» miere magnificence que je ferois, & que je mourrois dans » un carrosse ; & c'est ce qui fait que j'y suis si peureux. Vous » ne m'aviez, ce semble, jamais dit cela, Sire, lui répondis-» je. Je me suis plusieurs fois étonné, en vous entendant » crier dans un carrosse, de vous voir si sensible à un si petit » danger ; après vous avoir vû tant de fois intrépide au mi-» lieu des coups de canon & de mousquet, & parmi les pi-» ques & les épées nuës. Mais puisque cette opinion vous » trouble jusqu'à ce point ; en votre place, Sire, je parti-» rois dès demain : Je laisserois faire le Sacre sans vous, ou » je le remettrois à une autre fois ; & de long-temps je ne

LIVRE VINGT-SEPTIEME. 229

1610.

„ rentrerois, ni dans Paris, ni dans aucun carrosse. Voulez-
„ vous que j'envoie tout à cette heure à Notre-Dame & à
„ Saint-Denis, faire tout cesser, & renvoyer les Ouvriers. Je
„ le veux bien, me dit encore ce Prince : mais que dira ma
„ Femme ? car elle a merveilleusement ce Sacre en tête. Elle
„ dira ce qu'elle voudra, repris-je, voyant combien ma proposition avoit fait de plaisir au Roi : „ mais je ne sçaurois
„ croire, que quand elle sçaura la persuasion où vous êtes,
„ qu'il doit être la cause de tant de mal, elle s'y opiniâtre
„ davantage. «

Je n'attendis point d'autre ordre, pour aller donner celui
d'interrompre les préparatifs du Couronnement. Ce n'est
qu'avec un véritable regret, que je me vois obligé de dire,
que quelques efforts que je fisse, je ne pus jamais engager
la Reine à donner cette satisfaction à son Epoux. Je passe
sous silence les sollicitations, les prières & les contestations,
que j'employai pendant trois jours entiers, pour tâcher de la
fléchir (15). Ce fut à ce Prince à céder : & comme après
tout il étoit le premier dans certains momens, à se reprocher à lui-même ses frayeurs ; il cessa de m'en parler & de
m'en faire parler à la Reine. Les Ouvriers furent mis pour
la seconde fois en besogne : mais Henry n'en revint pas
moins fortement à ses premières appréhensions, qu'il m'exprimoit ordinairement par ces paroles-cy, qu'il avoit souvent dans la bouche : „ Ah ! mon Ami, je ne sortirai ja-
„ mais de cette Ville ; ils me tueront ici. O maudit Sacre !
„ tu seras la cause de ma mort. « Je n'ai pas dû oublier ces
tristes paroles.

Il y a dans tout ceci quelques particularités plus secrettes, que je crois devoir supprimer : je pousserois le silence
beaucoup plus loin, si ce n'est qu'il me paroît inutile pour
les choses dont mes Domestiques, ou d'autres personnes, ont
eu quelque connoissance. Le fait suivant est dans ce genre.
Schomberg, qui vivoit avec moi dans une familiarité, qui
auroit presque pu le faire regarder comme de la Maison,
y étant un jour à dîner ; un Page vint lui apporter un Billet,

---

(15) Ceci détruit ce que Matthieu assûre, contre le sentiment de tous les Historiens, que la Reine ne souhaitoit point d'être couronnée. *Ibid.* 804.

Ff iij

que je remarquai qu'il lui gliſſoit par deſſous ſon bras, avec un fort-grand myſtère. J'en badinai avec lui, comme ſi ce Billet le convainquoit d'une intrigue galante. Il me répondit que ſans l'avoir lu, il croyoit pouvoir m'aſſûrer que ce n'étoit pas ce que je penſois: mais qu'il me promettoit que de quelque ſecret dont il y fût queſtion, il ne m'en cacheroit rien. Le Billet ne contenoit que deux mots. Lorſqu'au ſortir de table, il ſe fut approché d'une fenêtre pour le lire, il me le mit entre les mains, en me diſant qu'il étoit de Mademoiſelle de Gournai: nom, qui devoit d'abord m'ôter tout ſoupçon de galanterie, ſi je la connoiſſois; & qu'elle le prioit qu'elle pût parler à lui tout préſentement, pour affaire de grande conſéquence. Il me promit de revenir incontinent me dire de quoi il s'agiſſoit; & il étoit en-effet de retour au bout d'une demi-heure.

Mademoiſelle de Gournai avoit appris d'une femme, qui avoit appartenu à Madame de Verneuil (16), qu'il y avoit actuellement une Conſpiration formée contre la Perſonne

(16) L'Auteur veut parler de Jacqueline Le-Voyer, du Village d'Orſin, entre Epernon & Ablis, Femme d'Iſaac de Varennes, Ecuyer, Sieur de Coman, d'Eſcoman, ou d'Eſcouman: C'eſt ſous ce premier nom, qu'elle eſt bien connuë; & ſon Hiſtoire fait un incident au Procès de Ravaillac, trop important pour le paſſer ſous ſilence: Nous y reviendrons plus d'une fois. "Elle avoit " donné, diſent les Mémoires pour ſervir à l'Hiſtoire de France *p*. 357. " ſa déclaration par écrit, qui con- " tient un détail bien circonſtancié " de la Conjuration & des deſſeins de " Ravaillac, dont elle diſoit auteurs " le Duc d'Epernon & la Marquiſe " de Verneuil. Le Roi, la Reine, & " tous ceux auxquels elle s'adreſſa, " pour découvrir ce qu'elle ſçavoit, " ne voulurent point l'entendre, & " la traiterent de folle. Le Mardi " 25 (Janvier 1611: car ce Procès " ne fut conſommé que bien avant " dans l'année ſuivante) les Cham- " bres furent aſſemblées ſur le fait " de la Coman, où furent décernées " quelques priſes-de-corps & ajour- " nemens perſonels: La - Villieis- " Hotman, la Préſidente Saint An- " dré, & la Charlote Du-Tillet, ſa " Sœur, y comparurent. La Coman " parloit bien & de bon ſens, réſo- " luë, ferme & conſtante en ſes ré- " ponſes & accuſations, munies de " raiſons valables, & preuves très- " fortes, qui rendoient ſes Juges tout " étonnés. Elle avoit été autrefois à " la Reine Marguerite, à laquelle " même elle s'adreſſa, pour la décou- " verte de cette conjuration & me- " née d'importance; dont la Reine " Régente bien avertie, dit que c'é- " toit une mauvaiſe femme, qui ac- " cuſoit tout le monde, ne ſçavoit ſi " enfin elle ne l'accuſeroit point elle- " même... Les reproches qu'elle & " la Du-Tillet ſe firent à la confron- " tation, ſur leur mauvaiſe vie, ſont " plaiſantes. Si la Coman ne ſe fût " mêlée que de ce métierlà, elle n'en " eût été guére recherchée; mais " l'autre eſt trop hazardeux: Car à ſe " bander contre les Grands, il y a " ſouvent perte de biens & de vie;

du Roi. Ayant demandé à cette femme le nom des personnes qui y entroient; celle-cy lui avoit nommé la Marquise de Verneuil même, Monsieur N. & quelques autres: ce qui fit prendre le parti à cette Demoiselle, de faire passer cet

»c'est ce qui me fait craindre pour
»elle. « Il est marqué à la marge,
sur cette Du-Tillet : » Charlote Du-
»Tillet, fille d'intrigue, de la con-
»fidence de la Marquise de Ver-
»neuil: c'est par elle que la Demoi-
»selle d'Ecoman avoit été instruite
» des desseins de Ravaillac...
  Le Dimanche 30 Janvier, la Mar-
»quise de Verneuil fut, sur les dé-
»positions de la Coman, ouïe de
» M. le Premier Président, depuis
»une heure après midi jusqu'à cinq;
» & ce, au logis dudit Premier Pré-
»sident, où je l'avois fait assigner,
»pour l'interroger là-dessus. « La
marge porte encore : » Elle étoit ac-
»cusée par la Demoiselle d'Escoman,
» & ne fut décretée que d'un assigné
»pour être ouïe; quoiqu'il s'agit
» de l'assassinat du Roi, & de crime
» de Léze-Majesté au premier chef.«
  Le Samedi 5 Mars, la Cour as-
» semblée sur le fait de la Coman,
» & autres Prisonniers déférés par
»elle sur l'assassinat du feu Roi,
»donna son Arrêt, qu'on disoit être
»l'Arrêt des Aréopagites, lesquels
»remettoient à cent ans le Jugement
»d'une Cause, où ils trouvoient trop
» de difficulté : Aussi la Cour n'en
» trouvant pas peu en cette affaire,
» en remit le Jugement en une saison
» plus commode ; ouvrant cepen-
»dant les prisons aux Accusés, & y
» retenant Mademoiselle de Coman
» seule, qui sembloit en devoir sor-
»tir plûtôt que les autres: mais le
» temps ne portoit pas de faire au-
» trement; & le même Premier Pré-
»sident, qui assista au Jugement, fut
» de cet avis, ayant égard à la qua-
» lité des Accusés, qui toutefois par
» cet Arrêt ne demeurerent déchar-
»gés : ce qui les fâcha fort, & au
» repos de cet Etat. « La marge por-
»te : » Cet Arrêt ordonne un plus am-
»plement informé ; & cependant,

» qu'Etienne Sauvage, Valet-de-
» chambre du Sieur d'Entragues, Pe-
» re, & Jacques Gaudin, Accusés &
» prisonniers en la Conciergerie, se-
» ront élargis. Il y eut Arrêt défini-
» tif, le 31. Juillet suivant, qui dé-
» clare la Marquise de Verneuil, la
» Demoiselle Du-Tillet, Gaudin &
» Sauvage, purs & innocens de l'as-
» sassinat du Roi; & condamne la
» Demoiselle d'Ecoman à finir ses
» jours entre quatre murailles, tous
» ses biens acquis & confisqués, sans
» réparation pour la téméraire accu-
» sation : Est encore ordonné que
» tous les Procès pour raison de ce,
» seront supprimés. Cette peine est
» douce, si la d'Ecoman accusoit à
» faux. « *ibid. pag.* 361. On travailloit à son Jugement, dès le Samedi
précédent 23; & les Juges se trouverent partis, neuf contre neuf. *pag.*
377.
  Le Mercure François, ann. 1611.
pag. 14. *& suiv.* porte sur l'affaire de
la d'Ecoman, un jugement de tout
point contraire à celui de L'Etoile :
& comme ce jugement est appuyé
sur des preuves, on ne peut se dispenser de s'y rendre. Il y est donc
prouvé, Que cette femme, décriée
par sa vie libertine, enfermée à l'Hôtel-Dieu, & ensuite au Châtelet, qui
rendit même une Sentence de Mort
contr'elle, inventa cette calomnie,
pour s'ouvrir une entrée, & se faire
un mérite auprès de la Reine Marguerite : Qu'ayant accusé la Marquise de
Verneuil de lui avoir adressé Ravaillac, avec une Lettre pour le faire parler à la Du Tillet; & celle-cy, d'a-
voir fait entrer ce meurtrier dans sa
chambre, lorsqu'elles y étoient toutes
d'eux : elles fut convaincuë sur ce fait
seul, de plusieurs mensonges; entr'-
autres, de n'avoir jamais vû, & de
ne pas même connoître Ravaillac :
Qu'elle n'en entendit en effet parler

avis jusqu'au Roi, en le faisant dire à la Reine, par celle de ses Femmes-de-chambre, qu'on appelloit Catherine. Mademoiselle de Gournai en y faisant plus de réflexion, craignit que ce qu'elle faisoit, ne suffît pas ; & elle jetta les yeux sur M. de Schomberg, comme sur un homme qui pouvoit en entretenir directement Sa Majesté. Schomberg aprés m'avoir fait tout ce récit, me fit part de l'embarras où il se trouvoit, & me demanda mon conseil pour en sortir. La chose étoit trop de conséquence, pour la méprifer & la tenir sous le silence : d'un autre côté, la révéler à Sa Majesté, c'étoit s'expofer à se faire autant d'ennemis implacables, de tous ceux sur qui tomboit l'accusation, que ce Prince n'auroit pas manqué de nommer. Ma Femme seule étoit présente à cette délibération.

Nous convinmes que Schomberg en parleroit au Roi, avec le plus de circonspection que faire se pourroit; & que si Sa Majesté demandoit à connoître les Complices, il lui indiqueroit les deux femmes qui viennent d'être nommées comme celles qui étoient le plus en état de l'en instruire. Ce que personne n'a ignoré de la suite de cette affaire ; c'est que la femme, dont Mademoiselle de Gournai tenoit ce qu'elle dit à M. de Schomberg, a été interrogée ; qu'elle a soutenu hautement sa déposition ; & qu'elle est morte en y persistant. Voilà une Anecdote qui ne sera pas oubliée de ceux qui cherchent à tirer des conséquences de l'affectation

pour la premiere fois, que lorsqu'il fut conduit dans la Conciergerie, où elle étoit aussi : ce qu'il prouve par les propres paroles de cette femme : Que Gaudin, dans la confrontation, la couvrit de confusion : enfin qu'il n'y eut aucun de ceux auxquels elle fut confrontée, qui ne l'a convainquît clairement de fausseté, de fourbe & de calomnie.

L'Auteur de l'Histoire de la Mere & du Fils, justifiant l'Arrêt du Parlement, qui paroît si blâmable à L'Etoile : » Cette auguste Compagnie, dit- » il, l'eût fait mourir par le feu, à la » vûë de tout le monde, si la fausse » accufation eût été d'un autre gen- » re : mais où il s'agit de la vie des » Rois, la crainte qu'on a de fermer » la porte aux avis qu'on peut don- » ner sur ce sujet, fait qu'on se dis- » pense de la rigueur des loix. « Tom. I. p 154. Voyez une Piéce qui vient d'être réimprimée dans le 4. tome des nouveaux Mémoires de l'Etoile, pag. 256. intitulée Interrogatoire & déclaration de Mademoiselle de Coman : Il yest parlè de cette Lettre à Mademoiselle de Gournai & au Comte de Schomberg. » Elle sçut si bien » pallier ses discours, & soutenir ses » accusations d'une maniere si réso- » luë, que l'on ne trouva pas assez » de fondement pour la faire mou- » rir. « Mém. de la Reg. de M. de Médicis, tom. 1. pag. 74.

LIVRE VINGT-SEPTIEME.

ctation qu'on a remarquée à supprimer des Piéces (17), par lesquelles le Procès du détestable Parricide se trouvoit instruit.

La Cérémonie du Couronnement de la Reine commen-

(17) C'est un fait presqu'universellement connu, que cette suppression des Piéces du Procès de Ravaillac, par le Parlement de Paris. A ce reproche qu'on fait à ses Juges, on joint celui de n'avoir point fait, ou du-moins fort-peu & de très-foibles informations, sur la mort de quelques personnes détenuës pour ce sujet dans les prisons, qui a paru à plusieurs personnes n'être pas naturelle : D'avoir négligé d'ajourner & d'interroger beaucoup d'autres personnes, dont on pouvoit tirer de grandes lumiéres; telles que la Mere du Parricide, qui sçavoit bien qu'il étoit parti d'Angoulême le jour de Pâques, sans avoir satisfait à son devoir Paschal; plusieurs de ses Parens, qu'il avoit nommés dans son Interrogatoire; le Curé de Saint-Severin; le Pere de Sainte-Marie-Magdeleine des Feuillans; les Capucins d'Angoulême, qui lui avoient donné un cœur de coton, enfermé dans un Reliquaire, avec du bois de la vraie Croix, du-moins ils le lui faisoient accroire : & cela disoient-ils, pour le guérir d'une fiévre qu'il avoit : De n'avoir point entendu non-plus le Sieur Guillebaut, Chanoine d'Angoulême; le Pere Gilles Osieres, ancien Gardien des Cordeliers de Paris; le Fêvre, autre jeune Cordelier; plusieurs Aumôniers du Cardinal Du-Perron, que Ravaillac dit qu'il reconnoîtroit bien de visage, mais dont il ne sçavoit pas les noms; les nommés Béliard, Bréteau, Colletet, Du-Bois, de Limoges, &c. On s'est encore plaint que Ravaillac avoit été si peu soigneusement gardé dans sa prison, que pendant treize jours qu'elle dura, il ne se présenta presque personne pour le voir, à qui on ne le laissât parler. Une derniere plainte plus grave encore, si le fait étoit vrai, c'est qu'à la premiére ti-rade des chevaux, Ravaillac ayant demandé qu'on reçût sa déposition; il dicta un Testament de mort, que le Greffier Voisin écrivit si mal, que quoique cette Piéce existe encore aujourd'hui, dit-on, il n'y a point d'Ecrivains-Jurés, quelqu'habiles qu'ils soient, qui ayent pu en déchiffrer un seul mot.

Ce sont toutes ces considérations qui portent une infinité de personnes à juger que le Parlement n'en a ainsi usé, que par la crainte que la verité ayant été découverte & renduë publique, il ne se mît lui-même dans la nécessité de poursuivre à toute rigueur, un trop grand nombre & de trop puissantes têtes. Ce seroit peine perduë que de vouloir s'attacher à persuader le contraire à toutes ces personnes. Mais enfin, puisque par la suppression des Piéces de ce Procès, il ne reste plus aujourd'hui assez de lumiéres pour pouvoir prononcer avec connoissance de cause sur un fait, lequel, même en son temps, n'a jamais pu être éclairci; on doit au-moins convenir qu'il y a de la témerité dans tous les Jugemens qu'on porte ainsi sur cette affaire après un espace de cent trente années qui se sont écoulées depuis : Et à Dieu ne plaise que je m'expose moi-même à encourir ce reproche ! Si pour satisfaire aux loix prescrites à tout Auteur de Mémoires, je me suis assujetti à joindre à mon texte, ici & à la fin de ce Livre, tout ce que j'ai pu ramasser dans les Historiens les plus dignes de foi, sur ce fait particulier; ainsi que je l'ai pratiqué par rapport à tous les points historiques, qu'on a vûs dans cet Ouvrage : ma justification, supposé pourtant qu'il en soit besoin dans une chose si simple, vient de ce que j'y expose le Pour & le Contre, avec la même impartialité. Et pour

Tome III. Gg

1610.

ça cependant à s'éxécuter, avec toute la magnificence qu'on attendoit de si grands préparatifs : elle devoit durer plusieurs jours, & être terminée par la principale de toutes, le Dimanche 16 Mai (18). Le Roi avoit la complaisance pour la Reine, d'assister à un spectacle, qui lui perçoit le cœur : mais aussi il comptoit qu'après cela rien ne le retiendroit plus ; & il avoit nommé pour le jour de son départ, le lendemain même de cette fête, Lundi 17 Mai. Pour moi, je n'aurois pas attendu jusqu'à ce jour à partir, si dans le moment que je m'y préparois, une grande douleur que je sentis dans le cou & dans la gorge, causée par mon ancienne blessure, ne m'avoit obligé de me mettre entre les mains des Médecins, qui jugerent à propos de me faire prendre le Bain dans ma chambre, trois matins de suite. Je ne portois aucune envie à tous ceux, qui ayant pu demeurer pendant ce temps-là à Paris, couroient avec empressement voir la Cérémonie qui s'y préparoit : l'intérêt si vif que Henry avoit paru y prendre, me l'avoit renduë presqu'aussi odieuse qu'à lui-même. M. le Comte de Soissons trouva qu'on y avoit manqué au Cérémonial à son égard ; & il prit ce

---

répondre d'un autre côté, à ceux qui pourroient se plaindre qu'après tous ces éclaircissemens, ils ne voient rien de décidé : ce n'est pas ma faute, s'il ne se présente sur toute cette matiere, que des conjectures ; & même, des conjectures qui souvent se détruisent l'une l'autre.

(18) La Cérémonie du Sacre, ou Couronnement, se fit à Saint-Denis, le Jeudi 13 May, avec une magnificence & des apprêts, dont on peut voir le détail dans le *Merc. Fr. Matth. le Vol.* 9361. *Mss. Royaux*, & les autres Historiens. Celle à laquelle on se préparoit pour le Dimanche suivant, étoit l'Entrée de la Reine dans Paris, dont la pompe devoit encore surpasser celle du Couronnement. "Henry IV. disoit le Mardi : J'irai "coucher à Saint-Denis, Mercredi ; "j'en reviendrai, Jeudy ; je mettrai "ordre à mes affaires, Vendredi ; Samedi, je courrai ; Dimanche se fera "l'Entrée de ma Femme ; Lundi, les "Noces de ma Fille de Vendôme ; "Mardi, le festin ; & le Mercredi, à "cheval. " *Matthieu, Ibid. pag.* 804. Cet Historien parlant de la Cérémonie du Couronnement, faite à Saint-Denis : "Henry IV. s'étonna, dit-il, "de ce que l'Ambassadeur d'Espagne ne se découvroit point (dans "l'Eglise). Cicogne lui dit que le "feu Roi d'Espagne ne faisoit que "tirer son chapeau, à l'élévation, "& le remettoit incontinent, comme s'il eût salué un Gentilhomme de cinq cens livres de rente. "Et à cela le Roi : Si nous avions "le ressentiment de la Religion, tel "que nous le devrions avoir ; nous "apporterions bien plus de réverence à ces Mysteres, que nous ne faisons : Car il faut croire que depuis "les Paroles de la Consécration prononcées, jusqu'à la Communion, "Jesus-Christ est toujours présent "sur l'Autel. "

prétexte pour se retirer de la Cour, mécontent (19).

La Cérémonie ayant été suspenduë, le Vendredi 14 May, jour bien malheureux ; cet infortuné Prince avoit destiné d'en passer une partie à conférer avec moi : c'étoit la derniere fois qu'il pouvoit le faire, avant son départ. Je sçais ce qu'il avoit à me dire. On avoit depuis peu fait courir malicieusement le bruit, Que dans le temps qu'il paroissoit ainsi prêt à fondre sur la Maison d'Autriche, avec l'appareil le plus formidable ; il étoit sous-main d'accord avec elle, non-seulement de ne pas passer plus avant, mais encore de trahir pour elle ses Alliés ; moyennant qu'elle consentît qu'il gardât pour lui-même Clèves, & toute la succession qui avoit été le sujet de son Armement. On y joignoit une seconde condition ; c'étoit que l'Espagne lui remît entre les mains le Prince & la Princesse de Condé (20). Henry vouloit me rassûrer contre un bruit, si injurieux à sa réputation. On lui avoit encore fait entendre, Que je n'avois tant fait de difficulté de prendre la charge des Vivres, que parce que je m'étois toujours flaté qu'il se porteroit de lui-même & sans que je l'en priasse, à ériger en ma faveur la Charge de Maréchal-Général de ses

_____

(19) »On parloit diversement de »cette retraite. Une chose est bien »certaine, que Sa Majesté, après »lui avoir accordé tout plein de »choses contre son gré, lui manda, »Que ce qu'il lui avoit promis, il le »tiendroit ; mais qu'il s'assûrât aussi de n'avoir plus de part en ses »bonnes graces ; & que l'ayant contraint de lui accorder ce qu'il ne »vouloit point, il ne le verroit jamais de bon cœur. Laquelle parole étant portée au Comte, il monta aussi-tôt à cheval, & avec Madame la Princesse sa femme, se retira en une de ses maisons.« *Mém. pour servir à l'Hist. de France ann.* 1610.

(20) »Le Nonce se trouvant à la »fin fort-pressé de Sa Majesté (qui »lui demandoit ce qu'on pensoit à »Rome & en Italie, de la Guerre »qu'il entreprenoit);il repondit,Que »les plus avisés avoient opinion que »le principal sujet de ses armes,étoit »Madame la Princesse de Condé, »qu'il vouloit ravoir. Lors le Roi »tout ému & en colere, & jurant, »non Ventre-saint-gris,mais un M.. »Je la veux ravoir voirement ; & je »la raurai: personne ne m'en peut »empêcher, non pas même le Lieutenant de Dieu en Terre.« *Mém. pour l'Hist. de Fr. ann.* 1610. Ces paroles n'empêchent pas qu'on ne doive regarder comme une calomnie, ce bruit que quelques Ecrivains ont cru trop legerement, Que le principal objet de Henry IV. en commençant une Guerre si importante, étoit de se faire rendre par l'Espagne le Prince, ou plustôt, la Princesse de Condé : c'est ce qui n'a pas, ce me semble, besoin de preuve. C'est une seconde accusation, plus injuste & plus calomnieuse encore,que de dire, Que ce Prince étoit d'accord avec l'Espagne, de ne pas pousser plus loin son dessein ; moyennant la cession qu'elle lui feroit des Etats en litige.

Gg ij

1610. Camps & Armées, en Grand Office de la Couronne & à me revêtir de cette Dignité. Il est absolument faux que j'aye jamais eu cette pensée. Les bontés & la confiance de ce grand Roi, plus marquées encore dans les derniers jours de sa vie qu'elles ne l'avoient jamais été, me donnent la hardiesse d'avancer, Que si cela eût été il n'auroit pas voulu me mécontenter, par le refus d'une faveur, qui, quelque grande qu'elle fût, n'étoit pas la plus considérable de celles que de lui-même il m'avoit offertes. J'ose encore assûrer qu'il m'en jugeoit capable. Ce qui est demeuré incertain pour moi, c'est de sçavoir s'il a eu réellement, sans m'en faire rien connoître, cette bonne volonté pour moi; & s'il n'en a point été détourné uniquement par l'adroite insinuation, qu'on veut que mes ennemis lui ayent faite, Que ma résolution étoit prise de quitter tout-à-fait le soin des Finances pour celui de la Guerre, sitôt que je me verrois élevé à cette éminente Dignité.

C'étoit donc, comme je le présume, pour me faire de nouvelles instances au sujet des Vivres, que Henry envoya le Vendredi dès le matin La-Varenne, me dire que je le vinsse trouver aux Tuileries, où il avoit envie de se promener seul avec moi. La-Varenne me trouva dans le Bain; & voyant que je voulois en sortir, pour faire ce que Sa Majesté m'ordonnoit, il m'en empêcha, en me disant, Qu'il sçavoit à n'en pouvoir douter, que le Roi seroit venu lui-même à l'Arcenal, pour peu qu'il eût eu connoissance de l'état où j'étois : & qu'il me sçauroit fort-mauvais gré d'avoir ainsi exposé ma santé, sans aucune nécessité : « Attendez, me dit-il, que j'aye eu le temps de lui parler, & de vous rapporter ce qu'il m'aura dit; je ne ferai qu'aller & venir. » Il ne mit effectivement qu'une demi-heure à son voyage : & voici ce qu'il me dit de la part de Sa Majesté : » Monsieur, le Roi vous mande que vous acheviez de vous » baigner, & vous défend de sortir d'aujourd'hui; parce que » M. Du-Laurens lui a assûré que cela préjudicieroit à vo- » tre santé : Qu'il a un petit voyage à faire dans la Ville, » dont il vous parlera : mais que demain (21) sur les cinq » heures du matin, il sera sans faute à l'Arcenal, pour ré-

(21) Henry IV. n'avoit en-effet intention d'aller à l'Arcenal, que le lendemain matin : il changea malheureusement d'avis, l'après-midi.

» foudre toutes les Affaires avec vous : car il veut partir
» Lundi, à quelque prix que ce soit : Qu'il a trouvé que ce
» que vous lui avez dit au sujet de son passage & de tout
» le reste de son dessein, est vrai : & qu'enfin rien ne l'en
» peut détourner, que le *défaut de votre personne, ou de la*
» *sienne* (ce sont les termes dont il s'est servi.) Il vous or-
» donne donc, continua La-Varenne, de l'attendre demain
» en robe de chambre & en bonnet de nuit ; afin que vous
» ne vous trouviez pas incommodé de votre dernier Bain :
» Il m'a même dit, que s'il vous trouve habillé, il se fâche-
» ra. « A quoi La-Varenne ajoûta encore de sa part ; Qu'il
avoit suivi mon avis, en faisant partir la Lettre écrite à
l'Archiduc ; quoiqu'il ne vît dans cette démarche, qu'une
formalité assez inutile : étant bien résolu, disoit ce Prince,
de s'en faire croire d'une façon ou d'une autre. Mes Domestiques m'ont dit qu'ils m'avoient tous remarqué, après que
La-Varenne fut sorti de chez moi, un fond de tristesse, dont
ils ne comprirent point la cause ; comme en-effet elle n'en
avoit aucune.

Je venois d'entrer dans ma Garde-robe, sur les quatre heures après midi, lorsque j'entendis Castenet, & après lui mon
Epouse, jetter un grand cri, & dans le même moment demander où j'étois, & toute ma Maison retentir de cette dou-
loureuse exclamation : » Ah, mon Dieu ! tout est perdu : la
» France est détruite. « Je sortis précipitamment deshabillé
comme j'étois. » Ah ! Monsieur, m'écria-t'on de toutes parts,
» le Roi vient d'être dangereusement blessé d'un coup de
» couteau dans le côté. « Il me fut impossible d'en douter :
car je vis dans le moment même arriver Saint-Michel (22),
qui avoit presque été témoin du coup ; & qui m'apportoit
encore tout sanglant, le couteau qu'il s'étoit fait donner.

(22) Saint-Michel étoit l'un des Gentilshommes Ordinaires de Sa Majesté, qui avoit suivi ce Prince. Il avoit déja mis l'épée à la main pour tuer l'assassin, lorsque le Duc d'E-pernon lui cria, & aux Valets-de-pied qui avoient la même pensée, Qu'il y alloit de leur vie : Qu'on s'as-sûrât de sa personne ; mais qu'on se gardât bien de rien faire davantage. » Le Duc se ressouvenoit, dit l'Hi-» storien de sa Vie, du déplaisir qu'il » avoit ressenti, & du blâme qu'on » avoit donné avec raison, à ceux qui » tuerent Jacques Clement, &c. « *p.* 238. P. Matth. ajoûte, Que Saint-Michel se contenta d'arracher le cou-teau des mains de Ravaillac : Que le Comte de Curson lui donna du pom-ineau de son épée à la gorge ; & que La-Pierre, Exempt-des-Gardes, se sai-sit de lui, & le mit entre les mains des Valets-de-pied, qui le remirent à Montigny.

» Ah ! m'écriai-je, en levant les yeux & les mains au Ciel, dans une confusion de sentimens inexprimable, » voilà ce » que ce pauvre Prince avoit toujours apprehendé : O mon » Dieu ! ayez compassion de lui, de nous & de l'Etat ; c'en » est fait, s'il est mort : Dieu n'a permis un si cruel accident, » que pour déployer toute sa colère contre la France : qu'el- » le va tomber en d'étranges mains ! « (23)

(23) Il semble que sur un fait aussi public & aussi récent, que l'est l'assassinat de Henry IV. les Histoires & Mémoires du temps devroient montrer une parfaite conformité. Cependant une partie des Ecrivains contemporains ne conviennent entr'eux, ni sur le nombre des personnes qui étoient dans le carrosse de ce Prince, lorsqu'il fut frappé, ni sur le nombre & la quantité de coups qu'il reçut, ni sur plusieurs autres circonstances moins essentielles. Je trouve que pour faire ce récit d'une maniere également fidéle & complette, il faut rapprocher & joindre ensemble MM. de Péréfixe, Matthieu, de L'Etoile, le Continuateur de M. De-Thou & le Mercure François. *Ann.* 1610.

» La nuit de cette triste journée, » Sa Majesté ne put jamais prendre » aucun repos, & fut en continuel- » le inquiétude. Le matin, s'étant » levé, dit qu'il n'avoit dormi, & » qu'il étoit tout mal-fait : sur quoi » M. de Vendôme supplia Sa Ma- » jesté de se vouloir bien garder, » même ce jour, auquel on disoit » qu'il ne devoit pas sortir, parce » qu'il lui étoit fatal. Je vois bien, » répondit le Roi, que vous avez » consulté l'Almanach, & oui par- » ler de ce fou de La-Brosse, de » mon Cousin le Comte de Sois- » sons : c'est un vieil fou ; & vous » êtes encore bien jeune & guére » sage : Et sur ce, le Duc de Ven- » dôme fut avertir la Reine, qui » pria le Roi de ne pas sortir du » Louvre, le reste du jour : à quoi » il fit la même réponse. « *P. de L'Etoile.*

» Sa Majesté alla ensuite ouir la » Messe aux Feuillans, où ce mi- » sérable le suivit en intention de » le tuer ; & a confessé depuis, que » sans la survenuë de M. de Ven- » dôme qui l'empêcha, il eût fait » son coup là-dedans. « *Ibid.*

» Fut remarqué que le Roi avoit » beaucoup plus de dévotion que » de coûtume, & plus longuement » se recommanda à Dieu ce jour- » même. La nuit, qu'on pensoit » qu'il dormît, il se mit sur son lit » à prier Dieu à deux genoux : & » dès qu'il fut levé, s'étant retiré » pour cet effet en son Cabinet ; » pource qu'on voyoit qu'il y de- » meuroit plus long-temps qu'il » n'avoit accoûtumé, fut interrom- » pu ; dequoi il se facha, & dit : Ces » gens-cy m'empêcheront-ils tou- » jours mon bien ? « *Ibid.*

» Après le dîner, le Roi s'est mis » sur son lit pour dormir : Mais ne » pouvant recevoir de sommeil, il » s'est levé triste, inquiet & rê- » veur, & a promené dans sa Cham- » bre quelque temps ; & s'est jetté » de rechef sur son lit : mais ne » pouvant dormir encore, il s'est » levé, & a demandé à l'Exempt- » des-Gardes, quelle heure il est.

LIVRE VINGT-SEPTIEME.

"L'Exempt lui a répondu qu'il
" étoit quatre heures, & a dit : Si-
" re, je vois Votre Majesté triste &
" toute pensive : il vaudroit mieux
" prendre un peu l'air ; cela la ré-
" jouiroit : C'est bien dit : & bien,
" faites apprêter mon carrosse ; j'i-
" rai à l'Arcenal voir le Duc de Sul-
" ly, qui est indisposé, & qui se bai-
" gne aujourd'hui. « *Ibid.*

Matthieu rapportant ses discours avant & après son dîner : " Il ne
" se pouvoit, dit-il, tenir en pla-
" ce, & beaucoup moins couvrir
" ses irrésolutions ; en la diverse
" agitation desquelles, il dit à la
" Reine, Qu'il ne sçavoit que faire :
" Qu'il étoit en peine d'aller à
" l'Arcenal ; parce qu'il se mettroit
" en colère. La Reine lui dit sur
" cela : Monsieur, n'y allez point ;
" envoyez-y : vous êtes en bonne
" humeur, & vous irez vous fâ-
" cher... Il vint à la fenêtre, &
" portant la main sur son front,
" dit ces paroles : Mon Dieu ! j'ai
" quelque chose là-dedans, qui me
" trouble fort... Je ne sçais ce que
" j'ai ; je ne puis sortir d'ici... Ra-
" vaillac entendant qu'il deman-
" doit si son carrosse étoit en bas,
" dit entre ses dents : *Je te tiens ;*
" *tu es perdu.* « *P. Matthieu.*

" Etant prêt d'y monter, arriva
" M. de Vitry, qui lui demanda
" s'il plaisoit pas à Sa Majesté qu'il
" l'accompagnât. Non, lui repon-
" dit le Roi : allez seulement où je
" vous ai commandé, & m'en rap-
" portez réponse. Pour-le-moins,
" Sire, répliqua Vitry, que je vous
" laisse mes Gardes. Non, dit le
" Roi : je ne veux ni de vous, ni
" de vos Gardes ; je ne veux per-
" sonne autour de moi. Entrant
" dans le carrosse, & pensant, com-
" me il est à présupposer, aux mau-
" vaises prophéties de ce jour,
" qu'on lui avoit voulu mettre en
" la tête, demanda à l'un des siens,
" le quantiéme du mois il étoit :
" C'est le 13, Sire : Non, dit un au-
" tre, c'est le 14. Il est vrai, dit le
" Roi ; tu sçais mieux ton Alma-
" nach, que ne fait pas l'autre : Et
" se prenant à rire, entre le 13 &
" le 14, dit-il : & sur ces mots, fait
" aller le carrosse. « *L'Etoile.*

" Il dit au Cocher : Mettez-moi
" hors de céans. Quand il fut de-
" vant l'Hôtel de Longueville, il
" renvoya tous ceux qui le sui-
" voient. On lui demanda encore
" une fois, où iroit le carrosse. Il
" dit : à sa Croix-du-Tiroir : Et
" quand il y fut, il dit : Au Cime-
" tiére Saint-Innocent... Ravaillac
" demeura longuement au Lou-
" vre, assis sur les pierres de la por-
" te, où les Laquais attendent leurs
" Maîtres. Il pensoit faire son coup
" entre les deux portes : le lieu où
" il étoit, lui donnoit quelque avan-
" tage : Mais il trouva que le Duc
" d'Epernon étoit en la place, où
" il jugeoit que le Roi se devoit
" mettre. « *Matthieu.*

Ce Prince étoit dans le fond du carrosse, dont il voulut, pour son malheur, qu'on levât tous les mantelets ; parce qu'il faisoit beau temps, & qu'il prenoit plaisir à voir en passant, les préparatifs qu'on faisoit par toute la Ville, pour l'Entrée de la Reine. Il avoit à côté de lui, à sa droite, le Duc d'Epernon : les Maréchaux de Lavardin & de Roquelaure étoient à la portiere droite ; le Duc de Montbazon & le Marquis de La-Force, proche de lui, à la portiere gauche ; & sur le devant, le Marquis de Mirebeau & Du-Plessis-Liancourt, son Premier Ecuyer. Vitry, Capitaine

1610

1610.

de fes Gardes, étoit allé, par fon ordre, au Palais, pour hâter les préparatifs de l'Entrée de la Reine; & il avoit fait demeurer fes Gardes au Louvre: de maniere qu'il n'étoit fuivi que d'un petit nombre de Gentilshommes à cheval, & de fes Valets-de-Pied. *Péréfixe, Matthieu L'toile, N. Rigault. Ibid.*

Le carroffe entrant de la ruë Saint-Honoré dans celle de la Féronnerie, qui étoit alors fort-étroite, & encore retrécie par les boutiques adoffées au mur du Cimetiére des Innocens; un embarras, formé par la rencontre d'une charrette chargée de vin, qui fe préfenta à droite, & d'une autre chargée de foin, qui venoit à gauche, l'obligea de s'arrêter dans le coin de cette ruë, vis-à-vis l'Etude d'un Notaire, nommé Poutrain. Les Valets-de-pied entrerent dans les Charniers, pour rejoindre plus facilement le carroffe au bout de la ruë; il n'en refta que deux à la fuite du carroffe; dont l'un s'avança pour diffiper l'embarras, & l'autre prit ce moment pour renouer fa jarretiere. *Ibid.*

Ravaillac, qui avoit fuivi le carroffe depuis le Louvre, voyant qu'il étoit arrêté, & qu'il n'y avoit perfonne à l'entour, s'avança du côté où il avoit remarqué qu'étoit le Roi; le manteau pendant fur l'épaule gauche, & lui fervant à cacher le couteau qu'il tenoit dans fa main. Il fe gliffa entre les boutiques & le carroffe, ainfi que faifoient ceux qui cherchoient à paffer; & s'appuyant d'un pied fur un des rais de la roue, de l'autre fur une borne, il tira un couteau tranchant des deux côtés, & en porta un coup au Roi, un peu au-deffus du cœur entre la troifiéme & la quatriéme côte; dans le temps que ce Prince étoit tourné vers le Duc d'Epernon, lifant une Lettre; où, felon d'autres, penché vers le Maréchal de Lavardin, auquel il parloit à l'oreille. Se fentant frappé, Henry s'écria: *Je fuis bleffé*: Mais dans l'inftant même, l'affaffin, qui s'étoit apperçu que la pointe du couteau avoit été repouffée par l'os de la côte, redoubla d'une fi grande vîteffe, qu'aucun de ceux qui étoient dans le carroffe, n'eut le temps de s'y oppofer, ni même de l'appercevoir. Henry en hauffant le bras, ne donna que plus de prife à ce fecond coup, qui porta droit dans le cœur, felon Péréfixe & L'Etoile; &, felon Rigault & le Mercure François, proche l'oreille du cœur, dans la veine cave, qui en fut coupée: Ce qui faifant jetter à ce malheureux Prince, le fang à gros bouillons, par la bouche & par l'ouverture de fa bleffure, lui ôta la vie; fans qu'il pût faire autre chofe, que pouffer un grand foupir; où, comme le dit Matthieu, proférer d'une voix éteinte, ce peu de mots: *Ce n'eft rien*. Le meurtrier paffa jufqu'à frapper un troifiéme coup, que le Duc d'Epernon reçut dans fa manche. *Ibid.*

L'opinion de l'Auteur du Mercure François, c'eft que Henry IV. expira du premier coup. » Le premier coup, dit-il, porta entre » la cinquiéme & fixiéme côte; » perça la veine intérieure, vers l'o- » reille du cœur; & parvint jufqu'à » la veine cave, qui fe trouvant » percée, fit à l'inftant perdre la » parole & la vie à ce grand Mo- » narque: Quant au fecond, il ne » pénétra pas avant, & n'effleura » guère que la peau. « *Mercure François*

L'Ecrivain

LIVRE VINGT-SEPTIEME. 241

L'Ecrivain qui nous a donné la Vie du Duc d'Epernon, pense d'une façon bien plus singuliére. Il avance, sans aucune preuve, Que le Duc d'Epernon, qui vit porter le second coup, avança le bras pour le parer; & même, qu'il le reçut en partie dans la manche de son habit, qui en fut percée. Il a sans doute voulu faire honneur à son Héros, par ce trait : Mais je ne sçais s'il y pensoit bien, lorsqu'il ajoute tout de suite, Que l'assassin, après ce second coup, eut le temps d'en porter un troisiéme, mortel comme le second, & que le Roi reçut à plein. Comment, si le Duc d'Epernon apperçut assez le premier de ces deux coups, pour le détourner en partie, lui & les autres, ne purent-ils pas empêcher le coup suivant ? Cet Historien est donc dans le cas d'avoir beaucoup trop prouvé : Et si ce n'est qu'heureusement pour lui, il est trés-facile de le convaincre d'erreur, son rapport même pourroit devenir une accusation contre le Duc d'Epernon. *Vie du Duc d'Epernon. 2. Part. pag.* 238.

„Chose surprenante ! Nul des „Seigneurs qui étoient dans le „carrosse, n'a vu frapper le Roi : & „si ce monstre d'enfer eût jetté „son couteau, on n'eût sçu à qui „s'en prendre; mais il s'est tenu-là, „comme pour se faire voir, & pour „se glorifier du plus grand des as-„sassinats.„ Péréfixe dit la même chose : & ce sentiment est plus conforme au caractère dont on nous représente Ravaillac, que ce que dit le Continuateur de M. De-Thou, Que ce fut l'agitation & le trouble de son esprit, qui l'empécherent de s'enfuir, de se cacher, ou de laisser tomber le poignard. „Il confessa, dit au contraire Mat-„thieu, qu'il donna dans le corps „du Roi, comme dans une botte „de foin.„ *L'Etoile. Ibid.*

„Les six Seigneurs qui étoient „dans le carrosse, en descendirent „incontinent; les uns s'empêchant „à se saisir du Parricide, & les au-„tres autour du Roi : Mais un d'en-„tr'eux voyant qu'il ne parloit „point, & que le sang lui sortoit „par la bouche, s'écria : *Le Roi est* „*mort.* A cette parole, il se fit un „grand tumulte; & le peuple qui „étoit dans les ruës, se jettoit dans „les boutiques les plus proches, „les uns sur les autres, avec pa-„reille frayeur, que si la Ville eût „été prise d'ennemis. Un des Sei-„gneurs (le Duc d'Epernon) sou-„dain s'avisa de dire, Que le Roi „n'étoit que blessé ; & qu'il lui „avoit pris une foiblesse. On de-„mande du vin ; & tandis que „quelques habitans se diligentoient „d'en aller querir, on abat les por-„tieres du carrosse, & dit-on au „peuple, Que le Roi n'étoit que „blessé ; & qu'ils le remenoient vî-„tement au Louvre, pour le faire „panser. „ *Mercure Franç. Ibid.*

„Je courus lors comme un in-„sensé, & pris le premier cheval „que je trouvai, & m'en vins à „toute bride au Louvre. Je ren-„contrai devant l'Hôtel de Lon-„gueville M. de Belancourt, qui „revenoit du Louvre, & me dit : „*Il est mort.* Je courus jusques „aux barrieres, que les Gardes-„Françoises avoient occupées, & „celles des Suisses, les piques bais-„sées ; & passâmes, M. le Grand „& moi, sous les barrieres ; & puis „courûmes au Cabinet du Roi, où „nous le vîmes étendu sur son lit ; „& M. De-Vic, Conseiller d'Etat, „assis sur le même lit, qui lui avoit

1610.

Tome III. Hh

» mis sa Croix de l'Ordre sur la
» bouche, & lui faisoit souvenir de
» Dieu. Milon, son premier Méde-
» cein, étoit à la ruelle, pleurant,
» & des Chirurgiens, qui vouloient
» le panser : mais il étoit déja pas-
» sé : Bien vîmes-nous une chose,
» qu'il fit un soupir : ce qui en ef-
» fet n'étoit qu'un vent qui sortoit.
» Alors le premier Médecin cria :
» *Ah! c'en est fait ; il est passé.* M.
» le Grand en arrivant, se mit à
» genouil à la ruelle du lit, & lui
» tenoit une main qu'il baisoit : &
» moi je m'étois jetté à ses pieds,
» que je tenois embrassés, pleurant
» amérement. M. de Guise arriva
» lors aussi, qui le vint embrasser
» &c. « *Mém. de Bassompierre, tom.*
I. pag. 297.

» La Reine reçut dans son Ca-
» binet cette triste Nouvelle ; &
» toute émuë, en sortit inconti-
» nent, pour aller voir celui qu'el-
» le honoroit le plus en ce monde,
» privé de vie. Mais M. le Chance-
» lier, qui étoit lors au Conseil, où
» pareil avis étoit venu ; étant mon-
» té vers elle, la rencontra à la
» sortie, & l'arrêta. Elle, dès qu'el-
» le le vit, lui dit : *Helas! le Roi est*
» *mort.* Lui, sans faire semblant
» d'aucune émotion, lui repartit :
» *Votre Majesté m'excusera, les*
» *Rois ne meurent point en France.*
» Puis l'ayant priée de rentrer dans
» son Cabinet, il lui dit : il faut
» regarder que nos pleurs ne ren-
» dent nos Affaires déplorables : il
» les faut réserver à un autre temps.
» Il y en a qui pleurent, & pour
» vous & pour eux : C'est à Votre
» Majesté de travailler pour eux &
» pour vous : nous avons besoin
» de remédes, & non de larmes. «
Mercure François. Ibid.

» A cinq heures du soir, il n'y
» avoit qu'au Louvre qu'on sçût
» certainement la mort du Roi :
» dans le Quartier même de la Fé-
» ronnerie, où il avoit été tué, on
» croyoit qu'il avoit été blessé seu-
» lement. Ce bruit parvint aux Au-
» gustins, avant la fin de l'Audien-
» ce ; le bruit, le murmure, qui
» augmentoit chaque instant, par
» les gens qui se rendoient dans la
» cour, qui est devant la Salle de
» la Grand'Chambre, parvint bien-
» tôt jusqu'aux oreilles de M. de
» Blancmesnil, deuxiéme Prési-
» dent de la Grand'Chambre, &
» actuellement tenant l'Audience
» en icelle. A ce bruit, il se leva,
» comme pour recueillir les avis
» sur la Cause qui se plaidoit : mais
» au-lieu de parler de la Cause, il
» remontre à la Chambre l'impor-
» tance de ce bruit, qui ne pouvoit
» être, sans qu'il fût arrivé quelque
» funeste accident ; les disposa à le-
» ver le siége & rompre l'Audience :
» ce qui fut exécuté... On envoya
» querir sur le champ Messieurs les
» Gens du Roi.., Dès qu'ils furent
» arrivés, ils furent députés pour
» aller au Louvre, pour apprendre
» l'état des affaires & la volonté du
» Roi.... D'un autre côté les Prin-
» ces, Ducs & Grands Seigneurs,
» qui étoient à Paris, s'étoient ren-
» dus en hâte au Louvre, pour ser-
» vir le Roi... Le Sieur de Vitry
» eut ordre d'assembler tous les
» Enfans du Roi en une chambre
» & sur-tout le Roi à présent re-
» gnant ; & que personne n'eût à
» approcher d'eux. Les Ducs de
» Guise & d'Epernon furent char-
» gés de faire monter à cheval le
» plus de Noblesse qu'il se pour-
» roit, & aller par toute la Ville
» dire que le Roi n'étoit point mort,
» mais seulement blessé. Le-Jay,

„ Lieutenant - Civil , & Sanguin , Prévôt-des-Marchands, eurent « ordre de faire fermer les portes „ de la Ville , de s'emparer des „ clefs, de prendre tous leurs Offi-„ ciers, d'empêcher toutes émo-„ tions & attroupemens... Les Gar-„ des qui étoient dans les Faux-„ bourgs, eurent ordre de se venir „ placer sur le Pont-Neuf, dans la „ ruë Dauphine, & aux environs „ des Augustins ; afin d'investir le „ Parlement, & le contraindre, s'il „ falloit, de déclarer la Reine Ré-„ gente... Les Gens du Roi reve-„ nus du Louvre, trouverent aux „ Augustins M. le Premier Prési-„ dent, qui s'y étoit fait porter en „ une chaise; auquel, & aux Cham-„ bres assemblées, ayant confirmé „ la mort de Sa Majesté, ils com-„ mencerent à délibérer sur la ré-„ quisition faite par les Gens-du-„ Roi. Lors sont entrés dans la „ Grand'Chambre, M. de Guise „ M. d'Epernon, envoyés par la „ Reine, pour voir ce qui se passe-„ roit, &c. « L'Etoile, Péréf. Ibid.

„ Vers les neuf heures du soir du „ même jour, un grand nombre des „ Seigneurs alloient par la Ville, & „ disoient en passant : Voici le Roi „ qui vient ; il se porte bien, Dieu „ merci. Comme il étoit nuit, le „ peuple croyant que le Roi étoit „ en cette compagnie, se mit à „ crier à force : *Vive le Roi*. Ce cri „ s'étant communiqué d'un Quar-„ tier à l'autre, toute la Ville reten-„ tit de *Vive le Roi* : Il n'y avoit „ que les Quartiers du Louvre & „ des Augustins, où l'on sçut la vé-„ rité. « *Ibid.*

„ Le soir on pansa le corps du „ Roi, & lava avec la même céré-„ monie, que s'il eût été en vie. M. „ Du-Maine lui donna sa chemise,

„ M. le Grand servit ; & l'on me „ commanda de servir, & représen-„ ter la place de M. de Bouillon. « *M. Bassompierre. Ibid.*

„ Le Samedi 15 du mois de „ Mai, le corps du Roi fut ouvert, „ en présence de vingt-six Méde-„ cins, ou Chirurgiens, qui lui „ trouverent toutes les parties si „ bien conditionnées, qu'il auroit „ pu vivre encore trente ans, selon „ le cours de la nature... Son cœur „ étoit petit, mais gros & serré, & „ merveilleusement sain. « *L'Etoile. Ibid.*

„ C'étoit le plus épais estomac, „ au rapport des Médecins & Chi-„ rurgiens, que l'on ait vu. Il avoit „ le poumon gauche un peu atta-„ ché aux côtés. « *Bassompierre. Ib.*

„ Ses entrailles furent envoyées „ dès l'heure même à Saint-Denys, „ sans aucune cérémonie. Les Peres „ Jésuites demanderent le cœur, „ & le porterent à leur Eglise de „ La-Fléche. Le corps embaumé „ dans un cercueil, couvert d'une „ bierre de bois, avec un drap d'or „ par-dessus, fut mis dans la Cham-„ bre du Roi, sous un dais ; avec „ deux Autels aux deux côtés, sur „ lesquels on dit la Messe dix huit „ jours durant ; puis il fut conduit „ à Saint-Denys, &c. « *Péréf. Ibid.*

Voyez dans les mêmes Historiens, plusieurs autres détails intéressans, tant sur ce qui se passa dans le Parlement, & en différens endroits de Paris, que sur les Cérémonies funèbres, observées en cette occasion. Consultez aussi sur ce dernier article, les Mss. Royaux. *Vol.* 9361.

Les Mémoires du temps nous présentent ici une infinité de remarques & d'anecdotes curieuses sur l'assassinat de Henry IV. que

1610.

nous ne pouvons nous dispenser d'ajouter au texte de nos Mémoires. Leur nombre seul & leur diversité m'embarrassent : Car pour ce qui est des personnes auxquelles elles ont rapport, qui sont les Jésuites, le Duc d'Epernon & plusieurs des principaux Seigneurs du Royaume, la Marquise de Verneuil & le parti qu'on suppose qu'elle conduisoit, les Officiers de la Maison de la Reine, &c; bien-loin que tout cela puisse faire tort à leur mémoire, on conviendra sans peine, que leur intérêt demande qu'on ne supprime ni ne déguise aucun de ces traits : puisque toute l'application & la malignité de leurs ennemis, n'ayant pu venir à bout d'en vérifier clairement un seul ; il en résulte que ce sont autant de calomnies, inventées par des gens oisifs & méchans.

Une seule remarque générale & applicable à tous, suffit pour en convaincre ; c'est que Ravaillac n'a jamais accusé, ni même donné lieu de soupçonner, aucune de ces personnes : Qu'il a toujours soûtenu au contraire, que personne n'a eu connoissance de son dessein ; & qu'il ne l'avoit formé, que parce qu'il avoit entendu dire que le Roi vouloit faire la Guerre au Pape. C'est sur quoi il ne varia jamais. Il parla à la Question, comme il avoit fait sur la sellette. Les plus violentes douleurs ne le firent point changer de langage. Il protesta, il le répéta sur l'échaffaud, Qu'il n'avoit eu, ni confident, ni complice. » Il se retourna (Ravaillac prêt à expirer) vers son » Confesseur, & le pria de lui » donner l'absolution, parce qu'il » n'en pouvoit plus : Ce que le » Confesseur lui ayant refusé, di-

» sant que cela leur étoit défen-
» du pour le crime de Lèze-Ma-
» jesté au premier chef, tel qu'é-
» toit le sien, s'il ne vouloit ré-
» véler ses complices : Donnez-là
» moi, dit Ravaillac, à condition
» qu'au cas que ce que je vous ai
» protesté n'avoir de complices,
» soit vrai : Je le veux, répondit
» le Confesseur, à cette condition
» voirement ; & qu'au cas qu'il ne
» soit ainsi, votre ame au sortir
» de cette vie, s'en va droit à tous
» les Diables : Je l'accepte & la re-
» çois, dit Ravaillac, à cette con-
» dition : Et ce fut la derniere pa-
» role qu'il dit à MM. de Fillesac
» & Gamache, tous deux hom-
» mes-de-bien, & des plus suffi-
» sans de la Sorbonne. « Paroles très-remarquables, venant de celui de tous les Ecrivains, qui s'est montré le plus libre & le plus envenimé. *Mem. pour servir à l'Hist. de F. p.* 323.

Je commence après cette Remarque décisive, par ce qui regarde les Jésuites, ceux de tous, qui ont été le moins ménagés, & que notre Auteur va attaquer les premiers, au commencement du Livre suivant ; quoiqu'il ne les nomme pas : Et je crois être encore obligé de rapporter avant tout, un aveu singulier dans un homme, grand Critique, qui fait profession de ne pas craindre la Societé, & de n'épargner personne. » J'ai eu la curiosité, dit-il,
» de lire ce que les Jésuites ont
» répondu aux accusations de leurs
» ennemis ; ce qu'on leur a repli-
» qué, ce qu'ils ont repliqué eux-
» mêmes : & il m'a paru qu'en plu-
» sieurs choses, leurs accusateurs
» demeuroient en reste. Cela me
» fait croire qu'on leur impute

LIVRE VINGT-SEPTIEME.

,,beaucoup de choses, dont on ,, n'a aucunes preuves ; mais que ,, l'on croit facilement, à l'instiga- ,, tion des Préjugés. " On ne trouve en-effet rien de solide ni de prouvé, dans les déclamations de Morizot, & d'une infinité d'autres Ecrivains Anonymes. *Bayle, Lettres choisies*, T. 1. *Lettre* 230.

Entrons dans le détail, par la discussion des paroles attribuées à un Jésuite, parlant à Ravaillac, *Mon Ami, n'accusez pas les Gens-de-bien.* ,, Le P. Cotton même y ,, alla, qui lui dit qu'il regardât ,, bien *d'accuser des Innocens* : paro- ,, le, qui ne tomba pas à terre : Puis ,, lui eût bien voulu persuader, s'il ,, eût pu, qu'il eût été Huguenot; ,, lui disant que jamais on ne lui ,, persuaderoit qu'il pût tomber ,, en l'esprit d'un Catholique Ro- ,, main, de perpetrer un si mau- ,, vais acte : Mais celui-cy se mo- ,, qua dudit P. Cotton, bien que ,, Jésuite, comme des autres, les- ,, quels il renvoyoit plaisamment : ,, Vous seriez bien étonnés, disoit- ,, il à qui lui demandoit des Nou- ,, velles, si je disois que ce fût vous ,, qui me l'auriez fait faire : Il ne le ,, dit pas au Pere Cotton; car en lui, ,, tout méchant qu'il étoit, restoit ,, encore quelque scrupule de cons- ,, cience, pour ne point scanda- ,, liser les Freres de la Société. " *Journal du Régne de Henry IV. année* 1610.

Pierre Matthieu, dans l'Histoire particuliére qu'il a composée de la Mort de Henry IV. *art.* 4. *p.* 116. dit que ,, la Reine jugeant que si ce ,, misérable Ravaillac pouvoit être ,, conduit au repentir de son cri- ,, me, il diroit plus librement ce ,, qui l'auroit conduit à le commet-

1610.

,, tre; trouva bon qu'il fût visité ,, par des Docteurs, & Religieux, ,, qui missent son ame en telle dis- ,, position, qu'elle appréhendât ,, plus les tourmens éternels que ,, les temporels. " Le P. Cotton pouvoit être du nombre de ces Religieux ; mais l'Auteur ne le nomme pas en particulier, & ne fait nulle mention des paroles qu'on lui attribuë : Il ne dit pas que ce Pere en abordant Ravaillac, l'ait appellé, *Mon Ami*. Le P. d'Orleans d'ailleurs ne dit pas un seul mot de ce fait; dans la Vie du Pere Cotton, où il étoit naturel d'en parler; & où il étoit entré dans un aussi grand détail, par rapport à ce Pere, que Matthieu a traité toutes les circonstances de la Mort de Henry IV.

,, On remarqua deux choses, ,, dit Mézerai, dont le Lecteur ,, tirera telle conséquence qu'il lui ,, plaira : L'une, que lorsqu'on ,, l'eut pris (Ravaillac), on vit ve- ,, nir sept ou huit hommes, l'épée ,, à la main, qui disoient tout-haut ,, qu'il falloit le tuer ; mais ils se ,, cacherent aussi-tôt dans la foule: ,, L'autre, qu'on ne le mit pas d'a- ,, bord en prison, mais entre les ,, mains de Montigny ; & qu'on le ,, garda deux jours dans l'Hôtel de ,, Rais, avec si peu de soin, que tou- ,, tes sortes de gens lui parloient : ,, entr'autres, un Religieux qui ,, avoit de grandes obligations au ,, Roi, l'ayant abordé, & l'appel- ,, lant, *mon Ami*, lui dit qu'il se ,, donnât de garde d'accuser les ,, Gens-de-bien. " Mézerai a pris apparemment la premiére de ces Remarques, de P. Matthieu, qui dit que ce fut le Baron de Courtaumer, qui mettant l'épée à la

Hh iij

1610.

main, contre ce gros de dix ou douze hommes, les obligea de se perdre dans la presse. Mais je ne vois pas quelle conséquence il y a à tirer du premier des deux faits, rapporté par Mézerai ; sinon, que des hommes transportés de colère & de douleur, à cause de la mort du meilleur des Rois, ont pu d'abord vouloir faire périr l'Assassin sous leurs coups. Pour le second fait : après ce que nous en venons de dire dans la Remarque supérieure, il doit du-moins paroître bien hazardé ; supposé que par le Religieux qui avoit de grandes obligations au Roi, l'Auteur ait voulu faire entendre le P. Cotton. Enfin, si ce Pere a vu en-effet Ravaillac ; s'il lui a dit : *Mon Ami, n'accusez pas les Gens-de-bien :* que conclurre d'une expression dé douceur & de charité, qui ne présente par elle-même, ni directement ni indirectement, rien d'odieux à l'esprit ? *Abr. Hist. & Chron.* T. 3. p. 1450.

Voici ce qu'on trouve encore en différens endroits, à cette occasion, contre les Jésuites. »Le P. »d'Aubigny, qui avoit confessé »Ravaillac, fut interrogé particu-»lierement par le Premier Presi-»dent, sur le secret de la Confes-»sion : mais il n'en put tirer autre »chose, sinon que Dieu, qui avoit »donné aux uns le don des lan-»gues, & aux autres le don de »prophétie, de révélation, &c. »lui avoit donné le don d'oublian-»ce des Confessions : Au-surplus, »ajoûta-t'il, nous sommes Reli-»gieux, qui ne sçavons que c'est »que le monde ; qui ne nous mê-»lons & n'entendons rien aux af-»faires d'icelui. Je trouve au-con-»traire, repliqua le Premier Pré-»dent, que vous en sçavez assez, »& ne vous en mêlez que trop ; »& si vous n'en eussiez pas été »plus que vous dites, tout se fût »mieux passé. « *Mém. pour l'Hist. Fr. Ibid.* p. 320. & 321.

Ce qu'on vient de lire touchant le P. d'Aubigny, est sans doute le plus fort de tous les traits, qu'on a avancé contre les Jésuites. On sçait que Ravaillac ayant déposé, Qu'il connoissoit ce Jésuite : Qu'il avoit assisté à sa Messe : Qu'il lui avoit fait part des visions de son imagination troublée, &c. il fut confronté avec ce Pere, qui soûtint en face à Ravaillac, Qu'il ne l'avoit jamais vû ; & que tout ce qu'il avançoit, étoient de purs mensonges. Le Mercure François, beaucoup plus croyable que tous les Ecrivains que nous venons de citer ; parce qu'il parle de toute cette affaire avec tant de détail & de netteté, qu'on diroit qu'il a entre les mains toutes les Piéces du Procès : le Mercure François, dis-je, après avoir rapporté les circonstances de cette confrontation, ajoûte : »Le Pere d'Aubigny dit »à Ravaillac, Qu'il étoit fort-mé-»chant : & qu'après avoir fait un »si méchant acte, il ne devoit ac-»cuser personne à faux ; ains se »contenter de ses péchés, sans »être cause de cent mille qui ar-»riveroient. Ravaillac admonesté »s'il veut reprocher le P. d'Aubi-»gny, le faire présentement ; a dit »que non, & qu'il le tenoit pour »homme-de-bien, bon Religieux, »& le vouloit croire. Pareillement, »ledit d'Aubigny averti repro-»cher, & de l'Ordonnance qu'il »n'y seroit plus reçu, si présente-

»ment il ne le faisoit ; a dit, Qu'il
» ne vouloit alléguer d'autres re-
» proches, sinon que c'étoit un
» méchant, qui mentoit impu-
» demment. « *Mercure François,
ann.* 1610.

Le silence de Ravaillac, après
de semblables paroles, peut passer
pour une conviction de la calomnie. Il faudroit voir ce morceau
entier du Procès de Ravaillac,
dans le Livre même. Matthieu dit
que ce fut Servin, Avocat-du-Roi,
qui interrogea le P. d'Aubigny.
Selon cet Historien, le Pere
d'Aubigny répondit en-effet, »
» Que depuis que par la disposi-
» tion de ses Supérieurs, il avoit
» quitté les Prédications pour s'a-
» donner aux Confessions, Dieu
» lui avoit fait cette singuliere gra-
» ce, d'effacer incontinent de sa
» mémoire, tout ce qu'on lui di-
» soit sous le sceau de la Confes-
» sion. « Mais c'est tout ce que cet
Ecrivain en rapporte ; sans faire
nulle mention de replique maligne
de la part de l'Avocat-du-Roi,
quelqu'ennemi qu'il fût des Jésuites : & il mérite sans doute d'être
crû, plustôt que les Mémoires
pour l'Histoire de France ; parce
qu'il étoit contemporain & qu'il
s'intéressoit très-particuliérement
à la mémoire de Henry IV. qui
l'avoit honoré de ses bonnes graces.
Pasquier, grand ennemi des Jésuites, en ne les accusant de rien,
montre assez qu'il les croit innocens. *Histoire de Henry IV. ibid.
Lettres de Nicolas Pasquier.*

» Le Dimanche 23. May, le
» Pere Portugais, Cordelier, avec
» quelques Curés de Paris, en
» tr'autres ceux de Saint-Barthe-
» lemy & de Saint-Paul, en pa-
» roles couvertes, & toutefois in-
» telligibles, taxerent les Jésuites
» comme complices de l'assassinat
» du Roi ; les arguans par leurs
» propres Ecrits & Livres, nom-
» mément ceux de Mariana & de
» Becanus... Il fut aussi proposé,
» dit encore sur ce sujet le même
» Auteur, de défendre les Chaires
» publiques aux Jésuites. On se
» contenta de faire brûler le Livre
» de Mariana ; comme il fut ce
» jour, Mardi 8. Juin, par la main
» du Bourreau, devant l'Eglise de
» Notre Dame. Ce Livre soûtient
» apertement le fait de Frere Clé-
» ment ; & a été imprimé en deux
» façons : l'une en petit folio ; l'au-
» tre, in-octavo. Dans le premier,
» il appelle ce Frere, *Æternum
» Galliæ decus :* lesquels trois mots
» sont ôtés du second, que j'ai. «
*Mémoires pour l'Hist. de Fr. ibid.
p.* 325.

Si tous les Auteurs qui avoient
écrit dans les principes de Mariana
& Becanus, devoient être taxés
d'avoir contribué à la mort du
Roi ; » il falloit faire le procès à
» Jean Petit, Docteur de Sorbon-
» ne, dont le Concile de Constan-
» ce avoit réprouvé les sentimens,
» au célebre Jean Gerson, à Jac-
» ques Almain, à Richer, à Jean
» Boucher de la même Maison
» & Societé. Ignore-t'on que la
» Sorbonne s'assembla extraordi-
» nairement, pour procéder à l'a-
» pothéose de Jacques Clement,
» assassin de Henry III : & que par-
» mi tant de Docteurs qui se trou-
» verent à cette Assemblée, il n'y
» eût que le Maître Jean Poite-
» vin, qui s'y opposa ? Une haine
» furieuse éteignoit dans ces mal-
» heureux temps, les lumieres

1610.

„ les plus naturelles : & quelque
„ révoltante que soit la Doctrine,
„ qui enseigne qu'il est quelque-
„ fois permis de tuer les Rois,
„ quelque opposée qu'elle soit à
„ l'Ecriture & à la raison ; elle
„ étoit, à la honte de la raison
„ & de la Religion, la Doctrine
„ dominante. Mariana, Jésuite Espagnol, dans un Livre intitulé,
„ *De Rege & Regis institutione*,
„ tient en-effet qu'il est quelque-
„ fois permis de tuer les Tyrans;
„ quoiqu'il enseigne d'ailleurs,
„ qu'un Prince légitime ne peut
„ être tué par aucun Particulier,
„ de son autorité privée. Les enne-
„ mis des Jésuites avançoient, Que
„ Ravaillac y avoit pris ses premie-
„ res leçons, qu'il n'avoit que trop
„ pratiquées. Il est cependant cer-
„ tain qu'il n'avoit jamais lu le Li-
„ vre, qu'il ne connoissoit guére; &
„ qu'il ne sçavoit pas assez de La-
„ tin pour l'entendre : mais la pas-
„ sion ne fait pas tous ces raison-
„ nemens. Pour empêcher que la
„ témérité de quelques Ecrivains
„ ne suscitât dans la suite une pa-
„ reille affaire à tous le Corps des
„ Jésuites, le Pere Aquaviva dé-
„ fendit dès le 8 Juillet, sous pei-
„ ne d'Excommunication & de sus-
„ pension des Ministères sacrés, à
„ tous les Sujets de la Compagnie,
„ de rien dire ou écrire , qui pût
„ autoriser en aucune façon &
„ sous aucun prétexte, le parricide
„ des Rois : que la Loi de Dieu,
„ dit-il, ordonne d'honorer & de
„ respecter, comme personnes sa-
„ crées, que la main du Seigneur
„ a placées sur le Trône. „ *Mém.
Chronol. & Dogm. tom.* 1. *pag.* 115.
& *sui*.

Ce qui est dit ici de Mariana,
convient également à Becan : Et je
ne vois, à bien parler, qu'une seule de ces accusations, dans le cas
d'avoir été faite avec quelque vrai-
semblance : c'est celle que l'on tire du Livre de ce Jésuite Espagnol, condamné par le Parlement,
comme étant capable d'armer les
Sujets contre leurs Souverains.
Mais que conclure enfin contre
les Jésuites de France, & sur un
fait, du Livre d'un Etranger, déja condamné comme trés-perni-
cieux, dés l'année 1606, par les
Jésuites eux-mêmes ?

„ Le Pere Cotton étant entré
„ en conférence, sous la permission
„ de la Reine, qui désiroit l'accor-
„ der avec l'Abbé Du-Bois, enne-
„ mi déclaré de lui & des Jésuites ;
„ y étant demeuré cinq heures en-
„ tieres, au logis de M. le Lieu-
„ tenant-Civil, sans se pouvoir
„ accorder : finalement ledit Pere
„ Cotton, pour le surprendre, lui
„ auroit demandé s'il pensoit que
„ les Jésuites eussent fait mourir
„ le feu Roi ; & s'il croyoit qu'il
„ l'eût tué. Non, lui répondit l'Ab-
„ bé Du-Bois : car si je le croyois ,
„ je vous sauterois, dit-il, tout à
„ cette heure (jurant une bonne
„ Mort-dieu d'Abbé) à la gorge
„ & vous étranglerois, & vous
„ jetterois par ces fenêtres. Puis
„ il lui demanda si les Jésuites n'é-
„ toient point Catholiques : Com-
„ me le Diable, dit-il. „ *Journal
du Regne de Henry IV. par P. de
L'Etoile, pag.* 233.

„ Il y eut prise ce jour (Mardi
„ 25 Mai) entre M. de Loménie
„ & le Pere Cotton, en plein Con-
„ seil ; auquel Loménie dit que c'é-
„ toit lui voirement qui avoit tué
„ le Roi, & la Société de ses Jé-
„ suites.

« fuites. Et fur ce que ceux du » Conſeil lui dirent qu'il apportât » un peu plus de modération ; dit » que le regret qu'il avoit de la » mort de ſon bon Maître, lui pou- » voit bien cauſer un peu trop de » paſſion en paroles ; mais qu'il ne » parloit qu'en préſence de la Rei- » ne. En même-temps Béringhen » en eût à De-Lorme, Premier » Médecin de la Reine, qui ſoûte- » noit les Jéſuites ; & lui en dit » autant. « *Ibid. pag.* 160.

Eſt-il étonnant que dans la vivacité & la colère, dans des momens où on ſe laiſſe aller à ſes inimitiés, à ſes préventions, à ſes préjugés ; on ſe répande en paroles piquantes, en invectives, qu'on ne ſçauroit prouver ? On avance bien des diſcours, qu'on ne croit point & qu'on déſavoüe intérieurement, quand on eſt de ſens raſſis.

Jean Du-Bois, Abbé de Beaulieu, ayant été obligé quelque temps après, de ſortir du Royaume, fut arrêté à Rome, & mis à l'Inquiſition, à la pourſuite, ſoit des Jéſuites, ſoit du Procureur-Général des Céleſtins : Car il avoit d'abord été Céleſtin ; & l'on veut qu'il ſoit ſorti de cet Ordre, ſans rendre compte des deniers qu'il avoit eûs entre les mains. Enſuite il avoit porté les armes, & ſervi avec diſtinction Henry III, qui l'appelloit *l'Empereur des Moines*. Après cela, il reprit l'habit Eccleſiaſtique, & ſe rendit célebre par ſes Prédications. Quoiqu'il en ſoit, il fut détenu dans les priſons juſqu'en 1626, qui eſt l'année où il mourut, peu de jours après que le Pape Grégoire XV. lui eût rendu la liberté. *Mém. pour l'hiſtoire de France, Mercure François & Moreri.*

L'Etoile fait tenir à La-Varenne un diſcours bien ſingulier aux Jéſuites, à ſon retour de La-Flèche, où il les avoit accompagnés dans la Cérémonie du tranſport du cœur de Henry IV, en l'Egliſe de ces Peres ; & après leur avoir donné à dîner à tous, au nombre de vingt-quatre. » Au » reſte, leur dit-il, à la ſuite d'autres paroles déja très-fortes, » je » ne vous célerai point qu'il court » ici un bruit mauvais & ſourd, » qui eſt venu à mes oreilles ; & » qu'on m'a voulu faire croire qu'il » y avoit aucuns d'entre vous fau- » teurs & complices de ce malheu- » reux coup & aſſaſſinat du feu » Roi. Je n'en ai rien crû : Mais ſi » tant eſt que j'en découvriſſe quel- » que choſe, je vous déclare que » je vous enverrai tous prendre les » uns après les autres, & vous fe- » rai étrangler dans mon écurie. » Voilà la harangue de La-Varen- » ne aux Jéſuites : Mais il eſt bien » temps, diſoit-on, de fermer l'é- » table, quand les chevaux s'en » ſont allés. « *Ibid. pag.* 176.

Comme ce diſcours de La-Varenne ne ſe trouve point dans les bons Auteurs de ſon temps ; on doit le regarder comme un de ces Contes faits en l'air, qui ne ſont propres qu'à amuſer la populace, & à ſatisfaire les préventions d'un ennemi, pour qui tout ce qui eſt conforme à ſa paſſion, devient raiſon & vérité.

Le même Auteur, en parlant du Prévôt de la Maréchauſſée de Pluviers, dit qu'il avoit deux fils Jéſuites, & veut encore qu'on en tire contre ces Peres, des conſéquences de complicité. Mais il est évident qu'on ne peut, ni plus mal raisonner, ni plus mal conclurre, que fait cet Ecrivain, dans le fait du Prévôt de Pluviers. Les Jésuites se fussent-ils entendus avec ce Prévôt, parce qu'il avoit deux fils Jésuites ; il ne s'ensuivroit pas qu'ils eussent contribué au crime de Ravaillac : à-moins qu'on ne prouvât, ce qui est impossible, que le Prévôt s'étoit pendu, de peur de tomber entre les mains de la Justice, pour avoir travaillé de concert avec les Jésuites, à inspirer à Ravaillac son détestable attentat. Mais cette insigne calomnie se trouve solidement réfutée par le Mercure François. Après avoir remarqué que tout ce qui est avancé contr'eux sur ce sujet, est tiré de l'Anti-Cotton, du Remerciment des Beurrieres, & semblables Ecrits : » Ils se de- » vroient, dit-il, accorder en leurs » satyres ; puisqu'ils sortent d'une » même boutique. De ces deux Li- » vres ici, le premier n'a été im- » primé qu'à la mi-Septembre ; & » l'autre, sur la fin d'Octobre : Et » toutefois, on a crû que ce Prévôt » s'étoit pendu, parce qu'on lui » avoit trouvé des Coins, & qu'il » étoit Faux-monnoyeur, & pour » d'autres péchés Prévôtables, » dont il ne pouvoit éviter la mort ; » & non, pour l'accusation susdite, » que l'on tient avoir été suscitée » par ses ennemis, &c. « *Mercure François, ann.* 1610.

Cette remarque, qu'on n'alléguoit rien en ce temps-là contre les Jésuites, qui ne fût pris dans des Libelles très-méprisables, pourroit seule servir d'une excellente réponse à toutes les autres calomnies de cette nature : & l'on n'en doutera point, après un mot, qui est peut-être échappé à l'un des plus furieux adversaires qu'ait eû cette Societé. » L'anti-Jésuite, » dit-il paroissoit lors : & hors les » injures, il n'y faut rien chercher. » L'Auteur est Bonestat, jeune » homme : Le Facteur de la Guil- » lemot en fut prisonnier. Parut » aussi le Catholicon de Saumur, » marchandise mêlée. « *L'Et. Ib.*

» La-Barilliere, qui est un peu » libre en paroles, ayant rencon- » tré ces jours passés deux Jésui- » tes : Messieurs, leur dit-il, je crois » que vous êtes Jésuites : Il y a là » un Marchand de Châtelleraut, » qui a de bons couteaux, & de » toutes sortes ; je ne sçais s'il n'y » en auroit point quelqu'un, qui » vous fût propre. « Ce n'est point là une preuve, mais un Bon-mot, qui peut plaire, moins parce qu'il est vrai, que par le tour de malignité & de plaisanterie, qui peut le faire goûter. *Mém. pour l'hist de France, ibid. pag.* 353.

» Divray, Greffier de la Cour, » dit le lendemain à un de mes » Amis, que comme on reconduis » soit cette Demoiselle (la Co- » man, à a été parlé cy-des- » sus) de devant Messieurs, elle » lui dit : J'ai révélé en Confession » aux Jésuites, tout ce que je sça- » vois de cette menée ; mais ils » m'ont conjurée de n'en point par- » ler. « Comment le discours de la Coman, n'a-t-il pas eû de suite, par rapport aux Jésuites ? Pourquoi les bons Auteurs du temps, qui sont entrés dans le plus grand détail, n'en parlent-ils point ? *Ibid. pag.* 358.

Il n'est pas plus difficile de réfuter les citations suivantes, contre les differentes personnes que nous avons annoncées. Elles portent même leur réfutation avec elles, en ce qu'elles comprennent dans une même accusation, des personnes non-seulement sans liaison d'amitié ni d'intérêt entr'elles, mais encore ennemies déclarées, & connuës pour telles ; je veux dire, la Reine & la Marquise de verneuil, & leurs partisans. Nous croyons par cette raison, pouvoir nous abstenir de joindre à chaque citation des réflexions, qui grossiroient inutilement ces Notes, & que tout Lecteur judicieux fera de lui-même.

» Le Dimanche de devant le » Vendredi que le Roi fut tué, qui » étoit le 9 May, ce soldat (méchant garnement, qui avoit été » Prêtre, dit l'Auteur quelques » lignes auparavant) rencontra au-» delà de la Porte Saint-Antoine, » sur le chemin de Charenton, la » Veuve du Capitaine Saint-Matthieu, Huguenot. L'ayant re-» connuë, & elle lui, l'accosta ; & » après quelques propos, lui de-» manda si elle étoit toujours à » Paris. Elle lui dit qu'oui, & qu'y » faites-vous tant ? va dire l'autre. » Que j'y fais ? dit-elle ; j'y ai prou » d'affaires.. Ma-foi ! dit-il, il n'y » a ni Procès, ni affaires, que je » ne quittasse-là, si j'étois que de » vous : Je voudrois pour le bien » que je vous veux, que vous en » fussiez bien dehors. Pourquoi ? » dit-elle. Pource, dit-il que devant » qu'il soit huit jours, il y a danger » qu'il ne tombe un si grand es-» clandre à Paris, que bienheureux » sera celui qui en sera bien loin : » & de moi, je vous conseille en » ami d'en sortir plutôt que plus-

» tard ; & m'en croyez hardiment.. » Etant parvenus à l'entrée du » Temple, où le Prêche n'étoit encore commencé ; le soldat lui » commence à dire qu'il ne vouloit » pas ouïr leur Prêche ; mais bien, » voir, dit-il en riant, la disposi-» tion de vos Gardes, qui sont une » multitude de pauvres, arrangés » en haye des deux côtés, à l'en-» trée du Temple. Les ayant re-» gardés, il dit à cette femme : Voi-» là tous ces gros marauds & gueux » que nous avons accoutumé de » voir à Paris, à l'entrée de nos » Eglises. Voyez-vous pas, lui dit-» il, ces soldats, mêlés parmi ? Il » n'y en a un seul que je ne con-» noisse de ceux-là : Ce sont tous » voleurs ; mais entre les autres, » j'en remarque quatre que voilà, » destinés pour quatre mauvais » coups : Mais le plus méchant & » le plus déterminé de tous, je ne » le vois point ici, & m'étonne » qu'il n'y est : Et là-dessus prend » congé de cette femme... Le Ven-» dredi venu, auquel jour le Roi » fut assassiné, cette femme com-» mence à penser aux discours de » son soldat : & le Dimanche d'a-» près, ne sçachant si elle devoit » aller à Charenton, ou quoi ; » ayant sçû que d'autres avoient » déjà fait la planche, s'enhardit » d'y aller après eux. Sur le che-» min elle rencontra encore son » soldat, auquel toute étonnée » elle dit : Je crois que vous êtes » Prophète : je vous croirai une » autre fois : mais pour ce coup, » graces à Dieu, nous en avons » été quittes pour la peur. Ce n'est » encore rien que cela, lui dit » l'autre ; la partie n'est pas ache-» vée : Il y a d'autres coups qui sui-

1610.

» vent cestui-cy aussi mauvais & plus dangereux : & pour-tant, si me voulez croire, comme vous dites, vous ne serez que sage de sortir de là où vous êtes, plustôt que plus tard... En avertit incontinent les Ministres, entr'autres, M. Durand, qui tout aussi-tôt lui donna entrée, par le moyen d'un de ses Amis, à M. Defunctis; lequel l'ayant oüie là-dessus, ayant appris d'elle la demeure du compagnon, & l'heure qu'on lui pourroit parler, s'y transporta à dix heures du soir, si à point, qu'il n'eût autre peine, sinon à lui commander de le suivre : ce qu'il fit ; & le logea en maison de sûreté. Cette histoire étant bien véritable, comme elle est, a fait espérer à beaucoup la découverte enfin d'une si malheureuse & abominable entreprise ; si les lâches procédures qu'on y tient, au grand regret de tous les gens-de-bien, n'en empêchent les fruits & les effets : Car il semble, à en oüir parler, que nous craignons de nous montrer trop éxacts & séveres à la recherche d'un crime, le plus méchant & barbare, & qui plus importe à cet Etat, qu'aucun autre qui ait été perpetré en Europe, depuis plus de mille ans en-ça. « *Journal de l'Etoile, pag.* 150. *& suiv.*

» Le Mardi 18. la Cour assemblée, délibera sur les formes & procédures, qu'on devoit tenir au Procès & condamnation de ce détestable parricide & assassin de son Roi, François Ravaillac ; & sur-tout des Questions & tortures les plus extraordinaires & cruelles, où il étoit besoin d'ap-pliquer ce misérable.. Fut déliberé en cette Assemblée, de se servir en ce fait extraordinaire d'extraordinaires Questions, même étrangeres... Fut proposée entre les autres, celle de Geneve, qu'on nomme la Barathe, ou la Beurriere ; qui est une Question si pressante & si cruelle, qu'on dit qu'il n'y a jamais eû personne à qui on l'ait donnée, qui n'ai été contraint de parler. Sur-quoi les opinions se trouverent fort-diverses ; les uns, qui étoient les meilleurs & plus anciens, l'approuvant : les autres, nageant entre deux eaux, sujets à changer d'opinions & à revenir, ne firent rien qui vaille... Ainsi la pluspart d'entr'eux, qui ne se connoissoient qu'à courir après le sac & l'argent, ayant opiné *in mitiorem* (*seu deteriorem*), l'emporterent ce jour-là à la pluralité des voix. *Ibid. pag.* 154.

» Suivant ledit Arrêt, pour la révelation de ses complices, il fut appliqué à la Question des Brodequins. Ce qui s'y passa, est sous le secret de la Cour. « *Merc. Fr. ann.* 1610. *fol.* 454.

» Un garnement ayant loué tout haut Ravaillac, dénigré publiquement le feu Roi, & dit que c'étoit une belle dépêche, fut pris & amené à Paris. Les Informations, comme celles du Maçon, furent mises par-devers M. le Chancelier, & sont demeurées au sac : On n'a depuis oüi parler ni de l'un, ni de l'autre, pour en faire justice. « *Mém. pour l'hist. de Fr. tom.* 2. *pag.* 324.

» Cet assassin étant parvenu au lieu du supplice se voyant prêt d'être démembré, & qu'un cer-

» tain homme qui étoit prêt de » l'échafaud, étoit defcendu de » fon cheval, pour le mettre en la » place d'un qui étoit recru, afin » de le mieux tirer : On m'a bien » trompé, va-t'il dire, quand on » m'a voulu perfuader que le coup » que je ferois, feroit bien reçu » du peuple; puifqu'il fournit lui- » même les chevaux pour me dé- » chirer. Preuve, ajoûte l'Auteur, » en marge, qu'il avoit été excité » par quelqu'un à faire ce coup » éxécrable, & qu'il avoit des » complices. « *Ibid. pag.* 322.

» Voici ce qui regarde le fait du Prévôt de Pluviers. » Le Prévôt de » Pluviers ou Pétiviers, Ville en » Beauce, éloignée de Paris de » deux journées, accufé d'avoir dit » le même jour que le Roi fut tué: » *Aujourd'hui le Roi eft tué, ou » bleffé*; étant amené prifonnier à » Paris, fut trouvé mort & étran- » glé dans la prifon, avec les cor- » dons de fon caleçon. Il fut pen- » du par les pieds, le 19 Juin, en » Place de Grève. « *Mercure François, ann.* 1610. *fol.* 493.

L'Etoile, après avoir dit la mê- me chofe, y joint les traits fuivans. » Cet homme mal-famé & renom- » mé par-tout, (& qui avoit deux » fils Jéfuites, *quod notandum*), » reconnu de tous pour un très- » mauvais ferviteur du Roi (mais » très bon de la Maifon d'Entra- » gues & de la Marquife de Ver- » neuil), au-refte tenu au pays » pour un larron & un concuffion- » naire; fut déféré & accufé, par » bonne vérification de témoins, » d'avoir dit dans Pluviers, jouant, » ou regardant jouer dans un Jar- » din à la courte boule, à l'heure- » même que le Roi fut tué ; *Le*

» *Roi vient d'être tué, & eft mort à* » *cette heure* ; *n'en doutez point.* Et » quelques jours auparavant, avoit » tenu le même ou femblable lan- » gage: à quoi on n'avoit autre- » ment pris garde; jufqu'à ce que » la fortune avenuë, fit croire que » le paillard fçavoit l'entreprife, & » qu'il étoit des complices de ce » malheureux affaffin : Tellement » qu'étant veillé, guetté, & couru » en toute diligence, fut finale- » ment attrapé, & conduit prifon- » nier à Paris, en la Conciergerie » du Palais, où on fut tout-ébahi » que peu après on le trouva mort; » & difoit-on qu'il s'étoit étranglé » avec les cordons de fes caleçons. » La Cour du Parlement, tout » mort qu'il étoit, ne laiffa pas de » lui faire fon procès, double- » ment criminel, & pour s'être ren- » du coupable du crime de Lèze- » Majefté : Mais au bout, un hom- » me mort ne parle point (qui » étoit ce qu'on demandoit) : car » s'il eût parlé il en eût trop dit » pour l'honneur & proufit de » beaucoup qu'on ne vouloit point » fâcher. C'eft pourquoi on a eu » opinion de ces pieds-plats de » Beaucerons, qui par-tout à Plu- » viers & aux environs, vont di- » fant : Mon Dieu ! que la mort de » ce méchant homme avenuë, » vient bien à-point pour M. d'En- » tragues, la Marquife de Ver- » neuil fa Fille, & tous ceux de fa » Maifon ! On trouva à ce mifé- » rable un outil & inftrument de » Faux-monoyeur, qu'ils appel- » lent une jument; duquel on pen- » foit que cet homme, qui avoit » le bruit de s'en mêler, s'aidoit : » mais on trouva que c'étoit un » engin, propre à rompre des

» treillis & barreaux de fer, voire
» des plus forts, comme font ceux
» de la Baftille pour en tirer le
» Comte d'Auvergne. « *Journ. du*
regne de Henry IV. pag. 183.

» La Reine envoya querir le
» Médecin Duret, qui étoit l'hom-
» me du monde que le Roi aimoit
» le moins, qu'il ne vouloit pas
» voir, & duquel il avoit même
» défendu à la Reine de se servir ;
» le retint pour son Médecin, & le
» fit de son Conseil avec bon ap-
» pointement : le tout en faveur de
» Conchine, qu'on disoit porter
» fort-constamment la mort du
» Roi. « Et à la marge est écrit : »
» On étoit persuadé que lui & sa
» Femme, avoient beaucoup con-
» tribué à la mort du Roi « *Mém.*
» pour l'hist. de France, tom. 2.
» pag. 309.

» Le Dimanche 30 Janvier, la
» Marquise de Verneuil, fut sur
» les dépositions de la Coman,
» oüie de M. le Premier Président,
» depuis une heure après midi jus-
» qu'à cinq, & au logis dudit Pre-
» mier Président, où il l'avoit fait
» assigner pour l'interroger là-des-
» sus. « La marge porte : » Hen-
» riette de Balzac-d'Entragues,
» Marquise de Verneuil, Maîtresse
» du Roi Henry IV. Elle étoit ac-
» cusée par la Demoiselle d'Eco-
» man, & ne fut décretée que d'un
» assigné pour être ouie ; quoiqu'il
» s'agît de l'assassinat du Roi, & du
» crime de Lèze-Majesté au pre-
» mier chef. « *Ibid. pag.* 358.

» Le lendemain, la Reine lui
» envoya (au Premier Président)
» un Gentilhomme, pour le prier
» de lui mander ce qui lui sembloit
» de ce Procès ; auquel le bon-
» homme répondit ; *Vous direz à*
» *la Reine, que Dieu m'a réservé à*
» *vivre en ce siécle, pour y voir &*
» *entendre des choses si étranges, que*
» *je n'eusse jamais crû les pouvoir*
» *voir, ni oüir, de mon vivant.* Un
» de ses Amis & des miens, lui di-
» sant, que beaucoup avoient opi-
» nion que cette Demoiselle ac-
» cusant tant de gens, & même des
» plus Grands du Royaume, elle
» en parloit à la volée & sans preu-
» ves ; ce bon-homme levant les
» yeux au Ciel, & ses deux bras
» en haut : *Il n'y en a que trop.* dit-
» il ; *il n'y en a que trop.* « *Ibid.*

» Monsieur d'Epernon en-mê-
» me-temps, qui avoit le plus d'in-
» térêt en cette affaire, & qui pour-
» suivoit animeusement contre
» cette Demoiselle pour la faire
» mourir, allant ordinairement
» pour cela au conseil à M. Se-
» guier ; vint voir le Premier Pré-
» sident, pour en apprendre des
» Nouvelles : Mais ce Personnage,
» avec sa gravité ordinaire, &
» maintien assez rebarbatif, princi-
» palement à l'endroit de ceux qui
» ne lui plaisoient pas, le rebuta
» fort ; lui disant : *Je ne suis pas*
» *votre Rapporteur, mais votre*
» *Juge.* Et comme le dit Sieur lui
» eût expliqué que c'étoit comme
» Ami qu'il le lui demandoit : *Je*
» *n'ai point d'Amis,* répondit-il ; je
» *vous ferai justice ; contentez-vous*
» *de cela.* M. d'Epernon s'en étant
» retourné mal-content, en fit sa
» plainte à la Reine ; qui lui dépê-
» cha aussi-tôt un des siens avec
» charge de lui dire, qu'elle avoit
» entendu qu'il traitoit mal M.
» d'Epernon ; & qu'elle le prioit
» de le vouloir à l'avenir traiter
» plus doucement, comme un
» Seigneur de la qualité & mérite

» qu'il étoit. A quoi le Premier
» Préfident fit réponfe : *Il y a cin-*
» *quante ans que je fuis Juge, &*
» *trente que j'ai cet honneur d'être le*
» *Chef de la Cour Souveraine des*
» *Pairs de ce Royaume ; & je n'ai*
» *jamais vû ni Seigneur, ni Duc,*
» *ni Pair, ni homme de quelque*
» *Qualité qu'il fût, accufé d'un*
» *crime de Lèze-Majefté, comme eft*
» *M. d'Epernon, qui vint voir fes*
» *Juges, tout botté & éperonné, avec*
» *une épée à fon côté : Ne faillez de*
» *dire cela à la Reine.* C'eft parler
» en Premier Préfident cela ; que
» je n'euffe enregiftré ici, fi je ne
» l'euffe fçû certainement. «

» Si l'on me demande, dit M. de
» Péréfixe, qui furent les Démons
» & les Furies qui lui infpirerent
» une fi damnable penfée, & qui
» le pousserent à effectuer fa mé-
» chante difpofition: l'Hiftoire ré-
» pond qu'elle n'en fçait rien ; &
» qu'en une chofe fi importante,
» il n'eft pas permis de faire paffer
» du foupçon & des conjectures,
» pour des vérités affûrées. Les
» Juges mêmes qui l'interrogerent,
» n'oferent en ouvrir la bouche, &
» n'en parlerent jamais que des
» épaules. » *Péréf. Hift. de Henry*
» *le Grand.* 3. *Pars. pag.* 410.

Le Continuateur de l'Hiftoire
Latine de M. De-Thou dit qu'il
y a eû fur ce fujet deux opinions
differentes : Selon lui, les uns
étoient perfuadés que l'affaffinat
de Henry IV. étoit l'ouvrage de
quelques Grands du Royaume,
qu'il ne nomme point ; lefquels im-
molerent ce Prince à leurs anciens
reffentimens : les autres crurent
que l'Efpagne fit faire ce coup par
les Partifans qu'elle avoit dans le
Royaume ; & cet Ecrivain ajoûte

que cette dernière opinion étoit
celle du Préfident De-Thou, &
des plus fages têtes du Parlement.
Il parle encore avec beaucoup
d'autres, de Lettres écrites de Bruxelles, Anvers, Malines & Bolduc, avant le 15 May, qui marquoient que c'étoit le bruit commun dans ces Provinces, que Henry IV. avoit été tué. *Nic. Rigalt,*
ann. 1610. *tom.* 6. *p.* 492.

L'endroit de L'Etoile, *p.* 150.
que je viens de citer, fuppofé qu'on
pût faire quelque fond fur cette
autorité, donneroit lieu à une troifiéme opinion, qui eft, Que ce
complot, ou pluftôt, tous ces différens complots, devoient aboutir
à une révolte, & même, à une efpèce de Saint Barthelemi, dans
Paris ; & qu'elle ne manqua à s'é-
xécuter, que parce que les Conjurés voyant le Roi mort, ce qui
étoit leur grand & principal objet,
regarderent comme inutile de
pouffer les chofes plus loin.

Je ne fçaurois me difpenfer de
parler ici de quelques Pièces,
qu'on trouve dans le 4.e Tome du
Journal de l'Etoile, nouvellement
imprimé, fous le titre de *Piéces*
Juftificatives. Les unes regardent
l'affaire & le procès de la Demoifelle de Coman : elles n'ajoûtent
rien, ou fort-peu de chofe, à ce
que nous en avons dit : Voici les
autres.

La premiere eft un Manufcrit,
que l'Auteur prétend avoir été
trouvé dans le Cabinet du Duc
d'Aumale (Charles de Lorraine,
fecond Fils de Claude) mort dans
les Pays-Bas, en l'année 1631. Ce
Manufcrit, qui charge beaucoup
les Jéfuites & le Comte d'Auvergne, quoiqu'il fût alors en prifon,

porte, Que le Duc d'Epernon, qui étoit dans le carrosse de sa Majesté, " voyant frapper le Roi à la " mort, ce sont ses paroles, lui " donna un coup de couteau dans " le côté pour plustôt abreger le " cours de sa vie. Le Duc de Mont-" bazon, ajoûte-t'il, vit bien don-" ner le coup de couteau par D'E-" pernon: mais il n'avoit garde " d'en dire aucune chose; comme " adhérant à cet assassinat, "

La seconde de ces Piéces est intitulée: *Rencontre du Duc d'Epernon & de François Ravaillac*. On y avance, Que ce Duc s'étant fait présenter à Angoulême, Ravaillac & deux autres de ses complices; lui & le Pere Cotton, les exhorterent à poignarder Henry IV; apportant pour raison, que ce Prince étoit l'ennemi du Pape, du Roi d'Espagne & de la Religion Catholique, qu'il avoit entrepris d'abolir en Europe: Qu'après qu'ils s'y furent engagés par serment, en recevant la Communion de la main du Pere Cotton, on donna deux cens écus à chacun d'eux: Qu'ils prirent ensuite le chemin de Paris; où ayant été fort long temps, sans trouver l'occasion d'éxécuter leur entreprise, ils se firent encore donner par D'Epernon, cent écus chacun: Qu'enfin au moment du parricide, " comme " le Duc d'Epernon eût avisé ledit " Ravaillac, il commença à amu-" ser le Roi de discours; & alors le " perfide Ravaillac se jetta sur le " Roi, & lui bailla un coup de " couteau; Mais ledit Duc voyant " que ce n'étoit rien, & que le " Roi s'écria qu'il étoit blessé, il " lui fit signe qu'il redoublât: alors " ce misérable du second coup tua " le Roi, en lui perçant le cœur. "

Toutes ces imputations, qui ne partent que de Libelles méprisables, ont encore moins besoin que les précédentes, qu'on s'arrête à en démontrer la fausseté. Voyez la Lettre de Pasquier à M. de Monac, où il justifie le Duc d'Epernon, *pag.* 436.

Les autres Piéces regardent le fait de Pierre Du-Jardin, connu sous le nom du Capitaine de La-Garde, dont nous n'avons point eû occasion de parler: Voici ce qu'elles nous en apprennent. Du-Jardin étoit de Rouen. Il servit d'abord dans le Régiment des Gardes; puis, dans la Cavalerie-légere. De-là il passa en Provence, où il fut employé par le Duc de Guise, pour le service de Sa Majesté. Le Maréchal de Biron le connut lorsqu'il étoit Chevau-léger sous M. de Lesdiguieres, & se l'attacha à-cause de sa bravoure. Après la Paix de Savoie, il se mit au service de la République de Venise, jusqu'à son accommodement avec le Pape; après quoi, il alla servir en Allemagne, sous le Duc de Mercœur. Il revint à Venise; d'où, après quelque séjour à Florence & à Rome, il vint à Naples. Ayant eû en cette Ville occasion de connoître un Ligueur Réfugié, nommé La-Bruyerre, il fut presenté par lui à un Jésuite, nommé le Pere Alagon, Oncle du Duc de Lerme, Favori du Roi d'Espagne. Ce Jésuite voulant se servir d'un aussi brave homme, pour le dessein projetté d'ôter la vie à Henry IV, le lia avec Hébert, ce Sécretaire du Maréchal de Biron, dont il a été parlé dans ces *Mémoires*, avec Louis d'Aix, dont il a aussi été fait

fait mention dans l'article de la réduction de Marseille ; & avec un autre Provençal, nommé Roux, tous François Réfugiés.

Dans une de leurs parties de plaisir, on leur présenta Ravaillac, qui ne leur cacha rien de ses desseins, & dit qu'il apportoit une Lettre du Duc d'Epernon pour le Viceroi de Naples. La-Garde se voyant suffisamment instruit, alla faire part de tout ce qu'il avoit découvert à Zamet, Ambassadeur de France à Venise, qui le manda incontinent à M. De-Brèves, notre Ambassadeur à Rome, & à Zamet son Frere, à Paris. De-Brèves donna à La-Garde des Lettres pour M. de Villeroi, avec lesquelles il revint en France à la suite du Duc de Nevers, qui le présenta à Sa Majesté à Fontainebleau. Henry IV. ordonna à cet Officier d'accompagner le Grand-Maréchal de Pologne en Allemagne, pour le bien de son service ; après lui avoir dit qu'il avoit pris des mesures qui rendroient inutile le dessein de ses ennemis sur sa Personne. La-Garde repassant en France, chargé de Nouvelles fort-importantes de la part du Grand-Maréchal de Pologne, apprit à Francfort la mort du Roi, & se retira malade à Metz, d'où il suivit le Maréchal de La-Châtre à l'expédition de Julliers. Comme il revenoit en France, après la Paix, il fut attaqué près le Village de Fize, par des gens armés, qui le percerent de coups, & le laisserent pour mort dans un fossé. Il gagna comme il put Mézieres, où étoit le Duc de Nevers, qui le fit conduire à Paris ; où sur une Requête qu'il présenta au Roi, il obtint un Office de Controleur-Général des Bierres : mais lorsqu'il s'y attendoit le moins, on se saisit de lui & on le mit en prison. Avant qu'on eût prononcé son Arrêt, qui ne pouvoit manquer de lui être favorable, parce que les Juges ne trouverent rien qui le chargeât ; un Exempt vint le tirer de prison, lui mit entre les mains un Brevet de six cens livres de pension, & ses provisions de Contrôleur des Bierres à Paris. Il paroît qu'il se retira à Rouen, & qu'il y mourut.

Un autre Ecrivain encore plus moderne, qui a rétabli les cinq Interrogatoires de Ravaillac, sur le Vol. 192. des Mss. de la Bibl. du Roi (car le Merc. Franc. ne rapporte les quatre derniers qu'en abregé & d'une manière toute historique, & ne dit rien du tout du premier) a cru y trouver des preuves, Que le Criminel a cherché à tromper ses Juges, & qu'il ne dit pas tout : Que ses Juges de leur côté, semblent craindre de lui demander comment il a connu le Duc d'Epernon. Il ne doute point encore que Ravaillac n'ait été véritablement en Italie, quoiqu'il l'ait toujours nié fortement. Les Piéces du Procès de la Coman & du Capitaine La-Garde, lui paroissent suffisantes pour établir que le complot du parricide avoit été formé à Naples, dès l'année 1608 : & qu'on y travailloit dans le même temps en Italie, en Espagne, en Flandre & en France : A quoi il ajoûte, Que le Duc d'Epernon & la Marquise de Verneuil, se donnerent à ce sujet différens rendez-vous à Saint-Jean en Greve ; Qu'on entendit de leur propre bouche quelque chose de leur projet ; & qu'on le rapporta à Henry IV. lui-même : mais que ce Prince soit par aveuglement, soit par excès de bonté, négligea cet Avis.

Ceux qui ont remarqué que le Duc de Sully avoüe en quelqu'endroit, qu'il ne dit pas tout ce qu'il sçait à cet égard, trouveront dans ces paroles matiere à bien des soupçons. Mais dans la vérité rien de tout cela n'est assez clair, ni assez positif, pour qu'on puisse sur de pareils indices, accuser nommément telle, ou telle personne : Et encore une fois, il n'y a rien de mieux à faire aujourd'hui, que de tirer absolument le rideau sur ce mystere d'iniquité, & de livrer à l'oubli pour jamais, s'il étoit possible, tout ce point de notre Histoire. On devroit encore prendre ce parti, quand même il seroit vrai, comme quelques personnes en sont persuadées, qu'il y a un petit nombre de Cabinets dans Paris qui peuvent fournir de nouveaux éclaircissemens. Ceux qui pourroient avoir chez eux ces sortes de Piéces, sont très-louables de les cacher avec le plus grand soin, & devroient même se résoudre à les brûler.

Je n'ai point cité dans tout ceci Vittorio Siri. Ce n'est pas qu'il n'ait parlé & de l'assassinat de Henry IV. & du procès de Ravaillac, *Mémor. Recond. tom.* 2. *pag* 246. 276. : Mais il le fait si négligemment, en homme si mal-instruit, ou même si partial contre les Maximes de Gouvernement & la Personne de Henry le Grand, que son témoignage ne sçauroit être d'un grand poids. Je remarque seulement que son sentiment est, que Ravaillac n'a eû absolument aucun complice.

Fin du vingt-septiéme Livre.

MEMOIRES DE SULLY.

✦✦✦✦✦✦✦✦✦✦✦✦✦✦✦✦✦✦✦✦✦✦✦✦✦✦✦✦✦

LIVRE VINGT-HUITIEME.

ON ne verra point ici le détail d'un forfait si éxécrable : il pénetre mon cœur d'une douleur, qui s'y renouvelle à chaque moment, & qui s'y conservera jusqu'à mon dernier soupir : Je ne comprends pas même, de quelle trempe peuvent l'avoir ceux qui parlent encore aujourd'hui, ou qui entendent parler froidement, du plus grand des malheurs qui ayent pu arriver à ce Royaume. Mais la vive horreur dont ce sentiment est accompagné, fait que je détourne les yeux, autant que je le puis, de dessus cet objet déplorable ; & que ma bouche réfuse de prononcer le nom (1) du Monstre abominable, qui a causé tous nos maux ; lorsqu'intérieurement j'implore la vengeance divine contre

1610.

---

(1) François Ravaillac étoit natif d'Angoulême, où il éxerçoit la profession de Maître d'Ecole, & étoit alors âgé de 31 à 32 ans. Matthieu le croit un peu attaqué de folie. Dans le sens qu'on attache communément à ce mot, je ne vois point dans tous ses discours, pendant sa prison & son supplice, qu'il ait donné sujet de l'en taxer ; mais seulement, d'es-

lui, & contre ceux qui ont armé son bras. Le cri public les désigne, de manière à fixer tous les doutes sur ce détestable Complot. Je ne sçaurois pourtant m'empêcher de me récrier avec tout le monde, sur une particularité que personne n'a ignorée : C'est qu'après que le Parricide eût commis son crime, il fut si peu sévérement gardé, & même si peu observé dans la maison (2) où on le mit d'abord, que pendant plus de quatre heures, on laissa à toutes sortes de personnes la liberté de s'approcher de lui, & de lui parler : & que certaines gens, qu'il n'est pas besoin de nommer ici, userent si imprudemment de cette liberté qu'ils oserent lui dire, en l'appellant *leur Ami*, qu'il se donnât bien de garde, je rapporte les paroles dont ils se servirent, *d'accuser les Gens-de-bien, les innocens & les bons Catholiques*; parce que ce seroit un crime irrémissible, & digne de la damnation éternelle. Quelques personnes vraîment scandalisées de ce qu'elles voyoient, commencerent à parler si haut contre une pareille négligence, qu'on se crut obligé de garder dans la suite le meurtrier, avec plus de soin.

Quoiqu'il en soit, telle fut la fin tragique d'un Prince, auquel il semble que la Nature avoit voulu accorder avec profusion tous ses avantages ; excepté celui d'une mort, telle qu'il devoit l'avoir. J'ai déja marqué qu'il avoit le corps, la taille & tous les membres, formés avec cette propor-

fronterie, de fureur & d'égarement de raison. Il fut conduit le Jeudi 27 May, devant l'Eglise de Notre-Dame où il fit amende honorable; & de-là, à la Gréve, où il fut tenaillé aux mamelles, bras, cuisses, &c. tenant le couteau dans sa main droite; ses playes arrosées de plomb fondu, d'huile & de poix résine bouillante; enfin, tiré à quatre chevaux, ses membres consommés au feu, & ses cendres jettées au vent. Le peuple furieux vouloit à tous momens se jetter sur lui pour le déchirer, & refusa de chanter le *Salve*. Il étoit assez grand & gros, & d'une Construction si robuste, que les chevaux ne purent jamais le démembrer ; & que l'Exécuteur fut obligé de le couper en quartiers, que la populace traîna par la Ville, &c : Voyez les Historiens cy-dessus. Pasquier dit qu'il étoit Parent par femmes de Poltrot, qui assassina le Duc de Guise. *Ibid. pag.* 32. Je ne vois pas qu'il y ait aucune apparence dans ce que rapporte Guy-Patin, *Lettre* 122 : Que Ravaillac avoit un Frere qui mourut en Hollande, & qui déclara en mourant, que si son Frere avoit manqué son coup; il auroit entrepris la même chose; pour venger, dit-il, l'injure que Henry IV. leur avoit faite, en débauchant leur Sœur, & en la méprisant après.

(2) Dans l'Hôtel de Retz. L'Etoile dit qu'il fut mené le lendemain, de l'Hôtel d'Epernon à la Conciergerie.

LIVRE VINGT-HUITIEME.

1610.

tion, qui conſtituë non ſeulement ce qu'on appelle un homme bien fait, mais encore l'homme fort, adroit, vigoureux & ſain (3) qu'il avoit le teint animé, & tous les traits du viſage vifs & agréables : (4) ce qui faiſoit une phyſionomie douce & heureuſe, aſſortie à des manieres ſi familieres & ſi engageantes, que ce qu'il y mêloit quelquefois de majeſté, n'en ôtoit jamais tout-à-fait cet air de facilité & d'enjouëment (5). Je n'apprendrois non-plus rien de nouveau ſur la trempe de ſon cœur, & ſur le caractère de ſon eſprit,

(3) « Henry. IV. dit Le-Grain, étoit » de ſtature médiocre, tenant toutefois plus du grand que du petit; » le front large, le nez aquilin & » royal, la bouche bien faite, la levre merveille; &c. « *Décade de Henry le Grand*, *Livre* 1. Morizot plus mal inſtruit, dit au contraire, qu'il étoit de taille petite & quarree. Le même aſſûre qu'il s'habilloit preſque en Hiver comme en Eté. *Chap.* 49.

(4) D'Aubigné nous apprend qu'il avoit la vûë extrêmement perçante, & l'oüie monſtrueuſe, pour me ſervir de ſon expreſſion ; & il en rapporte une preuve ſenſible. » Le Roi, » dit-il, étant couché à La-Garnache » en une grande chambre royale, & » ſon lit, entre les rideaux ordinaires, bardé d'un tour de lit de groſſe » bure; Frontenac & moi à l'autre » coin de la chambre, en un lit qui » étoit fait de-même : Comme nous » drappions notre Maître, ayant mes » levres ſur ſon oreille, & ménageant ma voix; lui répondoit ſouvent, *Que dis-tu ?* Le Roi repartit : » Sourd que vous êtes, n'entendezvous pas qu'il dit que je veux faire » pluſieurs Gendres de ma Sœur ? » Nous en fumes quittes pour dire » qu'il dormit ? & que nous en » avions bien d'autres à dire à ſes » dépens. « *Tom.* 3. *l. ch.* 21. Une réponſe aſſez ſemblable à celle-ci, eſt celle que le Duc de Bellegarde fit à ce Prince, étant tous deux couchés dans la même chambre, peu de temps après la mort de Henry III. Henry IV. réveilla Bellegarde trois ou quatre fois pendant la nuit, pour lui propoſer de ſe défaire de quelques-unes de ſes Charges, en faveur des perſonnes qu'il lui nommoit : » Je le veux bien, Sire, lui dit enfin » le Grand-Ecuyer ; mais au nom de » Dieu ne vous réveillez plus. « Ce ton de raillerie & de plaiſanterie avoit paſſé, comme il arrive toûjours, du Maître aux Courtiſans : Et Siri le reproche avec aſſez de raiſon, à Henry IV. comme un défaut dans un Roi ; ſoit à-cauſe des querelles que la raillerie ne manque jamais d'occaſionner parmi les Grands ; ſoit parce qu'elle diminuë toujours du reſpect que l'on doit au Maître : & il en rapporte des exemples. *Mém. Recond. tom.* 1. *pag.* 560.

(5) L'Hiſtoire de Henry IV. fournit une infinité de traits de cet enjouëment & de cet air affable & populaire, qui ont peut-être plus contribué que ſes grandes qualités, à le faire aimer du Peuple. » Le Roi, diſent les Mém. pour l'Hiſtoire de France ; *tom.* 2. *pag.* 277. « paſſant » pour aller au Louvre & ayant rencontré une pauvre femme qui » conduiſoit une vache, s'y arrêta, » & lui demanda combien ſa vache. » Cette femme lui en ayant dit le » prix : Ventre-ſaint-gris ! dit le Roi, » elle ne vaut pas tant ; je vous en » donnerai cela. Vous n'êtes pas, » repartit la femme, Marchand de » vaches, je le vois bien. Hé ! pourquoi le ſerois-je pas, ma Commere, repliqua le Roi, qui étoit » accompagné de force Nobleſſe ? » voyez-vous pas tous ces veaux qui » me ſuivent ? « Son Jardinier de Fontainebleau ſe plaignant un jour à lui, qu'il ne pouvoit rien faire ve-

K k iij

en difant qu'il étoit né fenfible & compatiffant, droit, vrai, généreux (6), intelligent, pénétrant; en un mot doué de toutes les qualités, qu'on a eû fréquemment fujet d'admirer dans ces Mémoires.

Il aimoit tous fes Sujets comme un Pere, & tout l'Etat comme un Chef de famille; & cette difpofition le ramenoit toujours, & du fein même des plaifirs, au projet de ren-

nir dans ce terrein-là: » Mon Ami, » lui dit Henry IV. en regardant le » Duc d'Epernon: femez-y des Gaf- » cons, car ils prennent par-tout. « Comme on lui préfenta un homme extraórdinairement grand mangeur, il lui dit : » Ventre-faint-gris ! fi » j'avois fix hommes comme toi dans » mon Royaume, je les ferois pen- » dre ; de tels coquins l'auroient » bientôt affamé. » On rapporte encore, que s'étant un jour vanté à l'Ambaffadeur d'Efpagne, qu'il iroit déjeûner à Milan, entendre la Meffe à Rome, & dîner à Naples; cet Ambaffadeur lui répondit: »Sire, fi Votre » Majefté va fi vîte, elle pourra bien » être à Vêpres en Sicile. « Il ne fe fâchoit point des reparties qu'on pouvoit lui faire dans ce goût-là. Matthieu dit qu'aucun de fes Courtifans n'entendoit auffi bien que lui, à rendre un Conte d'une manière plaifante.

(6) » Quant à fes ennemis, il en a » toujours parlé avec refpect, quel- » que jeune & offenfé qu'il ait été. » Il ne nomma pas un de fes enne- » mis, qu'il ne dît, *Monfieur*. « *Décade de Le Grain*, liv. 8. » Il n'y auroit pas » affez de forêts en mon Royaume, » dit-il, pour dreffer des Gibets, s'il » falloit pendre tous ceux qui ont » écrit & prêché contre moi. » Quand » on lui eût fait lire les calomnies » contre la feuë Reine fa Mere, il » hauffa les épaules, & dit : O le » méchant ! Mais il eft revenu en » France, fous la foi de mon paffe- » port : je ne veux point qu'il ait de » mal. « *Merc. Fr.* ann. 1610. pag. 482. Il n'avoit pas la même indulgence pour les offenfes qui ne le regardoient pas. » Le jour des Rois, com- » me le Roi s'acheminoit pour aller « à la Communion, M. de Roque- »laure qui avoit épié cette occa- » fion, comme la plus propre pour » la grace qu'il vouloit demander » pour Saint-Chamand (François » d'Hautefort) fon Parent, lequel » avoit fait donner les étrivieres au » Lieutenant - Général de Tulles » (Pierre de Fenis, Sieur Du-Teil) » fans aucun fujet, & dont Sa Ma- » jefté avoit ordonné qu'on fît une » juftice exemplaire; s'approcha du » Roi, & le fupplia de vouloir bien » pardonner à Saint-Chamand, » pour l'amour de celui qu'il alloit » recevoir, & qui ne pardonnoit » qu'à ceux qui pardonnoient : Au- » quel Sa Majefté répondit, en le » regardant : Allez, & me laiffez en » paix : je m'étonne comme vous » ofez me faire cette requête, lorf- » que je vais protefter à Dieu de faire » juftice, & lui demander pardon » de ne l'avoir pas faite. « *Mém. pour l'hift. de Fr. Tom.* 2. pag. 262. Il répondit à M. le Grand, qui l'importunoit en faveur du Fils du Comte de La-Martiniere, condamné à mort pour avoir tué fa Sœur: » Qu'après » qu'on lui auroit rompu les os des » bras & des jambes, il lui en don- » neroit les cendres: « Et à un autre » Seigneur: Que s'il eût été Pere de » ce miférable, il n'en eût pas voulu » faire la requête. Il fit encore à un » autre une plaifante réponfe, mais » chrétienne & remarquable: Ven- » tre-faint-gris ! lui dit-il, fe pre- » nant à gratter fa tête, j'ai affez de » péchés fur ma tête, fans y mettre » encore ceftui-là. « *L'Etoile.* 2. *Part.* p. 115. Quelqu'un voulant l'engager à punir l'Auteur de *L'Ifle des Hemaphrodites* : » Je ferois confcience, » dit-il, de fâcher un homme, pour » avoir dit la vérité.

dre son Peuple heureux, & son Royaume florissant: De-là, cette fécondité à imaginer, & cette attention à perfectionner une infinité d'utiles Réglemens. J'en ai spécifié une bonne partie : j'acheverai en disant, qu'on ne peut imaginer ni états, ni conditions, ni fonctions, ni professions, sur lesquelles ses réflexions ne se fussent portées ; & de manière que les changemens qu'il projettoit d'y faire, ne pussent être renversés après la mort de leur auteur, comme il n'est que trop souvent arrivé dans cette Monarchie. Il vouloit, disoit-il, que la gloire disposât de ses dernières années, & les rendît tout ensemble utiles aux hommes, & agréables à Dieu. Les idées des grandes, rares & belles choses, se trouvoient placées comme d'elles-mêmes dans son esprit : ce qui lui faisoit regarder l'adversité comme un simple obstacle passager, & la prospérité comme son état naturel. Il avoit fait dessécher des marais, pour s'essayer à un plus grand Ouvrage qu'il alloit entreprendre : c'étoit de joindre les deux Mers & les grands Fleuves, par des Canaux. Le temps est tout ce qui lui a manqué pour ses glorieuses entreprises.

Il disoit souvent qu'il demandoit à Dieu dix choses ; d'où est venu le mot des *Dix Souhaits de Henry IV*. il n'eût pas le bonheur de les obtenir toutes : Les voici. 1°. La grace & les biens spirituels. 2°. De conserver jusqu'à la mort, l'usage de toutes les facultés de son esprit, & de tous les membres de son corps. 3°. De voir la Religion qu'il avoit autrefois professée, dans une situation fixe & tranquile. 4°. D'être délivré de sa Femme (c'est de la première que cela doit s'entendre) ; & d'en retrouver une selon son humeur, qui lui donnât des Princes, qu'il eût le temps d'élever & d'instruire lui-même. 5°. De rendre à la France son ancienne splendeur. 6°. De conquérir sur l'Espagne, soit la Navarre, soit la Flandre & l'Artois. 7°. De gagner une Bataille en personne contre le Roi d'Espagne, & une autre contre le Grand Seigneur : c'est sur quoi il portoit envie au Prince Dom Juan d'Autriche. 8°. De faire rentrer dans son devoir, sans être obligé d'avoir recours à des remedes violens, la Faction Huguenote, qui avoit pour Chefs les Ducs de Bouillon, de La-Trémouille, &c : Et il y joignoit pour neuviéme souhait, de voir ces deux hommes & le Duc d'Epernon, réduits à implorer sa clémence. Il fut long-temps sans vouloir déclarer le dixiéme, qui regardoit l'accomplissement de ses Grands desseins. Les deux objets principaux qu'il s'y proposoit, firent qu'il le partagea en deux. L'un avoit rapport à la Religion : & c'étoit de réduire du-moins aux trois principales, ce nombre prodigieux de Religions, qui remplissent & divisent l'Europe ; puisqu'il étoit impossible de réünir tout le monde sous une seule. L'autre étoit purement Politique, & regardoit le nombre, le partage & l'égalité des Puissances, dont il avoit intention de composer cette espèce de grande République, suivant le Plan que j'en tracerai bientôt.

Je démentirois tout ce que j'ai dit jusqu'aprésent, si après avoir loué ce Prince sur une infinité de qualités vraîment louables, je ne convenois pas qu'elles ont été balancées par des défauts, & même assez grands. Je n'ai dissimulé, ni sa passion pour les Femmes, ni son attachement au Jeu, ni sa douceur, souvent poussée jusqu'à la foiblesse, ni son penchant pour tous les plaisirs. Je n'ai déguisé, ni les fautes qu'ils lui firent commettre, ni les folles dépenses qu'ils lui firent faire ; ni tout le temps qu'ils lui firent perdre. Mais j'ai remarqué en même-temps, pour donner à la vérité ce qu'on lui doit des deux côtés, Que ses ennemis ont outrément éxageré tous ces objets : Que s'il fut, si l'on veut, l'esclave des femmes ; jamais pourtant elles ne déciderent, ni du choix de ses Ministres, ni du sort de ses Serviteurs, ni des délibérations de son Conseil. Il faut en dire autant de tout le reste : Et pour tout comprendre en un mot, il suffit de voir ce qu'il a fait, pour convenir qu'il n'y a aucune comparaison à faire dans sa personne, entre le bien & le mal : & que puisque l'honneur & la gloire ont toujours eû le pouvoir de l'arracher au plaisir, on doit les reconnoître pour ses grandes, ses véritables Passions.

Je trouve une Lettre, qu'il me fit écrire par Loménie, parce qu'il s'étoit, disoit-il légérement blessé au pouce : Elle est écrite de Chantilly, du 8. Avril, mais sans date d'année : on ne sera pas fâché, je crois, de l'entendre parler lui même sur cette matière. Ce qui lui fit naître le dessein de la traiter, comme il me le dit lui-même au commencement de cette Lettre, ce sont tous les discours du Public

LIVRE VINGT-HUITIEME.

Public, qu'il se plaisoit à se faire rapporter, en s'entretenant tous les jours familièrement avec Roquelaure, Frontenac, La-Riviere, Du-Laurens, d'Arambure, Morlas Salette, La-Varenne, Bonniers, Du-Jon, Béringhen, L'Oserai, Armagnac, Jacquinot, Perroton & quelques autres, qui souvent s'acquittoient assez éxactement de l'ordre qu'il leur donnoit, de ne lui rien cacher de ce qu'ils entendoient dire contre lui.

Il rapporte donc d'abord, Que ses ennemis & ses envieux l'accusent de négliger, & même de mépriser, ce sont ses termes, les Grands & les plus qualifiés de son Royaume, & de consommer en folles & inutiles dépenses, l'argent, qui selon eux auroit été mieux employé à leur accorder des gratifications (7). » Les uns, dit-il, me blâment d'aimer
» trop les Bâtimens & les riches Ouvrages; les autres, la
» Chasse, les chiens & les oiseaux; d'autres, les cartes, les
» dés & autres sortes de jeux; d'autres, les Dames, la Ta-
» ble, les Assemblées, la Comédie, la Danse, les Courses
» de bague & autre divertissemens dans ce genre (8); où,
» disent-ils, on me voit encore aussi gai avec ma barbe gri-
» se, & tirant autant de vanité d'avoir fait une belle cour-
» se, donné deux ou trois dedans, disent-ils en riant, & ga-
» gné une bague de quelque belle Dame, que je pouvois
» faire en ma jeunesse, & que le Jeune-homme le plus vain
» de la Cour. Je ne nierai pas, poursuit-il, que dans tout
» cela, il n'y ait quelque chose de vrai : Mais il me semble
» aussi que n'y faisant rien avec excès, ce doit être plustôt
» un sujet de louange que de blâme pour moi : & en tout

---

(7) » On dit, dit-il, que je suis
» chiche : mais je fais trois choses
» bien éloignées d'avarice ; car je fais
» la guerre, l'amour, & je bâtis. «
Le-Grain liv. 8. » Aucuns l'ont esti-
» mé un peu bien ménager ; mais sont.
» ceux qui n'ont pas sçu les gran-
» des nécessités où il s'étoit trouvé;
» jusques à avoir pu dire lors du Sié-
» ge de Dieppe, Qu'il étoit Roi sans
» Royaume, Mari sans Femme, &
» faisoit la Guerre sans argent. «
Merc. Franç. ann. 1610 *pag.* 485.
(8) » Dans les festins & dans les
» Carrousels, il vouloit paroître auf-

» si bon compagnon & aussi adroit
» que pas un autre. Il étoit de bel-
» le humeur, le verre à la main, quoi-
» qu'il fût assez sobre ; sa gaieté &
» ses Bons-mots faisoient la plus
« douce partie de la bonne chere. Il
« ne témoignoit pas moins d'adresse
» & de valeur aux combats à la bar-
» riere, aux courses de bagues & à
» toutes les galanteries, que les plus
» jeunes Seigneurs : il se plaisoit mê-
» me au Bal, & il dansoit quelque-
» fois, mais à dire vrai, avec plus
» d'enjouëment que de bonne grace.«
Péréfixe, pag. 380.

Tome III. Ll

266　MEMOIRES DE SULLY,

1610.
» cas, on doit me passer quelque chose dans des divertisse-
» mens qui n'apportent ni dommage ni incommodité à mes
» Peuples, par compensation de travaux, par où j'ai passé de-
» puis mon enfance jusqu'à cinquante ans... Je vous ai oui
» dire, ajoûte ce Prince, lorsque quelqu'un blâmoit vos ac-
» tions, que l'Ecriture n'ordonne pas absolument de n'avoir
» ni péchés ni défauts, parce que ce sont des infirmités at-
» tachées à la nature humaine ; mais seulement, de ne pas
» s'en laisser dominer, ni les laisser régner sur nos volontés :
» C'est à quoi je me suis étudié, ne pouvant faire mieux (9).
» Vous sçavez par beaucoup de choses qui se sont passées
» avec mes Maîtresses (ce que tout le monde regarde com-
» me celle de toutes les passions qui a le plus d'empire sur
» moi.) si je ne vous ai pas souvent soûtenu contr'elles, jus-
» qu'à leur dire, lorsqu'elles faisoient les acariâtres, Que
» j'aimerois mieux avoir perdu dix Maîtresses comme elles,
» qu'un Serviteur comme vous : C'est ce que vous me verrez
» encore faire, je vous en donne ma parole, lorsque les oc-
» casions se présenteront d'exécuter les glorieux desseins,
» que vous sçavez que j'ai depuis long-temps dans l'esprit :
» je vous ferai bien voir alors, que je sçais quitter Maîtresses,
» chiens, oiseaux, jeux, bâtimens & festins, plûtôt que de
» manquer à acquérir de l'honneur & de la gloire. Je mets
» ma principale, après mon devoir envers Dieu, ma Femme,
» mes Enfans, mes fidèles Serviteurs & mes Peuples, que j'ai-
» me comme mes Enfans (10), à être tenu pour Prince plein
» de foi & de parole, &c. «

Mais il est temps de reprendre le désagréable récit de
ce qui arriva après la mort de ce bon Prince : Quelque triste
qu'il soit pour moi, ces Mémoires ne doivent finir que là

(6) » Je demande, disoit ce Prin-
» ce, tous les jours, trois graces à
» Dieu : L'une, qu'il lui plaise de par-
» donner à mes ennemis : L'autre,
» de me donner Victoire sur mes pas-
» sions, & notamment sur la sensua-
» lité : La troisième, de bien user de
» l'autorité qu'il m'a donnée, & n'en
» abuser jamais. Je voudrois bien
» faire ce qu'ils disent, ajoûtoit-il,
parlant des remontrances que lui
faisoient quelquefois les Prélats &
autres Ecclésiastiques ; » mais il ne
» pensent pas que je sçache tout ce
» qu'ils font. « *Matthieu, tom. 2. liv.
pag.* 838.
(10) » Je n'ai que deux yeux &
» deux pieds, disoit encore ce bon
» Prince : en quoi suis-je donc diffé-
» rent du reste de mes Sujets, sinon
» en ce que j'ai la force de la justice
» en ma disposition ? « *Ibid.*

LIVRE VINGT-HUITIEME.

1616.

où j'ai cessé de prendre part aux Affaires du Gouvernement. Dans le cruel abatement où me jettoit la Nouvelle de la mort du Roi mon cher Maître, je pensai qu'il se pouvoit bien faire que, quoique blessé à mort, il lui restât encore quelque peu de vie ; & mon esprit embrassant avidement cette foible lueur d'espérance & de consolation : » Qu'on me donne mes habits & mes bottes, dis je à ceux » qui étoient autour de moi : Qu'on me fasse seller de bons » chevaux : car je n'irai point en carrosse ; & que tous mes » Gentilshommes se tiennent prêts pour m'accompagner : » je veux aller voir ce qui en est. « Je n'avois dans ce moment que deux ou trois de mes Domestiques auprès de moi : tous les autres voyant que mon indisposition m'empêcheroit de sortir de tout le reste du jour, & même de m'habiller, s'étoient dispersés en différens endroits : Mais le bruit de la blessure du Roi, qui ne tarda pas à être répandu dans tous les Quartiers de la Ville, les avoit presque tous ramenés avant que je fusse à cheval ; & avec eux, un si grand nombre d'autres personnes qui m'étoient particuliérement attachées, qu'avant que je fusse vis-à-vis la maison de Beaumarchais, j'avois déja plus de cent Chevaux à ma suite : & en peu de momens ma troupe se trouva encore grossie de plus de moitié ; parce qu'à mesure que je m'avançois, je rencontrois quelques uns des fidéles Serviteurs du Roi, qui venoient me trouver, pour sçavoir de moi le parti qu'ils avoient à prendre dans cette triste conjoncture. La consternation & le deuil public (11) furent une preuve combien ce bon Prince étoit tendrement aimé dans sa Capitale. C'é-

---

(11) La description qu'en fait Péréfixe ; pag. 415. est tout-à-fait touchante. » Quand le bruit de cet ac- » cident si tragique, dit-il, fut épan- » du par tout Paris, & qu'on sçut » assurément que le Roi, qu'on ne » croyoit que blessé, étoit mort ; ce » mélange d'espérance & de crainte, » qui tenoit cette grande Ville en » suspens, éclata tout d'un-coup en » de hauts cris, & en de furieux gé- » missemens. Les uns devenoient im- » mobiles & pâmés de douleur ; les » autres couroient les ruës tout-éper- » dus : Plusieurs embrassoient leurs » Amis, sans leur dire autre chose, » sinon, *Ah ! quel malheur!* Quelques- » uns s'enfermoient dans leurs mai- » sons : d'autres se jettoient par ter- » re. On voyoit des femmes éche- » velées, qui hurloient & se lamen- » toient. Les peres disoient à leurs » enfans : Que deviendrez-vous, mes » enfans ? vous avez perdu votre Pe- » re. Ceux qui avoient plus d'appré- » hension pour l'avenir, & qui se » souvenoient des horribles calami- » tés des Guerres passées, plaignoient » les malheurs de la France, & di- » soient que ce funeste coup, qui

L l ij

toit quelque chofe de véritablement touchant, que de voir en combien de manieres & par combien de démonftrations fenfibles, les Bourgeois & toute la populace de cette grande Ville, exprimoient leur affection & leurs regrets: des gémiffe-mens, des pleurs, un morne filence, des cris douloureux ; lever les bras vers le Ciel, joindre les mains, hauffer les épaules, fe frapper la poitrine : voilà le fpectacle qui s'offrit partout à mes yeux. Quelques-uns m'envifageoient triftement, & me difoient · » Ah ! Monfieur, nous fommes tous perdus, » notre bon Roi eft mort. «

En paffant dans la ruë de la Pourpointerie, un homme que je n'appercevois point, & qu'à peine je remarquai, paffa à côté de moi, & me mit entre les mains un Billet, que je donnai à lire à trois ou quatre de ceux qui étoient les plus proche de moi : il contenoit ce peu de mots : » Monfieur, » où allez-vous ? c'en eft fait, je l'ai vû mort : fi vous en-» trez dans le Louvre, vous n'en réchapperez pas non plus » que lui. « Ce Billet me donnant l'affreufe certitude que je cherchois, je ne pus m'empêcher de fondre en larmes : Il me fut bientôt confirmé de mille endroits. Du-Jon, que je rencontrai vers Saint-Innocent, me dit : » Monfieur, no-» tre mal eft fans reméde : Dieu en a difpofé ; je le fçais » pour l'avoir vû : Penfez à vous : car cet étrange coup aura » de terribles fuites. « A l'entrée de la ruë Saint-Honoré, vers la Croix du Trahoir, on me jetta encore un Billet tout-femblable au précédent. Je continuois pourtant malgré tout cela, mon chemin vers le Louvre ; & j'avois bien alors trois cens Chevaux ; lorfque je trouvai Vitry, au carrefour des Quatre-coins. Il vint m'embraffer, en pouffant des cris lamentables, qu'il n'étoit pas en fon pouvoir de retenir : je n'ai jamais vû un homme auffi affligé, qu'il me parut l'être:

» avoit percé le cœur du Roi, » coupoit la gorge à tous les Fran-» çois. On raconte qu'il y en eut plu-» fieurs qui en furent fi vivement » touchés, qu'ils en moururent, » quelques-uns tout-fur-le-champ, » & les autres peu de jours après. » Enfin il ne fembloit pas que ce fût » le deuil d'un homme feul, mais de » la moitié de tous les hommes. On » eût dit que chacun avoit perdu » toute fa famille, tout fon bien & » toutes fes efpérances, par la mort » de ce grand Roi. Tous les Rois » & Princes, ajoûte l'Hiftorien Mat-» thieu, déplorerent fa mort... Le » Roi d'Efpagne, preffé de la vérité » & de la douleur, dit, Que le plus » grand Capitaine du Monde étoit » mort.. Les Vénitiens difoient : *No-* » *tre Roi eft mort.* « *Ibid. pag.* 834.

» Ah ! Monsieur, s'écria-t'il, on nous a tué notre bon Maî-
» tre : c'est fait de la France ; il faut mourir : Pour moi, je
» suis bien assûré de n'avoir pas encore beaucoup de temps
» à vivre ; & je vais sortir de France, pour n'y rentrer ja-
» mais : il faut dire adieu à tout le bon ordre que vous aviez
» établi. Mais, Monsieur, me dit-il ensuite, où allez-vous
» avec tant de gens ? on ne vous laissera pas approcher du
» Louvre, ni entrer dedans, avec plus de deux ou trois per-
» sonnes ; de cette maniere je ne vous le conseille pas, &
» pour cause (12) : Il y a de la suite dans ce dessein, ou je
» suis bien trompé : car j'ai vu des personnes, qui sentent si

1610.

(12) On sent par la maniere dont s'exprime par tout ici M. le Duc de Sully, qu'il se croit obligé de se justifier sur une faute qu'on l'accuse d'avoir faite en cette occasion. Voici comme en parle le Maréchal de Bassompierre : » En sortant pour al-
» ler vers la ruë Saint-Antoine, nous
» rencontrâmes M. de Sully avec
» quelque quarante Chevaux ; le-
» quel étant proche de nous, com-
» mença d'une façon éplorée à nous
» dire : Messieurs, si le service que
» vous aviez voué au Roi, qu'à no-
» tre grand malheur nous venons de
» perdre, vous est aussi avant en l'a-
» me, qu'il le doit être à tous les
» bons François ; jurez tout-présen-
» tement de conserver la même fidé-
» lité que vous lui avez renduë,
» au Roi son Fils & successeur, &
» que vous employerez votre sang
» & votre vie, pour venger sa mort.
» Monsieur, lui répondis-je, c'est
» nous qui faisons faire ce serment
» aux autres ; & nous n'avons pas
» besoin d'exhortateur en une chose,
» à quoi nous sommes si obligés. Je
» ne sçais si ma réponse le surprit ; ou
» s'il se répentit d'être venu si avant
» hors de son Fort. Il partit en mê-
» me temps & nous tourna le visa-
» ge, & alla s'enfermer dans la Ba-
» stille, envoyant en même temps
» enlever tout le pain qu'il put trou-
» ver aux Halles & chez les Bou-
» langers. Il dépêcha aussi en dili-
» gence vers M. de Rohan son Gen-
» dre, pour lui faire tourner tête
» avec six mille Suisses qui étoient
» en Champagne, & dont il étoit
» Colonel-Général, & marcher droit
» à Paris : ce qui fut depuis un des
» prétextes que l'on prit pour l'éloi-
» gner des Affaires : Joint à ce qu'il
» ne put jamais être persuadé par
» MM. de Praslin & de Créquy, qui
« le vinrent semondre de se présen-
» ter au Roi, comme tous les autres
» Grands ; & n'y vint que le lende-
» main, que M. de Guise l'y amena
» avec peine : Après quoi il contre-
» manda son Gendre avec ses Suisses,
» qui étoient déja avancés une jour-
» née vers Paris. « *Tom. I. pag.* 300.
L'Etoile se contente de dire : » M.
» de Sully, plus mort que vif, vint
» trouver la Reine, qui lui fit bon
» accueil, le continua en toutes ses
» Charges, & le renvoya à l'Arce-
» nal pour y exercer sa Charge. «
Mém. Hist. de Fr. p. 309. Mais son Commentateur paroît du même avis que Bassompierre, dont il cite à la marge l'endroit que nous venons de rapporter. L'Auteur de l'Histoire de la Mere & du Fils invective fort à ce sujet contre M. de Sully ; sans pourtant faire mention, ni de l'enle-vement du pain, ni de la députation vers les Suisses. Il n'accuse ce Minis-tre que de s'être laissé aller avec trop de foiblesse, à la crainte que pou-voient lui donner les ennemis qu'il avoit auprès de la Reine. » Quel-
» ques-uns de ses Amis, dit-il, nou-
» blierent rien de ce qu'ils purent,
» pour le conjurer de satisfaire à son

1610.

» peu la perte qu'ils ont faite, qu'ils ne sçauroient cacher
» qu'ils n'ont point dans le cœur la tristesse qu'ils y de-
» vroient avoir, cela m'a pensé faire crever de dépit ; & si
» vous l'aviez vû vous penseriez comme moi. Je suis d'avis,
» ajoûta-t'il, que vous vous en retourniez : il y a assez d'af-
» faires à quoi vous avez à pourvoir, sans aller au Lou-
» vre. «

» devoir, passant par-dessus ces ap-
» préhensions & craintes : Mais com-
» me les esprits les plus audacieux,
» sont souvent les moins hardis & les
» moins assûrés, il fut d'abord im-
» possible de lui donner la résolution
» nécessaire à cet effet... Il fut long-
» temps sans pouvoir s'assûrer. Sur
» le soir, Saint-Geran qu'il avoit
» obligé, & qui témoignoit être
» fort de ses Amis, l'étant venu trou-
» ver, il le fit enfin résoudre à quit-
» ter son Arcenal, & aller au Louvre.
» Comme il fut à la Croix-du-Tra-
» hoir, ses appréhensions le saisirent
» de nouveau, & si pressamment,
» sur quelques avis qu'il reçut en ce
» lieu, qu'il s'en retourna avec cin-
» quante ou soixante Chevaux qui
» l'accompagnoient, à la Bastille,
» dont il étoit Capitaine ; & pria le
» Sieur de Saint-Geran d'aller faire
» ses excuses à la Reine, & l'assûrer
» de sa fidelité & de son service. »
Tom. I. pag. 49.

A s'en tenir à cet exposé, tout désavantageux qu'il est au Duc du Sully, il n'y auroit lieu tout au plus qu'à
le blâmer d'avoir porté trop loin la
précaution contre une entreprise sur
sa personne, qu'on suppose chimérique : Mais l'Historien Matthieu, le
mieux informé de tous ces Ecrivains,
nous apprendra que cette crainte du
Ministre n'étoit pas aussi mal-fon-
dée, que ses ennemis ont voulu le
faire croire. Voici comme il traite
cet article. » On avoit donné à la
» Reine quelque ombrage du Duc
» de Sully, & on la conseilloit de
» s'assûrer de lui ; parce qu'il avoit
» en main la Bastille, l'Artillerie &
» l'argent du Roi. Il s'étoit baigné
» ce jour-là ; & étant averti de ce

» malheureux accident, monta à che-
» val pour aller au Louvre ; & étant
» à la Croix du Trahoir, suivi de qua-
» rante Gentilshommes, il eut quel-
» que avis qui le fit rebrousser. La
» Reine, pour le faire venir, lui en-
» voya le Duc de Guise ; qui le trou-
» va vers la grande allée du jardin,
» du côté de la Bastille, & lui dit le
» commandement de la Reine. Il
» pria de l'excuser, parce qu'il étoit
» averti qu'on lui dressoit quelque
» partie... La résolution qu'il prit
» (avec le Duc de Guise, le Comte
» de Bethune & quelques autres
» Amis) fut qu'il acheveroit le reste
» du jour, & que le lendemain il
» iroit voir la Reine ; & le Duc de
» Guise lui promit de le venir pren-
» dre, & l'assûra qu'il perdroit la
» vie, & celle de tous ses Amis, pre-
» mier que de souffrir qu'aucun dé-
» plaisir lui fût fait... Il retourna vers
» la Reine, & lui fit agréer les con-
» sidérations qui retenoient le Duc de
» Sully, sous la parole qu'il avoit
» donnée de la venir voir le lende-
» main. Incontinent après, le Duc de
» Sully entra, avec bon nombre de
» Gentilshommes, à la Bastille, où il
» avoit fait porter tout le pain qu'il
» avoit trouvé chez les Boulangers
» de Paris, &c. « *Histoire de Louis XIII,
pag.* 2. *&* 3. Ajoûtez à cela ce que dit
le Duc de Sully, des avis qu'il recevoit de toutes parts, que ce coup
pouvoit avoir de terribles suites, à
quoi l'on ne s'attendoit point ; on
trouvera peut-être qu'il n'y a eu que
de la prudence dans ce Ministre, à
en user ainsi, pour la tranquillité publique, & pour sa sûreté particuliere.

LIVRE VINGT-HUITIEME 271

1610.

Ce concert de discours, de Billets & d'Avis, me frappa à la fin. Je m'arrêtai tout court : & après avoir tenu conseil avec Vitry & dix ou douze des principaux de la troupe, je crus qu'il étoit plus sage de m'en retourner chez moi ; & je me contentai d'envoyer offrir à la Reine mon obéïssance & mes services. Je la fis assûrer en même temps, qu'en attendant qu'elle me fît part de ses commandemens, j'allois toujours commencer par veiller avec plus de soin qu'auparavant, sur la Bastille, l'Arcenal, les Troupes, l'Artillerie, & sur les Affaires, soit de mon Gouvernement, soit de mes autres Emplois.

Je ne faisois qu'entrer dans la ruë Saint-Antoine, & le Gentilhomme que j'avois chargé de ce Message, ne pouvoit encore s'en être acquitté ; lorsque j'en vis arriver un de la part de cette Princesse, qui me prioit de venir le plus promptement que je pourrois au Louvre, & d'amener peu de gens avec moi : Qu'elle avoit des choses de grande importance à me communiquer ; & que je m'en reviendrois aussi-tôt. Cette proposition d'aller seul au Louvre me livrer entre les mains de mes ennemis dont il étoit rempli, n'étoit guére propre à me faire revenir de mes soupçons : Ajoûtez qu'on vint me dire en ce moment, Qu'un Exempt des Gardes & quelques Archers, avoient été vûs aux premieres portes de la Bastille : Qu'on en avoit envoyé d'autres au Temple, où étoient les poudres, & chez les Trésoriers de l'Epargne, pour y arrêter tous les deniers. Je tirai un si mauvais augure de ce que tout cela s'étoit fait sans m'en donner avis, que je ne balançai point sur la réponse que j'avois à faire à la Reine. Je lui fis dire par un Gentilhomme, Que j'étois persuadé que lorsqu'elle auroit entendu celui que j'avois eu l'honneur de lui députer, elle entreroit dans mes raisons, & changeroit de sentiment : Qu'ainsi j'attendrois la réponse qu'il devoit m'apporter de sa part, à l'Arcenal & à la Bastille, d'où je ne m'éloignerois point.

La Reine ne s'en tint pas là. Elle me députa coup-sur-coup MM. de Montbazon, de Praslin, de Schomberg, La-Varenne, & après tous ceux-là, mon Frere. Je ne sçavois que penser de ces instances réïterées, en les voyant arriver tous à un quart d'heure l'un de l'autre : ma défiance en augmenta. Je resolus de n'aller point au Louvre ; de tout le reste du jour. Assûrément l'état dans lequel j'étois, pouvoit tout seul me servir d'une bonne excuse. L'effort que j'avois fait après le Bain que j'avois pris le matin, & après un repas très leger; l'état de mon esprit plus cruel encore que celui de mon corps; tout cela m'avoit causé une sueur dont j'étois pénetré, & une lassitude si grande, que je ne pouvois plus me soutenir : ce qui m'obligea, lorsque je fus arrivé à mon appartement de la Bastille où je me rendis, de changer de chemise & de me mettre au lit, où je demeurai jusqu'au lendemain. MM. le Connétable & D'Epernon m'y envoyerent visiter, & offrir leurs services. La maniere dont ils me donnerent le conseil d'aller voir la Reine, me faisant croire que je pouvois le faire sans risque, & cette Princesse m'en ayant encore pressé par de nouveaux Courriers qu'elle m'envoya toute l'après-midi; je passai enfin par-dessus la condition qu'on y mettoit toujours, que ce seroit avec peu de personnes à ma suite, & je résolus d'y aller le lendemain.

Trois cens personnes à cheval attendoient dès le matin le moment de ma sortie, pour m'accompagner comme la veille : c'étoient ou des Parens, ou des Amis, ou des gens qui n'étant ni l'un ni l'autre, paroissoient attachés à moi par l'apparence d'une nouvelle faveur, peut-être par la honte de s'en détacher trop tôt. Je les remerciai tous, & leur fis entendre les raisons que j'avois de ne me faire escorter d'aucune personne tant-soit-peu remarquable, & de me restreindre au petit nombre qui composoit mon train ordinaire Ce fut donc avec mes seuls Domestiques, au nombre d'environ vingt, que j'arrivai au Louvre. En y entrant, je n'apperçus de marques d'une douleur sincère, que dans ceux qui étoient attachés par quelque Emploi à la Personne du Roi : Pour ceux-cy, Officiers & subalternes, ils paroissoient tous sentir vivement la perte publique. A mesure que je passois les différentes portes, je les voyois s'avancer vers moi, les larmes aux yeux, pour m'embrasser ou gémir en ma présence : » Hélas! Monsieur, s'écrioient-ils, nous avons » tout perdu, en perdant notre bon Maître; « & ils me conjuroient avec une véritable effusion de cœur, de ne point abandonner les Enfans, après avoir, disoient-ils, si bien servi le Pere.

Mais

Mais il s'en falloit beaucoup, je suis obligé de le dire, que l'intérieur du Palais, & ce qu'on appelle la Cour, me préfentât le même objet. Je ne vis, ou que des vifages compofés, qui m'affligerent d'autant plus qu'ils s'efforçoient inutilement de me paroître affligés, ou que des vifages fi gais, qu'ils me firent joindre l'indignation à la douleur. Lorfque je me trouvai en préfence de la Reine, le peu de conftance dont je m'étois armé, m'abandonna fi abfolument, que j'éclatai en cris & en fanglots. Elle ne retrouva plus elle-même cette force, avec laquelle elle s'étoit préparée à me recevoir, & nous fîmes ensemble une fcène qui dut paroître bien touchante. Elle me fit apporter le Roi, dont les embraffemens & les careffes furent un nouvel affaut, auquel mon cœur eut bien de la peine à ne pas fuccomber. Je ne me fouviens plus, ni de ce que me dit ce jeune Prince, ni de ce que je lui dis moi-même en ce moment. Je fçais feulement qu'on eut beaucoup de peine à me l'arracher d'entre les bras; tant je le tenois étroitement ferré : »Mon Fils, lui difoit la Reine fa Mere, pen-»dant ce temps-là, c'eft M. de Sully; il le faut bien aimer: »car c'eft un des meilleurs & des plus fidéles Serviteurs » du Roi votre Pere ; & je le prie qu'il continuë à vous » fervir de même. « Nous tînmes quelques autres difcours cette Princeffe & moi, fans pouvoir trouver le moment d'effuyer nos larmes. Elle a dit depuis, que j'étois, avec une autre perfonne de la Cour, celui dont la vûë l'avoit le plus attendrie.

Une réception fi remplie de marques de diftinction & de confiance, mit tous les Princes, les Seigneurs & les Membres du Confeil, qui étoient aux côtés de la Reine, dans la néceffité d'enchérir les uns fur les autres en proteftations d'amitié, de fervice & d'attachement. Ils ne me trompoient pas affûrément; car je connoiffois leur intérieur, comme eux-mêmes. Je fçavois déja que dans le projet qu'ils avoient formé, de profiter de la conjoncture préfente, pour augmenter en biens & en dignités, aux dépens même de la gloire de l'État, de l'honneur du Roi & de l'utilité publique, je devois m'attendre à être en butte à tous leurs coups; parce qu'ils s'attendoient eux-mêmes à ne trouver d'obftacles, que dans la fermeté de mon efprit, & dans la sévérité de mes Réglemens. Ils en avoient assez d'exemples, pour ne pas douter que le seul parti qui leur restât à prendre, étoit de chercher à m'ôter tout-à-fait l'administration des Affaires. Ainsi lorsqu'on fit jouer dans la suite les grandes batteries, pour me mettre mal dans l'esprit de la Reine : supposé qu'on n'eût pas déja commencé : lorsque les Jésuites & leurs adhérens firent agir le Nonce, pour prononcer l'Arrêt de mon éloignement : lorsque mes Confreres dans le Conseil & les Finances, mirent en œuvre Conchine & sa Femme, pour insinuer aux deux Princes du Sang, qu'ils n'auroient jamais de véritable autorité, tant que je serois à la tête des Affaires ; mais qu'elles ne pouvoient m'être ôtées, que pour tomber entre leurs mains : lorsqu'on eut fait goûter à tous les autres, que dépendre de Conchine étoit être véritablement maître : enfin lorsque je vis tout le monde travailler avec une égale ardeur à préparer ma chute ; il n'arriva rien, que je n'eusse prévu & prédit.

Le premier acte du Parlement, sitôt qu'il eut vû le Roi mort, ayant été de déférer la Régence à la Reine-Mere, on jugea nécessaire que le Roi y allât en personne tenir son Lit-de-justice, & confirmer cette nomination (13). La matinée du lendemain de la mort du Roi ayant été choisie pour cette Cérémonie, je fus encore prié dès la pointe du jour, de la part de la Reine, d'y accompagner Sa Majesté. J'apportai toutes sortes d'excuses pour m'en dispenser ; je feignis même de me trouver si mal, qu'il m'étoit impossible de me lever de tout ce jour-là : je sentois une extrême répugnance pour ce qu'on exigeoit de moi. Il fallut pourtant encore avoir cette complaisance : la Reine m'en ayant fait faire instances sur instances. Ne trouvant que de nouveaux sujets d'amertume & de serrement de cœur, dans le son des Tambours & des Instrumens, & jugeant qu'un visage baigné de pleurs, figuroit mal avec les cris de joie & d'alégresse, dont tout retentissoit ; je perçai la foule ; &

---

(13) Voyez l'ordre & le détail de cette Cérémonie, dans le Mercure François & les Historiens. *Ann.*1610. Dans le Conseil qui fut assemblé, pour sçavoir si la Reine devoit aller au Parlement, le Duc de Sully se contenta de dire simplement : »Que n'y ayant point de Loi qui »défendît à la Reine d'aller au Par- »lement, il étoit indifférent d'y al- »ler, ou de demeurer.« *Matthieu, ibid. pag.* 4.

vins des premiers dans la Salle des Auguſtins, où ſe tenoit le Parlement. 1610.

Deux ou trois Cardinaux ayant voulu comme moi éviter la preſſe, s'étoient rendus avant les autres dans la Salle, où ils allerent s'aſſeoir ſur le banc deſtiné aux Eccléſiaſtiques, au côté gauche du Trône préparé pour Sa Majeſté, dont ils prirent le haut bout. Les Evêques de Langres, de Beauvais & de Noyon, ſurvenant enſuite, ces Meſſieurs, dont la chimère eſt que leur qualité de Pairs leur donne droit de préceder dans le Parlement Princes & Cardinaux, n'eurent garde de ſe ranger au-deſſous de ceux-cy, qu'ils voyoient placés : ils paſſerent au côté droit, & ſe mirent au plus haut du banc. Je les y trouvai en arrivant, & leur dis fort-doucement, qu'ils n'étoient pas à leur place, & que je leur conſeillois comme leur Ami, de paſſer du côté gauche, parce qu'ils ne devoient pas s'attendre que quantité de Pairs Laïcs, qui alloient entrer dans le moment, leur laiſſaſſent tranquillement la main droite. Ils commencerent à vouloir m'étourdir de leur diſtinction ordinaire de Pairies de premiere érection & de Pairies Eccléſiaſtiques, qui ſelon eux les mettent beaucoup au-deſſus des nouveaux Ducs. La conteſtation ne fut pas longue de ma part ; je leur dis ſeulement, qu'ils alloient bientôt trouver à qui parler : ce qui ne manqua pas. La déciſion qu'on fut obligé de porter ſur l'heure, les condamna à laiſſer le banc droit aux Pairs Laïcs, & à paſſer à celui des Clercs, du côté gauche ; où les Cardinaux n'étant pas plus d'humeur de leur ceder, ils aimerent mieux ſortir tout-à-fait, & ne point aſſiſter à la Cérémonie. Je n'y pris pas plus de part qu'eux, quoique préſent. La Reine dut être fort-contente (14) : tout lui fut accordé, ſans même recueillir les ſuffrages.

Je ne fus pas long-temps ſans m'appercevoir que quoiqu'on affectât à l'extérieur de ne négliger aucune des formalités, qui s'obſervent ordinairement dans l'établiſſement d'une légitime Régence ; quoiqu'on voulût faire paſſer le changement qu'on commençoit à laiſſer appercevoir dans l'Adminiſtration, pour l'effet commun & néceſſaire d'une mutation de Gouvernement ; enfin que quoiqu'on s'étudiât à faire entendre que ce Gouvernement n'avoit pour objet,

(14) Voyez ſur l'ordre de cette Cérémonie, les Hiſtoriens cy-deſſus.

que de donner plus de force & de lustre à l'autorité d'un Roi enfant ? ceux qui faisoient agir la Reine, ne songeoient pourtant réellement qu'à travailler sous ce masque pour leur compte. Toutes ces apparences de régularité s'évanouissoient lorsqu'on les regardoit d'un peu près, & ne laissoient plus voir que des manquemens réels à l'ordre & à la forme, qui effrayoient le petit nombre de personnes bien intentionnées. Je crus être dans l'obligation, & en quelque sorte encore en droit, de faire sentir que je voyois l'abus, & que je ne l'approuvois pas : Mais le temps des libres remontrances, que le deuil du premier jour de la mort du Roi, & l'embarras du second, avoient laissé subsister, étoit déja presque passé dès le troisiéme. On secoua en aussi peu de temps le joug de la contrainte, des dehors composés, & d'une montre de douleur, dont le cœur avoit trop à souffrir. La stupidité, au défaut de véritable sujet de joie, produisit cet effet dans quelques-uns : dans quelques autres, ce fut la légereté; dans d'autres, le simple mouvement des Affaires publiques & particulières, & sur-tout la crainte de déplaire à des personnes, dont l'exemple est fait pour donner le ton à toute la Cour.

Voici donc quelle fut après les trois premiers jours, la face de ce nouveau Monde. A s'arrêter au simple dehors, & à tout ce qui étoit fait pour attirer les yeux, rien n'auroit paru changé au Louvre. La pompe lugubre y paroissoit avoir raffiné sur tout. Les tentures, dont les murailles, les planchers & les plafonds, étoient couverts, les meubles & tous les autres instrumens d'un deuil public, auroient pu faire regarder les Appartemens de parade de ce Palais, comme le séjour même de la tristesse & le domicile de la Mort. La chose commençoit à paroître un peu plus douteuse, lorsqu'on passoit de-là à envisager le maintien des personnes destinées à faire les honneurs de cette triste Cérémonie : car si parmi eux l'on voyoit encore pousser de sincères gémissemens, & verser de véritables larmes; il n'y avoit que trop d'ailleurs de quoi former & faire sentir le contraste. Mais si de-là on descendoit dans les Appartemens de dessous, qu'on appelloit les Entre-sols; c'est en ces endroits qu'on pouvoit prendre une véritable idée de la disposition des cœurs & des esprits. La magnificence, bannie de tout le reste du Palais, en avoit fait son asyle. L'or, la pourpre, la broderie, les ornemens somptueux, en faisoient un lieu de délices : le luxe y étoit dans toute sa profusion. Je ne pouvois y entrer, moi & un petit nombre de vrais François, sans sentir déchirer mon cœur du plus violent dépit, de voir quels objets on substituoit ainsi à celui de la perte publique. J'ai honte de dire que tout l'artifice dont on usoit pour dérober aux yeux du Public ce spectacle d'insensibilité & d'ingratitude, ne se déceloit que trop souvent par les éclats de rire, par les épanchemens de joie, les chants d'alégresse, qu'on entendoit partir de ces endroits : Aussi n'étoient-ils remplis que de gens heureux, ou qui croyoient l'être. C'est-là que résidoit la vraie Cour, & que se tenoient les Conseils, soit généraux, qu'on donnoit encore à la coutume & à l'apparence, soit cachés, où l'on sçavoit bien détruire tout ce qui pouvoit encore être pris de bonnes résolutions dans les premiers.

1610.

La Reine ne faisoit entrer dans ces Conseils secrets, qui se tenoient aux heures les plus induës, que Conchine & sa Femme, le Nonce du Pape, l'Ambassadeur d'Espagne, le Chancelier & le Chevalier de Sillery, le Duc d'Epernon, Villeroi, Jeannin & Arnaud, qui pour être à moi, n'en étoit pas moins, aussi-bien que Jeannin, tout entier à Conchine; le Médecin Duret, qui pourtant perdit bientôt cette faveur; Dollé & le Pere Cotton. On n'est pas embarrassé de sçavoir ce qui se traitoit alors : l'union des Couronnes de France & d'Espagne; le renoncement aux plus anciennes Alliances de la Couronne avec les Princes Etrangers; l'abolition de tous les Edits de Pacification; la destruction des Protestans; l'expulsion de tous ceux de cette Religion qui étoient en place; la disgrace de tous ceux qui ne voudroient pas plier sous le joug des nouveaux Favoris; la dissipation des trésors amassés par le feu Roi, pour s'attacher les avares & les ambitieux, & pour combler de biens & d'autorité ceux qu'on alloit faire monter aux premiers rangs : c'est-à-dire, mille projets aussi pernicieux au Roi & à l'État, qu'avantageux à nos plus mortels ennemis, étoient le grand objet des Délibérations de ces nouveaux Conseillers.

Quant au Conseil public, qu'on étoit éxact à tenir tous

les jours ; on y appelloit les Prince de Conty & Comte de Soissons (le Prince de Condé n'étoit pas encore de retour), le Cardinal de Joyeuse, le Connétable, les Ducs de Maïenne, de Guise & de Bouillon, lorsque celui-cy fut arrivé, le Maréchal de Brissac, Châteauneuf, Pontcarré, De-Vic (15), Caumartin & moi. Une partie de tous ces Messieurs parloient assez hautement de changer de Systéme Politique : Mais ce qu'on agitoit le plus ordinairement dans ce Conseil ; c'étoient les moyens d'augmenter les Revenus Royaux, de diminuer la Taille & les autres Impôts, d'augmenter les pensions dès Grands, & de leur procurer différens avantages. La forte poitrine du Président Jeannin le faisoit entendre par-dessus tous les autres : On eût dit que cet homme avoit été gagé pour promettre des Monts d'or à tout le monde. Quelques personnes, qui avoient encore retenu de la sincerité de l'ancien Conseil, de ne sçavoir ni déguiser ni flater, voulurent se joindre à moi, pour faire sentir la grossiere contradiction qu'il y avoit à prétendre augmenter les dépenses, en diminuant les revenus.

Je ne voulus point avoir à me reprocher que des principes si faux prissent cours par mon silence : je les combattis d'abord méthodiquement ; & je me flate que si l'avantage avoit dû rester du côté de la raison, nous l'aurions emporté : Mais nous comprîmes bientôt, que l'ignorance n'étoit que le moindre des vices, que nous avions ici à combattre. C'étoit par les plus magnifiques promesses, dont pourtant celles qui regardoient le soulagement du Peuple, demeurerent sans exécution, que le nouveau Gouvernement cherchoit à gagner les cœurs, à faire oublier & même à rendre méprisable la sage œconomie, à laquelle on devoit la gloire du dernier Régne. A l'égard de Jeannin, il avoit son objet particulier. Dans l'envie qu'il avoit de disposer des Finances, que pouvoit-il faire de mieux pour s'élever à cette Charge, que de donner à entendre que tout le monde trouveroit dans le nouvel Administrateur des

---

(15) Dominique De-Vic, Vice-Amiral, &c. dont il a été parlé cy-devant. Il mourut cette année à Paris, au retour d'un voyage à Calais dont il étoit Gouverneur ; & l'on assûre que ce fut un effet de la douleur dont il fut saisi, en revoyant l'endroit, où il avoit vu apporter le corps de Henry IV. aprés son assassinat. *Merc. Fr. ann.* 1610. *pap.* 529.

LIVRE VINGT-HUITIEME. 279

1610.

Finances, toute la commodité, que les Grands se plaignoient de ne pas rencontrer dans celui qui l'avoit précédé. On dira qu'il n'avoit aucun des talens nécessaires pour cet Emploi, qu'il obtint en-effet : mais il eut assez d'habileté pour s'y enrichir, lui, ses Parens & Alliés, & sur-tout Castille (16). Il falloit que l'argent coûtât bien-peu à ce dernier; puisque les meubles, qui dans toutes les autres maisons ne sont que de fer ou de bois, étoient d'argent dans la sienne : il ne le cedoit en ce point, qu'au seul Conchine.

J'achevai de me confirmer dans la pensée que je présentois des remédes à des malades volontaires, en voyant que ma liberté qu'on avoit d'abord soufferte comme une espece de défaut d'habitude, commençoit à paroître si importune, que je lisois sans peine sur les visages, la peine qu'on avoit à se taire, & qu'on s'affranchit bientôt de ce petit reste d'égards. Dès-lors je me regardai comme un homme qui alloit bientôt être quelque chose de plus qu'inutile ; & je formai très-sérieusement le dessein de travailler peu-à-peu à me dégager d'une Place, où je ne pouvois soutenir ma réputation qu'avec des risques infinis, ou la démentir qu'en me deshonorant tout-à-fait. De quel poids eût été la voix d'un homme seul, qui n'a que des choses dures à dire, pour l'emporter auprès de la Reine, sur le langage si affectueux, si attrayant, si complaisant, des flateurs & des nouveaux Favoris ? C'est une chose si rare qu'un Ministre se soûtienne auprès de son Maître par les seuls sentimens d'une véneration mêlée de crainte (ce qui doit pourtant être, si l'on suppose que ce Ministre est honnête-homme), qu'on ne doit pas attendre ce miracle deux fois de suite. Aussi lorsque mes Parens, mes Amis & mes Domestiques, à qui leur affection pour moi faisoit voir les choses d'un autre œil, s'unissoient pour m'engager à continuer des soins, qu'ils m'assûroient pouvoir encore être utiles ; ou même qu'ils me représentoient qu'il y avoit peut-être encore quelque chose de bon à faire sur le nouveau Plan : ma réponse la plus ordinaire étoit, Que le coup que Dieu avoit permis qui arrivât, étoit une déclaration si visible qu'il vouloit que la France fût enfin livrée à son mauvais destin, que

---

(16) Pierre de Castille fut Contrôleur-Général & Intendant des Finances.

1610. c'étoit presque le tenter, que de chercher à en empêcher l'effet. Un de mes Gens, ce même Arnaud dont j'ai parlé il n'y a qu'un moment, eut l'impudence de me dire, un jour qu'il me voyoit extrêmement affligé de cette pensée, Qu'il lui sembloit que c'étoit à-tort que je me désesperois ainsi sur l'avenir : Qu'il se pourroit faire dans la suite des épargnes, que les grandes dépenses du feu Roi en bâtimens, chiens, oiseaux, jeu & Maîtresses, rendoient impossibles de son vivant. Ce discours me parut si criminel dans la bouche de celui qui me le tenoit, que dans le mouvement d'une violente colère, je le traitai d'ingrat, de méchant & d'effronté; que je le menaçai de lui donner un soufflet, & lui défendis de paroître jamais devant moi. Je ne disois que trop vrai, lorsque je lui reprochois en ce moment que son lâche manége & ses conseils pernicieux, alloient ouvrir la première voie à la dissipation & à la mauvaise administration.

M. le Comte de Soissons n'étoit pas à Paris, dans le temps que tout cela se passoit. Je ne sçais quel mécontentement, qu'il avoit eu pendant le Couronnement de la Reine, sur la forme de l'habillement des Enfans naturels (17) du Roi, lui avoit fourni un prétexte pour se retirer dans une de ses Maisons : ensorte qu'il ne fut témoin de rien de ce qui se passa, soit à la mort du Roi, soit les jours suivans; & qu'il n'arriva à Paris, qu'après la déclaration de la Régente, & tous les arrangemens pris. Ce fut un nouveau sujet pour lui de gronder & de se plaindre. Il trouva fort mauvais qu'on eût procédé à une action de l'importance de celle de la Régence, sans l'en avoir averti, & même sans avoir attendu qu'il y fût présent : car il soûtenoit que cette Cérémonie n'avoit pu se faire sans lui. Comme il s'imagina qu'il n'y avoit qu'à parler haut pour se faire craindre, il y blâma plusieurs choses dans la forme : il dit, ce que personne n'avoit osé dire avant lui, Qu'il n'y avoit eu qu'un fort petit nombre de Présidens & de Conseillers, qui eussent eu part à la nomination de la Reine, dans la première Séance du Parlement :

---

(17) Il s'agissoit de la robe de Madame la Duchesse de Vendôme. Le Roi souhaitoit passionnément qu'elle la portât, comme les autres Princesses du Sang, semée de Fleurs-de-lis; & M. le Comte de Soissons ne voulut jamais y consentir.

LIVRE VINGT-HUITIEME. 281

1610.

Parlement : & que dans celle du jour fuivant, à laquelle avoient affifté le Roi, les Princes, Pairs, Cardinaux & autres Officiers de la Couronne ; de peur de trouver de l'oppofition dans la voie des fuffrages, qui doit feule avoir lieu en ces occafions, on s'étoit contenté d'une fimple confirmation informe & précipitée de l'Acte de la veille : ce qu'il appelloit confirmer un Acte nul. Il vit bien qu'il ne fe feroit écouter, qu'autant qu'il fçauroit rendre fon Parti confidérable ; & il fe contraignit pour cet effet, jufqu'à rechercher beaucoup de perfonnes à la Cour, avec lefquelles il n'avoit aucune liaifon. Deux chofes l'empêcherent d'y réüffir ; fon humeur froide & dédaigneufe ; & la préférence que les Courtifans crurent devoir donner fur lui, à ceux qu'on voyoit en figure de difpofer bientôt des tréfors & des graces. Tous les Princes, & fon propre Frere M. le Prince de Conty, ne l'aimoient pas plus que les autres. Il fe vit donc obligé de plier.

Je fus l'un de ceux dont M. le Comte de Soiffons voulut bien pendant quelque temps fe dire l'Ami (18) : mais il fit bientôt fuccéder à ce nom, tous les procédés d'un ennemi véritable. Voici à quelle occafion cela arriva. M. le Comte étoit fouvent revenu à la charge du vivant du feu Roi, pour une affaire dont j'ai déja touché quelque chofe ; il s'agiffoit d'engager Sa Majefté à tranfiger avec lui fur certains droits, qu'il prétendoit devoir lui revenir en Piémont, du chef de fa Femme, de la Maifon de Montaffié. Henry extrêmement importuné fur cette affaire, me l'avoit remife à éxaminer ; & la profeffion que j'ai toujours faite d'être auffi fincère, qu'attaché aux intérêts du Roi, m'avoit obligé de lui repréfenter, Que ce marché ne lui convenoit point : Qu'il alloit s'engager dans des procès fans fin & fans nombre, contre le Pape, la Chambre Apoftolique, plufieurs

---

(18) » M. de Sully ne fut des derniers à rechercher les bonnes graces de ce Prince, qu'il fçavoit avoir offenfé ; fi que pour faire fa paix, il l'alla incontinent trouver, & après plufieurs excufes & baffes foûmiffions, qu'il eût faites vivant fon Maitre, fupplia fon Excellence de lui en vouloir pardonner la faute, qui n'étoit proprement fienne, mais du feu Roi, par le commandement duquel il avoit fait tout ce qu'il avoit fait : De laquelle fatisfaction le Comte fe contenta, ou fit femblant de fe contenter ; & l'ayant embraffé, fe dit fon Ami (comme devant) ; & Sully protefta être fon Serviteur (comme il avoit toujours été). « *Mem. Hift. de Fr. pag.* 317.

Tome III. N n

Cardinaux, & le Duc de Savoie; lesquels avoient tous des prétentions sur ces biens, & qui pour la plus grande partie, en étoient déja en possession: Qu'il ne sortiroit de dix ans de ce labyrinthe: & qu'ayant sur-tout à ménager le Pape & le Duc de Savoie, pour la réussite de ses Grands desseins, il devoit éviter d'entrer dans une discussion, qui les rendroit ses ennemis. Il n'en fallut pas davantage, pour que Henry n'y pensât plus.

M. le Comte ne vit pas plustôt ce Prince mort, qu'il reprit le dessein interrompu, auprès du nouveau Conseil. Dans une affaire, du genre de celles qu'on regarde assez communément comme affaires de faveur, il ne lui fut pas difficile de former une brigue, qui lui fit obtenir ce qu'il demandoit. J'ai quelque peine à rapporter les moyens dont on se servit. M. le Comte, aidé de Conchine, sçut contrefaire le seing & appliquer le sceau du feu Roi; & il donna de cette manière la forme la plus authentique, à un prétendu Contrat de vente entre le feu Roi & lui, de tous les biens en question. Pour rendre la Piéce moins suspecte d'antidate, on jugea nécessaire que mon nom y parût: ce qui obligeoit à requérir ma signature; & ce fut là la grande difficulté. On me représenta l'occasion présente, comme le moment qui alloit décider pour toujours, de l'amitié ou de la haine de M. le Comte pour moi. On allegua une infinité d'autres motifs; malgré lesquels je persistai non-seulement à refuser de signer, mais à soûtenir à tous ceux qui m'en parloient, que cette affaire ayant été agitée & ayant pris fin entre le Roi Henry & moi, nul autre ne pouvoit mieux sçavoir que son intention avoit été directement contraire à ce qu'on vouloit me persuader aujourd'hui: & je tranchai le mot, qu'on ne me présentoit qu'un Acte faussement signé & scellé de ce Prince. On desespéra de vaincre mon opiniâtreté: & le parti qu'on prit, fut de refaire un second Contrat, tout pareil à celui-cy; excepté que mon nom ne s'y trouva plus.

Nous en étions en ces termes, M. le Comte & moi; lorsqu'il se brouilla (19) ouvertement avec M. le Prince de Con-

(19) Cette brouillerie vint de ce que les carrosses de ces deux Princes s'étoient heurtés en passant, & que leurs Cochers s'étoient battus. M. le Duc de Guise allant le lendemain trouver M. le Prince de Conty, par

ty son Frere, & à-cause de lui, avec toute la Maison de Guise. La Reine m'envoya chercher; & me faisant part des expédiens qu'elle avoit imaginés pour accommoder leurs différends (ce qui se devoit faire, le Conseil étant assemblé) elle me pria de paroître jusqu'à ce temps ne prendre parti ni pour l'un ni pour l'autre; afin que j'en fusse plus propre à faire le personnage de médiateur, lorsque le moment en seroit venu : à quoi je souscrivis de bon cœur. Comme nous étions tous assis dans le Conseil, où cette affaire devoit se traiter, où j'avois même déja opiné favorablement pour M. le Comte; ce Prince envoya Brissac dire tout-bas à la Reine, Qu'ayant sçu qu'il devoit être question de lui dans le Conseil, il la supplioit de ne permettre à personne de ceux qu'il pouvoit tenir pour suspects, d'y délibérer; & qu'il me récusoit nommément (20), comme Parent & Ami de toute la Maison de Guise. » Il ne devoit pas récuser » Monsieur de Sully, dit la Reine, en prenant la parole » tout-haut : car personne n'avoit opiné si fort que lui à » son avantage. « Je l'avouë, je fus vivement choqué de ce trait; & je ne pus m'empêcher de dire, en me levant : » Ma-» dame, je me récuse moi-même, puisqu'il le désire; & je » m'en vais de ce pas, m'offrir à M. son Frere & à M. de » Guise : « ce que je fis en-effet.

Un troisiéme sujet de brouillerie avec M. le Comte de Soissons m'arriva, comme le précédent, dans le Conseil, au sujet du Gouvernement de Normandie, qu'il vouloit se

1610

ordre de la Reine, pour chercher à assoupir ce différend, passe par-devant l'Hôtel de Soissons, avec vingt-cinq ou trente chevaux. Il n'en fallut pas davantage pour le brouiller lui-même avec M. le Comte: & cette double querelle causa une telle rumeur dans Paris, que la Reine craignant un soûlevement général, donna ordre que les Bourgeois se tinssent prêts à tendre les chaînes & à prendre les armes par toute la Ville, au premier commandement; & qu'elle mit auprès de chacun des deux Princes, un Capitaine des Gardes. C'est dans les Mémoires de Bassompierre, *tom. 1. pag. 308. & suiv.* qu'il faut voir toutes les particularités de ce démêlé; parce que lui-même contribua beaucoup à l'appaiser. Voyez aussi l'Histoire de la Mere & du Fils, *tom 1. pag.* 123. & le Mercure François, *ann.* 1611. où est rapporté un discours que M. de Sully tint à la Reine, en faveur du Duc de Guise.

(20) L'Auteur de la Vie du Duc d'Épernon nous apprend que M le Comte de Soissons porta la haine contre M. de Sully, jusqu'à solliciter ce Duc de permettre qu'il fît assassiner ce Ministre dans le Louvre même; & qu'il lui sçut fort-mauvais gré de lui avoir refusé, pour éxécuter ce coup, le secours des Gardes, dont il étoit le Commandant, *pag.* 249.

faire accorder, La Reine m'en ayant demandé mon avis, je la suppliai de me dispenser de le donner. Mon excuse n'ayant point été reçuë ; je dis qu'il m'étoit impossible de conseiller d'ôter aux Enfans du feu Roi, une Charge dont ils étoient en possession, pour en revêtir quelque personne que ce pût être. Ce Prince n'étoit plus dès-lors aussi bien avec Conchine, qu'il l'avoit été : Il s'étoit même opposé à ce que ce Favori obtînt la Charge de Premier-Gentilhomme de la Chambre pour lui, & l'Archevêché de Tours pour son Beaufrere (21). Cette occasion les raccommoda ; parcequ'ils se prêterent tous deux la main, & qu'ils obtinrent par ce moyen ce qu'ils demandoient. C'est ainsi que tous ceux qui avoient quelques prétentions aux Charges & aux Emplois vacans, en userent dans la suite ; & tout s'obtint bientôt au Conseil, par la brigue & la cabale : » Le temps des Rois est » passé, se disoit on les uns aux autres ; celui des Princes & » des Grands est venu : il ne faut que se faire bien valoir. «

Tout ce qu'il y avoit de personnes considérables à la Cour, furent appellées pour délibérer dans un Conseil extraordinaire, sur ce qu'on devoit faire des grands Armemens que le feu Roi venoit de faire avant de mourir, pour l'entreprise de Clèves. La diversité des opinions y fut infinie : Il y en eût pour se désister de tout : il y en eût au contraire (ce ne furent pas les plus nombreuses) pour tenir aux Princes Allemands intéressés dans cette Affaire, tout ce que Henry le Grand leur avoit promis. Le plus grand nombre fut pour les tempéramens entre ces deux avis si contradictoires : Les uns vouloient qu'on s'en tînt aux seuls huit mille hommes d'Infanterie & deux mille Chevaux, que portoient les Conventions générales de ce Prince avec ses Alliés ; les autres, qu'on se contentât de leur entretenir les deux seuls Régimens de Cavalerie Françoise qu'ils avoient : Un tiers

---

(21) Etienne Galigaï, Frere de Léonor Galigaï. Il étoit déja Abbé de Marmoûtier. » Il apprenoit, dit » L'Etoile, à lire depuis quatre ans, » & n'y pouvoit encore mordre : » On l'appelloit le magot de la » Cour, à-cause de sa laideur & de » sa mauvaise mine. Les Moines n'en » vouloient point pour leur Abbé, » disant qu'ils avoient accoûtumé » d'être commandés par des Prin- » ces, & non par des Menuisiers, » comme cettui-cy, qu'on avoit vû » manier le rabot. Mais il est con- » stant, dit Amelot, que la Famille » de Galigaï est du Corps des Nobles » de Florence. « Il se retira en Italie, après la mort du Maréchal d'Ancre & de sa Femme.

opinoit pour embarquer quelques Fantaſſins à Calais : ceux-cy, qu'on ne donnât aucun ſecours en hommes, mais ſeulement en argent : ceux-là, qu'on tînt notre Armée entiere ſur la Frontiere ſans agir, excepté le cas de beſoin ; & d'autres, qu'on en licenciât le gros, & qu'on n'y fît demeurer que ce qui ſeroit néceſſaire pour notre propre ſûreté. Tout cela fut entremêlé d'ouvertures d'accord & de pacification entre les Puiſſances contendantes, telles qu'on peut ſe les imaginer.

1610.

Il me parut que tout le monde attendoit avec quelque impatience quel alloit être mon ſentiment, parce que j'avois été mêlé par le feu Roi dans cette Affaire, plus qu'aucun de ceux à qui il en avoit fait part. Je commençai par faire une diſtinction qui me parut juſte, entre les Troupes actuellement aſſemblées en Corps d'armée, & celles qu'on ne faiſoit encore que lever ; entre celles qui avoient été deſtinées pour la Champagne, & celles qu'on avoit envoyées en Dauphiné. Je conclus pour le premier, Que la plus grande partie des Deſſeins de Henry le Grand, devant ſelon toutes les apparences demeurer ſans éxécution, dans la ſituation où je voyois les choſes ; il falloit d'abord ſurſeoir toutes les levées non-commencées, arrêter celles qui ſe faiſoient, payer & congédier celles qui étoient faites, & déja en marche ; parce que tout cela ne pouvant manquer d'arriver tôt-ou-tard, ce ſeroit autant d'argent épargné au Roi, en frais d'allées & de renvois, & autant de peine & de véxation ôté au Peuple. La mort de celui que je regardois comme le grand mobile de toute cette entrepriſe, me paroiſſoit y opérer un changement ſi conſidérable qu'en ſuppoſant même tous les eſprits bien intentionnés, je crois que je n'aurois pas laiſſé d'être de cet avis. Mais je ne m'accommodois pas non-plus du ſentiment de ceux qui vouloient que nous trahiſſions des Alliés, avec leſquels nous étions engagés par les plus ſolemnelles promeſſes ; que nous les trompaſſions par d'apparentes démarches de médiation, ou par de ſi foibles ſecours, qu'ils ne leur ſerviſſent preſque de rien.

C'eſt la réponſe que je fis à la pluſpart de ces opinions ambiguës, qui demandoient qu'on fît & qu'on ne fît pas. Je fis voir, Qu'il importoit à la gloire du feu Roi, que ſi ſes intentions ne s'accompliſſoient pas ſur de plus grandes vuës, qui en quelque manière donnoient encore lieu de douter s'il les avoit euës véritablement ; elles euſſent du moins tout leur effet, par rapport à ce qu'il avoit déclaré, promis, & déja commencé : Qu'il ne falloit pas, pour l'intérêt de notre propre réputation auprès des Etrangers, leur laiſſer croire, & que toute la force de la France réſidoit dans un ſeul homme, & qu'on avoit ſi peu de reſpect pour ſa mémoire. Je concluois donc, quant à ce point, Qu'il falloit députer ſans perdre de temps, vers les Princes d'Allemagne & le Prince d'Orange, pour ſçavoir d'eux ſi nos Troupes leur étoient réellement néceſſaires, pour leur aider à réduire les Etats qu'on vouloit leur aſſûrer : je penſois qu'ils pouvoient s'en paſſer, s'ils n'avoient mis les armes à la main que pour ce ſeul objet ; & ſuppoſé qu'ils en euſſent beſoin, ſçavoir combien ils en demandoient : Que ſur leur réponſe, le ſecours s'avanceroit ſous la conduite d'un de nos bons Officiers, en prenant ſa route par-delà la Meuſe, qui n'étoit ni le plus beau, ni le plus court, mais le plus ſûr : ce qu'il ne falloit pas négliger : Ou bien, qu'on licencieroit toute l'Armée, à l'exception de trente mille Piétons & ſix cens Cavaliers, qui appuyés de quatre Canons ſeulement & de deux Coulevrines, feroient un Camp-volant, prêt à ſe porter là, où il y auroit apparence de mouvement : ce qui me paroiſſoit ſuffire, dans cette ſuppoſition, à tenir tout en reſpect : Que juſqu'à ce temps-là, il falloit faire entrer en garniſon les Troupes de la Champagne, après leur avoir fait faire montre, & les avoir bien payées.

Je diſois à-peu-près la même choſe de l'Armée de Dauphiné. Comme elle n'étoit là que pour prêter main-forte à M. le Duc de Savoie, qui par complaiſance pour nous s'étoit brouillé, ou vrai-ſemblablement alloit l'être, avec ſes Voiſins ; il tomboit à notre charge, ou de le réconcilier avec le Roi d'Eſpagne, ou de le mettre en état de n'en être pas accablé : Et comme cela ne pouvoit être décidé qu'après l'envoi d'un autre Député à ce Prince, peut-être même que long temps après ; je conſeillois auſſi de faire entrer cette Armée dans des Quartiers commodes, après une montre ſi éxacte, qu'il n'y fût ſouffert aucun paſſe-volant, juſqu'à ce qu'on pût s'en ſervir, ou la congédier tout-à-fait.

Je fus écouté fort-attentivement. Mes raisons me parurent avoir fait une impression générale : avec la différence, que les personnes de bon esprit ne craignirent pas de la marquer par des signes d'approbation, & même d'applaudissement ; au-lieu que tous les autres non-seulement la cachèrent soigneusement, par vanité, par méchanceté, ou plustôt par jalousie, mais encore combattirent mes raisons avec feu. J'eus soin d'instruire de tout cela Béthune, mon Cousin, qui m'avoit écrit pour me demander conseil sur le changement, que le malheur public apportoit à ses fonctions de notre Ambassadeur auprès des Princes d'Allemagne. Je ne rapporte point sa Lettre, ni la Réponse que je lui fis, parce qu'elle ne contient rien d'essentiellement différent de ce qu'on vient de voir ; sinon peut être, que je discutois plus particuliérement avec lui, les bons ou mauvais effets de chacun des avis que j'ai rapportés. C'étoit par exemple quelque chose qui méritoit bien d'être observé, que si de façon ou d'autre il arrivoit qu'on fît entrer en Allemagne un Corps de Troupes, pour être joint à celui des Princes Alliés ; cette entrée seroit accompagnée de grands risques ; ce Corps fut-il de dix mille hommes, si les Alliés n'avoient soin de la faciliter de leur côté, en s'avançant pour recevoir ces Troupes, à dix ou douze lieues au moins de nos Frontieres. L'embarquement proposé à Calais, si cette idée étoit suivie, avoit aussi des inconvéniens : Il ne pouvoit donner à nos Alliés que l'Infanterie seule, & au nombre de huit mille hommes au-plus : encore falloit-il qu'on s'entendît bien des deux côtés. Je prévenois Béthune sur une chose, à quoi lui & ses Correspondans avoient bien dû s'attendre ; c'est que tout avoit changé en France, avec le Maître : & je lui marquois mon étonnement de ce que les Princes Alliés qui le mettoient en œuvre, exprimoient d'une manière si peu intelligible & si peu pressante, leurs desirs, leurs conseils & leurs résolutions. Je laissois à sa discrétion à juger quel usage il devoit faire d'une Lettre, où je devois prudemment lui laisser bien des choses à deviner. De Conseil, je ne lui en donnois point d'autre, que de continuer à se comporter comme il avoit fait jusqu'à ce qu'il reçût de nouveaux ordres ; & je lui promettois de veiller à ses intérêts : Ce fut le vingt-quatre May que je lui écrivis cette Lettre.

Je fus encore appellé quelques jours après, à un autre Conseil plus particulier sur cette matière. M. de Jacop, Ambassadeur du Duc de Savoie, se doutant bien que les conclusions que prenoient les nouveaux Membres du Conseil, n'étoient pas favorables à son Maître, avoit pressé la Reine Régente de lui faire déclarer au plûtôt & de la manière la plus formelle, ses intentions ; afin que son Altesse prît là-dessus les arrangemens, que son intérêt lui inspireroit. Il s'agissoit de voir ce qu'on déclareroit à cet Ambassadeur. Je ne trouvai, en arrivant le matin au Louvre, que M. le Connétable, le Chancelier & Villeroi, avec cette Princesse ; je faisois le quatriéme. Gêvres & L'oménie en devoient être : mais Villeroi avoit persuadé à la Reine de les faire sortir ; dont Gêvres fit des plaintes amères. Je me doutai, aux gestes concertés de cette petite Assemblée, & aux discours entortillés que commença à tenir l'un de ces Messieurs, qu'il y avoit quelque chose de plus que ce que je voyois. » Madame, dis-je à la Reine, avec ma franchise
» ordinaire, je ne sçais pas à quelle fin il vous a plu m'ap-
» peller. Il semble que ma présence empêche ces Messieurs
» de s'expliquer ; ou qu'on soit ici pour se surprendre les uns
» les autres. Je vois bien qu'il est question de M. le Duc de
» Savoie. On sçait que je n'ai jamais été trop bien avec lui :
» J'avouë pourtant qu'aujourd'hui que ses intérêts sont
» joints avec ceux de la France, & qu'il est même, du-
» moins en espérance allié à la Famille Royale, je l'affec-
» tionne comme doit faire tout bon François. Je trouve que
» le Roi est obligé indispensablement de le protéger & de
» le défendre ; qu'il y va même de l'honneur & de la répu-
» tation de Sa Majesté, aussi bien que de notre gloire à
» tous de ne pas souffrir qu'il lui arrive le moindre dom-
» mage en sa Personne & en ses Etats. «

Je vis la Reine soûrire en m'entendant parler de la sorte, & dire un mot à l'oreille de Villeroi. Ensuite elle se tourna vers moi, & me dit : » M. de Sully, il est vrai nous sommes
» ici pour parler des affaires de M. de Savoie : mais il
» y en a d'autres, autant & plus importantes que celles-
» là,

LIVRE VINGT-HUITIEME.

» là, à quoi il faut pourvoir. Vous voyez les brouilleries qui 1610.
» se préparent dans cet Etat, par la plupart des Grands
» du Royaume, que vous m'avez dit vous-même avoir une
» ambition & une cupidité insatiables : c'est à quoi je
» vous prie de bien penser, afin que nous en discourions
» dans le premier Conseil. Aujourd'hui qu'il s'agit de M.
» de Savoie, nous en avions déja parlé, ces Messieurs &
» moi, avant votre arrivée ; & nous avons trouvé que le
» meilleur étoit de réconcilier la France & l'Espagne ; &
» qu'envoyant pour cet effet un Prince à Madrid, sur le
» sujet de la mort du Roi Monseigneur, il faut le faire ac-
» compagner d'une personne instruite & secrette, qui en-
» tame cette réconciliation, & propose l'Alliance des deux
» Couronnes par un double Mariage que je sçais que les
» Espagnols désirent encore aussi fort qu'ils faisoient aupara-
» vant. Pendant qu'on traitera de cette Affaire, à quoi je ne
» prévois ni grande difficulté, ni beaucoup de longueur, il
» faudra entretenir le Duc de Savoie dans ses premieres es-
» pérances, jusqu'au temps où l'on ne risquera rien à lui
» tout déclarer. «

Cette résolution me causa une peine, que je témoignai par mon silence, & en haussant les épaules. La Reine s'en apperçut, & me pressa de dire mon avis : Ce que je fis, en montrant, Qu'on ne pouvoit, sans s'exposer au reproche de mauvaise foi, abandonner un Prince, qui avoit rompu tous ses engagemens avec l'Espagne, & s'étoit même déclaré ouvertement contre cette Couronne (22), sur les seules pro- messes & à la persuasion du feu Roi : Que le moins qu'on

---

(22) Par le Traité de Brusol, qui venoit d'être conclu le 25 Avril : Voyez-le dans les Mém. de Nevers, *tom. 2. pag.* 880. M. le Duc de Savoie, abandonné par le nouveau Conseil de France, n'évita le ressentiment de l'Espagne, que par une démarche des plus humiliantes, auxquelles une Tête Couronnée puisse être réduite. Son Fils vint se jetter aux pieds du Roi d'Espagne, en le suppliant de prendre le Duc son Pere & toute sa Maison, sous sa protection Royale. Il lui dit, Qu'il embrassoit ses ge- noux : Qu'il avoit recours à sa clé- mence ; & qu'il lui demandoit par- don avec toute sorte de soumission, des fautes qu'il avoit commises en- vers lui, &c. Siri se trompe assuré- ment, si c'est par de pareils traits qu'il prétend nous faire admirer la Politique du nouveau Conseil. Il faut être aussi prévenu que l'est cet Ecrivain, contre la Personne de Henry IV. & contre le Duc de Sul- ly, & aussi grand partisan des Espa- gnols, pour approuver des procédés si éloignés de la droiture & de la gé- nérosité, dont la France a toujours fait profession.

Tome III. Oo

pouvoit faire pour lui, puisqu'on avoit pris d'autres vûës, étoit de l'en avertir ; & en-même-temps, de cacher soigneusement cette démarche au Roi d'Espagne, & même de lui faire croire le contraire ; jusqu'à ce que par des moyens efficaces d'une réconciliation générale, nous eussions au-moins sauvé du danger ceux qui ne s'y trouvoient qu'à cause de nous. Comment ne se pas rendre à des raisons si justes ; & pour-le-moins ne pas suivre le tempérament, que mes dernieres paroles avoient ouvert ? On ne fit cependant ni l'un ni l'autre : On dit, Que ce seroit s'engager dans un circuit de Négociations trop long. Je repliquai, avec toute la confiance que donne une si bonne Cause. C'étoit un point déja arrêté, qu'on sacrifieroit M. le Duc de Savoie ; & tout ce que j'entendis, me convainquit qu'il étoit même arrêté de longue-main. Je tirai des indices aussi certains, au désavantage de nos autres Alliés, de toutes les mines & signes d'intelligence, que je surpris entre la Reine, le Chancelier & Villeroi. Mais bientôt les Confidens & les nouveaux Conseillers de la Reine, ne s'embarrasserent plus de cacher leurs sentimens. Le Gouvernement du feu Roi, si doux, si sage, si glorieux pour la France, fut blâmé presque hautement, & même méprisé & tourné en ridicule. En même-temps qu'on traitoit ses desseins de chimères, on le représentoit par d'autres endroits, comme un Prince foible, lâche & incapable de résolution. Il semble que ce n'étoit pas assez de laisser impunie la mort de ce grand Prince, si l'on n'y joignoit encore toutes sortes d'outrages à sa mémoire : Et malheureusement pour nous, le Ciel qui se reservoit cette vengeance, ne l'a exercée, qu'en laissant triompher l'envie & l'ingratitude.

Je revins chez moi, pénetré d'un vif chagrin de tout ce que j'avois vû & entendu : " Nous allons, dis-je tristement & secrettement à Madame de Sully, dont je connoissois la discrétion, " tomber sous la domination de l'Espagne & des " Jésuites. Les bons François, & sur-tout les Protestans, " doivent bien penser à eux ; car ils ne demeureront pas " long-temps en repos. « Cette pensée me tint dans une profonde rêverie pendant tout le dîner. Je fus abordé, comme je sortois de table, par M. l'Evêque de Montpellier, qui me pria de passer un moment dans mon Cabinet. Je l'y fis entrer, & l'en fis fortir au bout d'une demi-heure, par une des portes d'en-bas, avec beaucoup de fecret : car il ne vouloit pas qu'on le reconnût ; & pour cela, il eût foin que mes Gens ne le viffent que par-derriere, & de fe couvrir le vifage prefqu'entier de fon mouchoir. » Je viens d'apprendre » bien des Nouvelles, di-je à mon Epoufe, & à trois ou » quatre perfonnes auxquelles je me confiois : c'eft la fuite » de ce que je vous dis l'autre jour. Il s'eft tenu un Con- » feil fecret chez le Nonce Ubaldini, où étoient le Chance- » lier, Conchine, Villeroi, l'Evêque de Beziers, & un hom- » me dont on n'a pu me dire le nom, qu'on croit pourtant » être au Duc d'Epernon. On y a blamé, on y a même par- » lé avec dérifion, des projets & de la Perfonne du feu » Roi. J'y ai été encore moins épargné. Il y a été décidé, » Que l'on changeroit totalement de Principes de Gouver- » nement & d'Alliances politiques : Qu'on écriroit au Pape, » avec lequel on s'engageroit à n'agir que par fes confeils : » Qu'on s'uniroit intimement avec l'Efpagne : & que lorfque » cette union feroit bien cimentée, tous ceux qui s'y mon- » troient contraires, particuliérement les Huguenots, fe- » roient éloignés de toutes les Affaires, & bannis de la Cour. » Si je fuis fage, pourfuivis-je, j'imiterai le caftor ; je me défe- » rai doucement de toutes mes Charges, j'en retirerai le plus » d'argent que je pourrai ; j'en emploierai une grande par- » tie à acheter quelque bonne Place dans une Province » des plus éloignées, & je garderai le furplus pour m'en fer- » vir dans les befoins qui me furviendront. «

Nous étions encore fur ce propos, lorfqu'entrerent le Duc de Rohan, les deux Béthune mon Frere & mon Cou-fin, mon Fils, & deux ou trois autres de mes plus parti-culiers Amis, à qui je fis part de la confidence qui venoit de m'être faite, & de ma réfolution. Ils foûtinrent, Que l'avis ne pouvoit être que faux : Que j'allois prendre un tra-vers, qui me couvriroit pour jamais de la tache d'ingrati-tude envers l'Etat & les Enfans du Roi mon bienfaiteur : Qu'il m'étoit encore facile de demeurer en poffeffion de mes Charges, & dans l'exercice de mes fonctions : Qu'il y avoit de la lâcheté & de la baffeffe, à céder ainfi à fes enne-mis, au moindre choc. Je ne convins pas que les raifons qu'ils m'alleguoient fuffent bonnes : de leur côté, je ne pus

1610. les amener à se rendre aux miennes. » Vous voulez donc,
» leur disje enfin, que je me sacrifie pour le Public, pour ma
» Famille & pour mes Amis : car je vois bien que votre
» intérêt a beaucoup de part à tout ce que vous me dites.
» Je le ferai puisque vous m'y forcez : Mais souvenez-vous
» de ce que je vous dis aujourd'hui, que ce sera avec peu
» d'utilité pour vous tous, & avec beaucoup de peines, de
» chagrins, de pertes & même de honte pour moi : & je
» vais dès-à présent, ajoûtai-je, vous en faire voir un échan-
» tillon.

En faisant réflexion à tout ce que les Courtisans les plus distingués & les plus dédaigneux, faisoient d'avances & même de basses démarches, pour avoir l'amitié de celui, en faveur duquel la Reine commençoit à montrer toute la sienne; j'avois conclu en moi-même, qu'il seroit bien difficile que conservant encore la même relation, & en quelque sorte la même bonne intelligence, du-moins apparente, que j'avois toujours euë avec la Cour, je pusse me dispenser de donner quelque signe d'amitié à ce nouveau Favori. J'avois eu dessein, supposé que cette pensée me durât, d'y faire servir le jeune Arnaud, qui n'avoit lui-même que trop de penchant à adorer le Soleil levant. J'avois fait venir ce matin-là-même ; & je l'avois prévenu sur la commission qu'il ne tarderoit pas à recevoir de moi, d'aller trouver Monsieur Conchine (23), & de lui faire des offres de services de ma part. Je lui avois même deja dit de quelle manière il falloit qu'il

---

(23) Concino Concini, Italien de basse naissance, & Gentilhomme Florentin, selon d'autres; mieux connu sous le nom de Maréchal d'Ancre, qu'il porta peu après. Il fut le principal Favori de la Reine Régente, & comblé par elle de biens & de dignités. On a dit qu'à son départ de Florence, un de ses Amis lui demandant ce qu'il alloit faire en France; il répondit : *Ou fortune, ou périr* : & que l'un & l'autre lui arriva. Il fut tué dans le Louvre par Vitry, le 24. Août 1617, par ordre du Roi Louis XIII. & à la sollicitation des Grands. La haine qu'on lui portoit, l'a fait dépeindre avec les couleurs les plus noires : Assez peu de personnes ont rendu justice aux bonnes qualités qu'il avoit. Mais peut-être que la Justice Divine avoit résolu de venger l'horrible assassinat de Henry le Grand, dans la personne de cet Italien, l'un de ceux qu'il est le plus difficile d'en laver; supposé que le Parricide y ait été poussé par un mobile étranger. On fit aussi mourir sa Femme, cette même Léonor Galigaï, dont il est assez souvent parlé dans ces Mémoires. On ne trouva point d'autres crimes à lui imputer, que celui d'avoir ensorcelé la Reine sa Maîtresse : » Je ne me suis jamais » servie, répondoit-elle à ses Juges, » d'autre sortilege que de mon es- » prit : Est-il surprenant que j'aye

LIVRE VINGT-HUITIEME. 293

1610.

tournât son compliment : & le voici : Que je ne lui voulois aucun mal, de ce que la Fortune se préparoit à lui faire occuper auprès de la Reine, la même place que j'avois tenuë auprès du feu Roi : Que je regardois cet événement comme un de ces coups, que la Providence rend trop communs, pour qu'on s'en étonne : Que la Régente ne faisoit même en cela que lui tenir compte avec justice, de l'attachement que lui & sa Femme avoient toujours eû pour elle, & des bons services qu'ils lui avoient rendus : Qu'en faisant choix de sa personne pour conduire les Affaires, elle s'étoit sans doute attenduë à donner au Roi son Fils & à tout l'Etat, un Serviteur aussi capable que fidèle : deux qualités, qui suffisoient toutes seules à rendre un homme, quel qu'il soit, véritablement digne de tous les bienfaits que la faveur lui assûre : Qu'également persuadé, & des louables desseins de la Reine, & de la disposition où il étoit de la seconder en tout, je lui offrois avec cordialité tous les moyens qu'une longue expérience pouvoit m'avoir appris : Qu'il trouveroit que cette offre n'étoit pas à refuser, s'il faisoit attention qu'outre le bien public qui en résulteroit, il y gagneroit pour lui-même de ne point acheter les faveurs dont il se verroit comblé dans la suite, par la jalousie des Grands, la haine publique, le préjudice des Affaires, & la véxation du Peuple : Que je ne lui demandois pour prix d'entrer ainsi dans ses vuës de grandeur & d'intérêt, que de les chercher dans les Principes de Gouvernement, qui avoient fait trouver au feu Roi le moyen de rendre son Royaume paisible & florissant ; dont l'un des principaux, & celui dont il me paroissoit avoir le plus de besoin présentement, étoit de ne pas accoûtumer les Gens-d'affaires & tous ces éternels solliciteurs, à compter pour obtenir leurs demandes, sur celui-là même qui doit se montrer le plus éloigné de les leur accorder : Qu'à ces conditions, il me verroit toujours disposé

« gouverné la Reine, qui n'en a point du-tout. Le Cardinal de Richelieu, ajoûte Amelot, devoit le commencement de sa fortune à cette femme. Ils avoient tous deux la magie de la parole. » C'est dans les Histoires de la Régence de Marie de Médicis, & dans celles de Louis XIII. qu'il faut chercher ce qui regarde cet article. On en trouve aussi des Anecdotes assez curieuses dans les Mémoires de Bassompierre.

O o iij

à m'unir avec lui ; & que dès ce moment je lui offrois mon amitié, & lui demandois la sienne.

On dira peut-être, après avoir bien pesé la force de mon compliment, que je mettois à mes avances des correctifs, qui devoient m'ôter la crainte de m'engager trop avant: Mais je crois qu'on conviendra pourtant, qu'il devoit satisfaire, & si je le puis dire, flater celui à qui je le faisois. Quoiqu'il en soit, il me parut tout-à-fait propre à produire l'effet, dont je voulois persuader ceux qui combattoient si fortement ma résolution. » Allez, dis-je à Arnaud, après l'avoir appellé & instruit en présence de ces Messieurs, allez vous-en trouver Monsieur de Conchine de ma part, & lui parlez comme je vous l'ai dit ce matin : faites diligence, & revenez le plustôt que vous pourrez : Je serai bien trompé, si tous ces Messieurs, ajoûtai je en parlant à eux-mêmes, qui ont une si bonne opinion de la Reine & de ses Conseillers secrets, ne voient par la réponse qu'il fera, s'il y quelque chose de bon à en attendre. «

Tout le monde demeura assemblé en attendant cette réponse, qu'Arnaud nous rapporta au bout d'une heure, & d'une manière qui acheva de me confirmer dans tous les soupçons que j'avois déja conçus contre lui. Il ne nous entretint d'abord que de louanges de la personne de Conchine, de son habileté, de son intelligence dans les matières d'Etat, de son crédit, de ses Amis : & il trancha fort-court sur le sujet de son message, en me disant qu'il ne croyoit pas que j'eusse rien à espérer de lui, à-moins que je ne fusse d'humeur à complaire à toutes ses volontés. » Je crois vous entendre, lui dis-je, avec un petit mouvement de colere, dont je ne fus pas le maître (24) : Mais que voulez-vous dire, avec un discours si vague ? parlez-nous plus clairement ; & voyons tout ce que vous lui avez dit, & ce qu'il vous a répondu. « Comme il se vit forcé d'obéir, il nous fit le détail suivant, en branlant la tête, & avec un soûrire malin : Qu'en entrant chez Conchine, il avoit rencontré le Président Jeannin & Arnaud son Frere, qui en sortoient : Qu'ils avoient parus inquiets de le voir dans cet endroit,

(24) M. de Sully se gratoit la tête, quand on le fâchoit, ou qu'on l'embatrassoit.

LIVRE VINGT-HUITIEME.

1610.

quoiqu'ils ne lui euſſent rien dit, ni lui à eux : en quoi je ſuis perſuadé qu'il nous cachoit la vérité : Qu'un nommé Vincence, en l'introduiſant dans la chambre de ſon Maître, lui avoit dit : » N'êtes-vous pas à M. de Sully ? Plût-à-dieu » que nous ſuiviſſions ſes conſeils, pluſtôt que ceux des deux » hommes qui viennent de partir d'ici, & beaucoup d'autres » encore pires : nous n'irions pas ſi vîte que l'on veut nous » porter : mais auſſi l'autorité de la Reine & notre fortune, » ſe trouveroient établies d'une manière plus louable, » plus certaine & plus durable : « Que le nouveau Favo- » ri lui ayant dit : » Hé-bien ! Monſieur Arnaud, me » venez-vous viſiter ? « il lui avoit répondu, en lui faiſant le compliment & lui tenant tous les mêmes diſcours, dont je l'avois chargé, & qu'il nous redit auſſi.

Arnaud s'arrêta encore après cela, & nous dit en héſitant, Qu'il n'avoit reçu qu'une réponſe ſi courte & ſi ſeche, qu'il lui ſembloit plus-à-propos de n'en rien dire du tout. Ce qui lui reſtoit à nous apprendre, étoit préciſément ce que je ſouhaitois d'entendre; & il nous le dit enfin, après s'en être fait preſſer fort-long-temps. Conchine, ſans proférer un ſeul mot de remerciment à tout ce qu'on venoit de lui dire d'obligeant, ſans même montrer qu'il y eût fait la moindre attention, répondit en aſſez mauvais François, & d'un ton de voix aigre : » Comment ! M. Arnaud, M. de Sul- » ly penſe donc encore gouverner les Affaires de France, » comme du temps du feu Roi ? c'eſt à quoi il ne doit nul- » lement s'attendre. La Reine étant Reine, c'eſt à elle à » diſpoſer de tout ; & je ne lui conſeille pas de rien entre- » prendre, que ſelon ſa volonté. Quant à ma Femme & à » moi, nous n'avons beſoin de l'aide ni de la faveur de per- » ſonne : Sa Majeſté nous aime, parce que nous l'avons bien » ſervie : perſonne ne ſçauroit empêcher le bien qu'elle vou- » dra nous faire. Monſieur de Sully, s'il déſire quelque cho- » ſe aura plus beſoin lui-même de notre aſſiſtance, que nous » de celle qu'il nous offre : & s'il ſçavoit les pourſuites qui » ſe font, il nous rechercheroit plus qu'il ne fait : Il n'y a » ni Prince ni Seigneur à la Cour, qui ne nous ſoit venu voir ; » il eſt le ſeul, avec un autre. «

Perſonne dans toute la Compagnie ne s'attendoit à une réponſe auſſi cruë : Tout le monde s'entre-regarda, & ne fit

que hauffer les épaules, fans dire un mot. » Hé-bien ! Mef-
» fieurs, leur dis-je, croyez-vous encore qu'il me foit pof-
» fible de me maintenir avec honneur dans mes Charges,
» & qu'on me laiffe conduire les Affaires comme aupara-
» vant? « Ils convinrent qu'ils avoient mal jugé de la véritable pofition des chofes : Ce qui donna lieu à plufieurs autres difcours affez longs, mais de trop peu de conféquence
pour être rapportés ici, & dont la conclufion fut, Qu'il falloit donner encore quelque chofe au hazard, ne rien précipiter, & voir ce que produiroit la venuë de M. le Prince,
qu'on s'attendoit à voir reparoître inceffamment, & fur laquelle bien d'autres que moi fondoient de grandes efpérances.

Le premier avis que je reçus de l'entrée de ce Prince
dans le Royaume, me fut donné quelques jours après cet
entretien, par Pallot. Il m'avertit en-même-temps, que M.
le Prince n'étant pas fort-pourvu d'argent comptant, ce feroit bien lui faire ma Cour, que de lui faire toucher, fans
attendre qu'il me le demandât, au moins une demi-année
de fa Penfion. Heureufement je pouvois le faire, fans craindre le reproche d'avoir difpofé de mon chef & fans ordre,
des deniers de Sa Majefté : cette fomme fe trouvant portée
fur l'Etat, quoiqu'elle n'eût pas encore été délivrée à M.
le Prince ; parce que le feu Roi, qui ne vouloit pas que ce
Prince pût croire qu'il eût confervé affez de bonne volonté pour lui, pour continuer à l'en gratifier, avoit attendu
qu'il fe préfentât une occafion, où je paruffe la lui envoyer
de moi-même. J'en avois même déja donné la moitié à deux
perfonnes, que M. le Prince avoit chargées de me la demander ; & je me fouvins que ces deux hommes m'avoient
dit, il n'y avoit que huit jours, qu'ils l'avoient encore entre
les mains. Je fis donc donner le tout à Pallot, qui en le rendant à M. le Prince, lui fit bien valoir ce témoignage de
mon attachement à fa perfonne, que ce Prince, auquel on
ne pouvoit guère alors rendre un plus grand fervice, m'en
fçut fort-bon gré, & s'engagea hautement, comme me l'a

Pierre de Har- rapporté un des Fils de M. d'Harcourt, de ne point entrer
court, Mar- dans Paris, qu'il ne m'eût vu & pris mes confeils. Ne voyant
quis de Beu- prefque autour de moi que des ennemis, je fentis un véri-
vron. table mouvement de joie, d'avoir ainfi éteint la haine que
m'avoit

LIVRE VINGT-HUITIEME.

1610.

m'avoit portée pendant quelque temps le Premier. Prince du Sang. Il me fit même l'honneur de me députer à différentes fois MM. de Rieux, de Montataire, de Clermont & autres Gentilshommes, pour me faire part de sa situation & de ses desseins.

Lorsqu'on lui eut appris la mort du Roi, il ne balança pas un moment à s'acheminer vers la France. Il compta qu'en faisant une extrême diligence, il pourroit se trouver encore assez à temps, pour faire valoir les droits que lui donnoit son rang dans cette conjoncture, toute semblable à celle où le Roi de Navarre son Grand-oncle, avoit cherché à se faire préférer à la Reine Catherine de Medicis. Ils n'eurent pas un succès plus heureux l'un que l'autre, dans leurs prétentions. Le Prince de Condé fut bientôt informé que la Reine, sans l'attendre, ni lui, ni les autres Princes du Sang, sans faire précéder, suivant les Loix, l'établissement d'un Conseil de Régence, ni observer aucune des formalités pratiquées en pareil cas, avoit été plutôt déclarée que choisie Régente. Il comprit alors qu'il ne lui restoit plus aucune espérance de parvenir à la Régence : il douta même du traitement qu'on lui réservoit à la Cour, où sa présence ne pouvoit après cela qu'être désagrable. Cette incertitude lui fit ralentir sa marche, & souhaiter, avant de s'engager davantage, d'être plus particulierement instruit de la disposition des esprits, sur-tout de ceux qui avoient quelque pouvoir. Rien ne lui paroissant plus capable de le faire écouter & respecter, que les déférences qu'on verroit que les Grands témoigneroient publiquement avoir pour lui dans cette occasion, il les fit sonder presque tous, & leur fit sentir qu'il se tiendroit obligé envers ceux qui viendroient au-devant de lui, & l'escorteroient en entrant dans Paris.

Cette proposition me fut faite, ainsi qu'aux autres ; & je crus que la Place que j'occupois, m'empêchoit d'y déférer, sans en avoir du-moins obtenu la permission de la Reine, comme représentant la Personne du Roi même. Elle ne me la refusa pas formellement : mais elle me donna bien à entendre, par l'air dont elle reçut ma demande, que c'étoit lui faire plaisir que de s'abstenir de ce devoir. Je compris encore, par le peu qu'elle me dit, qu'elle me donnoit, comme à tous les autres, à opter entr'elle & les Princes du Sang ; avec les-

Tome III. P p

quels elle s'attendoit apparemment à ne pouvoir jamais bien s'accorder. Peut-être que la froideur que je remarquai en ce moment sur son visage, provenoit aussi du mécontentement qu'elle avoit, de ce que j'avois fait tenir de l'argent à M. le Prince : car on n'avoit pas manqué de le découvrir & de le lui faire sçavoir ; & sans doute elle ne se souvint pas que c'étoit un Article de Dépense, employé sur les Etats. Il se pouvoit bien faire encore, que ce fût une suite du chagrin que lui avoit causé un Conseil, dont j'ai oublié à parler ; dans lequel il avoit été statué que jusqu'à nouvel ordre, je continuërois à manier les Finances, comme par le passé, & nommément pour ce qui regardoit les Pensions de l'Etat. Je craignis que la Reine ne m'attendît à ce passage, pour ne me le pardonner jamais ; & je résolus de ne point m'exposer à sa haine, pour une chose qui ne me sembloit pas d'aussi grande conséquence, qu'apparemment elle le paroissoit à M. le Prince. Il me dépêcha Courriers sur Courriers, pour me faire changer de résolution : & il me fit déclarer enfin par les mêmes Gentilshommes que j'ai nommés, qu'il étoit déterminé à ne point rentrer dans Paris, puisque je refusois d'y paroître avec lui, & de l'entretenir sur des choses, qui décideroient du parti qu'il prendroit, & qu'il ne pouvoit sçavoir que de moi.

Je retournai faire de nouveaux efforts auprès de la Reine, de laquelle je ne pus jamais tirer que cette sorte de permission, au travers de laquelle on apperçoit clairement un refus. L'alternative étoit d'autant plus embarrassante, qu'elle n'étoit que trop réellement entre deux Partis, qu'on pouvoit dès-lors regarder comme opposés. Je n'en fais point de mystère : je me déclarai pour celui qui pouvoit me procurer les fruits d'un service essentiel, contre celui qui ne me promettoit que l'obligation d'une simple complaisance, facile à oublier ; & j'allai trouver M. le Prince (25), qui, quelque chose que lui eût pu dire le Duc d'Epernon, n'avoit jamais voulu partir du lieu où il avoit dîné, qu'il n'eût sçu que j'en étois très-proche. Je le rencontrai en pleine campagne, & descendis pour lui accoler la cuisse : mais il descendit lui-même

---

(25) » Monsieur le Prince, dit l'Historien Matthieu, étoit en sa maison de Châteauroux. Il avoit vû le » Duc de Sully, qui l'avoit conseillé » de retourner à la Cour; sa seule présence pouvant plus profiter au service du Roi, &c. « *Ibid.* 28.

presqu'aussi-tôt que moi, & vint m'embrasser avec des marques égales de distinction & de joie. Il se mit à m'entretenir à pied au travers de la campagne, où nous demeurâmes bien un quart-d'heure ; quoique D'Epernon représentât à ce Prince, qu'il n'avoit que ce qu'il lui falloit de temps pour arriver. De fois à autres, il m'adressoit la parole sur différentes choses, dont le récit me paroît inutile ici. Je l'accompagnai jusqu'au Louvre, où je le laissai faire sa Cour (26), & entretenir la Reine ; & je m'en retournai à l'Arcenal.

Il se pouvoit bien faire que M. le Prince, lors-même qu'il paroissoit craindre si fort d'être maltraité de la Reine, s'en promît intérieurement une tout autre réception, lorsqu'il se rappelloit la bonne intelligence qui avoit été autrefois entr'elle & lui ; & même, qu'il se bâtit là-dessus un plan, bien différent de celui dont il m'entretenoit. Personne n'avoit douté, lorsqu'il sortit du Royaume, que son mécontentement & sa fuite ne fussent l'effet des avis & des persuasions de cette Princesse ; & le Roi lui-même en fut informé. Quoiqu'il en soit, M. le Prince, s'il eut cette pensée, ne tarda pas à être détrompé, & à connoître par son expérience, que rien ne tient contre la jalousie du pouvoir absolu. La Reine lui parut avoir entierement perdu le souvenir du temps où ils avoient donné le nom d'intérêt commun, au motif qui les faisoit agir : & ce ne fut assûrément pas le détail des affaires d'Etat & du Gouvernement, qui le lui fit oublier ; elle ne lui en donna pas la moindre communication. Elle se retrancha avec lui à un Cérémonial si grave, si froid & si silencieux, qu'il sortit du Louvre très-mal édifié de tout ce qu'il avoit vû.

Je le compris aux discours que me tint ce Prince, dans une visite que je reçus de lui deux jours après ; quoiqu'il ne se dé-

(26) « M. le Prince entra dans Paris, le 15 Juillet, accompagné de quinze cens Gentilshommes, ce qui donna quelque alarme à la Reine, qui consideroit qu'ayant les Canons, la Bastille & l'argent du feu Roi, en sa puissance, par le Duc de Sully, si le Parlement & le Peuple n'eussent été fidèles, il pouvoit entreprendre des choses de très-dangereuse conséquence pour le service du Roi. M. le Prince n'étoit pas en moindre méfiance, que celle qu'on avoit de lui, Il reçut trois ou quatre avis en arrivant, que la Reine, à la suscitation du Comte de Soissons ; avoit dessein de se saisir de sa personne & de celle du Duc de Bouillon ; ce qui fit que nonobstant la bonne chère qu'il reçut de Leurs Majestés, il fut trois nuits alerte en état de sortir de Paris, au premier bruit qu'il entendroit de quelque entreprise contre lui. » *Hist. de la Mere & du Fils*, tom. 1. pag. 101.

clarât pas d'abord ouvertement, & qu'il ne nommât personne. J'attendis de mon côté à me livrer, qu'il m'eût découvert plus naturellement le fond de ses sentimens, & je me tins encore plus serré que lui. Mais dans la suite de cet entretien, il commença à me parler si clairement de ses dispositions; il me fit voir tout à la fois tant d'estime de confiance, de desir de pouvoir trouver conjointement avec moi, les moyens de prévenir le bouleversement dans les Affaires & le désordre dans les Finances, dont on étoit menacé; il me demanda si sincèrement mes conseils sur la maniére dont il pourroit marcher au bien public, au travers des obstacles que la jalousie, la haine & la cabale, alloient opposer à ses desseins; que je crus devoir, & à sa confiance, & au motif louable qui le faisoit agir, de lui parler enfin à cœur ouvert sur toute cette matiére. Ce qui acheva de me déterminer, c'est que ce Prince m'ayant avoué que de tous ceux à qui il avoit communiqué l'envie qu'il avoit de voir les Affaires Politiques & Domestiques de l'Etat continuer à être gouvernées par les Principes qu'avoit suivis le feu Roi, il n'y en avoit pas un qui ne se fût efforcé de la lui faire perdre; je craignis que la vûë de difficultés, ou absolument insurmontables, ou qu'on ne pouvoit vaincre qu'avec des risques infinis, sans en retirer que des fruits très-médiocres, ne le jettât dans la route où on cherchoit à l'engager.

Après donc l'avoir remercié de l'honneur de son estime & de sa confiance, je lui fis la réponse suivante, & presque dans les mêmes termes qu'on va le voir : Que toutes les personnes qu'il avoit entendues ou consultées sur la question présente, y étoient trop intéressées, pour lui donner un conseil, qui auroit détruit toutes leurs espérances : Que je n'en avois point d'autres à lui donner, que celui que je donnerois à Messieurs les Princes du Sang ses Oncles, les Prince de Conty & Comte de Soissons, & à la Reine elle-même, s'ils me le demandoient avec intention de le suivre; parce que leur intérêt à eux quatre, lorsqu'il étoit bien éclairci, se trouvoit être absolument le même : je veux dire, de se tenir unis pour le Roi contre les Grands, & contre cette foule d'importuns ambitieux & intéressés, dont la Cour étoit remplie; parce qu'à coup-sûr toutes ces personnes ne songeoient qu'à tirer parti, par les voyes les moins permises, d'une conjoncture, qui de tout temps a été

LIVRE VINGT-HUITIEME. 301

1610.

le triomphe de l'avarice & de la licence : Que c'étoit-là le point d'où il falloit partir : mais que pour ne pas s'en égarer d'une autre maniere, & pour ne pas montrer foi-même l'éxemple qu'on condamnoit, il étoit néceffaire qu'une déclaration folemnelle inftruisît tout le Royaume, que cette union n'avoit pour objet que de tendre en tout & de la maniére la plus noble, au plus grand bien de l'Etat ; & que les effets qu'on verroit s'enfuivre, appriffent que c'étoit en marchant fur les traces d'un Roi, dont le fuccès avoit juftifié tous les deffeins & les ouvrages, qu'on prétendoit y arriver : Qu'un devoir, de tous points effentiel, étoit de protefter fouvent & hautement, qu'on étoit infpiré du même efprit, qui avoit fait trouver à ce grand Prince le fecret de faire d'un Royaume abîmé un Royaume floriffant ; & que la meilleure manière de montrer qu'on l'imitoit en effet, étoit de ne rien prétendre pour foi-même, en refufant tout aux injuftes demandes d'un peuple de Courtifans avides : Que je ne vouloits pas dire par-là, qu'on fe privât de toute forte de récompenfes : Que c'étoit au contraire un des avantages de ce fyftême pour les mêmes quatre perfonnes, qu'en conduifant fagement les Affaires, il leur reviendroit naturellement & de plein droit plus de biens en un an, que de toute autre maniere en dix : mais qu'il ne devoit pourtant entrer rien de mercénaire dans leurs vûës : ce que je leur répeterois d'autant plus fouvent, que de toutes les bonnes qualités néceffaires aux Perfonnes d'Etat, il n'y en a aucune dont la pratique foit fi difficile, que de fe voir fans ceffe au milieu des tréfors & à-même de toutes les graces, fans s'en laiffer éblouir ; & que je fçavois déja tous les plans que quelques-uns des Princes avoient fait, pour jouir de ce qu'on appelle les droits du rang : Mais auffi qu'en fe préfervant de ce piége dangereux ; aucune Puiffance ne feroit capable de leur réfifter ; duffent-ils voir fe liguer contr'eux toutes les têtes factieufes & tous les Grands, fans en excepter un feul ; l'intérêt du Roi devenant véritablement l'intérêt public & général, lorfqu'on le foutient par ces voyes ; & l'impreffion que fait le nom Royal, fe trouvant alors portée au plus haut point.

Je pourfuivis en difant à M. le Prince, Qu'il ne reftoit plus qu'à fçavoir fi l'on trouveroit dans la Reine & les deux autres Princes, les mêmes difpofitions propres à faire réüffir ce deffein : Que loin de le flater de cette efpérance, je convenois

Pp iij

qu'il ne devoit nullement compter fur eux : Qu'il n'étoit pourtant pas difpenfé pour cela de faire toutes les démarches néceffaires auprès de la Reine ; tant parce qu'il étoit befoin qu'on n'eût pas le moindre reproche à lui faire, dans un point de cette conféquence ; que parce que cette Princeffe étant déja en quelque maniere en poffeffion de l'autorité Royale, les plus fortes raifons ne le feroient pas encore trop, pour juftifier aux yeux du Public l'extrémité où l'on feroit peut-être obligé d'en venir avec elle, & pour en écarter le danger : Qu'après avoir pris cette précaution, rien ne devoit l'empêcher de fe charger feul d'un devoir, que les Princes fes Oncles n'auroient pas voulu partager avec lui : mais que c'étoit alors véritablement, que privé de tous fes fupports, il falloit qu'il fît parler pour lui un défintéreffement fi décidé & une probité fi éclatante, dans toutes fes actions & fes paroles, qu'on s'accoûtumât à le regarder comme le véritable Ami du Roi, de l'Etat & du Peuple : Qu'un homme qui n'emploie que de telles armes, & qui eft en place de le faire, tôt ou tard ramene tout à foi : Que Meffieurs les Princes de Conty & de Soiffons le fentiroient les premiers ; en comparant l'honneur qui rejaillit fur le Sang Royal, d'un procédé fi refpectable, avec les déboires, les manques de refpect, fouvent les mépris, auxquels ils ne peuvent manquer d'être expofés, lorfqu'ils fe montrent dans la carriere confondus avec le refte des Courtifans, Que bien des raifons viendroient balancer dans l'efprit de la Régente elle-même, le penchant qu'elle avoit à une conduite contraire ; fur-tout, fi elle fe voyoit en tête les Princes du Sang réünis : Que tout le pouvoir apparent dont elle étoit revêtuë, ne fuffiroit pas à la foutenir fix mois entiers contre un Parti fi fortement autorifé : Qu'enfin je croyois pouvoir lui être garant que la néceffité, la confiance & le torrent, attireroient enfin tout de fon côté ; & qu'il ne fe pafferoit plus rien entre la Reine, les Princes & les gens en place, liaifons, défunions, mutineries, raccommodemens, brigues, qui ne tournaffent au profit de fon autorité : s'il fçavoit dès ce moment fe former fon plan, & être fidéle à le fuivre, tel que je venois de le tracer.

L'attention avec laquelle je fus écouté de M. le Prince, me fit voir que j'avois trouvé le chemin de fon cœur, & que j'y avois fait cette impreffion forte, qui eft l'effet de la vérité

LIVRE VINGT-HUITIEME. 303

& de la justice, réunies dans le même objet. Ce qui est arrivé depuis ne prouve point que je me sois trompé alors, ou bien prouve aussi que M. le Prince se trompoit lui même tout le premier; puisqu'il est certain que la force de mes raisons le soûtint pendant un assez long-temps, contre tous les flots dont il étoit continuellement battu. De quelque artifice que se servissent les personnes dont il étoit obsédé, il ne pouvoit tant-soit-peu approfondir la nature des conseils qu'ils recevoit d'eux, qu'il ne découvrît aussi-tôt clairement, qu'ils étoient dictés par l'avarice & par l'ambition. Quelle différence entre de pareils sentimens, & ceux que je cherchois à lui faire prendre? Il la sentoit; il en étoit persuadé: & cependant il se laissa ensuite entraîner, comme tous les autres, au torrent du mauvais exemple. Le Duc de Bouillon contribua plus que personne, à l'engager dans le Parti de l'erreur (27). Je me représente, & peut-être je me grossis à moi même, tout ce qui peut servir à justifier ce Prince, en convenant de bonne foi, qu'il n'étoit pas difficile de donner les plus belles couleurs aux motifs, par lesquels on prétendoit sapper mes Principes; & qu'il ne doit pas paroître surprenant qu'un Prince jeune & sans expérience, n'ait eu ni assez de discernement pour distinguer la réalité d'avec l'apparence, ni assez de force pour préférer ce qui n'est qu'utile à ce qui plaît & flate. Voici les raisons qui effacerent dans son esprit celles dont je m'étois servi.

1610.

On lui disoit, Que tous mes raisonnemens ne tendoient qu'à le jetter dans un système absurde & imaginaire : Que

---

(27) L'Auteur de la Vie du Duc de Bouillon, rapportant les conseils que ce Duc donna au Prince de Condé : » Il lui conseilla, dit-il, de » laisser à la Reine la qualité de Régente ; mais de la réduire à un titre vain, qui satisferoit sa vanité, » & de s'attirer effectivement toute » l'autorité. Il lui dit, Qu'il sçavoit » pour cela un moyen infaillible ; & » que s'il vouloit s'en servir, il lui » répondoit du succès : Que ce moyen » consistoit à rentrer dans la Religion » Calviniste, dont le feu Roi l'avoit » tiré, & à se déclarer Protecteur des » Protestans de France : Qu'alors suivi de toute la Noblesse Calviniste, » dont il seroit le Chef ; maître de » toutes les places de sûreté, accordées à ce Parti (c'est-à-dire de cent » trois Villes ou Places, bien fortifiées.) ; soûtenu par tout ce qu'il y » avoit de Suisses en France, dont » le Duc de Rohan étoit le Colonel-» Général ; sûr de l'argent laissé par » le feu Roi à la Bastille, que le Duc » de Sully, mécontent de la Régente, pouvoit lui remettre entre les » mains : Qu'avec de si grands avantages, on ne pouvoit pas douter » qu'un Premier Prince du Sang » comme lui, pendant une Minorité, » ne fût en état de s'emparer de toute l'autorité, & de se rendre également redoutable au-dedans & au-» dehors du Royaume. « Dieu ne per-

1610. ces beaux sentimens ne convenoient ni à nos temps ni à nos mœurs : Que la probité & la vertu ne viennent seules à bout de rien : Que les chimères dont je le repaissois, ne trouveroient cours chez personne : Qu'en se faisant l'arcboutant de tout le monde, il n'en recueilleroit qu'une haine générale, & le regret inutile de n'avoir pas mieux profité de la plus heureuse de toutes les conjonctures : Que le seul parti raisonnable qu'il eût à prendre, dans une occasion où les Trésoriers Royaux alloient devenir la proie de toutes les mains, étoit d'en revendiquer la meilleure & plus grosse portion, comme étant la premiere Personne de l'Etat après Leurs Majestés. (28) : Qu'il avoit bien peu profité de la nécessité où il s'étoit trouvé, si elle ne lui avoit pas appris que l'occasion de s'en délivrer doit être reçuë à bras ouverts, lorsqu'elle se présente : Qu'il prît bien garde, au reste, que ce n'étoit pas tant pour lui, que pour moi-même, que je cherchois à le jetter dans un parti extrême : Qu'il ne me restoit que cette seule ressource, pour soûtenir mon crédit expirant : mais qu'il ne s'y trompât pas : Qu'en voulant joindre son intérêt au mien, je le ferois tomber avec moi dans le précipice : Que la haine des Grands & des Ministres contre moi étoit si forte, que le seul soupçon que j'entrasse pour quelque chose dans tout ceci, étoit suffisant pour ruiner ses desseins & ses esperances : Que j'avois dédaigné d'offrir mon amitié & mes services à personne : Qu'en revenche, tout le monde étoit si bien d'accord pour me détruire, qu'il n'y avoit point de condition qu'on n'acceptât de ceux qui alloient disposer des graces & des faveurs, pourvû que ma disgrace y fût attachée.

» mit pas qu'il suivît le conseil du Duc de Bouillon. S'il l'eût fait, les Calvinistes recouvroient tous les avantages, qu'ils avoient perdus par la Conversion du feu Roi : Vraisemblablement le Royaume eût été partagé entr'eux & les Catholiques ; & leur République, qu'on traitoit d'imaginaire, se fût enfin trouvée quelque chose de réel. « tom. 2. pag. 307. Mais, & cet Historien l'avouë ensuite, bien des personnes demeurerent persuadées que ce n'étoit pas sérieusement que le Duc de Bouillon avoit fait cette proposition au Prince de Condé ; qu'il fut le premier à l'en détourner ; & que tout son but étoit de faire sentir à la Régente, qu'il voulut bien rassûrer lui-même, tout le mal qu'il pouvoit lui faire.

(28) » Il eût bien voulu, dit le même Historien que je viens de citer, contester la Régence, s'il eût osé : Mais il en fut diverti par le bon traitement qui lui fut fait. On lui donna deux cens mille livres de pension, l'Hôtel de Conty, au Fauxbourg Saint-Germain, qui fut acheté deux cens mille francs, le Comté de Clermont, & beaucoup d'autres gratifications. «

Lorsqu'on

LIVRE VINGT-HUITIEME.

1610.

Lorsqu'on a pu dans ces sortes d'occasions rendre les conseils suspects, on n'est pas bien éloigné de rendre le conseiller odieux : c'est ce qu'on entreprit, & ce qui arriva. On fit comprendre à M. le Prince, que c'étoit par une nécessité du système qu'il alloit embrasser, que ma ruine étoit décidée. Ce que je lui avois dit à lui-même, le lui confirma. Toutes mes paroles se tournerent dans son esprit contre moi : ensorte que par une bizarrerie, dont la Politique fournit pourtant plus d'un éxemple, ce fut dans ces mêmes sentimens, qu'un moment auparavant il avoit admirés dans ma bouche, que M. le Prince trouva le fondement de la haine qu'il commença à me porter, & de la persécution qu'il me suscita. La résolution fut dès-lors prise de ne me laisser en place (19), qu'autant de temps qu'il en faudroit pour s'arranger ; de me porter cependant sourdement tous les coups qu'il seroit possible ; de miner peu-à peu ce qui me restoit de pouvoir ; & de retirer avec le moins d'affectation que faire se pourroit, tous les Papiers, Mémoires & Instructions, dont j'étois dépositaire, sur le fait des Finances ; jusqu'à ce que le moment fût venu de m'éloigner sans retour. Si l'éxécution de ce complot fut différée jusqu'à l'année suivante, c'est parce qu'il arriva plusieurs embarras imprévus qui la retarderent.

Je ne sçus peut-être pas dès ce temps-là tous les complots qui se faisoient ainsi secrettement contre moi : mais j'en devinai du-moins une si bonne partie, que je revins plus fortement qu'auparavant, au parti que j'avois tâché de faire agréer à ma Famille, de me retirer, avant que je parusse y être forcé. J'allai même jusqu'à en parler à la Régente ; & à la supplier de ne pas s'y opposer. Quoique par cette proposition j'allasse sans doute au-devant de tous ses vœux, elle usa d'une si profonde dissimulation dans la réponse qu'elle me fit, que quand je m'y serois laissé tromper, je crois qu'on ne pourroit m'accuser d'avoir été trop simple. Jamais Conchine & sa Femme n'avoient été plus avant dans son esprit, qu'ils l'étoient alors : elle commençoit à ne plus voir ni rien faire, que par eux : Cependant elle affecta de paroître aussi mécontente de

---

(19) Toutes ces Intrigues entre les Princes, les Courtisans & les Ministres, pour l'éloignement de M. de Sully, sont rapportées dans les Mémoires particuliers, & sur-tout dans l'Histoire de la Mere & du Fils. *tom.* 1. *pag.* 11. *& suiv.* 120. 127. *& suiv.* dans l'Histoire du Duc de Bouillon. *t m.* 2. *pag.* 313. *& suiv.* dans celle du Duc d'Epernon, &c.

Tome III. Qq

leurs procédés, qu'elle me voulut perſuader qu'elle étoit ſa-
tisfaite de ma conduite: c'eſt que je la jettois dans un embarras, qui étoit de trop dans un temps, où le Sacre du Roi
lui donnoit bien aſſez d'occupation; & qu'elle vouloit prendre tout le reſte de l'année, pour ſe préparer au changement
que la démiſſion de mes Charges devoit apporter dans les
Affaires. Je m'accommodai à ſa volonté, ſans m'écarter de
la mienne: c'eſt à-dire, qu'en continuant mes premieres fonctions, je réſolus de faire ſi bien la guerre à l'œil, que je puſſe
toujours mettre entre mes ennemis & moi, un eſpace aſſez
conſidérable, pour leur ôter le plaiſir de me joindre & de
me dépouiller eux-mêmes.

On prit à la fin un parti ſur l'affaire de Clèves. Il n'y avoit
plus à retarder, pour peu qu'on voulût paroître encore s'y in-
téreſſer. L'Armée des Princes ligués jointe à celle des Etats
des Provinces-Unies, étoit allée mettre le Siége devant Julliers; & le Prince d'Orange, qui en avoit le Commandement,
s'y étoit pris de maniere que cette Place ne pouvoit guère
lui échapper. Notre ſecours lui étoit même abſolument inutile; parce que la Maiſon d'Autriche n'avoit fait aucune démarche, ni mis aucunes Troupes ſur pied, pour les oppoſer
à ſes Ennemis; & qu'après cet Exploit, la Guerre, telle qu'on
s'étoit propoſé de la faire, ſe trouvoit finie. Mais le nouveau
Conſeil de la Reine, compoſé des mêmes perſonnes que j'ai
déja nommées, crut faire un chef d'œuvre de Politique, en
accordant alors plus qu'on ne lui avoit demandé ſi long-temps,
ſans pouvoir rien obtenir. Il connoiſſoit bien en quel état étoit
la Place aſſiégée. Il voulut ſe faire honneur de ſa priſe, qui
devoit fort-peu tarder après l'arrivée de nos Troupes: & il
imagina encore qu'on ne pouvoit donner un meilleur coup
d'aiguillon au Roi d'Eſpagne, pour lui faire ſouhaiter & ſol-
liciter cette Alliance avec nous, pour laquelle on trouvoit
qu'il ne s'empreſſoit pas aſſez, & dont on avoit encore quelque honte de faire ſeuls tous les frais. On réſolut donc de
faire avancer inceſſamment vers Julliers huit mille Hommes
de pied, douze cens Chevaux & huit Piéces de canon, & de
donner cette Armée à conduire au Maréchal de La-Châtre.

Lorſque cette réſolution fut renduë publique, & portée
pour la forme au Conſeil général, je ne pus m'empêcher d'en
dire mon ſentiment. Je demandai à quelle fin ſe faiſoient ce

LIVRE VINGT-HUITIEME.

voyage & cette dépense, contre des Ennemis qui ne se défendoient point, & pour des Alliés qui n'en avoient plus besoin. Je déclarai ce que je pensois de ce retour après coup, qui ne me paroissoit pas fort-honorable pour nous. Je fis voir les difficultés & les longueurs de la marche, qu'on se proposoit de faire faire à nos Troupes. En effet, pour faire faire ce trajet, sans avoir rien à craindre des Ennemis que notre Armée pouvoit rencontrer dans son passage, il falloit qu'elle fît un grand détour, & qu'elle traversât des Pays rudes, montagneux & stériles. Conchine, qui avoit attiré à son avis M. le Comte de Soissons & le Duc de Bouillon, & qui s'applaudissoit de ses motifs secrets, me laissa dire, comme on fait un homme, qu'on n'a pas daigné instruire, & le départ des Troupes fut résolu : Seulement, pour m'empêcher d'être plus importun, pour m'intéresser même personnellement dans cet Armement, on accorda à mon Gendre, qui sollicitoit depuis assez long-temps un Emploi distingué dans l'Armée d'Allemagne, la Charge de Maréchal-de-camp-Général : ce qui devoit d'autant plus satisfaire, que cette qualité lui attribuoit de plein droit le Commandement en chef, s'il arrrivoit faute du Général. Il n'étoit pas même impossible que sans cela, La-Châtre ne s'en dégoûtât de lui-même, & ne remît le Commandement. On l'avoit vû plus d'une fois prêt à le faire. La difficulté du chemin le rebutoit ; aussi bien que les périls qu'il pouvoit y rencontrer. Il m'avoua même, & avec moi à quelques autres personnes du Conseil, que les Jésuites lui mettoient un fort-grand scrupule dans l'ame, de ce qu'il se joignoit aux Hérétiques, contre de bons Catholiques. Je lui redonnai un peu de courage, en lui enseignant un chemin plus commode que celui qu'il vouloit prendre; & il se disposa à partir.

Les préparatifs de cet Armement, qui tomboient à ma charge, furent faits de maniere que l'Armée fut composée des meilleures Troupes que nous eussions alors sur pied ; l'Artillerie complette & bien servie ; & le fonds de la dépense si abondant, que le Trésorier en rapporta encore cent mille écus : Aussi le Prince Maurice confessa que de long-temps il n'avoit vû une Troupe si leste & si bien apprise : il parut seulement surpris que le Général, qui devoit suivant les apparences être un de nos meilleurs hommes de guerre, n'eût qu'une connoissance tout-à-fait commune de ce qui se pra-

1610. tique dans les Siéges, & des autres parties de la Guerre.

C'est tout ce que je dirai de cette Expédition. Les Historiens (30) expliqueront plus en détail, comment notre Armée passa en Allemagne, & comment elle en revint. La crainte d'être trop sincère, & l'inutilité du personnage que je commence à jouer, m'engagent à avancer plus rapidement vers la fin de ces Mémoires.

---

(30) Voyez le détail de la prise de Julliers & de toute cette Expédition, dans le Mercure François & les autres Historiens, *ann.* 1610.

La prise de Julliers obligea l'Empereur à se déporter du sequestre qu'il avoit voulu faire des Etats contestés, entre les mains de l'Archiduc Léopold d'Autriche; & les Ducs de Brandebourg & de Neubourg partagerent sans aucune difficulté entr'eux deux, toute la succession. L'Electeur de Brandebourg eut Clèves, La-Mark & Ravensberg; & le Duc de Neubourg, Julliers & Bergh. Philippe-Louis, Fils de ce Duc de Neubourg, eut deux Fils; dont l'un continua la branche de Neubourg, & le Puîné fit celle des Comtes de Sulsback, qui doit aujourd'hui réünir les deux parts, parce que la branche de Neubourg finit dans l'Electeur Palatin d'aujourd'hui : Et voilà ce qui, après cent trente ans depuis la mort du Duc Guillaume de Julliers, fait renaître les mêmes difficultés sur cette succession éventuelle: Le Roi de Prusse, de la Maison de Brandebourg, pouvant apporter pour raison de son opposition à cette réünion, que les branches étoient séparées, lorsqu'à été passé le Traité de 1666, qui semble ne stipuler que pour les descendans des Contractans: (*a*) Et l'Empereur de son côté trouvant son intérêt à soûtenir le Prince de Sulsback; parce que si ce jeune Prince venoit à mourir sans Enfans mâles, il allégueroit pour se mettre en possession de Bergh & Julliers, son ancienne raison de Fiefs masculins : outre un second intérêt qu'il peut y prendre, pour les Princes de Saxe, ses Alliés,

Il a paru en 1738. un Ouvrage en deux Volumes, où cette matiere est discutée, & très-bien éclaircie.

(*a*) Ceci a été écrit avant la mort du dernier Empereur, & du dernier Electeur Palatin.

Fin du vingt-huitiéme Livre.

MEMOIRES
DE
SULLY.

LIVRE VINGT-NEUVIEME.

E qui venoit de se passer au sujet de Clèves, & le dernier procédé de la Régente à mon égard, acheverent de m'ôter toute espérance de pouvoir jamais ramener le nouveau Conseil aux saines maximes sur les deux principaux points du Gouvernement, la Politique & les Finances : Au-contraire, le changement de M. le Prince, ce que je voyois tous les jours se passer sous mes yeux, & sur-tout l'air de dissimulation dont on venoit en dernier lieu d'user, acheverent de me persuader que le mal étoit devenu sans reméde; & qu'on ne sortiroit de tout ce cahos, dans lesquels les Affaires du Conseil paroissoient ensevelies, que par le dénouëment que j'avois toujours si fort appréhendé. Il falloit du temps pour le préparer; parce que quelqu'autorité qu'on ait, des liaisons aussi fortes & aussi sagement cimentées, que l'étoient celles qu'avoit contractées le feu Roi, pour la destruction de la puissance Autrichienne, avec tous les

1610.

Potentats de l'Europe intéressés à son abaissement, & principalement avec les Princes Protestans, ne se rompent pas du premier coup, ni quelquefois sans un effort, qui peut avoir de fâcheuses suites. Mais que toute l'étude de la Régente & de ses Conseillers, ne se tournât pas à les rendre inutiles, c'est de quoi il m'étoit impossible de douter. La prévention en faveur de ce qu'ils appelloient le Parti de la Religion; la haine contre tous les Protestans François & Etrangers; un penchant naturel & fortifié par l'habitude, à s'unir avec l'Espagne, dont ils n'avoient pu s'empêcher de suivre même publiquement tous les mouvemens, lorsque les desseins de Henry le Grand prêts à se manifester, les convainquoient de soûtenir une Cause odieuse & désésperée: tout cela ne devoit pas se ralentir, lorsque par le hazard le plus inespéré, ils touchoient à l'accomplissement de ce qu'ils avoient le plus ardemment souhaité. Ma Religion; mes engagemens; les conseils que j'avois donnés au feu Roi, dont l'effet indubitable auroit été du moins le libre exercice de la Réforme en France & par toute la Chrétienté; la mort même de ce Prince, qui sembloit me déclarer l'unique dépositaire de ses sentimens, & l'éxecuteur de ses projets; des moyens pris d'une maniere assez sage, pour en assûrer la réüssite; la gloire & l'honneur qui conséquemment en réjailliroient sur moi: Voilà bien des titres de haine contre un homme, qui avoit déja tant d'ennemis: & de la maniere dont Sillery & Villeroi s'attachoient à les faire valoir, ils devoient nécessairement avoir un effet prompt.

Un motif moins déclaré, mais peut-être plus fort encore, parce qu'il attaquoit plus directement l'intérêt particulier, réünissoit une seconde fois tout contre moi: c'est celui d'une Administration des Finances trop nette, j'ose le dire, & trop intégre, pour des persones dont la cupidité avoit dévoré des yeux dès le premier instant tous les trésors du Roi. Je vois la-dessus une infinité de traits à rapporter, qui certainement ne feront pas honneur au nom François, mais qu'il seroit inutile de taire, parce qu'ils ont été publics. En voici quelques-uns des principaux, suivant que le hazard me les présente: ils traceront une image de la Cour de ce temps-là.

LIVRE VINGT-NEUVIEME.

1610.

Le Favori de la Régente fut celui qu'on vit paroître le premier fur les rangs. Il jetta d'abord les yeux fur la Charge de Premier-Gentilhomme de la Chambre; non pas qu'il jugeât cette dignité capable de fatisfaire fes vûës ambitieufes; mais il falloit commencer par obtenir quelque grade, qui effaçât la difproportion qui avoit été jufques-là entre le refte des Courtifans & lui. Il fe mêloit à cela un grain de jaloufie perfonnelle contre Bellegarde, dont je tairai le motif, parce que cela me meneroit trop loin. Il étoit bien flateur pour Conchine, que le premier pas qu'on lui verroit faire à la Cour, le mît de pair avec fon émule (1) Il fit donc propofer au Duc de Bouillon de traiter avec lui de cette Charge. Celui-cy, qui avoit réellement deffein de s'en défaire, fit la chofe libéralement: mais auffi il en fut récompenfé de même: Car en premier lieu, il obtint la fuppreffion des Bureaux que Sa Majefté avoit aux environs de Sedan, pour la levée de fes Droits d'entrée & de fortie: ce qui affranchiffant au profit du Duc, tout ce qui entroit de denrées & de marchandifes dans cette Ville, ou qui en fortoit; on peut dire fans éxagerer, que cette gratification lui valut dans la fuite plus que toute fa Principauté même. Enfuite Conchine lui fit expedier fur le marché un Acquit de deux cens mille livres; fous prétexte qu'on lui avoit promis cette fomme, en traitant avec lui de la reddition de fa Place. J'eus beau repréfenter que le Duc de Bouillon avoit été éxactement payé de ce qu'on lui avoit promis, & qu'il n'y avoit qu'à jetter les yeux fur le Comptant qui le juftifioit; on ne m'écouta pas: & les frais que Henry avoit faits pour fe mettre en poffeffion de Sedan, n'aboutirent qu'à payer deux fois cette Place, & à ne rien avoir. Je ne doute pas qu'on ne trouve cela rifible: pour moi, je le trouve honteux pour le Confeil.

Conchine n'en vint pourtant pas à ce point auffi facilement qu'il l'avoit cru d'abord. M. le Comte de Soiffons, comme j'en ai déja dit un mot, lui rompit en vifiere, & à fon Beau-frere, pour lequel il demandoit l'Archevêché de Tours: Mais ce Prince n'agiffoit pas de façon à lui faire défefperer

---

(1) Le Marquis d'Ancre, (car c'eft ainfi qu'on commença à appeller Conchine), avoit eu un démêlé avec M. le Grand-Ecuyer, qu'on peut voir dans l'Hiftoire de la Régence de Marie de Medicis.

qu'on ne pût le gagner; & Conchine en eut bientôt trouvé les moyens. Il lui ferma la bouche, en lui faisant donner le Gouvernement de Normandie, d'une maniere si généreuse, qu'il ne se fit aucune difficulté de l'ôter à Monsieur lui-même, second Fils de France. Après la mort de M. le Duc de Montpensier, Henry, pour ne mettre aucune jalousie parmi tous ceux qui prétendoient à ce Gouvernement, que je venois de refuser avec la condition de changer de Religion, & voulant obliger Fervaques, qui méritoit bien que Sa Majesté eût cette déference pour lui, en avoit pourvu son propre Fils. Il ne me fut pas possible de donner ma voix à cette disposition de Conchine; non-plus qu'à la satisfaction que le Conseil donna encore à M. le Comte aux dépens de Sa Majesté, en lui payant fort cher des droits trés-peu considérables & trés-inutiles: ce sont ceux de la Maison de Montaffié en Piémont, dont j'ai déja tant parlé. Malgré toutes mes représentations présentes & passées, ce marché fut conclu. On étoit accoutumé à me laisser dire, & à passer outre.

Conchine trouva un moyen pour pouvoir disposer d'une partie de l'argent du Trésor-Royal, sans qu'il parût que les sommes qui en sortiroient, eussent été prises & employées en son nom : ce fut de persuader à la Reine de continuer à faire des Comptans, comme faisoit le feu Roi. Voici la Lettre qu'elle m'en écrivit le 15 Juin. »Mon Cousin, J'ai » résolu de continuer encore pour cette année, le payement du Comptant que le feu Roi Monseigneur faisoit mettre » en ses coffres, par les Trésoriers de l'Epargne, L'argent » qui en proviendra, sera distribué par Béringhen aux mê- » mes personnes qu'il avoit coûtume de l'être. Je vous fais » donc ce mot pour vous dire de commander au Trésorier » de l'Epargne, étant à présent en Charge, de mettre entre » les mains dudit Béringhen le quartier de Juillet dudit » Comptant, &c. «

Puget & D'Argouges vinrent dès le lendemain m'apporter un de ces Comptans, afin que je l'arrêtasse, & que je misse au bas une Ordonnance de payement. Je le pris, & du premier coup d'œil je n'y remarquai en effet qu'une infinité de parties, que le feu Roi faisoit payer en cette forme. Mais comme le montant m'en paroissoit exhorbitant, au lieu d'aller plus loin, je dis aux deux porteurs, Qu'il étoit vrai que

la

LIVRE VINGT-NEUVIEME. 313

1610.

la conduite de Henry le Grand fembloit autorifer cette forme : mais qu'elle ne me paroiſſoit plus fuffifante aujourd'hui, pour la décharge de ceux qui fur ce fimple écrit, oferoient faire une Ordonnance de payement. Ils me répondirent, Que fi je voulois me donner la peine de lire jufqu'à la fin, je trouverois la folution de mon objection, dans une décharge fi valable, que je conviendrois qu'il n'étoit befoin d'avoir recours à perfonne. Je continuai à lire, affez curieux de fçavoir comment un Mémoire qui ne promettoit qu'un Menu de Comptant, & même qui n'étoit pas fort-long, alloit fe trouver enfanter une fomme de neuf cens mille deux cens dix livres quatorze fols, que j'avois vuë en jettant les yeux fur le Total. Ma curiofité ne tarda pas à être fatisfaite. Après les premieres parties, j'en vis fuivre d'autres, qui déja ne me plaifoient pas trop, & qui fembloient n'être-là, que pour me préparer à un morceau de bien plus difficile digeſtion : c'étoit un article tout feul de quatre cens mille livres, & qui n'étoit pas même motivé : il portoit feulement ce peu de mots, qui n'étoient guére propres à m'en juftifier la fidélité : *Pour deniers mis aux mains du feu Roi.*

Je m'arrêtai court, & regardant fixement Puget, je lui demandai ce que cela fignifioit, & fi c'étoit à lui qu'étoit duë l'invention de ce tour ingénieux. Je lui dis enfuite réfolument, Que le feu Roi n'avoit jamais pris pour lui tant d'argent à la fois dans fes coffres : Que j'avois d'ailleurs des preuves qu'il n'avoit touché cette fomme ni en gros ni en détail : qu'ainfi je ne pouvois la paffer. Il continua de me répondre avec le même phlègme, Que ce que je verrois à la fin, furmonteroit toutes mes difficultés : c'étoit quatre ou cinq lignes, écrites de la main même de la Reine, en ces termes : » Nous avons vû le menu des parties cy-deffus,
» montant à neuf cens mille neuf cens dix livres quatorze
» fols : Et ayant connu que cette fomme a été véritablement
» payée par le commandement du feu Roi Monfeigneur,
» pour être paffée en forme de Comptant (2), ainfi qu'il
» étoit d'ufage : ce qui n'a pu être fait, ayant été prévenu

(2) Un Comptant étoit une Ordonnance de payement, ou la Quitance d'une fomme payée par ordre de Sa Majefté, fans fpécifier à quoi ces deniers avoient été employés. Henry IV. & Louis XIII. ou leurs Miniftres ont bien fenti l'abus qu'on en pouvoit faire : Mais une infinité de dépenfes, que l'intérêt de l'Etat demandoit qu'on tînt

Tome III. R r

» par la Mort; nous avons trouvé bonnes les fusdites dépen-
» ses ? & ordonné d'en être expédié un Acquit de Comptant,
» pour servir de décharge au Trésorier de l'Epargne Puget.
» Fait à Paris, le 16 Juillet. 1610. *Signé*, Marie. «

Je ne vis pas tout-d'un-coup le parti que j'avois à prendre. Après y avoir pensé un moment : » Monsieur Puget,
» dis-je, tout ce que j'ai lû ne m'éclairoit pas pour quoi on
» me demande une si grosse somme : car on ne me persua-
» dera pas que jamais le feu Roi l'ait employée : Vous me
» presserez aussi inutilement de me la faire signer comme
» telle : contentez-vous donc si vous voulez pour votre dé-
» charge, de ce papier tel qu'il est; parce que très-sûrement
» je n'y ajoûterai rien du mien : « Cette affaire n'en demeura pas là. On revint à la charge pour obtenir ma signature,
avec autant d'opiniâtreté que j'en montrois à la refuser : je
n'entendis parler que de cela seul, pendant deux jours entiers. On me laissa enfin en repos; & il ne fut plus parlé
du Menu de Comptant, qui est resté déchiré parmi mes
Papiers : mais ni la Régente, ni Conchine n'en perdirent
pas le souvenir. Conchine trouva que cette conduite étoit
de trop mauvais éxemple pour ceux qu'il avoit envie de
ranger à toutes ses volontés : Pour la Reine, le ressentiment qu'elle en eût fut si fort, qu'elle ne put me le cacher,
malgré le déguisement auquel elle s'étudioit. Si jusqu'alors
elle avoit encore voulu faire de-temps-en-temps quelque
légere réflexion sur ce que lui avoit dit tant de fois le Roi
son Epoux, de la nécessité dont je devois lui être pour les
Affaires du Royaume; de ce moment, tout ce souvenir fut
entiérement effacé, & fit place à une résolution bien décidée de donner ma Charge à une personne qui fût plus
traitable.

Le Chancelier m'en donnoit assez l'éxemple : Mais bien-
loin d'être tenté de le suivre, je ne pus m'empêcher de lui
reprocher un jour une prévarication véritablement impardonnable, à l'occasion d'une Lettre d'éxemption de Rachat
du Greffe du Parlement & du Châtelet de Paris, qui parut

secrettes, les en empêcherent. Le Cardinal de Richelieu conclut à les abolir; mais en-même-temps, à laisser un million d'or au Roi, en vûë de ces dépenses; pour en dispo-ser à sa volonté. *Testam. Polit.* 2. *Part.* pag. 143.

en plein Conseil comme ayant été expédiée & scellée par le feu Roi ; quoique je sçusse que ce Prince l'avoit refusé constamment à toutes les instances que Villeroi lui en avoit faites à différentes reprises. La régle est que le Roi étant mort, le sceau dont il s'est servi soit rompu. Non--seulement le Chancelier ne l'avoit pas fait, mais il osa même se servir de ce sceau, pour autoriser de fausses dispositions en faveur de Conchine & de quelques autres, pendant cinq années entières. Il avoit pour cela la double commodité de faire fabriquer par son Fils, qui étoit Secrétaire d'Etat, toutes les Piéces auxquelles il mettoit ensuite la derniere main. Monsieur l'Amiral reçut ce secours comme lui venant du Ciel. Il vint apporter au Parlement des Lettres de Duc & Pair pour la Seigneurie de Damville, en aussi bonne forme & bien meilleure sans doute, qu'elles ne l'eussent été du vivant de Henry.

1610.

Charles de Montmorency, Duc de Damville.

Je trouve une seconde Lettre que m'écrivit la Régente, de même date que la précédente, c'est-à-dire, du quinze Juin, mais sur un sujet bien moins important : il ne s'y agit que d'une bréche à réparer aux Fortifications qu'on avoit faites cy-devant aux Ville & Château de Vendôme, à la prière du Sieur Jumeaux, qui en étoit Gouverneur.

Il étoit bien difficile, exposé comme je l'étois à me faire des querelles, que je n'en eusse pas quelqu'une avec le Duc de Bouillon, qui en toute occasion sçavoit bien me montrer qu'il se souvenoit que j'avois toujours préféré l'intérêt du Roi au sien, & qui n'attendoit que le premier moment favorable pour m'en témoigner son ressentiment. Il proposa un jour dans le Conseil, de faire rapporter par tous ceux qui étoient en possession des principales Charges du Royaume, des Etats de Recette & Dépense, pour y être examinés. Le Conseil reçut cette proposition, qui toute générale qu'elle étoit, dans l'esprit de celui qui la faisoit ne regardoit que moi seul ; & Bouillon se chargea de me l'apprendre, en me disant, aussi en plein Conseil, Qu'étant un homme d'ordre, & qui n'avoit cherché qu'à montrer le bon exemple aux autres, je ne manquerois pas sans doute de commencer par ce qui regardoit ma Charge de Grand-Maître de l'Artillerie. Je lui répondis, d'un ton que peut-être il n'attendoit pas, Que quand il plairoit au Roi & à la Reine, je leur ferois

voir tous mes Etats d'autant plus volontiers, que j'étois bien aſſûré qu'ils n'y trouveroient que des ſujets de ſatisfaction pour eux, & de louange pour moi : Que les Princes du Sang repréſentant auſſi la Perſonne du Roi dans une Minorité, je me ferois pareillement un devoir de les leur montrer : Mais que je connoiſſois aſſez l'étenduë des droits de ma Charge, pour ſçavoir que c'étoit l'avilir, que de la rendre reſponſable à tout autre Tribunal. » Il me ſemble pourtant, Mon-
» ſieur reprit-il, que le Connétable & les Maréchaux-de-
» France étant particuliérement établis ſur les Armes, ils
» peuvent prendre connoiſſance de toutes les Charges qui les
» concernent ; & la vôtre eſt une des principales de cette
» eſpèce. Je vois bien, Monſieur, repliquai-je, ſans cacher
» le dépit que je reſſentois de ce procédé, que de-longue-
» main vous m'avez préparé cette collation ; & que vous
» cherchez à vous fortifier adroitement de M. le Connéta-
» ble, J'eſtime & j'honore ſa Qualité, ſon mérite, ſon âge,
» & la bienveillance qu'il me porte ; & je ſuis ſûr que je
» m'accorderai toujours bien avec lui : Mais pour vous &
» tous les autres, je vous déclare que je ne vous dois aucune
» déférence, en ce qui regarde ma Charge : je ne dois compte
» qu'au Roi ſeul, de mes fonctions. Vous conviendrez au-
» moins, Monſieur, reprit encore le Duc de Bouillon, que
» vos Lettres nous étant adreſſées, cela emporte quelque
» idée d'autorité ſur elles. Monſieur, lui dis-je, vous avez
» mal lû, ou mal entendu ; autrement je ſerois auſſi reſpon-
» ſable de ma Charge aux Maires, Echevins & Capitaines
» des portes des Villes : car il y a pareille adreſſe à eux,
» qu'aux Maréchaux-de-France & aux Gouverneurs. Mais
» ſçavez-vous bien pourquoi ces clauſes y ſont miſes ? C'eſt
» afin que toutes ces perſonnes m'aſſiſtent en ce que je dé-
» ſirerai d'elles : ce qui emporteroit bien pluſtôt l'idée de
» ſupériorité, que d'infériorité. «

La Reine, qui vit que les paroles s'échauffoient & alloient produire une véritable querelle, nous impoſa ſilence à tous les deux ; & l'on mit une autre queſtion ſur le tapis. Bouillon avoit perdu ſon petit mot de flaterie, adreſſé à M. le Connétable. J'en étois auſſi particuliérement aimé, pour les ſervices que je lui avois rendus dans des circonſtances difficiles, que le Duc de Bouillon, qui l'y avoit engagé, en étoit peu eſtimé. Il dit à la Reine au lever du Conſeil, en préſence de Bouillon, que ſa prétention étoit mal fôndée ; & en s'adreſſant à lui, qu'il le prioit de ne plus chercher à le joindre à lui dans ſes idées de vengeance & de reſſentimens perſonnels. Ce démêlé fit aſſez de bruit, pour que de chaque côté les Amis cruſſent devoir venir s'offrir aux deux adverſaires. Ici ce ne fut pas comme au Conſeil : ma partie ſe trouva la plus forte ; les Maiſons de Guiſe, de Longueville & beaucoup d'autres, s'étant déclarées ouvertement pour moi.

Conchine & ſa Femme ne demeurerent pas eux-mêmes long-temps en bonne intelligence avec les Miniſtres & les autres principales Perſonnes de l'Etat : C'eſt le ſort des alliances qui ne ſont produites que par l'eſprit d'intérêt, que la même cauſe qui les a fait naître, les détruiſe avec plus de facilité encore. De-là s'enſuivirent mille ſcènes ſcandaleuſes ; & l'on en vint publiquement à des reproches & à des injures, qu'un reſte de bienſéance auroit bien dû étouffer : Et comme le même eſprit regnoit dans toute la Cour, elle ne fut bientôt remplie que de haines, de jalouſies, de moyens bas ou criminels de ſe diſputer & de s'enlever les graces. Mille levains fâcheux fermentant dans tous les eſprits, on appréhenda pluſieurs fois les cataſtrophes les plus ſanglantes entre les perſonnes du plus haut rang. Il falloit être continuellement en mouvement pour les prévenir. Le Public fut inſtruit des ſujets qui animerent les uns contre les autres, les Princes du Sang, le Connétable, le Grand-Ecuyer, le Duc d'Epernon & beaucoup d'autres, au milieu deſquels Conchine ſe trouvoit toujours mêlé le plus avant (3). Quelquefois l'équilibre entre ces illuſtres Rivaux jettoit entre les mains des gens de néant, les faveurs ſur leſquelles on ne pouvoit s'accorder. La confuſion, la mauvaiſe foi, l'injuſtice, tous les maux qui ſuivent le mépris de la ſubordination inonderent la Cour & le Conſeil, & vengerent plus d'une fois la mémoire de Henry, de ceux qui lui inſultoient, par les mêmes voies qu'ils avoient choiſies pour ſe venger eux-mêmes.

Pour les Princes de l'Europe, aucun d'eux ne manqua à

---

(3) Voyez le détail de ces Intrigues & de ces brouilleries de Cour, dans Siri, *Ibid. tom.* 2. *pag.* 327. & dans les mêmes Hiſtoriens.

s'acquitter par ses Ambassadeurs, de ce qu'ils devoient à ce grand Roi: Mais il n'étoit pas difficile de distinguer parmi eux, ceux dont le cœur mettoit beaucoup plus de sincérité dans les complimens de conjouïssance pour l'avénement du nouveau Roi au Trône, que dans les complimens de condoléance pour la perte de celui auquel il succédoit. Il se trouva des François assez indignes de ce nom, pour dire aux Ambassadeurs du Roi d'Espagne & de l'Archiduc, ces propres paroles : » Vos larmes ne doivent pas beaucoup » détremper vos mouchoirs : c'est un coup du Ciel, qui a » sauvé de leur ruine le Roi & la Religion Catholiques. « Je ne dirai rien de la réception qui fut faite à tous ces Ambassadeurs.

J'étois pareillement trop éloigné de tout sentiment de joie, pour prendre part à la Cérémonie (4) du Sacre du Roi. Cela fit que pendant que tout le monde prenoit le chemin de Rheims, je pris après celui de Montrond, après avoir obtenu de la Reine la permission de faire un voyage dans l'une de mes maisons. Je cachai soigneusement que ce fût dans l'intention de ne point revenir à Paris ; du-moins, tant que je verrois la même disposition dans les esprits, & le même désordre dans les Affaires : mais j'avois formé auparavant cette résolution, qui fut encore fortifiée par une fort-grande maladie, dont je fus attaqué, si-tôt que je fus arrivé à Montrond, & que je ne dois attribuer qu'aux situations tristes & violentes, où mon cœur se trouvoit depuis quatre mois. C'est-là aussi que pour faire diversion à mes déplaisirs, je composai les deux petits morceaux de Poësie, dont l'un a pour titre, *Parallele de César & de Henry le Grand* ; & l'autre *Adieu à la Cour* (5).

Si cet adieu ne fut pas le dernier, ce ne fut pas tout-à-fait ma faute. Je voyois assez que ce séjour n'étoit plus fait pour moi. Je me rappellois sans cesse le Conseil secret, tenu chez le Nonce, dont j'ai parlé plus haut. J'y joignois certaines paroles qu'une Princesse, ma Parente & mon Amie intime, me rapporta qu'elle avoit entendu dire à la Reine,

---

(4) Cette Cérémonie est décrite fort-au-long dans le Mercure François, les Mss. Royaux, P. Matthieu, &c. *ann*. 1610 ; Elle fut faite le 17. Octobre.

(5) Ces Pieces sont rapportées dans les Memoires de Sully, à la fin du Tome I. *pag.* 469.

LIVRE VINGT-NEUVIEME. 319

dans le même temps. Mille autres particularités semblables jettoient dans mon cœur les plus forts preffentimens que toute l'Eglife Réformée étoit à la veille d'une perfécution. Préaux penfoit comme moi, lorfqu'il m'écrivoit de Châtelleraut, le 10 Novembre, qu'il lui fembloit déja, difoit-il, voir le théatre élevé pour renouveller nos Tragédies. Dans cette attente, mon parti étoit pris de me défaire de toutes mes Charges, en faveur de ceux qui me feroient adreffés par Conchine & fa Femme, comme gens auxquels l'argent coûtoit le moins à répandre: On m'en avoit déja fait porter parole ; & je n'avois pas à craindre que la Reine me refufât fon agrément. Je comptois envoyer un tiers de cet argent en Suiffe, un tiers à Venife, & l'autre tiers en Hollande ; où je faifois état de me retirer moi-même, avec ce que j'avois déja pû mettre d'argent à part tous les ans par mon bon menage, lorfque je verrois l'orage prêt à éclater. Tout mon arrangement étoit fait : Voici ce qui y apporta du changement.

La jaloufie & la méfintelligence des Grands & des Perfonnes en place, rendirent la Cérémonie du Sacre fi tumultueufe, qu'il penfa en arriver du défordre. Je ne parle pas feulement des difputes pour le rang & la préféance. Le Duc d'Epernon, quoique lié très-étroitement, à ce qu'il fembloit, depuis quelques années, avec Conchine, lui tint un jour publiquement, avec le Duc d'Eguillon, des difcours également durs, injurieux, & même menaçans. Le Duc de Nevers appuyé des Princes, traita à-peu-près de même Sillery, Villeroi & Jeannin. La frayeur les prit ; ils ne fe fentirent pas affez forts, ni fans doute affez nets, pour repouffer ces reproches. Ils virent qu'ils avoient encore befoin de moi dans cette occafion. Il étoit d'une fâcheufe conféquence, que les Princes & les Grands s'accoûtumaffent à gourmander les Miniftres. Je leur parus le feul homme capable de mettre les chofes fur un autre pied, par l'autorité, le refpect, & même la crainte, que ma naiffance, mon caractere, mes mœurs, m'avoient acquis de tout temps dans le Confeil. Ils prefferent donc fi fort la Reine de me faire revenir, qu'elle m'envoya la Lettre fuivante par un Exprès.
" Mon Coufin, Le Roi Monfieur mon Fils ayant heu-
" reufement achevé fon voyage & fon Sacre à Rheims, nous

» reprendrons dans peu le chemin de Paris : Et d'autant que
» sur la fin de cette année & le commencement de la pro-
» chaine, il se présentera plusieurs affaires qui pourront re-
» quérir votre présence, à-cause de vos Charges & de l'in-
» telligence que vous avez en icelles ; je vous prie de vous
» en revenir au-pluftôt, faisant enforte que vous arriviez
» à Paris, au même temps que nous y serons : A quoi m'af-
» sûrant que ne manquerez, je prierai Dieu &c. Ecrit à
» Rheims, ce 6 Octobre 1610. Votre bonne Cousine,
» Marie. »

Je crus qu'en éludant pour-le-présent le voyage qu'on éxigeoit de moi, on en perdroit l'idée dans la suite : Ce qui me fit répondre à la Reine en ces termes. » Madame, Mon
» inclination, mon devoir, & l'honneur que vous me faites
» de vous souvenir de moi, me portent également à obéïr
» aux commandemens de Votre Majesté : Mais la grande
» foiblesse qui m'est restée de la maladie dangéreuse dont
» je ne fais que sortir, & la connoissance certaine que j'ai
» que ma présence dans les Affaires n'est pas agréable à
» plusieurs personnes qui y ont plus d'autorité que moi,
» me font vous supplier très-humblement de trouver bon
» que je diffère d'aller à la Cour, jusqu'à ce que j'aye re-
» pris mes forces : & que quand j'y irai, ce ne soit que pour
» rendre compte à Votre Majesté, devant ceux qu'il lui
» plaira nommer, de la manière dont j'ai conduit les Affai-
» res de l'Etat, de la situation où je les laisse, & de la for-
» me que je crois nécessaire d'y observer, pour les faire
» heureusement subsister ; & nullement, pour continuer à
» m'en mêler, comme j'ai fait jusqu'à-présent. Je crois avoir
» si bien pourvu à tout, comme les Tréforiers de l'Epargne
» & autres Employés pourront vous le certifier, que les
» Affaires se soûtiendront d'elles-mêmes tout le reste de
» cette année ; à la fin de laquelle je ne manquerai pas, si
» ma santé me le permet, de me trouver à Paris, pour ren-
» dre toute obéïssance aux commandemens du Roi & aux
» vôtres. Sur cette vérité, je prierai le Créateur &c. De
» Montrond, ce 12 Octobre 1610. «

Ce n'étoit pas là le compte de la Régente. Elle s'apperçut bien qu'en reculant mon retour à la Cour, je me mé-
nageois des prétextes de n'y point revenir du-tout : Et
le

LIVRE VINGT-NEUVIEME.

1610.

le perfonnage que je me propofois d'y faire, n'étoit pas propre à obliger ceux qui s'étoient féparés de fon Favori, a rechercher fon amitié : qui eft tout ce qu'elle avoit en vûë. Le moyen dont elle fe fervit pour m'amener à fon but, fut d'y employer mes Amis (6), & particulierement mon Gendre, mon Fils & mon Epoufe. Elle commença à les rechercher & à les careffer. Elle leur témoigna tant de confiance en moi, elle y joignit tant de belles paroles & de promeffes, qu'ils revînrent plus fortement que jamais, à croire que je ferois une faute, en me démettant de mes Charges. Enfuite elle me les envoya l'un après l'autre, chargés des affûrances & des Lettres les plus obligeantes. Ce fut en vain que je cherchai à leur faire fentir le manège de la Régente. Les follicitations & les prières dégenererent en une perfécution, qui me fatigua fi fort à la fin, que pour ne pas me voir accablé de reproches fans fin, & confidérant que ma complaifance pour eux ne m'expofoit à rien pour le préfent, j'allai me jetter avec pleine connoiffance, dans tous les piéges qui m'attendoient à la Cour ; & que je rompis encore cette fois, l'éxecution de mon premier deffein.

Je repris donc la route de Paris, fans pourtant montrer aucun empreffement ; puifque je n'y arrivai que le fixiéme jour après celui de mon départ. Le lendemain matin, comme je me difpofois à aller faire la réverence au Roi & à la Reine, on m'avertit que le Roi pafferoit la matinée dans les Tuileries, & ne reviendroit que pour fe mettre à table ; & que la Reine devoit dîner chez Zamet. Je ne doutai point que ce ne fût lui faire très bien ma Cour, que d'aller la trouver dans cette maifon : Auffi ne peut on rien ajoûter à la réception gracieufe que j'en reçus. Elle me répéta plufieurs fois, avec un air de franchife & même de joie, qui me trompa prefque moi-même, Qu'elle ne vouloit fuivre que mes confeils, Qu'elle me prioit de m'attacher au Roi fon Fils, de la même maniere que je l'avois été au feu Roi : Qu'elle ne fouffriroit point que j'abdiquaffe mes

---

(6) »Bullion eut ordre de s'avan- »cer, pour le trouver (M. de Sully) »à Paris, à fon retour de fa mai- »fon; & lui faire entendre la bonne »volonté de la Reine, qui vouloit »avoir en lui une pareille confian- »ce qu'avoit euë le feu Roi. Il ac- »cepta l'offre de la Reine, &c. «
Hift. de la Mere & du Fils, tom. I. pag. 112.

Charges : Qu'elle feroit en sorte que je les exerçasse avec une entiére indépendance : & qu'elle me prioit de commencer par les Etats de Finance pour l'année 1611, comme j'avois coûtume de le faire; n'ayant voulu que personne prît ce soin, & aucun des Ministres ne s'en étant non plus voulu charger, en mon absence. Ce discours fût continué de la part de la Reine, jusqu'à ce que le dîner fût servi. Je ne sçaurois rapporter qu'une très-petite partie des choses qu'elle me dit. Après qu'elle fut sortie de table, elle m'entretint des brouilleries arrivées pendant le Sacre. Elle me prévint sur une infinité de demandes que lui avoient fait les Grands du Royaume; sur lesquelles elle n'avoit rien voulu statuer, dit-elle, qu'après mon retour. Elle ne particularisa pourtant rien sur cet article: elle ajoûta seulement, Qu'elle m'en parleroit plus au-long, au premier moment favorable; & qu'elle me feroit entendre les services que je pouvois lui rendre à cet égard. Je n'apperçus aucun air de réserve dans ces paroles. Toute cette Cour paroissoit si gaye, qu'on devoit trouver que ces discours sérieux n'avoient déja que trop duré. On en tint d'autres plus communs : & sur les trois heures, la Reine s'en retourna au Louvre.

J'y allai le lendemain rendre mes respects au Roi, à Messieurs ses Freres & à Mesdames ses Sœurs, qui me firent, à proportion de leur âge, toutes les caresses que j'en recevois du vivant de leur Pere. Le mauvais air n'avoit point encore pénétré jusqu'à cette partie de la Cour. Les Gouvernantes, les Nourrices, les autres Femmes, les Officiers destinés au service de ces jeunes Princes composoient une espece de petit Peuple séparé, auquel la mémoire du Roi Henry étoit toujours chère: la source de leurs larmes & de leurs regrets n'étoit point encore tarie. Je m'attendris avec eux, en nous entretenant de celui qui en étoit l'objet. Ils me conjurerent par tous les motifs qu'ils connoissoient les plus propres à faire impression sur mon esprit, par l'amitié de ce Prince pour moi, par mon attachement pour lui, de ne pas abandonner les Enfans d'un Pere, envers lequel il ne me restoit plus que ce seul moyen de m'acquiter. Leurs prières & leurs embrassemens n'ajoûtoient sur cela rien à mes sentimens, & malheureusement ne diminuoient rien aussi de mon impuissance. En envisageant attentivement les trois Princes, je

crus découvrir dés ce moment dans le visage & les manières du Roi, des indices déja si forts des heureuses dispositions que le temps y a développées depuis, que je ne pus
m'en taire à mon Epouse, lorsque je fus retourné chez moi.
Je jugeai au contraire avec douleur, que le Ciel n'accorderoit pas une vie bien longue au second de ces Princes (7).

Je fus visité de presque toute la Cour, avec tous ces
faux semblans d'amitié, de louanges & de caresses, qui semblent n'imiter jamais si bien la vérité, que quand le cœur
y a le moins de part. Conchine, qui avoit pris soin de m'insinuer par Zamet & D'Argouges, que c'étoit à lui que j'avois
la principale obligation de tout ce qu'on voyoit faire à la
Reine pour moi, attendit pendant trois jours entiers que
j'allasse l'en remercier, en lui faisant la visite que les Courtisans l'avoient accoûtumé à regarder comme un tribut
qu'on lui devoit ; ou que je chargeasse du moins quelqu'un
de satisfaire à ce devoir pour moi. Comme il vit qu'il n'entendoit point parler de moi, il prit enfin sur lui de venir
me trouver. Mais afin que je ne pusse me prévaloir d'une
démarche, par laquelle il eût cru trop s'abaisser, il eut grand
soin de me faire sentir, que ce n'étoit uniquement que pour
me parler d'affaires qui le regardoient : & notre conversation roula en-effet en grande partie, sur sa Charge de Premier Gentilhomme de la Chambre ; sur ses Pensions, que la
Reine avoit ordonné qu'on employât dans l'Etat, sur le même pied que Bellegarde ; & sur un don qu'il venoit de recevoir dans les Offices de la Gabelle du Languedoc, dont il
y avoit déja un Brevet obtenu dès le vivant du feu Roi : ce
que je ne jugeai pas à propos de lui dire. Il me semble que
toutes les réponses que je lui fis, ne devoient pas le mettre
fort en goût de sortir du sujet, pour lequel il me disoit qu'il
étoit venu. Il ne put pourtant s'empêcher de le faire : &
je crois qu'il ne tarda pas à s'en repentir : Car ayant glissé
par forme de conseil, Que je ne pouvois mieux faire, que de
m'accommoder aux volontés de la Reine ; ce qui étoit m'ac-

---

(7) Ce Prince mourut le 16 ou 17 Novembre de l'année suivante, âgé de quatre ans & demi. On lui trouva de l'eau dans la tête ; la trop grande épaisseur du crane arrêtant la transpiration dans cette partie ; Ce qui prouva l'innocence de Le Maître, Médecin des Enfans de France, accusé d'avoir empoisonné ce jeune Prince. *Merc. Franç. ann.* 1611. *pag.* 158.

cuser tacitement de ruiner mes propres affaires par trop de roideur; je lui fis cette courte & séche réponse, Que j'obéïrois aux commandemens de la Régente, lorsque le service du Roi, le bien des Affaires, le soulagement du Peuple, mon honneur & ma conscience, me diroient que je pouvois le faire. Il me sembloit que mon aversion pour lui, croissoit à chaque parole qu'il me disoit. Il en lâcha quelques autres, avec toute la retenuë que je devois lui inspirer; & je les reçus avec la même froideur. Enfin nous nous séparâmes, assez mal satisfaits l'un de l'autre: lui, désesperant je crois plus que jamais, de me ployer à sa façon d'agir; & moi, déplorant d'avance tous les maux que cet homme présomptueux, insatiable, sans science ni expérience, & avec cela, revêtu d'une autorité absoluë, alloit faire à la France. J'en fis la confidence à mon Epouse.

Il me parut dès le lendemain de cet entretien, que la chance avoit déja tourné. La Reine que j'allai voir au Louvre, rabattit beaucoup de ses premieres manieres. Elle se força pourtant, afin que ce changement ne me parût pas aussi sensible qu'il l'étoit, & que je ne l'imputasse point à l'entretien de la veille entre Conchine & moi. Elle me parla encore des demandes importunes des Grands. Elle les taxa d'extravagantes, & parut résoluë de les envoyer à éxaminer au Conseil, auquel elle me pria d'assister toujours, afin d'empêcher qu'il ne s'y passât rien contre les intérêts du Roi & de l'Etat. Elle me donna sa parole Royale, en me présentant sa main dégantée, qu'elle me soûtiendroit en tout cela, aussi fortement qu'avoit fait le feu Roi. Je perdis mes premiers soupçons, à cette déclaration: je me flatai même un moment, que de plus mûres réflexions sur ce qui s'étoit passé, avoient peut être déja commencé à ouvrir les yeux à cette Princesse, sur le précipice où on l'engageoit. Mais que je fus bientôt détrompé! il ne fallut pour cela, que ce qui se passa de temps entre trois Conseils.

Tout prévenu que j'étois, je ne pus voir sans une extrême surprise, qu'il ne s'y traitoit presque plus d'autres matières, que de dons aux Grands; d'augmentations de Pension à toutes les Personnes en place; de payemens de dettes abolies; de rabais des Fermes, & de décharges des Fermiers; de révocations de Partis faits pour racheter les Rentes, les

Greffes & le Domaine ; de créations de nouveaux Offices, exemptions & priviléges ; de mille moyens enfin, de rendre les Peuples misérables, bien-loin de leur appliquer les trésors amassés par le feu Roi, comme la justice le demandoit, puisque la conjoncture des temps les avoient rendus inutiles pour l'objet qu'on s'étoit proposé : Mais l'avidité des Seigneurs en auroit dévoré de bien plus grands encore. Voici les demandes que les principaux d'entr'eux vouloient obliger la Reine & le Conseil à leur accorder. On ne devroit pas s'attendre que cet article composât par sa longueur, une liste aussi ennuyeuse que je crains bien que celle-cy ne le paroisse, quoique j'en aye retranché la demande de tiercer, de doubler même les Pensions, comme un point commun à presque tous ces articles.

Je mets en tête M. le Prince, qui me fit solliciter, tantôt sous-main, tantôt ouvertement, pendant un mois entier, d'être favorable à ses prétentions sur la Capitainerie du Château Trompette, sur le Gouvernement de Blaye, sur la Principauté d'Orange, étendue jusqu'au bord du Rhône. Monsieur le Comte de Soissons demandoit la Capitainerie du Vieux Palais de Rouen, celle du Château de Caën, & la création en sa faveur de cet Edit des Toiles, dont j'ai parlé en son temps. Le Duc de Lorraine, le payement en entier des sommes exprimées dans son Traité ; quoique ce fût une affaire que j'avois terminée il y avoit long-temps, aux deux tiers de réduction. Le Duc de Guise, son mariage avec Madame de Montpensier, la révocation des droits de Patentes en Provence, & des Bureaux aux portes de Marseille, le payement de ses dettes. Le Duc de Maïenne, de nouvelles sommes, outre celles que portoit son Traité. D'Eguillon, un don de trente mille écus ; les Gouvernemens de Bresse & de la Ville de Bourg ; l'Ambassade d'Espagne, avec des appointemens excessifs. Joinville, le Gouvernement d'Auvergne, ou le premier vacant. Le Duc de Nevers, les Gabelles de Rethelois en propre, avec les Gouvernemens de Mézieres & de Sainte-Menehout. Le Duc d'Epernon, un Corps d'Infanterie entretenu continuellement sur pied ; la survivance de ses Gouvernemens, pour son Fils ; des Fortifications à Angoulême & à Xaintes ; des soldats des Gardes commensaux ; Metz & le Pays Messin ôtés aux Montigny. Le Duc de Bouillon, une somme d'argent pour acquiter de vieilles dettes prétendues ; les Aides, Tailles & Gabelles de la Vicomté de Turenne à son profit, & l'hommage de cette Vicomté réduit à l'hommage lige simple ; les arrérages de ses Garnisons & Pensions pendant son éxil ; la tenuë d'une Assemblée de la Religion Réformée. Le Chancelier, les deniers provenans des petits Sceaux, ses Gages doublés ; des Lettres de Noblesse en Normandie. Villeroi, l'entretien d'une Garnison dans Lyon ; la Lieutenance-de-Roi du Lyonnois ôtée à Saint-Chaumont ; un Bâton de Maréchal-de-France pour son Fils d'Alincourt ; la révocation du Traité que j'avois fait pour le Rachat du Domaine de cette Province ; des surengagemens de ses Greffes & du Domaine du Roi.

On croit bien que l'article de Conchine n'est pas le plus léger. Le Bâton de Maréchal-de-France ; les Gouvernemens de Bourg, de Dieppe & de Pont-de-l'arche ; la donation des deniers provenans des Offices de Gabelle du Languedoc, passés en un Comptant ; le profit des rabais accordés à Moisset & à Feydeau : tel étoit son partage. Châteauvieux, le Chevalier de Sillery, Dollé, Déagent, Arnaud l'Intendant, le Medécin Duret, tous ceux qui avoient part au Conseil secret de la Reine, & qui y parloient si bien pour les autres, n'oublioient pas leurs affaires propres. Il seroit presqu'aussi court de nommer les personnes de quelque nom, qui n'avoient aucune part à cette profusion de pensions, de gratifications de privileges, d'appointemens &c, que de nommer ceux qui étoient compris dans la Liste : car tout le monde y trouvoit son compte, Princes, Gouverneurs de Province, Gentilshommes suivans, Lieutenant-Civil, Prévôt des Marchands, & même Compagnies & Cours Souveraines. Tous les Officiers de la Couronne devoient avoir une augmentation de pension de vingt-quatre mille livres chacun ; chacun des Membres du Conseil, une augmentation d'Etats & d'Appointemens proportionnée : outre qu'on proposoit d'en augmenter considérablement le nombre. Enfin l'on eût dit que tout le monde avoit concerté ensemble le pillage du Trésor Royal, & que tout étoit devenu de bonne prise.

L'indignation que je me sentois contre une licence, qui

dégénéroit en attentat contre l'autorité Royale, ne me permit pas de peser le parti le plus sage. J'embrassai sans balancer celui de résister à tout le monde, tant que la place qu'on me laissoit dans le Conseil, me mettroit en droit de le faire. L'honneur, la conscience, ma réputation à soûtenir, l'intérêt du Roi & du Peuple, dont je me regardois comme l'unique défenseur, ne m'en laisserent point envisager d'autres. Je m'y voyois encore autorisé en un sens, par les dernieres paroles, & même par les prieres de la Régente : & quoique je sentisse bien que ce n'étoit pas lui faire grand plaisir, que de les prendre à la lettre ; c'étoit pourtant, à bien examiner la chose, lui rendre à elle-même un service si essentiel, qu'on ne comprend pas par quelle raison elle s'y montroit si contraire. Ce motif à part (car je consens qu'on connoisse jusqu'à mes plus secrets sentimens); cette gloire, cet amour propre, qui m'ont toujours paru avoir quelque chose de si grand & de si noble, lorsqu'on les rapporte au Vrai & au Bien, me dictoient, que puisque c'étoit une nécessité pour moi d'être privé tôt ou tard de la participation des Affaires, je risquois peu à en avancer de quelque chose le moment ; & que je gagnois beaucoup à donner une preuve convaincante, que cette disgrace ne m'étoit arrivée, que parce que je m'étois montré exempt des foiblesses & des criminelles complaisances de tous les autres Courtisans. Il reste à la Vertu malheureuse un dernier dédommagement du bien qu'elle ne peut plus faire : c'est l'éclat dont les obstacles & la persécution la font presque toujours briller.

La Reine me réduisit bientôt à ce seul motif de consolation, dans les peines que je commençai à souffrir. Toute sa conduite acheva de me persuader qu'elle ne m'avoit appellé & opposé à tout le monde, dans une conjoncture si tumultueuse, que pour me faire essuyer l'alternative fâcheuse du mépris public, si je trahissois mon devoir ; ou de haines particulieres, plus terribles encore, si j'en remplissois les obligations. Ce que j'avois rendu sans effet en plein Conseil, aux risques de me faire mille ennemis cruels, étoit ensuite accordé comme gratification & secrettement, entre cette Princesse & son Confident.

Je n'ai pas dessein de m'engager dans le détail de toutes

1610. les poursuites qui se firent pendant ce peu de temps dans le Conseil, & de tout ce que je dis & fis pour les rendre inutiles : Ce seroit instruire autant de procès, où l'on ne manqua pas d'employer tous les moyens ordinaires de corrompre un Juge trop sévère ; & dans lesquels je fus encore plus sujet à être pris à partie, par des brigues déclarées, ou des menées secrettes. Je n'en rapporterai qu'un exemple ; afin qu'on convienne qu'un mal aussi grand, ne demandoit pas des remédes moins forts que ceux que j'employois : & je choisis ce qui se passa au sujet de Villeroi, ou plutôt de D'Alincourt. Des articles qu'on vient de voir, ce n'est ni le moins curieux, ni le moins important.

Lors que D'Alincourt demandoit que Sa Majesté établît & entretînt une forte Garnison dans la Ville de Lyon, dont il étoit Gouverneur, il avoit deux vûës. L'une étoit d'augmenter ses revenus, du profit qui lui reviendroit de cet établissement : & il ne pouvoit effectivement en avoir jamais trop, dans le dessein où il étoit d'y vivre, non en simple Maréchal de France (car il s'attendoit à le devenir dans peu); mais d'y faire la figure d'un Prince : Fastueuse chimère, doublement ridicule en celui qui n'a que de grands biens à mettre en la place de la naissance (8) : L'autre, de contraindre par la crainte

---

(8) Les Actes de Rymer, *sur l'année* 1518, en rapportant les Dépêches, ou Instructions, de l'Ambassade solemnelle, députée à Henry VIII. par François I. qualifient Nicolas de Neufville, Bisaïeul du Secretaire-d'Etat, & l'un de ses Ambassadeurs Extraordinaires, de Chevalier, Seigneur de Villeroi, &c. Sauval, *Antiq. de Paris*, *tom.* 3. *p.* 612. rapporte les Lettres Patentes, données à Cognac, au mois de Fevrier 1519, où François I. le nomme, Notre Amé & Féal Conseiller, Nicolas de Neufville, Chevalier, Seigneur de Villeroi, &c. C'est le titre que porte l'Epître de Clement Marot, à la tête de son Poëme, intitulé *Le Temple de Cupido*, & dédié à Messire Nicolas de Neufville, Chevalier, &c. Cette Epître, ou Dédicace, qui avoit été supprimée dans la plûpart des Editions, même anciennes, des Œuvres de ce Poëte, a été rétablie dans celle de 1731. *A La-Haye*. Herbert, *Vie de Henry VIII.* fait une mention honorable de ce même Nicolas de Neufville. Baluze dans ses Comptes N°. 175. *&* 176, en parlant des Comptes de M. de Villeroi, Ambassadeur en Angleterre, y joint la Qualité de Grand-Audiencier de France. L'Etat des Officiers des Ducs de Bourgogne, *pag.* 233. porte un Nicolas de Neufville, Ecuyer-de-Cuisine ; & un Amblart de Neufville, Ecuyer-Tranchant, Le Ducatiana, *pag.* 197. fait mention de Nicolas de Neufville, envoyé en 1500 : Ambassadeur à Rome, par Louis XII. & cite à ce sujet la Vie d'Alexandre VI. *Tom.* 2 *pag.* 292. Ces recherches ont échappé à Morery & à la plûpart de nos Historiens & Généalogistes, qui rendent d'ailleurs à l'illustre Maison de Villeroi, la justice que lui refuse l'Auteur de nos Mémoires.

LIVRE VINGT-NEUVIEME.

crainte de tant de gens armés, les Lyonnois à lui sacrifier leurs Priviléges & leurs droits les plus anciens, sur lesquels il méditoit depuis long-temps de faire main-basse. Quant au Parti pour le Rachat du Domaine Royal, qui montoit en cette Province à douze cens mille livres; il n'étoit porté à en demander la suppression, que parce que les Intéressés lui assûroient un Pot-de-vin de cent mille livres, s'il pouvoit faire ensorte d'empêcher ce Rachat.

Ses desseins étoient traversés par deux ennemis agissans & attentifs, toute la Ville de Lyon, & Saint-Chaumont, Lieutenant-de-Roi dans la Province : Mais aussi il avoit deux forts areboutans à leur opposer, le Chancelier de Sillery, & Villeroi son Pere, tout-puissans dans le Conseil & auprès de la Régente. Il commença à les faire agir d'autant plus puissamment, qu'ayant compris, lorsqu'il vint me prier de lui être favorable, qu'il ne devoit pas compter sur moi, dans le Conseil où ces demandes devoient être portées, il vit bien qu'il avoit besoin de toutes ses batteries : Mais aussi il ne douta plus du succès, lorsqu'il sçut que ces deux personnes avoient mis dans son parti Conchine, qui ensuite y avoit aussi fait entrer la Reine.

Nous étions tous assemblés dans le grand Cabinet, où se devoit tenir le Conseil sur cette Affaire. La Reine s'approcha de moi, & me parla en faveur de D'Alincourt, je lui répondis franchement, Qu'on ne devoit point compter sur ma voix, dans deux propositions si injustes : Qu'il n'étoit pas raisonnable de faire perdre douze cens mille livres au Roi, pour en faire gagner cent mille à M. D'Alincourt ; & d'ouvrir la porte à tout le monde, pour faire révoquer par tout le Royaume des Traités pareils de Rachats de Domaine, de Rentes & autres revenus Royaux, qui montoient à près de cinquante millions : Que je m'élevois avec la même force, contre l'autre proposition ; quoique je sçusse bien qu'on prétendoit que ce n'étoit pas au Conseil d'en connoître ; & qu'on ne l'y eût portée, que pour chercher à autoriser l'autre : Qu'on exposoit de gaieté de cœur, une des principales Villes du Royaume, jusque-là bien intentionnée, à manquer à son devoir, pour une chose de fantaisie, & d'ailleurs inutile ; puisque par le dernier Traité, conclu par moi même avec le Cardinal Aldobrandin pour le Duc de

Tome III. Tt

Savoie, Sa Majesté demeurant en possession de la Bresse & de l'une & l'autre rive du Rhône, Lyon cessoit d'être Ville frontiere, & n'ayant plus de voisins à craindre, n'avoit aussi plus besoin de Garnison.

La Reine parut se payer de ces raisons, & retourna vers Villeroi, comme pour les lui faire goûter aussi. Il n'étoit pas si aisé à rebuter : Il lui en donna d'autres, tant bonnes que mauvaises, sur tout ce que j'avois dit ; & étant venu à l'article de la Garnison, il lui dit, Qu'il étoit bien vrai que les Espagnols & les Savoyards n'étoient plus aussi proches voisins de cette Ville, qu'ils l'avoient été autrefois, Qu'aussi ce n'étoit pas contr'eux qu'il étoit important d'assûrer la Ville de Lyon ; puisqu'avec cela, nous étions sur le point de les avoir pour Amis & pour Alliés : Que les véritables Ennemis qu'elle avoit à craindre, étoient les Huguenots, plus en situation, en état & peut-être en dessein, d'attenter sur elle, qu'ils ne l'avoient jamais été : Sur quoi il désigna nommément M. de Lesdiguieres.

Villeroi avoit été entendu par Berengueville, qui vint incontinent me redire jusqu'à la moindre de ses paroles. J'y trouvai la confirmation de ce qu'on m'avoit rapporté touchant ce Conseil secret, tenu chez le Nonce Ubaldini. Je vis avec indignation, que tout le but de ces Messieurs étoit de mettre les Religions aux prises & en France & par toute l'Europe. Je ne fus pas moins choqué de l'accusation calomnieuse de Villeroi, contre un homme qui m'étoit Allié. Je me levai soudain, & m'avançant vers la Reine, qui écoutoit encore Villeroi, je lui dis, Que j'avois oublié à la prévenir sur une chose, dont j'étois aussi assûré que si je venois de l'entendre : Que M. de Villeroi, peu scrupuleux sur les moyens de la rendre favorable à son Fils, ne faisoit point de difficulté de lui faire les plus malignes & les plus fausses insinuations contre tous les Protestans ; sans même en'excepter un, que mille grands & bons services devoient tenir hors de tout soupçon : Qu'il s'emportoit jusqu'à les traiter d'ennemis plus à craindre pour la France, que l'Espagne même : Que si Sa Majesté, jugeant les raisons de Villeroi & les miennes d'un égal poids, prenoit le parti de regarder sur le même pied les Espagnols & les Réformés ; il ne nous restoit rien à faire à lui & à moi (je le regardois, en disant ces mots), que de nous exclurre l'un & l'autre du Conseil, & d'en sortir nous tenant tous les deux par la main. C'étoit-là pousser Villeroi à bout portant : Mais cet homme, qui de sa vie n'a sçu ni parler en public, ni même opiner dans un Conseil, ne trouva pas une seule parole pour me répondre : la surprise & le reproche de sa conscience, pouvoient bien en cette occasion le rendre muet. Il ne fit que s'avancer du côté où le Chancelier & le Duc d'Epernon s'entretenoient ensemble : & la Reine quittant aussi sa place, alla, sans dire un seul mot, joindre M. le Comte de Soissons & le Maréchal de Brissac, qui parloient en particulier. Je n'augurai rien de bon de toutes ces liaisons.

Il ne se fit rien ce jour-là sur l'Affaire de D'Alincourt ; & je me flatois quelquefois, que la manière dont je m'y étois pris, l'empêcheroit peut-être d'y revenir : Mais il ne tarda à le faire, que jusqu'à ce que par de nouvelles brigues, que lui & son Pere, le Chancelier & son Frere, firent avec Conchine auprès des Conseillers, il se vit assûré de toutes les voix, même de celle de Béthune mon Frere. Celui-cy vint me trouver, pour faire un dernier effort sur mon esprit. Il me représenta, Que tout ce que j'allois faire seroit inutile, & ne serviroit qu'à m'attirer tout le monde à dos : Que j'aurois le chagrin de voir que mon exemple ne seroit pas suivi de mes Parens mêmes les plus proches. Je me contentai de lui répondre, Que je n'avois jamais attendu autre chose de lui : mais que pour moi, je demeurerois jusqu'au bout fidèle à mon devoir & je tins parole, dès le premier Conseil qui se tint sur ce sujet. Voyant le Conseiller qui en étoit chargé, prêt à faire son rapport, je lui demandai brusquement de quelles affaires il s'agissoit. A quoi ayant répondu, Que c'étoit de certaines propositions qu'on faisoit touchant le Domaine du Lyonnois ; je l'interrompis en disant, Que je sçavois que M. D'Alincourt, que cette affaire regardoit, avoit fait de si fortes brigues dans le Conseil, par ses Parens & ses Amis, qu'elle étoit déja résoluë, même avant que d'avoir été rapportée : Que je protestois contre cette résolution, comme absolument contraire aux intérêts de Sa Majesté : Que j'en demandois Acte au Greffier, pour l'envoyer enregistrer au Parlement ; afin que cette Piéce pût servir un

1610. jour au Roi à connoître la mauvaise conduite de son Conseil, après la mort du Roi son Prédécesseur (9).

Ces derniers mots, quoiqu'assûrément des plus forts, ne firent que suspendre pour le moment la Délibération à laquelle on se préparoit. Tous baisserent les yeux : pas un ne repliqua. Le Chancelier seul, sans se montrer ému, dit au Rapporteur : » Prenez d'autres Papiers, & parlez d'autres af-
» faires, qui soient plus du goût de tout le monde : celle-cy
» trouvera son temps, lorsque les aigreurs & les animosités

(9) Tout ce récit s'accorde avec ce qu'on lit dans l'Histoire de la Mere & du Fils. » Il continua (le » Duc de Sully) dit cet Historien, » depuis le retour du Sacre, l'exerci- » ce de sa Charge, environ quinze » jours ou trois semaines : après le- » quel temps, le Differend des Suisses » de Lyon, dont j'ai déja parlé, se » renouvella, sur ce que Villeroi » vouloit en assûrer le payement sur » la Recette Générale dudit lieu. Le » Duc de Sully s'aigrit tellement sur » cette affaire, que non-content de » soûtenir qu'il n'étoit pas raisonna- » ble de charger le Roi d'une telle » dépense, les habitans de Lyon pou- » vant faire la garde, comme ils » avoient toujours accoûtumé ; il se » prit au Chancelier, qui favorisoit » Villeroi, & lui dit qu'ils s'enten- » doient ensemble à la ruine des Af- » faires du Roi. Comme cette offense » étoit commune avec tous ces Mi- » nistres, ils s'accorderent tous de » ruiner ce Personnage, dont l'hu- » meur ne pouvoit être adoucie. « Cet Ecrivain rapporte ensuite les démarches qui furent faites, pour lier les Ministres avec M. le Comte de Soissons, le Marquis d'Ancre, le Marquis de Cœuvres & autres, contre le Duc de Sully. Je cite à dessein cet Auteur, l'un des ennemis de M. de Sully ; afin qu'on sente mieux la vérité de tout ce que dit ce dernier, Qu'il eût pû se conserver en place, en donnant les mains à toutes les Opérations du nouveau Conseil : & que sa fermeté seule à soûtenir la justice, l'interêt de l'Etat, & la forme de gouverner du feu Roi, fut la cause de sa disgrace. Au-reste, toutes les personnes judicieuses n'ont pas porté sur cette intégrité, le même jugement que l'Historien dont je parle ; au suffrage duquel, tous les ennemis de ce Ministre ont joint le leur. On voit dans le Mercure François, *Adjonction à l'année* 1610. *pag. 9.* un discours entier sur ce sujet, qui le justifie d'une maniere bien glorieuse pour lui. Voici encore ce qu'on lit dans les *Memoires de Villeroi. Tome* 3. *pag.* 259. » Ce changement de » visage, que ledit Sieur de Sully a » donné à la France nécessiteuse, la » rendant opulente par son ménage » & industrie, témoigne assez sa suf- » fisance. Ces remontrances qu'il » faisoit aux volontés du Roi, & ses » résistances à tous les Grands, dé- » montrent sa vertu : & s'étant » maintenu entre tant d'ennemis, » sans ployer sous la crainte & sous » leurs menaces, il a fait voir quelle » est sa prudence & quel est son cou- » rage. Ses envieux mêmes disent » que lui seul est plus utile au Pu- » blic, & sçait mieux les affaires, » que tous les autres ensemble : & » pourvû qu'il veuille relâcher un » peu de sa trop aigre procédure, ce » sera un digne serviteur à Votre » Majesté. Il ne tient point à lui, » encore que l'on tâche à le reculer » des Affaires, qu'il ne dise librement » ce qu'il pense du peu de respect » que l'on porte à la mémoire du dé- » funt Roi, & du peu d'état que l'on » fait de notre jeune Prince, &c. « Voyez aussi le Discours manuscrit, que nous avons cité dans la Préface de cet Ouvrage.

„ feront adoucies, comme il arrive ordinairement dans les
„ chofes les plus conteſtées : il ne faut que prendre patience. «
Le Rapporteur obéït. On agita d'autres Queſtions ; & celle-
cy ne parut dans le Conſeil, pour y être décidée en faveur
de D'Alincourt, que lorſque je m'en fus banni moi-même :
ce qui arriva ſi peu de temps après, qu'on peut dire que c'eſt
par ce coup de vigueur que je finis ma carriere.

A toutes ſortes d'égards, il ne me reſtoit plus d'autre parti
à prendre. J'avois ſuffiſamment juſtifié aux yeux de toute la
France, que ce n'étoit point faute de ſoins & d'efforts de
ma part, que le déſordre & le renverſement avoient abſolument pris le deſſus dans toutes les Affaires : Elles étoient
au point, que rien de tout ce que j'avois pu faire, n'étoit capable de les rétablir : c'eſt de quoi perſonne ne doutoit. Je
m'ennuyois moi-même d'y travailler ſans fruit, & de ne recueillir pour prix de mes travaux & de mes bonnes intentions, que la haine des perſonnes, que je devois regarder
comme les plus intéreſſées à me ſeconder. Conchine n'employoit ſa faveur, les Princes du Sang leur autorité, le reſte
des Perſonnes en place leur crédit, qu'à me rendre odieux.
Je ne voyois que des déboires à eſſuyer pour l'avenir. Toutes mes actions, mes paroles, & mon ſilence même, dépo-
ſoient contre des perſonnes, qui ne ſentoient intérieurement
que trop la juſtice de ces reproches. Ma Charge de Surintendant étoit devenuë l'objet de la convoitiſe des deux Princes du Sang, auxquels on faiſoit eſpérer de l'obtenir, dès
qu'une fois je ſerois chaſſé de la Cour. En y demeurant trop
long-temps, je pouvois courir le riſque de me voir enlever
toutes les autres par un coup violent. Ce que j'avois d'Amis
ſincères & inſtruits, me donnoient ſans ceſſe là-deſſus des
avis, qui devoient l'emporter ſur les ſollicitations de quelques Parens, qui ſe livroient aux ſentimens d'une tendreſſe
aveugle & intéreſſée. Je réſolus donc de ne plus différer
d'un ſeul moment, à me défaire honorablement de mes
Charges de Surintendant des Finances & de Gouverneur de
la Baſtille, qui étoient les plus convoitées, parce que par
elles on diſpoſoit des revenus & des tréſors du Roi ; & d'a-
cheter par ce ſacrifice, qui avoit encore quelque choſe de
volontaire, la confirmation de mes autres Dignités (10),

(10) Voici les Titres dont M. de Sully ſe qualifioit alors : Maximilien de

dont il n'étoit pas au pouvoir de mes ennemis de me dépouiller ; sur-tout en prenant la précaution de leur ôter pour toujours la vuë d'un objet capable de ranimer leur haine, par l'effet d'une jalousie inévitable : Car pour n'en pas faire à deux fois, je me fixai dans la résolution, en abandonnant toutes les Affaires, d'abandonner en-même-temps la Cour, & Paris même.

C'est ce que je travaillai à éxécuter, si-tôt que je vis commencer l'année 1611. J'abrégerai tout ce détail, qui pourroit être assez long. La Reine parut vouloir encore combattre ma résolution, mais seulement pour la forme. Voici la Lettre qu'elle m'écrivit à ce sujet : » Mon Cousin, J'ai enten-
» du avec déplaisir le dessein que vous témoignez avoir, de
» vous décharger du soin des Affaires du Roi Monsieur mon
» Fils & sur-tout pour ce qui regarde les Finances ; contre
» l'espérance que j'avois conçuë, que vous continueriez à
» bien servir en cette Charge, comme vous aviez fait du
» temps du feu Roi Monseigneur. Je vous prie de bien pen-
» ser à ce dessein, avant que de l'éxécuter ; & si cela arrive,
» de me faire sçavoir votre résolution, afin que je puisse
» prendre la mienne. Sur ce, je prie Dieu, mon Cousin, qu'il
» vous ait en sa digne garde. A Paris ce vingt-quatriéme
» Janvier 1611. « Ma Réponse à cette Lettre ayant été telle que vrai-semblablement la Reine s'attendoit qu'elle seroit, deux jours après, c'est-à-dire, le 26 Janvier (11), Bullion vint m'apporter les Brevets de décharge, pour mes deux

---

Béthune, Chevalier, Duc de Sully, Pair de France, Prince Souverain de Henrichemont & de Boisbelle, Marquis de Rosni, Comte de Dourdan, Sire d'Orval, Montrond & Saint-Amand, Baron d'Espineuil, Bruyeres-le-chastel, Villebon, La-Chapelle, Novion, Baugy & Bontin, Conseiller du Roi en tous ses Conseils, Capitaine-Lieutenant de deux cens Hommes-d'armes d'ordonnance du Roi, sous le titre de la Reine, Grand-Maître & Capitaine-Géneral de l'Artillerie, Grand-Voyer de France, Surintendant des Finances, Fortifications & Bâtimens du Roi, Gouverneur & Lieutenant-Général pour Sa Majesté en Poitou, Châtelleraudois & Laudunois, Gouverneur de Mante & de Gergeau, & Capitaine du Château de la Bastille.

(11) Voici quelques jugemens sur cet évenement, bien differens les uns des autres. « L'année 1611. com-
» mencera par l'éloignement de M.
» de Sully, lequel, par l'instance &
» la brigue des deux Princes du Sang,
» fut reculé des Affaires. On lui ôta
» la Surintendance des Finances &
» la garde du Trésor-Royal : Quant
» à la Bastille, la Reine la prit, & la
» donna en garde à M. de Château-
» neuf (il faut lire Châteauvieux).
» On fit trois Directeurs pour manier
» les Finances, qui furent MM. de
» Châteauneuf, President de-Thou

LIVRE VINGT-NEUVIEME.

Charges de Surintendant des Finances & de Capitaine de la Bastille, dans la forme la plus authentique, & en-même-temps la plus avantageuse pour moi. Sa Majesté y déclare, Que ce n'est qu'après des supplications réïterées de ma part, qu'elle

1611.

» & Jeannin: Mais à ce dernier, on y
» ajoûta la Charge de Contrôleur-
» Géneral des Finances: ce qui lui
» en donna l'entier maniment, à
» l'exclusion des autres, qui asi-
» stoient seulement à la Direction. «
Mem. de Bassomp. tom. 1. pag. 308.
  » Le 24 de ce mois (Janvier), M.
» de Sully hors l'Arsenal. Bruit, qu'il
» a le Brevet expédié d'un Etat de
» Maréchal-de-France, avec tant
» de mille écus de récompense. Se
» démet volontairement de l'admi-
» nistration des Finances, *tanquam è
» speculo prævidens tempestatem futuram.* «
Journal de l'Etoile, pag. 256.
  » M. le Prince & M. le Comte de
» Soissons en parlerent les premiers
» à la Reine, les Ministres s'ouvri-
» rent, & le Marquis d'Ancre lui
» donna le dernier coup. Ainsi il se
» vit contraint de se retirer, au com-
» mencement de Fevrier. &c. « *Hist.
de la Mere & du Fils, tom. 1. pag.* 235.
  » Les uns ont écrit que le Duc
» de Sully s'étoit démis volontaire-
» ment, peu après l'accord de MM.
» les Comte de Soissons & Duc de
» Guise, entre les mains de la Reine,
» tant de la Bastille, que de sa Char-
» ge de Superintendant des Finan-
» ces. Aucuns disent qu'offrant tout
» ce qu'il possedoit à la Reine, il
» fut pris au mot. D'autres en ont
» parlé diversement: Et lui, dit le
» contraire, en cette Lettre adressée
» à la Reine, & qui fut lors impri-
» mée. « *Merc. Fr. ann.* 1611. Ensuite est rapportée la Lettre écrite par
M. de Sully à la Reine, qui ne se
trouve point dans les Memoires de
Sully. Les Memoires de la Régence
de Marie de Medicis, *tom.* 1 *pag.* 57.
disent de même, que ce fut le Duc
de Sully qui sollicita sa démission,
& que la Reine eut beaucoup de peine à la lui accorder.
  Il y a apparemment quelque chose
de vrai dans l'une & l'autre de ces deux opinions: C'est-à-dire, que M.
de Sully auroit sans doute consenti
fort-volontiers à garder sa Place;
pourvû que c'eût été avec la même
autorité, quoique ce n'eût jamais
été avec le même agrément, que sous
le feu Roi: mais que les efforts qu'il
fit pour cela, aliénerent de lui la Reine, les Grands & les Ministres, &
l'en dégoûterent lui-même, lorsqu'il
vit qu'il y travailloit inutilement.
Le récit de l'Historien Matthieu n'a
rien que de conforme à cette idée,
& s'accorde en-même-temps avec
l'énoncé de nos Memoires. » Le Duc
» de Sully, dit-il, reconnut bien
» après la mort de Henry le Grand,
» qu'il ne pouvoit être en ce nou-
» veau Règne, ce qu'il avoit été
» au précedent; & que l'inimitié
» de M. le Comte de Soissons pour-
» seroit à sa ruine. Comme on lui
» avoit déja ôté la connoissance
» des Finances: la Reine fut con-
» seillée de lui ôter la Bastille. On
» trouvoit cela si hardi, que l'on di-
» soit que Henry le Grand ne l'eût
» pas fait; de crainte que ceux de
» sa Religion ne s'en ressentissent.
» Elle ne trouva toutefois que de
» l'obéïssance au Commandement
» qu'elle lui fit, de remettre cette
» Place à Châteauvieux, son Che-
» valier-d'honneur. S'il en eût fait
» quelque difficulté, quelques Grands
» de la Cour, qui craignoient l'exem-
» ple de la constance, eussent rendu
» cette remise plus difficile. Comme
» il fut dépouillé de cette Place, il
» reconnut le préjudice de cette fa-
» cilité; & demanda congé à la Rei-
» ne pour s'en aller à Rosny, disant
» qu'il n'y demeureroit que trois
» jours. Quand il y fut; ceux de sa
» Religion lui dirent qu'il ne devoit
» plus retourner à la Cour, où il
» avoit été si maltraité. Sa Femme
» & son Frere le conjurerent au-con-
» traire; & il y revint: mais ceux

1611. a accepté ma démiſſion : & qu'elle entend que je ne puiſſe dans la ſuite être recherché ni inquieté, ſous quelque prétexte que ce puiſſe être, ſur le fait de ces deux Charges.

A ces Brevets en fut joint un autre, daté du lendemain, 27 Janvier, par lequel Sa Majeſté, en conſidération des ſervices que j'ai rendus au feu Roi pendant une longue ſuite d'années, dont elle fait une mention extrêmement honorable, m'accorde un don de trois cens mille livres, à prendre cette année ſur les deniers de ſon Epargne, & francs du cinquiéme & dixiéme denier : droit attribué à l'Ordre du Saint-Eſprit, dont elle veut bien m'exempter. Les autres Lettres écrites les jours ſuivans par leurs Majeſtés, ſont, ou des ordres de remettre le Château de la Baſtille au Sieur de Chateau-vieux, choiſi par elle pour y commander en qualité de Lieutenant de Sa Majeſté ; ou des décharges de quelques Pierreries de la Couronne, qui m'avoient été remiſes entre les mains ; conſiſtant d'une part, en un Bijou, appellé la Licorne, & quelques autres Bagues & Pierres, pour leſquelles Puget étoit porteur d'une Promeſſe de dix mille livres de ma main, qu'il me rendit ; & de l'autre part, dans les trois gros Rubis de la Couronne, dont j'avois donné mon Récepiſſé à la Demoiſelle Le-Grand, en les retirant de ſes mains, où ils avoient été engagés.

J'employai le reſte du temps en arrangemens & diſpoſitions domeſtiques, qui n'ont rien d'intéreſſant ; excepté peut-être ce qui regarde les conſeils que je donnai à mes Sécretaires. J'en avois ordinairement ſix en chef, tant pour mes quatre principales Charges, que pour les Affaires extraordinaires qui me ſurvenoient à la Cour : & il étoit néceſſaire que j'euſſe encore pluſieurs autres Clercs, ou Copiſtes, travaillant

» qui n'avoient pas été de cet avis, s'éloignerent de lui ; eſtimant que » c'étoit peu de généroſité, de ne pas » témoigner plus de reſſentiment de » cette défaveur. La Reine le reçut » de bon œil : mais M. le Comte de » Soiſſons le fit éloigner entierement » de toutes les Affaires, dont il avoit » eu tant de connoiſſance ſous le re-» gne de Henry le Grand. Se voyant » ainſi déchu & de créance & d'Em-» ploi, il s'en alla à Sully ; & ne s'y » tenant pas aſſez aſſûré, il paſſa en » Bourbonnois. « Cet Ecrivain ajoûte, Qu'un des principaux motifs qui faiſoient tout tenter aux Proteſtans pour le jetter dans le mécontentement, étoit l'envie qu'ils avoient de profiter de ſes grands biens, pour l'intérêt de la Cauſe commune : Mais qu'il ſe rendit au ſage conſeil que lui donna La-Vallée, ce Lieutenant-Général de l'Artillerie, dont il a été parlé, de ſe tenir retiré chez lui, ſans ſe mêler d'aucune des brouilleries qui ſurvinrent bientôt. *Ibid. pag.* 22 (13) » Bien

LIVRE VINGT-NEUVIEME. 337

travaillant fous eux : Je ne parle ici que de ces principaux
Employés, dont l'intelligence & l'affiduité avoient mérité
que je leur donnaffe part aux Affaires importantes, & quelquefois ma confiance dans les plus délicates. J'avois accordé une protection particuliere aux quatre Freres Arnauds. L'aîné de tous mourut jeune & avant le Roi. J'aimai affez le fecond, pour le faire, de mon fimple Sécretaire, Confeillerd'Etat & Intendant des Finances. Le troifiéme prit le parti des Armes, & devint Meftre-de-Camp d'un Régiment de Cavalerie : & je fis prendre au dernier une Charge de Tréforier-de-France, & celle de Tréforier de la Grande-Voyerie. Tous les autres avoient été partagés à proportion : & je crois qu'on ne m'accufera pas d'avoir péché contre le principe naturel, qui ne fouffre pas que l'attachement qu'ont pour nous, ou fi l'on veut pour notre Place, ces fortes de perfonnes, foit fruftré de la récompenfe que nous fommes en état de leur procurer, fuivant leurs talens & leur mérite. Duret devint Tréforier de France, Préfident de la Chambre-des-Comptes, & Contrôleur-Général des Finances ; Renouard, Correcteur-des-Comptes ; La-Clavelle, Intendant des Ponts & Chauffées ; Du Maurier, qui avoit quitté le Duc de Bouillon pour moi, fut felon fon goût & fon talent, employé dans les Affaires publiques : il a été Ambaffadeur en Hollande ; Murat, Tréforier de l'Extraordinaire des Guerres ; La-Font, dont j'ai plufieurs fois fait mention dans ces Mémoires, s'attira la confiance du feu Roi, qui entr'autres bienfaits le fit l'Intendant de fes Meubles ; Gillot, Secretaire de l'Artillerie ; Le Gendre, &c. Toutes ces perfonnes fentirent avec raifon, combien ils alloient perdre à ma retraite ; & il n'y eût ni prieres ni moyens qu'ils n'employaffent pour rompre ma réfolution. Je rends Juftice à la plufpart d'eux, qu'en agiffant ainfi, ils crurent fervir mon intérêt, du-moins autant que le leur. Pour les deux Arnauds, l'aîné fur-tout, & quelques autres, mon deffein les toucha médiocrement. Ils auroient même été bien fâchés que j'euffe changé de fentiment ; & ils furent cependant ceux de tous qui m'en firent les plus fortes inftances. Arnaud l'aîné joignit en cette occafion l'ingratitude, l'avarice & la fourberie. Auffi mal prévenu de la capacité de Jeannin dans les Finances, que plein de la fienne propre, il fut un de ceux

qui travailla le plus fortement auprès de Conchine, à lui faire donner une Charge, dont il se flatoit de garder tout l'essentiel pour lui.

Je lisois jusque dans le fond du cœur de ces personnes, des sentimens qu'ils s'imaginoient peut-être y tenir bien cachés : mais je me rendis maître d'un ressentiment, qui me parut trop bas pour m'y abaisser; & les prenant chacun séparément, je leur donnai le seul conseil, que la conjoncture présente & la connoissance de leurs dispositions, me firent juger véritablement utile à l'avancement de leur fortune. Je dis à l'aîné Arnaud, Qu'il avoit en main de quoi faire très-bien sa Cour à la Reine, par quantité d'excellens Mémoires sur plusieurs des Affaires de Finance les plus importantes, dont il étoit saisi : & qu'afin que ce sacrifice ne perdît rien de son prix, il falloit qu'il l'offrît par les mains de Madame de Conchine ; à laquelle je lui conseillois très-sérieusement, de faire en-même-temps celui de sa personne & de toutes ses volontés. Je renvoyai de-même, l'autre au Chancelier, à Villeroi, à Jeannin, & sur-tout à Conchine, l'unique Oracle qu'il avoit à consulter dans l'exercice de sa Charge; aussi bien que le Mestre-de-Camp lui-même ; & je crois que si le conseil étoit bon, avec cela il ne leur déplut pas. Duret, outre toutes ces mêmes personnes, pouvoit encore se servir utilement du Commandeur (12) & de Dollé : c'est à quoi je le fis songer. Du-Maurier n'étoit guére bien connu que de Villeroi : Avec cette protection, que je lui assûrai lui suffire, en la cultivant uniquement, & avec la science qu'il avoit des Affaires Etrangeres : jointe au talent de bien parler, & d'écrire encore mieux, je lui fis voir qu'il obtiendroit facilement de la Reine & du Favori, quelque Emploi honorable. Ce que j'ajoûtai de plus à Murat, qui étoit particuliérement responsable de sa conduite à ce Secretaire-d'Etat fut de lui recommander mes intérêts à la Cour, mais sobrement, & après qu'il en auroit obtenu la permission de Villeroi. La-Clavelle étoit un esprit délié & flateur : je lui garantis la réüssite de tout ce qu'il entreprendroit auprès des Ministres, & même de D'Escures, qui pouvoit plus que personne lui barrer son chemin dans les fonctions de sa Charge. La place de La-Font l'assujettissant par-

---

(12) Noel de Sillery, Frere du Chancelier.

ticuliérement à toutes les volontés de la Reine, ou pluftôt de la Conchine, il n'avoit qu'un confeil à fuivre, que je lui donnai. Celui que je donnai à Renouard, fut de ne chercher de recommandation dans fa Chambre, que le befoin où il pouvoit mettre tous fes Confreres de lui, par les qualités de fon efprit : Je le priai de joindre à cette occupation, celle de mes affaires domeftiques à Paris. J'affignai à Gillot fa place auprès de mon Fils, pour y tenir tout le détail de l'Artillerie dans le bon ordre où je le laiffois. Je donnai de même à tous les autres, les avis que je crus convenables à leur petite fortune : & je fis convenir ceux qui me parurent y apporter quelque répugnance, que j'avois eû égard furtout à la néceffité, qui les contraindroit tôt-ou-tard d'agir comme je leur avois prefcrit : Ce que j'accompagnai d'un compliment & d'un ordre obligeant, qui leur parurent fi bien partir du cœur, qu'ils fe rendirent à mes raifons : & aucun d'eux ne s'en eft repenti. Je ne voulus pas pour cela me paffer entiérement de Secretaires : Mais n'étant plus befoin pour cet Office, de gens en place, à un homme qui venoit de ceffer d'y être lui-même; je choifis deux hommes nouveaux, dont l'un des principaux foins dans un Cabinet défoccupé de toute Affaire d'Etat, furent les Mémoires que je donne ici.

Cela fait, & enfeveliffant pour jamais tout ce qu'un autre en ma place auroit pu former de défirs & d'efpérances, de regrets & de reffentimens, je dis un adieu éternel à la Cour, avec la même froideur, je puis le dire, qu'un homme pour lequel elle n'auroit pas été pendant fi long-temps un théatre de gloire & de bonheur (13). J'avois perdu

(13) » Bien que ce coup ne le prît » pas à l'imprévû, & qu'il le vît ve- » nir de loin, il ne put toutefois » compofer fon efprit; enforte qu'il » le reçut avec foibleffe. Il céda, par- » ce qu'il falloit obéïr; mais ce fut » avec plaintes : Et fur ce que la » Reine lui fit dire, qu'il lui avoit » plufieurs fois offert de fe démettre » de fes Charges ; il répondit qu'il » l'avoit fait, ne croyant pas qu'on » dût le prendre au mot. &c. « *Hift. de la Mere & du Fils, ibid. pag.* 131. Cet Ecrivain ajoûte plufieurs autres traits, avec le même mépris de M. de Sully : Mais aux raifons que nous avons déja apportées de récufer fon témoignage, il faut ajoûter que c'eft le feul qu'on voie qui en ait parlé en ces termes.

» Le Samedi 5. (Février) M. de » Sully fort de Paris; rend le Brevet » de cent mille écus. Madame de » Sully lui reproche fa hauteffe & fa » fierté, &c. « *Journ. de L'Etoile. Ibid. pag.* 257.

du même coup, un Roi mon bienfaiteur & mon appui, ma fortune, mes Amis & ma faveur. Cette perte coûte ordinairement à ceux qui la font, tant d'autres disgraces qu'elle ne leur paroît à la fin que la moindre partie de leur malheur. Si ce surcroît d'infortune est presque toujours, comme on n'en peut douter, l'effet des inimitiés particulieres ; personne ne paroissoit, plus exposé que moi, à les subir. Cependant on trouvera dans l'Histoire peu d'exemples de Ministres & de Favoris disgraciés, aussi menagés, & même aussi honorés & respectés dans leur chûte : C'est que quelquefois la faveur publique se met en la place de la faveur particuliere, pour soûtenir ceux qui ne sont que malheureux. Lorsqu'elle ne forme pas un contre-poids assez fort, pour faire pencher la balance de leur côté ; c'est que ces prétendus opprimés ont toujours quelques endroits plus foibles, par-où on les attaque, & par-où ils ont de la peine à se défendre : car la probité & l'innocence reconnuës, triomphent toujours de l'envie, lors même que l'envie paroît triompher d'elles. Mes ennemis (car j'ose me faire l'application de cette Maxime) n'assouvirent donc que la plus petite partie de leur rage contre moi ; parceque leur victoire étoit un de ces succès honteux, qu'on croit devoir cacher, & dont la jouïssance n'est pas tout-à fait sans remords : Et leur contentement n'empêcha aucun des bons François, à qui toutes les occasions de s'acquiter envers la mémoire du feu Roi étoient précieuses, de combler d'honneur un homme, qui ne songeoit qu'à gagner obscurement le lieu de son exil. Je fus accompagné en sortant de Paris, de plus de trois cens Chevaux.

Ce n'étoit pas pendant que je serois présent & en situation de me défendre, que je m'attendois à avoir à repousser les principaux traits que mes ennemis me réservoient. L'envie est une Passion, que la lâcheté ne caractérise guére moins que la noirceur. Je m'étois toujours douté qu'ils profiteroient avec avidité, des avantages que donne l'absence. En effet, je n'avois encore fait à Sully qu'un séjour de quelques jours, qu'il me revint de toutes parts, que la Cour se remplissoit de bruits, qui tendoient non seulement à donner la plus sinistre impression de ma conduite dans les Affaires publiques; mais encore à la rendre assez suspecte pour donner du-moins quelques couleurs aux poursuites criminelles, dont la honte & la peine étoient tout ce que mes ennemis souhaitoient de me faire essuyer. (14) Je pris dans cette occasion, le parti qu'il me semble que tout homme sage doit prendre; c'est celui de désarmer l'envie par la voie la plus courte, en empêchant par de fréquentes Lettres, l'esprit de Leurs Majestés de se prévenir à mon désavantage.

Dans la premiere que j'écrivis séparément au Roi & à la Reine, je me plaignis des mauvais desseins qu'on formoit contre moi. J'offris de justifier ma conduite par toutes sortes de moyens, & même s'il le falloit, par des services nouveaux. Et après les assûrances les plus fortes d'obéïssance, de fidélité & d'innocence, je représentai plus hardiment à Leurs Majestés, Que si elles en étoient aussi persuadées, qu'elles m'avoient donné sujet de le croire, je m'en appercevrois aux ordres qu'elles auroient la bonté de donner, pour l'accomplissement des differentes promesses qui m'avoient été faites, soit par rapport à mes Charges, soit au sujet des gratifications que le Roi m'avoit accordées. C'est que le premier artifice de mes adversaires avoit été d'en differer & ensuite de chercher à en empêcher tout-à-fait l'éxécution : C'étoient autant de preuves, qui déposoient trop fortement en ma faveur, pour oser rien entreprendre, tant qu'elles subsisteroient : & cette même raison m'engageoit à en presser l'effet.

La Réponse que me fit la Reine, fut telle que je pouvois la souhaiter. Elle m'y marquoit, Que mes services passés & mes dispositions présentes, étoient si connus du Roi & d'elle, que rien ne feroit capable de donner la plus légere atteinte à leurs sentimens à mon égard : Qu'elle ne s'étoit pas encore apperçue que personne cherchât à les altérer : mais qu'en tout cas, on n'y feroit que de vains efforts. Elle m'assûroit que ce n'étoit point par l'effet d'aucune mauvaise volonté,

---

(14) Sa retraite n'est pas plustôt faite, dit l'Histoire de la Mere & du Fils, *ibid. pag.* 128, que plusieurs se mettent en devoir de poursuivre la victoire contre lui, pour avoir ses dépouilles... Mais enfin la Reine changea d'avis, avec grand sujet; n'étant pas raisonnable de maltraiter un Personnage, dont les services avoient été avantageux à la France, sans autre prétexte que parce qu'étant utile au Public, il l'avoit été à lui-même.

mais du hazard tout feul, qu'il s'étoit rencontré quelques petites difficultés dans l'éxécution des conventions entre Sa Majefté & moi : mais qu'elles feroient fidellement obfervées. Cette Lettre eft datée du 7 Mars de cette année.

Je ne tardai pas à en renvoyer une beaucoup plus longue à la Régente, dont je ne me crois point difpenfé de rendre compte ; parce que ce qui y eft énoncé fur mes difpofitions intérieures, eft véritablement conforme à l'état où je me trouvois, à la fortie du tumulte des Affaires. Je commençois par y rappeller à cette Princeffe la profeffion ouverte que j'avois toujours faite d'attachement à fa perfonne, & les témoignages que j'en avois donnés, depuis & même avant fon Mariage : fur quoi je lui particularifois certaines circonftances, où je m'étois fait reprocher par le feu Roi fon Epoux, de la foûtenir contre lui dans des chofes, où je croyois travailler également pour tous les deux : Ce qui me conduifoit à un éloge des bonnes qualités de la Régente, fur lefquelles je fondois l'opinion où je paroiffois être dans cette Lettre, qu'elle n'avoit aucune part aux perfécutions qu'on me fufcitoit à la Cour.

Cet article, pour lequel feul toute la Lettre étoit faite, y étoit traité fort-au-long. Je m'y montrois parfaitement inftruit, foit des difcours défavantageux auxquels on donnoit cours contre moi à la Cour, foit des obftacles qu'on apportoit fans ceffe à terminer mes affaires particulieres, foit enfin des paffe-droits qu'on fe propofoit de me faire, dans les Charges dont on n'avoit pu me dépouiller. Je prenois droit des bonnes intentions, où je fuppofois qu'étoit toujours cette Princeffe à mon égard, fur les paroles & les affûrances réïterées qu'elle m'en avoit données ; je prenois dis-je droit de tout cela, de lui porter mes plaintes contre ceux qui fçavoient rendre inutile la bonne volonté de Leurs Majeftés pour moi. J'y infiftois particulierement, fur le bon traitement que devoit me procurer ma facilité à me rendre à des arrangemens, dans lefquels j'avois facrifié mon intérêt au bien de la paix ; lorfqu'il m'eût été d'autant plus facile de difputer le terrein, que la connoiffance prefque publique des motifs qui faifoient agir mes adverfaires, me donnoit toutes fortes d'avantages fur eux. J'expofois ici fommairement les principaux points de ma geftion, & une

LIVRE VINGT-NEUVIEME. 343

partie des biens que mon travail & ma peine avoient procurés au Royaume, jusqu'en l'année 1610, où j'avois vû renverser les mesures que j'avois prises pour tenir les choses dans leur premier état. Je laissois au temps à montrer auxquels de mes ennemis ou de moi, le Royaume auroit les plus grandes obligations.

Je ne négligeois pas d'entrer à cette occasion dans quelque détail, au sujet de ce que mes ennemis répandoient de plus specieux contre moi. Je montrois combien c'étoit un langage ridicule dans leur bouche, que toutes leurs déclamations contre les richesses que j'avois acquises pendant ma faveur: eux, qui secrettement me taxoient d'avoir été assez mal-habile homme, pour avoir peu profité de la plus belle occasion du monde, & qui se proposoient bien de ne pas suivre mon exemple. Les bornes d'une Lettre ne permettant pas une preuve complette, je me réduisois sur ce point, à faire remarquer à la Régente, Qu'il m'étoit aisé de prouver que ces biens qu'on me reprochoit, n'étoient que l'effet, ou d'un bon ménage, ou des libéralités d'un Maître, trop généreux pour laisser sans récompense les peines d'un Ministre, livré infatigablement à un travail, qu'il n'étoit pas ordinaire de voir prendre à des Surintendans (15): Qu'il suffisoit que je n'eusse rien reçu que de mon Maître, & qu'il ne m'eût formellement obligé d'accepter: ce que je pouvois justifier aussi clairement, que l'emploi que j'en avois fait: Que je défiois ceux qui alloient me succéder, d'en faire un jour autant: Qu'au-reste je pouvois dire, sans affecter ni vanité, ni dépit, que je regardois comme véritablement fait à l'Etat, tout le mal qu'ils avoient crû me faire aujourd'hui: Que je n'avois jamais desiré de continuer à conduire les Finances du Royaume, que pour le bien des Finances elles-mêmes: Que devant avoir pour juges de mes actions Leurs Majestés, c'est-à-dire, des personnes équitables, & disposées à ne me fermer contre mes enne-

1611.

---

(15) Il se retira » chargé de biens, » que le temps auquel il avoit servi, » lui avoient acquis.. On peut dire » avec vérité, que les premieres années de ses services furent excellentes: Et si quelqu'un ajoûte que » les dernieres furent moins austeres; » il ne sçauroit soûtenir qu'elles lui » ayent été utiles, sans l'être beaucoup à l'Etat. « *Hist. de la Mere & du Fils*, *ibid. pag.* 128. Un seul témoignage d'un ennemi, tel qu'est l'Auteur de cette Histoire, en vaut mille autres.

mis, aucune des voies de la justice ; le repos dont j'allois jouir, cessoit de me présenter rien de dangéreux : Que j'avois au-contraire sujet de le trouver d'autant plus doux, qu'il commençoit à convenir à mon âge, & qu'il ne seroit troublé par aucun reproche, ni par aucun remords.

Sur la fin de cette Lettre, qui étoit remplie par intervalles, d'offres de services, d'assûrances de fidélité, & de toutes les marques de respect & d'obéïssance que je devois à la Reine, je lui marquois, Que je ne voulois point partir pour mon Gouvernement, où des affaires m'appelloient, sans l'en avertir & prendre ses ordres & que si elle croyoit que je pusse lui être utile dans l'Assemblée des Protestans à Châtelleraut, où j'étois invité, je m'y trouverois avec les mêmes dispositions à la servir, que j'y avois servi le feu Roi. Telle étoit à-peu-près la teneur de cette Lettre, qui est fort-longue ; & à laquelle la Régente répondit par une autre du 24 Avril, aussi à-peu-près dans les mêmes termes, qu'elle avoit répondu à la précédente. Elle me laissa libre d'aller en Poitou, où à l'Assemblée de la Religion, & de m'y comporter comme je le jugerois à-propos ; connoissant mieux que tout autre, ce sont ses paroles, combien je pouvois être utile au service du Roi, dans ces deux endroits.

Mais ce qui acheva de m'assûrer contre tous les revers, c'est que Sa Majesté voulant marquer publiquement, que tous les efforts de mes ennemis, loin de l'avoir fait changer de sentimens à mon égard, l'avoient confirmée de plus-en-plus dans les siens ; elle m'accorda une augmentation de pension considérable, dont le Brevet me fut expédié, quelque peu moins d'un mois après la date de sa dernière Lettre. Cette augmentation est de vingt-quatre mille livres : ensorte que tout compris, mes pensions monterent depuis ce temps-là, à quarante-huit mille quatre cens livres. Le Brevet portoit, Qu'elle avoit commencé à courir du premier Janvier de la présente année, quoiqu'il fût daté du 20 Mai : & que Sa Majesté avoit crû devoir me l'accorder, tant pour reconnoître les services que j'avois rendus au feu Roi, qui y étoient décorés des termes de grands, fidèles, agréables & recommandables, que pour me donner le moyen de les continuer encore.

Je ne me crois pas dispensé pour cela, de fournir ici la preuve

LIVRE VINGT-NEUVIEME. 345

1611.

preuve de celui des articles de la Lettre précédente, qui regarde mes biens. Un Surintendant des Finances, & tout Particulier qui a eu en maniment les deniers du Royaume, devient dès-là comptable de toutes ses actions au Public. Je voudrois même pouvoir lui rendre compte de mes plus secrets sentimens; parce que je me suis toujours étudié à les rendre tels, que leur connoissance, non-seulement ne donnât aucune prise contre moi, ce qui est d'obligation indispensable à tous les hommes; mais encore qu'ils pussent devenir en quelque sorte dignes de servir de modèle à ceux qui se trouveront après moi avoir les mêmes engagemens à remplir. Heureux, si je voyois lieu à espérer que ce modèle dût être un jour effacé par un autre plus parfait! Je vais donc, suivant le plan que j'ai commencé plus haut, continuer à donner une idée si précise de l'état de mes affaires domestiques, que tout le monde pourra se faire fort après cela, de les connoître comme moi-même. Afin même d'épargner à mes Lecteurs, la peine de rapprocher de trop loin la suite d'un calcul interrompu, & qu'ils puissent tout voir d'un coup d'œil, je ne ferai pas de difficulté de reprendre tout ce que je puis avoir répandu en differens endroits de ces Memoires, & de commencer par un Etat juste de tous mes biens, selon l'ordre du temps où me sont venuës les Charges, qui m'en ont donné la meilleure partie (16).

Je fus en premier lieu revêtu par Henry le Grand, dans le temps qu'il n'étoit encore que Roi de Navarre, de la Charge de son Chambellan Ordinaire, avec celle de Conseiller de Navarre; dont les Gages réünis étoient de deux mille livres. Celle de Conseiller-d'Etat, qu'y joignit ce Prince, devenu Roi de France, avoit pareille attribution; laquelle,

---

(16) Le Mémoire suivant est une réponse sans réplique a une calomnie répanduë contre le Duc de Sully, & qu'on trouve dans l'Histoire de la Mere & du Fils, *pag.* 130. exprimée en ces termes: »Qu'au-reste, »s'il avoit bien fait les affaires du »Roi en son administration, il n'a-»voit pas oublié les siennes: Ce qui »paroissoit d'autant plus clairement, »qu'étant entré avec six mille livres »de rente en sa Charge, il en sortoit »avec plus de cent cinquante mille »livres: ce qui l'avoit obligé à reti-»rer de la Chambre des Comptes la »déclaration de son bien, qu'il avoit »mise au Greffe, quand il entra dans »les Finances; afin qu'on n'eût pas de »quoi justifier par son propre seing, »qu'il eût tant profité des deniers du »Roi.»

Tome III. X x

avec une Pension de trois mille six-cens livres, pour laquelle je fus couché sur l'Etat, composa la somme de cinq mille six cens livres, dont mon revenu se trouva augmenté. Le produit de ma Compagnie d'Hommes-d'armes étoit de quatre mille livres. Le Roi m'ayant ensuite fait expédier deux Brevets; l'un, de Conseiller au Parlement, sans Gages; & l'autre, de Conseiller de ses Finances; l'état de mes Pensions fut augmenté à cette occasion, de trois mille six cens livres. Lorsque Sa Majesté jugea à propos de fixer les gratifications, pensions, dons, &c. quelle vouloit bien m'accorder comme Surintendant des Finances, à une somme qui demeurât toujours la même, & qui comprît tout en un seul article; cette somme, qui étoit de vingt mille écus, faisoit un surcroît de dix mille huit cens livres de revenu annuel pour moi. Joignons à cela les produits de toutes mes autres Charges & Dignités. La Charge de Grand-Voyer de France & Voyer Particulier de l'Isle-de-France, me rapportoit dix mille livres. Celle de Grand-Maître de l'Artillerie, compris gages, émolumens, profits & pensions y attachées, vingt-quatre mille livres. J'ai toujours renfermé sous un même article, le Gouvernement de Poitou, la Surintendance des Bâtimens, celle des Fortifications, Ports, &c. pour la somme de dix-huit mille livres. Les Gouvernemens de Mante & de Gergeau, douze mille livres. La Compagnie de-Gendarmes de la Reine, dont j'étois Capitaine-Lieutenant, cinq mille livres : & la Capitainerie de la Bastille, deux mille cens livres. Tous ces Articles rassemblés, composent la somme de quatre-vingt-dix-sept mille deux cens livres de revenu.

Voilà ce que j'avois déja marqué plus haut : & voici ce qu'il faut y joindre. Quarante-cinq mille livres de biens d'Eglise, dont Sa Sainteté elle-même trouvoit si peu mauvais que je jouisse, sous le nom emprunté de quelques Ecclésiastiques, qu'ordinairement elle en expédioit les Bulles *gratis*, lorsqu'elle sçavoit que les Abbayes dont on lui demandoit la Collation, étoient pour moi. Je ne perdis rien de ce revenu, lorsqu'il fut décidé que l'on retireroit tous les biens Ecclésiastiques des mains des Protestans; parce que les Bulles des Papes qui exprimoient cette disposition, permettoient aux Ecclésiastiques qui en étoient pourvus, d'en donner une récompense, qui excédoit quelquefois l'équivalent. Un second Article, est celui de mes biens propres, en fonds de terre & autres, que je crois estimer au juste, en les mettant à soixante mille livres de revenu. Ces deux dernieres sommes, jointes à celle de quatre-vingt-dix-sept mille deux cens livres, font un Total de deux cens deux mille deux cens livres, en quoi consistoit mon revenu annuel.

Je préviens l'éclaircissement qu'on pourroit me demander, sur l'Article de ces vingt mille écus en fonds de terre : & je demande qu'en premier lieu l'on se rappelle cette espèce d'accord, fait en 1601. entre le Roi & moi, par lequel ce Prince, qui ne me croyoit pas assez bien payé par mes gratifications & pensions ordinaires, de toutes les peines que je me donnois à son service ; & qui avoit peur aussi-bien que moi, que tout ce qu'il étoit porté à m'accorder de temps en temps, en présens & gratifications extraordinaires, ne tirât à conséquence pour la suite, par l'air de profusion qu'à cette manière de gratifier, & par la confusion qu'elle répand sur l'état de ceux qui la reçoivent ; fondit encore ses dons & gratifications extraordinaires, en une nouvelle somme, fixée à soixante mille livres d'extraordinaires tous les ans, qui me tinssent lieu de tout ce que je pouvois attendre de la seule bonté du Roi : dont il fut expédié des Lettres Patentes ; afin que cette donation, connuë de toute la France, ne pût point un jour m'être reprochée. J'ai joui pendant huit années de cette Gratification extraordinaire : ce qui fait un produit de quatre cens quatre-vingt mille livres ; dont je me suis servi, suivant l'intention de ce Prince, à faire les acquêts cy-après. J'ai fait le même usage d'une somme de cinq cens trente mille livres, provenant des quatre ou cinq articles suivans, de deniers que j'ai perçus, mais qui sont sujets à être remplacés : deux cens mille livres, du mariage de mon Fils : cent mille livres, des propres de mon Epouse : cent mille reçuës des mains de La-Borde : autant, de M. de Schomberg ; & trente mille, d'un don fait par Sa Majesté à mon Fils D'Orval (17).

(17) François de Béthune, qui a formé la branche des Comtes d'Orval, fut Chevalier des Ordres du Roi, Premier Ecuyer de la Reine Anne d'Autriche, Grand-Voyer de France, Surintendant des Bâtimens, Gouverneur de Saint-Maixant ; Mestre de Camp du Regiment de Picardie, Lieutenant Général des Armées du Roi. Après la

1611. Ces deux sommes, dis-je, qui réünies, font un million dix mille livres, furent placées par moi, ainsi qu'on va le voir.

J'achetai une moitié de la Terre de Rosny, deux cens dix mille livres. La Terre de Dourdan, que j'achetai de Sancy, qui la tenoit des Suisses, me coûta, outre l'argent que me devoit Sancy, cent mille livres, d'argent déboursé : Celle de Baugy, cent vingt mille livres. J'ai eu Sully du Duc de La-Trémouille, pour cent cinquante mille livres ; & Villebon, par Decret, pour cent mille. Les trois Contrats que j'ai faits avec le Duc de Nevers, sont de deux cens dix mille livres : sçavoir, Montrond, cent mille ; La-Chapelle, cinquante-six mille ; & Henrichemont, cinquante-quatre mille. Enfin, j'ai encore acquis de M. le Duc de Montpensier la Terre du Châtelet, pour soixante mille livres, celle de Culand, par Decret, quatre-vingt-huit mille ; & celle Des-Is en Beauce, soixante-quinze mille. Le Total de tous ces acquêts, qui est de onze cens dix-neuf mille livres, surpassant, comme on voit, celui des deux sommes de Recette cy-dessus, de cent neuf mille livres ; cette somme se trouvera à reprendre sur les Articles de Recette, qui seront mis cy-après : Car je veux, pour l'entiere satisfaction du Lecteur, pousser ce détail, jusqu'à lui exposer ce qu'il ne pourroit éxiger de moi, comme sortant en quelque maniere de l'objet que je traite ; je veux dire, les différentes sommes que j'ai touchées après la mort du Roi, en récompense de mes Charges, bien-faits du Roi régnant & autres effets : C'est pour cette raison que j'ai traité cy-dessus cet article d'une maniere si abregée. J'en rendrai

---

mort de César de Béthune, son Frere de Pere & de Mere, qui mourut sans avoir été marié, les biens & Seigneuries dont le Duc du Sully leur Pere avoit disposé en faveur de ses Enfans du second lit, comme nous le rapporterons bientôt, ayant été réünis sur sa tête ; ils furent érigés en Duché-Pairie, sous le nom de Béthune : & cela, en considération des grands services qu'il avoit rendus à l'Etat ; & particulièrement, pour avoir mis sur pied, à ses frais, un nombre considérable de Gens de guerre, Infanterie & Cavalerie, dans le besoin pressant qu'avoit Sa Majesté, alors en guerre avec les Espagnols, le Duc Charles de Lorraine, le Prince de Condé & autres Sujets rebelles : C'est en ces termes que s'expriment les Lettres de cette érection, données à Melun, au mois de Juin 1652. Le Duché de Sully a passé à cette Branche, en 1630, à la mort de Maximilien, cinquième Duc de Sully, dans la personne de Louis-Pierre-Maximilien de Béthune, Petit-fils de ce François, Duc d'Orval, auquel il a été adjugé par un Arrêt du Conseil des Dépêches, en en payant le prix à Armand de Béthune son Grand-oncle, Abbé, puis Comte d'Orval.

compte jufqu'au temps où je me déterminai à ne garder prefque plus rien de toutes les Charges que j'avois poffédées.

1611.

Les trois cens mille livres, dont Sa Majefté m'avoit expédié des Lettres-Patentes, étoient en même temps un don de ce Prince, & une efpèce de récompenfe de la Surintendance des Finances & du Gouvernement de la Baftille, que je réfignois entre fes mains. Il me fit prendre foixante mille livres, de ma Compagnie de Gendarmes de la Reine, dont je refufois deux cens mille livres. Je m'accommodai avec Fourcy de la Surintendance des Bâtimens, pour cinquante mille livres, qui fut le prix qu'y mit Sa Majefté : j'en refufois le double. On m'offrit trois cens mille livres, de mon Gouvernement de Poitou : je le cédai à Rohan, qui en avoit obtenu l'agrément du Roi, pour deux cens mille. Je perdis de la même maniere cent mille livres, fur les Charges de Grand-Voyer & de Capitaine héréditaire des Canaux, Navigations des Rivieres, &c : les Tréforiers de France ne m'en payerent que cent cinquante mille livres. Sa Majefté me fit auffi rembourfer cent cinquante mille livres, pour la Terre de Dourdan ; & j'accommodai encore M. le Prince, de la Terre de Villebon, dont il me promit cent cinquante mille livres, qu'il m'a effectivement payées depuis. Je deftinois ces deux dernieres fommes pour la dot de ma jeune Fille, plus difficile à placer que fon aînée. Je joins à ces fommes, celles qui me revinrent de mes Bénéfices : car je crus qu'il ne m'étoit pas moins permis d'en tirer de l'argent, qu'aux Eccléfiaftiques qui les achetoient, de m'en donner, & au Pape, de le permettre, comme il faifoit par fes Bulles. Je pris donc fans façon une Indulgence de quatre-vingt mille livres, d'un Abbé qui me fut adreffé de la part de M. le Prince, pour mon Abbaye de Coulon. Béthune, qui étoit auffi bien que fon Fils, le plus fcrupuleux Catholique Romain que j'aye jamais connu, à l'ombre des Bulles, me retira l'Abbaye du Jard, pour quarante mille livres : un Abbé, des Amis du Duc de Rohan, celle de l'Or à Poitiers, pour foixante-dix mille ; & l'Argentier Vaucemain, ou plutôt fon Fils, celle de L'Abfie, pour cinquante mille livres. Toutes ces fommes font enfemble un Total de treize cens mille livres, Mettons de fuite l'emploi que j'en ai fait.

1611. J'achetai de M. de Lavardin la Terre de Montricoux, & celle de Cauſſade, du Sieur Palliers, pour cent ſoixante mille livres, les deux. Ma Fille cadette (18) ayant, comme je l'ai dit, beſoin d'un peu d'avantage, pour trouver un parti ſortable, à cauſe de quelques incommodités; je lui donnai, en la mariant à M. de Mirepoix, quatre cens cinquante mille livres, en eſpèces. Les autres frais, meubles, & ſur-tout les pierreries, que me coûta ce Mariage, forment encore un article de plus de cinquante mille livres : je mets pour tout cinq cens mille livres : Et je dirai en paſſant, ce que tout le monde a ſçu d'ailleurs, qu'une tendreſſe paternelle, qui ſe déclaroit par des marques ſi peu équivoques, n'a été payée de la part de la Fille, comme de celle du Gendre, que d'une inſigne ingratitude. J'ai prêté à quelques Villes, & principalement à ceux de La-Rochelle, plus de deux cens cinquante mille livres, que le Siége & la priſe de cette Ville, & les guerres qui ſe ſont élevées contre la Religion, m'ont preſque fait perdre entièrement. Ce que j'ai prêté à différentes fois au Marquis de Roſny, ou ce que j'ai payé de dettes pour lui, monte au moins à trois cens mille livres. Les revenus que je me ſuis faits en Languedoc & en Guyenne, par les Greffes & les Rentes que j'y ai achetés, m'ont coûté de débourſé, un principal de quatre cens mille livres : & la maiſon que j'ai achetée dans Paris, deux cens vingt mille livres. Enfin, en calculant mes Mémoires de dépenſe en Bâtimens & autres Ouvrages, en meubles, en frais de voyage, & autres de cette eſpèce, je trouve un capital de ſept cens mille livres. La ſomme de tous ces articles compoſe deux millions cinq cens trente mille livres : ce qui la rend ſupérieure au Total de la Recette qui la précede, de douze cens trente mille livres. Les articles ſuivans indiqueront d'où étoit provenu ce ſurplus.

On a pu remarquer preſque dès le commencement de ces Mémoires, que mon application à l'œconomie domeſtique, me la fit mettre en uſage juſque dans une partie, qu'on en croit naturellement exceptée; je veux dire, dans les profits militaires qu'on fait, ſoit ſur des Priſonniers, ſoit de la rançon ou du ſac des Villes priſes d'aſſaut, & dans d'autres oc-

_____

(18) Louiſe de Béthune : Elle épouſa le 29 Mai 1620, Alexandre de Lévis, Marquis de Mirepoix.

LIVRE VINGT-NEUVIEME. 351

1611.

cafions de cette nature, qu'il n'eft pas befoin de détailler ici. A la Paix de Vervins, je trouvai que tous ces profits, fi petits en détail, qu'on ne daigne prefque pas y faire attention, faifoient pourtant un Total de cent mille livres, ou environ. La Guerre de Savoie vint enfuite, qui me valut le double, en Canons, Armes, munitions, &c. pris fur les Ennemis, pour ma portion comme Grand-Maître de l'Artillerie. Voilà donc premierement, trois cens mille livres de cette part. J'en trouve autant en raffemblant le prix de tous les préfens qui m'ont été faits en différentes occafions : Je ne parle que de ceux que j'ai reçus comme perfonne publique, & dans des occurrences où il ne m'eût pas été féant de les refufer : comme, dans mes Ambaffades & Négociations ; au Mariage du Roi, de la part de la Reine & du Grand-Duc ; de celle du Duc de Lorraine & de Madame, aux Noces de cette Princeffe ; les premiers jours de chaque année, de la part de Leurs Majeftés & de la Reine Marguerite. Il auroit été ridicule de témoigner fur ces préfens & fur quelques autres femblables, la délicateffe que je montrois pour tous ceux qu'on vouloit me faire avec quelque motif d'intérêt. Je dirai pourtant, que j'eus encore le fcrupule de ne vouloir rien toucher de cette manière, fans que la chofe donnée fût exprimée dans un Brevet que je priois Sa Majefté de me faire expédier pour chacun de ces dons ; lefquels, pour être en pierreries & en bijoux, n'en ont pas moins compofé une fomme de cent mille écus. Je revendis la Terre de Dourdan cent cinquante mille livres, avant la fixation de mes gratifications à vingt mille écus, dont j'ai parlé, & qui n'arriva que depuis 1601. Le feu Roi n'écoutant que fon grand cœur & l'amitié dont il m'honoroit, me fit accepter plufieurs autres dons, qui n'ont point encore trouvé leur place jufqu'ici ; & que je ne crois pourtant pas moindres de deux cens mille livres. Enfin, depuis que mon revenu annuel fut devenu auffi confidérable qu'on vient de le voir, il n'eft pas étonnant que la maxime que j'ai toujours fuivie, qu'il ne faut jamais dépenfer fon revenu en entier, m'ait encore jetté au bout de quelques années, une fomme affez confidérable. Si on la fuppofe de trois cens cinquante mille livres, toutes mes dépenfes domeftiques remplies ; cette fomme ajoûtée aux quatre précédentes, fera à-peu-près celle que nous cherchions, de douze cens & tant de mille livres : ce qui mettra une égalité parfaite entre la Recette & la Dépense. Je crois inutile de répéter ce que j'ai pu dire ailleurs, de la dépense courante de ma Maison.

Ce que je vais dire des arrangemens de biens & des Transactions, que je fis avec M. le Prince, pourra n'être regardé que comme de simple curiosité : je n'ai pas voulu l'omettre ; parce que ce n'est point m'éloigner du sujet que je viens de traiter. Lorsque la Guerre contre la Religion vint à se rallumer sous le nouveau Régne, M. le Prince cherchant à m'éloigner de ses Gouvernemens, où j'avois d'assez belles Terres, & même quelques maisons assez fortes, me fit proposer de les lui vendre toutes. Je craignis que si je le refusois, le temps & la Guerre ne lui fournissent deux prétextes de m'en chasser, que la force auroit fait trouver bons. Je sçavois que ses conseils n'avoient pas peu contribué au parti qu'on venoit de prendre contre nous : & l'on m'avertit qu'il songeoit encore à faire pis à mon égard. Je l'accommodai des Terres de Villebon, Montrond, Orval, Culand & Le-Châtelet, d'autant plus volontiers, qu'avec cela il m'en faisoit offrir plus qu'elles ne m'avoient coûté, & plus qu'elles ne valoient en effet. Le Contrat fut donc passé entre nous, moyennant douze cens mille livres, pour ces cinq Terres : ce qui à la vérité n'étoit pas de l'argent comptant ; mais il ne m'en coûtoit pas beaucoup d'attendre quelque temps la commodité de M. le Prince.

Ce que je n'attendois pas, c'est qu'au bout d'un certain temps, ce Prince imagina, comme un moyen facile d'acquitter tout d'un coup & principal & arrerages, de demander au Roi la confiscation de mes biens : procédé, que la Guerre rendoit assez commun alors. Sa Majesté me fit encore la grace de se souvenir de moi en cette occasion, & de rejetter avec une espèce d'horreur, une si lâche priere. La Paix vint à se faire avec cela ; & M. le Prince se vit bien obligé d'entrer en compte avec moi. Son appétit s'étoit accru de la Terre de Baugy, qu'il falloit encore lui céder, comme toutes les autres ; afin que par aucun côté je ne fusse plus son voisin. Il s'étoit dégoûté de la Terre de Villebon :

LIVRE VINGT-NEUVIEME.

1611.

lebon: il me rendit cette derniere, & y joignit celle de Muret, autrefois possedée par une Jeanne de Béthune, pour faire un équivalent à la Terre qu'il convoitoit avec passion. On trouva que l'échange ne m'étoit pas désavantageuse : Et cette manière de s'acquiter par des échanges, ayant plu à ce Prince, il me céda les unes après les autres, pour le prix de ses Contrats avec moi, les Terres de Nogent, Montigny, Chanrond, Vitrai, le Marquisat de Conty, Breteuil, Francatel, & La-Falaise, subrogées, aux mêmes droits que mes Terres échangées ; le principal desquels étoit à mes yeux, celui que me donnoient les Lettres-Patentes du Roi, de les appeller un bien que je tenois des libéralités & par une disposition formelle du Roi mon Maître (19). Voilà comment je sortis de procès avec M. le Prince.

(19) Parmi les Papiers qui renferment les preuves de ce que M. de Sully rapporte de ses démélés avec M. le Prince de Condé, que M. le Duc de Sully d'aujourd'hui m'a fait l'honneur de me communiquer, je trouve deux Lettres, qu'on ne sera pas fâché de voir inserées ici : L'une est de M. le Prince de Condé, au premier Duc de Sully : l'autre, de M. le Prince de Conty, à M. le Marquis de Béthune, (Maximillien Alpin) Grand-pere de M. de Sully vivant.

Lettre de M. le Prince de Condé, à M. le Duc de Sully.

Monsieur, J'espere d'avoir l'honneur de vous voir bientôt. Par ce porteur seulement vous sçaurez le pays & les conditions d'icelle. Vous connoîtrez aussi par mes procédures, combien je desire le service du Roi & le bien public, & votre particuliére amitié, que je chéris passionnément : je vous supplie, d'en faire état assûré. Je me dispose, suivant ma promesse & la vôtre, d'achever notre marché pour Villebon ; & vous ferai sçavoir (avec supplication de vous y trouver à cet effet)

le lieu où je pourrai avoir l'honneur de vous entretenir. Je suis,

MONSIEUR,

Votre très-humble Cousin & Serv. HENRY DE BOURBON.

Lettre de M. le Prince de Conty, à M. le Marquis de Béthune.

Monsieur, Je suis extraordinairement pressé par M. le Comte d'Orval, de consentir à l'accommodement qu'il veut faire avec M. le Vicomte de Meaux, pour la Terre de Chanrond ; & il m'offre même les sûretés, pour me décharger de la garantie à laquelle feu Monsieur mon Pere s'étoit obligé. Néanmoins, je ne lui ai voulu donner aucune parole, aprés celle que j'ai donnée à Madame votre Belle-mere, de ne

Tome III.   Y y

Au-reste, c'étoit une double injustice à ce Prince, de chercher à m'enlever mon bien, par la voie de la confiscation. J'ai vû passer des temps bien malheureux, depuis la mort du Roi. Mon cœur a été sensiblement pénétré de la Guerre que j'ai vû s'allumer contre ceux de ma Religion. Mille motifs d'y prendre part se présentoient à moi, pour peu que j'eusse eu de disposition à m'étourdir moi-même. J'ai résisté courageusement à cet appas : je n'ai donné aucun sujet au Roi de me regarder comme rebelle, ou partisan des Rebelles. J'ai obéï ponctuellement à tous les commandemens de Sa Majesté : je me suis rendu près d'elle toutes les fois qu'elle a paru le souhaiter. Enfin j'ai eu le bonheur d'être demeuré toute ma vie, aussi fidelle aux promesses que j'avois faites au Roi mon bienfaicteur, qu'aux devoirs d'un bon Citoyen.

rien faire dans cette affaire, sans vous en avoir donné avis ; Et comme il est juste toutefois pour les uns & pour les autres, que cette affaire soit réglée, & qu'on en sorte le plûtôt qu'il se pourra ; j'ai bien voulu remettre mes interêts entre les mains de M. le Comte de Béthune votre Parent : comme je vous supplie d'en vouloir user de-même, & de vous soûmettre à ce qu'il en ordonnera. M. le Comte d'Orval & le Vicomte de Meaux sont contens de lui remettre leurs interêts, & d'en passer par son sentiment. Je ne fais pas de doute que vous ne preniez ce parti-là : car autrement, je ne pourrois me défendre de prendre le biais qu'on me proposeroit, en y prenant mes sûretés. Je vous exhorte de tout mon cœur à ne faire aucune difficulté d'entrer dans cet accommodement : Cependant je suis avec beaucoup de passion,

MONSIEUR,

Votre très-affectionné
à vous faire service,
ARMAND DE BOURBON.

De Tolose, ce 19 Octobre. 1656.

Fin du vingt-neuviéme Livre.

MEMOIRES
DE
SULLY.

✦✦✦✦✦✦✦✦✦✦✦✦✦✦✦✦✦✦✦✦✦✦✦✦✦✦✦✦✦✦✦✦

LIVRE TRENTIEME,

Où l'on expose le Projet Politique, appellé communément le Grand Dessein de Henry IV.

E devant être question dans tout ce Livre, que de Plans & de Projets politiques, pour le Gouvernement de la France & de toute l'Europe; il me semble que je puis le commencer par des réflexions plus générales sur cette Monarchie, & même sur l'Empire Romain, des debris duquel on sçait qu'elle a été formée, aussi-bien que toutes les autres Puissances qui composent aujourd'hui le Monde Chrétien.

Lorsqu'on se représente tous les Etats par lesquels Rome a passé, depuis l'an du Monde 3064. qui est celui de sa fondation (1); son enfance, son adolescence, sa virilité, sa ca-

---

(1) Le sentiment le plus reçu aujourd'hui, est celui de Varron, qui place le temps de la fondation de Rome, près de deux cens ans plus tard.

Y y ij

ducité, sa décadence, & enfin sa ruine; ces vicissitudes, qui lui sont communes avec les Grandes Monarchies qui l'ont précédées, feroient presque croire que le temps dispose & se jouë des Empires, comme il fait de toutes les autres parties de la Nature. Peut être même que portant cette idée plus loin, on découvriroit que le cours des uns, ainsi que celui des autres, est sujet à être troublé par certains mouvemens extraordinaires, que rien n'empêche d'appeller des maladies épidémiques, qui fort-souvent prématurent leur destruction; & dont la guérison, devenuë plus facile par cette découverte, pourroit les sauver du moins de quelques-unes de ces crises, qui leur sont si funestes.

Mais si nous voulons nous attacher à des causes plus naturelles & plus sensibles de la chute de cet Empire si vaste & si formidable, nous les aurons bientôt trouvées dans le changement des loix & des mœurs, auxquels il devoit son aggrandissement; dans le luxe, l'avarice & l'ambition; enfin dans un autre motif, dont l'effet ne pouvoit guère être prévenu par aucune prudence humaine : je veux dire, dans l'irruption de ces flots de Peuples barbares, Goths, Vandales, Huns, Hérules, Rugiens, Lombards, &c. qui lui donnerent les uns après les autres, & souvent tous ensemble de si furieuses secousses, qu'il en fut enfin renversé. Rome fut saccagée trois fois par ces Barbares (2): en 414. sous Honorius, par Alaric, Chef des Goths : en 455. par Genseric, Roi des Vandales, sous Martien; & en 546. sous Justinien, par Totila & les Goths. Mais s'il est vrai que dèslors cette Ville n'étoit plus que l'ombre de ce qu'elle avoit été; s'il faut la regarder comme déchuë de l'Empire du Monde, lorsque sa foiblesse & les abus de son Gouvernement, faisoient regarder cet événement, non plus simplement comme inévitable, mais comme très-proche, & déja arrivé en partie; l'Epoque de sa chute pourroit être marquée long-temps avant le Régne de Valentinien III. auquel c'est faire grace, que de le nommer le dernier Empereur d'Occident (3) : plusieurs des Empereurs auxquels il succéda,

(2) Ces trois Epoques ne sont pas tout-à-fait justes. La première est en 410. au-lieu de 414: La seconde, en 455 ou 456; & la troisiéme, en 524, sous Téjas, successeur de Totila, & dernier Roi des Goths. Le pillage dura pendant quarante jours.

(3) Il seroit injuste de refuser le

LIVRE TRENTIEME.

n'ayant été, à parler jufte, que des Tyrans, qui déchiroient cet empire entr'eux, & en laiſſoient aller les lambeaux aux Barbares, à qui leurs conquêtes y donnoient le même droit.

Rome vit pourtant encore briller par intervalles, quelques lueurs de rétabliſſement. La plus ſenſible fut le Régne du Grand Conſtantin, dont les victoires redonnerent un ſeul Chef à tout ce Corps: Mais il fit lui-même, ſans y penſer, pour la deſtruction d'un ouvrage qui lui avoit tant coûté, beaucoup plus que n'avoit pu faire toute la mauvaiſe conduite de ſes Prédéceſſeurs; lorſqu'il imagina de tranſporter tous les droits de Rome, à ſa nouvelle Conſtantinople : & il acheva de rendre cette erreur ſans reméde, en partageant également ſon Empire entre ſes trois Enfans. Théodoſe, qui heureuſement, ou par un effet de ſa grande valeur, ſe trouva dans la même circonſtance que Conſtantin, n'auroit peut-être pas fait la même faute: mais l'exemple avoit pris force. D'un ſeul Empire, la néceſſité l'obligea à en faire deux. Arcadius eut l'Orient, Honorius, l'Occident: Et depuis ce temps-là, il n'y eut plus ni eſpérance, ni occaſion, de les réünir.

Dans l'ordre des choſes naturelles, la deſtruction de l'une ſervant à la production d'une ou de pluſieurs autres; à meſure que les parties de l'Empire d'Occident les plus éloignées s'en détachoient, il s'y élevoit des Royaumes, qui pourtant ne porterent pas tout d'abord ce nom. Le plus ancien de tous ſans contredit, puiſqu'on peut faire concourir ſa naiſſance avec la huitiéme année de l'Empire d'Honorius, eſt celui qui fut fondé dans les Gaules par les François, ainſi nommés de la Franconie, d'où les Gaulois des environs de la Moſelle les appellerent, pour leur aider à ſe délivrer de l'oppreſſion des Armées Romaines. La coûtume de ces Francs, ou François, étant de donner le nom de Roi à celui qu'ils choiſiſſoient pour leur commander; ſi le premier & le ſecond de ces Chefs ne l'ont pas porté, il eſt certain du-moins que le troiſiéme, qui eſt Mérouée, & encore plus Clovis,

---

nom d'Empereurs d'Occident à Valentinien III. à Honorius, &c. Il ne faut pas prendre à la rigueur les expreſſions dont ſe ſert ici notre Auteur; mais ſeulement, dans le ſens d'un Empire affoibli, & qui touche au moment de ſa chute.

qui fut le cinquiéme, en furent revêtus (4) : Et quelques-uns d'eux le foûtinrent avec tant de gloire, entr'autres Pepin & Charles Martel, auxquels on ne peut le refufer fans injuftice, que Charlemagne, leur digne Héritier, parvint jufqu'à faire revivre dans la Gaule, une image, imparfaite à la vérité, de cet Empire d'Occident, alors éteint : avantage, auquel contribuoient naturellement une multitude infinie d'habitans très-propres à la Guerre, & une grande fertilité pour tout ce qui fert aux différens befoins des hommes, jointe à une extrême commodité pour le Commerce ; la fituation de la France la rendant le centre des quatre principales Dominations de la Chrétienté, l'Allemagne, l'Italie, l'Efpagne, & la Grande-Bretagne avec les Pays Bas.

Difons un mot fur chacune des trois Races, qui compofent la fuite de nos Rois. Je ne vois dans la premiere, que Mérouée, Clovis I. & Clotaire II. Charles Martel, Pepin le Bref & Charlemagne dans la feconde, qui fe foient tirés du pair des Rois. Ces fix ôtés des trente-cinq, que l'on compte dans ces deux Races ; tous les autres furent par leurs vices ou par leur incapacité, de méchans Rois ou des ombres de Rois ; parmi lefquels on peut encore diftinguer Sigibert & Dagobert par quelques bonnes qualités, & Louis le Débonnaire par une grande dévotion, qui n'aboutit pourtant qu'à lui faire regretter dans un Cloître, la perte de fa liberté, de fon Royaume & de l'Empire.

Cette Race Carlovingienne ayant regné obfcurément, & fini de même ; la Couronne paffa dans une troifiéme, dont les quatre premiers Rois font, à mon fens, ces modèles parfaits d'un bon & fage Gouvernement. Le Royaume qu'ils eurent à conduire, avoit beaucoup perdu de fa premiere fplendeur ; puifque de l'immenfe étenduë qu'il avoit euë du temps

---

(4) Toute cette Critique eft affez jufte. Long-temps avant l'année 445. où, felon les PP. Petau & Sirmond, Clodion s'établit le premier en-deçà du Rhin, par la prife de Cambrai, &c. & dès le régne de Valentinien II. les Chefs des Francs ont porté le nom de Rois. L'habitation de ce Peuple au-delà du Rhin, a commencé vers le milieu du troifiéme fiécle, & s'étendoit environ depuis le Texel jufqu'à Francfort. Ce foûléve-ment d'une partie des Gaules contre les Romains, arriva en 434. la douziéme année du régne de Valentinien III : Et l'opinion de l'Auteur fur l'établiffement des Francs dans les Gaules, eft confirmée par un fçavant Académicien, qui a répandu toutes les lumieres poffibles fur ce point de Critique (feu M. l'Abbé Du-Bos). *Hift. Crit. de l'Etab. de la Monarchie Fr.nç. dans les Gaules,* tom. 1. *liv.* 1. *ch.* 17. *liv.* 2. *chap.* 7. & 8.

de Charlemagne, il étoit réduit à peu-près aux mêmes bornes, dans lesquelles il est renfermé aujourd'hui : avec cette différence, que quand ils auroient eu la pensée de le rétablir, la forme de son Gouvernement, qui les mettoit à la merci des Grands & du Peuple, en possession de choisir & de maîtriser ses Souverains, ne leur laissoit aucun moyen d'y parvenir. Le parti qu'ils prirent, fut de condamner au silence le pouvoir arbitraire, & de faire régner en la place l'équité elle-même : espèce de domination, qui n'a jamais excité l'envie. Rien ne se fit plus, sans y appeller les Grands & les principales Villes; & presque toujours, par la décision des Etats assemblés. Une conduite si modérée coupa pied à toutes les brigues, & étouffa toutes sortes de complots, toujours fâcheux pour l'Etat ou pour le Souverain. L'ordre, l'œconomie, la distinction du mérite, une justice exacte, toutes les vertus qu'on cherche dans un Chef de famille, caractériserent ce nouveau Gouvernement, & produisirent ce qu'on n'a jamais vû, & ce qu'on ne verra peut-être jamais; je veux dire, une Paix de 122 ans consécutifs. Ce que ces Princes y gagnerent pour eux-mêmes en particulier, & que toute l'autorité de la Loix Salique ne leur auroit jamais valu, ce fut l'avantage d'introduire dans leur Maison l'hérédité de la Couronne. Ils eurent encore besoin pour cela de recourir à la précaution de ne déclarer leurs Fils aînés pour leurs Successeurs, qu'après avoir modestement demandé le suffrage des Peuples, avoir fait précéder une espèce d'Election, & ordinairement les avoir fait sacrer de leur vivant, & asseoir à côté d'eux sur le Trône.

Philippe II. que Louis VII. son Pere fit de même sacrer & regner avec lui, fut le premier qui s'écarta de cette façon de procéder entre le Souverain & son Peuple. Plusieurs victoires remportées sur les Etrangers & sur ses propres Sujets, qui lui firent donner le surnom d'Auguste, lui servirent à s'ouvrir un chemin à l'autorité absoluë : & cette idée s'imprima ensuite si fortement dans l'esprit de ses Successeurs, à l'aide des Favoris, des Ministres & des principaux Officiers de Guerre, qu'ils crurent faire un coup de la plus profonde Politique, en s'attachant à détruire des Maximes, dont l'utilité pour le bien général & particulier, venoit d'être encore si bien confirmée par l'expérience ; sans craindre, ou peut être sans prévoir, toutes les suites malheureuses qu'une entreprise de cette nature, contre une Nation idolâtre de sa liberté, pouvoit & même devoit nécessairement avoir. (5) Il leur fut facile d'en juger, par les remédes auxquels le Peuple eut aussi-tôt recours, pour se souftraire au joug dont il se voyoit menacé. Jamais on n'obtint de lui que cette sorte d'obéïssance forcée, qui fait embrasser avec plus d'avidité tous les moyens de désobéïr. De-là mille Guerres cruelles. Celle qui livra la France en proye aux Anglois, celles qu'on eut avec l'Italie, la Bourgogne, l'Espagne, ne peuvent être imputées qu'aux dissensions Civiles, qui les précéderent ;

(5) Voici l'un des endroits qui ont donné lieu à la remarque que j'ai faite dans la Préface de cet Ouvrage, Que les Compilateurs des anciens Mémoires de Sully se sont donne la liberté de mêler leur sentiment propre au sujet du Gouvernement, avec celui de l'Auteur ; & de maniere que ne pouvant pas facilement les séparer, ni même les bien distinguer aujourd'hui, le Traducteur se voit obligé de dire malgré lui le Pour & le Contre sur la même matiere. Après tout ce qu'on a vû avancer au Duc de Sully contre l'autorité populaire & l'Anarchie, & en particulier contre les abus des Assemblées des Etats Généraux ; la contradiction seroit trop grossiere, que tous ces endroits pussent être de la même main que celui-cy. Il y en a deux ou trois autres semblables dans tout l'Ouvrage, que j'ai eu soin de marquer par des Notes.

M. l'Abbé Du Bos, partant du même Principe que l'Auteur, en a tiré des conséquences toutes contraires & aussi justes que celles-cy le sont peu. *ibid*. On ne sçauroit mieux faire que de renvoyer à cet excellent Ouvrage, dont l'objet est de réfuter l'erreur, dans laquelle est tombé l'Auteur de ce morceau de nos Mémoires. » Cette erreur, dit-il, *Disc. Prélim. pag.* 51. » conduit à penser » que tout ce qu'ont fait les succes- » seurs de Hugues Capet en faveur » de l'autorité Royale, soit en affranchissant les Sujets des Seigneurs, soit en mettant des Officiers Royaux dans tous les Fiefs » de quelque dignité, soit en ôtant » aux Seigneurs le droit de convoquer les Vassaux pour faire la » guerre contre d'autres Seigneurs, » soit en prenant d'autres voies permises aux Souverains, ait été un » attentat contre la premiere constitution de la Monarchie. On regarde donc après cela comme des » Tyrans, Louis le Gros, Philippe » Auguste & les plus grands Rois » de la troisiéme Race ; bien qu'ils » n'ayent fait autre chose que de » revendiquer les droits imprescriptibles de la Couronne & les » droits du Peuple, sur les Usurpateurs qui s'étoient emparés des » uns & des autres, dans le neuviéme » siécle & dans le dixiéme. En effet, » ces Princes, loin de donner atteinte à l'ancienne constitution du » Royaume, en recouvrant une partie de leurs droits, n'ont fait que » rétablir, autant qu'ils le pouvoient, » l'ancien ordre : « Ce qu'il prouve ensuite démonstrativement dans tout le Livre sixiéme de son Ouvrage. Voyez aussi les Mémoires de M. de Foncemagne, tant sur la Loi Salique, que sur la succession à la Couronne, que nous avons cités cy-devant.

LIVRE TRENTIEME.

précéderent; & dans lesquelles les plus foibles étouffant la voix de l'honneur & de l'intérêt de la Nation, appellerent l'Étranger au secours de leur liberté: triste & honteux remède, employé constamment depuis ce temps-là, & de nos jours même, par la Maison de Lorraine, dans une Ligue, dont la Religion ne fut que le prétexte. Un second mal, qui pour paroître d'abord d'un genre différent, n'en part pas moins, selon moi, de la même source; c'est le déreglement des mœurs, la soif des richesses, la manie d'un luxe monstrueux: causes & effets tour-à-tour, ou tout à la-fois, de nos misères.

Voilà quelles ont été les variations de notre malheureuse Politique; soit quant à la forme de gouverner, successivement assujettie à la volonté du Peuple, du Soldat, des Grands, des Etats, des Rois; soit quant à la personne même de ces derniers, dépendante, élective, héréditaire, absoluë.

On a vû d'avance dans ce tableau, quel jugement on doit porter sur la troisiéme Race de nos Rois. Nous trouvons mille choses à admirer dans Philippe Auguste, Saint-Loüis, Philippe le Bel, Charles le Sage, Charles VII. Loüis XII. Quel dommage, que tant de vertus, ou de grandes qualités, n'ayent pas porté sur d'autres fondemens! Qu'avec plaisir on leur donneroit le nom de grands Rois, si l'on pouvoit se cacher que leurs Peuples ont été malheureux! Que n'y auroit-il pas à dire en particulier, de Louis IX? Des quarante-quatre années qu'il régna, les vingt premieres offrent un spectacle, qui n'est pas indigne d'être comparé avec les onze dernieres de Henry le Grand. Mais je crains bien que toute leur gloire ne soit détruite par les vingt-quatre suivantes; lorsqu'on y verra que des Impôts excessifs, pour satisfaire une dévotion mal-entenduë & ruineuse, des sommes immenses transportées dans les Pays les plus éloignés pour le rachat des Prisonniers, tant de milliers de Citoyens sacrifiés, tant d'Illustres Maisons éteintes, remplirent la France d'un deuil général, & tout-ensemble d'une calamité universelle.

Convenons une bonne fois de principes, s'il est possible: & après que, sur une expérience mille fois réiterée nous aurons regardé comme décidé, ce qui devroit l'être il y a long-temps, que le bonheur des hommes ne sçauroit jamais naître de la Guerre; parcourons sur cette idée l'Histoi-

Tome III.

re de notre Monarchie. Nous passerons à Clovis & à ses Prédécesseurs, leurs Guerres, en quelque sorte nécessaires pour le fondement d'une Domination, qui ne faisoit qu'éclorre : Mais que dirons-nous de celles qui pendant un espace de 160 ans entiers, agiterent les quatre Enfans de Clovis, les quatre Enfans de Clotaire I. & leurs descendans ? de celles qui pendant 172 autres années, à commencer à Louis le Debonnaire, déchirèrent le Royaume ? Le reste est pis encore. La plus légère teinture de notre Histoire suffit pour se convaincre, qu'il n'y a point eû de véritable Paix depuis Henry VIII. jusqu'à celle de Vervins ; & qu'en tranchant le mot, tout ce long intervalle peut être appellé une Guerre de près de 400 ans. Après, dis-je, qu'il sera demeuré constant par cet éxamen, que nos Rois n'ont guére jamais sçu que faire la guerre ; nous leur rendrons d'ailleurs toute la justice qui leur est duë : mais nous nous montrerons un peu plus difficiles sur le titre de Grands, de véritablement & en toute manière grands Rois.

J'avouë cependant, (car il seroit injuste de ne faire qu'à eux seuls un crime, de ce qui est proprement le crime de toute l'Europe), que plusieurs de ces Princes se sont souvent trouvés dans des circonstances, où leurs Guerres étant justes & même nécessaires, elles deviennent pour eux le sujet d'une solide & véritable gloire ; où même, il ne leur en restoit point d'autre à acquérir. C'est alors que la manière dont plusieurs de ces Guerres ont été prévuës, préparées & conduites, nous fera découvrir dans leur Cabinet des coups de Politique, & dans leur personne, des chef-d'œuvres de valeur, dignes de tous nos éloges. D'où peut donc provenir l'erreur de tant d'exploits, en apparence si glorieux, & dont pourtant tout le fruit n'a presque jamais été, que de désoler la France & l'Europe ? De l'Europe entiere, je le répete, qui ne fait à-peine que s'appercevoir aujourd'hui, que dans l'état où elle se trouve, où elle est même depuis plusieurs siécles, toute entreprise par laquelle on prétendra ou l'assujettir, ou seulement augmenter trop considérablement quelqu'une de ses principales Monarchies, aux dépens des autres, ne peut jamais être qu'une entreprise chimérique & impossible. Aucune de ces grandes Monarchies ne sçauroit être renversée, que par le concours de causes supérieures à toute force humaine. Il ne doit donc être question que de les faire subsister toutes, avec quelque égalité. Tout Prince qui pensera autrement, fera ruisseler le sang par toute l'Europe ; sans pouvoir jamais en changer la face.

Lorsque j'ai remarqué que la France n'avoit plus aujourd'hui toute l'étenduë, qu'elle avoit au temps de Charlemagne, mon intention n'a pas été assûrément de faire regarder cette diminution comme un mal. Dans le malheur inévitable d'avoir de-temps-en-temps pour Rois des Princes ambitieux, c'en feroit un bien plus grand encore, que tout concourût à flater cette ambition : Aussi à-t'on toujours remarqué que plus les Royaumes sont grands, plus ils sont sujets à de grands malheurs. Le fondement de la tranquillité du nôtre en particulier, dépend de le tenir renfermé dans les bornes qu'il a aujourd'hui. Un climat, des Loix, des mœurs, des Langues, qui n'ont rien de semblable aux nôtres ; des Mers, des chaînes de Montagnes presqu'inabordables : voilà autant de barrieres, qu'on peut regarder comme posées par la Nature même. Que manque-t'il d'ailleurs à la France ? Ne sera-t'elle pas toujours le plus riche & le plus puissant Royaume de l'Europe ? Non, les François n'ont plus rien à désirer, sinon que le Ciel leur donne des Rois pieux, bons & sages ; & ces Rois, rien à faire que d'employer leur puissance à tenir l'Europe en paix. Aucune entreprise ne peut plus ni leur réüssir, ni leur être profitable que celle-là.

Et voilà de quelle nature étoit celle que Henry IV. étoit à la veille de commencer, lorsqu'il plut à Dieu de l'appeler à lui, trop-tôt de quelques années pour le bonheur du Monde. Voilà ce qui la rendoit si différente de tout ce qu'on a vû jusqu'ici entreprendre aux Têtes Couronnées. Voilà par où il aspiroit au nom de Grand. Ses vûës ne lui étoient point inspirées par une petite & misérable ambition, ni bornées à un léger & bas intérêt. Il vouloit rendre la France éternellement heureuse : Et comme elle ne peut goûter cette parfaite felicité, qu'en un sens toute l'Europe ne la partage avec elle ; c'étoit le bien de toute la Chrétienté qu'il vouloit faire, & d'une manière si solide, que rien à l'avenir ne fût capable d'en ébranler les fondemens.

Je me doute bien que ce Projet (6) fera regardé tout-d'abord comme une de ces magnifiques chimères, de ces oisives spéculations politiques, auxquelles se livre un esprit ami des idées singulières. Ceux qui en jugeront ainsi, ne

(6) Les Mémoires de Sully sont le seul monument qui ait conservé à la Posterité le détail du Grand Dessein de Henry IV. On ne le voit dans aucun des Historiens, Auteurs de Mémoires & Ecrivains contemporains de ce Prince. La pluspart d'eux n'ont pas même effleuré cette matière ; parce que sans doute ils n'en sçavoient pas assez, pour pouvoir en parler. On n'a commencé à en discourir, que depuis que les Mémoires de Sully, où il est si bien développé, ont vu le jour : Et de tous ceux qui l'ont fait depuis environ la seconde moitié du dix-septième siécle, je n'en trouve presqu'aucun, qui ait mis en question la possibilité de ce grand Projet : parce qu'apparemment on étoit encore assez proche du temps où il avoit été formé, pour se convaincre, & par la propre bouche de ceux mêmes qui avoient pû être témoins des préparatifs & des arrangemens qui s'étoient faits, que toutes les mesures avoient été prises précisément de la manière dont le Duc de Sully le rapporte ; & par-conséquent, qu'il ne souffroit pas à-beaucoup-près toute la difficulté qu'on a crû y appercevoir depuis.

L'Auteur du Discours manuscrit de la Bibliotheque du Roi, que j'ai cité dans la Préface, & qui me paroît être le plus ancien Mémoire que nous ayons de ce temps-là, ne doute point que ce Dessein n'eût eû toute son éxécution. Après lui, M. de Péréfixe, qui nous en a donné un abregé fort-juste, dans la troisième Partie de son Hist. de Henry le Grand, dit positivement qu'il auroit réüssi, & en fournit les preuves, *pag.* 383. *& suiv.* Le Continuateur de M. De-Thou ne s'éloigne pas de ce sentiment, dans le peu qu'il en touche, *Ann.* 1609. & 1610. Le Maréchal de Bassompierre en dit aussi quelque chose, *Tome* 1. *de son Journal*, sans l'improuver. On peut joindre à ces autorités, celle de l'Auteur de la Vie du Duc d'Epernon & de quelques autres, qui tous semblent être de même avis. Enfin jusqu'au commencement du présent siécle, il paroît que sur ce point il n'y a eû qu'une voix, à laquelle plusieurs de nos Historiens modernes ont aussi joint la leur.

Vittorio Siri (*Mém. Recond. tom.* 1. *pag.* 29. 514. *tom.* 2. *pag.* 45. *&c.*) est le premier que je sçache, qui ait traité cette grande entreprise d'absurde & d'impossible : Mais l'ignorance qu'il montre sur toute cette Affaire, même dans les points les moins contestés ; son attachement à la Politique Espagnole ; l'éloignement de la personne de Henry IV. & de celle de son Ministre, qui se fait sentir par-tout dans cet Ecrivain ; le rendent très justement récusable sur ce chapitre. Ce sentiment a été adopté après lui, par l'Auteur de l'Histoire de la Mere & du Fils, *Tom.* 1. *pag.* 44. & par la même raison d'attachement à la Reine, Mere de Louis XIII. D'ailleurs cet Ecrivain, quel qu'il soit, qui n'apporte guére d'autre preuve de son opinion, que l'âge de près de soixante ans qu'avoit alors Henry IV. paroît si peu au fait, qu'on diroit qu'il a ignoré les précautions qu'on avoit apportées, pour que cet ouvrage se trouvât consommé en trois ans ; & qu'il combat l'opinion du Duc de Sully, sans la connoître.

Je déférerois beaucoup davantage à l'autorité de quelques Politiques modernes, qui regardent comme impossible que la face de toute l'Europe eût pû être changée, au point que se le proposoit Henry IV ; & qui trouvent d'ailleurs, qu'on a imaginé de nos jours un moyen beaucoup plus heureux, de maintenir

peuvent être que cette sorte de gens, à qui la premiere impression d'une imagination prévenuë tient lieu de règle; ou ceux, à qui l'éloignement des temps & l'ignorance des circonstances, feront confondre la plus sage & la plus noble des entreprises qui jamais ayent été formées, avec ces capricieux projets, dont on a vû de tout temps se repaître les Princes entêtés de leur pouvoir. Je conviens que si l'on éxaminoit avec attention ce que font entreprendre la vanité, la confiance en sa bonne fortune, l'ignorance, la peur même & la paresse; on seroit surpris de voir les Souverains se jetter tête baissée dans des desseins, spécieux à la vérité, mais qui n'ont quelquefois pas le moindre dégré de possibilité. L'esprit humain s'attache avec tant de complaisance,

l'équilibre dans l'Europe, que celui par lequel on faisoit renaître l'ancien Conseil des Amphyctions; je veux dire, la précaution de faire accéder toutes les principales Puissances aux Traités, même particuliers, & de les en rendre garantes. Tous les malheurs que nous a apportés la Guerre, montrent assez que cette précaution n'est rien moins que suffisante. Et pour ce qui est du fond de la Question; je conviendrai avec eux, que l'Europe ne peut que très-difficilement être constituée aujourd'hui dans l'état, où a voulu la mettre Henry le Grand: Mais je ne laisse pas de croire, sans prétendre assujettir personne à mon sentiment, que ceux qui traitent de chimere le Projet de ce Prince, ne font pas toute l'attention nécessaire aux circonstances d'un temps, où l'Europe, tant de fois à la veille de se voir la proie de la Maison d'Autriche, désolée par les Guerres sanglantes, que la différence des Religions y avoit excitées & y excitoit tous les jours, étoit comme forcée de recourir à un moyen extrême, pour finir toutes ses miseres.

Je ne puis mieux finir cette Remarque, que par ces paroles de M. l'Abbé de Saint-Pierre, dans son Discours sur le Grand Homme: » De-là on voit que si Henry IV. » Roi de France, eût éxécuté son » Projet, si fameux & si sensé, pour » rendre la Paix perpétuelle & universelle entre les Souverains; il » auroit procuré le plus grand bienfait qu'il soit possible, non-seulement à ses Sujets, mais encore à » toutes les Nations Chrétiennes, & » même, par une suite nécessaire, au » reste de la Terre: bienfait, auquel » toutes les familles, vivantes & futures, eussent participé durant » tous les siécles à venir: bienfait, » qui emporte l'éxemption des maux » immenses & innombrables, que » causent les Guerres Civiles & » Etrangeres: bienfait, qui eût produit tous les biens, qui résultent » nécessairement d'une Paix universelle & inaltérable: S'il eût éxécuté, dis-je, ce merveilleux Projet, » il eût été sans comparaison le plus » Grand Homme qui ait été & qui » sera jamais. » Après quelques autres réflexions sur les moyens de rendre ce projet encore plus facile, ce judicieux Ecrivain ajoûte: » Au-reste, ce Prince a toujours eu l'honneur de la plus importante invention, de la plus utile découverte, » qui ait paru sur la Terre, pour le » bonheur du Genre humain. L'éxécution de cette grande entreprise » peut bien être réservée par la Providence, au plus grand homme » de sa postérité. «

difons plus, avec tant de fureur, à tout ce qui lui femble beau & brillant, qu'il feroit très-fâché qu'on lui fît fentir que ces objets n'ont fouvent rien de réel, ni de folide. Mais en cela, comme en toute autre chofe, il y a auffi l'excès contraire à éviter : c'eft que comme on manque à éxécuter les grandes chofes, parce qu'on s'y porte trop foiblement; on manque auffi à les connoître & à les apprécier au-jufte, parce qu'on les mefure avec des règles trop raccourcies. J'ai été moi-même fur cet article, plus difficile à perfuader peut-être, qu'aucun de ceux qui liront ces Mémoires; par un effet de ce caractere froid, précautionné & peu entreprenant, par lequel je me fuis donné à connoître.

Je me fouviens que la premiere fois que j'entendis le Roi me parler d'un Syftème Politique, par lequel on pouvoit partager & conduire toute l'Europe comme une Famille, j'écoutai à-peine ce Prince. M'imaginant qu'il ne parloit ainfi que pour s'égayer, ou peut-être pour fe faire honneur de penfer fur la Politique, avec plus d'étendue & de pénétration que le commun des hommes; ma réponfe fut moitié fur le ton de plaifanterie, moitié fur celui de compliment. Henry n'alla pas plus loin pour cette fois. Il m'a fouvent avoué depuis, qu'il m'avoit long-temps caché tout ce qui lui rouloit dans l'efprit, fur cette matière ; par la honte qu'on a de propofer des chofes, qui peuvent paroître ridicules, ou impoffibles. Je fus étonné que quelque-temps après, il remit entre nous deux la converfation fur ce même fujet ; & que dans la fuite, il revenoit d'année en année à m'en entretenir, avec des arrangemens & des éclairciffemens nouveaux.

J'avois été fort-éloigné de m'en occuper férieufement. Si mon efprit s'y étoit arrêté quelques inftans, le premier afpect d'un deffein, qui fuppofoit la réunion de tous les Etats de l'Europe ; des dépenfes immenfes, dans un temps où la France ne pouvoit fubvenir à fes propres befoins ; un enchaînement d'incidens, qui me parut aller à l'infini : tout cela m'avoit fait auffi-tôt rejetter cette penfée, comme inutile. Je me défiai même qu'il n'y eût ici quelque illufion. Je me rappellois quelqu'une de ces entreprifes, dans lefquelles on avoit crû pouvoir intéreffer l'Europe. Je m'arrêtois principalement à celles qu'avoient formées quelques-uns de nos

Rois, sur de beaucoup moindres objets : & je me sentois dégoûté de celle-cy, par le mauvais succès de toutes les autres. La disposition des Princes de l'Europe à prendre ombrage de la France, dès que celle-cy leur auroit aidé à dissiper leurs craintes sur la trop grande puissance de l'Espagne, me paroissoit seule un obstacle insurmontable.

Fortement prévenu de cette idée, je ne cherchai plus qu'à détromper Henry; qui surpris de son côté, de ne me voir d'accord avec lui sur aucun point, entreprit d'abord & vint aisément à bout de me persuader que ce ne pouvoit être que par préjugé, que je blâmois ainsi indistinctement toutes les parties d'un projet, où il étoit sûr du-moins que tout n'étoit pas blâmable. Je ne pus refuser à ses prières, de m'appliquer à le bien comprendre. Je m'en formai une idée plus juste : j'en rassemblai toutes les branches, que je liai entr'elles : j'en étudiai toutes les proportions, & pour-ainsi-dire toutes les dimensions : j'y trouvai une suite & une dépendance mutuelles, qui ne m'avoient point paru sensibles, tant que je n'avois envisagé la chose que confusément. L'utilité qui en résultoit pour toute l'Europe, fut ce qui me frappa davantage, comme ce qui est en effet le plus clair : Mais les moyens furent, par la même raison, ce qui m'arrêta le plus long temps; la situation générale des Affaires de l'Europe, & des nôtres en particulier, paroissant de-tout-point contraire à l'éxécution : Je ne faisois point assez d'attention que cette éxécution pouvant être remise autant qu'on le jugeroit à propos, nous avions pour nous y préparer, toutes les ressources, que le temps offre à ceux qui sçavent en tirer parti. Je me convainquis à la fin, que quelle que parût être cette disproportion des moyens à l'effet, une suite d'années, pendant lesquelles on dirigeroit constamment vers son objet toutes ses démarches, tant dans les Négociations, que dans la Finance & le reste des choses nécessaires, applaniroit bien des difficultés. C'est en effet quelque chose de bien singulier, que ce point, qui paroissoit & étoit réellement le plus difficile de tous, est devenu enfin le plus facile.

Lorsque je me fus mis ainsi dans le véritable point de vûë des choses, que j'eus tout pesé, tout calculé, & ensuite tout prévu & tout préparé; je me sentis persuadé que le

Deſſein de Henry le Grand étoit tout-enſemble juſte dans ſon principe, poſſible & même facile dans toutes ſes parties, & infiniment glorieux dans tous ſes effets : enſorte que, comme on l'a vû dans mille endroits de cet Ouvrage, je fus le premier à rappeller le Roi à ſes engagemens, & à faire valoir ſouvent contre lui-même ſes propres raiſons.

L'habitude où étoit ce Prince, de porter continuellement ſes vûës ſur tout ce qui étoit autour de lui : effet des conjonctures ſinguliérement triſtes & embarraſſantes, où il s'étoit trouvé dans preſque tous les inſtans de ſa vie ; lui avoit fait former ce deſſein, dès le temps où appellé à la Couronne, par la mort du Roi Henry III. il regarda l'abaiſſement de la Maiſon d'Autriche, comme quelque choſe d'abſolument néceſſaire pour pouvoir s'y ſoûtenir. Si la premiere idée ne lui en vint pas d'Eliſabeth (7), il eſt certain du-moins que cette grande Reine l'avoit imaginé de ſon côté long-temps auparavant, comme un moyen de venger toute l'Europe des attentats de ſon ennemi commun. Les troubles qui remplirent toutes les années ſuivantes, la Guerre qui leur ſuccéda en 1595. celle qui ſurvint contre la Savoie après la Paix de Vervins, jetterent Henri dans des embarras, qui l'obligerent à renoncer à toute autre ſorte d'affaires. Ce ne fut qu'après ſon Mariage, & la Paix étant bien affermie, qu'il put reprendre la penſée de ſon premier deſſein, qui paroiſſoit plus impoſſible, ou du-moins plus éloigné que jamais.

Il le communiqua néanmoins par Lettres à Eliſabeth : & ce fut ce qui leur inſpira une ſi forte envie de s'aboucher

---

(7) M. le Duc de Sully d'aujourd'hui poſſede l'Original d'une fort-belle Lettre de Henry le Grand, qu'on préſume avoir été écrite à la Reine Eliſabeth ; quoique cette Reine ne ſoit nommée, ni dans le corps de la Lettre, ni dans la ſuſcription, qui porte ces mots : *A celle qui mérite un los immortel.* Les termes dans leſquels Henry y parle de certain Projet Politique, qu'il appelle *la plus excellente & rare entrepriſe, que Créature ſçût avoir préméditée en ſa penſée .. choſe plus céleſte qu'humaine* ; les loüanges qu'il donne à *ce diſcours ſi bien lié, ſi rempli de démonſtrations de ce qui ſeroit néceſſaire pour le Gouvernement des Empires & Monarchies..* ; à ces *conceptions & réſolutions*, dont on ne doit attendre que des *iſſuës très remarquables d'honneur & de gloire* : Tout cela ne peut ſe rapporter qu'à la perſonne d'Eliſabeth, ni tomber que ſur le Grand Deſſein dont il eſt queſtion ici ; & ſur lequel la Reine d'Angleterre venoit apparemment de commencer à s'ouvrir à Henry, par Lettres. Celle-cy eſt datée de Paris, du quinziéme jour de Juillet, mais ſans date d'année, *Lettres de Henry le Grand.*

LIVRE TRENTIEME.

cher en 1601. lorsque cette Princesse vint à Douvres, & qu'il s'avança jusqu'à Calais. Ce que le Cérémonial d'une semblable entrevuë ne leur permit pas de faire, je l'ébauchai du moins dans le voyage qu'on a vû que je fis vers cette Princesse. Je la trouvai fort occupée des moyens de faire réüssir ce grand Projet : & malgré les difficultés qu'elle imaginoit dans ses deux points principaux, la conciliation des Religions, & l'égalité des Puissances ; elle me parut ne point douter qu'on ne pût le faire réüssir. Elle se rassûroit sur un motif, dont j'ai bien connu depuis toute la justesse : c'est que ce Plan n'ayant après tout rien de contraire qu'aux vûës de quelques Princes ambitieux, & connus pour tels dans l'Europe ; cette difficulté, qui en faisoit mieux sentir la nécessité, en achemineroit aussi, plutôt qu'elle n'en retarderoit le succès. Elle disoit encore, Qu'il auroit été à souhaiter qu'il eût pu s'exécuter par toute autre voye que par celle des Armes, qui a toujours quelque chose d'odieux : mais qu'elle convenoit que du moins on ne pouvoit guère le commencer autrement. Une très-grande partie des Articles, des conditions & des différens arrangemens, est dûë à cette Reine, & montre bien que du côté de la pénétration, de la sagesse & de toutes les autres qualités de l'esprit, elle ne cédoit à aucun des Rois, les plus dignes de porter ce nom.

On ne peut regarder que comme un très-grand malheur, que Henry ne pût point dès ce moment-là seconder les intentions de la Reine d'Angleterre, qui vouloit que sans perdre un moment, on mît la main à l'œuvre : Mais à peine osoit-il espérer, lorsqu'il jettoit ainsi les fondemens de cet édifice, de voir le temps d'y mettre la derniere main. Le rétablissement de son Royaume, dans toutes les parties par où il étoit affligé, étoit un ouvrage de plusieurs années : & malheureusement il en avoit déja quarante-huit, avant qu'il eût pû y travailler. Il ne laissa pas de le presser avec toute l'ardeur possible. L'Edit de Nantes avoit déja été fait dans cette vûë. Tous les autres moyens de s'attirer le respect & la confiance des Princes de l'Europe, commencerent aussi à être mis en œuvre ; en même temps que nous nous appliquions lui & moi, avec une patience infatigable, à l'arrangement intérieur du Royaume. La mort du Roi d'Espagne nous parut l'événement le plus heureux pour notre dessein : Mais celle

Tome III.   A a a

d'Elisabeth y porta un coup si sensible, qu'il s'en fallut peu qu'elle ne nous le fît abandonner tout-à-fait. Henry n'attendoit point des Rois du Nord, ni du Roi Jacques, Successeur de cette Princesse, lorsqu'il eut connu le caractère de son esprit, qu'aucun d'eux consentît d'aussi bonne grace que faisoit la Reine d'Angleterre, à partager ce fardeau avec lui: Cependant les nouveaux Alliés qu'il gagnoit chaque jour en Allemagne, & dans l'Italie même, le consolerent un peu de cette perte. La Tréve des Pays-Bas avec l'Espagne, peut aussi être mise au nombre des incidens peu favorables.

Mais si nous voulions compter ensuite tout ce qui survint d'obstacles dans l'intérieur du Royaume, de la part des Protestans, des Catholiques, du Clergé, du Conseil même de Sa Majesté; il pourroit sembler que tout conspirât à le faire échouer. Croiroit-on que Henry n'eût pas pu trouver un seul homme avec moi dans tout son Conseil, auquel il ne risquât rien à dévoiler le fond de ses Projets? & que tout le respect qu'on lui devoit, empêchoit à peine de traiter d'extravagance le peu qu'il se hazarda, avec toute la circonspection possible, d'en découvrir à ceux qui paroissoient le plus dévoués à toutes ses volontés? Rien ne le rebuta. Plus habile Politique & meilleur Juge que tout son Conseil & que tout son Royaume, dès qu'il vit que malgré tous ces obstacles, les Affaires se mettoient d'elles-mêmes au-dedans comme au dehors, dans une situation favorable, il tint le succès pour infaillible.

Etoit-ce au fond une grande témérité, que d'en juger ainsi? Qu'est ce que ce Prince éxigeoit de l'Europe, en cette occasion? rien autre chose, sinon qu'elle se prête aux moyens qu'il a imaginés, pour la placer dans la position, où elle tend depuis long-temps par tous ses efforts, à se voir établie. On le lui facilite; & sans qu'il lui en coûte à-beaucoup-près ce qu'une grande partie de ces Princes auroit volontiers sacrifié, & même a souvent sacrifié, pour un avantage beaucoup moins réel, moins certain & moins durable. Le profit qu'on leur assûre, outre le bien inestimable de la Paix, surpasse de beaucoup la dépense, à laquelle on les engage. Quelle raison encore un coup voit-on qu'ils puissent avoir, de s'y opposer? Et s'ils ne s'y opposent pas, que fera la Maison d'Autriche contre des Puissances, à qui l'envie & le plaisir de la dépouiller d'un bien, dont elle ne s'eſt ſervie juſqu'ici que pour les opprimer, ſuſcite autant d'ennemis déclarés, qu'elle en a de ſecrets, c'eſt-à-dire, l'Europe entiere? On ne laiſſe à ces Princes aucun ſujet de jalouſie contre celui qui leur rend leur liberté ; puiſque ce libérateur, bien-loin de chercher un dédommagement de toutes les dépenſes que ſa générosité lui fait faire, ſe met encore volontairement & pour toujours, dans l'impuiſſance de rien ajoûter à ſon Royaume, par voye de conquête, & même par les moyens les plus légitimes. Il a trouvé le ſecret de perſuader à tous ſes Voiſins, que ſon unique objet eſt de s'épargner, ainſi qu'à eux, ces ſommes immenſes, que leur coûtent à entretenir tant de milliers de Gens de Guerre, tant de Places fortifiées, & tant d'autres dépenſes militaires; de les délivrer pour jamais de la crainte de ces cataſtrophes ſanglantes, ſi communes en Europe ; de leur procurer un repos inaltérable; enfin, de les unir tous par un lien indiſſoluble : enſorte que tous ces Princes euſſent pu après cela vivre entr'eux comme des freres, & ſe viſiter les uns les autres comme de bons voiſins, ſans l'embarras du Cérémonial, ſans la dépenſe d'un train, qu'on n'expoſe que pour éblouir, ſouvent pour cacher ſa miſère. N'eſt-ce pas en effet une honte & une tache pour des Peuples ſi policés, que toute leur prétendue ſageſſe n'ait pu juſqu'à-préſent, je ne dis pas leur procurer la tranquillité, mais les ſauver des fureurs, qu'ils déteſtent dans les Nations les plus ſauvages & les plus barbares? Pour prévenir ces cruels événemens, pour étouffer dans leur germe ces ſemences pernicieuſes de confuſion & de bouleverſement, pouvoit-on rien imaginer de plus heureux que le Projet de Henry le Grand, & pouvoit-on y apporter plus de précaution?

Voilà tout ce qu'on peut raiſonnablement éxiger. Il n'eſt au pouvoir de l'humanité, que de préparer & d'agir : le ſuccès eſt l'ouvrage d'une main plus puiſſante. Un préjugé ſi avantageux pour le Projet dont il eſt queſtion, que les perſonnes ſenſées ne pourroient être blâmées d'en juger par cela ſeul, c'eſt qu'il a été entrepris par les deux Têtes Couronnées, que la Poſtérité regardera comme les plus excellens modèles dans l'Art de régner : J'ajoûte ſur la perſonne de Henry en particulier, que c'eſt aux Princes inſtruits com-

A a ij

me lui par l'adverſité, qui n'ont preſque jamais trouvé que des obſtacles dans leur chemin ; que c'eſt, dis-je, à ces Princes, qu'il appartient de juger des vrais obſtacles ; & qu'on peut déférer ſans crainte à leur ſentiment ; ſur-tout lorſqu'on les voit prêts à expoſer leur vie pour le ſoûtenir. Pour moi, je regretterai toujours que la France, en perdant ce grand Prince, ſe ſoit vûë enlever du même coup, une gloire bien ſupérieure à celle dont ſon Régne l'avoit comblée (8). Il reſte à expliquer en détail toutes les parties de ce Deſſein, & comment il devoit s'éxécuter. Commençons par ce qui regarde la Religion.

Deux Religions ont cours dans l'Europe Chrétienne ; la Religion Romaine, & la Religion Réformée : Mais comme celle-cy a admis pluſieurs modifications dans ſon Culte, qui la rendent, ſinon auſſi différente de la Religion Romaine, du moins auſſi éloignée de ſe réünir ; il faut néceſſairement la partager en deux Religions, à la premiere deſquelles on conſervera ſon nom de Réformée, & l'autre pourra s'appeller Religion Proteſtante. Ces trois Religions régnent en Europe d'une maniere très-variée. L'Italie & l'Eſpagne ſont demeurées en poſſeſſion de la Religion Romaine, ſans mélange d'aucune autre. La Religion Réformée ne ſubſiſte en France avec la Romaine, qu'à la faveur des Edits, & y eſt la plus foible. L'Angleterre, le Danemark, la Suède, les Pays-Bas, la Suiſſe, ſont auſſi mêlangés : avec la différence, que c'eſt la Religion Proteſtante qui y domine ; les autres n'y ſont que tolerées. L'Allemagne les réünit toutes trois, & même dans pluſieurs de ſes Cercles, les regarde de même œil ; ainſi que la Pologne. Je ne parle point de la Moſcovie, ou Grande-Ruſſie. Ces vaſtes Pays, qui n'ont pas moins de ſix cens lieuës de long, ſur quatre cens de large, étant en grande partie encore Idolâtres, & en partie Schiſmatiques, comme les Grecs & les Armeniens, mais avec mille pratiques ſuperſtitieuſes qui ne leur laiſſent preſqu'aucune

(8) On juge aiſément ſur tout cet expoſé, quelle foi l'on doit ajoûter au temoignage de Siri, *ibid.* lorſqu'il donne à entendre, Que Henry le Grand n'étoit poſſedé uniquement que de la paſſion d'amaſſer des tréſors : Qu'il fallut que ſon Miniſtre le forçât comme malgré lui à entrer dans le Projet : & que le Duc de Sully, qu'il croit en être le ſeul Auteur n'y étoit lui-même ſi fort-attaché, que par pure opiniâtreté, & peut-être, pour ſon propre interêt.

conformité avec nous; outre qu'ils appartiennent à l'Asie, pour le moins autant qu'à l'Europe; on doit presque les regarder comme un Pays barbare, & les mettre dans la même classe que la Turquie; quoique depuis cinq cens ans on lui donne rang parmi les Puissances Chrétiennes.

Chacune de ces trois Religions se trouvant aujourd'hui établie en Europe, de maniere qu'il n'y a aucune apparence qu'on pût venir à bout d'y en détruire aucune des trois, & que l'expérience a suffisamment montré l'inutilité & les dangers de cette entreprise; il n'y a rien de mieux à faire, que de les y laisser subsister toutes trois, & même de les fortifier: de maniere cependant que cette indulgence ne puisse dans la suite ouvrir la porte à tout ce que le caprice pourroit faire imaginer de faux Dogmes, qu'on doit avoir un soin particulier d'étouffer dans leur naissance. Dieu, en paroissant visiblement soûtenir ce qu'il plaît aux Catholiques d'appeller la nouvelle Religion, nous enseigne cette conduite, qui n'est pas moins conforme aux Préceptes de la Sainte-Ecriture, que confirmée par ses exemples: Et d'ailleurs, la difficulté insurmontable de faire recevoir l'autorité du Pape, dans les lieux où elle n'est plus reconnuë, rend ce point de toute nécessité. Plusieurs Cardinaux, également éclairés, zélés, & même quelques Papes, tels que Clement VIII. & Paul V. en sont convenus.

Il ne s'agit donc plus que de bien affermir ceux de ces Peuples qui ont fait choix d'une Religion, dans le Principe où ils sont, qu'il n'y a rien de si pernicieux en toute maniere, que le libertinage dans la Croyance; & pour ceux qui en ont embrassé plusieurs, ou qui les pratiquent toutes, d'y maintenir l'ordre qu'ils ont jugé suffisant contre les abus ordinaires d'une tolérance, qui apparemment leur est utile par d'autres endroits. Ainsi l'Italie s'étant tenuë attachée à la Religion Romaine, & étant d'ailleurs le séjour des Papes, je conviens que cette Religion doit y être conservée dans toute sa pureté: & ce n'est point une tyrannie, que d'obliger les Naturels du Pays à s'accommoder à cette Loi; ou à en sortir, s'ils croient ne devoir pas la suivre. On peut dire la même chose à peu près de l'Espagne. Dans les Etats tels que la France, où l'on veut du moins qu'il y ait une Religion dominante; le tempérament à apporter, est de permettre d'en fortir, fi l'on trouve trop févères les Réglemens, par lefquels la Religion Calvinifte feroit toujours dans la fubordination de la Religion du Prince. Tous les autres n'ont point befoin de nouvelles régles : Nulle violence fur ce point : liberté entiere ; puifque cette liberté y a paffé en Principe même du Gouvernement.

Tout fe réduit, comme on voit, fur cet article, à un très-petit nombre de Maximes, d'autant plus fûres, qu'elles ne combattent le goût de perfonne. Les Proteftans font fort-éloignés de prétendre faire embraffer de force leur Religion, à ceux de leurs Voifins qui ne s'en accommodent pas. Les Catholiques penfent fans doute de même : & l'on ne fait aucun tort au Pape, en l'excluant de ce qu'il convient qu'il ne poffède plus depuis long-temps. Ce facrifice de droits chimériques, feroit plus que fuffifamment payé par la Dignité Royale, dont il doit être revêtu, & par l'honneur de fervir après cela de Médiateur à tous les Princes Chrétiens : qualité, dont il joüiroit alors fans jaloufie ; & à laquelle on ne peut nier que cette Cour ne foit par fa fageffe, la plus propre de toutes.

Un autre point du Plan Politique, qui concerne encore la Religion, regarde les Princes infidèles de l'Europe, & confifte à en chaffer entierement ceux qu'on ne voit nulle apparence de pouvoir amener à aucune des Religions Chrétiennes. Si le Grand Duc de Mofcovie, ou Czar de Ruffie, qu'on croit être l'ancien Knès de Scythie, refufe d'entrer dans l'Affociation, après qu'on la lui aura propofée ; on le doit traiter comme le Sultan de Turquie, le dépouiller de ce qu'il poffede en Europe, & le reléguer en Afie ; où il pourra, fans que nous nous en mêlions, continuer tant qu'il voudra la Guerre, qu'il a prefque continuellement avec les Perfans & les Turcs.

Pour venir à bout de cette entreprife, qui ne paroît avoir rien de difficile, d'abord qu'on fuppofe que tous les Princes Chrétiens y concourent unanimement ; il n'eft queftion que d'engager chacun d'eux à fe taxer lui-même, pour l'entretien des Gens de guerre, & pour toutes les autres chofes néceffaires à la faire réüffir. En attendant que le Confeil Général, dont il fera parlé plus bas, eût fpécifié toutes ces valeurs, voici quelles étoient à cet égard les idées de Henry le Grand. Le Pape fourniroit pour cette expédition huit mille hommes d'Infanterie, douze cens hommes de Cavalerie, dix Canons, & autant de Galères. L'Empereur & les Cercles d'Allemagne, soixante mille hommes d'Infanterie, vingt mille de Cavalerie, cinq gros Canons, dix Galères ou Vaisseaux. Le Roi de France, vingt mille hommes d'Infanterie, quatre mille de Cavalerie, vingt Canons, dix Vaiseaux ou Galères. L'Espagne, la Grande-Bretagne, le Danemark, la Suede, la Pologne, pareil nombre que la France : avec le seul égard, de compenser différemment entre ces Couronnes, suivant leurs commodités, le fournissement de ce qui appartient au service de Mer. Le Roi de Bohême, cinq mille hommes d'Infanterie, quinze cens de Cavalerie, cinq Canons. Le Roi de Hongrie, douze mille hommes d'Infanterie, cinq mille de Cavalerie, vingt Canons, six Vaisseaux. Le Duc de Savoie, c'est-à-dire, le Roi de Lombardie, huit mille hommes d'infanterie, quinze cens de Cavalerie, huit Canons, six Galères. La Réplique de Venise, dix mille hommes d'Infanterie, douze cens de Cavalerie, dix Canons, vingt-cinq Galères. La République Helvètique, quinze mille hommes d'Infanterie, cinq mille de Cavalerie, douze Canons. La République Belgique, douze mille hommes d'Infanterie, douze cens de Cavalerie, douze Canons, autant de Vaisseaux. La République Italique, dix mille hommes d'Infanterie, douze cens de Cavalerie, dix Canons, huit Galères. Le tout ensemble composeroit environ deux cens soixante dix mille hommes d'Infanterie, cinquante mille hommes de Cavalerie, deux cens Canons, & cent vingt Vaisseaux ou Galères, soudoyés, équipés & entretenus aux frais de tous ces Etats, chacun suivant leur portion.

Cet Armement des Princes & Etats de l'Europe, paroît si peu considérable & si peu gênant, comparé aux forces qu'ils sont dans l'usage de tenir sur pied contre leurs Voisins ou contre leurs Sujets, que quand il auroit dû subsister perpétuellement, il n'y auroit eu à cela aucun inconvénient : c'auroit même été une excellente Ecole pour la Guerre. Mais outre que les entreprises auxquelles on le destinoit, n'auroient pas toujours duré ; on auroit pu diminuer le nombre & les frais, à proportion des besoins, qui n'auroient pas toujours été les mêmes. Je suis persuadé cependant, que cette idée auroit été si fort du goût de tous ces Princes, qu'après qu'ils auroient conquis par ce moyen, tout ce qu'ils ne doivent pas souffrir qu'acun Etranger partage avec eux en Europe ; ils auroient cherché à y joindre les parties de l'Asie, le plus à leur commodité, & sur-tout la Côte entiere d'Afrique, trop voisine de nos Etats, pour n'en être pas incommodés. Une précaution unique à prendre, par rapport à tous les Pays conquis, eût été d'y fonder de nouveaux Royaumes, qu'on déclareroit unis à la Republique Chrétienne, & qu'on distribueroit à différens Princes ; en excluant soigneusement ceux qui tiendroient déja rang parmi les Souverains de l'Europe.

La Partie du Dessein, purement Politique, rouloit presque toute entiere sur un premier Préliminaire, qui n'auroit ce me semble souffert guère plus de difficulté que l'article précédent : C'étoit de dépouiller la Maison d'Autriche de l'Empire, de tout ce qu'elle possede en Allemagne, en Italie & dans les Pays-Bas : en un mot, de la réduire au seul Royaume d'Espagne, renfermé entre l'Océan, la Méditerranée & les Pyrénées ; auquel on auroit laissé seulement, pour le rendre égal aux autres grandes Dominations Monarchiques de l'Europe, la Sardaigne, Maïorque, Minorque & autres Isles sur ses côtes ; les Canaries, les Açores & le Cap-Vert, avec ce qu'il possede en Afrique ; le Méxique, avec les Isles de l'Amérique qui lui appartiennent : Pays, qui suffiroient seuls à fonder de grands Royaumes ; enfin, les Philippines, Goa, les Moluques, & ses autres possessions en Asie.

Sur quoi il se présente à l'esprit l'idée d'un moyen, propre à dédommager la Maison d'Autriche de tout ce qu'on lui ôtoit en Europe : c'étoit de le lui faire gagner dans les trois autres Parties du Monde ; en lui aidant à s'emparer, & en la déclarant l'unique propriétaire, de tout ce que nous y connoissons d'habitable, & qu'on y pourroit découvrir dans la suite. On suppose pour cela, qu'elle n'auroit pas obligé par sa résistance, à employer la force contr'elle : & même dans cette supposition, ce n'étoit point au Prince de cette Maison, régnant en Espagne, qu'il eût fallu assujettir ainsi les trois Parties du Monde, mais à différens Princes, de la même ou de plusieurs branches ; lesquelles après cela, n'eussent

LIVRE TRENTIEME. 377

sent été tenus qu'à l'hommage envers la Couronne d'Espagne, ou tout-au-plus à un tribut, tel que l'éxigeoient les anciens Conquérans. Par-là, cette Maison, qui veut être la plus puissante du Monde, auroit pu continuer à se flater de cet avantage, sans que les autres lui eussent envié cette prétenduë grandeur.

Les vuës de la Maison d'Autriche pour la Monarchie Universelle, mises en évidence par toutes les démarches qu'elle a fait faire à Charles-Quint & à son Fils, ont rendu la sévérité de ce traitement, aussi juste que nécessaire : & je dis de-plus, qu'elle même n'auroit eû aucun sujet raisonnable de s'en plaindre. Il est vrai qu'on lui enleve l'Empire ; mais auquel, à parler juste, elle n'a pas plus de droit, que tous les Princes d'Allemagne, & même de l'Europe. Si la chose avoit besoin d'être prouvée, il ne faudroit que lui rappeller, à quelles conditions Charles-Quint lui-même, le plus puissant d'eux tous, fut reconnu Empereur : conditions, qu'il jura solemnellement d'observer, à Smalcalde, en présence de sept Electeurs ou Princes, & des Députés de vingt-quatre Villes Protestantes, le Landgrave de Hesse & le Prince d'Enhalt portant la parole pour tous. Il jura, dis-je, de ne jamais déroger en rien aux Loix reçuës dans l'Empire, & nommément à la fameuse Bulle d'Or, portée sous Charles IV : sauf à les amplifier, mais par le conseil & du consentement exprès des Princes Souverains d'Allemagne : De ne toucher à aucun de leurs Priviléges : De n'introduire aucun Etranger dans leur Conseil : De ne faire ni Guerre ni Paix, sans leur aveu : De ne donner les Charges & Dignités, qu'à des Allemands Naturels : De ne se servir pour les Dépêches, que de la seule Langue Allemande : De ne point établir d'Impôts, de son seul mouvement : De n'appliquer aucune des Conquêtes à son profit particulier. Il renonça formellement sur-tout, à l'hérédité de la Dignité Impériale dans sa Maison : & conformément au second Article de la Bulle d'Or, il jura qu'il ne feroit point reconnoître de Roi des Romains, de son vivant. Lorsque les Protestans d'Allemagne, après en avoir presque chassé Ferdinand, consentirent à lui déférer la Couronne Impériale, ils renouvellerent soigneusement avec lui tous ces Articles & les lui firent jurer, avec de nouveaux Réglemens pour le libre exercice de leur Religion.

Quant aux possessions de la Maison d'Autriche dans l'Allemagne, l'Italie & les Pays-Bas, qu'on lui ôte aussi : pour ne rien dire ici, de ce qu'elle n'y doit qu'à une usurpation tyrannique ; on ne la prive après tout, que de Pays, qui sont pour elle le sujet de si grandes dépenses (je parle surtout de l'Italie & des Pays-Bas) que tous ses trésors des Indes n'y ont pas suffi : Et d'ailleurs, on l'indemnise par des établissemens aussi considérables pour-le moins, & certainement beaucoup plus riches ; en lui cédant le privilége exclusif, dont je viens de parler, de s'étendre dans les trois autres Parties du Monde, d'y fonder de nouvelles Dominations, de s'en approprier les mines & les trésors : Ce qui ne doit pas pourtant s'entendre, comme si l'on y interdisoit tout Commerce aux autres Nations de l'Europe : aucontraire, il devoit être libre & ouvert à tout le monde ; & cette stipulation, qui est des plus importantes, est plutôt un nouvel avantage pour elle, qu'une restriction faite à ses droits.

Je n'ai aucune peine à croire, en éxaminant cet arrangement, que la Maison d'Autriche auroit accepté ces conditions, sans obliger à tirer l'épée contre elle. Mais le contraire supposé ; à quoi lui eût servi sa résistance ? la promesse faite à tous les Princes de l'Europe, de les enrichir de ce qu'on lui enlevoit, ne lui laissant d'espérance de secours, de la part d'aucun d'eux.

Il y avoit donc ici à gagner pour tout le monde ; & c'est ce qui assuroit la réüssite du Dessein de Henry le Grand. L'Empire redevenoit une Dignité, à laquelle tous les Princes, & nommément ceux d'Allemagne, pouvoient prétendre ; & une Dignité d'autant-plus flateuse, quoique suivant sa premiere institution, on n'y attachât aucun fonds, que l'Empereur étoit déclaré Chef & premier Magistrat de la République Chrétienne : qu'on étendoit à cet égard tous ses priviléges, bien-loin de les diminuer ; parce qu'on supposoit que cet honneur ne seroit plus déféré dans la suite, qu'au plus digne, & qu'on lui donnoit une autorité plus marquée, sur les Républiques Belgique & Helvétique, obligées de le reconnoître à chaque mutation, par l'hommage respectueux. L'Election de l'Empereur demeuroit entre les mains des Electeurs, ainsi que la nomination du Roi des Romains: avec la restriction, qu'ils ne pourroient le prendre deux fois de suite dans la même famille. Pour cette fois-cy, on étoit convenu d'en gratifier l'Electeur de Baviere, qui gagnoit outre cela dans le partage, les apanages de la Maison d'Autriche, qui l'avoisinent du côté de l'Italie.

Le reste de ces apanages auroit été séparé avec équité; par les Rois de France, d'Angleterre, de Danemark & de Suède, entre les Vénitiens, les Grisons, le Duc de Wirtemberg, & les Marquis de Bade, d'Anspack & de Dourlach. On auroit fait de la Bohême, un Royaume Electif; en y joignant la Moravie, la Silésie & la Luzace. La Hongrie seroit aussi devenuë un Royaume Electif, à la nomination du Pape, de l'Empereur, des Rois de France, d'Espagne, d'Angleterre, de Danemark, de Suède & de Lombardie: Et parce que ce Royaume devoit être regardé comme le boulevart de la Chrétienté, on se seroit attaché à le rendre le plus puissant & le plus en état de résister aux Infideles; en y ajoûtant dès-à-présent l'Archiduché d'Autriche, la Stirie, Carinthie & Carniole, & en y incorporant dans la suite, tout ce qu'on conquéreroit en Transylvanie, Bosnie, Esclavonie & Croatie. Les mêmes Electeurs se seroient obligés par serment, de l'assister particulierement; & ils auroient eû grand soin de ne jamais l'accorder à la brigue, mais d'en revêtir un Prince, connu par ses grandes qualités, sur-tout pour la Guerre. La Pologne étant dans le même cas à-peu-près que la Hongrie, à cause du voisinage du Turc, du Moscovite & du Tartare, elle seroit pareillement devenuë un Royaume Electif par les mêmes huit Potentats; & l'on auroit augmenté ses forces, en lui appliquant toutes les conquêtes sur les Infidèles, qui confinent ses Frontieres, & en terminant à son avantage, les disputes qu'elle a avec ses Voisins. La Suisse, accruë de la Franche-Comté, de l'Alsace, du Tirol & autres dépendances, auroit été érigée en République Souveraine, gouvernée par un Conseil ou Sénat, dont l'Empereur, les Princes d'Allemagne & les Vénitiens, auroient été nommés Surarbitres.

Les Changemens à faire en Italie, confiſtoient en ce que le Pape feroit déclaré tenir rang parmi les Monarques de l'Europe; & qu'il poſſederoit à ce titre Naples, la Pouille, la Calabre & toutes leurs dépendances, unies au Patrimoine de Saint Pierre, fans pouvoir jamais en être alienées. Le ſeul cas d'oppoſition de la part du Saint-Pere, qu'on ne doit pourtant pas préſumer, auroit obligé à changer cet ordre, & à partager le Royaume de Naples en deux portions, dont les mêmes Rois Electeurs auroient diſpoſé d'un commun accord. La Sicile feroit cédée à la République de Veniſe, par Lettres émanées des huit mêmes principaux Potentats; à la charge d'en rendre l'hommage à chaque Pape, qui acquéroit le titre de Chef immédiat de toute la République Italique, appellée autrement par cette raiſon, la République de l'Egliſe. Les autres Membres de cette République, feroient les Seigneuries de Gènes, Florence, Mantouë, Modène, Parme, Lucques, gouvernées comme elles le font actuellement, Boulogne & Ferrare, érigées en Villes libres: & toutes ces Seigneuries auroient rendu tous les vingt ans hommage au Pape, leur Chef, par le don ſolidaire d'un Crucifix de dix mille écus.

Des trois grandes Républiques de l'Europe, celle-cy paroît du premier coup d'œil devoir être la plus brillante & la plus riche: ce qui n'eſt pas cependant; parce qu'on n'y comprend point ce qui appartiendroit au Duc de Savoie. Cet Etat feroit rendu l'une des Grandes Monarchies de l'Europe, héréditaire aux filles comme aux mâles, portant le nom de Royaume de Lombardie; dans lequel, outre le Pays ainſi appellé, feroient encore compris le Milanois & le Montferrat, pour lequel on donneroit au Duc de Mantouë le Duché de Crémone. Il y auroit Acte authentique de cette érection, de la part du Pape, de l'Empereur, & des Puiſſances Monarchiques de la République Chrétienne.

La France, comme on voit, ne ſe réſervoit rien pour elle-même dans ces differens démembremens, que la ſeule gloire de les diſtribuer avec équité. Henry en avoit fait la déclaration dès long-temps auparavant. Il diſoit même quelquefois, avec autant de modération que de bon ſens, Que cet ordre une fois établi, il auroit volontiers remis la queſtion de l'étenduë que devoit avoir la France, à la pluralité des suffrages (9) Cependant comme les Pays d'Artois, de Hainaut, Cambrai, le Cambresis, le Tournesis, Namur & Luxembourg, ne convenoient bien qu'à elle; ils lui étoient cédés, mais pour en gratifier, en dix portions; dix Princes ou Seigneurs François, ayant titre de Souverains.

L'Angleterre étoit précisément dans le même cas; c'étoit un point arrêté entre les deux Princes, auteurs du Projet, Elisabeth & Henry; sur la remarque qu'avoit apparemment fait cette Reine, que les Isles Britanniques, dans les differens états par où elles ont passé, d'une ou de plusieurs Monarchies, electives, héréditaires, masculines ou féminines, parmi la variation de leurs Loix & de leur Police, n'avoient jamais éprouvé de revers, ni de véritables malheurs, que lorsque leurs Souverains avoient voulu sortir de leur petit Continent. Il semble en-effet qu'ils y sont comme concentrés par la Nature même: ensorte qu'il ne tient qu'à eux d'être heureux, sans avoir rien à démêler avec personne; pourvû qu'ils se bornent à maintenir en paix les trois Peuples qui leur sont soûmis, en les gouvernant chacun selon leurs Priviléges & leurs Coûtumes. Pour faire tout égal entre la France & l'Angleterre, on prenoit dans le Duché de Limbourg, le Brabant, la Jurisdiction de Malines & autres dépendances de la Flandre Flamande, Gallicane ou Impériale, dequoi composer huit Fiefs souverains, pour huit Princes ou Milords, de cette Nation.

Ces deux portions exceptées, tout le reste des dix sept Provinces-Unies, appartenant ou non appartenant à l'Espagne, étoit érigé en corps d'Etat libre & indépendant, sous le nom de République Belgique. Il faut pourtant encore en retrancher un Fief, portant titre de Principauté, accordé au Prince d'Orange, & quelques autres semblables indemnités, de peu de valeur, pour trois ou quatre autres personnes. La succession de Clèves étoit partagée entre les Princes, que l'Empereur en vouloit dépouiller: c'étoit le

---

(9) Que veut donc dire Siri? lorsqu'il nous entretient des desseins qu'il avance faussement qu'avoit Henry le Grand, tantôt, de joindre la Lorraine à la France, tom. 1. pag. 555. tantôt, de se faire céder la Savoie, tom. 2. p. 61. Ce qu'il dit des dispositions du Pape, des Vénitiens, &c. n'est pas plus vrai, tom. 2. pag. 180: Il semble que cet Ecrivain soit aux gages de la Maison d'Autriche.

moyen qu'on avoit de les gratifier, aux dépens de la Maison d'Autriche; ainsi que quelques autres Princes dans ce Canton, auxquels on abandonnoit les Villes Impériales qui y sont situées. La Suède même & le Danemark, quoique la loi que s'étoient imposée la France & l'Angleterre, dût leur être commune avec ces deux Couronnes, trouvoient encore dans cette distribution, dequoi se procurer plus d'étenduë & de commodité. Les troubles perpétuels qui agitent ces deux Etats, auroient pris fin; & c'étoit ce me semble leur rendre un assez grand service. Toutes ces cessions, échanges & transports, au Nord de l'Allemagne, devoient être faits à l'arbitrage des Rois de France, d'Angleterre & de Lombardie, & de la République de Venise.

On comprend présentement quel étoit l'objet du nouveau Plan : C'étoit de partager avec proportion toute l'Europe, entre un certain nombre de Puissances qui n'eussent ou rien à envier les unes aux autres du côté de l'égalité, ni rien à craindre du côté de l'équilibre. Le nombre en étoit réduit à quinze; & elles étoient de trois espèces : sçavoir, six grandes Dominations Monarchiques héréditaires; cinq Monarchiques électives; & quatre Républiques Souveraines. Les six Monarchies héréditaires, étoient la France, l'Espagne, l'Angleterre ou Grande-Bretagne, le Dannemark, la Suède & la Lombardie : Les cinq Monarchies électives, l'Empire, la Papauté ou le Pontificat, la Pologne, la Hongrie & la Bohême : Les quatre Républiques, la République, de Venise, ou Seigneuriale; la République d'Italie, qu'on peut de-même nommer Ducale, à-cause de ses Ducs; la République Suisse, Helvétique, ou Confederée; & la République Belgique, autrement, Provinciale.

Les Loix & les Statuts, propres à cimenter l'union de tous ces Membres entr'eux, & à y maintenir l'ordre une fois établi; les sermens & engagemens réciproques, tant sur la Religion, que sur la Politique; les assûrances mutuelles pour la liberté du Commerce; les mesures pour faire tous ces partages avec équité, & au contentement général des parties : tout cela se sous-entend de soi-même, sans qu'il soit besoin que je m'étende beaucoup sur les précautions qu'avoit prises Henry, à tous ces égards. Il ne pouvoit survenir au-plus que quelques petites difficultés de détail, qui auroient été aisément levées dans le Conseil-Général, representant comme les États de toute l'Europe ; dont l'établissement étoit sans doute l'idée la plus heureuse qu'on pût former, pour prévenir les changemens, que le temps apporte souvent aux Réglemens les plus sages & les plus utiles.

Le modèle de ce Conseil-Général de l'Europe, avoit été pris sur celui des anciens Amphyctions de la Grece ; avec les modifications convenables à nos usages, à notre climat, & au but de notre Politique. Il consistoit en un certain nombre de Commissaires, Ministres ou Plénipotentiaires, de toutes les Dominations de la République Chrétienne, continuellement assemblés en Corps de Sénat, pour déliberer sur les affaires survenantes, s'occuper à discuter les differens intérêts, pacifier les querelles, éclaircir & vuider toutes les affaires Civiles, Politiques & Religieuses de l'Europe, soit avec elle-même, soit avec l'Etranger. La forme & les procédures de ce Sénat, auroient été plus particuliérement déterminées par les suffrages de ce Sénat lui-même. L'avis de Henry étoit qu'il fût composé, par exemple, de quatre Commissaires, pour chacun des Potentats suivans, l'Empereur, le Pape, les Rois de France, d'Espagne, d'Angleterre, de Danemark, de Suede, de Lombardie, de Pologne, la République Vénitienne ; & de deux seulement, pour les autres Républiques & moindres Puissances : Ce qui auroit fait un Sénat d'environ soixante-six personnes, dont le choix auroit pû se renouveller de trois en trois ans.

A l'égard du lieu ; on décideroit s'il étoit plus à-propos que ce Conseil fût permanent, qu'ambulatoire, divisé en trois, que réüni. Si on le partageoit par portions de vingt-deux Magistrats chacune ; leur séjour devoit être dans trois endroits, qui fussent comme autant de centres commodes : tels que Paris ou Bourges, pour l'une, Trente & Cracovie ou leurs environs, pour les deux autres. Si l'on jugeoit plus expédient de ne point le diviser ; le lieu d'assemblée, soit qu'il fût fixe, ou ambulatoire, devoit être à-peu-près le cœur de l'Europe, & être par-conséquent fixé dans quelqu'une des quinze Villes suivantes, Metz, Luxembourg, Nancy, Cologne, Maïence, Trèves, Francfort, Wirtzbourg, Heidelberg, Spire, Wormes, Strafbourg, Bâle, Bezançon.

Je crois qu'outre ce Conseil-Général, il eût encore convenu d'en former un certain nombre de moindres, pour la commodité particuliere de différens Cantons. En en créant six, on les auroit placés, par exemple, à Dantzik, à Nuremberg, à Vienne en Allemagne, à Bologne en Italie, à Constance, & le dernier, dans l'endroit jugé le plus commode pour les Royaumes de France, d'Espagne & d'Angleterre, & la République Belgique, qu'il regardoit plus particulierement. Mais quels que fussent le nombre & la forme de ces Conseils particuliers, il étoit de toute utilité qu'ils ressortissent par Appel au Grand-Conseil-Général; dont les Arrêts auroient été autant de Décrets irrévocables & irréformables, comme étant censés émaner de l'autorité réünie de tous les Souverains, prononçans aussi librement qu'absolument.

Mais laissons tout ce qui se borne à des spéculations, auxquelles l'expérience & la pratique auroient pû apporter bien des changemens; & venons aux moyens employés par Henry, pour faciliter l'éxécution de son Grand Dessein. J'éviterai, autant qu'il se pourra, de répeter ce qu'on a lû en differens endroits de ces Mémoires.

Il avoit toujours paru à Henry de la derniere conséquence, de pouvoir s'assûrer de quelqu'un des plus puissans Princes de l'Europe, pour concerter avec lui tous ses Projets: C'est ce qui fit qu'après la mort d'Elisabeth, qui avoit uni d'un nœud indissoluble l'intérêt des deux Couronnes de France & d'Angleterre, on mit tout en œuvre pour faire passer tous ses sentimens au Roi Jacques, son successeur, Si j'avois pû y réüssir dans l'Ambassade solemnelle, dont j'ai rapporté les particularités, jusqu'à faire consentir ce Prince, que son nom parût tout-ouvertement à côté de celui de Henry; cette fraternité d'Armes, sur-tout si elle avoit été grossie de la même maniere, des noms des Rois de Danemark & de Suède, auroit épargné la peine & les difficultés de bien des Négociations. Il fallut se contenter, comme on

l'a

l'a vu, auprès du Roi d'Angleterre, des mêmes promesses, qu'on éxigeoit dans les autres Cours; c'est-à-dire, que non-seulement il ne s'opposeroit point à la Confédération, mais encore, qu'après que Henry auroit rendu ses desseins publics, il se déclareroit pour nous, & contribuëroit de la même manière que les autres Intéressés : ce qu'on gagna à la fin d'autant plus aisément, qu'on trouva un tempérament, qui ne coûtoit rien à la paresse naturelle de ce Prince; qui fut, de faire éxecuter par le Prince de Galles, son Fils, ce qu'il balançoit à entreprendre sous son nom. Si-tôt que celui cy eut obtenu de son Pere, que du moins il fermeroit les yeux sur ses démarches, il prévint tous les desirs de Henry; animé du desir d'acquérir de la gloire, & de se rendre en même temps digne de l'estime de Henry & de son Alliance : car il devoit épouser l'aînée des Filles de France. Il m'en écrivit plusieurs fois, & m'en fit écrire par Saint-Antoine, en ces termes : Il y ajoûta, que le Roi de France pouvoit compter sur six mille hommes d'Infanterie & quinze cens Chevaux, qu'il s'obligeoit de lui mener; & dans la suite, ce nombre fut augmenté de deux mille Fantassins & de huit Canons, soudoyés & entretenus aux frais de l'Angleterre, pendant trois ans au moins. Le Roi de Suede ne se montra pas moins zèlé pour la cause commune; & le Roi de Danemark parut aussi être dans les mêmes dispositions.

On négocioit pendant ce temps-là sans relâche, dans les différentes Cours de l'Europe, particulièrement dans les Cercles d'Allemagne & les Provinces-Unies, où le Roi tenoit pour ce sujet Boissise, Fresne-Canaye, Baugy, Ancel & Bongars. Le Conseil des Etats fut bientôt d'accord : le Prince d'Orange envoya les Sieurs Malderet & Brederode, offrir de leur part au Roi, quinze mille hommes d'Infanterie & trois mille de Cavalerie. Ils furent suivis de près par le Landgrave de Hesse & le Prince d'Enhalt, auxquels on eût l'obligation, ainsi qu'au Prince d'Orange, de voir en assez peu de temps grossir la liste de Confédération, du Duc de Savoie ; de tout ce qui tenoit dans la Hongrie, la Bohême & la Basse-Autriche, pour la Religion Réformée ; de quantité de Villes & de Princes Protestans d'Allemagne ; enfin, de tous les Cantons Suisses, de la Religion : Et lorsque la succession de Clèves, qu'on voyoit l'Empereur se disposer à usurper, fut devenuë un autre motif d'engagement ; il n'y eut presque plus rien en Allemagne, qui ne fût pour nous comme le prouve assez le résultat de l'Assemblée Générale à Hall. On auroit suscité à l'Electeur de Saxe, qui étoit peut-être demeuré le seul du Parti contraire, un embarras, dont il eût eu de la peine à se démêler : c'étoit de lui mettre en tête la branche de Jean-Fréderic, dépouillé de cet Electorat par Charles-Quint.

Il y avoit plusieurs de ces Puissances, auxquelles je suis persuadé qu'on n'eût rien risqué à s'ouvrir sur le fond même de l'entreprise ; qui l'auroient même secondée avec d'autant plus de chaleur, qu'elles auroient vû qu'on se seroit porté plus ouvertement à la destruction de la grandeur Autrichienne : Tels étoient assûrément les Vénitiens, les Provinces-Unies, & presque tous les Protestans, sur-tout les Evangeliques d'Allemagne. Mais comme on ne pouvoit apporter trop de précaution, pour ne pas indisposer contre la nouvelle Alliance, les Puissances Catholiques, qu'on cherchoit à y engager ; on se donna bien de garde de rendre d'abord publics les vrais motifs, ni toute l'étenduë du Projet concerté. Le secret de l'intrigue fut dans le commencement caché à tous, sans exception ; ensuite révelé à un très-petit nombre de personnes, dont on crut avoir absolument besoin pour gagner & attacher les autres, & qu'on ne put soupçonner d'indiscrétion. L'Association ne fut fort-long-temps présentée à tout le reste, que sous l'idée d'une espèce de Traité de Paix général, dans lequel on renfermeroit ce que l'utilité publique & le bien général de l'Europe pourroient inspirer de moyens, pour arrêter les progrès du pouvoir excessif de la Maison d'Autriche. Nos Ambassadeurs & nos Agens n'eurent ordre que de demander à ces Princes un renouvellement ou un commencement d'Alliance, pour travailler plus efficacement à la Paix ; de les consulter eux-mêmes, sur les moyens d'y parvenir ; de paroître n'être envoyés que pour les chercher avec eux ; de les sonder cependant, & suivant les dispositions où on les trouveroit, de jetter comme au hazard & par conjecture, quelque idée d'un nouvel ordre, plus propre à maintenir l'équilibre en Europe, & à assûrer à chaque Religion le repos, dont elles n'avoient pu jouir jusqu'à-présent. Les propositions d'Alliances par mariage furent très-utilement mises en usage auprès des Rois d'Angleterre & de Suède, & des Ducs de Savoye & de Lorraine. C'étoit un point décidé, de faire épouser au Dauphin l'Héritiére de Lorraine ; ce Duché continuant à relever de l'Empire, comme auparavant.

Mais aucune précaution ne parut si nécessaire, & ne fut si fortement recommandée à nos Négociateurs, que de bien persuader tous les Souverains de l'Europe, du désintéressement avec lequel Henry étoit résolu d'agir en cette occasion. On trouvoit moyen de l'insinuer, & d'en convaincre ces Princes, lorsque dans la supposition qu'il fût besoin de recourir aux armes, nous protestions hautement qu'on pouvoit compter sur les forces, sur les trésors, sur la personne même de Henry ; & si gratuitement de sa part, que sans attendre d'en être requis, il se porteroit de son propre mouvement à donner toutes les assûrances les plus positives, qu'il ne retiendroit à son profit ni une seule Ville, ni un seul pouce de terre, même comme dédommagement. Cette modération, dont à la fin personne ne douta, fit toute l'impression qu'elle devoit faire, lorsqu'on put entrevoir qu'elle étoit d'autant plus généreuse, qu'il y avoit dequoi flater & contenter la cupidité de tout le monde : Et en attendant que cette renonciation absoluë fût devenuë publique & solennelle, comme elle devoit l'être dans les Manifestes qu'on alloit faire paroître, Henry en donna une preuve, qui acheva de gagner le Pape.

Personne n'ignorant que puisqu'il s'agissoit au moins de chasser l'Espagne de celles de ses usurpations qui étoient le plus manifestement injustes, la Navarre & le Comté de Roussillon ne pouvoient manquer de revenir à la France ; le Roi offrit volontairement de les échanger pour les deux Royaumes de Naples & de Sicile, & en même temps de faire présent de l'un & de l'autre au Pape & à la République de Venise : ce qui étoit renoncer au droit le plus incontestable qu'il pût avoir sur les dépouilles de cette Couronne. En remettant même cette affaire, comme il fit, à l'arbitrage du Pape & des Vénitiens, il les obligea d'autant plus sensiblement, qu'il réüniſſoit en leur faveur tout le profit des parties, & tout l'honneur du jugement : Auſſi le Pape, à la premiere propoſition qui lui en fut faite, vint-il de lui-même au-devant de Henry. Il fit demander d'abord, ſi dans la circonſtance préſente, on trouvoit bon qu'il fît office de Médiateur commun, pour établir la Paix en Europe, & pour convertir la Guerre que ſe faiſoient continuellement ſes Princes, en une Guerre perpétuelle contre les Infidelles : partie du Projet, qu'on avoit eu grand ſoin de lui développer: C'étoit déclarer ſuffiſamment qu'il n'avoit pas envie qu'il ſe fît rien ſans lui, & qu'il étoit encore moins d'humeur à renoncer à l'avantage qu'on lui préſentoit.

Paul V. s'expliqua encore plus clairement, lorſqu'il crut qu'il étoit temps de parler. Ubaldini, ſon Nonce, dit au Roi, Que Sa Sainteté s'engageoit à lever, ſur différens prétextes, pour l'union contre la Maiſon d'Autriche, dix mille hommes d'Infanterie, quinze cens de Cavalerie & huit Canons; pourvû que Sa Majeſté ſe chargeât de fournir l'argent néceſſaire à les entretenir pendant trois ans; qu'on lui donnât toutes ſortes de ſûretés pour la ceſſion de Naples, & pour les autres droits d'hommage qu'on lui avoit promis; & qu'on ſatisfît loyalement aux conditions, que de ſon côté il croyoit devoir appoſer au Traité. Ces conditions, du moins les principales, étoient, Qu'on ne pourroit élire d'Empereur, qui ne fût Catholique : Que la Religion Romaine ſeroit maintenuë dans tous ſes droits, ainſi que les Eccléſiaſtiques dans tous leurs priviléges & libertés : Que les Proteſtans ne pourroient s'établir dans les Païs, où ils n'étoient point établis lors du Traité. Le Roi promit à Ubaldini d'obſerver religieuſement toutes ces conditions, & il déféra de plus au Pape, l'honneur d'être l'arbitre de toutes celles qui reſteroient à régler, dans l'établiſſement des nouvelles Républiques.

Ce n'étoit pas peu de choſe, que d'avoir fait franchir ce pas au Pape; ſon exemple ne pouvant manquer d'être d'une grande efficace, pour déterminer le reſte des Etats Catholiques, ſur-tout d'Italie. On n'avoit rien négligé pour ſeconder les diſpoſitions favorables, où ils paroiſſoient être; en payant éxactement aux Cardinaux & aux petits Princes, d'Italie, leurs pensions, & y ajoûtant même plusieurs nouvelles gratifications. L'établissement d'une nouvelle Monarchie en Italie, étoit le seul prétexte dont on eût pu se servir dans ces petites Cours, pour se dispenser d'embrasser l'Union : mais cette vaine appréhension étoit facile à dissiper, & leurs propres avantages devoient assez les rassûrer. Si cela ne suffisoit pas, on auroit eu recours à la menace de déclarer tous les contrevenans, déchus après un certain terme, du droit de prétendre à ces avantages ; de les priver de même de toute prétention à l'Empire & aux Royaumes électifs ; & de convertir ces petites Républiques en Souverainetés, & les Souverainetés en Républiques. Il n'y a guére d'apparence qu'aucun d'eux eût seulement balancé sur cette option. La punition du premier Rebelle auroit achevé de contenir dans le devoir tous ces petits Etats, qui sentent d'ailleurs toute leur impuissance : Mais c'étoit un moyen à employer, au défaut de tous les autres ; & jusque dans le châtiment, il falloit toujours laisser une porte ouverte à la grace.

Voilà à quel point avoient été amenées toutes choses, au moment fatal de la mort de Henry le Grand : Et voici en particulier le détail des forces pour la Guerre, dont toutes les Parties intéressées étoient convenuës avec lui. Les Rois d'Angleterre, de Suède & de Danemark, fournissoient pour leur contingent, huit mille hommes d'Infanterie chacun, quinze cens de Cavalerie & huit Canons : le tout soudoyé & entretenu à leurs frais, du moins pendant trois ans. Cette dépense, sur le pied de dix livres par mois pour chaque Fantassin, & de trente livres pour chaque Cavalier, la paye des Officiers comprise, & l'année composée de dix mois, revenoit pour chacun de ces Etats, à trois millions trois cens soixante-dix mille livres, pour les trois ans : en y comprenant aussi la dépense de l'Artillerie, sur le pied de quinze cens livres par mois, pour chaque Piéce. Les Princes d'Allemagne, nommés cy-dessus, fournissoient vingt-cinq mille hommes d'Infanterie, dix mille de Cavalerie & quarante Canons. Ils en avoient fait eux-mêmes l'estimation, à neuf ou dix millions, pour les trois ans. Les Provinces-Unies, douze mille hommes d'Infanterie, deux mille de Cavalerie

& dix Canons: dépense, douze millions. La Hongrie, Bohême & autres Evangeliques d'Allemagne, pareil nombre, & environ pareille dépense. Le Pape, dix mille hommes d'Infanterie, quinze cens de Cavalerie & huit Canons. Les Vénitiens, douze mille hommes d'Infanterie, deux mille de Cavalerie & dix Canons. Le Duc de Savoie, dix-huit mille hommes d'Infanterie, deux mille de Cavalerie & douze Canons: le Roi s'étoit obligé de faire les frais de l'armement de ces trois derniers articles. Le Total de toutes ces forces Etrangeres, quelque manque qu'on y eût supposé, auroit toujours été de cent mille hommes d'Infanterie au moins, de vingt à vingt-cinq mille hommes de Cavalerie, & d'environ cent vingt Canons.

Le Roi de son côté, avoit actuellement sur pied deux Armées, bien équipées: La premiere, qu'il devoit commander en personne, de vingt mille hommes d'Infanterie, François naturels, huit mille Suisses, quatre mille Lansquenets ou Wallons, cinq mille hommes de Cavalerie & vingt Canons: La seconde, donnée à conduire à Lesdiguieres du côté des Monts, de dix mille hommes d'Infanterie, mille de Cavalerie & dix Canons: outre un Camp-volant de quatre mille hommes d'Infanterie, six cens de Cavalerie & dix Canons; & un renfort de deux mille hommes de pied, pour mettre en garnison aux endroits où il seroit besoin (10). Faisons le Calcul de cet entretien de tous ces Gens & provisions de Guerre.

Les vingt mille hommes d'Infanterie, à vingt-une livres par mois chaque Soldat, en y confondant les appointemens des Chefs & Officiers, font par mois, quatre cens vingt mille livres, & par an, cinq millions quarante mille livres. Les huit mille Suisses & quatre mille Lansquenets, trois millions. Les cinq mille Chevaux, à soixante livres par mois

---

(10) Il y a quelques variations dans nos Mémoires, tant sur ce nombre de Gens-de-guerre de la grande Armée Royale, qui tantôt est de trente, tantôt de trente-deux & de trente-six mille hommes d'Infanterie, de quatre, cinq, six & huit mille de Cavalerie, trente & cinquante Canons; & sur celle des Princes Alliés d'Allemagne, portée quelquefois jusqu'à quarante mille hommes d'Infanterie & douze mille de Cavalerie; que sur celle d'Italie & des autres Puissances Confédérées. Les Calculs d'argent ne sont pas non-plus toujours les mêmes, ni tout-à-fait justes.

LIVRE TRENTIEME. 391

chaque Cavalier, parce qu'on renferme dans cette somme la paye des Officiers, plus considérable, sur tout celle de la Cornette-blanche du Roi, composée de mille hommes de la premiere Noblesse du Royaume, qui y servoient simples Volontaires; font par mois, deux cens quarante mille livres, & par an, deux millions huit cens quarante mille livres. Les vingt gros Canons, six Coulevrines & quatre Piéces bâtardes, coûtent d'entretien, lorsqu'il n'y a plus nul achat à faire, trois mille six cens livres par mois, chaque Piéce : les trente par conséquent, cent huit mille livres, & par an, douze cens quarante tant de mille livres. Achats extraordinaires, & déchets sur les fournitures & munitions de cette Armée, cent cinquante mille livres par mois, & un million huit cens mille livres par an.

Ensuite : Pour dépenses, soit ordinaires, soit extraordinaires, en espions ; pour les besoins des malades & blessés, & autres nécessités imprévûës, mettant tout au plus haut : pareille somme d'un million huit cens mille livres. Pour suppléer à ce qui peut manquer dans l'Armée des Princes Alliés ; pour payement de Pensions ; & pour satisfaire aux besoins particuliers du dedans du Royaume : trois cens mille livres, par mois ; par an, trois millions six cens mille livres. L'entretien de l'Armée de Lesdiguières, trois millions par an : autant, celui de l'Armée du Pape, de celle de Venise & du Duc Savoie. Ces quatre derniers Articles font douze millions par an. Joignez cette somme avec les précédentes ; elles montent ensemble environ à trente millions cent soixante mille livres, par an.

Il ne faut plus que tripler ce Total, à-raison de trois ans, qu'on suppose que peut durer la Guerre ; on trouvera entre quatre-vingt-dix & quatre-vingt-onze millions, à quoi peuvent monter à-peu-prés tous les frais de la présente Guerre ; je dis à-peu-prés ; parce que je n'ai point compris dans le présent Calcul, le Camp-volant, ni les deux mille hommes de garnison. Le premier de ces deux Articles, à raison de dix-huit livres par mois, chaque Fantassin, & de cinquante livres, chaque Cavalier, fait encore un Total d'environ cent trente mille livres, par mois ; un million cinq cens mille livres, par an ; & quatre millions cinq cens mille livres, pour les trois ans : Et le second fait aussi un produit de près de douze cens mille livres, pour trois ans.

Dans cette supposition, que la dépense de la Guerre ne pouvoit rouler pour la France, qu'entre quatre-vingt-dix & quatre-vingt-quinze millions : supposition, qui n'est pas hazardée, puisque nous avons tout mis au plus fort ; il est aisé de faire voir qu'au bout de ces trois ans, Henry devoit se trouver dans ses coffres, trente millions de plus qu'il n'en devoit dépenser : le fonds de toute sa Recette, faite & à faire pendant ces trois années, étant de cent vingt-un millions cinq cens quarante mille livres : C'est ce qui résulte des trois Etats, que je remis aux mains de Sa Majesté.

Le premier de ces Etats, qui n'étoit qu'un simple Bordereau des sommes actuellement déposées dans les chambres-basses voûtées de la Bastille, montoit à vingt-deux millions quatre cens soixante mille livres, en plusieurs coffres étiquetés Phelipeaux, Puget & Bouhier. Le second, étoit un autre Bordereau des sommes actuellement dûës par les Fermiers, Partisans & Receveurs-Généraux, qu'on pouvoit regarder comme déja touchées : elles formoient un Total de dix-huit millions six cens treize mille livres. Ces deux Totaux en font un de quarante-un millions soixante-treize mille livres, dont le Roi pouvoit disposer dès ce moment. Pour composer le reste de ces cent vingt-un millions, je n'avois recours, dans le troisiéme Etat, à aucunes nouvelles éxactions (11). Cette somme devoit revenir au Roi, des seules offres d'augmentation sur les différens revenus Royaux, que les Fermiers & partisans avoient faites pour un Bail de trois ans ; & de celles que les Officiers de Justice & de Finance s'étoient volontairement soûmis de fournir, pourvû qu'on les laissât jouir de certains priviléges & attributions : de maniére que dans ces vingt-un millions, je n'avois pas même compris la Recette qui devoit se faire pendant trois ans, des deniers Royaux ordinaires. Si la nécessité avoit ensuite obligé de recourir à des moyens plus onéreux, je donnai au Roi un autre Etat, par lequel il comprit qu'au-lieu de ces cent vingt-un millions, il auroit

pu

(11) Voyez ces trois Etats dans les anciens Mémoires. *Tom.* 4. *pag.* 94.

LIVRE TRENTIEME.

pu compter sur cent soixante-quinze (12). J'ai d'ailleurs montré dans plusieurs endroits de ces Mémoires, que dans un besoin pressant, ce Royaume peut s'ouvrir des sources de trésors presqu'infinis.

Il auroit été à souhaiter qu'on eût pu s'assûrer par de pareils Etats, des sommes d'argent & du nombre de Gens-de-guerre, que les autres Confédérés devoient employer. Mais quelque mécompte qui eût pu s'y trouver ; ayant quarante-un millions à répandre, quels obstacles Henry auroit-il pu trouver de la part d'une Puissance, qu'on sçavoit être épuisée d'argent, & l'on peut ajoûter, de soldats ? personne n'ignorant que les meilleurs & plus nombreux soldats, dont l'Espagne ait coûtume de se servir, se tirent de la Sicile, de Naples & de la Lombardie ; ou bien, sont Allemands, Suisses & Wallons.

Tout concourant donc à un heureux succès, & avec la précaution d'avoir placé de bons magasins dans les endroits de passage, le Roi étoit à la veille de se mettre en marche, en Corps d'armée, droit à Méziéres : d'où, prenant sa route par Clinchamp, Orchimont, Beauraing, Offais, Longpré, &c. après avoir fait élever cinq Forts dans tous ces Quartiers, & y avoir placé ses deux mille hommes de garnison, avec les munitions nécessaires ; il auroit joint du côté de Duren & de Stavelo, les deux Armées que faisoient avancer de leur côté les Princes d'Allemagne & les Provinces-Unies : Et commençant par fermer aux Ennemis toute entrée dans les Pays de Clèves & de Julliers, ces Principautés, qui étoient le prétexte de l'Armement, seroient d'abord tombées entre ses mains, & auroient été mises en sequestre, en attendant que l'Empereur & le Roi d'Espagne eussent montré quel parti ils prenoient sur les desseins des Princes Alliés.

C'étoit ce moment qu'on avoit choisi pour publier & répandre par toute l'Europe, les Déclarations en forme de Manifestes, qui devoient lui ouvrir les yeux sur ses véritables intérêts, & sur le vrai motif qui avoit mis les armes aux mains de Henry & des Princes Confédérés. Ces

---

(12) Ce second Etat, de cent soixante-quinze millions, se voit aussi détaillé dans les Memoires de Sully. *Tom.* 3. *pag.* 469.

Manifestes étoient composés avec un fort-grand soin. L'esprit de justice, de droiture, de bonne foi, de désintéressement & de bonne Politique, s'y faisoit sentir par-tout. Sans y découvrir encore en entier le fond de tous les changemens qu'on vouloit faire en Europe, on y faisoit entendre, Que l'intérêt commun avoit armé tous ses Princes, non-seulement pour empêcher la Maison d'Autriche de se mettre en possession des Etats de Clèves, mais encore pour la chasser des Provinces-Unies, & de tout ce qu'elle possedoit injustement : Que leur but étoit de partager toutes ces dépouilles entre les Etats & les Princes les plus foibles : Qu'il ne falloit point regarder cette entreprise, comme un sujet qui doit rallumer la guerre par toute l'Europe : Que quoiqu'armés, les Rois de France & du Nord ne demandoient que le titre de Médiateurs dans les sujets de plainte que l'Europe faisoit par leur bouche contre la Maison d'Autriche, & ne cherchoient qu'à terminer à l'amiable tous les différends de ces Princes les uns avec les autres : Qu'ils ne prétendoient rien faire en cette occasion, non-seulement que du consentement unanime de toutes les Puissances, mais encore de tous les Peuples, qu'on invitoit à faire les représentations aux Rois Alliés. Telle auroit été aussi la substance des Lettres circulaires, que Henry & les Princes ses Associés eussent envoyées en même temps dans tous les endroits soûmis à leur puissance ; afin que les Peuples instruits, joignant leurs suffrages, il se fût fait un cri général contre la Maison d'Autriche, de toutes les parties de la Chrétienté.

Comme on étoit résolu d'éviter avec la derniere précaution, de donner de l'ombrage à qui que ce fût, & que Henry vouloit convaincre de plus en plus ses Confédérés, qu'il n'étoit occupé que de leurs véritables intérêts ; il auroit joint à tous ces Écrits d'autres Lettres, écrites dans les différentes Cours, & en particulier aux Electeurs de Cologne & de Trèves, aux Evêques de Munster, de Liége & de Paderborn, au Duc & à la Duchesse de Lorraine. On auroit observé cette conduite avec les Ennemis mêmes, dans les Lettres qu'on écriroit à l'Archiduc & à l'Infante sa

Femme, à l'Empereur lui-même & à tous les Princes Autrichiens ; en cherchant à les engager par les motifs les plus forts & les plus pressans, à prendre le seul parti raisonnable. Par tout où l'on auroit porté ses pas, on n'auroit rien négligé pour instruire, convaincre & faire naître la confiance. On auroit porté jusqu'au scrupule l'attention à remplir les conventions, à distribuer les Pays dont on eût pu disposer, ou à les séquestrer jusqu'à décision. La force n'auroit jamais été employée, qu'après qu'on auroit vû que les prières, les raisons, les Ambassades & les Négociations, auroient été inutiles. Enfin, jusques dans l'éxercice même de la Guerre, on se seroit moins comporté en ennemis, qu'en pacificateurs. La Reine se seroit avancée jusqu'à Metz : toute la Cour l'y auroit suivie, avec l'appareil & la pompe qui annoncent la Paix.

Henry avoit imaginé un nouveau Réglement de discipline dans son Camp, bien propre à produire cet effet ; surtout, si son éxemple avoit été imité par les Princes ses Alliés. Il établissoit quatre Maréchaux de France, ou à tout le moins quatre Maréchaux de Camp, pour veiller uniquement à maintenir tout dans l'ordre, dans la plus éxacte discipline, dans la plus étroite subordination. Le département du premier, eût été la Cavalerie ; l'Infanterie Françoise, celui du second : le troisiéme auroit eu l'inspection des Troupes Etrangères ; & le quatriéme, celle de tout ce qui a rapport à l'Artillerie & aux munitions de guerre & de bouche : & le Roi lui-même se seroit fait rendre un compte éxact de ces quatre parties. Il se fût appliqué avec une égale ardeur, à mettre en honneur toutes les vertus militaires dans ses Armées ; en n'accordant les grades & les emplois, qu'au seul mérite ; en distinguant les bons Officiers ; en récompensant le soldat ; en punissant les blasphêmes ; en ménageant ses Troupes & celles de ses Confédérés ; en étouffant l'esprit de division, que cause la diversité des Religions: enfin, en joignant à l'émulation, ce concert de sentimens, qui contribuë plus que tout le reste à la victoire,

La suite de cette entreprise, en ce qui regarde la Guerre, auroit dépendu de la maniére dont l'Empereur & le Roi d'Espagne auroient reçu les propositions, & répondu aux

Manifestes des Princes ligués. Il y a apparence que l'Empereur, cédant à la force, auroit consenti à tout : je suis même persuadé qu'il eût été le premier à demander à s'aboucher avec le Roi de France, pour chercher les moyens de se tirer du moins avec honneur de ce mauvais pas ; & qu'il se seroit contenté de l'assûrance qu'on lui conserveroit, sa vie durant, la Dignité Impériale avec tous ses droits. Les Archiducs avoient fait plus : ils avoient permis à Henry, pour toutes ses Troupes, d'entrer dans leurs Pays & dans toutes leurs Villes ; pourvû qu'on n'y commît aucune hostilité, & qu'on payât éxactement dans tous les endroits de passage. Si ces apparences n'étoient point trompeuses, l'Espagne abandonnée de tout le monde, auroit subi malgré elle la loi de ses Vainqueurs.

Mais il faut supposer que toutes les branches de la Maison d'Autriche se seroient réünies en cette occasion, & qu'elles auroient fait pour leur intérêt commun, tous les efforts dont elles étoient capables. En ce cas, Henry & les Princes Confédérés, déclarant en forme la Guerre à leurs Ennemis, & défendant tout commerce aux Espagnols, nommément dans les Pays-Bas ; après avoir, comme nous l'avons dit, uni toutes leurs forces ; donné audience aux Princes d'Allemagne ; promis d'assister les Peuples de Bohême & de Hongrie, qui seroient venus implorer leur assistance ; enfin, s'être assûrés du Pays de Clèves : ces Princes, dis-je, auroient fait avancer leurs trois Armées du côté de Bâle & de Strasbourg, pour appuyer les Suisses, qui se seroient déclarés pour l'Union, après en avoir, pour la forme, demandé la permission à l'Empereur. Les Provinces-Unies, dont on s'éloignoit, étoient censées suffisamment défendües par le Camp-volant, que Henry en auroit fait approcher ; par les Armées d'Angleterre & du Nord, auxquelles on en laissoit la garde ; par l'attention qu'on auroit eüe de s'emparer tout d'abord de Charlemont, Maëstrich, Namur & autres passages du côté de la Meuse ; par les forces Navales de ces Provinces, qui, avec le secours de celles d'Angleterre, auroient bouché la Mer.

Après cela, le sort de la Guerre ne pouvoit plus tomber qu'en Italie, ou en Allemagne. Dans la première supposition,

LIVRE TRENTIEME.

les trois Armées de Henry, du Prince d'Orange & des Princes d'Allemagne, laissant la Franche-Comté, qu'on auroit seulement fortifiée, de même que les Frontiéres des Pays-Bas, d'un petit Corps de Troupes, auroient pris leur route du côté des Monts, où elles devoient rencontrer celles de Lesdiguiéres, du Pape, des Vénitiens & du Duc de Savoie, qui tous auroient levé le masque; les premiers, en demandant l'éxécution de l'arrangement projetté pour la Navarre, Naples & Sicile; & le Duc de Savoie, un partage pour sa Femme, égal à celui qu'on avoit fait à l'Infante Isabelle. C'est alors que la Guerre se trouveroit déclarée à l'Espagne, de tous les endroits de l'Europe. Si au contraire les Ennemis paroissoient vouloir attirer la Guerre en Allemagne; les Confédérés, ayant laissé en Italie ce qu'il suffisoit qu'il y eût de Troupes, seroient entrés jusque dans le cœur de l'Allemagne, où ils auroient trouvé du côté de la Hongrie & de la Bohême, les puissans secours que ces Peuples y tenoient préparés.

On ne sçauroit juger que par conjecture, du reste des événemens, qui auroient suivi ces commencemens; parce qu'ils dépendent du plus ou moins de lenteur des Ennemis à s'opposer à la rapidité de nos Conquêtes, & du plus ou moins de promptitude de la part des Confédérés, sur tout des extrémités de l'Allemagne, à remplir leurs conventions. Cependant je suis persuadé que sur l'exposé que je viens de faire, il n'y a personne qui ne regarde la Maison d'Autriche comme frappée du coup, qui devoit pour jamais anéantir sa puissance, & ouvrir un chemin sûr au reste des projets, dont cette attaque ne devoit être que le préliminaire. J'ajoûte, & la voix de toute l'Europe me justifie à cet égard du reproche de prévention, que si une pareille entreprise tire presque toujours de la personne du Chef qui la conduit, cette force qui la rend infaillible ; celle-cy ne pouvoir être mise en de meilleures mains, que celles de Henry le Grand. Avec une valeur, capable seule de renverser les plus grands obstacles; avec une présence d'esprit, qui ne négligeoit & ne perdoit aucun de ses avantages; avec une prudence, qui sans rien précipiter, sans trop embrasser d'objets à la fois, sçavoit les enchaîner l'un à l'autre, & connoissoit tout ce qu'on peut ou ce qu'on ne doit pas attendre du

Dddiij

temps; avec une expérience consommée; enfin, avec toutes les grandes qualités Guerriéres & Politiques, qui ont brillé dans le Prince, dont je viens de tracer l'Histoire, de quoi ne vient-on pas à bout? C'est ce qu'avoit voulu exprimer ce grand Roi, par cette devise modeste, qu'il avoit fait mettre sur les derniers Jettons qui furent frappés sous son Régne. *Nil sine consilio.*

Fin du trentiéme Livre.

MEMOIRES
DE
SULLY.

SUPPLEMENT

A la Vie du Duc de Sully, depuis sa retraite.

A premiére occasion où les Historiens font mention de M. le Duc de Sully, depuis qu'il se fut retiré dans ses Terres, est l'Assemblée des Protestans tenuë à Châtelleraud, en 1611. Comme il avoit l'esprit encore tout rempli des chagrins qu'on venoit de lui faire essuyer à la Cour, & qu'il sçavoit que le Duc de Bouillon, qui contre son intérêt aussi bien que contre son caractère, parut en cette Assemblée chargé de soûtenir les intérêts de la Régente contre les Calvinistes, s'étoit mis à la tête de ses ennemis, & avoit entrepris de lui faire ôter la Grande-Maîtrise de l'Artillerie & le Gouvernement de Poitou, que la Régente avoit promis au Duc de Bouillon pour récompense des services qu'il lui

rendroit en cette occasion; on ne doit pas être surpris que le Duc de Sully ait agi à Châtelleraud avec fermeté, & même avec quelque sorte d'éclat. Les partisans du Duc de Bouillon, par ressentiment de ce qu'il échoua dans son entreprise, ont accusé les Ducs de Sully & de Rohan, d'avoir cherché à rallumer la Guerre entre les Catholiques & les Calvinistes: Mais ils sont les seuls qui en ayent parlé de la sorte; tous les autres Ecrivains n'ont rien trouvé d'absolument repréhensible dans la conduite de M. de Sully: Et dans la vérité, l'on agissoit contre lui avec tant de passion & de malignité, que le Mercure François, qui nous fournira des Mémoires sur ce morceau de son Histoire, ne le blâme point d'avoir pris le seul parti qui pouvoit assûrer son repos. Voici donc en abregé ce qui se passa, par rapport au Duc de Sully, dans l'Assemblée de Châtelleraud, ou de Saumur: car ses Ennemis craignant qu'il ne fût trop puissant à Châtelleraud, la firent transférer dans cette Ville.

An. 1611.
fol. 75. &
suiv.

Le Duc de Bouillon n'ayant fait aucun Mystère de la disposition où il étoit de pousser à bout tous les Calvinistes ses Confreres, & en particulier le Duc de Sully, l'intérêt de la cause commune réunit celui-cy avec Du-Plessis-Mornay & les principaux Ministres Protestans, qui jusques-là, comme on l'a vû dans toute la suite de ces Mémoires, avoient vécu avec lui dans une grande défiance de ses sentimens, & dans un grand éloignement de sa personne. Ils commencerent par refuser au Duc de Bouillon la Présidence, qui fut déférée à Du-Plessis-Mornay ; & ils lui firent sentir ensuite combien ils étoient indignés du personnage qu'il jouoit, en le contrariant sur tout : de manière qu'il n'obtint rien de ce que peut-être on auroit accordé à un Agent, qui eût été de la Religion de la Cour: Ce qui montre que la Régente ne pouvoit guère faire de plus grande faute, que de se servir du Duc de Bouillon dans une semblable circonstance. Il se fit pourtant à la fin une espèce de raccommodement entre lui & le Duc de Sully, par les soins que se donna Du-Plessis ; & ce fut pour lors que M. de Sully ne trouva plus d'obstacle à intéresser tout le Corps Protestant dans sa cause particulière, qui devint par-là un des principaux sujets des délibérations.

L'Assemblée lui adressant la parole, *le prie & enjoint* (c'est
en

en ces termes qu'en parle le Mercure François) *de ne point se défaire de ses Charges, lui promit de l'assister, &c.* A quoi le Duc de Sully répondit par un discours, dans lequel il demanda conseil à l'Assemblée, sur quatre choses : 1°. S'il devoit fermer les yeux sur les démarches de ses ennemis : 2°. S'il devoit au-contraire demander lui-même d'être rétabli en sa place, purement & simplement : 3°. S'il étoit plus à-propos qu'il acceptât une récompense : Enfin, si cette récompense devoit être *d'honneur & de sûreté, plustôt que de profit & utilité* : C'est que pour cacher le dessein qu'on avoit de le perdre, la Cour lui faisoit quelquefois proposer de recevoir en échange de la Grande-Maîtrise de l'Artillerie & du Gouvernement de Poitou, le Bâton de Maréchal-de-France, ou une somme d'argent considérable. M. de Sully conclut ce discours, dans lequel il ne put s'empêcher de mêler quelques plaintes sur la rigueur dont le Conseil de la Régente usoit envers lui, en s'excusant de n'avoir pas exposé plustôt au Corps de la Religion les malheurs de sa situation, sur la difficulté qu'il avoit eue à croire les complots formés contre lui, aussi bien que sur sa crainte de déplaire à des personnes, auxquelles il devoit du respect.

Ce discours plut autant aux Calvinistes, qu'il fut mal reçu de Bullion & des autres Agens de la Régente. Ils y répondirent, en donnant à-la-vérité toutes sortes de louanges à l'administration du Duc de Sully, mais en le taxant d'être peu généreux, & même de vouloir forcer la Régente à lui restituer sa place dans le Ministère. M. de Sully repliqua par une seconde remontrance, par laquelle il remit purement & absolument ses intérêts à discuter à l'Assemblée. Le Duc de Bouillon, qui vit tout ce qui en alloit arriver, leva le masque pour la seconde fois, & commença à intriguer fortement auprès de tous ceux des Calvinistes qu'il crut pouvoir gagner. Il en attira en-effet quelques-uns, mais non pas le Duc de Rohan, malgré tous les mouvemens qu'il se donna auprès de lui : & toute son habileté n'ayant pû ni détacher le plus grand nombre du parti de son adversaire, ni suspendre la conclusion ; on passa à la Délibération, dont le resultat fut, Qu'on assisteroit M. le Duc de Sully, si son administration étoit recherchée *par des voies illégitimes.*

Bullion & les partifans de la Régente mirent tout en œuvre, mais inutilement, pour obtenir une retractation, ou une modification. Pour le Duc de Bouillon, il éclata : il donna les confeils les plus violens à la Régente, qui fe contenta pourtant d'envoyer à l'Affemblée, de la part du Roi, des Lettres, que Du-Pleffis-Mornay jugea qu'il étoit plus prudent de fupprimer, de peur d'un plus grand mal. On revint aux tempéramens. Tous les autres articles en conteftation, furent terminés à l'amiable; & celui qui regardoit M. de Sully, demeura affoupi; parce qu'apparemment tout le monde convint que c'étoit fans aucune ombre de juftice, qu'on prétendoit le faire regarder comme un Miniftre infidèle, encore moins comme un ennemi de l'Etat; & que le Duc de Bouillon, piqué lui-même de fe voir fruftré par la Régente des récompenfes qu'il en avoit efperées, ceffa tout-d'un-coup d'agir avec la même chaleur. Le Duc de Sully refta donc après cela dans le même état, que lorfqu'il s'étoit retiré de la Cour.

L'année fuivante, la Guerre entre les Religions penfa être rallumée par un incident, auquel nos Mémoires femblent préparer : qui eft, que Braffac, nommé par Sa Majefté Lieutenant-de-Roi de Saint-Jean d'Angely après la mort de Des-Ageaux, fut chaffé de cette Place par le Duc de Rohan, qui par toute fa conduite depuis ce temps-là, montra affez qu'il avoit des fentimens bien differens de ceux du Duc fon Beau-pere. Quoique la Régente fût alors en état de donner la loi, & que tous les Calviniftes l'euffent fort appréhendé; cette affaire fe termina entièrement à l'avantage du Duc de Rohan, qui obtint tout ce qu'il demandoit. M. de Sully figna l'Accommodement qui fut fait dans le Synode de Privas, avec le Duc de Rohan, d'un côté, & les Agens du Roi, de l'autre : Ce fut toute la part qu'il prit dans ce grand démêlé.

Les deux Lettres fuivantes, que je tranfcris fur l'Original, gardé dans le Cabinet de M. le Duc de Sully, montrent que la Reine-Mere eut recours à Maximilien, & qu'il s'employa utilement, pour prévenir ou appaifer les troubles, qui furvinrent immédiatement après, de la part des Princes & des Grands du Royaume.

Lettre de la Reine-Mere, à M. le Duc de Sully.

„ Mon Cousin, Envoyant vers vous le Sieur de Béthune
„ votre Frere, sur les occurrences qui se présentent, je lui
„ ai donné charge de vous assûrer parfaitement de mon af-
„ fection en votre endroit, & vous dire l'état que je fais de
„ la continuation de la vôtre au bien & service du Roi
„ Monsieur mon Fils : Vous le croirez en ce qu'il vous dira
„ de ma part sur l'un & l'autre sujet, comme vous pourriez
„ faire à la personne de

„ Votre bonne Cousine,

A Paris le xiij. *de Fe-*   MARIE. „
vrier 1614.

L'Adresse porte : „ A mon Cousin le Duc de Sully, Pair
„ & Grand-Maître de l'Artillerie de France. «

Autre Lettre de la même.

„ Mon Cousin, Ayant reçû votre Lettre écrite le pre-
„ mier de ce mois, le ix. d'icelui, j'ai différé d'y répondre,
„ jusqu'à mon arrivée en cette Province ; afin qu'étant mieux
„ éclaircie des choses particulieres qui se sont passées, &
„ de l'état présent d'icelles, je puisse avec plus de lumiere
„ vous faire sçavoir mon avis sur les générales : Mais j'y ai
„ trouvé tant de désordre & de confusion, de plaintes &
„ de contraventions faites à l'Accord de Sainte-Menoult,
„ qu'il faut que je vous die, que je ne sçais par-où je dois
„ commencer à vous faire sçavoir ce qu'il faut faire pour
„ bien faire. Je vois de toutes parts des déclarations &
„ assûrances d'une bonne volonté pour le service du Roi
„ Monsieur mon Fils & le bien public, qui nous sont très-
„ agréables ; mais après je rencontre des effets si contraires
„ à cela, que je n'ai pas si-tôt conçu l'espérance d'un bien
„ & d'un contentement & avantage pour les Affaires publi-
„ ques, qu'elle s'évanouit à l'instant : Ce que je ne vous écris,
„ pour votre particulier : car je fais telle estime de votre
„ affection au bien du Royaume & à notre contentement,

" que méritent les preuves que j'en ai faites, & les affûrances
" que vous m'en avez données ; mais pour me douloir avec
" vous de l'inconſtance & variété de ſemblables procédures.
" J'ai depuis deux jours reçu en ce lieu votre derniere Let-
" tre, & oüi le porteur dicelle, ainſi qu'il vous dira. "

" Je ne doute point que vous n'ayez librement & en hom-
" me-de-bien, fait à mon Neveu le Prince de Condé, les
" remontrances que vous m'avez écrit ; & me réjouis de
" ſçavoir qu'il les a priſes en bonne part : mais à quoi tient-
" il qu'il ne les ſuit & éxécute, comme il les approuve ? Il ſe
" développeroit en ce faiſant, des affaires où vous dites
" qu'il ſe trouve : il recevroit de moi toute occaſion raiſon-
" nable de ſe louer de ma bienveillance ; & lui feroit fait
" l'honneur & le traitement, dûs à ſa Qualité. Si, pour lui
" donner cette créance & aſſûrance, il reſte à dire ou à faire
" choſe qui dépende de moi, j'aurai toujours à plaiſir de
" l'entendre, & prendrai en bonne part ce que vous m'en
" manderez : Mais je n'ai encore reçu les Lettres, qu'il vous
" a dit m'avoir écrites fur ce ſujet ; & ferai bien-aiſe qu'il
" me donne par icelles, tant pour lui que pour ſes amis, le con-
" tentement que j'ai toujours deſiré & même recherché, &
" qu'il m'a ſouvent fait eſpérer, pour le ſervice du Roi
" mondit Sieur & Fils : ce faiſant, j'y correſpondrai de façon
" qu'il aura juſte ſujet de s'en louer, & tous ceux qui à ſon
" exemple en uſeront de-même. "

" Au-demeurant, je n'ai point encore vû le Duc de Ven-
" dôme : de ſorte que je ne ſçais encore ce que je dois eſpé-
" rer de ſon obéïſſance : Car j'ai avis qu'il continuë de faire
" fortifier Lamballe, & à tenir errhés bon nombre de Gens-
" de-guerre, qui l'ont ſervi, ou pour mieux dire deſſervi, du-
" rant ces mouvemens derniers, & principalement depuis le-
" dit Accord de Sainte-Menoult : à quoi le Roi mondit Sieur
" & Fils & moi, mettons peine d'appliquer les remédes né-
" ceſſaires, par l'avis des Etats du Pays, deſquels nous devons
" faire l'ouverture demain : Et comme véritablement je me
" promets que vous favoriſerez toujours volontiers & fidél-
" lement, le bien & avancement des Affaires du Roi mon-
" dit Sieur & Fils, par-tout où vous aurez moyen de le
" faire ; vous uſerez de la préſente à cette fin, comme vous

» jugerez être pour le mieux : & je prierai Dieu, Mon Cou-
» fin, qu'il vous ait en fa fainte garde. « Ecrit à Nantes, ce
xviij. Août 1614.

» Votre bonne Coufine,
» MARIE.

En 1616. éclata la révolte des Proteftans. On vit en cette occafion, combien le Duc de Sully préferoit le bien de
l'Etat à l'intérêt de fon Parti & au fien particulier. Ayant
été propofé de réünir le Parti du Prince de Condé avec celui des Calviniftes : réfolution, qui felon toutes les apparences auroit entraîné la ruine du Royaume ; le Duc de Sully,
dont il paroît que le fuffrage auroit été d'un très-grand
poids, le refufa abfolument, & fe tint conftamment attaché à la perfonne du Roi. Voici comme en parle le Maréchal de Baffompierre, dans fes Mémoires : » M. de Sully,
» qui défiroit le bien & la confervation de l'Etat, fe main-
» tenoit avec les uns & avec les autres, tâchant de les met-
» tre bien, autant qu'ils pouvoient fubfifter, en l'état où
» elles étoient ; en avertiffant quelquefois la Reine-Mere,
» quelquefois, M. le Prince : Et un jour, 26. Août, M. de
» Sully demanda le foir audience à la Reine, en laquelle il
» fit voir, Que les chofes ne pouvoient encore fubfifter huit
» jours en l'état où elles étoient réduites ; & qu'au balance-
» ment où elles étoient, il étoit infaillible que toute l'auto-
» rité tomberoit entre les mains de M. le Prince : Qu'elle
» demeureroit aux fiennes, fi elle fçavoit la retenir : finale-
» ment, Qu'il ne la tenoit pas affûrée dans Paris ; & qu'elle
» feroit mieux avec mille Chevaux à la campagne, avec fes
» Enfans, que dans le Louvre, en l'état où étoient les ef-
» prits des Grands & du Peuple : Qu'il avoit crû être de fon
» devoir, & des obligations qu'il avoit au feu Roi, de lui
» montrer ce que deffus ; ne pouvant y apporter, avec fa vie,
» un autre remède : Qu'il l'emploieroit volontiers, fi par fa
» perte il pouvoit fauver le Roi, Elle & l'Etat. Et enfuite
» il prit congé d'elle, la fuppliant de penfer à ce qu'il lui
» venoit de dire : & qu'au cas qu'elle n'y apportât le remède
» convenable, il proteftoit de tout le mal qui lui en revien-
» droit ; & qu'elle feule en feroit la caufe, puifqu'elle en
» avoit été avertie, & que ce mal étoit prévu. «

Tom. 2. pag.
61. & 62.

L'Auteur de l'Histoire de la Mere & du Fils, rend malgré lui cette justice au Duc de Sully. » M. de Sully, dit-il, » demande audience à la Reine, pour lui parler seul d'affai-» res, qu'il disoit importer à la vie de leurs Majestés. Elle » avoit pris médecine ; mais sur un sujet si important, elle » ne jugea pas devoir différer à le voir. Le Roi s'y trouva » par hazard ; les Sieurs Mangot & Barbin y furent aussi. » Alors il fit un long discours, des mauvais desseins que ces » Princes avoient, & du mal inévitable qu'il en prévoyoit » pour le Roi. Les Sieurs Mangot & Barbin lui dirent que » ce n'étoit pas assez ; mais qu'il étoit besoin qu'il dît les re-» mèdes les plus propres à y apporter. A quoi il ne fit autre » réponse, sinon, que le hazard étoit grand, & qu'infailli-» blement on en verroit bientôt de funestes effets. S'étant » retiré du Cabinet, il y mit une jambe avec la moitié de » son corps, disant ces mêmes paroles : Sire, & vous Ma-» dame, je supplie vos Majestés de penser à ce que je viens » de vous dire : j'en décharge ma conscience. Plût-à-dieu » que vous fussiez au milieu de douze cens Chevaux ! je n'y » vois autre remède : puis s'en alla. «

Ibid. pag. 94.

Il est vrai que la haine de cet Ecrivain pour M. de Sully, lui a fait ajoûter à ce récit, les paroles suivantes : » M. le » Prince ayant été arrêté, & les Ministres disant à la Reine » que tout étoit perdu, si elle ne le relâchoit ; M. de Sully, » violent & peu considéré, le feu de l'esprit duquel, ne s'ap-» pliquant qu'au présent, sans rappeller le passé, ni consi-» derer de bien loin l'avenir, ajoûta à ce que les autres » avoient dit, Que quiconque avoit donné ce mauvais con-» seil à la Reine, avoit perdu l'Etat. La Reine lui répon-» dit, Qu'elle s'étonnoit qu'il lui osât parler ainsi ; & qu'il » falloit bien qu'il eût perdu l'esprit, puisqu'il ne se souve-» noit plus de ce qu'il avoit dit au Roi & à elle, il n'y avoit » que trois jours : dont il resta si confus, qu'il se retira in-» continent, au grand étonnement de tous les Seigneurs » qui étoient là présens. Sa Femme puis-après essaya de l'ex-» cuser, disant que le transport de crainte dans lequel il » étoit, lui avoit fait parler ainsi ; d'autant qu'on lui venoit » de dire présentement, que les Princes & Seigneurs du » Parti de M. le Prince, étoient résolus de le faire tuer, le » croyant auteur de l'arrêt dudit Sieur Prince, par les avis » qu'il avoit donnés de leurs desseins. »

Mais fans examiner ici fi les deux confeils de M. de Sully font réellement contradictoires ; & en convenant que le parti d'arrêter le Prince de Condé étoit fage & néceffaire; tout ce que j'ai voulu que l'on conclût de ces témoignages, c'eft que ce Miniftre ne fe départit point de fon attachement au bien public & au Roi, dans une occafion fi favorable au Parti Calvinifte, & dans laquelle il couroit lui-même de très-grands rifques.

Il fe conduifit dans cet efprit, tout le refte de fa vie. Il fut revêtu de l'autorité du Roi, dans les Affemblées de Rouen & de Loudun. Il foûtint en bon Citoyen le Parti de Sa Majefté contre les Calviniftes, lorfque la Guerre leur fut déclarée fous le Miniftère du Cardinal de Richelieu. Il eut part au Siége de Montauban, & à d'autres rencontres : il fit même les fonctions de Grand-Maître de l'Artillerie, au Siége de Saint-Jean-d'Angely ; & l'Artillerie y fut parfaitement bien fervie. Il conferva & éxerça cette Charge jufqu'à fa mort ; quoique l'Hiftorien du Duc de Bouillon dife qu'il en avoit été dépouillé. Louis XIII. lui donna le Bâton de Maréchal-de France, le 18 Septembre 1634. L'année précédente, le Pape Urbain VIII. qui l'avoit connu pendant fa Légation en France, lui écrivit une Lettre Latine ; à laquelle M. de Sully fit une Réponfe, qu'il envoya à Sa Sainteté par le Prince d'Henrichemont fon Petit-fils, & qui lui attira un fecond Bref de ce Pape, auffi en Latin, daté du 16. Juillet 1633.

En cette même année 1634. il perdit le Marquis de Rofny, fon Fils aîné. La conduite de ce Fils fut pour lui un fujet d'embarras & de chagrins prefque continuels ; non-feulement parce que le Marquis de Rofny ne fuivoit aucun des fages confeils qu'il ne ceffoit de lui donner, qu'il prit même le parti des ennemis de l'Etat ; mais encore parce que le Duc de Sully fe reffentit en plus d'une manière, du dérangement des affaires de fon Fils. Ceci demande que nous entrions dans un détail des affaires domeftiques de M. de Sully, qui fervira d'éclairciffement à plufieurs endroits de ces Mémoires, où il eft parlé du Marquis de Rofny, & en particulier, à ce qui en eft dit dans le Livre vingt-neuviéme.

Outre deux Filles, dont l'aînée avoit époufé le Duc de Rohan, & la cadette fut mariée au Marquis de Mirepoix ;

M. de Sully se voyoit en 1609. trois Enfans mâles ; Maximilien II. de Béthune, Marquis de Rosny, l'ainé de tous, qu'il avoit eû de son premier mariage avec Anne de Courtenay ; & de son second avec Rachel de Cochefilet, César & François de Béthune. Comme tous les grands biens dont il jouissoit alors, ne lui étoient venus que depuis ce second mariage ; il paroît que la principale part de ces biens devoit naturellement regarder les Enfans du second lit : Cependant le Duc de Sully se croyant obligé d'assûrer au Marquis de Rosny un état, avec lequel il pût soûtenir la grandeur de sa Maison, dont il étoit l'aîné; aux Charges de Grand Maître de l'Artillerie & de Surintendant des Fortifications, & aux Gouvernemens de Mante & de Gergeau, dont il lui fit obtenir la survivance, & qu'il évaluoit à soixante mille livres de revenu, il joignit une donation entre vifs & substitution, de cinquante mille livres de rente en fonds de terre, consistant dans la Duché-Pairie de Sully, le Marquisat de Rosny la Principauté d'Henrichemont & Boisbelle, avec toutes leurs dépendances, dont il se reserva néanmoins l'usufruit sa vie durant. L'Acte de substitution, dont la date est du 27. Mars 1609. porte cette clause singuliere. *Qu'au cas que nul de ceux, soit mâle, soit femelle, qui seront lors descendus de la Maison de Béthune, ne voulût accomplir les susdites clauses & conditions; ledit Seigneur donateur a fait & fait don par ces présentes, des susdites Terres substituées, au Roi, ou à ses descendans, l'aîné preferé aux autres : à la charge que lesdites Terres ne pourront jamais être désunies de la Couronne; avec condition que celui qui les possedera, outre le Roi ou son Fils aîné, soit tenu de porter son Nom & Armes, le Surnom & Armes de Béthune, & ses descendans après lui.*

Cherchant ensuite à prévenir tout sujet de désunion dans sa Famille, & à donner aussi un état à ses autres Enfans, M. de Sully fit l'année suivante, dans la même forme & par un même Acte, deux autres donations & substitutions du reste de ses biens, en faveur de César & de François de Béthune, ses cadets : sçavoir, de la Terre & Seigneurie de Villebon, à César ; & à François, nommé le Comte d'Orval, des Terres de Montrond, Orval, Bruyeres ; Epineuil, Beauchesal, La-Roche-Guillebaut & Le-Châtelet, en Berry. La valeur de chacune de ces substitutions, est estimée dix mille

mille livres de revenu : Il y eſt ſtipulé, que les fortifications, armes, vivres, munitions de guerre & de bouche, & meubles, tant ceux qui étoient dans tous ces Châteaux lors de la ſubſtitution, que ceux qui s'y trouveroient à la mort du Duc de Sully, ſeroient compris dans la donation : & que ſi l'un des Donataires venoit à mourir ſans poſtérité, ſon partage paſſeroit tout entier au ſurvivant. Cela arriva quatre ans après : Céſar de Béthune étant mort en 1614. ſans avoir été marié, le Comte d'Orval réünit ſur ſa tête les deux Articles de ſubſtitution. En 1620. ſon Pere le voyant dans ſa vingtiéme année, lui fit épouſer Jacqueline de Caumont, Fille du grand Maréchal de La-force, & Petite-Fille par ſa Mere, du premier Maréchal de Biron ; & il confirma par le Contrat de mariage, l'Acte de ſubſtitution de 1610.

Avant & après ces diſpoſitions, le Marquis de Roſny demeura en communauté de biens avec le Duc ſon Pere. Cette communauté étoit toute à l'avantage du premier, auquel le ſeul bien de ſa Mere ne ſuffiſoit pas pour les dépenſes qu'il faiſoit : mais elle expoſa le Duc de Sully aux pourſuites des Créanciers de ſon Fils. Il acquita à pluſieurs repriſes ſes dettes, qui devinrent à la fin ſi conſidérables par les profuſions & le mauvais ménage du Marquis de Roſny, que le Duc prit enfin le parti de l'abandonner à lui même : Voilà les premiers chagrins qu'il eût à en eſſuyer.

Ils furent ſuivis d'autres, plus grands & plus ſenſibles encore, après la mort du Marquis de Roſny. Ces Créanciers s'autoriſant toujours de la communauté de biens, voulurent retomber ſur ceux du Duc de Sully. Le Prince d'Henrichemont (1) ſon Petit-fils, ſe joignit à eux, pour faire annuler ſes ſubſtitutions : à quoi contribuoient encore les circonſtances où s'étoit trouvé le Duc de Sully, qui pour ſe tirer des mains du Prince de Condé, avoit été obligé de faire & défaire pluſieurs marchés avec lui ; avoit acquis, rendu & réacquis à differentes fois, une grande partie des Terres compriſes dans ces ſubſtitutions ; telles que Villebon, Montrond, &c. Cela tint le Duc de Sully dans un embarras continuel de diſcuſſions & de procès ; dont cependant une partie s'ar-

_____

(1) Maximilien-François de Bethune, troiſiéme du nom, Duc de Sully, Prince d'Henrichemont & de Boiſbelle, Marquis de Roſny, Lieutenant-Général au Gouvernement de Dauphiné & du Pays Vexin, Gouverneur de Mante & de Meulan : Il mourut en 1661.

rangea, par le mariage du Prince d'Henrichemont avec la Fille du Chancelier Seguier (2), en 1639. Alors le Duc de Sully, qui étoit entiérement hors d'affaire avec M. le Prince, voyant que Villebon lui avoit été rendu, & que toutes ses autres acquisitions étoient assûrées, refit en 1640. une nouvelle substitution, confirmative de la premiere ; en donnant des remplacemens pour celles de ses Terres, qui pouvoient avoir été aliénées.

Le mécontentement & les plaintes du Prince d'Henrichemont éclaterent de nouveau, à cette substitution : elle causa un procès, dont Louis XIII. & son Premier Ministre s'attribuerent la connoissance, & qui dura pendant les années 1640 & 1641. Les Requêtes & principales Piéces de ce procès, ont été imprimées : Le Duc de Sully s'y plaint amèrement, de ce que son Petit fils & le Chancelier Seguier, qui le soûtenoit, cherchent à se prévaloir de quelques manques de formalités, peut-être inévitables dans des affaires si longues & si compliquées. Ce n'est point à nous à entrer dans la discussion de ce point de Jurisprudence. En supposant tout le bon droit possible, du côté des Parties de M. le Duc de Suly, il paroît seulement que la voix de la Nature & le sentiment de la reconnoissance, déposent en faveur d'un homme, qui avoit élevé sa Maison à un si haut dégré de splendeur. Quoiqu'il en soit, le Duc de Sully eut le chagrin de voir que par l'Arrêt du Conseil, rendu au mois de Décembre 1641. on l'obligea à révoquer sa substitution, pour quatre des Terres qui servoient de remplacement aux premieres. Il étoit alors âgé de quatre-vingt-deux ans : Il est assez vraisemblable que jaloux comme il étoit de l'autorité paternelle, & persuadé que dans tout ce qu'il avoit fait, il avoit suivi éxactement les loix de l'équité, ce coup lui fut si sensible, qu'il contribua à abreger ses jours : il mourut huit jours après, le 22 Décembre 1641. à Villebon.

Ses entrailles furent mises dans un seau ou espéce d'urne de plomb, garni d'anses de fer, & portées dans le Caveau de la Collégiale de Sainte Anne de Villebon, sur la muraille duquel on voit écrits ces mots : *Ici reposent les entrailles de Très-Haut, Très-Puissant & Très-Illustre Seigneur, Monseigneur Maximilien de Béthune, Duc de Sully, Pair & Maréchal de France* : Pour son corps, il fut porté à l'Aumône

(2) Charlotte Seguier, Fille de Pierre Seguier, Chancelier.

ou Hôtel-Dieu de Nogent : mais comme le Maufolée qu'on commença à lui conftruire en cet endroit, ne put être achevé fi-tôt ; ce corps demeura un temps affez confidérable, en dépôt dans la chambre qu'habitoit le Duc de Sully à Villebon, & où il étoit mort ; qui eft l'appartement au bout de la galerie de ce Château, dont on fit noircir les murailles, le plancher, & l'intérieur en entier. On l'y laiffa expofé fous un Poîle de velours noir, avec des bandes de moire d'argent, & les Armes de la Maifon de Béthune aux quatre coins.

Pendant ce temps-là, la Ducheffe de Sully faifoit conftruire dans la galerie baffe de ce Château, un Cabinet, pour y placer une Statuë, qu'elle avoit deffein d'ériger à la mémoire de fon Mari. Elle fit pour cet effet la dépenfe d'un bloc de marbre blanc, le plus beau & le plus rare ; & elle fit venir d'Italie un des plus excellens Sculpteurs de ce temps-là. Sur la façade de ce Cabinet, en dedans, font écrits en gros caractères, les dix Commandemens de Dieu, tels qu'ils font dans l'Exode. Sur un des côtés, eft l'Epitaphe du Mort, la même que nous allons bientôt tranfcrire : fur l'autre fes Armoiries en grand, avec tous les attributs de fes Charges : Le haut & tout le refte du Cabinet, eft entierement rempli de peintures, d'emblêmes & de devifes, que nous ne croyons pas devoir rapporter : il eft éclairé par une grande croifée, qui en occupe le fond. La Statuë eft au milieu, fur un piédeftal, auffi de marbre blanc : Elle eft un peu plus grande que nature, & repréfente le Duc de Sully, armé du cou en bas ; portant une Couronne de Laurier fur fa tête, & le Manteau Ducal fur fes épaules ; le bras droit allongé, & tenant le Bâton de Maréchal de France ; la main gauche appuyée fur l'Ecuffon de fes Armes. Ce Bâton, auffi bien que le Cafque, qui eft à côté de la Statuë, à gauche, garni de fes panaches, font taillés dans le même bloc : Tout ce morceau eft fi fini & fi beau, qu'il peut aller de pair avec les Monumens de la Gréce & de Rome. Au-deffus de la porte du Cabinet, eft écrit dans un Cartouche : *Rachel de Cochefilet Ducheffe Douairiere de Sully, après la mort de Maximilien de Béthune, Duc de Sully, fon Epoux, avec lequel elle a vécu quarante-neuf ans en mariage, pour honorer fa mémoire & témoigner fes regrets, a fait élever cette Figure en l'année* 1642.

Comme le corps de cette Dame fut après fa mort, rejoint

à celui de son Mari, le Mausolée dont nous allons donner la description, est commun à l'un & à l'autre : C'est une Chapelle en dôme, construite à côté de celle de Saint-Jacques de l'Aumône ou Hôpital de Nogent, appellé de leur nom Nogent-le-Béthune. Elle ne communique point avec l'Eglise ; parce que le Duc & la Duchesse de Sully eurent le malheur de mourir tous deux dans la Religion Prétenduë-Réformée. Sous cette Chapelle est un Caveau, qui sert de sépulture à leurs corps. L'intérieur de la Chapelle est orné tout-autour, des Armoiries & des Alliances de la Maison de Béthune ; & le dôme n'est qu'une simple Peinture en azur, semé de Fleurs-de-lis. Ils y sont tous les deux représentés en marbre blanc, à genoux, de hauteur humaine, sur un piédestal élevé de trois pieds. Une Inscription marque que cet ouvrage, qui est très-bien exécuté, fut fait en 1642. par B. Boudin. Les deux Statuës sont tournées vers l'Orient : Derriere celle du Duc de Sully, est cette Epitaphe :

Cy gît le Corps de Très-Haut, Très-Puissant & Très-Illustre Seigneur, Monseigneur Maximilien de Béthune, Marquis de Rosny ; lequel, depuis l'âge de quatorze ans, courut toutes les fortunes du Roi Henry le Grand : entre lesquelles est cette mémorable Bataille, qui adjugeoit la Couronne au Victorieux ; où il gagna par sa valeur la Cornette-blanche, & prit en icelle plusieurs Prisonniers de marque. Il fut par lui honoré, en reconnoissance de ses vertus & mérite, des Dignités de Duc & Pair & Maréchal-de-France, de Gouverneur du Haut & Bas-Poitou, des Charges de Grand-Maître d'Artillerie, en laquelle, comme portant les foudres de son Jupiter, il prit & emporta la Forteresse de Montmélian, que l'on estimoit imprenable, & plusieurs Places de Savoie, & de Superintendant des Finances, qu'il administra seul, avec une prudente œconomie : & continua ses fideles services jusqu'au malheureux jour, que ce César des François perdit la vie, par la main parricide d'un de ses Sujets : après la mort duquel, il se retira chez soi, où il passa le reste de sa vie dans une douce & paisible tranquillité ; & mourut au Château de Villebon, le 22. Décembre 1641. âgé de quatre-vingt-deux ans : son corps est ici à Nogent-le Rotrou, dit le-Béthune : Et Très-Haute, Très-Puissante & Très-Illustre Dame, Madame Rachel de Cochefilet, son Epouse, qui mourut à Paris, à l'âge de quatre-vingt-dix-sept ans, l'an 1659.

On est conduit à cette Chapelle par une longue cour, plantée d'une avenuë d'Ormes, & dans laquelle on entre par un portail d'une très-belle architecture, chargé des Armoiries de la Maison de Béthune, en-fort-grand relief, avec toutes les Pieces-d'honneur servant d'accompagnement à l'Ecu des Armes du Duc de Sully. La Maison de Béthune porte, d'argent, facé de gueules ; pour soûtiens, deux Sauvages, armés d'une massuë.

Avant que Villebon fût rendu au Duc de Sully, il partageoit son séjour entre Sully, La-Chapelle-d'Angillon, qui est une fort-belle maison & une Baronnie dépendante du Duché de Sully, & Rosny, celle de ses maisons où il paroît qu'il avoit fait le plus travailler, comme ne comptant pas qu'elle dût jamais sortir de sa Famille. Il en bâtissoit encore les ailes, lorsqu'il eut le malheur de perdre le Roi son bienfaiteur ; & il voulut donner une preuve sensible de sa douleur, en laissant ces ailes imparfaites, & dans l'état où elles étoient au moment de ce triste évenement. Mais lorsqu'il se revit possesseur de Villebon, la beauté de cette maison, sa situation dans un pays très-agréable, la proximité de Paris, dont Villebon n'est éloigné que de vingt lieuës, & l'avantage de se trouver comme dans le centre de plusieurs grandes Terres, qu'il avoit reçuës en remplacement de celles qu'il avoit venduës à Monsieur le Prince ; tout cela le détermina à y fixer sa demeure, pendant six mois entiers de l'année, qui étoient l'Eté & l'Hiver. Il faisoit seulement dans la belle saison, quelques voyages à Sully : séjour, qui d'ailleurs lui étoit devenu désagréable, par la conduite de son Fils aîné. Le reste de l'année, il le passoit à La-Chapelle-d'Angillon, à Rosny & ailleurs.

La vie qu'il y menoit, étoit accompagnée de décence, de grandeur, & même de Majesté ; telle qu'on peut l'attendre d'un caractere aussi grave & aussi sérieux que le sien. Outre un grand nombre d'Ecuyers, de Gentilshommes & de Pages, qui le servoient, de Dames & de Filles-d'honneur, attachées à la personne de la Duchesse de Sully ; il avoit une Compagnie de Gardes, avec leurs Officiers, & une autre de Suisses, & une si grande quantité de Domestiques, qu'il y a peu d'exemples de Particuliers, qui ayent entretenu une Maison si grande & si nombreuse. Monsieur le Duc de Sully d'aujourd'hui a vû le fils d'un ancien Chirurgien du feu Duc de Sully, le dernier de cette branche, mort à quatre-vingt-huit ans, & qui en avoit quatorze, lorsque le Duc de Sully dont nous parlons, mourut. Cet homme lui a dit qu'accompagnant son Pere auprès des malades qui étoient dans le Château de Villebon, il en avoit compté jusqu'à quatre-vingt ; sans pour cela qu'on s'apperçût que le service de cette Maison en fût dérangé, ou retardé.

M. de Sully conserva l'habitude de se lever de grand matin. Après ses prières & sa lecture, il se mettoit au travail, avec ses quatre Sécretaires. Ce travail consistoit à mettre ses Papiers en ordre ; à rédiger ses Mémoires ; à répondre aux differentes Lettres qu'il recevoit ; à prendre connoissance de ses affaires domestiques ; enfin, à conduire celles, soit de ses Gouvernemens, soit de ses Charges : car il demeura jusqu'à sa mort, Gouverneur du Haut & Bas-Poitou & de La-Rochelle, Grand-Maître de l'Artillerie, Grand-Voyer-de-France, & Surintendant des Fortifications du Royaume. Il y employoit la matinée entière ; excepté que quelquefois il sortoit pour prendre l'air, une demi-heure ou une heure avant le dîner. Alors on sonnoit une grosse cloche, qui étoit sur le pont, pour avertir de sa sortie. La plus grande partie de sa Maison se rendoit à son appartement, & se mettoit en haie, depuis le bas de l'escalier. Ses Ecuyers, Gentilshommes & Officiers, marchoient devant lui, précédés de deux Suisses, avec leur hallebarde. Il avoit à ses côtés quelques-uns de sa Famille, ou de ses Amis, avec lesquels il s'entretenoit : Suivoient ses Officiers aux Gardes ; & sa Garde Suisse : la marche étoit toujours fermée par quatre Suisses.

Rentré dans la Salle à manger, qui étoit un vaste appartement, où il avoit fait peindre les plus mémorables Actions de sa Vie, jointes à celles de Henry le Grand, il se mettoit à table. Cette table étoit comme une longue table de Refectoire, au bout de laquelle il n'y avoit de fauteuils, que pour lui & la Duchesse de Sully ; tous ses Enfans, mariés ou non mariés, quelque rang ou naissance qu'ils eussent, & jusqu'à la Princesse de Rohan sa Fille, n'avoient que des tabourets, ou des sieges plians : car dans ce temps-là, la subordination des Enfans aux Peres étoit encore si grande, qu'ils ne s'asseyoient & ne se couvroient jamais en leur présence, qu'après en avoir reçu l'ordre. Sa table étoit servie avec goût & magnificence. Il n'y admettoit que les Seigneurs & Dames de son voisinage, quelques-uns de ses principaux Gentilshommes, & des Dames & Filles-d'honneur de la Duchesse de Sully : excepté la Compagnie extraordinaire, tous se levoient & sortoient, au fruit. Le repas fini, on se rendoit dans un Cabinet, joignant la Salle à manger, qu'on nommoit le Cabinet des Illustres ; parce qu'il étoit orné des Portraits de Papes, Rois, Princes & autres Personnages distingués ou célèbres, qu'il tenoit d'eux-mêmes : On en voit encore aujourd'hui la plus grande partie à Villebon.

Dans une autre Salle à manger, belle & richement meublée, le Capitaine-des-Gardes tenoit une seconde table, servie à-peu-près comme la premiere, où toute la Jeunesse alloit manger, & où ne mangeoient effectivement que ceux que la seule disproportion d'âge empêchoit le Duc de Sully de recevoir à la sienne. M. le Duc de Sully d'aujourd'hui a connu plusieurs personnes de Qualité, qui lui ont dit que dans les visites qu'ils se souvenoient d'avoir faites, étant encore fort-jeunes, chez le Duc de Sully, avec leurs Peres, il ne retenoit que ceux cy pour manger à sa table ; & qu'il disoit ordinairement aux Jeunes-gens : *Vous êtes trop jeunes, pour que nous mangions ensemble, & nous nous ennuierions les uns les autres.*

Lorsqu'il avoit passé quelque temps avec la Compagnie, il remontoit chez lui, pour s'occuper encore quelques heures du même travail que le matin. Si la saison & le beau temps le permettoient, il prenoit l'après-dînée le plaisir de la promenade. La sortie se faisoit avec le même cortége, que le matin. Il entroit dans ses Jardins, où après avoir fait quelques tours, il passoit ordinairement par une petite allée couverte, qui séparoit les Parterres du Potager, & se rendoit par un escalier de pierre, que M. le Duc de Sully d'aujourd'hui a fait détruire à-cause de sa vétusté, dans une grande allée de tilleuls, en terrasse, de l'autre côté du Jardin : le goût d'alors étoit d'avoir grand nombre d'allées, extrêmement couvertes, avec quatre ou cinq rangs d'arbres, ou de palissades. Là, il s'asseyoit sur un petit banc ou fauteuil de bois verni, à deux places ; & appuyant ses deux coudes sur une grande fenêtre grillée, qui vient aussi d'en être ôtée, il s'amufoit à confidérer d'un côté, une campagne agréable ; de l'autre, une feconde allée en terraffe, très-belle, qui fait le tour d'une grande Pièce d'eau, appellée l'Etang-neuf, & eft terminée par un Bois de haute-futaie, nommé le grand Parc. Quelquefois auffi c'étoit dans fon Parc qu'il prenoit le divertiffement de la promenade & affez fouvent dans fon chariot, ou coche avec la Ducheffe fon Epoufe. L'intervalle de la promenade au fouper, étoit encore rempli par les occupations du matin. Le fouper fe paffoit comme le dîner, jufqu'au moment où chacun fe retiroit chez foi.

Le Duc de Sully ne pouvant à caufe de fa Religion, avoir aucun Ordre, il s'en étoit fait un pour lui-même : L'inventaire de fes effets porte plufieurs Chaînes de diamans, fervant à cet ufage. Il portoit donc à fon cou, fur-tout depuis la mort de Henry IV, une Chaîne d'or ou de diamans, où pendoit une grande Médaille d'or, fur laquelle étoit empreinte en relief la figure de ce grand Prince. De temps en temps il la prenoit, s'arrêtoit à la contempler, & la baifoit : il ne la quittoit pas même lorfqu'il venoit à la Cour, non-plus que l'ancien habillement, qu'il conferva toujours, fans vouloir s'affujettir à la mode. On fçait ce qui lui arriva un jour à la Cour, où Louis XIII. l'avoit mandé. » Je vous » ai fait venir, Monfieur de Sully, lui dit ce jeune Prince, » comme étant l'homme de confiance du feu Roi mon Pere, » & un de fes principaux Miniftres, pour vous demander » avis & m'entretenir avec vous, fur les importantes affaires » que j'ai à préfent. « Le Duc de Sully, qui ne voyoit autour du Roi que de jeunes Courtifans, qui rioient entr'eux, & qui, pour faire leur cour au Connétable de Luynes, tournoient en ridicule fon habillement, fon maintien grave & toutes fes maniéres, fit cette réponfe : » Sire, je fuis trop » vieux, pour changer d'habite fur rien : Quand le feu Roi » votre Pere, de glorieufe mémoire, me faifoit l'honneur de » m'appeller auprès de fa perfonne, pour s'entretenir avec » moi fur fes grandes & importantes affaires ; au préalable, » il faifoit fortir les bouffons. « Le jeune Roi parut approuver cette liberté : il fit retirer tout le monde, & demeura feul avec M. de Sully.

La fubordination, l'ordre & la paix, régnoient parmi ce nombreux Domeftique, dont nous venons de parler. Perfonne

SUPPLEMENT, &c.

fonne n'a jamais fçu fe faire mieux refpecter, fervir & obéïr, que le Duc de Sully. Les Catholiques qu'il avoit à fon fervice, ne s'appercevoient qu'il mît aucune différence entr'eux & les Calviniftes, qu'à l'attention qu'il avoit de les obliger à remplir avec la derniére éxactitude, leurs devoirs de bons Catholiques Romains : C'étoit une fuite des égards, & même d'une forte de penchant, qu'on a vû dans tout le cours de ces Mémoires, qu'il eut toujours pour la véritable Religion; & qui vraifemblablement l'auroit conduit lui-même à l'embraffer, fans les confidérations qu'il y expofe. Malheureufement perfuadé qu'on peut également faire fon falut dans l'une & l'autre de ces Religions, il fe montra trop fenfible à la délicateffe de paroître rien accorder à l'ambition & à l'intérêt, dans une démarche, qui ne lui auroit effectivement laiffé rien à défirer, ni pour l'un ni pour l'autre. Excepté la feule Duchesse de Rohan, tous fes Enfans font morts dans le fein de l'Eglife Romaine.

Pour la Ducheffe fon Epoufe ; quoiqu'élevée dans la Religion Catholique, qu'elle ne quitta qu'après la mort de M. de Châteaupers, fon premier Mari, pour époufer le Duc de Sully, je ne fçais s'il y a lieu de la foupçonner de quelque retour vers fes premiers fentimens. Les Seigneurs de Villebon avoient dans l'Eglife de cette Paroiffe, qui eft une Collégiale, une Chapelle, du côté du Château, qu'on fit ôter. On conftruifit à la place, deux Tribunes; l'une, en bas, fermée de volets, de manière qu'on ne pouvoit y rien voir; & l'autre, au-deffus de celle-ci, dans laquelle on montoit par un petit dégré de bois : elle étoit auffi fermée par une Jaloufie. Il eft de notoriété publique, que les deux Ducheffes de Sully & de Rohan, venoient très-fouvent dans la Tribune baffe, entendre les Pfeaumes, pendant les Heures Canoniales. Elles prenoient foin de blanchir de leurs mains, tous les linges fervant à l'Autel : M. le Duc de Sully d'aujourd'hui tient cette particularité de fon Aïeule, Catherine de La-Porte. Cette Dame, qui avoit beaucoup vécu avec la Ducheffe de Rohan, fa Tante, lui avoit encore entendu dire une chofe, que perfonne n'ignoroit alors : qui eft, que le Duc de Sully faifoit un accueil très-gracieux aux Capucins qui venoient chez lui, & même qu'il les aimoit ; jufque-là, que pendant fa derniére maladie, & peu de jours

Tome III. Ggg

avant qu'il mourût, il demanda qu'on lui fît parler quelques-uns de ces Religieux : mais que s'étant préfentés fur le pont du Château, la Duchesse de Sully défendit qu'on les laiffât entrer, en les menaçant de les faire jetter dans les foffés.

Les occupations de cette Dame étoient de régler l'intérieur & pourvoir à l'entretien de fa Maifon, de faire dreffer les Baux, & rendre les comptes des Fermiers & des Receveurs : C'eft elle qui faifoit dans les différentes Terres de fon Mari, prefque tous les voyages néceffaires. Elle fe délaffoit dans fes heures perduës, à travailler en tapifferie & en broderie, avec fes Filles & fes Dames-d'honneur. On admire encore aujourd'hui la beauté, & fur tout la délicateffe du travail, de quelques piéces de tapifferies & autres morceaux de cette nature, qui font reftés à M. le Duc de Sully, d'un beaucoup plus grand nombre : car la plufpart de ces ouvrages, ont été ou perdus, ou détournés.

Ceux du Duc de Sully font plus durables. Outre tous les Monumens publics, dont nous avons eu occafion de parler, il a éternifé fa mémoire par quantité d'Edifices, dont on lui eft redevable en différens endroits du Royaume, principalement dans fon Gouvernement du haut & bas Poitou : il auroit fait accommoder tous les chemins de cette Province, fi fon crédit s'étoit foûtenu jufqu'à fa mort. C'eft lui qui a fait conftruire à Châtelleraut, ce Pont & cette magnifique Chauffée, qu'on y voit encore aujourd'hui.

Il n'y a prefque pas une de fes Terres, fur-tout celles qui ont des Châteaux, où il n'ait laiffé des marques d'une magnificence, dont la charité & le bien public furent très-fouvent le principe. Il a fondé en grande partie l'Hôtel-Dieu de Nogent. Cette Ville & Seigneurie, qu'on diftinguoit par le furnom de Nogent-le-Rotrou, avoit pris le nom d'Enguien, par l'érection que M. le Prince de Condé en avoit fait en Duché : elle quitta l'un & l'autre, entre les mains de M. de Sully, pour celui de Comté de Nogent-le-Béthune. Son premier deffein fut de faire des travaux confidérables au Château de la Ville même : mais les difficultés que lui firent les Religieux de Saint-Denys, le déterminerent à tourner toutes fes vûës du côté de Villebon. Meffieurs d'Eftouteville, auxquels cette maifon avoit appartenu avant lui, l'avoient laiffée bâtie feulement jufqu'au premier étage : Il la fit relever & conftruire en entier, fur le modèle de la Baftille, dont il étoit Gouverneur; mais beaucoup plus belle. La façade préfente entre les Tours, trois Corps de logis couverts d'ardoifes; ces Tours couvertes en plateforme, de plomb, avec des creneaux ronds & pointus alternativement. Les gouttiéres font du même métal que les Canons de fonte; & les gouttiéres intérieures, dans lefquelles fe rendent celles des coins de la maifon, font à huit pieds de haut, finiffant en têtes de dauphin, & pareillement de fonte. Le grand efcalier eft extrémement large & clair. Au premier étage, eft une fortgrande Salle, dont les poutres & foliveaux étoient dorés, ainfi que la cheminée, de grande menuiferie. Les appartemens, qui font en fort-grand nombre, ont auffi tous des cheminées de menuiferie d'orées, de même que la plufpart des planchers. Le Parc, enceint de murs de pierre, renferme quantité de réfervoirs & de Piéces d'eau. Ces Jardins, qui accompagnent la maifon par trois côtés, les cours & baffe-cours, tout cela eft dû au Duc de Sully.

Pour donner à tous les pauvres qui fe préfenterent pendant une difette, les moyens de fubfifter, en les occupant à travailler: car il auroit cru perdre tout le mérite d'un bonne œuvre, fi elle avoit pû fervir à entretenir l'efprit de fainéantife; il leur fit faire une Piéce d'eau, de trois cens foixante toifes de long, fur environ foixante de large: on la nomme l'Etang de la Chapelle, ou l'Etang-canal. Les terres qu'on en tira, fervirent à élever des deux côtés, quatre Terraffes, parallèles à ce Canal, lefquelles s'étendent jufqu'à l'Etangneuf, qui eft une autre Piéce d'eau, au-deffus de celle-cy. Entre ces Terraffes & le Canal, étoient deux fonds de gazon, que M. le Duc de Sully d'aujourd'hui a fait accommoder en Parterres de découpures & en Boulingrins. On recevoit indifféremment tous ceux qui s'offroient pour ce travail, & jufqu'aux plus petits enfans, auxquels on ne donnoit quelquefois pas plus d'une demi-livre de terre à porter: on avoiteu la précaution de faire faire pour cet effet un nombre infini de hottes, de toutes grandeurs. On diftribuoit à tous ces pauvres, le matin, un morceau de pain; à dîner, une écuellée de foupe; & le foir, outre un morceau de pain, un falaire en argent, proportionné à l'âge & au travail. Cet Ouvrage, que le Duc de Sully n'auroit jamais entrepris pour le seul embelliſſement de ſa maiſon, lui coûta quatre vingt mille livres.

Perſonne n'ignore que c'eſt lui qui a fait bâtir en entier le Château de Roſny, à foſſés ſecs, extrémement larges, & dont le feu, lorſqu'on y plaçoit une Batterie, ſe croiſoit d'une maniére ſurprenante: choſe très-rare en ce temps-là. Il fit cette belle Terraſſe, qui régnoit le long de la Seine, dans une longueur prodigieuſe, & ces grands Jardins, remplis de boſquets & de grottes, qui jettoient de l'eau.

Il embellit les dehors de Sully par des Jardins, dont les plants ſont les plus beaux du monde, & par un Canal fort-long & fort-large, qui s'entretient d'eau vive, par le moyen de la petite Riviere de Sangle, qu'il y fit paſſer, & qui de-là va ſe perdre dans la Loire. Il y ajoûta une machine, pour porter de l'eau à tous les baſſins & jets-d'eau, dont ces Jardins étoient remplis: la machine ſubſiſte encore; mais on a laiſſé périr toutes ces Piéces d'eau. A l'égard du Château, il le fit couvrir d'ardoiſes: il en fit boiſer, peindre & dorer, preſque tous les appartemens, & pratiquer dans l'épaiſſeur des murs, les galeries qui prennent depuis le petit Corps-de-logis de l'entrée, juſqu'au gros Château. La baſſe-cour & une ſeconde baſſe-cour, qu'on appelle autrement le petit Parc, ſont encore ſon ouvrage. Il y a dans cette ſeconde cour pluſieurs éminences, ou monceaux énormes de terre, qu'on voit bien avoir été faits de main d'homme. Cette dépenſe, qui n'eſt d'aucune utilité, qui produit même un effet déſagréable, a dequoi ſurprendre ceux qui ne ſçavent pas que le Duc de Sully ne trouva point d'autre moyen de faire ſubſiſter une infinité de pauvres, qui demandoient du travail dans un temps de cherté. La Collégiale de Saint-Ithier étoit anciennement une petite Egliſe, qui touchoit preſque au Château: il la fit tranſporter au milieu de la Ville; ou pluſtôt, il en fit, à ſes frais, une très belle Egliſe, couverte d'ardoiſes: Sans parler de pluſieurs autres Ouvrages, dont cette Ville lui a l'obligation; entr'autres, d'un Hôtel-Dieu, qu'il y fonda.

L'appartement principal de ce Château, eſt celui qu'il y fit accommoder, en mémoire de Henry le Grand, & qu'on appelle pour cela, l'appartement du Roi. Il voulut laiſſer un autre monument de ſa reconnoiſſance envers ce Prince dans la Salle de Sully. Cette Salle, qui, après celle de Montargis est la plus grande qui soit en France, a vûë sur la Loire. Henry IV. y est peint dans un Tableau de la première grandeur, sur un parfaitement beau cheval alezan : C'est de toutes les figures de ce Monarque, la plus parfaite & la plus ressemblante. Ce Tableau sert à décorer la cheminée qui est extraordinairement grande, toute incrustée de menuiserie, & couverte, tant en face que sur les côtés, de cartouches en peinture, chacun avec un emblème & une devise, ayant rapport, soit au Roi, soit au Duc Sully. Un de ces cartouches a quelque chose de singulier : Il est en face, & représente le Soleil, jettant une lumière foible & pâle : au dessous paroît la Lune, aussi brillante que le Soleil l'est peu ; & plus bas, la Terre, qui semble obscurcie par ce grand éclat de la Lune : C'est le seul de ces emblèmes, qui n'ait point de devise ; & cette affectation acheve de prouver qu'il renferme quelque chose de mystérieux.

Le Duc de Sully répara & augmenta aussi le Château de La-Chapelle-d'Angillon, bâti par Mademoiselle d'Albret : Il l'embellit de Jardins en terrasses, & d'un Parc de près de deux cens trente arpens, entouré de murailles de pierres, qui quoique très-solides, sont aujourd'hui presque ruinées, par la négligence de ses successeurs. En face de la prairie, est une Terrasse superbe par sa longueur & son élévation, toute revêtuë de pierre de taille, & ayant de distance en distance des pilastres plus élevés, de pierres & de briques, qui servent tout à la fois à la solidité & à la décoration de cet Ouvrage. Il se trouvoit au bas de cette Terrasse, une Eglise fort-mal bâtie, que le Duc de Sully fit démolir & reconstruire avec beaucoup de dépense & même de magnificence, à la porte de la Ville de la Chapelle, dont il doit être regardé non-seulement comme Seigneur, mais encore comme Fondateur.

Le Château de Montigny lui doit entr'autres embellissemens, une parfaitement belle avenuë d'arbres ; & derriere la maison, une promenade ou espèce de Cours très-agréable, à quatre rangs d'Ormeaux.

C'est lui enfin qui a fait bâtir & couper dans le Roc, le fameux Château de Montrond, long-temps regardé comme une Citadelle imprenable, On y montoit par un chemin tournoyant, fort-large, aussi pratiqué dans le Roc, ainsi que les dehors de la Place ; dans l'intérieur de laquelle il y avoit un puits intarrissable, & à couvert de tous les accidens du dehors. M. le Prince de Condé obligea le Duc de Sully, comme on l'a vû, de lui céder Montrond ; & pendant les Troubles, il en fit sa principale Forteresse, contre le Parti du Roi. L'Armée Royale s'y vit arrêtée pendant dix-huit mois entiers, & ne la prit que par adresse : la Place fut rasée, après qu'on en eut fait sauter les Fortifications.

Fin des Mémoires de Sully.

TABLE GENERALE
DES
MATIERES.

Les chiffres Romains I. II. III. marquent les premier second & troisiéme Volumes: La Lettre N. & le chiffre dont elle est suivie, indiquent les notes & les pages où se trouvent ces notes. S. désigne le Supplément.

ABBAYES. Retirées des mains des Protestans: Sully se défait des siennes. III. 349. *Voyez Bénéfices.*

ABBEVILLE. Henry IV. y fait son entrée. I. 370.

ABEINS. (l'Abbé d') Sully lui fait donner l'Evéché de Poitiers. III. 95. N. 31.

ABJURATION de Henry IV. I. 288. *suiv.* Particularités sur cette Cérémonie. N. 49.

ABSIE. (Abbaye de l') Sully s'en défait. III. 349.

ABSOLUTION de Henry IV. Difficulté du Pape de l'accorder. I. N. 1. p. 291. Il l'accorde enfin; à quelles conditions. 413. Remarques sur cette Cérémonie. N. 60.

ACADEMIE Royale, que Henry IV. se propose d'instituer. III. 141.

ACHARIE (la Dame) Dévote du P. Cotton. II. 590. N. 21.

ACHMET, Empereur des Turs, succede à Mahomet III. Troubles à Constantinople sous son Regne. II. 416. Obtient de Henry IV. d'avoir un Résident à Marseille. III. 192. 193.

AERSENS. (François) Ambassadeur des Provinces-Unies en France; les sert bien auprès de Henry IV. II. 166. N. 8. Parole du Cardinal de Richelieu sur lui. N. *Ibid.* Anecdote sur le commerce de Henry IV. avec sa Femme. *Ibid.* Il donne avis de l'Union prétenduë de l'Espagne avec l'Angleterre pour envahir la France. 218. *suiv.* — 481. Est député par Henry IV. au Duc de Bouillon. 576. Présens qu'il fait au Roi & à la Reine, & qu'il en reçoit, 611. Il revient à Paris, & y poursuit sa Négociation. III. 23. *suiv.* — 109.

AFRIQUE. Desseins de Charles-Quint, de Philippe II. & de la Maison d'Autriche sur cette Partie du Monde: Obstacles qu'ils y rencontrent. II. 558. 559. Partie du Grand Dessein de Henry IV. qui concerne cette Partie du Monde. *Voyez. Dessein Politique.*

AGEAUX (Des) Lieutenant-de-Roi de Saint-Jean-d'Angely, sert Henry IV. à la Bataille de Coutras. I. 122. N. 57. Henry refuse sa place au Duc de Rohan. II. 460. & la donne à La-Rochebeaucourt. 593. III. 402. *Voyez Rohan. Rochebeaucourt.*

AGELLE (Mademoiselle d') aimée par Henry IV. I. 53. N. 95.

AGEN. Pris par les Catholiques en pleine Paix. I. 53. Pris une seconde fois. 447. N. 17.

AGOUST. Sentiment de Henry IV. sur cette Maison. III. 56. *Voyez Bonne. Créqui. Lesdiguières.*

AIDES. Abus dans cette Partie de la Finance, corrigée par Sully. II. 464. Réglemens à cet effet, faisant partie du Cabinet d'Etat. III. 145. *suiv. Voyez Cabinet d'Etat.*

AIDES. (Cour des) *Voyez Cours Souveraines.*

AIGNAN. (Comte de Saint-) Gratification à lui accordée par Henry IV. II. 471.

AIGUEBELLE. Prise par Sully. II. 35. *suiv.* Aventure qui y rend Grillon ami de Sully. 432. *Voyez Sully. Grillon.*

AIGUES-MORTES. Engagé au Prince Casimir par le Prince de Condé. I. 62.

AILLANT. Sully y va visiter ses biens. I. 187.

AINE. Passage de cette Riviere; & avantage qu'y remporte Henry IV. sur le Prince de Parme. I. 185. *Voyez Henry. Parme.*

AIX. (Louis d') Son Parti en Provence. I. 236. Il cherche à livrer Marseille aux Espagnols. 383. N. 23. *Voyez Marseille.*

ALAGON. *Voyez Meyrargues.*

ALBE (Duc d') s'abouche à Baïonne avec Catherine de Médicis. I. 17. N. 41. *Voyez Baïonne. Médicis.* Charles IX. lui redemande les Prisonniers François. 53.

ALBE-ROYALE, en Hongrie, prise par le Duc de Mercœur. II. 102. Reprise par les Turcs. 154.

ALBIGNY (Charles de Simiane d') surprend Genève, & en est chassé. II. 153. N. 39. *Voyez Genève.*

ALBRET. (Maison d') Alliance entr'elle & la Maison de Rohan. I. 446. N. 15. Celle-cy auroit hérité de ses biens, faute d'Enfans dans la Ligne directe. II. 458. Henry IV. réünit ces biens à la Couronne. III. 32. N. 15. Procès entre Henry & la Maison de Nevers au sujet de ces biens. 39 *Voyez Rohan Nevers.*

ALBRET (Henry d') Roi de Navarre. *Voyez Navarre.*

ALBRET (Jeanne d') Reine de Navarre. *Voyez Navarre.*

ALBRET (Henry d') Baron de Miossens. *Voyez Miossens.*

ALDEGONDE (Philippe Marnix de Sainte-) Officier Protestant. Le Prince d'Orange l'avertit de la trahison d'Anvers. I. 76.

ALDOBRANDIN (Cardinal) Neveu & Légat de Clement VIII. vient traiter de la Paix. Réception que lui fait Sully ; & sage avis qu'il lui donne. II. 49. 50. Conférences qu'il a à Lyon avec les Commissaires nommés par Henry IV. 52. Il les rompt au sujet de la démolition du Fort de Sainte-Catherine. 54, Reprend le Traité avec Sully, & le conclut. 56 Amitié qu'il portoit à Sully. 475. Présens qu'il reçoit de Henry IV. III, 31. *Voyez Sully. Paix. Savoie, &c.*

ALENÇON. Hertray s'en empare pour le Parti des Princes, qui y joignent leurs forces. I. 41 Pris sur la Ligue par les Troupes de Henry IV. N. 42. P. 163. *Voyez Hertray. Henry IV.*

ALENÇON (François de Valois Duc d') puis Duc d'Anjou. *Voyez Anjou.*

ALEXANDRE (le Pere) Jésuite, travaille utilement au rappel de sa Compagnie en France. II. 299. N. 3. *Voyez Jésuites.*

ALEXANDRIN (Cardinal) appellé dans le Conseil, où l'on projette

jette la destruction des Calvinistes. I. 24.

ALGER. L'Espagne cherche à s'en emparer. II. 271.

ALIBOUR, Premier Médecin de Henry IV. I. 180. N. 4. Entretien plaisant entre Henry & lui sur la belle Gabrielle 386. Sa mort: Anecdotes sur cette mort. 387. N. 27. *Voyez Henry. Estrées. Sancy.*

ALINCOURT (Charles de Neufville, Marquis d') Gouverneur de Pontoise; tente de surprendre Mante. I. 192. N. 21. Fait son Traité avec Henry IV. 329. 330. N. 41. Obtient le Gouvernement de Lyon. *ibid.* Henry lui refuse la Charge de Grand-Maître de l'Artillerie. 495. Somme d'argent qu'il reçut par son Traité. 559. Il est envoyé à Rome pour le mariage de Henry avec Marie de Médicis. II. 29. Gratifications & graces qu'il se fait accorder par la Régente III. 326. Grand démêlé entre lui & Sully dans le Conseil, sur l'affaire de Lyon. 328. *suiv.*

ALLEGRE. (André d') *Voyez Fervaques (Comtesse de)*

ALLEGRE (Christophe Marquis d') prend Rouen pour la Ligue. I. 165. Assassine Hallot. III. N. 21. pag. 46.

ALLEMAGNE. Ses anciens Ducs de la Maison d'Hasbourg. *Voyez Hasbourg. Autriche.* Avantages pour les Electeurs & Princes d'Allemagne dans le Grand dessein de Henry IV. II. 244. Véritable Politique des Cercles par rapport à la Maison d'Autriche & à l'Espagne. 247. Ils prennent le parti de s'unir avec Henry 406. Usage du Duel en Allemagne, différent de celui de France. 548. Henry s'y fait de nouveaux Alliés. 560. Dettes de la France à ses Princes & Villes, acquittées. III.

Tome III.

32. Affaires d'Allemagne, & Troubles qui y arrivent. 116. Henry s'en attache de plus en plus les Princes. 132. Députation qu'ils lui font dans l'Assemblée de Hall, au sujet de la succession de Clèves. 207. *Voyez Clèves.* Ils s'unissent plus étroitement avec la France. 216. Ambassadeurs nommés pour y résider pendant l'exécution du Grand Dessein. 223. *Voyez Henry. Dessein Politique. Rodolphe. Saxe, &c.* Partie du Grand Dessein qui concerne ses Princes & Cercles. 375. *suiv.* Forces & dépenses, dont ils contribuënt. 385. *suiv.* 389. *suiv.*

ALLYMES (René de Lucinge-Des.) Commissaire du Duc de Savoie dans l'Affaire de Saluces. II. 17. N. 16. Cherche à corrompre Sully par des présens. 18. *Voyez Savoie. Saluces. Sully.*

ALPIN (Saint) de Béthune. Son éxemple proposé à Sully par Paul V. II. 480. *Voyez Béthune.*

ALTERNATIFS (Officiers) établis dans les Charges. I. 485. N. 4.

AMBASSADES ET AMBASSADEURS. De la part d'Elizabeth & des Provinces-Unies à Henry IV. Discours politique de ce Prince dans cette occasion. I. 515. *suiv.* N. 34. *Voyez Henry. Cécil. Nassau. Elizabeth, &c.* Du Duc de Luxembourg à Rome. *Voyez Luxembourg.* De Sillery à Rome. *Voyez Sillery.* De la part du Grand-Seigneur à Henry IV. *Voyez Mustapha.* De la part des Vénitiens, au même. *Voyez Venise.* De la part des Archiducs, au même. *Voyez Archiducs.* Ambassade de Canaye à Venise. De Béthune, à Rome. Du Maréchal de Biron, à Londres & en Suisse. *Voyez ces noms.* Ambassade solemnelle des Cantons Suisses en France. *Voyez Suisses.* Ambassade Extraordinaire

Hhh

du Marquis de Rofny, vers le Roi Jacques. *Voyez Sully. Jacques.* Ambaffadeurs nommés par Henry IV. pendant la Guerre de Cléves. III. 223.

AMBLISE (Africain d'Anglure d') eft défait par le Duc de Bouillon. I. 232. N. 2.

AMBOISE, l'une des cinq Villes reftées fidelles à Henry III. I. 139.

AMBOISE (George de Clermont d') fuit Henry IV. en Franche-Comté. I. 410 N. 56.

AMBOISE. (Buffy d') *Voyez Buffy.*

AMERIQUE. Defseins de Charles-Quint & de Philippe II. fur cette Partie du Monde; & obftacles qu'ils y rencontrent. II. 558. 559. *Voyez Charles - Quint Philippe II.* Partie du Grand Deffein qui concerne cette Partie du Monde. *Voyez Deffein Politique.*

AMERVAL. *Voyez Liancourt.*

AMIENS. Henry IV. y fait fon Entrée I. 370. Y féjourne. 432. 433. Réponfe qu'il fait à fes Députés. 433. N. 11. les Efpagnols s'en emparent par furprife. 482. 483. N. 2. 3. Chagrin qu'en reffent Henry 483. Préparatifs pour reprendre cette Ville. 484. *fuiv.* Henry en fait le Siége. 491. *fuiv.* Soins de Sully pour faire réüffir ce Siége. 492. N. 7. Les Efpagnols ne peuvent en empêcher la prife. 498. *fuiv.* N. 15. 16. Henry IV. y va pour la conclufion du Traité de Vervins. 529.

AMIRAUX de France. Coligny. Epernon. La-Valette. Biron. Villars. Danville. *Voyez ces noms.*

AMOUR. Combien cette paffion eft dangereufe pour les Princes. II. 271. Amours de Henry IV. *Voyez Maitreffes.*

AMOURS (N. d') Commiffaires pour la levée du Sou pour livre II. 105.

ANCEL (Guillaume) Maître-d'hôtel du Roi, Réfident à Vienne. II. 442. En Pologne. III. 223. — 385.

ANCHIN (Jean de Béthune Abbé d') révéré comme Saint. I. 5, *Voyez Béthune.*

ANCRAGE (Droit d') établi malgré les Remontrances de Sully. II. 281.

ANDELOT (Charles de Châtillon-Coligny, Marquis d') difpute à Sully fes Prifonniers. I. 172. N. 51. Querelle entr'eux à ce fujet. 174. Henry IV. décide contre lui, 179.

ANDELOT (François de Châtillon-Coligny, Marquis d') fes trois Enfans font tués, ou meurent en même temps. I. 188. N. 14.

ANDELOT (Guy de Laval d') fe fauve à Genève, au Maffacre de la Saint-Barthelemy. †. 30. N. 61.

ANDRE' (Saint-) Village où fe donne la Bataille d'Ivry. I. 171. N. 50. *Voyez Ivry.*

ANDRE' (N. de Saint-) Officier d'Artillerie. III. 154.

ANDRESY. Conférences fur la Religion, tenuës en cet endroit. I. 299. Noms de ceux qui y affifterent : matiéres qui y furent traitées. *ibid.* N. 9.

ANFREVILLE. Les Catholiques en font chaffés I. 163.

ANFREVILLE (N. d') fait prifonnier par Sully à Ivry. I. 171.

ANGE. (Pere) *Voyez Joyeufe (Henry de)*

ANGEL (N. de Saint-) fert le Parti du Roi en Limofin. I. 447. N. 16. Contribuë à la prife de la Ville de Bourg. II. 30. Sollicite la grace du Maréchal de Biron. II. N. 18 p. 126.

ANGELY (Saint-Jean d') Sully va visiter cette Place II. 354. La Lieutenance-de-Roi en est refusée au Gouverneur. 460. & donnée à La-Roche-beaucourt. 593. Rohan oblige la Régente à la lui accorder. III. S. 350. Voyez Rohan. Roche-beaucourt. Sully sert à ce Siege, 355.

ANGENNES (François d') Voyez Mont-luet.

ANGENNES (Jean d') Voiez Poigny.

ANGENNES (Louis d') Voiez Maintenon.

ANGENNES (Nicolas d') Voiez Rambouillet.

ANGERS. Manqué par le Prince de Condé. I. 93. 94. Séjour qu'y fait Henry IV. en allant en Bretagne : & affaires qui s'y traiterent. 507. Voyez Henry. Mercœur, &c.

ANGILLON (La-Chapelle d') Maison acquise par Sully III. 348. 403. Embellissement qu'il y fit. 421.

ANGLETERRE (Rois d') Elisabeth Reine. Jacques. Edouard. III. Voyez ces noms.

ANGLETERRE. (le Prince d') Voyez Galles.

ANGLETERRE. (Anne de Danemarck, Reine d') Voyez Danemark.

ANGLETERRE & ANGLOIS. Les Calvinistes livrent le Havre aux Anglois. I. 18. Armée Angloise vient au secours de Henry IV. 160. Sert bien au Siége de Rouen. 201. Voyez Rouen. Les Anglois donnent du secours au Maréchal d'Aumont en Bretagne. 370. Voyez Aumont.. Se joignent à la France contre l'Espagne dans la Guerre de 1595. 391. Et la servent mal. 396. Entretien de Henry IV. avec les Ambassadeurs Anglois & Hollandois. 515. suiv. N. 34. Voyez Cécil. Henry retire de l'Angleterre nos Fermes, qu'elle faisoit valoir. 64. 65. N. 21. Pirateries des Anglois sur les Vaisseaux François. II. 180. Insulte que leur Vice-Amiral fait à Sully. 184. 185. N. 16. Leur caractère. 184. Haine qu'ils portent aux François. Suite du caractère de la Nation. 192. 193. N. 18. Politique que la France doit suivre avec elle. 194. N. 19. Jalousie des Anglois contre les Ecossois. 215. 216. Droits prétendus de l'Angleterre sur la Normandie, la Guyenne, le Poitou. 218. Elisabeth soutient les Prêtres Anglois contre la faction Espagnole. 226. 227. N. 4. 5. 6. Maniére dont on sert le Roi d'Angleterre à table. 232. Opposition des Ministres Anglois aux Négociations de Sully & aux intérêts des Provinces-Unies. 235. suiv. Sully s'en plaint au Roi Jacques. 240. 241. Présent faits par Sully aux principaux Seigneurs & Dames de Londres. 261. 262. Conjuration de quelques Anglois contre le Roi Jacques. 269. N. 5. 6. Henry fait des présens & des pensions aux Ministres & Seigneurs de cette Cour. 271. Les Anglois profitent de l'interdiction du Commerce entre la France & l'Espagne. 390. suiv. Traité entre l'Angleterre & l'Espagne. 400. 401. N. 9. Etat des dettes de la France à l'Angleterre pendant la Ligue. 468. Autre Conspiration contre le Roi d'Angleterre. 611. 612. N. 34. Paul V. défend aux Anglois de prêter le serment de fidelité à Jacques. III. 30. Dettes de la France à l'Angleterre. 32. Bullion est nommé Ambassadeur à Londres pendant la Guerre de Clèves. 223. Partie du Grand Dessein qui regarde ce Royaume. 323. suiv.

Hhh ij

329. 330. Forces & dépenses dont il y devoit contribuer. 337. *suiv. Voyez aussi les Noms indiqués dans cet Article.*

ANGLICANS. Conférences entr'eux & les Puritains. II. 399. *Voyez Jacques.*

ANGOULEME (Charles de Valois Comte d') & Duc d'Auvergne. *Voyez d'Auvergne.*

ANGOULEME (Charlote de Montmorency, Duchesse d') sert de Marreine pour l'Archiduc à Madame Elisabeth de France. II. 597. *Voyez France.* Mélée dans les Intrigues galantes de Henry IV. III. 7. N. 6. 58.— 63.— 165.

ANGOULEME (Henry de Bourbon, Comte d') Grand-Prieur, & Gouverneur de Provence. 235. N. 7.

ANJOU (Villes dans l') prises par Henry IV. I. 163. N. 42.

ANJOU. (Charle d') La Maison de Béthune sert utilement ce Prince dans ses Guerres contre Mainfroy. I. 5. *Voyez Béthune.*

ANJOU (François de Valois, Duc d'Alençon, puis Duc d') autrement Monsieur. Veut engager le Roi de Navarre à étrangler Catherine de Médicis. I. 12. N. 31. On travaille à le marier avec la Reine Elisabeth. 15. N. 38. Il se joint aux Mécontens. 37. Est arrêté. 38. Se sauve de sa prison. 41. Haine que Henry III. & lui se portoient. 40. N. 79. Il unit ses forces avec celles du Roi de Navarre & du Prince de Condé. 41. Catherine les désunit d'avec les Huguenots par la Paix de Monsieur. 42. N. 83. 84. Dessein de cette Princesse de le faire Roi d'Alger : Négociations à cet effet. 67. N. 1. Traits sur ce Prince & son caractère : ses rivalités avec le Roi de Navarre. 70. N. 6. *Voyez Sauves.* Il passe en Flandre. 71. Est reçu dans Cambrai, & emporte d'assaut Château-Cambresis. 72. Trahison dont il use envers D'Inchy. 73. Passe en Angleterre. 74. Revient en Flandre, où il est reconnu Duc de Brabant. 74. *suiv.* Contracte une sorte d'engagement avec la Reine Elisabeth. *ibid.* N. 11. Ressentiment qu'il conserve contre la Ville d'Anvers. 75. Mécontentement qu'il donne à Sully & aux Protestans. *ibid.* Trahison d'Anvers. 76. Il perd son Armée, & revient en France. 77. Il se retire disgracié à Château-Thierry : Sully va l'y voir: Sa Mort. 81. N. 20. Titres qu'il prenoit. *ibid.* N. 19. On voulut lui faire épouser la Sœur de Henry IV. 583. Motifs de Philippe II. lorsqu'il l'engagea dans l'entreprise d'Anvers. III. 137. *Voyez aussi les noms indiqués dans cet Article.*

ANJOU (Gaston-Jean-Baptiste de France, Duc d') troisième Fils de Henrry IV. ensuite Duc d'Orleans. Sa Naissance. III. 72. N. 10. Henry a dessein de le marier avec la Princesse de Mantoue. 132. Caresses qu'en reçoit Sully. 322. 323.

ANJOU (Henry de Valois Duc d') Roi de France. *Voyez Henry III.*

ANSPACH. (Le Duc d') Sully calomnié d'intelligences criminelles avec ce prince. II. 451.

ANTECHRIST. Les Protestans donnoient ce nom aux Médicis. I. 18. Dogme du Pape Antechrist, proposé au Synode de Gap. Sully le fait supprimer. II. 283. 284. N. 12. Le même Dogme agité au Synode de la Rochelle. III. 10. 11.

ANTIBES. Henry IV. songe à en faire l'acquisition. III. 95.

ANTOINE (D. Simon) Député de l'Espagne traverse le Traité de Sully avec l'Amiral de Villars

I. 315. *suiv.* 331. Récit de ce qui se passa entre Sully & lui, chez le Gouverneur. *ibid.* Villars l'oblige à sortir de Rouen. 332.

ANTOINE (Porte Saint-) réparée. III. 48.

ANTOINE (N. de Saint-) Henry IV. le donne au Roi d'Angleterre. II. 261. — 605.

ANTON (Claude Batarnay d') Premier Mari de l'Amirale de Coligny. I. N. 37. *p.* 15.

ANTONIN. *Voyez Guiche (Comtesse de)*

ANVERS. Le Duc d'Anjou y est couronné Duc de Brabant. I. 74. Soulevement qui y arrive à l'occasion de la blessure du Prince d'Orage. 75. Monsieur cherche à s'en emparer par surprise, & manque son coup. 76. 77. Cause de la haine des Flamands contre lui. 75. *Voyez Anjou. Orange.* Le Prince d'Orange manque cette Ville. III. 21. Motif du conseil que Philippe II. donna à Monsieur sur la Trahison d'Anvers. 137.

ARAMBURE (N. d') se trouve au Combat d'Aumale. I. 207. *Voyez Aumale.* A l'attaque du grand Convoi devant Laon 354. Suit Henry IV. à la Campagne de Franche-Comté. 410. N. 56. — 486. — II. 603. Des parties de chasse du Roi. III. 265.

ARCADIUS, Empereur d'Orient. III. 357.

ARCENAL de Paris. Le Duc de Sully vient y demeurer. I. 557. En rétablit les travaux. II. 14. Y reçoit le Roi & la Reine. 59. Ballets & Spectacles qui s'y font. 103. Ouvrages qu'y fait faire Sully. 385. Et dans les autres Arcenaux du Royaume. 470. Il y établit une Ecole des Exercices militaires. 544. Des Courses de bague. 557.

Fréquens voyages qu'y fait Henry IV. III. 7. *suiv. Voyez Henry IV. Sully.* Sully y fait construire une Salle pour les Spectacles. 53. *suiv.* Il y traite & y loge Henry. 120. *suiv.* qui va souvent y visiter Sully. 139.

ARCHANT (N. de L') se trouve à la Bataille d'Ivry. I. 172.

ARCHIDUC d'Autriche (Albert, Cardinal &) manque l'occasion de battre les François devant Amiens. I. 497. *suiv.* N. 15. 16. Bon-mot de Henry IV. à cette occasion. N. 16. Signe à Bruxelles le Traité de Vervins pour le Roi d'Espagne. 531. N. sur ce Traité. 44. 45. 46. 47. & 48. Va chercher l'Archiduchesse de Grats pour Philippe III. & passe avec elle par Marseille. 570. 571. Il épouse l'Infante Isabelle, & est fait Gouverneur des Pays-Bas, où il va. 571. Il perd la Bataille de Nieuport contre le Prince d'Orange. II. 59. N. 35. Assiége Ostende. 72. Envoye le Comte de Solre Ambassadeur à Henry IV. à Calais. 75. Est malade à Bruxelles. 151. Dispositions & véritable Politique des Archiducs en Flandre, par rapport à l'Espagne & à la Maison d'Autriche. 247. Albert favorise la conjuration des Seigneurs Anglois contre le Roi Jacques. 269. N. 6. Réussit mal dans la Guerre contre les Flamands. 273. 274. Suite de ces Expéditions en Flandre. 294. *suiv.* N. 7. 8. Ses inquiétudes sur l'Expédition de Sedan. 574. Il conclut le Traité de suspension d'armes entre l'Espagne & les Provinces-Unies. III. 25. *suiv.* N. 11. Travaille sincèrement à la Paix. 107. Comment il reçoit le Prince de Condé après sa sortie de France. 173. *suiv.* N. 29. 30. Traité de la Trève de douze ans entre lui & les Etats-Généraux,

H hh iij

avec le Traité d'Intervention des Rois de France & d'Angleterre. 181. *suiv.* N. 1. Il fait rendre justice au P. d'Epinoy, par considération pour Sully. 183. *suiv.* N. 2. 3. 4. Lettre que lui écrit Henry IV. sur son passage en Clèves; & Réponse qu'il fait à cette Lettre. 217. — 223. Raison du peu de précautions qu'il prend contre les Grands-desseins de Henry. 225. N. 13. Albert envoie des Ambassadeurs en France sur la mort de Henry IV. 318. Il permet le passage aux Troupes des Princes confédérés pour le Grand Dessein. 396. *Voyez Clèves. Dessein Politique. Voyez aussi les noms indiqués dans cet Article.*

ARCHIDUCS & ARCHIDUCHESSES. Princes & Princesses qui ont porté ce nom. *Voyez Autriche.*

ARCHI-PRETRE établi en Angleterre par le Pape, cause de troubles. II. 226. 227. N. 4. 5. *Voyez Clement VIII. Jacques. Jésuites.*

ARDEMBOURG. L'Archiduc Albert manque cette Place. II. 395.

ARDRES. pris par les Espagnols. I. 412. N. 58.

AREMBERG. (Jean de Ligne, Comte d') Ambassadeur des Archiducs au Roi Jacques. II. 184. Cabale dans Londres. 187. N. 17. Le Roi d'Angleterre lui refuse Audience avant que de l'avoir donnée à Sully. 200. Visites & présens que Sully & lui se font mutuellement. 205 Plaintes du Roi Jacques sur sa conduite. 211. Fautes qu'il fait dans sa Négociation. 230. 231. Il vient à Windsor. 264. Délais que Jacques lui fait essuyer. Il continuë à cabaler dans Londres. 268. 269.

ARGENTIER. (L') Traitant. I. 479. Sully lui fait faire son procès. III. 38. Bon-mot de Henry IV. à ce sujet. N. 17.

ARGENTAN. Le Duc de Montpensier prend cette Ville pour le Roi, & y défait les Gautiers. I. N. 42. *pag.* 163. *Voyez Montpensier. Ligue.*

ARGENTON. Henry IV. en chasse la Ligue. I. 142.

ARGOUGES. (Florent d') Trésorier de la Maison de la Reine. 337. 338. N. 1. — III. Apporte à Sully un Comptant, que ce Ministre refuse de signer. 312. *suiv.* — 323..

ARGOULETS. Pourquoi ainsi appellés. I. 96. N. 42.

ARIAT. (N. d') Secourt Villemur contre les Troupes de la Ligue. I. 237. *Voyez Joyeuse. Villemur.*

ARLEUX. Monsieur attaque ce passge. Sully y fait des Prisonniers. I. 73. *Voyez Anjou. Sully.*

ARMAGNAC. (Comté d') érigé en Présidial. I. 503. Procès perdu par Henry IV. contre Fontrailles, pour ce Comté. *ibid.*

ARMAGNAC. Valet-de-chambre de Henry IV. I. 362. II. 112. 551. III. 265.

ARMAND. (Le P.) Jésuite, travaille utilement au rétablissement de sa Societé en France. II. 299. N. 4.

ARMES. (Port d') défendu. I. 534. N. 2.

ARNAUD. (Antoine) Avocat pour l'Université de Paris contre les Jésuites. I. 347. N. 59. *suiv. Voyez Jésuites. Université.*

ARNAUD. (l'aîné des quatre) Commis du Conseil des Finances. I. 464. III. 337.

ARNAUD. (le second (Sécrétaire du Duc de Sully. Difcours que lui tient le Maréchal de Biron fur l'échaffaud. II. 125. Avis qui lui eft donné par un Chanoine de Cantorbery fur les brigues de l'Efpagne à Londres. 187.— 394.— 553. Marie de Médicis le met de fon Confeil fecret. III. 277. Colére de Sully contre lui. 280. Sully l'envoie faire politeffe de fa part à Conchine : ce qui fe paffa à cette occafion. 292. *fuiv.* Graces que lui accorde la Régente. 326. qui le fait Intendant des Finances: confeil que lui donne Sully. 337. 338.

ARNAUD. (le troifiéme) Meftre-de-Camp. Confeil que lui donne Sully. III. 337. 338.

ARNAUD. (le quatriéme) Tréforier de France & de la Grande-Voyerie. Fait fa cour à Conchine. III. 294. Confeil que lui donne Sully 337. 338.

ARNAY-LE-DUC. (Choc d') où les Proteftans ont l'avantage. I. 3. N. 4. Difcours de Henry IV. fur ce combat. N. *ibid.*

ARNES. (N. d') Gentilhomme Calvinifte, évite le maffacre de la Saint-Barthelemi. 16.

ARO. Le Parti Proteftant des Grifons y tient une Affemblée. II. 409.

ARONDEL. (Palais d') Sully y eft logé pendant fon Ambaffade à Londres. II. 20.

ARPENTIS. (Louis Du-Bois-Des-) Gouverneur de Touraine. I. 93. N. 36. Service qu'il rend à Sully, 98.

ARQUES. (Journée d') I. 155. N. 34. *fuiv.*

ARQUIEN. *Voyez Montigny.*

ARQUIEN. (Antoine d') eft fait Lieutenant-de-Roi dans Metz. II. 158. N. 3.

ARRAGON. (L'Amirante d') Affifte pour le Roi d'Efpagne à la Cérémonie de la Publication de la Paix de Vervins, à Paris. I. 531. N. 47. Commande l'Armée Efpagnole en Flandre. 582. Ne peut fecourir Grave. II. 151.

ARRAS. Ancêtres du Duc de Sully qui ont porté le titre d'Avoué d'Arras. I. 5. N. 9. Le Maréchal de Biron manque cette Place. 427. N. 5. Henry IV. a deffein d'en faire le Siége 426. La prife d'Amiens par les Efpagnols fait échouer ce deffein. 480.

ARRETS, Edits & Réglemens, fur la Finance, la Guerre, la Police, le Commerce, &c. *Voyez chacun de ce noms.*

ARSCOT. (Duc d') affifte à la Publication de la Paix de Vervins, à Paris. I. 531. N. 47.

ARSON. Député au Duc de Bouillon dans l'Affaire de Sédan. II. 572. *fuiv.*

ARTILLERIE. (Grands-Maîtres de l') Biron, La-Guiche, Saint-Luc, D'Eftrées, Sully, Rofny. *Voyez ces noms.*

ARTILLERIE. (Grande-Maîtrife de l') Henry IV. la promet à Sully ; puis la donne à d'Eftrées & la refufe à D'Alincourt, L'Aubépine & Montigny. I. 495. 496. N. 2. Elle eft accordée à Sully. II. 12. 13. & déclarée Grande-Charge de la Couronne. N. 12. Sully en fait les fonctions pendant la Campagne de Savoie. Liv. XI. *paffim. Voyez Sully.* Droits de cette Charge pour le logement en Campagne. 537. 538. Henry IV. en donne la furvivance au Marquis de Rofny. *Voyez Rofny.* Sully en foutient les droits en plein Confeil, contre le Duc de Bouillon. III. 315. 316.

ARTILLERIE. (Lieutenance-

Générale de l') offerte par Henry IV. avec de nouvelles attributions; & refusée. II. 12. 13.

ARTILLERIE. Sully travaille à la rétablir en France. II. 13. Etats & formules pour cette Partie. 63. Travaux de Sully pour son rétablissement. 385. Utiles dépenses de Henry IV. & de Sully pour cet effet 470. Etats généraux dressés par Sully sur cette matiere. 602. & presentés à Henry. 607. 608. Sommes employées pour les achats qui concernent l'Artillerie. III. 33. Recherche contre les Officiers de l'Artillerie proposée par Sully; & autres détails à cet égard. 44. Projets pour l'Artillerie, faisant partie du Cabinet d'Etat. 142. 143.

ARTOIS. (Comtes d') La Suferaineté du Comté de Saint-Paul disputée entr'eux & les Comtes de Boulogne. II. 414. *Voyez Saint-Paul.*

ARTS. Projet pour les perfectionner. III. 141. *Voyez Cabinet d'Etat.*

ASCOLY. (Prince d') commande les Troupes Espagnoles en Champagne. I. 191. Ne peut empêcher la prise de Noyon, *ibid.*

ASIE. Desseins de Charles-Quint, de Philippe II. & de la Maison d'Autriche, sur cette Partie du Monde; & obstacles qu'ils y rencontrent. II. 558, 559. Partie du Grand Dessein qui la concerne. *Voyez Dessein Politique.*

ASQUINS. (Chevalier) De la faction Ecossoise à la Cour de Londres. II. 195.—206.—212.—216.—240.

ASSEMBLE'ES Générales des Protestans à Châtelleraut, à La-Rochelle, à Gergeau. *Voyez ces Noms.* Justes raisons qu'a Henry IV. de supprimer ces Assemblées.

II. 493. 494.

ASTROLOGIE & ASTROLOGUES. Aventure du Duc de Sully avec un Astrologue. I. 429. 430. Passion pour l'Astrologie dans le siécle de Henry IV. 597. Ce Prince fait tirer à La-Riviere l'horoscope de M. le Dauphin. II. 85. *Voyez Henry, Sully, La-Brosse, La-Riviere, &c.*

ATICHY. Du conseil des Finances. I. 397.

AVANTIGNY, Officier Calviniste. Monsieur lui ôte sa confiance. I. 76.—107. Se trouve au Combat de Saveuse. 146. A la journée d'Arques. 157.

AUBAGNAC. Agent du Duc de Bouillon. II. 531.

AUBE'PINE. (Charles de l') Marquis de Châteauneuf. Henry IV. lui refuse la Grande-Maîtrise de l'Artillerie. I. 495. N. 11. Appellé au Conseil sur le rappel des Jésuites. II. 299. *suiv.* Du Conseil pour la vérification des Rentes. 382. Du Conseil sur les Affaires des Provinces-Unies. III. 22. Nommé par Henry IV. du Conseil de Régence. 223. Marie de Médicis le met de son Conseil public. 278.

AUBETERRE. Passage occupé par Henry IV. *Voyez Coutras.*

AUBETERRE. (N. d') Amitié du Duc de Sully pour lui, calomniée. II. 450.

AUBIGNE' ou AUBIGNY. (Théodore Agrippa d') Mal-intentionné pour le Parti de Henry IV. I. 89.—492. *suiv.* Particularités sur sa Vie. N. 13. Moyens qu'il emploie pour soulever les Calvinistes. 513. N. 31. II. 111. Il épie la conduite de Sully dans son voyage en Poitou. 353. *suiv.* Jette les fondemens d'une République Calviniste vinité en France. 517. 518. — 552. *Voyez Proteftans. Séditieux.*

AUBIGNY. (Pere d') Jéfuite. *Voyez Jéfuite. Parricide. Henry.*

AUBIN. (Saint-) Agent du Duc de Bouillon. II. 137.

AUGUSTE. Conformité du Régne de Henry IV. avec le fien. III. 63.

AUGUSTINS inftitués. II. 284.

AVIAS. (Pere) Jéfuite, nommé dans une Lettre du P. Cotton. III. 125. 126.

AVIGNON. Conteftation fur le Pont de cette Ville, entre le Pape & le Roi de France, terminée à l'avantage du Roi. II. 411. *fuiv.* N. 16.

AVILA. (D. Joan Alvarés-) Amiral Efpagnol, perd une fanglante Bataille Navale contre les Flamands, où il eft tué. III. 23. *fuiv.* N. 10.

AUMALE. (Journée d') I. 209. *fuiv.* Parole du P. de Parme fur ce Combat. N. 40. *pag.* 213.

AUMALE. (Charles de Lorraine, Duc d') Sert la Ligue. I. 154. Eft prefque fait Prifonnier par Sully. 163. Battu devant Noyon. 190. 191. N. 17. Sa femme traite de fa reddition avec Sully. 313. 314. N. 22. *Voyez Aumale. (Ducheffe d')* Il va fervir les Efpagnols en Flandre. II. 274.

AUMALE. (Claude de Lorraine, Duc d') I. *p.* 11. N. 26.

AUMALE. (Claude de Lorraine, Chevalier d') Combat pour la Ligue à Ivry. I. 171. Eft tué à l'attaque de Saint-Denys. 231. N. 1.

AUMALE. (Marie de Lorraine, Ducheffe d') traite avec Sully pour la reddition de fon Mari. I. 313. 314. N. 22.

Tome III.

AUMONERIE. (Grande) donnée au Cardinal Du-Perron; à la recommandation de Sully. II. 587.

AUMONT. (Jean d') Maréchal-de-France. I. 92. Prête ferment à Henry IV, aprés la mort de Henry III. 152. N. 29. 30. Surprend Meulan. *ibid.* Amene des Troupes à Henry IV. 160. Emporte d'emblée le Fauxbourg Saint-Germain. 161. A beaucoup de part au gain de la Bataille d'Ivry. 168. Careffes que lui fait Henry. N. 53. *pag.* 173. Il s'entremet pour la Converfion de ce Prince. 279. Ses exploits en Bretagne. 370. Sa mort. N. 4. *pag.* 440.

AUNEAU. (Défaite des Troupes étrangéres à) Pourquoi arrivée. 125. 130. N. 4.

AVOCATS. (Affaire des) terminée à l'amiable : réflexions fur ce fujet. II. 141. *fuiv.* N. 26. 27.

AURILLY. Gentilhomme attaché au Duc d'Anjou. I. 81.

AUSSONVILLE. *Voyez George. (Saint-)*

AUTRICHE. (Maifon d') Sentiment de l'Auteur fur l'origine de cette Maifon. I. 4. 5. D'où elle defcend : Diftinction de la première & feconde Maifon d'Autriche : Noms de différens Princes de cette Maifon : Erreurs à tous ces égards, rectifiées. N. 8. *Voyez Habsbourg.* Biens portés dans la Maifon d'Autriche par celle de Béthune. 441. N. 13. Haine des Proteftans du Nord contr'elle. II. 197. Plaintes du Roi Jacques contr'elle; & projet entre lui & Sully de l'abaiffer. 222. *fuiv.* Pays fubjugués par Elle. 223. *Voyez Charles-Quint. Philippe II.* Néceffité & moyens de l'abattre. 244. *fuiv. Voyez Deffein Politique. Henry IV.* Foibleffe de cette

Maison. 246. *suiv.* Sully premier auteur du Projet de l'abaisser. 315. N. 8. Aggrandie par ses Alliances. 403. N. 11. 12. Ses vûës pour la Monarchie Universelle. 557. *suiv.* Ses premiers accroissemens, son origine & ses grands succès. 558. 559. N. 4. Henry IV. & Sully songent à les arrêter. 560. Alliance de la Maison de Béthune avec cette Maison. III. 189. N. 9. *Voyez Bétune. Coucy.* Prééminence de la Maison de Bourbon sur la Maison d'Aurriche. 189. 190. *Voyez Bourbon.* Comment elle s'est mise en possession du Comté de Gueldres. 194. La mort & la succession du Duc de Clèves, occasion de travailler à la détruire. 199. *suiv. Voyez Dessein Politique, Clèves. Elisabeth, &c.* Etats & Princes de l'Europe qui prennent parti contr'elle en cette occasion. 215. *suiv.* Conspiration contre la Vie de Henry IV. à laquelle elle a part. 225. 226. N. 13. 14. *Voyez Espagne. Henry. Parricide, &c.* Elle laisse prendre Julliers & partager la Succession de Clèves. 306. *suiv.* Objet du Grand Dessein de Henry IV. par rapport à elle. 376. *suiv.* Justes sujets de plainte de l'Europe contr'elle. 394. Conjectures sur le parti qu'elle auroit pris au sujet du Grand Dessein, & sur ce qui en seroit arrivé. 396. 397. *Voyez Dessein Politique. Espagne. Rodolphe, &c.*

AUTRICHE. (Duché d') *Voyez Habsbourg. Autriche (Albert & Raoul d').*

AUTRICHE. (Albert d') *Voyez Habsbourg & Autriche (Maison d').*

AUTRICHE. (Albert Cardinal & Archiduc d') *Voyez Archiduc. Pays-Bas.*

AUTRICHE. (André, Cardinal d') gouverne en Flandre, en attendant l'arrivée de l'Archiduc Albert. I. 582.

AUTRICHE. (Anne-Marie-Mauricette d') *Voyez Espagne (Infans d').*

AUTRICHE. (Catherine d') Alliance par elle de la Maison de Béthune avec la Maison d'Autriche. III. 189. 190. N. 9. *Voyez Coucy. Guines.*

AUTRICHE. (D. Carlos d') *Voyez Carlos. Espagne. Philippe II.*

AUTRICHE. (Charles IV. d') *Voyez Empereurs.*

AUTRICHE. (Charles d') Marquis de Burgaw. *Voyez Burgaw. Clèves.*

AUTRICHE. (Claire-Ugenie d') *Voyez Espagne (Infants d').*

AUTRICHE. (Ernest, Archiduc d') *Voyez Ernest.*

AUTRICHE. (Ferdinand d') *Voyez Ferdinand. Empereurs.*

AUTRICHE. (Ferdinand Archiduc d') échoüe devant Canise. II. 102.

AUTRICHE. (Frédéric III. d') *Voyez Empereurs. Frederic.*

AUTRICHE. (D. Juan. d') *Voyez Juan (Dom.).*

AUTRICHE. (Isabelle d') *Voyez Espagne. (Infants d')*

AUTRICHE. (Léopold Archiduc d') *Voyez Léopold.*

AUTRICHE. (Marguerite d') Archiduchesse de Gratz, Epouse Philippe III. I. 581. N. 38. Passe par Marseille. *ibid.* N. 39. *Voyez Philippe II. Philippe III.*

AUTRICHE. (Marie d') épouse de Guillaume Duc de Julliers. III. 197. *Voyez Clèves.*

AUTRICHE. (Matthias Archiduc d') *Voyez Matthias.*

AUTRICHE. (Maximilien I. & II. d') *Voyez Maximilien.*

Empereurs.

AUTRICHE. (Rodolphe ou Raoul d') *Voyez Habsbourg. Autriche.* (*Maison d'*)

AUTRICHE. (Rodolphe d') Empereur. *Voyez Rodolphe.*

AUTUN. pris par le Maréchal de Biron. I. 395.

AUVERGNE. Sujet du Voyage que Henry IV. fait en cette Province. II. 529. *suiv. Voyez Henry IV. Bouillon. Séditieux*, *&c.*

AUVERGNE. (Charles de Valois, Comte d') se trouve à la journée d'Arques. I. 158. N. 36. L'un des Séditieux, dont Sully observe & déconcerte les desseins. 342. N. 52. — 147. 148. — 487. Il traverse les amours de Henry IV. & de sa Sœur. II. N. 6. *pag.* 7. *Voyez Verneuil* (*Marquise de*) Ses intelligences avec l'Espagne. 73. Billet d'association entre lui, Bouillon & Biron. 96. Il soûleve le Peuple contre Henry IV. 96. 97. Cherche à se saisir de Saint-Flour. 97. Conseil pris à Blois de l'arrêter. 106. Il est arrêté. 119. *suiv.* N. 11. 12. Henry lui fait grace de la vie, & le fait enfermer. 129. *suiv.* puis le fait élargir : motifs de cette conduite. 130. *suiv.* N. 22. 23. D'Auvergne trahit de nouveau le Roi: son caractére. 132. 133. Continuë ses brigues. 282. Procès qu'il perd contre la Reine Marguerite pour la succession de Catherine de Médicis. 346. N. 5. Entre avec l'Espagne dans un complot pernicieux contre l'Etat & la Personne de Henry IV. 348. N. 9. Il demande pardon au Roi ; & reprend encore ses menées avec l'Espagne. 359. *suiv.* Mesures qu'on prend pour l'arrêter. 361. *suiv.* Ses irrésolutions & ses terreurs. 362. *suiv.* Lettres qu'il écrit à Sully & qu'il en reçoit. 365. Comment il est arrêté. 366. N. 15. 16. Henry lui pardonne encore : motifs vrais ou faux de cette clémence. 417. *suiv.* N. 1. Il cherche à s'échapper de la Bastille. 420. 421. *Voyez Entragues.* — 488. — 532. Graces qu'on lui accorde dans sa prison. III. 180. Il est impliqué dans le parricide de Ravaillac, *pag.* 255. dans la N. 23.

B.

BABOU de La-Bourdaisiere. *Voyez Estrées. Sourdis.*

BACQUEVILLE. nommé dans l'affaire d'Adrienne de Fresnes. II. 591.

BADE. Les Catholiques des Ligues-grises tiennent leur Assemblée dans cette Ville. II. 409. *Voyez Grisons.*

BADE. (Duc de) & de Dourlak. Sully est calomnié d'intelligences criminelles avec ces Princes. II. 451. Partage de ces Princes dans le Grand Dessein. III. 379.

BADEFOU. *Voyez Saint-Goniés.*

BADET. (Compagnie de) sert d'enfans perdus à la Bataille d'Ivry. I. 167.

BAGUES & Joyaux de la Couronne. Sommes qu'y emploie Sully. III. 33.

BAILLEUL. Rois d'Ecosse de cette Maison. II. N. 2. *pag.* 259.

BAILLIAGES. Charges à y créer dans le besoin. III. 147.

BAIONNE. Les Séditieux cherchent à s'en emparer. II. 97. 487.

BAL. & Fétes à Paris pendant l'hiver de l'année 1597. I. 482.

BAIAGNY. (Damien de Montluc de) Intrigues de galanterie en-

Iii ij

tre lui & le Duc d'Eguillon, qui le fait affaffiner : Indignation de Henry IV. & du Duc de Sully fur cet affaffinat. III. 81. *fuiv*. N. 18. 19.

BALAGNY. (Jean de Montluc de) Monfieur lui donne le Gouvernement du Château de Cambray. 74. N. 10. Conduit des Troupes de la Ligue au Siége de Rouen. 206. N. 36. Eft fait Gouverneur Souverain dans Cambray : amene des Troupes à Henry IV. au Siége de Laon. 340. *fuiv*. N. 48. Les Efpagnols les chaffent de Cambrai. 412. 415. N. 62. Bon-mot d'un Efpagnol fur fon fujet. N. *ibid*. Valeur de fon Traité avec Henry IV. 560.

BALBANY. Henry IV. s'acquite d'une fomme d'argent qu'il lui devoit. II. 602.

BALEINE prife fur la Côte de Hollande. I. 573. N. 27.

BALTAZAR. Attaché au Duc de Sully. Mémoire qu'il donne fur la Journée de Fontaine-françoife. I. 405. *fuiv*. — 488.

BALZAC. *Voyez Entragues, Verneuil*.

BANCHI. (Pere Seraphin) découvre à Brancaleon le deffein de Barriere de poignarder Henry IV. I. 298. N. 8.

BANQUEROUTE & Banqueroutiers. Sévérité de Sully à l'égard de Jouffeaume. *Voyez Jouffeaume*. Edit contre les Banqueroutiers frauduleux. III. 161.

BAPTEME des Enfans de France. Préparatifs & détail de cette Cérémonie. II. 595. *fuiv*. N. 26. 28. 29. *Voyez Dauphin. France (Enfans de)*.

BAR. (Henry de Lorraine, Duc de) Son mariage avec Madame : Et oppofition qu'y font le Pape & le Clergé. I. 582. *fuiv*. N. 40. 41. *Voyez Madame, Offat, Clergé,* Irré- gularité de fa conduite au fujet de fa Difpenfe. II. N. 2. *pag*. 296 297. Il s'arrange avec Henry IV. après la mort de fa Femme pour fes meubles & effets. 297. 298. Henry propofe de le remarier avec la Princeffe de Mantouë. 474.

BARBARIE. L'Efpagne cherche à l'envahir. II. 271.

BARBERIN. Nonce du Pape en France. II. 478. Eft employé par Henry IV. dans le Différend de Paul V. avec les Vénitiens, & récompenfé du fervice qu'il rend. 586. 587. Louange qu'il donne à Sully. III. 31.

BARBIN. L'un des Confeillers de la Régente. S. 406.

BARENTON. Ingénieur envoyé par Sully pour démolir le Château d'Uffon. II. 543. *Voyez Marguerite de Valois*.

BARGES. Arrivée du Duc de Sully à Londres, dans cette forte de Bateaux. II. 188. *Voyez Ambaffade, Sully*.

BARLAYMONT. (Comte de) donne un paffeport à Sully. I. 78.

BARLAYMONT. (Comteffe de) refufe à Henry IV. de marier Mademoifelle de Melun avec le Marquis de Cœuvres. II. 461. 462. N. 18. 19.

BARNEVELD. (Jean Olden de) Principal Député des Provinces-Unies au Roi Jacques. Premier entretien qu'il a avec Sully Ambaffadeur de France à Londres : confidence qu'il lui fait ; & mefures qu'ils prennent enfemble. II. 201 *fuiv*. Il donne avis de la prétenduë Union de l'Efpagne & de l'Angleterre contre la France. 218. Mécontentement que lui donnent les Miniftres du Roi d'Angleterre. 233. Conférence qu'il a à ce fujet avec Sully, auquel il confie les fecrettes résolutions des Etats Généraux. 233. 234. Conférence entre lui, Sully & les Ministres Anglois, qui ne veulent rien accorder. 235. *suiv.* *Voyez Cécil.* Brouillerie entre lui & le Prince d'Orange, cause de la Trève. 609.

BARONIUS. (Cardinal) Sa mort. III. 91.

BARAULT. (Emeric Gobier de) Ambassadeur de France en Espagne, veille à faire observer les Traités. II. 272. Travaille à découvrir la trahison de L'Hôte. 316. Trait de fermeté de cet Ambassadeur. N. 19. *p.* 316. Rafis l'instruit de la trahison de L'Hôte. 317. 318. Il en donne avis à Henry IV. 319. 320. Ne croit point Villeroi coupable. 324. Instruction que lui donne Sully. III. 20.

BARRE. (Madame de la) donne de méchans conseils à Madame contre Sully. I. 438. — 446.

BARREAU. Suppression de ses Officiers. II. 70. Plainte de Sully contre le luxe des Gens-de-robe. 291. Réglement sur le Droit annuel. III. 145. Raisons pour & contre cet établissement. 145. N. 19. Abus à corriger dans le Barreau, pour les Juges, Avocats, Procureurs, &c. 148. *suiv.* N. 20. *Voyez Droit-Annuel. Paulette. Cabinet d'Etat.*

BARREAUX. (Des) Membre du nouveau Conseil des Finances. I. 397. Soûtient les Financiers malversateurs. 456.

BARRICADES. (Journée des) I. 131. Fautes de Henry III. Objet du Duc de Guise dans cette Action: Circonstances sur la maniere dont elle se passa. *ibid.* N. 7.

BARRIERE ou LA-BARRE. (Pierre) Son complot de poignarder Henry IV. Comment découvert & puni. I. 297. 298. Particularités sur ce Complot. Jesuites justifiées. N. 7. 8. *pag. ibid.*

BARTHELEMI. (Massacre de la Saint-) Projet de ce Massacre. I. 21. 22. Remarques sur ce Projet. N. 51. Maniére dont il s'éxécute : Comment Henry IV. le Prince de Condé & Sully sauverent leur vie. 30. *suiv.* Jugement sur cette action. Noms de ceux qui y périrent : & autres détails. 27. N. 60. *suiv. Voyez Médicis. Charles IX. Coligny. Henry IV. Condé. Protestans, &c.*

BASSIGNAC ou VASSIGNAC (Gedeon de) Gentilhomme Calviniste, cabale pendant le Siége d'Amiens. I. 493. Lieutenant & Agent du Duc de Bouillon. II. 531. *suiv.* N. 3.

BASTE (George) Général des Troupes Impériales en Transylvanie, y défait les Vaivodes Battory & Michel. II. 102. Beau trait de ce Général. 154.

BASTELICA. *Voyez Ornano.*

BASTILLE. Sully en est fait Gouverneur. II. 100. Henry IV. y dépose ses trésors : Conseil & Réglement à cette occasion. 375. *suiv.* Sully en remet le Gouvernement. III. 349.

BATAILLES & Combats. De Jarnac. De Moncontour. D'Arnay le-duc. De Luçon. De Loudun. De l.épanthe. De Saint-Quentin. De Meaux. Devant Beaumont. De Coutras. De Saveuse. D'Arques. De Dieppe & du Pollet. d'Ivry. D'Issoire. Au passage de l'Aine. Contre les Gautiers. *Voyez Montpensier.* D'Aumale. *Voyez tous ces noms.* Les Historiens s'accordent peu dans les récits qu'ils font des Combats. I. 213. N. 40. Combats & Escarmouches devant Rouen, 218. *suiv.* N. 47. *Voyez Parme.*

De Villemur. De Villers-Coterets. Devant Dourlens. De Fontaine-Françoise. De Nieuport. Bataille Navale gagnée par les Flamands contre les Espagnols. *Voyez Espagne. Païs-Bas. Voyez aussi Escarmouches, Siéges, & le reste des noms mentionnés dans cet Article.*

BATARNAL (Claude de) *Voyez Coligny.*

BATIMENS (Surintendance des) & Fortifications donnée à Sully. *Voyez Fortifications.* Sully en vend la Surintendance à Fourcy. III. 349.

BATIMENS construits ou réparés par Henry IV. *Voyez Edifices. Eglises. Hôpitaux.*

BATTORI, Vaivode de Transylvanie. Est défait par George Baste. II. 102. Continuë la Guerre contre l'Empereur. 153. 154.

BAUDELONIS (Yvon) prend un Vaisseau Espagnol que Henry IV. fait rendre. II. 483.

BAUDOUIN, Comte de Flandre. *Voyez Flandre.*

BEAUGENCY. L'une des cinq Villes restées fidelles à Henry III. I. 139. Place de sûreté & de passage accordée à Henry IV. 141.

BAUGY. Agent de Henry IV. pour la réüssite du Grand Dessein. III. 385.

BAUGY. Sully acquiert cette Terre, & la visite. II. 70. 71. III. 348. S. 408.

BAVIERE. (Electeur de) Projet de le faire Empereur. II. 560. Il entre dans la Confédération à cette condition. 164. 171. III. 379. *Voyez Dessein Politique.*

BAUMEVIELLE. Avis qu'il donne à Henry IV. sur le Duc de Bouillon. II. 551. III. 45.

BAZEILLE. (Sainte-) Prise par le Duc de Maïenne. I. 102.

BEARN. La Messe y est abolie. *Voyez Navarre.* Voyages de Henry IV. en cette Province. *Voyez Henry IV.* La Messe y est rétablie ; ensuite les Jésuites. III. 91. N. 25. Affaires avec l'Espagne sur les limites de la Frontiére, terminée à la satisfaction de Henry IV. 111. 112.

BEAUCAIRE. *Voyez Martigues.*

BEAUDINER. (Galiot de Crussol de) Gentilhomme Calviniste. I. 21. N. 49. Tué à la Saint-Barthelemi. N. 60. *pag.* 28.

BEAUFORT. (Duchesse de) *Voyez Estrées (Gabrielle d')*

BEAUFORT. L'un des ennemis de Sully à la Cour. II. 447.

BEAUGRARD, Gentilhomme attaché à Sully. Utile à la prise de Louviers. I. 195.

BEAULIEU (Couvent de) où est donné l'Edit de 63. Articles. I. N. 83. *pag.* 42. *Voyez Paix. Anjou.*

BEAULIEU-RUSE'. *Voyez Rusé.*

BEAULIEU. Henry IV. lui refuse la Lieutenance-de-Roi de Saint-Jean-d'Angely. II. 593.

BEAUMANOIR. *Voyez Lavardin. Fouvelles.*

BEAUMONT. Combat devant cette Ville. I. 49. 50. Pris par les deux Rois. 143. N. 24.

BEAUMONT (Christophe de Harlay, Comte de) Ambassadeur de France à Londres, donne avis de la mort d'Elisabeth. II. 169. N. 10. Fait part au Roi Jacques de la convalescence de Henry IV. 177. On prévient le Roi d'Angleterre contre lui. 181. Services qu'il rend dans l'Ambassade de Sully. 187. 188. Sully loge chez lui. 189. Lui refuse la grace de Combaut. 191.

192. Il diſſuade Sully de ſe préſenter en habit de deuil à l'Audience du Roi d'Angleterre. 206. Eſt admis à manger à la table du Roi Jacques. 232. 233. Eloge qu'il fait de l'Ambaſſade de Sully. 254. Il continuë à donner avis de l'état des Affaires en Angleterre, aprés le retour de Sully. 264. ſuiv. Louanges qu'il donne à Sully. 265. Autres avis utiles qu'il donne de Londres. 267. ſuiv. Il ſert utilement dans l'affaire de la défenſe du Commerce avec l'Eſpagne. 391. Dans celle du Traité de l'Eſpagne avec l'Angleterre. 400. ſuiv. N. 9. Il rapporte en France des Lettres du Roi Jacques pour Henry IV. & pour Sully, & rend compte de ſa Négociation. 484. ſuiv. Louanges que lui donne le Roi d'Angleterre. 486.

BEAUNE Se ſoûleve contre le Duc de Maïenne, & le chaſſe. I. 372.

BEAUNE (Renaud ou Bernard de) de Samblançai, Archevêque de Bourges, reçoit entre ſes mains l'Abjuration de Henry IV. I. N. 54. pa". 290.

BEAUPRE' (Saint Germain de) l'un des Chefs Calviniſtes mal intentionnés. I. 89. Gouverneur dans Argenton pour Henry IV. 142. Ses brigues pendant le Siége d'Amiens. 492. Il agit dans le Synode de Gap, pour faire ſupprimer le Dogme du Pape Antechriſt. II. 284. N. 12. Il s'oppoſe à l'entrepriſe de Henry IV. ſur Sedan. 563.

BEAUVAIS (N. de) Gouverneur de Henry IV. perſuade à la Reine de Navarre & aux Chefs du Parti Calviniſte de venir à Paris. I. 16. N. 40. Eſt tué à la Saint Barthelemi. 28 N. 60. Duel de ſon fils avec Uſſeau. 65.

BEAUVAIS-LA-NOCLE (Jean de La-Fin de) eſt député par les Calviniſtes à Charles IX. I. 14. N. 35. Il échappe au Maſſacre de la Saint-Barthelemi. N. 60. pag. 27. Eſt en partie cauſe de la défaite d'Auneau. N. 4. pag. 130.

BEAUVAU. Voyez Tremblecourt.

BEAUVILLE. Premier Préſident de la Chambre-des-Comptes d'Aix. III. 84.

BEAUVOIR. Le Comte de La-Garnache y eſt fait priſonnier par ſa Mere. I. 110. N. 48.

BEC (N. du) Archevêque de Rheims. I. 378.

BEHOLENS ou BEGOLE. Officier Calviniſte, attaché à Henry IV. I. 45.

BEL (Jean Le) Jéſuite impliqué dans le Procès de Châtel. I. 394.

BELGIQUE. (République) Etabliſſement de cet République dans le Grand Deſſein. III. 381. ſuiv. Voyez Flandre. Républiques. Deſſein Politique.

BELIN (François Faudoas d'Averton de Sérillac, Comte de) Gouverneur de Paris pour la Ligue, eſt fait priſonnier par Henry IV. à Arques. I. 157. N. 35. S'emploie utilement pour ce Prince dans l'affaire de ſa Converſion. 278. Lui eſt député par les Catholiques. 287. Autre députation pour demander une Trève. 303. Il travaille à la reddition de Paris, dont le Duc de Maïenne lui ôte le Gouvernement. 324. Arrêt du Parlement, très-honorable pour lui. N. 27. pag. 324. 326. — Il perd ſes Charges, pour avoir rendu Ardres. 412. N. 58.

BELIN (Geoffroi de Saint-) Evêque de Poitiers. Ses Lettres juſtifient le Duc de Sully dans l'affaire du Collége de Poitiers. II. 425. ſuiv.

BELLANGLISE. Officier de

l'Armée du Duc d'Aumale. I. 190.

BELLEBRANCHE. Nommé dans une Lettre du P. Cotton. III. 124.

BELLEFOND. Défait à la tête de la Garnison de Soissons. I. 394. Henry IV. lui donne le Gouvernement de Caën. II. 286.

BELLEGARDE. (Roger de Saint-Larry, Duc de) Grand-Ecuyer de France. Reconnoît Henry IV. pour Roi après la mort de Henry III. I. 152. Se trouve à la Journée d'Arques. 159. Il fut l'un des favoris de Henry III. 375. N. 12. — 487. On lui refuse l'honneur d'épouser Marie de Médicis pour le Roi. II. 29. Il se trouve au Siége du Château de Montmélian. 45. Sa familiarité avec Henry IV. 70. — 112. Il est fait Lieutenant pour Monsieur le Dauphin en Bourgogne. 126. Obtient la Surintendance des Mines. 148. Veille à la sûreté de la Bourgogne contre l'Espagne. 272. Ses liaisons avec Sully. 359. Il est mêlé dans les Intrigues de la Cour. 444. Il est appellé au Conseil sur l'Expédition de Sedan. 569. Protection qu'il donne aux Jésuites. III. 125. — 159. Jalousie de Conchine contre lui. 311. N. 1. Ses brouilleries avec les Grands & les Ministres. 317. *suiv.*

BELLEMANIERE. Sa Compagnie est défaite par Henry IV. 117.

BELLES-LETTRES (Etablissement pour les) par Henry IV. I. 535. N. 2.

BELLEZUNS, Combat pour le Parti de Henry IV. à Coutras. I. N. 57. *pag.* 122.

BELLIEVRE (Pomponne de) Travaille pour la Conversion de Henry IV. I. 278. S'oppose aux Factieux. 347. N. 57. Entre dans le Conseil des Finances. 387. Veille à la sûreté de la Picardie. 505. 509. Il signe le Traité de Vervins, & assiste à sa publication à Bruxelles. 530. 531. N. 44. 46. Conduit avec Sillery les affaires du dedans du Royaume. *pag.* 554. N. 14. Henry IV. lui donne les Sceaux & le fait Chancelier. 596. L'un des Commissaires pour l'Affaire du mariage du Roi. II. 10. Et dans celle du Marquisat de Saluces. 16. Il combat les raisons de Sully pour la Guerre de Savoie. Reçoit les dépositions de La-Fin, contre le Maréchal de Biron. 99. 100. Conseille à Henry IV. d'arrêter les Chefs du Parti des Séditieux. 109. — 137. Assiste au Conseil où Sully reçoit ses Instructions pour son Ambassade à Londres. 178. Son sentiment sur le rappel des Jésuites. 299. *suiv.* N. 4. *suiv.* Sully cherche à lui faire goûter la Tolérance des Religions. 325. Il sollicite le Chapeau de Cardinal pour MM. de Villars & de Marquemont. 327. N. 25. — 360. Conseil qu'il donne à Henry au sujet de la Marquise de Verneuil. N. 19. *pag.* 370. L'un des Commissaires dans l'Affaire de l'interdiction du Commerce avec l'Espagne. 391. 392. Dans celle de l'acquisition du Comté de Saint-Paul. 414 — 478. Henry IV. lui ôte les Sceaux : Ses infirmités III. 2. 3. Particularités à ce sujet. Son Eloge. N. 1. *pag.* 2. Appellé au Conseil sur les Affaires de Flandre. 2. Sa Mort. 91.

BELLISLE (Antoinette d'Orleans de Longueville, Marquise de) se fait Feuillantine. I. 607. Cause de cette retraite : Son éloge. N. 69.

BELLISLE (Charles de Gondy. Marquis de) *Voyez l'Article précédent.*

BELLOZANE.) Jean Touchard,

chard, Abbé de (L'un des Auteurs du Tiers-Parti. I. 249. N. 18. Sully traite avec lui 262. 263. — 344.

BELLUJON. Propofé pour Député Général des Proteftans dans l'Affemblée de Châtelleraut. II. 510. 511. & exclus 520. Employé par Henry IV. dans l'Affaire d'Orange & de Blaccons. 524. *fuiv.*

BELLY, Chancelier de Savoie. Commiffaire dans l'affaire du Marquifat de Saluces. II. 17.

BENON (Forêt de) Sully défait en cet endroit un Efcadron du Duc de Joyeufe. I. 115. 116.

BENEFICES. Henry IV. fe propofe d'en reformer les abus. III. 141. 142. *Voyez Clergé. Cabinet d'Etat. Abbayes.*

BENEHART (Jacques de Mailly de) Gouverneur de Vendôme. I. 95. N. 41.

BERAULT, Miniftre Proteftant. Ses brigues à Châtelleraut, rendues inutiles par Sully. II. 520.

BERENGUEVILLE (Joachim de (ou Bellengreville, Gouverneur de Meulan. I. 154. N. 31. Aide à défendre Mante. 194. — 197.

BERGERAC. Traité fait en cet endroit. *Voyez Paix de 1577.* Services rendus par cette Ville à Henry IV. II. 286.

BERGH. Comté & Comtes de ce nom. Affaire pour fa fucceffion. III. 193. *fuiv. Voyez Cleves.*

BERGOPSON. Pris & reperdu par Du-Terrail. II. 483.

BERINGHEN (Pierre de) Henry IV. lui fait part des projets de la Ligue & du Tiers-Parti, fur les Papiers interceptés par Sully. I. 249. Deffein qu'il a pour prendre La-Fère. 424. N. 2. Il rend fervice à Sully au fujet de fon entrée dans le Confeil des Finances. 451. 452. — 486. Eft fait Contrôleur-Général des Mines. II. 148. — 281. — 442. — 444. — 551. 552. — 603. III. 119. Confiance de Henry IV. en lui. 124. — 156. — 160. — 166. — 218. — 265. — 312.

BERNET (Du-) Avocat-du-Roi, au Parlement de Bordeaux. III. 47.

BERNIERES, Confeiller au Parlement de Rouen, du Parti de Henry IV. I. 433.

BERRY. Réglement pour les Maréchauffées de cette Province. III. 37. 38.

BERNY (Matthieu Brulart de) Ses Négociations en Flandre. II. 609. III 108. — N. 22. *p.* 157. Il fert les intérêts du Prince d'Epinoy auprès de l'Archiduc. 186. N. 5.

BERSOT. L'un des ennemis de Sully à la Cour. II. 447.

BERTAUVILLE. Propofé pour Député de Pons. III. 11.

BERTHIER, Agent du Clergé. Sa fermeté pour faire réformer l'Edit de Nantes. I. 591. *fuiv.* N. 48.

BERTICHERE. (La-) Secourt le Duc de Sully à l'attaque de Cahors. I. 59. Cabale pour les Calviniftes pendant le Siége d'Amiens. 493.

BERTON. *Voyez Grillon.*

BESSAIS. Ses brigues dans le Parti Proteftant. I. 493.

BESSES, Calvinifte mal intentionné. II. 355.

BETHUNE. Ville & premiere Baronnie du Comté d'Artois. I. 5. N. 9.

BETHUNE. (Maifon de) fon Origine : fes Alliances avec les Maifons de Bourbon, d'Autriche, & les principales Maifons de l'Europe ; Grands Hommes qui en font fortis. I. 5. N. 9. *& fuiv.* Erreurs à ce fujet, rectifiées. 4. N. 8. *fuiv.*

Biens de cette Maiſon portés dans celles de Bourbon & d'Autriche. 440. 441. N. 30. Ses Alliances avec la Maiſon de Bourbon & de Luxembourg. 510. N. 29. Louanges que lui donne Henry IV. II. 89. Elle deſcend des Comtes de Flandre. 480. Ses Alliances avec les Maiſons d'Autriche & de Coucy. 137. 138.

BETHUNE. Differens Perſonnages de ce nom, Ancêtres du Duc de Sully. I. 5. N. 8. *ſuiv*. N. 25. *p*. 87.

BETHUNE. (Alpin de) *Voyez Alpin (Saint)*

BETHUNE. (Antoine de) Ses actions. I. *p*. 6. N. 10.

BETHUNE. (Ceſar de) ſecond fils du Duc de Sully. III. 348. Partage que lui fait Sully dans ſa ſucceſſion : ſa mort. S. 408. *ſuiv*. *Voyez Orval*.

BETHUNE. (Charles de) *Voye Roſny (François de Bethune de)*.

BETHUNE. (Coëne ou Conon de) Ses belles actions : Eſt fait Régent de l'Empire de Conſtantinople. I. *p*. 6. N. 10.

BETHUNE. (François de) *Voyez Roſny & Orval*.

BETHUNE. (Floreſtan de) Gouverneur de Montflanquin. I. 102.

BETHUNE. (Jacqueline de) *Voyez Saint-Geniés*.

BETHUNE. Jacques de) Evêque de Cambrai. I. 5.

BETHUNE. (Jacques de) Archevêque de Glaſco. *Voyez Glaſco*.

BETHUNE. (Jean de) Abbé d'Anchin. I. 5.

BETHUNE. (Jean de) Chef de la branche d'où ſort le Duc de Sully. I. *p*. 7. N. 14. 15. S'allie avec la Maiſon d'Autriche par celle de Coucy. III. 189. 190. N. 9

BETHUNE. (Jean de) Grandpere du Duc de Sully. Ses Alliances. I. 7. N. 15.

BETHUNE. (Jean de) frere du Duc de Sully. *Voyez Roſny*.

BETHUNE. (Louiſe de) *Voyez Mirepoix (Marquiſe de)*.

BETHUNE. (Marguerite de) *Voyez Rohan (Ducheſſe de)*.

BETHUNE. (Maximilien de) *Voyez Sully (Duc de)*.

BETHUNE. (Maximilien II. de) Marquis de Roſny. *Voyez Roſny*.

BETHUNE. (Maximilien III. François de) Prince d'Henrichemont. *Voyez Henrichemont*.

BETHUNE. (Philippe de) Le Comte de Béthune, frere du Duc de Sully. I. *p*. 7. N. 16. L'un des Mignons de Henry III. diſgracié 82. N. 21. Fait échouer l'entrepriſe du Duc de Maïenne ſur Loudun. 192. Envoyé Ambaſſadeur à Rome. II. 88. *ſuiv*. Henry IV. lui refuſe la Charge du Baron de Lux. 459. Il donne avis de la mort de Clement VIII. 475. Louanges données à ſa conduite en Italie, & honneurs que lui rend le Pape. 476. *ſuiv*.——582. Henry IV. lui donne part dans les Affaires du Conſeil. III. 10. Il retourne en Ambaſſade en Italie. 223. Eſt député par la Régente vers Sully. 271. Conſeils que lui donne Sully après la mort de Henry IV. 287. 288. Il veut perſuader à Sully de ne point ſe défaire de ſes Charges. 291. *ſuiv*. Sully lui céde l'Abbaye du Jard. 349.

BETHUNE. (Robert de) Ancêtres de Sully qui ont porté ce nom, & leurs actions. I. *p*. 5. N. 9.

BETHUNE. (Salomon de) frere du Duc de Sully. I. à la *p*. 7. N.

DES MATIERES. 447

16. L'un des Mignons de Henry III. difgracié. 82. N. 21. Il fe fait Catholique. N. *ibid.* Sully l'oblige de lui ouvrir les portes du Château de Rofny. 147. N. 24. Eft fait Gouverneur de Mante. 179. N. 3. Il empêche la furprife de cette Place par le Duc de Maïenne. 191. *fuiv.* Sa mort. 496. N. 14.

BETHUNE. (N. de) Coufin du Duc de Sully. III. 154.

BEUIL. (Jacqueline de) *Voyez Moret (Comteffe de).*

BEUILLAQUE. (le Marquis de) Envoyé du Grand-Duc de Tofcane, gratifié par Henry IV. III. 30.

BEYNE, ou BAYS. Défait un Corps de Troupes de la Ligue. I. 395. N. 39.

BEZE. (Théodore de) Accufé d'avoir eû part à l'affaffinat du Duc de Guife. I. à la *p.* 11. N. 26. Il harangue Henry IV. à la tête des Députés de Genève: accueil qu'il en reçoit. II. 52. Sa mort: marques d'amitié qu'il donne à Sully. 536.

BEZIERS. Deffein des Séditieux fur cette Ville. II. 499.

BEZIERS (Evêque de) Du Confeil fecret de Marie de Medicis. III. 277.

BIGOT, Agent pour le Traité du Duc de Guife. I. 376.

BIRAGUE (René de) Chancelier, donne le confeil du maffacre de la Saint-Barthelemi. I. 24. N. 54.

BIRON (Armand de Gontault, Maréchal de) I. *p.* 3. N. 5. Député par Charles IX. vers les Calviniftes. 15. 16. Se fortifie dans l'Arcenal, à la Saint-Barthelemi. N. 61. *p.* 31. Conclut une Treve avec Henry IV. en Guyenne. 46. Commande l'Armée Royale. 61. Infulte Nerac 63. Diffuade le Duc d'Anjou de la trahifon d'Anvers. *p.* 76. N. 15. Se foûmet à Henry IV. après la mort de Henry III. 152. N. 28. Service important qu'il lui rend en cette occafion. *p.* 153. N. 30. Bon confeil qu'il lui donne à Arques. *p.* 155. N. 34. Il lui amene des Troupes. 160. Prend Evreux. 163. Contribuë au gain de la Bataille d'Ivry. 174. N. 53. Bon mot de lui à Henry IV. *ibid.* Il fait attaquer mal à propos le Fort de Sainte-Catherine au Siége de Rouen. 200. N. 31. Eft accufé d'avoir cherché à faire échouer cette entreprife. *ibid.* Fomente la mutinerie des Catholiques. 202. *fuiv.* Attaque où il combat vaillamment 205. Il eft la caufe de la levée du Siége de Rouen. 214. Egards que Henry IV. avoit pour lui. *ibid.* N. 42. Son humeur mutine & contredifante 229. Parole de lui à fon fils. N. 51. Mauvais confeil qu'il donne à Henry. 229. 230. Affiege Epernai, & y eft tué. 240. Son Caractère : fon Eloge. *ibid.* N. 13.

BIRON (Charles de Gontault, Maréchal de) Henry IV. lui fauve la vie. I. 185. N. 9. Il défait un détachement du Duc d'Aumale. 191. Attaque le Bois retranché du P. de Parme & l'emporte. 220. S'entremet pour la Converfion de Henry. 278. Injurié par Grillon 306. N. 18. Intéreffé dans le Traité de l'Amiral de Villars. 317. Eft fait Maréchal-de-France. 329. — 348. Défait le grand Convoi devant Laon. 354. Son air fanfaron & préfomptueux. 355. Henry mécontent de lui, lui refufe le Gouvernement de Laon. 356. Il fe fait obferver & le ménage par Sully. 356. Biron aide aux Bourguignons à chaffer le Duc de Maïenne. 372. Prend Beaune, Nuys, Autun, Di-

Kkk ij

jon. 395. Attaque les Châteaux de Dijon & de Talan; Motifs qui lui font appeller Henry IV. en Bourgogne 395. *suiv.* Chasse la Ligue de Dijon & de Talan. 405. N. 48. Part qu'il a à la Journée de Fontaine-Françoise 408. *suiv.* Il manque Arras. 425. N. 5.—487. Belle parole de Henry à sa louange. 504. N. 20. Biron est fait Duc & Pair, & assiste à la ratification du Traité de Vervins à Bruxelles. 531. Ses brigues en Guyenne. II. 4. L'un des Commissaires dans l'Affaire du Marquisat de Saluces. 16. Il prend la Ville de Bourg, malgré lui. 30. Il cherche à faire périr Sully dans des embuscades. 32. Donne de méchans conseils à Henry. 47. Instruit le Duc de Savoie de tout ce qui se passe au Conseil & à l'Armée. 49. Tâche de faire tuer Sully devant le Fort de Sainte-Catherine. 50. 51. Avouë au Roi ses brigues en Espagne & en Savoie. 73. En demande pardon à Sa M. Conditions de son Traité avec le Duc de Savoie. 91. N. 25. Et les reprend de nouveau. 92. N. 26. Henry cherche à le ramener par les bons traitemens : Sully de même ; mais sans fruit 93. *suiv.* Il est envoyé Ambassadeur en Angleterre & en Suisse : Discours imprudent qu'il tient à la Reine Elisabeth. Son Caractere. 94. 95. Il se lie par une Association criminelle avec Bouillon & d'Entragues : reprend plus fortement ses brigues avec l'Espagne & la Savoie : souleve le Peuple : entreprend sur les principales Villes de France : Se sert pour cela de La-Fin qui le trompe. 96. 97. *suiv.* Le nom de Sully se trouve mêlé dans cette Cabale. 98. 99. Conseil pris à Blois d'arrêter Biron. 106. *suiv.* Il vient à Fontainebleau. 114. Résiste à tous les conseils de Sully. 117. 118. Il est arrêté, & comment. 120. *suiv.* Particularités sur son arrivée à Fontainebleau, sur son entretien avec le Roi, & sur sa détention. N. 67. *p.* 115. On lui fait son procès; & il a la tête coupée. 122. *suiv.* Particularités à ce sujet, & sur ses terreurs, son caractere & sa famille. N. 15. 16 *suiv.* De quelle manière il parla de Sully. 125. 126. Sollicitations de ses Parens en sa faveur. N. 18. *p.* 126. La licence qu'il avoit permise aux Gens de sa suite à Londres, cause de la haine qu'on y porte aux François, & des mauvais traitemens faits aux François de la suite de Sully. 189 190. Pertes énormes qu'il faisoit au jeu. III. N. 29. *p.* 93. 94.

BISTRITH. Beau trait de George Baste à la prise de cette Place. II. 154.

BIZOUZE, ou VIÇOSE. Député par Henry IV. dans les Généralités. I. 455.—572. Lieutenant de la Grande-Voyerie en Guyenne. II. 334.

BLACCONS, Gouverneur d'Orange pour les Protestans & le Prince d'Orange. II. 496. Est sacrifié par les brigues de Cour à Lesdiguieres son ennemi, malgré les representations de Sully. 523. *suiv. Voyez Orange, Chatellerant &c.*

BLANC (François Le-) Agent du Duc de Bouillon à Londres. II. 204.

BLANCARD. (Jean de Gontault de Saint-) Conseil que le Maréchal de Biron lui donne sur l'échaffaud. II. 125. N. 17. 18. On veut le démarier. III. 154.

BLANCHARD (Jean de) Intendant du Duc de Bouillon, découvre à Henry IV. ses démarches & tous ses secrets. II. 533. 534.

BLANCHEFORT. Parole de Henry IV. fur cette Maifon. III. 56.

BLANCMENIL (Nicolas Potier de) Préfident au Parlement de Paris, inftruit le Procès du Maréchal de Biron. II. 123. N. 13.

BLAVET, ou PORT-LOUIS. Les Efpagnols en font chaffés. I. 509. N, 28.

BLAYE. Affiegé & manqué par le Maréchal de Matignon. I. 447. N. 17. Le Maréchal de Biron & les Séditieux cherchent à s'en emparer. II. 97. — 487. *Voyez Séditieux*.

BLED. Défenfe de le tranfporter hors du Royaume. I. 534. Réflexions fur cette partie de la Police. N. 1. III. 45.

BLERANCOURT. Gentilhomme de la fuite du Duc de Sully à Londres. II. 190.

BLOIS. Premiers Etats tenus en cette Ville, font une Députation à Henry IV. I. 51. N. 90 Seconds Etats, où le Duc de Guife eft tué: Objet de ces Etats 136. N. 10. *Voyez Henry III. Guife. Ligue, &c.* Cette Ville demeure fidelle au Roi. 139. Sully y négocie le Traité d'Union entre les deux Rois 140. *Voyez Mornai.* Motifs du voyage qu'y fait Henry IV. II. 4. Second voyage qu'y fait ce Prince, & pourquoi. 104. *fuiv.* Le Confeil y délibere d'arrêter les Chefs du Parti Séditieux. 106. *fuiv. Voyez Séditieux. Bouillon. Epernon. Auvergne, &c.* Henry IV. y prend une réfolution violente contre la Reine & les Italiens de fa Maifon, dont Sully le diffuade. N. 3. *p.* 113. Henry y paffe en allant en Auvergne. 534.

BODERIE. (La-) L'un des Agens de France auprès des Provinces-Unies. III. 23.

BODILLON. Affaffine Chilperic: pourquoi. III. 103.

BOESSE. Maître-d'hôtel de Madame, I. 442.

BOESSE. Officier de l'Armée du Roi. Sa fermeté fait prendre la Ville de Bourg. II. 30. Il fe déclare pour l'avis de Sully, dans le Confeil fur l'Expédition de Sedan. 569. 570. Henry IV. l'accorde à Geneve, pour conduire les Affaires de cette République. III. 29. — 154.

BOHEME. Partie du Grand Deffein qui concerne ce Royaume. III. 375. *fuiv.* 382. Accede à l'Union. 385. Forces & dépenfes dont il devoit y contribuer. 390. *fuiv. Voyez Deffein Politique.*

BOIS. (Louis Du-) *Voyez Arpentis.*

BOIS (N. de) envoyé par Sully dans les Provinces. II. 357.

BOIS-BREUIL. Gentilhomme attaché au Duc de Sully. I. 95.

BOIS-DAUPHIN, (Urbain de Laval de) L'un des quatre Maréchaux-de-France faits par la Ligue. I. 268. N. 29. Somme qu'il reçoit de Henry IV. par fon Traité 560. Ambaffadeur à Vienne. II. 104. N. 1.

BOIS-DU-LIS. Officier Huguenot. I. 105.

BOIS-ROSE' (N. de Gouftinil de) Maniere furprenante dont il fe rend maître de Fefcamp. I. 301. *fuiv.* N. 12. Il remet ce Fort au Roi. 303. Intérêt qu'il a dans le Traité fait avec l'Amiral de Villars. 318. Aventure comique qui lui arrive avec Sully à Louviers. 335. 336.

BOISSEC, Gentilhomme Calvinifte. Echappe au Maffacre de la Saint-Barthelemi. I. 26.

BOISSIERE (Chriftophe de Lanoy de La-) amene au Duc de

Kkk iij

Maïenne un secours, qui n'arrive qu'après la Bataille d'Ivry. I. 173. N. 52. Il a part à la défaite du Duc d'Aumale. 191.

BOISSISE. Agent de France près des Princes héritiers de Cleves. III. 198. Sert utilement dans cette Affaire. 207. N. 10. *Voyez Cleves*. Est nommé Ambassadeur en Danemarck & en Suède. 223. — 385.

BOLDUC. Le Prince d'Orange l'assiège, contre l'avis de Sully, & en leve le Siége. II. 72. — 165.

BONACOLSI. Seigneur de Mantoue, tué par les Gonzagues. II. 596.

BONGARS. (Jacques de) Agent de France en Allemagne. I. 574. Avis qu'il donne. II. 605. Henry IV. cesse de se servir de lui. 611. Mémoire qu'il envoye à Sully sur la Succession & les Affaires de Cleves III. 93. *suiv.* — 198. Bont-mot de lui 204. *Voyez Cleves*. Est nommé Ambassadeur en Allemagne. 223. — 385.

BONIFACE. (Le Capitaine) reçoit le Duc de Sully dans le Fort de Sainte-Catherine, pour y traiter avec l'Amiral de Villars. I. 304.

BONNE. Sentiment de Henry IV. sur cette Maison III. 56. *Voyez Lesdiguieres, Crequy*.

BONNEFONT, Ingénieur du Roi. III. 45.

BONNET. (N. de Saint-) Reçoit chez lui Sully, allant traiter avec l'Amiral de Villars. I. 304.

BONNEVAL. (Combat de) *Voyez Saveuse*.

BONNEVAL. Courtisan familier avec Henry IV. II. 603.

BONNEUIL. L'un des Courtisans familiers avec Henry IV. II. 70.

BONTEMPS. Dépose sur les Meubles de la Duchesse de Bar. II. 298.

BONTIN. Sully y va visiter ses biens. I. 187.

BONTIN. (Anne, François, Françoise de Courtenay-) *Voyez Courtenay*.

BOQUEMARE. Président au Parlement de Rouen. Affectionné au Parti du Roi. I. 331. 332. — 433.

BORDE. (La-) Employé par Henry IV. à découvrir l'Intrigue du Comte de Sommerive avec Madame de Moret; & maltraité par Sommerive. III. 77. — 347.

BORDES. (Des-) Proposé à Châtelleraut pour Député Général du Parti Protestant, & exclus. II. 520. Employé par Sully dans l'Affaire de Metz contre les Jésuites. 587.

BORDEAUX. Lettres de cette Ville, sur la personne de Henry IV. I. p. 9. N. 21. Elle ferme ses portes à ce Prince. 17.

BORGHESE. (Cardinal) *Voyez Paul V.*

BORGIA. (D. Inigo de) Conduit des Troupes Espagnoles en Flandre. II. 273.

BORIES. (Des-) Ne peut empêcher la prise de La-Mothe-Saint-Eloy. I. 115.

BORN. (Jean de Durefort de) Commande l'Artillerie au Siége de Rouen. I. 199. N. 30. au Siége de Laon. 342. Lieutenant-Général de l'Artillerie. II. 12.

BOSTKAY. Oblige l'Empereur à le reconnoître Souverain en Transylvanie. III. 29. *Voyez Rodolphe*.

BOTHEON. (Guillaume de Gadaigne de) Assiste à la ratification de la Paix de Vervins par le Duc de Savoie. I. 531. N. 48.

BOUC. (La Tour de) Fort acheté du Duc de Mercœur par

Henry IV. II. 472.

BOUCAULT, Préfident de la Cour-des-Aides de Montpellier. II. 349.

BOUCHAGE. (Comte du) Voyez Joyeufe (Henry de)

BOUCHAVANE. (N. de Bayancourt de) Seigneur Calvinifte. I. 21. N. 49. Charles IX. lui pardonne. p. 27. N. 60.

BOUHIER. Tréforier de la Baftille. III. 392.

BOUILLON (Principauté de) donnée au Duc de Bouillon par fa Femme. I. 362. Voyez Bouillon (Duc de) Bouillon (Ducheffe de) Sedan. Droit que prétend le Duc de Bouillon en cette qualité fur les Ducs & Pairs, pour le pas: il n'eft point écouté. II. 596.

BOUILLON (Charlotte de La-Mark, Ducheffe de) Epoufe le Vicomte de Turenne: Raifons politiques de ce mariage. I. 196. N. 26. Sa mort: Le Duc de Bouillon en fait part à Henry IV. 362. Jugement fur fon Codicille. 368. fuiv. —369. N. 3. —II. 571.

BOUILLON. (Guillaume-Robert de La-Marck, Duc de) Voyez Mark (La-)

BOUILLON (Henry de La-Tour-d'Auvergne, Vicomte de Turenne, Duc de) S'attache au Roi de Navarre. I. 45. Sa haine pour Sully. ibid. Eft appellé en Duel par le Prince de Condé. 52. Se bat avec lui. 56. Avec les Duras. ibid. Sentimens fur ce Duel. p. ibid. N. 97. Il déconcerte les defleins du Prince de Condé 63. Eft fait prifonnier devant Cambrai. 72. N. 7. Forme le projet d'établir une République Calvinifte en France: Son caractere. 89. 90. N. 32. Commande un Corps de Troupes en Guyenne. 101. Ses Troupes fe comportent mal à la Bataille de Coutras. 123. Ses deffeins après cette Bataille. 127. N. 2. Il manque Sarlat. 127. Prend Caftillon 130. Songe à démembrer la Monarchie. 139. Leve des Reîtres. 196. Epoufe Mademoifelle de Bouillon. ibid. N. 26. Raifons Politiques de ce Mariage. N. ibid. Voyez Mark (La-) Henry IV. Il amene des Troupes Etrangeres au Siége de Rouen. 198. Les jette dans la mutinerie 200. Empêche de pourfuivre le Duc de Parme, après fon paffage de la Seine. 226. Prend Dun & Stenay, & défait les Lorrains à Beaumont. 231. N. 2. —278. Son ingratitude envers Henry IV. 361. 362. Il donne avis au Roi de la mort de fa femme. 363. Motifs qui déterminent Henry à lui députer Sully. ibid. Entretien où Bouillon cherche à furprendre ce Miniftre. 364. fuiv. Ses brigues & fes Projets politiques. 365. Son Caractere & fes maximes. N. 2. Il refufe de montrer la Donation de la Ducheffe de Bouillon. 368. 369. Jugement fur cette Donation. N. 3. Ses deffeins en faifant déclarer la Guerre à l'Efpagne par la France 390. N. 30. Conduit les Troupes Françoifes en Picardie. 397. Sa mefintelligence avec le Duc de Nevers, caufe des malheurs de cette Campagne. 401. fuiv. Sa juftification. N. 44. Il eft défait devant Dourlens. 403. fuiv. Jugement fur fa conduite. N. 46. Il fe juftifie mal à Henry IV. 418. 419. Eft envoyé Ambaffadeur à Londres. 419. Objet de fes brigues pendant le Siége d'Amiens, 492. fuiv. N. 9. Il cherche à foûlever les Proteftans en Bretagne. 514. Henry le lui reproche 519. Article captieux qu'il fait inférer dans l'Edit de Nan-

452 TABLE

tes; pour quel objet. 590. *suiv.* N. 47. Il veut du mal à Sully d'avoir fait supprimer cet Article. 593. Il cabale avec les Seigneurs du Royaume. II. 55. 70. Et avec l'Espagne. 73. Association entre lui, le Maréchal de Biron, & le Comte d'Auvergne. 96. 97. Dessein de l'arrêter: il élude adroitement la proposition que lui fait Henry de demeurer à la Cour. 106. Lettres du Roi, de Sully & de lui, à ce sujet. 135. *suiv.* N. 25. Il engage inutilement l'Electeur Palatin à solliciter Henry en sa faveur. 167. 168. Sully est chargé de le faire connoître au Roi d'Angleterre. 181. qu'il cherche à gagner 204. mais inutilement. 225, 226. Suite de ses brigues à la Cour du Palatin, à Londres, & dans les Assemblées des Calvinistes François. 283. N. 11. — 328. — 347. *suiv.* Et avec Lesdiguieres. 351. Il se fixe à la Cour de l'Electeur Palatin. 356. 357. Promet du secours aux Flamands, & les trompe. 396. — 487. Ses Députés sont exclus de l'Assemblée Générale de Châtelleraut. 496. Artifices dont il se sert pour soûlever cette Assemblée contre Sully. 500. *suiv.* Lettre fanfaronne & captieuse qu'il écrit à Henry IV. & Réponse de ce Prince. 509. Autre Lettre séditieuse qu'il fait tenir à l'Assemblée de Châtelleraut. 510. *suiv.* Sully rend inutiles ses soins pour l'établissement d'une République Calviniste en France. 516. *suiv.* Henry IV. les déconcerte en s'emparant de ses Villes. 529. *suiv.* Et songe aussi à prendre Sedan. 560. Artifices qu'il emploie par les Courtisans pour parer ce coup. 562. *suiv.* Lettres réciproques de lui & de Sully à ce sujet. 566. *suiv.* Tous les Courtisans travaillent pour lui 569. 570. Sully rend publics ses procédés envers le Roi. 571. Haine qu'il en conçoit contre ce Ministre. 572. Autres manèges pour détourner Henry IV. de s'approcher de Sedan. 573. *suiv.* Il se soûmet enfin, & traite avec Villeroi. 576. *suiv.* Articles de la reddition de Sedan. 578. Accueil gracieux qu'il reçoit de Henry, en venant lui faire hommage. 580, N. 13. 14. Il suit ce Prince à Paris. 583. N. 15. On lui refuse le pas sur les Ducs & Pairs. 596. Henry lui rend Sedan, & en retire la Garnison. III. 51. 52. Il reprend ses brigues. 84. *suiv.* Henry IV. s'oppose à la qualité qu'il prend de Seigneur Souverain de Sedan. 186. 187. Il revient en France après la mort de Henry IV. & est admis aux Conseils de Marie de Médicis, 278. Il détache le Prince de Condé du Duc de Sully, qu'il cherche à perdre 303. *suiv.* N. 27. S'oppose à l'avis de Sully sur l'Armement de Cleves. 287. Services qu'il rend à Conchine & qu'il en reçoit. 301. Démêlé qu'il a en plein Conseil avec Sully 315. *suiv.* Gratifications qu'il se fait accorder par la Régente. 326. Animosité qu'il témoigne contre Sully dans l'Assemblée de Châtelleraut. S. 399. *suiv.*

BOUILLON. (Robert de La-Mark, Duc de) *Voyez* Mark (La-)

BOUILLON (Duchesse de) se trouve à Sedan, lorsque Henry IV. s'approche pour l'assiéger. II, 573. 577.

BOUILLON. (Mademoiselle de) On offre au Duc de Sully de la faire épouser au Marquis de Rosny. III. 55. Henry IV. empêche Sully d'y consentir. 56.

BOULAYE

BOULAYE (Charles Echalard de La-) Gouverneur de Fontenai pour le Parti du Roi I. 110. Suit Henry IV. à la Campagne de Franche-Comté. 410. 411. N. 56. Son fils épouse Mademoiselle du Marais, Belle-fille du Duc de Sully: Présent que lui fait Henry IV. II. 458. Grace qu'il lui refuse. 459.

BOULOGNE. Conférence en cette Ville entre l'Espagne & l'Angleterre, sans fruit. I. 536. N. 5.

BOULOGNE. (Comtes de) Seigneurs Suzerains du Comté de Saint-Paul, avec les Comtes d'Artois. II. 414.

BOURBON. (Maison de) Ses riches appanages. I. 8. N. 18. Biens portés en cette Maison par celle de Béthune. 440. Alliances de la Maison de Rohan avec elle. 446. N. 15. Nécessité & moyens de s'unir avec la Maison de Stuart, pour abbaisser la Maison d'Autriche. II. 244. *suiv. Voyez Dessein Politique.* Réunion de tous ses biens avec la Maison de France. III. 32. N. 15. Henry IV. défend à Sully de marier son Fils dans la Maison de Bourbon. III. 56. *Voyez Rosny.*

BOURBON-CONDE'. *Voyez Condé.*

BOURBON-CONTY. *Voyez Conty.*

BOURBON-FRANCE. *Voyez France.*

BOURBON-MONTPENSIER. *Voyez Montpensier.*

BOURBON-RUBENPRE'. *V. Rubempré.*

BOURBON-SOISSONS. *Voyez Soissons.*

BOURBON-VENDOSME. *V. Vendôme.*

BOURBON. (Alexandre de) Second Fils de Henry IV. & de la Duchesse de Beaufort, Légitimé. I. 537. Est baptisé comme Enfant de France, & nommé Monsieur. 538. N. 8. Est reçu dans l'Ordre de Malthe. II. 415. N. 17. *Voyez Estrées, Henry IV. Sully.*

BOURBON (Antoine de) Roi de Navarre. *Voyez Navarre.*

BOURBON (Catherine-Henriette de) Fille de Henry IV. & de la Duchesse de Beaufort, légitimée. I. 599. *Voyez Estrées.* Henry veut la faire épouser au Marquis de Rosny. III. 55. *suiv.* N. 2. Puis au Fils du Connétable. 62. Présens qu'il lui fait. 160.

BOURBON (Charles, premier Cardinal de) S'oppose au mariage du Prince de Navarre avec Marguerite de Valois. I. 24. *Voyez Henry IV. Marguerite.* Ses Conférences avec Catherine de Médicis, après la Journée des Barricades. *pag.* 136. N. 9. Est mis en prison lors du meurtre des Guises: Reproches qu'il fait à Catherine de Médicis. N. 10. *pag.* 136. *suiv. Voyez Guise. Médicis, Henry III.* Nommé Roi par la Ligue. Sa mort: son caractère, *pag.* 193. N. 22. *Voyez Ligue, &c.*

BOURBON (Charles, second Cardinal de) Dessein du Tiers-Parti de le déclarer Roi. I. 250. N. 20. Il traite avec le Duc de Sully en faveur de Henry IV. 266. Son Mariage avec l'Infante d'Espagne proposé aux Etats de Paris, & rejetté. 272. N. 34. Il travaille à la Conversion de Henry IV. Services qu'il lui rend. 290. N. 52.—313. *V. Abjuration.* Sully lui est députe à Paris: Conversation entr'eux. 343. *suiv.* N. 53. Il s'intéresse pour les Jésuites, dans leur Procès avec l'Université & les Curés de Paris. N. 58. *pag.* 347. Lettres réciproques de lui & de Sully. 351. 352. Sa mort: Regret qu'en a Henry.

372. Ses Abbayes : Son caractère. *ibid.* N. 9. Henry IV. difpofe de fes Bénéfices. 373.

BOURBON (Charles de) Fils naturel d'Antoine Roi de Navarre, Archevêque de Rouen. Refufe de marier Madame Catherine. 586. 587. N. 44. Plaifante Converfation entre lui & Roquelaure à ce fujet. 587. *fuiv. Voyez Bar. Madame. Roquelaure, &c.*

BOURBON (Henry de) Duc de Verneuil. *Voyez Verneuil.*

BOURBON (Madame Catherine de) *Voyez Madame.*

BOURBON (Mademoifelle de) fille de Henry I. P. de Condé. Sa mort. 597. N. 54.

BOURG-EN-BRESSE. Pris par le Maréchal de Biron, malgré lui. II. 29. *fuiv.* Force de fon Château. 54. 55.

BOURG. Manufacturier appellé à Paris par Henry IV. II. 287.

BOURG (Antoine-Du-Maine-Du-) Défend Laon contre Henry IV. I. 342. refufe de lui remettre la Baftille. *ibid.* N. 49. Rend Laon. 369. 370.

BOURG (N. Du-) Avis qu'il donne contre Lefdiguiéres. II. 351. III. 45.

BOURGES. Pris par les Calviniftes. I. 18. Rendu par La-Châtre à Henry IV. 304. Somme payée pour fa réduction. 559.

BOURGOGNE (Royaume de) Les Princes du Nord fouhaitent de le rétablir. II. 197.

BOURGOGNE. Le Duc de Maïenne en demande la Souveraineté à l'Efpagne. I. 246. Elle y confent 371. 372. Cette Province fe foûleve contre Maïenne. 372. Succès qu'y ont les Troupes Lorraines, celles de Henry IV. & du Maréchal de Biron. 394. *fuiv.*

Henry la prend prefqu'entiere. Defobéïffance de fon parlement, au fujet de la Breffe. III. 34.

BOURGOGNE (Charles de) Sa fille porte le Comté de Gueldres dans la Maifon d'Autriche, III. 194.

BOURGOGNE (Marie de) porte les Pays-Bas à Maximilien : Doute fur cette poffeffion, *ibid. Voyez Clèves.*

BOURROUGE (Michel.) *V. Hallot (Du-)*

BOURSAULT (N. de) Gentilhomme Calvinifte. Confeille à Jeanne d'Albret d'aller à Paris. I. 16.

BOUVENS, Gouverneur de Bourg-en-Breffe. Ne peut en empêcher la furprife, quoiqu'averti. II. 30. 31.

BRABANT. Monfieur en eft déclaré Duc. I. 74.

BRACONNIER. Député par la Ville de Metz au Duc de Sully, contre les Jéfuites. II. 587.

BRANCALEON, découvre le deffein de Barriere, d'affaffiner Henry IV. I. 298. *fuiv.* N. 8.

BRANCAS. *Voyez Villars. Oife.*

BRANDEBOURG. (Albert Frederic, Electeur de) Son droit à la fucceffion de Clèves. III. 195. 196. Partage qu'il fait de cette fucceffion avec le Palatin de Neubourg. N. 30. *pag.* 308. *Voyez Clèves.*

BRANDEBOURG (Jean-George de) Guerre & procès entre lui & le Cardinal de Lorraine, pour l'Evêché de Strafbourg ; terminés par Henry IV. II. 159. N. 5.

BRANDEBOURG (Marquis de) Reception que lui fait Henry IV. à Paris. II. 104. Il vient voir Henry à Metz. 159. — 171.

BRANDIS, Gouverneur de Montmelian. En rend le Château à

Henry IV. par capitulation. II. 46. *suiv.* Son Epouse y a beaucoup de part. 46. 47.

BRASSAC. *Voyez Rochebeaucourt.*

BRASSEUSE, Officier Calviniste, I. 107. Se trouve à la Journée d'Arques. 157. A celle d'Ivry. 172.

BREAUTE' (Charles de) Se bat en Duel de vingt François contre vingt Flamands. II. 60. N. 37.

BREDERODE. Député des Flamands à Henry IV. III. 385. *Voyez Flandre. Dessein Politique.*

BREMONT. Nommé dans une Lettre du P. Cotton. III. 125.

BRESSE. Prise par Henry IV. II. 29. *suiv.* Cedée en entier au Roi, par le Duc de Savoie. 57. *Voyez Traité de Lyon.* Réünie à la Bourgogne. 58. Opposition du Parlement de Dijon, à ce sujet. III. 34.

BREST. Assiégé par le Duc de Mercœur. I. 370. 371.

BRETAGNE. Villes prises & rencontres militaires dans cette Province. I. 370. 371. N. 4. Autres faits d'armes des différens Partis. 447. Henry IV. se détermine à y aller en personne. 504. Objet & fruit de ce Voyage. 507. *suiv.* Prétendus droits du Duc de Mercœur sur cette Province. 505. N. 21. Sully fait lever des Plans de ses Places & Côtes. III. 45.

BRETAUVILLE. Officier de la Maison de Henry IV. regréte de ce Prince. III. 47.

BRETOLINE, Italienne. Présent que lui fait Henry IV. II. 605.

BRETON. Fort, ravitaillé par le P. d'Orange. II. 482.

BRETON (Hector Le-) Reçoit une gratification du Roi. II. 472.

BRETONS (Chevalier de) Agent & Commissaire du Duc de Savoie dans l'Affaire du Marquisat de Saluces. II. 2. 17. 19.

BREUIL (Du-) Gentilhomme Calviniste, échappe au massacre de la Saint-Barthelemi. I. 26.

BREZOLLES (N. de) Protestant mal intentionné pour Henry IV. I. 89.

BRIARE (Canal de) commencé par Sully. II. 388. 389. N. 5.

BRI-COMTE-ROBERT, Henry IV. y court risque de la vie. I. 297.

BRIENNE. *Voyez Lomenie.*

BRIGANTIN, Gentilhomme séditieux, demande pardon à Henry IV. II. 532.

BRIGNEUX, Gouverneur de Baugency, remet cette Place à Henry IV. I. 141.

BRILLAN, Domestique du P. de Condé, tiré à quatre chevaux. I. 131. N. 6.

BRIQUEMAUT (François de) Député par les Protestans à Charles IX. I. 14. N. 35.

BRISSAC (Charles de Cossé, Comte de) Gouverneur d'Angers. I. 93. A dessein de changer la forme du Gouvernement en France. Le Duc de Maïenne le fait Gouverneur de Paris. 324. N. 28. Il trahit son Parti. 325. N. 30. Maréchal-de-France. 513. Somme qu'il reçoit pour son Traité. 559. — II. 286. Est appellé au Conseil sur l'Expédition de Sedan. 569. — III. 164. 165. Est nommé par Henry IV. du Conseil de Régence. 223. Marie de Médicis l'admet au Conseil. 278. — 283.

BRISSON (Barnabé) Président au Parlement de Paris. Est pendu par les Seize. I. 205. Son Eloge. N. 34. *pag.* 205.

BRIX (Saint-) Catherine de

Médicis s'y abouche avec Henry IV. I. N. *pag.* 53. N. 95. Autres Conférences en cet endroit. 113. N. 50. *suiv.* Péril que Henry y court. N. *ibid.*

BROC (Du-) Lieutenant du Prévôt, laisse échapper L'Hôte. II. 321.

BROOKE (George) conspire contre le Roi d'Angleterre. II. 269. N. 6. *Voyez Jacques.*

BROSSARD (Le Pere) Jésuite. Accueil que lui fait Henry IV. à Metz. II. N. 6. *pag.* 159.

BROSSE (La-) Ses prédictions sur Henry IV. & Sully. I. 89. 91. II. 84.

BROSSE-SAVEUSE. *Voyez Saveuse.*

BROSSIER (Marthe) Prétenduë Démoniaque. Desseins de ceux qui la faisoient agir. Sagesse de Henry IV. dans cette affaire. I. 595. 596. Particularités sur cette Intrigue. N. 52.

BROUAGE pris par les Calvinistes. I. à la *pag.* 3. N. 4. Repris par le Duc de Maïenne. 52. N. 92. Manqué par le P. de Condé. 94. Sully visite cette Place dans son voyage en Poitou. II. 354.

BRULART. *Voyez Sillery & Berny.*

BRUNSWICK (Duc de Lunebourg-) Traité entamé par lui entre l'Espagne & l'Angleterre. II. 203. Ambassadeur à Londres. 264. Accueil fait par Henry IV. à son Député. III. 187. — 223.

BUDE. Les Impériaux en levent le Siége. II. 153. 154. *Voyez Nevers (Duc de)*

BUDOS (Louise de) femme du Connétable de Montmorency: Sa mort. I. 597. N. 56.

BUFALO. Cardinal, Nonce du Pape. Il conclut avec Sully le Traité de Commerce entre la France & l'Espagne. II. 391. *suiv.* En est récompensé par Henry IV. 394. — 401. Sully lui fait part des Desseins de Henry. 406. Estime qu'il a pour Sully, & louanges qu'il lui donne. 475. 478.

BUHY (Pierre de Mornay de-) Complot qu'il fait pour enlever les Princes à Saint-Germain-en-Laye. I. 37. N. 68. Il dessert Sully auprés de Henry IV. 243. N. 16.

BUISSE (La-) III. 154.

BULLION (N. de) employé dans l'Affaire d'Orange & de Blaccons. II. N. 20. *pag.* 506. Envoyé par Sully en Dauphiné. 593. & à La-Rochelle. III. 12. Nommé Ambassadeur à Venise & en Savoie. 223. Agent de la Régente dans l'Assemblée de Châtelleraut. S. 400. *suiv.*

BULLY. Le Duc de Nevers y seconde mal Henry IV. I. 208. *suiv.* N. 39.

BUQUOY (Comte de) Refuse l'Alliance du Marquis de Cœuvres pour Mademoiselle de Melun. II. 461. Conduit des Troupes Espagnoles en Flandre. 482.

BURE. Henry IV. y défait l'Escadron du Duc de Guise. I. 208.

BURGAW (Charles d'Autriche, Marquis de) Son droit à la Succession de Clèves. III. 196.

BUSSY D'AMBOISE (Louis de Clermont) perd la faveur de Monsieur. I. 45. Sa mort. N. 86.

BUSSY D'AMBOISE (Renée de Clermont de) femme de Balagny: meurt de douleur de la perte de Cambrai. I. 415. N. 61.

BUTRICK. Envoyé de l'Electeur Palatin aux Assemblées des Calvinistes en France. I. 89.

BUZENVAL (Paul Choart de) Ambassadeur de France en Hollande. I. 531. Il communique à Henry IV. les desseins du P. d'Orange. II. 71. 72. — 165. Amitié qu'a pour lui le Conseil des Provinces-Unies. 396. 400. Nouvelles qu'il mande de ces Provinces au Roi. 605. Il vient rendre compte de sa Négociation à Henry. 609. 610. Continuë à servir utilement dans les Affaires de Flandre. III. 22. *suiv.* Sa mort & son éloge. N. 12. *pag.* 27.

C.

CABINET D'ETAT. Henry IV. & le Duc de Sully s'occupent à le composer. Idée & objet de grand & utile travail. III. 140. 141. N. 14.

CABRIERES, Gouverneur de Cahors. I. 61.

CADSANT (Isle de) prise par le P. d'Orange. II. 395.

CAEN. Henry IV. y va, en chasse Crevecœur, & y met Bellefond. II. 282.

CAHORS, pris d'assaut par Henry IV. 57. *suiv.* N. 100. 101.

CAILLAUDIERE (La-) Envoyé pour licencier la Cavalerie. II. 534.

CALAIS. Acquis à la France par le Duc de Guise. I. 11. Assiégé par les Espagnols. 412. & pris malgré tous les soins de Henry IV. 415. 416. Particularités sur ce Siége. N. 61. 62. Voyage qu'y fait Henry : motifs de ce voyage. II. 72. *suiv.* Autre voyage. 150. & séjour du Roi. 183. 184. Réparations faites au Risban. III. 161.

CALATAGIRONE. (Bonaventure de) Patriarche de Constantinople. Travaille avec fruit à la Paix de Vervins. I. 505. 506. N. 22. Il ne peut faire ôter à Sully la Commission dans l'Affaire de Saluces. 19. N. 17.

CALDERON. Offre qu'il fait à Henry IV. de la part de l'Espagne. I. 80.

CALIGNON. (N. de) I. N. 485. Employé à la composition de l'Edit de Nantes. *pag.* 493. N. 9. Henry IV. lui reproche un Article de cet Edit qu'on est obligé de réformer. 591. *suiv.* N. 48. 49. — II. 55. Admis au Conseil sur le rétablissement des Jésuites. 299. *suiv.* N. 4. A celui pour la vérification des Rentes. 382.

CALOMNIATEURS du Duc de Sully. *Voyez Courtisans. Seigneurs. Jésuites.* Calomniateur Anonyme. *Voyez Cœuvres. Vendôme.*

CALVEYRAC (Jean de Sudrie de) Avertit Henry IV. des complots de la Cabale séditieuse. II. 97. N. 28.

CALVINISTES. *Voyez Protestans.*

CAMBRAI. Le P. de Parme en leve le Blocus. I. 71. 72. Pris par les Espagnols, qui en chassent Balagny. 412. 415. N. 61. Somme payée par Henry IV. pour sa réduction I. 560.

CAMORD. Gentilhomme attaché au Duc de Sully. I. 399. 400.

CAMPAGNAC (Madame de) Sejour que fait Sully chez elle pendant la peste à Rosny. I. 110.

CAMPO (Alonso Del-) Défait par les Troupes d'Elizabeth en Irlande. II. 101.

CANADA. Colonie établie contre l'opinion de Sully. II. 293. N. 17.

CANARD (Saint-) III. 102.

CANAUX, pour la jonction des Rivieres. Combien utiles. II. 381. N. 1. De Briare. *Voyez Briare. Seine. Loire. Saone.* Sully vend la Capitainerie héréditaire des Canaux, &c. III. 349.

Lll iij

CANAYE (Philippe) De-Fresne. Ambassadeur à Rome. II. 88. N. 22. A Venise, dans l'affaire de la Valteline. 409. *suiv*. *Voyez Grisons*. Il donne avis du Différend de Paul V. avec les Vénitiens. 583. Instruction que lui donne Sully à ce sujet. 586. Ambassadeur en Allemagne. III. 385.

CANISE Pris par les Chevaliers de Malthe. II. 102.

CANISY (N. de) Gratification que lui accorde Henry IV. II. 472. Regreté de Henry IV, III. 47.

CANTONS SUISSES. *Voyez Suisses*. Des Ligues-Grises. *Voyez Grisons*.

CANTORBERY. Réception que fait la Noblesse de cette Ville à Sully. II. 187. Avis que lui donne un Chanoine. *ibid*. Opinion de Henry IV. sur cet avis. 218. *suiv*.

CAPELLE. (La-) assiégée & prise par les Espagnols. I. 341. Reprise par eux. 401.— 412.

CAPETIENS (Rois) Jugement de Sully sur cette Race. III. 306. *suiv*. *Voyez Races*. *France*. (*Rois de*)

CAPUCINS députés par les Parisiens vers Henry III. à Chartres. I. N. 8. *p*. 135. Accusés d'avoir voulu faire assassiner Henry IV. 297. Ils brouillent les Protestans avec les Catholiques chez les Grisons. II. 409.

CAPUCINES Instituées. II. 284.

CARCASSONNE (Evêque de) Argent à lui dû par Henry IV. III. 27.

CARCES (Gaspard de Pontevez, Comte de) Son Parti en Provence. I. 236. N. 10. Il donne avis des desseins du Duc de Savoie. II. 15.

CARDINAUX. Promotion de Cardinaux François. I. 537. Envoyés au Conclave après la mort de Clement VIII. y servent bien la France. II. 475. *suiv*. Promotion en 1606. 586 Prérogatives des Cardinaux en Italie. III. 138.

CARL-PAUL Envoyé par l'Electeur Palatin au Duc de Sully. III. 54.

CARLAT. Séjour de la Reine Marguerite dans ce Château, que Henry IV. fait démolir. II. 541. N. 9.

CARLOS (Dom) Prince d'Espagne. Philippe II. le fait mourir. I. 39. *pag*. 15. Motif de cette action. 579. N. 35.

CARLOVINGIENS (Rois) Jugement de Sully sur cette Race. III. 306. *suiv*. *Voyez Races. France* (*Rois de*)

CARMES-DECHAUSSE'S établis en France. II. 284.

CARMELITES Instituées. II. 284.

CARNAVALET (Madame de) donne un bon conseil à Henry IV. I. 41.

CARON (Le-) Agent des Provinces-Unies à Londres, pour la Paix. II. 400.

CARROUGE, *Voyez Le-Veneur*.

CASAUBON. Henry IV. l'appelle & le fixe à Paris. I. 535.

CASAUX. (Charles) Son Parti en Provence. I. 236. Est tué en cherchant à livrer Marseille aux Espagnols. N. 23. *pag*. 383.

CASE (La-) Gentilhomme Calviniste. Ses brigues pendant le Siége d'Amiens. I. 493.

CASIMIR (le Prince) Entre en France avec une Armée. I. 41. On l'en fait sortir à force d'argent. *Voyez Médicis. Paix de Monsieur*. Villes que lui engage le P. de Condé. 62.

CASTEL-JALOUX, Ville Calviniste. I. 51.

CASTENET. Sa fermeté fait prendre Bourg-en-Bresse, malgré le Maréchal de Biron. 30. 31.

CASTETS manqué par le Maréchal de Matignon. I. 100.

CASTILLE (Rois de) *Voyez Ferdinand. Isabelle.*

CASTILLE (Connétable de) *Voyez Velasque.*

CASTILLE, Receveur-Général du Clergé. Est accusé de malversation. II. 379. Est fait contrôleur-Général après la mort de Henry IV. Plaintes de Sully contre lui III. 279. N. 26.

CASTILLON, pris par le Duc de Maïenne, & repris par le Duc de Bouillon I. 130.

CATEAU-CAMBRESIS, forcé par le Duc d'Anjou. I. 72.

CATELET (Le-) pris par les Espagnols. I. 401.—412.

CATHERINE de Medicis. *Voyez Médicis.*

CATHERINE (Madame) *Voyez Madame.*

CATHERINE (Fort de Sainte-) attaqué mal-à-propos au Siége de Rouen. I. 200. N. 31. *Voyez Biron.* Sully y est reçu, allant traiter avec l'Amiral de Villars. 304.

CATHERINE (Fort de Sainte-) en Savoie. Attaqué & pris par le Duc de Sully. II. 50. *suiv.* Démoli à la prière de la République de Genève. 52. *suiv.*

CATHOLIQUE. (Religion) *Voyez Religion.*

CATHOLIQUES du Parti de Henry IV. se rendent les plus forts dans son Conseil. I. 186. Prêts à se révolter pendant le Siége de Rouen : leurs desseins. 202. 203. Leur mésintelligence avec les Calvinistes, cause de la levée de ce Siége. 226. 227. *Voyez Biron. Bouillon. Protestans.* Ils refusent de poursuivre le P. de Parme. *ibid.* Obligent Henry IV. à refuser les offres de la Ligue. 267. *suiv.* Sage conduite de Henry à leur égard. N. 2. p. 293. Leur jalousie contre Sully. 299. Ils murmurent de son Ambassade à Londres. II. 171. Catholiques ou Faction Chatholique en Europe, opposée à la Faction Protestante : force de ces deux Factions. 245. *Voyez Dessein Politique. Jacques.* Brigues des Catholiques contre Henry IV. en faveur de l'Espagne. *Voyez Ligue. Pape. Espagne. Jésuites. Politique, &c.*

CAVAGNE (Arnaud de) Député par les Huguenots à Charles IX. I. 14. N. 35.

CAUDEBEC rendu au P. de Parme, & repris par Henry IV. I. 219.

CAUMARTIN (Louis Le-Fêvre de) Garde des Sceaux. Services qu'il rend à Henry IV. dans les Généralités, où il est envoyé. I. 455. *suiv.* N. 19. Est nommé pour assister à la Conférence de Boulogne. 536. Pour traiter avec les Ambassadeurs Suisses. II. 149. 150. N. 32. est appelé au Conseil sur le rappel des Jésuites 299. *suiv.* N. 4. Commissaire dans l'affaire de l'acquisition du Comté de Saint Paul. 413. *suiv.*— 481. Il prévient le Landgrave de Hesse contre le Duc de Bouillon. 525. —III. 38. Son bon ménage dans la distribution de la Solde aux Cantons Suisses. 43. 44. Il sert le P. d'Epinoi auprès des Etats-Généraux. 184. Eloge de ses Négociations en Suisse & chez les Grisons. 192.— 214. Nommé Ambassadeur en Suisse. 222. 223. Marie de Médicis l'admet au Conseil de Régence. 278.

CAUMONT, Ville Calviniste. III. 87.

CAUMONT (François Nompar de) Tué à la Saint-Barthelemi. N. 60. *pag.* 27.

CAUMONT. (Jacques Nompar de) *Voyez Force.* (*La-*)

CAUMONT. *Voyez Epernon* (*Duc d'*)

CAUSSADE. Terre acquise par Sully. III. 150. S. 408.

CAUSSADE. *Voyez Megrin* (*Saint*)

CAUSSE. Getilhomme du Parti Séditieux, demande pardon à Henry IV. II. 532.

CAYLUS (Jacques de Lévis de) L'un des Mignons de Henry III. I. 374. N. 12.

CAZAL (Alphonse) Député par l'Espagne à l'Assemblée des Ligues Grises à Coire; y échouë, II. 410. *Voyez Grisons*.

CECIL (Robert) Ambassadeur d'Elisabeth à Henry IV. Entretien de ce Prince avec lui. I. 515. *suiv.* N. 34.

CECIL (Guillaume) Sécrétaire d'Etat d'Elisabeth. I. 515. N. 34. Son caractère: son ambition; ses artifices. II. 196. Il rend visite au Duc de Sully: jugement que celui-cy en porte. 199. 200. Ses manèges pour obtenir la faveur du nouveau Roi d'Angleterre, 215. *Voyez Jacques.* Conférence entre lui, les Conseillers Anglois & Sully, où il cherche à le surprendre & à le tromper. 228. *suiv.* Il est député au Comte d'Aremberg. 231, Son penchant en faveur de l'Espagne. 231. 232. Il se montre en tout contraire aux Flamands. 234. Conférence entre lui, Sully & les Députés des Provinces-Unies, où il tend toutes sortes de piéges à ce Ministre, 235.

suiv. & s'oppose qu'on donne du secours aux Etats-Généraux. 255. *suiv.* Le Roi d'Angleterre mécontent de cette conduite. 251. — 254. Il continuë à appuyer le Parti Espagnol. 268. 269. & se déclare enfin malgré lui pour le Traité d'Alliance entre la France & l'Angleterre. 270. *suiv.*

CENSURE. Projet de l'établir en France contre les dissipateurs. III. 148. *suiv. Voyez Cabinet d'Etat.*

CERCOTTE. Sully s'abouche en cet endroit avec la Reine Marguerite. Sujet de leur entretien. II. 498. *suiv. Voyez Séditieux. Usson.*

CHAALONS. Assemblée de la Ligue, & Conférences en cette Ville. *Voyez Henry III. Ligue. Médicis. Guise.*

CHALAIS. Poste & passage occupé par Henry IV, I. 120, N. 55, *Voyez Coutras.*

CHALANDEAU; Officier Huguenot. I. 107.

CHALANGE. L'un des ennemis & des calomniateurs de Sully, II. 447.

CHALIGNY (Henry de Lorraine, Comte de) tuë Chicot qui l'avoit fait prisonnier. I. N. 30, *pag.* 87. — 304. N. 16.

CHÂLON-SUR-MARNE. Henry IV. faillit à y être assassiné. I. 297.

CHAMANT (Jean & Antoine de Saint-) Pour la Ligue en Languedoc & Limosin; & depuis, pour Henry IV. I. 447. N. 16.

CHAMBAUT Secourt Villemur. I. 238. *suiv. Voyez Joyeuse, Epernon &c.* Est député par l'Assemblé de Gergeau à Sully. III. 35.

CHAMBERT ou CHAMBARET (N. de) l'un des Chefs Royalistes en Languedoc. I. 447. N. 17.

Il

DES MATIERES.

Il contribuë à la prife de Bourg. II. 30.

CHAMBERY. Henry IV. prend cette Ville & y donne des Fêtes. II. 31.

CHAMBRAI (N. de) Se trouve à la Bataille d'Ivry. I. 172.

CHAMBRE-DE-JUSTICE. Etablie par Henry IV. I. 485. Autre en 1601. appellée Chambre Royale. II. 66. N. 5. Sans fruit. 69. 70. Autre en 1604. 383. Autre en 1607. contre le fentiment du Duc de Sully. III. 42. Réflexions & Principes de ce Miniftre fur ces Opérations. II. 66. *fuiv*. N. 5. III. 42.

CHAMBRES-DES-COMPTES. Manquent de refpect à Henry IV. I. 500. Abus qu'y corrige le Duc de Sully. 570. S'oppofent à la vérification des Rentes. II. 382. Plaintes de Sully contr'elles ; & Réglemens auxquels il les affujettit. III. 35. 36. Autres Réglemens à leur fujet. III. 96. *fuiv*.

CHAMBRES MIPARTIES. *Voyez Paix de Monfieur. Paix de* 1577.

CHAMIER, Miniftre Proteftant, manque de refpect pour le Connétable. III. 12.

CHAMNITE (Comte de) Gouverneur de Franche-Comté. Donne appui au P. de Joinville & autres Séditieux. II. 133.

CHAMPAGNE. Se révolte contre le Duc de Guife. I. 379. *Voyez Rheims*. Ufurpations fur cette Frontiére par l'Efpagne, prouvées par Sully, & rendues. III. 96.

CHAMPIGNY, Commiffaire dans l'Orleannois & la Touraine. I. 572.

CHAMPIGNY. Adjudicataire de la Ferme de Sel. II. 464.

CHAMPS. (Des-) De la Maifon de Henry IV. I. 63.

CHANCELIERS-DE-FRANCE. L'Hôpital. Birague. Chiverny. Bellièvre. Sillery. *Voyez chacun de ces Noms.*

CHANGER (Le P. (Jéfuite. III. 125.

CHANLIVAUT. (René Viau de) Suit Henry IV. à Aumale. I. 207. N. 37.

CHANLIVAUT. (Madame de) L'une des intriguantes dans les galanteries de Henry IV. III. 12.

CHANTELERIE. (La-) Eft défait, en voulant fecourir Noyon. I. 190.

CHANTELOUP. (N. de) L'un des Prifonniers de Sully à Ivry. I. 171.

CHANTILLY. Séjour ordinaire de Henry IV. dans le Printemps. II. 311.—327.—441.—III. 3. 119. 120.

CHAPELLE-BIRON. (Charles de Charbonnier de La-) L'un des Officiers de la Ligue. I. 447. N. 16. Se joint aux Séditieux. II. 499.—531. N. 1.

CHARBONNIERE. (Gabriel Prévôt de) Se retire devant le Maréchal de Joyeufe. I. 115.

CHARBONNIERES. Sully en fait le Siége, malgré les oppofitions des Courtifans ; le prend avec beaucoup de fatigue, & en défend le pillage. II. 33. *fuiv*. 40. *fuiv*.

CHARGES. Principes de Sully fur les Charges. II. 67. *fuiv*. N. 7. *fuiv*. *Voyez Barreau, Finances*. Charges à créer dans le befoin. III. 144. *fuiv*.

CHARITE'. (La-) Ville Calvinifte. I. 2. N. 5. *pag*. 3.

CHARITE'-CHRETIENNE. (Hôpital, ou Maifon Royale de la) Donné par Henry IV. aux Soldats Invalides. II. 386. N. 3.

Mmm

CHARLEMAGNE. Empêcha que les Ordres Religieux ne se multipliassent trop en France. II. 414. 416. N. 18. Jugement de Sully sur son Régne. III. 121. — 310.

CHARLES - MARTEL. Jugement de Sully sur ce Roi. III. 306.

CHARLES V. Roi de France. Son Régne proposé pour modèle d'un bon Gouvernement. II. 388. N. 4. Il se soûmit à l'autorité des Etats du Royaume. III. 104. Jugement sur ce Régne. 122. — 361.

CHARLES VI. Roi de France. Son Régne appellé par Sully, le tombeau des Loix & des Mœurs. III. 104. 105.

CHARLES VII. Roi de France. La Taille est renduë sous son Régne un Impôt permanent. III. 105. Jugement sur ce Régne. 122. — 361.

CHARLES VIII. Son Régne est la source de la mauvaise administration des Finances. I. 373. Valeur de la Taille sous son Régne. III. 105.

CHARLES IX. Roi de France. Affectionne Henry IV. I. 10. Partage la faveur entre les Princes du Sang, les Guises & le Connétable. 12. Profonde dissimulation dont il use pour perdre les Huguenots. 14. *suiv.* Trait sur sa haine pour le Duc de Guise. *pag.* 14. N. 34. *suiv.* Il attire les Calvinistes à Paris. 16. Manque à être pris par eux à Meaux. 18. N. 45. Caresses qu'il fait aux Chefs du Parti. 21. *Voyez Coligny Protestans &c.* Sécurité qu'il leur inspire. 21. *suiv.* Réflexions sur sa conduite avec Coligny. *ibid.* N. 5. Massacre de la Saint - Barthelemi. Violences de ce Prince à l'égard du Roi de Navarre & du Prince de Condé. 31. Il en sent des remords, & désavouë le Massacre. 32. *suiv.* Traits de sa cruauté. *pag.* 34. 63. Il favo-

rise les Calvinistes en haine de sa Mere, qu'il soupçonne de l'avoir empoisonné. 36. 37. Regret qu'il témoigne du Massacre, à sa mort. 39. Sa mort, ses bonnes & mauvaises qualités N. 74. *pag.* 39. Traité de Commerce qu'il fait avec les Anglois, désavantageux pour la France. II. 180. Valeur de la Taille sous son Régne. III. 105.

CHARLES IV. Empereur. Aide la Maison de La-Mark à se mettre en possession du Duché de Clèves. III. 192. *Voyez Clèves.* Bulle d'Or, établie par cet Empereur. 377.

CHARLES-QUINT. Bon-mot de lui sur la France. I. 268. 269. Son ambition ; ses projets ; sa retraite. 575. N. 30. Il ordonna qu'on restituât la Navarre à la Maison d'Albret. N. 33. *p.* 576. *Voyez Philippe II.* Abrégé de sa Vie. Ses desseins pour la Monarchie Universelle. II. 558. 159. Jugement de Sully sur ce Prince. III. 122. Ses dissipations par rapport aux Etats de Clèves. 197. Violences qu'il exerça contre l'Electeur de Saxe & les Princes d'Allemagne. 202. Engagemens qu'il contracta avec les Electeurs. 377. 378.

CHARNY (Eléonor de Chabot, Comte de) Sauve les Huguenots du Massacre dans son Gouvernement. 34. N. 64.

CHAROST. *Voyez Béthune.*

CHARRON. (Le-) Commis du Conseil des Finances. I. 460. 461.

CHARTRES. Henry IV. s'y retire après la Journée des Barricades : ce qui s'y passa. I. N. 7. *pag.* 131. Pris par les deux Rois. N. 8. *pag.* 135. Pris par Châtillon, 148. N. 13. 188. N. 14. Henry IV. y est sacré. 306. 307. Voyage qu'y fait la Reine. III. 124.

CHARTRES (Jean de Ferriere, Vicomte de) échappe au Massa-

cre de la Saint-Barthelemi. I. 25.
N. 57. Se trouve à la Journée d'Arques. 157.
CHARTRES. (Prégent de La-Fin, Vidame de) On se sert de lui, pour faire parler La-Fin son Oncle. II. 98.
CHASSE. Passion de Henry IV. & de Jacques pour cet éxercice. *Voyez Henry IV. Jacques.* Dépenses qu'y fait Henry. II. 293. Sully cherche à l'en dégoûter. Détails de chasse. 602. *suiv.* III. 4. 89.
CHASTES (Aymar de) Gouverneur de Dieppe. Promet à Henry IV. de l'y recevoir. I. 155. N. 33. — II. 166. Employé dans l'Affaire de l'interdiction du Commerce avec l'Espagne. 391. Gratifications accordées par Henry IV. à ses Enfans. 471.
CHATAIGNERAYE. (Jean de Vivonne de La-) L'un des Prisonniers de Sully à Ivry. I. 170. 171. N. 49. Comment il fut tué. 172.
CHATEAU-GAY. (Madame de) Maîtresse du Comte d'Auvergne. II. 364.
CHATEAUNEUF, ou PASSAVA. Pris & détruit par les Chevaliers de Malthe. II. 102.
CHATEAUNEUF. (René de Sainte-Marthe de) L'un des Chefs Royalistes en Languedoc. I. 447. N. 16. Demande la grace du Maréchal de Biron. II. N. 18. *pag.* 126.
CHATEAUNEUF-L'AUBEPINE. *Voyez Aubépine.*
CHATEAUPERS. (François Hurault de) Premier Mari de la Duchesse de Sully. I. 241. — S. 416.
CHATEAUPERS. (Madame de) *Voyez Sully (Duchesse de)*.
CHATEAU-THIERRY. Donné à D'Inchy par Monsieur. I. 74. Ce Prince y meurt. 81. N. 20.
CHATEAUVIEUX. (Joachim

de) Capitaine-des-Gardes. Fait serment à Henry IV. après la mort de Henry III. I. 152. N. 28. L'un des Catholiques mal-intentionnés pendant le Siége de Rouen. 203. Envoyé par Marie de Médicis à la Reine Marguerite. II. 542. — III. 22. Est nommé du Conseil de Régence. 223. — 326. Est fait Gouverneur de la Bastille. 336. N. 11.
CHATELLIER (le Pere) Jésuite. Accueil que lui fait Henry IV. à Metz. II. 159. N. 6.
CHATEL (Jean) blesse Henry IV. d'un coup de couteau. I. 391. *suiv.* Particularités sur cet attentat, sur son procès, son supplice. N. 31. *suiv.*
CHATELET. (Le-) Terre acquise par Sully. III. 348. S. 408.
CHATELLERAUD. Pris par Henry IV. I. 141. Assemblée générale des Protestans en cette Ville : Desseins réciproques de Henry IV. & des Calvinistes : Artifices de ceux-cy : Matiéres qui doivent y être traitées. II. 488. *suiv.* Motifs d'y envoyer le Duc de Sully : Instruction publique qu'il reçoit à cet effet. 491. *suiv.* Instruction secrette. 496. 497. Avis donnés contre cette Assemblée. *Voyez Marguerite. Rodelle.* Lettres & artifices du Duc de Bouillon pour y soulever le Parti Protestant. 500. *suiv.* Fermeté & sagesse avec laquelle Sully y expose les intentions du Roi. 504. *suiv.* Il n'en est point nommé Président. 508 N. 21. Lettre arrogante & séditieuse qu'y fait tenir Bouillon. 510. *suiv.* Sully y rend, sans effet les cabales des Séditieux. 515. *suiv.* Y fait rejetter le Mémoire pour l'établissement d'une Republique Calviniste. 517. 518. Question des Députés-Généraux agi-

tée & terminée par Sully à la fatisfaction du Roi 519. *fuiv.* De même, celles des Villes de fûreté. 521. 522. — 526. 527. Difcours ferme & fage, par lequel il ferme l'Affemblée. 527. Autre Affemblée, où les Proteftans foûtiennent Sully contre la Cour & le Confeil de la Régente. S. 399. *fuiv.* Ouvrages publics de Sully dans cette Ville. 418.

CHATILLON. (N. de) Sully empêche qu'on ne reçoive fes Députés à Châtelleraud & dans les Synodes des Calviniftes. II. 507.

CHATILLON, Ingénieur. Appuye l'avis de Sully fur l'entreprife de Sedan. II. 569. Il fait des Plans des Frontiéres de Champagne. III. 148.

CHATRE. (Claude de La-) I. 2. N. 3. Conduit des Troupes de la Ligue du Siége de Rouen. 206. 207. N. 36. L'un des quatre Maréchaux-de-France de la Ligue. N. 29. *pag.* 268. Rend Orleans & Bourges à Henry IV. 304. Somme d'argent qu'il reçoit pour fon Traité. 559. Sully le confulte fur les Réglemens pour le Berry. III. 37. Lettre de Henry à lui fur les Affaires de l'Orleannois. 124. Il commande l'Armée envoyée au Siége de Julliers. 307. 308.

CHAUMONT. *Voyez Guitry.*

CHAUMONT. (N. de) L'un des Courtifans familiers avec Henry IV. II. 605.

CHAUMONT, (Saint-) Lieutenant de Roi en Lyonnois. Y tient tête à d'Alincourt. III. 329. *fuiv.*

CHAUFAILLE & fa femme, Bourgeois de Paris, Parreins du Marquis de Rofny pendant la perfécution. I. 552.

CHAUVELIN (Sebaftien) Confeiller au Parlement. I. 552.

CHAUX. (Vicomte de) Offres que l'Efpagne le charge de faire à Henry IV. N. 17. *pag.* 80.

CHEF-BOUTONNE, Officier François, va fervir l'Archiduc. II. 483.

CHELLES. Fautes de Henry IV. d'avoir pris ce pofte. I. 183. N. 8.

CHENE. (Le-) Officier de l'Armée de Henry IV. I. 107.

CHESY. (L'Abbé de) L'un des entremetteurs Pour la Converfion de Henry IV. I. 278.

CHEVALERIE (Ordre de) que Henry IV. a deffein d'inftituer. III. 141.

CHEVALERIE. (La-) Prête fon nom à Sully pour le Gouvernement de la Baftille. II. 100.

CHEVALIER. Donne avis à Sully des brigues du Duc de Savoie. II. 441.

CHICOT. Tour qu'il joue au Maréchal de Lavardin. I. 87. *fuiv.* Son Caractère & fes Bons-mots. N. 30.

CHILDERIC. Pourquoi déthrôné. III. 103.

CHILPERIC. Pourquoi affaffiné par Bodillon. III. *ibid.*

CHISAY. Pris par Henry IV. I. 106. Deux accidens finguliers arrivés à ce Siége. *ibid.*

CHIVERNY. (Henry Hurault de) Suit Henry IV. à la Campagne de Bourgogne. 410. N. 56.

CHIVERNY ou CHEVERNY (Philippe Hurault de) Chancelier. 347. N. 56. Henry IV. lui ôte la connoiffance du Traité du Duc de Guife. 278. *fuiv.* Il entre dans le nouveau Confeil des Finances. 387. Favorife les deffeins de la Ducheffe de Beaufort. 396. — 504. Travaille aux Articles de Pacification avec les Protestans, 505. Seconde la Duchesse de Beaufort dans ses brigues pour devenir Reine. 529. *suiv.* Somme d'argent qu'il reçut pour son Traité. 559. Sa mort. 595.

CHOART. *Voyez Buzenval.*

CHOIRIN. Appelé par Henry IV. pour déchiffrer les secrets de la Ligue. I. 249.

CHOISEUL. *Voyez Praslin.*

CHOUPPES, (Pierre de) Se sauve du Massacre de la Saint-Barthelemi. I. 26. N. 57. Vient au secours de Henry IV. dans Cahors. 60.

CLAIRVANT. (Claude-Antoine de Vienne de) Sollicite en Allemagne l'envoi des Troupes Etrangeres. I. 105. 106. Est en partie la cause de la défaite d'Auneau. N. 4. *pag.* 130. *Voyez Reîtres, Suisses, &c.*

CLAN. (Saint-Germain de) L'un des Chefs du Parti Protestant opposé à Henry IV. I. 89. Ses menées pendant le Siége d'Amiens. 492.——II. 168. Prend les intérêts de Bouillon contre Henry & le Duc de Sully 355. *suiv.* Ses artifices pour soulever l'Assemblée de Châtelleraut. 500. *suiv.*——510. *suiv.* Il appuie le Projet d'une République Calviniste en France. 517. 518. Sully l'exclut de la Députation générale. 520. Il cherche à détourner le Roi de l'entreprise de Sedan. 563. Est employé par Sully dans l'Affaire de Metz, contre les Jésuites. 587. Querelle entre cette Famille & celle de La-Force. III. 81.

CLARENÇAL (Madame de) Nommée dans l'Affaire d'Adrienne de Fresne. II. 590. 591. *Voyez Cotton.*

CLAVELLE. (La-) Attaché à la Reine. II. 607. Obligations qu'il a à Sully, & conseil qu'il en reçoit, à sa retraite. III. 337. 338.

CLAUSSEMBOURG. Pris par les Imperiaux. II. 102. *Voyez Baste.*

CLAYE. Escarmouche en cet endroit. I. 182.

CLERGE' DE FRANCE. S'unit avec l'Espagne dans les Etats de Paris en faveur du Duc de Guise contre Henry IV. I. N. 34. *pag.* 272. Sa haine contre ce Prince. 275. N. 36. *Voyez Ligue, &c.* Don gratuit. 484. Assemblée du Clergé de 1598. 536. Il s'oppose au mariage de Madame avec le Duc de Bar. 583. *suiv.* A l'enregistrement de l'Edit de Nantes, & le fait reformer. 589. *suiv.* N. 47. Se déclare contre les Jésuites. II. 311. Demande la publication du Concile de Trente, que lui refuse Henry IV. 592. N. 23. —— III. 91. Projets pour sa réformation par Henry. 141. *suiv. Voyez Cabinet d'Etat.*

CLEMENT (Jacques) Jacobin. Poignarde Henry III. I. 148. *suiv.* Particularités sur cet attentat. N. 27. *suiv.*

CLEMENT VII. Sa conduite blâmée par Sully. II. 584.

CLEMENT VIII. Difficultés qu'il fait de recevoir l'Abjuration de Henry IV. & de lui donner l'Absolution. I. 291. N. 1. Eloge de ce Pape. 344. Il s'interesse pour les Jésuites dans leur Procès contre l'Université. 347. Il accorde l'Absolution à Henry : à quelles conditions. 413. N. 60. Travaille à la Paix générale. 505. 506. N. 22. Se montre favorable à la Dissolution du mariage de Henry IV. & de la Reine Marguerite. 521. Refuse la dispense pour le mariage de Madame avec le Duc de Bar. 538.

fuiv. N. 42. Se dem̂et du Compromis pour le Marquifat de Saluces. II. 1. 2. Il accorde la Diffolution du mariage de ce Prince avec Marie de Médicis. 29. Déférences de Henry pour lui dans le Traité de Savoie. 58. Préfens faits à fon Camerier. 150. Henry le raffure fur l'objet de fes Armemens. 164. 165. Clement caufé du trouble en Angleterre, en y établiffant un Archiprêtre : Politeffes réciproques de lui & du Roi d'Angleterre. 226. *fuiv.* N. 4. *fuiv.* Il s'intéreffe pour le rappel des Jéfuites en France : fe plaint du Synode de Gap, & établit plufieurs Ordres Religieux. 284. Promotion de Cardinaux, dans laquelle il a égard aux recommandations du Duc de Sully. 326. 327. *Voyez Du-Perron. Olivary.* Sully louë fa modération envers les Proteftans. 356. Clement s'emploie pour la conclufion du Traité de Commerce avec l'Efpagne. 391. Il favorife les deffeins de Henry IV. contre l'Efpagne. 406. Sa mort. 474. Particularités fur fa mort, & fur fon caractère. N. 11. Eftime qu'il avoit pour Sully. 475.

CLERMONT, Pris par Henry IV. I. 184. Danger que court Madame de Liancourt fur cette route. 430. *fuiv.*

CLERMONT - D'AMBOISE. *Voyez Amboife.*

CLERMONT-GALERANDE. *Voyez Galerande.*

CLERMONT - PILES. *Voyez Piles.*

CLERMONT-RESNEL. *Voyez Refnel.*

CLERMONT-TONNERRE. *Voyez Tonnerre.*

CLERMONT. (N. de) Conduit l'Artillerie à la Journée de Coutras. I. 121. Confeille de reformer l'Edit de Nantes. 593. Député au Duc de Sülly par le Prince de Condé. III. 349.

CLE'VES. (Duché de) Motif d'entreprendre la Guerre contre la Maifon d'Autriche. II. 248. *fuiv. Voyez Deffein Politique.* Mort de fon dernier Duc. *Voyez Clèves* (*Guillaume Duc de*) Mémoire & détails fur cette Principauté : Noms de Princes & Princeffes de ce nom. III. 193. *fuiv.* Les Princes d'Allemagne qui y prétendent, s'affemblent à Hall, & députent à Henry IV. 207. N. 10, — 212. Henry commence à y faire marcher des Toupes. 217. *fuiv.* 222. *fuiv.* Confeil extraordinaire tenu fur cette Affaire par Marie de Médicis. 284. *fuiv. Voyez Sully.* On envoye une Armée au Siége de Julliers. 306. 307. Fin de cette Affaire. 308. N. 30. Et partage de cette Succeffion. N. *ibid. Voyez Henry IV. Sully. Médicis.* (*Marie de*) *Rodolphe. Brandebourg. Neubourg. Leopold, &c.*

CLEVES. (Anne de) Droit de Philippe-Louis, Comte Palatin de Neubourg, par elle, à cette Succeffion. III. 195. *fuiv.*

CLEVES. (Catherine de) *Voyez Guife* (*Ducheffe de*)

CLEVES. (Catherine, Duc de) Sa mort : fes Enfans : fes Alliances : Princes prétendans à fa fucceffion. III. 193. *fuiv. Voyez Clèves* (*Duché de*)

CLEVES (Jean-Guillaume de) Fils du précédent. Sa mort laiffe fes Sœurs héritiéres. III. 196.

CLEVES. (Madeleine de) Droit de Jean, Comte Palatin de Deux-Ponts, par elle, à la fucceffion de Clvèves. III. 144.

CLEVES. (Marie de) Epoufe Henry I. Prince de Condé. I. 15.

N. 36.

CLEVES. (Marie-Eleonor de) Droit d'Albert-Frederic de Brandebourg, par elle, à la succeffion de Cleves. III. 195. *suiv.*

CLEVES. (Sybile de) Droit de Charles d'Autriche, Marquis de Burgaw, par elle, à la succeffion de Cleves. III. 144.

CLIELLE. (La-) Officier de la bouche de Henry IV. II. 603.

CLOTAIRE I. & II. Jugement de Sully fur ces Rois. *Voyez Merovingiens (Race des)*

CLOUD. (Saint-) Henry III. y eft tué. I. 148. N. 27. *Henry III.*

CLOVIS. Jugement de Sully fur ce Roi. III. 121. — 358. — 362.

CLUSEAU. (Nicolas Blanchard de) Tué à la prife de Ham. I. 412.

COBHAM (Milord) Sully le voit à Douvres. II. 77. de la faction des Mécontens à Londres. 196. Avis qu'il donne à Sully. 218. Il confpire contre le Roi d'Angleterre. 269. N. 6.

COCHEFILET (Maifon de) diftinguée. II. N. 2. *pag.* 259.

COCHEFILET. (André de) *Voyez Vaucelas.*

COCHEFILET. (Rachel de) *Voyez Sully (Ducheffe de)*

COCONNAS. Annibal de) Catherine de Médicis lui fait couper la tête. I. 38. N. 69.

COEME. (Jeanne de) Epoufe M. le Prince de Conty. II. 88. N. 21. *Voyez Montaffié.*

COESNARD. Commiffaire envoyé dans le Poitou I. 572.

CŒUR. (Barthelemi) Ambaffadeur de la Porte en France. II. 74. N. 10.

CŒUVRES. (François-Annibal d'Eftrées, Marquis de) Motif de fa haine pour le Duc de Sully. II. 446. Les Parens de Mademoifelle de Melun la lui refufent en mariage. 461. 462. N. 18. 19. Il calomnie Sully auprès de Henry IV. II. 110. *fuiv.* Eft envoyé à Bruxelles pour enlever la Princeffe de Condé. N. 121. *fuiv.*

COGNAC. L'une des Villes de fûreté accordées aux Calviniftes. I. N. 5. *p.* 3. Conférences en cette Ville entre Catherine de Médicis & Henry IV. 114. N. 51.

COIRE. Où s'affemblent les Ligues-Grifes. II. 410. 411. *Voyez Grifons, Valteline (La-)* Son Evêque favorife le Parti Efpagnol. III. 28..

COLANGE. Commiffaire en Languedoc. III. 98.

COLAS, Sénéchal de Montelimar. Défend La-Fére contre Henry IV. I. 424. N. 1.

COLIGNY - CHATILLON, Maifon illuftre, originaire de Savoie, & autrefois Souveraine. II. 82. N. 13. Henry IV. mal prévenu contre toute cette Maifon. 83. Morts & malheurs arrivés dans cette Famille. I. 144.

COLIGNY - CHATILLON. (Charles de) *Voyez Andelot. (d')*

COLIGNY - CHATILLON, (François de) Fils de l'Amiral. Se fauve à Genève, au Maffacre de la Saint-Barthelemi. I. N. 61. *pag.* 30. Son Confeil fur l'entrée des TroupesEtrangeres en France n'eft point fuivi. 107. Eft employé à la défenfe de Tours. 145. Gagne le Combat de Saveufe. 145. 146. N. 23. Emporte le Fauxbourg Saint-Germain. 161. 162. N. 41. Fait prendre Chartres. 188. Sa mort. N. 14. Son éloge. N. *ibid.*

COLIGNY. (Gafpard de Châtillon, Amiral de) Commande les

Toupes Proteſtantes à Arnai-le-Duc. I. N. 3. Il eſt déclaré innocent de l'aſſaſſinat du Duc de Guiſe. 11. *Voyez Guiſe. Poltrot*. Vient demeurer à La-Rochelle à la Paix de 1570. N. 13. Epouſe la Comteſſe d'Entremont : Offres magnifiques que lui fait la Cour. 14. *ſuiv*. N. 14. *Voyez Charles IX. Médicis. Proteſtans*. Eſt nommé Viceroi dans les Pays-Bas : Autres graces & préſens qu'il reçoit de Charles IX. 15. N. 15. Conduit les Huguenots à l'entrepriſe de Meaux. N. 18. Il eſt bleſſé par Maurevert. 21. Diſcuſſion ſur le procédé de Charles IX. à ſon égard. N. 21. 26. Il réſiſte aux avis qu'on lui donne de ſortir de Paris. 26. Ses talens & grandes qualités. 26. Tué au Maſſacre de la Saint-Barthelemi : Outrage fait à ſon Cadavre & ſa mémoire. N. 26. 27. Sa mémoire rétablie à la Paix de Monſieur. N. 42.

COLIGNY - CHATILLON, (Henry de) Petit-fils de l'Amiral. Tué au Siége d'Oſtende. Ses grandes qualités : Regretté de Sully & de Henry IV. II. 82. 83. N. 13.

COLIGNY - CHATILLON, (Odet de) Cardinal de Châtillon. I. 15. N. 14. Particularités ſur ſa vie & ſur ſa mort. N. 38. *pag*. 15.

COLLEGE ROYAL, que Henry IV. a deſſein de fonder. III. 141. 142. *Voyez Cabinet d'Etat*. Réflexions ſur les Colléges & ſur l'éducation qu'on y donne à la Jeuneſſe. N. 15.

COLOMBE. (N. de Sainte-) Officier Catholique du Parti de Henry IV. I. 45.

COLOMBIERES. (François de Bricqueville de) Gentilhomme Calviniſte. I. 21. N. 49. Tué à la Saint Barthelemi. N. 60. *pag*. 27.

COLONIE, envoyé dans les Indes Occidentales. II. 293. N. 17. *Voyez Canada*.

COLVILLE, Miniſtre Proteſtant. Ecrit contre le Roi Jacques; & eſt déſapprouvé par le Pape. II. 227. 228.

COMAN (Jacqueline Le-Voyer de) ou Deſcoman. Avis qu'elle fait donner à Henry IV. d'une Conſpiration contre ſa Perſonne. III. 229. 230. *ſuiv*. Particularités ſur ſon Procès; & différentes opinions ſur toute cette affaire. N. 16. *ſuiv. Idem*. N. 22. *pag*. 254.

COMBAUT. Sévérité de Sully à ſon égard. II. 190. *ſuiv. Voyez Sully. Ambaſſade de Londres*.

COMBRAILLES. Sully y va viſiter ſes biens. I. 187.

COME. Fort bâti ſur ce Lac par les Eſpagnols, cauſe de troubles. II. 407. *ſuiv*. N. 15. *Voyez Fuentes. Griſons*.

COMEDIENS ITALIENS, appellés en France par Henry IV. III. 53.

COMETE en 1607. Superſtition au ſujet des Enfans de France. III. 50. N. 24.

COMMERCE détruit dans le Royaume par les Guerres. I. 558. Abus corrigés par Henry IV. & le Duc de Sully, dans cette Partie. II. 63. 64. N. 2. 3. 4. Traité de Commerce entre Charles IX. & Eliſabeth, déſavantageux à la France. 180. Edits ruineux pour le Commerce accordés par Henry IV. contre l'avis de Sully. 275. *ſuiv*. Maximes ſur le Commerce. N. 17. *pag*. 293. 294. Combien lui eſt utile la jonction des Rivieres. 381. & la conſtruction des Chemins Royaux. 381. *Voyez Rivieres.*) *Chemins Royaux*. Interdiction du Commerce avec l'Eſpagne. 384. Suite de cette Affaire. 38.

Rétablie

DES MATIERES.

Rétablie par un Traité de Commerce. 391. *suiv. Voyez Espagne. Sully. Bufalo.* Projets pour faire fleurir le Commerce. III. 144. *suiv.* N. 16. *Voyez Cabinet d'Etat.*

COMMERCY. (Seigneurie de) Usurpée par les Espagnols & le Duc de Lorraine; & restituée. III. 96. N. 32.

COMMISSAIRES, départis dans les Généralités. Réglemens que Sully les oblige de suivre. III. 36. 37.

COMPROMIS, entre les mains du Pape, pour le Marquisat de Saluces. II. 1. N. 1.

COMMINGES. *Voyez Sobolle.*

COMNENE. (Alexis) Empereur de Constantinople. I. 6.

COMPTANS. Marie de Médicis en continuë l'usage malgré Sully: Dispute à ce sujet entre lui & Pujet. III. 312. *suiv.* N. 2.

CONAN, CONAS, ou CONAC. (Baron de) Défait avec la Garnison de Soissons. I. 394. N. 39.

CONCHINE, ou CONCINI. Vient en France à la suite de Marie de Médicis. II. 59. — 70. — 112. Mauvais conseil qu'il lui donne. 336. Aversion de Henry IV. pour lui. La Reine lui fait épouser Léonor Galligai; & s'oppose au dessein de le renvoyer en Italie. Il abuse de sa confiance. Son ambition. III. 69. 70. — 73. Motifs secrets de la jalousie qu'il inspire à la Reine contre Henry. Ses menées avec le Conseil d'Espagne contre ce Prince. 127. *suiv.* Henry refuse de l'envoyer Ambassadeur à Florence. 190. 191. Il travaille à perdre le Duc de Sully après la mort de Henry IV. 274. *suiv.* Il est l'ame des Conseils de la Régente. 277. *suiv.* Il se joint au Comte de Soissons.

282. Ses brouilleries & son raccommodement avec le Comte de Soissons. 284. Conseille l'Alliance avec l'Espagne. 291. Reçoit mal les politesses de Sully. 292. *suiv. Voyez Arnaud.* Traits sur sa vie, & sur sa mort N. 23. Sa faveur est déclarée auprès de la Régente. 305. Il s'oppose à l'avis de Sully sur l'Expédition de Clèves. 307. 308. N. 30. Il traite avec le Duc de Bouillon de la Charge de Premier Gentilhomme de la Chambre. 311. N. 1. Il appuie les demandes du Comte de Soissons. 311. 312. Conseille à la Regente de continuer les Comptans. 312. *suiv.* Sully lui reproche de se servir d'un faux Sceau. 315. Il se brouille avec une partie des Grands. 317. N. 3. Il n'ose encore bannir Sully. 319. Visite qu'il lui fait; & leur entretien. 323. 324. Charges & dignités qu'il se fait donner par Marie de Médicis. 326. 327. Il prend le parti de Villeroi & de d'Alincourt contre Sully dans l'Affaire de Lyon. 328. *suiv.* N. 9. *pag.* 332.

CONDE'. Maison appartenant à l'Evêque d'Evreux, où Sully traite avec Medavy. I. 313. 314.

CONDE'. Charlotte-Marguerite de Montmorency, Princesse de) *Voyez Montmorency.*

CONDE'. (Charlotte-Catherine de La-Trémouille, Princesse de) *Voyez Trémouille.* (Charlotte-Catherine de La-)

CONDE'. (Henry I. de Bourbon, Prince de) se trouve au choc d'Arnai-le-Duc. I. N. 4. *pag.* 3. Epouse Marie de Clèves. 15. N. 36. Charles IX. le maltraite de paroles à la Saint-Barthelemi; l'oblige à aller à la Messe, le retient prisonnier. 31. *suiv.* Il s'enfuit, & est déclaré Chef des Calvinistes. 38.

Tome III. Nnn

Il amene une Armée Etrangere en France, & la joint à celle de Monsieur & du Roi de Navarre. 41. Se sépare d'avec celui-cy. 52. Il apelle en Duel le Vicomte de Turenne. *Voyez Bouillon.* Cherche à se composer une Souveraineté : Henry IV. fait échouer ce dessein. 62. Il manque Angers. 93. Et Brouage. 94. Péril qu'il court dans sa retraite. 97. 98. Il amene des Troupes à Henry IV. 107. Sa valeur & sa bonne conduite à la Bataille de Coutras. 121. 123. Ses projets après cette Bataille. 126. N. 2. Sa mort. 130. 131. Particularités sur cette mort. N. 5. 6. On proposa de le marier avec Madame. 583.

CONDE'. (Henry II. de Bourbon, Prince de) Sa Naissance. I. N. 5. 6. *pag.* 130. 131. Le Pape éxige de Henry IV. qu'il le fasse élever dans la Religion Catholique. 414. Henry fait valoir ses droits. 436. Il se joint aux Séditieux. II. 328. Gratifications qui lui sont accordées. III. 48. Henry lui témoigne son mécontentement, & songe à marier ce Prince avec Mademoiselle de Montmorency. 82. 83.— 124. Ce mariage s'accomplit : Motifs qui y déterminerent Henry IV. contre les conseils de Sully. 128. 129. N. 6. Brouilleries qui s'ensuivirent entre Henry IV. & ce Prince. 165. *suiv.* Traits sur les effets de cette jalousie. 167. N. 27. Discours ferme que lui tient Sully. 167. *suiv.* Il emmene la Princesse de Condé en Flandre. 170. *suiv.* Particularités sur cette évasion. N. 28. Lettre que lui écrit Sully. 175. *suiv.* Détails sur toute cette affaire. N. 29. 30. Il revient en France après la mort de Henry IV. & entre dans Paris, accompagné de Sully. 296. *suiv.* N. 25. Il est mal reçu par la Régente. 299. N. 26. Il prend conseil de Sully. 300. *suiv.* dont il devient ensuite l'ennemi. 303. *suiv.* Moyens qu'on emploie pour cela. N. 27. 28. Dons & gratifications qu'il se fait accorder par la Régente. 325. Terres vendues, échangées, &c. entre lui & Sully, dont ce Prince demande la confiscation. 352. *suiv.* N. 19. Sa Révolte. 402. *suiv.*

CONDE'. (Louis I. de Bourbon, Prince de) Tué à la Bataille de Jarnac. I. 1. N. 1. Il conduisit les Calvinistes à l'Escarmouche de Maux. N. 45. *pag.* 18.

CONDE'. (Marie de Clèves, Princesse de) *Voyez Clèves.* (*Marie de*)

CONFERENCES. De Baïonne. *Voyez Médicis.* (*Catherine de*) *Albe* (*Duc d'*) *Baïonne.* Entre Henry IV. & le Maréchal de Biron, pour la Paix. I. 53. N. 94. Entre Catherine & Henry IV. en différens endroits. *ibid. suiv.* N. 95. Autres à Cognac, entre les mêmes, à Saint-Brix, Saint-Maixent. 113. 114. N. 50. Entre Catherine, le Cardinal de Bourbon & le Duc de Guise. *Voyez Barricades. Châlons. Sarry Nemours, &c.* A Surenne, à La-Villette, Mante. Pontoise, Andresy, Milly. *Voyez ces Noms.* A Boulogne. *Voyez Boulogne.* Conférence de Religion pour convertir Madame, inutile. 585. 586. N. 43. Conférence ou Dispute publique entre Du-Perron & Du-Plessis-Mornay. II. 21. N. 20. A Ratisbonne. *Voyez Ratisbonne.* Conférences de Sully avec les Ministres du Roi d'Angleterre, & autres. *Voyez Sully. Ambassade. Jacques. Cécil, &c.* A Londes, pour la Paix entre l'Espagne & les Provinces-Unies. 397. *suiv.* Entre les Anglicans & les Puritains. 399. A La-Haye pour le Traité de Trêve. *Voyez Espagne. Pays-Bas, &c.* Sur l'Affaire de Clèves. *Voyez Clèves. Hall, &c.*

CONFESSION. Propositions des Jésuites, sur la Confession par Lettres. II. 311.

CONFLANS. Pris par Henry IV. II. 32. 33.

CONJURATIONS & CONSPIRATIONS. Contre Henry IV. *Voyez Henry IV. Biron. Espagne. Savoie. Séditieux. Ligue. Ravaillac. Coman. Entragues. Verneuil, &c.* Contre le Roi d'Angleterre. *Voyez Jacques. Anglois, &c.*

CONNETABLES-DE-FRANCE. Montmorency. Lesdiguieres. *Voyez ces Noms.* Sully refuse l'Epée de Connétable qui lui est offerte par Henry IV. III. 58. *suiv.*

CONSEIL D'ETAT ET DES FINANCES. Henry IV. en change la forme. Opérations de ce nouveau Conseil. Brouilleries entre ceux qui le composent. I. 387. *suiv.* N. 28. 29. Nouveau Conseil établi par Henry IV. pendant la Guerre de 1595. d'où Sully sort mécontent. 397. 398. Ses brigues contre Sully. 420. *suiv.* Abus & malversations qui s'y commettent. Irrésolutions de Henry à y faire entrer Sully. 448. *suiv.* qui y est enfin reçu. 453. Calomnies & artifices qu'on y emploie pour le tromper & le perdre. 455. 463. Sully s'en rend le maître. 489. *suiv.* Colere de Henry IV. contre le Conseil. 497. Sully y met la reforme. 546. *suiv.* Liste & ordre des différens Conseils sous le Régne de Henry IV. 552. *suiv.* Grand Démêlé de Sully avec d'Epernon, en plein Conseil 562. 563. N. 20. Jalousie des Conseillers contre Sully. 568. Nouveau changement par le rétablissement de la Surintendance en faveur de Sully. 596. Haine des Conseillers contre Sully. II. 446. Ils font valoir les Fermes sous de noms empruntés : abus ôtés par Sully. 464. Ils s'opposent au dessein de Henry IV. de se faire Empereur, & à sa Politique. 485. N. 17. Leurs vuës en recevant la proposition faite par les Provinces-Unies de se soûmettre à la France : ce qui se passa dans le Conseil à cette occasion. III. 21. *suiv.* N. 9. Idées de Sully pour la formation d'un nouveau Conseil, peu goûtées de Henry IV. 42. *suiv.* N. 18. Projets de Réglemens pour en abolir les abus. *Voyez Cabinet d'Etat. Voyez encore sur tout cet Article, Finances & Financiers. Ministres. Villeroi. Jeannin. Sillery, &c.*

CONSEIL DE REGENCE composé par Henry IV. pendant l'éxecution de ses Grands Desseins. III. 223. 224. *Voyez Clèves. Dessein Politique.*

CONSEIL DE LA REGENCE. Public, différent du Conseil secret ; ce qu'on y agite. III. 277. *suiv.* Disputes & querelles qui y naissent entre les Grands & les Ministres. 317. *suiv.* Matieres qu'on y traite. 324. *suiv.* On y change la forme d'administration de Henry IV, & de Sully : haine de ceux qui le composent contre celui-cy. 328. N. 9. pag. 332. *Voyez Médicis (Marie de) Conchine. Seigneurs. Princes du Sang. Villeroi. Sillery, &c.*

CONSEILS EXTRAORDINAIRES. Réflexions de Sully sur ces Conseils. II. 377. 378. Sur les moyens de reprendre Amiens.

I. 487. Sur le Brevet de la Taille. *Voyez Taille*. Sur la propofition faite par les Provinces-Unies de fe foûmettre à la France. III. 21. *fuiv*. N. 9.

CONSEIL-GENERAL de la République Chrétienne. III. 382. *fuiv. Voyez Deffein Politique*.

CONSIGNATIONS (Receveurs des) Ces Offices font réunis au Domaine. III. 38. 59.

CONSTANT, Gentilhomme mal-intentionné. I. 259. Cabale pendant le Siége d'Amiens. 493. — II. 111. — 137. Pendant le voyage de Sully en Poitou. 353. *fu. v*. L'un des fauteurs du Projet d'une République Calvinifte en France. 517. 518. — 522. — 572. *Voyez Proteftans. Séditieux*.

CONSTANT. Courrier du Cabinet. II. 428.

CONSTANTIN. Mauvaife Politique de cet Empereur. III. 357.

CONSTANTINOPLE. Se révolte. II. 102. Trouble en cette Ville. 416. *Voyez Turquie. Mahomet. III. Achmet*.

CONTENANT (N. de) Officier de la Ligue. I. 155.

CONTROLEURS-GENERAUX. Incarville. De-Vienne. Caftille *Voyez ces Noms*.

CONTY. (François de Bourbon, Prince de) amene des Troupes à Henry IV. I. 129. N. 3. Eft battu au Combat de Craon. N. 3. *pag*. 232. Eft fait Chef du Confeil pendant la Guerre de 1595. 397. Amitié qu'il porte à Sully ; calomniée. II. 450. Ses brouilleries avec le Comte de Soiffons. 503. Querelles entre lui & le P. de Joinville. III. 81. La Régente l'admet à fon Confeil. 278. Démêlé entre lui & le Comte de Soiffons. 282. 283.

N. 19. Confeil de Sully à fon égard. 300. *fuiv*.

CONTY (Jeanne de Coëme, Princeffe de) employée à faire réüffir le mariage du Duc de Vendôme avec Mademoifelle de Mercœur. III. 83. *Voyez Coëme. Montaffié*.

CONVERSATIONS. De Henry IV. avec Sully, fur fon voyage de Flandre, & fur le Duc d'Anjou. I. 69. Sur les deffeins de la Ligue & des Proteftans. 90. Entre le Préfident De-Thou & Montagne, fur les vûes de Henry IV. & du Duc de Guife. N. 35. *pag*. 91. Entre Henry & Sully, fur le Siége de Rouen & fur la mutinerie des Troupes. 203. *fuiv*. Sur le changement de Religion de ce Prince. 254. *fuiv*. Entre Sully & Villars, fur fon Traité. 316. 319. Entre Sully & le Cardinal de Bourbon, fur différens fujets. 343. *fuiv*. Entre Sully & Bouillon, fur les deffeins de celui-cy. 364. *fuiv*. Entre Sully & Madame, fur fes amours avec le Comte de Soiffons. 435. *fuiv*. Entre Henry & Sully, après fon retour des Généralités. 458. 459. Sur la faute de ce Prince en pardonnant au Duc de Mercœur. 507. 508. N. 27. Entre Henry & les Ambaffadeurs Anglois & Hollandois. 515. *fuiv*. N. 34. Singuliére, entre Henry & Sully fur le deffein de ce Prince de fe remarier. 520. *fuiv*. Entre Henry, Sully & la Ducheffe de Beaufort, fur leurs brouilleries. 542. *fuiv*. Entre l'Archevêque de Rouen & Roquelaure, fur le mariage de Madame ; fort-plaifante. 587. *fuiv*. Entre Elifabeth & Sully, fur les moyens d'abaiffer la Maifon d'Autriche. II. 78. *fuiv*. Entre Henry & Sully, & fur les graces que ce Prince veut lui faire. 138. *fuiv*. Sur la mort d'Elisabeth, & l'Ambassade de ce Ministre à Londres. 170. *suiv.* Entre le Roi d'Angleterre & Sully, à sa première Audience, sur différents sujets. 208. *suiv.* Autre, secrette à sa seconde Audience, sur le Dessein contre la Maison d'Autriche. 222. *suiv.* Entre Henry & Sully, à son retour de Londres. 263. *suiv.* Sur la Soie & les Manufactures. 287. *suiv.* Contre le rappel des Jésuites. 302. *suiv.* Sur les dépenses de ce Prince, & sur ses chagrins domestiques. 328. *suiv.* Entre Sully & la Marquise de Verneuil, sur sa mauvaise conduite. 367. *suiv.* Grande & importante conversation entre Henry & Sully, dans laquelle ils se raccommodent. 444. *suiv.* Entre Leurs Majestés & Sully, sur leurs noises. 551. *suiv.* Entre Henry & Sully, sur la puissance de la Maison d'Autriche. 557. *suiv.* Entre Henry, Sully & les Courtisans, sur les Nouvelles publiques, &c. 605. *suiv.* Entre Henry & Sully, sur les galanteries de ce Prince. III. 7. *suiv.* Sur les brigues de l'Ambassadeur d'Espagne à la Cour contre Henry. 16. *suiv.* Grandes offres que fait Henry à Sully. 58. *suiv.* Sur les sujets de plaintes de Henry contre la Reine, la Marquise de Verneuil, &c. 66. *suiv.* Entre Henry, la Reine, Sully & les Ministres, sur les Factions Civiles. 85. 86. Entre Henry, Sully & les Courtisans, sur les Grands Hommes de l'Antiquité. 121. 122. Entre Henry & Sully, sur les complots domestiques & étrangers contre la vie de ce Prince. 128. *suiv.* sur des Mémoires de Finances. 144. *suiv.* Sur la composition du Cabinet d'Etat. 153. *suiv.* Entre Sully & le P. de Condé, sur les prétendus sujets de mécontentement de celui-cy. 167. *suiv.* Entre Henry & Sully, sur le même sujet. 169. 170. Sur l'évasion du P. de Condé. 172. 173. Sur la maniére d'éxécuter le Grand Dessein. 207. *suiv.* — 212. *suiv.* Sur les pressentimens qu'a Henry de sa mort, & sur la Conjuration contre sa vie. 228. *suiv.* Entre Sully & le P. de Condé, où il donne des conseils à ce Prince. 300. *suiv.*

COQUELUCHE. Signes & remédes de cette maladie I. 64. N. 104.

COQUET, Maître d'Hôtel de Henry IV. II. 71.

CORBEIL. Pris par le Duc de Parme. I. 184.

CORBIE. Pris par Henry IV. I. 189.

CORBIGNIERE (La-) Partisan. I. 427. — 503.

CORDIER (Le-) déposé contre d'Entragues. II. 421.

CORNETTE-BLANCHE du Duc de Maïenne. Sully la prend. I. 171. D'Andelot la lui dispute. 174.

COSSE' (Artūs de) Maréchal de France. Réüssit mal contre l'Armée Calviniste. I. 2. 3. N. 4. Catherine de Médicis se sert de lui pour tromper les Huguenots. 13. 14.

COSSE', (Charles de) *Voyez Brissac.*

COTES DE FRANCE. Sully en fait lever des Plans. III. 96.

COTTON (Jean & Antoine) Freres du P. Cotton. II. 591.

COTTON (Pierre) Jésuite. Accueil que lui fait Henry IV. à Metz. II. N. 6. *pag.* 159. Il s'emploie utilement pour le rétablissement de sa Société en France. 298. 299. N. 3. Il rend visite à Sully. 309. Traits de sa Vie, & de l'amitié de Henry pour lui. N. 12.

Nnn iij

—— 325. Il s'unit aux Courtisans contre Sully. 422. Grand Démêlé entre Sully & lui, au sujet du Colége de Poitiers ; où il est convaincu de calomnie. 423. *suiv.* N. 5. Henry les raccommode. 430. Il dessert Sully dans l'Affaire de Grillon. 437. *suiv.* Questions indiscrettes qu'il fait dans l'Affaire d'Adrienne de Fresne. 588. *suiv.* N. 18. 19. —— 605. Il soûtient le Pere Séguiran contre les Rochellois. III. 12. *suiv.* Travaille utilement au mariage du Duc de Vendôme avec Mademoiselle de Mercœur. 83. Lettre indiscrette qu'il écrit sur les Nouvelles de la Cour. 123. *suiv.* Mécontentement de Henry & de Sully contre lui à cette occasion. 126. 127. N. 5. Il est impliqué dans le Parricide de Ravaillac : Sa justification. 245. N. 23. *suiv. Voyez Jésuites.* Admis au Conseil secret de la Régente. 277. *suiv.*

COUCY (Maison de) Alliée à l'ancienne Maison d'Autriche. I. N. 8. *pag.* 4. Alliance de la Maison de Béthune avec elle : & Personnages de cette Maison. N. 12. *pag.* 6. III. 189. N. 9.

COUDRAI (Du-) Proposé pour Député Général du Parti Protestant ; & réjetté. II. 520. 521. *Voyez Châtelleraut.*

COULON (Abbaye de) Donnée à Sully. II. 164. —— 587. Il s'en défait. III. 349.

COVOERDEN. Ravitaillé par le P. d'Orange. II. 482.

COURONNEAU, Colonel Protestant. I. 154.

COURONNEMENT de la Reine Marie de Médicis : Motifs qui font souhaiter cette Cérémonie aux Séditieux. III. 133. 134. Aversion de Henry IV. pour ce dessein. *ibid.* Il cherche à le rompre. 224. N. 14. La Reine ne veut pas y consentir. 229. N. 15. Comment se passe cette Cérémonie. 233. *suiv.* N. 18.

COURS SOUVERAINES. S'opposent à l'enregistrement de l'Edit de Nantes. I. 589. *suiv.* N. 47. *suiv.* Réglemens auxquels Sully les assujettit. Réflexions sur ce sujet. III. 97. *juiv.* N. 33. On en peut établir de nouvelles dans un besoin. 144. *suiv. Voyez Cabinet d'Etat.*

COURSE DE BAGUE, faite à l'Arcenal. II. 557.

COURTAUMER (Baron de) Employé par Henry IV. dans les querelles des Grands. III. 81.

COURTENAY. Princes & Personnages de ce nom. I. N. 10. *pag.* 6. —— N. 24. 25. *pag.* 83. 84.

COURTENAY (Gaspard de) attaché à Madame & au Comte de Soissons. I. 310.

COURTENAY-BONTIN (Anne de) Sully l'épouse. I. 83. 84. N. 24. Il va lui donner du secours pendant la peste. 110. Périls auxquels elle est exposée pendant la persécution contre les Calvinistes. 119. Sa mort ; extrême douleur qu'en ressent Sully. 147.

COURTISANS. Flatent Henry IV. sur son amour pour Mademoiselle d'Entragues. II. 419. Cabalent avec les Jésuites contre Sully. 422. 423. & le mettent à deux doigts de sa disgrace. 438, *suiv.* —— 446. *suiv.* Se déclarent pour la Politique Espagnole. 559. 560. Brigues pour empêcher l'Expédition de Sedan, 562. *suiv.* En faveur de l'Espagne contre Henry IV. III. 15. *suiv.* Sagesse de ce Prince à assoupir leurs querelles. 62. 63. Autres querelles entr'eux. 81. 82. Calomnie, que Henry IV. veut le ruiner par le gros Jeu. N. 29. *pag.* 94. Comment ils penfent de Henry IV. & de Sully. 118. N. 1. Ils calomnient Sully au fujet des enfans naturels de Henry. 162. *fuiv.* Mal-intentionnés pour les Grands deffeins de ce Prince. 218. 219. Impliqués dans le Parricide de Ravaillac. *Voyez* Henry IV. *Conjuration. Ravaillac, &c.* Ils cherchent à perdre Sully après la mort de Henry IV. 271. *fuiv.* 324. N. 9. *pag.* 332.

COUTRAS, Catherine de Médicis & Henry IV. s'y abouchent. I. 53. — 55. Les Provinces-Unies y députent pour offrir leur Couronne à Monfieur. 68. Bataille de Coutras. 121. *fuiv.* N. 56. *fuiv.* Fautes commifes après cette Bataille: A qui doivent être attribuées. 125. *fuiv.* N. 1. 2.

COUVENS, HOPITAUX, &c. Conftruits ou rétablis par Henry IV. II. 469. 470. N. 5. 6.

CRAON (Bataille de) Gagnée par le Duc de Mercœur fur les Royaliftes. I. 232.

CREIL Pris par les deux Rois. I. 148. N. 25.

CREQUY (Charles de) Eft battu & fait prifonnier à Aiguebelle. I. 371. N. 6. Prend la Ville de Montmelian. II. 30. 31. Soûtient l'opinion de Sully dans le Confeil. 34. Eft mis Gouverneur dans Montmelian. 49. Eft fait Meftre de Camp du Régiment des Gardes. 455. Hauteur avec laquelle le Duc d'Epernon le traite. 455. N. 14. — 516. Henry IV. Marie fa fille avec le Marquis de Rofny: Démarches pour ce mariage: Ingratitude dont Sully eft payé. III. 56. 57. — 60. N. 3. *pag.* 57. Pertes énormes qu'il fait au Jeu. N. 29. *pag.* 93. On propofe de marier fon fils avec Mademoifelle de Verneuil. 124.

CREQUY (Françoife de) Henry IV. lui fait époufer le Marquis de Rofny. Démarches pour ce mariage: & mécontentement qu'en eut Sully dans la fuite. III. 56. *fuiv.* N. 3. — 124.

CREVECŒUR (N. de Montmorency-) Combat pour le Parti de Henry IV. à Ivry. I. 172. Le Gouvernement de Caën lui fut ôté. II. 282.

CRIQ (Saint-) Officier Catholique, brûlé dans Mirande. I. 48.

CROCANS. Défaits en Limofin, par le Parti Royalifte. I. 447. N. 17.

CROISIC. Fort conftruit par le Duc de Mercœur. I. 370.

CROIX (La-) Officier, tué à la Prife de Ham. I. 402.

CROS (Du-) Choifi pour Député Général des Proteftans à l'Affemblée de Châtelleraut. II. 521.

CROS (Du-) L'un des conjurés dans la Confpiration de La-Flèche. III. 178. *fuiv.*

CRUSSOL. *Voyez* Ufès. *Beaudîner.*

CRYSTAL (Manufacture de) établie par Henry IV. II. N. 10. *pag.* 473.

CUGNAC. *Voyez* Giverfac.

CULAND. Terre acquife par Sully. III. 348. — 408.

CUMAN. Entrepreneur des Manufactures. II. 287. — 473.

CUMBERLAND (Comte de) De la faction des Mécontens à Londres. II. 196.

CURE'E (Gilbert Filhet De-La-) Suit Henry IV. à Aumale. I. 207. Son éloge. N. 37. Se trouve à la défaite du Grand Convoi devant Laon. 354. Son fentiment fur cette action. N. 65. *pag.* 355. A la Journée de Fontaine-Françoife: Louanges que lui donne Henry. N. 55. pag. 409. — N. 56. p. 410. Belles actions de lui devant Amiens. N. 16. pag. 498. — II. 118. Henry lui refuse la Charge du Baron de Lux. 459.

CURE'S DE PARIS. Leur procès contre les Jéfuites. I. 347. fuiv. N. 58. 59.

CUSCO (Roi de) Intelligences de l'Efpagne avec lui. II. 271.

CUSSE', Commiffaire en Bretagne. Réprimandé par Sully. III. 38.

CZAR. Voyez Mofcovie.

D.

DADRE' (Jean) Pénitencier de la Cathédrale de Rouen. I. 332. N. 42.

DAGOBERT. Jugement fur ce Roi. III. 358.

DAMPIERRE. Voyez Liéramont.

DANGEAU. Officier Calvinifte. I. 107.

DANGUIN (Le Capitaine) Sert utilement dans l'affaire de la Révolte des Maures. III. 113.

DANEMARK (Rois de) Fréderic III. Chriftiern IV. Voyez ces noms à la fuite de l'Article Danemark.

DANEMARK. Partie du Grand Deffein, qui concerne ce Royaume. III. 375. fuiv. 382. — 389. fuiv. Voyez Deffein Politique.

DANEMARK (Anne de) Reine d'Angleterre. Son caractére & fa conduite. II. 197. 198. N. 20. Elle vient a Londres malgré la défenfe de fon mari 213. 214. Voyez Jacque. Vaucelas eft chargé de lui remettre les Lettres du Roi & de la Reine de France. 259. N. 2. Préfens que lui fait Sully. 261. Son arrivée à Londres. 264. Elle y change tout d'un coup de maniéres & de Politique. 267. 268.

DANEMARK (Chriftiern IV. Roi de) Ses Ambaffadeurs à Londres. II. 199. Méchante Politique de cette Cour. 216. fuiv. Chriftiern embraffe l'Alliance contre la Maifon d'Autriche. III. 216. Boiffife eft nommé Ambaffadeur vers ce Prince. 223.

DANEMARK (Fréderic II. Roi de) II. 197. N. 20.

DANSA (Simon) Corfaire Flamand. III. 125.

DANVILLE. Voyez Montmorency. (Henry de)

DANVILLE (Amiral de) Service important que lui rend Conchine. III. 315.

DARIUS. Trait de ce Prince & de Zopire. II. 295. — 308. N. 11.

DARNETAL. Quartier de Henry IV. au Siége de Rouen. I. 198.

DAVAILLES. Gouverneur de Maillezais. I. 110.

DAUPHIN (Monfieur le) Sa naiffance: joie qu'elle caufe en France. II. 83. 84. N. 16. Henry IV. fait tirer fon horofcope par La-Riviere. 84. fuiv. N. 17. Eft conduit à Saint-Germain au travers de Paris. 86. Henry IV. lui donne le Gouvernement de Bourgogne. 126. Il eft mené à Fontainebleau & montré dans Paris. 415. Jettons que lui donne Sully. 553. Ses Lettres à Madame de Montglat, N. 1. Cérémonie de fon Baptême. 595. fuiv. N. 26. La Reine Marguerite lui cede les biens de Catherine de Médicis. III. 33. N. 16. Malade à Noify. 49. 89. Brigues à la Cour pour lui faire époufer l'Infante d'Efpagne. 132. N. 8. Henry IV. lui deftine l'héritiere de Lorraine. ibid. N. 8. — 180. — 387. Voyez pour le refte de cet Article Louis III.

DAUPHINE. (Place) fa conftruction.

struction. III. 93.

DAUPHINÉ. Succès des Troupes Royalistes en cette Province. I. N. 395. Places cédées à Henry IV. par le Traité de Lyon. II. 57. Procès du Tiers-Etat contre le Clergé & la Noblesse du Dauphiné. 144.

DAVY. *Voyez Perron (Du-)*

DEAGENT. Graces qu'il obtient de Marie de Médicis. III. 326.

DEBRIS & NAUFRAGES (Loi des) Question muë sur cette Loi. III. 20.

DEFUNCTIS. Grand-Prévôt de l'Hôtel. II. 125.

DELE. Place renduë au Prince d'Orange. II. 152.

DELFIN. Ambassadeur de Venise en France. II. 75. Henry IV. l'envoye son Ambassadeur à Florence. III. 190 191.

DEMEURAT, Commissionnaire de Henry IV. à Riom. I. 503.

DENIER Dix & Douze, aboli: Denier Seize établi. II. 63. 64. N. 2.

DENYS. Saint-) Défaite des Troupes de la Ligue en cet endroit. I. 231. N. 1. Henry IV. y fait son Abjuration. *Voyez Abjuration.* Y accorde une seconde Trève aux Parisiens; & y reçoit un Envoyé d'Espagne. 293. 294. *suiv.* Manque à y être assassiné. 297. 298. N. 7. 8. Marie de Médicis y est couronnée. *Voyez Couronnement. Médicis.*

DEODATI. Envoye à Sully le Nouveau Testament de Theodore de Beze. II. 536.

DEPUTÉS Généraux du Corps Protestant à la Cour. II. 492. Usage de simple tolérance: son origine; & régles qu'on doit y établir. 495. Cette Question est agitée dans l'Assemblée générale de Châtelleraut.

Tome III.

II. 492. *suiv.* & terminée par Sully à l'avantage du Roi. 518. *suiv. Voyez Châtelleraut.* Même Question muë dans le Synode de La-Rochelle. III. 10. *Voyez La-Rochelle.* Dans l'Assemblée Générale de Gergeau. 86. 87. *Voyez Gergeau.*

DERBY, (Comte) Escorte Sully dans son Ambassade à Londres. II. 207. Le conduit à Grenwich. 240.

DESBORDES, Député Général des Protestans. II. 284. N. 13.

DESCARTES Vient en France donner avis de la Trahison de L'Hôte. II. 318. *suiv. Voyez Hôte (L'-). Raffis,* Sully le renvoye en Espagne. III. 20. *Voyez Barrault.*

DESCURES, Traitant. I. 427.

DESPORTES. Traite avec Sully au nom de Médavy. I. 300. Conclut ce Traité. 313. 315.

DESPUEILLES. Rend lâchement Sainte-Bazeille. I. 102. Sa Compagnie est défaite devant La-Rochelle. 115.

DESSEIN Politique, ou Grand Dessein de Henry IV. Ce Prince s'en entretient par Lettres avec Elisabeth. II. 76. Sully va en conférer avec elle à Douvres, 78. *suiv.* Cinq principaux points de ce Dessein. 81. Sully en fait part au Roi d'Angleterre. Entretien entr'eux sur ce sujet. 242. *suiv. Voyez Jacques. Sully.* — 329. Sully s'en ouvre au Cardinal Bufalo. 406. — 560. Cabale à la Cour pour le faire échouer. III. 15. *suiv.* Henry & Sully en pressent l'éxécution. 139. La Succession de Clèves en est le prétexte. 198. *suiv. Voyez Clèves.* Moyens de l'éxécuter. 203. *suiv.* On cherche à le détruire: Conversations entre Henry & Sully à ce sujet. 206. *suiv.* Princes & Electeurs qui se joignent à Henry pour

Ooo

le Grand Deffein. Difpofitions prochaines pour l'éxécution. 215. *fuiv.* —— 264. Il eft rompu par la mort de Henry IV. 215. *fuiv.* Expofition de ce Projet Politique. Liv. XXX. Objet général de Henry IV. 363. On prouve fa poffibilité : Opinions différentes fur ce point. 364. *fuiv.* N. 6. Comment Henry & Sully le formerent. 366. *fuiv.* & le concerterent avec Elifabeth. 368. 369. N. 7. Objet du Grand Deffein dans ce qui concerne les Religions. 372. Moyens de chaffer les Infidèles de l'Europe. 374. Partie purement Politique : dépouiller la Maifon d'Autriche. 376. Etablir quinze Dominations égales. 378. *fuiv.* Mefures prifes auprès des Princes de l'Europe. 384. Précautions & fecret. 386. Détail des forces & de la dépenfe néceffaires. 389. *fuiv.* N. 10. Difpofitions & marche des Armées. 393. Manifeftes. 394. Réglemens de difcipline pour les Troupes 395. Ce qui devoit réfulter du Grand Deffein. 395. *fuiv.*

DETTES de l'Etat, contractées pendant la Ligue. II. 468. 469. Acquittées par Sully. III. 32. 33.

DEVESE. (La-) Combat fingulier propofé entre lui & Lavardin. I. 49.

DEVESE. (La-) Avocat de Caftres. Ses fervices & fes talens. II. 521.

DEUILLY. (Madame de) Maîtreffe de De-Frefne. I. 491.

DEUX-PONTS (Jean, Comte Palatin de) Son droit à la fucceffion de Clèves. III. 196. *Voyez Clèves.*

DEUX-PONTS (Jean H. Duc de) Vient voir Henry IV. à Metz ; & y époufe Catherine de Rohan. II. 158. N. 4. Sully eft calomnié d'intelligences criminelles avec lui. 450.

DEUX-PONTS. (Ducheffe de) Préfent que lui fait Henry IV. II. 474.

DIEPPE. Efcarmouches devant cette Ville. I. 155. *fuiv.* N. 33.

DIETE de Ratifbonne. *Voyez Ratifbonne.*

DIJON Pris par le Maréchal de Biron. I. 395. Son Parlement défobéit au Roi. III. 32. *Voyez Breffe.*

DINTEVILLE , (Joachim de) Gouverneur de Champagne. Traite avec le Duc de Bouillon de la redition de Sedan. II. 577. N. 12. Regretté de Henry IV. III. 47.

DISSIPATEURS. Projet de les réprimer. III. 148. 149. *Voyez Cabinet d'Etat.*

DISSOLUTION du Mariage de Henry IV. & de Marguerite de Valois. II. 5. *fuiv.* N. 4. *fuiv. Voyez Henry. Marguerite.*

DIXIEME. Impôt préférable à tous les autres. II. 466.

DIZIMIEUX. Rend Vienne & Monluel au Roi. I. 395.

DOLLE' (Louis) Avocat pour les Curés de Paris contre les Jéfuites. I. 347. N. 59.

DOLLE' Marie de Médicis le met de fon Confeil fecret. III. 277. Graces qu'elle lui accorde 326. —— 338.

DOMAINE du Roi. Abus à corriger dans cette partie. II. 379. *fuiv.* Ufurpations du Domaine, découvertes par Sully. 463. N. 1. Greffes de Languedoc , réünis au Domaine. III. 33. Sully en rachete différentes parties. 38. 39. 98. La principale richeffe du Roi ne confifte point dans fon Domaine. 101. N. 35.

DOMINGE, Gentilhomme Calvinifte. I. 63.

DONAVERT. L'Empereur envahit cette Ville. III. 116.

DONFRONT. Pris par le Parti Proteſtant. I. N. 42. pag. 163.

DON gratuit. Demandé au Clergé. 484.

DONON, Contrôleur des Bâtimens. III. 48.

DORIA. (Marquis de) Devient le favori de Philippe III. I. 580.

DORIA. (Charles) Commande les Galéres d'Eſpagne dans la Méditerranée. II. 271. ſuiv.

DOUARNENES. Les Eſpagnols en ſont chaſſés. I. 509. N. 28.

DOURDAN. Terre acquiſe par Sully. III. 348. 349. S. 408.

DOURLACH. (Prince de Bade-) Calomnié d'intelligences criminelles avec Sully. II. 451.

DOURLENS. Défaite des François devant cette Place. I. 402. ſuiv. Henry IV. en leve le Siége. 502. 503.

DOUVRES. Sujet du voyage d'Eliſabeth en cette Ville. II. 76. Comment Sully y eſt reçu. 185. 186. Séjour qu'il y fait à ſon retour de Londres. 262.

DREUILLET. L'un des Conjurés dans la Conſpiration de La-Fléche. III. 179. 180. N. 35.

DREUX. Pris par Henry IV. I. 179. Repris par Sully. 283. ſuiv. On lui en refuſe le Gouvernement. 285. Il y intercepte les Papiers de la Ligue. 245. ſuiv.

DROIT ANNUEL. Etabli par Henry IV. III. 145. Jugemens différens ſur cet établiſſement. N. 19. Voyez Paulette. Robe. Barreau.

DROU. (Madame de) Gouvernante des Filles de la Reine. II. 553. 554.

DROUART. Deſtitué de ſon emploi par Sully. II. 384.

DROUET. Procès ſur ſon mariage. III. 46.

DUCS & PAIRS. Sully eſt fait Duc & Pair. Cérémonie à cette occaſion. II. 560. 561. N. 5. Le Duc de Bouillon cherche en vain à obtenir le pas ſur eux. 596. N. 27. Ils obtiennent le droit d'entrer en caroſſe dans la Cour du Louvre. III. 137. N. 13. Diſpute ſur la préféance entre les Pairs Laïcs & Eccléſiaſtiques, terminée en faveur des premiers. III. 275. N. 14.

DUELS. Du Duc de Bouillon, & des Duras. Du Prince de Condé & de Bouillon. De Breauté. Voyez chacun de ces Noms. Edit de Henry IV. contre le Duel. Sentiment de Sully ſur cet Edit. II. 149. N. 31. Mémoire de Sully ſur l'origine, la forme & les différens uſages du Duel. 544. ſuiv. N. 11. Facilité de Henry à les pardonner, les entretient. III. 81. N. 19. Autre Edit ſur le Duel ; & ce qui ſe paſſa à cette occaſion dans le Conſeil. 161. 162. N. 25.

DUN. Pris par le Duc de Bouillon. I. 232. N. 2.

DUNES. Officier François. Va ſervir l'Archiduc. II. 483.

DURAND ou HAUTE-FONTAINE. Agent du Duc de Bouillon à Londres. II. 348.

DURANDIERE. (La-) Précepteur de Sully. I. 19.

DURAS. (Jean de Durefort, Vicomte de) L'un des Chefs Proteſtans. I. 21. Charles IX. lui pardonne. N. 60. pag. 27. Il paſſe dans le Parti des Catholiques. 56. Son Duel avec Bouillon : Sentimens ſur ce Duel. ibid. N. 97. pag. 56.

DUREFORT DE BORN. V. Born.

DUREFORT-ROSAN. Voyez Roſan.

DURET. (Claude) Avocat pour les Jésuites, contre l'Université & les Curés de Paris, I. 347. N. 57. *suiv.*

DURET. (Louis & Charles) Auteurs du Tiers-Parti. I. 249. N. 18. Sully traite avec eux, 261. 262. — 346. N. 56.

DURET. (N.) L'un des Confidens de Marie de Médicis. II. 607. III. 64. De son Conseil secret. 277. Graces qu'il se fait accorder. 326. Conseil que lui donne Sully ; Charges qu'il possede. 337. 338.

E.

EAUSE. Pris par Henry IV, I. 47. 48.

ECLIPSE de Soleil en 1605. II. 536. N. 7.

ECLUSE. (L') Siége & prise de cette Place. II. 395. *suiv.* N. 8. — 407. Epuise les forces des Provinces-Unies. 609. Du-Terrail la manque pour l'Archiduc. III. 20.

ECOSSE. (Rois, Reines & Princes d') *Voyez Stuart, Jacques.*

ECOSSOIS. La Garde Ecossoise reconnoît Henry IV. pour Roi. I. 160. Faction Ecossoise, Amie de la France à la Cour de Jacques. II. 195. Jalousie des Ecossois & des Anglois. 215. 216. *Voyez Angleterre, Jacques, Londres.*

EDIFICES Faits ou réparés par Henry IV. II. 171. N. 11. — 469. N. 5. Sommes y employées. III. 33. Dans la Ville de Paris. 92. 93. Dépenses de Henry pour ces ouvrages. 160.

EDITS. De 63. Articles. *Voyez Beaulieu. Prote. ans.* De Juillet, en faveur de la Ligue. I. 87. *Voyez Nemours (Traité de) Henry IV. Ligue.* Du 21 Juillet, très-favo-

rable à la Ligue. N. 9. *pag.* 136. *Voyez Barricades.* De Nantes. *Voyez Nantes.* Sur la Monnoye. *Voyez Monnoye.* Petits Edits accordés aux Particuliers, dommageables au Commerce. II. 384. Pour la défense du Commerce avec l'Espagne. *Voyez Espagne, Commerce. Trente-pour-cent. Voyez aussi sur cet Article, Arrêts, Réglemens, Traités.*

EDMOND, Agent d'Elisabeth en France. I. 566. Vient à Calais complimenter Henry IV. II. 76. 78. — 221. N. 3.

EDOUARD III. Roi d'Angleterre. Jugement de Sully sur ce Roi. III. 122.

EDOUVILLE. (N. d') 374. N. 14. Défait des Troupes de la Ligue. 395. N. 39.

EGLISE assiégée. 50. 51. Eglises construites & réparées par Henry IV. II. 469. N. 5. — III. 33.

EGMONT, Comté & Comtes de ce nom. Leurs droits sur le Comté de Guedres. III. 194. *suiv. Voyez Clèves.*

EGMONT. (Amoral d') Décapité à Bruxelles. I. N. 48. *pag.* 168.

EGMONT. (Comte d') Sa valeur à Yvry : y est tué. I. 168. 169. N. 48. *Voyez Ivry.*

EGUILLON. (Henry de Lorraine Duc d') Satisfait Henry IV. contre son Frere. III. 77. *suiv.* N 16. 17. *Voyez Sommerive. Moret (Comtesse de)* Fait assassiner Balagny. 79. *suiv.* N. 19. *suiv. Voyez Balagny (Damien)* Querelle Conchine & les Ministres. 319. Graces qu'il se fait accorder par Marie de Médicis. 325.

ELBEUF. (Claude de Lorraine Duc d') Commande l'Armée de la

ligue en Normandie. I. 87. Combat pour Henry IV. à Fontaine-Françoise. 409. Somme qu'il reçoit en faisant son Traité. 559. Suit Henry IV. à la Campagne de Savoie. II. 51.

ELBEUF. (René de Lorraine Duc d') I. N. 30. *pag.* 12.

ELECTEURS. Dessein de Henry IV. de les rétablir dans leurs droits. III. 379. *V. Dessein Politique.*

ELISABETH de France, Reine d'Espagne. Philippe II. est accusé de l'avoir fait empoisonner. I. 15. N. 39.

ELISABETH, Reine d'Angleterre. Négociations pour lui faire épouser Monsieur ; raisons qui l'empêcherent de se marier. I. 16. N. 38. — Elle envoie une Armée à Henry IV. 160. N. 11. Demande Calais, qui lui est refusé. N. 62. *pag.* 416. Ambassade qu'elle envoie à ce Prince, pour le détourner du Traité de Vervins. 509. — 515. N. 34. Vient à Douvres. 75. 76. N. 12. Elle fait couper la tête au Comte d'Essex : Ce qu'elle dit au Maréchal de Biron au sujet du Comte d'Essex. II. 95. Motifs sécrets & particularités de ce voyage : Lettres que Henry & elle s'écrivirent : Entretien d'elle & de Sully, &c. 76. *suiv.* N. 12. *Voyez Dessein Politique.* Elle défait les Rebelles en Irlande. 100. 101. Félicite Henry d'avoir arrêté la conjuration de Biron. 137. Sa mort: Regrets de Henry: Son Eloge. 169. 170. N. 10. Traité de Commerce fait par elle avec Charles IX. 180. Le Roi d'Angleterre cherche à ternir sa mémoire. 205. 206. — 209. Louanges données à sa Politique. 214. — 117. Appui qu'elle donna aux Prêtres Anglois contre la cabale Espagnole. 226. 227. N. 4. Le Roi d'Angleterre parle indé-cemment d'elle & de son Conseil. 232. — 242. *Voyez Jacques.* Parole de cette Reine sur l'Union des Rois de France, d'Angleterre, de Suede & de Dannemark. 248. Dettes à cette Princesse, contractées par Henry IV. pendant la Ligue. 468. Part qu'elle eut dans l'arrangement & les dispositions du Grand Dessein. III. 368. 369.

ELOI. (La-Motte-Saint-) Prise par Joyeuse. I. 115.

ELUS & ELECTIONS. Réglemens à cet égard. II. 599. 600.

EMBDEN, L'Espagne tâche en vain d'envahir cette Place. II. 153. N. 5. *pag.* 159.

EMILION. (Saint-) Pris par Henry IV. I. 55.

EMPEREURS. Charles IV. Charles-Quint, Frederic III. Ferdinand. Maximilien I. Maximilien II. Rodolphe. *Voyez ces noms.*

EMPIRE & EMPEREUR. Leur véritable Politique par rapport à l'Espagne. II. 246. 247. Prétendu dessein de Henry IV. de se faire Empereur. 485. N. 17. Prétentions de différens Empereurs sur les Etats de Clèves. III. 194. *suiv. Voyez Cleves.* Partie du Grand Dessein qui regarde l'Empire & l'Empereur. 375. *suiv.* Leurs véritables droits rétablis. 377. *suiv.* 384. *suiv. Voyez Dessein Politique.*

ENHALT. (Prince d') Amene à Henry IV. des Troupes Allemandes au Siége de Rouen. I. 198. On propose de lui faire épouser Madame. 583. Sully est calomnié d'intelligences criminelles avec lui. II. 451. Il favorise le Grand Dessein. III. 385.

ENTRAGUES. (Catherine-Henriette de Balzac d') *Voyez Verneuil* (*Marquise de*)

ENTRAGUES. (François de

Ooo iij

Balzac d') Ses brigues parmi les Catholiques contre Henry IV. I. 256. N. 23. Il présente à Henry & à Sully un Envoyé d'Espagne. 294. *suiv. Voyez Nugnès*. Il cabale contre Henry. 342. N. 52. — 346. — 348. Traverse les Amours de Henry & de sa Fille. *Voyez Verneuil (Marquise de)*. Il se lie avec Biron, Bouillon & d'Auvergne, & cherche à faire soûlever le Peuple. II. 91. — 96. Ses intrigues à la Cour du Roi Jacques. 204. Suite de ses brigues. 328. — 347. *suiv.* — 359. 360. Se fait donner le bâton de Maréchal de France. N. 14. Il est arrêté 367. Anecdotes sur les Amours de Henry IV. & de ses Filles. N. 20. *pag.* 373. Motifs qui porterent Henry IV. à lui faire grace. 417. *suiv.* N. 1. Il cherche à tirer le Comte d'Auvergne de sa prison. 420. 421. — 532. Il est impliqué dans le Complot de Ravaillac. III. N. 17. *pag.* 253.

ENTRAGUES, (Marie Touchet, Comtesse d') *Voyez Touchet*.

ENTRÉE. *Voyez Couronnement de Marie de Médicis*.

ENTRÉES. Impôt avec celui du Dixiéme, préférable à tous les autres. II. 466. Réglemens & projets sur cette partie. III. 144. *suiv.*

ENTREMONT. (Jacqueline de Montbel, Comtesse d') Épouse l'Amiral de Coligny. I. 15. N. 37.

EPERNAI. Assiégé & pris par Henry IV. I. 240.

EPERNON. (Jean-Louis de Nogaret de La-Valette, Duc d') I. 2. Les Rochellois lui refusent l'entrée dans leur Ville. 43. Il conseille à Henry III. de faire assassiner le Duc de Guise, le jour des Barricades. N. 6. *pag.* 131. Est fait Amiral & Gouverneur de Normandie. 135. Quitte le Parti de Henry IV. après la mort de Henry III. 153. 154. N. 30. Son caractère: sa haine pour Henry IV. Maniére dont il se conduit en Provence. 234. *suiv.* Autres particularités sur son Extraction, ses Charges, & sa Vie. N. 5. *pag. ibid.* Mauvaise manœuvre de ses Troupes à Villemur. 238. *suiv.* N. 12. Il fut l'un des Mignons de Henry III. 374. N. 12. Sully se justifie contre ses plaintes. 381. Accusations faites contre lui. 382. — 384. N. 24. Lesdiguiéres & le Duc de Guise le chassent de la Provence; & il se soumet au Roi, 448. Somme d'argent qu'il en reçoit pour son Traité. 559. Ses violences en Provence. 562. Querelle qu'il a avec Sully dans le Conseil: Henry IV. l'oblige à en faire excuse à ce Ministre. 562. *suiv.* N. 20. *suiv.* Lettre que lui écrit Henry sur la dispute de Du-Perron & de Du-Plessis-Mornay. II. 24. Il s'oppose à tous les Conseils de Sully dans la Campagne de Savoie. 34. — 38. — 45. — 51. N. 30. *pag.* 46. Sully le justifie, & empêche qu'on ne l'arrête dans l'Affaire du Maréchal de Biron: bons conseils qu'il lui donne, & que d'Epernon suit. 115. *suiv.* N. 7. — 137. Il est obligé d'ôter le Gouvernement de Metz aux Sobolles. 155. *suiv.* N. 1. 2. — 285. Henry IV. le traite favorablement. 357. 358. Amitié de Sully pour lui. Chute malheureuse qu'il fait. 358. 359. Ses liaisons avec Sully, principale cause de la disgrace qui pensa arriver à ce Ministre. 431. *suiv.* Affaire pour la Mestre de Camp des Gardes entre lui, Sully & Grillon. 450. *suiv.* Terminée par Sully à la satisfaction de Henry. 455. Hauteur de d'Epernon avec le Mar-

DES MATIERES. 483

quis de Crequy. *ibid.* N. 14. p. 455. Il conduit & commande les Troupes du Roi en Limosin. 530. *suiv.* Rupture entre Sully & lui, au sujet de la Ville de La-Rochelle. 538. *suiv.* Il est appellé au Conseil sur l'entreprise de Sedan. 569. Favorise les Jesuites contre la Ville de Metz. 587. — 593. Sa brouillerie avec Montigny. III. 81. Pertes considerables qu'il fait au Jeu. N. 29. p. 94. Il obtient la permission d'entrer en carosse dans la cour du Louvre. 87. N. 13. Il s'oppose à Sully sur l'Armement de Clèves. 211. Il est impliqué par la Coman dans le complot de Ravaillac. 230. *suiv.* N. 16. Paroles remarquables que lui dit le President de Harlay. N. 17. p. 254. *suiv.* Il offre ses services à Sully, après la mort de Henry IV. 272. Marie de Medicis le met de son Conseil secret. 277. Il opine pour l'Alliance avec l'Espagne, contre les maximes du dernier Regne. 211. Il s'unit avec le Prince de Condé 298. 299. Ses brouilleries avec les Grands & les Ministres. 317. Avec Conchine. 319. Graces & gratifications qu'il se fait accorder par la Régente. 325. Il prend parti contre Sully. 331. N. 9.

EPINOY (Guillaume de Melun, Prince d') Sully se charge de sa tutelle. II. 11. N. 10. Son Frere est tué par Rambures. III. 6. N. 4. Sully lui fait rendre justice & restituer ses biens par la Princesse de Ligne. 183. *suiv.* N. 3. 4. *Voyez Archiduc, Traité de Treve. &c.*

EPINOY. (Henry de Melun d') Tué par Rambures: Henry IV. & Sully assoupissent cette Affaire. III. 6. N. 4.

EPINOY. (Hyppolithe de Montmorency, Princesse d') Amene ses Enfans à Paris; & Sully en prend la tutelle. II. 11. N. 10. Refuse son consentement au mariage du Marquis de Cœuvres avec Mademoiselle de Melun. 461. — III. N. 4. *pag. 6.*

EPINOY (Pierre de Melun, Prince d') Sully prend la tutelle de ses Enfans. II. 11. N. 10.

EPINOY (Robert de Melun, Prince d') Monsieur le favorise au préjudice de Sully. I. 75. 76. N. 14.

ERARD, Ingenieur du Roi, rend mal-à-propos service à l'Electeur Palatin. II. 283. Cherche à détourner Henry IV. de l'entreprise de Sedan. 563. — 569. Sujet de mécontentement qu'il donna à Henry & à Sully. 572. — III. 7. Son Traité des Fortifications. N. 19. *pag.* 45.

ERARD, Fils du précédent. Regretté par Sully. III. 45.

ERKEL. Droits de cette Maison sur le Duché de Clèves. III. 194. *suiv. Voyez Clèves.*

ERNEST d'Autriche, Archiduc. Répond pour le Roi d'Espagne aux propositions de la Ligue & du Duc de Maïenne. I. 247. 248. Les Ambassadeurs Espagnols & le Légat du Pape proposent de l'élire Roi de France, dans les Etats de Paris. N. 34. *pag.* 273.

ESCARMOUCHES. A Tonneins. Devant Marmande. A La-Haye. Devant Tours. De Dieppe & du Pollet. A Claye. Au passage de l'Aine & de l'Oise. Devant Noyon. A Bures. A Aumale. A Yvetot. Devant Rouen. A Saint-Denys, &c. *Voyez tous ces Noms. Voyez aussi Batailles & Combats.*

ESCOMAN. *Voyez Coman.*

ESCOUBLEAU. *Voyez Sourdis.*
ESCURES. (Pierre Fougeu d') Sert utilement dans l'Affaire de la détention du Maréchal de Biron. II. 109.— 115.— 347. Et dans celle du Comte d'Auvergne. 359. *suiv.* — 442.— 533. — 537. Il est appellé au Conseil sur l'expédition de Sedan. III. 124. — 154. Gratification qu'il reçoit de Henry IV. 159.

ESPAGNE & ESPAGNOLS. L'Armée Espagnole se joint à celle du Duc de Maïenne. I. 165. Se bat avec valeur à Ivry. 168. L'Espagne fait des propositions d'union à Henry IV. 227. Ses Troupes sont défaites à Craon. 232. N. 3. Echouent en Provence & en Dauphiné. 236. But de ses démarches en faveur de la Ligue. 245. *suiv.* Conduite qu'elle tient dans les Etats de Paris ; Brigues, & fautes qu'elle y fait. 270. *suiv.* N. 33. Cherche à rendre inutile l'Abjuration de Henry IV. 292. Sa Politique sur la Religion & le Calvinisme. *ibid.* Différens piéges que le Conseil de Madrid tend à Henry. 294. *suiv.* Il lui fait offrir l'Infante en mariage. 295. N. 5. Cherche à le faire assassiner. *ibid.* 297. 298. Les Espagnols sortent de Paris. 327. 328. N. 36. Villars les chasse de Rouen. 332. Ils donnent du secours au Duc de Nemours. 340. Assiégent & prennent La-Capelle. 341. Prennent le parti des Jésuites dans leur Procès contre l'Université. 347. Leur grand Convoi est défait devant Laon. 353. *suiv.* N. 65. Ils ne peuvent empêcher la prise de cette Place. 357. *suiv.* Expéditions en Bretagne. 370. Le Conseil de Madrid veut rétablir le Royaume de Bourgogne en faveur du Duc de Maïenne. 371. N. 8. Le Duc de Guise chasse les Espagnols de Marseille. N. 23. *pag.* 383. Henry IV. déclare la Guerre à l'Espagne. 390. 391. N. 30. qui cherche à le faire assassiner. *ibid.* Les Espagnols prennent Le-Catelet & La-Capelle. 401. Battent les François à Dourlens. *ibid. suiv. Voyez Nevers. Bouillon. Villars.* Ils entrent en Franche-Comté, & sont défaits par Henry IV. à Fontaine-Françoise. 407. *suiv.* N. 51. *suiv.* Ils surprennent Amiens. 482. N. 3. que Henry reprend malgré leurs efforts. 497. 498. N. 15. 16. Leur Parti tombe en Bretagne. 509. 510. N. 28. *Voyez Mercœur.* Le Conseil de Madrid mécontent du Duc de Savoie, II. 15. refuse de lui donner du secours contre Henry. 58. Continuë la Guerre contre les Provinces-Unies. 59. N. 35.— 71. 72. N. 8, Sujets de plainte de Henry contre l'Espagne. Insulte qu'elle fait à son Ambassadeur. 72. 73. *Voyez Rochepot (La).* Ombrage qu'elle prend du voyage de Henry à Calais, 75. Appui qu'elle donne aux séditieux de France. 97. & aux révoltés en Irlande. 100. *suiv.* Forces Navales qu'elle arme. 101. Suite de la Guerre avec les Flamands. 151. qui battent une Escadre Espagnole. 152. Expéditions dans les Pays-Bas. 165. *suiv.* Brigues des Espagnols en Angleterre, après la mort d'Elisabeth. 170. Ils recherchent le Roi Jacques. 187. Faction Espagnole à Londres. 195. Haine & jalousie de Jacques contre l'Espagne. 209. qu'il accuse de conspirer contre sa vie. 213. 214. Grandes offres qu'elle lui fait contre la France. 218. *suiv.* 222. *suiv.* Elle soûtient les Prêtres Anglois contre lui,

DES MATIERES. 485

lui, & brigue pour le détrôner. 226. 227. N. 4. 5. 6. Idée de la faction Catholique en Europe, à la tête de laquelle est l'Espagne. 245. *suiv. Voyez Dessein Politique*. L'Espagne entre dans la Conspiration des Milords contre Jacques; & autres brigues. 264. *suiv*. Sa Flotte est battuë par les Hollandois. 271. Suite de la Guerre dans les Pays-Bas. 273. 274. Part qu'a le Conseil de Madrid dans la Trahison de Nicolas L'Hôte. 315. *suiv*. Henry IV. interdit mal-à-propos le Commerce avec l'Espagne. 384. Suite de cette Affaire. 389. *suiv*. Suite de la Guerre dans les Pays-Bas: Dépenses qu'elle coûte à l'Espagne. 394. *suiv*. Les Espagnols entament un Accord avec l'Angleterre. 397. *suiv*, qui est enfin conclu. 400. 401. N. 9. Origine de la grandeur de cette Couronne. 403. N. 11. 12. *V. Autriche (Maison d')* Commencement de ses différends avec les Grisons. 407. *suiv.* N. 15. *Voyez Fuentes, La-Valteline &c*. Continuation de la Guerre de Flandre. 482. *suiv.* Mécontentemens réciproques que se donnent la France & l'Espagne. 481. *suiv*. Nouvelles cabales de l'Espagne contre le Roi Jacques. 484. Elle fait un Armement de Galeres. 514. Le Conseil de Madrid met dans son parti la Reine & les Courtisans. 559. 560. Suite de la Guerre avec les Provinces-Unies. 608. *suiv*. Premieres propositions d'une Treve. 609. Colere de Henry IV. sur les complots que l'Espagne fait presqu'ouvertement contre lui dans sa Cour. III. 15. *suiv*. Il lui fait restituer des prises faites sur elle. 20. Suite des Expeditions de la Guerre en Flandre *ibid. suiv*. Grande Victoire Navale que les Hollandois remportent sur les Espagnols. 23 *suiv*. N. 10. Suspension d'armes. 25. *suiv*, N. 11. Suite de l'Affaire de La-Valteline & des Grisons. 28. *suiv*. L'Espagne n'a aucune part dans l'accommodement de Paul V. avec les Venitiens. 31. N. 13. Sully fait restituer les Terres &c. usurpées par l'Espagne sur la frontiere de Champagne. 96. Négociations pour la Treve avec les Provinces-Unies. 106. *suiv*. Foiblesse de cette Couronne, dans l'Affaire des limites de la Navarre & du Bearn. 111. 112. Dans celle de la révolte des Maures. 112. *suiv*, qu'elle chasse enfin de ses Etats. 115. N. 43. 44. Détestables complots contre la Vie de Henry IV. qu'elle forme dans la Maison de la Reine. 129. *suiv*. Traité de Treve conclu entr'elle & les Provinces-Unies. 181. *suiv*. N. 1. Moyens qu'elle emploie pour détourner Henry IV. de ses grands Desseins. 206. Suite des complots qu'elle forme contre la personne de ce Prince. 225. 226. N. 13. Marie de Médicis recherche son Alliance. 277. *suiv*. & s'unit de Politique avec elle. 289. *suiv*. Ambassadeurs de l'Espagne, sur la mort de Henry IV. 318. Objet du Grand Dessein de Henry IV. par rapport à cette Couronne: pour la Religion. 373. Pour la Politique. 376. *suiv*. Démembremens faits à ses Etats, & autres arrangemens. 395. *suiv*. *V. Autriche (Maison d'Autriche)*.

ESPAGNE (Rois & Reines d') Charles-Quint. Philippe II. Philippe III. Elisabeth de France. *Voyez ces noms*.

ESPAGNE (Infants & Infantes d') *Voyez Infants*.

ESPECES d'or & d'argent, *Voyez Monnoye*.

Tome III, Ppp.

ESPERIAN, Commissaire en Guyenne. II. 593.

ESPINAC (Pierre d') Archevêque de Lyon. Sa mort I. 597. N. 55.

ESSARDS (Charlotte Des-) Maîtresse de Henry IV. III. 63. Enfans qu'il eut d'elle; & particularités sur sa vie. N. 7. Sully en débarrasse Henry. 73. N. 12. Gratification que lui accorde Henry. 160.

ESSEX (Robert d'Evreux, Comte d') amene un puissant secours à Henry IV. au Siége de Rouen. I. 198. N. 28. Propose à l'Amiral de Villars de se battre en Duel. N. 44. p. 217. Elisabeth lui fait couper la tête. II. 95.

ESSEX (Comte d') Amitié du Roi Jacques pour lui. II. 216.

ESTAMPES. Pris par les deux Rois. I. 148. N. 25. Repris par Henry IV. 162.

ESTOUTEVILLE (MM. d') Sully achete d'eux Villebon. III. S. 419.

ESTRE'ES. Opinion de Sully sur cette Maison. II. 461. 462. N. 18. 19.

ESTRE'ES (Angelique d') Abbesse de Maubuisson. I. 429.

ESTRE'ES (François-Annibal d') *Voyez Cœuvres.*

ESTRE'ES (Gabrielle d') appellée successivement, la belle Gabrielle, Madame de Liancourt, Marquise de Monceaux & Duchesse de Beaufort. I. N. 10. p. 185. Passion de Henry IV. pour elle. 189. N. 15. Il mene son Armée en Picardie pour la voir 230. N. 52. Pourquoi elle souhaite la Conversion de Henry. 47. p. 287. & regrette la mort du Surintendant d'O. N. 16. p. 375. Anecdotes sur ses amours avec Henry IV, & sur son mariage avec Liancourt. 386 387. N. 25. 26. 27. *suiv. Voyez Liancourt, Alibouft, Sancy.* Dessein qu'elle a de faire obtenir La-Franche-Comté à son fils. 396. *Voyez Vendôme (César de)* Elle lui fait donner le Gouvernement de La-Fere. 425. Danger qu'elle court, en allant trouver le Roi à Amiens. 430. *suiv.* Elle favorise l'entrée de Sully dans le Conseil des Finances, 449. Obtient la Grande-Maîtrise de l'Artillerie pour son Pere. 496. N. 13. *Voyez Eftrées (Jean-Antoine d')* Elle prétoit de l'argent à Henry IV. 500. Motif de la grace qu'elle obtient au Duc de Mercœur. 507. N. 26. Sully détourne Henry de l'épouser. 524. 516. 525. N. 40. Brigues qu'elle fait auprès du Pape à ce sujet. 537. Elle fait baptiser son fils, comme Enfant de France. 538. *suiv.* N. 8. *Voyez Bourbon (Alexandre de)* Brouillerie à cette occasion entr'elle & Sully : Conversation, dans laquelle Henry IV. les raccommode. 542. *suiv.* Elle fait servir la maladie de Henry à ses desseins. N. 10. p. 545. Sa foiblesse pour l'Astrologie ; & prédictions qui lui sont faites. 587. Détail de ce qui se passa dans la séparation de Henry & d'elle à Fontainebleau. 588. N. 58. 59. Ses discours au Duc & à la Duchesse de Sully : imprudence avec laquelle elle parle d'elle-même. 589. *suiv.* Circonstances de sa mort : opinions différentes à ce sujet. 590. *suiv.* N. 61. —593. Extrême douleur qu'en ressent Henry. 593. *suiv.* Sully le console. 594. 595. Particularités sur sa Vie : ses bonnes qualités. N. 65. p. 593. Sa mort fait travailler à la dissolution du mariage de Henry & de Marguerite. II. 4.

Elle étoit dans les intérêts du Duc de Savoie pour le Marquifat de Saluces. N. 15. p. 17. Enfans que Henry IV. eût d'elle III. N. 7. p. 63.

ESTRE'ES (Jean-Antoine d') Pere de la belle Gabrielle. I. N. 189. N. 15. Eft fait Grand-Maître de l'Artillerie. 496. N. 16. Se démet de cette Charge en faveur du Duc de Sully. II. 13. Le Roi la déclare charge de la Couronne en fa faveur. N. 12.

ESTRE'ES (Juliette-Hyppolithe d') *Voyez* Villars (Duchesse de)

ETAT (Cabinet d') *Voyez* Cabinet.

ETATS-GENERAUX. A Blois, premiers & seconds. *Voyez* Blois. A Paris. *Voyez* Paris. A Rouen. *Voyez* Notables (Assemblée des), Rouen. Maximes Politiques fur les Etats. I. 465. *suiv. Voyez* Notables. Principes faux fur cette matiere. III. 99. *suiv.* N. 35. 359. *suiv.* N. 5.

ETATS-GENERAUX DE FINANCES, composés par Sully. II. 602. & préfentés à Henry IV. 607. 608. *Voyez* Finance. Artillerie. Voyerie. Surintendance &c.

ETIENNE (Saint-) Gentilhomme Calvinifte, évite le Maffacre de la Saint-Barthelemi. I. 26.

ETOFFES d'or & de foie. Cette Manufacture ne réüffit point à Tours. II. 11. 12. Réflexions fur ce fujet. N. 11. p. 12. Défenfe d'en porter dans le Royaume. 64. N. 3. 4. Sully s'oppofe inutilement à l'établiffement de ces Manufactures. 287. *suiv.* Confidérations fur cette matiere. N. 14. 15. 16. *Voyez* Manufactures. Luxe.

ETRENNES, données & reçuës à la Cour de France par le Duc de Savoie. II. 17. N. 15.

Voyez Savoie. Etrennes que Sully donne au Roi, à la Reine &c. & qu'il reçoit. 552. *suiv. Voyez* Sully. Henry IV. &c.

EU (Ville d') Prife par Henry IV. I. 155.

EVENCHER (Comte d') II. 77.

EVORA (D. DIégo d') Sort de Paris, lors de la reddition de cette Ville à Henry IV. I. 327. N. 36. *Voyez* Espagnols. Ligue.

EUROPE. Réflexions fur les abus qui y regnent par rapport à la Guerre, & fur fa véritable Politique. II. 194. Idée & force des differentes factions qui la divifent. 243. *suiv.* Deffeins de la Maifon d'Autriche fur cette Partie du Monde. 558. 559. *Voyez* Charles-Quint. Philippe II. Monarchie Univerfelle. Nécessité d'y changer le Syftème Politique. III. 362. 363. Objet & utilité du Grand Deffein de Henry IV. pour toute l'Europe. 367. *suiv.* 370. *suiv.* Partage de fes Dominations &c. 382. *suiv. Voyez* Deffein Politique.

EURRE, ou ERRE (N. d') contribuë à la détention du Comte d'Auvergne. II. 366.

F

FACHON (Antoine) Le Confeil des Finances fait valoir les Fermes fous fon nom. II. 464.

FAVAS, Officier Calvinifte. I. 42. 43. Se trouve à la Bataille de Coutras. N. 57. p. 122.

FAY (Bac de) fur la Marne. Nicolas L'Hôte fe noye en cet endroit. II. 322. N. 22. 23.

FAYE (La-) Miniftre Proteftant. Réponfe que lui fait Henry IV. I. N. 48. p. 287.

FAYE (La-) Mentionné dans

Ppp ij

l'affaire d'Adrienne de Fresne. II. 390.

FAYE (La-) Fausse Lettre, signée de ce nom. III. 177.

FAYET, Commis du Conseil des Finances. I. 491.

FAYOLLE, Gouverneur de Chizay pour la Ligue. I. 106.

FAYOLLE (Bertrand de Melet de (Commande l'Artillerie au Siége de Rouen. I. 199. N. 30.

FEMMES, combattent dans les Armées de Henry IV. I. N. 16. p. 498.

FEMMES & FILLES-DE-CHAMBRE de la Reine & des Enfans de France. Etrennes que leur donne Sully. II. 553. 554.

FENOUILLET. Sully lui fait donner l'Evêché de Montpellier. III. 95. N. 31.

FERDINAND D'AUTRICHE, I. Empereur. Philippe. II. cherche à lui ôter l'Empire. I. 576.

FERDINAND D'AUTRICHE, II. Roi des Romains & de Hongrie. III. 197.

FERDINAND DE CASTILLE. Proposé par Sully à Henry IV. pour éxemple. III. 207.

FERE (La-) Prise par les Calvinistes. I. 57. Reprise par Matignon, N. 62. p. 102. Grand convoi des Espagnols défait près de cette Ville. 353. suiv. Voyez Laon. Biron. Henry IV. en commence le Siége 421. suiv. Détails sur ce Siége : Grande Chaussée construite: Maladie de Henry : La Place se rend. 424. 425. N. 3.

FERIA (Laurent Suarès de Figueroa, Duc de) Plenipotentiaire d'Espagne aux Etats de Paris : Brigues & fautes qu'il y fait. I. 271. suiv. N. 32. Voyez Ligue. Etats de Paris &c. Sort de Paris, à sa reddition 327. Paroles de lui à Henry IV. & de Henry à lui N. 35. 36.

FERMES (Grosses-) Otées par Sully aux Etrangers & Seigneurs François : Ordre qu'il y met. I. 564. suiv. II. 384. Travaux de Sully dans cette Partie. 463. suiv. N. 1. 2. 3. Voyez aussi Finances. Gabelle. Aides &c.

FERNANDE'S (Edouard) Banquier Portugais. Prête de l'argent à Henry IV. & aux Courtisans, pour le Jeu. III. 93. N. 28. Dettes de Henry à lui acquitées 160.

FERRAND, Huissier de la Chambre-des-Comptes. Sully fait faire son procès. III. 159.

FERRIER, Ministre Protestant. L'un des Séditieux. II. 283.

FERRIER (Du-) député à Sully par l'Assemblée de Châtelleraut. III. 87.

FERRIERE (La-) Calviniste mal-intentionné. II. 355.

FERTE'-MILON (La-) Assiegée par Henry IV. I. 304.

FERVAQUES (Andrée d'Allegre, Comtesse de) Cherche à marier son fils à Mademoiselle de Sully. I. 481. N. 1. II. 282. Henry IV. fait rompre ce mariage. 457. 458. Voyez Laval (Guy de) Béthune (Marguerite de)

FERVAQUES (Guillaume de Hautemer de Grancey de) Maréchal-de-France. Envoyé à la Cour de Henry III. redemander Madame. I. 42. N. 82. — 68. — 72. 481. Demande Mademoiselle de Sully en mariage pour M. de Laval. 481. N. 1. II. 282. Voyez Laval (Guy de) Béthune Marguerite de) Amitié de Sully pour lui, calomniée. 450. Il est appellé au Conseil sur l'entreprise de Sedan. 569. Grande maladie dont il guérit. III. 95. 96. Est nommé du Conseil de Régence par Henry IV. 223.— 312.

FESCAMP. Pris par la Ligue, & repris d'une manière extraordinaire par Bois-rofé. Affaire pour ce Fort. I. 300. *suiv*. N. 12. *Voyez Villars (Amiral de) Biron.*

FETES à Paris en 1597. I. 481. 482.

FEUGERES. Attaché à Sully. II. 44.— 51.

FEUILLANTINES, inftituées. II. 284. La Marquife de Bellifle fe fait Feuillantine. I. 607. N. 69. *Voyez Bellifle.*

FEUQUIERES (N. De Pas de) Officier Calvinifte. 95. N. 40. 107. Tué à Ivry. 170.

FEYDEAU (Denys) Fermier-Général des Aides. Son procès contre la Ville de Lyon. III. 40. 158.

FIDEJUSSEURS, dans l'Affaire des Ifles avec le Grand Duc de Tofcane. II. 87. 88. N. 20. *Voyez Medicis (Ferdinand de) Offat (D')*

FIEFS MASCULINS & FEMININS : diftinction très-importante pour le Duché de Cleves & les Provinces-Unies. III. 194. *fuiv*. 197. *Voyez Cleves.*

FIERTE (lever la) *Voyez Gargouille. Romain (Saint).*

FIGEAC. Surpris & abandonné par les Royaliftes. I. 57.

FIN (Jacques de La-) Son caractere. II. 97. 98. N. 29. 30. 31. Trahit Biron : Ses interrogatoires & dépofitions, où il implique Sully. 98. *fuiv*. N. 28. 29. Il continuë à tromper Biron. 115. N. 6. Du-Perron follicite fon retour en France. 479.

FIN (Prégent de La-) Vidame de Chartres. *Voyez Chartres.*

FINANCES & FINANCIERS. Défordre dans les Finances, & nouveau Confeil établi. I. 178. —373. Friponneries des Financiers, & caufes des abus dans les Finances. 388. —427. 428. Haine des Financiers contre Sully. *Voyez Confeil.* Leurs malverfations. 451. Leurs calomnies contre Sully. 455. *fuiv*. Ils cherchent inutilement à le tromper. 463. 464. Travaux de Sully dans les Finances. 477. *fuiv*. N. 29. Il en entreprend la réformation 546. *fuiv*. Beau portrait de l'Homme de Finance. 548. *fuiv. Voyez Miniftres*. Finances de France excefsivement obérées. 558. *fuiv*. N. 19. *p*. 561. Les Etrangers, Princes & Officiers, en font exclus. 564. *fuiv*. Recherche des malverfations, & changemens qui y font faits. 568. *fuiv*. La Surintendance eft rétablie en faveur de Sully. 596. Etats & formules, établis pour cette partie &c. II. 61. *fuiv*. Contre le Luxe & les fortunes des Financiers. 62. *fuiv*. N. 7. *p*. 67. Offices de Finances fupprimés. 70. Sully pourfuit les Financiers malverfateurs. 144. Luxe & magnificence des Gens-de-Finance. 291. Diverfes Opérations de Sully dans les Finances. 379. *fuiv*. Peines qu'il s'y donne. 383. *fuiv*. 446.— 463. *fuiv*. N. 1. Travaux & recherches de Sully. 598. *fuiv*. Etats généraux de Finance, préfentés par lui à Henry IV. 602. —607. 608. Autres détails & operations : dettes acquittées aux Traitans &c. III. 32. *fuiv*. Nouveaux travaux & Reglemens de Sully pour les Finances. 96. *fuiv*. N. 33. Memoires & Projets fur ce fujet. *Voyez Cabinet d'Etat*. 141. *fuiv*. N. 16. 17. Moyens de recouvrer l'argent dans le befoin. 144. *fuiv*. Affaires diverfes & détails fur la Finance. 158. *fuiv*. La forme du Gouvernement, quant à cette partie, abfolument changée après la mort de Henry IV. 277. *fuiv*.

FLANDRE, Pays-Bas & Provinces-Unies. Charles IX. en y envoyant une Armée, trompe les Protestans. I. 16. Catherine de Medicis travaille à en obtenir la Souveraineté pour le Duc d'Anjou. 67. Origine de la révolte des Provinces-Unies. N. 2. p. 68. Elles se donnent à l'Archiduc Matthias ; ensuite, à Monsieur. 68. Expedition de ce Prince en Flandre. 71. *suiv.* La trahison d'Anvers l'y rend odieux 76. 77. Les Flamands envoient cinquante Vaisseaux à Henry IV. pour le Siége de Rouen 198. Servent utilement à ce Siége. 200. S'unissent à la France contre l'Espagne ; dans la Guerre de 1595. 391. mais la servent mal 396. Entretien de Henry IV. avec leur Ambassadeur. 515. *suiv.* N. 34. *Voyez Nassav. Nantes &c.* Philippe II. donne ces Provinces en dot à l'Infante Isabelle : l'Archiduc Albert y recommence la Guerre. 582. Henry IV. les secourt sous main. II. 10. *suiv.* Albert y perd la Bataille de Nieuport 59. N. 35. Expéditions pendant cette Guerre. 71. *suiv.* Henry IV. y envoie secretement des Troupes. 82. Défaite de l'Escadre de Spinola, & suite de cette Guerre. 151. *suiv.* N. 36. — 165. 166. Députés des Etats-Généraux à Londres, mal reçus par Jacques. 199. 200. Entretien de Sully avec ces Députés. 200. 201. *Voyez Barneveld. La-Fontaine &c.* Prétenduë proposition faite par l'Espagne aux Flamands, de s'unir à elle contre la France. 219. 220. Sully fait voir au Roi d'Angleterre la nécessité de les soûtenir. 223. *suiv.* Mais le Conseil de ce Prince s'y oppose. 229. 230. *Voyez Cécil.* Diverses Conférences à ce sujet. 233. *suiv.* Sully insiste de nouveau sur ce point, dans son entretien secret avec Jacques. 240. *suiv.* Moyens de chasser les Espagnols des Pays-Bas. 248. 249. Le Roi d'Angleterre s'engage à les assister, & reçoit bien leurs Ambassadeurs. 251. 252. Formule de Traité, où les Rois de France & d'Angleterre prennent leur défense. 256. 257. Ils rejettent les propositions que leur fait l'Espagne. 264. 265. Battent deux fois sa Flotte. 271. & les Galeres de Portugal. 273. 274. Intérêt qu'ils prennent à l'affaire du Trente-pour-Cent. 392. *suiv.* N. 6. Courage avec lequel ils se défendent contre l'Espagne : Guerre fort coûteuse : Obligations qu'ils ont à la France 394. *suiv.* N. 7. p. 397. L'Espagne les menage pour son accord avec l'Angleterre. 399. 400. — 407. Sully est calomnié d'intelligences criminelles avec les Flamands. 451. Dettes contractées par la France envers eux, pendant la Ligue. 468. 469. Suite de la Guerre avec l'Espagne. 481. *suiv.* Premieres propositions de Paix ou de Treve. 608. 609. N. 32. Henry IV. refuse par le conseil de Sully les offres de Villes en ôtage & autres que lui font les Etats 610. Les Hollandois font présenter au Roi par Aërsens la relation d'un voyage qu'ils venoient de faire aux Indes Orientales 611. Les Provinces-Unies renouvellent à Henry IV. l'offre de se soûmettre à la Domination Françoise, & des Villes d'ôtage, que Sully empêche d'accepter. III. 20. *suiv.* N. 9. Grande Victoire Navale qu'elles remportent sur les Espagnols. N. 10. Traité de Suspension d'armes conclu. 25. *suiv.* N. 11. Négociations pour une Treve à longues années. 106. *suiv.* Ingratitude des Flamands envers Henry IV. 110. Secours qu'il leur donne. 181. N. 1. Traité de Treve, & d'Intervention des Rois de France & d'Angleterre.

181. *suiv.* contenant un article en faveur du Prince d'Epinoy. 183. *suiv.* N. 2, 3, 4. Les Provinces Unies se joignent aux Princes Confédérés assemblés à Hall, sur l'affaire de Cleves. 207.—212. Et leur aident à prendre Julliers 306. *suiv.* N. 30. *Voyez Cleves.* Partie du Grand-Dessein qui les regarde, consistant à les ériger en République. 375. *suiv.*—382. 385. Forces dont elles conviennent d'y contribuer. 389. *suiv. Voyez Belgique (République) Dessein Politique &c.*

FLANDRE (Anciens Comtes de) d'où descend la Maison de Béthune. I. 5. N. 9. II. 480.

FLECHE (La-) Voyage qu'y fait Henry IV. I. 529. Il donne cette maison aux Jésuites. II. 311. Dépenses qu'il y fait en leur faveur. 588. Il consent que son Cœur y soit déposé : Bon-mot à ce sujet. III. 14. 15. N. 8. Gratification accordée par Henry pour ce College. 124. Autre, refusée par Sully. *pag.* 127. N. 5. Conjuration formée en cette Ville contre la vie de Henry. 178. *suiv.* N. 35.

FLEIX (Le-) Catherine de Medicis & Henry IV. s'y abouchent. I. 53. La Paix y est concluë entre ce Prince & Monsieur N. 4. *p.* 69.

FLESSINGUE. Haine de ses Habitans contre les Anglois II. 400.

FLEURY. Séjour des Enfans de France dans cette maison. II. 597.

FLEURY (Etienne) Conseiller au Parlement. Député aux Etats de Paris, y soûtient les droits de Henry IV. à la Couronne. I. N. 35. *p.* 274. Employé dans l'affaire de la Conversion de ce Prince 278. Instruit le procès du Maréchal de Biron. II. 123. N. 13.

FLORENCE. *Voyez Toscane. Médicis.*

FLOUR (Saint-) Dessein du Comte d'Auvergne de s'en emparer. II. 97. — 488.

FOIX. Henry IV. mene en cette Province la Cour de Catherine de Medicis. I. 56.

FOIX (Maison de) Procès de Henry IV. avec la Maison de Nevers, pour les biens de cette Maison. III. 39.

FOLEMBRAY (Forêt de) Sully s'y promenant, découvre l'Armée Espagnole, & en donne avis à Henry IV. I. 357.

FONT (La-) Valet-de-Chambre de Sully, lui fait connoître & épouser Mademoiselle de Courtenay. I. 83. N. 23. 24. Employé par Sully pour engager l'Amiral de Villars à traiter avec Henry IV. 204.—300.—303. 304.—318. —331.—333. Il repasse au service de Sully après la mort de Villars. 405. — 431. — II. 603. Charges & Gratifications que lui donne Henry IV. III. 159.—337. Conseils que lui donne Sully, à sa retraite. 337. 338.

FONTAINES, faites ou rétablies dans Paris par Henry IV. II. 602. *Voyez Edifices.*

FONTAINE (La-) Député des Provinces-Unies à Londres : Entretien qu'il a avec Sully. II. 200. — 206. *Voyez Barneveld &c.*

FONTAINE - FRANÇOISE (Journée de) I. 406. *suiv.* N. 50. *suiv.*

FONTAINE-MARTEL. (François de) Gouverneur de Neufchâtel pour la Ligue. I. 155. N. 32. Ne peut empêcher la prise de Louviers. 194.

FONTAINEBLEAU. Henry

IV. y court rifque de la vie. I. 297. N. 7. Phantôme, nommé le Grand-Veneur de Fontainebleau 573. N. 26. Henry IV. y apprend la mort de la Ducheffe de Beaufort. *Voyez Eftrées (Gabrielle d'*) Y reçoit magnifiquement le Duc de Savoie. II. 15. Difpute entre Du-Perron & Du-Pleffis, dans ce Château. 21. *fuiv.* N. 20. Henry y découvre la trahifon de L'Hôte. 315. *fuiv.* Embelliffemens qu'y fait ce Prince. 469. N. 5. différens féjours qu'il y fait. 442. *fuiv.* 540. Il y célèbre la cérémonie du Baptême des Enfans de France. 596. 597. N. 28. 29. Autres fejours dans ce Château. III. 3. 49. — 88. — 180. Nouveaux embelliffemens qu'Henry IV. y fait. 92.

FONTANGE. Enlevement de fa fille : il affiége le Château de Pierrefort. III. 45.

FONTENAY-LE-COMTE. Pris par le Duc de Montpenfier. I. 38. Affiegé & repris par Henry IV. Avanture comique pendant ce Siege. 107. *fuiv.*

FONTENAY (Jean de Rohan de) échape au Maffacre de la Saint-Barthelemi. I. 25. N. 57.

FONTENELLES (Guy Eder de Beaumanoir, Baron de) eft rompu vif. II. 126. N. 19.

FONTRAILLES (Aftrac de) Procès qu'il gagne contre Henry IV. pour le Comté d'Armagnac. I. 503.

FORCE (Jacques Nompar de Caumont, Duc de La-) Maréchal-de-France, demande au Roi la grace du Maréchal de Biron. II. N. 18. p. 126. Favorife l'avis de Sully fur l'entreprife de Sedan. 570. Querelle entre fa Famille & celle de Saint-Germain. III. 81. Services qu'il rend au Roi en Navarre & en Béarn. 60.—154. 171.

FORCE (Jacqueline de Caumont de La-) Comteffe d'Orval. S. 589.

FORCE (Madame de La-) Rend fervice à Sully auprès de Madame. I. 446.

FORGET (Pierre) *Voyez Frefne (De)*

FORGET (Préfident) Fait le Contrat d'acquifition de Monceaux pour la Reine. II. 86.

FORGET. L'un des ennemis de Sully à la Cour. II. 446.

FORS. (N. de) Gentilhomme Calvinifte. L. 97.

FORTIFICATIONS. Faites ou réparées par Henry IV. après la Paix de Vervins. I. 533. Sommes que Sully y emploie. III. 33.

FORTIFICATIONS (Surintendance des) & Bâtimens. Donnée à Sully. I. 555. — 558. — 596. Etats généraux fur cette partie, prefentés au Roi par Sully, 602 —607. 608.

FOSSE, (La-) Traitant, pour la réünion du Domaine. III. 33. 34.

FOSSEUSE. Prend Mende. I. 514.

FOSSEUSE. (Mademoifelle de) Aimée par Henry IV, I. N. 95. *p.* 53.

FOUCRAINVILLE. Village où fe donne la Bataille d'Ivry. *Voyez Ivry.*

FOUQUEROLLES, Officier Calvinifte. I. 105. Se trouve au Siége de Laon & à la défaite du Grand Convoi. 352. 353.

FOUQUET. (Guillaume) *Voy. Varenne (La-).*

FOURCY, Officier de la Maifon de Henry IV. II. 603. 604.— 607. Achete de Sully la Surintendance des Bâtimens III. 349.

FOURGES,

FOURGES, Gentilhomme attaché à Sully. Fait prendre Gisors. I. 186. Son Pere est pris par Sully, conduisant un bateau richement chargé. 196. 197.

FOUSSAC. (Raymond de Sognac de) Demande pardon à Henry IV. pour plusieurs Gentilhommes séditieux. II. 531. N. 2.

FOY. (Sainte-) Synode Protestant tenu en cette Ville. I. 367.

FRANCE. Etat déplorable où les Guerres Civiles l'avoient réduite. I. 504. N. 19.—516. 517. Véritable Politique qu'elle doit suivre. 517. 518. Henry s'applique avec Sully à la rétablir. 546.— 557. 558.—560. Politique de Philippe II. par rapport à la France. 576. Comment elle doit se comporter par rapport à l'Angleterre. II. 194. N. 19. Ses Provinces menacées par le projet d'union de l'Espagne avec l'Angleterre. 218. *suiv.* Fertilité, & autres avantages de ce Royaume. 288. Arts & professions qui doivent y être cultivés. 293. *suiv.* Jugement de Sully sur le caractère & la Politique de quelques-uns de ses Rois. 388. N. 4. Abondance & opulence ramenées en France par Henry IV. 467. *suiv.* 470. 471. N. 6. 7. Usages & coûtumes du Duel qui y ont été observées. 545. *suiv.* Usurpations sur ses Frontiéres par l'Espagne & la Lorraine, restituées. III. 96. N. 32. Réflexions sur ses Rois, ses différens Gouvernemens &c. 99. *suiv.* N. 35. Origine de sa Monarchie. 357. *suiv.* Avantages de sa situation : Jugement sur ses Guerres & sur la variation de sa Politique & de son Gouvernement. 358. *suiv.* V. *France*, (*Rois de*) *Races. Gouvernement Politique, &c.* Politique à laquelle elle

Tome III.

doit s'attacher. 361. *suiv.* Partie du Grand Dessein de Henry IV. qui regarde ce Royaume, par rapport à la Religion. 373. 374. par rapport à la Politique. 380. *suiv.* 382. *suiv.* Forces & dépenses qu'elle doit y employer. 390. *suiv.* Voyez *Dessein Politique.*

FRANCE. (Maison de) Sentiment de Sully sur les Alliances de cette Maison avec celles des Princes de l'Europe. II. 403. 404. N. 2. *Voyez Bourbon* (*Maison de*)

FRANCE. (Rois de) Merouée. Chideric. Clovis. Clotaire I. Clotaire II. Sigebert. Dagobert. Charles-Martel. Pepin-le-Bref. Charlemagne. Louis le Débonnaire. Lothaire. Hugues-Capet. Louis VI. Louis VII. Philippe Auguste. Saint-Louis. Philippe-le-Bel. Philippe de Valois. Jean I. Charles V. Charles VI. Charles VII. Louis XI. Charles VIII. Louis XII. François I. Henry II. François II. Charles IX. Henry III. Henry IV. *Voyez ces noms, Races,* Louis XIII. *Voyez ce nom & Dauphin.*

FRANCE. (Enfans de) Cérémonie de leur Baptême. II. 595. *suiv.* N. 26. 29. Leur séjour à Noisy. III. 49. Tendresse de Henry pour eux. *ibid.* N. 23. Leur maladie en 1608. 89. Tendresse de Henry IV. pour eux. *ibid.*—180. Caresses qu'ils font à Sully. 322. Femmes & Officiers attachés à leurs Personnes : leurs regrets sur la mort de Henry IV. *ibid. Voyez les quatre articles suivans.*

FRANCE, (Christine de) Seconde Fille de Henry IV. Cérémonie de son baptême. II. 595. *suiv.* N. 29. Henry a dessein de la marier au Prince de Galles. III. 132.

FRANCE. (Elisabeth de) Fille. aînée de Henry IV. Sa naissance. II.

Qqq

150. N. 34. Elle tombe malade & guérit. 177. Deſſein de Henry de lui faire épouſer le Fils du Duc de Savoie. 560. Cérémonie de ſon baptême. 595. ſuiv. N. 29. p. 597. Autre maladie qu'elle a. III. 89. Projet de Henry pour ſon mariage. 132.

FRANCE. (Gaſton-Jean-Baptiſte de) Troiſiéme Fils de Henry IV. Duc d'Anjou, puis d'Orleans. *Voyez Orleans.* (*Duc d'*)

FRANCE. (N. de) Second Fils de Henry IV, Duc d'Orleans. *Voyez Orleans.* (*Duc d'*)

FRANCHE-COMTE'. Campagne de Henry IV. en cette Province, miſe au-deſſus de toutes les autres. Villes priſes & autres expéditions de cette Campagne. I. 405. ſuiv. N. 48. ſuiv. 411. *Voyez Fontaine-Françoiſe.* Uſurpations faites par l'Eſpagne & la Lorraine ſur cette frontiére, reſtituées. III. 96. N. 32.

FRANCHESES. (D. Juan-Idiaque) Ses correſpondances avec Nicolas L'Hôte. II. 316.

FRANÇOIS. Leur caractère : licence qu'ils ſe donnent chez les Etrangers. II. 189. 190. Leurs avantages ſur toutes les autres Nations de l'Europe. 288. Leur paſſion pour le Duel. 544. — 548. Leur caractère eu égard au Gouvernement, à la Politique, Police, &c. III. 99. ſuiv. N. 35. *Voyez France.*

FRANÇOIS I. Roi de France. Pourquoi il perdit la Bataille de Pavie. I. 424. Valeur de la Taille ſous ſon Régne. III. 105. Il donna du ſecours aux Princes d'Allemagne contre Charles-Quint. 202.

FRANÇOIS II. Roi de France. Donne tout pouvoir à la Maiſon de Guiſe. Sa mort. Parole de François Duc de Guiſe ſur ce Prince. I. 11. 12. N. 24. Valeur de la Taille ſous ſon Régne. III. 105.

FRANCOURT (Gervais Barbier de) Chancelier du Roi de Navarre : l'un des auteurs du Conſeil de venir à la Cour. I. 16. N. 40. Tué à la Saint-Barthelemi. N. 60. *pag.* 27.

FRANCS ou FRANÇOIS. Origine de leur établiſſement & de leur Monarchie dans les Gaules. III. 357. ſuiv. N. 4.

FREDERIC III. Empereur. Droit prétendu de la Maiſon d'Autriche, par lui, à la ſucceſſion de Clèves. III. 196. 197.

FRESNE. (Adrienne de) Prétenduë poſſedée du Démon : Démêlé à cette occaſion entre Sully & le P. Cotton. II. 589. ſuiv. N. 19.

FRESNE. (Léon de) S'empare d'Angers pour le Parti Calviniſte : reperd cette Place, & y eſt tué. I. 93. 94. N. 38.

FRESNE. (Pierre Forget de) Sécrétaire d'Etat. I. 180. N. 4. Eſt mis du nouveau Conſeil des Finances, & compoſe ſur cette matiére. 387. — 389. 453. Il ſoûtient les Financiers malverſateurs. 456. & ſe brouille avec Sully. 490. 491. Dévoué à la Ducheſſe de Beaufort. 539. ſuiv. N. 14. *pag.* 554. Motif de ſa haine contre Sully. II. 446. — 492. — 526. Il favoriſe les Jéſuites dans le démêlé des Rochellois avec le P. Séguiran. III. 13. ſuiv. Lettre qu'il écrit après l'évaſion du Prince de Condé. 176. 177.

FRISE. Le Prince d'Orange défend cette Province contre les Eſpagnols. II. 482.

FRONTENAC, Officier Calviniſte. Querelle qu'il a avec Sully. I. 45. — 485. — 487. — II. 70. — 267. — 295. — 351. — 603. — III. 265.

FRONTIERES. Sully en fait lever des Plans, & rendre les uſurpations faites par l'Eſpagne & la Lorraine. III. 96. N. 32.

FUENTES. (Comte de) Défait les François devant Dourlens. I. 401. ſuiv. S'oppoſe à la concluſion du Traité de Lyon. II. 57. Ses intelligences avec le Maréchal de Biron. 137. Il s'empare du Marquiſat de Final. 152. Continuë à cabaler contre la France. 273. Fort de Fuentes conſtruit. Voyez ce nom. Griſons. Valteline (La-). Il échouë à l'Aſſemblée de Coire. 410. 411. Ses brigues parmi les Griſons. III. 28. 29. Voyez Eſpagne.

G.

GABELLE. Calomnie contre Henry IV. de vouloir l'établir par tout le Royaume. II. 105. Principes de Sully ſur cette Partie des Finances. 465. 466. N. 3. Réglemens différens 598. ſuiv. III. 36. 37. Augmentations à y faire dans le beſoin. 145. Voyez Sel. Salines.

GABRIELLE. (La Belle) Voyez Eſtrées (Gabrielle d').

GADAGNE. Voyez Bothéon.

GADANCOURT.(N. de) Défait les Troupes de la Ligue. I. 395. N. 39. Accompagne Sully à Londres. II. 191.

GAGES de Bataille. Voyez Duel.

GAILLON. Henry IV. a deſſein d'acheter cette maiſon. I. 373.

GALATY, Colonel Suiſſe. Parole de Henry IV. à lui, au Combat d'Arques. I. N. 36. pag. 156.

GALERANDE. (George de Clermont d'Amboiſe de) I. 97.

GALERES conſtruites & entretenuës par Henry II. 470. Armement de Galéres, fait par Sully. Capitaines des Galéres recherchés par lui. III. 44. Voyez Marine.

GALIGAI. (Etienne) Obtient l'Archevêché de Tours. III. 284. Traits ſur ſa perſonne, & ſon caractère. N. 21.

GALIGALI.(Léonore) Vient en France à la ſuite de la Reine. II, 59. — 113. Voyez Italiens. Haine de Henry IV. contr'elle & ſon mari. 336. – 341. – III. 64. Elle épouſe Conchine : Deſſein de Henry de les renvoyer en Italie, auquel la Reine s'oppoſe. 69. 70. Voyez Conchine. Elle entre dans les Complots contre la vie & les deſſeins de Henry. 133. ſuiv. Gratifications que la Reine lui fait accorder. 159. 160. Du Conſeil ſecret de la Régente. 277. Voyez Médicis. (Marie de) qui en fait ſa Favorite. 306. Elle ſe brouille avec les Grands & les Miniſtres. 337. ſuiv. Traits ſur ſa mort. N. 23. pag. 292.

GALLES. (Prince de) Son caractère & ſes inclinations. II. 198. Préſens que lui fait Sully. 365. Son reſpect pour Henry IV. 605. qui ſonge à lui faire épouſer une de ſes Filles. III. 132.

GAMACHE (Nicolas Rouhault de) Seigneur Calviniſte. I. 21. N. 49. Charles IX. lui fait grace de la vie. N. 60. pag. 28.

GAND. (Vicomtes de) Voyez Melun.

GAP. (Synode de) Où les Calviniſtes propoſent le Dogme du Pape Antechriſt. II. 283. Contre ce Synode. 494. Le Dogme de Gap renouvellé dans le Synode de La-Rochelle. III. 10. 11.

GARDE. (Baron de La-) Cherche à surprendre La-Rochelle. I. 17. N. 42. Rend Caudebec au Prince de Parme. 219.

GARDE. (François Du-Jardin, dit, le Capitaine La-) Son Histoire; son Procès au sujet de la Conspiration de Ravaillac. III. 256. N. 23. *suiv. Voyez Conjuration contre ry IV. Epernon, &c.*

GARGOUILLE. (La) Origine de cette fable. *V. Romain (Saint).*

GARMARE (Comte de) Envoyé du Duc de Savoie. Reçoit un présent de Henry IV. III. 30.

GARNACHE. (La-) Prise par Henry IV. 110. N. 48. Reprise par ce Prince. 139.

GARNACHE. (Nemours de La-) I. 84. Prend sa Mere prisonniere, & est pris par elle à son tour. 110. N. 48.

GARNACHE. (N. de Rohan, Dame de La) Fait son Fils prisonnier, après avoir été prise par lui. I. *ibid.*

GARNET (Henry) Jésuite. Quelle part il prend dans la Conspiration contre le Roi d'Angleterre. II. 611. 612. N. 34. 35. — III. 30. *Voyez Jacques, Anglois.*

GARNIER. Prédicateur du Roi. Gratification qu'il reçoit. II. 90. Il assiste Biron, à la mort. 125.

GATINE. (Philippe de) Affaire de la Croix Gâtine. I. 18. N. 46.

GAUCHERIE. (La) Précepteur de Henry IV. I. N. 21. *pag.* 9.

GAUDIN. *Voyez Babou, Estrées.*

GAULES. Comment les Francs s'y établirent. III. 357. 358. N. 4.

GAUTIERS. *Voyez Ligue, Montpensier.*

GELAIS. (Guy de Saint-) Evite le Massacre de la Saint-Barthelemi. I. 26. N. 57. — 97. *Voyez Lansac.*

GENDARMES de la Reine. (Compagnie de) Sully s'en défait III. 349.

GENDARMES du Duc d'Orleans (Compagnie de) créée. III 44.

GENDRE. (Le-) L'un des Secrétaires de Sully. II. 553. Conseil qu'il lui donne, à sa retraite. III. 337.

GENERALITE'S du Royaume. Motifs & fruits de la visite qu'en fait Sully. I. 452. — 455. *suiv.*

GENEVE. Sully y va & rassure cette Ville, pendant la Campagne de Savoie. II. 51. 52. Henry IV. lui permet de démolir le Fort de Sainte-Catherine. 53. 54. Entreprise sur cette Ville, manquée par le Duc de Savoie, & suivie d'un Traité de Paix, par la médiation des Suisses. 153. N. 40. — 272. 273. Henry IV. la prend sous sa protection, & y établit des magasins. III. 29. 30. Du-Terrail est fait prisonnier en cherchant à surprendre cette Ville, & a la tête tranchée. 187. 188. N. 6. 7.

GENEVOIS. (Prince de) *Voyez Garnache (La-).*

GENIES. (Elie de Gontault de Badefou de Saint-) Beau-frere de Sully. I. N. 67. *pag.* 356. Sert utiment le Roi dans l'Affaire de la révolte des Maures. III. 113.

GENIES. (Mademoiselle de Saint-) Recherchée en mariage par le Maréchal de Biron, pour son Frere. I. 356. N. 67. *Voyez Blancard (Saint-)* Elle l'épouse. II. N. 17. *pag.* 125. On veut les démarier. III. 154.

GENIS. (Saint-) Contribuë à la détention de Luquisses. II. 514.

GENLIS. (Jean d'Angest d'Ivoy de) Défait en Flandre par connivence de la Cour de France. I. 24. N. 53.

GEORGE. (N. d'Aussonville de

Saint-) Conduit avec succès les Troupes Lorraines en Bourgogne. I. 394. N. 38. Part qu'il eut à la Journée de Fontaine-Françoise. 408. N. 53.

GEORGE. (Comte de Saint-) Conduit des Troupes Espagnoles en Flandre. II. 274.

GERAN. (N. de Saint-) Se trouve aux Combats d'Aumale. I. 207. & de Fontaine-françoise. 411. Amitié de Sully pour lui, calomniée. II. 450. — III. 93. — 154.

GERGEAU. Pris par les deux Rois. I. 148. N. 25. Sully en obtient le Gouvernement. II. 287. Assemblée Générale des Protestans en cette Ville : Service que Sully y rend au Roi. III. 86. *suiv.*

GERMAIN. (Fauxbourg Saint-) Emporté d'emblée par Henry IV. I. 162. N. 41. Foire de Saint-Germain: Argent que Henry IV. y perd au Jeu. III. 47.

GERMAIN-EN-LAYE. (Saint-) Entreprise pour enlever de cette Ville les Princes, manquée. I. 37, N. 68. Henry IV. y fait bâtir le Château neuf. II. 171. N. 11. Autres ouvrages & embellissemens qu'il y fait. 469. N. 5. Séjour & maladies de Henry dans ce Château. 491. N. 19. — 528. — Séjours qu'y font les Enfans de France. III. 49. — 89. 90.

GERMAIN (Saint-) de Beaupré. *Voyez Beaupré.*

GERMAIN (Saint-) de Clan. *Voyez Clan.*

GESVRES (Louis Potier de) Sécrétaire d'Etat. Signe le Traité du Duc de Guise. I. 380. N. 20. — N. 14. *pag.* 554. — II. 360. — III. 171.

GIBRALTAR. Victoire Navale remportée devant cette Ville par les Flamands sur les Espagnols, III.

23. *suiv.* N. 10.

GIEZ. Du complot de D'Entragues pour tirer le Comte d'Auvergne de la Bastille. II. 421.

GILLOT, (Jacques) Conseiller au Parlement. Part qu'il a dans l'Affaire d'Adrienne de Frêne. II. 588. *suiv.* N. 18. 19.

GILLOT, Sécrétaire de l'Artillerie. Bienfaits de Sully à son égard, & conseil qu'il lui donne, à sa retraite. III. 337. *suiv.*

GISORS. Pris par Sully : on lui en refuse le gouvernement. I. 186. Bonté de Henry pour la pauvre Receveuse de Gisors. 503.

GIVERSAC (Marc de Cugnac de) Gentilhomme Calviniste, du Parti des Séditieux. II. 531. N. 1.

GIVRY. (Anne d'Anglure de) S'attache à Henry IV. après la mort de Henry III. I. N. 30. *pag.* 153. Se trouve au Combat d'Aumale 207. Son éloge. N. 37. Défend mal Neuf-châtel. 216. N. 43. Défait le secours que les Espagnols veulent jetter dans Laon. 350. — 352. Assiste à la défaite du Grand Convoi. 353. *suiv.* Met l'Armée en danger par un faux avis. 357. 358. Sa mort. N. 63. *pag.* 353.

GIVRY. (Cardinal de) Prête de l'argent à Henry IV. III. 47. Est proposé pour l'Evêché de Metz. 90.

GLACES DE VENISE (Manufactures de) établies par Henry IV. II. 473. N. 10.

GLASCO ou GLASGOW. (Jacques de Béthune, Archevêque de) Recommandé à Sully par le Cardinal de Bourbon. I. 345. Particularités sur son extraction & sa Vie. N. 54. — *p.* 345. — 350. Henry IV. lui accorde sa protection. 351. N. 62. Lettre que lui écrit Sully sur l'avénement de Jacques à la Couron-

Qqq iij

ne d'Angleterre. II. N. 13. *pag.* 177.
GOBELIN. Garde du Tréfor-Royal. I. 462. — 503.
GONDY. (Albert de) Duc de Retz. *Voyez Retz.*
GONDY. (Charles de) *Voyez Bellifle.*
GONDY (Pierre, Cardinal de) Evêque de Paris. Le Pape refufe de l'entendre de la part de Henry IV. I. 276. N. 39. Il retourne à Rome, pour rendre l'obédience au Pape, de la part de ce Prince. 291. Eſt fait Chef du Conſeil de Raiſon. 476. N. 28.
GONDY, Partifan. I. 451. — 479. — II. 70. — 112. — 185. — 464. Dettes à lui acquittées par Sully. III. 32. — 69.
GONTAULT. *Voyez Biron. Salignac. Blancard.* (*Saint-*) *Geniés* (*Saint-*).
GONTIER ou GONTHERY (Le Pere) Jéſuite. Son caractère. II. 299. Il cabale à la Cour pour perdre Sully. 423. *ſuiv.* — 605. *Voyez Jéſuites. Courtiſans.* Réprimandes que lui fait Henry IV. ſur ſa manière de prêcher emportée & ſéditieuſe. III. 125. — 164. 165. N. 26. — N. 33. *pag.* 177.
GONZAGUE. Origine de la grandeur de cette Maiſon II. 595. 596. N. 26. *Voyez Nevers. Mantouë.*
GORDES. (Bertrand de Simiane de) Cherche à ſauver les Proteſtans à la Saint-Barthelemi. I. 34. N. 64.
GOURDON. (N. de Terride, Vicomte de) Auteur de l'entrepriſe ſur Cahors. I. 58. Secourt Villemur. 238. *ſuiv.*
GOURNAY. Pris par Henry IV. I. 155. Ce Prince y court riſque de la vie. 297. N. 7.

GOURNAY. (Mademoiſelle de) Donne avis de la conſpiration contre la perſonne de Henry IV. III. 229. *ſuiv.* N. 16. *Voyez Coman. Schomberg.*
GOUVERNEMENT. Henry IV. & Sully s'y appliquent après la Paix de Savoie. II. 61. *ſuiv.* Maximes & Conſidérations ſur le Gouvernement 66. *ſuiv.* N. 7. — 140. — 193. 194. N. 19. — 288. *ſuiv.* N. 14. 15. *pag.* 290. *ſuiv.* 378. 379. N. 1. *pag.* 381. 387. 388. N. 4. Douceur du Gouvernement ſous le Regne de Henry IV. 470. Difficulté à en corriger les abus. III. 41. 42. Principes pour un bon Gouvernement. 99. N. 35. Projets de réformation à différens égards. *Voyez Cabinet d'Etat.* Jugement ſur les différens gouvernemens qui ſe ſont ſuccédés en France. 358. *ſuiv.* N. 5. *pag.* 360. *Voyez France* (*Rois de*). *Races. Voyez auſſi Politique. Police. Finance*, &c.
GOUVERNEURS DE PROVINCES. En titre & héréditaires, propoſés à Henry IV. I. 417. *ſuiv. Voyez Princes du Sang. Seigneurs. Montpenſier.* Leurs droits dans leurs Gouvernemens pour le logement. II. 357. 358.
GRACIENNE, Femme-de-chambre de la Ducheſſe de Beaufort. I. 598.
GRADENIGO. Ambaſſadeur Nénitien en France. II. 75.
GRAMMONT. (Antoine I. de) Seigneur Calviniſte. I. 21. N. 49. Charles IX. lui ſauve la vie à la Saint-Barthelemi. N. 59. *pag.* 28. — 45.
GRAMMONT. (Antoine II. de) Amitié de Sully pour lui, calomniée. II. 450. Priſes qu'il fait ſur les Eſpagnols. III. 20.
GRAMMONT. (Philibert de)

Quitte le parti de Henry IV. I. 56. N. 96.

GRAND, (Le-) Partifan. I. 479.

GRANDE-BRETAGNE. Nom donné aux trois Royaumes. II. 399. *Voyez Angleterre, &c. Jacques.*

GRANDRY (Pierre de) Gentilhomme Calvinifte, échappe au Maffacre de la Saint-Barthelemi. I. 26. N. 57.

GRANDS-JOURS. Tenus par Sully en Limofin. II. 535.

GRANGE. (François de La-) *Voyez Montigny. Arquien.*

GRANGE-LE-ROI. Du nouveau Confeil de Finances. I. 387. Compofe fans fruit fur cette matière. 389. — 453. L'un des Députés dans les Généralités. 455. Oppofé à Sully dans le Confeil. 490.

GRAS. (Le-) Tréforier du Bureau de la vérification des Rentes. II. 383.

GRATAINS. (Mademoifelle de) De la Maifon de Madame. I. 438.

GRATZ. (Archiducs de) *Voyez Autriche (Marguerite, Ferdinand d')*

GRAVE. Pris par le Prince d'Orange. II. 151. 152.

GRAVELINES. (Déroute de) I. 11.

GRAVESEND. Réception qui y eft faite à Sully. II. 188.

GRAY. Expéditions aux environs de cette Ville. I. 411. *Voyez Franche-Comté. Fontaine-françoife.*

GRAY. (Milord) Confpire contre le Roi Jacques. II. 269. N. 6.

GREC (Le Capitaine) Lieutenant pour la Ligue dans Angers : y eft tué. I. 93.

GREFFES (Edits des) en faveur du Comte de Soiffons. II. 472. Rachat des Greffes de Languedoc. III. 33. 34. — 98.

GREFIN. (Milord) Sully le voit à Douvres. II. 77. De la faction des Mécontens à Londres. 106.

GREGOIRE XIII. Pape. Joie qu'il témoigne de la Saint-Barthelemi. I. N. 60. *pag.* 27. Bon-mot fur ce Pape. II. N. 11. *pag.* 474.

GREGOIRE XIV. Envoie des Troupes à la Ligue. I. 205.

GRENWICH. Sully y reçoit fes Audiences du Roi Jacques, & y eft traité par ce Prince. II. 207. *fuiv. Voyez Sully. Jacques, &c.*

GRESIN. (Pont de) Article du Traité de Lyon, concernant ce Pont & paffage. II. 57.

GRILLON. (Louis Berton de) Bon confeil qu'il donne à Henry III. à la Journée des Barricades. I. N. 7. *p.* 131. Lettre que lui écrit Henry IV. après le Combat d'Arques. N. 36. *pag.* 156. Sa valeur & fes bleffures au Siége de Rouen. 205. Il injurie le Maréchal de Biron en préfence du Roi. N. 18. *p.* 306. Bon-mot de lui, fur le Surintendant d'O. N. 16. *pag.* 375. Aventure à Charbonnieres, qui le rend Ami de Sully. II. 431. 432. Traits fur fon caractère. N. 3. Affaire pour la Meftre-de-Camp des Gardes entre lui & Sully, met ce Miniftre à deux doigts de fa perte. 434. *fuiv.* Traits de fon humeur fantafque & arrogante en parlant au Roi. 435. *fuiv.* L'Affaire de la Meftre-de-Camp terminée à la fatisfaction de Henry IV. 455. N. 13.

GRILLON. (Thomas Berton, Commandeur de) Cherche à ôter Fefcamp à Boisrofé. I. 313. N. 13.

GRIMOUVILLE, Confeiller au Parlement de Rouen, du Parti du Roi. I. 433.

GRISONS. Henry IV. les unit avec les Vénitiens. II. 150. Origine de leurs différends avec l'Espagne. 407. *suiv.* N. 15. *Voyez Valteline. Fuentes.* Suite de cette Affaire : ils se déclarent contre l'Espagne. 411. Ils rompent solemnellement avec cette Couronne, & se liguent avec la France & la République de Venise. III. 29. 30. Dettes de la France à eux, acquittées par Sully. 32. Mauvaise gestion de Refuge Envoyé de France près d'eux. 191. 192. Caumartin y est envoyé Ambassadeur. 223. Partie du Grand-Dessein, qui le concerne. 379.

GUELDRES. Comté & Comtes de ce nom. III. 193. *suiv.* Affaire sur cette succession. *Voyez Cléves.*

GUELE. (La-) Dissuade Henry III. de faire assassiner le Duc de Guise. I. N. 7. *pag.* 132. Tuë Jacques Clement. N. 27. *pag.* 148. L'un des Courtisans opposés à Sully. II. 28. — 40. — 360.

GUERCHE. (George de Villequier de La) Est défait au passage de la Vienne. I. 232. N. 3.

GUERCHY. (Antoine de Marafin de) Tué à la Saint-Barthelemi. I. N. 60. *pag.* 38.

GUERET (Jean) Jésuite. Impliqué dans le complot de Châtel. I. 394. N. 37. *Voyez Jésuites.*

GUIBERT. Du Conseil des Finances. I. 397.

GUICHE. (Diane D'Andoins, Comtesse de la) Aimée de Henry IV. I. 79. Lui envoyoit des Troupes à ses frais. Réponse que son Fils fait à ce Prince. N. 16. Henry va lui porter les Drapeaux pris à Coutras. 128. Elle favorise les amours de Madame & du Comte de Soissons. 307. *suiv.* Et donne de mauvais conseils à cette Princesse. 438.

GUICHE (Philibert de La-) Grand-Maître de l'Artillerie. Ses mutineries au Siege de Rouen. I. 199. N. 30. 203. — 342. N. 51.—492. — II. 34.—38.—51.

GUIDI, Italien. Cabale avec Conchine contre Henry IV. III. 129.

GUIDI. (Le Chevalier) Agent du Grand Duc de Toscane en France. III. 188. Henry IV. se l'attache. 191.

GUIGNARD (Jean) Jésuite. Pendu, dans l'Affaire de Châtel. I. 393. Discussion sur ce fait. N. 33. *suiv. Voyez Jésuites.*

GUILLOUAIRE, Agent du Comte de Soissons. II. 413. — 581.

GUINES. *Voyez Coucy.*

GUINTEROT. Envoyé du Duc d'Holstein en France. II. 474.

GUISE. (Maison de) S'établit en France. I. N. 26. p. 11. Toute puissante sous le Regne de François II. 11. *suiv.* Veritables sentimens de ces Princes sur la Religion. N. 35. p. 91. Leur ambition & leurs projets. N. 27. p. 85. — à la P. 130. & *suiv. Voyez* les N. 4. 5. 6. 7. 8. & 9. Amitié entr'eux & Sully ; & services qu'ils se rendent mutuellement. II. 442. — 450. — 604. Sully les justifie auprès de Henry IV. III. 18. & leur rend service. 77. *suiv.* Aversion de Henry contre cette Maison. 82. *suiv.* N. 21. — 84. *Voyez les Articles suivans. Lorraine.*

GUISE. (Catherine de Cleves, Duchesse de) Fait rentrer son Fils dans l'obéissance & les bonnes graces de Henry IV. Son caractere & son éloge. I. 375. 376. N. 17. — 377. Henry lui accorde la grace

du

du Prince de Joinville. II. 134.
Agrément de sa société. 333. Amitié entr'elle & Sully. 602.——604.
Avis qu'elle donne à Sully sur la nouvelle Cour. III. 318. 319.

GUISE. (Charles de Lorraine, Duc de) Se sauve du Château de Tours. Parole de Henry IV. sur cette évasion. I. 195. N. 25. Son Escadron est défait à Bure par ce Prince. 208. ensuite à Yvetot. 219. *suiv.* Ses desseins, brigues, &c. aux Etats de Paris, déconcertés. 272. *suiv.* N. 34 Il cherche à rentrer dans l'obéissance. 375. N. 17. La Champagne se souleve contre ui : & Sully conclut son Traité : Article de ce Traité. 377. *suiv.* N. 18. Il vient se jetter aux pieds de Henry : Accueil qu'il en reçoit. 380. Apologie de Sully sur ce Traité : Eloge du Duc de Guise sur sa conduite en Provence. 382. *suiv.* Reduction de Marseille ; & autres belles actions & particularités de la Vie du Duc : parole de Henry à sa Louange, &c. N. 23. *pag.* 383. *suiv.* Il chasse le Duc d'Epernon de la Provence. 448. Somme d'argent qu'il reçoit, à son Traité. 559. Réception qu'il fait aux Archiducs, à Marseille. 581. 582. Il suit Henry IV. à la Campagne de Savoie. II. 51. Ce Prince lui accorde la grace de Joinville. 134. Avanture entre lui & Grillon. N. 8. *pag.* 431. Sully prend son parti contre Henry. III. 18. & le justifie sur les difficultés apportées au mariage du Duc de Vendôme avec Mademoiselle de Mercœur. 82. —— 83. La Régente le met du nouveau Conseil d'Etat. 278. Il se brouille avec le Comte de Soissons ; & Sully le soûtient. 282. 283. N. 19. Il demeure attaché au Duc de Sully, contre ses ennemis. 317. Gratifications qu'il se fait accorder par la Régente. 325. *Voyez Lorraine.*

GUISE. (François de Lorraine, Duc de) Rallume la Guerre entre la France & l'Espagne. I. 11. Parole de lui sur François II. N. 24. *p.* 10. Il est mis à la tête du Conseil & des Armées. 11. N. 26. & perd la faveur à la mort de François II. *ibid.* Sa mort ; ses titres N. *p. ibid.* Il forma le plan de la Ligue N. 27. *p.* 85. *suiv.* Prétentions de lui & du Cardinal de Lorraine sur la Provence, l'Anjou, Metz, &c. N. 7. *pag.* 131. *suiv. Voyez aussi Lorraine (Charles Cardinal de)*

GUISE. (Henry de Lorraine, Duc de) Catherine de Médicis s'unit avec lui. I. 12. Charles IX. s'oppose à son mariage avec Marguerite de Valois ; veut le faire assassiner, & pensa lui-même le tuer. N. 34. *pag.* 14 Il forme avec la Reine-Mere le projet du Massacre de la Saint Barthelemi. 24. Il conduit les assassins de l'Amiral de Coligny ; poursuit Montgommery. N. 60. *p.* 27. *suiv.* Amitié entre le Roi de Navarre & lui. N. 79. *pag.* 40. Henry III. le hait, & fait malgré lui la Paix de 1577. 52. Foiblesse de son Parti, dans le commencement. N. 31. *p.* 88. *Voyez Ligue* Accusé d'être indifférent pour toutes les Religions. N. 35. *p.* 91. 92. Il défait les Troupes étrangeres à Auneau. 130. N. 4. Journée des Barricades. 131. N. 7. *suiv.* Jugemens différens sur son objet dans cette entreprise. N. *ibid.* Parole du Prince de Parme & de Sixte-Quint sur cette action : Résistance qu'il trouva dans le Président de Harlay, Stafford, &c. N. *ibid.* Ses Conférences avec Catherine de Médicis. N. 9. *pag.* 136. Henry III. le fait assassiner à Blois. 136. 137. Particularités & opinions différentes fur cette action. N. 10. pag. 136. suiv. Son caractére, ses projets, &c. N. ibid. Voyez Lorraine.

GUISE (Louis de Lorraine, Cardinal de) Assassiné à Blois. I. N. 10. pag. 136. Voyez l'article précédent.

GUISE (Mademoiselle de) Marguerite de Lorraine. Sollicite Henry IV. en faveur de son frere. I. 375. Voyez Guise (Charles de) Dessein de la marier au Roi. 522. Ses Galanteries. N. 38. Elle est employée au mariage de M. de Vendôme avec Mademoiselle de Mercœur. III. 83.

GUITRY (Jean de Chaumont, de) Auteur du projet d'enlever les Princes à Saint-Germain. I. 37. N. 68. — 45. Négocie en Allemagne pour le Parti Protestant. 105. 106. Est en partie cause de la Défaite d'Auneau. N. 4. pag. 130.

GUITRY. Se trouve au Siége de Laon, & à l'attaque du Grand Convoi. I. 354. N. 64.

GUTRON. L'un des Courtisans familiers avec Henry IV. II. 605.

GUYENNE. Voyage de Henry IV. en cette Province. II. 113. 114. N. 4.

H.

HABSBOURG (Comtes d') Voyez Autriche (Maison d')

HABSBOURG. (Raoul ou Rodolphe d') Auteur de la grandeur de la Maison d'Autriche. I. 4. 5. N. 8. Etats qu'il conquit. II. 558.

HACQUEVILLE (N. de Vieux pont d') Rend Pontaudemer au Prince de Parme. I. 218. N. 46. — 331.

HAGEMAU. Offres faites par l'Espagne à Henry IV. en cet endroit. I. 79.

HALL (Assemblée de) & Députation faite à Henry IV. par les Princes d'Allemagne. III. 207. — 212. — 386. Voyez Clèves. Dessein Politique.

HALLOT. (François de Montmorency de) Blessé au Siége de Rouen. I. 200. N. 32. Assassiné par D'Allegre. III. N. 21. pag. 46.

HALLOT. (Michel Bourrouge du) Gouverneur d'Angers pour Henry III. Son supplice. I. 93. N. 38. 39.

HAM. Pris d'emblée par les François. I. 402.

HAMEAUX (Des-) Conseiller au Parlement de Rouen, dans le Parti de Henry IV. I. 433.

HAN (Charles Du-) Adjudicataire des cinq Grosses Fermes. II. 384.

HANAPIER, Traitant. III. 36.

HARAS-DU-ROI. Particularités sur ses divers établissemens. II. 90. N. 24. Voyez Meun.

HARCOURT (N. de) Attaché au Prince de Condé. III. 296.

HARLAY (Achille de) Premier Président. Réponse ferme qu'il fait au Duc de Guise, après les Barricades. I. N. 7. pag. 131. Il instruit le Procès de Biron. II. 123. N. 13. 14. S'oppose au rétablissement des Jésuites. N. 4. pag. 299. Est nommé du Conseil de Régence par Henry IV. III. 223. Paroles de lui au Duc d'Epernon sur l'assassinat de ce Prince. 254. 255. N. 23.

HARLAY BEAUMONT. Voyez Beaumont.

HARLAY-MONTGLAT. V. Montglat.

HARLAY-SANCY. V. Sancy.

HAULLE (La-) Membre du Parlement de Rouen ; du Parti de Henry IV. I. 433.

HAVRE-DE-GRACE Livré aux

Anglois par les Calvinistes. I. 18. Pris par les Troupes de Henry IV. N. 42. pag. 163. Se rend à ce Prince. 334. Somme payée pour sa reddition. 559.

HAYE (La-) en Touraine. Escarmouches en cet endroit. I. 117.

HAYE (La-) en Hollande. Traité de Trèves entre l'Espagne & les Provinces-Unies & d'Intervention des Rois de France & d'Angleterre, conclu en cet endroit. III. 181. suiv.

HAYES (Des) Gasque. Gentilhomme Calviniste. Echape au Massacre de la Saint-Barthelemi. I. N. 57. pag. 25.

HEBERT (Charles) Agent du Maréchal de Biron. Obtient sa grace du Roi. II. 127. Continue ses brigues à Milan. 273.

HEEMSKERK (Jacob) Vice-Amiral Flamand. Remporte une grande Victoire Navale sur les Espagnols, où il est tué. III. 23. suiv. N. 10.

HENRY II. Roi de France. Parole de lui au Prince de Navarre. I. N. 21. pag. 9. Rupture entre ce Prince & Philippe II. 10. 11. Il est tué dans un Tournois. 11. N. 27. Valeur de la Taille sous son Régne III. 105. Secours qu'il donna aux Princes d'Allemagne contre Charles-Quint. 202.

HENRY III. Roi de France. Accusé d'avoir fait assassiner le Prince de Condé. I. N. 1. p. 1. Discours de ce Prince à Miron son Premier Médecin. N. 51. p. 22. Il est élu Roi de Pologne, & leve le Siége de La-Rochelle. 35. 36. Il déclare la Guerre aux Huguenots, à son retour de Pologne : leve le Siége de Livron, &c. 40. Epouse la Princesse de Vaudemont. ibid. Traits de l'aversion de ce Prince contre Monsieur. N. 79. p. 40. Il fait la Paix de 1577. en haine des Guises. Sa conduite mêlée de dévotion & de volupté. 52. — 80. Rosny lui est député par Henry IV. Il reçoit mal Monsieur à son retour de Flandre. 81. Reproches qu'il fait à Henry IV. au sujet de Marguerite de Valois. N. 18. pag. 80. Il se brouille & se raccommode avec la Ligue ; avec laquelle il s'unit malgré lui. 85. suiv. N. 27. Il manque l'occasion de réünir les Pays-Bas à la France. N. 31. pag. 88. Il soûtient la Ligue par foiblesse. 92. Commencement de la Négociation pour l'union des deux Rois. 103. suiv. Parole de Henry III. sur les Protestans & sur la Ligue. N. 46. pag. 103. Sa conduite est cause de la défaite des Troupes étrangéres à Auneau. 105. Mauvaise Politique de son Conseil. 111. 112. Il met le Duc de Joyeuse à la tête de son Armée. 114. Journée des Barricades : fautes qu'il commet en cette occasion. 131. N. 6. Conversation entre lui & Sully, dont il ne suit point le conseil. 135. N. 8. Il fait assassiner le Duc & le Cardinal de Guise : Jugement sur cette action. 136. suiv. N. 10. Nouvelles fautes de ce Prince : extrémité où il se voit réduit. 138. 139. Sully négocie avec lui pour l'union des deux Rois. 143. suiv. Ce Traité est conclu, & ils s'abouchent ensemble : Expéditions aux environs de Tours. 143. N. 17. 18. Louanges que lui donne Henry IV. N. 20. p. 145. Succès de ses armes : Il assiége Paris. 148. Il est blessé à Saint-Cloud, & meurt. Sentimens d'amitié qu'il témoigne à Henry IV. 148. 149. Circonstances sur cet événe-

TABLE

ment. N. 27. *pag.* 148. 149. Faute qu'il fit de donner le Gouvernement de Bretagne au Duc de Mercœur. N. 39. *pag.* 161. Ses Mignons. 374. N. 12. On voulut lui faire épouser Madame Catherine. 583. Dettes qu'il contracta pendant la Ligue. II. 468. 469. Augmentation de la Taille sous son Régne. III. 105.

HENRY IV. Roi de France. Commande les Troupes Calvinistes au choc d'Arnay-le-Duc. I. 3. N. 4. Particularités sur sa naissance, son éducation, son enfance, ses heureuses dispositions. 8. *suiv.* N. 18. *suiv.* Noms qu'il porta successivement: autres détails sur son enfance & son adolescence. N. 21. *pag.* 9. Ses talens pour la Guerre. 10. Il est déclaré Chef des Protestans; Ennemis puissans qu'il a à combatre. 13. Complot entre lui & le Duc d'Alençon d'étrangler Catherine de Médicis. N. 31. *pag.* 13. Il vient demeurer à La-Rochelle, à la Paix de 1570. 13. Projet de son mariage avec Marguerite de Valois. 14. Il entend quelque chose du résultat de la Conférence de Baïonne. N. 41. *pag.* 17. Il épouse Marguerite. 23. N. 52. On ne peut l'engager à sortir de Paris. 26. 27. Comment il évite la mort au Massacre de la Saint-Barthelemi: Charles IX. l'oblige à changer de Religion, & le retient prisonnier. 30. 31. N. 62. Moyens dont la Reine-Mere se sert pour le brouiller avec Monsieur. 40. *suiv.* Il a horreur de tuer ce Prince: Trait d'amitié entre lui & le Duc de Guise. N. 79. *pag.* 40. Il se sauve de la Cour, & se joint à Monsieur & au Prince de Condé. 41. Est abandonné par Monsieur. 43. N. 84. Reprend les armes, sans beaucoup de fruit. 43.

Manque Marmande. 46. L'Amour le conduit en Béarn. 46. N. 87. Il emporte Eause de vive force. 47. 48. Autres expéditions militaires. 49. *suiv.* Coup hardi qu'il fait devant Nerac. 51. Il se brouille avec le Prince de Condé, & ne peut empêcher la Prise de Brouage. 52. Il s'abouche avec la Reine-Mere: Propositions qu'il accepte & qu'il refuse. 53. *suiv.* N. 95. Réponses de lui à Catherine de Médicis: ses galanteries pour les filles de la Reine. N. *ibid. Voyez Agelle & Fosseuse.* Il prend Fleurence & Saint-Emilion. 55. Valeur surprenante avec laquelle il emporte d'assaut Cahors. 57. *suiv.* Il fait échouer le Projet du Prince de Condé. 63. Prend Monsegur, & s'enferme dans Nerac. 64. Amitié qu'il prend pour Sully, auquel il reproche & pardonne ses fautes. 64. 65. Catherine songe à traiter avec lui de ses droits sur la Navarre. N. 1. *p.* 67. Conversation entre lui & Sully, où il lui prédit ce qu'il lui arrivera & à Monsieur, en Flandre. 69. 70. Accueil qu'il lui fait à son retour de cette expédition. 79. Il l'envoie communiquer à la Cour les offres avantageuses que lui fait l'Espagne à Hagemau. 80. & observer les démarches de la Ligue 82. Réponse qu'il fait aux Lettres piquantes de Henry III. N. 18. *pag.* 80. On lui donne du poison, qui ne fait aucun effet: autre danger qu'il court de la part du Capitaine Michau. N. 26. *pag.* 82. Il se prépare à résister aux forces de la Ligue: son indignation du Traité de Nemours. 87. N. 29. Traits de sa confiance en Sully. 90. Députés que la Cour lui envoie. 91. N. 34. Son Parti manque Angers. 93. Ses vrais sentimens sur la Religion. N. 35. *p.* 91. Il réfifte aux trois Armées de Maïenne, Joyeufe & Matignon. 100. Il va à La-Rochelle. 101. Il prend Talmont. 105. Chizay, Sanfay, Saint-Maixent & Fontenai. Accident qui l'empêche d'être inftruit de la marche des Troupes Etrangeres. I. 106. *fuiv*. Henry IV. prend Maillezais, Mauleon, La-Garnache; manque Nyort & Parthenai; & fe retire dans La-Rochelle. 110. *fuiv*. Il s'abouche avec la Reine-Mere à Cognac, Saint-Brix, Saint-Maixent. 112. *fuiv*. Réponfes qu'il fait à cette Princeffe : péril qu'il court à Saint-Brix. N. 50. *pag*. 113. *fuiv*. Joyeufe lui enleve Saint-Maixent, Maillezais &c. 115. 116. Avantages qu'il remporte fur cette Armée. 116. Il gagne la Bataille de Coutras. 120. *fuiv*. Actions & paroles de lui, & particularités fur fa perfonne pendant & après cette Bataille N. 57. 58. *fuiv. pag*. 122. 123. 124. Fautes qui l'empêchent de profiter de fa Victoire. *pag*. 125. N. 1. Il va en Béarn. & y découvre les complots du Comte de Soiffons. 128. Sa douleur de la mort du Prince de Condé : il juftifie Charlote-Catherine de la Trémouille. N. 5. *pag*. 131. Il s'offre à Henry III. après la Journée des Barricades. 134. Parole de lui fur l'affaffinat des Guifes. N. 10. *pag*. 136. Il cherche à déconcerter les deffeins des Chefs du Parti Proteftant : tombe malade à la Mothe-Frélon : Députe Sully vers Henry III. & prend La-Garnache & Nyort. 139. N. 13. enfuite Châtelleraut & Argenton. 141. 142. Il s'abouche avec Henry III. après le Traité du Pleffis-lez-Tours : confeils qu'il prend, & paroles de lui à ce fujet. 142. 143. N. 16. Il chaffe le Duc de Maïenne de devant Tours. 144. 145. N. 20. Succès des armes des deux Rois : grands fervices que rend Henry IV. & dangers auxquels il s'expofe. 148. Jaloufie de Henry III. contre lui. N. 26. Il va voir ce Prince bleffé : marques d'affection qu'il en reçoit. I. 148. *fuiv*. N. 27. Il prend confeil de Sully. 150. Henry IV. eft reconnu Roi par une partie des principaux Officiers Royaliftes, & abandonné par d'autres : mefures qu'il prend dans cette conjonéture. 151. *fuiv*. Raifons qui l'obligent à s'éloigner de Paris. : Il furprend Meulan; prend Clermont, & autres Villes de Normandie. 154. 155. Victoire qu'il remporte à Arques : Détail de ce Combat. 156. *fuiv*. Bon-mot de lui en cette occafion; & autres traits durant & après l'Action. N. 34. *pag*. 155. *fuiv*. Il harcele fes Ennemis : danger qu'il court près de Dieppe. 160. Il manque Vernon & fe rapproche de Paris, dont il fait attaquer les fauxbourgs, fans fuccès. 161. 162. N. 40. Prend Eftampes & plufieurs autres Villes. 162. 163. N. 42. Fait lever le Siége de Meulan. 164. 165. N. 44. Ne peut empêcher la Prife de Rouen. 165. Bataille d'Ivry : Particularités fur cette Bataille, & fur la maniére dont ce Prince s'y comporte. 167. *fuiv*. N. 47. Careffes qu'il fait à Sully en le faifant Chevalier. 175. 176. Il prend Dreux & manque Sens : Caufes qui l'empêchent de profiter de fa Victoire. 177. 178. Il emporte les fauxbourgs de Paris, & y met le Siége. 180. *fuiv*. N. 5. que fa bonté pour les habitans l'oblige à lever. 182. Faute qu'il fait en fe poftant à Chelles. 183. N. 8. Il prend Clermont. 184. & pourfuit avec avantage le Prince

R rr iij

deParme: il sauve la vie au Baron de Biron. 185. Va voir la belle Gabrielle à Cœuvres. N. 10. pag. 185. Son Parti groſſit. 186. Il prend Chartres. 187. N. 13. & Corbie. 189. Sa paſſion pour Mademoiſelle d'Eſtrées. ibid. N. 15. Lettre de Henry IV. à Sully. I. N. 16. pag. 189. 190. Priſe de Noyon, & autres avantages ſur la Ligue. 189. ſuiv. Sa préſence à Mante fait manquer une entrepriſe de Sully ſur le Duc de Majenne. 193. Il ſurprend Louviers, 194. 195. S'empare d'une partie de la Normandie. 195. N. 24. Il va voir la belle Gabrielle à Compiegne. 196. Raiſons qui le rendent favorable au mariage du Vicomte de Turenne avec Mademoiſelle de Bouillon. N. 26. pag. 196. V. Bouillon. Mark (La-) Il entreprend le Siége de Rouen. 197. ſuiv. Fautes faites dans l'attaque. 199. N. 31. pag. 200. Valeur de ce Prince dans les aſſauts. 201. ſuiv. Mécontentement que lui donnent les Catholiques de ſon Armée. 203. ſuiv. Il va au-devant du Prince de Parme. 205. Parole de lui ſur la mort de Sixte-Quint. N. 33. pag. 205. Marches & campemens de ce Prince. 206. ſuiv. Il enleve l'Eſcadron du Duc de Guiſe. 208. Combat d'Aumale : Particularités ſur cette action, où il eſt bleſſé: 212. ſuiv. N. 40. pag. 213. Il oblige le Duc de Parme à repaſſer la Somme. 214. Mutinerie dans ſon Armée. 215. N. 42. Il leve le Siége de Rouen. 216. Il offre inutilement le Combat au Prince de Parme. 217. Sépare ſes Troupes. 218. les raſſemble, & défait l'avantgarde des Ennemis. 219. Autres avantages qu'il remporte. 219. 220. Remarques ſur ces expéditions, & ſur les fautes reprochées à Henry. N. 47. pag. 221. Le Prince de Parme lui échappe. 222. Et ſon Armée refuſe de pourſuivre les Ennemis. 223. Son embarras à la tenir unie. 228. Il la licencie, & conduit les Troupes Proteſtantes en Picardie. 229. Motif ſecret de ce voyage. 230. N. 52. Il déconcerte les brigues du Comte de Soiſſons en Béarn. I. 233. Henry IV. prend Epernay & congédie ſes Troupes. 240. Sujet de mécontentement qu'il donne à Sully. 241. Il découvre par Sully les ſecrets de la Ligue & du Tiers-Parti. 249. ſuiv. Grande marque de confiance qu'il donne à Sully, le principal auteur de ſa Converſion. 252. ſuiv. N. 21. Entretiens où Sully le diſpoſe à changer de Religion: motifs qui le déterminent. 254. ſuiv. N. 24. Henry fait conſentir les Proteſtans à une Négociation avec les Catholiques. 258. ſuiv. N. 25. Conditions que lui propoſe la Ligue. 267. & qu'il rejette. 269. Droit non conteſté de ce Prince à la Couronne. 274. 275. N. 35. 37. Il leve le Siége de Selles. 276. N. 38. Ses Ambaſſadeurs ſont refuſés à Rome. ibid. Il recherche le Pape, & accorde une Conférence avec les Catholiques, inutile. 277. N. 40. Sully lui aide à prendre un dernier parti. 280. ſuiv. Il aſſiſte aux Conférences entre les Catholiques & les Proteſtans. 283. Il aſſiége & prend Dreux. 283. ſuiv. Sincérité de ſa Converſion. 286. N. 46. Sa conduite avec les Calviniſtes. 287. 288. Lettre qu'il écrit à ſa Maîtreſſe à ce ſujet. N. 49. pag. 288. Particularités ſur ſon Abjuration: paroles de ce Prince. 288. ſuiv. N. 50. Députation qu'il fait à Rome. 291. N. 1. Sage conduite qu'il tient avec l'Eſpagne & la Ligue. 292. 293. & avec les Huguenots. N. 2. *pag.* 293. Il accorde une Trêve aux Députés de la Ville de Paris. *ibid.* N. 2. 3. Reçoit un Député Espagnol. 294. *suiv. Voyez Nugnès. D'Entragues.* Parole de lui sur son Abjuration. N. 2. *pag.* 293. Il députe mal-à-propos La-Varenrenne à Mandoce. 296. Bon-mot à La-Varenne. N. 6. *pag.* 296. Complots des Moines contre Henry IV. I. 297. 298. N. 7. 8. *Voyez Jésuites. Capucins.* Il reprend ses Conférences sur la Religion : Jalousie des Catholiques contre ceux qui l'approchent. 299. N. 9. Il commence à traiter avec l'Amiral de Villars. 300. Secourt Fescamp. 302. Est reçu dans Meaux, &c. 303. N. 15. Il sçavoit modérer sa colère. 306. Trait sur ce sujet. N. 18. Il se fait sacrer à Chartres. 306. N. 19. Raccommode le Duc de Montpensier & le Comte de Soissons, par Sully. 307. *suiv.* & retire la Promesse de mariage de Madame & du Comte. 308. *suiv.* Villars se soûmet à lui. 322. Il est reçu dans Paris, où il pardonne à ses Ennemis. 325. *suiv.* Particularités & Bons-mots de lui à ce sujet. N. 33. *suiv. pag.* 326. *suiv.* Il y rétablit le bon ordre ; & récompense le Duc de Montpensier & Biron. 328. 329. Présent qu'il fait à Sully. 338. N. 44. Accueil qu'en reçoit Villars : plusieurs Villes se soûmettent. 439. Il va en Picardie, où les Espagnols prennent La-Capelle. 341. Met le Siége devant Laon. *ibid.* Ses travaux & fatigues à ce Siége. 350. Empêche les Espagnols de secourir Laon. 352. *suiv.* Mécontentement que lui donne Biron. 356. Son Armée est presque surprise par les Espagnols, qu'il oblige à se retirer. 357. *suiv.* Louange des qualités militaires de ce Prince.

359. Il cache les sujets de plainte qu'il a contre Bouillon, & lui députe Sully. 363. *suiv.* Prise de Laon : Entrée dans différentes Villes de Picardie ; & succès de ses armes dans les Provinces. 370. *suiv.* N. 4. *suiv.* Le Duc de Guise rentre dans l'obéissance. I. 375. *suiv.* N. 17. Caresses que lui fait Henry IV. & louanges qu'il donne aux Princes de cette Maison. 380. *suiv.* N. 23. *pag.* 383. Familiarité de ce Prince avec les Courtisans. 381. Ses amours avec la belle Gabrielle : Entretien de lui & d'Aliboust à ce sujet. 386. *suiv.* N. 25. 26. 27. Changement qu'il fait dans le Conseil des Finances. 387. 388. N. 29. Il déclare la Guerre à l'Espagne. 390. 391. N. 30. Est blessé par Châtel : Particularités sur cet attentat, & sur le bannissement des Jésuites. 391. 392. N. 31. *suiv.* Premiers succès de ses armes. 394. Il va en Bourgogne. 395. Sur ses amours avec la belle Gabrielle. 396. N. 42. Nouveau Conseil qu'il établit en son absence. 397. *suiv.* Entretien entre lui & Sully, à Moret. 398. Mécontentement que lui donne le Comte de Soissons. 399. Campagne de Bourgogne : Journée de Fontaine-Françoise. 404. *suiv.* N. 46. Henry revient à Paris, & déplore avec Sully les malheurs arrivés en Picardie. 411. Conditions que le Pape met à son absolution. 413. *suiv.* N. 59. 60. Il ne peut empêcher la prise de Calais. 415. 416. qu'il refuse de céder à Elisabeth. N. 62. Il pourvoit à la sûreté de la Picardie. 417. Il reproche au Duc de Montpensier la part qu'il a aux criminels desseins des Grands du Royaume. *ibid.* 418. N. 63. Reproches qu'il fait au Duc de Bouillon, qu'il envoie en Am-

bassade à Londres. 419. Il veut aussi y envoyer Sully, qui le refuse. 420. 421. Il met le Siége devant La-Fere. 423. *suiv.* N. 1. Il tombe malade : Arras manqué : autres entreprises qui réüssissent mieux. 425. Colère de ce Prince contre son Conseil, qui le laisse manquer des choses les plus nécessaires. I. 427. *suiv.* N. 10. Henry IV. donne audience aux Députés de la Provence & du Languedoc. 433. Il charge Sully de rompre le mariage de Madame avec le Comte de Soissons. 434. *suiv.* Injustice qu'il commet en cette occasion à l'égard de Sully ; & qu'il répare. 442. *suiv.* Succès heureux & malheureux de ses armes dans les différentes Provinces. 447. 448. N. 17. Il fait entrer Sully dans le Conseil, après bien des irrésolutions & des obstacles. 448. *suiv.* Maïenne fait son Traité, & vient trouver Henry. 453. *suiv.* N. 18. Visite des Généralités, qu'il fait faire par Sully. 455. *suiv.* N. 19. Il le rappelle, sur de mauvais conseils ; lui rend justice, le récompense & le soûtient contre Sancy & le Conseil. 458. *suiv.* Discours qu'il tient à l'Assemblée des Notables. 468. 469. N. 23. Prudence avec laquelle il s'y conduit, par le conseil de Sully. 473. *suiv.* Projet de faire le Siége d'Arras. 479. Extrême déplaisir qu'ils ressent de la surprise d'Amiens. 474. N. 2. Sully lui donne les moyens de reprendre cette Place. 483. *suiv.* Conseil assemblé extraordinairement sur ce sujet. 487. 488. Il laisse Sully à la tête du Conseil, & part pour cette expédition. 488. Ses travaux à ce Siége : Il y mene sa Maîtresse : Soin qu'il prend de la personne de Sully, qu'il emploie à déconcerter les desseins pernicieux des Calvinistes. 492. *suiv.* N. 7. Il donne à D'Estrées la Grande-Maîtrise de l'Artillerie, après l'avoir promise à Sully, qu'il dédommage par le Gouvernement de Mante. 495. 496. N. 13. Particularités sur le Siége d'Amiens, pris malgré tous les efforts de l'Archiduc. I. 497. *suiv.* N. 15.16. Lettres de Henry IV. où il entre dans un détail prodigieux. 499. *suiv.* 501. Entreprises éxécutées & manquées. 502. Le Roi revient à Paris, & se dispose à passer en Bretagne. 503.— 504. Belle parole de lui sur le Maréchal de Biron. N. 20. *pag. ibid.* Il se prête aux Négociations pour la Paix. 506. Se laisse fléchir en faveur du Duc de Mercœur : Liberté de Sully, sur cette faute. 507. 508. N. 23. 24. 25. Il pacifie la Bretagne ; & s'y fait obéir. 509. & travaille à l'Edit de Nantes. 512. Bon-mot de lui sur Elisabeth, l'Archiduc & lui-même. N. 33. *pag.* 514. Belle conversation de ce Prince avec les Ambassadeurs Anglois & Hollandois, sur la nécessité de la Paix. 516. *suiv.* Il met la derniére main à l'Edit de Nantes. 519. N. 35. Il parle & agit en maître avec Bouillon & les Protestans. 518. 519. N. 36. Son séjour à Rennes : Conversation singuliére qu'il a avec Sully sur la dissolution de son mariage. 520. *suiv.* Extrême foiblesse de ce Prince pour sa Maîtresse. 525. *suiv.* N. 40. Il va visiter la Picardie. 529. Plaisantes réponses qu'il fait aux Harangueurs. N. 43. *pag.* 529. Il signe & jure la Paix de Vervins, à Paris : Louanges de ce Prince, & bon-mot de lui sur ce Traité : autres particularités sur la publication de la Paix. 530. 531. N. 47, 48. 49. Henry s'applique aux affaires du Gouvernement :

DES MATIERES.

Gouvernement: Reglemens & établissemens qu'il fait sur la Milice, les Fortifications, la Police & les Belles-Lettres. I. 533. *suiv.* N. 1. 2. Il s'intéresse dans la Question du vrai ou faux D. Sebastien. 535. 536. N. 3. Fait tenir une Conférence à Boulogne, entre l'Espagne & l'Angleterre, & nommer des Cardinaux François I. 536. N. 5. Madame de Beaufort abuse de sa complaisance, dans la Cérémonie du Baptême de son second fils. 538. N. 8. Henry IV. soûtient Sully contr'elle, & les racommode : Conversation singuliére entr'eux trois. 542. *suiv.* Maladie dangereuse de ce Prince à Monceaux. 544. 545. N. 9. 10. Charges qu'il accorde à Sully. 551. 552. N. 13. Grande confiance qu'il a en lui. 556. N. 15. Sommes payées par lui aux Chefs & Villes de la Ligue, à leur Traité. 559. 560. N. 17. Il prend le parti de Sully contre d'Epernon. 562. *suiv.* N. 20. & les Grands. 566. *suiv.* Autorité qu'il lui donne. 570. Talens de ce Prince pour les Finances & le Gouvernement. 572. N. 25. Mariage de Madame avec le Prince de Bar, où il est mal servi par D'Ossat; & qu'il fait célébrer par l'Archevêque de Rouen, malgré l'opposition du Clergé. 582. *suiv.* N. 42. Henry réforme l'Edit de Nantes. 589. *suiv.* N. 47. & le fait enregistrer. 594. N. 51. Sage conduite qu'il tient dans l'affaire de Marthe Brossier. 594. 595. N. 52. Il fait Sully Surintendant des Finances & des Batimens & Fortifications, & Grand-Voyer. 596. Mort de la Duchesse de Beaufort : Pressentiment de Henry sur cette mort. 599. Douleur profonde qu'il en ressent. 603. *suiv.* N. 64. *suiv.* Sully le console. 605. 606. Bon-mot de ce Prince. au P. Ange. N. 67. *pag.* 607.

HENRY IV. va à Blois : Sujet de ce voyage. II. 4. Il écrit à Marguerite sur la dissolution de leur mariage, & y fait travailler. 5. *suiv.* N. 3. Il devient amoureux de Mademoiselle d'Entragues. 6. N. 5. Il a la foiblesse de lui faire une Promesse de mariage. 7. que Sully déchire entre ses mains. 9. Son chagrin lorsque Sully lui apprend la conclusion de son mariage avec la Princesse de Toscane. 9. 10. N. 7. On arrête un Italien qui cherchoit à le poignarder. 10. N. 8. Il donne la Grande-Maîtrise de l'Artillerie à Sully. 12. *suiv.* Réception qu'il fait au Duc de Savoie. 15. N. 13. 14. Présent réciproque de ces deux Princes. 17. N. 15. Henry appuie Sully contre les Commissaires, & évite les piéges du Duc de Savoie dans l'affaire du Marquisat de Saluces. 19. *suiv.* Il assiste à la Dispute de l'Evêque d'Evreux & de Mornay. 23. N. 22. Lettre qu'il écrit à ce sujet au Duc d'Epernon. 24. Son départ pour l'Expédition de Savoie, où il mene la Marquise de Verneuil. 24. 25. N. 23. Il est arrêté par les ruses du Duc de Savoie. 28. Prend Chambery, &c. 29. *suiv.* Epouse par procureur la Princesse de Toscane. *ibid.* Se démet sur Sully du détail de cette Guerre. 33. Vient au Siége de Charbonnieres. 37. *suiv.* au Siége de Montmelian, & s'y expose imprudemment. 45. 46. Accueil qu'il fait aux Députés de Genève : Cérémonies & particularités de son mariage avec Marie de Médicis. 52. 53. N. 31. Les Commissaires pour la Paix le servent mal. 53. Embarras que lui causent les intelligences des Courtisans avec le Duc

510 TABLE

de Savoie. II. 54. *suiv.* Il conclut un Traité avantageux, & revient à Paris, où il amene la Reine. 57. *suiv.* N. 33. Il corrige les abus dans la Monnoye & le Commerce, &c. 61. *suiv.* Défend l'usage des étoffes d'or & d'argent, & l'entrée de ces étoffes en France : Simplicité dans ses habillemens. 64. N. 4. Défend aussi le transport des Espéces d'or & d'argent hors du Royaume. 65. Etablit une Chambre de Justice. 66. N. 5. 6. dont il retire peu d'avantage. 69. Conseils de Henry IV. au Prince d'Orange & voyage qu'il fait à Orleans. 70. *suiv.* Motifs du voyage qu'il fait à Calais. 72. *suiv.* Insulte faite à Madrid à son Ambassadeur ; dont le Pape lui fait donner satisfaction. 73. N. 9. Titres magnifiques que lui donne le Grand-Seigneur par ses Ambassadeurs. 74. N. 11. Autre Ambassade des Vénitiens : Réponse qu'il fait à l'Ambassadeur d'Espagne. 75. Lettres réciproques de lui & d'Elisabeth : raisons qui les empêchent de s'aboucher. 75. 76. Calomnie contr'eux à ce sujet. N. 12. Henry envoie Sully à Douvres conférer avec Elisabeth. 77. Il fait part à Sully de la naissance du Dauphin. 83. 84. N. 14. 15. 16. Fait tirer son horoscope par La-Riviere. 84. *suiv.* N. 17. le fait nourrir à Saint-Germain. 86. Se fait restituer les Isles de Pommégue, &c. par le Grand-Duc. 86. *suiv.* N. 20. Nomme le Comte de Béthune Ambassadeur à Rome, malgré Villeroi & Sillery. 88. 89. N. 21. Lettres de ce Prince à Sully sur d'Ornano, & sur le Haras de Meun. 90. 91. N. 23. 24. Il cherche à ramener l'esprit de Biron. 91. N. 25. 26. lui donne une gratification considérable. 93. l'envoie en Ambassade à Londres & en Suisse. II. 95. Avis qui lui sont donnés sur sa conspiration. 97. Lettres qu'il écrit & entretiens qu'il a avec Sully sur les dépositions de La-Fin. 98. 99. N. 29. 30. 31. Divertissemens de ce Prince à l'Arcenal. 103. Attaque deGoutte qu'il ressent : Il va à Blois, & y déconcerte les desseins de Biron. 104. *suiv.* V. *Séditieux.* Grand-Conseil tenu sur le projet d'arrêter Bouillon, D'Auvergne & Biron. 106. *suiv.* Sully dissuade Henry IV. de faire aussi arrêter D'Epernon. 109. 110. Autre affaire secrette entre lui & Sully, sur la Reine & les Italiens 111. *suiv.* N. 3. Il se montre en Poitou, Limosin & Guyenne. 113. N. 4. Il fait arrêter Biron & D'Auvergne : Particularités sur cette détention. 116. *suiv.* N. 7. 8. 9. Fait faire le procès à Biron. 122. *suiv.* Parole de lui aux Parens de ce Marechal. N. 18. *pag.* 126. Fait éxécuter le Baron de Fontenelles, & fait grace à tous les autres Conjurés. 126. N. 19. A Hebert & au Baron de Lux. 127. 128. Au Comte d'Auvergne : motif de cette clémence. 130. *suiv.* N. 23. Au Prince de Joinville, qu'il fait enfermer. 133. 134. N. 24. Il cherche inutilement à attirer Bouillon à la Cour. 135. 136. Reproches qu'il fait à l'Espagne au sujet de la Conspiration de Biron. 137. Conversation entre lui & Sully sur les bornes qu'il veut mettre à ses bienfaits pour lui. 138. *suiv.* Affaire des Avocats, qu'il termine par la douceur. 141. *suiv.* Avanture où il fait fouetter des Procureurs. N. 28. *pag.* 144. Opérations dans la Monnoye : réflexions sur ces opérations. 145. *suiv.* N. 29. Mines d'or & d'argent découvertes en France. II. 148. N. 30. Edit contre le Duel. 149. N. 31. Voyage à Calais. 150. *suiv.* Henry fait légitimer le fils de la Marquife de Verneuil : eft malade à monceaux. 151. N. 35. Va à Metz 156. En chaffe les Soboles. 157. Y raccommode plufieurs Princes d'Allemagne qui viennent le voir. 158. 159. N. 4. 5. Y reçoit favorablement les Jefuites & leur promet de les rétablir. 159. 160. N. 6. Raffûre le Pape fur fes Armemens. 165. Henry IV. continuë à appuyer fous main les Flamands contre l'Efpagne. 165. 166. N. 8. Réponfe qu'il fait à l'Electeur Palatin qui lui écrit en faveur de Bouillon. 167. Ce que lui écrit Sully à cet égard. 168. 169. Regret qu'il a de la mort d'Elifabeth. 169. Entretien à ce fujet avec Sully, qu'il fe détermine à envoyer à Londres. 170. *suiv.* Bâtimens faits par ce Prince. 170. 171. N. 11. Inftructions publique & fecrette qu'il donne à Sully : importance de cette Ambaffade. 171. *suiv.* Grande maladie de Henry à Fontainebleau : extrême confiance qu'il témoigne à Sully : guérifon. 175. *suiv.* N. 12. Confeil affemblé où Sully reçoit fes Inftructions. 178. *suiv.* Lettres de Henry au Roi & à la Reine d'Angleterre. 181. Lettres réciproques du Roi & de Sully pendant fon féjour à Londres. 183. Infulte faite au Pavillon de France. 184. 185. N. 16. Sully raffûre Henry fur la prétenduë union de l'Efpagne & de l'Angleterre. 221. Raifons de ce Prince pour prendre le parti des Prêtres Anglois. 226. 227. N. 4. 5. Sully fait part au Roi d'Angleterre du Grand Deffein. 242. *suiv.* Voyez *Deffein Politique.*

Jacques. Envie du Roi Jacques de reffembler à Henry. 250. Faute de n'avoir pas donné carte blanche à Sully. II. 254. Formule de Traité d'Alliance entre les deux Rois. 256. 257. Préfens faits au Roi, à la Reine & à la Cour d'Angleterre. 261. 262. Careffes de Henry à Sully à fon retour de Londres : & entretien public où il le louë & le juftifie contre le Comte de Soiffons. 263. *suiv.* Entretiens fecrets fur l'objet de cette Ambaffade. 267. Mefures prifes contre les brigues de l'Efpagne à Londres. 272. Remontrances faites par Sully à Henry IV. fur l'abus des petits Edits. 275. Il retracte celui qu'avoit furpris le Comte de Soiffons, & foûtient Sully contre le reffentiment de ce Prince, de la Marquife de Verneuil, &c. 276. *suiv.* N. 8. *pag.* 280. Convention fecrette entre le Roi, le Miniftre & les Cours Souveraines, fur ces Edits. 277. Sully reçoit Sa Majefté à Rofny : accident qui y furvint par les eaux. 281. 282. N. 10. Henry vifite la Normandie. 282. *suiv.* Eft malade à Rouen. N. 10. *pag.* 282. Nouveaux mécontentemens que lui donnent Bouillon & les Proteftans. 283. 284. N. 11. 12. 13. Il donne le Gouvernement de Poitou à Sully. 285. Etablit des manufactures d'étoffes de foie : Converfation à ce fujet entre lui & Sully, qui ne peut l'en diffuader. 287. *suiv.* 292. N. 14. *pag.* 290. Dépenfe beaucoup au Jeu, pour fes Maîtreffes, &c. 293. Envoie une Colonie au Canada. 293. N. 17. Jettons que lui préfente Sully. 295. N. 1. Mort de la Ducheffe de Bar : Difcuffion fur les effets de cette Princeffe entre Henry & le Duc de Bar. 296. *suiv.* & belle réponfe de ce Prince au Nonçe à ce fujet. N. 2. Il rappelle les Jésuites, II. 298. *suiv*. N. 3. 4. malgré les raisons, & les conseils de Sully. 306. *suiv*. N. 8. 9. 10. auquel il promet toute sorte de satisfaction de leur part. 308. Il leur donne La Flèche : prend le Pere Cotton pour son Confesseur : autres faveurs dont il les comble. 309. *suiv*. N. 12. Séjour de ce Prince à Chantilly. 311. Il découvre & poursuit la trahison de Nicolas L'Hôte. 315. *suiv*. N. 19. Maniére dont il traite Villeroi. 319. *suiv*. N. 21. Il lui rend ses bonnes graces & le console. N. 22. *pag*. 322. Henry IV. envoie ses Cardinaux au Conclave. 326. Promotion de Cardinaux François. 327. N. 25. Fréquentes visites qu'il fait à Sully à l'Arcenal : Conversation singuliére sur ses chagrins domestiques. 328. *suiv*. Il se fâche de la fermeté de Sully. 329. lui en fait excuse. 330. lui confie ses déplaisirs sur la Reine & la Marquise de Verneuil. 331. *suiv*. Lettre de reproche qu'il écrit à la Marquise. N. 26. Il lui demande la Promesse de mariage, qu'elle lui refuse. 332. Défauts & caractère qu'il reproche à la Reine. 333. Il ne suit point le conseil que lui donne Sully. 334. 335. & l'engage à employer les voies de la douceur. 336. Il se raccommode par Sully & se rebrouille de nouveau avec la Reine. 338. Il ne peut se résoudre à agir en maître dans sa maison. 339. Sa foiblesse pour Madame de Verneuil, dont les artifices mettent Sully en danger de perdre la confiance de Henry. 341. *suiv*. Elle entreprend de faire casser le mariage de ce Prince. 344. 345. N. 3. Sa santé souffre de ces chagrins. 345. 346. Il fait rendre justice à la Reine Marguerite, sur les biens de sa Mere. 346. N. 5. Il travaille

à prévenir les complots du Comte d'Auvergne avec l'Espagne, & des Calvinistes contre lui. II. 347. *suiv*. N. 6. & projette avec Sully un voyage au Midi de la France, que les Courtisans font rompre. 349. *suiv*. Calomnies qu'on y répand contre lui. 352. 353. N. 9. Il envoie Sully en Poitou : Honneurs que lui rendent les Rochellois dans la personne du Gouverneur. 353. 354. Fruits qu'il retire de ce voyage. 355. *suiv*. N. 11. Henry IV. se fait rendre la fameuse Promesse de mariage. 360. N. 14. Il fait arrêter le Comte d'Auvergne. 361. *suiv*. Réponse qu'il fait à la Comtesse d'Auvergne. N. 15. *p.* 366. Il fait aussi arrêter d'Entragues & la Marquise de Verneuil. 367. *suiv*. Il ne peut se résoudre à éloigner la Marquise, & pardonne à cause d'elle aux deux coupables : Particularités sur ce sujet. 370. *suiv*. N. 19. Galanteries de ce Prince; & périls qu'il court en allant voir ses Maîtresses. N. 20. *p.* 373. Henry dépose son argent à la Bastille : Discours qu'il tient en plein Conseil à cette occasion. 375. 376. Il entreprend la Vérification des Rentes. 382. Etablit une Chambre de Justice. 383. Autres Opérations de Finance. 384. & Réglemens sur la Milice : La Maison Royale de la Charité donnée aux Soldats Invalides. 385. 386. N. 3. Talens de ce Prince pour le Gouvernement. 386. 387. Ses Maximes un peu trop favorables à la Guerre. N. 4. Il interdit mal-à-propos le Commerce avec l'Espagne. 389. *suiv*. Et répare cette faute par un Traité de Commerce ; dont il récompense le Cardinal Bufalo. 391. *suiv*. Il continuë à appuyer secrettement les Provinces-Unies. 396. Discours que lui tient le Connétable de Caftille, fur l'accord entre l'Efpagne & l'Angleterre, & qu'il tient à Sully fur ce fujet. II. 402. *fuiv.* Reception faite à cet Ambaffadeur. 405. N. 14. Difpofitions favorables en Allemagne & en Italie pour la réüffite de fes Grands Deffeins. 406. Part qu'il prend dans l'affaire de la Valteline. 409. *fuiv. Voyez Grifons, Fuentes.* Il fe remet en poffeffion du Pont d'Avignon. 411. *fuiv.* N. 16. Henry IV. achete du Comte de Soiffons le Comté de S. Paul 413. *fuiv.* Il fait recevoir fon fecond Fils naturel dans l'Ordre de Malthe. 415. N. 17. Bâtimens qu'il fait conftruire pour fes Manufactures, *ibid.* Ordres Religieux qu'il laiffe s'établir en France. 415. 416. N. 18. Ce Prince fe rengage avec la Marquife de Verneuil : pardonne aux Comtes d'Auvergne & d'Entragues, &c. malgré les foins & les confeils de Sully 417. *fuiv.* N. 1. & fe brouille de nouveau avec la Reine. 420. Il accorde aux Jéfuites la démolition de la Pyramide. 422. Particularités fur cette Affaire. N. 4. Il rend juftice à Sully, dans fon grand démêlé avec le Pere Cotton pour le Collége de Poitiers ; & les raccomode. 423. *fuiv.* N. 5. Coup d'œil jufte de ce Prince fur la phyfionomie. 424. N. 6. Il raccommode auffi Sully avec d'Epernon. 433. Affaire de Grillon pour la Meftre-de-Camp, où les Courtifans & les Jéfuites calomnient Sully auprès de lui, & le portent à une réfolution violente. 435. *fuiv.* Lettre que lui écrit Sully, & réponfe qu'il lui fait à ce fujet. 439. 440. Il reconnoît fon tort, & cherche à fe raccommoder avec Sully. 442. *fuiv.* Explication & Converfation intéreffante qu'ils ont enfemble. 444. *fuiv.* Défaut dans ce Prince, de trop aimer la raillerie & les Bons-mots. II. 447. & d'ajoûter trop aifément foi aux faux rapports. 448. *fuiv.* Il rend toute fon amitié & fa confiance à Sully. 454. Le juftifie en préfence des Courtifans. 455. Lui fait juftice de fes Calomniateurs. 456. N. 15. Se rebrouille & fe réconcilie une feconde fois avec lui. 457. 458. Henry IV. conclut le mariage de Mademoifelle de Sully avec le Duc de Rohan. 457. Autres gratifications & graces qu'il lui accorde. 458. 459. Autres qu'il lui refufe pour fon Frere & pour fon Gendre. 459. 460. N. 17. Il fait demander Mademoifelle de Melun pour le Marquis de Cœuvres ; & eft refufé par les Parens. 461. N. 19. Abondance ramenée en France fous fon Régne. 467. 468. Etat des dettes de l'Etat à fon avenement au Trône. 468. 469. Ouvrages publics faits ou réparés. 469. 470. N. 5. Ordre & fubordination rétablis dans le Gouvernement 470. 471. Diction de Henry. N. 7. Ses Lettres à Sully : Dons à différentes perfonnes. 471. 472. N. 8. Il fait cultiver la foie, & établit des manufactures. 473. N. 10. Se rend le conciliateur des Princes : préfens qu'il leur fait. 474. Il a la principale part dans l'Election de Leon XI. & de Paul V. Réjouiffances publiques à ce fujet. 474. *fuiv.* N. 11. Audience qu'il donne à Spinola allant en Flandre. 481. 482. Son mécontentement des François qui fervent dans l'Armée de l'Archiduc. 483. Prifes qu'il fait rendre à l'Efpagne. *ibid.* Sa Politique défaprouvée par fon Confeil. 485. Deffein qu'on lui impute de chercher à fe faire Empereur. N. 17. Avis qu'il reçoit des deffeins Sédi-

Sff iij

tieux. II. 487. *suiv*. Son inquiétude sur la tenuë de l'Assemblée des Protestans à Châtelleraut : Il se détermine à y envoyer Sully : Instructions générales & particulières qu'il lui donne. 489. *suiv*. Attaque de Goutte qu'il a à Saint-Germain. 490. 491. N. 19. Avis qui lui est donné contre l'Assemblée de Châtelleraut. 500. Lettres de Henry IV. à Sully. 503. *suiv*. Sully y explique ses volontés. 505. *suiv*. Son mécontentement de ce qu'on n'y offre pas la Présidence à Sully. 508. N. 21. Bouillon cherche inutilement à le tromper. 509. *suiv*. Il fait arrêter les Luquisses. 514. Il donne son attention à l'Assemblée de Châtelleraut. 515. *suiv*. Sully le rassure contre les brigues des factieux. 518. termine à sa satisfaction la Question des Députés Généraux. 521. *suiv*. & celles des Villes de sûreté. 522. *suiv*. 526. 527. Henry agit avec trop de complaisance pour Lesdiguières dans l'Affaire d'Orange & de Blaccons. 523. *suiv*. Accueil qu'il fait à Sully à son retour. 528. Il se prépare à aller dans les Provinces Méridionales de la France. 529. *suiv*. Route qu'il prend. 532. Il se met en possession des Places du Duc de Bouillon. 532. *suiv*. Particularités & motifs de ce voyage : Il fait tenir les Grands-Jours en Limosin par Sully, & s'en revient à Paris. 535. N. 6. Il décide pour Sully contre le Comte de Soissons, pour le logement du Grand-Maître de l'Artillerie. 537. 538. Caresses qu'il fait aux Députés de La-Rochelle. 539. Sully vient lui rendre compte à son retour de Limosin. 540. Du-Laurens Premier Médecin. 540. 541. N. 8. Honneurs que Henry rend à la Reine Marguerite. 541.

suiv. Il fait démanteler le Château d'Usson. II. 543. Indulgence de ce Prince pour les Duels, blâmable: Opinion qu'il avoit de la fatalité du dernier moment. 549. N. 12. 13. Bonheurs qu'il éprouva. 550. Jean de L'Isle cherche à le poignarder : il lui pardonne. N. 14. *pag*. 550. Sully présente en 1606. les Jettons au Roi & la Reine : Conversation entr'eux. 551. *suiv*. Manières familières de Henry IV. avec la Reine. 555. Etrennes qu'il donne à Sully. 557. Conversation, où il s'entretiennent des moyens d'abaisser la Maison d'Autriche. 558. *suiv*. N. 4. Henry songe à prendre Sedan. 560. *suiv*. Crée Sully Duc & Pair ; & honore le repas de sa présence. 560. 561. N. 5. Ses irrésolutions sur l'Affaire de Sedan. 562. *suiv*. Sully l'y détermine. 565. *suiv*. Il fait auparavant écrire à Bouillon. 567. *suiv*. & prend des mesures par rapport aux Protestans. 572. Son départ & sa route. 573. Dispositions pour le Siege de Sedan. 575. 576. Il consent aux Conférences que lui fait proposer Bouillon. 576. *suiv*. & conclut le Traité à l'insçu de Sully. 578. *suiv*. N. 13. Bouillon vient lui rendre hommage. 580. N. 14. Il refuse à Sully d'employer son Armée contre les Villes du Comté de Saint-Paul. 581. & se fâche de ce qu'il s'oppose à son Entrée dans Paris. 582. 583. N. 15. Parole de lui sur la reddition de Sedan. N. *ibid*. Il soutient la Ville de Metz contre les Jésuites. 587. 588. Dons qu'il leur fait à La-Flèche. 588. Il blâme le Pere Cotton dans l'Affaire d'Adrienne De-Fresne. 589. *suiv*. N. 19. Il refuse au Clergé la publication du Concile de Trente. 592. Discours qu'il tient à ce fujet. N. 23. Il retient aussi les Proteftans, & termine par Sully les différends entr'eux & les Catholiques à La-Rochelle. II. 593. *fuiv.* N. 24. Mécontentement que lui donne la Maifon de Rohan. *ibid.* N. 25. Cérémonie du Baptême des Enfans de France. 595. *fuiv.* N. 26. 29. Il les fait conduire à Fleury. 597. Faillit à fe noyer à Neuilly. *ibid.* Gayeté & bons-mots de HenryIV. dans cette occafion. N. 31. *p.* 597. Gratifications qu'il accorde à Sully & autres perfonnes. 598. Réglemens pour la Finance. 599. *fuiv.* Depenfes qu'il fait pour fon Jeu. 601. pour les Ouvrages publics. 602. Converfation entre lui, Sully & les Courtifans, fur differens fujets. 603. *fuiv.* Il demande confeil à Sully fur les Affaires de Flandre. 609. *fuiv.* Vie douce & tranquille de ce Prince. III. 1. 2. Il ôte les Sceaux à Bellievre, & les donne à Sillery. 2. N. 1. Sa tendreffe pour fes Enfans. 3. N. 2. Naiffance de fon fecond Fils. *ibid.* Sa paffion pour la Chaffe. 4. Séjour à Fontainebleau. 4. 5. Marques de confiance & d'amitié qu'il donne à Sully. 5. Elle arrête les pourfuites pour la mort du jeune d'Epinoy. 6. Se fâche contre Sully, & le recherche incontinent. 7. 8. L'emploie utilement dans le Synode de La-Rochelle, & dans l'Affaire du P. Séguiran avec les Rochellois. 9. *fuiv.* Converfation entre lui & Sully fur les brigues à la Cour en faveur de l'Efpagne. 16. *fuiv.* Sa paffion pour la Maifon de Loraine : Sully le raffûre ; & ils travaillent enfemble à étouffer ces complots. 18. *fuiv.* Il confent que fon Cœur foit porté à La-Fléche. 14. 15. Il fait rendre des prifes à l'Efpagne. 20.

Il fuit l'opinion de Sully, de refufer les offres que lui font les Provinces-Unies de fe foumettre à la Domination Françoife, de donner des Villes d'ôtage, &c. III. 21. *fuiv.* N. 9. Parti qu'il prend fur le Traité de Trève entre ces Provinces & l'Efpagne. 25. *fuiv.* N. 11. Fait démolir le Fort de Rebuy, & foutient les Grifons contre l'Efpagne. 28. *fuiv.* Henry protege la République de Genève. 29. & les Princes Italiens. 30. Concilie les Vénitiens avec Paul V. 30. 31. N. 13. 14. Réünit les Finances de Navarre à celles de France, & acquitte les dettes de l'Etat. 32. 33. N. 15. Punit la défobéïffance des Parlemens de Touloufe & de Dijon. 34. Total des fommes dépenfées en préfens jufqu'en 1607. 33. Bon-mot de lui fur le Partifan L'Argentier. N. 17. *pag.* 38. Procès entre lui & la Maifon de Gonzague, pour les biens des Maifons de Foix & d'Albret. 39. Il ne goûte point le confeil de Sully de compofer le Confeil de Gens-d'épée. 40. *fuiv.* & établit malgré fes avis une Chambre de Juftice. 42. Il raffûre Sully contre fes accufateurs. 43. Il affifte Fontange dans le Siége de Pierrefort. 45. Attention de ce Prince à bien remplir les Charges. 46. 47. Gratifications à différentes perfonnes ; dettes acquittées, & pertes au Jeu. 47. 48. Dépenfes en Bâtimens & Manufactures. *ibid.* Séjour de Henry dans fes Maifons Royales : fes indifpofitions : fa tendreffe pour fes Enfans, quelquefois aveugle. 49. N. 23. Brouilleries entre lui, la Reine & la Marquife de Verneuil : Lettres de lui à Sully fur ce fujet. 50. 51. Il rend Sedan au Duc de Bouillon. 51. 52.

Occupations & divertiſſemens de HENRY IV. III. 53. *ſuiv*. Il propoſe à Sully le mariage de ſon Fils avec Mademoiſelle de Créquy. 55. *ſuiv*. N. 3. Grandes offres qu'il lui fait pour lui faire embraſſer la Religion Catholique. 57. *ſuiv*. N. 6. Il le raſſûre contre les artifices de ſes ennemis. 62. Sageſſe de ce Prince à diſſiper les factions. 62. 63. Ses Amours & Maîtreſſes. 63. 64. N. 7. 8. Longue converſation de Henry IV. ſur les complots politiques & domeſtiques contre lui, dans la Maiſon de la Reine, de la Marquiſe de Verneuil, &c. 66. *ſuiv*. Ses égards pour la Reine. 71. Naiſſance de ſon troiſiéme Fils: marques d'amitié qu'il donne à Sully dans cette occaſion. 72. N. 10. Il l'emploie utilement dans les Intrigues de Cour. 72. 73. Il chaſſe le Prince de Joinville pour ſes galanteries avec Madame de Verneuil, avec laquelle il ſe brouille & ſe raccommode. 74. *ſuiv*. N. 13. Autre Intrigue de Joinville avec Madame de Moret. 74. N. 15. Il diſgracie Sommerive pour une intrigue pareille avec la même Dame. 77. *ſuiv*. N. 16. & D'Eguillon, pour avoir fait aſſaſſiner Balagny. 79. *ſuiv*. N. 18. Autres brouilleries dans ſa Cour, par ſa facilité à pardonner les Duels. 81. N. 19. Il oblige la Maiſon de Mercœur à accomplir le mariage de Mademoiſelle de Mercœur & du Duc de Vendôme. 82. *ſuiv*. N. 20. 21. Avis qu'on lui donne contre la Maiſon de Guiſe, & contre les Séditieux. 84. 85. Il envoie Sully à l'Aſſemblée des Proteſtans à Gergeau. 86. *ſuiv*. Séjour de Henry dans ſes Maiſons Royales: Vie privée & maladies de ce Prince; Sa tendreſſe pour ſes Enfans,

III. 88. 89. Il donne l'Evêché de Metz au Duc de Verneuil. 90. 91. N. 23. Demandes du Clergé qu'il accorde, & refuſe. 91. N. 25. Ouvrages publics & Edifices dans Paris. 92. 93. N. 27. Ses dépenſes pour ſon Jeu: Calomnie qu'il cherche à ruiner les Seigneurs par le Jeu. 93. N. 28. Il ſoulage le Peuple après le débordement de La Loire. 94. 95. N. 30. Il diſpoſe des Evêchés ſur la recommandation de Sully. 95. 96. N. 31. Henry IV. ſe fait reſtituer les uſurpations de l'Eſpagne & de la Lorraine ſur ſes Frontiéres. 96. N. 32. Réglemens ſur ſes Finances. 96. *ſuiv*. Brevet de la Taille expédié en plein Conſeil. 99. Œconomie & diminution des Impôts ſous ſon Régne. 105. 106. Réception qu'il fait au Duc de Mantouë. 106. Part qu'il a dans l'accommodement de l'Eſpagne & des Provinces-Unies. 107. Bon-mot de lui à Dom Pedre. N. 40. Il ſuit dans cette Affaire le Conſeil de Sully. 108. *ſuiv*. Il oblige l'Eſpagne à lui rendre juſtice dans l'Affaire pour les limites de la Navarre & du Bearn. 111. 112. Refuſe d'entrer dans la Révolte des Maures. 112. *ſuiv*. Etats & Jettons que lui préſente Sully. 117. *ſuiv*. Il paſſe deux jours à l'Arcenal. 120. *ſuiv*. Il accuſe Sully d'indiſcrétion ſur les ſecrets révélés par le P. Cotton. 123. *ſuiv*. N. 4. p. 126. Il vient communiquer à Sully ſes chagrins: Longue converſation entr'eux. 127. *ſuiv*. ſur les Nouvelles publiques. 128. ſur ſon amour pour Mademoiſelle de Montmorency. *ibid*. 129. N. 6. ſur les complots contre ſa vie, découverts en Eſpagne par Vaucelas. 129. 130. ſur les ſujets de plainte que lui donnent à cet égard la Reine, Villeroi, &c.

III. 131. 132. ſur ſes vûës pour le mariage de ſes Enfans. 132. N. 8. 9. ſur la réſolution qu'il prend de renoncer à la Princeſſe de Condé. 134. N. 10. Sully le raſſure & le conſeille : juſtifie la Reine, & travaille à lui faire changer de conduite. 135. N. 11. 12. Henry hâte l'éxécution de ſes Grands Deſſeins. 139. Et s'occupe avec Sully à la compoſition d'un Cabinet d'Etat. 140. ſuiv. Converſation entr'eux ſur les différens moyens de recouvrer de l'argent. 145. ſuiv. Etabliſſement des Chevaux de poſte & Coches. ibid. N. 18. Du Droit annuel. ibid. Sentimens ſur cette Opération. N. 19. Deſſein de rétablir l'ancienne Cenſure Romaine. 148. 149. N. 20. De détruire la Chicane : & autres Piéces du Cabinet d'Etat. 150. ſuiv. N. 20. Autre Converſation ſur ce ſujet. 153. ſuiv. Jugement de Henry IV. ſur ces trois Miniſtres. 156. ſuiv. N. 22. 23. Dettes acquitées, gratifications, & dépenſes de ce Prince pour le Jeu, les Bâtimens, &c. 159. ſuiv. Edit contre les Banqueroutiers frauduleux : & contre le Duel. 161. 162. N. 25. Il punit N... qui avoit calomnié Sully. 163. ſuiv. Plaintes réciproques de lui & du Prince de Condé, & paroles très-vives entr'eux, au ſujet de la Princeſſe de Condé. 165. ſuiv. N. 27. Complots contre Henry, dont cet amour n'eſt que le prétexte : Sully l'avertit des deſſeins du Prince. 169. 170. Son chagrin de l'évaſion de Prince : conſeils, démarches & autres particularités ſur cet Incident. 170. ſuiv. N. 28. Faux avis qu'il reçoit contre les Proteſtans. 177. 178. N. 33. Conſpiration contre ſa perſonne, à La-Flèche. 178. ſuiv. Peu de fondement de cette Conſpiration. III. N. 35. Voyages dans ſes Maiſons. 180. Traité d'Intervention de lui & du Roi Jacques entre l'Eſpagne & les Provinces Unies. 182. 183. Protection qu'il y donne au Prince d'Epinoy. 183. ſuiv. N. 2. 3. 4. Il s'oppoſe au Titre de Seigneur Souverain de Sedan, que prend le Duc de Bouillon. 186. 187. Se fait rendre juſtice par le Grand Duc, d'un paſſedroit fait à ſon Ambaſſadeur. 188. 189. N. 8. Henry IV. conſole la Reine ſur la mort du Grand Duc N. 8. pag. 188. & s'attache ſon Succeſſeur. 191. Permet au Grand-Seigneur d'avoir un Réſident à Marſeille. 192. 193. Converſation entre Henry & Sully ſur la mort du Duc de Clèves, &c. 193. ſuiv. L'Empereur Rodolphe le fait rechercher : & il promet ſon aſſiſtance aux Princes intereſſés dans cette affaire contre la Maiſon d'Autriche. 198. ſuiv. Démarches & brigues des Courtiſans pour le détourner de ſes Grands Deſſeins. 206. Députation que lui font les Princes d'Allemagne ; & entretiens avec Sully, à ce ſujet. 207. ſuiv. N. 10. Il ſe prévient contre les conſeils de Sully : autre Converſation entr'eux. 211. ſuiv. Sentimens qu'il inſpire au Duc de Vendôme, pour ce Miniſtre. 215. Diſpoſitions prochaines pour l'éxécution du Grand Deſſein : Lettre écrite à ce ſujet à l'Archiduc, &c. 215. ſuiv. N. 12. Il en parle indiſcrettement devant les Courtiſans. 218. 219. Converſations & Lettres entre lui & Sully : autres diſpoſitions & préparatifs. 220. ſuiv. Conſpiration contre ce Prince : avis répandus, & paroles dites à ce ſujet. 225. 226. N. 13. Prétendus pronoſtics & preſſentimens de Henry ſur ſa mort prochaine : Conversations tre lui & Sully : & autres détails. III.227.*fu.v.*N.14.Avis donné par Schomberg; & affaire de la Coman. 229. *fuiv.* N 16. Henry affifte au Couronnement de la Reine. 234. N. 18. Calomnies répanduës contre lui fur le motif de la Guerre. 235. N. 20. Il envoie La-Varenne à l'Arcenal. 236. N. 21. Lui-même y va, & eft tué 237. 238. Détails fur les derniers jours de fa vie; fur fes preffentimens, fur la maniére dont Ravaillac commet ce parricide, &c. N. 22. 23. Exame de différentes opinions fur les Auteurs & les caufes de cet affaffinat. N. 23. *pag.* 244. Plaintes de Sully fur la Négligence à les pourfuivre. 259. 260. Différens traits fur le caractère de Henry IV. fur fa clémence, fon enjoûment, fes Bons-mots, fes grandes qualités & fes défauts. 260. N. 3. 4. 5. 6. Les dix Souhaits de ce Prince. 263. 264. Combien il fut regreté. 267. *fuiv.* N. 11. Sentimens partagés à la Cour fur cette perte. 272.*fuiv.* N. 13. 14. Le nouveau Confeil fuit des Principes de Politique tout-différens des fiens. 277.*fuiv.* Le Grand Deffein rompu par fa mort. 285. Ingratitude à fon égard à la Cour, & parmi les Miniftres. 290. Expofition de fon Deffein Politique. *Voyez Deffein Politique.*

HENRICHEMONT. Principauté acquife par Sully. III. 348. S. 408.

HENRICHEMONT. (Maximilien III. François de Béthune, Prince de) Petit-fils de Sully : mauvais procédés qu'il a avec lui, caufe de fa mort. S. 407. *fuiv.* N. 1.

HERAN(N. de Saint-) de Montmorin. Refufe d'obéir aux ordres de Charles IX. au Maffacre de la Saint-Barthelemi. I. 34. N. 64.

HE'RE (Noël de) Adjudicataire des Fermes. II. 464.

HERTRAY(René de Saint-Denys de) Se faifit d'Alençon pour le Roi de Navarre. I. 41.

HESSE (Guillaume, Landgrave de) Vient voir Henry IV. à Metz. II. 159. Sully eft calomnié d'Intelligences criminelles avec lui. 451. Caumartin le prévient contre le Duc de Bouillon. 512. & il lui refufe fon fecours. 574. Il acquiert des Alliés à la France en Allemagne. 605. Ses droits à la Succeffion de Clèves. III. 14. *V. Clèves.* François I. & Henry II. fecoururent fes Ancêtres Philippe & Maurice contre Charles-Quint. 150. Il s'unit avec la France contre la Maifon d'Autriche. 164. — 333. *Voyez Deffein Politique.*

HEUDICOURT. Du Confeil des Finances. I. 397. — 465.

HEURES (N. d') Se trouve à la défaite du Grand Convoi devant Laon. I. 355. Suit Henry IV. en Franche-Comté. 410. N. 56.

HOSTRATE. Rendu au Prince d'Orange. II. 152.

HOLLANDE. *Voyez Flandre.* Toiles de Façon d'Hollande, fabriquées à Paris. III. 48.

HOLSTEIN (Duc de) Satisfaction que lui donne Henry IV. II. 474.

HONFLEUR. Pris fur la Ligue par les Royaliftes. I. 163. N. 42.

HONGRIE. Guerre de l'Empereur Rodolphe avec ces Peuples. II. 11. & avec les Turcs. 59. 60. N. 35. — 102. Suite de cette Guerre. 153. 154. N. 41. Partie du Grand Deffein qui concerne ce Royaume. III. 375. *fuiv.* 382. — 385. — 390. *V. Deffein Politique.*

HONORIO (Frere) Capucin. Donne avis à Henry IV. d'un complot contre sa vie. II. 10. N. 8.

HONORIUS. Empereur d'Occident. III. 357. N. 3.

HOPITAL. (Michel de L') Chancelier. Charles IX. lui ôte les Sceaux. I. 18. N. 43.

HOPITAUX, bâtis ou rétablis par Henry IV. II. 469. N. 5. Projet d'un Hôpital Royal dans le Cabinet d'Etat. III. 141.

HORN. (Prince de) Décapité à Bruxelles. I. N. 48. pag. 169.

HORTES. (Vicomte de) Refuse d'obéir à l'ordre de Charles IX. de faire massacrer les Huguenots. I. 34. N64.

HOSPITALIERS, du Pont d'Avignon, en divertissent les fonds. II. 413.

HOSTE. (Nicolas L') Commis de Villeroi. I. 464. Histoire de sa Trahison. II. 315. suiv. N. 19. Découverte par Rafis. 327. On cherche à l'arrêter. 320. N. 21. Il se sauve. 321. & se noye dans la Marne. 322. Particularités sur cette Affaire. N. 22. 23. Voyez Villeroi — III. 113.

HOTTOMAN, Agent de Henry IV. en Allemagne. III. 198.

HOUDAN. Manqué par le Duc de Maïenne. I. 192.

HOWARD (Milord) Amiral d'Angleterre. Reçoit le Comte d'Aremberg. II. 188. Sert la faction Espagnole contre Sully. 195. — 212. — 251.

HUBERSON (Jeanne) & son Cousin, découvrent la Conspiration contre Henry IV. à La Flèche. III. 178. suiv. N. 35.

HUETS. Séjour de Sully dans ce Château. I. 110.

HUGUENOTS. Voyez Protestans.

HUGUES-CAPET. Jugement de Sully sur ce Roi. III. 122.

HUMES (Milord) De la faction Espagnole à Londres. II. 195. Conduit Sully à Grenvich. 221. — 240.

HUMIERES (Charles d') Arrive avec un secours au Duc de Maïenne après la Bataille d'Ivry. I. 173. N. 52. — 348. Il force les Espagnols à Ham, & y est tué. 401. 402. Son Eloge. N. 45.

HURAULT. Voyez Chiverny. Maisses.

I.

JACOB (François) Jésuite. Impliqué dans le Procès de Châtel. I. 394.

JACOME (Saint-) Pris par Henry IV. II. 32.

JACOP. Agent & Commissaire du Duc de Savoie, dans l'affaire de Saluces. II. 2. — 17. Vient complimenter Henry & Sully. III. 106. — 187. Mécontent de la Régente. 288. suiv. Voyez Saluces. Savoie, &c.

JACQUES STUARD, Roi d'Ecosse, puis d'Angleterre. Importance de se l'assûrer après la mort d'Elisabeth. II. 172. suiv. Il fait notifier en France son avénement au Trône d'Angleterre. 177. N. 13. Objets de l'Ambassade de Sully vers ce Prince. 178. suiv. On le prévient contre le Comte de Beaumont. 181. Et contre Henry IV. & Sully : Son caractère & sa conduite. 196. 197. Les Calvinistes de France veulent en faire leur Protecteur. 204. Il envoie complimenter Sully. 205. L'oblige à retrancher l'habillement de deuil. 205. 206. Lui donne sa première Audience : honneurs qu'il lui rend ; & Entretien public entr'eux. 207. *suiv.* Il invective contre le Roi d'Espagne & son Conseil. 209. Louë Henry IV. 210. Sa passion pour la chasse. 210. 211. Crainte & haine que lui inspire contre les Espagnols & les Archiducs une Conspiration prétenduë des Jésuites. 213. Le Roi d'Espagne cherche à l'engager à s'unir à lui contre la France. 218. *suiv.* Seconde Audience qu'il donne à Sully, qui lui fait goûter les desseins de Henry sur l'Espagne & les Provinces-Unies. 221. *suiv.* Il promet de ne point soûtenir Bouillon. 225. Reproche à Henry d'avoir appuyé les Prêtres Anglois. 226. 227. N. 4. 5. Politesses réciproques entre le Pape & lui. 227. 228. N. 6. Son mécontentement du Comte d'Aremberg & des Espagnols. 230. 231. Il traite Sully à dîner : particularités sur ce repas. 232. *suiv.* Il lui promet satisfaction sur les pirateries des Anglois. 233. Troisième Audience, & longue Conversation secrete, où Sully lui fait connoître ses Ministres. 240. 241. & lui développe le Grand Dessein de Henry IV. Précautions prises pour cela, &c. 242. *suiv. Voyez Dessein Politique.* Jacques prend le parti de Sully contre ses Ministres. 251. 252. & signe un formulaire de Traité. 256. 257. Audience de congé : caresses & promesses qu'il fait à Sully. 260. Présens réciproques. 261. Crainte de ce Prince sur l'arrivée de l'Ambassadeur d'Espagne à Londres ; & ses irrésolutions. 264. 268. Sa clémence dans le châtiment des Conjurés contre lui. 269. N. 6. Nouveaux troubles à sa Cour : il chasse les Jésuites de ses Etats. *ibid.* N. 5. Il envoie à Sully le Traité signé. 270.

Présens de chevaux que lui fait Henry. 271. Dessein du Pape, de l'Espagne & des Jésuites, de le détrôner. 312. Jacques profite de l'interdiction du Commerce entre la France & l'Espagne. 390. puis cherche à terminer ce différend. 391. Se laisse aller à un Accord avec l'Espagne, contraire à son Traité avec Henry. 397. *suiv.* Il fait prendre à ses Etats le nom de Grande-Bretagne : mauvais effets de son esprit de pacification. 399. Il moyenne un Traité entre l'Espagne & la Flandre. 400. 401. N. 9. Calomnie des ennemis de Sully sur une parole de ce Prince à sa louange. 451. Il recherche de nouveau Henry & Sully contre l'Espagne. 484. *suiv.* Son amitié pour Sully. 486. Il découvre & punit une Conjuration contre sa vie. 611. 612. N. 34. Il protége le Ministre Maluin, dont Henry est mécontent. III. 12. Mauvaise politique qui le fait travailler au Traité de Suspension & de Treve entre les Provinces-Unies & l'Espagne. 27. Il fait de nouveau prêter le serment de fidélité à ses Sujets. 30. Traité d'Intervention de lui & de Henry entre les Espagnols & les Flamands. 182. 183. Part qu'il eut au Grand-Dessein. 384. 385. *Voyez Dessein Politique. Angleterre. Galles (Prince de), &c.*

JACQUINOT, Valet-de chambre de Henry IV. III. 265.

JAMBEVILLE. Commissaire pour le Sou-pour-livre. II. 105. Sollicite la Charge de Premier Président à Rouen. III. 47.

JAMES. (Compagnie de) Sert d'enfans perdus à Ivry, & s distingue. I. 167.

JANISSAIRES. Se révoltent contre Mahomet III. II. 102. L'obligent à chasser la Sultane-Mere. 274.

JARD. (Abbaye du) Sully s'en défait. III. 349.

JARNAC. (Bataille de) I. 1. N. 1. Fautes du Prince de Condé & de l'Amiral de Coligny, remarquées par Henry IV. N. 20. *pag*. 8.

IBARRA. (D. Diego d') L'un des Plénipotentiaires Espagnols aux Etats de Paris : ses brigues, inutiles ; ses fautes. I. 271. *suiv*. Plénipotentiaire d'Espagne en Flandre. III. 25.

JEAN I. Roi de France. Se soûmet à l'autorité des Etats du Royaume. III. 104.

JEANNIN (René) Président au Parlement de Dijon. Propositions qu'il fait à Henry IV. de la part de la Ligue. I. 228. Mémoire des demandes & offres qu'il fait à l'Espagne, de la même part. 245. N. 17. & Réponse du Conseil d'Espagne. 247. 248. Quels furent son objet & ses véritables sentimens au sujet de Henry IV. de l'Espagne & de la Ligue. 259. 260. N. 26. Autres conditions qu'il propose à Henry. 267. 268. rejettées avec indignation. 269. 270. Serment qu'on l'accuse d'avoir fait faire aux Chefs de la Ligue contre ce Prince. 279. 280. N. 42. Il est obligé de lui rendre Laon. 369. *suiv*. Conseil qu'il donne au Duc de Maïenne. 371. justifié. N. 7. Il est employé à la confection de l'Edit de Nantes. 518 N. 35. Assiste de la part de Henry IV. à la Conférence de Boulogne. 536. Est commis avec Villeroi au Département des Affaires Etrangéres. N. 14. *pag*. 554. Souffre dans l'Edit de Nantes un Article qu'on est obligé de réformer. 591. *suiv*. L'un des Commissaires pour le Traité de Lyon ; y favorise le Duc de Savoie. II. 52. 53.

Sert utilement dans la Conjuration de Biron. 115. *suiv*. Suit le Roi à Calais. 151. Sollicite en faveur des Jesuites 160. Il assiste au Conseil où Sully reçoit ses Instructions pour son Ambassade à Londres. 181. Travaille pour le rappel & le rétablissement des Jesuites. 299. *suiv*. N. 4. — 360. Est commis à la Vérification des Rentes. 382. III. 5. Services qu'il rend en Flandre dans l'affaire de la Suspension d'armes. 23. *suiv*. 107. *suiv*. Il conclut le Traité de Trève & celui de l'Intervention des Rois de France & d'Angleterre. 181. *suiv*. N. 1. Il rend service à Sully auprès de l'Archiduc, pour le Prince d'Epinoy. 184. *suiv*. Il prévient Henry IV. contre Sully, sur l'Armement de Clèves. 211. — 214. Est nommé Ambassadeur en Flandre & en Angleterre. 223. Marie de Médicis le met de son Conseil secret, où il favorise la nouvelle Politique & la dissipation des Finances. 277. 278. Il est mis à la tête des Finances. 279. Il s'unit à Conchine contre Sully. 294. Est maltraité par le Duc de Nevers & les Seigneurs. 319.

JEGUN. Henry IV. s'y retire. I. 49.

JE'SUITES. Impliqués dans le complot de Barriere, & justifiés. I. 297. N. 7. 8. 9. Leur Procès avec l'Université & les Curés de Paris : particularités sur cette affaire ; motifs qui portent Sully à les soûtenir. 342. Impliqués dans le procès de Châtel, & bannis. 393. Discussion sur ce fait, & leur justification. N. 35. 36. 37. *pag*. 393. 394. Le Pape éxige de Henry IV. qu'il les rappelle. 414. & le Conseil les déboute de leur Requête. 536. — II. 24. Caresses & promesses que Henry leur fait à

Metz. 159. N. 6. Sollicitations de D'Offat,&c. en leur faveur.160.N. 7. *suiv.*—164.Difculpés fur une prétenduë Confpiration contre le Roi d'Angleterre. 213. N. 1. Troubles qu'ils excitent en Angleterre, dans l'affaire des Prêtres Anglois. 226. 227. N. 4. Haine du Roi Jacques contr'eux. 260. 261. Affaire de leur rétabliffement : Confeils affemblés fur ce fujet : Converfation entre Henry & Sully; raifons pour & contre ; conditions de ce rétabliffement, & autres particularités. 298. *suiv.* N. 3. 4. Ils recherchent la protection de Sully. 310. Réfléxions fur ce fujet, & éloge de cette Société. N. 13. 14. *pag.* 310. 311. Sentimens de quelques Jéfuites fur la Grace, fur l'Autorité du Pape & fur la Confeffion. 311. Henry leur donne la Maifon de La-Flèche. *ibid.* Mémoire contre leur Politique. 312. *suiv.* Ils brouillent les Catholiques avec les Proteftans parmi les Grifons. 409. Ils obtiennent la démolition de la Pyramide : haine qu'ils portent à Sully, & autres particularités fur ce fujet. 421. *suiv.* N. 4. Grand Démêlé entr'eux & Sully au fujet du Collége de Poitiers. 423. *suiv.* N. 5. Leurs cabales avec les Courtifans contre Sully, le mettent à deux doigts de fa difgrace. 431. *suiv.*—446. Ils cherchent inutilement à fe faire recevoir dans Metz. 587. 588. Préfens qu'ils reçoivent de Henry IV. pour La-Flèche. 588. L'Affaire d'Adrienne de Frefne l'indifpofe contr'eux. 588. *suiv.* Part qu'ils eurent à la Conjuration contre le Roi d'Angleterre ; leur juftification. N. 34. *Voyez Garnet. Oldecorne. Jacques.* Ils veulent faire recevoir le P. Séguiran Prédicateur à La Rochelle.

III. 12. *suiv.* N. 7. Henry IV. foutient leur Collége de Poitiers. 14. Il confent que fon Cœur foit mis à La-Flèche : Bon-mot à ce fujet. 14. 15. N. 8. Ils briguent à la Cour & dans le Royaume en faveur de l'Efpagne. 15. *suiv.*— Les Vénitiens refufent de les rétablir dans leurs Etats. N. 13. *pag.* 30. Il s'établiffent en Béarn. N. 25. *pag.* 91. Jéfuites nommés dans une Lettre du P. Cotton. 124. Ils font impliqués dans la prétenduë Conjuration de La-Flèche. 178. *suiv.* & juftifiés. N. 35. Ils fervent les cruautés de l'Empereur Rodolphe contre les Proteftans d'Allemagne. 216. Ils font impliqués dans le Parricide de Henry IV. & juftifiés. 244. *suiv.* N. 23. Sully les défigne comme complices. 260. Ils travaillent à détruire ce Miniftre. 274. La Régente les met de fon Confeil fecret. *Voyez Cotton.* Et ils l'uniffent de Politique avec le Pape & l'Efpagne contre les Calviniftes. 290. *suiv.* Ils cherchent à diffuader de l'Expédition de Julliers. 307. *Voyez Confeil. Efpagne. Ligue, &c.*

JETTONS d'or & d'argent, préfentés à Henry IV. par Sully. II. 295. 296. N. 1. En 1606. 551. *suiv.* En 1607. III. 17. 18. En 1708. 63. En 1609. 218.

JEU. Paffion & dépenfes de Henry IV. pour le Jeu. II. 293. 601.—III. 47. 48. 93. N. 28. Calomnie contre lui, de chercher à ruiner les Seigneurs par le Jeu. N. 29. *pag.* 93. Il promet à Sully de fe corriger. 160.

IF (Ifle & Château d') Ufurpés & rendus à Henry IV. par le Grand-Duc de Tofcane. II. 86. *suiv.* N. 20. Deffein de l'Efpagne fur cette Ifle. 272.

IGNACE ARMAND, Provincial des Jésuites. Caresses & promesses que lui fait Henry IV, à Metz. II. 159. N. 6. Il travaille utilement au rétablissement de la Société en France. 298. 299 N. 3. Lettre indiscrete que lui écrit le P. Cotton. III. 123. *suiv.* N. 4.

IGNORANS (Freres institués. II. 284.

ILLUSTRES (Hommes) de 'Antiquité. Conversation sur ce sujet entre Henry IV. Sully & les Courtisans. III. 121. 122. N. 3.

IMBERCOURT. Emporté d'assaut. I. 425.

IMPOTS. Réfléxions sur la nature des différens Impôts. II. 464. *suiv.* Remise faite sur la Taille & autres Impôts. 561. N. 18. Nouvel ordre établi par Sully dans la levée des Impôts, Fermes, &c. 565. *suiv.* N. 21. Différens Impôts en France ; comment se font établis. Réfléxions sur cette matiére. III. 99. *suiv.* N. 35. Etats sur la Taille, sur les revenus Royaux, &c. 117. *suiv.* Mémoire sur les différens moyens de recouvrer de l'argent. 144. N. 17. *suiv.* *Voyez Taille. Revenus Royaux. Finances, &c.*

INCARVILLE, Contrôleur Général des Finances. Entre dans le nouveau Conseil des Finances. I. 397. Soutient les Financiers malversateurs. 456. — 463. 464. — 476. 544. Il étoit intéressé dans les Fermes sous des noms empruntés. II. 464.

INCHI. (Charles de Gaure d') Reçoit Monsieur dans Cambrai, par lequel il en est ensuite chassé. I. 72. *suiv.*

INDES Trésors immenses qu'en tirent les Rois d'Espagne : & cruautés qu'y commet Philippe II. 576. N. 31. 32. Dessein de ce Prince d'en interdire le Commerce au reste de l'Europe. 578. 582. Elles ont épuisé l'Espagne. II. 246. Dessein & moyens d'en ôter le Commerce à l'Espagne. 248. *Voyez Dessein Politique.* Sully dissuade d'y établir une Colonie : Remarques sur cet établissement. 293. N. 17. Les Hollandois font un voyage aux Indes Orientales. 611. Article du Traité de Trève & d'Intervention, &c. concernant le Commerce aux Indes. III. 182. 183. *Voyez. Amerique. Asie, &c.*

INFANS D'ESPAGNE. D. Carlos. *Voyez Carlos.* (D.) Anne-Marie-Mauricette. Claire-Eugenie. Isabelle. *Voyez les Articles suivans. Voyez aussi Espagne.*

INFANTE D'ESPAGNE. (Anne-Marie-Mauricette d'Autriche.) Sa naissance. II. 86. N. 19. Complots dans la Maison de la Reine pour la faire épouser au Dauphin, malgré Henry IV. III. 132. N. 8.

INFANTE D'ESPAGNE. (Claire-Eugenie d'Autriche) Dessein de la faire épouser au Cardinal de Bourbon : rendu inutile par les Seigneurs. I. 272. 273. N. 34. *Voyez Ligue. Etats de Paris, &c.* L'Espagne fait proposer à Henry IV. de l'épouser. 295. N. 5.

INFANTE D'ESPAGNE. (Isabelle d'Autriche) Epouse l'Archiduc Albert ; & est faite Gouvernante des Pays-Bas. I. 582. N. 39.

INFIDELLES. (Princes) *Voyez Moscovie. Turquie. Perse.*

INTRIGUES de Cour. *Voyez Courtisans. Seigneurs François.*

INVALIDES. (Soldats) Etablissement pour eux. II. 386. N. 3.

INVINCIBLE. Flotte de Philippe II. ainsi nommée : battuë & dissipée. I. 576.

JOANNINI. Agent du Grand-

Duc de Toscane pour le mariage de Marie de Médicis avec Henry IV. II. 10. — 112. — III. 69. Cabale dans la Maison de la Reine, avec l'Espagne. 129. *suiv.* Entretien de Sully avec lui sur l'insulte faite à notre Ambassadeur à Rome, par celui de Toscane. 188. 189.

JOIGNY. Manqué par Clermont-Tonnerre. I. 187.

JOINVILLE. (Claude de Loraine, Prince de) Cabale avec l'Espagne. II. 73. Est arrêté: & Henry IV. lui fait grace à la priere de Sully : son caractère. 133. 134. N. 24. Disgracié, pour ses galanteries avec la Marquise de Verneuil & la Comtesse de Moret. III. 74. *suiv.* N. 13. 14. Sa querelle avec le Prince de Conty. 81. Graces qu'il se fait accorder par la Régente. 325.

JON. (Du-) L'un des Courtisans familiers avec Henry IV. III. 265. Avis qu'il donne à Sully après la mort de ce Prince. 268.

JOURS. (Grands-) *V. Grands-Jours.*

JOUSSEAUME, Receveur Générale des Finances. Arrêté à Milan par les soins de Sully, & pendu. II. 144.

JOYAUX de la Couronne. Sommes employées à les acheter. III. 33.

JOYEUSE (Anne Duc de) Maréchal-de-France. Conduit l'Armée Royaliste contre la Ligue; & la tourne tout-d'un-coup contre les Huguenots. 87. 88. N. 29. Ce qu'il dit à cette occasion à Sully. *ibid.* Conduit l'Armée de Henry III. & de la Ligue en Guyenne. 100. Marche contre Henry IV. en Poitou. 111. Dessein de Henry III. en lui confiant cette Armée. 114. Il prend Saint-Maixent, Maillezais, &c. 115. Sully défait un de ses Escadrons, & manque à le faire prisonnier. *ibid.* Ses Troupes maltraitées pendant son absence. 116. Il revient se mettre à leur tête. 120. Trait de générosité de lui. *ibid.* N. 54. Est battu & tué à la journée de Coutras : fautes qu'il fit, & particularités sur cette Bataille. 121. *suiv.* N. 56. N. 65. p. 124. Il fut l'un des Mignons de Henry III. 374. N. 12.

JOYEUSE. (Antoine-Scipion, Chevalier de Malthe, puis Duc de) Son Parti en Provence. I. 236. Assiége Villemur. 237. *suiv.* Y est défait, & se noye dans le Tarn. 240.

JOYEUSE. (Claude de) *Voyez Saint-Sauveur.*

JOYEUSE. (François de) Cardinal. Veut justifier à Rome l'assasinat des Guises. N. 10. p. 136. Est envoyé par Maïenne en Espagne. 303. N. 14. Est commis par le Pape à la dissolution du mariage de Henry IV. & de Marguerite de Valois. II. 6. N. 4. Conseille à ce Prince de donner le Gouvernement de Poitou à Sully. 285. Est envoyé à Rome, pour le Conclave. 326. — 499. Sully l'entretient sur les moyens de pacifier les Religions. 585. Sert de Parrein au Dauphin, pour Paul V. N. 29. p. 597. Il termine de la part de Henry, le Différend du Pape & des Vénitiens III. 30. 31. N. 13. 14. Il prévient Henry IV. contre Sully, sur l'Armement de Clèves. 211. — 218. Est nommé par ce Prince, du Conseil de Régence. 223. Marie de Médicis le met de son Conseil public. 278.

JOYEUSE. (Guillaume de) I. N. 28. *pag.* 87.

JOYEUSE (Henry, Comte du Bouchage, Duc de) Capucin & Cardinal.

Cardinal. L'un des Mignons de Henry III. I. 374. N. 12. Fait son Traité avec Henry IV. 425. N. 7. Somme d'argent qu'il reçut par ce Traité. 559. Il marie sa Fille avec le Duc de Montpenfier ; & rentre chez les Capucins : Bon-mot de Henry à lui. 607. N. 67. Sa mort. III. 91.

JOYEUSE. (Henriette-Catherine de (Epouse le Duc de Montpenfier. I. 607. N. 68.

IRLANDE. Elifabeth y foûmet les Rebelles, foûtenus par l'Efpagne. II. 100. 101.

IS. Terre acquife par Sully. III. 348. S. 408.

ISABELLE DE CASTILLE. Son éxemple propofé à Henry IV. par Sully. III. 207.

ISLE (N. De L') Officier de l'Artillerie. III. 154.

ISLE-ADAM. (L') Pris par l'Armée Royalifte. I. 148. N. 25.

ISLES. (Affaire des) *Voyez If. Pomegue &c.*

ISLOT. (Fort de l') Conftruit fur l'Efcaut par les Efpagnols. II. 400.

ISSOIRE. Victoire qu'y remporte le Parti de Henry IV. I. 177. N. 1.

ITALIE. Partie du Grand Deffein qui la concerne, II. 249. Henry IV. s'en attache les Princes. 406. — 560. *Voyez Deffein Politique.* Dettes de la France en Italie, acquitées par Sully. III. 32. Comediens appellés d'Italie par Henry IV. 53. Ses Princes & Etats s'uniffent à Henry contre la Maifon d'Autriche, 132. 133. — 216. 217. Ambaffadeurs nommés pour l'Italie. 223. Partie du Grand Deffein qui la regarde, par rapport à la Religion. 373. Par rapport à la Politique. 390. *fuiv. &c. Voyez Deffein Politique.*

JUAN (Dom) d'Autriche. Gagne la Bataille de Lépanthe. I. 10 N. 23. Concerte la Ligue avec le Duc de Guife. N. 27. p. 86.

JUBILE' SECULAIRE. Céremonie magnifique à Rome. II. 60. N. 36. Le Roi & la Reine vont le gagner à Orleans. 70.

JUDICATURE. *Voyez Barreau. Robe. Paulette. Droit Annuel.*

JUIFS. Offres qu'ils font au Grand-Seigneur, pour détruire le Saint-Sépulcre. I. 573.

JULLIERS. Duché & Ducs de ce nom. Affaire pour cette Succeffion. III. 193. *fuiv. Voyez Cleves.* Siége & prife de cette Place par les Princes confédérés. 306. *fuiv.* N. 30.

JUMEAUX. Gouverneur de Vendôme. III. 315.

JURISDICTIONS. Charges à y créer dans le befoin. III. 147. *V. Barreau. Bailliages. Cours Souveraines.*

IVRY. (Bataille d') Phénomene qui la précéda. I. N. 46. p. 166. Fautes commifes : détail & particularités de cette Bataille. 167. *fuiv.* N. 47. 48.

JUSTICE. *Voyez Barreau.*

JUVIGNY ou DIVIGNY. L'un des Calomniateurs de Sully. II. 447. Son Memoire 449. *fuiv.* N. 11. Henry IV. le punit N. 13. *pag.* 455.

K

KENLOS. De la faction Ecoffoife, à Londres. II. 195. Député vers le Comte d'Aremberg. 231. S'attache au Parti de la France. 268.

L

LAGNY. Pris par le Prince de Parme. I. 183. N. 8.
LAMBERT, Traitant. I. 479.
LAMBERT. Envoyé par le Prince d'Orange en France pour faire rompre les Négociations de Paix entre l'Espagne & les Provinces-Unies : ses artifices. III. 108. *suiv.*
LAMBERT. (Saint-) Partie de plaisir qu'y fait Henry IV ; troublée par l'arrivée des Espagnols. I. 357.
LANDEREAU. (Charles Rouhaut-Du-) Tente de surprendre La-Rochelle. I. 17. N. 42.
LANDGRAVE. *Voyez Hesse.*
LANGLOIS, Echevin de Paris. Contribuë à y faire recevoir Henry IV. I. N. 33. *p.* 326. Agent de Marguerite, pour la Dissolution de son mariage. II. 5.
LANGOIRAN. (N. de Montferrand de) Echappe au Massacre de la Saint-Barthelemi. I. 25. N. 57. Prend le parti de Sully contre Bouillon. 45.
LANGRES. Refuse de recevoir les Jésuites. II. 423.
LANGUEDOC. Députés de cette Province à Henry IV. I. 433. Ce qui s'y passa entre les deux Partis, 447. N. 17. Henry en transfere les Etats dans le Bas-Languedoc. II. 90. Cette Province est un ancien Fief de la Couronne, non aliéné. 412. Ses Greffes réünis au Domaine : démêlé à ce sujet entre Sully & le Parlement de Toulouse. III. 33. 34.
LANQUETOT, Conseiller au Parlement de Rouen, dans le Parti de Henry IV. I. 433.
LANSAC, le Jeune. Cherche à surprendre La-Rochelle. I. 17. N. 42.
LANSQUENETS. Trahissent Henry IV. à Arques. I. 157. Sont taillés en pieces à Ivry. 171. N. 50. Se mutinent au Siége de Rouen. 200.
LAON. Assiegé par Henry IV. I. 341. *suiv.* Les secours & convois que Maïenne veut y faire entrer, sont défaits : Travaux de Henry à ce Siége. 350. *suiv.* Ce Prince en refuse le Gouvernement à Biron. 356. Les Espagnols s'en approchent avec toutes leurs forces. 357. & ne peuvent en empêcher la prise. 368. 370.
LARGE. (Baron de La-) Défait un Détachement du Duc d'Aumale. I. 191.
LARRY. (Saint-) *Voyez Bellegrade. Thermes.*
LAVAL. Pris sur la Ligue par le Parti de Henry IV. I. 163. N. 42.
LAVAL (Charlote de) Premiere femme de l'Amiral de Coligny. I. N 37. *p.* 15.
LAVAL (Guy de) Fils de D'Andelot. *Voyez Andelot.*
LAVAL. Guy (Comte de) On propose de le marier à Mademoiselle de Sully. I. 481. 482. N. 1. II. 282. Ce Mariage est rompu. 457. 458. *Voyez Fervaques.*
LAVAL. (Urbain de) *Voyez Boisdauphin.*
LAVARDIN ou LAVERDIN. (Charles de Beaumanoir de) Tué à la Saint-Barthelemi. I. N. 60. *p.* 27.
LAVARDIN (Jean de Beaumanoir de (Maréchal-de-France. I. 45. Prend le parti de Sully contre Frontenac & Bouillon. *ibid.* Combat singulier proposé entre lui & La-Devèse. 49. Il quitte le Parti

de Henry IV. 56. Tour que lui jouë Chicot. 87. 88. La-Trémouille le chasse du poste de Coutras. 121. Il commande les Troupes du Roi en Bourgogne. II. 126. Est fait Gouverneur du Perche & du Maine : se démet du Gouvernement de Poitou en faveur de Sully. 285. 286. Sully achete de lui Montricoux. III. 350.

LAUNOI. (N. de) Contribuë à la défaite du Duc d'Aumale. I. 191.

LAURENS (André Du-) Medecin de Henry IV. II. 35.— 345. Est fait Premier Médecin. 540.—605. Henry IV. l'envoie au Marquis de Rosny malade. III. 5.—265.

LECQUES. (Antoine Du-Pleix de) Secourt Villemur. I. 238. *suiv.*

LENONCOURT. (Philippe, Cardinal de) Député de la Cour à Henry IV. I. 91. N. 34.-104. Assiste aux Conférences entre Catherine de Medicis & le Duc de Guise. *Voyez Barricades.*

LENOX. (Comte de) De la faction Ecossoise à Londres. II. 195.—204—213. Sully lui fait des présens. 261.

LEON X. Pape. Sa conduite blâmée par Sully. II. 584.

LEON XI. Pape. Joie en France de son Exaltation : & sa mort. II. 476. 477. N. 14. 15.

LEONOR GALIGAI, appellée la Leonor. *Voyez Galigai.*

LEOPOLD, Archiduc d'Autriche. L'Empereur Rodolphe lui donne l'investiture de Cleves : Démarches qu'il fait auprès de Henry IV. sur cette Affaire. III. 198. *Voyez Cleves.*

LE'PANTHE. (Bataille de) I. 10. N. 23.

LERME. (Duc de) Favori de Philippe III. tout-puissant. II. 210.

LESDIGUIERES (François de Bonne de) Connétable. Commande pour Henry IV. en Dauphiné. I. 101. Déconcerte en Provence les desseins du Duc de Savoie & de l'Espagne. 236. N. 9. Quelles étoient ses vuës. *ibid.* Ses succès en Savoie, Dauphiné &c. 371. Il chasse d'Epernon de la Provence. 384. Autres Exploits contre le Duc de Savoie & d'Epernon. 447. 448. N. 17. Il donne avis à Henry IV. des desseins du Duc de Savoie. II. 14. 15. Services qu'il rend pendant la Campagne de Savoie. 34. 40. Est fait Maréchal-de-France & Gouverneur de Piémont, par le Conseil de Sully. 55.—58. Est accusé d'intelligences avec Bouillon. 351. Remercie Sully d'avoir fait obtenir au Marquis de Créquy la Mestre-de-Camp du Régiment des Gardes : plaintes de Sully contre lui. 456. Ses Députés exclus de l'Assemblée de Châtelleraut. 496. —506. 507. *suiv.* N. 20. Passion avec laquelle il agit contre Blaccons dans l'Affaire d'Orange. 503.— 523. *suiv.* Jalousie de Bouillon contre lui. 511. 512. Ses brigues à Châtelleraut pour l'établissement d'une République Calviniste &c. renduës inutiles par Sully. 516. *suiv.* Henry IV. le craint. 529.— 591. Ses Conférences avec les Chefs Calvinistes le rendent suspect. III. 11. Raisons qui engagent Henry IV. à marier le Marquis de Rosny dans cette Maison : Démarches, brigues & sujets de plainte de Sully, au sujet de ce mariage. 55. 60. *suiv.* Henry IV. lui destine le commandement de son armée d'Italie. 216. 217.— 391. *Voyez Dessein Politique.* Villeroi parle mal de lui dans le Conseil de la Ré-

Vvv ij

gente, & Sully le défend. 320.

LESIGNAN (Louis de Saint-Gelais de) Officier Calviniste. I. 43.

LESINE. Attaché à Sully. II. 44.

LETTRES DE HENRY IV. Détail immenfe dans lefquelles il y entroit. I. 499. *fuiv.* II. 90.--471. *fuiv.* Affection & amitié qu'il y marquoit à Sully. III. 5. *Voyez fur le contenu de ces Lettres, les articles Henry IV. Sully &c.*

LETTRES (Belles -) *Voyez Belles-Lettres.*

LEUCATE. Deffeins des Séditieux fur cette Place. II. 499.

LEVIS. *Voyez Caylus. Ventadour. Mirepoix.*

LHUILLIER (Jean) Prévôt des Marchands de Paris, Contribuë à y faire recevoir Henry IV. I. 326. N. 33.

LIANCOURT (Nicolas d'Amerval de) Epoufe la belle Gabrielle. *Voyez Eftrées (Gabrielle d')* Particularités fur ce mariage 604. *fuiv.* N. 65.

LIANCOURT (N. DuPleffis- (Premier Ecuyer de Henry IV. Reçoit ce Prince à Liancourt, & y fert mal Sully. I. 450. Eft nommé par Henry, du Conseil de Régence. III. 223.

LIANCOURT (Madame de) *Voyez Eftrées (Gabrielle d').*

LIBELLES SATYRIQUES contre le Gouvernement, communs fous le Regne de Henry IV. II. 447.

LIBERGE, Valet de Chambre de Sully. I. 108.

LICHANI, Entrepreneur du Pavé de Paris. III. 97.

LIERAMONT (François de Dampierre de) Gouverneur du Catelet. I. 374. N. 13.

LIESSE. Henry y fait un voyage. II. 262.

LIGNE (L'Amoral Prince de) Cherche à dépouiller les Princes d'Epinoy de leurs biens. II. 11. N. 10. Refufe Mademoifelle de Melun au Marquis de Cœuvres. 461.

LIGNE (Jean de) Comte d'Aremberg. *Voyez Aremberg.*

LIGNE (Marie de Melun, Princeffe de) Henry IV. & Sully font rendre juftice aux Princes d'Epinoy, qu'elle veut dépouiller de leurs biens. III. 184. *fuiv.* N. 2. 3. 4.

LIGNY. Son Parti en Provence. I. 236.

LIGUE (La) Rend puiffans les Guifes. I. 52. 53. Leve l'étendard de la révolte. 85. Son Origine, fa foibleffe, fes progrès. N. 27. *p.* 85. Affemblée à Châalons, où elle oblige Henry III. à fe joindre à elle. 88. N. 31. & difpofe de fes Troupes. 92. Elle fait marcher trois Armées contre Henri IV. 100. Places qu'elle prend & qu'elle perd. 110.— 115. N. 48. Défait les Troupes Etrangeres à Auneau. 130. N. 4. Journée des Barricades, où elle oblige Henri III. à fortir de Paris : Son infolence avant & après cette action. 131. *fuiv.* N. 7. La foibleffe & les fautes de ce Prince la raffûrent : Il eft obligé de tout lui accorder. 135. N. 8. 9. Il fe met dans la dépendance de la Ligue, après le meurtre des Guifes. 138. *fuiv.* N. 14. Succès des armes des deux Rois contr'elle. 148. N. 25. & de Henri IV. après la mort de Henri III. 160. *fuiv.* Sa défaite prédite par Sixte-Quint. N. 38. *p.* 160. Elle manque Meulan, & prend Pontoife 164. S'empare de Rouen. 165. eft battuë devant Noyon ; autres pertes qu'elle fait 189. *suiv.* Une grande partie de la Normandie lui est enlevée par Henry. 195. N. 24. Elle envoie des Troupes au Siége de Rouen. 206. Propositions & offres qu'elle fait à Henry. 228. Ses Troupes sont battuës à l'attaque de Saint-Denys; & au passage de La-Vienne: mais elle gagne la Bataille de Craon. 231. 232. N. 1. 3. Lesdiguieres la déconcerte en Provence & en Dauphiné. 236. Défaite de ses Troupes à Villemur. 239. 240. Conditions proposées de sa part à Philippe II. & ce qu'il y répond. 245. *suiv.* Leur défiance mutuelle. 248. Sully négocie pour Henry avec quelques uns de ses Chefs. 260. *suiv.* Conditions qu'elle veut lui imposer; rejettées. 266. *suiv.* Ses Chefs ne peuvent s'accorder aux Etats de Paris. 272. *suiv.* N. 33. N. 36. *p.* 275. Brigues & serment de ses Chefs contre Henry IV. 279. N. 42. La Ligue fait une députation à ce Prince. 287. Sage conduite qu'il tient avec Elle après son Abjuration. 292. 293. Elle se sert des Moines pour attenter contre la vie de Henry. 297. 298. N. 7. 8. Ses Chefs se retirent à Soissons, à la reddition de Paris. 327. N. 35. Lyon & plusieurs autres Villes s'en détachent hautement. 339. 340. Elle soûtient les Jésuites dans leur Procès contre l'Université &c. 347. Ses Partisans échouënt en Bourgogne, pour le Duc de Maïenne. 372. S'opposent à la Déclaration de Guerre contre l'Espagne. 390. Sont chassés de Dijon & de Talan. 406. N. 49. & battus avec les Espagnols à Fontaine-Françoise. 407. *suiv.* N. 51. Ses Chefs se soûmettent à Henry IV. 425. N. 6. Expéditions heureuses & malheureuses en differentes Provinces. 447. 448. N. 16. 17. Liste des Traités faits, & des sommes payées par Henry, à l'extinction de la Ligue. 559. 560. Ses Partisans font agir Marthe Brossier. 595. N. 52. Murmurent de l'Ambassade de Sully à Londres. II. 171. Jésuites &c. justifiés sur leur attachement à la Ligue. N. 8. *p.* 306. Faction puissante en Europe, se conduisant par les principes de la Ligue. 312. *suiv.* Adoptés aussi par une grande partie de la Cour & du Conseil de Henry IV. 423. Motif de la haine qu'elle portoit à Sully. 446. Dettes contractées par la France pendant la Ligue. 468. 469. Les partisans de la Ligue cabalent avec l'Ambassadeur d'Espagne contre la puissance & les desseins de Henry. III. 15. *suiv.* Dettes contractées à cause de la Ligue acquitées par Sully. 32. Haine de Henry IV. contre la Politique des partisans de la Ligue, & contre leurs complots. 83. *suiv.* Ils travaillent à le détourner de ses Grand-Desseins. 206. *Voyez aussi sur tout cet Article, Guise. Maïenne. Villeroi. Jeannin. Jésuites. Pape. Espagne, Courtisans &c.*

LIGUES-GRISES. *V. Grisons.*

LILLE (Jean de) Fou, qui veut assassiner Henry IV. II. N. 14. *p.* 550.

LIMEUIL. Henry IV. aide au Duc de Bouillon à s'en mettre en possession. II. 571.

LIMOSIN. Expéditions militaires en cette Province entre les deux Partis. I. 447. N. 16. Voyage qu'y fait Henry. II. 113. 114. N. 4. 5. Autre voyage de Henry IV. & de Sully, pour s'emparer des Villes du Duc de Bouillon, & y tenir les 4. *p.* 531.

Grands-jours 529. *suiv.* N. 1. 2. 3.

LINGHEN. Pris par Spinola. II. 482.

LISCOIS (Comte de) attaché à la Reine d'Angleterre. II. 198.

LIVAROT (Jean d'Arces de) L'un des Mignons de Henry III. I. 374. N. 12.

LIVRE (La-) Apothicaire de Henry IV. Dette à lui acquitée. II. 472.

LIVRON. Manqué par le Duc de Montpensier, I. 38. & par Henry III. 40.

LIVRY. Séjour qu'y fait Henry IV. III. 127.

LOGNAC, Assassin du Duc de Guise, périt misérablement. II. 472. N. 9.

LOGNAC, Capitaine Réformé. Gratification qu'il reçoit de Henry IV. II. 472.

LOIRE. Utilité de sa jonction avec la Seine & la Saone. II. 381. N. 1. Canal de Briare, commencé. 388. 389. N. 5. *Voyez Briare, Canaux*. Grande inondation de cette Riviere en 1608. III. 94. 95. N° 30.

LOMBARDIE (Royaume de) Projet de le rétablir en faveur du Duc de Savoie. II. 560.--III. 375. *suiv*.

LOMENIE (Antoine de Brienne de) Secretaire d'Etat. I. 486. —N. 14. p. 554.—II. 9.—321. 327. —361. La Régente le met de son Conseil. III. 288.

LOMENIE, le jeune. Envoyé par Henry IV. à Sully. III. 27.

LONCAUNAI, Gentilhomme Calviniste. Se sauve à la Saint-Barthelemi. I. 26. N. 57.

LONDE (La-) Maire de Rouen pour la Ligue. I. 154. N. 32.

LONDRES. Magnifique reception qui y est faite à Sully. II. 188. Haine des Bourgeois de cette Ville contre les François, éclate dans l'affaire de Combaut. 189. *suiv*. Factions qui y regnent. 195. *suiv*. Coûtume de ne point y traiter les Ambassadeurs. 207. Le peuple se soûleve contre les Espagnols, & loue la conduite de Sully. 214. Honneurs qu'il y reçoit à son départ. 261. Troubles qui y surviennent. 269. N. 5. 6. *Voyez Angleterre & Anglois. Jacques &c*.

LONGA (N. de) Gentilhomme Calviniste. I. 99.

LONGCHAMP. Proposé pour Député de l'Eglise de Pons. III. 11.

LONGUET. L'un des Ennemis de Sully à la Cour. II. 447.

LONGUET. Memoire sur le Rachat du Domaine qu'il donne à Henry IV. III. 39.

LONGUEVILLE. Cette Maison amie de Sully III. 317.

LONGUEVILLE (Henry d'Orleans de) Reste près de Henry IV. après la mort de Henry III. I. N. 30. p. 153. Lui amene des Troupes. 160. L'un des Catholiques mutinés pendant le Siége de Rouen. 203. L'un des Chefs du Tiers-parti. 249. Cabale contre Henry IV. aux Etats de Paris. 273. *suiv*. — 348. N. 60. Il emporte d'assaut Ham. 402.

LOPPES. Gentilhomme Calviniste. Se trouve à la défaite du Grand Convoi devant Laon. I. 354.

LORGES. Surprend Châteaudun. I. 146.

LORRAINE (La) & Lorrains. Les Lorrains défaits, & Dun, Stenay &c. pris par le Duc de Bouillon. I. 232. N. 2. La Lorraine se sépare de l'Espagne & s'unit avec la France. 390. Succès des armes des Lorrains dans la Guerre de 1595. 391. —394. Usurpations de la Lorraine sur la Frontiere de Champagne, restituées. III. 96. N. 32. Henry IV. a deſſein de la réünir à la France, en en mariant l'heritiere au Dauphin. 132. N. 8.——387. Partie du Grand Deſſein qui la concerne. *Voyez Deſſein Politique. Voyez auſſi Lorraine (Charles II. Duc de).*

LORRAINE (Maiſon de) Haïe par Henry III. I. 52. Droits chimeriques de cette Maiſon à la Couronne. N. 7. p. 131. Ses brigues, deſſeins &c. aux Etats de Paris. 272. *ſuiv.*

LORRAINE-GUISE. *Voyez Guiſe & les Articles ſuivans.*

LORRAINE (Charles de) Duc de Guiſe. *Voyez Guiſe.*

LORRAINE. (Charles, Cardinal de) I. N. 26. p. 11. Sa mort. 39. N. 75. Il forma le plan de la Ligue, au Concile de Trente. N. 27. p. 85. Ses véritables ſentimens ſur la Religion. N. 35. p. 92. Ses prétentions ſur Metz &c. N. 7. p. 131.

LORRAINE (Charles, Cardinal de) Evêque de Straſbourg. Henry IV. termine la guerre & le procès entre lui & le Prince de Baviere ſur cet Evêché. II. 159. Sa mort. III. 91.

LORRAINE (Charles de) Duc de Maïenne. *Voyez Maïenne.*

LORRAINE (Charles de) Duc d'Aumale. *Voyez Aumale.*

LORRAINE (Charles II. Duc de) Ses brigues aux Etats de Paris, inutiles. I. 272. *ſuiv.* Son Traité avec Henry IV. lors de l'extinction de la Ligue. 559. Madame refuſe de l'épouſer. 583. Il s'accommode avec Henry, ſur les meubles de la Ducheſſe de Bar. II. 298. Vient en France, & y eſt Parrein de Madame Chriſtine de France. 597. *ſuiv.* N. 29. Henry IV. l'oblige à lui reſtituer les uſurpations faites ſur la Frontiere de Champagne. III. 96. N. 32. Deſſein de faire épouſer ſa fille au Dauphin. 132. N. 8. Diſputes avec lui ſur les confins du Pays Meſſin, terminées. 161. Demandes & gratifications qu'il ſe fait accorder par la Régente. 325.

LORRAINE (Charles-Emmanuel de) Comte de Sommerive. *Voyez Sommerive.*

LORRAINE (Claude de) Tige de la Maiſon de Guiſe : Ses Enfans. N. 26. p. 11.

LORRAINE (Claude de) Duc d'Aumale. *Voyez Aumale.*

LORRAINE (Claude de) Prince de Joinville. *Voyez Joinville.*

LORRAINE (François de) Duc de Guiſe. *Voyez Guiſe.*

LORRAINE (François de) Grand-Prieur de France. I. N. 26. *p.* 11.

LORRAINE (Henry de) Duc de Guiſe. *Voyez Guiſe.*

LORRAINE (Henry de) Duc de Bar. *Voyez Bar.*

LORRAINE (Henry de) Comte de Chaligny. *Voyez Chaligny.*

LORRAINE (Louis de) Cardinal de Guiſe. *Voyez Guiſe.*

LORRAINE (Nicolas de) Comte de Vaudemont. *Voyez Vaudemont.*

LORRAINE (Philippe-Emmanuel de) Duc de Mercœur. *Voyez Mercœur.*

LORRAINE (René de) Duc d'Elbeuf. *Voyez Elbeuf.*

LORRAINE (Catherine-Marie de) Ducheſſe de Montpenſier. *Voyez Montpenſier.*

LORRAINE (Françoiſe de) Mademoiſelle de Mercœur. *Voyez Mercœur.*

LORRAINE (Louiſe de) *Voyez Vaudemont.*

LORRAINE (Louiſe-Marguerite de) Mademoiselle de Guife. Voyez *Guife*.

LORRAINE (Marie de) de Guife. Reine d'Ecoffe. I. N. 28. p. 11. 345. N. 55.

LORRAINE (Ducheffe de) Tombe dangereufement malade : Complimens que lui font faire le Roi & la Reine. III. 106.

LOTHAIRE. Exemple du Duel autorifé de fon temps. II. 545.

LOUDUN. Fautes du Prince de Condé & de l'Amiral de Coligny remarquées par Henry IV. à l'Efcarmouche de Loudun. I. N. 20. p. 8. Aſſemblée des Proteſtans en cette Ville : Services qu'y rend Sully. III. S. 407.

LOUIS LE DEBONNAIRE. Jugement fur ce Roi. III. 358.

LOUIS LE JEUNE. Jugement fur ce Roi. III. 359.

LOUIS (Saint) Edit qu'il publie contre le Duel. II. 545. N. 11. Il ordonne à fon fils d'abolir la Taille. III. 103. Jugement de Sully fur ce Roi. 122.—361.

LOUIS HUTIN. Jure à fon Sacre de fe foûmettre à l'autorité des Etats du Royaume. III. 104.

LOUIS XI. Valeur de la Talle fous fon Regne. III. 105.

LOUIS XII. Valeur de la Taille fous fon Regne. III. 105. Jugement de Sully fur ce Roi. 122.— 361. 362.

LOUIS XIII. Careſſes qu'il fait à Sully. III. 273. Il tient fon Lit-de juſtice, & y confirme la Régence à Marie de Medicis. 274. *ſuiv*. N. 13. Préparatifs pour fon Sacre. 306. Brouilleries qui furviennent dans cette Cérémonie. 318. 319. Accueil qu'il fait à Sully : heureuſes difpoſitions de ce Prince. 322. 323. Il récompenfe les fervices de Sully par le Bâton de Maréchal de France. S. 407. Il lui fait perdre un procès, qui cauſe fa mort. 410. Grave Réponfe que lui fit Sully. 416.

LOUSTANGE (Louis-François de) Chef Royaliſte en Limoſin. I. 447. N. 16. Son confeil fait prendre la Ville de Bourg. II. 30.

LOUVIERS. Manqué par Sully. I. 154. 155. Pris par Henry IV. 194.

LOUVRE. Henry IV. commence à en faire bâtir la grande Galerie. II. 171.

LUAT (Ange Capel du) Livre compoſé par lui fur les Finances. I. 571. N. 24.

LUC (François d'Epinay de Saint) Grand-Maître de l'Artillerie. Contribuë à la reddition de Paris. I. 325. N. 31. Se trouve au Siége de Laon. 352. L'un des Mignons de Henry III. 374. N. 12. Ses actions en Bretagne. 447.— 487.—492. Sa mort, & fon caractere. 495. N. 10.

LUC (Saint-) Accompagne Sully à Londres. II. 183.—190. Le reçoit en Poitou. 354.

LUCNAU, Maître des Cérémonies à Londres. Mécontentement qu'il donne à Sully. II. 185. 186.—206.

LULLINS, Agent & Commiſſaire du Duc de Savoie dans l'affaire de Saluces. II. 2.— 17.

LUNE (D. Sanche de) Commande un Corps de Troupes Eſpagnoles en Italie. II. 274.

LUNEBOURG BRUNSWICH, *Voyez Brunſwich*.

LUQUISSES (Les) Gentilshommes Provençaux. Leur détention & leur procès. II. 514. Leur fupplice. 535. N. 6.

LUSIGNAN. Pris par le Duc de Montpenſier. I. 38.

LUSSAN,

LUSSAN. Henry IV. lui pardonne. II. 354.

LUX. Rendez-vous de l'Armée de Henry IV. I. 407. *Voyez Fontaine-Françoise.*

LUX (Edme de Malain, Baron de) Négocie pour la Converfion de Henry IV. I. 278. Part qu'il a à la Journée de Fontaine-Françoife. 408. N. 54. Il confeille à Biron de venir à la Cour. II. 114. 115. Obtient fon pardon, après avoir tout avoué à Henry IV. & à Sully. 127. *fuiv.* Eft Député par ce Prince au Parlement de Dijon. III. 34.

LUXE. Principes de Sully fur le Luxe. II. 66. *fuiv.* N. 7. 289. *fuiv.* N. 14. Réglemens & taxes contre le Luxe, projettés. III. 148. *fuiv. Voyez Cabinet d'Etat.*

LUXEMBOURG. Alliance de cette Maifon avec les Maifons de Bourbon & de Béthune. I. 510. N. 29.

LUXEMBOURG (Henry de) Duc de Piney, Ambaffadeur à Rome. I. 537. N. 7. Procès qu'il a au Parlement. II. 141.

LUXEMBOURG(Sebaftien de) *Voyez Martigues.*

LUXEMBOURG (Marie de) *Voyez Martigues.*

LYON. Les Princes s'en emparent. I. 18. Se rend à Henry IV. malgré le Duc de Nemours. 339. 340. Ses Chanoines refufent au Duc de Savoie les droits de Chanoine d'honneur. II. 15. N. 13. Séjour qu'y fait Henry allant en Savoie. 25. *fuiv.* Henry y fait la Cérémonie de fon mariage avec Marie de Médicis. 52. *fuiv.* N. 31. Procès de cette Ville contre Feydeau. III. 40. Elle foûtient fes priviléges contre Villeroi & d'Alincourt, & eft appuyée par Sully. 328. *fuiv.*

LYRE (Abbaye de) appartenant au Cardinal Du-Perron. II. 481.

M.

MACARY. (Saint-) Manqué par les Proteftans. I. 43.

MADAME Catherine de Bourbon, Ducheffe de Bar. Eft renvoyée par Charles IX. à fon Frere. I. 42. N. 82. Son goût pour les Divertiffemens. 47. Ses Amours avec le Comte de Soiffons. 127. 128. Elle le fait venir en Béarn. 233. & lui donne une Promeffe de mariage. 307. qu'elle remet à Sully. 309. *fuiv.* Sully eft envoyé vers elle par Henry IV. pour rompre ce mariage : Converfations entr'eux. 434. *fuiv.* N. 12. Elle entreprend de le perdre auprès du Roi. 441. Elle lui rend fes bonnes graces. 445. —503. Henry retire d'elle les Fermes qu'elle faifoit valoir en fon nom. 564. *fuiv.* Partis qu'elle refufe: Enfin elle époufe le Duc de Bar: difficultés oppofées à ce mariage, de la part de Rome & du Clergé. 582. *fuiv.* N. 40. Conférence pour fa Converfion, inutile. 586. N. 43. Elle vient voir le Roi à Metz, & le reçoit à Nancy. II. 158. —169. Sa mort ; & difcuffion au fujet de fa Succeffion entre Henry IV. & le Duc de Bar. 296. *fuiv.* Particularités fur fa mort, fur fon caractère, fur la Difpenfe de fon mariage. N. 2.

MADRID (Château de) ou Bois de Boulogne. Séjour qu'y fait la Reine Marguerite ; & honneurs qu'elle y reçoit de la part de Leurs Majeftés. II. 541. *fuiv.*

MAHOMET III. Son caractère: Révolte des Janiffaires & de la Ville de Conftantinople contre lui. II. 102. On l'oblige de chaffer la Sultane-Mere : Sa mort. 274.—416.

MAIENNE. Prise de cette Ville par le Parti de Henry IV. I. 142.

MAIENNE. (Charles de Lorraine, Duc de) Prend Brouage. I. 52. N. 92. Conduit l'Armée de la Ligue en Guyenne: y prend quelques Villes; & ne peut surprendre Henry IV. 100. *suiv.* S'approche de Tours, où il manque à prendre Henry III. & en est chassé par Henry IV. 143. *suiv.* Ses Troupes défaites à Arques. 157. *suiv.* Est obligé d'abandonner les environs de Dieppe, & se rapproche de Paris. 159. 160. Paroles de Sixte-Quint sur Henry IV. & sur lui. N. 38. Il prend Pontoise. 164. & manque Meulan. 164. 165. Perd la Bataille d'Ivry : fautes qu'il y fait ; particularités sur cette Bataille. 167. *suiv.* N. 47. Rencontres à Noyon, &c. où ses Troupes sont battuës. 189. *suiv.* Il manque Mante & Houdan 191. *suiv.* Il punit l'insolence des Seize. 205. N. 34. Joint ses Troupes à celles du Prince de Parme. 216. & est cause par ses mauvais conseils des échecs arrivés à ce Prince aux environs de Rouen. 219. *suiv.* Mémoire des propositions qu'il fait au Roi d'Espagne, & des conditions auxquelles il lui soûmet la Ligue; & Réponse à ces propositions. 245. *suiv.* Demandes qu'il fait faire à Henry IV. pour lui-même par la Ligue. 267. Ses artifices contre le Parti Espagnol, & contre son propre Neveu ; & fautes qu'il fait aux Etats de Paris. 271. *suiv.* N. 34. Le Parlement lui résiste. 274. N. 35. Moyens qu'il emploie Maïenne pour exclurre Henry IV. du Trône. 276. Il cherche à rendre son Abjuration inutile. 291. S'oppose à la Députation des Parisiens vers ce Prince. 293. N. 3. Demande une nouvelle Trève, qui lui est refusée. 303. Ote le Gouvernement de Paris au Comte de Belin, & le donne à Brissac. 324. par lequel il est trahi. 325. N. 30. Il fait échouer les desseins du Duc de Nemours. *ibid.* Il marche au secours de Laon, & n'en peut empêcher la prise. 350. *suiv.* 357. 359. 360. Cherche à s'assûrer la Bourgogne. 371. N. 8. qui se révolte contre lui. 372. Fautes qu'il commet dans cette occasion. 406. Il fait son Traité avec Henry IV. Caresses qu'il en reçoit à Monceaux. 453. *suiv.* N. 18. Sommes d'argent qu'il reçut pour son Traité. 559. Il donne satisfaction à Henry IV. contre le Comte de Sommerive son Fils : services que lui rend Sully dans cette occasion. III. 25. *suiv.* N. 16. Henry l'accuse de s'opposer au mariage de Mademoiselle de Mercœur avec M. de Vendôme. 82. *suiv.* Il refuse de vendre au Roi son Domaine d'Antibes. 96. Henry IV. le nomme du Conseil de Régence. 223. Marie de Médicis le met de son Conseil public. 278. Graces qu'il se fait accorder par la Régente. 325.

MAIENNE. (Mademoiselle de) Henry IV. empêche qu'on ne la marie au Marquis de Rosny. III. 55. 56. On propose de la faire épouser au Prince de Condé. 166.

MAIGNAN, Valet-de-chambre de Sully. Le secourt à propos au Siége de Paris. I. 148. Lui sauve la vie à Ivry, 169. Le ramene en triomphe à Rosny. 175. 176. Utilité dont il lui est au Siége de Rouen. 201.— II. 44.

MAIGNAN, Docteur de Sorbonne, assiste Biron sur l'échaffaut, II. 125.

MAILLEZAIS, Pris par Henry

DES MATIERES.

IV. I. 110. Repris par la Ligue. 115.

MAILLOC. (Saint-Denis) Va servir l'Archiduc en Flandre. II. 483.

MAILLY. (Jacques de) *Voyez Benehart.*

MAINE. (Ville du) Prise par Henry IV. I. 163. N. 42.

MAINE. (Le-) L'un des Calomniateurs de Sully. II. 447.

MAINFROY, Concurrent de Charles d'Anjou. I. 5.

MAINTENON. (Louis d'Angennes de) Manque Chartres pour la Ligue. I. 145. 146. Accord avec les Maintenons pour l'Abbaye de Coulon. II. 164.

MAIRE de Londres. Comment Sully agit avec lui dans l'Affaire de Combaut. II. 191. 192.

MAISONS Royales, faites ou réparées par Henry IV. II. 469. N. 5. Sommes employées à les meubler. III. 33. Dépenses qu'y fait Henry IV. 160.

MAISSES. (André Hurault de) Services qu'il rend contre les Séditieux. I. 347. N. 57. Il entre dans le Conseil des Finances. 387. où il s'unit avec Sully. 478. L'un des Commissaires dans l'Affaire du Marquisat de Saluces. II. 16. Il se trouve au Conseil où Sully reçoit ses Instructions pour son Ambassade à Londres. 178. au Conseil sur le Rétablissement des Jésuites. 299. *suiv.* N. 4. L'un des Commissaires dans l'Affaire du Comté de Saint-Paul. 414. — III. 38.

MAITRE. (Jean Le-) *V. Parlement, Etats de Paris. Maïenne.*

MAITRESSES de Henry IV. Leurs noms: Enfans qu'il eut d'elles, &c. 63. N. 7. *suiv.*

MAIUS. (Alexandre) Jésuite. Impliqué dans le procès de Châtel. I. 594. N. 37.

MAIUS ou MAIO (Laurent) Jésuite. S'emploie utilement pour leur rétablissement en France. II. 299. N. 3. Promesse qu'il fait à Henry IV. au nom de la Société. 306.

MAIXENT. (Saint-) Repris par la Ligue. I. 115. Conférence entre Henry IV. & Catherine de Médicis en cet endroit. 113. 114. N. 50. 51. Synode. 367. Ce Gouvernement est refusé à Sully. II. N. 17. *pag.* 460. — III. 177.

MAIXENCE (Pont de Sainte-) mal gardé, oblige Henry IV. à se retirer de devant Paris. 161. 162. N. 40.

MALLASSISE. N. de Mesmes de) I. N. 5. *pag.* 3. Député par Catherine de Médicis à La-Rochelle. 13.

MALDERET, Député par les Provinces-Unies à Henry IV. III. 385.

MALICORNE. (Jean de Chourses de) Ne peut secourir Talmont. I. 106. Se démet du Gouvernement de Poitou en faveur de Sully. II. 285. 286.

MALTHE. (Chevaliers de) Prennent Canife & détruisent Passava. II. 102. Henry IV. fait recevoir son Fils Alexandre dans cet Ordre. 415. N. 17.

MALUIN, Ministre Protestant, protegé par le Roi Jacques. III. 12.

MAMERT. (Saint-) Insulte faite en cet endroit à Sully par les Officiers du Comte de Soissons. I. 399. *suiv.*

MANDELOT. (François de) Son humanité envers les Calvinistes à la Saint-Barthelemi. I. 34. N. 64.

MANDERSCHEIDT. (Jean) *Voyez Strasbourg.*

Xxx ij

MANDOCE. (Bernardin de) Propofitions & offres qu'il fait de la part de l'Efpagne à Henry IV. I. 80. N. 17. Autres, par le moyen de D'Entragues. 294. *fuiv.* Henry IV. lui députe La-Varenne. 296. N. 6.

MANDOCE. (Inigo de) L'un des Plénipotentiaires Efpagnols aux Etats de Paris. 271. *fuiv.*

MANGOT. Démêlé de Sully avec lui. III. 42. Marie de Médicis le met de fon Confeil. III. S. 406.

MANICAMP. (Philippe de Longueval de) Lieutenant pour le Duc de Vendôme au Gouvernement de La-Fére. I. 425. N. 4. Envoyé en Flandre après l'évafion du Prince de Condé. III. N. 32. *pag.* 177.

MANOU. (Jean D'O de) L'un des Chefs Catholiques du Parti de Henry IV. I. 256. N. 23.

MANSFELD. (Charles) Amene une Armée Efpagnole en France pendant les Etats de Paris. I. 270. *fuiv.* Prend Noyon. 276. & La-Capelle. 341. Ne peut empêcher la prife de Laon. 350. 355. 357. Eft défait par le Duc de Bouillon. 395. Manque l'occafion de battre l'Armée de Henry IV. devant Amiens. 497. *fuiv.* N. 15. 16.

MANTE. Le Gouvernement en eft refufé à Sully, & donné à fon Frere. I. 179. N. 3. *Voyez Béthune (Salomon de)* Entreprifes de Maïenne fur cette Ville, manquées. 191. *fuiv.* Henry IV. en fait fon principal féjour avant la reddition de Paris. 195. Conférences fur la Religion, qui y font tenuës. 283. N. 43. Et Affemblée des Calviniftes. N. 2. *pag.* 293. Valeur de ce Gouvernement, donnée à Sully. II. 287. Pont qu'il y fait faire. III. 93.

MANTOUE. Comment cette Principauté a paffé à la Maifon de Gonzague. II. 596. Deffein de Henry IV. fur l'État de Mantouë. III. 132.

MANTOUE (Vincent de Gonzague, Duc de) Beau-frere de la Reine. II. 595. N. 26. Reception que Henry IV. lui fait à Paris. III. 106.

MANTOUE (Eléonor de Médicis, Ducheffe de) Marreine du Dauphin : vient en France pour cette Cérémonie ; on lui donne le pas fur les Princes du Sang. II. 595. *fuiv.* N. 26. *fuiv.*

MANTOUE. (Eléonor de Gonzague, Princeffe de) Deffein de Henry IV. de la faire époufer à fon troifiéme Fils. III. 132.

MANTOUE. (Marguerite de Gonzague, Princeffe de) Henry IV. propofe fon mariage avec le Duc de Bar. II. 474. Elle tombe malade. III. 106.

MANUFACTURES d'Etoffes précieufes. Ne réüffiffent point d'abord à Tours. II. 11. 12. Réfléxions fur ce fujet. N. 11. Henry IV. les établit contre l'avis de Sully. 287. *fuiv.* N. 14. *pag.* 290. Sully s'oppofe à la conftruction des Bâtimens qui y font deftinés. 415. —473.— III. 48.

MARABAT. Exclus de la Députation générale à l'Affemblée de Châtelleraut. II. 520. 521.

MARAIS, (Mademoifelle Du-) Belle-fille du Duc de Sully : mariée par Henry IV. à La-Boulaye. II. 458. 459.

MARAIS SALANS. *Voyez Salines.*

MARC. (Saint-) Chaffé de Meulan par D'Aumont. I. 152. 153.

MARC-D'OR. Subfide deftiné

par Henry IV, à son entretien. I. 501.

MARCADE', Jouaillier. III. 160.

MARCEL. (Emerigot) Rebelle. I. 5.

MARCHAND. (Charles Le-) Donne son nom au Pont-Marchand. III. 92. N. 27.

MARDI-GRAS. (Prise d'armes du) I. 37.

MARE. (Comte de) De la faction Ecossoise à Londres. II. 195. — 216. Député vers Sully. 228. — 240. — 251.

MARECHAUSSE'ES. Réglemens généraux & particuliers pour le Berry, dans cette Partie. III. 37. 38.

MARESCOT, Medecin. Appellé à Monceaux pour la maladie de Henry IV. I. 345.

MARGUERIT, Avocat Géneral à Rouen. Gratification accordée par Henry IV. à ses héritiers. III. 160.

MARGUERITE DE VALOIS, Reine de France. Célebration de son Mariage avec Henry IV. I. 22. *suiv.* N. 25. Elle le quitte & retourne à la Cour, où elle se brouille avec sa Mere & son Frere. 80. N. 18. Négociations entamées pour la Dissolution de son Mariage. 520. 521. Sully l'y dispose par Lettres, & elle y répond favorablement. 528. Particularitées sur sa Vie. N. 41. Haine qu'elle porte à la Duchesse de Beaufort. 539. Affaire de la Dissolution de son Mariage, reprise & consommée: louange sur son procédé, &c. II. 4. *suiv.* N. 3. 4. Henry IV. lui fait rendre justice contre le Comte d'Auvergne, sur la succession de Catherine de Médicis. 346. Eloge de sa modération & de son désintéressement.

346. 347. Sully va conférer avec elle sur la Cabale des Séditieux. 497. *suiv.* Elle quitte Usson, dont elle consent le démolissement, & vient au Château de Madrid: honneurs qu'elle y reçoit de Leurs Majestés: Sa confiance en Sully. 541. *suiv.* Particularités sur sa Vie: sa mort: ses bonnes & mauvaises qualités. N. 9. 10. Présens qu'elle fait au Duc & à la Duchesse de Sully. 557. Elle assiste au Baptême des Enfans de France. 596. Donne au Dauphin les biens de sa Mere; & Sully les augmente. III. 33. 47. — 90. 159.

MARIE. (Sainte-) Regreté de Henry IV. III. 47.

MARIGNE', Commissaire en Bretagne. III. 38.

MARILLAC. Se mêle des Galanteries de Henry IV. III. 64.

MARINE. Situation déplorable où elle se trouvoit à la Paix de Vervins. I. 558. 559. N. 16. Réglemens pour son rétablissement. III. 44. Projets pour cet effet. 142. 143. *Voyez Cabinet d'Etat.*

MARION. Lettre de Sully à lui. III. 98.

MARIVAULT. (Claude de l'Isle de) Se trouve à la journée d'Aumale. I. 207. N. 37. au Siége de Laon. 352. A la défaite du Grand Convoi. 353. N. 63.

MARK. (La-) Comté & Comtes de ce nom: Comment cette Principauté fut unie au Duché du Clèves. III. 193. *suiv. Voyez Clèves.*

MARK (Guillaume-Robert de La-) Frere de la Duchesse de Bouillon: sa mort & son Testament. I. N. 26. p. 196.

MARK. (Robert de La-) Pere de la Duchesse de Bouillon. I. N. 26. p. 196. Il tint Sedan de Fran-

X x x iij

çois II. à titre dè Protection. II. 571.

MARK,(Charlotte de La-) *Voyez Bouillon (Duchesse de)*

MARKHAM (Milord)conspire contre le Roi d'Angleterre. II. 269. N. 6.

MARLE. (Château de) Séjour de Henry IV. dans fa jeunesse. I. 357.

MARMANDE. Manquée par Henry IV. I. 46. Escarmouches devant cette Ville. 61. 62.

MARMOUTIER. Henry II. faillit à y être pris par Maïenne. I, 144.

MARONIERE, Gouverneur de Talmont. I. 105. 106.

MARQUEMONT (Denys de) Archevêque de Lyon. Travaille à la Diffolution du Mariage de Henry IV. & de Marguerite de Valois. I. 521. Eft refusé du Chapeau de Cardinal. II. 327. N. 25.

MARQUETTE, Officier Flamand. Conduit un secours à Oftende. II. 395. 396.

MARQUETS.(Des) Signe dans l'Acte des Meubles de la Duchesse de Bar. II. 298.

MARSEILLE, Sa réduction par le Duc de Guife. I. 383. 384. N. 23. Députe à Henry IV. 433. 434. Somme payée pour fa reddition. 559. Le Parti de Biron cherche à s'en emparer. II. 97. Desseins de l'Espagne fur ses Isles. 272. Soûlevement qui y arrive fur la défense du Commerce avec l'Espagne. 390. Les Séditieux projettent de s'en saisir. 487. Troubles en cette Ville, appaisés. 605.

MARSILLIERE. (N. de) Officier Calvinifte. Député en Allemagne. I. 105.

MARTEAU (Michel) de La-Chapelle. Traverse le Traité de Villars avec Henry IV. I. 316. — 331. Ce qui fe passa entre Sully & lui chez ce Gouverneur. 332. Il fort de Rouen. 333.

MARTHE. (Messieurs de Sainte-) Amis de Sully : Leurs Lettres le juftifient contre le Pere Cotton, dans l'Affaire du Collége de Poitiers. II. 428. *suiv.*

MARTIGUES. (Sébaftien de Luxembourg de) I. N. 23. p. 507.

MARTIGUES. (Marie de Beaucaire, Duchesse de) Moyens qu'elle emploie auprès de Henry IV. pour le Duc de Mercœur. I. 507. 108. N. 23. *suiv.* Vifite que lui rend Sully. 510. Difficultés qu'elle apporte au mariage du Duc de Vendôme avec Mademoiselle de Mercœur. III. 82. *suiv.*

MARTIN, Médecin. Appellé à Monceaux pour la maladie de Henry IV. I. 545.

MARTIN. (Charles Le-Clerc de Saint-) Tué à la prife de Cahors. I. 58.

MARTIN. (N. de Saint-) Premier Gentilhomme de la Chambre du Roi de Navarre. I. 446.

MARTIN. (Madame de Saint) Femme du précédent. Parente de Madame. I. *ibid.*

MARTINBAULT. Sully loge chez lui à Rouen. I. 331. — 433. — 459.

MARTINENGUE. Son Parti en Provence. I. 236.

MASTIN. (Madame de) Comment reçoit Sully fon Neveu. I. 78.

MATELET, Gouverneur de Foix. Se jette dans Calais, & le rend aux Espagnols. I. 416. N. 62.

MATIGNON(Jacques de)Maréchal de Erance. Fait Montgommery prifonnier. I. 38. Jugement fur fon procédé. N. 70. Conduit une Armée en Guyenne : manque Caſtets. 100. Henry IV. lui échappe. 101. Joyeuſe donne ſans lui la Bataille de Coutras. 121. ſuiv. Il refuſe de ſecourir Villemur. 238. Henry le met du Conſeil des Finances. 387. Il détruit les Crocans, & leve le Siége de Blaye. N. 17. *pag.* 447.

MATIGNON. (Odet de) *V. Thorigny.*

MATTHIAS, Archiduc d'Autriche. Les Provinces-Unies lui offrent leur Souveraineté ; puis s'en dégoûtent. I. 68.

MAUBUISSON. (Abbaye de) *Voyez Eſtrées (Angelique d')*

MAUGIRON. (François de) L'un des Mignons de Henry III. I. 374. N. 12.

MAULEON. Pris par Henry IV. I. 110.

MAULEVILLE. Traitant. I. 479.

MAUPEOU. S'oppoſe au retabliſſement des Jéſuites. II. N. 5. *pag.* 302. — 561. — III. 38. Nommé par Henry IV. du Conſeil de Régence. 223.

MAUR. (Saint-) Sully y traite de l'union des deux Rois. I. 103. Séjour de Henry IV. dans ce Château. III. 49.

MAURES & MORISQUES en Eſpagne. I. 10. Ils ſe révoltent, & demandent du ſecours à la France : qui le leur refuſe. III. 112. *ſuiv.* Ils ſont chaſſés d'Eſpagne. 115. N. 43. 44.

MAUREVERT. (Nicolas de Louviers de) Bleſſe l'Amiral de Coligny. I. 21. N. 51.

MAURIER. (Benjamin Aubery. Du-) Lettre que lui écrit Bouillon. II. 137. — 168. Services qu'il rend dans l'Affaire de Sedan. 567. *ſuiv.* N. 8. — 569. *ſuiv.* Bien-faits qu'il tenoit de Sully, & conſeil qu'il ne reçut après la mort de Henry IV. III. 337. 338.

MAUSSAC, Commiſſaire en Languedoc. III. 98.

MAUVESIN. (Synode de) Député au Duc de Bouillon. II. 520.

MAXIMILIEN I. Empereur. Philippe II. cherche à lui enlever l'Empire. I. 576. Doute par rapport à ſes Droits ſur les Pays-Bas. III. 194.

MAXIMILIEN II. Empereur. Ses diſpoſitions par rapport aux Etats des Clèves, de Julliers, &c. III. 197. *Voyez Clèves.*

MEAUX. (Entrepriſe de) I. 18. N. 41. 45. Vitry rend cette Ville à Henry IV. 303. N. 15.

MEDAVY. (Charles-François Rouxel de) L'un des Officiers Généraux de la Ligue. I. 155. N. 32. Commence à traiter avec Sully. 300. N. 11. Conclut ſon Traité. 314. 315. — 323. Difficultés qui ſurviennent pour ce Traité. 361. Sommes qu'il reçut. 560.

MEDECINS (Premiers) de Henry IV. II. 540. 541. Bon-mot de Sully à ce ſujet. N. 8. *Voyez Orthoman. Aliboußt. Du- Laurens. La-Riviere.*

MEDICIS (Maiſon de) peu ancienne. III. 189.

MEDICIS (Alexandre de) Cardinal de Florence. Travaille utilement à la Paix de Vervins. I. 505. 506. Sully le reçoit à Paris & à Saint-Germain. 545. 546. Eſt élu Pape. *Voyez pour la ſuite, Leon XI.*

MEDICIS (Catherine de) Reine de France & Régente. Réüſſit mal dans la Guerre contre les Calviniſtes. I. 2. Les trompe par la Paix de 1570. 3. N. 5. Favoriſe les Princes de Lorraine, par haine pour la Maiſon de Bourbon. 12. 13. N.

31. Sujet de l'entrevuë qu'elle eut à Baïonne avec le Duc d'Albe. 17. N. 41. Ses artifices pour attirer les Huguenots à Paris. 17. *suiv.* Moyens qu'elle met en ufage pour perdre les Calviniftes : Maffacre de la Saint-Barthelemi. 19 *suiv.* Particularités & refléxions fur ce fujet. N. 51. *pag.* 21. Les Grands fe joignent aux Huguenots contr'elle. 36. Ses deffeins pour l'établiffement de fes Enfans. *ibid.* Haine de Charles IX. contr'elle. 37. Ses artifices pour défunir Monfieur & Henry IV. 40. *fuiv.* Elle les trompe par la Paix de Monfieur. 42. Conférences en différens endroits entr'elle & Henry IV. fans fruit. 53. *fuiv.* Moyens dont elle fe fert pour enlever à ce Prince une partie de fes Officiers. *ibid.* Lettre où elle remercie le Prince de Condé d'avoir pris les Armes contre le Roi. N. 102. *pag.* 62. Elle brigue la Souveraineté des Pays-Bas & le Royaume d'Alger pour le Duc d'Anjou. 67. N. 1. Mauvaife foi en traitant avec Sully. 80. 81. Elle manque l'occafion d'abattre la Ligue & de réünir les Pays-Bas à la France. N. 31. *pag.* 88. Refléxions fur fa mauvaife Politique. 111. Elle va en Poitou, où elle s'abouche en différens endroits avec Henry IV. Sully pénetre fes deffeins fecrets. 112. 113. N. 50. 51. Parole d'elle, qui montre qu'elle fe foucioit peu de la Religion. N. 49. *pag. ibid.* Différentes négociations entr'elle, le Duc de Guife, &c. après les Barricades. N. 7. *pag.* 131. *fuiv.* Elle raccommode les Guifes avec Henry III. 136. Sa mort. 138. Jugement peu favorable à cette Princeffe. N. 11. *pag.* 138. Elle s'oppofa au Mariage de Madame Catherine avec Henry III. 583.

Ses difpofitions Teftamentaires en faveur de fes Filles. II. 346. Valeur de fa fucceffion. N. 5. Marguerite difpofe de fa fucceffion en faveur du Dauphin. III. 33. Le Roi de Navarre (Antoine) lui difputa la Régence. 297.

MEDICIS (Côme II. de) Grand-Duc de Tofcane. Succéde à Ferdinand. Infulte que fon Ambaffadeur fait à celui de France à Rome ; dont Henry IV. fe fait rendre raifon. III. 188. *fuiv.* N. 7. Henry le met dans fes intérêts. 190. 191.

MEDICIS. (Eléonor de) *Voyez Mantouë (Ducheffe de)*

MEDICIS (Ferdinand de) Grand-Duc de Tofcane. Epoufe Marie de Médicis au nom de Henry IV. II. 29. Il rend à ce Prince les Ifles d'If, &c. 86. *fuiv.* N. 20. Complots de fon Ambaffadeur à Madrid contre les deffeins & la perfonne de Henry. III. 130. Sa mort. 188. N. 8. Henry IV. en confole la Reine : Parole de Ferdinand à notre Ambaffadeur. 190.

MEDICIS (François-Marie de) Grand-Duc de Tofcane. Mariage de fa Fille avec Henry IV. propofé & arrêté. II 9. 10. N. 7.

MEDICIS (D. Joan, Bâtard de) Oncle de la Reine ; la fuit à Paris. II. 58.—112—569. 570.—572. Parrein de Madame Chriftine de France, au nom de la Grande-Ducheffe de Tofcane. N. 29. *pag.* 597.—III. 47. Il confeille à Henry IV. de renvoyer Conchini en Italie ; & la Reine l'oblige à s'y retirer lui-même. 69.—71.—191.

MEDICIS (Marie de) Reine de France. On propofe de la marier à Henry IV. II. N. 7. *pag.* 9. Le Grand-Duc de Tofcane l'époufe au nom du Roi. 29. Elle arrive à Lyon où s'accomplit son mariage. 52. 53. N. 31. Elle vient à Fontainebleau, ensuite à Paris, où Sully la traite à l'Arcenal : Italiens de sa Suite. 58. 59. N. 34. Elle va gagner le Jubilé à Orleans. 70. Devient grosse 75. & accouche du Dauphin : Parole de Henry IV. à elle, & particularités sur cette naissance. 83. N. 14. 15. 16. Soins de Henry pour elle pendant sa Couche : il lui donne Monceaux. 86. Elle suit le Roi à Blois 104. *suiv.* Dessein violent de ce Prince contr'elle & les Italiens. 111. *suiv.* N. 3. Il lui fait part de la résolution d'arrêter Biron. 119. Naissance de Madame Elisabeth de France : Attentions de Henry IV. pour la Reine pendant cette Couche. 150. 151. N. 34. Il la mene à Metz. 157. Conseils qu'il lui donne, se croyant prêt à mourir. 175. 176. Sully lui presente les Jettons d'or & d'argent, & en reçoit des presens. 295. 296. N. 1. Chagrins qu'elle cause au Roi par sa mauvaise humeur, sa jalousie, &c. 331. *suiv.* Sully lui donne des conseils à cet égard, qu'elle ne suit point ; & travaille à les raccommoder. 334. *suiv.* Graces qu'elle se fait accorder. 337. Elle écrit par les soins de Sully une Lettre de soûmission à Henry. 338. Ils se réconcilient & se brouillent de nouveau par les artifices de la Marquise de Verneuil. 339. *suiv.* Plaintes mutuelles d'elle & de Sully, qui cesse de se mêler de ces brouilleries. 340. *suiv.* N. 3. *p.* 345. Autres Démélés entr'elle, le Roi & la Marquise de Verneuil, que Sully cherche à appaiser. 240. Presens que lui fait Henry IV. & aux Officiers & Femmes de sa Maison. 471. Elle suit le Roi dans son voyage en Auvergne, &c. 534. Visites & honneurs qu'elle rend à la Reine Marguerite. 542. 543. Conversation singuliere entr'elle, le Roi & Sully, sur leurs noises. 551. *suiv.* Plaintes qu'elle fait à Henry. 555. Bon-mot que lui dit ce Prince sur la naissance de sa seconde Fille. N. 2. Elle refuse de se prêter aux moyens proposés par Sully pour finir leurs querelles : preseas qu'elle lui fait. 556. 557. Elle favorise la Politique Espagnole contre celle du Roi. 559. 560. Suit ce Prince à l'expédition de Sedan ; & se montre favorable à Bouillon. 573. N. 9. Obtient que la Duchesse de Mantouë ait le pas sur les Princes du Sang. 595. 596. Faillit à se noyer à Neuilly. 597. N. 31. Conversation familiere entr'elle & le Roi. 606. 607. Naissance de son second Fils. III. 3. N. 2. 3. Nouvelles brouilleries entr'elle, le Roi & la Marquise de Verneuil : Elle engage ses pierreries, &c. 48. Sully travaille encore à terminer ces débats : Particularités & Anecdotes à ce sujet. 64. *suiv.* N. 9. Complaisance de Henry IV. pour elle. 71. 72. Naissance de son troisiéme fils 72. N. 10. Conseil violent qu'elle donne au Roi contre les Calvinistes. 85. 86. Elle va à Chartres. 124. Amitié qu'elle témoigne au P. Cotton. 125. Desseins & complots contre la personne de Henry IV. formés dans sa Maison. 129. *suiv.* Tort & justification de cette Princesse à cet égard. 135. *suiv.* N. 11. Elle accorde aux Ducs d'entrer en carrosse au Louvre. 139. 140. N. 13. Gratifications qu'elle fait donner par Sully à la Léonor. 159. 160. Effets de sa jalousie contre la Princesse de Condé. 165. *suiv.* N. 29. *p.* 173.

Henry IV. la confole de la mort du Grand-Duc. N. 8. *p.* 188.——190. Henry IV. la nomme Régente pendant l'éxécution de fon Grand Deffein. 223. Elle fe fait couronner, malgré la répugnance & la volonté de ce Prince. 224. *fuiv.* Juftification de cette Princeffe & autres particularités qui la concernent dans le détail de l'affaffinat de Henry IV. *p.* 239. N. 17. Elle députe vers Sully pour l'engager à venir au Louvre : accueil qu'elle lui fait. 271. *fuiv.* Le Parlement la déclare Régente. 274. 275. N. 13. 14. Son Confeil fecret compofé de perfonnes oppofées à la Politique de Henry. 277. *fuiv.* Le Comte de Soiffons cherche à faire caffer fa Régence, & n'y réüffit point. 280. 281. Difficulté à appaifer les querelles entre les Princes du Sang. 282. *fuiv.* Confeil extraordinaire fur l'affaire de Cleves, où elle ne fuit point l'avis de Sully. 284. *fuiv.* Autre Confeil particulier où malgré Sully elle prend des arrangemens contre le Duc de Savoie. 288. *fuiv.* Elle fe conduit par des maximes de Politique toutes contraires à celles de Henry IV. 290. Sçait mauvais gré à Sully de fes liaifons avec le Prince de Condé. 296. *fuiv.* Elle reçoit froidement ce Prince ; puis le gagne par des gratifications. 299. *fuiv.* N. 26. ——304. Sa diffimulation avec Sully, 306. Elle envoie une armée au Siége de Julliers. 307. 308. N. 30. Elle fe détermine intérieurement à renvoyer Sully. 309. *fuiv.* Elle lui envoie un Comptant, qu'il refufe de figner. 312. *fuiv.* N. 2. Raifons qui l'obligent à faire revenir Sully de Montrond. 319. *fuiv.* Accueil gracieux qu'elle lui fait. 321. 322. Conchine la refroidit encore à fon égard. 324 Profufion de gratifications, graces, &c. qu'elle accorde aux Grands. 325. *fuiv.* Déboires qu'elle donne à Sully 327. Elle foûtient contre lui Villeroi & d'Alincourt dans l'affaire de Lyon. 328. *fuiv.* Sully lui remet les Charges de Surintendant & de Gouverneur de la Baftille : Brevets & récompenfes qu'il en reçoit. 333. *fuiv.* Opinions differentes fur fon procedé à cet égard. N. 11. *p.* 334. N. 13. *p.* 339. Lettres réciproques d'Elle & de Sully, où elle lui promet fa protection. 340. *fuiv.* Elle lui accorde une augmentation confidérable de Penfion. 344. Elle eft obligée de céder aux Proteftans dans l'Affemblée de Châtelleraut. S. 399. *fuiv.* & au Duc de Rohan, dans l'affaire de Saint-Jean-d'Angely. 402. Elle demande confeil à Sully pendant la révolte des Princes : Lettres qu'elle lui écrit. *ibid. fuiv.*

MEDOR. L'un des Conjurés dans la Confpiration de La-Fléche. III. 178. *fuiv.* N. 35.

MEGRIN (Paul Stuart de Cauffade de Saint-) L'un des Mignons de Henry III. I. 374. N. 12.

MEILLANT. Sécretaire du Confeil des Finances. I. 397.

MEILLES (Comte de) Officier Calvinifte. I. 49.

MELUN. Henry IV. faillit à y être affafiné. I. 297. N. 7. *fuiv.*

MELUN (Maifon de) & Perfonnages de ce nom. I. 6. N. 11. *Voyez les articles fuivans.*

MELUN-D'EPINOY. *Voyez Epinoy.*

MELUN-DE-LIGNE. *Voyez Ligue.*

MELUN-DE-ROUBAIS. *Voyez Roubais.*

MELUN (Hugues de) Vicomte

de Gand. I. N. 13. *pag.* 6. Sully perd cette Succession. 69. II. 11.

MELUN (Anne de) Dame de Rosny. I. N. 13. *pag.* 6. — 69. N. 5.

MELUN (N. de) Henry IV. lui donne l'Abbaye de Moreilles. II. 459.

MELUN (Mademoiselle de) refusée par ses Parens au Marquis de Cœuvres. II. 461. 462. N. 18. 19.

MENAGER. Député des Etats de Blois à Henry IV. I. 51. N. 90.

MENDE. Prise par Fosseuse. I. 514.

MENEHOULT. (Accord de Sainte-) III. S. 403. 404.

MENELAY. (La Marquise de) Se fait Capucine. III. 125.

MENENCOURT, Conseiller au Parlement de Rouen. Du Parti de Henry IV. I. 433.

MERCŒUR. (Philippe - Emanuel de Lorraine, Duc de) Est fait fort - imprudemment Gouverneur de Bretagne par Henry III. I. N. 39. *pag.* 161. Défait les Troupes Royalistes à Craon. 232. N. 3. Ses projets interceptés par Sully. 244. 245. Ses brigues aux Etats de Paris, inutiles. 272. *suiv.* Ses succès en Bretagne. 370. — 447. Henry IV. se dispose à aller le chasser de cette Province. 505. Bon-mot de lui, par rapport à ses prétendus droits sur la Bretagne. N. 21. *pag.* 505. Moyens qu'il emploie pour obtenir son pardon. 507. 508. N. 23. 24. Son Parti s'éteint en Bretagne. 508. *suiv.* Somme qu'il reçoit pour son Traité. 559. Il va servir l'Empereur en Hongrie. II. 11. & y est déclaré Lieutenant - Général. 60. Il prend Albe-Royale sur les Turcs. 102. Particularités sur sa mort, & son éloge. 153. N. 41. Henry IV. acheta de lui la Tour de Bouc. 472. 473. Son fils sert dans l'Expédition de Sedan. 575.

MERCŒUR. (Françoise de Lorraine de) Fiancée avec le Duc de Vendôme. I. 507. N. 26. Grandes difficultés à accomplir ce mariage. III. 82. *suiv.* N. 21. 22.

MERCŒUR. (Marie de Luxembourg, Duchesse de) Moyens qu'elle emploie pour fléchir Henry IV. en faveur de son Mari. I. 507. N. 23. 24. 25. 26. Sully se réconcilie avec elle. 510. Difficultés qu'elle oppose au mariage de sa fille avec le Duc de Vendôme. III. 82. *suiv.* N. 21. 22.

MERENS. Obtient une gratification du Roi. II. 471.

MEROVE'E. Jugement sur ce Roi. III. 358.

MEROVINGIENS. (Race des) Jugement sur cette Race. III. *ibid.*

MESMES. (N. de) I. N. 5. *p.* 3. Député par Catherine de Médicis à La-Rochelle. 13.

MESMES. (Jean-Jacques de) *Voyez Roissy.*

MESMIN. (Mademoiselle de Saint-) Sully l'aime, & ensuite s'en détache. I. 83. 84.

MESNIL (Du-) Capitaine du vieux Palais de Rouen : dans le Parti du Roi. I. 433.

MESNIL-BASIR, Conseiller au Parlement de Rouen. Du Parti du Roi. I. *ibid.*

MESSAGERIES. Réglemens pour cette Partie. III. 145.

MESSIER, Orfèvre. III. 165.

MESSILLAC (Raymond de Rastignac de) Secourt Villemeur. I. 238. *suiv.*

METIERS. Projets sur cette Partie. III. 141. *Voyez Cabinet d'Etat.*

METZ. Henry IV. y va & en chasse les Sobolles : autres causes &

Yyy ij

effets de ce voyage. II. 155. *suiv.* N. 1. 2. *suiv.* Sully soutient cette Ville contre les Jésuites. 587. 588. Le Duc de Verneuil en est fait Evêque : droits de ce Chapitre. III. 90. N. 23. Affaire sur les confins du Pays Messin & de la Lorraine, terminée. 161.

MEULAN. Pris par d'Aumont & Sully. I. 152. 153. Manqué par la Ligue : Dangers que court Henry IV. en le secourant. 164. 165. N. 44. Autres dangers que ce Prince y évite. 297.

MEUN.(Haras de) *Voyez Haras du Roi.*

MEURIERS, Edit qui ordonne d'en planter dans le Royaume. II. 148. Henry IV. les y fait cultiver . contre le sentiment de Sully. 287. *suiv.* Etoffes faite de l'écorce de ces arbres. N. 10. *pa*. 473.

MEUSE. Utilité de sa jonction avec la Saone. II. 381. N. 1.

MEYRAGUES. (Louis d'Alagon ou Lagonia, Baron de) Son crime & sa punition. II. 535. N. 6.

MIATTE. (Saint-Paul de La-) Assemblée des Protestans en cet endroit ; & desseins qu'ils y trament contre Henry IV. I. 89.

MICHAU.(Le Capitaine)Avanture de Henry IV. avec lui. I. N. 26. *pag.* 84.

MICHEL. Vaivode de Transylvanie. Défait par George Baste. II. 102.

MICHEL.(Saint-)Ville prise par Henry IV. II. 32.

MICHEL (Saint-) Député par Henry IV. à Sully. III. 85. Apprend à Sully l'assassinat de Henry IV 237. N. 22.

MIGNON (Nicole) Cherche à empoisonner Henry IV. Sa punition. II. 21. N. 19.

MIGNONVILLE, Officier Calviniste. I. 105. Conduit l'Artillerie à Coutras 121. N. 57.

MILICE. (Affaires & Réglemens de) Réforme dans les Troupes. I. 533. Triste état où les Guerres Civiles l'avoient réduite. 557. 558. Etablissement pour les Soldats invalides, & autres Réglemens. II. 385. 386. N. 3. Ordre rétabli dans la Discipline militaire. 470. 471. Projets à ce sujet. III. 142. *Voyez Cabinet d'Etat.* Utile Réglement pour la Discipline, projetté par Henry IV. 395.

MILLY. (Conférences de) Ce qu'on y traitoit. I. 299. N. 9.

MILON , Officier Calviniste. Fait prendre Monségur. I. 64.

MINES d'or, d'argent, &c. découvertes en France. II. 148. N. 30.

MINISTRES-DE'T'AT. Portrait du parfait Ministre. I. 548. *suiv.* Quels étoient ceux qu'on appelloit alors Ministres & Sécrétaires d'Etat : Nom de Premier-Ministre peu en usage. 554. N. 14, Principes de Sully sur le Ministere. II. 437. Comment les Rois doivent se comporter avec eux. III. 8. 9. Fautes qu'ils font : qualités qui leur sont nécessaires. N. 16. 17. *pag.* 92.

MIOLENS. Ville prise par Henry IV. II. 32.

MIOSSENS. (Henry d'Albret Baron de) L'un des Seigneurs Calvinistes I. 45. — 445. N. 14,

MI-PARTIES. (Chambres) *V. Chambres.*

MIRANDE. Piége que ses habitans tendent à Henry IV. I. 48. 49.

MIRANDE , Député-Général des Protestans III. 87.

MIREBEAU (Jacques Chabot de) Part qu'il eut à la Journée de

DES MATIERES.

Fontaine-Françoife. 407. T. 52.

MIREPOIX.(Alexandre de Lévi, Marquis de) Epoufe la feconde fille de Sully : Son ingratitude. III. 350. N. 18. — S. 407.

MIREPOIX.(Louife de Béthune, Marquife de) Ingratitude qu'elle montre enversSully. III. 349. 350. N. 18. — S. 407.

MIRON, Premier Médecin de Henry III. Difcours que lui tient ce Prince. *Voyez Henry III.* Affifte aux Conférences après les Barricades. I. N. 9. *pag.* 136.

MIRON (François.) Lieutenant-Civil & Intendant de Paris. Ce que lui dit Biron fur l'échafaud. II. 123. Sa mort. III. 91. N. 16. Réfiftance qu'il fait à la Vérification des Rentes : particularités fur fa Vie : Générofité de Sully à l'égard de fa famille. N. *ibid.*

MOINES. *Voyez Religieux.*

MOISSET, Partifan. III. 326.

MOLE. (Jofeph-Boniface de La-) Décapité. I. 38. N. 69.

MOLE'. (Edouard) Sa réfiftance au Duc de Maïenne. *Voyez Paris (Etats de)*

MOLINA, Jéfuite. Son fentiment fur la Grace. II. 311.

MOMIER, Concierge de Saint-Germain-en-Laye. I. 546.

MONACO. L'Efpagne ufurpe cette Principauté. II. 406.

MONARCHIE-UNIVERSELLE. Charles-Quint, Philippe II. Philippe III. en forment le projet : preuves. II. 557 *fuiv.*

MONARCHIQUE(Gouvernement) préférable à tous les autres. III. N. 35. *pag.* 100. *fuiv.*

MONCEAU (Du-) Commiffaire en Berry. III. 37.

MONCEAUX. Séjours qu'y fait Henry IV. I. 450. 451. — 455. — 503. 504. — 544. Il donne cette maifon à la Reine. II. 86. — 151. — 528. — III. 49. Y fait bâtir. 72. — 88. — 92. — 180.

MONCEAUX. (Marquife de) *Voyez Eftrées (Gabrielle d')*

MONCENIS, Ville Proteftante. III. 87.

MONCONTOUR.(Bataille de) I. N. 29. *pag.* 8.

MONDOUCET (Claude) Réfident dans les Pays-Bas. I. N. 53. p. 24.

MONNOYE. Celle d'Efpagne fort commune en France. I. 300. Abus corrigés & Réglemens. II. 63. N. 2. Monnoyes étrangeres défenduës. 64. N. 3. Défenfe d'en tranfporter hors du Royaume. 65. 66. Monnoye hauffée, & Compte par livres rétabli. 145. *fuiv.* Principes & réfléxions fur ces Opérations. N. 29. *fuiv.* Edits fur la Monnoye, & troubles qu'ils caufe- rent. N. *ibid.*

MONS. Pris par le Prince d'Orange. I. 16.

MONSEGUR. Pris par les Proteftans. I. 64.

MONSIRE. (Gamaliel de) Envoyé par Henry IV. pour retirer la Garnifon de Sedan III. 51. 52.

MONT (Du-) ou Des-Monts. Envoyé en Canada. II. 293. N. 17.

MONT (Sainte-Marie-Du-) Gentilhomme Calvinifte, bien intentionné. I. 593.

MONTAFFIE' (Maifon de) en Piémont. Sully détourne Henry IV. d'en acheter les biens. II. 88. N. 21. Démêlé à ce fujet entre le Comte de Soiffons & Sully. III. 281. 282. La Régente favorife le Comte de Soiffons. 312.

MONTAFFIE'. (Louis Comte de) Marie fa fille au Comte de Soiffons. II. 88. N. 21.

MONTAFFIE'.(Anne de)Epouse le Comte de Soissons. II. 88. N. 21.

MONTAGNE. Conversation entre lui & De-Thou. *Voyez Thou (De-)*

MONTAGU. Pris par les Calvinistes. I. 57.

MONTATAIRE. Député vers Sully par le Prince de Condé. III. 297.

MONTAUBAN, Ville de sûreté, donnée aux Calvinistes. I. N. 5. *pag.* 3. Elle maintient ses Priviléges. 36. Assemblée des Protestans en cette Ville, tumultueuse. 89. Eloge qu'en fait Henry IV. II. 286. Prise par Louis XIII. Services de Sully à ce Siége. III. S. 407.

MONTAUBAN, Receveur-Général. II. 384.

MONTAUSIER, Officier Calviniste. Se trouve à la Bataille de Coutras. I. 122. N. 57.

MONTBAZON. (Hercule de Rohan, Duc de) Amitié de Sully pour lui, calomniée. II. 450.—III. 75. Séjour de Henry IV. chez lui à Livry. 127. Est nommé du Conseil de Régence par ce Prince. 223. Impliqué dans la Conjuration de Ravaillac. N. 23. *pag.* 256. Député par la Régente vers Sully. 271.

MONTBAZON.(Louis de Rohan, Duc de) I. 91. N. 36. Accueil qu'il fait à Sully. 98. Se trouve au Combat de Saveuse. 146. Est tué à Arques. 157. N. 37.

MONTE, (Horace Del-) Commis par le Pape à la Dissolution du mariage de Henry IV. & de Marguerite de Valois. II. 6. N. 4.

MONTENDRE, Ville Protestante. III. 87.

MONTESPAN. Suit Henry IV. à la Campagne de Savoie. II. 51.

MONTFERRAT. Dessein de Henry IV. sur cette Principauté. III. 132.

MONTGLAT (Louis de Harlay de) Premier Maître-d'Hôtel de Henry IV. Envoyé par ce Prince au-devant de l'Armée Etrangere. I. 129.—N. 9. *pag.* 493.—501. Entrevuë de Henry & de Sully dans sa maison. II. 170. *suiv.* Résident de France en Allemagne. 574.—611. Nommé Ambassadeur à La-Porte. III. 223.

MONTGLAT (Madame de) Gouvernante des Enfans de France. Montre le Dauphin dans Paris. II. 415. Présens qu'elle reçoit de Henry IV. 471. De Sully. 553. Conduit les Enfans de France à Noisy. III. 49.—90.

MONTGOMMERY.(Gabriel Comte de) Tuë Henry II. dans un Tournois. I. N. 27. *pag.* 11. Echape à la Saint-Bartelemi. N. 60. *pag.* 27. Repasse en France. 37. Est pris & exécuté : Jugement sur la prétenduë parole qui lui fut donnée par Matignon. 38. N. 71. Son fils. 45.—N. 57. *pag.* 122.

MONTGUYON. Poste occupé par Henry IV. *Voyez Contras.*

MONTIGNAC-LE-COMTE. Pris par Maïenne. I. 102.

MONTIGNY.(François de La-Grange de) Assiste à la défaite du grand Convoi devant Laon. I. 353. N. 63. Henry IV. est blessé par Châtel, en lui donnant audience. 391. N. 31. Ce Prince lui refuse la Grande Maîtrise de l'Artillerie. 495. N. 11. Le fait Gouverneur de Metz & Pays Messin. II. 158. N. 3. Amitié de Sully pour lui, calomniée. 450. Brouillerie entre lui & D'Epernon. III. 81.—159. La Régente se déclare pour D'Epernon contre lui. 326.

MONTIGNY, Château appartenant à Sully. III. S. 369.

MONTLIEU. *Voyez Coutras*.

MONTLUC (Blaife de) Maréchal de France. Commande en Languedoc. I. 35. Son fentiment fur le Siége de La-Rochelle. N. 66. *p.* 35.

MONTLUC (Jean de) Evêque de Valence. Révele le fecret de la Cour fur la Saint-Barthelemi. I. 26.

MONTLUC - BALAGNY. *V. Balagny.*

MONTLUEL, Pris fur la Ligue. I. 395.

MONTLUET. (François d'Angennes de) Employé par Henry IV. auprès de Bouillon. II. 511. D'avis contraire à Sully fur l'entreprife de Sedan : cherche à en diffuader Henry. 564. *fuiv.* N. 6.

MONTMAGNY, Riche Bourgeois de Paris. II. 473.

MONTMARTIN. Traité du Gouvernement de Poitou pour Sully. II. 286. Employé utilement auprès des Grifons dans l'affaire de La-Valteline. 410. III. 3. Député du Roi pour affifter au Synode de La-Rochelle. III. 10. 11.

MONTMELIAN. Entretien du Duc de Savoie & de Sully fur cette Place. II. 16. Créquy prend la Ville. 30. 31. & Sully fe prépare à en affiéger le Château. 33. 34. Y met le Siége , & l'oblige à capituler. Travaux qu'il effuye & danger qu'il court à ce Siége. 42. *fuiv.* 46. *fuiv.*

MONTMORENCY (Anne de) Connétable. Rallume la guerre. I. 10. 11. N. 25. Tout-puiffant fous le Régne de Henry II. Idée de fon Miniftére. *ibid.*

MONTMORENCY (Charles de) de Danville, Amiral. Service important que lui rend Conchine. III. 315.

MONTMORENCY. (Le Chevalier de) Arrête les Luquiffes & autres Séditieux. II. 514.

MONTMORENCY (François de) nommé le Maréchal de Montmorency. Envoyé à Rouen pour punir les violences contre les Calviniftes. I. 14. N. 33. Traite à Londres du mariage d'Élifabeth avec le Duc d'Alençon. 16. Refufe de venir à la Cour. 27. Charles IX. épargne fes freres à la Saint - Barthelemi, pour ne pas l'irriter. N. 60. *pag.* 27.

MONTMORENCY. (Guillaume de) *Voyez Thoré*.

MONTMORENCY(Henry de) nommé fucceffivement Maréchal de Danville , Maréchal & Connétable de Montmorency. Se joint aux Calviniftes. I. 40. N. 77. Jugement qu'il porte fur le Duel de Turenne & de Duras. N. 97. *pag.* 55. Bon confeil qu'il donne aux Proteftans. 90. N. 33. Commande les Troupes de Henry IV. en Languedoc. 101.—107. Soûtient fon Parti en Dauphiné. 236. Secourt Villemur. 238. Eft fait Connétable : fes fuccès en Dauphiné. 395. N. 40. Motifs qui lui font appeller Henry IV. en Bourgogne. 395. Il s'oppofe à l'entrée de Sully dans le Confeil des Finances. 449.— Bal qu'il donne à la Cour. 482. Sully lui fait approuver fa maniere de conduire les Finances. 566. *fuiv.* Mort de fa feconde femme. 597. 598. N. 56. Il eft nommé Commiffaire dans l'affaire de Saluces. II. 16. & pour la Paix de Savoie : y fert mal le Roi. 52. 53. Commande les Troupes laiffées en Piémont, 58. — 70. Il eft foupçonné de complicité avec Biron. N. 20. *pag.* 127. & Henry IV. lui rend fes bonnes graces à la priere de Sully. 129. Lui & fa famille intercedent pour le Comte d'Auvergne. 131. Service qu'il rend à Sully. 150. — 282. Il favorife le rappel des Jésuites. 299. *suiv*. Est employé à lever la défense du Commerce entre la France & l'Espagne. 391. Henry fait partager la Forêt de l'Aigle entre lui & le Connétable. 472. Instruit le procès des Luquisses. 514. — III. 12. — 49. Dessein de HenryIV. de faire épouser Mademoiselle de Vendôme à son fils. 62. Est nommé du Conseil de Régence par ce Prince. 223. Il offre ses services à Sully après la mort de Henry IV. 272. La Régente le met de son Conseil. 278. Il y assiste. 288. *suiv*. & y prend le parti de Sully contre Bouillon. 315. 316. Ses brouilleries avec les Grands & les Ministres. 317. *suiv*.

MONTMORENCY.(Charlote de) *Voyez Angoulême (Duchesse d'*)

MONTMORENCY.(Charlote-Marguerite de) Henry IV. ne veut pas qu'elle épouse le Marquis de Rosny. III. 55. 56. & la destine au Prince de Condé. 82. Elle l'épouse, malgré les conseils de Sully : Motif de ce mariage, & amour de Henry IV. pour la Princesse. 128. *suiv*. N. 6. Henry promet à Sully de renoncer à cet amour. 134. 135. Particularités sur ce mariage. N. 10. Sage conseil de Sully à cet égard. 139. Intrigues & mécontentement du Prince de Condé. 165. *suiv*. N. 27. Son mari l'emmene en Flandre : particularités sur cette évasion. 170. *suiv*. N. 28. Bruits injurieux contre cette Princesse. N. 29. 30.

MONTMORENCY.(Hippolithe de) *Voyez Epinoy*.

MONTMORENCY.(Louise de Budos, Connétable de) Sa mort. I. 597. 598. N. 56.

MONTMORENCY-CREVECŒUR. *Voyez Crevecœur*.

MONTMORENCY-DU-HALLOT. *Voyez Hallot*.

MONTMORIN. *Voyez Saint-Héran*.

MONTPAZIER & VILLEFRANCHE se surprennent mutuellement. I. 44.

MONTPENSIER,(François de Bourbon, Duc de) Prend Fontenai & Lusignan. I. 38. N. 72.

MONTPENSIER (François de Bourbon, Dauphin de) Leve le Siége de Livron. I. 38. N. 72 Suit Monsieur en Flandre. 75. & cherche à le détourner de la trahison d'Anvers. N. 15. *pag*. 76.

MONTPENSIER (Henry de Bourbon, Duc de) Commande les Troupes Royalistes en Normandie. I. 161. Détail de cette expédition. 195. N. 24. Faute commise par Henry III. en lui ôtant le Gouvernement de Bretagne. N. 136. Il perd la Bataille de Craon. 232. N. 3. Est blessé au Siége de Dreux. 284. Sully le raccommode avec le Comte de Soissons. 307. 308. Part qu'il a dans le Traité de l'Amiral de Villars. 317. En est récompensé par Henry IV. 329. Il propose à ce Prince de rendre les Gouvernemens héréditaires & souverains. 417. Il reconnoît & répare cette faute. 418. Henry IV. députe Sully vers lui, sur de fausses accusations. 432. 433. & à dessein de lui faire épouser Madame. 434. Il épouse l'héritiere de la Maison de Joyeuse, 607. N. 68. Il est soupçonné de complicité avec Biron. II N. 20. *pag*. 127, Aide à Sully à obtenir le Gouvernement de Poitou. 285. — 360. Son amitié pour lui est taxée de liaison criminelle. 450.— 499. Sa mort. III. 58. N. 5. Henry IV. destine sa fille unique à son second fils. 132. N. 9. — 212. — 348.

MONT-

DES MATIERES.

MONTPENSIER. (Catherine-Marie de Lorraine, Duchesse de) Traits de clémence & de générosité de Henry IV. à son égard. I. 328. N. 38. 39.

MONTPENSIER (Marie de Bourbon-) Fille unique de Henry Duc de Montpensier, est fiancée au second fils de France. III. 132. N. 9.

MONTPEZAT. (Henry Des-Prés de) Envoyé par Maïenne en Espagne. I. 303. N. 14. Sert la Ligue. 447. N. 16.

MONTREUIL. Henry IV. y fait son entrée. I. 370.

MONTRICHARD. Où s'abouchent Henry III. & Henry IV. I. 141.

MONTRICOUX, Terre achetée par Sully. III. 350. — S. 408.

MONTROND. Terre s'y retire pendant le Sacre de Louis XIII. Motifs qui obligent la Régente à l'en rappeler. III. 318. *suiv.* — 348. — 408. Ouvrages faits par Sully à ce Château. 422.

MORA (Christophe de) Favori de Philippe III. I. 574. — 580.

MORAND. Traitant. II. 13.

MOREAU ou MOR'EE. (Le Commandeur) Offres qu'il fait à Henry IV. de la part de l'Espagne. I. 80. N. 17.

MOREILLES. (Abbaye de) Donnée au Neveu de Sully. II. 459.

MOREL, Prévôt de la Maréchaussée. III. 86.

MORET. Sully y reçoit le Roi. I. 398. — 411. — 427. Henry IV. achete cette maison. II. 598.

MORET. (Jacqueline de Beuil, Comtesse de) Présens qu'elle reçoit de Henry IV. II. 471. Son caractère; anecdotes sur sa Vie. N. 8. *p.* 471. autres présens que lui fait Henry. 601. Il va la voir. III. 4. — 63.

Enfans qu'il eut d'elle. N. 7. — *p.* 63. Intrigue galante entr'elle & Joinville. 76. N. 15. Elle cherche à perdre Sully. 163.

MORETTE. (Comte de) L'un des Commissaires de Savoie dans l'affaire de Saluces. II. 17.

MORFONTAINE. Garde du Trésor-Royal. I. 462.

MORGAN, Agent du Comte d'Auvergne. Sa détention & son procès. II. 359. 360. N. 13.

MORGES. Avis qu'il donne contre Lesdiguieres. II. 351.

MORIENNE. (Saint-Jean de) Pris par Henry IV. II. 32.

MORINVILLE. Gentilhomme attaché à Sully. I. 95.

MORISQUES. *Voyez Maures.*

MORLAIS. Pris par D'Aumont. I. 370.

MORLAS. L'un des Chefs Calvinistes. Se convertit: fort estimé de Henry IV. I. 259. N. 25. II. 213. *Voyez Salette.*

MORNAY (Philippe) Du-Plessis. I. 97. Guérit Henry IV. à la Mothe-Frelon. N. 13. *p.* 139. Est fait Gouverneur de Saumur. 142. Lettre que lui écrit Henry. IV. sur son Traité d'Union avec Henri III. N. 17. *pag.* 143. — 180. N. 4. Lettre de lui à Henry IV. après le Combat d'Aumale. N. 41. *pag.* 213. Il s'entremet pour la Conversion de ce Prince. 278. Sert Villeroi dans son Traité avec le Roi. 329. 330. Cabale dans le Parti Calviniste pendant le Siége d'Amiens. 492. *suiv.* N. 9. Fait insérer dans l'Edit de Nantes un Article qu'on est obligé de réformer. 593. Sa dispute publique avec Du-Perron. II. 21. *suiv.* N. 20. Ses brigues à Londres. 204. Le Roi d'Angleterre parle à Sully en sa faveur. 212. Il intrigue en faveur de Bouillon, & contre le Pape. 283.

284. N. 12. Excite les Proteſtans à la révolte. 347. *ſuiv.* Sully exclut ſes Députés à Châtelleraut, & y rend ſes brigues inutiles. 506. *ſuiv.* 516. *ſuiv.* 522.— 528. Il cherche à rompre l'entrepriſe de Sedan. 563. Suite de ſes brigues parmi les Calviniſtes. III 84. *ſuiv.* Sully le juſtifie auprès du Roi, contre une calomnie. 178. Il ſoûtient hautement le parti de Sully contre la Cour & le Conſeil de la Régente. S. 400. *ſuiv. Voyez Châtelleraut.*

MORNAY. (Pierre de) *Voyez Buhy.*

MOROSINI (Jean François) Nonce du Pape. Henry III. n'oſe lui reſiſter. I. 140. N. 14.

MORSAN. (Bernard Prévôt de) Fait rendre juſtice aux Huguenots à Rouen. I. 14.

MORTIER-CHOISY, Partiſan. III. 159.

MOSCOVIE. Partie du Grand-Deſſein qui concerne cet Etat. III. 372 *ſuiv. Voyez Deſſein Politique.*

MOTHE. (Valentin de Pardieu de La-) Amene des Troupes pour la Ligue au Siege de Rouen. I. 207. Sa mort. N. 36.

MOTHE-FRELON. (La-) Maladie de Henry IV. en cet endroit. I. 139. N. 13.

MOTTE. (Pont de La-) Où ſe fait l'entrevuë des deux Rois. I. 143. N. 18.

MOTTEVILLE, Préſident au Parlement de Rouen. Dans le Parti de Henry IV. I. 433.—III. 73.

MOUSSY. (N. Bouthillier de) I. 374. N. 14. Défait un Corps de Troupes de la Ligue. 394. N. 39.

MOUSSY (le Pere) Jéſuite. Sa Lettre dans l'Affaire du Collége de Poitiers. II. 429.

MONTIERS. Pris par Henry IV. II. 32.

MOUY. (Iſaac Vaudré de) Officier Calviniſte. I. 95. N. 40. Se trouve au Combat de Saveuſe. 146. N. 23. Arrive après la Bataille d'Ivry. 173. N. 52.— 510. Conſeille de réformer l'Edit de Nantes. 593.

MURAT, Tréſorier de France. Contribuë à la détention du Comte d'Auvergne. II. 361. *ſuiv.* Donne des avis ſur la cabale des Séditieux. 487. 488. Ses liaiſons avec Leſdiguiéres le rendent ſuſpect. III. 11.

MURAT, Tréſorier de l'Extraordinaire des Guerres. Attaché à Sully : conſeils & marques de confiance qu'il en reçoit. III. 337. 338.

MUSTAPHA (Agi-Ibrahim) Aga du Caire. Sa Lettre à Sully, au ſujet d'un Réſident de la Porte à Marſeille. III. 192. 193.

N.

NANCY. Fête que la Ducheſſe de Bar y donne à Henry IV. II. 169.

NANGIS. Va ſervir l'Archiduc en Flandre. II. 483.

NANGIS. (Beauvais-) Diſcours que lui tient le Duc de Guiſe. *Voyez Guiſe (Henry de)*

NANTES. (Edit de) Extorqué par les Calviniſtes. I. N. 9. *pag.* 493. Henry commence à y travailler 504. Son ſéjour à Nantes pour ce ſujet. 512. Teneur de ce Edit : & particularités ſur cette Affaire. 518. 519. Oppoſition à ſon Enregiſtrement : modifications qu'on eſt obligé d'y apporter ; Mauvaiſe foi de ceux qui y avoient travaillé. 589. *ſuiv.* N. 47. L'Edit eſt enregiſtré. 594. N. 51. & propoſé par Henry IV. pour Piéce fondamentale dans l'Assemblée de Châtelleraut. II. 492. 493.

NAPLES. Dessein de Henry IV. de donner ce Royaume au Pape. II. 406.—III. 387. *Voyez Dessein Politique.*

NARBONNE. Les Séditieux cherchent à s'en emparer. II. 97. —487.—499.

NARBONNE. (Vicomté de) Acquis par la Maison de Bourbon. I. N. 18. *pa*. 8.

NARGONNE , Commissaire dans l'Affaire de la Tour de Bouc. II. 472.

NASSAU (Guillaume de) Prince d'Orange. *Voyez Orange.*

NASSAU (Henry de) Ambassadeur des Provinces-Unies à Londres. Jacques refuse de le reconnoître ; ensuite le traite mieux. II. 199. 200.— 209.

NASSAU (Justin de) Ambassadeur des Etats-Généraux en France : Entretien de Henry IV. avec lui. I. 515. N. 34.

NASSAU (Louis de) ou le Comte Ludovic. L'un des Chefs du Parti Calviniste en France. I. 20.

NASSAU (Maurice de) Prince d'Orange. *Voyez Orange.*

NASSAU. (Philippe de) Amene des Troupes à Henry IV. pour le Siége de Rouen. I. 198. Défait le Comte de Mansfeld. 395.

NAVARRE. (Royaume de) Usurpé par les Espagnols I. 10. Dessein de Catherine de Médicis de l'acheter de la Maison d'Albret, & d'en faire un échange avec l'Espagne. N. 1. *pag.* 67. Droits de la Maison de Rohan sur les biens qu'y possede la Maison d'Albret. II. 458. Les Finances de Navarre sont réünies à celles de France. III. 32. N. 15. Question sur les limites de ce Royaume, terminée à l'avantage de Henry IV. 111. 112. Partie du Grand Dessein qui concerne cet Etat. 387. *Voyez Dessein Politique.*

NAVARRE. (Rois de) *Voyez les Articles suivans.*

NAVARRE. (Antoine de Bourbon, Roi de) I. N. 1. *pag.* 1. Sa mort. 10. Traits sur sa Vie. N. 24.

NAVARRE. (Henry d'Albret, Roi de) Traits sur ce Prince, lors de la naissance de son Petit-fils. I. N. 19. 20. *pag.* 8. *suiv.*

NAVARRE (Henry de Bourbon, Prince, puis Roi de) ensuite Roi de France. *Voyez. Henry IV.*

NAVARRE. (Jeanne d'Albret, Reine de) I. 9. N. 21. Se retire à La-Rochelle, à la Paix de 1570. 13. Motifs par lesquels elle se détermine à venir à Paris, 14. *suiv*. Sa mort: Jugemens sur cette mort. 24. *suiv.* N. 55. Haine qu'elle portoit aux Papes. 546.

NEMOURS. Traité extorqué par la Ligue en cette Ville. I. N. 29. *pag.* 87. Conférences entre Catherine de Médicis & le Duc de Guise, après les Barricades. N. 9. *pag.* 136.

NEMOURS. (Charles-Emanuel de Savoie , Duc de) Combat pour la Ligue à Ivry. I. 171. Défend Paris contre Henry IV. N. 5. *p.* 181. Son Parti ne réüssit pas en Provence. 236. non plus que ses brigues & ses desseins aux Etats de Paris. 272. *suiv.* La Ville de Lyon se rend à Henry IV. malgré lui : traitement qu'il y reçoit. 338. *suiv.* N. 45. 46. Le Connétable de Montmorency défait ses Troupes & prend ses Villes. 395. Sa mort. 426. N. 8. Somme qu'il reçut lors de son Traité. 559

NEMOURS. (Henry de Savoie-) *Voyez Saint-Sorlin*

NEMOURS-LA-GARNACHE. *Voyez Garnache (La-)*.

NE'RAC. Coup hardi de Henry IV. devant cette Ville. I. 51. 52. Conférences de ce Prince avec Catherine de Médicis. 53. N. 95.

NE'RESTAN (Philibert de) Capitaine des Gardes. Fait arrêter le Comte d'Auvergne. II. 366. Appuie l'opinion de Sully sur l'entreprise de Sedan. 569. 570. — III. 45. N. 20. Premier Grand-Maître de l'Ordre du Mont-Carmel. N. *ibid. p.* 154.

NERY. (Madame de) Engage D'Eſtrées à traiter avec Sully de la Grande-Maîtrife de l'Artillerie. II. 13.

NESLE. (Le Marquis de) Eſt tué à Ivry. *Voyez Ivry.*

NETANCOURT (Jean de) Comte de Vaubecourt, Député par Bouillon au Roi. II. 576. Henry IV. l'établit Gouverneur dans Sedan. 580. III. 51.

NEUBOURG. (Philippe-Louis, Comte Palatin de) Son Droit à la Succeſſion de Clèves. III. 196. Partage qu'il en fait avec l'Electeur de Brandebourg. N. 30. *pag.* 308. *V. Clèves.*

NEVERS. (Charles de Gonzague, Duc de) Eſt bleſſé au Siége de Bude : ſon Eloge. II. 153. 154. N. 41. Sert utilement dans l'Expédition de Sedan. 574. 575. Procès & diſcuſſions entre Henry IV. & lui, ſur les biens de la Maiſon d'Albret. III. 39. Eſt envoyé Ambaſſadeur à Rome. 90. N. 24. Maltraite de paroles les Miniſtres. 319. Graces qu'il ſe fait accorder par la Régente. 325. Terres que Sully acquiert de lui. 348.

NEVERS. (Louis de Gonzague, Duc de) Se fait craindre de Henry III. I. 140. N 14. S'attache à Henry IV. après la mort de ce Prince. N. 30. *pag.* 153. Amene des Troupes au Roi ; & cherche à dominer dans ſon Conſeil. 186. N. 11. Mutine les Catholiques pendant le Siége de Rouen, Seconde mal Henry IV. à Bully, &c. 208. *ſuiv.* N. 39. Il ſe fait l'un des Chefs du Tiers-Parti. 249. Ses brigues aux Etats de Paris. 273. Henry IV. l'envoie à Rome prêter l'Obedience au Pape. 291. N. 1. — 348. Il eſt fait Gouverneur de Champagne. 378. & Chef du nouveau Conſeil des Finances. 388. Ses démêlés avec Sully. 389. Il commande les Troupes du Roi en Picardie. 397. Se brouille avec les autres Chefs : malheurs qui en arrivent. 401. Sa mort. 426. Jugement ſur ſa conduite. N. 9.

NEVERS. (Ducheſſe de) Eſt mêlée dans les Intrigues de galanterie de Henry IV. III. 134.

NEUFCHATEL. Pris par Henry IV. I. 155. Mal défendu par Givry. 216. N. 43.

NEUVILLE. *Voyez Villeroi & Alincourt.*

NEUFVY. (Bertrand de Melet de Fayolles de) Reçoit chez lui Sully. I. 99. N. 44.

NEUFVY. (Magdelene de Melet de Fayolles de) Officier du Parti de la Ligue. I. N. *ibid.*

NEUFVY. (Madame de) Donne de mauvais conſeils à Madame. I. 438. — 442.

NEUILLY. Le Roi & la Reine y courent riſque de ſe noyer. II. 597. N. 31.

NICOLAI. Envoyé par Henry IV. dans les Provinces. II. 357. Nommé par ce Prince du Conſeil de Régence. III. 223.

NICOLAS. (Simon) Traits de ſon humeur plaiſante & libertine.

DES MATIERES.

II. 110. 111. N. 2.

NIEUPORT. Manqué à la trahison d'Anvers. I. N. 15. *pag.* 76. Le Prince d'Orange y gagne une Bataille contre l'Archiduc Albert ; & est obligé d'en lever le Siége. II. 59. N. 35.

NIMES. Fait un Traité avantageux. I. 36.

NOAILLES. Brouilleries entre cette Maison & celle de Roquelaure, appaisées par Sully. II. 598.

NOAILLES. (François de) Sujet de son Ambassade à la Porte. I. N. 1. *p.* 67. Il conduit des Troupes au Siége de Pierrefort. III. 45.

NOBLESSE. Considérations de Sully sur le peu d'égards qu'on a pour elle ; sur ses mésalliances ; sur ses mœurs corrompuës, &c. II. 67. *suiv.* N. 7. *suiv.* Projets de Henry IV. à cet égard. III. 141. 142. *V. Cabinet d'Etat.*

NOCLE. (Beauvais La-) *Voyez Beauvais.*

NOGENT-LE-BETHUNE. Fondations & Ouvrages qu'y fait Sully. III. S. 418.

NOIRMOUTIER. (Marquise de) *Voyez Sauves.*

NOISY. Séjour des Enfans de France dans ce Château. III. 49. — 89.

NOMPAR. *Voyez Force (La-)*

NORD. (Cours du) Leur mauvaise Politique, blâmée par Sully. II. 217. N. 2.

NORMANDIE. Places prises en cette Province par le Parti Royaliste. I. 163. N. 42. Expéditions militaires, Combats, &c. du Duc de Montpensier. 195. N. 24. *Voyez Gautiers.* La Normandie donne des secours à Henry IV. pour le Siége de Rouen. 198. Ses Villes & Gouverneurs se rendent à ce Prince. 323. — 334. Motifs du Voyage de Henry dans la Haute & Basse-Normandie. II. 282. *suiv.* N. 10. Sully appuie les intérêts de cette Province. 600.

NORTFOLK. (Duc de) Du Conseil privé du Roi Jacques. II. 188.

NORTUMBERLAND. (Comte de) De la faction des Mécontens à Londres. II. 196. Conduit Sully à sa premiere Audience. 207. Sa capacité : Sully se l'attache. 212. Avis important qu'il en reçoit. 218. *suiv.* Il conduit cet Ambassadeur à sa seconde Audience. 222. & est nommé l'un des Députés pour conférer avec lui. 228. *suiv.* — 251. 252. Présens que lui fait Sully. 261. Insulte qu'il fait au Colonel Vere. 269.

NOTABLES (Assemblée des) à Rouen, Motifs, délibérations & résultat de cette Assemblée : Conduite qu'y tient Henry IV. & Réfléxions à ce sujet. I. 465. *suiv.* N. 21. — *pag.* 468. N. 22. — 487. *suiv. Voyez aussi Etats Généraux.*

NOTAIRES. Etablis Juges de leurs Contrats : autres Projets à cet égard. III. 151. 152. *Voyez Cabinet d'Etat.*

NOUE. (François de La-) Catherine de Médicis donne secretement les mains à sa défaite en Flandre. I. 24. Eloge de cet Officier. N. 53. *pag.* 24. — 46. Il emporte d'emblée le Fauxbourg Saint-Germain. N. 41. *p.* 162. Générosité de Henry à son égard. N. 34. *pag.* 326. — II. 111.

NOUE. (Odet de La-) Proposé pour Député Général des Calvinistes. II. 510. & accepté. 520. 521. Se montre contraire à l'Expédition de Sedan. 569. *suiv.* Est employé par Sully dans l'Affaire de Metz contre les Jésuites. 587.

Zzz iij

Sert utilement au Synode de La-Rochelle. III. 10.

NOYER.(Du-) L'un des Conjurés dans la Conspiration de La-Flèche III. 126. *suiv*. N. 35.

NOYON. Les Troupes de la Ligue y sont battuës : Prise de cette Ville. I. 189. 190. 191. Reprise par Mansfeld. 276.

NUGNES ou ORDOGNES. Envoyé de la part de Mandoce à Henry IV. I. 295. *suiv*.

NUYS. Pris par le Maréchal de Biron. I. 395.

NYORT. Manqué par Henry IV. I. 111. ensuite pris par ce Prince. 139.

NYSSA, en Transylvanie. Pris & repris par les Impériaux. III. 154.

O.

O (François D') De Fresne, &c. Surintendant des Finances. S'attache à Henry IV. après la mort de Henry III. I. N. 30. *pag*. 153. Mais gouverne mal ses Finances, & le laisse manquer de tout. 178. N. 2. Veut dominer dans son Conseil. 186. Empêche les Catholiques de lui obéir au Siége de Rouen. 203. & les jette dans la mutinerie. 227. 228. Il devient un des Chefs du Tiers-parti. 249. S'entremet dans l'Affaire de la Conversion de Henry. 278. Se fait donner le Gouvernement de Paris. 326. N. 32. S'oppose au Cardinal de Bourbon & à Sully. 345. *suiv*. Il sollicite pour les Jésuites dans leur procès avec l'Université. N. 58. *pag*. 347. Ses profusions : Ses vices. 373. N. 11. 12. Particularités sur sa mort. 375. N. 15. 16. Il faisoit valoir les Fermes sous des noms empruntés. II. 464.

O (Jean D')de Manou, *V. Manou*.

OCCIDENT. (Empire d') Jugement de Sully sur cet Empire. III. 357.

ODOU. (N. d') Sert utilement dans l'Affaire de la révolte des Maures contre l'Espagne. III. 113.

OFFICES nouveaux créés. I. 485. N. 4. Offices de Finance & de Barreau supprimés. II. 70. Création d'Offices à faire dans le besoin. III. 144. *suiv*.

OFFICIERS de la Couronne, & autres. Sully change la forme de leurs payemens & pensions. I. 565. *suiv*. En supprime une partie dans la Finance & le Barreau. II. 70.

OISE. (George de Brancas-Villars, Chevalier d') Rend le Havre à Henry IV. I. 334. N. 43. En obtient une Pension. 373. N. 10. Le suit à la Campagne de Franche-Comté. 410. N. 56. Somme qu'il reçut pour son Traité. 559.

OLDECORNE (Edouard) Jésuite. Part qu'il eût dans la Conjuration des Seigneurs Anglois contre le Roi Jacques. II. 611. 612. N. 34. III. 30.

OLERON. (Isle d') Prise par les Protestans. I. N. 4. *p*. 3.

OLIVARI (Seraphin) Cazailla. Ce qu'il repond à Clément VIII. qui refusoit d'absoudre Henry IV. I. N. 1. *p*. 291. 292. Sully lui fait donner le Chapeau de Cardinal. II. 327. N. 25. Dette que lui paye Henry. III. 47.

OLLIUS. (Le Docteur) Confesseur de Philippe III. 580.

ONAU (Biron d') ou de Dona, Battu à Auneau. I. 136. N. 4.

ONDEVOUS. Agent du Duc de Bouillon. II. 55.

OOST-FRISE.(Prince d') Soûtient Embden avec les Provinces-Unies contre l'Espagne. II. 153. N. 38.

DES MATIERES.

ORADOUR. (N. d') Gentilhomme Calviniste. I. 97.

ORAISON. (Marquis d') De la suite de Sully à Londres. II. 190. Employé dans l'Affaire du Mariage de Mademoiselle de Mercœur avec le Duc de Vendôme. III. 82.

ORANGE. Affaire sur cette Place & sur Blaccons. II. 495. 496. — 503. Henry IV. s'y comporte avec trop de complaisance pour Lesdiguiéres. 523. *suiv. Voyez Châtelleraut. Blaccons.*

ORANGE. (Guillaume de Nassau, Prince d') Prend Mons sur les Espagnols. I. 16. Lieutenant-Général de l'Archiduc Matthias. I. 68. Il faillit à être tué à Anvers : révolte des Flamands contre les François à cette occasion ; qu'il appaise. 74. 75. Il prévient & rend sans effet la Trahison d'Anvers. 76. 77. Cherche en vain à réconcilier Monsieur avec les Flamands. 77.

ORANGE. (Maurice de Nassau, Prince d') Il fait la Cène à Rosny. I. 600. Gagne la Bataille de Nieuport contre l'Archiduc Albert; & en leve le Siege. II. 59. N. 35. Veut porter la Guerre aux environs de Dunkerque. 71. Prend Rhimberg & manque Bolduc. 72. Henry IV. lui accorde sous-main des secours. 82. Prend Grave : autres Expeditions. 151. 152. Il chasse les Espagnols de Vactendonk. 165. Prend Cadsan : Assiége L'Ecluse ; qu'il prend enfin. 395. *suiv.* N. 8. — 481. Autres opérations militaires. 482. 483. Intérêt qu'il a dans l'Affaire d'Orange & de Blaccons. 495. 496. Il se soutient mal pendant la Campagne de 1606. Sa mésintelligence avec Barneveld, l'une des principales causes de la Trève. 609. Il manque Anvers. III. 21. Il s'oppose à la suspension d'Armes. 27.

& brigue en France pour la faire échouer. 107. Mais Henry IV. & Sully résistent à ses brigues. 108. *suiv.* Il donne les mains au Traité de Trève. 182. Il se joint aux Princes d'Allemagne assemblés à Hall. 207. *Voyez Clèves.* Prend Jullières à la tête des Confédérés. 306. *suiv.* N. 30. Son partage dans le Grand Dessein. 381. & en quoi il y contribuë. 385. *Voyez Dessein Politique.*

ORANGE. (Princesse d') Fait la Cène à Rosny. I. 600. Les Provinces-Unies lui font un présent. II. 396. Lettres qu'elle écrit à Bouillon de la part de Henry IV. dans l'affaire de l'Expédition de Sedan. 566. *suiv.* N. 7. Autre Lettre qu'elle reçoit du Roi sur la reddition de cette Place. N. 15. *pag.* 583. — III. 69. Autres Lettres qu'elle écrit à Sully dans l'Affaire de la Trève entre l'Espagne & les Etats-Généraux. 108. 110.

ORBITELLO. L'Espagne s'en empare sans aucun droit. II. 406.

ORDRE nouveau de Chevalerie, que Henry IV. se propose d'instituer. III. 141. Sully se fait un Ordre pour lui-même. III. 5. 416.

ORDRES RELIGIEUX. *Voyez Religieux.*

ORELADOUX (Milord) Ecossois. II. 260.

ORIENT. (Empire d') Jugement de Sully sur cet Empire. III. 357.

ORLEANS. Pris par les Huguenots. I. 18. Rendu par La Châtre à Henry IV. 304. Somme payée pour cette reddition. 559. Le Roi & la Reine y vont gagner le Jubilé. II. 70. Séjour qu'y fait Henry IV. allant en Auvergne. 532. Troubles en cette Ville. III. 124.

556   TABLE

ORLEANS.(Gaston-Jean-Baptiste de France, Duc d'Anjou, puis d') *Voyez Anjou.*

ORLEANS. (N. de France, Duc d') Sa naissance. II. 3. N. 3. Il tombe malade. III. 89. Est fiancé à Mademoiselle de Montpensier. 132. N. 9. Conchine lui ôte le Gouvernement de Normandie. 312. Sully prédit sa mort. 323. Cause de cette mort. N. 7.

ORNANO (Alphonse d') Maréchal de France. Bon conseil qu'il donne à Henry III. le jour des Barricades. I. N. 7. *pag.* 31. 32. Il soûtient le Parti de Henry IV. en Dauphiné. 236. Secourt les Lionnois contre la Ligue. 340. Aide à défaire les Troupes du Duc de Savoie & de D'Epernon. 448. — 487. Services qu'il rend à Henry IV. lors de la mort de la Duchesse de Beaufort. 599. *suiv.* Mécontentement qu'il donne au Roi. II. 90. N. 23. Il est intéressé dans l'Edit du Droit d'Ancrage. 281. — 286. Amitié de Sully pour lui, calomniée. 450. Sully prend son parti contre D'Epernon. 540. — III. 47. — 154. Il blâme les Sermons emportés du Pere Gonthier. 164. 165. N. 26.

ORTES ou HORTES, *Voyez Hortes.*

ORTOMAN, Premier Médecin de Henry IV. Envoyé par ce Prince pour secourir Madame de Rosny. I. 147.

ORVAL (François de Béthune, Comte d') Présent que lui fait Henry IV. III. 347. Services qu'il a rendus : Charges qu'il a possédées. Le Comté d'Orval érigé en Duché en sa faveur ; Le Duché de Sully a passé dans sa branche. N. 17. *pag.* 347. 348. Partage qu'il eut dans les biens de Sully : & autres particula-

rités sur sa vie. S. 408. 409.

OSERAY. (L') Valet de Chambre de Henry IV. I. 362. — 486. — II. 300. — 444. — 551. — III. 212. — 215. — 265.

OSORIO, Officier Espagnol. Défend La-Fére. I. 424.

OSSAT (Arnaud d') Cardinal. Accusé d'attachement à la Ligue. I. 414. 415. Examen de sa conduite & de ses sentimens. N. 60. *pag.* 413. 414. Employé à la Dissolution du mariage de Henry IV. & de Marguerite de Valois. 521. & à obtenir la Dispense du mariage de Madame avec le Duc de Bar; qu'on l'accuse de traverser. 584. *suiv.* Examen de sa conduite à cet égard, &c. N. 42. *pag.* 584. 585. Service qu'il rend à Henry IV. à Rome dans l'affaire de Marthe Brossier. N. 52. *pag.* 595. Suite de sa Négociation pour la Dissolution du mariage de ce Prince. II. 5. Traité qu'il fait avec le Grand-Duc de Toscane pour la restitution des Isles, &c. blâmé par Sully. 87. 88. & justifié. N. 20. Accusations de ce Ministre contre lui. 160. *suiv.* Examen de ces Accusations. N. 7. *suiv.* Mortifications que lui donne Sully. 163. *suiv.* Il est fait Coadjuteur de Baïeux. 164. Son opinion sur l'Affaire des Prêtres Anglois. N. 4. 5. *pag.* 226. 227. Mémoire présenté contre lui au Roi par Sully. 306. Chefs d'accusation de ce Mémoire. 312. *suiv.* Sa justification : particularités sur sa naissance, sa vie & sa mort. 313. *suiv.* N. 16.

OSTENDE. Manqué à la Trahison d'Anvers. I. N. 15. *pag.* 76. L'Archiduc Albert y met le Siége. II. 72. N. 8. Châtillon & quelques autres François y sont tués, 82. N. 13. Suite de ce Siége. 151.

très-

DES MATIERES.

très-coûteux. 165. & avec peu de succès desEspagnols. 273. 274. Prise de cette Place. 395. *suiv.* N. 8. où la résistance des Flamands a épuisé l'Espagne. 407. — 609.

OTAGE (Villes d') proposées à la France par les Provinces-Unies: Motifs des EtatsGéneraux, du Conseil de Henry IV. qui veut qu'on les accepte, & de Sully qui en dissuade. III. 21. *suiv.* N. 9.

OTHON, Empereur. Duel autorisé de son temps. II. 545.

OTOPLOTE. Friponneries des Financiers sous son nom. I. 427. *suiv.*

OTTOCAR, Roi de Boheme. I. 4.

OVAL, ou AUVAL, Courrier de France à Londres. II. 271.—395.

OUEN. (Saint-) Henry IV. dispose de cette Abbaye après la mort du Cardinal de Bourbon. I. 373.

OURS. Chasse de ces Animaux dangereuse. I. 56.

OUVRAGES publics. *Voyez* Edifices, Paris, &c.

P.

PAJOT, Tréforier. Requête présentée contre lui. III. 159.

PAIR DE FRANCE. Sully obtient cette dignité. II. 560. 561. N. 5. Dispute au Sacre de Louis XIII. entre les Pairs Eccléfiastiques & les Ducs, sur la préféance. III. 275. *Voyez Ducs.*

PAIX de 1570. favorable aux Calvinistes. I. 3. N. 5. De Monsieur. 42. N. 83. De 1577. mal-observée de part & d'autre : Articles de cette Paix. 52. 53. N. 94. De Fleix. *Voyez Fleix.* De-Vervins. *Voyez Vervins.* Paix de Lyon. *Voyez Savoie. Lyon, &c.*

PALATIN. (Electeur) Dessein des Chefs Protestans de le rendre

Protecteur de la France Calvinistes I. 89. Henry IV. retire de ses mains les Fermes de France qu'il faisoit valoir. 564. *suiv.* & lui refuse de recevoir en grace Bouillon. II. 167. 168. Il continuë à soutenir Bouillon, & cherche en vain à le faire appuyer par le Roi Jacques. 204. — 225. 226. — 283. — 406. — 533. Craintes que lui inspire l'Expédition de Sedan. 574. Lettres polies qu'il écrit à Sully. III. 106.

PALATINS. (Princes) *Voyez* Neubourg. Deux-Ponts.

PALCHEUX, Officier Calviniste. Se trouve à la Journée d'Arques. I. 157. à Ivry. 172. Est mis injustement aux arrêts pour la reddition de Neufchâtel. 216. N. 43.

PALLIERS. Vend la Terre de Caussade à Sully. III. 350.

PALOT, Receveur Général, Destitué par Sully. II. 275

PALOT, Agent du Prince de Condé à Paris. III. 296.

PANFOU, maison appartenante à Sillery. II. 481.

PANGEAC ou PANGEAS. (N. de Pardaillan de) Oblige le Comte de Soissons à sortir de Béarn, & en est maltraité. I. 233.

PANGEAC. (Madame de) Donne de bons conseils à Madame. I. 438. Cherche à faire rentrer Sully dans ses bonnes graces. 445. 446. Donne un Mémoire éxact des meubles & effets de cette Princesse. II. 297.

PANNY. (Du-) Agent de D'Entragues à Londres. II. 204.

PAPES. Leon X. Pie IV. Pie V. Gregoire XIII. Sixte-Quint, Grégoire XIV. Clement VIII. Leon XI. Paul V. Urbain VIII. *Voyez chacun de ces Noms.* Brigues des Légats & Partisans du Pape aux Etats de

Paris. I 272. *suiv. Voyez Ligue.* Sully donne au Pape le titre de Sainteté, & en est blâmé par le Roi d'Angleterre. II. 212. Véritable Politique des Papes par rapport au Roi d'Espagne & à la Maison d'Autriche. 246. — 406. En quoi le Grand Dessein de Henry IV. leur étoit avantageux. 244. 249. Dogme Calviniste sur le Pape Antechrist, proposé au Synode de Gap: & supprimé par les soins de Sully. 283. 284. N. 12. Politique du Pape uni avec l'Espagne & les Jésuites. 305. 306. N. 8. Le Pape exclus de la possession du Pont d'Avignon. 411. *suiv.* Véritable Politique de la Cour de Rome par rapport aux Venitiens. 585. Le Nonce du Pape est admis au Conseil secret de Marie de Médicis, qui embrasse la Politique Ultramontaine. III. 277. *suiv.* 290. *suiv.* Partie du Grand Dessein qui concerne le Pape : On le déclare Roi : on lui donne le Royaume de Naples, &c. 374. *suiv.* 382. 387. Forces & dépenses dont il devoit y contribuer. 390. *suiv. Voyez Dessein Politique.*

PARABERE, Officier Calviniste. Prend Corbie. I. 189. — 343. Se trouve au Siége de Laon. 352. Sert utilement le Roi II. 353. 355. — 511. à l'Assemblée de Châtelleraut : son caractère. 515. Lettre que lui écrit Sully au sujet de Bouillon. 571. 572. — 593.

PARAN (le Pere) Jésuite. III. 125.

PARASIS. L'un des Calomniateurs de Sully. II. 447.

PARDAILLAN. *Voyez Pangeac. Segur.*

PARDIEU. *Voyez Mothe (La-)*

PARE' (Ambroise) Chirurgien de Charles IX. Ce qu'il dit à ce Prince au sujet de la Saint-Barthelemi. I. 33.

PARENT, Traitant. I. 479.

PARFAIT, Officier de la bouche de Henry IV. II. 267. Familier avec ce Prince. II. 603.

PARIS. Huguenots massacrés dans cette Ville. *Voyez Barthelemi (Saint-)* L'éxercice de la Religion Protestante y est défendu à dix lieuës, &c. *Voyez Paix de 1577.* Ce qui s'y passa à la Journée des Barricades. 131. *suiv.* N. 7. *p. ibid. suiv.* Consternation qui y est répanduë après la sortie de Henry III. Députation qu'elle fait à ce Prince, &c. N. 8. *pag.* 135. Les deux Rois en font le Siége. 148. Henry IV. en fait attaquer les Fauxbourgs. 161. 162. Il les emporte d'emblée & y met le Siége, que sa bonté l'oblige à lever : Horreurs de ce Siége; autres particularités à ce sujet. 180. *suiv.* N. 5. *suiv.* Etats tenus en cette Ville : leur convocation ; tumulte & confusion qui y regnent. 270. *suiv.* N. 30. *Voyez Ligue. Guise. Espagne, &c.* Ses Curés déchaînés contre Henry IV. N. 36. *pag.* 275. Joie qu'on y ressent de l'Abjuration de ce Prince : & députation. qu'elle lui fait malgré Maïenne. 293. 294. N. 2. 3. Reddition de cette Ville ; & particularités sur l'entrée qu'y fait Henry IV. 325. 326. N. 30. Procès de l'Université & des Curés de Paris contre les Jésuites. 342. 347. *suiv.* N. 57. *suiv.* La tranquillité & les divertissemens y sont rétablis. 481. 482. Somme que Henry IV. paya pour sa reddition. Ses Cours Souveraines s'opposent à l'enregistrement de l'Edit de Nantes. 589. *suiv.* N. 47. *suiv.* qui est réformé, & enfin enregistré. 594. N. 51. Réception faite à la Reine en cette Ville. II. 58. 59. N. 34. Monsieur le Dauphin est porté à découvert au travers de Paris. 66. Présens que la Ville fait à la Reine au sujet de cette naissance. *ibid.* Ouvrages publics qu'y fait construire Henry IV. 171. — 469. N. 5. Maladie contagieuse qui y régne, empêche d'y faire le Baptême des Enfans de France. 596. 597. N. 28. Autres édifices publics. III. 92. 93. Séjours différens de Henry IV. en cette Ville, &c. *Voyez Henry IV.* Consternation qu'y répand la mort de ce Prince, &c. *Voyez Parricide. Ravaillac. Parlement, &c.*

PARISIERE. (N. de La-) Député à Henry IV. par la Ville de Poitiers, dans le démêlé de Sully avec le P. Cotton. II. 428. *suiv.*

PARLEMENT DE PARIS. Il ne trempe point dans les Complots de la Ligue, à la Journée des Barricades, &c. I. N. 8. *pag.* 35. Il s'oppose aux desseins de Maïenne & de la Ligue aux Etats de Paris : Arrêt qu'il rend sur la succession à la Couronne : Ceux qui y eurent le plus de part ; & autres particularités sur cet Arrêt. 274. N. 35. Il est rappellé de Tours. N. 40. *pag.* 329. Brigues dans le Parlement en faveur des Jésuites contre l'Université & les Curés. 347. N. 58. 59. Sully y est fait Conseiller d'Honneur. 552. N. 13. Le Parlement oblige à réformer l'Edit de Nantes, & l'enregistre après bien des oppositions. 589. *suiv.* 594. N. 51. Il soutient ses Avocats contre le Roi. II. 141. *suiv.* N. 26. 27. S'oppose aux Edits sur la Monnoye. N. 29. *pag.* 145. & au rétablissement des Jésuites. 299. *suiv.* N. 4. — 311. Arrêt qu'il rend contre le Prince de Condé. III. N. 32. *pag.* 177. Conduite & démarches du Parlement le jour de la mort de Henry IV. & les jours suivans : particularités sur le Procès de Ravaillac & autres à l'occasion de ce Parricide. 242. N. 23. Il défere la Régence à Marie de Médicis. 274. 275. N. 13. 14.

PARLEMENS du Royaume. Désobéissance des Parlemens de Languedoc & de Bourgogne. *Voyez ces noms.* Plaintes de Sully contre les Parlemens. III. 34. 35. Démêlés qu'il a avec différens Parlemens. 97. *suiv.* Droit Annuel, Créations d'Offices, & autres Réglemens projetés par rapport aux Parlemens. *Voyez Cabinet d'Etat. Barreau. Paulette, &c.*

PARME (Alexandre Farnese, Duc de) Leve le Blocus de Cambrai, & fait une belle retraite. I. 71. 72. Oblige Monsieur à sortir de Flandre. 77. Parole de lui sur les Barricades. N. 7. *pag.* 133. Il oblige Henry IV. à lever le Siége de Paris. 181. *suiv.* N. 5. 6. 7. Se poste avantageusement, & se conduit en habile Général dans cette occasion : Bon-mot de lui au Duc de Maïenne. N. 8. *p.* 183. Il prend Corbeil avec peine. 184. Souffre plusieurs échecs en se retirant. 185. Il repasse la Somme & vient au secours de Rouen : Henry IV. va à sa rencontre. 204. Il manque à prendre ce Prince à Aumale. 209. *suiv.* Parole de lui, sur cette action. N. 41. *pag.* 213. Il repasse la Somme. 214. reprend le chemin de Rouen. 216. évite le Combat. 217. & arrive à Rouen. *ibid.* Henry IV. le trompe & remporte différens avantages sur lui, où il est blessé. 219. *suiv.* N 47 *p.* 221. Il échappe à Henry IV. par sa belle manœuvre au passage de la Seine. 222. La mutinerie des Troupes de Henry IV. empêche qu'on ne le poursuive. 223. *suiv.* Il repasse en

Aaaa ij

Flandre. 231. médite de revenir en France : mais il meurt. 241. 242. Jugement fur cette mort N. 14. Ses projets ne font point fuivis aux Etats de Paris, heureufement pour Henry IV. 270. 271. N. 30. *Voyez Efpagne, Ligue, Maience, &c.*

PARQUET. Préfident au Parlement de Grenoble. II. 593.

PARREINS. Donnés dans le Duel. II. 547.

PARRICIDE. Commis dans la perfonne de Henry IV. Comment cet attentat s'éxécuta. III. 237. 238. N. 22. 23. *fuiv.* Examen des différentes opinions fur les Auteurs & les caufes de ce Parricide. N. 23. p. 244. *fuiv.* Noms de différentes perfonnes qui y furent impliquées. N. *ibid. pag.* 253. *fuiv.*

PARTHENAY. Manqué par Henry IV. I. 111.

PARTENAY. (Catherine de). *Voyez Quellenec.*

PARTIES-CASUELLES. (Réglement fur les) III. 145.

PARTISANS. *Voyez Financiers.*

PASCAL. Ambaffadeur de France chez les Grifons. II. 409.

PASITHE'E. Religieufe prétenduë infpirée. II. 590. N. 22. Les Factieux de la maifon de la Reine la font fervir à leurs deffeins pernicieux. III. 133.

PASQUIER. Apporte à Henry IV. des Lettres de Villeroi. II. 71.

PASSAGE. (Du-) Donne avis au Roi des deffeins du Duc de Savoie. II. 15.

PASSAVA. *Voyez Châteauneuf.*

PASSY. Défendu par Sully contre les Troupes de la Ligue. I. 166. N. 46.

PAVE' DE PARIS. Réglemens à ce fujet. II. 469. Sommes qui y font employées. III. 33. — 97.

PAUL V. Joie en France de fon exaltation. II. 477. Son attachement à la France : honneurs qu'il rend à notre Ambaffadeur. 478. *Voyez Béthune.* Eftime qu'il a pour Sully : Bref qu'il lui écrit ; & réponfe à ce Bref. 479. *fuiv.* Il félicite Henry IV. fur l'expedition de Sedan. 581. Origine & fuite du Different entre lui & les Venitiens. 583. *fuiv.* N. 16. Il eft Parein du Dauphin. N. 29. *pag.* 597. Sa modération à l'égard des Proteftans. III. 10. Il défend aux Anglois de prêter le ferment de fidelité au Roi Jacques. 30. Henry IV. termine le Different avec la République de Venife. 30. 31. N. 13. 14. Bref de Paul V. à Sully : & Réponfe de ce Miniftre. 31. 32. Il accorde avec peine l'Evêché de Metz au Duc de Verneuil. 90. N. 23. Il preffe inutilement Henry de faire publier le Concile de Trente. 91. Il donne les mains à l'Union contre la Maifon d'Autriche, au moyen du Royaume de Naples qui lui eft promis. 216. — 387. 388. La Régente s'unit avec lui & avec l'Efpagne contre la Politique du dernier Régne. 290. Sa modération envers les Calviniftes. 373. Part qu'il a au Grand-Deffein de Henry IV. 382. *fuiv.* Forces & dépenfes dont il devoit y contribuer. 390. *fuiv. Voyez Deffein Politique.*

PAUL. (Comté de Saint-) Acquis par Henry IV. avec trop peu de précaution : Particularités fur l'hommage de ce Comté. II. 413. *fuiv. Voyez Soiffons.* (Comte de) Sully ne peut engager Henry IV. à en attaquer les Villes. 581. *fuiv.*

PAUL. (François d'Orleans, Comte de Saint-) Gouverneur de Picardie. L'un des Chefs des Troupes du Roi dans cette Province. I 397. Eft défait devant Dourlens

404. *suiv.* Il se justifie à Henry IV. sur l'assassinat du jeune d'Epinoy. III. 6. N. 5. Il a dessein de passer au service des Archiducs. 79.

PAULETTE. Henry IV. lui substituë le Droit Annuel. III. 145. N. 19.

PAYS-BAS. *Voyez Flandre.*

PECAIS. Engagé au Prince Casimir par le Prince de Condé. I. 62.

PECHE. (Du-) Traite avec D'Estrées de la Grande-Maîtrise de l'Artillerie pour Sully. II. 13.

PEDRE (Dom) de Tolede, Ambassadeur de l'Espagne en France. Travaille à la Paix. III. 107. Ses brigues à la Cour: Bon-mot de Henry IV. à cet Ambassadeur. N. 40.

PEGUILLON. *Voyez Martigues.*

PEHU (Guillaume de La-Mothe de) Complice de l'assassinat de Du-Hallot. *Voyez Allegre, Romain (Saint-) Rouen.*

PELLEVE' (Nicolas de) Cardinal. Révéle le Complot de la Saint-Barthelemi. I. 26. N. 58. Propose aux Etats de Paris le mariage de l'Infante d'Espagne avec l'Archiduc Ernest: Ses brigues inutiles. N. 34. *pag.* 272. *Voyez Ligues. Guise. Etats de Paris, &c.* Se retire à Soissons lors de la reddition de Paris. 327.

PEMBROK. (Comte de) Sully le voit à Douvres. II. 77.

PENSIONS DE L'ETAT. Sully en change la forme: ses travaux à cet égard. I. 564. *suiv.*

PENTIEVRE. Droits prétendus de cette Maison sur la Bretagne. I. 504. *suiv.* N. 21. 23. *Voyez Mercœur. Martigues.*

PEPIN LE BREF. Jugement de Sully sur ce Roi. III. 358.

PERES (Antonio) Ministre de Philippe II. Disgracié. Conseil de ce Prince à Philippe III. à son sujet. I. 580. Maximes de Gouvernement de ce Ministre. N. 36.

PERICARD. Agent du Duc de Guise pour son Traité. I. 376. 379.

PERLES FAUSSES. (Manufacture de) Etablie par Henry IV. II. N. 10. *pag.* 473.

PERONNE. (Assemblée de) Où la Ligue se forme. I. N. 27. *pag.* 85. Henry IV. fait son entrée dans cette Ville. 370.

PERRON. (Jacques Davy, Cardinal Du-) L'un des Auteurs & des Promoteurs du Tiers-Parti. I. 249. Conférences dans lesquelles Sully le rend favorable à Henry IV. 263. N. 27. 28. Il instruit ce Prince dans la Religion Catholique. 286. A la principale part à sa Conversion, & cherche aussi à convertir Sully. 289. *Voyez Abjuration.* Il est envoyé à Rome prêter l'Obédience au Pape: & est fait Evêque d'Evreux. N. 50. *pag.* 289. N. 1. *pag.* 291. Travaille avec Sully à la réconciliation du Comte de Soissons avec le Duc de Montpensier. 307. Sa conduite à Rome blâmée. 414. & justifiée. N. 60. *pag.* 413. Il travaille à la dissolution du mariage de Henry IV. & de Marguerite de Valois. 521. Sa dispute publique avec Du-Plessis-Mornay: Lettres réciproques de lui & de Sully; & autres particularités à ce sujet. II. 21. *suiv.* N. 20. Il sert mal le Roi au Traité de Lyon. 52. 53. Il s'emploie en faveur des Jésuites: reproches que lui fait Sully à cet égard. 311. *suiv.* Sully veut lui persuader la tolerance des Religions. 325. & lui fait obtenir le Chapeau de Cardinal. 327. Ami-

Aaaa iij.

tié & Lettres réciproques entr'eux. 475. *suiv.* Son séjour à Rome. Services que lui rend Sully. 481. Il félicite ce Ministre sur l'Expédition de Sedan. 581. Entretiens entr'eux sur le moyen de pacifier les Religions. 585. Il est fait Archevêque de Sens & Grand-Aumônier. 587. Découvre à Sully les Complots de l'Ambassadeur d'Espagne avec les Courtisans. III. 16. *suiv.* Persuade à Paul V. de ne pas éxiger des Vénitiens le rétablissement des Jésuites. N. 13. *pag.* 30. Ne peut amener Sully à changer de Religion. 61. Il est nommé du Conseil de Régence par Henry IV. 223.

PERRON (Du-) Frere du Cardinal. Sully l'emploie à retirer la Promesse de Mariage de Madame au Comte de Soissons. I. 310. Discours entre Sully & lui en presence de Henry IV. II. 605. 606. Il découvre à Sully les complots de l'Ambassadeur Espagnol à la Cour. III. 16.— 218.

PERROTON. L'un des Officiers de la Chambre du Roi. III. 265.

PERSE. (Sophie de) Envoie un Ambassadeur à l'Empereur Rodolphe. II. 74. Ses Guerres avec la Turquie & la Moscovie. 416.

PERSONIO (Robert) Jésuite. Cause du trouble en Angleterre, par les conseils qu'il donne au Pape. II. 226. N. 4. Trempe dans la Conspiration contre le Roi Jacques. N. 34. *pag.* 612.

PERSY. (Milord) Défait les Rebelles d'Irlande. II. 101.

PERSY LE RICHE, Capitaine du Régiment de Nerestan. Sert au Siége d'Ostende. II. 395.

PERWEIS. Droits de cette Maison sur le Duché de Clèves. III. 194. *suiv. Voyez Clèves.*

PEST. Pris par les Chrétiens sur les Turcs. II. 153.

PESTE ou maladie contagieuse à Paris. Empêche qu'on n'y célébre le Baptême des Enfans de France. II. 596. 597. N. 28.

PEUPLE. Peu propre à conduire un Etat. II. 378. 379. *Voyez Gouvernement. Etats Généraux. Politique.*

PHELIPEAUX, Trésorier de l'Epargne. Ami de Sully. III. 85. — 392.

PHENOMENE, Vu la veille de la Bataille d'Ivry. I. 166. N. 46.

PHILIPPE AUGUSTE, Roi de France. Souleve son Royaume par les Impôts excessifs. III. 103. Jugement de Sully sur ce Roi. 122. — 359. *suiv.*

PHILIPPE LE BEL, Roi de France. Motifs de l'Edit qu'il porte sur le Duel. II. 545. N. 11. Jugement de Sully sur ce Roi. III. 361.

PHILIPPE DE VALOIS, Roi de France. Souleve le Royaume par les Impôts excessifs. III. 103. 104.

PHILIPPE II. Roi d'Espagne. Cause de la Guerre rallumée entre Henry II. & lui. I. 10. 11. Offres qu'il fait à Henry IV. 79. Son dessein de faire le Duc de Savoie Comte de Provence, déconcerté par Lesdiguieres. 236. Conditions offertes à ce Prince par la Ligue & par le Duc de Maïenne : ce qu'il y répond : Son objet en soutenant la Ligue. 245. *suiv.* Ses brigues aux Etats de Paris, inutiles. 270. *suiv.* Propositions qu'il fait à Henry IV. après son Abjuration, rejetées. 292. 393. Raisons qui lui font souhaiter & rechercher la Paix avec la France. 506. Il tombe malade & meurt. 573. N. 28. Son Testament. 574. *suiv.* N. 29. Maximes de Gouvernement, & conseils qu'il donne à son fils. 574. *suiv.* Particularités sur sa personne, son caractère & sa Politique. N. 31. Il ordonne d'éxaminer la Question de l'usurpation de la Navarre. 576. N. 33. On proposa de le marier avec Madame Catherine. 583. Preuves de ses vuës pour la Monarchie Universelle. II. 557. *suiv.* Ce qui les fit échouer. 559. N. 4. Motifs du conseil qu'il donna au Duc d'Anjou sur la trahison d'Anvers. III. 137. *Voyez Philippe III. Espagne, Ligue, &c.*

PHILIPPE III. Roi d'Espagne. Instructions, conseils, &c. que lui donne en mourant Philippe. II. I. 574. *suiv.* Il disgracie Mora & donne sa place à Doria. 580. Epouse l'Archiduchesse de Gratz. 581. Soutient les Rebelles en Irlande. II. 100. 101. Condamne aux galeres le prétendu D. Sebastien. *ibia.* N. 3. 2. Félicite Henry IV. sur la découverte de la conspiration de Biron: Réponse de Henry. 137. S'empare sans aucun droit de Final, de Piombino, &c. 152. *suiv.* N. 37. & tâche en vain de se saisir d'Embden. 253. N. 38. Favorise le Duc de Savoie dans son entreprise sur Geneve. *ibid.* Plaintes & invectives du Roi d'Angleterre contre lui. 209. *suiv.* Proposition prétenduës d'union entre ces deux Princes contre la France. 218. *suiv.* Entretiens & projets du Roi Jacques & de Sully sur les moyens d'abaiser sa puissance. 222. *suiv.* Ses desseins sur la Barbarie. 271. & sur les Côtes de la Méditerranée. 272. Il fait venir à Madrid les Enfans de Savoie, & leur donne les Dignités d'Espagne. 272. 273. N. 7. Reprend les desseins de son Pere pour la Monarchie Universelle. 557. Complots qu'il entretient à la Cour de France contre la vie de Henry IV. III. 15. *suiv.* Il ratifie le Traité de suspension d'armes avec les Provinces-Unies; ensuite conclut une Trève de douze ans. 26. *suiv.* Marie de Médicis suit sa Politique & recherche son Alliance. 252. *suiv.* Il envoie des Ambassadeurs en France, sur la mort de Henry IV. 266. *Voyez sur cet article Autriche (Maison d') Espagne. Flandre, Jacques, Séditieux, Parricide, &c.*

PICARDIE. Villes de cette Province où Henry IV. fait son entrée. I. 370. Campagne de 1595. en Picardie, malheureuse pour la France. 401. *suiv.* Autres Expéditions de Henry après la prise d'Amiens. 501. *suiv.*

PIE IV. Pape. Dégrade le Cardinal de Châtillon. I. N. 38. *p.* 15.

PIE V. Pape. Refuse la Dispense pour le mariage de Henry IV. & de Marguerite de Valois. I. 22. Déplore le Massacre de la Saint-Barthelemi. N. 60. *p.* 26. Son caractère. II. N. 11. *p.* 474.

PIENNE (Compagnie de) Défaite par Henry IV. I. 117.

PIERREFORT (Château de) Assiégé. III. 45.

PILE (La-) Procureur-Général à Rouen. Ami de Sully; le sert dans le Traité avec l'Amiral de Villars. I. 319. — 433.

PILES (Armand de Clermont de) Seigneur Calviniste. I. 21. N. 49. Tué à la Saint-Barthelemi. N. 61. *p.* 30

PILES (N. de) Gratification que lui accorde Henry IV. I. 503. — II. 333. — 436. — III. 154.

PIMENTEL, Italien. Admis au jeu & aux parties de plaisir de Henry IV. Aventure comique entre Sully & lui. III. 54. 55. N. 1. Artifices qu'il emploie pour gagner au jeu. N. 29. *pag.* 94.

PIOLANT (Mademoiselle de) Femme-de-Chambre des Enfans de France. II. 553.

PIOMBINO. Usurpé sur l'Empereur par l'Espagne II. 153. — 406.

PISANY. (Jean de Vivonne de) Député par Henry IV. au Pape, qui refuse de l'entendre. I. 276. N. 39. Envoyé à Rome prêter l'Obédience au Pape. 291.

PLACE-D'AUPHINE. Construite par Henry IV. II. N. 5. *p.* 469.

PLACE-DE-FRANCE. Projet & dessein de cette Place. II. N. 16. *p.* 292.

PLACE-ROYALE. Construction de cette Place. III. 48.

PLACIN, Commis de l'Epargne. III. 159.

PLAISANCE. (Cardinal de) Légat. Ses brigues aux Etats de Paris en faveur de l'Espagne, inutiles. I. 272. N. 34. Se retire à Soissons lors de la reddition de Paris. 327. *Voyez Ligue.*

PLANCHE. (La-) Manufacturier étranger, appellé par Henry IV. en France. II. 473.

PLESSIS. (François Du-) *Voyez Richelieu.*

PLESSIS-BELLAY (Du-) Agent du Duc de Bouillon. II. 167.

PLESSIS-MORNAY. *Voyez Mornay.*

PLESSON. (Du-) II. 575.

PLUME. (La-) Envoyé par Henry IV. vers le Baron de Lux. II. 128.

PLUVIAUT-CLAVEAU, Gentilhomme Calviniste. Tué à la Saint-Barthelemi. I. 21. N. 49. — N. 60, *p.* 28,

PLUVIERS ou PETIVIERS. Pris par les deux Rois. I. 148. N. 25. Affaire du Prévôt de Pluviers. III. N. 23. *pag.* 249. *Voyez Conspiration. Parricide. Ravaillac.*

PODINS, Officier Catholique, du Parti Royaliste. I. 45.

POIGNY. (Jean d'Angennes de) Député de la Cour à Henry IV. I. 91. N. 35. — 104.

POISSY. Pris par les deux Rois. I. 148. N. 25.

POITIERS. Blocus de cette Ville. I. 232. N. 3. Elle se rend à Henry IV. 339. Somme payée pour sa reddition. 559. Grand Démêlé entre Sully & le P. Cotton au sujet d'un Collége dans cette Ville. II. 423. *suiv.* N. 5. 427. *suiv.* Plaintes qu'elle fait contre les Jésuites. III. 14.

POITOU. Voyage de Henry IV. en cette Province. II. 113. *suiv.* N. 4. 5. Il en donne le Gouvernement à Sully. 285. 286. Valeur de ce Gouvernement. 287. Voyage qu'y fait Sully : objet de ce voyage. 349. *suiv.* N. 7. Honneurs qu'il y reçoit. 353. *suiv.* Il vend ce Gouvernement au Duc de Rohan. III. 349. Chemins & ouvrages publics qu'il y fait faire. S. 418.

POL. (Antoine de Saint-) Amene les Troupes de la Ligue au Siége de Rouen. I. 207. N. 36. L'un des quatre Maréchaux de France faits par la Ligue. N. 29. *p.* 268. Tué par le Duc de Guise. N. 22. *p.* 383.

POLICE. Henry IV. s'applique à la rétablir après la Paix de Vervins. I. 534. Maximes de Sully sur la Police. II. 66. *suiv.* N. 6. *suiv.* — 289. *suiv.* N. 14. Henry IV. la rétablit dans le Royaume. 470. 471. Réglemens à cet égard. III. 41. *suiv.* — 97. *suiv.* Autres Réglemens

mens & établissemens projettés le Cabinet d'Etat. 143. *suiv.* 148. *suiv.* N. 20.

POLITIQUE.(Maximes & Principes sur la) I. 517. 518. — 572. Celles de Philippe II. par rapport à la France & aux autres Etats de l'Europe 576. *suiv.* Autres par rapport à la Guerre. II. 27. Considerations politiques de Sully sur la Guerre, la Noblesse, les Financiers, le Luxe &c. 66. *suiv.* N. 7. — 140. A l'égard de l'Angleterre & de l'Europe. 194. N. 19. Systême politique du Cardinal de Richelieu pour l'abaissement de la Maison d'Autriche, formé d'après les vuës de Sully. 315. N. 18. Belles réflexions politiques sur le Gouvernement. 378. 379. N. 1. *pag.* 381. Autres sur la ruine & l'affoiblissement des Etats. 387. 388. N. 4. La Politique examinée par rapport à la Religion. 504 — 585. Maximes Politiques des Rois par rapport à leurs Ministres. III. 8. 9. Le Conseil de la Régente en embrasse de toutes contraires à celles de Henry le Grand. 277. *suiv.* — 288. *suiv.* Jugement sur les différentes conduites politiques des Rois de France. 359. *suiv. Voyez aussi Gouvernement. Rois. Princes. Ministres. Guerre, &c.*

POLITIQUES. (Parti des) *V. Tiers-Parti.*

POLLET. (Escarmouches du) I. 158. N. 36.

POLOGNE. Henry III. en est élû Roi. I. 36. & revient en France après la mort de Charles IX. 39 Sigismond Roi de Pologne est chassé de Suéde par son Oncle. II. 11. N. 9. Ancel y réside de la part de Henry IV. III. 223. Partie du Grand Dessein qui concerne ce Royaume. 375. *suiv.* 382. Forces &

dépenses dont il devoit y contribuer. 389. *suiv. V. Dessein Politique.*

POLTROT, (Jean) de Méré. Assassin du Duc de Guise. I. N. 26. *pag.* 11.

POMMEGUE.(Isle & Château de) Usurpé par le Grand-Duc de Toscane, & rendu à la France. II. 86. *suiv.* N. 20.

POMPADOUR.(Louis, Vicomte de) L'un des Chefs du Parti de la Ligue en Limosin. I. 447. N. 16.

PONS. Henry IV. & le Prince de Condé y conférent ensemble, & se brouillent. I. 52. Hardiesse des Calvinistes de cette Ville. III. 11.

PONTAUDEMER. Pris sur la Ligue par le Parti de Henry IV. I. N. 12. *pag.* 139. Rendu au Prince de Parme. 218. N. 46. Repris par Henry IV. 219. — 334.

PONTCARRE, (N. de) Sert Henry IV. à Paris contre les factieux. I. 347. N. 57. Est appellé au Conseil sur le rétablissement des Jésuites. II. 299. — III. 38. Est nommé par Henry IV. du Conseil de Régence. 223 & admis dans le Conseil public de la Régente. 278.

PONT-COURLAY, Gentilhomme Calviniste Ses brigues contre Sully en Poitou. II. 352. Henry IV. l'emploie à la réconciliation de Sully avec le P. Cotton, dans l'Affaire du Collége de Poitiers. 430. Avis qu'il donne à Sully contre les Séditieux. III. 32.

PONT-L'EVESQUE. Pris sur la Ligue par les Troupes Royalistes. I. N. 12. *pag.* 139.

PONT-NEUF.(Le) Achevé par Henry IV. II. N. 5. *pag.* 469.

PONTOISE. Pris par les deux Rois. I. 148. N. 25. Repris par la Ligue. 164. qui y établit son Conseil. 192. Conférence en cette Ville. N. 43. *pag.* 283. Somme payée par Henry IV. pour fa reddition. 559.

PONTS & CHAUSSE'ES. Conftructions ou réparations faites par Henry IV. dans cette Partie. II. 469. 470. N. 5. Sommes y employées. III. 33.

PORTE. (La-) *Voyez Conftantinople. Turquie.*

PORTE. (La-) Traverfe le mariage de Mademoifelle de Mercœur avec le Duc de Vendôme. III. 84.

PORTES. (Des-) *Voyez Tiron.*

PORTOCARRERO. (Hernand Teillo-) Surprend Amiens : y eft tué : Parole de lui fur les Grands-Capitaines de fon Temps. 483. N. 3.

PORTO-HERCOLE. L'Efpagne s'en empare fans aucun droit. II. 406.

PORTUGAL. Henry IV. y envoye La-Trimouille pour éclaircir la Queftion du vrai ou faux D. Sebaftien. I. 536. N. 4. Droits de Catherine de Médicis fur ce Royaume. *ibid.*

PORTUGAL. (Rois de) Dom Sébaftien. Philippe II. Philippe III. *Voyez ces noms.*

POSTES. Réglemens pour cette partie : Chevaux de pofte établis. III. 144. 145. N. 18.

POTERIE. (La-) Gentilhomme attaché à Sully. Se trouve avec lui à la rencontre de Chartres. I. 188. 189.

POTIER. *Voyez Gèvres & Blancménil.*

POUGUES. (Eaux de) Prifes avec fuccès par Henry IV. II. 177. — 346.

POUSOU, Maire de Saint-Jean d'Angely. II. 461.

PRADA, Sécrétaire d'Etat du Roi d'Efpagne. Intelligences de L'Hôte avec lui. II. 316. — 325.

PRASLIN (Charles de Choifeul, Marquis de) Capitaine-des-Gardes. II. 116. N. 8. Arrête le Comte d'Auvergne. N. 12. *p.* 121. Amitié de Sully pour lui, calomniée. 450. Gratification que lui accorde Henry IV. 471. — 582. Ses Lettres à Sully fur les parties de chaffe de ce Prince. III. 4. Difcours entr'eux fur l'évafion du Prince de Condé. 170. 171. Henry IV. l'envoie en Flandre redemander la Princeffe de Condé. 173. N. 29. La Régente le députe à Sully. 271.

PRE'. (Du-) Du-Rollet l'emploie à traverfer le Traité de Sully avec Villars. I. 318. & Villars le fait pendre. 322.

PREAUX, (Hector de) Officier Calvinifte, Gouverneur de Châtelleraut. Cabale pendant le Siége d'Amiens. I. 493. II. 111. — 355. L'un des Agens de France auprès des Etats-Généraux. III. 23. Eft député par Jeannin à Henry IV. 160. — 181. Sollicite l'Archiduc en faveur du Prince d'Epinoy. 186. — 223. Prédit la perfécution des Calviniftes fous le nouveau Régne. 319.

PRECHES. Leur nombre augmenté à la Paix de 1570. I. N. 5. *p.* 3. Diminué à la Paix de 1577. N. 94. *pag.* 53. *Voyez auffi Nantes (Edit de)*

PREPONDIE', L'un de Agens de Bouillon. II. 574.

PRESSAIGNY, Gentilhomme Calvinifte. Se trouve au Combat de Saveufe. I. 146.

PREST VOLONTAIRE. Subfide établi pour le Siége d'Amiens. I. 487.

PRIMEROSE, Miniftre Proteftant à Bordeaux. III. 12.

PRINCES. Devoir des Princes par rapport à l'adminiftration de leurs États. II. 378. 379. *Voyez Rois. Gouvernement. Politique, &c.*

PRIVAS. (Synode de) L'Affaire de Saint-Jean d'Angely y eft accommodée. III. S. 402. *Voyez Rohan.*

PROCEDURES. Projets dans le Cabinet d'État pour en ôter les abus. *Voyez Cabinet d'État. Barreau, &c.*

PROFESSION de Foi de Henry IV. Difficultés fur cette Piéce, levées par Sully. I. 289. 290. Envoyée à Rome. N. 52.

PROFESSIONS & MÉTIERS. Réglemens à cet égard projettés dans le Cabinet d'État. III. 141. *Voyez Cabinet d'État.* Artifans, Marchands, Pafteurs & Laboureurs; combien ces quatre Profeffions font utiles au Royaume. 143.

PROMESSE de mariage entre Madame Catherine & le Comte de Soiffons. Autre faite par Henry IV. à Madame de Verneuil. *Voyez ces noms. Sully. Entragues.*

PRONOSTICS de la mort de Henry IV. & preffentimens qu'en a ce Prince. III. 226. *fuiv.* N. 14. *fuiv. Voyez Henry IV.*

PROTECTION de Sedan & Raucourt. Traité portant ce nom fait par Henry IV. & enfuite annulé. *Voyez Bouillon. Sedan, &c.*

PROTESTANS. État des Affaires de ce Parti à la Paix de 1570. Leurs fuccès dans la Guerre. I. 1. *fuiv.* N. 4. Ils fe laiffent tromper par Catherine de Médicis, malgré mille motifs de défiance: Artifices employés pour cet effet. 15. *fuiv.* Careffes faites à leurs Chefs, à la Cour. 21. *fuiv.* Plufieurs quittent Paris. 25. Maffacre de la Saint-Barthelemi: Extrémité où ils fe voient réduits: ils rétabliffent leurs Affaires. 35. Prennent plufieurs Villes. 37. N. 67. Deviennent puiffans par leur jonction avec Monfieur & le Prince Cafimir. 42. Traité de Paix avantageux pour eux. *ibid.* Ils reprennent les Armes. 43. Perdent une partie de leurs avantages à la Paix de Monfieur. N. 94. *p.* 53. Recommencent la Guerre. 57. Entreprifes éxécutées & manquées. *ibid. fuiv.* Ce qu'ils gagnent par le Traité de 1580. N. 4. *p.* 69. Affemblée de Montauban, & Conférences à Saint-Paul de La-Miatte, où leurs Chefs jettent les fondemens d'une République Calvinifte en France: Sully s'y oppofe. 89. *fuiv.* Henry III. fait marcher contr'eux trois Armées. 100. Confeils fur l'entrée des Troupes Étrangeres en France, où ils prennent le mauvais parti. 106. 107. Violences & perfécution contr'eux. 118. *fuiv.* La défaite d'Auneau confterne ce Parti. 130. Le meurtre des Guifes fait avorter les grands deffeins de la Ligue contr'eux. 136. *fuiv.* Confeils de leurs Chefs, pernicieux à Henry IV. 139. Leur mefintelligence avec les Catholiques de fon Armée, caufe de la levée du Siege de Rouen. 214. 215. Ils refufent de pourfuivre le Prince de Parme après fon paffage de la Seine: leurs vuës. 225. *fuiv.* Ils perdent la Bataille de Craon. 232. N. 3. & battent les Troupes de la Ligue devant Villemur. 239. 240. Sully leur fait voir la néceffité de traiter avec les Catholiques. 260. Ils rejettent les conditions offertes par la Ligue à Henry IV. 267. *fuiv.* Ce Prince les fait confentir aux Conférences avec les Catholiques. 276. Leurs

Bbbb ij

Miniftres trahiffent leur Religion par flaterie. 286. Les Chefs fe montrent plus difficiles fur l'article de l'Abjuration de Henry IV. 287. 288. N. 47. 48. Ils y confentent enfin. 288. Sage conduite de ce Prince avec eux. 293. N. 2. Ils s'oppofent à la Treve. 294. Mefures qu'ils prennent contre l'autorité Royale. 366. Mauvaifes plaifanteries qu'ils font fur la Céremonie de l'Abfolution de Henry IV. N. 60. *pag.* 413. 414. Expeditions militaires entr'eux & le Parti de la Ligue dans les Provinces. 447. 448. N. 17. Leurs mutineries & leurs projets pendant le Siege d'Amiens : Affemblées qu'ils tiennent à ce fujet. 492. *fuiv.* N. 9. Réflexions fur l'Edit de Nantes. N. *ibid.* Henry IV. travaille à la confection de cet Edit. 504. Défobéïffance & brigues dans ce Corps. 513. N. 30. Avantages que les Calviniftes retirent de l'Edit de Nantes. 518. N. 35. Article qui y eft inféré par furprife. 589. *fuiv.* N. 47. & dont ils fouffrent la fuppreffion. 593. 594. N. 51. Leurs Chefs travaillent à faire déclarer le Roi d'Angleterre protecteur du Parti Calvinifte en France, & l'Electeur Palatin fon Lieutenant. II. 204. Faction Proteftante en Europe, oppofée à la Faction Catholique : Idée de ces deux Factions ; leur force, &c. 245. *fuiv. Voyez Deffein Politique.* Brouilleries entre les Proteftans Anglois & les Puritains. 269. Cabales des Proteftans de France au Synode de Gap. 283. *fuiv.* Leur déchaînement contre Villeroi à l'occafion de la Trahifon de L'Hôte. 322. Suite des brigues de leurs Chefs. 347. *fuiv.* Leur oppofition à Sully dans fon voyage de Poitou. 352. *fuiv.* 355. Ce Miniftre eft calomnié d'intelligences criminelles avec eux. 451. Affemblée Générale des Calviniftes à Châtelleraut : Objet & conduite des deux Partis dans cette Affemblée. 488. 489. *fuiv. Voyez Châtelleraut.* Avis donnés par la Reine Marguerite contre les Calviniftes. 498. 499. Part qu'ils prennent à l'Affaire d'Orange & de Blaccons. 523. *fuiv.* Haine des Chefs du Parti contre Sully. 533. Ils cherchent à faire échouer l'entreprife de Sédan. 562. *fuiv.* Précautions prifes à cet égard avec eux par Henry IV. 565. & par Sully dans fa Lettre à Parabere. 571. 572. Henry veille fur toutes leurs démarches, & leur refufe la tenuë d'un Synode National. 592. 293. Sujets de mécontentement qu'ils lui donnent dans le Synode de La-Rochelle, appaifés par Sully. III. 9. Mépris qu'ils affectent pour ce Miniftre, & autres fujets de mécontentement. 11. 12. Murmures & cabales à la Cour fur la conduite de Henry IV. à leur égard. 15. *fuiv. Voyez Efpagne. Jéfuites Courtifans.* Moyens qu'ils emploient pour rompre le projet de marier le Marquis de Rofny avec Mademoifelle de Mercœur, & pour retenir Sully dans leur croyance. 60. 61. Suite de leurs cabales : & fages confeils que Sully donne à Henry IV. dans cette occafion. 84. *fuiv.* Affemblée Générale de Gergeau. 34. *fuiv. Voyez Gergeau.* Les Maures offrent d'embraffer la Religion Proteftante & de paffer en France. 113. Faux avis & calomnies contre les Calviniftes. 177. 178. & foupçons qu'on infpire à Henry IV. contr'eux, pour le détourner de fon Grand-Deffein. 206. — 211 221. Marie de Médicis fe déclare contre le Parti Calvinifte. 277.

& le sacrifie à ses nouvelles liaisons avec l'Espagne. 290. 291. Bouillon conseille au Prince de Condé de se faire Chef des Protestans en France. 303. 304. Ils sont menacés de la persécution sous le nouveau Régne. 320. Sully les soûtient en plein Conseil contre les calomnies de Villeroi. 330. Partie du Grand Dessein qui regarde la Religion Protestante. 372. suiv. Les Protestans d'Allemagne se joignent à la Confédération. 385. Les Calvinistes soutiennent hautement Sully contre la Cour, dans l'Assemblée de Châtelleraut. S. 399. suiv. Guerre déclarée contr'eux sous le Ministère du Cardinal de Richelieu. 407.

PROVENCE. Le Roi d'Espagne cherche à mettre le Duc de Savoie en possession de cette Province. I. 236. Les Séditieux veulent s'emparer de ses Places. II. 487.

PROVINCES DE FRANCE. Dettes à ces Provinces acquittées par Sully. III. 32. 33.

PROVINCES-UNIES. *Voyez Flandre.*

PROUTIERE. (Philippe Goureau de La-) Député par Catherine de Médicis à la Reine de Navarre. I. 13.

PRUSSE. *Voyez Brandebourg.*

PUCHARNAUT, Agent de Henry IV. en Auvergne. II. 374. — III. 154.

PUGET, Trésorier de l'Epargne. II. 446. — III. 159. Apporte à Sully de la part de la Régente un Comptant qu'il refuse de signer. 312. suiv. N. 2. — 392.

PUISEAUX. Sully y est mandé par Henry IV. II. 70.

PURITAINS. Brouilleries entr'eux & les Protestans Anglois. II. 269. Conférences à Londres entr'eux & les Anglicans. 399.

Q.

QUASY, Gentilhomme Calviniste. Ce qui lui arrive devant Marmand. I. 62.

QUELUS ou CAYLUS. *Voyez Caylus.*

QUENTIN. (Saint-) Bataille de ce nom, perduë par le Connétable de Montmorency: ce qui s'ensuivit. I. 11. Henry IV. y va voir Mademoiselle d'Estrées. 189. N. 15. Etrange proposition que les Princes du Sang & les Seigneurs François font en cette Ville à Henry IV. 417.

QUESTIONS faites par le Pere Cotton à une Démoniaque. II. 589. suiv. N. 19.

QUIMPER. Pris par le Maréchal d'Aumont. I. 370.

QUINZAL. Pris par Elizabeth sur les Rebelles d'Irlande & les Espagnols. II. 101.

R.

RABODANGE, Gentilhomme Calviniste. Evite le massacre de la Saint-Barthelemi. I. 26. Lettre que lui écrit Charles IX. N. 57.

RACES Mérovingienne, Carlovingienne & Capetienne. Jugement de Sully sur les Rois de ces trois Races. III. 358. suiv. *Voyez France.* (*Rois de*)

RAFIS. (Jean de Leyré, dit) Découvre la trahison de L'Hôte. II. 317. N. 20. En donne avis à Barrault, & se sauve d'Espagne. 318. Vient en apporter les preuves à Henry IV. Récompenses qu'il en obtient. 319. suiv.

RAGNY. Henry IV. est blessé

Bbbb iij

par Châtel, en lui donnant audience. I. 391. N. 31. Ce Prince lui donne la Charge du Baron de Lux. II. 459.

RAGNY. (Madame de) Se mêle des intrigues de galanterie de Henry IV. III. 63.

RAISON. (Conseil de) Etabli dans l'Assemblée des Notables à Rouen. I. 471. N. 25. Formation de ce Conseil. 476. qui demande lui-même à Henry IV. d'être supprimé. *ibid.* 477.

RALEICH. (Milord) Sully le voit à Douvres. II. 77. De la Faction des Mécontens à Londres. 196. Avis qu'il donne à Sully. 218. Il conspire contre le Roi d'Angleterre. 269. N. 5. 6.

RAMBERGES, Vaisseaux Anglois. Sully y fait le trajet de la Manche. II. 184.

RAMBOUILLET. (Nicolas d'Angennes, Marquis de) I. 92. N. 36. A beaucoup de part à l'Union des deux Rois. 140. *suiv.* & au Traité du Plessis-lez-Tours. 142.

RAMBOUILLET. (N. de) Nommé dans les intrigues de galanterie de Henry IV. III. 64.

RAMBURES. (N. de) Tuë le jeune d'Epinoy: Henry IV. & Sully assoupissent cette affaire. III. 6. 7. N. 4.

RANCHIN, Medecin du Connétable de Montmorency. Contribuë à la détention de Luquisses. II. 514.

RANDAN. (Jean-Louis de La-Rochefoucault, Comte de) Perd la Bataille d'Issoire contre les Calvinistes. I. 177. N. 1.

RAPIN. (Nicolas) Prévôt de la Connétablie. II. 168.

RASTIGNAC. (N. de) L'un des Chefs de la Ligue en Languedoc. I. 447. N. 17.

RATISBONNE.(Diette de) ou Conférence entre les Catholiques & les Protestans sur les moyens de concilier les deux Religions. II. 101. 102. N. 33. 34.

RAVAILLAC. (François) Piéces de son procès supprimées. III. 233. Autres reproches faits à ses Juges; & jugement sur cette conduite. N. 17. Détail & particularités sur le Parricide de Henry IV. 237. 238. N. 22. 23. Examen des différentes opinions sur les causes & les Auteurs qui porterent Ravaillac à commettre ce crime. N. 23. p. 244. *suiv.* Son supplice : Particularités à ce sujet. 259. 260. N. 1. 2.

RAUCOURT. *Voyez Bouillon. Sedan.*

RAVENSPERG. Affaire sur cette succession. *Voyez Clèves.*

RAVESTEIN. Affaire sur cette succession. *Voyez Clèves.*

RAIMOND (le Pere) Jésuite. III. 125.

REBOURS, Officier Calviniste. I. 141.

REBOURS. Commis à la vérification des Rentes. I. 383.

REBUY. Henry IV. en fait démolir les Fortifications. III. 28.

RECEVEURS Généraux & particuliers. Sully leur donne des regles & punit les prévaricateurs. II. 35. *suiv.* Réglemens auxquels il les assujettit. 37. — 97. *suiv.* N. 33. Receveurs à créer dans le besoin. 144. *suiv.*

RECOLETS institués. II. 284.

RECRAINVILLE (Louis d'Alonville de) ou L'Arclainville. Commande dans Chartres pour la Ligue. I. 145. N. 22.

REFORME'S. *Voyez Protestans.*

REFUGE. (N. Du-) Envoyé

en Suisse. III. 44. Sully lui reproche sa mauvaise gestion. 191. 192.

REGALE (Droit de) inaliénable : en quoi il consiste. 412.

REGENCE DU ROYAUME. Déférée à Marie de Médicis. III. 274. 275. N. 13. 14. Le Comte de Soissons veut la faire casser, & n'y réüssit point. 280. 281. ainsi que le Prince de Condé. 297.

REGIMENS, portant le nom des Provinces, établis par Sully. I. 485.

REGLEMENS de Finance, Police, Milice, Marine, Commerce, &c. *Voyez ces noms. Arrêts. Edits.*

REGNARDIERE. (La-) Bouffon de la Cour. Disgracié. I. 386. N. 26. Bon-mot de lui sur Béringhen. II. 148.

REGNAULT, Premier Chirurgien de Henry IV. I. 545.

REGNOUARD, Correcteur-des-Comptes. Employé à la vérification des Rentes. II. 383. Marques de confiance & conseil que lui donne Sully lors de sa retraite. III. 337. 339.

REISTRES. Lansquenets & autres Troupes étrangéres. Mal-conduits en France. I. 106. 107. & défaits à Auneau. 129. 130. N. 4. Les Réitres & les Lansquenets trahissent Henry IV. à Arques. 157. Tirent en l'air à Ivry. 169. & y sont mis à la Boucherie. N. 50. *pag.* 171. Nouvelle levée de ces Troupes faites par Bouillon. 196. & amenée au Siége de Rouen. 198. où ils se mutinent. 200. & refusent de poursuivre le Prince de Parme, après le passage de la Seine. 227.

RELIGIEUX & MOINES. Forment un Régiment au Siége de Paris. I. N. 5. *pag.* 181. 182. Cherchent à faire périr Henry IV. 297.

298. N. 8. *Voyez Jésuites. Capucins.* Ordres Religieux établis en trop grand nombre par Clement VIII. II. 284. Autres qui s'établissent en France. 415. N. 18.

RELIGION. Principes erronés de Sully sur la Religion, peu dangereux & réfutés. I. 118. 119. N. 53.—285. N. 45.—513.—588. N. 49. *p.* 592.—II. 102. N. 17. *pag.* 314. Mémoire de Sully sur la tolérance des Religions. 325. 326. N. 24. Réfléxions de ce Ministre sur la Politique rapportée à la Religion. 504.—585. N. 17. Partie du Grand Dessein de Henry IV. qui regarde la Religion : Partages des différentes Religions ; & moyens de les maintenir en paix. III. 372. *suiv. Voyez Dessein Politique. Voyez aussi Sully. Pape. Catholiques, &c.*

RENAUD. (Rachel) Découvre la Conspiration de La-Fléche. III. 178. 179. N. 35.

RENIERS. Sauvé à la Saint-Barthelemi par Vezins, son ennemi. I. 35. N. 65. Rassûre Montauban, & défait un gros de Troupes Ligueuses. 36. Laisse à Thémines le soin de défendre Villemur. 238.

RENNES. Séjour qu'y fait Sully, pendant lequel il met ordre aux affaires de cette Province. I. 509. *suiv.* Séjour de Henry IV. Fermeté dont il use avec ses Cours Souveraines. 511. *suiv.*—528. 529.

RENOUILLIERE. (La-)Femme-de-chambre de la Reine. II. 551. *suiv.*

RENTES. Sully en entreprend la vérification. II. 382. 383. N. 2. Réglemens à cet égard. 563. 464. N. 1. 2.

REOLE. (La-) Prise par les Calvinistes. I. 43. Catherine de Médicis s'y abouche avec le Roi de

TABLE

Navarre. 53. Uſſac livre cette Place à la Ligue. 54. 55.

REPUBLIQUE CALVINISTE. Deſſein de l'établir en France, formé par l'Amiral de Coligny. *Voyez Coligny.* Les Chefs du Parti travaillent à l'éxécuter. II. 517. 518. Bouillon cherche à y engager le Prince de Condé. III. N. 27. pag. 303. *Voyez Proteſtans.*

REPUBLIQUES Belgique, Helvetique, Italique & Vénitienne, projettées dans le Grand Deſſein. *Voyez ces noms. Deſſein Politique.*

REQUESTES. (Chambres des) Supprimées au Parlement de Toulouſe : Deſſein de Henry IV. de les ſupprimer toutes. II. 281.

RESNEL. (Antoine de Clermont, Marquis de) L'un des Chefs du Parti Calviniſte. I. 21. N. 49. Tué à la Saint-Barthelemi. N. 60. *pag.* 28.

RESNEL. (Compagnie de) Défaite par Henry IV. I. 117.

RETZ. (Albert de Gondy, Duc de) L'un des Conſeillers de Catherine de Médicis. I. 24. Henry IV. lui ôte la connoiſſance du Traité du Duc de Guiſe. 376. *ſuiv.* & le met du nouveau Conſeil des Finances. 387.— 566. Eſt employé dans l'affaire des Iſles avec le Grand-Duc. II. 87.

RETZ. (Charles de Gondy de) *Voyez Belliſle.*

RETZ. (Pierre de Gondy de) *Voyez Gondy (Cardinal de)*

REVENUS ROYAUX. Eſtimation qu'en fait l'Aſſemblée des Notables, & partage entre l'Etat & le Roi. I. 471. N. 25. *Voyez Notables. Raiſon.* (Conſeil de) Mémoire ſur les moyens de les augmenter. III. 144. *ſuiv. Voyez Finances. Fermes. Taille. Impôts, &c.*

REVOL, (Louis) Sécrétaire d'Etat. Conſulté par Henry IV. ſur ſa Converſion. I. N. 21. p. 252.

RHEIMS. Se révolte contre le Duc de Guiſe; & ſe rend à Henry IV. I. 378. *ſuiv.* Accueil que ce Prince fait à ſes Députés. 380. Cette Ville refuſe de recevoir les Jéſuites. II. 423. Louis XIII. y eſt ſacré. III. 318. *ſuiv.*

RHIMBERG Aſſiégé & pris par le Prince d'Orange. II. 72.—165. Repris par les Eſpagnols. 608. N. 33.

RHOSNE. Les bords de cette Riviere juſqu'à Lyon cédés au Roi par le Traité de Lyon. II. 57. Henry IV. ſe fait confirmer cette poſſeſſion. 411. *ſuiv. Voyez Avignon.*

RICHARDOT (Jean, Préſident de) Employé dans l'Affaire du Traité de Commerce entre la France & l'Eſpagne. II. 391. dans les Négociations pour la Paix entre l'Eſpagne & les Provinces-Unies, III. 108. *ſuiv.* On ſurprend ſon Inſtruction. 110. Sa mort. N. 42.— 128.

RICHELIEU. (François Du-Pleſſis, de) Cherche à déſſervir Sully pendant ſon voyage en Poitou. II. 352. N. 8. Henry IV. l'emploie à la réconciliation de ce Miniſtre avec le Pere Cotton. 430.

RICHELIEU, (Cardinal de) A ſuivi le ſyſtème Politique de Sully pour l'abaiſſement de la Maiſon d'Autriche. II. N. 18. p. 315. Il fait perdre à Sully un procès qui lui cauſe la mort. III. S. 410.

RICHEOME (le Pere) Jéſuite. Dédie un Livre à Sully. II. 431. N. 7.

RIEUX (René de) de Sourdeac, L'un des Chefs de la Ligue. I. 256. N. 23.

RIEUX, Gouverneur de Noyon. S'y défend avec valeur. I. 191.

RIEUX.

RIEUX. (N, de) Député par le Prince de Condé à Sully. III. 297.

RIGAULT. Défend bravement Corbeil contre le Prince de Parme. I. 184.

RIGNAC, (Pierre de) Lieutenant du Duc de Bouillon. Ses brigues dans le Parti Huguenot pendant le Siége d'Amiens. I. 493. Bouillon l'envoie à Henry IV. II. 136. Il paroît vouloir défendre ses Places contre ce Prince, & les abandonne. 531. N. 3. — 533. — 574.

RISSEY. (N. de Créquy de) Suit Henry IV. à la Campagne de Franche-Comté. I. 410. N. 56.

RIVET, Ministre Protestant, factieux. III. 10.

ROANNAIS. (Duc de) Cabale avec les Seditieux. III. 84.

ROBE. *Voyez Barreau, Parlement, Judicature.*

ROBIN DE TOURS, Partisan. Cherche à corrompre Sully & sa Femme par présens. I. 489. 490.

ROCHE. (Comte de La) Prend Agen. *Voyez Agen. Matignon.*

ROCHEBEAUCOURT. (La-) Obtient la Lieutenance de Roi de Saint-Jean d'Angely. II. 593. & en est chassé par Rohan. III. S. 402. *Voyez Ageaux (Des-)*

ROCHE-CHALAIS. Poste occupé par Henry IV. *Voyez Coutras.*

ROCHEFORET. (La-) Sully achete de lui un cheval à la Bataille d'Ivry. I. 170.

ROCHEFOUCAULT. (François, Duc de La-) Soupçonné du meurtre du Duc de Guise. I. N. 26. *p.* 11. —N. 48. *p.* 20. Tué à la Saint-Barthelemi. N. 60. *p.* 28.

ROCHEFOUCAULT, (François, Duc de La-) Fils du précédent, Colonel-Général de l'Infanterie. Se trouve au Siége de Fontenay. I. 107. N. 47. A Coutras. 120. L'un des Chefs Royalistes en Limosin. 447. Est tué au Combat de Saint-Yrier. N. 17. *p. ibid.*

ROCHEFOUCAULT, (Jean-Louis de La-) Comte de Randan. *Voyez Randan.*

ROCHEFOUCAULT. (L'Abbé de La-) Nommé Cardinal. III, 190.

ROCHE-GUYON. (N. de Silly, Comte de La-) I. 92. N. 36.

ROCHELLE. (La-) Accordée aux Calvinistes comme Ville de sûreté. I. N. 5. *p.* 3. Catherine de Médicis cherche à s'en emparer par surprise. 17. Le Duc d'Anjou est obligé d'en lever le Siége. 35. 36. N. 66. Elle fait son Traité. 36. Honneurs qu'elle rend à Henry IV. 43. Desseins pernicieux des Calvinistes assemblés en cette Ville contre ce Prince. 139. Henry parle de La-Rochelle avec éloge. II. 286. Respects & honneurs qu'elle rend au Roi dans la personne de Sully. 353. *suiv.* Accueil caressant que Henry IV. fait à ses Députés. 539. Démêlé de Sully avec D'Epernon au sujet de ce Gouvernement. 539. 540. Sully y empêche la tenuë d'un Synode. 592. 593. N. 24. Y termine les différends entre les Catholiques & les Protestans. 594. 595. Y fait faire satisfaction au Roi sur les sujets de plainte de Sa Majesté à l'égard d'un Synode tenu en cette Ville. III. 9. 10. Sully soutient les Rochellois contre les Jésuites, dans l'affaire du P. Séguiran. 12. *suiv.* Perd de grandes sommes qu'il leur prête. III. 350.

ROCHEMORTE. (Louis Bouchereau de) Surprend Angers pour le Parti de Henry IV. le reperd, & y est tué. I. 93. 94. N. 38.

ROCHEPOT. (Antoine de Silly

ly de La-) Conseille à Sully d'accompagner Monsieur en Flandre, I. 68. Ambassadeur en Espagne : Insulte qu'il lui est faite à Madrid. II. 73. N. 9. Revient en France. 316.

ROCHESTER. Haine des Bourgeois de cette Ville contre les François. II. 188.

ROCHETTE, Agent du Duc de Savoie dans l'Affaire de Saluces. II. 2.

ROCHETTE. (La-) Agent du Duc de Guise pour son Traité. I. 376. 379.

ROCHE-VANDAIS (La-) Ancienne Forteresse en Auvergne. I. 5.

RODELLE, Ecuyer de la Reine Marguerite, Avis qu'il donne à Henry IV. & à Sully sur les complots des Séditieux. II. 499. *suiv*.

RODOLPHE, Empereur. Ses Guerres avec les Hongrois & les Turcs. II. 11. — 59. *suiv*. N. 35. — 102. Le Roi d'Espagne lui enleve Final. 152. Suite de la Guerre contre les Turcs & les Hongrois. 153. 154. Il se saisit injustement de Donavert. III. 116. — 128. Examen de ses droits prétendus sur la Principauté de Clèves, de Julliers, &c. 193. *suiv*. Il en donne l'investiture à l'Archiduc Léopold, & recherche Henry IV. en sa faveur. 198. Il souleve les Protestans d'Allemagne par les cruautés qu'il exerce à leur égard. 216. Il laisse prendre Julliers aux Confédérés. 307. & partager la succession de Clèves entre l'Electeur de Brandebourg & le Palatin de Neubourg. N. 30. *pag*. 308. *Voyez Clèves*. Seul parti qui lui restoit à prendre lors du Grand Dessein de Henry IV. 395. *suiv*. *Voyez Dessein Politique*. *Voyez aussi Empire*, *Allemagne*, *Autriche (Maison d')*.

ROHAN. (Maison de) Alliances & illustration de cette Maison : ses droits à la succession de la Maison d'Albret pour les appanages de Navarre, Foix & Armagnac. I. 446. N. 15. Prétendu héritier de cette Maison. *Voyez Tancrede*.

ROHAN. (Benjamin de) *Voyez Soubise*.

ROHAN. (Henry II. Duc de) Madame propose de le marier avec Mademoiselle de Sully. I. 446. N. 15. & Henry IV. donne son consentement à ce mariage. II. 282. Ses cabales dans le Parti Calviniste, & auprès du Roi d'Angleterre. 347. *suiv*. Réception qu'il fait à Sully en Poitou. 354. 355. Ses droits à la succession de la Maison d'Albret. *Voyez Rohan (Maison de)*. Il épouse Mademoiselle de Sully : avantages de Henry IV. en faveur de ce mariage. 458. Anecdotes sur l'Enfant prétendu né de ce mariage. *Voyez Tancrede*. *Rohan (Marguerite de Béthune, Duchesse de)*. Henry IV. refuse au Duc de Rohan la nomination du Lieutenant-de-Roi de Saint-Jean d'Angely. 460. *Voyez Ageaux (Des-)* Sully défend de la part du Roi à l'Assemblée de Châtelleraut de recevoir ses Députés. 507. Sully lui obtient son pardon de Henry IV. 593. 594. Il rend d'utiles services dans les brigues des Courtisans. III. 19. — 44. — 72. Conduit les Suisses en Clèves. 224. S'oppose au dessein de Sully de se défaire de ses Charges. 291. *suiv*. Est fait Maréchal de Camp Général de l'Armée pour le Siége de Julliers. 307. Marie de Médicis se sert de lui pour faire revenir Sully de Montrond. 321. Il achete de Sully le Gouvernement de Poitou. 349. Et le soutient hautement dans l'Assemblée de Châtelleraut. S. 400. *suiv.* Démêlé qu'il a avec la Régente pour la Lieutenance-de-Roi de Saint-Jean d'Angely. 402. — 407.

ROHAN. (Louis de) *Voyez Montbazon.*

ROHAN. (René, Vicomte de) Défend Lusignan. I. 38.

ROHAN. (Catherine de) Epouse le Duc des Deux-ponts. II. 158. N. 4.

ROHAN. (Catherine de Parthenay, Duchesse de) Mauvais conseils qu'elle donne à Madame contre Henry IV. & Sully. I. 438. Elle change en faveur de ce Ministre. 446. Ses brigues dans le Parti Calviniste. 513.

ROHAN. (Marguerite de Béthune, Duchesse de) On propose de la marier au Comte de Laval : ensuite au Duc de Rohan. I. 446. N. 15. Henry IV. approuve ce mariage. II. 282. qu'il fait célébrer : avantages qu'il fait aux Epoux. 457. 458. Anecdote sur le fils prétendu né de ce mariage. *Voyez Tancrede.* Confiance qu'avoit Henry IV. en la Duchesse de Rohan III. 67. 68. — S. 407. — 417. Traits sur sa vie. *ibid.*

ROIS. Comment ils agissent & doivent agir à l'égard de leurs Ministres. III. 8. 9. Réfléxions sur la Politique & le Gouvernement de nos Rois. 99. *suiv. Voyez France (Rois de) Races.* Ce qui fait les Grands Rois. 362. *Voyez aussi Princes. Ministres. Gouvernement. Politique, &c.*

ROISSY. (Jean-Jacques de Mesmes de) Conduit les Troupes du Roi en Auvergne. II. 531. N. 4.

ROLLET, (Du-) Officier Royaliste. Se trouve à la Bataille d'Ivry. I, 172. Fait prendre Louviers. 194.

Traverse le Traité de Sully avec Villars. 319. N. 26.

ROMAIN. (Saint-) Miracle de ce Saint Archevêque. Origine du Privilége des Chanoines de Rouen. III. 46. N. 21. *V. Rouen. Gargouille.*

ROME & EMPIRE ROMAIN. L'établissement des Manufactures de luxe y fut sagement défendu. II. 416. Ses révolutions : Causes de sa chute. III. 355. *suiv.* N. 1. 2.

RONCAS, Agent du Duc de Savoie dans l'affaire de Saluces. Ses artifices & sa mauvaise foi. II. 19. — 29. — 127.

RONSOY. (Compagnie de) Défaite par Henry IV. I. 117.

ROQUELAURE, (Antoine de) Maréchal de France. L'un des Chefs du Parti Calviniste. I. 45. — 487. Son caractère : plaisante Conversation entre Henry IV. & lui : autre entre lui & l'Archevêque de Rouen, au sujet du mariage de Madame. 587. *suiv.* Il aide à Henry IV. à se séparer de la Duchesse de Beaufort. 599. L'un des Courtisans favorisés de ce Prince. II. 70. Et ami de Sully. 286. — 295. — 521. Henry l'envoie visiter de sa part la Reine Marguerite. 542. — 551. Il est appellé au Conseil sur l'entreprise de Sedan. 569. Brouilleries entre cette Maison & celle de Noailles, appaisées par Sully. 598. — III. 7. — 193. — 265.

ROSAN. (N. de Durefort de) Se bat en Duel avec Turenne. I. 56. N. 97. *Voyez Duras. Bouillon.*

ROSIÉRES. (Madame Des-) Amie du Cardinal de Bourbon. I. 260. — 344.

ROSIERS. (Les-) Défaite du Bagage du Duc de Mercœur en cet endroit. 117.

ROSNE. (Christian de Savigny, Baron de) L'un des Officiers Généraux de la Ligue. Amene des Troupes au secours de Noyon. I. 191. N. 19. Et au Siége de Rouen. 206. N. 36. L'un des quatre Marechaux de France faits par la Ligue. N. 29. p. 268. Prend Le-Catelet & La-Capelle. 401. Défait les François à Dourlens. 402. *suiv.*

ROSNY, Château & Terre appartenant à Sully. I. 3. Où il reçoit le Duc de Joyeuse. 87. Peste qui y régne. 110. Sully force son frere à lui en ouvrir les portes. 147. N. 24. faillit à y faire le Duc d'Aumale prisonnier. 163. Y revient en triomphe après la Bataille d'Ivry. 175. 176. Y apprend la mort de la Duchesse de Beaufort. 602. *suiv.* Y reçoit & y traite le Roi : accident qui trouble la fête. II. 282. N. 9. Comment cette Terre fut acquise. III. 348. Séjour qu'y fit Sully après la mort de Henry IV. S. 413. Bâtimens & embellissemens qu'il y fit. 420.

ROSNY, (François de Béthune, Baron de) Pere du Duc de Sully. Se retire chez lui à la Paix de 1570. I. 3. Ses Alliances. N. 6. Etat de sa famille & de ses affaires domestiques. 7. N. 14. *suiv.* — 19. *suiv.* Il suit la Reine de Navarre à Paris. *ibid.* Ses conseils ne sont point écoutés. 20. Il échappe au Massacre de la Saint-Barthelemi. 26. Lettre qu'il écrit à son fils à ce sujet. 30.

ROSNY, (Maximilien de Béthune, Baron, ensuite Marquis de) Duc de Sully. *Voyez Sully.*

ROSNY, (Maximillien II. de Béthune, Marquis de) fils aîné du Duc de Sully. Commence à prendre part aux affaires de l'Etat. II. 592. Henry IV. lui envoye Du-Laurens pendant sa maladie. III. 5. Grands partis qu'on lui offre en mariage. 55.

N. 2. Le Roi lui fait épouser Mademoiselle de Créquy : Sujets de chagrin que cette Alliance cause au Pere & au Fils. 56. 57. Particularités sur ce mariage, & sur la Vie de Rosny. N. 3. Le Roi proposa de lui donner Mademoiselle de Vendôme. 58. Il refuse à ce Prince de changer de Religion. 59. — 62. — 71. — 124. Henry IV. le raccommode avec le Duc de Vendôme. 215. Il est fait Grand-Maître de l'Artillerie en survivance : & conduit l'Artillerie en Clèves. 224. Il empêche son Pere de se démettre de ses Charges. 291. *suiv.* Marie de Médicis se sert de lui pour faire revenir Sully de Montrond. 321. — 339. Valeur de son mariage. 347. Argent que Sully lui prête, ou qu'il paye pour lui. 350. Chagrins que cause à Sully sa mauvaise conduite. S. 407. *suiv.*

ROSNY. (Baron de) *Voyez Béthune.* (*Salomon de*)

ROSNY. (N. de) Sully défend Passy contre lui. I. 166. N. 45.

ROSSET, Médecin appellé à Monceaux pour la maladie de Henry IV. I. 545.

ROTONNEAU. (Isle & Château de) Usurpés par le Grand-Duc de Toscane, & restitués à Henry IV. II. 86. *suiv.* N. 20. *V. Isles.*

ROUBAIS ou ROBECK. (Robert de Melun, Marquis de) Fait Bouillon prisonnier. I. 72. N. 7. Cause de sa haine pour Sully. 73.

ROUBAIS. (Marie de Melun, Dame de) II. 11. N. 10. Refuse l'Alliance du Marquis de Cœuvres pour Mademoiselle de Melun. 461. 462. N. 18. 19.

ROUEN. Les Calvinistes s'en emparent. I. 18. & D'Allegre le reprend pour la Ligue. 165. Henry

IV. se dispose à en faire le Siége. 195. le commence, & attaque mal la Place. 198. *suiv.* N. 31. Tranchée emportée à différentes fois par ce Prince & par l'Amiral de Villars. 201. *suiv.* Vigoureuse défense de ce Gouverneur. 205. *suiv.*—214. Henry est obligé de lever le Siége. 216. 217. N. 44. Villars traite avec Sully pour la reddition de Rouen. 316. *suiv.* & en chasse les Espagnols & la Ligue. 333. Cérémonie de cette reddition. *ibid.* 334. Autre voyage de Sully en cette Ville. 432. 433. Etats ou Assemblée des Notables qui s'y tient. *V. Notables.* Somme que coûta à Henry IV. la reddition de Rouen. 559. Ce Prince y va, & y tombe malade : motif de ce voyage. II. 282. N. 10. Sully y fait construire un Pont. III. 93. Arrêts rendus par le Parlement de Rouen : Privilége des Chanoines de la Cathédrale. 46. N. 21. *Voyez Romain. (Saint-) Gargouille. Péhu. Fierte.*

ROVIDIUS. (Alexandre) Sénateur Milanois. Employé dans l'affaire du Commerce entre la France & l'Espagne. II. 392. N. 6. *p.* 393.

ROUSSE. (La-) Femme-de-Chambre de la Duchesse de Beaufort. Sully la fait enfermer à la Bastille. I. 601.

ROUSSIERE. (La-) Gouverneur de Fontenay pour la Ligue. I. 107.

ROUSSILLON. Projet de Henry IV. d'ôter cette Province à l'Espagne. III. 387. *Voyez Dessein Politique.*

ROUSSY, (Comte de) Sollicite la grace du Maréchal de Biron. *Voyez Biron.* Autre, tué à Arques. *Voyez Arques.*

ROUXEL. *Voyez Médavy.*

RUBENPRE'. (André de Bourbon de) Député à Henry IV. par les Etats de Blois. I. N. 90. *pag.* 51.

RUCELAY. La Reine lui engage ses bagues. III. 48.

RUE. (La-) Gentilhomme attaché à Sully. Blessé avec lui à la rencontre de Chartres. 188. 189.

RUERES. Parrein du Marquis de Rosny. I. 119.

RUMIGNY. Parole que lui dit le Maréchal de Biron sur l'échafaud. II. 123.

RUMILLY (Traité de) entre le Duc de Savoie & la République de Genève. II. 153. N. 40.

RUSE' (Martin) de Beaulieu, Sécrétaire d'Etat. I. 180. N. 4. Henry IV. lui ôte la connoissance du Traité du Duc de Guise. 376. *suiv.* Il favorise les Jésuites dans le démêlé du P. Séguiran avec les Rochellois. III. 12. *suiv.*

RUSSIE. *Voyez Moscovie.*

RUSSY, (Elie de La-Place de) Agent de Bouillon auprès de Henry IV. II. 509. 510. Ce Prince l'envoie en Flandre. III. 23. où il conclut avec Jeannin le Traité d'intervention, &c. 182. 183.

S.

SACRE DE HENRY IV. *Voyez Henry IV.* De Marie de Médicis *Voyez Couronnement.* De Louis XIII. *Voyez Louis XIII.*

SAGONNE. (Jean Babou de) Tué à Arques. I. 158. N. 37.

SALCEDE. Sa résistance aux desseins des Guises, cause de sa mort. I. N. 7. *pag.* 132.

SALETTES. (N. de) Président au Parlement de Pau. L'un des Chefs du Parti Calviniste. I. 259. N. 25. *Voyez Morlas.*

SALIGNAC. (Jean de Gontault de) Son Duel avec Rosan. I. N. 97.

Cccc iij

pag. 56. L'un des Chefs Proteſtans. 259.— 510. Sollicite la grace de Biron. II. N. 18. *p.* 126. Ambaſſadeur à la Porte Ottomane. 416. Demande de la part du Grand-Seigneur un Réſident à Marſeille III. 192. 193.

SALINES, ou MARAIS SALANS, Calomnie contre Henry IV. de vouloir s'en emparer. II. 105.— 352. N. 9. Sully détrompe le peuple de cette opinion. 354. — 466. N. 3.

SALIQUE. (Loi) Sentiment erronné de Sully ſur cette Loi. II. 404. 405.— N. 13.— III. 359.

SALLIAN (Le Pere) Jéſuite. III. 125.

SALUCES. (Marquiſat de) Affaire pour ce Marquiſat. Cet Article n'eſt point décidé dans le Traité de Vervins. I. 530. N. 45. Manéges du Duc de Savoie pour éluder la reſtitution. II. 1. *ſuiv.* N. 1. Commiſſaires nommés à ce ſujet. 16. 17. Raiſons de Sully pour ne pas céder ce Fief 18. *ſuiv.* Subterfuges du Duc de Savoie dans toute cette affaire. 20. *ſuiv.* N. 18. — 24. A quelles conditions Saluces eſt cédé à ce Prince. 57. *Voyez Traité de Lyon. Savoie, &c.*

SAMBLANÇAY. *Voyez Beaune.*

SANCERRE. Siége de cette Ville ; extremité où elle ſe voit réduite : elle fait un Traité honorable. I. 35.

SANCY. (Nicolas de Harlay de) L'un des Chefs du Parti Calviniſte. I. 258. Sert Villeroi dans ſon Traité. 329. Son caractère ; ſes ſervices, 385. Ses railleries & Bonsmots ſur la belle Gabrielle, l'empêchent d'être fait Surintendant. 386. 387. N. 26. 27. 28. Services qu'il rend au Roi, en Lorraine. 390. & en Suiſſe. 391. Motifs qui lui font appeller Henry IV. en Bourgogne. 395. Il refuſe à Eliſabeth de lui remettre Calais. N. 62. *pag.* 416.—453. Ses démêlés avec Sully en préſence du Roi. 460. 461. Il ſe retire du Conſeil des Finances. 489.— 596. N. 53. Le Roi d'Angleterre blâme ſa conduite. II. 211. Sa haine pour Sully : ſes diſſipations : Henry IV. achete ſes bagues. 447. Sa juſtification ſur une partie des reproches que lui fait Sully. N. 10. Sully acquiert de lui la Terre de Dourdan. III. 348.

SANCY. (Jacqueline de Harlay-) Epouſe le Marquis d'Alincourt. I. 329.

SANG. (Princes du) Leurs brigues & leurs vuës aux Etats de Paris. 272. *ſuiv. Voyez Ligue. Etats de Paris, &c.* Etrange propoſition qu'ils font à Henry IV. contre l'autorité Royale. 417. 418. *Voyez Montpenſier.* Sully leur ôte les Fermes de l'Etat qu'ils faiſoient valoir ſous leur nom : motif de la haine qu'ils lui portent. 566. *ſuiv.* Leur mécontentement de ce que le Roi donne le pas ſur eux à la Duoheſſe de Mantouë. II. 595. 596. Leurs diviſions & querelles après la mort de Henry IV. III. 81. 82. Ils ne ſuivent point les conſeils de Sully. 300. *ſuiv.* Leurs brouilleries entr'eux & avec les Miniſtres. 317. *ſuiv.* Graces & gratifications qu'ils obligent la Régente de leur accorder. 324. *ſuiv.* Ils conſpirent tous à perdre Sully. 328. *ſuiv.* N. 9. *p.* 332. Révolte des Princes. S. 402. *ſuiv. Voyez ſur tout cet Article Bourbon. Condé. Conty. Soiſſons. Montpenſier. Voyez auſſi Seigneurs François. Séditieux, &c.*

SANTENY. Entre dans le nou-

veau Conseil des Finances. I. 397.
— 479. L'un des ennemis de Sully. II. 447. Il prête de l'argent à Henry IV. III. 47.

SANTI, Jardinier de la Reine. II. 341.

SAONE. Belles actions de Henry IV. contre les Espagnols & la Ligue, au passage de cette Riviere. I. 411. N. 57. Utilité de sa jonction avec la Loire. II. 381. N. 1. — 388. 389. N. 5. *Voyez Briare, Canaux.*

SARAOT. (Vicomte de) Avis qu'il donne à Sully. II. 206.

SARDAIGNE. Projet d'en obtenir la Souveraineté pour le Duc d'Anjou. I. N. 1. p. 67.

SARROQUES, Capitaine Flamand. II. 396.

SARRY. (Conférence de) *Voyez Barricades.*

SAVARD. (Vicomte de) Escorte Sully dans Londres. II. 240.

SAVARY. Nommé dans une Lettre du P. Cotton. III. 125.

SAUBION. Gratification que lui accorde Henry IV. III. 160.

SAVEUSE (Combat de) ou Bonneval. Part qu'y eut Sully. I. 145. 146.

SAVEUSE. (Anne de Brosse-) Se trouve au Combat de ce nom. I. *ibid.* N. 21.

SAVEUSE. (Charles de Brosse-) Perd le Combat de Bonneval; y est blessé, & meurt de désespoir. I. 145. *suiv.*

SAULT. (Chrétienne d'Aguirre, Comtesse de) Son Parti en Provence. I. 236. N. 10. Y favorise celui du Roi. 384. & aide à en chasser le Duc de Savoie & d'Epernon. 448. Elle travaille fortement pour faire réüssir le mariage du Marquis de Rosny avec Mademoiselle de Créquy; & pour empêcher la Conversion de Sully. III. 60. *suiv.* Se mêle des intrigues galantes de Henry IV. 63. Grace que lui refuse ce Prince. 84.

SAULT. (De-) Avocat du Roi à Bordeaux. III. 47.

SAULX. *Voyez Tavannes.*

SAUMUR. L'une des cinq Villes restées fidelles à Henry III. I. 139. Accordée à Henry IV. pour Place de sûreté par le Traité entre les deux Rois. 142. Mornay en obtient le Gouvernement au préjudice de Sully. *ibid.* Les Protestans y tiennent une Assemblée séditieuse. II. 283. Dépenses ridicules que Du-Plessis-Mornay fait pour fortifier Saumur. 507. Réprimande de Sully au Juge de cette Ville. III. 45. 46. Autre Assemblée qui s'y tient. *Voyez Châtelleraut.*

SAVOIE. Henry IV. y porte la Guerre: Villes prises, & autres détails sur cette Guerre. Traité par lequel elle finit. II. 57. Dessein de Philippe II. de s'emparer de cet Etat. N. 4. *pag.* 559. Partie du Grand Dessein qui regarde cet Etat. *Voyez ci-dessous Charles-Emmanuel. Voyez aussi Lombardie, Dessein Politique, &c.*

SAVOIE. (Princes & Enfans de) Droit de Chanoine d'honneur dans la Cathédrale de Lyon, refusé aux Ducs de Savoie. II. 15. N. 13. Philippe III. fait venir à Madrid les Enfans de Savoie, & leur destine des Dignités en Espagne. 272. 273. N. 7.

SAVOIE. (Charles-Emmanuel, Duc de) Se joint à l'Espagne & à la Ligue; & réüssit mal en Provence. I. 232. N. 8. Ses brigues aux Etats de Paris, inutiles. 272. *suiv.* Il soutient le Parti du Duc de Nemours à Lyon; & ne peut l'empêcher d'en être chassé. 339. 340.

Victoires & avantages de Lesdiguiéres contre lui. 371. & du Connétable de Montmorency dans le Dauphiné & le Lyonnois. 395. Autres rencontres où ses Troupes sont défaites par Lesdiguiéres. 447. N. 17. Il signe le Traité de Vervins à Chambery. 520. N. 45. *suiv. pag.* 530. 531. Il recherche en mariage Madame Catherine. 583. Ses artifices pour se dispenser de restituer le Marquisat de Saluces. II. 1. *suiv.* Il songe à venir à Paris pour cet effet. 3. Parole de lui sur ce voyage. N. 2. Son arrivée à Paris. 14. Reception que Henry IV. lui fait à Fontainebleau ; avis donnés contre lui ; ce qu'il dit sur l'inutilité de son voyage. 14. 15. N. 14. Son mécontentement de la reception que lui font les Comtes de Lyon ; Plaintes réciproques entre lui & le Conseil de Madrid, *ibid.* Il vient voir Sully à l'Arcenal, & cherche à le mettre dans ses intérêts, 16. & à le corrompre par des présens. 18. Il gagne par ses largesses les Commissaires nommés par le Roi, & les Courtisans : Etrennes magnifiques qu'il donne à toute la Cour, & qu'il reçoit de Henry IV. 17. N. 15. Il obtient trois mois de délai, contre l'avis de Sully. 20. N. 18. S'en retourne mécontent. 21. Manque à ses engagemens. 24. Suspend par de nouveaux subterfuges la marche de Henry. 28. Prédiction sur laquelle il se rassûre. N. 24. Places qu'il perd, & détail sur toute cette Campagne. 29. *suiv.* Ses intelligences avec Biron, les Courtisans & les Commissaires du Conseil, retardent la Paix. 49. — 53. 55. Pays & Places qu'il céde en échange de Saluces ; & teneur du Traité de Paix fait avec lui. 57. *suiv. Voyez Traité de Lyon.*

Conditions du Traité entre le Duc de Savoie & le Maréchal de Biron. 91. N. 25. Comment Henry IV. reçoit son compliment de félicitation sur la découverte de cette Conspiration. 137. Entreprise sur Genève, manquée, & suivie d'un Traité de Paix avec cette République. 153. N. 40. Véritable Politique du Conseil de Savoie par rapport à l'Espagne & à la Maison d'Autriche : Utilité du Grand Dessein de Henry IV. pour le Duc de Savoie. 244. *suiv. Voyez Dessein Politique.* Charles-Emmanuel anime l'Espagne contre la France. 272. Il envoie ses Enfans à Madrid. : Dignités qu'ils y obtiennent. 273. N. 7. Il termine ses guerres avec la République de Genève. 272. *suiv.* Part qu'il a dans l'affaire du Pont d'Avignon. 413. Il continuë ses brigues contre la France. 481. Dessein de Henry IV. de le faire Roi de Lombardie ; & de marier Madame Elisabeth à son fils. 560. Présens que lui fait Sa Majesté. III. 30. Il félicite Henry sur la naissance du Duc d'Anjou. 106. Alliance, projettée entre les deux Cours. 132. N. 8. Liaisons de Sully avec le Duc de Savoie, calomniées. 187. Il se joint à la Députation faite au Roi par les Princes assemblés à Hall. 207. — 212. *Voyez Clèves.* Il fait un Traité d'Alliance avec la France. 215. 216. N. 12. Bullion Ambassadeur auprès de lui. 223. Marie de Médicis rompt tous ces engagemens & trahit ce Prince, malgré les représentations de Sully. 288. *suiv.* Humiliation à laquelle ce procédé l'expose auprès du Roi d'Espagne. 22. *pag.* 289. Partie du Grand Dessein qui le concerne : On le déclare Roi de Lombardie. 375. *suiv.* — 382. — 385.

Forces

Forces & dépenses dont il étoit convenu d'y contribuer. 390. *suiv. Voyez Dessein Politique. Lombardie, &c. Voyez aussi Espagne. Philippe & les autres noms mentionnés dans cet Article.*

SAVOIE-NEMOURS. *Voyez Nemours & Sorlin (Saint-)*

SAUSSAYE. (La-) Gentilhomme Calviniste. Ses brigues pendant le Siége d'Amiens. I. 493. Il rend service au Roi dans le Parti Protestant. II. 357.

SAUVES. (Simon de Fizes de) *Voyez l'Article suivant.*

SAUVES. (Madame de) N. de Beaune de Samblançay. Rivalités à son sujet entre Henry IV. & le Duc d'Alençon. I. 70. N. 6. Elle introduit Sully auprès de Catherine de Médicis. 80 & l'instruit de ses desseins. 113. Avis qu'elle donne au Duc de Guise aux Etats de Blois. N. 10. *pag.* 136.

SAUVEUR. (Claude de Joyeuse de Saint-) Tué à la Bataille de Coutras. I. 124. N. 64.

SCALIGER. Sa mort. III. 91.

SCEAUX, Donnés & ôtés. *V. Hôpital (L') Bellievre. Sillery.*

SCHOMBERG (Gaspard de) Comte de Nanteuil. Henry IV. le consulte sur sa Conversion. I. N. 21. *pag.* 252. Le met du Conseil des Finances. 387. — 453. dont il se retire. 488. Sa mort causée par une maladie extraordinaire : son éloge. N. 5. *p.* 488. — N. 9. *pag.* 493. Il est employé à la confection de l'Édit de Nantes 518.— 545. Y met un Article qu'on est obligé de réformer. 591. *suiv.* Sa mort. 595.

SCHOMBERG. (Henry de) Maréchal de France. Amitié de Sully pour lui, calomnié. II. 450. Il est nommé Ambassadeur en Allemagne. III. 223. Donne des bons avis à Henry IV. & à Sully, sur la Conjuration de Ravaillac. 229. 230. N. 16. *suiv.* Est député par la Régente à Sully. 271.— 347.

SCHOMBERG. (Théodoric) Colonel Suisse. Tué à la Bataille d'Ivry : Belle parole de Henry IV. à lui. I. N. 53. *pag.* 173. 174.

SCHOMBOURG. (Comte de) Grand-Maréchal de l'Empire. Honneurs qu'on lui rend à Paris. II. 104.

SEBASTIEN. (Dom) Roi de Portugal, vrai où faux. Part que Henry IV. prend dans cette Question. I. 535. 536. N. 3. Circonstances singuliéres sur sa ressemblance avec le vrai Dom Sebastien. N. 32. *pag.* 101. 102.

SECRETAIRES D'ETAT. En quoi différens des Ministres d'Etat. I. N. 14. *pag.* 554.

SEDAN. (Ville & Principauté de) Donné par la Duchesse de Bouillon à son Mari : Motifs du voyage qu'y fait Sully. I. 361. *suiv.* Sentiment de Sully sur cette Forteresse. 364. Henry IV. songe à s'en emparer : Opposition des Courtisans à cette résolution. II. 560. *suiv.* Sully l'y détermine. 565. *suiv.* & lui fait remarquer les défauts de la Place. 569. 570. Le feu Duc de Bouillon la tenoit de François II. à titre de Protection. 571. Préparatifs pour en faire le Siége ; & suite de toute cette Affaire. 573. *suiv.* terminée par la reddition qu'en fait Bouillon au Roi, & par le Traité de Protection, &c. 577. *suiv.* Motifs qui porterent Henry à en ôter la connoissance à Sully, 579. 580. N. 13. Paroles de Henry IV. sur cette Expédition. N. 15. *p.* 583. Bouillon prétend le pas sur les Ducs, en qualité de Prince de Sedan; & n'est point écouté. 596. N. 17. Henry lui rend cette Ville, & en retire sa Garnison. III. 51. 52. Il s'oppose à la qualité de Seigneur Souverain de Sedan que prend Bouillon. 186. 187. Gratification que Bouillon reçoit de Marie de Médicis pour cette Principauté. 311. *Voyez sur tout cet Article Bouillon (Duc & Duchesse de) Mark (La-) Raucourt, &c.*

SEDITIEUX (Parti des) ayant à leur tête Bouillon, Biron, D'Auvergnes, D'Entragues, La-Trémouille, Du-Plessis-Mornay, la Marquise de Verneuil,&c. *Voyez ces noms.* II. 92. *suiv.* Billet d'association entr'eux. 96. Moyens qu'ils emploient pour soulever le Peuple. 96. 97. Villes dont ils cherchent à s'emparer. 97. Conseil tenu à Blois pour en arrêter les Chefs. 109. *suiv.* Henry IV. pardonne à tous après la mort de Biron. 129. *suiv.* Leurs brigues auprès du Roi d'Angleterre. 204. Leurs cabales en France. 328.— 347. *suiv.* Motif de leur haine pour Sully. 446. Leurs menées en Espagne. 483. Avis différens donnés à Henry contr'eux : Opinions de Sully sur ces avis. 486. *suiv.* Autres avis donnés par la Reine Marguerite & par Rodelle. 498. *suiv.* Artifices de Bouillon pour les émouvoir contre Sully. 501. *suiv.* Sagesse de Henry & de Sully à prévenir & à éteindre leurs complots. III. 62. 63. Suite de leurs cabales. 84. *suiv.* Sage conseil que Sully donne au Roi à ce sujet. 85. 86. Leurs intelligences avec l'Espagne & dans la Maison de la Reine. 129. *suiv.* Autres conseils que Sully donne à Henry IV. à cet égard. 136. *suiv.* N. 12. Ils font servir à leurs desseins l'amour de Henry pour la princesse de Con-

dé. 169. 170. *suiv. V. aussi sur cet article Epernon. Conchini. Conjuration. Parricide. Seigneurs François. Jésuites, &c.*

SEGUIER. (Antoine) Avocat Général. Favorise les Jésuites dans leur procès contre l'Université, &c. I. 58. *pag.* 347.

SEGUIER. (Jean) Président au Parlement. Bon conseil qu'il donne à Sully mécontent. I. 243. 244.

SEGUIER. (Pierre) Chancelier. Soutient le Prince d'Henrichemont dans le Procès qu'il intente à Sully. III. S. 409. 410. N. 1.

SEGUIER. (Charlotte) Epouse le Prince d'Henrichemont. S. 409.

SEGUIRAN. (Gaspard) Jésuite Son démêlé avec les Rochelois. III. 13. *suiv.* N. 7.

SEGUR. (Jacques de) Baron de Pardaillan. Tué à la Saint-Barthelemi. I. N. 61. *pag.* 30.

SEGUR (N. de) de Pardaillan. Echappe au Massacre de la Saint-Barthelemi. I. 25. N. 57.— 45.

SEIGNEURS, ou Grands du Royaume. Leurs brigues & leurs desseins aux Etats de Paris. I. 271. *suiv. Voyez Ligue.* Etrange proposition qu'ils font faire à Henry. IV. 416. 417. *Voyez Sang (Princes du)* Liste de ceux qui firent leur Traité avec Henry IV. & des sommes qu'ils reçurent. 559. 560. N. 17. Sully change la forme de leurs Pensions. 564. *suiv.* & s'oppose aux Edits qu'ils surprennent au Roi. 590. 591. Motif de leur haine contre lui. II. 446. Ils briguent ouvertement en faveur de l'Espagne contre la Politique de Henry IV. & de Sully. III. 15. *suiv. Voyez Séditieux. Courtisans.* Querelles & brouilleries entr'eux 84. *suiv.* Suite de leurs cabales 84. *suiv.* Calomnie contre Henry IV. de chercher à les ruiner par le Jeu. N. 29. *p*. 93. 94. Ils travaillent à rompre le Grand-Deſſein de ce Prince. 218. 219. Accuſés d'entrer dans le complot de Ravaillac. 253. *ſuiv*. Cherchent à perdre Sully. 273. 274. Embraſſent dans le Conſeil une Politique toute contraire à celle de Henry IV. 278. Detachent le Prince de Condé de Sully. 303. *ſuiv*. N. 27. *ſuiv*. Se brouillent entr'eux & avec les Miniſtres. 317. *ſuiv*. Graces & gratifications qu'ils ſe font accorder par Marie de Medicis. 324. *ſuiv*. Leur haine pour Sully. 328. *ſuiv*. N. 66. Révolte des Princes & des Grands. S. 405. N. 9.

SEINE. Paſſage de cette Riviere par le Prince de Parme; action remarquable. I. 222. Utilité de ſa jonction avec la Loire. II. 381. N. 1. Canal de Briare entrepris pour cet effet. 388. 389. N. 4. 5. *Voyez Canaux.*

SEINE. (Saint-) Exploits de Henry IV. en cet endroit. *Voyez Fontaine-Françoiſe.*

SEIZE. (Les-) Maïenne en fait pendre quatre, pour avoir pendu le Préſident Briſſon, &c. Leur inſolence. I. 205. N. 34.

SEL. Augmenté de quinze ſols par Minot. I. 485. Les Courtiſans font valoir cette Ferme ſous des noms empruntés. II. 464. Edit ſur le Sel en faveur du Duc de Maïenne. 472. Réglemens pour cette partie. 598. 599. *V. Gabelle.*

SELIM. Catherine de Médicis lui fait demander le Royaume d'Alger pour le Duc d'Alençon. I. N. 1. *pag.* 67.

SELLES. Henry IV. en leve le Siége. I.¹ 276. N. 38.

SELLES. *Voyez Béthune.*

SELLIER. (Jean) Commiſſionnaire de Henry IV. à Troyes. II. 472.

SELVAGE. (Catherine) Femme-de-Chambre de la Reine. II. 112. — 551. *ſuiv*.

SENAMY. Dettes de Henry IV. à lui acquittées. III. 32.

SENS, Aſſiégé & manqué par Henry IV. I. 179.

SEPULCRE. (Saint-) Les Juifs ſollicitent le Grand-Seigneur de le détruire. I. 573.

SERMENT, fait par les Chefs de la Ligue contre Henry IV. I. 279.

SERRAN, Manufacturier Provençal, Fait de l'étoffe de l'écorce des Meuriers. II. N. 10. *pag*. 373.

SERVIAN. Député du Dauphiné pour les Proteſtans. II. 593.

SERVIN. Caractère monſtrueux de ce jeune homme. II. 182. 183. — 266. N. 4.

SEURE, ou BELLEGARDE. Ville de la Ligue. I. 411. N. 57.

SEY. N. de) Gentilhomme Calviniſte. Echappe au Maſſacre de la Saint-Barthelemi. 26.

SFONDRATE. Conduit les Troupes de Grégoire XIV. au Siége de Rouen. 205. — 216.

SICILE. Deſſein de donner ce Royaume à la République de Veniſe. III. 387. 388. *Voyez Deſſein Politique.*

SIEGES & priſes de Places. *V. chacun des noms ſuivans.* De La-Rochelle. De Sancerre. Places priſes par les Calviniſtes le Mardi-Gras. I. 36. Repriſes. 38. De Villefranche. De Marmande. D'Eauſe. De Fleurence. De Saint-Emilion. Villes priſes & manquées par la Ligue & les Calviniſtes. 57. *ſuiv*. De Cahors. De Monſegur. De Caſtets. De Montignac. De Saint-Bazeille.

Dddd ij

De Fontenay. De Maillezais, Mauleon & La-Garnache. De la Motte Saint-Eloy, de Saint-Maixant. De Sarlat. De Caſtillon. De Châtelleraut. D'Argenton. De Gergeau, Pluviers, Eſtampes, Chartres, Poiſſy, Pontoiſe, Liſle-Adam, Beaumont, Creil, &c. De Paris, par les deux Rois. De Meulan. De quélques-uns des Fauxbourgs de Paris. De Vernon. D'Evreux, d'Auſteville, d'Alençon, le Mans, Château-briand, Château-gontier. Sablé, Maïenne, Laval, Argentan, Falaiſe, Liſieux, Bayeux, Pontaudemer, Pont-l'évêque, Honfleur, le Havre-de-Grace, Donfront, &c. De Dreux. De Sens. De Paris, par Henry IV. De Lagny. De Clermont. De Corbeil. De Giſors. De Joigny. De Chartres. De Corbie. De Noyon. De Mante. De Houdan. De Louviers, & autres Villes de Normandie. De Dun, Stenay, &c. De Poitiers. De Villemur. D'Epernay. De Selles. De Noyon. De La-Ferté-milon. De Laon. De Vienne & de Montluel. D'Autun, Nuys & Dijon. Du Catelet, de La-Capelle & de Dourlens. De Ham. De Talan. De Veſou. De Cambrai. De Calais. De La-Fere. D'Imbercourt. De Blaye, d'Agen, &c. Villes aſſiégées, &c. par Leſdiguiéres. *Voyez Leſdiguiéres.* D'Amiens, par les Eſpagnols; enſuite par les François. De Mende. De Chambery. Bourg, Montmelian, Carbonnieres, Sainte-Catherine, & autres places en Savoie & en Breſſe. De Nieuport. De Rhimberg. D'Oſtende. De Bolduc. D'Albe-Royale, Caniſe, &c. De Quinzal. De Grave, Hochſtrate & Dele. De Bude, Biſtrith, & Peſt. De Vactendonk. De L'Ecluſe. De Cadſant. De Linghen & Bergopſon. D'Anvers. De Donavert. De Pierrefort. De Sedan. De Julliers. De Saint-Jean-d'Angely, de Montauban, Montrond, &c. *Voyez auſſi Eſcarmouches & combats.*

SIGEBERT. Jugement ſur ce Roi. III. 358.

SIGISMOND, Roi de Suede. Détrôné par Charles ſon Oncle. II. 11. N. 9.

SIGOGNE. (Charles de Beaufoncle de) Fait priſonnier à Ivry par Sully. I. 171. D'Andelot le lui diſpute. 172. Plaiſant diſcours qu'il tient au ſujet de l'Affaire des Avocats. II. 142. 143. Il eſt envoyé par Henry IV. à la Marquiſe de Verneuil arrêtée. 367. N. 16. 17. 18. & travaille à la raccommoder, avec ce Prince. 419.

SILLERY. (Nicolas Brulart de) Chancelier. Député de la Cour à Henry IV. I. 91. N. 34.— 104. S'oppoſe à l'entrée de Sully dans le Conſeil des Finances. 450. *ſuiv.* & le compliment ſur cette entrée. 453. Se brouille avec lui dans le Conſeil. 490. *ſuiv.* Travaille à pacifier la Picardie. 505. & à faire la Paix de Vervins. 509. Conſeille à Henry IV. d'épouſer la belle Gabrielle. N. 40. *pag.* 526. Signe le Traité de Vervins & le fait ſigner à l'Archiduc. 530. 531. N. 45. Eſt envoyé Ambaſſadeur à Rome, où Madame de Beaufort l'emploie à faire réüſſir ſon mariage. 537. 538. Eſt fait Miniſtre d'Etat. 554. N. 14. Sa Politique ſur l'Eſpagne contraire à celle de Sully. II. 73. Il cherche à exclurre le Comte de Béthune de l'Ambaſſade à Rome. 88. *ſuiv.*— 178. Travaille dans le Conſeil & à la Cour au rappel des Jéſuites. 299. *ſuiv.* N. 4. D'avis contraire à Sully ſur la tolérance des Religions. 325. Il brigue le

Chapeau de Cardinal pour Villars & Marquemont contre Du-Perron & Olivary. 327. N. 25. Henry IV. se sert utilement de lui dans ses brouilleries domestiques. 342. Sully l'oblige à signer le Traité de Commerce avec l'Espagne. 394. Il est nommé Commissaire dans l'Affaire de l'acquisition du Comté de Saint-Paul. 414. — 429. Se joint aux Courtisans & aux Jésuites dans l'Affaire de Grillon, pour perdre Sully. 438. 439. à qui il tend toutes sortes de piéges. 442. 443. Motif de cette haine. 446. Henry IV. lui fait part de l'Exaltation de Paul V. 478. & évite de l'employer dans les Affaires de la Religion. 490. Services qu'il rend d'ailleurs au Roi. 503. Lettres qu'il écrit à Sully à l'Assemblée de Châtelleraut. 519. — 527. & que lui écrit Villeroi pendant l'expédition de Sedan. 576. Il est fait Garde-des-Sceaux, & va travailler chez Sully. III. 2. N. 1. — 9. Il se montre au Conseil d'avis contraire à ce Ministre sur les propositions de Villes d'ôtage, &c. faites par les Flamands. 22. 25. — 45. — 51. ainsi que sur les cabales des Protestans. 85. 86. & conteste avec lui en présence du Roi. 119. 120. Henry IV. lui fait part des complots formés contre sa vie. 136. Autre contestation qu'il a avec Sully. 155. Jugement de Henry sur ses bonnes & mauvaises qualités. 156. 157. N. 22. — 160. — 171. Il prévient ce Prince contre Sully sur l'Armement de Clèves. 211. Grave Réponse de lui à la Reine, lors de la mort de Henry IV. N. 242. Il entre dans le Conseil secret de Marie de Médicis. 277. suiv. & lui inspire des principes politiques tout contraires à ceux de Henry le Grand. 288. suiv. 291. Il travaille à perdre Sully. 310. qui lui reproche de se servir d'un faux Sceau. 314. 315. Il est maltraité de paroles par le Duc de Nevers,&c. & conseille à la Régente de rappeller Sully de Montrond. 319. Graces qu'il obtient de la Régente. 326. Il soûtient Villeroi & D'Alincourt contre Sully dans l'Affaire de Lyon. 328. suiv. *Voyez Ministres. Sang (Princes du) Seigneurs, &c.*

SILLERY. (Noël Brulart, Commandeur de) Se mêle des intrigues de galanterie de Henry IV. III. 64. Est admis au Conseil secret de Marie de Médicis. 277. Graces qu'il en obtient. 326. — 338.

SILLY. *Voyez Rochepot & Rocheguyon (La-)*

SILVESTRE. (Le Pere) Cordelier, Directeur de Madame de Mastin. I. 78.

SIMIANE. *Voyez Gordes.*

SIMIERS. (Jacques de) Grand-Maître de la Garderobe de Monsieur. I. N. 10. p. 300.

SIMIERS. (Madame de) Louise de L'Hôpital-Vitry. Contribuë au Traité de Villars avec le Roi. I. N. 10. p. 300. 315. *suiv.* 322. *suiv.* 332.

SINAN-BACHA. Les Janissaires obligent le Grand-Seigneur à le chasser. II. 416.

SINCERAY. Henry IV. ôte cete Ville au Duc de Bouillon. II. 533.

SIXTE-QUINT. Bon-mot de lui au Cardinal de Joyeuse sur Henry III. I. N. 93. p. 52. Il excommunie également les Calvinistes & les ennemis de l'autorité Royale. N. 29. p. 87. *Voyez Traité de Nemours.* Parole de lui sur les Barricades. N. 7. p. 133. Il excommunie Henry III. après le meurtre des

Guises : ses véritables sentimens sur cette action, & sur la conduite des Chefs de la Ligue. N. 14. *p.* 140. Paroles & prédictions de lui sur Henry IV. le Duc de Maïenne, le Roi d'Espagne & le Duc de Savoie. N. 38. *p.* 160. Parole de Henry IV. sur sa mort. N. 33. *p.* 205. Son caractère : Bon-mot sur lui. II. N. 11. *p.* 474.

SOBOLLE. (Raimond de Comminges de) & son Frere, chassés de Metz par Henry IV. Particularités sur cette Affaire. II. 155. *suiv.* N. 1. 2.

SOIE. Henry IV. la fait cultiver en France. II. 148. Raisons de Sully contre cet établissement. 287. *suiv.* N. 14. 15. Manufactures de Soie établies. 473. N. 10. *Voyez Manufactures. Etoffes précieuses.*

SOISSONS. La Ligue en fait une Ville de sûreté pour elle, dans son Traité avec l'Espagne. I. 248. Les Chefs de la Ligue s'y retirent. *Voyez Ligue.* Sa Garnison est défaite par les Royalistes. 394. N. 39.

SOISSONS. (Charles de Bourbon, Comte de) Se joint à Henry IV. & défait le Bagage du Duc de Mercœur. I. 117. N. 52. Il se comporte vaillamment à la Journée de Coutras. 123. mais il empêche Henry de profiter de sa Victoire. 127. N. 2. Ses desseins en cherchant à épouser Madame, malgré ce Prince. 128. Il quitte Henry IV. après les Barricades, & va s'offrir à Henry III. 134. dont il est mal reçu. 135. Il cherche à enlever Sully au Parti de Henry IV. 142. Il s'avance lentement au secours de ce Prince à Dieppe. 160. Passe en Béarn, dans le dessein d'épouser Madame, & n'y réüssit pas. 232. 233. Son caractère. 233. 234. Il devient l'un des Chefs du Tiers-Parti. 249. Ses vuës & ses brigues aux Etats de Paris. 273. *suiv.* Sully le raccommode avec le Duc de Montpensier. 307. 308. & retire de lui la promesse de Mariage de Madame Catherine. 308. *suiv.* Il défait le secours que les Espagnols cherchent à jetter dans Laon. 350. Est fait Grand-Maître de la Maison du Roi, après la mort du Duc de Guise. 378. Il demande la Présidence au Conseil des Finances, qui lui est refusée ; & suit malgré lui en Bourgogne Henry IV. 397. qu'il quitte ensuite. 399. Insulte que ses Officiers font à Sully. 399. *suiv.* Sully travaille à rompre son mariage avec Madame. 434. *suiv.* Il découvre le dessein de Nicole Mignon d'empoisonner le Roi. II. 22. N. 19. S'oppose au sentiment de Sully sur la Guerre de Savoie. 34. 38. 40. 45. & lui veut du mal d'avoir détourné Henry IV. d'acheter ses biens en Piémont. 88. N. 21. Est appellé au Conseil secret tenu à Blois pour arrêter les Chefs des Séditieux. 109. 110. Se reconcilie avec Sully. 178. & blâme indirectement ses Négociations à Londres. 263. *suiv.* Il se brouille de nouveau avec ce Ministre, que Henry soutient contre lui, sur un Edit obtenu par surprise. 276. *suiv.* N. 8.——360. Henry fait l'acquisition de son Comté de Saint-Paul. 413. *suiv.* Don fait à ce Prince par Sa Majesté. 472. Ses démêlés avec le Prince de Conty. 503. Autre qu'il a avec Sully sur le logement du Grand-Maître de l'Artillerie ; & mauvais procédé à son égard. 536. *suiv.* Il refuse de se trouver à la Réception de Sully au Parlement pour ses Lettres de Duc & Pair. 561. & se déclare contre son avis sur l'Expédi-

DES MATIERES. 587

tion de Sédan. 569. — 581. — III. 22. Il fait éclater son mécontentement. 81. 82. 84. Se lie avec les Jésuites & les Courtisans. 125. 126. & prévient Henry IV. contre Sully sur l'Armement de Clèves. 211.—218. 219. Il quitte la Cour mécontent, au Couronnement de la Reine. 234. 235. N. 19.—280. N. 17. Revient & est admis au Conseil public de Marie de Médicis. 278. dont il tâche en vain de faire casser la Régence. 280. 281. Il recherche Sully, avec lequel il se brouille ensuite, & met tout en œuvre pour le perdre. 281. *suiv.* N. 18. Ses querelles avec le Prince de Conty & le Duc de Guise. 282. *suiv.* N. 19. Il rompt avec Conchine, & se raccommode ensuite avec lui. 284. Conseil que Sully lui donne & aux Princes du Sang. 300. *suiv.* Il combat son avis sur le Siége de Julliers. 307. Conchine le gagne par le Gouvernement de Normandie & autres graces. N. 30. p. 308.—312. Autres gratifications qu'il se fait accorder par la Régente. 325.

SOISSONS. (Hôtel de) II. 297.

SOLEIL. (Eclipse de) II. 536. N. 7.

SOLME. (Comte de) Grand-Maître de l'Electeur Palatin. II. 575.

SOLRE. (Comte de) Ambassadeur de l'Archiduc à Henry IV. Réponse que lui fait ce Prince. II. 75.

SOMMERIVE. (Charles-Emmanuel de Lorraine, Comte de) Défend Laon contre Henry IV. I. 342. N. 50. Rend cette Place. 369. 370. Est éxilé par le Roi, pour ses galanteries avec la Comtesse de Moret. III. 77. *suiv.* N. 16.

SOPHI DE PERSE. Envoie un Ambassadeur à l'Empereur Rodolphe. II. 74.

SORBONNE. Haine qu'elle porte à Henry IV. I. N. 36. p. 275. Elle s'oppose à l'enregistrement de l'Edit de Nantes. 589. N. 49. *suiv.* Son aversion pour les Jésuites. II. 311. *Voyez Université.*

SORLIN. (Henry de Savoie-Nemours, Marquis de Saint-) Vient à Lyon au secours du Duc de Nemours. I. 340. N. 47. Fait son Traité avec le Roi. 426. Article du Traité de Lyon en sa faveur. II. 57. Gratifications que lui accorde Henry IV. 598.—III. 71.

SOU-POUR-LIVRE, Impôt imprudemment établi dans l'Assemblée des Notables. I. 472. N. 27. Révoqué par le Roi. II. 113. 114. N. 4. & converti en augmention sur la Taille. 384.

SOUBISE. (Benjamin de Rohan, Duc de) Sujets de mécontentement qu'il donne à Henry IV. II. 593. 594. N. 25. Il commande une Compagnie à l'expédition de Clèves. III. 221.

SOUHAITS. (Les Dix) de Henry IV. III. 263. 264.

SOURDIS. (François d'Escoubleau, Marquis de) L'un des Chefs Catholiques opposés à Henry IV. I. 256. N. 23.—p. 348.

SOURDIS. (François d'Escoubleau de) Est fait Cardinal. I. 537. N. 6. Va à Rome pour le Conclaves. II. 326.

SOURDIS. (Isabelle Babou de La-Bourdaisiére, Marquise de) Maîtresse du Chancelier de Chiverny. I. 491. N. 6. Fait donner le Chapeau de Cardinal à son Fils 537. N. 6. Seconde la Duchesse de Beaufort dans les brigues pour épouser Henry IV. 539. *suiv.* Madame de Beaufort malade se fait porter chez elle. 603.

SOUTHAMPTON.(Comte de) Reçoit & escorte Sully dans Londres, II. 188. 189.— 196. Amitié qu'a pour lui le Roi d'Angleterre, 216.— 251. Querelle qu'il a avec Gray. 270.

SOUVRE'. (Gilles de) L'un des Favoris de Henry III. I. 374. Trait de lui : Son éloge. N. 12.— II. 70.

SPA. (Eaux de) Henry IV. en fait usage. II. 346.— III. 89.

SPINOLA. (Le Marquis) Assiége Ostende. II. 152. Audience que lui donne Henry IV. à Paris. 481. 482. Ses Expéditions militaires en Flandre contre le Prince d'Orange. 482. 483. Il assiége & prend Rhimberg. 608. N. 33. Conclut le Traité de suspension d'Armes avec les Flamands. III. 108. Favorise l'évasion du Prince de Condé. 166. & dissuade l'Archiduc de le rendre. N. 29. p. 173.

SPINOLA. (Fréderic) Son Escadre est battuë par les Hollandois. II. 152. Autre Combat naval où il est tué. 271.

STAFFORD. *Voyez Sydney.*

STENAY. Pris par le Duc de Bouillon. I. 232. N. 2.

STRASBOURG. Cesse de faire valoir les Fermes de l'Etat. I. 565. *suiv.* Guerre entre le Cardinal de Lorraine & le Prince de Brandebourg, pour cet Evêché. II. 159. N. 5.— 179.

STROZZY. (Philippe) L'un des principaux Officiers de Charles IX. I. 2. Cherche à surprendre La-Rochelle. 17. N. 42.

STUARD. (Maison de) Comment la Couronne d'Angleterre passe dans cette Maison. II. 405.

STUARD. (Henry) Baron de Darnley, devient Roi d'Ecosse par son mariage avec Marie Stuard, *V. Stuard (Marie)*

STUARD. (Jacques V.) Roi d'Ecosse. I. N. 28. p. 12. Madame Catherine refuse de l'épouser. 437.— 583. Il félicite Henry IV. sur la découverte de la Conspiration du Maréchal de Biron. II. 137. *Voyez pour la suite de cet Article Jacques Roi d'Angleterre.*

STUARD. (Marie) Reine d'Ecosse, Niéce du Duc de Guise. I. N. 28. p. 12. Epouse le Baron de Darnley. I. N. 13. p. 177.

STUARD. (Rebelle, Arbelle ou Arabelle) On propose de la marier à Henry IV. I. 521. N. 37.

STUNIGA ou CUNIGA. (D. Baltazar de) Offres qu'il fait de la part de l'Espagne à Henry IV. après son Abjuration, rejettées. I. 292. Il est envoyé Ambassadeur en France, & est employé dans l'Affaire du Trente pour cent. II. 392. N. 6.

SUEDE. Révolution dans ce Royaume. II. 11. Mauvaise politique qu'on suit dans cette Cour. 217. — Partie du Grand Dessein qui concerne la Suede. III. 375. *suiv.* 382. Forces & dépenses dont elle devoit y contribuer. 389. *suiv. Voyez Dessein Politique.*

SUEDE. (Charles, Roi de) Détrône Sigismond son Neveu. II. 11. N. 9. S'affermit sur le Trône. 605. Lui & son Fils entrent dans la Confédération contre la Maison d'Autriche : Boissise est nommé Ambassadeur en cette Cour. III. 223. *Voyez Suede, Dessein Politique.*

SUISSES. Empêchent Charles IX. d'être pris à Meaux. I. N. 45. p. 18. Accordent des Troupes à Henry III. 103. Sully traite avec eux pour cet effet. 104. Ils sont mal conduits en France. 107. & s'engagent avec la Ligue, pour n'être pas taillés en piéces à Auneau. 130. On les désarme à la Journée des Barricades.

DES MATIERES.

Barricades. N. 7. *p.* 131. Ils combattent vaillamment pour Henry IV. à Arques. 158. *suiv.* N. 36. & refusent de se battre à Ivry. 171. Leur mutinerie dans l'Armée de Henry IV. après cette Bataille. 178. Ils lui amenent du secours au Siége de Rouen. 198. & refusent de poursuivre le Prince de Parme après son passage de la Seine. 227. Leur valeur à l'attaque du Grand Convoi devant Laon. 354. Ils s'unissent avec la France contre l'Espagne dans la Guerre de 1595. 391. — 396. Troupes Suisses réformées à la Paix de Vervins. 533. Sully ôte aux Suisses nos Fermes qu'ils faisoient valoir. 564. *suiv.* Ambassade solemnelle des Treize Cantons pour le renouvellement d'Alliance, & réception qu'on leur fait à Paris. II. 149. 150. N. 32. La France leve des soldats chez eux. 150. Leurs dispositions & leur véritable Politique par rapport à la Maison d'Autriche. 247. En quoi le Grand Dessein de Henry IV. leur étoit avantageux. 249. *Voyez Dessein Politique.* Ils se rendent médiateurs entre le Duc de Savoie & la République de Genève. 272. Abus dans la maniére d'acquitter les dettes de la France aux Suisses. 380. Part qu'ils ont dans l'Affaire de la Valteline & des Grisons. 407. Sully est calomnié d'intelligences criminelles avec eux. 451. Dettes contractées par Henry IV. envers eux pendant la Ligue. 468. Levées faites en Suisse. 574. Les Suisses se joignent aux Grisons contre l'Espagne. III. 29. Sully acquite les dettes de l'Etat aux Cantons. 32. — 43. 44. De-Refuge s'y conduit mal. 191. 192. Les Suisses entrent dans la Confédération contre la Maison d'Autriche. 216. Caumartin leur est envoyé en qualité d'Ambassadeur. 223. Partie du Grand Dessein qui concerne cette République : Avantages qu'elle y trouvoit. 382. 385. Forces & dépenses dont elle devoit y contribuer. 389. *suiv. Voyez Helvétique (République) Dessein Politique.*

SULLY. (Terre & Château de) Sully acquiert cette maison & la visite. II. 71. Y fait bâtir. 133. Henry IV. l'érige en Duché-Pairie. 560. 561. — III. 61. Sully s'y retire après la mort de Henry. 340. N. 11. *p.* 334. — 348. Séjour & embellissemens qu'il y fait. S. 413. — 420. 421.

SULLY. (Maximilien de Béthune, Marquis de Rosny, puis Duc de) Particularités sur ses Ancêtres, sa Famille & sa Naissance. I. 4. *suiv.* Eclaircissemens & erreurs corrigées sur ce sujet. N. 7. *suiv.* Il est élevé dans la Religion Calviniste. 7. Suit la Cour de Navarre à Paris. 19. Est présenté au Roi de Navarre : Ses études. I. 20, 21. Sully échappe au Massacre de la Saint-Barthelemi. 29. *suiv.* Son éducation. 32. *suiv.* Ses premiers faits d'armes. 42. Il défend Périgueux & Villeneuve : danger qu'il court au Siége de Ville-Franche, &c. 44. *suiv.* Il se brouille avec Frontenac & Turenne. 45. Suit Henry IV. en Béarn : ses œconomies. 46. 47. Est bien reçu de Madame Catherine. 47. Se trouve à la prise d'Eause, à un Combat devant Mirande, devant Nerac, & autres rencontres : dangers qu'il y court. 47. *suiv.* Sa conduite dans les Cours rassemblées de Catherine de Médicis & du Roi de Navarre. 54. *suiv.* Dangers qu'il court à la prise de Cahors. 58. *suiv.* & devant Marmande, &c. 62. 63. Il défend Monsegur. 64 Est fait Con-

Tome III.

de Navarre & Chambellan ordinaire de Henry : Fautes qu'il commet. I. 65. Motifs qui lui font suivre Monſieur en Flandre : Prédictions que lui fait Henry, & converſation entr'eux ſur ce voyage. 68. ſuiv. Il prend pluſieurs Gentilshommes à ſa ſuite. 71. Ce qui lui arrive devant Cambrai. 73. Robeck paye mal ſes politeſſes. ibid. Monſieur lui refuſe ſon entremiſe pour la ſucceſſion du Vicomte de Gand : ce qui lui donne de l'éloignement pour ce Prince. 75. 76. Conſeil que lui donne le Prince d'Orange à la Trahiſon d'Anvers. 77. Il retourne trouver Monſieur : Réfléxions ſur les devoirs d'un Prince. 77. 78. Comment Madame de Maſtin le reçoit. 78. Honneurs que lui rendent les bourgeois de Béthune. 79. Il revient en France : accueil que lui fait Henry. ibid. Il va faire part à la Cour de Henry III. des propoſitions faites au Roi de Navarre par l'Eſpagne. 80. La curioſité le porte à aller voir Monſieur à Château-Thierry. 81. Sully obſerve à la Cour les démarches de la Ligue : il y trouve ſes freres diſgraciés. 82. Devient amoureux de Mademoiſelle de Saint-Meſmin. 83. & épouſe Mademoiſelle de Courtenay. 84. Ses occupations domeſtiques pendant la premiere année de ſon mariage. 84. Il va retrouver le Roi de Navarre, & lui porte des ſecours en argent. 85. Reçoit le Duc de Joyeuſe à Roſny. 87. Bon conſeil qu'il donne dans les Aſſemblées des Proteſtans : confiance de Henry IV. en lui. 90. Il retourne à Paris entamer une Négociation. 92. Il repaſſe en Guienne : perils auxquels il eſt expoſé dans ce voyage. 95. ſuiv. Le Roi de Navarre par ſon conſeil tient tête à trois Armées aux environs de La-Rochelle. 100. ſuiv. Il ſe jette dans Sainte-Bazeille. 102. Eſt député à Saint-Maur vers Henry III. pour négocier l'union des deux Rois. 103. ſuiv. Il traite auſſi avec les Suiſſes, & pour l'emploi des Troupes Etrangeres en France. 104. 105. Se trouve au Siége de Talmont. 106. & à celui de Fontenay : avanture comique qui lui arrive à ce Siége. 107. ſuiv. Il va ſecourir ſon Epouſe pendant la peſte à Roſny. 110. Réfléxions ſur la foibleſſe de Henry III. 111. 112. Il pénétre le ſujet des démarches de Catherine de Médicis. 112. Il défait un Eſcadron de Joyeuſe. 115. & profite de l'abſence de ce Général pour harceler ſes Troupes: ſervices qu'il rend à ſes freres. 117. 118. Il va ſecourir Madame de Roſny à Paris : périls auxquels il s'y expoſe. 119. Il retourne vers le Roi de Navarre, & le ſert utilement à la Bataille de Coutras. 121. ſuiv. Anecdote à ce ſujet. N. 65. Sage avis qu'il ouvre après cette Bataille. 128. 129. Sully eſt député vers le Prince de Conty. 129. Retourne à Bergerac. 130. Réfléxions ſur la Journée des Barricades & ſur la conduite de Henry III. 131. ſuiv. Il accompagne le Comte de Soiſſons à la Cour. 134. Entretien qu'il a avec Henry III. 135. Réfléxions ſur la foibleſſe de ce Prince. 138. Il vient faire ſon rapport au Roi de Navarre, & repart pour conſommer le Traité entre les deux Rois. 139. 140. Maladie pendant laquelle Du-Pleſſis-Mornay lui ôte l'honneur de ce Traité : mécontentement qu'il en reſſent. 142. Conſeil qu'il donne à Henry IV. ſur ſon entrevuë avec Henry III. 143. Il aide à défendre Tours

DES MATIERES.

I. 144. Part qu'il a au Combat du Saveufe. 145. 146. Il va affifter fon Epoufe : chagrin extrême qu'il reffent de fa mort. 147. Il retourne à l'Armée des deux Rois; où il s'expofe aux plus grands dangers. 148. Henry IV. lui apprend la bleffure de Henry III. le mene avec lui à Saint-Cloud. 149. & prend confeil de lui fur la mort de ce Prince. 150. *fuiv.* Services qu'il rend à Henry IV. pour contenir les Chefs de l'Armée Royalifte. 152. Il s'empare de Meulan. 153. dont il refufe le Gouvernement. *ibid.* Manque Louviers faute de fecours. 154. 155. Va reconnoître l'Armée de Maïenne. 155. Affifte au Combat d'Arques : dangers qu'il y court. 156. *fuiv.* Manque Vernon. 161. Force le fauxbourg de Saint-Germain. 161. 162. Conferve le Pays de Mante contre les Troupes de la Ligue. 163. Motifs qui le déterminent à écrire fes Mémoires. 163. 164. Il contribuë à la levée du Siége de Meulan. 164. 165. Défend Paffy. 166. N. 45. Se trouve à la Bataille d'Ivry : bleffures qu'il y reçoit; prifonniers qu'il y fait. 167. *fuiv.* N. 49. *pag.* 170. D'Andelot lui difpute mal-à-propos fes prifonniers. 174. Sully eft porté en triomphe à Rofny : Henry IV. l'y careffe & le fait Chevalier. 175. 176. Mécontentement qu'il a des Gouvernemens qu'on lui refufe. 179. Il fe trouve au Siége de Paris. 180. *fuiv.* & aux expéditions qui fuivent la levée de ce Siége 184. *fuiv.* Il fe retire mécontent. 186. 187. Il fauve la vie à Clermont-Tonnerre à Joigny. 187. Avanture de Chartres, où il manque à être tué. 188. 189. Lettre que lui écrit Henry IV. de Saint-Quentin. N. 16. *pag.* 189. Quand ce Prince a commencé à lui confier fes fecrets. N. *ibid.* Henry lui fait manquer l'entreprife qu'il projette à Mante contre Maïenne. I. 191. *fuiv.* Il va voir Madame de Châteaupers. 196. Se faifit d'un bateau richement chargé. 196. 197. Suit Henry IV. au Siége de Rouen. 197. *fuiv.* S'y oppofe à l'avis de Biron fur la maniere d'attaquer la Place. 199. Se trouve à l'attaque de la Tranchée. 201. Remontre au Roi les perils auxquels il expofe fa vie. 202. Entretien entr'eux fur les mutineries des Catholiques de l'Armée. 203. Il cherche à faire rendre Rouen par intelligence. 203. 204. Il fuit Henry IV. à la rencontre du Prince de Parme. 205. Remontrances qu'il lui fait fur la témérité avec laquelle il s'expofe. 207. Il fe plaint de la conduite du Duc de Nevers à Bully. 208. Se trouve au Combat d'Aumale. 209. *fuiv.* & à toutes les expéditions aux environs de Rouen. 218. *fuiv.* Il appuie le fentiment de pourfuivre le Prince de Parme, après fon paffage de la Seine. 223. *fuiv.* Il époufe Madame de Châteaupers. 241. N. 15. Sully fe retire chez lui par mécontentement *ibid. fuiv.* Le Préfident Seguier le détrompe. 243. 244. Il intercepte les Papiers de la Ligue & du Tiers-Parti: teneur de ces Piéces. 244. *fuiv.* qu'il porte à Henry IV. 249. Confiance que ce Prince lui témoigne en cette occafion. 250. *fuiv.* Motifs qui les obligent à cacher cette confiance. N. 21. *pag.* 252. Entretien entr'eux, & raifons par lefquelles Sully perfuade à Henry qu'il doit changer de Religion. 254. *fuiv.* Véritables fentimens de ce Miniftre fur la Religion. N. 24. *p.* 257. Il fait embraffer aux Proteftans le parti de traiter fur ce fujet

E e e e ij

avec les Chefs Catholiques. 258. Ses entretiens & négociations avec Bellozane. I. 260. avec les Durets. 262. & avec Du-Perron 263. *suiv.* Autre entretien & conseil qu'il donne à Henry IV. sur sa Conversion. 281. *suiv.* Part qu'il a à la prise de Dreux. 283. 284. Aveu qu'il fait en faveur de la Religion Catholique. 285. Il opine contre l'avis des Protestans dans leurs Assemblées. 288. Sa réponse à Du-Perron qui l'exhortoit à changer de Religion. 289. Dernier service qu'il rend dans l'affaire de l'Abjuration de Henry IV. 290. Il fait accorder une seconde Tréve aux Députés de Paris, & présente au Roi un Envoyé Espagnol. 294. *suiv.* Il s'oppose à la Députation de La-Varenne en Espagne. 296. Jalousie des Catholiques contre lui. 299. Il commence à négocier avec Villars, Medavy, &c. 300. Premier voyage qu'il fait à Rouen à ce sujet. 304. *suiv.* Il reconcilie le Duc de Montpensier avec le Comte de Soissons. 307. 308. & retire la Promesse de mariage de Madame & du Comte de Soissons. 309. *suiv.* Il traite avec la Duchesse d'Aumale pour la reddition de son mari. 314. N. 22. avec Medavy. 315. avec l'Amiral de Villars. 316. *suiv.* N. 25. Difficulté à conclurre ce Traité. 317. 318. conclu enfin. 321. 322. ainsi que plusieurs autres. 323. 324. Entretien entre Henry & lui à ce sujet. 328. Sully retourne à Rouen, & y reçoit l'hommage de cette Ville & de Villars. 330. *suiv.* Avanture plaisante qui lui arrive avec Boisrosé. 335. 336. Sa délicatesse dans les gratifications & les présens qu'il reçoit de Sa Majesté. 336. *suiv.* N. 44. Il va servir au Siége de Laon. 342. Les affaires du Gouvernement le rappellent à Paris ; Conversation qu'il y a avec le Cardinal de Bourbon. I. 343. *suiv.* N. 53. Il éclaire les démarches des Séditieux. 346. & assoupit le Procès des Jesuites contre l'Université, &c. 347. *suiv.* Il retourne à Laon rendre compte au Roi. 350. 351. Assiste à la défaite du Grand Convoi. 352. *suiv.* Est employé à pénétrer les Desseins de Biron. 356. Donne avis de l'approche de l'Armée Espagnole. 358. Autres services qu'il rend dans cette occasion. 360. Henry IV. l'envoie à Rouen. 361. puis à Sedan : motifs de ce voyage. 363. Entretiens qu'il a avec Bouillon. 364. *suiv.* où il pénétre le but de sa Politique & son caractère. 367. & en rend compte au Roi. 369. Les affaires de l'Etat le rappellent encore à Paris. 372. Il est chargé du Traité du Duc de Guise. 377. qu'il conclut : Apologie sur ce Traité, & accusations contre le Duc d'Epernon. 379. *suiv.* N. 24. *pag.* 384. Son sentiment sur les abus dans les Finances. 388. Ses démêlés avec le Duc de Nevers l'obligent de à sortir du Conseil des Finances : il est fait Secrétaire d'Etat. 389. Sully s'oppose à la déclaration de Guerre contre l'Espagne. 390. 391. N. 30. Se trouve près de Henry IV. au moment qu'il est blessé par Châtel. 391. Rentre dans le Conseil, d'où la mauvaise conduite des Conseillers l'oblige encore à se retirer. 398. Querelle qu'il a avec les Officiers du Comte de Soissons. 399. *suiv.* Henry IV. au retour de Franche-Comté vient conférer avec lui à Moret. 411. 412. Examen de la conduite de D'Ossat, par rapport aux accusations faites par Sully contre lui. 414. 415. N. 60. Autre entretien entre Henry & lui sur les désastres arrivés en Picardie. 419. Il refuse d'accompagner Bouillon à Londres ; & découvre les piéges que lui tendent ſes ennemis dans le Conſeil. I. 420. 421. Il vient à Paris pourvoir à la ſubſiſtance des Troupes pendant le Siège de La-Fère. 423. Il combat l'opinion de chercher à ſubmerger cette Place. 424. N. 3. Il va trouver le Roi à Amiens : Avanture comique avec un Aſtrologue : danger que court la belle Gabrielle ſur cette route. 429. ſuiv. Il eſt député à Rouen vers le Duc de Montpenſier. 432. 433. puis vers Madame pour rompre ſon mariage avec le Comte de Soiſſons : Converſations qu'il a avec cette Princeſſe, dont le reſſentiment le met à deux doigts de ſa diſgrace. 435. ſuiv. Henry IV. lui rend juſtice. 444. & il rentre auſſi dans les bonnes graces de Madame. 445. 446. qui lui donne toute ſa confiance. ibid. Oppoſitions des Financiers & irréſolutions du Roi, ſur ſon entrée dans le Conſeil des Finances. 448. ſuiv. où il eſt enfin reçu. 453. Il fait un voyage dans les Généralités : objet & fruit de ce voyage. 453. ſuiv. N. 19. Calomnies contre Sully, qui obligent Henry à le rappeller. 457. 458. Careſſes que lui fait ce Prince à ſon retour. 459. Ses démêlés avec Sancy. 460. 461. Comment il découvre les friponneries du Conſeil des Finances. 463. ſuiv. Réfléxions de Sully ſur les Etats-Généraux du Royaume. 465. ſuiv. Autres ſur les Impôts & le Gouvernement. 470. 471. N. 24. Sage conſeil qu'il onne au Roi dans l'Aſſemblée des Notables : & ce qui en réſulte. 473. ſuiv. Ses travaux dans les Finances. 477. ſuiv. N. 29. Il conſole Henry IV. de la priſe d'Amiens. 483. Imagine des moyens pour le reprendre. 484. qu'il communique au Roi. 485. & le Roi au Conſeil. 486. Il eſt établi pendant cette Expédition le Chef du Conſeil, dont il ſe fait obéïr. 488. ſuiv. Son application à faire réüſſir le Siège d'Amiens. 491. & à déconcerter les cabales des Calviniſtes pendant ce Siége. 492. ſuiv. N. 7. 9. Soin que Henry prend de la perſonne de ce Miniſtre dans les dangers où il s'expoſe à Amiens. 492. Il lui promet la Grande-Maîtriſe de l'Artillerie, qu'il donne enſuite à D'Eſtrées. 495. 496. N. 13. Il l'en récompenſe par le Gouvernement de Mante. 496. Détail ſur les Lettres de Henry IV. à Sully. 499. ſuiv. Il combat l'opinion d'aſſiéger Dourlens. 502. Liberté avec laquelle il reproche à Henry IV. ſon indulgence pour le Duc de Mercœur. 507. 508. N. 25. Son ſéjour à Rennes : préſent que lui fait cette Ville : bon ordre qu'il établit pour pacifier la Bretagne. 510. 511. Il porte Henry IV. à faire la Paix. 515. ſuiv. Converſation ſinguliére entr'eux, où Sully fait voir à Henry la néceſſité de ſe remarier, & le détourne du deſſein d'épouſer ſa Maîtreſſe. 520. ſuiv. 525. ſuiv. N. 40. Sully prépare Marguerite de Valois à la diſſolution de ſon mariage. 528. & revient à Paris. 529. Part qu'il a dans les differens Reglemens ſur les Parties du Gouvernement. 533. ſuiv. N. 1. Il cherche en vain à rompre la Conférence de Boulogne. 536. Il traverſe les Brigues de la Ducheſſe de Beaufort pour devenir Reine. 538. ſuiv. Henry l'écoute, le ſoûtient contre ſa Maîtreſſe, & le raccommode avec elle. 541. ſuiv. Il va voir le Roi malade à Monceaux. 544. Reçoit le Cardinal de Florence à Paris & à Saint-Germain. 545. Entreprend la réformation des Finances. 546. *suiv*. Son caractère, son tempéramment, son éloge. 547. N. 11. Portrait du vrai Miniftre. 548. *suiv*. Compte qu'il rend de fon bien & de fes facultés. 551. de fes Charges, Emplois, &c. *ibid*. de la diftribution de fon temps & de fes occupations journaliéres.. 552. *suiv*. Henry IV. l'établit fon principal Miniftre. 554. N. 14. Extrême confiance qu'il à en lui. 556. N. 15. Louanges données à fes talens & à fes bones qualités. N. *ibid*. Il embraffe toutes les parties du Gouvernement. 557. *fuiv*. Il pourfuit les Concuffionnainaires & les Malverfateurs. 562. N. 19. Démêlé qu'il a en plein Confeil avec d'Epernon, contre lequel Henry le foûtient. 562. 563. 564. N. 20. Il ôte aux Etrangers & aux Seigneurs le maniment des Fermes de l'Etat, & tient bon contre leurs plaintes : Converfation à ce fujet entre lui & le Connétable. 564. *fuiv*. N. 21. Autres travaux dans les Finances. 567. *fuiv*. Calomnies répanduës contre lui. 571. Il accufe D'Offat de s'oppofer au Mariage de Madame avec le Duc de Bar. 583. N. 42. Sully affifte à la Conférence pour convertir cette Princeffe. 585. 586. N. 43. Il fait confentir les Calviniftes à réformer un article de l'Edit de Nantes. 591. *fuiv*. N. 48. 49. La Surintendance des Finances eft rétablie en fa faveur. 596. Il eft auffi fait Surintendant des Fortifications & Bâtimens, & Grand-Voyer, avec une gratification confidérable. *ibid*. Madame de Beaufort cherche inutilement à le mettre dans fes intérêts. 600. Comment il apprend la mort de cette femme. 602. *fuiv*. & confole Henry IV. dans la douleur qu'il en reffent. 605. 606.

SULLY réfifte avec fermeté au Duc de Savoie qui cherche à le corrompre. II. 2. 3. Il fuit le Roi à Blois : motifs de ce voyage. 4. fait confentir Henry à fe remarier, & y travaille auprès de Marguerite de Valois. 4. 5. N. 3. Hardieffe avec laquelle il déchire entre les mains de ce Prince la Promeffe de mariage faite à Mademoifelle d'Entragues. 8. *fuiv*. Il arrête le mariage avec la Princeffe de Tofcane, & détermine Henry à ce mariage. 9. 10. N. 7. Il prend la tutelle des Enfans du Prince d'Epinoy. 11. N. 10. Eft fait Grand-Maître de l'Artillerie, & en retablit les affaires. 12. *fuiv*. N. 12. Eft nommé Commiffaire pour l'affaire du Marquifat de Saluces : Entretien qu'il a avec le Duc de Savoie qui vient le voir à l'Arcenal. 16. Autre entretien fur ce fujet avec Des-Alymes qui cherche à le corrompre par des préfens. 17. 18. N. 16. Sa fermeté à réfifter aux autres Commiffaires. 19. 20. Son confeil n'eft point fuivi. 20. 21. Il affifte à la Difpute de Du-Perron & de Mornay : Lettres réciproques entre lui & Du-Perron, Bon-mot de lui à ce fujet, 21. *fuiv*. N, 20. *fuiv*. Sully engage Henry IV. à paffer en Savoie ; & il l'y fuit. 24. *fuiv*. Converfation entre lui & Belliévre fur cette Guerre. 27. Soins qu'il prend pour la faire réüffir. 28. N. 24. Embuches que lui tend Biron, & obftacles qu'y apportent les Courtifans. 33. *fuiv*. Il affiége Charbonniéres. 34, *fuiv*. & le prend malgré les obftacles des Grands, &c. 39. *fuiv*. Il prend auffi le Château de Montmélian : fes travaux & dangers qu'il court à ce Siége. 42 *fuiv*. Réception qu'il fait au Car-

DES MATIERES.

dinal Aldobrandin, & fage avis qu'il lui donne. II. 49. 50. Il prend le Fort de Sainte-Catherine. 50. 51. Va à Genève, & raffûre cette Ville. 51. 52. Suit le Roi à Lyon pour la Cérémonie de fon mariage. 53. Embarras pour continuer la Guerre. 54. 55. Il reprend le Traité de Paix avec Aldobrandin, & le conclut : teneur de ce Traité. 56. 57. N. 32. Il reçoit le Roi & la Reine à l'Arcenal. 59. N. 34. Il reprend les affaires de Finance & de Gouvernement. 61. *suiv*. Etablit le Denier Seize au lieu du Denier Douze. 64. Défend le cours des Monnoys étrangéres en France : Interdit l'ufage des étoffes d'or & d'argent. *ibid*. N. 3. Défend l'exportation des Efpeces d'or & d'argent. 65. 66. Etablit une Chambre de Juftice, fans beaucoup de fruit. 66. *fuiv*. N. 5. Maximes de ce Miniftre fur la Nobleffe, les Gens-de-Finance, les Charges, & contre le Luxe, les méfalliances, &c. 67, *fuiv*. N. 7. Confeil qu'il donne à à Henry IV. pour le Prince d'Orange. 71. 72. Les autres Miniftres oppofés à fa Politique au fujet de la Maifon d'Autriche. 73. 74. Préfens que Sully reçoit du Grand-Seigneur. 74. Il va voir Elifabeth à Douvres : Entretien qu'ils ont enfemble fur le Grand-Deffein : louanges qu'il donne à cette Reine. 77. *fuiv*. Il regrette la mort du jeune Châtillon : & n'ofe s'intereffer pour fa famille. 82. 83. N. 13. Henry lui fait part de la naiffance du Dauphin. 83. N. 14. 15. 16. & lui écrit fur la fanté de ce Prince & de la Reine. 84. N. 17. Il refufe de fervir de Fidejuffeur dans l'affaire des Ifles. 87. Diffuade le Roi d'acheter les biens du Comte de Soiffons. 88. N. 21. Obtient l'Ambaffade de Rome pour le Comte de Béthune malgré Villeroi & Sillery. II. 88. 89. Lettres que lui écrit Henry fur differens fujets. 90. Autre qu'il écrit à Biron, & entretien dans lequel il s'efforce de faire rentrer ce Maréchal dans fon devoir. 92. *fuiv*. Il eft chargé d'interroger La-Fin : Lettres & entretiens entre Henry & lui à ce fujet: Son nom fe trouve mêlé parmi celui des Conjurés. 98. *fuiv*. Il prend des mefures pour arrêter Biron, & eft fait Gouverneur de la Baftille. 100. Ballet & divertiffemens qu'il donne à l'Arcenal. 103. Sa plaie de la bouche fe rouvre. *ibid*. Réception qu'il fait aux Princes Etrangers. 104. Il accompagne le Roi à Blois. 104. *fuiv*. Juftifie le Duc d'Epernon, & s'oppofe au deffein de l'arrêter : Grand confeil fur ce fujet ; & bon confeil qu'il donne à d'Epernon. 106. *fuiv*. Henry lui confie une réfolution violente contre la Reine & les Italiens, dont il le détourne. 111. *fuiv*. N. 3. Précautions qu'il prend pour la Bourgogne, & reffentiment de Biron contre lui. 114. 115. Confeil qu'il donne au Roi fur la maniére d'arrêter Biron : Entretien où Sully cherche encore à le ramener. 116. *fuiv*. Part qu'il a à la détention de Biron & d'Auvergne. 119. *fuiv*. N. 11. *fuiv*. Il les fait conduire à l'Arcenal. 121. Prend des mefures contre l'évafion de Biron. 122. Fait inftruire fon procès. 123. Pourquoi il refufe de lui parler : comment Biron parle de lui. 124. *fuiv*. N. 16. Grace qu'il obtient de changer le lieu de l'éxécution. 126. N. 18. Sully engage une partie des Conjurés à demander pardon au Roi. 127. N. 20. De Lux- vient le trouver, & confeffe fa faute. 127. *fuiv*. N. 21.

Il porte Henry IV. à la douceur, & juſtifie le Connétable. II. 129. N. 22. Converſation entre ce Prince & lui ſur le motif du pardon accordé au Comte d'Auvergne. 130. ſuiv. Il intercede pour le Prince de Joinville. 133. 134. N. 24. & tâche inutilement de faire venir Bouillon à la Cour. 134. ſuiv. Converſation ſinguliére ſur les bornes que Henry veut mettre aux bienfaits qu'il lui accorde. 138. ſuiv. Son mécontentement de l'oppoſition que ce Prince mettoit quelquefois à ſes deſſeins; & précautions qu'il prend contre ſes calomniateurs. 140. Diſcours qu'il fait tenir à Sigogne dans l'affaire des Avocats. 141. ſuiv. N. 26. 27. Sévérité dont il uſe à l'égard des Financiers malverſateurs. 144. Il hauſſe les eſpéces d'or & d'argent, & rétablit le compte par livres. 145. ſuiv. Réfléxions ſur ces opérations, & principes ſur la Monnoye. N. 29. Sentiment de Sully ſur l'Édit porté contre le Duel. 149. N. 31. Il traite avec les Ambaſſadeurs Suiſſes. 149. 150. N. 32. Il ſuit Henry IV. à Calais, 150. ſuiv. non, à Metz. 157. Ses plaintes contre D'Oſſat. 159. ſuiv. auquel il refuſe le payement de ſa Penſion. 163. Le Roi lui donne l'Abbaye de Coulon; Lettres qu'il écrit à ce Prince à Metz ſur différens ſujets. 164. ſuiv. Sully le raſſure contre les cabales des Séditieux. 168. 169. Entretiens ſecrets entr'eux ſur la mort d'Eliſabeth, dans leſquels l'Ambaſſade de Sully à Londres eſt réſoluë malgré l'oppoſition des Courtiſans. 170. ſuiv. Importance de cette Ambaſſade, pour laquelle ce Miniſtre ſe fait autoriſer par un Écrit ſecret de ſa Majeſté. 172. ſuiv. Il va voir Henry IV. malade à Fontainebleau; marques de confiance & d'amitié qu'il reçoit de ce Prince. 175. 176. Teneur des Inſtructions qu'il reçoit en plein Conſeil pour ſon Ambaſſade. 178. ſuiv. Il s'embarque avec ſa Suite. 182. Eſt inſulté par le Vice-Amiral Anglois. 184. 185. N. 16. & mal reçu à Douvres, &c. 185. ſuiv. Impoliteſſe des Anglois à ſon égard. 186. Sa réception à Cantorbery. 187. à Rocheſter. 188. à Londres. ibid. Haine du peuple de Londres contre les François de ſa ſuite. 189. Ordre qu'il met dans ſa Maiſon; & ſévérité qu'il montre dans l'affaire de Combaut. 190. ſuiv. Réfléxions de ce Miniſtre ſur le caractère des Anglois, & ſur la manière dont la France doit traiter & ſe comporter avec eux. 192. ſuiv. N. 18. Autres ſur la France, ſur les Puiſſances de l'Europe & ſur la Guerre. 194. N. 19. Etat de la Cour & du Gouvernemunt d'Angleterre. 195. ſuiv. Difficultés & obſtacles dans cette Négociation. 196. Caractère du Roi & de la Reine d'Angleterre. 197. 198. Premier entretien de Sully avec Cécil. Caractère & deſſeins cachés de ce Sécrétaire. 199. 200. Autre entretien avec les Députés des Provinces-Unies; & meſures qu'ils concertent enſemble. 200. ſuiv. Autre avec l'Envoyé de Veniſe qui l'inſtruit des démarches de Bouillon auprès du Roi d'Angleterre. 203. 204. Politeſſes entre lui & le Comte d'Aremberg. 205. Préſent qu'il reçoit de Jacques. ibid. Peine qu'il reſſent de ne pouvoir ſe préſenter devant ce Prince en habit de Deuil. 205. 206. Détail de ce qui ſe paſſa à ſa première Audience. 207. ſuiv. Louanges qu'on lui donne dans Londres. 214. Obſtacles qu'il a à vaincre. 215. Sully pénétre les diſpoſitions

positions des Cours du Nord. II. 216. *suiv*. Son sentiment sur les propositions prétenduës faites au Roi d'Angleterre par l'Espagne contre la France. 217. *suiv*. Il conseille à Henry IV. de veiller à la sûreté de ses Provinces. 221. Seconde Audience, & Entretien secret où il fait goûter à Jacques son plan & ses raisons en faveur des Provinces-Unies, 221. *suiv*. Conférence avec les Conseillers Anglois : mauvaise foi de Cécil. 228. *suiv*. Sully est traité par le Roi d'Angleterre : Discours tenus pendant ce repas. 232. *suiv*. Conférence avec Barneveld. 233. 234. Autre avec les Ministres Anglois & les Députés Flamands : Opiniâtreté des Anglois : fermeté avec laquelle Sully leur parle. 234. *suiv*. Troisiéme Audience & Conversation secrete où Sully fait connoître au Roi d'Angleterre ses Ministres. 240. 241. Lui expose le Grand Dessein. 242. *suiv*. *Voyez Dessein Politique*. & le lui fait goûter. 250. 251. Bons traitemens qu'il reçoit de ce Prince. 254. Teneur de la formule de Traité qu'il conclut avec lui : faute de n'avoir point apporté un Blanc-signé : Succès & éloge de cette Négociation. 255. *suiv*. N. 1. Dépêches interceptées. 258. 259. Audience de Congé : caresses & honneurs que le Roi fait à ce Ministre : Présens au Roi, à la Reine & aux Seigneurs & Dames de Londres. 260. *suiv*. Sully se rembarque : Danger qu'il court dans le Trajet. 262. Il vient trouver Henry IV. à Villers-Coterets : Accueil qu'il en reçoit ; Entretien public sur son Ambassade. 263. *suiv*. Louanges que lui donne Henry, qui prend son parti contre le Comte de Soissons. 265. 266. Entretiens secrets entre ce Prince & lui sur le même sujet. II. 267. Le Roi d'Angleterre lui envoie le Traité signé, avec de grandes louanges sur sa conduite. 270. Il reprend ses travaux dans les Finances. 275. Il fait des représentations au Roi sur quantité de petits Edits accordés trop facilement. 275. 276. Henry le soûtient contre le ressentiment du Comte de Soissons, de la Marquise de Verneuil, &c. à ce sujet : Eloge de sa fermeté. 277. *suiv*. N. 8. ‴. 280. Il reçoit & traite le Roi à Rosny : accident qui trouble cette fête. 281. 282. N. 9. Il s'emploie à appaiser les mutineries des Calvinistes, & fait supprimer le Dogme du Pape Antechrist. 284 Il est fait Gouverneur de Poitou. 285. *suiv*. S'oppose à l'établissement des Manufactures de Soie. 287. *suiv*. Réfléxions à cet égard, & Principes sur le luxe, sur les Arts qu'on doit cultiver en France, &c. 289. *suiv*. N. 14. 15. Il blâme les dépenses excessives de Henry pour son Jeu, ses Maîtresses, &c. 293. & s'oppose aux Colonies envoyées en Canada. *ibid*. N. 17. Il présente à Leurs Majestés les Jettons d'or & d'argent. 295. N. 1. Sully est employé à la discussion de la succession de la Duchesse de Bar. 297. 298. Opine dans le Conseil & en parlant à Henry, contre le rétablissement des Jésuites, 298. *suiv*. N. 3. qu'il favorise ensuite pour plaire au Roi. 308. 309. N. 12. 13. 14. Il présente un Mémoire contre D'Ossat, & invective contre la Politique des Ministres & des Courtisans dévoués à l'Espagne, &c. 311. *suiv*. N. 15. 16. Il est l'auteur du Systême Politique du Cardinal de Richelieu, pour l'abaissement de la Maison d'Autriche. 315. N. 18. Il aide à découvrir la trahison de L'Hôte. II. 315. *suiv.* N. 19. Maniére dont il se conduit en cette occasion avec Villemur. 319. *suiv.* Mémoire qu'il compose pour la tolérance des Religions. 325. 326. Du-Perron & Olivary obtiennent le Chapeau de Cardinal par son moyen. 327. N. 25. Conversation singuliére où Henry lui confie ses chagrins domestiques, causés par la Reine & la Marquise de Verneuil : fermeté de ce Ministre en parlant au Roi, qui lui fait des excuses de son emportement, &c. 327. *suiv.* Sully donne à ce Prince un conseil qu'il ne suit point. 334. & s'emploie à appaiser ces démélés : son respect pour la Reine, & déférence de cette Princesse pour lui. 336. Il raccommode le Roi & la Reine, qui ensuite se rebroüillent. 338. Il ne peut inspirer à Henry la fermeté nécessaire en cette occasion, & encourt lui-même la haine de la Reine. 339. *suiv.* Sujets de plaintes que lui donne cette Princesse. 341. Il cesse de se mêler de ces tracasseries, qui l'exposent à perdre les bonnes graces du Roi. 342. *suiv.* & tâche inutilement à engager la Marquise de Verneuil à se séparer d'elle-même de ce Prince. 343. Louanges réciproques de la Reine Marguerite & de Sully. 346. 347. Il veille à prévenir les cabales des Séditieux. 347. *suiv.* & cherche à engager Henry à se montrer dans les Provinces. 349. *suiv.* Il va visiter le Poitou. 351. *suiv.* N. 7. *p.* 350. Honneurs & respects qu'on lui rend : utilité de ce voyage. 353. *suiv.* N. 11. Services qu'il rend à D'Epernon. 357. 358. Mesures qu'il prend pour faire arrêter D'Auvergne. 361. *suiv.* Lettres qu'il reçoit de lui, & qu'il lui écrit. 365.

Reproches qu'il fait à la Marquise de Verneuil, qu'il est chargé d'interroger. 367. *suiv.* Il ne peut engager Henry IV. à la renvoyer. 371. Anecdote à ce sujet. N. 19. *p.* 370. Il fait déposer le Trésor du Roi à la Bastille : Conseil & Réglement à cet effet. 375. *suiv.* Belles réflexions sur le Gouvernement & sur le devoir des Rois. 377. *suiv.* Moyens de recouvrer de l'argent. 379. *suiv.* Sully entreprend la vérification des Rentes. 382. 383. Etablit une Chambre-de-Justice : Autres Réglemens sur la Finance. 383. *suiv.* Sur la Milice : Etablissement pour les Soldats Invalides. 385. 386. N. 3. Causes de la ruine & de l'affoiblissement des Etats. 387. 388. Ses maximes de Gouvernement, trop austères. N. 4. *pag.* 388. Il commence le Canal de Briare. 388. 289. N. 5. S'oppose à l'Edit du Trente pour-Cent ; & ensuite répare cette erreur par un Traité de Commerce avec l'Espagne. 389. *suiv.* Il oblige Villeroi & Sillery à signer le Traité de Commerce. 394. & favorise sous-main les Flamands. 396. Le Roi d'Angleterre agit contre le Traité passé avec lui. 397. *suiv.* Conseils de Sully à Henry contre la Politique Espagnole. 401. Son sentiment sur la Loi Salique, & sur les Alliances de la Maison de France. 403. *suiv.* N. 11. 12. Il fait part au Cardinal Bufalo des grands projets de Henry IV. 406. Soûtient les Grisons contre l'Espagne dans l'Affaire de la Valteline. 409. *suiv.* Remet le Roi en possession de ses droits sur le Pont d'Avignon. 411. *suiv.* N. 16. Le détourne de l'acquisition du Comté de Saint-Paul. 413. *suiv.* Cherche à le dissuader sur les bâtimens pour ses Manufactures, & sur

DES MATIERES.

la trop grande multiplication des Moines. II. 415. 416. N. 18. Voit avec peine la grace que ce Prince accorde à d'Auvergne & à D'Entragues. 417. *suiv.* N. 1. Refuse de fe mêler de cette Affaire auprès de la Marquife de Verneuil. 418. & cherche à appaifer la Reine. 420. Il s'oppofe à la démolition de la Pyramyde : haine des Jéfuites & brigues des Courtifans contre lui. 421. 422. Grand démêlé entre lui & le Pere Cotton au fujet du Collége de Poitiers. 423. *suiv.* N. 5. Il fe juftifie. 428. *suiv.* & fe raccommode avec le Pere Cotton. 430. Affaire de la Meftre-de-Camp entre lui, D'Epernon & Grillon, dans laquelle il court rifque d'être difgracié : Détail fur cet incident. 432. *suiv.* Les Courtifans & les Jéfuites s'uniffent pour le perdre. 436. *suiv.* Lettres réciproques de Henry & de lui, & fervices que lui rend dans cette occafion la Maifon de Lorraine. 439. *suiv.* Henry IV. fe repent de fon procédé à l'égard de ce Miniftre. 442. *suiv.* Longue & intéreffante converfation, dans laquelle ils fe raccommodent. 444. *suiv.* Artifices & Libelles mis en ufage par fes ennemis. 446. *suiv.* Sully les convainc de calomnie. 452. *suiv.* Henry punit fes Calomniateurs, & le comble de careffes en préfence des Courtifans, 454. 455. N. 13. Il termine l'Affaire de la Meftre-de-Camp à la fatisfaction du Roi. 455. N. 14. Se rebrouille & fe raccommode une feconde fois avec ce Prince. 456. Jugemens différens fur cette conduite. N. 15. p. 456. Il marie fa fille au Duc de Rohan, 457. 458. N. 16. & fa belle-fille à La-Boulaye : préfens que Henry fait aux nouveaux mariés : Autres graces qu'il accorde & qu'il refufe a Sully. II. 458. *suiv.* N. 17. Il travaille inutilement à faire réüffir le mariage du Marquis de Cœuvre avec Mademoifelle de Melun, 461. 462. N. 18. 19. Suite de fes travaux dans les Finances, 463. *suiv.* N. 1. Réfléxions fur la Taille & la Gabelle. 464. 465. N. 2. 3. Dettes de l'Etat acquittées : ordre & abondance ramenés dans le Royaume : & Ouvrages publics faits ou réparés par fes foins : Son éloge à tous ces égards. 467. *suiv.* N. 5. Lettres réciproques de lui & du Cardinal Du-Perron : Amitié du Cardinal Bufalo pour lui ; & eftime qu'on a pour lui à la Cour de Rome. 475. *suiv.* Lettre flateufe que lui écrit Paul V. & Réponfe à ce Bref. 478. *suiv.* Services qu'il rend à Du-Perron. 481. Opinion qu'il a de l'arrivée de Spinola à Paris. 482. Lettres réciproques du Roi d'Angleterre & de lui. 484. *suiv.* Secret important que Henry lui confie. 485. Ce qu'il répond à ce Prince fur la propofition s'il doit travailler à fe faire Empereur. N. 17. Sully raffûre Henry fur les deffeins des Calviniftes à l'Affemblée de Châtelleraut, & eft nommé pour y affifter de la part du Roi. 487. *suiv.* Teneur des Inftructions publiques qu'il reçoit à cet effet. 491. *suiv.* & de l'Inftruction fecrete & particuliére. 496. Il va conférer avec la Reine Marguerite : Avis qu'elle lui donne : fon fentiment fur ces avis, différent de celui de Henry. 497. *suiv.* Moyens employés par Bouillon contre lui dans l'Affemblée de Châtelleraut. 501. 502. Difcours d'ouverture qu'il y fait fur les principaux points de cette Affemblée. 505. *suiv.* Il en refufe la Préfidence. 508. N. 21, Il pé-

Ffff ij

netre les vuës des Chefs Calvinistes; les déconcerte, & rassûre Henry. II. 513. *suiv*. Il termine à la satisfaction de ce Prince la Question des Députés Généraux. 518. *suiv*. & celle de Places de sûreté. 522. *suiv*. Ses Conseils sur l'Affaire d'Orange & de Blaccons ne sont point suivis. 523. *suiv*. Il congédie l'Assemblée, & vient en rendre compte au Roi. 527. 528. auquel il conseille un voyage dans le Limosin, l'Auvergne, &c. 529. *suiv*. Il l'y accompagne, y tient les Grandsjours, & fait punir les Séditieux. 532. *suiv*. N. 6. *p*. 535. Théodore de Beze lui dédie son Livre. 536. Démélé qu'il a avec le Comte de Soissons sur le logement du Grand-Maître de l'Artillerie. 537. 538. Autre avec D'Epernon au sujet de La-Rochelle. 539. 540. Bon-mot de lui sur le Premier Médecin du Roi. N. 8. La Reine Marguerite lui demande conseil sur son voyage à Paris. 541. Mémoire sur les usages & les différentes formes du Duel: Avanture qui y donne lieu; & conseil qu'il donne à Henry à ce sujet. 544. *suiv*. N. 12. Conversation entre le Roi, la Reine & Sully, en leur présentant les Jettons d'or: Moyens qu'il leur propose pour terminer leur débats. 550. *suiv*. Etrennes que lui rendent Leurs Majestés. 557. Autre Conversation entre le Roi & lui sur les moyens d'abaisser la Maison d'Autriche. 557. *suiv*. N. 4. Il est fait Duc & Pair: Cérémonie de sa réception. 560. *suiv*. N. 5. Il détermine Henry à l'Expédition de Sedan malgré l'opposition des Courtisans. 562. *suiv*. Circonstance singuliére sur sa plaie de la bouche & du cou. 565. Lettres qu'il écrit à Bouillon, & qu'il reçoit de lui. 567. *suiv*. Autre Lettre qu'il écrit à Parabere, sur l'entreprise de Sedan, pour être renduë publique. II. 571. 572. Haine du Duc de Bouillon contre lui. 572. 573. Lettres qu'il reçoit de Henry IV. pendant cette Expédition. 575. 576. Ses plaintes contre Villeroi, de ce qu'il lui fait un mystère du Traité avec Bouillon: Motifs de Henry dans cette conduite. 577. *suiv*. N. 13. Accueil que lui fait ce Prince. 579. 580. Il visite Sedan. 580. 581. Il ne peut engager Henry à porter ses armes dans le Comté de Saint Paul. 581. 582. & cherche à le dissuader de faire une Entrée dans Paris. 582. 583. N. 15. Bons conseils qu'il fait donner aux Vénitiens dans leur Différend avec Paul V. Réfléxions sur la véritable Politique de ces deux Puissances. 583. *suiv*. N. 16. Services qu'il rend aux Cardinaux Barberin & Du-Perron. 586. 587. Il appuie la Ville de Metz contre les Jésuites. 587. 588. Démélé qu'il a avec le Pere Cotton dans l'Affaire d'Adrienne De-Fresne. 588. *suiv*. N. 19. Sully pacifie les querelles de Religion entre les Catholiques & les Protestans. 592. *suiv*. & fait rentrer la Maison de Rohan dans les bonnes graces du Roi. 593. 594. N. 25. Il est fait Capitaine-Lieutenant des Gendarmes de la Reine: Autres graces & gratifications qu'il reçoit de Sa Majesté. 598. Réglemens pour la Finance, &c. 598. *suiv*. Amitié entre la Duchesse de Guise & lui. 602. 603. Conversation sur différens sujets, entre Henry IV. & lui, en présence des Courtisans. 603. *suiv*. Il fait voir à ce Prince des sommaires d'Etats Généraux. 607. 608. Réfléxions & conseils qu'il lui donne sur la Guerre de Flandre.

II. 609. *suiv*. Sa plaie de la bouche se rouvre, & le Miniſtres vont travailler chez lui III. 2. Lettres que lui écrit Henry ſur la naiſſance du ſecond Fils de France, ſur ſes Enfans, ſur ſa chaſſe, &c, 3. 4. Marques ſinguliéres de confiance qu'il reçoit de ce Prince. 5. Il arrête les pourſuites ſur la mort de ſon Neveu d'Epinoy. 5. 6. Henry IV. ſe fâche contre lui, & vient le rechercher. 7. Maximes ſur la maniére dont un Prince doit ſe conduire avec ſes Miniſtres. 8. Sully termine les ſujets de plainte de Sa Majeſté contre les Proteſtans aſſemblés à La-Rochelle. 9. *ſuiv*. Il ſoutient cette Ville dans l'Affaire du Pere Séguiran. 12. *ſuiv*. & refuſe de ſe mêler des diſcuſſions de la Ville de Poitiers avec les Jéſuites. 14. Converſation entre Henry & lui ſur les brigues de l'Eſpagne à la Cour. 15. *ſuiv*. Il raſſûre ce Prince à cet égard, & juſtifie la Maiſon de Lorraine. 18. 19. Il éxamine la queſtion des priſes faites ſur l'Eſpagne. 20. Sully porte Henry à refuſer les offres que lui font les Provinces-Unies de ſe ſoumettre à la domination de la France, &c. 21. *ſuiv*. N. 9. Son ſentiment ſur le Traité conclu entre l'Eſpagne & les Etats Généraux. 25. 26. Préſens qu'il fait en Italie pour le Roi. 30. 31. Bref que lui écrit Paul V. & Réponſe qu'il fait à ce Pape. 31. 32. Opérations de Finance : Dettes acquittées. 32. Augmentation faite aux biens cédés par la Reine Marguerite au Dauphin. 33. Reprimandes faites aux Parlemens de Toulouſe & de Dijon. 33. 34. Ordre établi dans les Chambres-des-Comptes. 35. dans la Gabelle & les Maréchauſſées. 36. 37. dans les Affaires du Domaine. 38. *ſuiv*. Projet de Sully de compoſer le Conſeil de Gensd'épée, rejetté par Henry IV. III. 40. *ſuiv*. N. 18. Il s'oppoſe à l'établiſſement d'une Chambre de Juſtice. 41. Prévient Henry contre ſes calomniateurs. 43. Réglemens pour l'Artillerie, la Police, &c. Sa févérité, & ſon attention à ne mettre en place que de bons Sujets. 44. *ſuiv*. Il condamne les dépenſes exceſſives de Sa Majeſté en Manufactures, Bâtimens, meubles, &c. 48. Lettres que lui écrit ce Prince ſur ſes brouilleries domeſtiques. 51. 52.

SULLY donne des fêtes & des ſpectacles à l'Arcenal. 53. *ſuiv*. Avanture comique entre lui & Pimentel. 54. 55. N. 1. Artifices & calomnies de ſes ennemis. 55. *ſuiv*. Henry IV. marie ſon Fils avec Mademoiſelle de Créquy : Sujets de chagrin que lui cauſe dans la ſuite ce mariage. 55. *ſuiv*. N. 2. 3. Offres de la Dignité de Connétable, & autres qu'il refuſe. 57. *ſuiv*. Moyens employés par les Proteſtans pour l'en détourner. 60. 61. Henry raſſûre Sully contre ſes ennemis. 62. Sa circonſpection en parlant des foibleſſes de ce Prince. 63. 64. Converſation entr'eux ſur la Reine, la Marquiſe de Verneuil, &c. Ce Miniſtre travaille encore à appaiſer ces querelles. 64. *ſuiv*. N. 9. Lettre obligeante que lui écrit Henry ſur la naiſſance de ſon Fils. 72. N. 10. Il eſt pris pour Juge par le Roi & la Marquiſe de Verneuil dans l'Intrigue de Joinville. 73. *ſuiv*. S'emploie dans celle de Sommerive avec la Comteſſe de Moret. 77. *ſuiv*. N. 16. Dans l'affaire de Balagny aſſaſſiné par D'Eguillon, & dans pluſieurs autres querelles entre les Courtiſans. 81 82. N. 19. Dans celle du mariage de M. de

Vendôme avec Mademoiselle de Mercœur. III. 82. *suiv.* N. 21. 22. Il s'oppose aux conseils violens du Roi & des Courtisans contre les Huguenots. 84. *suiv.* & termine l'Assemblée de Gergeau à la satisfaction de Sa Majesté. 86. *suiv.* Lettre que lui écrit Henry sur sa santé & celle de ses Enfans. 88. *suiv.* Sa générosité à l'égard de la famille de Miron. N. 26. *p.* 91. Il fait construire la Place Dauphine, le Pont de Rouen, &c. 93. Se plaint des dépenses de Henry IV. au Jeu. 93. 94. N. 29. Soulage les Riverains de la Loire dans une inondation : péril que lui-même y court. 94. 95. N. 30. Reçoit plusieurs graces du Roi. 95. 96. N. 31. Fait tracer des plans des Côtes & Villes de France, & restituer les usurpations faites par l'Espagne & la Lorraine. 96. N. 32. Opérations & Réglemens des Finances, &c. 96. *suiv.* N. 33. 34. Il exhorte Henry IV. à travailler avec ses Ministres. 98. 99. Mémoire & réfléxions sur la Taille, sur les Impôts, & sur les différentes formes de notre Gouvernement : Jugement sur quelques-uns de nos Rois. 99. *suiv.* Erreurs sur ce sujet rectifiées. N. 35. *p.* 100. *suiv.* Sully reçoit des complimens de la part des Princes Etrangers. 106. Henry IV. suit ses conseils par rapport à l'accommodement de l'Espagne avec les Flamands. 107. *suiv.* Jettons d'or, Etats & Mémoires qu'il présente au Roi. 117. *suiv.* Opinions différentes sur sa faveur. 118. N. 1. Contestation entre lui & Sillery. 119. 120. Il reçoit & loge Sa Majesté à l'Arcenal. 120. *suiv.* N. 3. Brouillerie entre lui & le Pere Cotton, sur une Lettre imprudente écrite par ce Pere ; Haine qu'ils se portent l'un à l'autre. III. 123. *suiv.* N. 5. Henry IV. vient lui confier ses chagrins : Longue conversation entr'eux, sur les Nouvelles publiques. 128. sur l'amour de ce Prince pour la Princesse de Condé. 128. 129. N. 6. sur les complots formés contre sa vie dans la Maison de la Reine. 129. *suiv.* Opinion de Sully sur ces complots : Sages conseils qu'il donne à Henry à tous ces égards. 129. *suiv.* 136. *suiv.* Il hâte l'exécution du Grand-Dessein. 139. Obtient la permission d'entrer en carrosse au Louvre. 139. 140. N. 13. S'occupe avec Henry à la composition du Cabinet d'Etat. 140. *suiv.* Conversation entre le Roi & lui sur les différens moyens de recouvrer de l'argent. 144. *suiv.* Edit qui établit le Droit annuel & opinions différentes sur cet établissement. 145. N. 19. Idées de ce Ministre sur la maniére de réprimer le luxe, de corriger les dissipateurs, de détruire la chicane, &c. 148. *suiv.* N. 20. *suiv.* Entretiens entre sa Majesté & Sully, & contestation entre lui & les Ministres à ce sujet. 153. *suiv.* Jugement de Henry IV. sur le caractère de Sully. 156. 157. Opérations & détails de Finance. 158. *suiv.* Lettre que lui écrit la Reine. 159. 160. Il reproche à Henry ses grandes dépenses. 160. Edit contre les Banqueroutes frauduleuses & contre le Duel. 161. 162. N. 25. Intrigues de Cour où on le calomnie au sujet des Enfans de France. 162. *suiv.* Evasion du Prince de Condé ; Lettres, démarches, conseils de Sully en cette occasion, tant avec le Prince de Condé qu'avec Henry IV. 165. *suiv.* N. 28. Il disculpe Du-Plessis-Mornay & autres Protestans contre de faux avis. 178. 179. N. 34. Informations & poursuites qu'il fait inutilement au sujet d'une Conspiration à La-Flèche 178. *suiv.* N. 35. Obligation qu'il a au Roi pour ses Neveux d'Epinoy. III. 183. *suiv.* N. 2. Estime qu'ont pour lui les Princes étrangers. 187. Alliance de sa Maison avec la Maison d'Autriche: Discours ferme qu'il tient à l'Envoyé de Florence. 188. *suiv.* N. 9. Reproche qu'il fait à De-Refuge. 191. 192. Mémoire & autres détails sur la succession de Clève. 193. *suiv.* Conversations entre Henry & lui, & détails sur le dessein d'abaisser la Maison d'Autriche. 202. *suiv.* Soupçons qu'on inspire à ce Prince contre lui à ce sujet. 211. Négociations auprès des Princes de l'Europe, démarches, entretiens & préparatifs au sujet du Grand-Dessein. 215. *suiv.* N. 12. *Voyez Clèves, Dessein Politique.* Liberté avec laquelle il arrête Henry IV. qui parloit inconsidérément sur cette matière. 218. 219. Conversation de Henry avec lui sur les prédictions & pressentimens de sa mort prochaine 228. 229. Sully travaille inutilement auprès de la Reine à faire suspendre la Cérémonie de son Couronnement. 229. N. 15. Avis que Schomberg lui donne d'une Conspiration: réticence de ce Ministre sur quelques particularités à ce sujet. 229. *suiv.* N. 16. *Voyez Coman, Conjuration,* &. Indisposition qui le retient à l'Arcenal, où Henry IV. lui envoie La-Varenne. 236. & où il reçoit les premières Nouvelles de l'Assassinat de ce Prince: ses sentimens & ses paroles en apprenant ce funeste accident. 237. 238. Plaintes qu'il fait sur les Auteurs du Parricide, & sur la négligence à les poursuivre. 259. 260. Particularités sur le caractère, les bonnes & mauvaises qualités de Henry IV. 260. *suiv.* N. 7. *p.* 265. Raisons qu'a Sully de ne point aller au Louvre: Examen de sa conduite en cette occasion. III. 267. *suiv.* N. 11. 12. Il y va enfin: réception que lui font le Roi & la Régente. 272. 273. Haine & complots des Courtisans contre lui. 273. 274. Il assiste à la Cérémonie du Lit-de-Justice. 274. 275. N. 13. Il se plaint de la Cour & du Conseil de Marie de Médicis. 275. *suiv.* Il n'y est plus écouté, & prédit son éloignement. 278. 279. Sa Famille & ses Amis l'empêchent de se démettre de ses Charges. 279. 280. Le Comte de Soissons le recherche, & devient ensuite son ennemi. 281. 282 N. 18. Autres sujets de brouilleries entre ce Prince & lui. 282. *suiv.* N. 20. Son sentiment sur l'Armement de Clèves n'est point suivi. 285. *suiv.* Conseils qu'il donne au Comte de Béthune Ambassadeur à Rome. 287. 288. Sully opine inutilement dans le Conseil en faveur du Duc de Savoie & des Alliés de la Couronne. 288. *suiv.* N. 22. Il revient au dessein de remettre ses Charges, dont sa Famille le détourne encore. 291. *suiv.* Impolitesse de Conchine à son égard. 292. *suiv.* Il se raccommode avec le Prince de Condé, va au-devant de lui, & l'accompagne au Louvre. 296. *suiv.* N. 25. 26. Conseils qu'il lui donne, malgré lesquels ce Prince se joint à ses ennemis. 300. *suiv.* N. 27. 28. Sully s'oppose aux délibérations du Conseil sur l'Expédition de Clèves, & n'est point écouté. 306. *suiv.* Il s'oppose aux gratifications promises au Duc de Bouillon. 311. à Conchine & au Comte de Soissons. 311. 312. N. 1. Refuse de signer un Comptant que lui envoie la Régente. 312. *suiv.* N. 2. Faussetés qu'il reproche à Sillery & à Con-

Chine. 314. 315. Démêlé qu'il a en plein Conseil avec Bouillon. 111. 315. *suiv.* Seigneurs qui prennent son parti. 317. Il se retire à Montrond pendant le Sacre de Louis XIII. & y tombe malade. 318. Motifs qui obligent la Régente à le rappeller, & accueil qu'il reçoit d'elle. 320. *suiv.* N. 6. Il va voir les Enfans de France : jugement qu'il en porte. 322. 323. N. 7. Conchine le visite, & prévient la Régente contre lui. 323. 324. Son indignation des propositions faites au Conseil. 324. *suiv.* Déboires que lui donne Marie de Médicis. 327. Il tient tête à Villeroi & à D'Alincourt en plein Conseil, sur l'Affaire de Lyon. 328. *suiv.* N. 8. Eloge de sa fermeté & de son intégrité. N. 9. p. 332. Il remet les Charges de Surintendant & de Capitaine de la Bastille. 333. *suiv.* Titres que prenoit Sully : opinions différentes sur cette démission. N. 10. Brevets & récompenses qu'il en reçoit. 335. 336. Conseils qu'il donne à ses Sécrétaires. 336. *suiv.* Honneurs qu'on lui rend à sa sortie de Paris. 339. 340. Il prévient les cabales de ses ennemis à la Cour : Lettres réciproques de la Régente & de lui à ce sujet. 340. *suiv.* N. 14. Le Roi lui donne un Brevet d'augmentation de Pension. 344. Compte détaillé qu'il rend de l'état & de l'acquisition de ses biens, de ses revenus, Charges, profits, dépenses de ses arrangemens pour ses Enfans, &c. 345. *suiv.* Calomnie contre lui à cet égard. N. 16. Ses discussions avec le Prince de Condé, qui cherche à se faire donner la confiscation de ses biens. 352. *suiv.* N. 19. *suiv.* Fidélité avec laquelle il observe ses engagemens envers Henry le Grand. 354. Part que Sully eut au Grand-Dessein. Liv. XXX. *Voyez Dessein Politique.* L'Assemblée de Châtelleraut prend ses intérêts contre Bouillon & ses ennemis. S. 399. *suiv.* Part qu'il prend dans l'Affaire de Saint-Jean d'Angely au sujet du Duc de Rohan. 402. Et dans la Révolte des Princes : Confiance que le Roi lui témoigne en cette occasion : Conseils qu'il donne à la Régente. 402. *suiv.* Autres services qu'il rend dans la Guerre contre les Calvinistes, récompensés par le Bâton de Maréchal de France. 407. Etat de sa Famille : Chagrins que lui causent le Marquis de Rosny & le Prince d'Henrichemont. 407. *suiv.* N. 1. Sa mort. 410. Honneurs rendus à sa mémoire par la Duchesse de Sully : Son Mausolée; son Epitaphe. 410. *suiv.* Son séjour à Villebon, à Sully, &c. Etat & services de sa maison : Ses occupations journalières. 413. Grave réponse de lui à Louis XIII. 416. Ouvrages qu'il a fait construire. 418. *suiv. V. les noms mentionnés dans tout cet Article.*

SULLY, (Duchesse de) Rachel de Cochefilet, Sully la recherche en mariage. I. 196. Elle l'épouse. 241. N. 15. — 400. Elle le fait rentrer dans les bonnes graces de Madame. 445. *suiv.* Les Financiers cherchent à la gagner par des présens. 489. Accueil que lui fait & discours que lui tient la Duchesse de Beaufort. 600. *suiv.* Sully l'instruit des desseins de la Duchesse. 601. 602. Elle donne un Bal à Chambery. II. 31. Travaille avec Madame de Brandis. à faire rendre le Château de Montmelian. 46. 47. S'en retourne à Paris. 55. Va à Baugy. 71. Accouche d'une Fille au moment de l'arrivée de Biron à la Bastille. 122. Présens & Etrennes qu'elles reçoit de Leurs Majestés. 296. — 557. Bon conseil œil qu'elle donne à la Reine sur Conchine. III. 70. Henry IV. la complimente sur la naissance de son Fils. 72. N. 11. Sully l'instruit des dispositions de la Régente & du Conseil à son égard, après la mort de Henry. 290. Elle s'oppose à la résolution de Sully de remettre ses Charges. 291. *suiv.* Marie de Médicis se sert d'elle pour faire revenir Sully de Montrond. 321. Valeur de son mariage. 347. Elle excuse son Mari auprès de la Régente. S. 406. Honneurs qu'elle rend à sa mémoire; Mausolée qu'elle lui fait élever, &c. 410. *suiv.* Vie & occupations domestiques de la Duchesse de Sully. 417. *suiv.*

SULSBACK. (Comtes de) Droit de ces Princes au Duché de Julliers. III. N. 30. *p.* 308.

SULTANE, Mere de Mahomet III. Chassée de Constantinople par les Janniffaires. II. 274.

SUPERMANIE. (Duc de) *V. Sigismond. Suede. Pologne.*

SURENNE. Conférence en cet endroit entre Henry IV. & les Catholiques. I. 276. N. 40. Trève de Surenne. 293. N. 3.

SURINTENDANCE des Finances supprimée par Henry IV. I. 387. N. 28. Rétablie en faveur de Sully. 596. Etats généraux sur cette Partie, présentés au Roi. II. 602.—607. *Voyez Sully.*

SURINTENDANCE des Fortifications & Bâtimens. Donnée à Sully. I. 555.—596. Etats généraux sur cette Partie, présentée au Roi par Sully. I. 602.—607. 608. Sully remet cette Charge. 333. *suiv. Voyez Sully. Fourcy. Fortifications, &c.*

SURINTENDANCE des Mines. Donnée au Duc de Bellegarde. II. 148. *Voyez Mines.*

SURINTENDANS des Finances. D'O. Sully. *Voyez ces noms.*

SYDNEY.(Milord) ou Stafford.) Vient à Calais apporter à Henry IV. des Lettres d'Elisabeth. II. 76. 78. Est nommé pour recevoir Sully dans Londres. 188. 189. — 206. — 252. — 261.

SYNODES des Protestans. Ils s'y excitent à la révolte. I. 493. — 513. N. 30. — II. 488. Sully leur défend de la part du Roi d'y recevoir les Députés des Séditieux. 507. *Voyez Chatellerau (Assemblée de)* & empêche la tenuë d'un Synode à La-Rochelle. 592. 593. N. 24. *Voyez Gap. Rochelle (La-) Assemblées. Protestans, &c.*

T.

TACTIQUE. Ouvrages & Réglemens sur cette Partie, projettés par Henry IV. III. 141. *Voyez Cabinet d'Etat.*

TAILLE. Travaux de Sully dans cette Partie. I. 568. *suiv.* N. 22. Remise faite au Peuple: Abus & véxations. II. 464. Réfléxions sur ces abus, & sur les moyens employés pour y remédier. N. 2. Réglemens sur la Taille. III. 97. Brevet de la Taille expédié en plein Conseil. 99. Mémoire & réflexions de Sully sur la Taille. 99. *suiv.* Erreurs à cet égard, rectifiées. N. 36. *suiv.* Origine & variations de la Taille dans ce Royaume. 103. *suiv.* N. 39. *p.* 104. *suiv.* Etats sur la Taille. 117. *suiv. Voyez aussi Impôts, Finances, &c.*

TALAMONE. Usurpé par l'Espagne. II. 406.

TALAN. Les Troupes de la Ligue sont chaffées de ce Château par Henry IV. I. 406. N. 49.

TALMONT. Pris par La-Trimouille I. 105. 106. Défendu contre la Ligue. 111.

TAMBONNEAU. (Le Préfident) Commis à la vérification des Rentes. II. 382. — III. 159.

TANCREDE. Prétendu héritier de la Maison de Rohan. II. N. 16. p. 457.

TAPISSIERS Flamands, appellés à Paris. III. 48. *Voyez Manufactures*.

TARDIEU, Commissaire. Réprimande que lui fait Sully. III. 36.

TARN. Le Duc de Joyeuse s'y noye I. 240. *V. Villemur. Joyeuse.*

TARTAS, Ville Protestante. III. 87.

TASSONE, (Octavio) Agent du Duc de Savoie dans le Traité de Lyon. II. 58.

TAVANNES. (Gaspard de Saulx de) L'un des Conseillers de Catherine de Médicis: Son caractère I. 2. N. 3.

TAVANNES. (Jean de Saulx, Vicomte de) Est battu & fait prisonnier devant Noyon. I. 189. *suiv.* N. 18. Chassé de Dijon par les Troupes du Roi. 406. N. 49.

TAXIS, (Jean) Comte de Villamédiana, Ambassadeur d'Espagne à Londres. II. 211.

TAXIS. (Jean-Baptiste, Comte de) L'un des Plénipotentiaires Espagnols aux Etats de Paris: Ses brigues, inutiles; & fautes qu'il y fait. I. 271. *suiv.* Offres qu'il fait à Henry IV. après son Abjuration, rejettées. 292. *Voyez Espagne, Ligue, &c.*

TEILLO. (Hernand) *Voyez Portocarrero.*

TELIGNY, (Charles de) Gendre de l'Amiral de Coligny. Est député à Charles IX. par les Huguenots. I. 14. N. 35. Tué à la Saint-Barthelemi. N. 60. p. 27.

TENDE. (Claude de Savoie, Comte de) Refuse d'obéir aux ordres de Charles IX. pour la Saint-Barthelemi. I. 34 N. 64.

TERRAIL. (Du-) Commande la Cavalerie-legére de la Ligue à Ivry. I. N. 48. p. 164. Suit Sully à Londres. II. 191. Va servir l'Archiduc: prend & reperd Bergopson. 482. 483. Manque L'Ecluse. III. 20. 21. — 79. Veut surprendre Genève: y est pris, & décapité. 187. 188. N. 6.

TERRA-NUOVA. (Duc de) Donne du secours à la Ligue contre les Lyonnois. I. 340.

TERSE. Compagnie Espagnole. II. 608. N. 33.

TESIN. Dessein de détourner ce Fleuve, funeste à François I. I. 424.

THEMINES. (Pons de Laufieres de Cardaillac de) Défend Villemur, & y défait les Troupes de la Ligue. I. 237. *suiv.* N. 11. Sollicite la grace de Biron. II. N. 18. p. 116. Sert utilement le Roi contre les Séditieux. 513.

THEODOSE. Jugement sur cet Empereur. III. 357.

THERMES. (Jean de Saint-Larry de) L'un des Mignons de Henry III. I. 374. N. 12. — II. 35. — 603.

THERMES. (Paul de La-Barthe de) Battu à Gravelines. I. 11.

THORE. (Guillaume de Montmorency de) Manque à se saisir du Pont de Sainte-Maixence pour Henry IV. I. 162. N. 40.

THORES, Colonel Espagnol. Tué au Siége de Rhimberg. II. 608.

THOU. (Jacques-Auguste, Président de) Conversation entre lui & Montagne sur le caractére de Henry IV. & du Duc de Guise. I. N. 35 p. 91. Consulté par Henry IV. sur

sa Conversion. N. 21. p. 252.—
N. 9. p. 493. Employé à la confection de l'Edit de Nantes. 518.
Y fait mettre un Article qu'on est obligé de supprimer : Ses sentimens sur la Religion soupçonnés. 591.
N. 48. Il opine dans le Conseil contre le rétablissement des Jésuites. II. 299. suiv. N. 4. Est commis à la vérification des Rentes. 382. Lettre que lui écrit le Prince de Condé après son évasion. III. 174. N. 30.

THOU. (Nicolas de) Sacre Henry IV. à Chartres. I. N. 19. p. 306.

THOUARS. Sully y va voir La-Trémouille. II. 355. suiv.

THURIN. (Philibert de) Instruit le Procès de Biron. II. 123. N. 13.

TIERS-PARTI. Ceux qui le composent : On les accuse de vouloir se défaire également de Henry IV. & du Duc de Maïenne. 249. 250. N. 19.

TIGNONVILLE. (Mademoiselle de) Aimée de Henry IV. I. 46. N. 87.

TILENUS, Ministre Calviniste. Sa dispute avec le Docteur Du-Val. I. 585. 586. N. 43. Ses brigues contre l'Expédition de Sedan. II. 563.

TILLY, Gentilhomme attaché à Sully. Blessé avec lui à la rencontre de Chartres. I. 188. 189.

TIRON. (Philippe Des-Portes, Abbé de) S'emploie pour le Traité de Villars avec Henry IV. I. 315. suiv. 321. 323.—331. 332. N. 23. p. 315. Récompense qu'il reçoit de ce Prince. 373.—433.

TIRON, (Le Comte de) Chef des Rebelles d'Irlande : est défait par Milord Persi. II. 101.

TOILES fabriquées en France. Voyez Manufactures.

TOLERANCE sur la Religion, conseillée par Sully. II. 325. 326. N. 24. Voyez Religion.

TONNEINS. Escarmouche devant cette Ville. I. 61.

TONNERRE. (François-Henry, Comte de Clermont) Sully lui sauve la vie à Joigny. I. 187 N. 12.

TORIGNY. (Odet de Matignon, Comte de) Se trouve à la Bataille d'Ivry. I. 172. Y est cause de la mort de La-Châtaigneraye en voulant le sauver. ibid. Combat à Fontaine-Françoise. 406. suiv. N. 50.

TOSCANE. Voyez Medicis, Florence.

TOUCHARD. Voyez Bellozane.

TOUCHET, (N. Du-) Gentilhomme Calviniste. Evite le Massacre de la Saint-Barthelemi. I. 26. N. 57.

TOUCHET, (Marie) Maîtresse de Charles IX. I. N. 52. pag. 342.
—II. N. 5. p. 6. Favorise les amours de Henry IV. & de ses filles : & cabale avec son mari. Voyez Entragues, Verneuil, Séditieux.

TOULON. Les Séditieux cherchent à s'en emparer. II. 97.

TOULOUSE. Sa réduction. I. 425. N. 6. Somme payée pour son Traité. 559. Chambre-des-Requêtes supprimées dans son Parlement. II. 281. Mécontentement de Henry IV. contre ce Parlement. 384. Ses anciens Comtes, Vassaux des Rois de France. 412.

TOUR. (Baron du-) Envoyé en France par le Roi Jacques, pour y notifier son avenement au Trône d'Angleterre. II. 177. 178.—181.

TOUR, (Jean de La-) Prêtre. Trahit la Ligue, & fait prendre Louviers à Henry IV. I. 194. N. 23.

TOUR, (Le Pere de La-) Jéuite. III. 125.

TOURAINE. Villes de cetteProvrince prises par Henry IV. I. 163. N. 41.

TOURNELLES. Henry IV. établit ses Manufactures dans l'enceinte de ce Château, contre le conseil de Sully. II. 292. N. 16.

TOURS. L'une des cinq Villes restées fideles à Henry III. I. 139. Traité du Plessis-lez-Tours négocié par Sully. 140. Achevé par Du-Plessis-Mornay. 142. Les deux Rois s'abouchent près de cette Ville. 143. N. 18. Maïenne l'investit, & les deux Rois l'en chassent. 145. Le Duc de Guise se sauve du Château de cette Ville. 195. N. 25. Les premières Manufactures d'étoffes précieuses n'y réüssissent point. II. 11. 12. N. 11. Henry IV. y passe en allant en Auvergne. 534. 535.

TOUVERY. Blessures dangereuses que Sully reçoit en cet endroit. I. 188. 189.

TRAINEL, Officier de la Maison de la Reine. II. 112.

TRITANS. Sommes à eux duës, acquittées par Sully. III. 32. *Voyez Financiers.*

TRAITE'S. *Voyez chacun des noms indiqués dans cet Article.* De Nemours. De Saint-Maur. D'Union entre Henry III. & Henry IV. Traité offensif & défensif entre la France & la Lorraine. De Vervins. Traités avec les Chefs de la Ligue. De Lyon ou de Savoie. *Voyez aussi Aldobrandin.* De Rumilly. Traités de Commerce. *Voyez aussi Espagne. Bufalo, Sully.* De Brunswich. & Vandrelep. Entre le Roi Jacques & Sully. Du Comte d'Auvergne avec l'Espagne. Entre l'Espagne & l'Angleterre. Traité de Protection de Sedan & Raucourt. *Voyez aussi Bouillon.* De suspension d'armes & de Trève, entre l'Espagne & les Provinces-Unies. D'Intervention des Rois de France & d'Angleterre. *Voyez aussi Henry IV. Conférences, &c.*

TRANSILVANIE. Guerre de l'Empereur Rodolphe contre ces Peuples. II. 102. — 153. — III. 29. *V. Baste. Bostkay. Battory, &c.*

TRAPE (La-) Valet-de-Chambre de Sully. Lui est d'un grand secours aux attaques de Villefranche. I. 44. de Mirande. 49. & de Cahors. 59.

TREMBLECOURT. (Louis de Beauveau de) Défait en voulant secourir Noyon. I. 190. Ses succès en Bourgogne, à la tête des Troupes Lorraines. 394. N. 38.

TREMONT. l'un des Officiers Généraux de la Ligue à Ivry. I. 171.

TREMOUILLE. (Claude Duc de La-) I. 97. Prend Talmont. 105. Combat à Contras. 117. où ses Troupes font fort-mal. 123. Donne de mauvais conseils au Prince de Condé. 126. A beaucoup de part à la Victoire de Fontaine-Françoise. 409. N. 55. Cabale dans le Parti Calviniste pendant le Siége d'Amiens, malgré les remontrances de Sully. 492. *suiv.* N. 9. Est envoyé par Henry IV. en Portugal pour éclaircir la Question du vrai ou faux D. Sébastien. 536. N. 4. Il fait inférer dans l'Edit de Nantes un Article qu'on est obligé de supprimer. 591. *suiv.* Et en veut du mal à Sully. 593. Il est violemment soupçonné d'être du Parti des Séditieux. II. 106. Il quitte la Cour. 111. Ses liaisons avec Bouillon. 167. 168. Ses brigues auprès du Roi d'Angleterre. 204. & ses cabales parmi les Calvinistes contre l'Etat. 282. *suiv.* 328. — 347. *suiv.* Sully va le voir à Thouars, & déconcerte ses projets. 355. *suiv.* Sa mort. 357. N. 10. Sully acheta de lui la Terre de Sully. III. 348.

TREMOUILLE, (Charlotte-Catherine de La-) Princesse de Condé. Est impliquée dans le procès sur la mort du Prince de Condé : Henry IV. la justifie. I. N. 5. *pag.* 130. 131. Est accusée de favoriser l'amour de ce Prince pour la Princesse de Condé. III. N. 27. *pag.* 167.

TRENTE. (Concile de) Justifié sur le sauf-conduit accordé aux Protestans. I. N. 44. *pag.* 18 Le Pape éxige de Henry IV. qu'il fasse recevoir ce Concile en France. 414. N. 60. Réponse de Henry au Clergé à ce sujet. II. 592. N. 23. & refus qu'il en fait. III. 91.

TRENTE-POUR-CENT. (Edit du) Publié, ensuite révoqué. II. N. 6. *p.* 389. *suiv.* V. *Commerce.*

TREPORT. (Le-) Pris par Henry IV. I. 155.

TRESOR-ROYAL. Réglemens & Etats pour cette Partie. II. 63. Est établi à la Bastille ; Conseil & discours de Henry IV. à cette occasion. 375. *suiv.* Réglemens pour le Trésorier. *ibid.* Etat de l'argent pris au Trésor-Royal par Sully jusqu'à l'année 1607. pour différentes dépenses. III. 32. 33. Autres Réglemens à cet égard. 35. 36.

TRESORIERS-DE-FRANCE. Sully les oblige à mettre de l'ordre dans leurs Comptes. II. 384. Réglemens auxquels il les assujettit. III. 97. *suiv.* N. 33.

TREVES. En 1576. I. 46. De Surenne. 277. De Saint-Denys. 294. *Voyez ces noms.* Autre Trêve refusée. 303. Trêve de douze ans entre l'Espagne & les Provinces-Unies, négociee. II. 609. *suiv.*

III. 25. *suiv.* N. 11. *p.* 27. & enfin concluë. 181. 182. N. 1. *Voyez Flandre. Espagne. Jeannin, &c.*

TRIENNAUX, (Officiers) établis. I. 485. *suiv.* N. 4. Discussion de Sully avec le Conseil à ce sujet. 489. *suiv.*

TRIGNI, Officier Royaliste. I. 343. Se trouve à la défaite du Grand Convoi devant Laon. 354.—II. 533.

TROYES. Les Jésuites refusés dans cette Ville. II. 413.

TURCS & TURQUIE. Guerre des Turcs en Hongrie. II. 59. 60. N. 35. Ambassade du Grand-Seigneur à Henry IV. Titres magnifiques qu'il lui donne. 74. N. 11. Suite de la Guerre en Hongrie. 102.—153. 154. *Voyez Rodolphe. Mercœur, Vaivodes, &c.* Les Turcs donnent du secours aux Maures révoltés en Espagne. III. 114. 115. N. 43. 44. Montglat est nommé Ambassadeur en cette Cour. 223. Partie du Grand Dessein qui concerne la Turquie. 374. *suiv. Voyez Dessein Politique. Voyez aussi Mahomet III. Achmet. Constantinople.*

TURCS. (Empereurs) Mahomet III. & Achmet *Voyez ces noms.*

TURENNE. (Vicomte de) Henry IV. s'en empare. II. 531. *suiv.* Bouillon prétend que ce Vicomté est l'un des grands Fiefs de la Couronne. 566.

TURENNE. (Vicomte de) *Voyez Bouillon.*

TYBRE. Grand débordement de ce Fleuve. I. 573. N. 27.

V.

VACTENDONK. Le Prince d'Orange chasse les Espagnols de cette Place. II. 165.

VAIR, (Guillaume Du-) Conseiller au Parlement. Opine en fa-

Gggg iij

TABLE

veur de l'hérédité de la Couronne, aux Etats de Paris, I. N, 35. *pag.* 274.

VAIVODES de Transylvanie. (Battori & Michel) Défaits par George Baste. II. 102.

VAL. (Du-) Sa dispute ou Conférence avec Tilenus. I. 585. 586. N. 43.

VALENCE. (Concile de) décide contre le Duel. II. 545.

VALENCE en Espagne. Soulevement qui y arrive au sujet de l'expulsion des Maures. III. 114.

VALENCE. (Madame de) L'une des Dévotes du P. Cotton. II. 590. N. 20.

VALENTINIEN II. Empereur d'Occident. Jugement de Sully sur cet Empereur. III. 356. N. 2.

VALENTINIEN III. Empereur d'Occident. Jugement sur cet Empereur. 356. N. 3.

VALERIO, Courrier du Pape. Bien traité en France. III. 90. 91.

VALETTE, (Bernard de Nogaret de La-) Amiral de France. Particularités sur sa Vie & son Gouvernement en Dauphiné. Est tué au Siége de Roquebrune. I. 235. 236. L'un des Mignons de Henry III. 374. N. 12.

VALETTE. (Jean-Louis de Nogaret de La-) *Voyez Epernon.*

VALLE'E, (Michel Piquemouche de La-) Lieutenant - Général de l'Artillerie. Reproches que lui fait Sully, au Siége de Charbonniéres. II. 36. 37. N. 29. Il conduit le Duc de Vendôme en Bretagne. III. 83.

VALLON. L'un des ennemis de Sully à la Cour. II. 446.

VALOIS. Rois & Princes de cette Branche. *Voyez les noms suivans. Voyez aussi France (Rois de.)*

VALOIS, (Charles de) Comte d'Auvergne. *Voyez Auvergne.*

VALOIS, (François de) Duc d'Anjou. *Voyez Anjou.*

VALOIS, (Claude de) Fille de Henry II. Epouse le Duc de Lorraine. I. N. 30. 12.

VALOIS, (Marguerite de) Reine de France. *Voyez Marguerite.*

VALTELINE. (La-) Situation & affaires de ce Canton : Différend à ce sujet entre l'Espagne & les Grisons. II. 407. *suiv.* N. 15. Suite de ce différend. III. 29.

VENDRELEP (Traité de) entre l'Angleterre & les Provinces-Unies. II. 203.

VANTEROL. III. 45.

VARADE, (Pierre) Jésuite. Impliqué dans l'affaire de Châtel. I. 394. N. 37.

VARENNE. (Guillaume Fouquet de La-) Député imprudemment vers Mandoce par Henry IV. I. 296. Particularités sur sa fortune ; Bons-mots à ce sujet. N. 6. Services qu'il rend à Madame Catherine. 444. Henry IV. lui recommande la Duchesse de Beaufort. 600. Lettres qu'il écrit à ce Prince & à Sully sur la mort tragique de cette Dame. 603. *suiv.* Bienveillance de Henry pour lui. II. 70. Il est employé dans l'affaire de la détention de Biron & d'Auvergne. 121. Il présente au Roi à Metz les Jésuites de Verdun. 159. N. 6. Ce Prince se sert de lui dans les brouilleries de Sully avec le Comte de Soissons. 280. Bons offices qu'il rend aux Jésuites dans l'affaire de leur Rappel. 299. *suiv.* 308. 339. Il est députe par Henry IV. à la Marquise de Verneuil arrêtée. 367. Il se joint aux Courtisans & aux Jésuites pour perdre Sully, dans l'affaire de la Mestre-de-Camp. 438. 439. 442. 498. Heny l'envoie de fa part vifiter la Reine Marguerite. 541. Ses Lettres à Sully pendant l'expédition de Sedan. 573. *fuiv.* Il lui donne avis de la conclufion du Traité de Bouillon. 577. — 582. Services qu'il rend aux Jéfuites à La-Flèche. 588. Préfent que lui fait Henry. 602. —III. 7. Il foutient le Pere Seguiran & les Jéfuites contre les Rochellois. 12. *fuiv.* — 16. — 73. Part qu'il a dans les querelles des Courtifans. 77. — 119. Son dévouëment aux Jéfuites. 125. Il donne avis à Henry IV. des complots faits en Efpagne contre fa perfonne 129. *fuiv.* 154. 156. — 171 — 218. Ce Prince l'envoie vifiter Sully le jour de fa mort 236. 237. Difcours qu'il tient aux Jefuites fur l'aſſaſſinat de ce Prince. N. 23. *pag.* 249. — 265. Marie de Medicis le députe vers Sully. 271.

VASSIGNAC. *Voyez Baſſignac.*

VAUBROT, Officier Calvinifte de l'Armée de Henry IV. I. 107.

VAUCELAS. (André de Cochefilet , Comte de) Député par Sully à la Reine d'Angleterre. II. 259. Découvre en Efpagne les complots dans la Maifon de la Reine contre la vie de Henry IV. & lui en donne avis. III. 130. 131. N. 7.

VAUCEMAIN. Sully s'accommode avec lui de l'Abbaye de l'Abfie. III. 349.

VAUDEMONT (Nicolas de Lorraine , Comte de) Henry III. époufe fa fille. I. 40. N. 78.

VAUDEMONT. (Louife de Lorraine de) Reine de France. I. *ibid.*

VAUDORE', Officier Calvinifte. Se trouve à la Bataille de Coutras. I. 57. *pag.* 122.

URBALDINI, Nonce du Pape. Confeil fecret tenu chez lui après la mort de Henry IV. contre la mémoire de ce Prince & contre Sully. III. 291. — 318. — 330. Il négocie pour le Pape dans le Grand Deſſein. 448. *Voyez Deſſein Politique.*

VELASQUE , (Jean-Ferdinand de) Connétable de Caftille. Eft envoyé Ambaffadeur Extraordinaire d'Efpagne à Londres. II. 211. & y cabale contre Henry IV. 268. 269. Eft employé à terminer l'affaire du Trente-pour-cent. 392. Conclut à Londres l'accord entre l'Efpagne & l'Angleterre. 399. *fuiv.* Réception que Henry IV. lui fait à Paris,& difcours qu'il lui tient. 401. *fuiv.* N. 9.

VENDOSME. Prince de ce nom. *Voyez les Articles fuivans. V. auſſi Bourbon.*

VENDOSME. (Alexandre de Bourbon,Chevalier de) *Voyez Bourbon. (Alexandre de)*

VENDOSME.(Charles de Bourbon, Duc de) I. N. *p.* 1.

VENDOSME, (Céfar de Bourbon, Duc de) Fils de Henry IV. & de la Belle Gabrielle , légitimé. I. 387. Deſſein de lui faire obtenir la Franche Comté. 396. Il eft fait Gouverneur de La-Fère. 425. Fiancé avec Mademoifelle de Mercœur. 507. N. 26. Sollicitations de la Ducheſſe de Beaufort à Rome en fa faveur. 537. Il demande Mademoifelle de Melun pour le Marquis de Cœuvres, & eft refufé. II. 461. N. 18. 19. Il va vifiter la Reine Marguerite de la part du Roi. 542. Difficultés à accomplir fon mariage avec Mademoifelle de Mercœur. III. 82. *fuiv.* N. 21. 22. — 124. Il accufe Sully de s'oppofer à fa légitimation. 162. *fuiv.* Henry IV. le réconcilie avec Sully & Rofny. 215. — 218. Ses craintes fur les

612 TABLE

complots contre ce Prince. N. 23. p. 238.

VENDOSME.(Catherine-Henriette de Bourbon-) *Voyez Bourbon.(Catherine-Henriette de)*

VENEUR (Tanneguy Le-) de Carrouge. Cherche à fauver les Huguenots à Rouen, à la Saint-Barthelemi I. 34. N. 64.

VENISE. Sully ôte à cette République les Fermes de l'Etat qu'elle faifoit valoir. I. 565. *fuiv.* Réception & préfens faits à fes Ambafladeurs. II. 75. Elle s'unit avec les Grifons contre l'Efpagne, 150. *V. Valteline.* Sully confére à Londres avec le Réfident Vénitien fur leurs intérêts communs. 203. *fuiv.* Avantage pour cette République dans le Grand Deffein. 249. *Voyez Deffein Politique.* Honneur qu'elle rend à une paire des Armes de Henry IV. 275. Intérêt qu'elle a dans l'affaire de la Valteline. 409. *fuiv. Voyez Fuentes.* Préfens que fon Ambafladeur reçoit de Henry IV. 474. Fameux différend entre les Vénitiens & Paul V. Caufes de ce différend: Sages confeils que leur fait donner Sully en cette occafion; & véritable Politique de cet Etat. 583. *fuiv.* N. 16. *Voyez Canaye.* Union des Vénitiens & des Grifons contre l'Efpagne. III. 28. 29. Leur différend avec le Pape terminé par la médiation de Henry IV. 30. 31. N. 13. 14. Confédération entre la France & cette République. 132. Elle fe joint à la Députation faite au Roi par les Princes d'Allemagne affemblés à Hall. 207.—217. *Voyez Clèves.* Buillon nommé pour cette Ambaffade. 223. Partie du Grand Deffein qui concerne la République de Vénife. 375. *fuiv.* Avantages qu'elle y trouvoit. 382. 387. Forces & dépenfes dont elle

devoit y contribuer. 390. *fuiv. Voyez Deffein Politique. République, &c.*

VENTADOUR. (Anne de Lévis, Duc de) Eft fait prifonnier devant Cambrai. I. 72. N. 8. Ses fuccès contre la Ligue en Languedoc, &c. 447. N. 16. Il intercede auprès de Henry IV. pour le Comte d'Auvergne. II. 131. Amitié de Sully pour lui, calomniée. 450. Dettes du Roi à lui, acquittées. 472. Il fe plaint de Sully. III. 73.

VERAC, Gentilhomme Calvinifte. I. 97.

VERAC. Propofé pour Député de l'Eglife de Pons. III. 11.

VERDUN. Accueil & promeffes que fait Henry IV. aux Jéfuites de cette Ville. II. 159. N. 6.

VERDUN, Premier Préfident au Parlement de Touloufe. II. 591. Sully lui écrit dans l'affaire du Rachat des Greffes. III. 34. & fur divers Réglemens. 98.

VERE. (Le Colonel) Le Comte de Northumbelland lui crache au vifage. II. 269.

VERGIUS, (Le Docteur) Confeffeur de Philippe II. I. 580.

VERNEUIL. Médavy traite de la reddition de cette Ville avec Sully. I. 313. *fuiv.*—323. Elle fe rend au Roi. 334.

VERNEUIL près Senlis. Henry IV. donne cette maifon à Mademoifelle d'Entragues. II. 150. N. 33. *Voyez ɟerneuil.* (*Marquife de*) Voyage qu'y fait ce Prince. *ibid.*

VERNEUIL. (Henry de Bourbon, Duc de) Légitimé. II. 151. N. 35. Le Roi lui donne l'Evêché de Metz : difficultés que le Pape fait dans cette affaire. III. 90. 91. Particularités fur fa Vie. N. 23. *pag.* 99.

VERNEUIL, (Catherine-Henriette

DES MATIERES. 613

riette de Balzac d'Entragues, Marquise de) Maîtresse de Henry IV. I. N. 52. p. 342. Commencement de ses amours avec ce Prince. II. 6. Son caractère. N. 5. Artifices dont elle se sert pour obtenir de lui une Promesse de mariage. 7. 8. N. 6. Elle le suit à la Campagne de Savoie. 24. 25. Elle accouche d'un enfant mort. 25. —— 112. Elle fait accorder au Comte d'Auvergne grace de la vie & la liberté. 129. suiv. N. 23. Henry lui donne le Château de Verneuil. N. 33. pag. 150. & fait légitimer le fils qu'il a d'elle. 151. Voyez Verneuil (Henry de Bourbon, Duc de) Sa haine pour Sully, que Henry soutient contr'elle. 277. suiv. Présens qu'elle reçoit de ce Prince. 293. Ses cabales dans le Parti des Séditieux. 328. Ses inégalités, sa mauvaise humeur. 331. Henry les lui reproche dans ses Lettres. N. 26. Elle refuse avec hauteur de lui rendre la Promesse de mariage. 332. Agrémens qu'il trouvoit dans son commerce. 333. Aversion de la Reine pour elle. 338. Ses artifices pour brouiller le Roi & la Reine , & pour perdre Sully, qui s'efforce inutilement d'inspirer plus de fermeté à Henry IV. 339. s. La Marquise se met en tête de faire casser le mariage de la Reine : foiblesse de Henry pour elle. 344. suiv. N. 3. —— 347. Ce Prince se fait rendre la Promesse de mariage. 360. N. 14. & fait arrêter sa Maîtresse : Sully est chargé de l'interroger : reproches que lui fait ce Ministre ; & autres particularités sur cet Incident. 367. suiv. N. 16. Henry ne peut consentir à la laisser sortir de France. 370. suiv. Anecdote à ce sujet. N. 19. Elle fait accorder la grace à D'Auvergne & à D'Entragues, & en dicte les conditions pour elle-même. 417. suiv. N. 1.2.3. Motifs de sa haine contre Sully. 446. Autres brouilleries entre le Roi, la Reine & elle. III. 50. suiv. Enfans que Henry IV. eut d'elle. N. 7. pag. 63. Ce Prince confie à Sully les chagrins qu'elle lui donne. 68. & le prend pour Juge dans l'Intrigue de Joinville avec elle. 73. suiv. N. 14. pag. 76. Son fils obtient l'Evêché de Metz. 90. 91. Bon-mot d'elle sur le mariage du Prince de Condé. N. 27. pag. 67. Elle est impliquée dans la Conspiration de Ravaillac, par la Coman. 230. suiv. N. 16. Autres particularités à cet égard. N. 23. suiv. pag. 244. N. Ibid. pag. 251. Voyez Parricide. Epernon, &c.

VERNON Manqué par le Duc de Montpensier. I. 161.

VERRIERE, (N. de) S'entremet pour la Conversion de Henry IV. I. 278.

VERS-A-SOIE élevés & cultivés en France par Henry IV. contre le sentiment de Sully. II. 287. suiv. 473.

VERSENAY, l'un des Calomniateurs de Sully. II. 447. Gratification qu'il reçoit de Henry IV. 598.

VERSORIS , Avocat pour les Jésuites contre l'Université & les Curés de Paris. I. 347.

VERVINS. Négociations pour la Paix en cette Ville. I. 509. 510. Elle y est concluë. 529. Signée & publiée. 530. 531. Particularités sur cette Cérémonie, & Bon-mot sur cette Paix. N. 43. suiv. pag. 529. suiv.

VESOU, pris par le Connétable de Castille. I. 406.

VEZELAY, Ville Calviniste. I. 2.

VEZINS, Sauve la vie à Reniers son ennemi, à la Saint-Barthelemi. I. 35. N. 65. Défend Cahors.

Tome III.   H h h

57. & y eſt tué. N. 99.

VIANE. (Prince de) Henry IV. ainſi appellé. *Voyez Henry IV.*

VIC, (Dominique de) Défait le Chevalier d'Aumale à l'attaque de Saint-Denys. I. N. 1. *p.* 231. Vice-Amiral de France. N. 9. *p.* 493. Nommé pour traiter avec les Ambaſſadeurs Suiſſes. II. 149. 150. N. 32. — 166. Son reſſentiment de l'inſulte faite au Pavillon de France par le Vice-Amiral d'Angleterre. 183. *ſuiv.* N. 15. 16. Il eſt appellé au Conſeil ſur le rappel des Jéſuites. 299. *ſuiv.* — 333. Employé dans l'Affaire du Trentepour-cent. 391. — 395. Ambaſſadeur chez les Griſons. 409. *ſuiv.* Se déclare pour l'avis de Sully ſur l'expédition de Sedan. 569. 570. —— III. 7. Démolit le Fort de Rebuy. 28. — 154. Ses projets pour la ſûreté de Calais. 161. Eſt admis au Conſeil public par Marie de Médicis. 278. Sa mort cauſée par la douleur de celle de Henry IV. N. 15. *p.* 278.

VIC, (Compagnie de) Défaite par Henry IV. I. 117.

VIC. Séjour du Comte d'Auvergne dans cette Maiſon. II. 363.

VIENNE. Priſe ſur la Ligue par le Connétable de Montmorency. I. 395.

VIENNE. (N. de) Entre dans le Conſeil des Finances. I. 387. Gratification qu'il reçoit du Roi. 500. Il eſt fait Contrôleur-Général. 596. — II. 13. Réglemens que Sully lui preſcrit. 376. *ſuiv.* Il n'approuve pas les grandes dépenſes de Henry IV. pour ſes Manufactures, &c. III. 48.

VIENNE. (De-) Son conſeil fait prendre la Ville de Bourg. II. 29. *ſuiv.*

VIEVILLE, (La-) Député au Duc de Bouillon dans l'Affaire de Sedan. II. 572. — III. 154.

VIGENNE. Expéditions de Henry IV. aux environs de cette Riviére. I. 407. *ſuiv. Voyez Fontaine-Françoiſe.*

VIGNOLES, ſe diſtingue à la tête de ſon Régiment à Ivry. I. 173. — 343. & au Siége de Laon. 352.

VIGUIER, Miniſtre Proteſtant à Blois. Son *Theatre de l'Antechriſt.* III. 177. N. 33.

VILLA-MEDIANA. (Le Comte de) Ambaſſadeur d'Eſpagne à Londres. II. 391.

VILLANDRY. Offenſe Charles IX. & l'Amiral de Coligny obtient ſa grace. I. 21. N. 50.

VILLARNOU, Député Général des Calviniſtes. III. 87.

VILLARS. (Comté de) Droit que ce Comté donnoit aux Ducs de Savoie dans la Cathedrale de Lyon; réfuſé à Charles-Emmanuel. II. 15. N. 13. *Voyez Savoie (Charles-Emmanuel, Duc de).*

VILLARS, (André de Brancas-) Amiral de France. Se prépare à défendre Rouen contre Henry IV. I. 198. N. 29. Vigoureuſe défenſe qu'il fait à ce Siége. 202. *ſuiv.* 205. Sully cherche à entamer avec lui une Négociation, qui ne réüſſit point. 203. 204. *Voyez Font (La-)* Autres belles actions de ce Gouverneur, qui obligent Henry à lever le Siége. 214. Il refuſe au Comte d'Eſſex de ſe battre en Duel. N. 44. *p.* 217. Commencement de la Négociation de Sully avec lui. 300. rompuë. 303. repriſe. 304. Caractère de ce Gouverneur. 305. Conditions de ſon Traité avec le Roi. 316. *ſuiv.* N. 25. Ses emportemens contre Sully. 317. Son éloge. 323. Cérémonie de ſa reddition, & de celle de

Rouen. 333. *suiv.* Il vient à la Cour : louanges qu'y méritent son défintéressement & sa conduite 393. Il conduit les Troupes du Roi en Picardie. 397. Sa valeur devant Dourlens. 402. *suiv.* Il y est tué. 404. Examen de sa conduite en cette occasion. N. 46. *pag.* 404. *Voyez Bouillon.* Regrets de Henry IV. de sa mort. 412. Somme d'argent qu'il reçut pour son Traité. 559. Henry IV. acquitte une dette à sa famille. II. 472,

VILLARS, (George de Brancas-) Chevailler d'Oise. *Voyez Oise.*

VILLARS, (Honorat de Savoie, Marquis de) Commande l'Armée Royaliste en Guyenne. I. 17. — 49. 51. N. 91.

VILLARS, (Jerôme de) Archevêque de Vienne. Du - Perron & Olivary lui sont préférés pour le Chapeau de Cardinal. II. 327. N. 25.

VILLARS, (Pierre de) Archevêque de Vienne. Député à Henry IV. par les États de Blois. I. 51. N. 90.

VILLARS. (Juliette-Hyppolithe d'Estrées, Marquise de) Son Intrigue avec Joinville. III. 74. *suiv.* N. 13.

VILLEBON , (Terre & Château de) Acquis par Sully. III. 348. Il cede cette Terre au Prince de Condé , ensuite la retire, &c. *ibid. suiv.* Sully y meurt : Son mausolée. S. 410. *suiv.* Particularités sur le séjour qu'il y faisoit 413. & sur les embellissemens qu'il a ajoûtées à cette Maison. 420. 421.

VILLEFRANCHE , en Périgord. Emportée d'assaut par le Parti Calviniste. I. 44. Cette Ville & celle de Montpazier se surprennent mutuellement. *ibid.*

VILLEMONTE'E , Partisan. Prête de l'argent à Sully pour la Grande-Maîtrise de l'Artillerie. II. 13. Nommé par Henry IV. du Conseil de Régence. III. 223.

VILLEMUR. Siége de cette Ville, & Combat où le Duc de Joyeuse périt. I. 237. *suiv.*

VILLEMUR.(Pierre Pitte de) Blesse l'Amiral de Coligny. I. 25.

VILLENEUVE , prise par les Catholiques. I. 53.

VILLEPION S'empare de Turenne pour Henry IV. II. 534.

VILLEQUIER , (René de) Dissuade Henry II. de faire assassiner le Duc de Guise, le jour des Barricades. I. N. 7. *p.* 132. L'un des Mignons de ce Prince. 374. N. 12.

VILLEQUIER.(Charlotte-Catherine de) Femme du Surintendant D'O. I. N. 15. *p.* 375.

VILLEROI, (Nicolas de Neufville de) Ministre d'Etat. Il fait des propositions à Henry IV. de la part de la Ligue. I. 228. L'un des Chefs du Tiers-Parti. 249. Ses véritables sentimens sur la Ligue, sur l'Espagne, & sur Henry IV. 259. N. 26. Autres conditions qu'il offre à Henry de la part de la Ligue. 267. 278. rejettées. 269. Il est accusé d'avoir fait faire un serment aux Chefs de la Ligue contre ce Prince. 279. & justifié à cet égard. N. 42. *pag.* 279. Il fait son Traité avec le Roi. 329. 330. Justification des reproches que Sully lui fait à ce sujet. N. 41. *pag.* 330. Bon - mot de Henry sur lui. N. *ibid.* Il s'oppose à l'entrée de Sully dans le Conseil des Finances. 450. *suiv.* Ne peut obtenir la Grande - Maîtrise de l'Artillerie. 495. Travaille à un Traité de Pacification avec les Calvinistes. 504. Veille à la sûreté de la Picardie. 505 Conseille à Henry IV. de ne point se remarier. N. 40. *pag.* 526. Conduit les Affaires étrangéres. 554. N. 14. Somme qu'il reçut pour son Traité. 459. L'un des Commissaires pour le mariage de Henry IV. avec Marie de Médicis. II. 10. & pour l'Affaire de Saluces. 16. L'un des Courtisans opposés à Sully pendant la Campagne de Savoie. 38. 40. Commissaire pour le Traité de Lyon ; y sert mal le Roi. 52. 53. & demeure à Lyon pour le faire éxécuter. 58. Sa Politique sur la Maison d'Autriche, contraire à celle de Henry IV. & de Sully. 73. 74. Il soûtient contre ce Ministre le Traité fait par D'Ossat avec le Grand-Duc de Toscane pour les Isles d'If, &c. N. 20. S'oppose à l'Ambassade du Comte de Béthune à Rome. 88. *suiv.* Reçoit les dépositions & éxamine les Papiers de La-Fin. 99. 100. Est appellé au Conseil secret tenu à Blois, pour arrêter les Chefs des Séditieux. 109. Suit le Roi à Metz. 157. Ses sollicitations pour les Jesuites, & ses liaisons avec d'Ossat, blâmées par Sully. 160. *suiv.* Discussion à ce sujet. N. 7. *pag.* 160. Il est appellé au Conseil où Sully reçoit ses Instructions pour son Ambassade à Londres. 178. Soupçon de Sully contre ses Commis, dans l'Affaire de la Dépêche perduë. 258. 259. Il opine & travaille pour les Jésuites dans l'Affaire de leur Rappel. 299. *suiv.* Trahison de Nicolas L'Hôte, son Commis. 315. *suiv.* Examen & justification de la conduite de Villeroi en cette occasion. 319. *suiv.* N. 21. Henry IV. le reçoit en grace & le console. 323. N. 22. 23. Lettres réciproques de lui & de Sully sur ce sujet. 324. Il demande le Chapeau de Cardinal pour MM. de Villars & de Marquemont, & est refusé. 327. Il signe le Traité de Commerce entre la France & l'Espagne. 394. Conseille à Henry IV. l'acquisition du Comté de Saint-Paul. 414. Se joint aux Courtisans pour perdre Sully, dans l'Affaire de la Mestre-de-Camp. 438. 439. Piéges qu'il tend à ce Ministre. 442. 443. Motif de cette haine. 446. Il compose l'Instruction publique donnée à Sully pour l'Assemblée de Châtelleraut. 492. Lettres réciproques de lui & de Sully pendant la tenuë de cette Assemblée. 519. 521. Autres Lettres entr'eux pendant l'Expédition de Sedan. 573. *suiv.* Il conclut le Traité avec Bouillon ; sujets de plainte de Sully contre lui dans cette occasion. 576. *suiv.* N. 12. 13. — 592. Henry IV. l'envoie travailler chez Sully. III. 2. — 9. — 12. Son sentiment sur la Loi des Débris & Naufrages. 20. Il s'oppose à Sully dans le Conseil sur les offres & propositions faites par les Provinces-Unies. 22. — 25. — 28. Henry IV. se sert de lui pour porter Sully à changer de Religion. 61. & pour appaiser les querelles des Grands. 78. Son opposition à Sully sur les brigues des Protestans. 85. 86. Lettres réciproques de lui & de Sully à l'Assemblée des Calvinistes à Gergeau. 87. 88. Maladie qu'il a à Fontainebleau. 89. Part qu'il a dans l'Affaire de la Trève contre l'Espagne & les Provinces-Unies. 108. *suiv.* 119. Il favorise la Politique Espagnole contre les desseins de Henry IV. 131. *suiv.* Ce Prince se défie de lui, & lui cache les avis qu'il reçoit sur les complots formés contre sa Personne. 136. Contestations entre Villeroi & Sully. 155. Juge-

DES MATIERES.

ment de Henry sur les bonnes & mauvaises qualités de ce Ministre. 156. *suiv*. Réprimande que lui fait le Roi, pour avoir soutenu le Calomniateur anonyme de Sully. 163. 164. — 171. Lettres circulaires qu'il écrit après l'évasion du Prince de Condé. 176. 177. Services qu'il rend aux Princes d'Epinoy auprès des Etats-Généraux. 186. Sully se plaint à lui de la mauvaise gestion de Refuge dans les Cantons Suisses. 191. 192. Il prévient Sa Majesté contre Sully sur l'Armement de Clèves. 211. — 221. Il inspire à Marie de Médicis une Politique toute contraire à celle de Henry le Grand, sur la Maison d'Autriche, sur le Duc de Savoie & les autres Alliés de la Couronne. 288. *suiv*. 291. Il travaille à perdre Sully. 310. Est maltraité par le Duc de Nevers & les Seigneurs; & conseille à la Régente de rappeller Sully de Montrond. 319. Graces & gratifications qu'il se fait accorder par la Régente. 326. Grand Différend entre lui & Sully en plein Conseil, sur D'Alincourt & la Ville de Lyon. 328. *suiv*. Remarques sur la Maison de Neufville. N. 8.

VILLERS - COTERETS. La Garnison de Soissons est défaite en cet endroit. I. 394. N. 39. Sully y rend compte à Henry IV. de son Ambassade à Londres. II. 262. *suiv*.

VILLES, qui firent leur Traité avec Henry IV. Liste de ces Villes, & des sommes qu'elles reçurent. I. 559. *suiv*. N. 18. *Voyez Ligue*.

VILLES de sûreté, accordées aux Calvinistes. II. 497. Foiblesse de ces Villes. 505. 506. Sully termine cette Question à la satisfaction du Roi, dans l'Assemblée de Châtelleraut. 522. *suiv*. Et dans celle de Gergeau. III. 87.

VILLETTE. (La-) Conférences sur la Religion en cet endroit. I. 283. N. 43.

VILLIERS, Ministre Protestant. Le Prince d'Orange l'avertit du dessein de la trahison d'Anvers. I. 76.

VINCENCE, Valet-de-chambre de Conchine. Sages discours qu'il tient sur son Maître. III. 295.

VINS. (Hubert de La-Garde de) Il prédit l'assassinat des Guises. I. N. 10. *pag*. 138. Son Parti en Provence. 236. N. 10.

VINS. (De) *Voyez Fourbin* (*Madame de*)

VINTA, (Le Chevalier) Chancelier de Savoie. Est employé dans l'Affaire des Isles entre le Roi & le Duc de Florence. II. 87. 88.

VINTI, Italien de la suite de la Reine. II. 112. Ses complots avec Conchini contre la Personne de Henry IV. III. 129. *suiv*.

VISIR. (Grand) Considération qu'il a pour Sully. III. 192.

VITRE'E, Sully y passe en allant à Rennes. I. 510. Henry IV. prend sa route par cet endroit. 529.

VITRY. (Louis de L'Hôpital de) Amene des Troupes de la Ligue au Siége de Rouen. I. 206. N. 36. S'entremet dans l'Affaire de la Conversion de Henry IV. 278. Rend Meaux au Roi. 303. Parole de lui au Duc de Maïenne. N. 15. *pag. ibid*. Il contribue au Traité de l'Amiral de Villars. 316. — 331. Il suit Henry IV. à la Campagne de Franche-Comté. 410. N. 56. Somme d'argent qu'il reçoit lors de son Traité. 560. Il arrête le Maréchal de Biron. II. N. 12. *pag*. 121. — 363. — III. 38. 154. — 239. Services qu'il rend à l'Etat, lors de la mort de Henry le Grand. N. 196.

Hhhh iij

suiv. Douleur qu'il reffent de la mort de ce Prince : Avis qu'il donne à Sully. 268. *suiv*.

VIVANT, Député du Corps Proteftant. Avis qu'il donne au Roi fur la Cabale féditieufe. II. 500. — 513.

UNIVERSITE' DE PARIS. Son Procès contre les Jéfuites. I. 347. *fuiv*. N. 59. 61. Elle s'oppofe inutilement au Rappel de cette Société II. 311.

VOYER. (Jacqueline Le-) *Voyez Coman*.

VOYER. (Grand-) *Voyez l'Article fuivant*.

VOYERIE. (Grande-) Henry IV. donne cette Charge à Sully. I. 555. — 596. Etats & Réglemens pour cette Partie. II. 63. Sully fe démet de cette Charge. III. 349.

URBAIN VIII. Bref de ce Pape à Sully; & Réponfe. III. S. 407.

URBIN. (L'Archevêque d') Eft commis à la Diffolution du mariage de Henry IV. avec Marguerite de Valois. I. 521.

VROREYLZEN. (Travaille au Traité de Commerce entre la France & l'Efpagne. II. 392.

URSIN, (Virgile) Coufin de Marie de Médicis. Vient avec elle en France. II. 58.

USSAC. Livre La-Réole aux Catholiques. I. 55.

USSEAU. Sully favorife fon Duel avec Beauvais. I. 65.

USSON. Séjour de la Reine Marguerite dans ce Château. II. 498. Elle le quitte; & Henry IV. le fait démolir. 541. *fuiv*. N. 9.

UZE'S. *Voyez Cruffol*.

UZE'S, (Madame d') Inftruit Sully des deffeins de Catherine de Médicis. I. 113.

W.

WATSON, Prêtre Anglois. Confpire contre le Roi Jacques. II. 169. N. 6.

WESTMINSTER. (Palais de) Sully y reçoit fon Audience de Congé du Roi d'Angleterre. II. 260. 261.

WILEM. *Voyez Blanc(Le-*

WIMES. (Thomas) Gouverneur de Douvres. Impoliteffe qu'il commet à l'égard de Sully. II. 186.

WIRTEMBERG. (Duc de) Sully lui ôte les Fermes de l'Etat qu'il faifoit valoir. I. 565. *fuiv*. Bon traitement que Henry IV. fait à fon Ambaffadeur. II. 406. Sully eft accufé d'intelligences criminelles avec lui. 450. 451. Protection que lui accorde Henry IV. 611.

WIRTEMBERG. (Ulric, Duc de) François I. le foûtient contre Charles-Quint. III. 202.

Y.

YVERNE', Envoyé en Efpagne par le Comte d'Auvergne. II. 360.

YVETOT. Henry IV. défait une partie de l'Armée du Prince de Parme en cet endroit. I. 220. 221. N. 47.

YVETOT (N. d') Secourt Sully à l'attaque de Mirande. I. 49.

YVETEAUX. (Des-) II. 605. — III. 124. Henry IV. lui donne la Charge d'Avocat-Général à Rouen. 160.

Z.

ZAMET (Sebaftien) fait à Henry IV. des propofitions de la part de la Ligue. I. 228. S'em-

DES MATIERES. 617

ploie utilement pour la Converſion de ce Prince. 278. — 451. — 479. Henry lui recommande la Ducheſſe de Beaufort. 600. qui tombe malade chez lui, & meurt. 602. Particularités ſur la fortune de Zamet, & ſur ſa famille. *Ibid. pag.* N. 61. Henry IV. l'aime. II. 70. L'emploie dans les brouilleries du Comte de Soiſſons avec Sully. 280. Va ſouvent dîner chez lui. 292. L'envoie à Sully dans l'Affaire de la Meſtre-de-Camp. 436. Gratifications que ce Prince lui accorde. 472. — 601. — III. 7. & dettes qu'il lui paye. 32. — 73. Il avertit ce Prince des Complots faits contre ſa Perſonne dans la Maiſon de la Reine. 129. *ſuiv.* Différentes dettes acquittées. 159. 160. Particularités ſur ce riche Partiſan & ſur ſes Enfans. N. 24. — 193. — 207. Sully va voir la Régente chez lui. 321. *ſuiv.*

ZAMET, le jeune. Avis qu'il donne à Henry IV. des complots en Eſpagne contre ſa Perſonne. III. 129. *ſuiv.*

ZAPATA. (Le Cardinal) Envoyé par l'Eſpagne féliciter le Grand-Duc de Toſcane. III. 190.

ZELANDE. Cette Province s'oppoſe au Traité de Suſpenſion d'armes entre l'Eſpagne & les Provinces-Unies, III. 27.

ZOPIRE. Trait de Darius & de Zopire. II. 295. 318. N. 1 *z.*

Fin de la Table des Matiéres.

ERRATA DES TROIS VOLUMES.
Du premier Volume.

PAG. 11. dans la marge, de la Barth. *lif.* de la Barthe.
15. *Note* 36. Ch. Catherine de la Trimouille. *lif.* Trémouille.
18. *l.* 10. Maux *lif.* Meaux.
31. *l.* 4. diſoient-ils. *lif.* diſoit-il.
84. *l.* 3. je mex. *lif.* je m'exc.
149. *l.* 11. qui tué. *lif.* qui fût tué.
172. *l.* 27. a. *lif.* as.
186. *l.* 8. de quelques. *lif.* de quelque.
189. *l.* 28. (13) *lif.* (15).
190. *l.* 7. éparger. *lif.* épargner.
191. *l.* 2. hargerie. *lif.* large.
209. *l.* 2. une *lif.* un.

Pag. 212. *l.* faſis *lif.* faiſis.
250. *l.* 1. de la *Note.* 19. ue *lif.* ne.
254. *l.* 4. metrre. *lif.* mettre.
255. *l.* 22. en la *lif.* en ſa.
257. *l.* 4. malheur. *lif.* malheurs.
275. *l.* 11. devient *lif.* devint.
282. *l.* 30. rettardemenr. *lif.* retardement.
356. N. 67. ſain Génies. *lif.* ſaint Géniés.
374. à mettre au lieu de 318.
Ibid. l. 17. Gouverneur du Catelet.
386. *l.* 25. plus paticulierement. *lif.* particuliérement.

Pag. 414. l. 10. au autres lif. aux autres.
483. l. 23. des difficultés lif. les difficultés.
507. l. 2. en rems. lif. un tems.
525. l. 16. tout celle lif. toute celle.

Pag. 554. N. (14) l. 8. de la 2e. colomne, porré. lif. porté.
592. l. 19. ou ne peut. lif. on ne peut.

Du second Volume.

PAG. 11. Note (9) lig. 5. de Thout lifez de Thou.
39. l. 2. fi heures lif. fix heures.
Ibid. l. 22. de nos piéces lif. deux de nos piéces.
57. l. 13. Getx lif. Gex.
Ibid. l. 10. de la Note (33), après Senlis) lif. près.
59. l. 22. Caftile lif. Caftille,
Ibid. l. 18. de la Note 34. aux fauxbourgs lif. au fauxbourg.
77. premier mot eette lif. cette.
Ibid. l. 31. Prebrock lif. Pembrock.
90. l. 18. de la 2 colomne de la Note 24. fi transferer lif. fit.
102. N. 32. l. 6. lif. 33.
Ibid. à ladite note l. 9 Pajatin lif. Palatin.
145. l. 9. N. 26. lif. 29. & au lieu de la note 26. lif. 29.
151. l. 22. exploits lif. exploirs.
199. l. 26. d'Ani-lif. d'An-
216. l. 8. en les avoit lif. on les avoit.
223. l. derniere Traité generale lif. Traité général.
224. l. 10. fe défaire de moi lif. à fe défaire de moi.
216. l. 14. fes flateurs le lui faifoit lif. le lui faifoient.

Pag. 229. l. 20. il convient lif. il convint.
266. l. derniére. porttait, lif. portrait.
282. l. 21. Gouvenement lif. Gouvernement.
289. l. 13. pour un autre lif. pour une autre.
291. N. (15) l. 10. de la Moraie, lif. de la Morale.
297. l. 21. les euffent liquidées, lif. euffent été liquidées.
331. l. 4. tout fout mal, lif. tout fon mal.
336. l. 31. reuffife, lif. réuffiffe.
352. l. 29. N. (8.) lif. (9.)
355. l. 38. entrainoit, lif. entrainoient.
362. l. 1. à tout le le, lif. à tout le
363. l. dern. quand on n'a uroi, lif. n'auroit.
378. l. dern. commme, lif. comme.
388. l. 25. N. (3) lif. (5)
417. l. 7. Cloitre, lif. cloitrée.
423. l. 22. Gauthier, lif. Gonthier
546. l. 12. pliffé, lif. gliffé.
576. l. 35. defavouir, lif. défavouoit.
ibid. l. 37. ait eur, lif. ait eu.
611. l. dern. (13) lif. (34)

Du troifiéme Volume.

PAG. 38. lig. 12. propofes: lifez propofés.
40. l. 24. mttitoient lif. méritoient.
42. l. 31. Mongot lif. Mangot.
La feuille M. eft mal chiffrée depuis la premiére, page qui eft 87. jufqu'à 94. il faut lire 89, & fuivre jufques & compris 94.
91. l. 1. de qu'on, lif. de ce qu'on.
111. l. 32. on ne vouloit, lif. ou ne vouloit.
141. l. 13. machine lif. machines.
141. l. 44. Note 15. averfion. il ne faut qu'une.

Pag. 162. l. 33. affi- lif. affir-
166. l. 25. Bérinhen lif. Beringhen.
207. l. 39. fr- l. fri-
216. l. 37. » attendant. lif. j'avois.
293. l. 10. de la N. cette article, lif. cet
305. au-lieu de la Note (19) lif. (29)
307. l. 19. plus fatisfaire lif. le fatisfaire.
310. au-lieu de la Note (2) lif. (1)
376. l. 4. qu'acun. lif. qu'aucun.
386. l. 28. paix général, lif. générale.

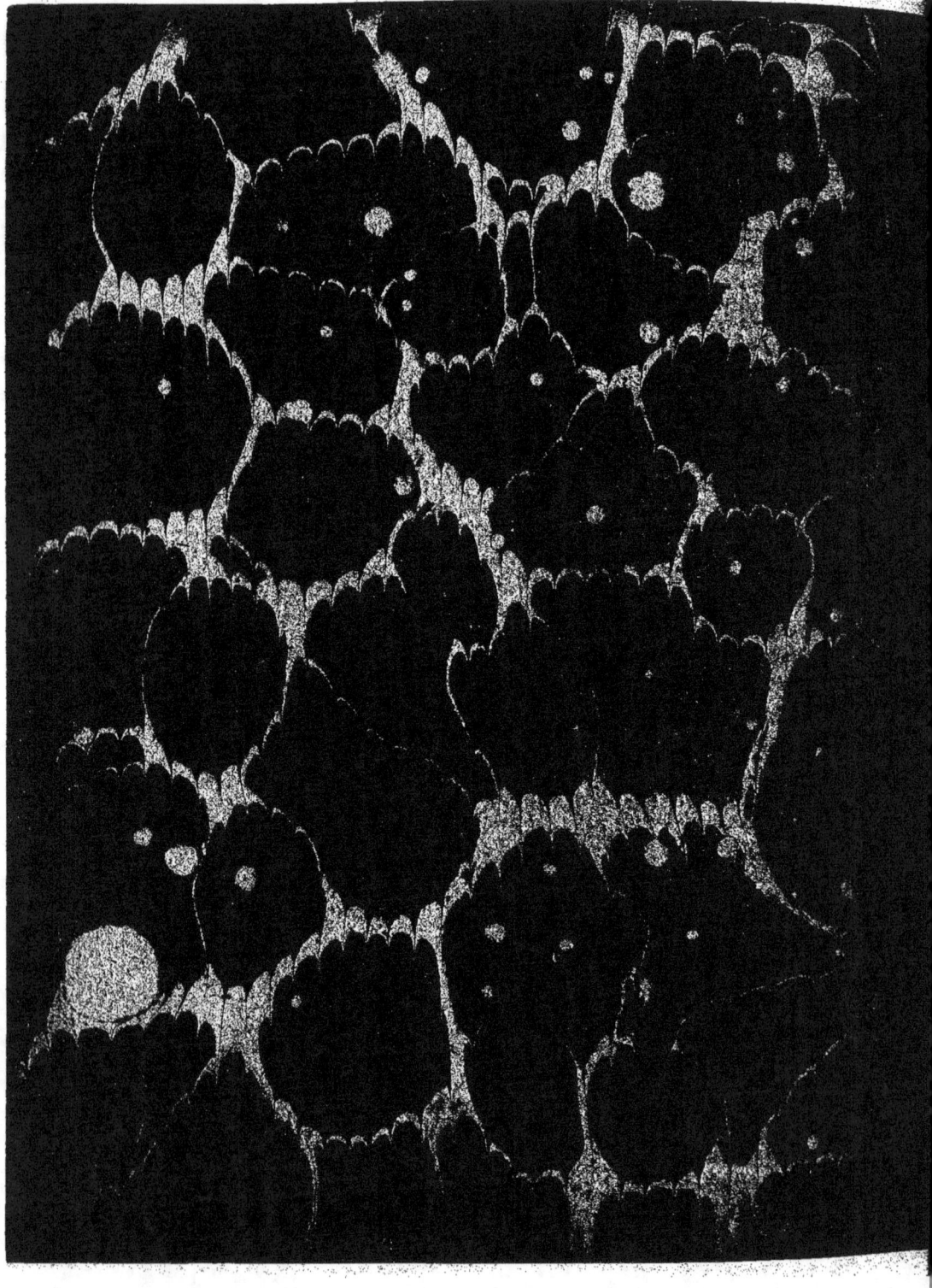

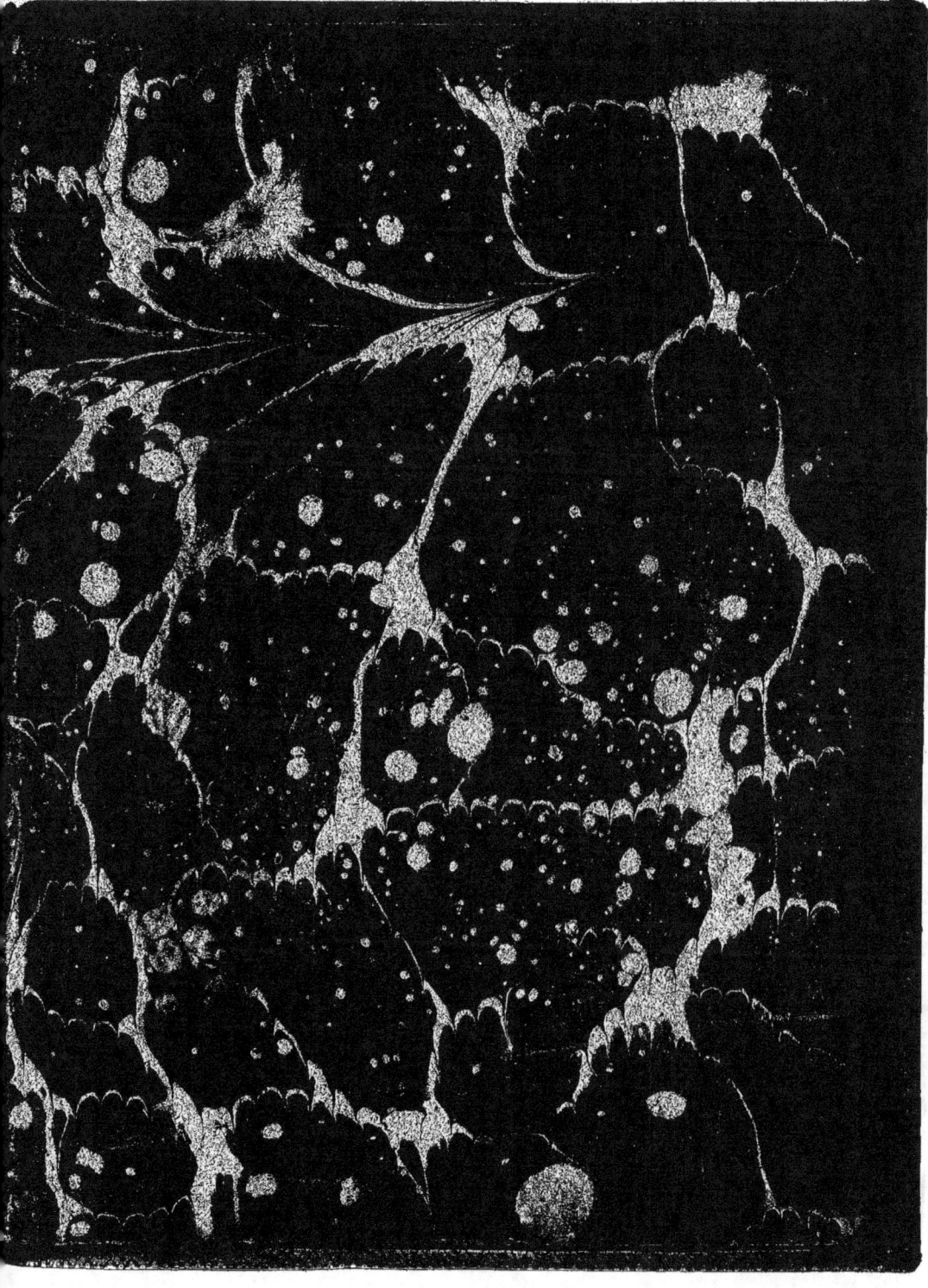

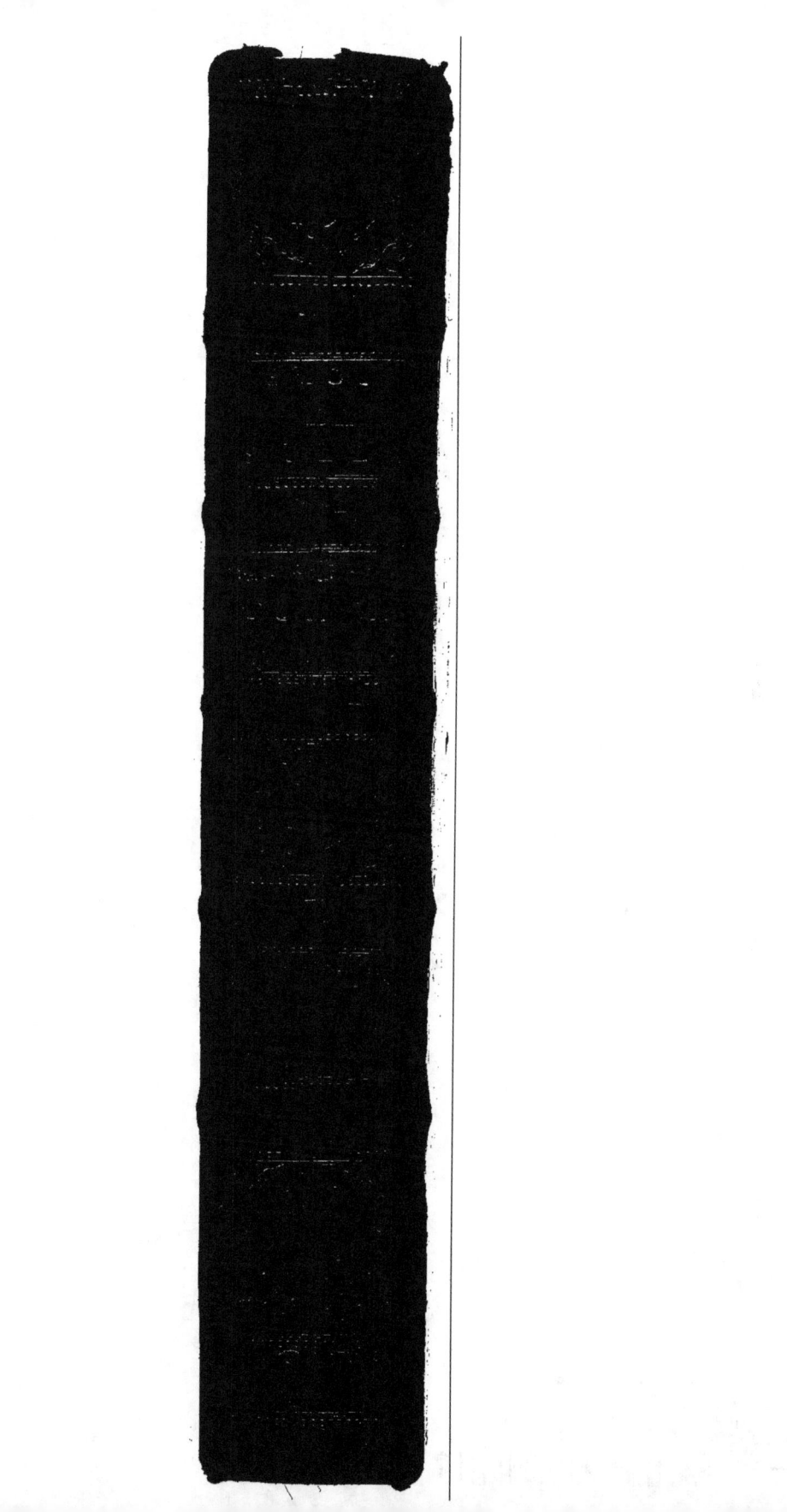

www.ingramcontent.com/pod-product-compliance
Lightning Source LLC
Chambersburg PA
CBHW050322240426
43673CB00042B/1501